Weg und Weite

Weg und Weite

Festschrift für Karl Lehmann

Herausgegeben
von Albert Raffelt

unter Mitwirkung von
Barbara Nichtweiß

Herder

Freiburg · Basel · Wien

Die deutsche Bibliothek – CIP-Einheitsaufnahme

Weg und Weite
Für Karl Lehmann / Hrsg.: Albert Raffelt
unter Mitarb. von Barbara Nichtweiß.
Mit Beitr. von Arno Anzenbacher ... –
Freiburg im Breisgau ; Basel ; Wien : Herder, 2001
ISBN 3-451-27572-4

2., durchgesehene Auflage

Druckvorlage: Albert Raffelt

© Verlag Herder Freiburg im Breisgau 2001
Umschlaggestaltung: Finken & Bumiller, Stuttgart
Cover-Foto: KNA-Bild – Frankfurt a. M.
Druck und Bindung: Difo-Druck, Bamberg 2001
Gedruckt auf umweltfreundlichem, chlorfrei gebleichtem Papier
ISBN 3-451-27572-4

Inhalt

Stationen

Reflexionen

Konkretionen

Vorwort

Der fünfundsechzigste Geburtstag von Bischof Karl Lehmann war der Anlaß für seine Freunde und Mitarbeiter – ehemalige wie derzeitige – über eine Geburtstagsgabe nachzudenken, die einerseits Dank und Respekt gegenüber dem Wissenschaftler und Bischof zum Ausdruck bringen, anderseits den Radius seines Wirkens in Themen spiegeln sollte, die sein eigenes Denken und Wirken begleitet haben und begleiten.

Die Suche nach einen inhaltlichen Rahmen schien zunächst bei dem weitgespannten Wirken Bischof Lehmanns in Philosophie und Theologie, im kirchlichen Amt und in der gesellschaftlichen Wirklichkeit der Bundesrepublik Deutschland nicht leicht. Ein verbindendes Band der verschiedenen Wirkungsbereiche läßt sich aber mit dem Stichwort „Transzendenz" bezeichnen. Bischof Lehmann selbst sieht in einer umfassenden Wiederentdeckung und -belebung des Transzendenzbezugs die entscheidende Herausforderung der Gegenwart: „Wir alle, auch die Glaubenden, sind bis in unser Denken und Fühlen hinein von einem sehr säkularen Bewußtsein mitbestimmt. Es ist schwerer geworden, wenigstens einen Spalt der Tür zur Transzendenz, zu Gott und Ewigkeit zu öffnen. Der Zeitgeist schlägt sie mit kräftigem Wind immer wieder zu. Umso mehr müssen wir alle Aktivitäten des kirchlichen und christlichen Lebens auf das Eine Notwendige konzentrieren: die Wege zu Gott offen zu halten und in Wort und Tat von ihm Zeugnis zu geben" (Predigt zur Jahresschlußfeier am 31. 12. 2000 im Hohen Dom zu Mainz).

Die Frage nach dem Transzendenzbezug des Menschen und seiner konkreten Welt ist im Denken und im Werk Bischof Lehmanns explizit und implizit in verschiedenen Formen schon immer gegenwärtig gewesen: angefangen von seiner philosophischen Dissertation „Vom Ursprung und Sinn der Seinsfrage im Denken Martin Heideggers" (1961/62), die die philosophische Problematik dieses Begriffs explizit behandelt, dem einschlägigen Artikel „Transzendenz" in der zweiten Auflage des Lexikons für Theologie und Kirche (1965), über frühe pastoraltheologische (etwa: Pastoraltheologische Maximen christlicher Verkündigung an den Ungläubigen von heute. 1967) oder fundamental-theologische Skizzen (z.B. Rechenschaft des Glaubens. 1969), über die Teilnahme an der Grundwertediskussion der 70er Jahre bis schließlich zu Stellungnahmen in gegenwärtigen gesellschaftlich relevanten Diskussionen. Diese Stellungnahmen sind geprägt von der Frage nach Werten und der Sinnsuche, vom Aufweis der „Spuren des Heils" (so im programmatischen Buchtitel Karl Lehmann zu Übernahme des bischöflichen Amtes 1983) und natürlich auch vom praktischen Einsatz („Signale der Zeit" heißt der andere Teil des genannten Titels).

Die Festschrift versammelt unter dem Titel „Weg und Weite" Studien und Stellungnahmen, die von der Frage nach der Transzendenz im umfassenden Sinne inspiriert sind: von philosophischen bzw. theologischen Reflexionen, biblischen bzw. historischen Modellen bis zu Fragen der praktischen Gestaltung politischer, gesellschaftlicher und kirchlicher Wirklichkeit in diesem Horizont. Dabei ergaben sich auch einige zunächst überraschende Schwerpunkte, zum Beispiel im Bereich der Musik von Irenäus von Lyon über die Orgeln Aristide Cavaillé-Colls, die Musik Max Regers, Olivier Messiaens oder Sofia Gubaidulinas bis zum klingenden Beitrag von Petr Eben, oder auch im Bereich der Literatur mit verschiedenen Studien zu deutschen Gedichten...

Der Band wird durch eine Reihe von Grußworten und Zeugnissen herausragender Persönlichkeiten aus Politik, Kirche und Gesellschaft eröffnet. Sie umreißen das weite Feld der Wertschätzung für Bischof Lehmann, auch wenn es die Begrenzung des Umfang dieses Bandes nicht erlaubte, das gesamte Spektrum aller relevanten Institutionen, Organisationen, gesellschaftlichen und kirchlichen Kräfte abzudecken.

Die Redaktion der Beiträge beschränkte sich auf die typographisch notwendigen Vereinheitlichungen. Insbesondere im Bereich der verschiedenen derzeit gültigen Rechtschreibnormen wurden keine Eingriffe vorgenommen.

Für verschiedenartige Hilfen bei der Redaktion ist Frau Roswitha Raffelt, Freiburg i.Br., Herrn Torsten Krannich, Jena, und Herrn Professor Dr. Bernd Feininger, Gengenbach/Freiburg i.Br. zu danken; Herrn Dr. Ulrich Ruh für die Übersetzung der fremdsprachigen Beiträge.

Die Festschrift erscheint im Auftrag des Bistums Mainz und wurde von der Deutschen Bischofskonferenz gefördert. Auch in deren Namen danken die Herausgeber allen, die bereit waren, mit ihrem Wort, ihrer Kunst und mancherlei Rat zu dieser Festgabe beizutragen, und dem Verlag Herder für die verlegerische Unterstützung.

Vor allem aber möge dieser Band selbst den Dank gegenüber dem Lehrer, Kollegen oder Freund Bischof Karl Lehmann in angemessener Weise ausdrükken; in jedem Falle ist er begleitet von herzlicher Gratulation und den besten Wünschen für das Wohl des Leibes und der Seele sowie für alle gegenwärtigen und noch kommenden Aufgaben auf einem „Weg in die Weite".

Während der Drucklegung des Bandes erschien die Meldung von der Ernennung Bischof Lehmanns zum Kardinal durch Papst Johannes Paul II. Da alle Grußworte und Beiträge längst vor diesem Datum geschrieben waren, stellte sich die Frage, ob eine „Aktualisierung" vonnöten und überhaupt noch möglich sei. Die Herausgeber entschieden sich dafür, das technisch fast Unmögliche nicht zu versuchen. Die Beiträge drücken auch so die Wertschätzung für das Amt, das theologische und philosophische Werk und die Person des Geehrten aus. Um so stärker ist aber die Freude der Herausgeber und Mitarbeiter über die neue Würde und die Möglichkeiten, die diese neue Stellung bietet. In die herzlichen Glückwünsche für Kardinal Lehmann sei als Mitarbeiter an dieser Festschrift der ebenfalls neuernannte Kardinal Walter Kasper eingeschlossen.

Die Herausgeber

Grußworte und persönliche Zeugnisse

BUNDESPRÄSIDENT JOHANNES RAU

„Sie haben es gut gemeint, meine Schüler und Kollegen: Da liegt feierlich über-
bracht und ausgepackt, das erste Exemplar der Festschrift ..." Mit diesen Worten
beginnen die privaten Aufzeichnungen des Geheimrats R. v. D., die wir Stefan
Zweig verdanken. Und ich frage mich, wie es Ihnen, sehr geehrter, lieber Herr
Bischof Lehmann wohl ergeht, wenn Sie das Werk in Händen halten, das wir, die
wir Sie schätzen und ehren, Ihnen dediziert haben.

Vor dem Hintergrund der Botschaft, die Sie unserer Zeit und ihren Menschen
sagen, wissen Sie es besser: Geburtstage sind besondere Tage in der Reihe von
Tagen. An ihnen erinnert man sich des Lebens, nicht der Leistung. Letzteres aber
ist die schöne Pflicht der Freunde und Weggefährten, von denen sich auf den folgenden Seiten viele äußern, um Ihnen zu danken für Ihre Arbeit in Kirche und
Theologie, in der Gesellschaft und für unser Land.

In einer Zeit, in der zwar viele, aber nicht mehr alle Wege nach Rom führen,
merkt man auf beim Titel der Festschrift. „Weg und Weite" lautet er, wenngleich
wir wissen, daß viele Wege nicht ins Weite führen, sondern wie Alpenpaßstraßen
im Winter erst mühsam freigeschaufelt werden müssen. Bisweilen ist der Pfad
schmal, der die Extreme meidet; der Komparativ wird gebraucht, weil der Super-
lativ nur zum Preis der Unfreiheit zu haben ist. Daß Max Webers berühmtes
Wort vom langsamen Bohren dicker Bretter nicht nur auf das Haus der Politik,
sondern auch auf das der Kirche zu beziehen ist, wird wohl niemand ernstlich
anzweifeln. Daß Sie und wie Sie, lieber Herr Bischof, aber das Amt des Bohr-
meisters auszufüllen verstehen, erfüllt viele Menschen mit Dankbarkeit innerhalb
der katholischen Kirche und weit darüber hinaus. Sie tun das als leidenschaftlicher Wissenschaftler und als ein den Menschen und ihren Fragen zugewandter
Seelsorger; sie tun es als Sprecher der Katholischen Kirche in Deutschland und,
ich weiß es, sie tun das als jemand, der hoffnungsfroh von der Kraft des Glaubens spricht, weil er selber auf sie vertraut. Dafür gebührt Ihnen mein ebenso
aufrichtiger wie herzlicher Dank, den ich mit allen guten Wünschen für Ihren
weiteren Weg verbinde.

Ihr
Johannes Rau

WOLFGANG THIERSE. PRÄSIDENT DES DEUTSCHEN BUNDESTAGES

Sehr gerne komme ich der Bitte nach, zu dieser Festschrift ein Grußwort beizutragen. Der Gruß ist ein Glückwunsch, und er gilt Bischof Karl Lehmann zum 65. Geburtstag. Es ist ein herzlicher Glückwunsch, geprägt von Sympathie, Respekt und Verehrung, denn Karl Lehmann ist ein besonderer Bischof und ein Glücksfall für die Katholische Kirche in Deutschland in der heutigen Situation. Ganz offensichtlich wissen dies auch seine Kollegen, die deutschen Bischöfe, die ihn schon dreimal, jedesmal mit überzeugenden Mehrheiten, zu ihrem Vorsitzenden gewählt haben. Bischof Lehmann hat ungeahnte Fähigkeiten und Kräfte entwickelt, Divergierendes und Auseinanderstrebendes zusammenzuhalten. Er ist ein Mann des Gesprächs und – trotz rauher Stimme – der feinen Nuance im Gespräch. Er kann zuhören, und er weiß genau, wie schwer es der modernen säkularen Gesellschaft manchmal fällt, kirchlichen Positionen zuzuhören. Im Überwinden solcher Hörsperren ist Karl Lehmann ein Meister.

Karl Lehmann ist der Vorsitzende der Bischofskonferenz, und er muß oft für die Katholische Kirche in Deutschland sprechen: Für eine Kirche, die katholisch ist und weiß, was das bedeutet, und die doch in der pluralistischen und säkularisierten Gesellschaft wirken will und sich behaupten muß, die auch bei solchen katholischen Christen um Gehör werben muß, die oft nicht mehr genau wissen, was katholisch ist, und die obendrein zutiefst auf die gewachsene Gemeinsamkeit mit den Kirchen der Reformation angewiesen ist, wenn sie ihr Zeugnis wirksam ablegen will.

Das Katholische wird in den letzten Jahrzehnten immer mehr vom Blick auf die Weltkirche bestimmt, und immer weniger Aufmerksamkeit gilt in Rom den Strukturen der Kirchen in den europäischen Staaten und den dortigen Problemen. Katholisch, das lenkt aber auch den Blick auf die Kurie der römischen Kirche, die oftmals in der Versuchung steht, ihre eigene Struktur mit der einer heiligen katholischen und apostolischen Kirche zu verwechseln, zu der sich die Christen im Glaubensbekenntnis bekennen.

Katholizismus in Deutschland, das ist ein Gefüge von 26 Diözesen mit verschiedenen Traditionen und pastoralen Anforderungen, von zahlreichen Verbänden, Gremien und Werken, in denen sich Katholikinnen und Katholiken selbstbewußt engagieren, von einer Meinungsvielfalt, die von der „Kirche von unten" bis zu streng orthodoxen geistlichen Gemeinschaften reicht und die nicht immer stromlinienförmig im Zentralkomitee der Deutschen Katholiken gebündelt wird. Das Verhältnis zwischen Staat und Kirche in Deutschland ist in einer Weise rechtlich verfaßt, die in der Welt kaum irgendwo ihresgleichen hat und die der Kirche große Mitwirkungsmöglichkeiten in den verschiedensten gesellschaftlichen Bereichen eröffnet. Die kirchliche Caritas ist längst ein Faktor der allgemeinen Daseinsvorsorge geworden, mit der in der Öffentlichkeit gerechnet wird.

Der Vorsitzende der Bischofskonferenz ist keineswegs der Chef dieser Vielfalt, soll aber alles zusammenfassen, koordinieren und nach außen vertreten. Er ist um seine Aufgabe gewiß nicht zu beneiden. Vieles von dem, worauf die deutschen Katholiken stolz sind, wird inzwischen in der römischen Zentrale mit Mißtrauen beäugt, und auch die Zuschüsse zu weltkirchlichen Aufgaben aus

Deutschland reichen nicht aus, das Mißtrauen gegen zu viel Eigenständigkeit abzubauen.

Karl Lehmann ist ein sorgfältig arbeitender Theologieprofessor von Rang, er kommt aus der Schule von Karl Rahner, einem theologischen Lehrer, der die Auseinandersetzung des Vatikanischen Konzils mit der modernen Welt in seine Theologie einbezogen hat. Karl Lehmann verleugnet diese Schule nicht. Wie er sein Amt auffaßt, konnte man in den langen Monaten des Streits um die kirchliche Mitwirkung in der staatlichen Schwangerschaftskonfliktberatung kennenlernen. Er hat das Engagement der Kirche in der vom Gesetz vorgesehenen Beratung von Frauen im Schwangerschaftskonflikt verteidigt, weil er erkannt hatte, daß dieses letzte Plädoyer für das Leben eine Chance menschlicher Hilfe für die bedrängte Frau und das ungeborene Leben enthielt. Er hat diesen Kampf über viele Runden durchgehalten. Er hat aber auch nach der endgültigen Entscheidung aus Rom versucht, das Auseinanderlaufen zu vermeiden und die Einheit der Kirche aufrecht zu erhalten. Er hat in Kauf nehmen müssen, daß die Kirche ihre Präsenz in der unmittelbaren Konfliktlinie aufgibt und sich auf Hilfestellungen in ihren eigenen traditionellen caritativen Strukturen beschränkt. Es wird sich zeigen müssen, ob das Engagement von katholischen Christen in einem privaten Verein Kraft genug gewinnt, die entstandene Lücke zu füllen. Es wird sich auch zeigen müssen, inwieweit die Kirche ein solches Engagement in seiner Eigenständigkeit respektieren kann. Ich hoffe es. Vielen Christen, die an ihrer Kirche leiden, sind die Brückenschläge von Bischof Lehmann ein Weg der Ermutigung geworden.

Die Kirche in Deutschland ist ein gesellschaftlicher Faktor. Bischof Lehmann bringt ihn wirkungsvoll zur Geltung. Es gab in seiner Amtszeit keine Bannsprüche und keine Gesprächsaufkündigungen, sondern stets die Bereitschaft, gemeinsame Wege zu suchen oder aber Meinungsverschiedenheiten im offenen Wort auszutragen. Karl Lehmann hat Verständnis für die Menschen, die in der Politik arbeiten, und er sieht die Politiker als Menschen mit ihren Schwächen und Stärken, mit ihrer Überzeugung und ihrer Abhängigkeit von Vorgegebenheiten und Interessen. Bischof Lehmann wirkt auf diese Weise nicht missionarisch, aber seelsorgerisch. Das Gemeinsame Wort der Kirchen zur wirtschaftlichen und sozialen Lage in Deutschland, das 1997 veröffentlicht wurde und aus einem mehrere Jahre dauernden Konsultationsprozeß der beiden Kirchen hervorgegangen ist, verdankt ihm wichtige Impulse und läßt auch seine politischen Grundintentionen erkennen: soziale Gerechtigkeit und die Befähigung zu Partizipation und eigener Verantwortlichkeit. Beides ist Voraussetzung für ein menschliches Leben in Würde.

In diesem Sinn ist Bischof Lehmann ein Mitstreiter all derer, die auf den wichtigsten Wert unserer Verfassung verpflichtet sind, den unverbrüchlichen Schutz der Menschenwürde. Zu seinem Geburtstag sei ihm Tapferkeit, Erfolg und also Gottes Segen gewünscht.

im September 2000

BUNDESKANZLER GERHARD SCHRÖDER

Sehr geehrter Herr Bischof Lehmann,
Ihren 65. Geburtstag nehme ich gerne zum Anlass, vor allem Ihr Wirken als engagierter Seelsorger besonders zu würdigen. Als solcher werden Sie in der Öffentlichkeit immer wieder wahrgenommen. Sie sind ein leidenschaftlicher Theologe und Wissenschaftler. Ich habe Sie als kenntnisreichen und unermüdlichen Vermittler zwischen Kirche, Gesellschaft und Staat in Ihrem wichtigen Amt als Vorsitzender der Deutschen Bischofskonferenz kennen gelernt, das Sie seit 1987 innehaben.

Geprägt durch das Zweite Vatikanische Konzil und Ihren Lehrer Karl Rahner stehen Sie ein für das Wirken der Kirche in einer Welt, die fortlaufend vor neuen und tiefgreifenden Herausforderungen steht. Angesichts dieser Aufgaben wünschen Sie sich eine Kirche, die hellhörig, wachsam und selbstkritisch bleibt. Über die „Institution der Kirche vor den Zeichen der Zeit", über ihre notwendige Erneuerung, aber auch das ihr eigene Beharren haben Sie in vielfältiger Weise gepredigt und publiziert.

Offen zum Gespräch, den Ausgleich und die Verständigung suchend, haben Sie sich über den Kreis der katholischen Christen hinaus hohes Ansehen und Wertschätzung erworben. Die Politik verdankt Ihren Beiträgen in aktuellen Debatten wichtige und weiterführende Impulse.

Ich nehme als Beispiel den von Ihnen gemeinsam mit der Evangelischen Kirche in Deutschland durchgeführten Konsultationsprozess zur wirtschaftlichen und sozialen Lage. Dieser Prozess mit vielfältigen Akteuren aus den Kirchen, aus Politik und Gesellschaft, hat zahlreiche dauerhafte Anstöße in der gesellschaftspolitischen Diskussion in Deutschland bewirkt.

Die Entwicklung der Ökumene ist ein beständiger und bedeutsamer Teil Ihres Wirkens. Ebenso setzen Sie sich für den Dialog der Religionen ein. Aus Ihrer Sicht sind auch die Kirchen durch die europäische Integration und die nach dem Ende des Kalten Krieges möglich gewordene zunehmende Annäherung zwischen West- und Osteuropa zu verstärktem Engagement herausgefordert. So sind Sie seit 1993 als Erster Vizepräsident des Rates der Europäischen Bischofskonferenzen (CCEE) tätig. Weltkirchliche Fragen wie eine wirkungsvolle Entwicklungspolitik und eine dauerhafte gerechte Friedensordnung finden in Ihnen einen nachhaltigen Streiter.

Ihre besondere Neigung gilt der Wissenschaft, der Theologie und Philosophie, der philosophischen Literatur. Diese Kenntnisse der Dogmatik und der Grundlagen von Glauben und Humanismus sowie Ihre tägliche Erfahrung als Bischof der Diözese Mainz machen es wohl aus, wenn Sie von sich selbst einmal sagten, dass Sie „den modernen Zweifel" kennen. Dies macht Ihr Wirken so überzeugend.

Gerne erinnere ich mich an unsere bisherigen Begegnungen, danke Ihnen für die überaus anregenden Gespräche und wünsche Ihnen für Ihr verantwortungsvolles Amt Kraft, Geduld und Ausdauer und persönliches Wohlergeben.

Es gratuliert Ihnen herzlich
Ihr
Gerhard Schröder

BUNDESPRÄSIDENT A.D. DR. RICHARD VON WEIZSÄCKER

Bischof Karl Lehmann gelten zur Vollendung seines 65. Lebensjahres die herzlichsten Grüße. Die Christenheit in Deutschland ist ihm zu einem ganz besonderen und bleibenden Dank verpflichtet. Gründliche systematische Theologie zeichnen ihn ebenso aus wie seine glaubensstarke und verantwortungsbewusste Amtsführung. Das kommt uns allen zu Gute.

Niemals versucht er, ernsthafte Unterschiede im Kirchen- und Amtsverständnis unter den Christen um des lieben Friedens willen zu vertuschen. Zugleich ist er sich der ganz und gar brüderlichen Verpflichtung zutiefst bewusst, in einer gemischtkonfessionellen und zugleich zunehmend areligiösen Gesellschaft die Glaubwürdigkeit des Bekenntnisses aller Christen zu stärken. Seine Sache sind klare Positionen seiner Kirche ohne Ausschließlichkeitsansprüche. Mit Mut und Weisheit leitet er seine Diözese und die ganze Bischofskonferenz. Er ist eine Quelle der Zuversicht für uns alle, die wir ihm Glück und Segen in der kommenden Zeit wünschen.

Berlin, 4. Oktober 2000

KURT BECK. MINISTERPRÄSIDENT DES LANDES RHEINLAND-PFALZ

Zum 65. Geburtstag übermittle ich dem Bischof von Mainz, Ihnen, verehrter Herr Prof. Dr. Dr. Karl Lehmann, meine herzlichen Glückwünsche. Im Namen der Landesregierung und der Bürgerinnen und Bürger unseres Landes wünsche ich Ihnen weiterhin Gesundheit, Mut und Tatkraft, damit Sie auch in Zukunft für die Gläubigen in Ihrem Bistum und in ganz Deutschland, aber auch für alle Menschen in unserem Land beharrlich und erfolgreich wirken können.

In einem Alter, in dem sich andere zur Ruhe setzen, haben Sie mehr Aufgaben und Pflichten denn je. Denn Sie tragen Verantwortung für Ihr Bistum und als Vorsitzender der Deutschen Bischofskonferenz für alle Katholiken in Deutschland. Sie wissen sich eingebunden in eine Weltkirche, die Sie nie aus dem Blick verlieren und für die Sie sich unablässig engagieren. Ihr Handeln und Denken gilt aber auch allen christlichen Mitbrüdern und -schwestern.

Sie sind tief von Ihrer Kirche geprägt und leben mitten in dieser Kirche. Gleichzeitig sind Sie Mittler hin zu den anderen Konfessionen, zu Politik, Wissenschaft und den tragenden gesellschaftlichen Gruppen. Unsere Gesellschaft verdankt Ihnen wichtige Anstöße und kompetente Ratschläge als Redner und Gesprächspartner, als Wissenschaftler oder als Seelsorger.

Die Vielfalt und die Vielzahl Ihrer Aufgaben könnten Sie erdrücken, fänden Sie nicht Ruhe und Kraft in Ihrem Glauben. Ihr unermüdlicher Einsatz für Ihre Kirche und Ihre mitfühlende Sorge um die Menschen sind beispielhaft. Dank und Anerkennung dafür erfahren Sie weit über Ihre Kirche hinaus. Seit mehr als 17 Jahren sind Sie Bischof von Mainz und leben mitten in unserer Landeshauptstadt. Ihr Name ist mit dem Namen dieser Stadt verbunden.

Bei vielen Gelegenheiten haben wir uns getroffen, bei vielen Begegnungen wesentliche Themen beraten. Wir waren nicht immer einer Meinung; aber immer ist es uns gelungen, eine Lösung zu finden, die den Interessen von Kirche und Staat gerecht wurde. Durch Ihr Verständnis, Ihre Offenheit und Toleranz ermöglichen Sie eine vertrauensvolle, beständige Zusammenarbeit von Kirche und Staat zum Wohle der Menschen.

Ich danke Ihnen für Ihr herausragendes kirchliches und gesellschaftliches Wirken. Ich wünsche Ihnen Gottes Segen, auf dass wir noch lange Ihr Wirken spüren mögen!

ERWIN TEUFEL. MINISTERPRÄSIDENT DES LANDES BADEN-WÜRTTEMBERG

In einer Zeit der zunehmenden Säkularisierung, der Auflösung überkommener Milieus und der schwindenden Bindungskraft von Traditionen ist es für die Kirche nicht leicht, ihre Botschaft hörbar zu machen. Zugleich ist ihr Auftrag von besonderer Dringlichkeit. Es ist ein Segen für die katholische Kirche in Deutschland, dass in einer solchen Zeit Karl Lehmann der Deutschen Bischofskonferenz vorsteht. Er ist ein glaubwürdiger und überzeugender Verkünder der christlichen Botschaft, gerade weil er die geistigen und gesellschaftlichen Bedingungen sehr genau kennt, unter denen die Kirche heute ihren Dienst zu tun hat.

Seit seinem Studium in Freiburg und Rom, seit seiner Assistentenzeit beim unvergessenen Karl Rahner und seiner langjährigen Lehr- und Forschungstätigkeit an der Universität Freiburg ist es das zentrale Anliegen von Karl Lehmann, den christlichen Glauben in der Auseinandersetzung mit der zeitgenössischen Lebenswelt als verstehbar und lebbar zu vermitteln, ohne etwas von seiner Substanz preiszugeben.

Feste Verwurzelung in der eigenen geistigen und spirituellen Heimat und Weite des Horizonts, Überzeugungstreue und Toleranz sind für ihn keine Gegensätze, sondern unauflöslich miteinander verbunden. Karl Lehmann wird auch von Andersdenkenden ernst genommen, weil er selbst Andersdenkende ernst nimmt. Man hört auf ihn, weil er anderen zuhören kann.

Diese Haltung hat sich in den nun bereits deutlich mehr als 10 Jahren seiner Tätigkeit als Vorsitzender der Deutschen Bischofskonferenz als außerordentlich fruchtbar erwiesen. In seine Amtszeit ist die Wiedervereinigung Deutschlands gefallen mit ihrer nachhaltigen Veränderung der kulturellen und konfessionellen Verhältnisse in unserem Land. Europa hat sich durch den Zusammenbruch des Ostblocks und die daraus folgenden revolutionären politischen Umbrüche grundlegend verändert. Unter dem Vorzeichen der Globalisierung ist die Welt sowohl kleiner wie unüberschaubarer geworden. Dies alles hat auch die katholische Kirche in Deutschland unmittelbar berührt. Karl Lehmann steht dafür, dass sich die katholische Kirche in dieser Situation nicht auf sich selbst zurückzieht, sondern sich in die Spannungsfelder der Gegenwart hineinbegibt.

Wer es gut meint mit der Kirche, hat allen Grund, Karl Lehmann dankbar zu sein. Und wer politische und gesellschaftliche Verantwortung in unserem Land trägt, hat allen Anlass, ihm für einen herausragenden Dienst nicht nur für unsere Kirche, sondern für unser Land zu danken.

Zu seinem 65. Geburtstag grüße ich den Landsmann und den großen Theologen und Bischof Karl Lehmann in herzlicher Verbundenheit. Gottes Segen möge ihn noch viele gute und gesunde Jahre begleiten. Die katholische Kirche in Deutschland braucht ihn und seine besonnene und mutige Führung.

ROLAND KOCH. MINISTERPRÄSIDENT DES LANDES HESSEN

„Aus der Hitze des Tages" – so lautete der Titel der Festschrift, die Bischof Lehmann zum 60. Geburtstag gewidmet wurde. In den seitdem vergangenen Jahren gab es viele weitere „hitzige" Tage – in Kirche, Gesellschaft und Politik. Keinen einzigen hat Karl Lehmann verstreichen lassen, an dem er nicht Position bezogen hätte. Darunter waren viele unbequeme Positionen, die sich aus dem tiefgreifenden Wandel in unserer Gesellschaft ergaben. In unserem von den Medien bestimmtem Alltag wird über solche ausführlicher berichtet als über die tägliche Arbeit und die vielen kleinen Begebenheiten, die von der Energie und Tatkraft des Mainzer Bischofs und Vorsitzenden der Deutschen Bischofskonferenz zeugen.

Mit grosser Freude erinnere ich mich an die Predigt, die Bischof Lehmann anlässlich der Konstituierung des neugewählten Landtages am 7. April 1999 hielt. Seine nachdrücklichen Worte, die er der Politik in Hessen mit auf den Weg gab, sind mir noch deutlich im Bewusstsein. Sein steter Appell, die christlich-humanen Werte als Grundlage unserer Gesellschaft zu bewahren und in die Zukunft zu tragen, muss Vorbild für die Politik im 21. Jahrhundert sein.

Die Kirchen erfüllen in unserer Gesellschaft eine unverzichtbare Aufgabe. Sie dürfen sich ihrer vielfältigen Verpflichtungen nicht entziehen. Dazu brauchen wir den konstruktiven Dialog mit kirchlichen Amtsträgern wie Bischof Lehmann nötiger denn je. Wir brauchen den Dialog von Menschen mit Menschen, die ihr Leben auf einem sicheren Fundament aufbauen.

So gelten Bischof Karl Lehmann zum 65. Geburtstag meine herzlichsten Glück- und Segenswünsche. Nicht vergessen möchte ich den Dank für seine engagierte Arbeit als Bischof von Mainz und sein versöhnendes Wirken als Vorsitzender der Deutschen Bischofskonferenz. Damit verbunden gebe ich der Hoffnung Ausdruck, dass auch in den zukünftigen „hitzigen" Tagen sein gewichtiges Wort erklingen wird. Ohne sein unbedingtes Eintreten für die drängenden Probleme unserer Zeit wären wir sehr viel ärmer. Sein Mut, seine Entschlossenheit und sein tief verwurzelter Glaube sollten uns allen ein Vorbild sein.

DR. BERNHARD VOGEL. MINISTERPRÄSIDENT DES LANDES THÜRINGEN

Karl Lehmann – ein Zeuge des Glaubens

Es muss im Jahr 1967 gewesen sein. Ich war erst kurz zuvor zum Kultusminister von Rheinland-Pfalz bestellt worden und dabei, mich in meiner neuen Aufgabe zurecht zu finden, als mich der Professor für Dogmatik an der katholisch-theologischen Fakultät der Universität Mainz aufsuchte. Er wollte mir mitteilen, er werde Nachfolger des Speyerer Bischofs Isidor Markus Emanuel, der krankheitsbedingt um seine Entpflichtung gebeten hatte. Am Ende unseres Gespräches übergab er mir ein voluminöses maschinenschriftliches Manuskript, die Doktorarbeit eines jungen Schülers von Karl Rahner, und bat mich, es doch zu lesen. Den Autor, Karl Lehmann, würde er, Friedrich Wetter, sich als seinen Nachfolger auf dem Mainzer Lehrstuhl wünschen.

Karl Lehmann wurde Professor in Mainz. Er machte bald von sich reden und gehörte nach kurzer Zeit zu den Mainzer Professoren, die aufhorchen ließen, zu denen man Kontakt suchte, auf die man hörte. Nicht nur ich – auch der ein Jahr nach der Berufung von Lehmann zum Ministerpräsidenten von Rheinland-Pfalz gewählte Helmut Kohl.

1971 bat Professor Lehmann um ein Gespräch. Es falle ihm schwer, denn er fühle sich sehr wohl in Mainz. Sein Plan sei gewesen, lange hier zu bleiben und jeden Ruf an eine andere Universität abzulehnen. Aber nun wolle man ihn in Freiburg haben. Freiburg, das sei sein Heimatbistum, diesem und der dortigen Universität, an der er 1956 sein Studium begonnen hatte, sei er besonders verpflichtet.

Üblicherweise widerspricht ein Kultusminister in solchen Fällen, macht Vorschläge und Angebote, die Arbeitsbedingungen zu verbessern, appelliert an die eingegangenen Verpflichtungen und fügt einen moralischen Appell hinzu, er werde hier unbedingt gebraucht. Karl Lehmann wurde in Mainz unbedingt gebraucht. Aber in diesem Fall war mir nach wenigen Minuten klar, dass er nicht aufzuhalten war!

Ich blieb tief betrübt über den Verlust zurück. Lehmann ging nach Freiburg. Man hörte und man las von Lehmann, er wurde zu einem von Laien wie Bischöfen sehr gefragten, zu einem der angesehensten Theologieprofessoren Deutschlands. Der Verlust für Mainz war groß. Jahre gingen ins Land.

Ende 1982 entsprach der Papst dem Drängen des Mainzer Bischofs Hermann Kardinal Volk und ließ den fast 80-jährigen in den Ruhestand treten. Der Nuntius erschien – wie in solchen Fällen üblich – und bat die rheinland-pfälzische Landesregierung, gegen die Ernennung des vorgesehenen Nachfolgers des Kardinals auf dem Mainzer Bischofsstuhl „keine Erinnerung" zu erheben, wie es im Konkordatsdeutsch heißt. Die Landesregierung erhob „keine Erinnerung".

So schwer uns der Abschied von Kardinal Volk auch fiel, wir waren glücklich über die römische Entscheidung. Karl Lehmann war wieder in Mainz. Am 28. September 1983 legte er seinen Treueid auf die Verfassung vor den Ministerpräsidenten von Hessen und Rheinland-Pfalz ab. Am 2. Oktober 1983 wurde er im Dom zu Mainz zum Bischof von Mainz geweiht.

Seit diesen Tagen bin ich dem Mainzer Bischof viele, viele Male begegnet, hochoffiziell und ganz privat. Aus freudigem Anlass und in Stunden großer Sorge. Als er seine Bischofswohnung in Mainz bezog und Berge von Büchern kaum unterzubringen waren, voller Hoffnung, auch als Bischof Gelehrter bleiben zu können. Aber auch 1988 bei meinem für mich schmerzvollen Abschied aus Mainz. Und als das Bistum Erfurt 1994 nach 1250 Jahren im Zuge der deutschen Wiedervereinigung neu gegründet wurde. Wir begegneten uns auf Katholikentagen, im Zentralkomitee der Deutschen Katholiken, dem wir viele Jahre gemeinsam angehörten, in der gemeinsamen Synode der Bistümer in der Bundesrepublik Deutschland, wo er mit Walter Kasper, Franz Böckle, Klaus Hemmerle und anderen zu den wegweisenden Sprechern gehörte, auf Tagungen und Kongressen, auf Flugplätzen und in Hotelhallen.

Karl Lehmann war aber nicht nur ein wegweisender Sprecher. Immer leistete er auch einen überzeugenden Dienst an der Einheit der Kirche, indem er mit umfassendem Sachverstand und der ihm eigenen Souveränität theologische Wissenschaft, pastorale Praxis, christliches Apostolat und gesellschaftspolitisches Handeln zueinander in Beziehung setzte und so in eine ganzheitliche Wirklichkeit christlicher Existenz integrierte.

Es war daher folgerichtig, dass der Priester und Professor Karl Lehmann nicht nur zum Bischof geweiht wurde, sondern als Bischof auch zum Vorsitzenden der Deutschen Bischofskonferenz gewählt wurde. Ich werde nicht vergessen, wie ich mit Freunden aus dem Zentralkomitee der deutschen Katholiken auf dem Weg von Krakau nach Danzig spät abends im Auto unterwegs war und wie wir nach langem Suchen nach einem Sender über das Autoradio die Nachricht erfuhren, Karl Lehmann sei zum Vorsitzenden der Deutschen Bischofskonferenz gewählt worden. Große Begeisterung verleitete den Fahrer des Wagens zu überhöhter Geschwindigkeit. Wir wurden von der Polizei gestoppt. Die hohe gebührenpflichtige Verwarnung entrichteten wir gern. Karl Lehmann war Nachfolger der Kardinäle Frings und Höffner und des unvergessenen Julius Kardinal Döpfner, der Karl Lehmann 1963 in Rom zum Priester geweiht hat.

Meine Bewunderung, meine Zustimmung für diesen Mann wuchs von Jahr zu Jahr. Und sie steigerte sich um so mehr, um so schwieriger die Situation wurde, um so fordernder die Aufgaben wurden, die er zu erfüllen hatte.

Die Tage eines monolithischen geschlossenen Katholizismus in Deutschland gehören der Vergangenheit an. In einer pluralen Gesellschaft hat auch der Katholizismus plurale Züge angenommen. Die Zeit der unbedingten Geschlossenheit der Deutschen Bischofskonferenz und des Schulterschlusses mit Rom gehört der Vergangenheit an. Die Rolle der Kirche in Deutschland hat sich gewandelt. Der Umgang der Katholiken untereinander ist komplizierter geworden. Oft wird in der Öffentlichkeit mehr Streit sichtbar als der zweifellos nach wie vor vorhandene Konsens in Grundfragen.

Bischof Karl Lehmann litt darunter, aber man spürt auch, dass ihn die Herausforderung wachsen lässt: Man denke nur an das jahrelange, quälende Ringen mit dem Vatikan in der Frage der Schwangerenkonfliktberatung. Bittere Niederlagen, die man ihm zugefügt hat und schmerzhafte persönliche Kränkungen haben ihn nicht niedergedrückt. Im Gegenteil: Er wurde ruhiger, geduldiger und gelassener und – gelegentlich hat es den Anschein – sogar heiterer. Je öfter man ihn bei Kardinalsernennungen überging, um so überzeugter lebte er die Kardinaltugenden der Tapferkeit und der Klugheit. Keine Klage ist zu hören, wohl aber ist Entschlossenheit zu erkennen: Die Aufgabe annehmen, die Einheit der Kirche wahren. Dem Papst gehorsam sein und den Gläubigen in Deutschland ein guter Hirte.

Als „Prellbock zwischen Rom und der Kirche" hat Hans Maier ihn bezeichnet, als „radikale Mitte des deutschen Katholizismus". Andere hätte die Spannung wohl überfordert. Karl Lehmann hat sie gestärkt, ihn mutiger und sicherer gemacht.

„State in Fide", „Steht fest im Glauben" (1 Kor 16,13) lautet sein Wahlspruch. Bischof Lehmann hat seinen Wahlspruch zu seiner Lebensbotschaft gemacht. In der Tat: „Karl Lehmann ist ein Glücksfall für die deutschen Katholiken – und nicht nur für sie" (Hans Maier).

Ich wünsche Bischof Karl Lehmann alles erdenklich Gute zum 65. Geburtstag und mir wünsche ich noch viele Begegnungen mit ihm.

DR. ANGELA MERKEL. MdB. VORSITZENDE DER CDU DEUTSCHLANDS

Klare eigene Prinzipien zu vertreten und zugleich andere Menschen verstehen zu können: Diese Fähigkeit haben wenige. Bischof Lehmann hat sie, und deshalb ist es mir immer eine Freude und ein Gewinn, mit ihm zu sprechen und zu diskutieren. Viel wird vom Dialog zwischen Kirche und Politik geredet. Bischof Lehmann führt ihn.

Die Deutsche Bischofskonferenz hat in Bischof Lehmann einen Vorsitzenden, dessen Stimme in der Öffentlichkeit größtes Gewicht hat. Vielen Menschen, auch den Nichtkatholiken, eröffnet Bischof Lehmann einen Zugang zu den Positionen katholischen Denkens. Wie kein anderer verkörpert er heute die moralische Stimme des Katholizismus in Deutschland. Diese Festschrift ehrt also nicht nur einen Theologen ersten Ranges, sondern einen herausragenden Botschafter des Glaubens.

In einer Zeit, in der christliche Werte und Positionen keine Selbstverständlichkeit mehr sind, spricht Bischof Lehmann klar, den Menschen zugewandt. Seine unbestreitbare moralische Autorität schöpft er aus dem spürbaren Ringen um Antworten auf schwierige und schwierigste Fragen und aus dem steten Bemühen, zwischen Gesellschaft, Politik und Kirche zu vermitteln. Für die Ausdauer und den Erfolg, mit dem ihm das gelingt, gebührt Bischof Lehmann größte Anerkennung.

Die CDU Deutschlands wie auch ich ganz persönlich wünschen Bischof Lehmann alles Gute zu seinem 65. Geburtstag, ungebrochene Schaffenskraft und viel Freude an seinem ebenso schwierigen und bedeutsamen wie schönen Amt.

MARIELUISE BECK. MdB. BEAUFTRAGTE DER BUNDESREGIERUNG FÜR AUSLÄNDERFRAGEN

„Angst, Ausgrenzung und Hass können eine Gesellschaft auf Dauer nicht tragen". Mit diesen Worten setzte der Vorsitzende der Deutschen Bischofskonferenz, Bischof Karl Lehmann, anlässlich der 25. Eröffnung der „Woche der ausländischen Mitbürger" im September 2000 ein deutliches Signal gegen Fremdenhass und für die Menschenwürde von Migranten und Flüchtlingen. Für alle, die Bischof Karl Lehmann, der nun seinen 65. Geburtstag begeht, kennen, sind diese deutlichen Worte und sein Engagement für Fremde und Flüchtlinge keine Überraschung. Immer wieder hat sich der Jubilar auch in aktuellen Diskussionen um Ausländerpolitik und bei brennenden Flüchtlingsfragen zu Wort gemeldet – besonnen im Ton, engagiert in der Sache. Als Vorsitzender der Deutschen Bischofskonferenz hat er mit der Einrichtung der Bischöflichen Kommission „Migration" die Diskussion um diese Themen nicht allein innerhalb der Katholischen Kirche vorangebracht; mit seinem jeweiligen Beitrag zu den jährlichen Gemeinsamen Erklärungen zur Woche der ausländischen Mitbürger hat er sie auch zum Anliegen der Ökumene gemacht.

Dieses Engagement ist Teil seines christlichen Selbstverständnisses. Zu diesem Selbstverständnis gehört auch immer, den Fremden zu schützen – vor Ausgrenzung, vor Gewalt, auch vor unmenschlicher Behandlung. Die christlichen Kirchen und gerade Bischof Karl Lehmann haben sich dieser Aufgabe immer wieder gestellt.

Es kommt nicht von ungefähr, sondern ist als wesentlicher Ausdruck des christlichen Glaubens zu verstehen, wenn es im kirchlichen Wortschatz den Begriff des „Ausländers" nicht gibt, nicht in der Bibel und auch nicht anderswo. „Ausländer" ist ein Rechtsbegriff aus dem Staatsangehörigkeitsrecht.

Vom Standpunkt des christlichen Glaubens her gibt es keine Ausländer oder Inländer, sondern Menschen – mit verschiedenen Sprachen und verschiedenen Kulturen, aber gleich als Geschöpf vor Gott.

Die Heilige Schrift spricht stattdessen von „Fremden", wenn sie Menschen meint, die weder der Glaubensgemeinschaft angehören noch in der Nachfolge Christi stehen.

Der Fremde ist für die Bibel jener Mensch, dem mit Hilfsbereitschaft und Gastfreundschaft zu begegnen ist, der zu schützen ist.

Diese Haltung geht zurück auf eine Wurzel des christlichen, aber auch des islamischen Glaubens und des jüdischen Glaubens. Hier liegt eine wesentliche Gemeinsamkeit: Die Erfahrung des Volkes Israel in der ägyptischen Gefangenschaft hat deutlich die Haltung der großen Religionen gegenüber dem Fremden geprägt.

Gastfreundschaft war und ist eine besondere Pflicht, ja eine Ehre, die die großen Schwesterreligionen des Judentums, des Islam und des Christentums gepflegt und praktiziert haben.

Doch was ist, wenn aus den Gästen, aus den Fremden, die zu uns gekommen sind, Nachbarn werden. Was ist, wenn Einwanderer und Flüchtlinge unterschiedlichster Religion und Kultur sich in den Städten, Stadtteilen und Gemeinden, in

denen wir heute leben, niedergelassen haben, Teil unserer Gesellschaft und Gemeinde geworden sind?

Darf dann die Gastfreundschaft enden, sollen dann die Türen verschlossen
bleiben? Jeder kann seinen Beitrag dazu leisten, dass aus Fremden Mitmenschen,
ja vielleicht Freunde werden.

Der Jubilar hat mehr als dies getan – nicht nur in seinem Amt, sondern auch
als Mensch und Christ, der weiß, dass Angst, Ausgrenzung und Hass eine Gesellschaft auf Dauer nicht tragen können.

BUNDESMINISTER A.D. DR. KLAUS KINKEL. MdB

Herzlichen Glückwunsch, lieber Bischof Lehmann.

Mich verbindet mit Ihnen nicht nur die Landsmannschaft: Sie aus Sigmaringen,
ich aus Hechingen, wir beide also waschechte Hohenzollern, Muss-Preußen. Wir
sind auch im selben Jahr geboren – und beide noch weit vom mit 65 Jahren eigentlich verdienten Ruhestand entfernt.

Ich habe Sie immer vor allem für Ihren großen Mut bewundert und hätte Ihnen
Erfolg bei der für die Kirche natürlich schwierigen Frage der Beratungsstellen
gewünscht. Sie sind ein Mann des offenen Wortes, kein Freund salbungsvoller
Umschreibungen manchmal unbequemer Wahrheiten und Ansichten, ein Theologe und Kirchenmann, der immer ein Mann des Volkes geblieben ist. Und nicht
nur mit beiden Beinen fest im Leben steht, sondern auch mit seinem Herzen und
seinem Kopf. Sie haben stets gewusst, dass Gotteshäuser keine Elfenbeintürme
haben dürfen. Die Grenzen zwischen Kirche und Staat müssen klar definiert sein.
Aber die Kirche darf sich nicht abwenden oder zurückziehen, sie muss sich ein-
mischen, muss Stellung beziehen, sich einbringen in den sozialen und durchaus
auch in den politischen Alltag. In unserer durch Orientierungslosigkeit und Werteverfall gekennzeichneten Welt muss die Kirche eine ganz entscheidende Rolle
spielen, nicht nur, weil sie mit ihren haupt- und vor allem den unzähligen ehren-
amtlichen Mitarbeitern und zahllosen Hilfseinrichtungen dem Staat wichtige
Aufgaben abnimmt. Die Kirche ist und bleibt Leitbild, Kompass und
Mut-Macher für viele. Und Sie, lieber Bischof Lehmann, haben es auf Ihre Art
immer ganz besonders gut verstanden, diese Rolle anzunehmen und auszufüllen.
Fest im Glauben, und dabei immer glaubwürdig. Mit klaren Positionen, aber stets
um Ausgleich und Balance bemüht. Ein Pfeiler des Katholizismus, aber gleichzeitig eine Brücke zu anderen. Ein treuer Diener seines Herrn und seiner Kirche,
aber dabei stets den Menschen zugewandt. Ich wünsche Ihnen von ganzem Herzen alles Gute und noch viele Jahre erfolgreichen Schaffens.

Kirche und Religion

GRUSSWORTE DES KARDINALSTAATSSEKRETÄRS ANGELO KARDINAL SODANO UND DES APOSTOLISCHEN NUNTIUS IN DEUTSCHLAND ERZBISCHOF GIOVANNI LAJOLO

Der Staatssekretär Seiner Heiligkeit Angelo Kard. Sodano hat Herrn Bischof Lehmann anläßlich seines 65. Geburtstages seine Wertschätzung und freundschaftliche Verbundenheit mit folgender Botschaft zum Ausdruck gebracht:

„Gern schließe ich mich den Bischöfen, Priestern, Ordensleuten und Laien und auch den Persönlichkeiten aus anderen Konfessionen und Religionen an, die Herrn Bischof Karl Lehmann ihre Glück- und Segenswünsche zu seinem 65. Geburtstag aussprechen.

Vor siebzehn Jahren wurde er vom Vertrauen des Heiligen Vaters auf den Bischofsstuhl von Mainz berufen, einem Bistum, das in der Vergangenheit religiös, kulturell und politisch eine herausragende Rolle gespielt hat, das aber vor allem dadurch ausgezeichnet ist, daß seine Gläubigen immer wieder ein lebendiges Zeugnis ihres Glaubens geben. Die unermüdliche Tätigkeit von Bischof Lehmann als Oberhirte sowie seine Aufmerksamkeit und Sensibilität für die geistigen Nöte der heutigen Menschen haben ihm die Verbundenheit und Bewunderung von Priestern und Gläubigen seiner Diözese eingetragen. Wegen seiner Fähigkeit, in tiefer geistlicher Einheit mit seinen Mitbrüdern im Bischofsamt zusammenzuwirken, wurde er schon zum dritten Mal zum Vorsitzenden der Deutschen Bischofskonferenz gewählt. Der Heilige Stuhl weiß die Hilfe wohl zu schätzen, die das Bistum Mainz unter seiner Leitung zugunsten weniger gut gestellter Diözesen jenseits der deutschen Grenzen leistet, und auch den persönlichen Beitrag, den Bischof Lehmann mit seiner reichen theologischen Kenntnis, mit seiner pastoralen Erfahrung und seiner Menschlichkeit in wichtigen Dikasterien des Heiligen Stuhles geleistet hat und weiterhin leistet.

Möge der Herr ihm schenken, daß sein Dienst, den er in der Gemeinschaft mit seinen Mitbrüdern im Bischofsamt und mit dem Heiligen Vater auf dem Fundament des gemeinsamen Glaubens und in der Ausrichtung auf die gemeinsamen Ziele ausübt, weiter reiche Frucht trägt.

Es ist für mich eine Freude, ihm die Ermutigung und den Segen des Heiligen Vaters Johannes Paul II. mit dem Ausdruck seiner väterlichen Verbundenheit übermitteln zu dürfen.

Angelo Kard. Sodano
Kardinalstaatssekretär

Sicher erübrigt es sich, diesen Worten des Kardinalstaatssekretärs etwas hinzuzufügen. Trotzdem möchte ich mir erlauben, von meiner Seite etwas als persönliches Zeugnis zu sagen.

Meine erste Begegnung mit Karl Lehmann fällt in die Zeit der Würzburger Synode, auf der er eine nicht unbedeutende Rolle spielte. Damals erlebte ich ihn – er war schon ein angesehener Theologieprofessor –, als einen Mann, der neuen Anliegen offen gegenüberstand, aber doch immer auch bestrebt war, zu einem Konsens mit denjenigen zu kommen, die zu sicheren, bewährten Positionen neigten. Der „consensus" aller Mitglieder, mag er auch mühsam sein, – nicht das Sichdurchsetzen einer Mehrheit ist das Ziel, das man in der Kirche erstreben muß: Er ist Ausdruck der „communio", als die sich die Kirche versteht. Und Karl Lehmann erschien mir schon damals als ein Mensch der „communio".

In der Folge haben sich unsere Wege lange nicht mehr gekreuzt. Als ich vor mehr als vier Jahren als Apostolischer Nuntius nach Deutschland kam – Lehmann war inzwischen Bischof von Mainz und Vorsitzender der Deutschen Bischofskonferenz –, da hat es mich nicht gewundert, daß – im Hinblick auf sein Wirken auf der diözesanen wie auch auf der überdiözesanen Ebene – seine Kraft zur Integration gerühmt wurde. Neben ihr – oder besser: als ihre verborgene Quelle – steht sein stetes zähes Streben, seinem Wahlspruch *State in fide* gerecht zu werden. Unschwer ist bei ihm der feste Wille zu erkennen, das Apostelwort in die Tat umzusetzen: „Wir wollen uns, *von der Liebe geleitet, an die Wahrheit halten* und in allem wachsen, bis wir ihn erreicht haben. Er, Christus, ist das Haupt" (Eph 4,15).

Um die Zustimmung der anderen zu finden und ein friedliches Miteinander zu erreichen, ist Bischof Lehmann bestimmt nicht zu Kompromissen in der Wahrheit bereit. Im Gegenteil, eben von ihm stammt die Einladung, eine „Offensive des Glaubens" zu starten, die – wie er sofort präzisiert – nicht aggressiv sein soll, sondern eine klare und mutige Darstellung des katholischen Glaubens, welche keine der vielen Fragen, die die heutigen Menschen bewegen, ausklammert und dabei auch die Konfrontation keineswegs scheut, die aber wesentlich von dem Ziel beflügelt wird, daß alle in Freude teilhaben am „Los der Heiligen, die im Licht sind" (Kol 1,12).

Mögen die kommenden Jahre des bischöflichen Dienstes den Jubilar – und uns alle – diesem Ziel immer näherbringen.

Bonn, den 2. Oktober 2000

+ Giovanni Lajolo
Apostolischer Nuntius

MILOSLAV KARDINAL VLK. ERZBISCHOF VON PRAG, VORSITZENDER DES RATES DER EUROPÄISCHEN BISCHOFSKONFERENZEN (CCEE)

Mit Freude gehöre ich zu denen, die nah oder fern mit dem Jubilar feiern. Ich bin gewiss, dass er zutiefst das Bedürfnis zu danken empfindet. Da ist es gut, wenn die Freunde kommen, um gemeinsam mit ihm zu danken und Gott zu loben für alle guten Gaben, mit denen er den Jubilar beschenkt hat, und für die Taten, die er durch ihn gewirkt hat.

Es sei anderen vorbehalten, die dazu berufen sind, die Lebensgeschichte von Karl Lehmann nachzuzeichnen und zu beleuchten. Mir liegt daran, den Menschen Karl Lehmann zu würdigen.

Zwar kenne ich Bischof Lehmann erst etwas mehr als zehn Jahre lang, was gemessen an seinem Lebensalter als wenig erscheinen mag. Doch verbinden uns sehr eindrückliche Begegnungen. Das erste Mal sahen wir uns bei einem Treffen des Rates der Europäischen Bischofskonferenzen (CCEE). Ich war erst kürzlich zum Bischof geweiht worden, kam aus einem kommunistischen Land und hatte keine Erfahrung mit der großen Welt, vor allem nicht mit der Weltkirche. In meinem eigenen Leben war es mir aus den bekannten Gründen verwehrt geblieben, eine Zeit lang im Ausland zu studieren. In der Begegnung mit Karl Lehmann spürte ich von Anfang an, dass dieser Bischof, der ein eindrucksvoller und weithin anerkannter Theologe ist, zugleich ein tiefes Verständnis für die zentralen, lebenswichtigen Fragen der Kirche hat. Wir sprachen im Jahre 1990 häufig über die Versöhnung unserer Nationen. Daraus erwuchs die schöne Versöhnungskorrespondenz zwischen den Bischofskonferenzen unserer Länder.

Wir sind bald Freunde geworden.

Drei Jahre später wurden Karl Lehmann und ich ins Präsidium des Rates der Europäischen Bischofskonferenzen gewählt. Als Präsident war mir eine enge Zusammenarbeit mit dem Vizepräsidenten Lehmann vorgezeichnet. Die persönliche Erfahrung im Kontakt mit ihm war der Beginn einer engen Zusammenarbeit für Europa. Wir spürten, dass sich Ost und West Europas in unseren Personen aufs Tiefste begegneten und eng verbanden.

Zusammen haben wir dringende Fragen der Kirche in Europa wie das Thema „Freiheit und Solidarität" (Symposium in Prag, 1994) sowie das Thema „Religion als Privatsache und als öffentliche Angelegenheit" (Symposium in Rom, 1996) behandelt. Auf dem heutigen Weg der Ökumene erlebe ich ihn als Protagonisten. Dabei möchte ich an das ökumenische Treffen 1997 in Graz erinnern. Auch auf der Vollversammlung des CCEE im Jahre 1999 in Athen führte er kenntnisreich in das Thema der Rechtfertigungslehre ein. An der Ausarbeitung der von Lutheranern und Katholiken gemeinsam unterzeichneten Erklärung zu diesem Thema – ein Meilenstein auf dem Weg der Ökumene – war er maßgeblich beteiligt.

Im Rat ist er allen ein hochgeschätzter Mitbruder. Ich schätze die analytische Kraft, mit der er Entwicklungen nicht nur in Europa durchschaut, die vielfältigen Kontakte und Beziehungen zu Menschen – hochgestellten und einfachen – in der Kirche, seine Urteilsfähigkeit und die Klugheit, mit der er auch schwierige Situationen einer Lösung näher bringt. Durch diese Begabungen gibt er besonders im

Präsidium Orientierung und Hilfe. Deshalb ist es ganz besonders Karl Lehmanns Verdienst, dass der Rat im Laufe der letzten sieben Jahre viel Gutes leisten konnte. Im Präsidium trägt seine heitere und freundliche, ausgeglichene Persönlichkeit dazu bei, den Zusammenhalt und die Zusammenarbeit zu fördern.

Auf diesem gemeinsamen Weg haben wir manche geistlichen Gespräche miteinander geführt. Ich durfte auf dieser Weise ganz besonders auch seine Seele kennenlernen. Vor allem beeindrucken mich seine Liebe zur Kirche und seine Treue zum Papst.

Dem Jubilar wünsche ich viel Geisteskraft und Erleuchtung, viel Klugheit und Mut, auf dass er bei guter Gesundheit der Kirche – nicht nur in Deutschland – dienen kann. Ich danke ihm für alles, was er als Vorsitzender der Deutschen Bischofskonferenz für die Kirche unseres Landes getan hat und tut. Ad multos annos!

Franz Kardinal König. Alterzbischof von Wien

Es ist für mich ein willkommener Anlaß, aus Österreich – wo der Name des Vorsitzenden der Deutschen Bischofskonferenz überall bekannt und wohl geachtet ist – im Rahmen dieses festlichen Anlasses ein Wort des Grußes als Zeichen herzlicher Verbundenheit zu übersenden. Ich erinnere mich noch sehr gut an unsere erste Begegnung: Es war zu Beginn des Zweiten Vatikanischen Konzils in Rom, wohin ich den widerstrebenden Professor Rahner aus Innsbruck als meinen Konzilstheologen mitgebracht hatte. Seine Angst vor dem römischen und vatikanischen Milieu sollte sich allerdings bald legen. Ich hoffe übrigens, nicht fehlzugehen, wenn ich der Meinung bin, daß Rahners Arbeit als Konzilstheologe, besonders auch seine Mitarbeit in der theologischen Kommission des Konzils ein wenig zu seiner späteren internationalen Bedeutung beigetragen hat. Denn heute gibt es ja nicht nur einen Karl-Rahner-Preis, eine Karl-Rahner-Stiftung, sondern auch sogar eine Karl-Rahner-Society in den USA. Sein umfangreicher Nachlaß befindet sich heute im Innsbrucker Rahner-Archiv. Seine Mitarbeit in meinem, heute überholten „Religionswissenschaflichen Wörterbuch" ist für mich heute übrigens auch ein Anlaß, ihm dankbar zu sein.

Bereits zu Beginn des Zweiten Vatikanischen Konzils tauchte in der Umgebung Rahners der Freiburger Germaniker Karl Lehmann auf, der bereits nach kurzer Zeit zum engen Mitarbeiterkreis des Konzilstheologen Rahner gehörte. Ich möchte daher den heutigen Anlaß auch dazu benützen, um Bischof Lehmann für etwas meine Anerkennung auszusprechen, was vielleicht zu wenig beachtet wird: Es ist seine Mitarbeit und persönliche Verbindung mit Pater Rahner – und zwar als sein wissenschaftlicher Assistent bei Professor Rahner an der Universität München, am Institut für christliche Weltanschauung, anschließend in gleicher Eigenschaft beim Lehrstuhl Rahners in Münster. Bei einer Durchsicht der unglaublich reichhaltigen Bibliographie Lehmanns bis in die achtziger Jahre konnte ich feststellen, daß der Name Rahner verschiedentlich auftaucht als Autor und Mitarbeiter. Besonders aber schätze ich es, daß Bischof Lehmann Zeit gefunden hat, und einen materialreichen und klug kommentierenden Beitrag über

Rahners Lebenswerk im neuen Band des Lexikons für Theologie und Kirche (Bd. 8, 1999, Sp. 805–808) geschrieben hat. Dabei ging es ihm darum zu zeigen, daß die große Fülle der Einzelarbeiten und Vorträge Rahners aus verschiedensten Anlässen doch klar und deutlich durch eine systematische Grundkonzeption zusammengehalten werden. Denn als Rahners theologische Mitte ist wohl mit recht die „Erfahrung der Gnade" zu sehen, als fundamentale Wirklichkeit des Christentums. In Verbindung mit seiner „Transzendentaltheologie" ergaben sich damit Hinweise auf seine spätere Auffassung von einem „anonymen Christen". Damit könnte sich ergeben, daß im Leben und Wirken Lehmanns sich auch Spuren aus Rahners Vielfalt theologischen Denkens finden lassen. – Der auch in meiner Heimat wohlbekannte Professor Hans Maier meinte unlängst (Licht aus dem Ursprung, Hrsg. von P. Reifenberg, S. 324): „Karl Lehmann ist ein Glücksfall für die deutschen Katholiken und nicht nur für sie." – Damit sagte er wohl etwas, was viele so empfinden.

Solche anerkennenden Worte aus einem solchen Munde finden aber bei Bischof Lehmann gleich wieder die Balance, wenn er sagt: „Auf den Zeugen kommt es an ... wir fordern von ihm ein hohes Maß an Glaubwürdigkeit, sonst trauen wir ihm nicht" – so Lehmann selber in einem Hirtenwort 1996. Die Österreicher, in deren Namen ich spreche, trauen ihm und freuen sich.

DR. OSKAR SAIER. ERZBISCHOF, FREIBURG IM BREISGAU

„Aus der Unerschöpflichkeit des Einfachen"

Eine „natürliche Anständigkeit, verbunden mit einer seltenen Aufgeschlossenheit für Literatur, Philosophie und Theologie", – dies rühmte in den fünfziger Jahren sein Heimatpfarrer Fridolin Abberger in Veringenstadt am jungen Abiturienten Karl Lehmann. Dass dieses Urteil zutraf, zeigte sich bald auf vielfältige Weise. Mit unglaublichem Arbeitseifer wandte sich der junge Mann, „fest entschlossen", wie er selbst schrieb, „dem Studium der katholischen Theologie [zu] als Vorbereitung für den kirchlichen Dienst in der Erzdiözese Freiburg i. Br.", zunächst in Freiburg selbst und dann in Rom. Auf die philosophische Lizenziatsarbeit 1959, mit dem Prädikat „summa cum laude", folgte 1962 – mit demselben Ergebnis – das philosophische Doktorat, bald darauf das theologische Lizenziat.

In diesen Jahren – es war die Zeit des Zweiten Vatikanischen Konzils – beherbergte das „Collegium Germanicum" in Rom, in dem der junge Karl Lehmann als Priesterkandidat ausgebildet wurde, häufig einen bedeutenden Gast, den theologischen Berater des Wiener Kardinals Franz König, nämlich keinen Geringeren als Karl Rahner. Der bekannte Dogmatiker wurde früh aufmerksam auf den begabten Studenten, der für ihn in Rom so manche Dienste übernommen hatte, und wollte ihn später als Mitarbeiter gewinnen. Darum bat er 1964 meinen Vorgänger, Erzbischof Hermann Schäufele, ihm den jungen Freiburger Diözesanpriester Karl Lehmann als Assistenten zu überlassen.

In München, wo Rahner im Begriff war, den Guardini-Lehrstuhl zu übernehmen, warte – so führte er aus – enorm viel Arbeit. Für ihn sei es „daher von größ-

tem Interesse", Assistenten, „und zwar sehr gute und selbstständige, zu finden".
Deswegen stehe Lehmann für ihn an erster Stelle. Um den Erzbischof noch weiter davon zu überzeugen, fügte Rahner hinzu: „Zwei Freiburger würden dann
hier an einem Strick ziehen bei einer Arbeit, die [...] nicht unwichtig zu sein
scheint." Zudem meinte er: „Ein mit der Assistentenstelle gegebenes persönliches Verhältnis zwischen Professor und jungem Priester kann Herrn Lehmann ja
auch nichts schaden." Der Professor überzeugte den Erzbischof. Die Zeit in
München hat Karl Lehmann wirklich nicht geschadet, ganz im Gegenteil! Die
Arbeit mit Karl Rahner unmittelbar nach dem Zweiten Vatikanischen Konzil eröffnete ihm einen weiten Horizont. Ich selbst war kurz zuvor, nach dem Ende
meiner Kaplanszeit, mit dem Studium der Kanonistik in München beauftragt
worden. So begann damals für uns beide in freundschaftlicher Verbundenheit
eine gemeinsame Wegstrecke. Bei Begegnungen in der Ludwig-Maximilians-
Universität und bei manchem Spaziergang im „Englischen Garten" in München
erörterten wir wissenschaftliche Probleme und tauschten Erfahrungen über Kirche und Welt aus. Ich erhielt regen Anteil an dem, was den jungen Assistenten
bewegte und beschäftigte. Es war für uns beide eine arbeitsreiche und ungemein
lebendige Zeit!

Für Karl Lehmann ging es gewissermaßen „Schlag auf Schlag" weiter: Noch
während seiner Münchner Zeit konnte er in Rom seine theologische Dissertation
zum Abschluss bringen. 1967 folgte er Karl Rahner nach Münster. Von nun an
war er ein gefragter Mann. Mehrere Hochschulen zeigten Interesse an ihm. Mit
der Zeit wurde er ein von Bischöfen geschätzter Gutachter und Ratgeber. Vor
allem der Münchner Kardinal Julius Döpfner, der ihn in Rom zum Priester geweiht hatte, wurde auf ihn aufmerksam. Mit großem Engagement arbeitete Karl
Lehmann bei der „Gemeinsamen Synode der Bistümer in der Bundesrepublik
Deutschland" mit. Im Jahr 1968 übernahm er als Nachfolger von Friedrich Wetter eine Professur für Dogmatik in Mainz, im Oktober 1971 dann in Freiburg. Er
wurde Dekan der Theologischen Fakultät, engagierte sich in der ökumenischen
Diskussion, war Mitglied der Internationalen Theologenkommission. Eine Vielzahl weiterer Funktionen ließe sich ohne Mühe anfügen!

Aus diesen Jahren größten nationalen und internationalen wissenschaftlichen
Engagements stammt ein kurzer besorgter Brief Karl Lehmanns an den damaligen Freiburger Generalvikar Dr. Robert Schlund, der eine Bitte enthielt. Es war
die Zeit der Ölkrise und des Sonntagsfahrverbotes. Der Generalvikar erfüllte dem
Professor seinen Wunsch und schickte ihm die erbetene Bestätigung: „Wir bescheinigen hiermit, dass Herr Universitätsprofessor Dr. Dr. Karl Lehmann [...]
werktags den Gottesdienst in Buchheim und in Hugstetten betreut und sonn- und
feiertags [...] in Emmendingen einen Gottesdienst übernimmt. Emmendingen ist
von Holzhausen aus nicht mit öffentlichen Verkehrsmitteln erreichbar. Professor
Lehmann benützt nach Emmendingen die Strecke über Reute und Wasser. Seine
Gottesdienstzeiten sind wechselweise um 8.00 Uhr, 10 Uhr oder um 19 Uhr." –
Das ist Karl Lehmann! Auf der einen Seite ein großes, ja übergroßes Engagement, ein ungemein weiter Horizont, ein immenses Wissen und eine schier unerschöpfliche Schaffenskraft – und auf der anderen Seite die Treue im Kleinen. Der
bedeutende Forscher und Gelehrte war immer der glaubwürdige Christ, Priester

und Seelsorger – nicht nur an den genannten Orten, sondern später dann auch in Bollschweil und nicht zuletzt als Präfekt der Freiburger Universitätskirche. Was Karl Lehmann am besten charakterisiert, hat er vor Jahren selbst ausgeführt. Seine 1968 erschienene theologische Dissertation *Auferweckt am dritten Tag nach der Schrift* (Freiburg 1968. [Quaestiones disputatae. 38]) enthält eine aufschlussreiche Schlusspassage. Er spricht dort von dem uns anvertrauten Geheimnis Gottes, das dazu ermutigt, sich immer wieder neu auf die „unendliche Suche" einzulassen. „Diese", so führte er aus, lebe „von der Unerschöpflichkeit des Einfachen, das aller Gewöhnlichkeit und Vernutzung zum Trotz unverbraucht leuchten kann wie am ersten Tag" (S. 350). Karl Lehmann kennt die Suche – er hat sie angetreten mit der ganzen Kraft seiner hervorragenden Begabung und hat nie locker gelassen. Er beteiligt andere an dieser Suche, lädt sie ein mitzugehen, motiviert sie, ringt mit ihnen und möchte überzeugen. Er bleibt an der Sache und setzt seine ganze Energie an die gestellte Aufgabe. Nichts ist ihm zu viel. Immer wieder sucht er nach Gemeinsamkeiten, ringt um ein gelingendes Gespräch, sucht nach Kompromissen und lässt sich auch nicht durch Enttäuschungen in Missmut oder gar Resignation treiben. Bei Karl Lehmann geht beides zusammen: Auf der einen Seite großes Engagement, unermüdlicher Einsatz, der differenzierende Blick des Denkers und auf der anderen Seite die tiefe Überzeugung, dass allem im Kern etwas ganz Einfaches zu Grunde liegt: die Botschaft von der nie ermüdenden, immer neuen Liebe Gottes.

Im Jahr 1983 erhielt der bei Studenten, Kollegen und im Erzbistum Freiburg hoch geschätzte Professor Karl Lehmann den Ruf als Bischof von Mainz. Bei seiner Weihe am 23. Juni desselben Jahres im Hohen Dom zu Mainz durfte ich mitwirken. Unsere Verbundenheit wurde seither durch das gemeinsame Arbeiten, Beten und Tragen vieler Lasten im Bischofsamt noch weiter vertieft und gefestigt. Seit 1987 ist er Vorsitzender der Deutschen Bischofskonferenz. Während dieser Zeit durfte ich zwölf Jahre hindurch sein Stellvertreter sein. Auch diese Aufgabe hat uns noch näher zusammengeführt.

Zum 65. Geburtstag wünsche ich meinem zuverlässigen Weggefährten und treuen Freund Karl Lehmann das Geschenk, noch lange segensreich als Bischof und Gelehrter wirken zu dürfen für das Bistum Mainz, die Oberrheinische Kirchenprovinz, die Deutsche Bischofskonferenz und die ganze Kirche. Ich bin mir gewiss, dass er dabei immer die von unserem HERRN uns aufgetragene Sorge um die Einheit der Kirche und die aller Christen im Auge behalten und sich für sie einsetzen wird. Die Kraft dazu werde ihm geschenkt aus der „Unerschöpflichkeit des Einfachen, das ... leuchten kann wie am ersten Tag".

WOLFGANG ROLLY. WEIHBISCHOF UND DOMDEKAN, MAINZ

Seit 17 Jahren ist Dr. Karl Lehmann unser Bischof, Bischof von Mainz, der 103. Bischof auf dem Mainzer Bischofsstuhl, der 87. Nachfolger des hl. Bonifatius.

Auf der Liste zur Wahl des neuen Bischofs, die das Domkapitel 1983 nach der Emeritierung von Kardinal Hermann Volk aufstellte, stand der Name Prof. Dr. Karl Lehmann. Wir waren alle gespannt, ob er auch auf der römischen Dreierliste stehen würde. Gott sei Dank war es so, und wir, das aus sieben Mitgliedern bestehende Domkapitel, wählten ihn am 3. Juni 1983 zum neuen Bischof. Er nahm die Wahl an, Papst Johannes Paul II. ernannte ihn am 23. Juni 1983 zum Bischof von Mainz, am 2. Oktober weihten ihn sein Amtsvorgänger Kardinal Volk, Erzbischof Dr. Oskar Saier, Freiburg, und ich, der seinerzeitige Kapitularvikar, zum Bischof.

Die 17 Jahre seines bischöflichen Dienstes sind für unser Bistum eine reiche Zeit. Bei den Visitationen in allen Dekanaten lernten Bischof und Gemeinden sich gegenseitig gut kennen, und im Bistum wuchs die Erfahrung: „der nimmt uns ernst". Das unglaubliche Namensgedächtnis des Bischofs verblüfft immer wieder, Begegnungen werden nicht einfach „abgehakt". In den Gesprächen mit den Mitgliedern des Priesterrates, der Konferenz der Dekane und im Diözesanpastoralrat läßt er offen alle teilhaben an seinen Überlegungen und Sorgen – im Bistum, im Bereich der Deutschen Bischofskonferenz und der Weltkirche.

Die jährliche Diözesanversammlung von über 100 gewählten Laien und Geistlichen ist ihm von Anfang an ein wichtiges Forum für Impulse, Beratungen, Akzentuierungen und Einleitungen wichtiger Vorhaben in Bistum. Themen wie z.B. „Schwerpunkte gegenwärtiger Pastoral", „Leitlinien zur Jugendpastoral" sowie der Prozeß „Damit Gemeinde lebt" zur kooperativen Pastoral standen und stehen bisher auf dem Programm.

Seitdem Bischof Karl Lehmann Vorsitzender der Deutschen Bischofskonferenz ist, seit 1987, mußten wir lernen, ihn mit anderen in Kirche und Gesellschaft zu teilen, trägt er doch Verantwortung auch im Rat der Europäischen Bischofskonferenzen, als Mitglied bei Bischofssynoden, in römischen Kongregationen und ökumenischen Initiativen. Das ist das eine. Und das andere: Viele gesellschaftliche Gruppen und Gremien laden ihn immer wieder als Referenten zu wichtigen Fragestellungen unserer Zeit ein. Und er – da ist er Professor geblieben – sagt nicht selten zu, auch wenn der Terminkalender immer enger wird. Hier ist nicht nur seine Person geschätzt, sondern auch gerade das, was er zu den wichtigen Themen zu sagen hat.

Nicht nur im Namen des Domkapitels, sondern auch vieler, vieler Priester und Laien unseres Bistums wünsche ich unserem Bischof Karl Lehmann zum 65. Geburtstag reichen Segen, Gesundheit und Kraft – und etwas mehr Zeit für sich.

DR. JOACHIM WANKE. BISCHOF VON ERFURT

Bischof Dr. Karl Lehmann anlässlich seines 65. Geburtstages zu grüßen und ihm gute Wünsche zu übermitteln, ist mir eine große Freude und Ehre. Erst seit der Zeit der politischen Wende vor rund zehn Jahren kann ich sein Wirken aus größerer Nähe verfolgen. Schon in den früheren DDR-Jahrzehnten waren wir als junge Theologen in der DDR dankbar für das schriftliche Wort des Theologen und Professors Lehmann, das uns über Lizenzdrucke seiner Schriften im St. Benno-Verlag Leipzig erreichte. In den Monaten des unmittelbaren politischen Wechsels in den Jahren 1990 und 1991 habe ich Bischof Lehmann persönlich kennen lernen können. Er ließ es sich als Vorsitzender der Deutschen Bischofskonferenz nicht nehmen, mehrfach trotz der damals noch schwierigen Reisebedingungen an unserer Berliner Bischofskonferenz teilzunehmen. Das Gespräch mit ihm, sein brüderlicher Rat und mancherlei Hilfen waren für uns Bischöfe des Ostens damals von großer Bedeutung. Ich kann selbst bezeugen, wie durch diese persönliche Präsenz unseres Mainzer Mitbruders bei uns Ängste abgebaut und Vertrauen gefestigt wurde. Es ist nicht zuletzt der ganz persönliche Einsatz von Bischof Lehmann, der den guten Übergang zu einer gemeinsamen Bischofskonferenz ermöglichte. Und ich verrate kein Geheimnis, wenn ich sage, dass die schnelle Regelung vieler im Gefolge der Einigung auftauchender Fragen, etwa die einvernehmliche Neuordnung der Diözesangrenzen, die bei manchen Betroffenen im Vorfeld nicht nur Begeisterung auslöste, auch seinem verbindlichen Verhandeln und Moderieren, auch nach Rom hin, zu verdanken ist. Wir Bischöfe der Region Ost und die Katholiken unserer Ortskirchen haben Bischof Lehmann für vieles von Herzen zu danken.

Speziell auch für die Erfurter Ortskirche hat Bischof Karl Lehmann (und ich schließe hier seinen Vorgänger, den unvergessenen Kardinal Hermann Volk, ein) schon in den DDR-Jahrzehnten und auch nach der Wende viel Gutes getan. Über viele Jahre hin kamen Priester und Mitarbeiter des Bistums Mainz zu uns nach Thüringen und haben mit ihrem Wissen und Können hier die Seelsorge und den Aufbau der Gemeinden unterstützt. Hier sei nur mit Dankbarkeit stellvertretend für viele Pfarrer Hermann Mayer genannt. Das Mainzer Rad im Erfurter Stadtwappen erinnert uns Katholiken an diese Verbundenheit zwischen Mainz und Erfurt, die bis heute Früchte zeitigt. Ich erwähne nur den Aufbau des katholischen Edith-Stein-Gymnasiums in Erfurt, das ohne den hochherzigen Einsatz eines bewährten Mainzer Schulmannes, Herrn Studiendirektors a.D. Theo Binninger, und den ihn begleitenden „Segen" der Diözese Mainz nicht denkbar gewesen wäre.

Noch vieles andere, vermutlich sogar Wichtigeres, wäre bei einer Würdigung des Wirkens von Bischof Dr. Karl Lehmann zu sagen. Das sollen und werden andere tun. Dass wir Katholiken aus den neuen Bundesländern in Bischof Karl Lehmann einen wirklichen Freund haben, das sollte aber aus gegebenem Anlass von Erfurt her einmal öffentlich gesagt werden. *Ad multos annos!*

AUGOUSTINOS LAMBARDAKIS. METROPOLIT VON DEUTSCHLAND UND EXARCH VON ZENTRALEUROPA

Exzellenz und lieber Bruder in Christo,
zur Vollendung Ihres 65. Lebensjahres möchte ich Sie mit einem Wort des Apostels Paulus grüßen: „Weil wir ein solches Amt haben nach der Barmherzigkeit, die uns widerfahren ist, werden wir nicht müde" (2 Kor. 4,1).

Ein hoher Geburtstag ist verknüpft mit einem dankbaren Rückblick auf die Barmherzigkeit Gottes, die uns widerfahren ist vom ersten Atemzug unseres Lebens, in ganz besonderer Weise aber vom Augenblick unserer Taufe an, als wir eingefügt wurden in den mystischen Leib Christi, um fortan als Glied dieses Leibes dem Herrn der Kirche und allen ihren Gliedern zu dienen.

Sie haben Ihr Leben und Ihre Talente in den Dienst der Kirche gestellt als Priester, als Universitätslehrer und Bischof. Gott hat diesen Dienst angenommen und reich gesegnet. An Ihrem Geburtstag fühlen wir uns Ihnen verbunden im Dank gegen Gott, weil auch wir teilhaben dürfen am Segen, der von Ihrem Dienst ausgeht. Wir erfuhren von Ihnen Hilfe und Zuwendung in gemeinschaftlicher Arbeit, im Mühen um eine wachsende ökumenische Einheit, in so vielen guten persönlichen Begegnungen. Das bischöfliche Amt ist in unserer Zeit ein sehr ermüdendes Amt. Bereits der Apostel weiß von solcher Müdigkeit, aber er sagt uns, dass wir gar nicht müde werden können, wenn wir uns an den Grund alles Wirkens und Dienens erinnern, nämlich an die Barmherzigkeit Gottes, die uns widerfahren ist.

Mit dem Dank für die brüderliche Liebe, die wir durch viele Jahre hindurch empfangen durften, verbinden wir an diesem Tag die Wünsche für Sie und für Ihren Dienst: Gottes Barmherzigkeit sei die unerschöpfliche Quelle Ihrer Kraft, Ihres Tuns und Dienstes, in dem Sie mitwirken dürfen an der Heilsgeschichte Gottes zur Rettung der Menschen. Möge der dreieine Gott mit seiner Gnade und seinem Schutz und Beistand immer bei Ihnen sein!

+ Metropolit Augoustinos von Deutschland und Exarch von Zentraleuropa

PRÄSES MANFRED KOCK. VORSITZENDER DES RATES DER EVANGELISCHEN KIRCHE IN DEUTSCHLAND

Einen herzlichen und brüderlichen Gruß sende ich dem Bischof von Mainz zu seinem 65. Geburtstag. Als Datum dieses Briefes wähle ich den 31. Oktober 2000. Denn an diesem Tage ist im Jahre 1517 aus Wittenberg ein Schreiben nach Mainz gesandt worden, das Kirchengeschichte gemacht hat. Es war der Brief Martin Luthers an Albrecht von Mainz, mit dem er seine 95 Thesen übersendet: „Ex Vittenberga 1517. Vigilia onmium Sanctorum".

Die Thesen sind bekanntlich überschrieben mit den Worten: „Amore et studio elucidandae veritatis – Aus Liebe und Eifer, die Wahrheit ins Licht zu stellen". Der damalige Inhaber des Bischöflichen Stuhls von Mainz hatte dafür wenig

Sinn, und seine Räte trafen Maßnahmen, dem Wittenberger Mönch den Mund zu verbieten.

Wenn ich Ihnen, verehrter lieber Herr Bischof Lehmann, meine Grüße nach Mainz sende, so tue ich das in dankbarem Bewusstsein dessen, wie sehr sich die Verhältnisse seitdem verändert haben. Gewiss, wir haben die Einheit der Kirche, die damals auch im Westen zu zerreißen begann, noch nicht wieder herstellen können. Aber der Riss wird nicht mehr weiter, er wird schmaler. Einheit in versöhnter Verschiedenheit ist für beide Seiten vorstellbar geworden, und danach lohnt es sich zu streben.

Liebe und Eifer, die Wahrheit ans Licht zu bringen, das ist heute auf beiden Seiten die wichtigste ökumenische Triebkraft. Sie haben sich dem verschrieben als Professor in Freiburg und als Bischof in Mainz. Sie haben maßgeblich an der Gestaltung der Gemeinsamen Synode der deutschen Bischöfe in Würzburg 1971–1974 mitgearbeitet. Als Sie 1983 Bischof in Mainz wurden und 1987 Vorsitzender der Deutschen Bischofskonferenz, haben Sie nicht aufgehört, die Frage nach den theologischen Grundlagen zu stellen und die Verantwortung für das Handeln der Kirche in den schwierigen Zeitfragen daran zu messen. Dass rasche und oberflächliche Lösungen uns nicht weiter helfen, haben Sie immer wieder betont. Aber ebenso haben wir erlebt, dass hilfreiche Erkenntnisse, die uns im Bereich der biblischen Theologie und in neuer Erwägung unserer Theologiegeschichte zugewachsen sind, Zeit brauchen zu reifen und sich gegen Widerstände durchzusetzen. Am Vorabend der Unterzeichnung der Gemeinsamen Erklärung zur Rechtfertigungslehre haben Sie am 30. Oktober 1999 in Augsburg gesagt: „Es gibt keinen anderen Weg als eine sorgfältige Aufarbeitung der Grunddifferenzen, an denen im 16. Jahrhundert die Wege auseinander gingen. Die Unterzeichnung ist eine große Ermutigung ökumenischer theologischer Arbeit. Ich möchte von einem Markstein sprechen, den die Erklärung in sich darstellt, und von einem Meilenstein, wenn man den Text in die Geschichte hineinstellt, nach rückwärts und nach vorwärts."

Für den Weg nach vorn gibt es keinen besseren Antrieb als die Liebe und den Eifer um die Erhellung der Wahrheit und keinen besseren Führer und Berater als Gottes Heiligen Geist. Mein Wunsch ist, dass Gott Ihren Dienst weiter segne und unsere Kirchen zu immer tieferer Erkenntnis der Wahrheit und immer näher zueinander führen möge. Darin liegen Wittenberg und Mainz heute näher beieinander als in vergangenen Zeiten.

Präses Manfred Kock

DR. JÜRGEN SCHMUDE. PRÄSES DER SYNODE DER EVANGELISCHEN KIRCHE IN DEUTSCHLAND

Manches Bild sagt tatsächlich so viel wie die tausend Worte, die zuvor gesprochen wurden. Auch ohne Gedächtnisauffrischung durch ein Foto – leider hatte niemand daran gedacht – hat sich mir die Szene tief eingeprägt. In einer Sitzung des Rates der EKD Anfang 1997 hatten wir auf einmal zwei Vorsitzende: Unseren Ratsvorsitzenden Bischof Engelhardt und den Vorsitzenden der deutschen Bischofskonferenz, Bischof Lehmann. Er war ein wenig vor der Zeit zur Schlussredaktion des gemeinsamen Wortes zur wirtschaftlichen und sozialen Lage angereist, und für uns Ratsmitglieder gab es, als wir das erfuhren, kein Halten mehr: Wir holten ihn sofort in die Sitzung.

„Sichtbares Symbol wachsender Communio" hat Lehmann selbst später diese Szene genannt. Auch der euphorische Gedanke an eine große christliche Kirche mit zwei Vorsitzenden konnte sich einstellen. Nach enger und sehr fruchtbarer Zusammenarbeit zwischen dem Rat und der Bischofskonferenz nahmen sich beide Kirchen im Vergleich zu vielen anderen manchmal wirklich wie Zwillinge aus.

Der Vermittlung christlicher Grundwahrheiten in Deutschland und darüber hinaus hat das gut getan. Wo beide Kirchen gemeinsam auftraten, erzielten sie mehr als doppelte Wirkung. Die Botschaft ließ sich so eindrücklich vermitteln, die Glaubwürdigkeit der Boten war durch das sichtbar hohe Maß an Gemeinsamkeit in Grundfragen des Glaubens gestärkt.

Unter den Personen, die zielstrebig und aufgeschlossen, engagiert und geduldig solche Gemeinsamkeit ermöglichten, stand und steht Karl Lehmann an erster Stelle. Seine Offenheit und werbende Freundlichkeit tut uns Evangelischen gut. Wie er als katholischer Bischof entschieden, wohlbegründet und gedankenreich Position bezieht, das beeindruckt und bewegt uns auch dort, wo die Ansichten auseinandergehen. Sozialethische Gemeinsamkeit ist für die Alltagsrealität wichtig, wirkt aber in die Theologie zurück. Dort darf das Bemühen um besseres gegenseitiges Verständnis, um Ausräumung überholter Beschwernisse und – eben auch – um Gemeinschaft nicht nachlassen. Bischof Lehmann hat das stets betont und dieser Aufgabe viel Kraft gewidmet. Ersichtlich nimmt er Anteil am Leiden vieler Menschen unter der Trennung. Zumal beim Abendmahl. Von einer Steilwand spricht er dann, die man nicht überklettern könne, oder von einer Wand im Gebirge, zu deren Bewältigung man noch viele Kurven fahren müsse. Er war stets dazu bereit und hat sein Möglichstes getan. Gerade ihn brauchen wir dafür weiterhin.

Ein Unterschied zwischen Katholischen und Evangelischen kommt diesem Wunsch zupass: Der Bischof kann und soll auch nach dem 65. Lebensjahr für Kirche und Christenheit weiterarbeiten.

Wir haben natürlich noch lange nicht die gemeinsame Kirche mit den zwei Vorsitzenden. Aber Vertrauen und Sympathie sind gewachsen, eine quasi-familiäre Verbundenheit ist entstanden. In dieser fühle ich mich mit vielen anderen evangelischen Christen Bischof Karl Lehmann nahe. Ich bin bedrückt, wenn ihm Unangenehmes zugefügt wird. Ich freue mich mit ihm über Zuspruch und Gelingen. Diese Freude möchte ich noch oft erleben.

Jürgen Schmude

PROF. DR. DR. H.C. PETER STEINACKER. KIRCHENPRÄSIDENT, DARMSTADT

Luther hat einmal vom Glauben gesagt, er sei stetig im Werden: Dieses „Leben ist nicht eine Frömmigkeit, sondern ein Frommwerden, nicht eine Gesundheit, sondern ein Gesundwerden, nicht ein Wesen, sondern ein Werden, nicht eine Ruhe, sondern eine Übung. Wir sind's noch nicht, wir werden es aber... Ein Christ im Werden, nicht im Worden-sein". Dies habe ich in den Jahren der gemeinsamen Arbeit mit Karl Lehmann schätzen gelernt. Sein Glauben, sein Denken und sein pastorales und politisches Handeln sind geprägt von Zielen, zu denen wir uns mit ihm auf den Weg machen dürfen. Dabei erlebe ich an ihm beides: die heilsame Unruhe durch Gottes Verheißungen und das dankbare und fröhliche Stehen-dürfen auf der Basis der Mütter und Väter im Glauben. So ist er mir als dem Jüngeren in vieler Hinsicht ein Vorbild geworden: in seiner Volkstümlichkeit und theologischen Brillanz und Gelehrsamkeit, in seiner Klarheit und der Fähigkeit, Widerstrebendes zusammenzuhalten. Dankbar bin ich auch für seine selbstverständliche Verwurzelung im katholischen Christsein. Daher gibt es bei ihm keine ängstlichen ekklesiologischen Abgrenzungen, weil Unterschiede in der Antwort auf den einen Christus ja doch kein Hindernis für brüderliche Gemeinschaft sind.

Möge Gott ihn weiterhin segnen, ihm Gesundheit schenken – und uns in der Evangelischen Kirche in Hessen und Nassau seine brüderliche Nähe auch in den kommenden Jahren spüren lassen. So gratuliere ich ihm herzlich, aber nicht nur ihm, sondern auch dem Bistum Mainz zu seinem so menschenfreundlichen Bischof.

Darmstadt, Mai 2001

Ihr

Peter Steinacker

BISCHOF DR. HARTMUT LÖWE. EVANGELISCHER MILITÄRBISCHOF. EVANGELISCHER VORSITZENDER DES ARBEITSKREISES EVANGELISCHER UND KATHOLISCHER THEOLOGEN

Ein evangelischer Gruß zum 65. Geburtstag

Wie mag wohl das Urteil der Historiker ausfallen über die Kirchen in Deutschland in den letzten 40 Jahren?

Vom II. Vaticanum wird die Rede sein, dem Aufbruch, den Hoffnungen, der die Kirchen ins Mark treffenden Kulturrevolution der 68iger Jahre, von bitteren Verlusten. Die ökumenische Verständigung nimmt einen zentralen Platz ein, ein freierer Umgang miteinander in den Gemeinden, aber auch zwischen den Kirchenführern hier und dort.

Unter den Personen, die ins Blickfeld treten, wird an vorderster Stelle der Mainzer Bischof Karl Lehmann sein. Er hat als Professor der Theologie in Mainz und Freiburg das Erbe des großen Lehrers der Christenheit Karl Rahner selbständig verwaltet. In vielen Veröffentlichungen hat er die Wahrheit des Glaubens fragenden Zeitgenossen verständlich gemacht. Der Gemeinsamen Synode der Bistümer in der Bundesrepublik Deutschland, der „Würzburger Synode", hat er durch seinen Rat Wege gewiesen. Karl Lehmann hat dem ökumenischen Arbeitskreis evangelischer und katholischer Theologen zwei Jahrzehnte als wissenschaftlicher Leiter und seit 1989 als katholischer Vorsitzender entscheidende Impulse gegeben. Weil an seiner Treue zu seiner katholischen Kirche niemals der geringste Zweifel erlaubt war, war er für Christen aus lutherischer und reformierter Tradition stets ein herausfordernder Gesprächspartner und überzeugender Dolmetscher. Ohne seinen Einsatz, das klare wissenschaftliche Urteil und seine Kunst, Einvernehmen herzustellen, wäre das anspruchsvolle Projekt „Lehrverurteilungen – kirchentrennend?", eine Frucht des ersten Besuches von Papst Johannes Paul II. 1980 in Deutschland, nicht zustande gekommen und – wahrscheinlich – später auf der Strecke geblieben.

Die Arbeitslast, die Bischof Karl Lehmann im Dienst der Verständigung der Theologen und Kirchen übernommen hat, ist stupend. Normalerweise reichen dazu die Schultern und die Köpfe vieler nicht aus. Dabei vermittelt er seinen Gesprächspartnern niemals den Eindruck, keine Zeit zu haben; er ist für den Menschen, dem er sich gerade zuwendet, ganz da.

Die Vertreter aus den reformatorischen Kirchen sind herzlich dankbar, daß Bischof Lehmann seinen Einsatz für die ökumenische Verständigung auch dann nicht reduziert hat, als er der Sprecher der gesamten Katholischen Kirche in Deutschland wurde und für sie in Konflikte verwickelt wurde, die manch anderer nicht durchgestanden hätte.

Ich spreche für viele, viele einen herzlichen Dank aus. Ich wünsche die Kraft des Herzens, die Gegenwart des Geistes, den Freimut des Glaubens, den Segen des Himmels für die Jahre, die vor Bischof Lehmann liegen. Wunderbar wäre es, könnte er selber noch etwas von den Früchten seiner Mühen sehen. Auf jeden Fall, da bin ich sicher, werden spätere Generationen eine reiche Ernte einfahren.

Dʀ. Kʟᴀᴜs Eɴɢᴇʟʜᴀʀᴅᴛ. Lᴀɴᴅᴇsʙɪsᴄʜᴏꜰ ɪ. R., Kᴀʀʟsʀᴜʜᴇ

„Wir sind es doch nicht, die da die Kirche erhalten könnten ... "

Wenige Monate, nachdem ich Landesbischof geworden war, hatte ich in Freiburg einen Vortrag über das Bischofsamt nach evangelischem Verständnis zu halten. Ich orientierte mich stark an der lutherischen Position meines Lehrers Peter Brunner. In der Diskussion meldete sich der damalige Freiburger Theologieprofessor Karl Lehmann zu Wort – im vertrauten alemannischen Tonfall. Das schuf Nähe. Um so weniger war die kritische Anfrage zu überhören, warum in meinen Ausführungen Theologie und Gestalt des Bischofsamtes in anderen Kirchen keine intensivere Berücksichtigung gefunden hätten. Das war ein erster, nicht mehr verklungener Zuruf, ökumenisch nicht unter Niveau zu denken und zu leben.

Jahre später führte uns die gemeinsame Aufgabe zusammen. Bischof Lehmann war schon einige Jahre Vorsitzender der Deutschen Bischofskonferenz, als ich

1991 zum Vorsitzenden des Rates der Evangelischen Kirche in Deutschland gewählt wurde. Die politische Wende und die Wiedervereinigung Deutschlands mit der veränderten religiösen und kirchlichen Landschaft wurden für unsere Kirchen zur großen Herausforderung. In unserer evangelischen Kirche entbrannte ein heftiger Streit um die Gestaltung der Militärseelsorge. War jetzt nicht der Augenblick gekommen, den Militärseelsorgevertrag an einigen wichtigen Punkten zu novellieren? Die Bundesregierung lehnte strikt ab. Ein Gespräch auf höchster Ebene kam zustande, Bischof Lehmann hatte sich vermittelnd eingeschaltet. Er hatte als Vorsitzender der Deutschen Bischofskonferenz im politischen Bonn Vertrauen gewonnen. Er kannte andrerseits aufgrund des von ihm geführten Dialogs mit evangelischen Theologen, was in unserer Kirche diskutiert wurde. Er konnte die Voten und Erwartungen richtig einordnen und gegen die immer wieder vorgebrachte Unterstellung verteidigen, die evangelische Kirche lehne die Militärseelsorge insgesamt ab. Er respektierte die Überzeugungen derer, mit denen er ein über Jahre währendes ökumenisches Gespräch geführt hatte, auch wenn er von seinem katholischen Verständnis her eine andere Position vertrat. Diese Haltung hat sich in der Folgezeit oft bestätigt. Sie hat beiden Seiten geholfen, bei der Zusammenarbeit und bei gemeinsamen Aktionen das je eigene Profil zu wahren.

Ich könnte viel erzählen: von langen gemeinsamen Autofahrten, bei denen wir Zeit und Muße hatten, ausführlich und unbefangen von dem zu sprechen, was uns in unserer eigenen Kirche beschäftigte und was uns zuweilen auch ziemlich zu schaffen machte; von Situationen, da wir herzerfrischend und ansteckend miteinander gelacht haben; von ökumenischen Gottesdiensten, bei denen das gemeinsame Hören auf Gottes Wort Zusammengehörigkeit jenseits von Sympathie und Zuneigung geschaffen hat.

An Bischof Lehmann habe ich erlebt, daß es „Ökumene von oben" gibt. Die jährliche ökumenisch verantwortete „Woche für das Leben" der christlichen Kirchen in Deutschland und das stark beachtete Wort des Rates der Evangelischen Kirche in Deutschland und der Deutschen Bischofskonferenz „Für eine Zukunft in Solidarität und Gerechtigkeit" gingen auf Initiativen der Deutschen Bischofskonferenz zurück. Wenn Bischof Lehmann und ich gemeinsam vor die Presse traten, stand keiner von uns unter dem Zwang, abgrenzend den je eigenen konfessionsspezifischen Anteil an den gemeinsamen Erklärungen herauszustreichen. Wir haben einander ergänzt. Das entspricht der ökumenischen Grundüberzeugung von Bischof Lehmann, daß heute keine Kirche die Botschaft von Jesus Christus, wie wir sie den Menschen in unserer Zeit schuldig sind, im Alleingang weitergeben kann.

Ich habe mich manchmal gefragt, woher Bischof Lehmann die Zeit nimmt, um bei seinen vielfältigen Verpflichtungen seiner Mainzer Diözese seelsorgerlicher Bischof zu bleiben – er erzählt gerne von Gemeindebesuchen – und um gründlich Theologie zu treiben für Vorträge zu brennenden dogmatischen und ethischen Fragen oder zur Pastoral der Kirche in der so säkular gewordenen Welt. Wo haben die menschlich warmherzige Gelassenheit und der hintergründige Humor ihre Wurzeln, die er auch bei Turbulenzen, die wir Protestanten ihm bereiten oder die von Rom herziehen, nicht verliert? Ich bin sicher, von Bischof Lehmann verstanden zu sein, wenn ich mit Martin Luther die Antwort gebe: „Wir sind es doch nicht, die da die Kirche erhalten könnten. Unsere Vorfahren sind es auch nicht gewesen. Unsere Nachkommen werdens auch nicht sein; sondern der ists gewesen, ists noch und wirds sein, der das sagt: Ich bin bei euch alle Tage bis an der Welt Ende (Mt 28,20)".

Bischof Karl Lehmann auf so intensive Weise begegnet zu sein – das ist für mich und für unsere Evangelische Kirche in Deutschland ein Geschenk Gottes. Jetzt begleite ich aus größerer Ferne, aber mit unvermindertem Respekt und mit dankbarer Anteilnahme das Wirken von Bischof Karl Lehmann.

PROF. DR. CHRISTIAN ZIPPERT. BISCHOF EM.
DER EVANGELISCHEN KIRCHE VON KURHESSEN-WALDECK

Veni creator spiritus

Auf der Suche nach einem Leitfaden, mit dessen Hilfe ich Ihnen, sehr geehrter Herr Bischof, lieber Bruder Lehmann, zu Ihrem 65. Geburtstag Dank und gute Wünsche sagen kann, ist mir der Pfingsthymnus Ihres frühmittelalterlichen Vorgängers Hrabanus Maurus eingefallen. Für diesen Zweck brauche ich neben der mir gewohnten Übersetzung Martin Luthers selbstverständlich den lateinischen Urtext und die zeitgenössischen Übersetzungen aus dem Gotteslob, aber auch die „klassische" Übersetzung Goethes.

„Mentes tuorum visita" – wie läßt sich diese erste Bitte an den Heiligen Geist übertragen? Luther bittet: „besuch das Herz der Menschen dein", weil für ihn das Herz nicht nur fühlt, sondern auch denkt. Gottes Gnade kann klares Denken ebenso „erfüllen" wie tiefes Fühlen. So habe ich viele Worte von Ihnen gehört und gelesen. Grund zu herzlichem Dank und zu immer neuer Bitte an den „Schöpfer Geist".

Ihn rühmt der alte Hymnus als „Tröster" oder „Beistand", als „des Allerhöchsten Gabe", als „geistlich Salb, an uns gewandt, ein lebend Brunn, Lieb und Feuer" (Luther) oder als „lebendger Quell und Liebesglut und Salbung heilger Geisteskraft" (Goethe). Die zeitgenössischen Übersetzungen verzichten weitgehend auf die alten kraftvollen Bilder; ich wünschen Ihnen, in diese Bilder gefaßt, bleibenden Anteil an der unerschöpflichen Quelle, an dem unlöschbaren Feuer des Heiligen Geistes – für Ihren Dienst als Bischof von Mainz und als Vorsitzender der Deutschen Bischofskonferenz.

Dafür werden auch weiterhin die vielfältigen Gaben des Heiligen Geistes nötig sein, von denen Jesaja (11,2) – nach der Vulgata – immerhin sieben nennt: Weisheit, Einsicht, Rat, Stärke, Erkenntnis und Furcht des Herrn, Frömmigkeit. Der Hymnus nennt, verbunden mit dem Bild vom „Finger an Gottes rechter Hand" (Lk 11,20), vor allem das Charisma der Rede: „tu rite promissum patris, sermone ditans guttura". Anregend verschieden übersetzen Luther: „des Vaters Wort gibst du gar bald mit Zungen in alle Land", Goethe: „von ihm versprochen und geschickt / der Kehle Stimm und Rede gibst", Friedrich Dörr: „du öffnest uns den stummen Mund und machst der Welt die Wahrheit kund", Markus Jenny: „du kommst, wie uns verheißen ist, tust uns den Mund zum Zeugnis auf". Alles Anspielungen auf höchst verschiedene Aufgaben, öffentlich das Wort zu ergreifen, wie sie Ihnen reichlich gestellt sind – predigend, lehrend, leitend, um Verständnis werbend, in nahezu hoffnungsloser Lage der Hoffnung Wege bahnend...

Aus den letzten Bitten der fünften Strophe greife ich nur die Bitte um Frieden heraus, die sich vielfältig anwenden läßt. Auch auf den Frieden in der einen Kirche, zwischen der verschiedenen Kirchen, für den Sie sich seit Jahrzehnten unermüdlich und unbeirrbar einsetzen. Sie brauchen sich nicht erinnern zu lassen, daß er kein fauler Frieden sein kann, wenn ihn Gottes Gnade „schafft" und wir dies Geschenk im Glauben annehmen und Gebrauch davon machen. Auch die Hoffnung auf Frieden in der Kirche, zwischen den Kirchen verdankt sich dem Heiligen Geist, der uns den Vater und den Sohn zu „verstehen" lehrt. Darum soll uns niemand und nichts hindern, weiter zu beten und zu singen: „Veni creator spiritus". Ich wünsche Ihnen von ganzem Herzen gute, tröstliche und ermutigende Erfahrungen damit, daß Gott solches Beten und Singen erhört.
Ihr
Christian Zippert

DR. MARTIN KRUSE. BISCHOF I.R., BERLIN

Hochverehrter Herr Bischof, lieber Bruder Karl Lehmann,
Ihnen aus Anlaß eines besonderen Geburtstages ein Grußwort zu schreiben, das fällt mir weiß Gott nicht schwer. Es sind ja nicht nur die Jahre im Vorsitz des Rates der Evangelischen Kirche in Deutschland, die eine beständige, brüderliche Verbindung zu Ihnen geknüpft haben, sondern viele Begegnungen vorher und danach, nicht zuletzt im „Jaeger-Stählin-Kreis". Aber Grußworte sind ein schwieriges genus, will man – der gebotenen Kürze wegen – nicht in bewährten, ausgefahrenen Gleisen bleiben. Darum soll ein exemplarisches Streiflicht meinen Dank aussagen.

Sie haben mich neulich – mehr im Vorübergehen und lachend – an eine denkwürdige und „historische" Sitzung auf dem Flughafen Tegel erinnert, an den 20. Juni 1990 in der Lufthansa-Lounge neben dem Flugsteig 17. Wenige Tage vor der Unterzeichnung des Vertrages über die Wirtschafts-, Währungs- und Sozialunion der beiden deutschen Staaten trafen wir uns – zusammen mit Bischof Christoph Demke aus Magdeburg, dem Vorsitzenden des Bundes der Evangelischen Kirchen in der DDR und Bischof Georg Sterzinsky aus Ost-Berlin, dem Vorsitzenden der Berliner Bischofskonferenz – zur Schlußredaktion eines öffentlichen Briefes an alle Deutschen: „Für eine gemeinsame Zukunft".

Wir hatten Mühe, ein gemeinsames Wort zu finden. Es gelang: Ich halte diesen fünfseitigen Brief auch heute noch für lesenswert und richtungsweisend. Ein schönes Beispiel ökumenischer öffentlicher Seelsorge.

Wir alle haben die Monate nach der „Wende" wie in einer Stromschnelle erlebt. Die Zeit drängte. Austausch der Erfahrungen, geistliche Vergewisserung und Suche nach dem Weg waren nötig. Ihre Offenheit, Ihre Bereitschaft zuzuhören, Ihre Kraft zusammenzuführen, Ihre Unermüdlichkeit und verläßliche Zu-

wendung habe ich auch in dieser Sitzung dankbar erfahren. „Laßt uns aufeinander achten und uns zur Liebe und zu guten Werken anspornen" (Hebräer 10,24).
In Christus Ihnen dankbar verbunden
Ihr
Martin Kruse

PFARRER D. HELMUT SPENGLER. KIRCHENPRÄSIDENT A. D.,
1985-1993 KIRCHENPRÄSIDENT DER EVANGELISCHEN KIRCHE
IN HESSEN UND NASSAU

Sehr geehrter Herr Bischof, lieber Bruder Lehmann!
Meine Segenswünsche zu Ihrem 65. Geburtstag wachsen aus der Dankbarkeit für einen gemeinsamen Weg im Dienst des Evangeliums. Sie sind diesen Weg ökumenisch gegangen: Von der Liebe geleitet, der Wahrheit verpflichtet und in Christus wachsend (Eph 4,15). Als Theologieprofessor im kirchlichen Amt hätten Sie der Versuchung erliegen können, Theologie als „Herrschaftswissen" zu mißbrauchen und die ökumenische Gemeinschaft ausschließlich vom Stande der Entwicklung theologischer Einheitsformeln abhängig zu machen und darin einem Zug der Zeit zu folgen: Kirchliche Lehre wird im konfessionellen Entweder-Oder, im Ganz-Oder-Garnicht wie eine Ideologie begehrt, gehandhabt und geradezu digital errechnet. Konfessionspolitik gibt sich da und dort erneut als Machtpolitik und will nicht daran erinnert werden, dass in der Christenheit „einer den andern in Demut höher einschätzen soll als sich selbst" (Phil 2,3). Sie will nicht „des andern Last" (Gal 6,2) tragen und schon gar nicht „in der Liebe viele Sünden zudecken" (1 Petr 4,8).
Sie haben solchen kirchlichen Versuchungen der Zeit bis heute widerstanden und sind den biblischen Weisungen ökumenisch gerecht geworden. Dass wir uns öffentlich mit „Bruder" anredeten, ist für Sie auch Ausdruck einer ökumenischen Beistandsverpflichtung gewesen. Sie zerbrachen sich in gesellschaftlich-kirchlichen Konfliktsituationen nicht nur den eigenen Kopf, sondern auch den des ökumenischen Partners, den Sie – trivial gesagt – nicht im Regen stehen ließen, auch wenn Ihnen das kirchenpolitische Nachteile einbrachte. Sie haben sich meiner Kirche und mir gegenüber weder von den genannten apostolischen Weisungen dispensiert, noch haben Sie dieselben nach dem Bedürfnis einer medialen Unterhaltungsindustrie umgebogen, die vom Streit lebt, in dem es nur Gewinner und Verlierer geben darf.
Nach Höhepunkten und zukunftsträchtigen Erfahrungen meiner kirchenleitenden Tätigkeit gefragt, werde ich nicht müde, für die Gemeinschaft mit Ihnen und anderen katholischen Brüdern im Bischofsamt zu danken. Eine Fülle von ökumenischen Lebensformen haben wir füreinander auch in Hessen entwickelt: Gegenseitige Einladungen und Grußworte, theologische Kontaktkommissionen, gemeinsame Pastoralkollegs, Arbeitsgemeinschaften, gemeinsames Gebet und nicht zuletzt ökumenische Gottesdienste, in denen wir uns in die Aufgabe der Predigt teilten. Das heißt: Wir waren gemeinsam „Botschafter an Christi statt" und baten die Menschen: „Lasst euch mit Gott versöhnen!"(2 Kor 5,20) Wahr-

haftig und in der Liebe habe ich Sie dabei erlebt und danke Ihnen für eine Praxis des „vorauseilenden ökumenischen Gehorsams", von der ich viel gelernt habe.

Gerade wegen der biblischen Tiefendimension der gemeinsam wahrgenommenen Verkündigung schmerzte uns die Wunde der eucharistischen Trennung besonders. Zugleich sind aber auch Trost und Geduld wirksam gegenwärtig, in denen ich eucharistisch gesehen als brotloser Bruder unter Ihrer Kanzel gleichwohl „schmecke und sehe, wie gütig der Herr ist" (Ps 34,9). Und immer habe ich gehofft, dass Sie sich in den Wortgottesdiensten ebenfalls der eucharistischen Gegenwart Gottes erfreuen könnten.

Indem ich solche Erfahrungen preise, beklage ich wie Sie Rückschritte auf der theologischen Suche nach der Einheit. In manchen Erklärungen und Leitartikeln hält das „alte" und so unapostolische Sprachverhalten einer Selbstbehauptung Einzug, die die Selbstvergessenheit der Liebe Gottes nicht mehr annehmen und verwirklichen kann. Ich sage Ihnen Dank dafür, dass ich von Ihnen anderes erfahren habe: In Ihrer Freundlichkeit, im Entgegenkommen, in Vergebung und Geduld, in Ihrer Sprache. Solche Erfahrungen begleiten meine guten Wünsche zu Ihrem 65. Geburtstag, und ich erbitte für Sie den Segen des Dreieinigen Gottes für Ihr Leben und Ihren künftigen Dienst an allen Menschen, die das Heil Gottes verstehen und annehmen möchten. Ihre Zahl ist groß.

In bleibender Verbundenheit

Ihr

Helmut Spengler

RABBI LEO TREPP, PH.D., DR. H.C. (MULT.) D.D.
PROFESSOR FÜR JUDAISTIK UND EHRENSENATOR DER UNIVERSITÄT MAINZ

Bischof Karl Lehmann – Eine persönliche Wertschätzung

Als alter, gebürtiger Mainzer Jude mit vielen Lebenserfahrungen fühle ich mich hoch geehrt zur Würdigung von Bischof Karl Lehmann beitragen zu dürfen

Nur Schlaglichter sind es, welche ich aufgrund meiner Begegnungen mit ihm auf die Persönlichkeit dieses großen Mannes werfen kann. Doch Schlaglichter erleuchten oftmals nicht nur die äußere Form, sondern auch das Wesen des Gegenstandes, auf welches ihr Strahl gerichtet ist.

Von Moses sagt die Heilige Schrift: „Der Mann Moses war sehr bescheiden." (Num 12,3). Darin lag ein Wesenselement seiner Größe. Für mich treffen diese Worte auch auf Bischof Karl Lehmann zu. Er ist ein Mann größter Bescheidenheit. Im täglichen Leben trägt er den Anzug des einfachen katholischen Priesters. Im Verkehr mit seinen Mitmenschen ist er offen und zugänglich. Er ist ein bedeutender Theologe. Doch stellt er sein Wissen niemals zur Schau. Es offenbart sich in seinen Worten. Seine Würde entspringt seinem Wesen.

In tiefster Frömmigkeit wurzelnd, ist Liebe der Grundzug seines Wesens, von seinem Charakter geprägt ist Aufrichtigkeit die Richtschnur seines Lebens. So wendet er sich im Dienste Gottes der Gesellschaft wie den einzelnen Menschen

zu, zum Guten rufend, zur Gerechtigkeit in Tat und Denken herausfordernd, be-
lehrend, beratend, helfend, segnend.

Dies habe ich als Jude in Begegnung und Gespräch mit Bischof Lehmann erfahren.

Er kam zur Weihe der ersten Mainzer Synagoge, im Süden unserer Stadt, welche ich vornahm. Er sprach offen von der Schuld der Kirche am bitteren Leiden
der Juden und rief zu radikaler Umkehr auf.

In einem symbolischen Akt, durch den er die Solidarität mit dem jüdischen
Volk als Volk des Bundes zum Ausdruck bringen wollte, setzte er der Eröffnung
des Katholikentags in Mainz (1998) eine Darbietung jüdisch-liturgischen Gesangs im Dom voraus und lud mich zu dieser und anderer Gelegenheit ein, im
Dom zu sprechen, um der Verbundenheit der Menschen beider Glaubensweisen
in kritischer Liebe Ausdruck zu geben. Während des Katholikentags selbst gab er
dem christlich-katholisch-jüdischen Dialog einen bedeutenden Platz im Programm. Dies wurde im Hamburger Katholikentag des Jahres 2000 wiederholt. Es
ruhte auf dem Bewußtsein der Gemeinschaft, auf Offenheit, Selbstenthüllung,
dem Geist der Solidarität und Anerkennung des Anderen in seiner Verschiedenheit.

Für sich erstrebt Bischof Lehmann nichts, für seine Menschen setzt er sich
voll ein. In einem Tischgespräch sagte ich ihm; „Wir Mainzer wünschten, daß
Sie Kardinal würden" – denn Bischof Lehmann wird von uns allen, gleich welchen Glaubens, geliebt. „Das ist nicht wesentlich" war seine unmittelbare Antwort, „wesentlich ist es, daß ich mein Werk tue". Im gleichen Gespräch wies ich
auf die Unzulänglichkeit der damaligen Erklärung hin, welche der Vatikan im
Streben nach Versöhnung für das den Juden zugefügte bittere Leid der Jahrhunderte erlassen und veröffentlicht hatte. „Sie haben recht", erwiderte der Bischof,
„ich werde dies dem Papst bei meinem bevorstehenden Besuch vorlegen." Der
Mann, welcher höchster Ehrung im Hinblick auf sein Werk entsagen konnte, war
bereit, Gerechtigkeit gegenüber den Schwachen, den Juden, mit Mut zu vertreten.
Auch dies war sein Werk auch um seiner Kirche willen.

Am Pfingstfest des Jahres 2000 besuchte ich mit einem Freund den Dom, um
als Besucher dem Pontifikalamt zuzuhören. Mitra und Stab trug der Bischof nur
beim Einzug, wie liturgisch gefordert. Beim Auszug war er wieder der einfache
Priester, aber er segnete sein Volk. Seine Predigt gab er frei, vor dem Altar stehend. Der Heilige Geist bestimmt die Einheit der Kirche, doch ist der Heilige
Geist nicht lediglich der Vergangenheit verbunden, Er führt hinaus in die Zukunft zu neuen Aufgaben. So verstand ich ihn.

In seinem Brief an den Zentralrat der Juden in Deutschland zu dessen fünfzig-
jährigem Bestehen im Jahre 2000 drückt Bischof Lehmann als Vorzitzender der
deutschen katholischen Bischofskonferenz seine und deren Glückwünsche aus
und umreißt die seit Papst Johannes XXIII. und unter Papst Johannes Paulus II.
wachsende Einkehr und Umkehr der katholischen Kirche in Lehre und Verhalten
gegenüber den Juden. Der Brief ist mehr als Bericht, er spiegelt das Wesen des
Bischofs. Er ist ein aus dem Herzen des Bischofs kommender Ruf an die Christenheit, die Brüderlichkeit mit den Juden, dem „Volke des Bundes", zu vertiefen
und die bisherigen Errungenschaften nicht als Ziel, sondern als Abschnitte auf

dem Weg weiterer Stabilisierung zu sehen. Verkündigung und Theologie müssen den Weg zu den Herzen der Gläubigen finden. Dort muß jedes religiöse Ressentiment gegenüber Judentum und Juden verschwinden, statt dessen Wertschätzung herrschen, aus welcher sich die Bereitschaft zur Solidarität entfaltet. Wo diese besteht, gibt es für Situationen der Bedrängnis eine gute Chance der Bewährung. Bewährung bekräftigt Verbundenheit. So können Juden und Christen wachsend Vertrauen ineinander entwickeln und dieses im gemeinsamen Kampf gegen Diskriminierung, Rassismus und Antisemitismus und für die Menschenrechte bewähren. Konkrete Taten von Menschlichkeit und Gerechtigkeit helfen, die Zukunft nicht als eine bedrohliche Leere zu empfinden, sondern sie „messianisch" vorzubereiten.

So steht Bischof Lehmann vor mir, ein Wegbereiter des bereits Erreichten und Vorkämpfer des durch Gemeinsamkeit von uns allen noch zu Erreichenden. Er ist Vorbild für unsere Zeit und Gesellschaft.

Darum ist er geliebt und verehrt bei seinen Gläubigen und bei denen, Juden wie Christen, welche von seinem Geist und seinem Werk berührt wurden. Zu diesen gehöre auch ich. Gott gebe Bischof Lehmann viele weitere, gesegnete und erfüllende Lebensjahre.

DR. BARBARA HUBER-RUDOLF. LEITERIN DER CIBEDO, FRANKFURT A. M. (CHRISTLICHE-ISLAMISCHE BEGEGNUNG. DOKUMENTATIONSSTELLE)

Die interreligiöse Begegnung zwischen Muslimen und Christen ist zu einer gesellschaftlichen Realität mindestens in den Ballungsgebieten Deutschlands geworden. Selten allerdings wird sie auch als solche wahrgenommen. Muslime und Christen dividieren sich häufig als Angehörige verschiedener Nationen, als Türken, Marokkaner oder Iraner und Deutsche auseinander. Mit den Unterschieden zwischen Ausländern und Inländern gehen die ökonomischen und staatskirchenrechtlichen Unterschiede zwischen den Religionsgemeinschaften der Muslime und der Christen einher. Aus diesen Gründen spielen oft unkontrollierte Emotionen und politische Entscheidungen in den christlich-islamischen Dialog hinein.

Es ist ein nicht zu unterschätzendes Verdienst von Bischof Lehmann, öffentliche Äußerungen zu emotionsgeladenen Fragen der interreligiösen Begegnung von Muslimen und Christen unterlassen zu haben. Von Fall zu Fall sollen katholische Gemeinden ihren Einsatz im „Dialog des Lebens" selbst entscheiden können. Nur vor Ort kann geklärt werden, wer der Gesprächspartner auf der islamischen Seite wirklich ist, ob er in redlicher Absicht in den Dialog treten will, welche Erwartungen die Gesprächspartner aneinander herantragen und mit welchem Ziel sie die religiöse Begegnung suchen.

In der wichtigen, politisch brisanten Diskussion um die Einführung des islamischen Religionsunterrichts an öffentlichen Schulen hat es Bischof Lehmann an Deutlichkeit nicht fehlen lassen. Hier unterscheidet er die muslimischen Antragsteller, die in der Gestaltung des Religionsunterrichts nicht nur die Partner des Staates sein wollen, sondern auch in der Erziehung der Kinder und Jugendlichen zur Offenheit im Dialog Partner der Kirchen sein sollten. Es ist ihm für die

Mühe zu danken, die authentische und von ihrer Gemeinschaft autorisierte Vertretung der in den deutschen Bundesländern lebenden Muslime zu suchen.

Muslime ihrerseits schätzen an Bischof Lehmann als Vorsitzenden der Deutschen Bischofskonferenz das verläßliche Gedenken ihrer Fasten- und Festzeit. Mit dem Grußwort zum Ende des Ramadans und anläßlich des Festes des Fastenbrechens setzt Bischof Lehmann jedes Jahr wieder ein Zeichen, das verstanden wird. Ein Bischof für alle; und die Katholiken, die das Schreiben weitergeben oder die Grüße übermitteln, verleihen ihrer Aufmerksamkeit und Anteilnahme am religiösen Leben der muslimischen Nachbarn Ausdruck. Aus den Reaktionen der Adressaten ist zu schließen, dass auch für Muslime das interreligiöse Gespräch auf der überzeugenden Gewißheit vom und im eigenen Glauben basiert.

„Interreligiöser Dialog", schreibt Bischof Lehmann in seiner Stellungnahme zu „Dominus Jesus" am 5. September 2000, „kann nur gelingen, wenn wir nichts von dem ablehnen, was in anderen Religionen heilig und wahr ist, gleichzeitig aber auch die Wahrheit unseres eigenen Glaubens nicht verschweigen. Das Ernstnehmen des Dialogpartners und die eigene Selbstachtung ohne Hintanstellung eigener Überzeugungen bedingen einander."

Für die kommenden Jahre seines Einflusses auf die interreligiöse Begegnung zwischen Muslimen und Christen setze ich in Bischof Lehmann die begründete Hoffnung, dass er Entwicklungen zulassen und Entscheidungen reifen lassen kann. Es ist ihm und uns zu wünschen, dass ein differenziert geführter Dialog von selbstbewußten Gläubigen uns dem Ziel der offensiven Suche nach Gott im Leben eines jeden Menschen näher bringt.

PROF. DR. DR. H.C. WOLFGANG JÄGER.
REKTOR DER ALBERT-LUDWIGS-UNIVERSITÄT FREIBURG I.BR.

Die Universität Freiburg freut sich, zum 65. Geburtstag des Bischofs von Mainz die Grüße einer Institution beitragen zu können, mit der Karl Lehmann seit dem Beginn seiner Freiburger Studienzeit eng verbunden ist. Auch während seines Auslandsstudiums in Rom hat er „Freiburger Themen" behandelt: seine umfangreiche Dissertation über Martin Heidegger, die wesentlich auch im Gespräch mit anderen Freiburger Lehrern wie etwa Max Müller, Gustav Siewerth und Bernhard Welte entstanden ist, zeigt dies – sie wurde erst jetzt nach 40 Jahren an der Universität Freiburg zur Gänze elektronisch veröffentlicht. Vor allem aber hat er als Professor für Dogmatik und Ökumenische Theologie von 1971 bis 1983 die Theologische Fakultät und die Albert-Ludwigs-Universität als Ganze mitgeprägt, nicht zuletzt auch als Dekan der Theologischen Fakultät und durch seine Mitarbeit im Senat der Universität.

In diese Zeit fällt auch ein vielfältiges Engagement als Wissenschaftler von Freiburg aus über die Hochschule hinaus: bei der Synode der Bistümer in der Bundesrepublik Deutschland – in theologischen Gremien wie dem wichtigen Arbeitskreis evangelischer und katholischer Theologen, ab 1975 als wissenschaftlicher Leiter von katholischer Seite aus – in der Deutschen Forschungsgemeinschaft und in anderen wissenschaftlichen Einrichtungen.

Die Forschungsberichte der Albert-Ludwigs-Universität für diese Jahre zeigen, daß große Arbeitsvorhaben wie eine Fundamentalhermeneutik katholischer Theologie – für die viele Vorarbeiten seit der römischen Dissertation über einen gewichtigen theologischen Aufsatzband von 1974 bis zu Seminaren und Vorlesungen in der Freiburger Zeit vorliegen – unvollendet geblieben sind durch die Berufung in das kirchliche Amt.

Aus Sicht der Universität bleibt aber wichtig, daß diese theologische Arbeit nicht einfach abgebrochen, sondern in die Synthese der neuen Tätigkeit aufgehoben worden ist:

Die Früchte ökumenischer Arbeit gründen auch auf den Fundamenten einer wissenschaftlichen Theologie, sind auf dem Hintergrund ökumenischer Hochschultheologie entstanden und von ihr aus reflektiert worden. Die Vielfalt der gesellschaftlichen Fragestellungen bleibt auch für den Bischof Teil eines Gesamtgefüges, das in seiner theoretischen Durchleuchtung im Kontakt zur *universitas litterarum* geblieben ist und die Bindung zu diesem Bereich sucht. Auch diese Festschrift dokumentiert, wie wichtig universitäre Forschung und Lehre, wissenschaftliche Durchdringung und Darstellung für ein gestaltendes Wirken in unserer Gesellschaft sind.

So grüßt die Universität Freiburg mit Stolz auch ihren Honorarprofessor, der trotz anderer Verpflichtungen immer den Kontakt zu seiner Heimatuniversität gesucht und nach Möglichkeit seiner sonstigen Verpflichtungen auch gehalten hat.

PROF. DR. JOSEF REITER, PRÄSIDENT DER
JOHANNES GUTENBERG-UNIVERSITÄT MAINZ

Lange bevor Karl Lehmann Bischof von Mainz und Vorsitzender der Deutschen Bischofskonferenz wurde, hatte ihn die Johannes Gutenberg-Universität Mainz bereits für sich entdeckt: Im Juli 1968, im Alter von gerade 32 Jahren, erhielt er den Ruf auf einen Lehrstuhl für Dogmatik an unserer Katholisch-Theologischen Fakultät. Diese erste Berufung weist in mancherlei Hinsicht schon in die Zukunft: Nicht nur vordergründig, insofern als der spätere Diözesanbischof mit diesem Lehramt zum ersten Mal – wenn auch nur recht kurz – in Mainz wirken sollte, sondern auch weil Lehmann hier schon unter Beweis stellte, dass er scheinbar festgefügte Formen und Formalien zu überwinden vermag, wurde er doch auf den Mainzer Lehrstuhl berufen, noch bevor er seine Münsteraner Habilitationsschrift abschloss, eine in der deutschen Universität, zumal in den Geisteswissenschaften, sehr seltene Auszeichnung. Dem ersten Ruf folgten schnell zwei weitere nach Münster und Freiburg im Breisgau; Lehmann entschied sich für Freiburg, wo er seit Oktober 1971 neben der Dogmatik die Ökumenische Theologie vertrat. Die Bindung zur Mainzer Johannes Gutenberg-Universität blieb bestehen und fand ihren Ausdruck 1984 in der Ernennung zum Honorarprofessor, eine Auszeichnung der Hochschule für den Wissenschaftler Karl Lehmann, den auch formell wieder unter ihre Mitglieder zu zählen sich freilich auch unsere Universität als Ehre und Vorzug anrechnen darf.

In seiner theologischen Forschungsarbeit hat Karl Lehmann von Anfang an die aktuellen wie auch die längerfristigen Fragestellungen und Probleme in Kirche und Gesellschaft – zumal die Ökumene – zu seinem Thema gemacht und sich parallel zu seinem Lehramt in vielerlei Funktionen als Priester und als Mensch eingebracht. So nimmt es nicht wunder, dass er über die Rolle des Wissenschaftlers mehr und mehr hinauswuchs, ohne sie abzulegen. Ungebremst und kaum geschmälert durch die Verpflichtungen seiner Ämter als Mainzer Bischof und Vorsitzender der Deutschen Bischofskonferenz hält der Strom seiner Publikationen bis heute an. Lehmann ist – und das ist es, was seine großen Verdienste wesentlich ausmacht – gleichermaßen präsent und zu Hause im theologischen Diskurs, in der katholischen Kirche, im ökumenischen Dialog und in der bundesdeutschen Gesellschaft. Er bringt sich selbst ein, und immer wieder führt er auch seine Kirche mitten ins Leben, ohne die christliche Botschaft zur Disposition zu stellen. Und so ist er jemand, der in unserer sich mehr und mehr fragmentierenden Gesellschaft andere versteht und ernst nimmt und der selbst verstanden wird, einer der glaubwürdig zu vermitteln und zu versöhnen vermag.

Die Universität Mainz profitiert davon in besonderer Weise, hat sie doch mit Lehmann als Diözesanbischof einen hochgeschätzten Partner, gerade was die Weiterentwicklung unseres Katholisch Theologischen Fachbereichs betrifft. Und so ist es nicht ganz frei von Eigennutz, wenn ich den Anlass seines 65. Geburtstages und die Gelegenheit dieser Festschrift nutze, um ihm namens der Johannes Gutenberg-Universität Mainz für die Zukunft seines Episkopats wie auch ganz persönlich die herzlichsten Glück- und Segenswünsche auszusprechen.

PROF. PETER VOSS. INTENDANT DES SÜDWESTRUNDFUNKS

Bischof Karl Lehmann – auch für Journalisten und Medien ein Glücksfall.

In Gesprächen und Interviews habe ich ihn als einen ebenso klugen wie sympathischen Vertreter von Kirche und Theologie kennen- und schätzen gelernt. Der Mainzer Bischof ist kein Mann der vereinfachenden, Beifall heischenden Schlagworte. Er differenziert. Nicht das schnelle, sondern das sachliche Urteil prägt seinen Stil der öffentlichen Auseinandersetzung – ob es um das Priesteramt der Frau oder die Gentechnologie geht. Der Theologe und Bischof ist, so mein Eindruck, stark mitgeprägt von der Philosophie. Er kennt den weiten Spielraum, der mit dem Begriff „Vernunft" gemeint ist. Sein Ziel als Vorsitzender der Deutschen Bischofskonferenz ist es nicht, gesellschaftspolitisch zu polarisieren, sondern zusammenzuführen, zu verbinden und zu vermitteln. Vermitteln nicht im Sinne eines billigen Kompromisses, sondern durch das Ausloten der Sache und der Differenzen, um dabei nach Möglichkeit verborgene Konvergenzen zu entdecken. Seine philosophische Ausbildung scheint dabei nicht weniger wichtig zu sein als die Theologie.

Auf diesem Hintergrund ist Karl Lehmann gewiss kein einfacher Gesprächspartner für den Journalismus der kurzen Formen, der dreißig-Sekunden-Statements. Er lässt sich nicht zur populistischen Vereinfachung verführen. Er weiß, dass es für die wenigsten gravierenden gesellschaftspolitischen, ethischen und seelsorgerlichen Fragen der Gegenwart schnelle und zugleich plausible, glaubwürdige Antworten oder gar Rezepte gibt. Sachverstand zieht er dem autoritären Urteil von oben vor. Auch weil Lehmann die Begegnung und den Dialog mit Andersdenkenden, mit unbequemen Gesprächspartnern pflegt, kennt er die Vorläufigkeit und Brüchigkeit auch von theologischen Aussagen. „Revisionsfähigkeit" lautet nicht von ungefähr ein Begriff, der bei ihm immer wieder auftaucht. Geprägt von seinem Lehrer, dem Jesuiten Karl Rahner, lässt er Großherzigkeit, Perspektive und Weitsicht zur Wirkung und Entfaltung kommen, das Hängenbleiben an Banalitäten und Kleinigkeiten überlässt er anderen. Immer wieder versucht er, den Blick über die institutionelle Außenhaut der Kirche hinaus auf den Kern der christlichen Botschaft zu lenken.

Für mich ist dieser Repräsentant der katholischen Kirche in Deutschland auch deshalb so gewinnend und liebenswert, weil er mitten in der Realität des Lebens steht. Von daher kennt er auch die Bedeutung der Massenmedien, und wie kaum ein anderer Kirchenmann nutzt er diese Medien, um die Kirche und ihre Botschaft präsent zu machen und sich so auch unbequemen Fragen zu stellen. Er weiß, dass sich die Kirche manchmal selbst im Wege steht, aber er weiß auch, dass nur Personen durch ihre Ausstrahlung und durch ihr Handeln überzeugen können.

Als ARD-Vorsitzender und Intendant des Südwestrundfunks danke ich dem Vorsitzenden der Deutschen Bischofskonferenz, Bischof Karl Lehmann, auch für seine Feinfühligkeit im Umgang mit den Medien und nicht zuletzt für sein Bekenntnis zum öffentlich-rechtlichen Rundfunk.

PROF. DR. H.C. DIETER STOLTE. INTENDANT DES ZDF

Mensch mit Prinzip und Praxis – Karl Lehmann zum 65. Geburtstag

Zum 600. Geburtstag von Johannes Gutenberg hat Karl Lehmann auf dem *Deutschen Bibliothekartag* 1999 in Freiburg i.Br. unter dem Titel „Zeitenwende – Medienwende?" den Festvortrag gehalten. Als Bischof von Mainz hat er dort die Geschichte der Medien bis auf den wohl berühmtesten Mainzer Sohn, den Erfinder des Buchdrucks, zurückverfolgt und insbesondere dessen ursprünglich religiösen Impuls herausgestellt: „Die Idee zu seiner Erfindung kam Gutenberg beim Besuch von Mainzer Klöstern, in denen er die schreibenden Mönche beobachtete. Im Bestreben, das Wort Gottes allen zugänglich zu machen – er war ein frommer, gottesfürchtiger Christ – wurde er Medientechniker. Seine Bibel, die er mit einer eigens dafür hergestellten Druckerpresse in dreijähriger Arbeit anfertigte, ist und bleibt ein Symbol des technischen Fortschritts. Auch wenn die Erfindung auf leisen Sohlen kam, so hat sie doch die Welt verändert."

Heute im Zeitalter der digitalen Medienrevolution spricht die Kommunikationswissenschaft nunmehr vom „Ende der Gutenberg-Galaxis" und damit von einer noch einschneidenderen „Medienwende". Wenn Karl Lehmann zusätzlich von einer „Zeitenwende" spricht, so bezieht er sich auf das, was sich möglicherweise durch die Medien – jedenfalls durch bestimmte Medien – mitverändert: auf den schleichenden Werteverfall unserer Gesellschaft. Kirche, Schule und vor allem Elternhaus hätten als Lernorte heute an Bedeutung eingebüßt, stattdessen ersetze das Fernsehen vielfach den Babysitter. Was als Gefahr angesprochen ist, ist zugleich ein Aufruf zur besonderen Verantwortung des Fernsehens, aber auch all jener, die erzieherische Aufgaben wahrnehmen.

Karl Lehmann ist als Vorsitzender der *Deutschen Bischofskonferenz* jemand, der qua Amt, aber auch als Mensch gegen die stillen Veränderungsprozesse unserer Gesellschaft seine Stimme erhebt. Er spricht nicht nur für seine Mitbischöfe, er spricht auch mit seinen Mitmenschen; er spricht nicht nur mit dem Papst, sondern auch mit jenen, die von den päpstlichen Entscheidungen betroffen sind. Er steht einerseits in unanfechtbarer Treue und Festigkeit zur Kirche und traditionellen Lehre, steht andererseits aber zugleich mit beiden Füßen in der Welt, auf dem Boden der modernen Gesellschaft. Er lebt, nahe einer Zerreißprobe, in einer wachsenden Spannung zwischen christlichen Prinzipien und gesellschaftlicher Praxis.

Als ein Mensch, der solche Spannungen aushält, ist Karl Lehmann ein Mittler und Kommunikator von hohen Graden und Gnaden. Er hält die reißenden Widersprüche aber nicht nur aus, sondern scheint gerade aus ihrer Spannung und Reibung kreative Energien und Impulse zu schöpfen, um zu praktikablen, lebensnahen Lösungen zu gelangen. Er ist, trotz seines hohen geistlichen Amtes, ein Mensch mitten im Leben.

Es ist ihm zu seinem 65. Geburtstag zu wünschen, dass ihm noch lange ein gesundes Leben nach seinen christlichen Prinzipien beschieden sein möge.

PROF. ROBERT LEICHT. PRÄSIDENT DER EVANGELISCHEN AKADEMIE ZU BERLIN. POLITISCHER KORRESPONDENT DER ZEIT

Wenn ich an Karl Lehmann, den Bischof und Bruder, denke und ihn erlebe, dann fällt mir Mt 5, Vers 41 ein: „Und wenn dich jemand nötigt, eine Meile mitzugehen, so geh mit ihm zwei." Natürlich fällt mir die Luther-Übersetzung ein, aber dann schlage ich für diesen Gruß auch in der Einheits-Übersetzung nach: „Und wenn dich einer zwingen will, eine Meile mit ihm zu gehen, dann geh zwei mit ihm."

Es geht an dieser Stelle der Bergpredigt eindeutig um die Konfrontation der frommen Judenchristen mit der römischen Besatzungsmacht. Das römische Streckenmaß „Meile" kommt im gesamten griechischen Text des Neuen Testaments nur an dieser einen Stelle vor. Es geht also um die Mahnung Jesu an seine Hörer, sich nicht gegen die römische Besatzung aufzulehnen (keine falschen Anspielungen, bitte!), sondern deren Anforderung von Hand- und Spanndiensten durch eine Überbietung zu überwinden und zu entschärfen: Eine Deeskalation des permanenten Konflikts durch eine kluge Unterwanderung. Der Klügere gibt nicht nach, sondern doppelt – er beschämt den Besatzer, anstatt ihn zu reizen; er gehorcht ihm aber auch nicht dadurch, dass er ihm korrekt die eine Meile folgt; sondern gerade durch die vermeintliche Unterwerfung (zwei Meilen statt einer) stellt er den unterwürfigen Gehorsam zutiefst in Frage.

Karl Lehmann und Mt 5, 41 – das ist für mich zunächst eine ganz praktische Erfahrung bescheidener Höflichkeit. Zweimal hatte ich den Bischof in journalistischer Mission im Mainzer Bischofshaus aufzusuchen – beide Male, wie das bei journalistisch interessanten Anlässen regelmäßig der Fall ist, in drangvoll ausgelasteten, aufgeregten Zeiten. Und beide Male ließ es der Bischof sich nicht nehmen, die journalistischen Besatzer seines Terminkalenders hernach zum Bahnhof zu begleiten, zum Taxenstand – wohin auch immer. Er war durch kein Zureden dazu zu bewegen, sich wenigstens im Kleinen zu schonen. Und als ich ihn vor den Wänden seiner eindrucksvollen Bücherregale nach einem entlegenen Literaturhinweis fragte (zur Bergpredigt übrigens), gab er nicht nur deren zwei...

Karl Lehmann und Mt 5, 41 – das gilt aber noch viel mehr für seine Rolle als Vorsitzender der Deutschen Bischofskonferenz. Er hat sich immer mehr zugemutet, als Rom von ihm verlangen konnte, und er ist mehr Meilen gegangen, als – ja: mehr als was eigentlich? Da eben stoßen wir an die Grenze der Auslegung von Mt 5, 41. Der evangelische Rat ist ja keine pragmatische Lebensregel, die sich von allein verstünde (auch für den Nicht-Christen) und die wie ein Kosten-Nutzen-Kalkül von selber aufginge, ohne Rest – auch für den Christen. Ob die zusätzlichen Meilen dem zum Dienst Herangezogenen selber zum Vorteil gereichen oder ob sie ihn beugen, bis man sein frohes, frühes Gesicht nicht mehr sieht, bevor ihn jemand mit großer Hand aufrichtet – das ist ja gar nicht das Thema. Sondern: dass sie gegangen werden – über das Ziel hinaus. Wenn nur immer (und weiter) einer mit ihm geht, der nicht fordert, sondern fördert…

DR. GERHARD RÜSCHEN, MITGLIED DES AUFSICHTSRATES DER NESTLE DEUTSCHLAND AG

Bischof Karl Lehmann, dem ich oft begegnen durfte, z.B. seit 15 Jahren im Arbeitskreis Kirche-Wirtschaft in Frankfurt am Main, ist ein Mann, der im Spannungsfeld zwischen Religion und Gesellschaft als Vorsitzender der Deutschen Bischofskonferenz steht. Viele Menschen sagen, er müßte Kardinal sein. Ich gehöre dazu, denn was er auf jeden Fall besitzt, sind die vier Kardinaltugenden.

Er besitzt als Wissenschaftler und Theologe die *Weisheit,* mit der er auch komplizierteste Sachverhalte tiefgründig erfaßt und verständlich machen kann. Die Vielseitigkeit seiner Themen und die Differenziertheit seiner Argumentation überzeugen immer wieder. Wer Bischof Lehmann im kleinen Kreis erlebt hat, staunt stets über sein weites und tiefes Wissen. Er ist immer sehr gut vorbereitet und jeder fragt sich, wann er das tut.

Er besitzt *Gerechtigkeit.* Zwar muß er nicht wie Salomo vorgeben, das Kind mit dem Schwert zweizuteilen, um die richtige Mutter herauszufinden. Aber gerade in der Diskussion zwischen dem Vatikan und den Sorgen vieler werdender Mütter spürt man sein tief ausgeprägtes Gerechtigkeitsgefühl. Auch in seinen abgewogenen Ausführungen zur Wirtschaft erkennt man seine große Hinwendung zur Gerechtigkeit.

Er besitzt die *Tapferkeit.* Der Riese Goliath ist heute die komplexe Welt der vielen Strömungen und Interessen. Bischof Lehmann kämpft an vielen Fronten mit großer Tapferkeit. Er gilt als liberal, weil er die modernen Menschen zu verstehen versucht. Ebenso fest aber steht er in seinem unerschütterlichen Glauben und in seiner Treue zur katholischen Kirche und zum Papst.

Schließlich besitzt er die Kardinaltugend der *Mäßigung.* Bischof Lehmann ist ein bescheidener Mensch, dem die materiellen Güter nichts bedeuten. Dennoch ist er auch in der Genügsamkeit nicht unmäßig. Noch wichtiger ist, daß er in seiner Argumentation Maß bewahrt. Er hat gewiß viele Gegner, aber Feinde hat er – glaube ich – nicht.

Kardinal kommt vom lateinischen cardinalis und bedeutet laut Brockhaus „im Angelpunkt stehend". Dort steht der hochgeschätzte Bischof von Mainz und Vorsitzende der Deutschen Bischofskonferenz Professor Dr. Karl Lehmann.

Im September 2000

Praeludium

PETR EBEN

Gloria-Variationen für Orgel

Poco Allegretto   ♩ = 104

Bischof Lehmann im Atelier Karlheinz Oswald.
(Foto: Guthier, Frankfurt)

Karl Lehmann – ein intellektuelles Porträt

VON ULRICH RUH

Wer Karl Lehmann in den Jahren seiner Freiburger Tätigkeit erlebt hat, der wird sich an solche Szenen erinnern: Nach dem Seminar oder der Vorlesung muss es schnell gehen, weil ein Auswärtstermin im Zusammenhang mit der Würzburger Synode oder der Glaubenskommission der Bischofskonferenz ansteht; in die Sprechstunde hinein platzt ein Anruf von Kardinal Döpfner oder Bischof Moser. Wer Karl Lehmann als Bischof von Mainz erlebt, dem werden diese Szenen vertraut sein: In einer Pressekonferenz auf ein innerkirchliches oder gesellschaftspolitisches Diskussionsthema angesprochen, holt der Bischof zu einem Exkurs in die Theologie- oder Geistesgeschichte aus und erwähnt seine langjährige wissenschaftliche Beschäftigung mit der Fragestellung; zwischen Firmterminen und Pastoralbesuchen stehen im Kalender immer wieder Grundsatzvorträge vor den verschiedensten kirchlichen und gesellschaftlichen Auditorien im In- und Ausland.

Schon als Hochschullehrer war Karl Lehmann immer auch kirchenpolitischer Akteur, als Bischof und Konferenzvorsitzender ist er Professor geblieben. Er hat an der Universität Theologie nie abgelöst von ihren kirchlichen und kulturellen Kontexten betrieben, den Kontakt zu anderen Fakultäten ebenso gepflegt wie zum kirchlichen Alltag auf seinen verschiedenen Ebenen. Nach der Berufung ins Bischofsamt ist er der Theologie wie ihren profanen Bezugswissenschaften treu geblieben, verfolgt er philosophische und exegetische, religionssoziologische oder zeitgeschichtliche Forschung bis in ihre feinen Verästelungen hinein.

Karl Lehmann war zunächst in Mainz und dann in Freiburg Ordinarius für Dogmatik und hat in dieser Zeit auch fast alle klassischen Traktate von der Schöpfungslehre bis zur Eschatologie gelesen. Seinen Einstieg in die Wissenschaft markieren allerdings zwei Werke, die nicht in die Dogmatik gehören: die erst 1999 elektronisch publizierte philosophische Dissertation *Vom Ursprung und Sinn der Seinsfrage im Denken Martin Heideggers* einerseits, die theologische Dissertation über die neutestamentliche Formel *Auferweckt am dritten Tag nach der Schrift* andererseits. Die ungewöhnlich umfangreiche philosophische Arbeit enthält nicht nur minutiöse Analysen zum Werk Husserls und Heideggers, sondern greift auch in die Entwicklung des Transzendenzbegriffs in der Philosophie seit Platon und im spekulativen Idealismus zurück. Die Untersuchung der Formel aus dem Ersten Korintherbrief wiederum geht nach allen Regeln der Kunst ins exegetische Detail, widmet sich aber gleichzeitig grundlegenden Fragen der Schriftauslegung im Ganzen der Theologie.

Suchen und Finden Gottes als zentraler Schlüssel

Karl Lehmann hat eine Zeitlang den Plan verfolgt, eine Fundamentalhermeneutik katholischer Theologie zu schreiben. Dazu ist es nicht gekommen, aber es liegen aus seinen frühen Jahren im akademischen Lehramt gewichtige Aufsätze etwa zum hermeneutischen Horizont der historisch-kritischen Exegese oder zur dogmatischen Denkform vor; zu erwähnen sind hier auch die mit Karl Rahner zusammen verfassten einschlägigen Teile für das repräsentative nachkonziliare dogmatische Sammelwerk *Mysterium Salutis.*

Die Offenbarungskonstitution des Zweiten Vatikanums enthält den grundlegenden Satz, Überlieferung, Schrift und Lehramt seien „so miteinander verknüpft und einander zugesellt, dass keines ohne die anderen besteht und dass alle zusammen... wirksam dem Heil der Seelen dienen" (DV 10). Dass diese harmonisierende Zuordnung bei genauerem Hinsehen beträchtliche Spannungen in sich birgt, haben die letzten Jahrzehnte in der katholischen Theologie nachdrücklich gezeigt. Karl Lehmann war und ist in seinen einschlägigen Arbeiten darum bemüht, jedem Element in diesem Beziehungsgefüge Gerechtigkeit widerfahren zu lassen, ohne dabei seine jeweiligen Grenzen zu übersehen: Der Schrift als „norma normans", die aber in der Kirche ausgelegt wird; der Tradition, die sich immer wieder an der unüberholbaren biblischen Norm messen lassen muss, sie aber gleichzeitig unter neuen Verstehensbedingungen deutet; Dogma und Lehramt, die im Konfliktfall die Grenzen der Auslegung markieren müssen, sich aber dabei nicht zu Herren der Tradition oder gar des Evangeliums aufschwingen dürfen.

Nicht nur das intensive Sicheinlassen auf die historisch-kritische Exegese und die Fragen einer angemessenen theologischen Hermeneutik, sondern auch die frühe Beschäftigung mit einem der maßgeblichen Philosophen des 20. Jahrhunderts hat Karl Lehmann bleibend geprägt. Sein theologisches Denken setzt immer die große metaphysische Tradition und deren tiefgreifende Umgestaltung in der Neuzeit wie die moderne Gesellschaft mit ihrem geistigen, wissenschaftlich-technischen und kulturellen Profil als unverzichtbare Bezugsgrößen voraus.

So hat er sich etwa (im *Handbuch der Pastoraltheologie*) in einem ungewöhnlich intensiven Maß mit der modernen Ideologieproblematik befasst und dabei mit großer Nüchternheit und intellektueller Redlichkeit auch das entsprechende Potential im Christentum bzw. den Missbrauch des Glaubens als Ideologie einbezogen. Die Kirche dürfe nicht die „Attitüde einer Ideologie reiner Transzendenz annehmen, die sich hochnäsig und besserwisserisch über die wirklichen Probleme dieser Welt hinwegsetzt"; der Glaube könne die dämonischen Verabsolutierungen der Ideologien nur „entlarven und kritisch überwinden, wenn er aus der Substanz seiner selbst lebt".

Bei der Herbstvollversammlung der Deutschen Bischofskonferenz im Jahr 1999 hielt Bischof Lehmann ein Eröffnungsreferat über das *Suchen und Finden Gottes als zentralen Schlüssel für die Zukunft von Religion und Kirche im 21. Jahrhundert.* Damit hat er eine Fragestellung wieder aufgegriffen, die ihn von Anfang an umtreibt, auch wenn sie sich nicht in einer größeren Veröffentlichung niedergeschlagen hat: Wie lässt sich unter den gesellschaftlichen und geistigen

Bedingungen des 20. Jahrhunderts überhaupt erst ein Zugang zur Transzendenz freilegen? Wie muss ein Reden von Gott aussehen, das Gottes unaufhebbare Geheimnishaftigkeit ebenso respektiert wie seine Selbsterschließung in der biblischen Offenbarung ernstnimmt, das sich nicht einfach den Bedürfnissen der Menschen und gesellschaftlichen Funktionalisierungen ausliefert, aber die entsprechenden, oft verstellten oder unter Banalitäten verborgenen Fragen nicht ausblendet?

Zu Beginn des genannten Referats stellt sich Karl Lehmann selbst die Frage, „ob wir angesichts der gesellschaftlichen und politischen Herausforderungen, mit denen sich auch die Kirche befassen muss, und inmitten innerkirchlicher Probleme die entscheidende Frage immer mehr in den Hintergrund drängen lassen: das Fragen nach Gott". Damit sind zwei Pole genannt, in deren Spannung sich das bisherige theologische und kirchliche Lebenswerk des Professors und Bischofs vollzieht. Er hat immer versucht, die elementarsten und gleichzeitig fundamentalsten Herausforderungen im Blick zu behalten bzw. die Fülle der theologischen, kirchenpolitischen oder gesellschaftlichen Themen auf sie hin durchsichtig zu machen: Etwa die Frage nach Konstitutiva des Menschseins, nach den Grundwerten für den Zusammenhalt einer pluralistischen Gesellschaft, nach den Grunddimensionen von Kirche als Zeugnis- und Dienstgemeinschaft, nach Wesen und Unwesen der Religion.

Gleichzeitig hat er immer in die Breite der gesellschaftlichen wie kirchlichen Fragestellungen gearbeitet, sei es mehr aus eigenem Antrieb, aus der unbändigen Neugier dessen, der sich nicht in enge Disziplingrenzen einsperren lässt, sei es mehr als Konsequenz der Zugehörigkeit zu diversen Gremien oder der Verpflichtungen eines Diözesanbischofs und Konferenzvorsitzenden. Das Spektrum reicht von der christlichen Verantwortung für Europa bis zur Konfessionalität des Religionsunterrichts, von der Frage nach der Personalität des Teufels bis zum Thema Caritas und Gemeinde. Aber ob größere Aufsätze, Lexikonartikel oder Gelegenheitsarbeiten: Den Texten Karl Lehmanns ist eigentlich bei jedem Thema die umfassende Kenntnis der einschlägigen Literatur und der differenzierte Umgang mit dem jeweiligen Sachstand anzumerken, ebenso das Bemühen um ein ausgewogenes Urteil ohne beifallheischende Schnellschüsse.

Von dieser Art waren bzw. sind auch Lehmanns Stellungnahmen zu umstrittenen innerkirchlichen Problemfeldern. Von 1972 stammt die erste Veröffentlichung zur Frage des kirchlichen Umgangs mit wiederverheirateten Geschiedenen, deren erster Satz lautet: „Jeder Seelsorger und viele Katholiken kennen das dornenreiche Problem: Gegenüber wiederverheiratet Geschiedenen gelangt die pastorale Sorge rasch in eine fast unausweichliche Sackgasse." Um einen vor der Botschaft Jesu und der kirchlichen Tradition verantwortbaren Ausweg aus dieser Sackgasse bemühte sich Karl Lehmann seinerzeit in einer Arbeitsgruppe, die ein Rahmenvotum mehrerer Bischofskonferenzen zum Umgang mit wiederverheirateten Geschiedenen vorbereitete. Jahre später erfolgte dann der maßgeblich vom Mainzer Bischof und seinen Vorarbeiten geprägte und weltweit beachtete Vorstoß der drei Bischöfe der Oberrheinischen Kirchenprovinz zugunsten einer größeren pastoralen Flexibilität, den das römische Lehramt bekanntlich an den entscheidenden Punkten zurückwies.

Mit so substantiellen wie um eine sorgfältige Klärung bemühten Beiträgen be-
teiligte sich Karl Lehmann auch an den Auseinandersetzungen zunächst um die
„Politische Theologie" und dann um die „Theologie der Befreiung", die zum Teil
durchaus vergleichbare Fragen nach dem Zusammenhang von Glauben und Politik, von menschlichem Wohl und christlichem Heil aufwerfen. Im Zusammenhang mit der Vorbereitung eines Votums der Internationalen Theologenkommission zu Grundanliegen der Befreiungstheologie hat sich Lehmann in den frühen
siebziger Jahren intensiv in die Problematik eingearbeitet und seine Kenntnisse
und Einsichten auch an seine Freiburger Studenten weitergegeben. Dabei war
ihm wichtig, den Aufbruch in der Theologie Lateinamerikas mitsamt seinem
kirchlich-pastoralen Kontext zunächst einmal genau zur Kenntnis zu nehmen und
gleichzeitig ohne polemische Vereinfachungen oder Zuspitzungen auf den
grundsätzlichen theologischen Klärungsbedarf etwa beim Verständnis der christlichen Freiheit hinzuweisen.

Mühsame Schritte zur Erneuerung der Kirche

Intensiv befasst war Karl Lehmann auch mit dem „Fall Küng" in seinen verschiedenen Stationen von den Anfängen der Unfehlbarkeitsdebatte über die Diskussion um *Christ sein* bis zum Entzug der kirchlichen Lehrerlaubnis um den
Jahreswechsel 1979/80. Lehmann hat auf Einladung von Hans Küng mit ihm in
seinem Tübinger Seminar über die Anfrage zur Unfehlbarkeit diskutiert und war
1977 an dem Hohenheimer Gespräch des Tübinger Theologen mit Vertretern der
Deutschen Bischofskonferenz beteiligt, das einer Klärung des Konflikts im Zusammenhang mit dem Buch *Christ sein* dienen sollte, aber erfolglos blieb.

Im Zusammenhang mit der Küng-Debatte entstand auch der umfangreiche
Kommentar zur römischen Erklärung *Mysterium ecclesiae* vom Februar 1975.
Karl Lehmann bemüht sich darin mit großer Sorgfalt, sowohl der Position Küngs
wie den gegen sie geltend gemachten Einwänden der Glaubenskongregation gerecht zu werden, setzt sich sensibel mit der ökumenischen Kritik an der römischen Erklärung auseinander und weist mit aller Zurückhaltung, aber doch deutlich genug auf Schwachstellen und Probleme der lehramtlichen Position hin. So
heißt es beispielsweise zum Abschnitt von *Mysterium ecclesiae* zur Unfehlbarkeit des Lehramtes, dieser könne ein Beleg dafür sein, „dass eine 'positive' Entfaltung der Lehre durch bloße Wiedererinnerung an lehramtliche Formulierungen
bei aller Notwendigkeit letztlich wenig hilfreich ist, sondern dass lebendiger und
ursprünglicher, zeitgemäßer und werbender aus der Mitte des christlichen Glaubens heraus argumentiert werden muss."

Als Karl Lehmann 1971 von der Mainzer an die Freiburger Katholisch-Theologische Fakultät wechselte, wurde er Professor für Dogmatik und Ökumenische
Theologie; das Dogmatische Seminar erhielt eine eigene Ökumenische Abteilung. Damals war er schon Mitglied im „Ökumenischen Arbeitskreis evangelischer und katholischer Theologen", und die theologische wie kirchenpolitische
Arbeit für Fortschritte auf dem Weg zur vollen Gemeinschaft mit den reformatorischen Kirchen ist ein Schwerpunkt seiner weitgefächerten Tätigkeit geblieben.

In seinem ökumenischen Engagement sind die gleichen Grundzüge erkennbar wie in Karl Lehmanns Wirken in der und für die eigene Kirche. Bereitschaft zur geduldigen Kleinarbeit im Dienst an der Sache verbindet sich mit Klarheit in der Einschätzung von Möglichkeiten und Schwierigkeiten des ökumenischen Dialogs. Die umfassende und differenzierte Kenntnis der eigenen Tradition erlaubt es, Spielräume bei ihrer Aufarbeitung in ökumenischer Absicht wahrzunehmen und damit Brücken zu den theologischen Sprachspielen und -stilen der reformatorischen Kirchen zu schlagen, ohne kritische Anfragen aus falsch verstandener Höflichkeit zu unterlassen. Solche Redlichkeit wird von den Gesprächspartnern aus den anderen Kirchen durchweg auch anerkannt.

Karl Lehmann hat so beispielsweise einen profilierten katholischen Beitrag zum Lutherjahr 1983 geleistet, mit einem Vortrag vor dem Zentralkomitee der deutschen Katholiken, der dafür plädiert, die „aufgestauten und verbliebenen Schwierigkeiten" nüchtern zu sehen. Luther müsse, so die abschließende These des Vortrags, „im Blick auf die ganze Geschichte der Kirche aus seiner Isolierung und Verabsolutierung befreit werden". Fünfzehn Jahre später hat Lehmann die katholisch-lutherische *Gemeinsame Erklärung zur Rechtfertigungslehre* vor der Deutschen Bischofskonferenz gewürdigt und dabei gleich auch den Verlauf des katholisch-lutherischen Gesprächs bis zu diesem Einschnitt nachgezeichnet. Im Zusammenhang mit der feierlichen Unterzeichnung der Erklärung am 31. Oktober 1999 hat er sie als „differenzierten Konsens" verteidigt und gleichzeitig vor dem Flurschaden noch nicht einlösbarer Versprechungen gewarnt, „die nicht nur die Leidenschaft verständlichen Drängens, sondern auch die mühsame Geduld des Reifens brauchen".

„Lohnt es sich, in der Kirche zu bleiben und für sie zu leben?" – ein so überschriebener Text aus Karl Lehmanns Freiburger Zeit formuliert, es gebe nicht zuletzt deshalb so viel Traurigkeit, Resignation, Überdruss und Abschied von der Kirche, „weil es so wenig bleibende und tiefgreifende Erneuerung der Kirche gibt". Dem folgt die Bemerkung, Vielschichtigkeit der Kirchenwirklichkeit, Reformernst und Spiritualität gehörten zusammen.

Die Art und Weise, in der sich Karl Lehmann für seine Kirche eingesetzt hat und nach wie vor einsetzt, lässt sich durch diese Stichworte zusammenfassend charakterisieren. Er hat nie auf „Kirchenträume" gleich welcher Couleur gesetzt, sondern immer die Vielschichtigkeit der Kirchenwirklichkeit im Blick behalten. Die Forderung nach Reform der Kirche hat er nicht als Plakat vor sich her getragen, sondern sich immer wieder auf den mühsamen und meist nicht sehr dankbaren Weg der kleinen Schritte zur Erneuerung der Kirche gemacht. Und sein Engagement ist dabei immer getragen von einer Spiritualität, die damit Ernst macht, dass Kirche kein Selbstzweck sein darf, sondern das Evangelium zu verkünden, der Welt zu bezeugen und als Gemeinschaft zu leben hat: „Wer einen Dienst oder ein Amt in der Kirche anzielt, der muss vor und in aller Kirchlichkeit eine letzte Leidenschaft für Gott mitbringen."

In den siebziger Jahren war Karl Lehmann maßgeblich an Vorbereitung, Durchführung und Nacharbeit der „Gemeinsamen Synode der Bistümer in der Bundesrepublik Deutschland" beteiligt – seine Mitarbeiter aus jener Zeit können ein Lied davon singen, wie viel Zeit und Kraft den Freiburger Professor diese

Würzburger Synode gekostet hat. Die Gemeinsame Synode war eine Reaktion auf die Turbulenzen der unmittelbaren Nachkonzilszeit und erwies sich ungeachtet aller Schwierigkeiten und Spannungen als eindrucksvolle Manifestation für den Erneuerungswillen der katholischen Kirche in Deutschland. Karl Lehmann hat in seiner Einleitung zur Gesamtausgabe der Synodenbeschlüsse Leitlinien zur praktischen Realisierung formuliert, die die für sein Verständnis von Kirchenreform kennzeichnende Verbindung von nüchternem Realismus und unbeirrbarer Hoffnung verraten: „Die Gemeinsame Synode zielte zuletzt auf ein Mehr an Glaube, Hoffnung und Liebe im Leben der Christen und der Menschen untereinander. Anordnungen und Planungen sind unumgänglich. Aber sie bilden nicht allein das Leben."

Schon zwei Jahre nach der Übernahme des Bischofsamtes in Mainz wählte die Deutsche Bischofskonferenz Karl Lehmann zu ihrem Stellvertretenden Vorsitzenden; zwei Jahre später wurde er als Nachfolger des verstorbenen Kölner Kardinals Joseph Höffner Konferenzvorsitzender. Es hat seither nicht an Bewährungsproben gefehlt, die mit internen Spannungen im deutschen Katholizismus ebenso zu tun hatten wie mit römischen Dokumenten bzw. Interventionen.

Bald nach seine Amtsantritt als Konferenzvorsitzender war der Mainzer Bischof mit der „Kölner Erklärung" deutschsprachiger Theologen konfrontiert. Einige Jahre später folgte das nach österreichischem Vorbild auch in Deutschland durchgeführte „Kirchenvolksbegehren". Für erhebliche Unruhe sorgten dann die vatikanischen Verlautbarungen zur Mitarbeit der Laien in der Seelsorge und zur Ablehnung der Priesterweihe von Frauen, besonders aber die sich über Jahre hinziehenden Auseinandersetzungen um die kirchliche Mitwirkung in der gesetzlichen Schwangerschaftskonfliktberatung. In allen diesen Konflikten waren Lehmanns Fähigkeiten zur geduldigen Vermittlungsarbeit, zur sachorientierten Diplomatie und zum Aushalten nicht zu bewältigender Spannungen teilweise fast im Übermaß beansprucht. Gelegentlich kam er in die unbequeme Lage dessen, der zwischen Hammer und Amboss steckt und es keiner Seite wirklich recht machen kann.

Die Identität des Glaubens vor Erstarrung bewahren

In einem Interview mit der *Herder-Korrespondenz* aus Anlass des zwanzigsten Jahrestags des Abschlusses des Zweiten Vatikanums hat Karl Lehmann festgestellt: „Wir sollten einmal deutlich sagen, dass wir uns die Kirche und ihr Weiterleben ohne das Zweite Vatikanum gar nicht vorstellen können. Man bemängelt Fehlentwicklungen. Aber was es überhaupt bedeutet, dass dieses Konzil stattgefunden hat, ist vermutlich von niemand bis heute abzuschätzen." Lehmann gehört zu der Theologengeneration in Deutschland, die ihre wissenschaftliche Laufbahn kurz nach dem Zweiten Vatikanum begonnen hat. Sie konnte den neuen Freiraum, den das Konzil der katholischen Theologie brachte, nutzen: Öffnung für die historisch-kritische Exegese, Eintritt der katholischen Kirche in die ökumenische Bewegung mit den entsprechenden theologischen Dialogen, bewusste Zuwendung zur „Welt von heute", zu „Freude und Hoffnung, Trauer und Angst" der Menschen, vorbehaltlose Anerkennung der Religionsfreiheit und der wertvollen Elemente in den anderen Religionen.

Lehmann kam schon während des Konzils als Germaniker in Kontakt zu Karl Rahner, also einem der Theologen, die vor dem von Johannes XXIII. überraschend einberufenen Konzil dessen Neuansätze durch Rückbesinnung auf die großen Traditionen der Väterzeit und des Mittelalters gegen die Verengungen der Neuscholastik wie durch positive Rezeption der modernen Wende zum Subjekt und seiner Freiheit vorbereitet hatten. Karl Lehmann war dann in München und Münster Rahners Assistent, hat nicht wenige Veröffentlichungen in gemeinsamer Autorschaft mit ihm vorgelegt und sein Lebenswerk später mehrfach zusammenfassend gewürdigt.

Manche Parallelen sind nicht zu übersehen: Karl Rahner wie Karl Lehmann haben „doppelgleisig" begonnen, mit philosophischen wie theologischen Arbeiten. Beide haben nach den großen Erstlingswerken vor allem in Form von Aufsätzen und Gelegenheitsschriften publiziert, sich um eine Vermittlung neuer theologischer Einsichten in die Breite des kirchlichen Lebens bemüht, ohne dabei auf die Anstrengung des Gedankens oder die solide Aufarbeitung der Tradition zu verzichten. Unverkennbare Ähnlichkeiten bestehen auch in der ausgeprägten spirituellen Nüchternheit, die jedes fromme Gerede scheut und einer Sicht der Kirche, in der sich selbstverständliche Identifikation mit ihrer konkreten Gestalt mit kritischer Wachsamkeit gegenüber Selbstüberschätzungen und Ideologisierungen verbinden.

Lehmann war bzw. ist aber kein Rahner-Schüler im Sinn einer Fortschreibung der Transzendentaltheologie. An die Stelle des einen Rahnerschen Grundansatzes („Erfahrung der Gnade als der eigentlichen fundamentalen Wirklichkeit des Christentums" – so Karl Lehmann in seinem Rahner-Artikel im LThK[3]), der sich trotz mancher Modifikationen im Lauf der Jahrzehnte durchgehalten hat, ist bei ihm eine größere Breite in der Rezeption philosophischer, gesellschaftlicher und auch dogmen- bzw. theologiegeschichtlicher Materialien getreten. Der Pionierarbeit bei der Verflüssigung der Schultheologie, wie sie vor allem für den Rahner der fünfziger und sechziger Jahre bestimmend war, folgte – den gewandelten Zeitläufen entsprechend – das bewusste Ausgreifen auf die verschiedenen, oft sehr disparaten und in ihren Eigengesetzlichkeiten sperrigen Elemente der „Welt von heute".

Karl Rahner hat in seinen später Jahren mutige Vorstöße zum Strukturwandel der Kirche wie auch zur Einheit der Kirchen als realer Möglichkeit unternommen. Karl Lehmann wiederum ist ein herausragender Protagonist der Theologen- bzw. Bischofsgeneration, die mit der Aufgabe betraut war bzw. ist, die Kirche unter den Bedingungen der spätmodernen Lebenswelt zusammenzuhalten, in dieser grundlegend veränderten Situation die „Unterscheidung der Geister" wachzuhalten, immer wieder zu versuchen, die Identität des Glaubens zu bewahren, ohne dabei in neue oder alte Erstarrungen zu geraten.

„Der christliche Glaube darf sich nicht in eine weltlose Innerlichkeit flüchten, sei es des eigenen Herzens oder des Binnenraums der Gemeinde; es ist ihm aber nicht minder verwehrt, die ureigene Kraft dadurch zu verraten, dass er sich anpasst an das, was jeweils ist." – Dieser Satz Karl Lehmanns wurde auf der

Schwelle zwischen seiner Tätigkeit an der Universität und dem Bischofsamt geschrieben. Er charakterisiert sehr gut den Theologieprofessor wie den Bischof
Lehmann. Man kann solche und ähnliche Formulierungen als wohlfeiles „sowohl
– als auch" bzw. „weder – noch" abtun. Kulturchristliche Geschmeidigkeit wie
die spirituelle Attitüde des Radikalen und Entschiedenen haben es in mancher
Hinsicht nach innen wie außen leichter als der Versuch, gerade die Durststrecken
und Glanzlosigkeiten gegenwärtigen Christ- und Kircheseins bewusst anzunehmen und mit den jeweils bei aller Begabung und Erfahrung doch immer auch
begrenzten Kräften produktiv und gesprächsfähig mit ihnen umzugehen. Karl
Lehmann steht von seinen philosophisch-theologischen Anfängen bis heute in
besonderer Weise für diesen so notwendigen wie mühsamen Versuch.

Bibliographischer Hinweis

Es wurde darauf verzichtet, eine umfassende Bibliographie Karl Lehmann in dieser Festschrift zu veröffentlichen, da eine solche in elektronischer Form – periodisch aktualisiert – leicht zugänglich ist über die Internet-Adresse der Theologischen Fakultät in Freiburg i.Br.:

http://www.uni-freiburg.de/theologie/forsch/lehmann/lehmann01.htm

In gedruckter Form erschienen bislang folgende Bibliographien:

Karl Lehmann. Bibliographie 1962-1983. Zusammengest. von Albert RAFFELT. Freiburg 1983. – 51 S.

Bibliographie 1983-1993. Erstellt von Barbara NICHTWEISS. In: Karl LEHMANN: *Glauben bezeugen, Gesellschaft gestalten. Reflexionen und Positionen.* Freiburg i.Br. 1993, S. 784-760

Quellen

„Ich aber sage: Du bist mein Gott" (Ps 31,14)

Kirchliches Psalmengebet nach der Schoa

VON ERICH ZENGER

Die Psalmen gehören neben dem Jesajabuch und neben Gen 1-3 zu jenen Teilen des Alten / Ersten Testaments, die über die Jahrhunderte hinweg in Liturgie und Theologie der Kirche eine herausragende Rolle gespielt haben[1]. Diese Rezeptionsgeschichte kann hier weder in ihrer historischen Komplexität noch hinsichtlich ihrer systematisch-theologischen Voraussetzungen und Implikationen dargestellt werden. Ich möchte mit der Frage „Wie soll die Kirche angesichts der Schoa ihre biblischen Psalmen verstehen und beten, die zuallererst Teil der jüdischen Bibel und somit gemeinsames biblisches Erbe in Judentum und Christentum sind?" nur einen einzigen Aspekt in der gebotenen Kürze reflektieren, der auch im theologischen Denken des Jubilars einen bedeutsamen Platz hat[2], im Unterschied zu manch anderen Theologen und Bischöfen der Gegenwart, die von dieser Frage wenig berührt zu sein scheinen, wohl aber in Gemeinsamkeit mit dem derzeitigen Papst, dem dieses Thema geradezu ein Herzensanliegen ist.

Mit diesem Beitrag gehen meine Gedanken zugleich zurück an die gemeinsamen Jahre des Studiums im Germanikum in Rom (wo unter meiner Ägide als Choralmagister auch der Jubilar das lateinische Stundengebet gesungen hat) und an die gemeinsame Assistentenzeit in Münster (schon damals habe ich seine enorme Arbeitskraft und seine in tiefer Liebe zur Kirche gegründete Kirchlichkeit bewundert). Als Exeget freue ich mich, daß der Jubilar seine bibelwissenschaftliche Kompetenz, die er bereits während seines Studiums eindrucksvoll dokumentierte, bis heute lebendig gehalten hat[3], was bei seiner exzeptionellen Beanspruchung durch den kirchlichen Alltag im eigenen Bistum, in der Kirche Deutschlands, auf der Ebene der Weltkirche und in der Ökumene geradezu phänomenal ist. So verbinde ich mit dieser Festschrift meinen hohen Respekt vor

---

[1] Vgl. dazu nur die entsprechenden Beiträge in: E. ZENGER (Hrsg.): *Der Psalter in Judentum und Christentum*. Freiburg 1998 (Herders Biblische Studien. 19). Ich greife im Folgenden Überlegungen auf, die ich unter dem Titel „Daß alles Fleisch den Namen seiner Heiligung segne" (Ps 145,21). Die Komposition Ps 145-150 als Anstoß zu einer christlich-jüdischen Psalmenhermeneutik. In: *Biblische Zeitschrift* 41 (1997), S. 1-27 vorgelegt habe; sie werden hier in wichtigen Punkten weitergeführt.

[2] Vgl. besonders K. LEHMANN: Die katholische Kirche und das Judentum. In: G. B. GINZEL – G. FESSLER (Hrsg): *Die Kirchen und die Juden. Versuch einer Bilanz*. Gerlingen 1997, S. 31-47.

[3] Vgl. zuletzt K. LEHMANN: *Das Alte Testament als Offenbarung der Kirche*. Rede auf der Tagung der deutschsprachigen Alttestamentler in Stuttgart-Hohenheim am 9. 9. 1999. In: F.-L. HOSSFELD (Hrsg.): *Wieviel Systematik erlaubt die Schrift? Auf der Suche nach einer gesamtbiblischen Theologie*. Freiburg 2000 (QD 185).

dem bisherigen Lebenswerk dieses bedeutenden Theologen *und* engagierten Kirchenmannes.

1. Jüdische Psalmen in der christlichen Liturgie

Bei aller Faszination und Zustimmung, die den Psalmen im allgemeinen und vielen einzelnen Psalmen im Verlauf der Christentumsgeschichte bis heute zuteil wurden und werden, ist der Widerspruch gegen einzelne Psalmen (und als Folge davon teilweise auch gegen den *ganzen* Psalter) nie verstummt. Es gehört beinahe zum Ritual pastoraler Überlegungen und Handreichungen, die in das Psalmengebet einführen wollen, daß bedauernd und entschuldigend darauf verwiesen wird, daß das so schöne Psalmenbuch leider einige Schönheitsfehler habe, über die man nur entweder christlich großzügig oder eben christlich verurteilend hinweggehen könne. Auch bei den im Umfeld des Zweiten Vatikanum geführten Diskussionen über die Reform des allgemeinen kirchlichen Stundengebets kamen diese Vorbehalte breit zur Sprache[4]. Wenn die dabei im Namen des christlichen Proprium geübte „Kritik" an einzelnen Psalmen schließlich sogar dazu führte, daß bei der Einführung des neuen Stundengebets nicht nur drei Psalmen (nämlich Ps 58; 83; 109) als nicht „stundengebetswürdig" ausgeschlossen und eine ganze Reihe von Psalmen Streichungen von Einzelversen oder sogar ganzen Textabschnitten hinnehmen mußten, gab es am Grundkonsens keinen Zweifel: Die Psalmen müssen die Substanz des kirchlichen Stundengebets bleiben, ja die Psalmen bilden ein unverzichtbares Element christlicher Liturgie.

Freilich ist damit der eigentliche Diskussionspunkt noch nicht erreicht. Es ist die Frage: *Wie* und *mit welcher theologischen Pespektivik* kann und soll die Kirche diese Psalmen beten und singen? Daß dies keine Randfrage ist, sondern die Mitte christlichen Liturgieverständnisses tangiert, hat z.B. *Balthasar Fischer*, einer der wichtigsten Inspiratoren der nachkonziliaren Liturgiereform, folgendermaßen auf den Punkt gebracht: „Wohltuend an den Psalmen ist, daß sie so menschlich sind ... Unsere Not und Verzagtheit und Verzweiflung darf hier zum Ausdruck kommen, aber das Letzte ist dann doch immer wieder der Lobpreis dessen, der uns geschaffen und erlöst hat. Eine gewisse Schwierigkeit ergibt sich aus der Tatsache, daß diese Lieder ... dem AT entstammen, also vor der Ankunft Christ niedergeschrieben sind und nur in ganz seltenen Fällen auf den kommenden Messias Bezug nehmen. Wie können sie da christliches Gebet werden, bei dem doch Christus die Mitte ist, sei es, daß wir zu ihm beten, sei es, daß wir seinem Beten uns anschließen?"[5] Damit die Psalmen „christliches Gebet" werden können, müßten sie explizit „verchristlicht" werden[6], wie dies auch die *Allgemei-*

---

[4]   Vgl. die informative Skizze bei F. HUONDER: *Die Psalmen in der Liturgia Hora-*
        rum. Fribourg 1991, S. 1-22; vgl. auch E. ZENGER: *Ein Gott der Rechte? Feind-*
        psalmen verstehen. Freiburg 1998, S. 47-55.
[5]   Das Zitat stammt aus der von B. FISCHER verfaßten „Einführung" in das *Kleine*
        Stundenbuch. Einsiedeln u.a. 1981, S. 7.
[6]   Noch schärfer wurde bzw. wird das hermeneutische Problem, das mit der Entstehung der Psalmen im Judentum gegeben ist, dort herausgestellt, wo man meint, daß

ne Einführung in das Stundengebet von 1978 fordere und das neue Stundenbuch selbst vor allem durch die von ihm den Psalmen vorangestellten „Psalmentitel" und durch die „Psalmen-Kollekten" mit einem hohen Verbindlichkeitsgrad vorsehe. Gewiß sei der Wortsinn eines Psalms auch für einen christlichen Leser / Beter nicht irrelevant und bei seiner Erhebung leiste die alttestamentliche Exegese „einen unersetzlichen und unschätzbaren Dienst. Aber christliches Psalmengebet kann sich mit diesem Wortsinn der Psalmen nicht begnügen. Seit der Abfassung der Psalmen ist ein entscheidendes, ja *das* entscheidende Ereignis der Heilsgeschichte eingetreten: das Christusereignis, genauer gesagt: das Ereignis, das wir 'Pascha des Herrn' nennen, sein rettender Hinübergang durch den Tod in das Leben. Im Lichte dieses Ereignisses gelesen ('wiedergelesen', sagen die französischen Exegeten: relecture), nehmen die alten Lieder einen neuen Sinn an, den man auch als 'Erfüllungssinn' bezeichnet"[7]. Deshalb genüge auf keinen Fall jene „'Minimal-Christianisierung' der Psalmen, die entsteht, wenn ich den Gott, von dem und zu dem sie reden, als den Vater unseres Herrn Jesus Christus begreife ... Wo solch eine Konzeption an den nicht durch die Antiphonen gelenkten alltäglichen Psalmengebrauch angelegt wird, kann man sie kaum rundweg ablehnen. Aber sie gilt doch eher für den Bereich des privaten Psalmenbetens und in seinem Rahmen wieder eher für gelegentlichen Psalmengebrauch und für den, der sich gleichsam als Neuankömmling aus einem säkularisierten Jahrhundert erstmals in der Welt der Psalmen zu akklimatisieren versucht ... Wer sich dagegen nicht im Privatgebet sondern im Stundengebet der Kirche Tag für Tag im Innenraum einer Gebetswelt aufhält, in der der Psalter nicht *ein*, sondern *das* Gebetbuch des ntl. Gottesvolkes geworden ist, wird sich mit einer solchen Minimal-Christianisierung der Psalmen nicht begnügen können. Der Gedanke wird ihm nicht eingehen, daß ein Christ am Anfang oder Ende seines Tages in der Feier der Eucharistie Christus 'leibhaftig' begegnet und den Tag über verurteilt [! E.Z.] sein soll, an Christus gleichsam 'vorbeizubeten'. Zu solcher Voll-Christianisierung und oft Christologisierung des gesamten Psalters wollen Psalmentitel und Psalmenkollekten einladen"[8].

Noch schärfer hat *Otto Knoch*, einst hochverdienter Direktor des Katholischen Bibelwerks und dann Professor für Biblische Kerygmatik an der Universität Passau, das Problem zugespitzt: „Dadurch, daß die Psalmen nach dem Vatikanum II in deutscher Sprache gebetet werden und sowohl das Stundengebet der Priester als auch das Brevier der Ordensleute, auch der Benediktiner, den Laien zugäng-

---

der eigentliche Sinn des Alten Testaments ohnedies erst und nur im Lichte des Neuen Testaments bzw. in der Lektüre der christlichen Kirche offenbar werde. So konnte man noch in dem 1956 erschienenen „Handbuch des evangelischen Gottesdienstes Leiturgia" lesen: „Wenn die Kirche die Psalmen des Alten Bundes betet, ist für sie die Decke auch von diesen Gebeten und Liedern Israels weggenommen. Ihr Sinn ist erschlossen in der Offenbarung des dreieinigen Gottes" (H. GOLTZEN: Der tägliche Gottesdienst. In: *Leiturgia*, Bd. 3. Kassel 1956, S. 239).

[7]   B. FISCHER: *Dich will ich suchen von Tag zu Tag. Meditationen zu den Morgen- und Abendpsalmen des Stundenbuches.* Freiburg [2]1987, S. 15.

[8]   B. FISCHER: Neue Hilfen zum christlichen Psalmenbeten in der nachkonziliaren Liturgia Horarum von 1971. In: DERS.: *Die Psalmen als Stimme der Kirche.* Trier 1982, S. 123f.

lich sind und auch zahlreiche Psalmen in die Meßliturgie (als Zwischengesang nach der 1. Lesung an Sonn- und Festtagen) und in das Gotteslob Aufnahme gefunden haben, ist ein Problem vielen bewußt geworden, das sich der Kirche von Anfang an stellte und das auch die Verantwortlichen für die erneuerte Liturgie beschäftigte und das sich so umschreiben läßt: Kann der Christ als Glied des neuen Gottesvolks genauso wie der Jude als Glied des alten alle Psalmen beten, oder erfordert die neue Heilsebene und die Hinordnung des Christen auf Jesus Christus, den auferstanden Herrn der Kirche und der Menschheit, eine Veränderung der Psalmtexte und des Vollzugs des Psalmengebets?"[9] In der Tat: Gilt nicht gerade für die christliche Liturgie und das christliche Psalmengebet, „daß neuer Wein in neue Schläuche gehört" (vgl. Mt 9,16-17)?[10] Wer so denkt und solches zumindest für *kirchliches* Psalmengebet fordert, kann sich auf kirchenlehramtliche Vorgaben berufen, wie sie gebündelt in der *Allgemeinen Einführung in das Stundengebet* von 1978 vorliegen. Dieses Dokument bietet in Art. 100-109 unter der Überschrift „Die Psalmen und ihr Verhältnis zum christlichen Gebet" ein Kompendium christlicher Psalmenhermeneutik, das einerseits die kirchliche Hochschätzung der Psalmen großartig zusammenfaßt und das andererseits freilich an jener traditionellen Abwertung des Alten Testaments festhält, die sich auch in der Offenbarungskonstitution des Zweiten Vatikanum findet und deren Problematik bzw. Revisionsbedürftigkeit in den letzten Jahren immer deutlicher geworden ist.

Die theologische Hochschätzung der Psalmen kommt in Art. 100 folgendermaßen zur Sprache: „Ein wesentlicher Teil des Stundengebetes sind die Psalmen. Die Kirche betet mit jenen großartigen Liedern, die heilige Verfasser im Alten Bund auf Eingebung des Geistes Gottes gedichtet haben. Sie haben von ihrem Ursprung her die Kraft, Geist und Herz des Menschen zu Gott zu erheben und in ihnen fromme und heilige Gesinnung zu wecken. Im Glück helfen sie danksagen, im Unglück bringen sie Trost und Standhaftigkeit" (Art. 100).

Andererseits betont die „Einführung" die Defizite, die die Psalmen (angeblich) aus christlicher Sicht haben. Insofern sie Texte des Alten Testaments sind, partizipieren sie eben an dessen prinzipieller (!) Unvollkommenheit, die mit seiner vor-christlichen Herkunft gegeben ist: „... sind die Psalmen erst ein Schatten jener Fülle der Zeit, die in Christus, dem Herrn, angebrochen ist und aus der das Gebet der Kirche seine Kraft gewinnt. Trotz einmütiger Hochschätzung der Psalmen bei allen Christen ist es darum nicht verwunderlich, daß, wenn Christen sich bemühen, sich diese ehrwürdigen Lieder im Gebet zu eigen zu machen, manchmal Schwierigkeiten entstehen" (Art. 101).

Wie die anderen alttestamentlichen Texte sind nach der *Allgemeinen Einführung in das Stundengebet* auch die Psalmen offenbarungstheologisch kein Eigenwort mit Eigenwert, sondern finden ihren „eigentlichen" Sinn von Jesus Christus her und müssen nicht nur von ihm her gelesen, sondern auch relativiert werden: „Wer die Psalmen im Namen der Kirche betet, muß auf ihren Vollsinn achten, vor allem auf den messianischen Sinn, um dessentwillen die Kirche das gan-

---

[9]   O. KNOCH: Altbundlicher Psalter. Wie kann, darf und soll ein Christ ihn beten? In: *Erneuerung in Kirche und Gesellschaft* 4 (1989), S. 45.
[10]   V. HUONDER: *Die Psalmen.* (s.o. Anm. 4), S. 188.

ze Psalmenbuch übernommen hat. Dieser messianische Sinn tritt im Neuen Testament offen zutage und wird von Christus selbst bestätigt, wenn er zu den Aposteln sagt: 'Alles muß erfüllt werden, was im Gesetz des Mose, in den Propheten und in den Psalmen über mich geschrieben steht' (Lk 24,44)" (Art. 109). Da die Psalmen ihrem Wortsinn nach nicht spezifisch christlich seien, müssen sie für das Stundengebet dadurch verchristlicht werden, daß sie in unmißverständlich christliche Texte eingebunden werden: „Die Tradition der lateinischen Kirche kennt drei Hilfsmittel, um die Psalmen zu verstehen und sie zu christlichen Gebeten zu machen: die Überschriften, die Psalmorationen und vor allem die Antiphonen" (Art. 110).

Es ist keine Frage: Christliches Psalmenbeten geschieht im Horizont des Christusbekenntnisses. Und ebenso gilt: Als biblische Texte sind die Psalmen im Christentum Teil der Heiligen Schrift aus beiden Testamenten und erhalten für Christen ihre authentischen Sinn-Dimensionen, indem sie im gesamtbiblischen Horizont verstanden und gebetet werden. Ob sie dabei aber prinzipiell *so* verchristlicht werden müssen, wie dies *B. Fischer* und die *Allgemeine Einführung in das Stundengebet* fordern, damit sie von dem Makel ihrer vor-christlichen Entstehung befreit werden, setzt m.E. ein fragwürdiges Offenbarungs- und Schriftverständnis voraus, das weder in historischer Hinsicht der theologischen Wertung der Bibel Israels durch Jesus selbst und durch die Urkirche gerecht wird noch in hermeneutischer Hinsicht der Komplexität und dem Reichtum unserer *zwei-einen* Heiligen Schrift entspricht. Die beklagte jüdische Provenienz der Psalmen ist keine „Erbsünde", die durch eine christliche Taufe beseitigt werden muß, sondern ein gottgegebenes Proprium, das es zu erkennen und anzuerkennen gilt – gerade im *kirchlichen* Psalmenbeten.

2. Das jesuanische Vaterunser als Norm christlichen Betens

Christliche Gebetstheologie muß ihren Ausgangspunkt beim *biblisch* bezeugten Jesus von Nazareth nehmen. Daß die meisten großen theologischen Entwürfe über das christliche Gebet das Vaterunser als Basistext und Gliederungsvorgabe wählen, ist nicht überraschend, zumal das Vaterunser sowohl vom Matthäus- wie vom Lukasevangelium mit den entsprechenden Einführungsformeln als „Mustergebet" der Jüngerinnen und Jünger Jesu präsentiert wird: „Darum sollt ihr so beten..." (Mt 6,9) bzw. „Wenn ihr betet, so sprecht..." (Lk 11,2). Freilich ist nicht zu übersehen, daß der Aufstieg des Vaterunsers zum christlichen Gemeindegebet, insbesondere zum „Tischgebet" beim Herrenmahl trotz dieser biblischen bzw. jesuanischen Vorgabe sich nur langsam und mühsam vollzog. Zwar schreibt bereits die Didache (Did 8,3) vor, man solle das Vaterunser dreimal am Tage beten, aber diese Vorschrift bezieht sich auf das individuelle oder höchstens familiäre, aber nicht gemeindliche Gebet. Trotzdem bleibt es dabei: Das Vaterunser galt in der Alten Kirche als Kurzfassung der Predigt Jesu in Gebetsform. Tertullian hat dafür in *De oratione* (1,4) die klassisch gewordenen Worte gefunden: „Das Gebet des Herrn ist die Zusammenfassung des ganzen Evangeliums (breviarium totius evangelii)".

Nun hat zwar *Ulrich Mell* vor einigen Jahren in seinem Kieler Habilitations-
vortrag energisch bestritten, daß das Vaterunser, in welcher Gestalt auch immer,
jesuanisch und ein geeigneter Schlüssel zum Verstehen von Jesu Theologie sei;
es sei vielmehr nur „das Religionsparteien übergreifende Minimalgebet der palästinischen Synagoge" und stehe wegen seines bundestheologisch definierten Gottesverhältnisses sogar im Gegensatz zum jesuanischen Ruf der Nachfolge.[11] Wie
dann erklärt werden soll, warum sowohl Mt wie Lk dieses angeblich so fundamental nicht-jesuanische Gebet zum Mustergebet der Jesusjünger gemacht haben, vermag ich allerdings nicht zu sehen[12]. Vermutlich steckt hinter der These
Mells die Sorge, das offensichtlich so urjüdische Vaterunser könne gar nicht jesuanisch sein, weil sonst Judentum und Christentum allzu nahe zueinanderrück-
ten.

Im Grunde ist Mells Position nur eine weitere Variante der in der christlichen
Bibelwissenschaft vielfach auftretenden Sorge, die Einzigartigkeit Jesu werde
nivelliert, wenn seine Predigt und sein Wirken als zu offensichtlich im Judentum
verwurzelt erkannt werden. So kommt beispielsweise *Gerhard Schneider* 1987 in
seiner Studie „Das Vaterunser – oratio dominica et iudaica?" zu dem Ergebnis:
„Das Vaterunser als Gebet des 'Juden Jesus' muß nicht notwendig auch ein 'jüdisches Gebet' sein. Es ist zwar – wie Wettstein schrieb [schon im Jahre
1751/52: E.Z.] – *ex formulis Hebraeorum* [aus jüdischen Formulierungen: E.Z.]
zusammengefügt. Doch hebt es sich jesuanisch-charakteristisch von jüdischem
Beten ab. Mit seiner jesuanischen Eigenart und Neuheit fällt es zwar nicht 'aus
dem Rahmen des Judentums', schon weil sich 'überraschend viele Verbindungs-
linien zwischen dem Glauben und Beten Israels einerseits' (nach dem Zeugnis
des Alten Testaments!) und dem 'Gebet des Herrn' andererseits ausmachen lassen. Man wird aber beachten müssen, daß *alttestamentliche* Bezugspunkte nicht
einfachhin als jüdische angesehen werden dürfen. Es läßt sich zwar zeigen, daß
es im jüdischen Beten die Zusammenstellung jeweils zweier Motive gab, die
ähnlich in zwei aufeinanderfolgenden Vaterunser-Bitten begegnen: Name und
Königtum Gottes, Bitte um Vergebung der Sünden und Bewahrung vor Versuchung. Doch das Ganze ist mehr als die Summe der Teile!"[13]

---

[11]   U. MELL: Gehört das Vater-Unser zur authentischen Jesus-Tradition? (Mt 6,9-13; Lk
       11,2-4): *Berliner Theologische Zeitschrift* 11 (1994), S. 148-180. Sein a.a.O. 180 for-
       muliertes Fazit lautet: „Das Vatergebet ist das Religionsparteien übergreifende *Mini-
       malgebet* der palästinischen Synagoge. Seine Bitten um eschatologische Sammlung
       der Gola unter Gottes Königsherrschaft im Land sowie um barmherzige Verschonung
       Israels im Gericht wenden sich an den Bundesgott Israels. Da keine zwingende Ver-
       bindung zur Verkündigungsthematik Jesu zu erkennen ist und dessen Proprium der
       'sich von jetzt ab verwirklichende[n] Gottesherrschaft' eine exklusive Zukunftserwar-
       tung entscheidend steigert, ist das *Vatergebet* als Schlüssel zum Verstehen von Jesu
       Theologie *ungeeignet*."
[12]   U. MELL selbst denkt als Ansatz für die Entscheidung der Urchristenheit „Israels Ge-
       bet ... als christliches Mustergebet für ein postisraelisches Gottesverhältnis zu über-
       nehmen" (ebd. 180) an die Jesus ureigene Vater-Anrede-Gottes des Vaterunsers.
[13]   G. SCHNEIDER: *Das Vaterunser – oratio dominica et iudaica?* In: W. BAIER u.a.
       (Hrsg.): *Weisheit Gottes – Weisheit der Welt. Festschrift für Joseph Kardinal Ratzin-
       ger zum 60. Geburtstag.* St. Ottilien 1987, Bd. 1, S. 415.

Ob typisch jesuanisch, weil letztlich unjüdisch, oder ob typisch unjesuanisch, weil letztlich genuin jüdisch – wir wollen diese Alternative, die stark unter Ideologieverdacht steht, hinter uns lassen und einige Texte selbst sprechen lassen, um daraus erste Folgerungen für eine christlich-jüdische Psalmenhermeneutik zu ziehen.

Ich wähle als Ausgangspunkt dieses Reflexionsganges die Rekonstruktion des ursprünglichen Vaterunsers, wie sie – darin einen Forschungskonsens wiedergebend – von *Gerhard Schneider* bzw. *Ulrich Mell* präsentiert wird:[14]

Fassung nach G. *Schneider*	Fassung nach U. *Mell*
Vater!	Vater!
Geheiligt werde *dein* Name,	Geheiligt werde *dein* Name;
es komme *dein* Reich!	es komme *dein* Reich.
Unser notwendiges Brot gib uns heute	Unser je hinzukommendes Brot gib uns heute
und vergib uns unsere Sünden	*und* erlaß uns unsere Schulden
und führe uns nicht in Versuchung!	*und* führe uns nicht in Versuchung.

Die Architektur dieses ursprünglichen Vaterunsers hat drei Bauelemente: Vater-Anrede, zwei Du-Bitten und drei Wir-Bitten. Die drei Elemente bauen sich stufenmäßig steigernd (1-2-3 Zeilen) auf. „Der Zusammenhang des Ganzen ist durch rückweisendes Personalpronomen so wie durch die fünf rückbezüglichen Imperative gesichert"[15].

Die einfache *Vater-Anrede* faßt die im Frühjudentum besonders betonten Züge des biblischen Gottesbildes zusammen: JHWH ist ein Vater, der sich in Güte und Erbarmen um seine Kinder sorgt und ihnen Anteil gewährt an seinem „Erbe", d.h. sie teilhaben läßt an den Gütern und an der Herrlichkeit seines Reiches. Gegenüber der früher vertretenen Auffassung, mit der Vater-Anrede (Abba) setze sich Jesus vom zeitgenössischen Judentum ab, wissen wir heute, nicht zuletzt auf Grund der besonders die deuterokanonische und außerbiblische frühjüdische Literatur aufarbeitenden Monographie von *Angelika Strotmann*[16] sowie durch den 1990 und 1992 von *Eileen Schuller*[17] publizierten und kommentierten Text 4Q

---

[14] Vgl. G. SCHNEIDER: a.a.O. 408 sowie U. MELL: a.a.O. 158. Die Frage, ob nicht doch die Bitte „Dein Wille geschehe wie im Himmel, so auf Erden" zur jesuanischen Urfassung gehörte, kann hier nicht diskutiert werden. Immerhin ist beispielsweise C. Thoma der Meinung, daß Jesus diese Bitte, die analog im Judentum um 200 n.Chr. als Kurzfassung des Achtzehnbittengebets für Situationen, in denen man das ganze Achtzehngebet nicht (mehr) sprechen kann, vorgesehen war, „als die wichtigste betrachtete" (vgl. C. THOMA: Art. Vaterunser. In: J. J. PETUCHOWSKI – C. THOMA: *Lexikon der jüdisch-christlichen Begegnung.* Freiburg 1989, S. 421.

[15] U. MELL: *Vater-Unser*, S. 159.

[16] A. STROTMANN: *„Mein Vater bist du!" (Sir 51,10). Zur Bedeutung der Vaterschaft Gottes in kanonischen und nichtkanonischen frühjüdischen Schriften;* Frankfurt 1991 (Frankfurter theologische Studien. 39).

[17] E. M. SCHULLER: 4Q 372 1. A Text about Joseph. In: *Revue de Qumrân* 14 (1990), S.

372: Jesus greift mit der Vater-Anrede eine im Judentum seiner Zeit verbreitete und lebendige Gottesanrede auf, stellt sie freilich ins Zentrum seines Betens – und macht sie so seinen Jüngerinnen und Jüngern zur bleibenden Vor-Gabe ihres Betens.

Was die Vater-Anrede Gottes meint, entfalten auf unterschiedliche Weise die beiden „Bitt-Abschnitte". Die zwei *Du-Bitten* sind im Parallelismus membrorum, den wir aus den Psalmen kennen, gestaltet. Es sind indirekte Bitten (sprachlich: Jussive) an den Vater: Gott möge seinen Namen als heilig erweisen, indem er sein Reich / sein Königtum kommen lasse. Das ist die gesellschaftliche, universale, kosmische, ja eschatologische Dimension der Vaterschaft Gottes. Diese soll und will sich konkret und präsent an den einzelnen „Kindern" dieses Vaters erweisen, wie die drei als sich steigernder Zusammenhang gestalteten *Wir-Bitten* (spachlich: Imperative + Syndese) um Brot, Sündenvergebung und Bewahrung vor Versuchung (Not und Anfechtung, die zur Absage an Gottes Vaterschaft führen „müßten") sofort anschließen.

Die unübersehbare Nähe der Formulierungen und der Grundstruktur des Vaterunsers zu den großen Gebeten des nachbiblischen Judentums ist oft und zu Recht betont worden[18]. Das (aramäische) Kaddischgebet, das bis heute im synagogalen Gottesdienst und als Trauergebet rezitiert wird und das bis in die Zeit Jesu zurückreicht, bindet in gleicher Weise wie die beiden *Du-Bitten* des Vaterunsers die Heiligung des Gottesnamens mit dem Anbrechen des Gottesreiches zusammen:

> Erhoben und *geheiligt*
> *werde sein großer Name*
> in der Welt,
> die er nach seinem Willen erschaffen.
> *Er lasse sein Reich kommen*
> in eurem Leben und in euren Tagen
> und in dem Leben des ganzen Hauses Israel,

349-376; DIES.: The Psalm of 4Q 372 1. Within the Context of Second Temple Prayer. In: *Catholic Biblical Quarterly* 54 (1992), S. 67-79; in diesem Beitrag weist sie auf 4Q 460 5.6 als einen weiteren Beleg der Vateranrede hin. – Eine gute Dokumentation zum Thema bietet G. SCHELBERT: Sprachgeschichtliches zu ABBA, In: P. CASETTI u.a. (Hrsg.), *Mélanges Dominique Barthélemy*. Fribourg – Göttingen 1981, S. 395-447 (Orbis biblicus et orientalis. 38); da sich U. MELL (s. Anm. 12) leider auf *diese* überholte Darstellung von 1981 (!) und nicht auf die Revision von 1993 (!) bezieht, wird ein Teil seiner Argumentation durch die neuen Erkenntnisse erschüttert.

[18] Vgl. u.a. P. FIEBIG: *Das Vaterunser. Ursprung, Sinn und Bedeutung des christlichen Hauptgebetes.* Gütersloh 1927 (Beiträge zur Förderung Christlicher Theologie. 30/3); K.G. KUHN: *Achtzehngebet und Vaterunser und der Reim.* Tübingen 1950 (WUNT 1); J. CARMIGNAC: *Recherches sur le „Notre Père".* Paris 1969; J. JEREMIAS: *Neutestamentliche Theologie I. Die Verkündigung Jesu.* Gütersloh 1971, S. 180-196; A. VÖGTLE: Das Vaterunser – ein Gebet für Juden und Christen?, In: M. BROCKE – J.J. PETUCHOWSKI – W. STROLZ (Hrsg.): *Das Vaterunser. Gemeinsames im Beten von Juden und Christen.* Freiburg 1974, S. 165-195, 272-278; F. MUSSNER: Traktat über die Juden. München 1979, S. 198-208; G. SCHNEIDER: Das Vaterunser (s. Anm. 13); U. MELL: Vater-Unser (s. Anm. 11); L. TREPP: *Der jüdische Gottesdienst. Gestalt und Entwicklung.* Stuttgart 1992, S. 278f.

bald und in naher Zeit.
Darauf sprecht Amen.

Daß die *Wir-Bitten* des Vaterunsers in Sprache und Geist genuin jüdisch sind, zeigt ein kurzer Blick auf das „Achtzehn-Bitten-Gebet", das als das synagogale Gebet schlechthin (Tefillah) gilt und dessen Ursprünge ebenfalls in die Zeit Jesu zurückgehen. In diesem 18 Benediktionen (Lobsprüche Gottes) umfassenden Gebet heißt es unter anderem:

> *Vergib uns, unser Vater,* daß wir gefehlt,
> *verzeih uns,* unser König, daß wir abgefallen,
> denn du vergibst und verzeihst.
> Gelobt seist du, Herr,
> der gnädig immer wieder verzeiht.

> *Sieh unsere Not* und führe unseren Streit
> *und erlöse uns* bald um deines Namens willen,
> denn du bist ein machtvoller Erlöser.
> Gelobt seist du, Herr,
> der Israel erlöst.

> Segne uns, Herr, unser Gott, dieses Jahr
> und die Fülle seines Ertrags zum Guten.
> *Gib Segen für die Flur,*
> *sättige uns mit deinem Gut*
> und segne unser Jahr wie die guten Jahre.
> Gelobt seist du, Herr,
> der die Jahre segnet.

> Allgütiger, dein Erbarmen ist nie zu Ende.
> Allbarmherziger, deine Güte hört nie auf.
> Von jeher hoffen wir auf dich.
> Für all dies sei *dein Name, unser König,*
> stets gepriesen und erhoben
> in Zeit und Ewigkeit.

Beim Blick auf diese jüdischen Gebete[19] fällt vor allem die Prägnanz des Vaterunsers auf und seine konsequente Gestaltung als Du-Anrede. Die Kürze des Vaterunsers hebt auch Matthäus in der Gebetsparänese der „Lehre auf dem Berg" heraus, allerdings nicht in Polemik gegen die Juden, sondern gegen die Heiden: „Wenn ihr betet, so plappert nicht wie die Heiden; sie meinen nämlich, aufgrund

---

[19] Zu vergleichen wären auch noch das große Bußgebet Abinu Malkenu, „Unser Vater, unser König", das beim Rosch haschana-Gottesdienst rezitiert wird, und das Schlußgebet der drei täglichen Gebetszeiten Alenu leschabbeach „An uns ist es, zu preisen" sowie die Schacharit-Meditation „Führe mich nicht in die Macht der Versuchung".

ihres Wortschwalls erhört zu werden. Macht euch also ihnen nicht gleich, denn euer Vater weiß, was ihr nötig habt, bevor ihr ihn bittet" (Mt 6,7f.).

Das Vaterunser ist vor allem ein urjüdisches Gebet, weil es sich voll aus dem jüdischen Gebetbuch par excellence, den Psalmen, speist. Es ließe sich unschwer aufweisen, daß und wie die einzelnen Formulierungen des Vaterunsers eine anspielende Aufnahme „alttestamentlicher" Psalmen sind[20]. Wie Tertullian das Vaterunser als *breviarium totius Evangelii* (Kurzfassung des ganzen Evangeliums) bezeichnet, kann man es auch *breviarium totius psalterii* (Kurzfassung des ganzen Psalmenbuchs) nennen. Ja, man kann auf einen einzelnen Psalm hinweisen, mit dem das Vaterunser in seinem theologischen Konzept auffallend eng verwandt ist[21]. Es ist der „junge" Psalm 145, der im Psalter an herausragender Stelle steht. Ps 145 ist der letzte „Davidpsalm" des Psalters, er ist der Schlußpsalm des 5. Psalmenbuchs 107-145, er leitet hinüber zu dem großen Halleluja-Finale des Psalters 146-150 – und vor allem: Er beschwört die faszinierende Vision vom endgültigen Kommen des *universalen* Gottesreichs, allem Leid und aller Schuld, aller Not und aller Hoffnungslosigkeit zum Trotz[22].

Wenn christliche Liturgie das Vaterunser zum Vater Jesu Christi betet, muß sie dieses Gebet nicht „verchristlichen", damit sie nicht an Christus „vorbeibetet" (*B. Fischer*). Gerade im Beten des Vaterunser wird deutlich: Christliches Beten richtet sich *durch, mit* und *in* Jesus Christus (sowie „in der Einheit des Heiligen Geistes") an den Vater, auf daß er seinen *Namen* (der nach biblischer Tradition ur-jüdisch JHWH ist) dadurch als heilig erweise, daß er *sein* Reich und *seine* Herrschaft kommen lasse. Hier sind zwei Aspekte gegeben, die auch für kirchliches Psalmenbeten konstitutiv sind:

1. Biblisches und demnach authentisch christliches Beten hat eine zweifache, spannungsreiche Dimension: Es geschieht einerseits in einer inkarnatorisch-messianischen Dynamik und es vollzieht sich andererseits in einer fundamentalen theozentrischen Perspektivik.

2. Biblisches Beten hat konstitutiv eine eschatologische Zielrichtung. Es steht immer in jener dramatischen Dialektik des „Schon" und des „Noch nicht" bzw. von Verheißung und Erfüllung, wobei in biblischer (und nicht weniger auch in christologischer) Hinsicht die Kategorien Verheißung – Erfüllung eben nicht *so* naiv fundamentalistisch verstanden werden dürfen, als könne man damit das Verhältnis der beiden Testamente in dem Sinne bestimmen, daß das Alte Testament nur Verheißung und das Neue Testament nur Erfüllung sei, oder gar, daß Erfüllung von Verheißung meine, eine Verheißung sei damit aufgehoben oder gar suspendiert – oder eben (wie christliche Theologen wie *B. Fischer* u.a. offensichtlich meinen) alttestamentliche Texte seien christlich nur noch relevant, wenn sie im christlichen „Erfüllungssinn" gelesen würden.[23]

---

[20]   Vgl. die eindrucksvolle Zusammenstellung bei A. DEISSLER: Der Geist des Vaterunsers im alttestamentlichen Glauben und Beten. In: M. BROCKE – J.J. PETUCHOWSKI – W. STROLZ (Hrsg.): *Das Vaterunser* (s. Anm. 18), S. 131-150.

[21]   Vgl. R.G. KRATZ: Die Gnade des täglichen Brots. Späte Psalmen auf dem Weg zum Vaterunser. In: *Zeitschrift für Theologie und Kirche* 89 (1992), S. 1-40.

[22]   Vgl. dazu E. ZENGER, „*Daß alles Fleisch*" (s.o. Anm. 1), S. 7-20.

[23]   Vgl. zum urbiblischen Kategorienpaar Verheißung – Erfüllung u.a. E. ZENGER: Das

Beide Aspekte prägen das Vaterunser – und sie prägen auch den Psalter als Ganzes und davon abgeleitet auch die Einzelpsalmen. Beide Aspekte realisieren sich freilich im Hinblick auf die biblischen Psalmen auf unterschiedliche Weise, je nachdem ob die Psalmen im jüdischen Kontext als jüdische Gebete oder im christlichen Kontext als christliche Gebete rezitiert und verstanden werden.

Die messianisch-theozentrische und die eschatologische Perspektivik bestimmen den Psalter vor allem in seiner (kanonischen) Endgestalt – d.h. eben in jener Form, in der der Psalter sowohl integraler Bestandteil der Jüdischen Bibel und in gewiß veränderter Leserichtung ebenfalls Bestandteil der zwei-einen Christlichen Bibel ist. Beides kann hier nur kurz angedeutet werden.

Von den Rahmenpsalmen 1-2 und 146-150 her ist offenkundig, daß der Psalter ein Lobpreis der universalen in Schöpfung und Tora grundgelegten *Gottesherrschaft* (vgl. besonders Ps 2,10-12 und Ps 150, aber auch Ps 148) ist, die JHWH *durch seinen* auf dem Zion eingesetzten (*messianischen*) König (vgl. Ps 2) *und durch sein messianisches Volk* (vgl. Ps 149) inmitten der Völkerwelt in einem eschatologischen Gericht durchsetzen will. Diese messianische Perspektive wird dadurch unterstrichen, daß an makrostrukturell wichtigen Stellen des Psalmenbuchs „Königspsalmen" und „Davidpsalmen" stehen, die einerseits auf einen messianischen König und andererseits auf ein messianisches Volk („Demokratisierung" der Davidverheißungen) hin gelesen werden können. Makrostrukturell besonders herausragende „messianische" Psalmen sind: Ps 2 (Eröffnung des 1. Psalmenbuchs), Ps 72 (Ende des 2. Psalmenbuchs), Ps 89 (Ende des 3. Psalmenbuchs), Ps 101 (Eröffnung der Davidkomposition 101-106 *nach* der JHWH-Königtum-Komposition 93-100), Ps 110 (Ende der kleinen David-Komposition 108-110) und Ps 144 (Ende der kleinen David-Komposition 138-144, die makrostrukturell 108-110 korrespondiert). Hinzu kommen „Königspsalmen", die um die Davidverheißungen kreisen, in der Mitte von Teilkompositionen (z.B. Ps 122; 127; 132 jeweils in der Mitte der in Fünfergruppen gegliederten „Wallfahrtspsalmen" 120-134).

Neben der Linie der königstheologischen Psalmen verläuft durch den Psalter eine Linie makrostrukturell auffallender Psalmen, die das Königtum JHWHs („theozentrische Perspektive") zeichnen: Ps 8; 19; 29; 45-48; 93-100; 145; 146-150.

Beide Linien sind im Psalmenbuch einerseits kompositionell verschmolzen. Dies zeigt sich beispielhaft in der Abfolge der Ps 18-21 (18: Königspsalm; 19: JHWH als Weltenkönig; 20-21: Königspsalmen) und 144-145 (144: Königspsalm; 145: JHWH als Weltenkönig), aber auch in dem programmatischen Eröffnungspsalm 2, wo beide Perspektiven zusammen auftreten. Andererseits bilden die beiden Perspektiven einen fortschreitenden Geschehensbogen. In der Gesamtarchitektur des fünfteiligen Psalmenbuchs markieren die Königspsalmen 2; 41 (wegen der motivlichen Verwandtschaft von Ps 41 mit den Ps 72 und 89 ist 41 auf der Ebene der Redaktion als Königspsalm zu lesen) 72 und 89 eine königstheologische bzw. eine messianische Perspektive, die im 4. und 5. Psalmenbuch so weitergeführt wird, daß das messianische Konzept dem theokratischen Kon-

Erste Testament zwischen Erfüllung und Verheißung. In: K. RICHTER – B. KRANEMANN (Hrsg.): *Christologie der Liturgie. Gottesdienst der Kirche – Christusbekenntnis und Sinaibund.* Freiburg 1995 (QD 159), S. 31-56.

zept untergeordnet und zugleich in einer eschatologischen Gesamtperspektive vollendet wird, deren Zielpunkt im JHWH-Königspsalm 145 bzw. im Schlußfinale 146-150 entworfen ist. „Es ist die *Vision der universalen Königsherrschaft JHWHs*, der als Retter der Armen das eschatologische Gericht durchführt (Ps 149,5-9) und damit den neuen Himmel und die neue Erde bringt (Ps 150). Diesem Königsgott gilt der Lobpreis, zu dem Ps 150 den neuen Kosmos – 'alles, was Atem hat' (V.6) – auffordert und der, wie Ps 145 ... ausführt, seinen Grund in der Güte und Barmherzigkeit dieses Königsgottes hat ... Dieser Sicht des barmherzigen Königsgottes entspricht eine Neudefinition Israels als eines Volkes, an dem JHWH seine Güte und Barmherzigkeit offenbaren will. Es ist ein Israel der JHWH-Treuen, die im Gehorsam zur Tora (Ps 147,15.18) und der Rezitation der Psalmen (vgl. Ps 149,5ff) ihren Lebensweg suchen und finden"[24]. Wenn die Kirche aus dem so verstandenen biblischen Psalter Psalmen auswählt und in ihrer Liturgie rezitiert, gliedert sie sich in diese heilsgeschichtliche Dramatik ein, die ihr die Psalmen vorgeben, gerade wenn sie im hermeneutischen Horizont des „Vaterunser" gebetet werden wollen. Daß diese heilsgeschichtliche Dramatik von der im II. Vatikanum angestoßenen neuen theologischen Sicht des Judentums *und* des christlich-jüdischen Verhältnisses her auch ein verändertes christliches Psalmenverständnis fordert, das weder durch die bloße Wiederholung der Kirchenväter-Psalmentheologie noch durch die Beschwörung eines unbiblischen Christomonismus bekämpft oder abgewiesen werden darf, soll im nächsten Schritt erläutert und begründet werden.

3. Psalmengebet als Einübung christlich-jüdischer Zeitgenossenschaft coram Deo

Wie wir Christen heute – *nach der Schoa*, d.h. nicht nur im Wissen um die fatalen Folgen der jahrhundertelangen *theologisch* begründeten christlichen Judenfeindschaft, sondern vor allem angesichts des von unserer Kirche öffentlich abgelegten Schuldbekenntnisses und des damit versprochenen verstärkten Bemühens zum Aufbau „einer neuen Beziehung zwischen Christen und Juden"[25] – unser Altes / Erstes Testament, also jenen Teil unserer Bibel, der Juden und Christen gemeinsam ist, und insbesondere die biblischen Psalmen „neu" beten und lesen lernen müssen, ist durch folgende drei theologische Eckdaten angezeigt, über die sich in den letzten Jahren beinahe so etwas wie ein christlich-ökumenischer Konsens ergeben hat:

1. Israel steht bis heute in der Gnade des ungekündigten Gottesbundes. Israel ist und bleibt der Erstling der Erwählung Gottes. Die jahrhundertelang tradierten christlichen Aussagen, daß Israel wegen seiner Weigerung, Jesus als den ihm gesandten Messias anzuerkennen, oder wegen des Kreuzestodes Jesu von Gott verworfen und bestraft worden sei und daß der Israel gegebene Bund damit zu Ende gekommen sei, widersprachen eigentlich, wie wir heute sagen müssen, im-

---

[24]   B. JANOWSKI: In: E. ZENGER (Hrsg.): *Der Psalter*. 1998 (s. Anm. 1), S. 404f.
[25]   Zitat aus der Rede von Papst Johannes Paul II. in Yad Vashem am 23. März 2000.

mer schon dem Zeugnis der Heiligen Schriften, insbesondere der von Paulus in
Röm 9-11 entfalteten Lehre. Die in der Bibel wiederholt bezeugte Treue Gottes
zu seinen Verheißungen, vor allem die Rede vom ewigen Bund und von dem
Gott, der gütig und barmherzig ist über die Maßen, weil er Gott ist und nicht ein
Mensch, schließt die These aus, Gott habe seinen einmal gewährten Bund mit
Israel widerrufen[26].

2. Die Kirche ist theologisch nicht an die Stelle Israels getreten. Die Kirche
muß deshalb aufhören, sich als das „wahre Israel" oder als das „wahre Gottesvolk" – im Gegensatz zu den Juden zu begreifen und zu bezeichnen. Israel und
die Kirche leben vielmehr gemeinsam, mit je eigener Identität und in nie aufzu-
hebender Trennung, aus und in der Gnade der biblisch bezeugten Einwohnung
(Schekina) Gottes in dieser Welt, wobei Israel das Erstlingsrecht der besonderen
Zuwendung Gottes zukommt. Die Kirche aber ist in die Dynamik der Geschichte
Gottes mit seiner Welt hineingenommen durch (den Juden) Jesus Christus, in
dem nach christlichem Bekenntnis sich Gott in einzigartiger, definitiver Weise
mitgeteilt hat.

3. „Kirche nach der Schoa" muß ihre Lehraussagen und ihre Lebensvollzüge,
auch und gerade ihr liturgisches und theologisches Psalmenverständnis, daraufhin überprüfen, ob sie darin Israel seine Gotteswürde und Gottesbindung beläßt.
Sie muß darauf verzichten, ihr eigenes theologisches Profil durch Verzerrung und
Weigerung der Israel zukommenden theologischen Dignität gewinnen zu wollen.
Die Liturgie ist ja der Ort und die Zeit, in denen die Kirche das Geheimnis ihrer
Stiftung und Erneuerung durch den lebendigen Gott, der zuallererst der Gott Israels war und bleibt, realisiert. Deshalb kann und muß die Liturgie die Zeit sein,
in der die Kirche ihre heilsgeschichtliche Zeitgenossenschaft mit dem Judentum

---

[26]   Es ist wohl kein Zufall, daß JOHANNES PAUL II. zuletzt mehrfach von Israel als
       „Volk des Bundes" (und nicht wie früher als „Volk des Alten Bundes") spricht. So
       lautete die vierte Bitte der großen Versöhnungsliturgie am 12. März 2000 (vorge-
       tragen von Kardinal Edward Iris Cassidy, dem Präsidenten der Vatikanischen
       Kommission für die Beziehungen mit dem jüdischen Volk): „Laß die Christen der
       Leiden gedenken, die dem Volk Israel auferlegt wurden. Laß sie ihre Sünden aner-
       kennen, die nicht wenige von ihnen gegen *das Volk des Bundes* und der Verheißung
       begangen haben, und so ihr Herz reinigen." Und analog heißt es dann in dem an-
       schließenden Gebet, das der Papst selbst nach einem Moment der Stille sprach:
       „Gott unserer Väter, du hast Abraham und seine Nachkommen auserwählt, damit
       dein Name zu den Völkern getragen werde. Wir sind zutiefst betrübt über das Ver-
       halten aller, die im Verlaufe der Geschichte deine Söhne und Töchter leiden ließen.
       Wir bitten um Verzeihung und wollen uns dafür einsetzen, daß echte Brüderlichkeit
       herrsche mit *dem Volk des Bundes*. Darum bitten wir durch Christus, unsern
       Herrn."
       Besonders eindrucksvoll ist schließlich das Gebet, das der Papst nach jüdischem
       Brauch am 25. März 2000 an der Klagemauer (des Tempels von Jerusalem) auf ei-
       nem von ihm unterschriebenen Blatt deponierte: „Gott unserer Väter, Du hast
       Abraham und seine Nachkommen auserwählt, Deinen Namen zu den Völkern zu
       bringen. Wir sind in tiefer Trauer über das Verhalten derer, die im Verlaufe der Ge-
       schichte diesen Deinen Kindern Leid zugefügt haben. Mit der Bitte um Deine Ver-
       gebung möchten wir uns verpflichten zu echter Brüderlichkeit mit *dem Volk Deines
       Bundes*."

erinnert *und* feiert – zum Heil der ganzen Welt. Deshalb muß die jahrhundertelange Epoche der kirchlichen Israelvergessenheit endlich zu Ende gehen, und
zwar gerade dadurch, daß die Liturgie (die ja ohne dies *faktisch* ihre jüdischen
Ursprungselemente bewahrt hat) zu einem produktiven Ort christlicher Israel-
theologie wird, die eben nicht mehr von Substitutions- oder gar Damnationsge-
danken geprägt sein darf, auch nicht von den für die Juden in der Vergangenheit
so fatalen christlichen Superioritätsgefühlen.

Christliche Liturgie muß so erneuert werden, daß die bleibende heilsgeschichtliche Weggemeinschaft von Juden und Christen zum Ausdruck kommt. „Jedem,
der heute am Gottesdienst partizipiert, müßte deutlich werden können, daß er in
eine Prozession des Gotteslobs eingereiht ist, die aus den Tiefen der Jahrhunderte
von Abel bis Abraham herkommt ... Die Kraft der Liturgie liegt darin, daß sie
Gedächtnis ist. Sie soll heilsgeschichtliche Tiefe nicht nur besitzen, sie *muß* sie
auch ins Zeichen und ins Wort bringen, damit sie 'identisch' wird und Leben
hervorbringt."[27]

Diese liturgische Öffnung christlichen Lebens für die theologische Würde Israels und die christlich-jüdische Zeitgenossenschaft muß gerade nach der Schoa
bewußt vollzogen werden – aus *theologischem* Respekt vor den jüdischen Opfern. Was *J. B. Metz* von der christlichen Theologie fordert, gilt in besonderem
Maße von der gelebten Liturgie: „Was christliche Theologen für die Ermordeten
von Auschwitz und damit auch für eine zukünftige christlich-jüdische Ökumene
'tun' können, ist in jedem Fall dies: keine Theologie mehr zu treiben, die so angelegt ist, daß sie von Auschwitz unberührt bleibt bzw. unberührt bleiben könnte"[28].

Der mit diesen „Eckdaten" abgesteckte Raum eines erneuerten christlich-
jüdischen Miteinanders, das treffend als christlich-jüdische Zeitgenossenschaft
coram Deo und als je spezifische Indienstnahme von Juden und Christen für die
Vollendung des Reiches Gottes gekennzeichnet werden kann, läßt sich m.E. in
hervorragender Weise gerade durch ein erneuertes kirchliches Psalmenverständnis „ausfüllen". Die Perspektivik dieses erneuerten Psalmengebets läßt sich the-
senartig folgendermaßen zusammenfassen.

1. Wenn wir Christen die Psalmen beten, müssen wir uns bewußt machen, daß
es schon lange vor und neben dem christlichen Psalmenbeten die jüdische Psal-
mengebetstradition gibt, in der das Judentum über die Jahrhunderte hinweg seine
Würde als Bundesvolk Gottes verwirklicht. Wenn wir heute wieder anerkennen,
daß die Juden das Gottesvolk des von Gott nie gekündigten Bundes sind, bedeutet dies, daß wir Israel vor allem als betendes Gottesvolk anerkennen.

2. Wenn wir Christen die Psalmen beten, erfahren wir die bleibende Gottes-
wahrheit über Israel (*veritas iudaica*): Wir begegnen in den Psalmen zuallererst
der Leidens- und Hoffnungsgeschichte *Israels*. Wenn in den Psalmen vom „Gott
Israels" und von „Israel", vom „Zion" und von „Jerusalem", von der „Tora" und
vom „König", vom „Tempel" und vom „Land" usw. die Rede ist, dann dürfen
wir das nicht vorschnell „entjudaisieren", indem wir es spiritualisieren und „ver-

---

27 N. LOHFINK: Altes Testament und Liturgie. In: *Liturgisches Jahrbuch* 47 (1997), S.
    5.
28 J. B. METZ: *Jenseits der bürgerlichen Religion*. Mainz 1980, S. 42.

christlichen": Da ist zuerst das Judentum im Blick – und erst „abgeleitet" und nur in Gemeinschaft mit dem Judentum das Christentum. Wir können dabei lernen, daß wir Christen nicht immer im Mittelpunkt der Bibel und der Gottesgeschichte stehen müssen. Und im sensiblen Meditieren der Psalmen Israels können wir lernen, die Mißverständnisse und die Verzerrungen zu überwinden, die eine falsche christliche Theologie jahrhundertelang über das Judentum verbreitet hat: In den Psalmen können wir neu entdecken, daß der Gott des sog. Alten Testaments ein Gott der Güte und der Barmherzigkeit ist; daß die Tora Israels nicht ein unfrei machendes „Gesetz", sondern eine beglückende Wegweisung ist; daß die Geschichte Gottes mit Israel hinzielt auf das alle Völker in Frieden zusammenführende Gottesreich; daß Israel sich gehalten weiß von der Gnade der Sündenvergebung des „neuen" Bundes.

3. Wenn wir Christen die Psalmen beten, sagen wir ausdrücklich Ja zu unserer jüdischen Ursprungsgeschichte und zu dem „geistlichen" Erbe, das die Kirche seit ihren Anfängen mit dem Judentum teilt. Wir erkennen an, daß es legitimerweise zwei verschiedene, gleichberechtigte und gleichwertige Weisen des Psalmenbetens gibt – eine jüdische und eine christliche; das ist im Wissen um den sog. hermeneutischen Zirkel ohnedies eine Selbstverständlichkeit, die wir Christen vergessen haben.

4. Daß Juden und Christen die gleichen Psalmen zu und vor ihrem gemeinsamen Gott JHWH beten und lesen, ruft sie – angesichts der Schoa – zu einem Neuanfang, der gewiß schwierig ist und bei dem die Christen sich vor der Gefahr hüten müssen, die Juden abermals für sich zu instrumentalisieren. Doch es sind die Psalmen selbst, die Israel und die Völker (die Gojim) unter der Gottesherrschaft des *einen* Gottes zusammenführen wollen. Das meint auch die Bitte Jesu im Vaterunser: „Dein Reich komme!" Gerade angesichts des im Vaterunser artikulierten Leidens an Hunger, an der Schuld und an der Anfechtung kommt es für die Christen nicht darauf an, die Psalmen der jüdischen Bibel / des christlichen Ersten Testaments im „Erfüllungs-", sondern im „Verheißungssinn" zu beten, nämlich als Einübung und Vergewisserung der großen, Juden und Christen zusammenbindenden, adventlich-messianischen Gottesbotschaft, die der biblische Gottesname JHWH von Ex 3,14 (der ja im Namen Jesus = Jeschu'a erneut bekräftigt und biographisch aktualisiert wurde: *in* ihm und *durch* ihn erweist sich Gott als Rettung) verkündet: „Ich werde und will bei euch und durch euch dasein – als der, der Leben und Freiheit als Gerechtigkeit schenkt!"

5. Im Horizont dieser Psalmenhermeneutik ergibt sich von selbst, daß die biblischen Psalmen keiner *besonderen* Verchristlichung bedürfen. Eine Christologisierung von oben, die die Psalmen *zu* Christus betet, nimmt ihnen nicht nur ihre unaufgebbare jüdische Dimension, sondern nimmt ihnen ihre spezifisch christliche Leidenschaft, die darin besteht, daß wir als Christen diese Gebete in Gemeinschaft mit Jesus dem Vater vortragen[29]. Der von Origenes in seinem Traktat „Vom Gebet"

---

[29] Auch von rezeptionshermeneutischen Überlegungen her ließe sich zeigen, daß die Psalmen *als Gedichte* eine kreative, evokative Rezeption fordern und *als solche* die Lebenssituation der Beter anzielen – bei Christen also ihre christliche Identität –, aber dies ist keine zusätzliche oder nachträgliche Christianisierung der Psalmen, sondern die Aktualisierung der den Psalmen als Poesie eingestifteten Tiefendimension ihrer

aufgestellte Grundsatz, daß „der welcher recht zu beten versteht, nicht zu dem beten darf, der selbst betet"[30] gilt gerade für Christen, die in der Nacholge Jesu die Psalmen *so* beten wollen, wie er sie gebetet hat. Die Psalmen als Gebete *zu* Christus zu rezitieren, nimmt ihnen aber auch zugleich jene Verheißungskraft, die ihnen zukommt, wenn wir Christen das Handeln Gottes in und durch Jesus als endgültige Besiegelung der großen Verheißung bekennen, um deren Erfüllung wir beten: „Dein Reich komme." Wenn wir die Psalmen ausdrücklich und bewußt zu Gott bzw. nur zu Gott als unserem Vater (und unserer Mutter) beten, bleiben wir ohnehin der altkirchlichen Tradition treu, die alle ihre großen Gebete nur an Gott bzw. an den Vater richtet[31], – durch Christus im Heiligen Geist. Das war im übrigen auch der ursprüngliche Wortlaut und Sinn der trinitarischen Doxologie beim christlichen Psalmenbeten gewesen. Die Doxologie wurde nicht hinzugefügt, weil man die Psalmen christianisieren wollte, wie man irrigerweise immer wider lesen kann,

Bildsprache *und* ihres Existenzbezuges. Vgl. zu diesem Aspekt unserer Fragestellung: N. FÜGLISTER: *Das Psalmengebet*. München 1965; daß viele Psalmen „unterchristliche Texte" seien und *deshalb* einer aktualisierenden Verchristlichung bedürften und daß die Psalmen als „vorchristliche Texte" ihren „Vollsinn" *erst* bzw. *nur* im Christentum finden, wie Füglister ebd. immer wieder betont, ist mir freilich nicht akzeptabel. – Will man die *biblische* Psalmenhermeneutik mit der kirchlichen Tradition vermitteln, könnte man die von G. BRAULIK *so* formulierte Perspektive einbeziehen: „Inneralttestamentlich sind die Psalmen zwar nicht 'vox hominis / Ecclesiae ad Christum' ... Aber der davidische Messias spricht die Psalmen - 'vox Christi (auch *cum ipsius Corpore) ad Patrem*' – und die Psalmen sprechen über den Messias zu Gott – 'vox de Christo'. Im letzten Fall müßte noch weiter differenziert und ausdrücklich gemacht werden ...: das Gebet der Psalmen *für* den 'Messias' – 'vox pro Christo' – und für sein mit ihm unlöslich verbundenes 'messianisches' Volk – die Psalmen also genauer als 'vox pro Capite et Corpore'" (G. BRAULIK: Christologisches Verständnis der Psalmen – schon im Alten Testament? In: K. RICHTER – B. KRANEMANN: *Christologie der Liturgie*. 1995, S. 85 [s. Anm. 23]). Braulik gibt ebd. Anm. 122 noch folgenden Hinweis: „Im übrigen muß man die Ausrichtung des Psalmodierens *ad Christum* – wie zum Beispiel die Benediktregel zeigt – nicht unbedingt zur Anrede machen, sondern kann sie auch schlicht als ein *coram Christo* ('in conspectu Divinitatis', Bened. reg. 19,6) verstehen."

[30] Vgl. P. KOETSCHAU: *Des Origenes Schriften vom Gebet und Ermahnung zum Martyrium*. München 1926, S. 56 (BKV 48).

[31] Vgl. dazu immer noch grundlegend: J.A. JUNGMANN: *Die Stellung Christi im liturgischen Gebet*. Münster 1925 (Liturgiegeschichtliche Forschungen. 7/8); 2. Auflage mit Nachträgen des Verfassers. Münster 1962 (Liturgiegeschichtliche Quellen und Forschungen 19/20) sowie die behutsame „Verteidigung" der Position Jungmanns gegen seine Kritiker (B. Fischer und A. Gerhards) bei: B. KRANEMANN: Liturgisches Beten zu Christus? Zur Theozentrik und Christozentrik liturgischen Betens. In: *Kirche und Israel* 7 (1992), S. 45-60; den Versuch einer Antwort darauf unternimmt: A. GERHARDS: Zur Frage der Gebetsanrede im Zeitalter jüdisch-christlichen Dialogs. In: *Trierer Theologische Zeitschrift* 103 (1993), S. 245-257. – Daß die Gebetsrichtung *ad Deum* bzw. *ad Patrem* in den vom Zweiten Vatikanum angestoßenen nachkonziliaren liturgischen Dokumenten und neuen Präsidialgebeten als die eigentliche Gebetsrichtung vorgesehen und realisiert ist, zeigt: K. RICHTER: Per Christum ad Deum. Der Adressat in den Präsidialgebeten der erneuerten Liturgie. In: M. LUTZ-BACHMANN (Hrsg.): *Und dennoch ist von Gott zu reden. Festschrift für Herbert Vorgrimler*. Freiburg 1994, S. 277-295,

sondern man folgte dabei der urjüdischen Tradition, das Gebet mit einer Doxologie zu beenden.[32] Wenn die Kirche oder eine Gemeinde meint, an der trinitarischen Doxologie festhalten zu wollen, könnte sie den theologisch und hermeneutisch richtigeren Wortlaut wählen:

> „Ehre sei dem Vater durch den Sohn im Heiligen Geist,
> *dem einen Gott* von Ewigkeit zu Ewigkeit. Amen."

6. Gerade angesichts der schrecklichen Leiden und der Unbegreifbarkeit des Bösen in der Geschichte sind die von Juden und Christen unterschiedlich und doch gemeinsam gebeteten Psalmen als Klage und Anklage, aber auch als Festhalten am Lobpreis Gottes als dem Gott der Gerechtigkeit und der Barmherzigkeit das ihnen auferlegte Gottes-Zeugnis vor und in der Welt. Wenn die Theodizeefrage an der Wende zum 3. Jahrtausend *die* Herausforderung der Religionen schlechthin ist, dann wäre der in den Psalmen artikulierte Antwortversuch die gemeinsam verantwortete Gott-Rede, die allem Bösen zum Trotz unbeirrbar verkündet, daß das Böse nicht das letzte Wort haben wird. Papst Johannes Paul II. hat *diese* Bedeutung gerade der Psalmen in seiner bewegenden Rede in Yad Vashem am 23. März 2000 mit außergewöhnlicher Sensibilität und hoher geistlicher Kompetenz betont. Er re-zitierte in dieser Rede gleich dreimal (am Anfang, in der Mitte und am Schluß) Worte des 31. Psalms, wobei er dreifach wiederholte, worin die Juden und Christen gemeinsame Kraft zum Widerstand gegen das Böse und zur Hoffnung auf Rettung gründet: „Die Welt muß die Warnung hören, die von den Opfern des Holocaust und vom Zeugnis der Überlebenden zu uns gelangt. Hier, in Yad Vashem, lebt die Erinnerung weiter und brennt sich in unsere Seelen ein. Sie läßt uns ausrufen: 'Ich höre das Zischeln der Menge – Grauen ringsum – aber, Herr, ich vertraue auf dich, ich sage: Du bist mein Gott' (Ps 31,13-15)." Ob man dem Papst zensierend ins Wort fallen darf, um ihm den Vorwurf zu machen, er würde an Christus „vorbeibeten"? Mir scheint: Gerade von diesem Papst können wir nicht nur lernen, wie wir anders über die Juden und mit ihnen reden sollen, sondern vor allem auch, wie wir in Zukunft unsere Psalmen neu verstehen und beten müssen.

---

[32]   Vgl. den Nachweis bei: H.-CHR. SCHMIDT-LAUBER: Verchristlichung der Psalmen durch das Gloria Patri? In: S. KREUZER – K. LÜTHI (Hrsg.): *Zur Aktualität des Alten Testaments. Festschrift für Georg Sauer zum 65. Geburtstag.* Frankfurt u.a. 1992, S. 317-329.

Prophet und Volk Gottes[1]

VON ALFONS DEISSLER

I.

Zur hohen Ehre rechne ich es mir an, daß ich zum großen Jubiläum der Katholischen Akademie Freiburg den Festvortrag halten soll. Ich war zwar bei der Eröffnung einst dabei und habe dort und in der Folge öfter Referate gehalten, aber dieser Grund reichte kaum aus dafür, dies noch einmal zu tun, zumal an einem Tag an dem eine festliche Versammlung von zumeist Jüngeren an Jahren das Auditorium ausmacht. Da mir aber Gelegenheit geboten ist, dem Ersten Testament erneut eine Lichtung zu schlagen durch die heutige Wirrnis in Kirche und Welt, will ich diese Aufgabe gern schultern und ihr gerecht zu werden versuchen. Denn es ist meine feste Überzeugung, daß die kirchlich viel geübte Praxis der letzten Jahrhunderte, die Heilige Schrift nur noch als *regula remota*, d.h. als weit abliegende Regel des Glaubens zu betrachten, eine Mitschuld trägt an der Kirchenkrise unserer Ära. Wenn man aber überhaupt vordem in der Verkündigung die Bibel ins Spiel brachte, dann fast nur ihren zweiten Teil, das Neue Testament. Man wird lange suchen müssen, bis man in einem kirchlichen Lehrschreiben etwa einen Gottesspruch der Propheten Israels zitiert findet, wiewohl der Kirche in Röm 11,18 ins Stammbuch d.h. für alle Generationen eingeschrieben wurde: „Nicht du trägst die Wurzel, die Wurzel trägt dich!" Wer die Heilige Schrift Israels, welche die einzige Bibel Jesu, der Apostel, Mariens gewesen ist, einmauert, schneidet sich vom alles Spätere tragenden Wurzelwerk ab. Absenkung des Grundwassers tut dem Grünen, Blühen und Fruchten der Pflanzen immer Eintrag. Sollte es beim lebendigen Organismus der Kirche anders sein? Aber in ihr ist doch der Heilige Geist die Lebensquelle, so wird man hier einwenden wollen. Doch dieser Einwand verkennt eines: Der Heilige Geist ist zuallererst in seinem Heilswerk „Heilige Schrift" in der Kirche präsent und effizient und dann erst in seinem währenden Beistand.

Eine katholische Akademie soll vor allem jenes Aggiornamento in der Kirche realisieren helfen, das Papst Johannes XXIII. dem II. Vaticanum als Leitlinie vorgegeben hat. Damit ist nicht, „Anpassung" an die Welt oder an den Zeitgeist gemeint, wie manche verleumderisch behaupten, sondern das „Heutig-werden" der Kirche im Dialog mit den Geistesströmungen unserer Epoche. Ein Dialog ist aber um so fruchtbarer, je mehr die Partner in ihrer je eigenen Identität fest gesichert sind und gerade durch diese Sicherung Herz und Hände frei bekommen für einen verheißenden Austausch miteinander. Zu dieser festen Stand schenkenden

---

[1] Als Festvortrag gehalten anläßlich des vierzigjährigen Jubiläums der Katholischen Akademie Freiburg (1996). Die Redeform und der Bezug auf den für den Zusammenhang dieser Festschrift nicht unpassenden Anlaß wurden beibehalten. Der Text war bislang unveröffentlicht.

Sicherung gehört auch, und gewiß nicht zuletzt, die „Heutig-machung" des Ersten Testamentes. Insofern fällt der heutige Festvortrag nicht aus der Mittelachse des Aufgabenbereichs der Katholischen Akademie heraus. Er könnte ihr vielmehr eine neue Chance dafür eröffnen, sich als fruchtbares Forum der Kirche zu erweisen, und dies vorab im „Be-Ackern" innerkirchlicher Problemfelder.

II.

Unter den Klagen, die heute in der Kirche laut werden, hören wir auch diese: Das Prophetische komme zu kurz, ja es habe in ihr keine Heimat mehr. Eph 2,20: „Ihr seid auf das Fundament der Apostel und Propheten gebaut, der Schlußstein ist der Christus Jesus" scheint keine Geltung mehr zu haben. In der Tat: die Propheten der frühen Kirche sind bald aus der Kirchengeschichte verschwunden, das Charismatische wurde mehr und mehr zurückgedrängt. Der uneigennützige Wunsch des Mose in Num 11,29: „Wenn nur das ganze Volk des Herrn zu Propheten würde! Wenn nur der Herr seinen Geist auf sie alle legte!" ist weder im alten noch im neuen Gottesvolk in Erfüllung gegangen. Auch die Deutung des Pfingstfestes, wie Petrus sie in Apg 2,17ff. im Lichte von Joel 3,1ff. vornimmt, hat die spätere Kirche nur auf das pfingstliche Gründungsereignis bezogen. Denn diese Prophetie, die da lautet: „Ich gieße meinem Geist aus über alles Fleisch. Eure Söhne und Töchter werden Propheten sein, eure Alten werden Träume haben und eure jungen Männer Visionen. Auch über Knechte und Mägde werde ich meinen Geist ausgießen" – diese universale Schau auf das endzeitliche Gottesvolk wurde in der Geschichte der Kirche ausgeblendet auf der Wegstrecke vom ersten Pfingsten zum endgültigen Pfingsten. An sich hätte man mindestens darüber nachdenken sollen, ob dieses erste und das letzte Pfingsten nicht auch strukturierende Bedeutung für das der Endzeit zuwandernde Pfingstvolk haben könnte oder sogar haben sollte. Im gegenwärtigen Jesusvolk hat das Prophetische jedenfalls höchstens eine Nischen-Existenz. Gewiß wäre es keine leicht lösbare Aufgabe, in die hierarchisch verfestigten Strukturen der Kirche prophetische – d.h. dann auch immer laikale! – Elemente harmonisch einzubauen, aber wäre dies um einer lebensvollen Kirche Jesu Christi willen nicht des Schweißes immenser Anstrengungen wert? In der frühen Kirche jedenfalls war das Zusammenwirken von apostolischem Amt mit offensichtlich vom Heiligen Geist geleiteten „Propheten", die als Prediger, Mahner, Warner und Wächter in der Gemeinde fungierten, nach Eph 2,20 fundamental (vgl. 3,5 „Apostel und Propheten" als Mittler der Geistoffenbarung).

Eines aber ist jetzt schon möglich und darum geboten: wenigsten den Schriftpropheten der Bibel ihren gottbestimmten Platz im Glauben und Leben des Jesus-Volkes einzuräumen! Daß ihnen bisher dies in der Hauptsache versagt blieb, liegt vorab an dem früh in der Kirche artikulierten und bis heute nicht wirklich revidierten Theologumenon: „Gott hat die alttestamentlichen Propheten gesandt, um den Messias anzukündigen". Wiewohl das griechische Wort προφήτης (prophētēs) nur den öffentlichen Verkündiger der Götter-Orakel bezeichnete, hat dieses Wort schnell auch die Bedeutung „Vorausverkündiger" angenommen und hat, als Lehnwort in die indo-europäischen Sprachen übernommen, nur noch in diesem Sinne fungiert. Das ist eine geradezu fatal zu nennende Wortgeschichte.

Freilich hätte eine echte Hinwendung zum „Ersten Testament" dem steuern können. Denn da wäre jedem aufmerksamen Leser und Hörer der Tatbestand in die Augen gesprungen, daß doch nur ein ganz kleiner Prozentsatz der Prophetentexte messianisch sind, d.h. den Heilbringer der Zukunft anzielen. Die große Masse des prophetischen Vermächtnisses sind doch Gotteszeugnisse, geboren aus direkten Gotteserfahrungen. *nābī'* (נָבִיא), der spezifische hebräische Terminus für Prophet, bedeutet denn auch „berufener Rufer", also der von Jahweh eigens berufene Ausrufer seiner Offenbarung im Gottesvolk. Sie wurden jeweils hineingerufen in die Krisenstunden Israels. Darum überwiegen in ihrer schriftlichen Hinterlassenschaft die Androhungen, die aber alle unter dem Vorbehalt stehen: „wenn ihr nicht umkehrt!" Soweit ihre Auftrittsskizzen bzw. ihre Verkündigungen im Jüngerkreis gesammelt und schließlich kanonisch wurden, ist ihr Vermächtnis an die späteren Generationen auch ein Vermächtnis für die Kirche und für uns. Da die Sammlungsgeschichte sehr unterschiedlich verlief und zugleich Fortschreibungen erfolgten, bieten die Prophetenbücher, was für uns Abendländer besonders mißlich ist, nur ausnahmsweise eine systematische oder auch nur chronologische Anordnung. Dennoch besteht die Möglichkeit, die Texte in eine durchschaubare Ordnung zu bringen. Ähnlich wie die losen Eisenspäne auf einer Glasplatte durch einen daruntergehaltenen Magneten Struktur und Gestalt bekommen, vermögen wir etwas Vergleichbares zu bewirken, wenn wir die Bundescharta des Dekalogs bei der Lesung der Prophetenbücher daneben legen: dann lassen sich die Einzeltexte leicht einem der Themen des Dekalogs zuordnen. Der Dekalog in seiner Endgestalt ist zwar ein Wachstumsgebilde, aber er hat diese Endgestalt auch unter prophetischem Einfluß erreicht, so daß der große Alttestamentler Mowinckel sich nicht scheute, ihn einfach „prophetischen Dekalog" zu nennen. Da die Bundescharta Israels nach Mt 19,18f., Mk 10,19, Röm 13,9ff. auch als Kern der göttlichen Willensoffenbarung für das Jesus-Volk zu gelten hat, ist an dieser Stelle ein kurzer Blick auf den Dekalog selbst vonnöten. Er wird eröffnet und zugleich grundgelegt durch die Selbstvorstellung Jahwehs als des Gottes der Befreiung und Erlösung: „Ich bin Jahweh, dein Gott, der dich aus Ägypten geführt hat, aus dem Sklavenhaus..." (Ex 20,2). Im apodiktisch formulierten – d.h. nicht als Gesetz, sondern als Wegweisung gekennzeichneten Weisungsteil sind die ersten drei Gebote vertikal ausgerichtet (= auf Gott bezogen), die der zweiten Reihe (von IV-X) sind ausschließlich mitmenschlich, d.h. horizontal (ohne daß Gott überhaupt genannt wird) orientiert. Die Struktur der Charta ist also „kreuz-förmig", wobei die Vertikale das „Ja" zu Jahweh einfordert, die Horizontale, unlösbar damit verbunden, das „Ja" zu Gottes Menschen konkretisiert.

Diese Wesens-Deskription vor Augen, vermögen wir jetzt die Grundbotschaft der Schriftpropheten besser und nachhaltiger zu vernehmen. Sie wurden ermächtigt, zunächst dem Thema von Jahweh als dem Gott der Erwählung und des Bundes neue und hellere Lichter aufzusetzen. Die freie Selbsttranszendenz des welttranszendenten Gottes zu Welt und Mensch hin durften sie als Liebe Gottes auslegen und zwar von den Erfahrungsfeldern menschlicher Liebe her. Dem Menschen begegnet als erstes die Liebe von Vater und Mutter. Daran knüpften die Propheten an in ihrer Botschaft, daß die Zuwendung Jahwehs zum Gottesvolk vergleichbar sei mit dem väterlichen und mütterlichen Engagement für die Kinder.

Hosea, der große Prophet des Nordreiches, hat bereits um 740 v. Chr. folgenden Gottesspruch verkünden dürfen: „Als Israel jung war, gewann ich ihn lieb und rief meinen Sohn aus Ägypten. Doch je mehr ich sie rief, desto weiter entliefen sie mir. Sie opferten dem Baal und brachten den Götterbilder Rauchopfer dar. Und doch bin ich es gewesen, der Efraim das Gehen lehrte und ihn dann auf meine Arme nahm. Sie aber haben nicht erkannt, daß ich sie heilen wollte. Mit echt menschlichen Fesseln zog ich sie an mich, mit den Banden der Liebe. Ich war da für sie wie die Eltern, die den Säugling hochheben an ihre Wangen. Ich neigte mich ihm zu und gab ihm zu essen" (Hos 11,1-4).

Dieser eindrucksamen Auslegung der väterlichen Bundesliebe Jahwehs durch den Offenbarungsgott selbst stellt sich die göttliche Selbstreflexion von Jer 31,20 an die Seite: „Ist Efraim mir ein so teurer Sohn, ist er mein Lieblingskind? Sooft ich ihm auch drohe, muß ich seiner doch immer wieder gnädig gedenken. Mein Herz schlägt für ihn, erbarmen, erbarmen muß ich mich seiner". Sind diese beiden Gottessprüche nicht hell leuchtende Prämissen zur Botschaft, die Jesus im Gleichnis vom barmherzigen Vater und verlorenen Sohn seinem Volk unauslöschlich ins Gedächtnis eingeschrieben hat?

Die Aussagen von Hos 11,1ff. und Jer 31,20 lassen bereits erkennen, daß hinter ihrem Bild vom Vater zugleich das der Mutter aufscheint. Schon die Vokabel „Erbarmen", die im Hebräischen eng mit dem Wort „Mutterschoß" zusammenhängt, erinnert Israel an die Mütterlichkeit des Bundesgottes und verhindert, daß man die Väterlichkeit Jahwehs maskulin oder gar sexistisch mißversteht. Daß Gott nicht nur Israels Vater, sondern auch des Gottesvolkes Mutter sein will, wird in Jes 49,15 zur unüberhörbaren Verkündigung: „Kann eine Frau ihr Kindlein vergessen, eine Mutter den Sohn ihres Schoßes? Selbst wenn sie seiner vergäße, ich vergesse deiner nicht". Jes 66,13 ergänzt dazu: „Wie eine Mutter ihren Sohn tröstet, so tröste ich euch".

Leider hat die Christenheit, zumindest in den letzten Jahrhunderten, diesen mütterlich-fraulichen Zug im Gottesbild geradezu unterschlagen. Als der unvergessene Papst Johannes Paul I auf dem Petersplatz auch von Gottes Mütterlichkeit sprach, ging diese Botschaft wie ein Lauffeuer durch die Kirchenpresse. Das bezeugt nur, wie vergessen die prophetische Botschaft von der Mütterlichkeit Gottes in der Kirche war. Das war ein Manko ohnegleichen. Zu den Archetypen im Seelengrund des Menschen – sie sind mitentscheidend für die Verinnerlichung der Religion – gehören nach C. G. Jung auch die Paare „Mann-Frau" und „Vater-Mutter". Es ist höchste Zeit, daß im Glaubensbewußtsein des Christenvolkes das wieder lebendig wird, daß man im Leben und Sterben nicht nur dem väterlichen, sondern auch dem mütterlichen, sich erbarmenden Gott als der letzten und erfüllenden Zukunft entgegenwandert.

Der zweite Erfahrungsbereich der menschlichen Liebe ist das Erlebnisfeld „Eros und Ehe". Für gängige abendländische Vorstellungen erscheint es kaum geeignet, als Anknüpfungspunkt für die Selbstmitteilung des Bundesgottes zu dienen. Aber Gott ist kein Abendländer. Durch den Propheten Hosea (745-720 v. Chr.) läßt er klar bezeugen, daß er seinen Bund mit dem Gottesvolk als Ehebund versteht. Hosea muß dies zunächst in negativer Weise verkünden: in Kap. 1 wird der Bundesbruch Israels als Ehebruch stigmatisiert. Doch in Kap. 2 wird dieses Thema ins Positive gewendet in dem Gottesspruch: „Ich trau dich mir an auf ewig, ich trau dich mir an um den Brautpreis von Recht und Gerechtigkeit, von Liebe und Erbarmen, ich traue dich mir an um den Brautpreis meiner Treue, so daß du Jahwehs inne wirst" (2,21f.). Die genannten Lebensgüter sind das Kaufgeld, das Jahweh vorgängig zu allen menschlichen Entsprechungen und Leistungen in die „Gottesehe" mit dem Gottesvolk einbringt. Sie ist durch und durch personal, d.h. vollzieht sich auf der Ebene von „Du zu Du", so sehr ihre Geschenke – gut alttestamentlich! – auch sinnenhaft sind: Korn und Wein und Öl und Wolle und Flachs und Silber und Gold (2,10f.). Im unausschöpfbaren, alle Vorstellungen überbietenden, tiefste Ahnungen entbindenden Bild von der Gemahlschaft Jahwehs erreicht die engagierte Zukehr Gottes zu Welt und Mensch ihre höchste und unvergängliche biblische Leuchtkraft. Kein Wunder, daß andere Propheten gerade dieses Theologumenon ebenfalls in der verschiedensten Weise zu ihrem Thema gemacht haben, wie Jes 5,1, Jer 2,2, Ez 16 und vorab Jes 54. Aber leider ist diese Thematik trotz ihrer Aufnahme im Neuen Testament („Jesus Christus als Bräutigam") im Jesus-Volk fast eingeklammert worden. Schon das Wort „Gottesehe" ist ihm völlig unvertraut und wird bei vielen sogar als anstößig empfunden.

Bei Hosea hebt bereits das für die Effektivität der biblischen Botschaft so wichtige Thema der Inkulturation bzw. Akkulturation an. Denn bei ihm begegnen wir einem auf Offenbarungsebene erstaunlichen Phänomen: Hosea mußte die Überwachung der Jahweh-Religion durch Baalsglauben und Baalriten bis in seine letzten Spuren denunzieren, gleichzeitig aber sollte er den für den Baalsdienst zentralen Mythos von der Hochzeit zwischen Himmel und Erde, personalisiert im Himmelsbaal und der Erdgöttin, aufgreifen, von der naturalistischen Ebene lösen und auf ein personales Niveau heben und so gleichsam Israel verkünden: Was ihr im Mythos erwartet und ersehnt, die lebensfördernde Harmonie zwischen Himmel und Erde, erfüllt euch Jahweh durch seinen Hochzeitsbund mit euch. Der Offenbarungsgott selbst hat hier vordemonstriert, was Thomas von Aquin so formuliert hat: *receptio fit secundum modum recipientis* („Erkenntnis geschieht nach der Weise des Erkennenden"). Man kann nicht sagen, daß die Verkündigungsgeschichte der Kirche Gottes Beispiel wirklich internalisiert hat. Man denke z.B. nur an den fatalen Ritenstreit, den Benedikt XIV. 1742 durch eine Bulle im Sinne einer Nicht-Akkulturation entschied und damit der ostasiatischen Mission schweren Schaden zufügte (1940 zurückgenommen). Leider hat sich erst das II. Vaticanum positiv des Themas der Akkulturation angenommen.

Die Propheten lassen in ihrer Gottesbotschaft, welche das Licht des Gottes der Erwählung und des Bundes wie durch ein Prisma in vielen Farben dem Gottesvolk nahebringen darf, Jahweh auch aufleuchten als Hirten und König Israels. Dies kann hier leider nicht mehr im Detail erläutert werden. Es ist aber in jedem Fall auf Ez 34 zu verweisen, wo sich Jahweh als der „Gute Hirt" der Zerstreuten

Israels vorstellt, und dies mit einer faszinierend farbigen Palette. Auf diesem Goldgrund sind die Hirten-Aussagen des Neuen Testaments zu lesen, und so wird erst von den Propheten her offenbar, daß im Hirten Jesus Christus die Hirtenschaft Jahwehs unter uns präsent und an uns wirksam wird – eine hochtheologische, und nicht nur eine pastoral wichtige Botschaft.

Die prophetische Verkündigung Jahwes als des Königs des Gottesvolkes und der Welt ist den demokratischen Gesellschaften von heute zwar schwer als Evangelium zu vermitteln, enthält aber in der biblischen Perspektive eine Frohbotschaft ohnegleichen. Der König ist im Alten Orient die Heilsfigur, die ihre Macht für das Gute und die Liebe einsetzt und damit dafür, daß im Königsbereich alle Menschen, gerade auch die Schwachen, die Armen, die Witwen und Waisen und die Fremden wirklich Mensch sein können in wahrhaft menschlicher Würde und ausgestattet mit den Menschenrechten. Auf Gott bezogen, heißt dies nichts anderes, als daß die göttliche Macht bei der Schöpfung das Chaos in einen Kosmos verwandelt hat und darum auch auf der Ebene der Geschichte die Chaosmächte ausschalten und einen Neuen Himmel und eine Neue Erde schaffen wird. Dies hat insonderheit Deutero-Jesaja dem geprüften Gottesvolk an- und zugesagt. Das sprechendste Zeugnis dafür hören wir in Jes 52,6ff.: „Mein Volk soll an jenem Tag meinen Namen erkennen und dessen inne werden, daß ich es bin, der zusagt: „Ich bin da". Wie willkommen sind auf den Bergen die Schritte des Freudenboten, der Frieden ankündigt, der eine frohe Botschaft bringt und Rettung verheißt, der zu Zion sagt: „Dein Gott ist König!" Horch, deine Wächter erheben die Stimme, sie beginnen alle zu jubeln. Denn sie sehen mit eigenen Augen, wie Jahweh nach Zion zurückkehrt. Brecht in Jubel aus, jauchzt alle zusammen, ihr Trümmer Jerusalems. Denn Jahweh tröstet sein Volk, er erhört Jerusalem... Alle Enden der Erde schauen das Heil unseres Gottes." Jahweh erhält hier vom Propheten deshalb den Königstitel, weil er seine Macht dazu einsetzen wird, Befreier und Erlöser des Gottesvolkes zu werden. Darum beginnt auch Jesus seine Verkündigung in dieser Perspektive: „Die Zeit ist erfüllt, die Königsherrschaft Gottes ist nahe herbeigekommen. Kehrt um und glaubt an dieses Evangelium." In der biblischen Perspektive wird das heute unbeliebt gewordene Thema von Jahwehs Königtum zu einer großen letzten Verheißung: das unselige Auseindander von Macht und Liebe in unserer Weltzeit wird einmal ein Ende haben durch die Ankunft Gottes selbst, weil dann seine Allmacht ganz Liebe sein wird.

Unser Blick auf die helle prophetische Gottesbotschaft will keineswegs die Droh-Texte der Propheten einklammern. Sie bekommen gerade dadurch aber ihren eigentlichen Stellenwert als beeindruckende Zeugnisse von Jahwehs Engagement für das Gottesvolk. Er will nicht, wie Ezechiel klar verkündet, den Tod des Sünders, sondern daß er umkehre und lebe („Habe ich etwa Gefallen am Tod des Schuldigen und nicht vielmehr daran, daß er seine bösen Wege verläßt und so am Leben bleibt", Ez 18,23). Zu diesem Thema ist noch ein Wichtiges anzumerken: „richten" heißt im Hebräischen nicht einfach strafen, sondern: ins Lot bringen, ins Richtige stellen. Kann man dies Gott letztlich verwehren wollen? Wenn das Menschsein der Menschen das tiefste Anliegen seiner Zuwendung ist, muß Er dann nicht der Unterdrückung von Menschenwürde und Menschenrechten durch Menschen von Zeit zu Zeit eine Schranke setzen?

Mit dieser Thematik sind wir bei der Aufgabe angelangt, die Predigt der Propheten zu den Wegweisungen des Dekalogs wenigstens in aller gebotenen Kürze zu skizzieren. Viele in der Kirche haben sich angewöhnt, die vertikale Realisierung des Dekalogs als „das eigentliche Religiöse" zu betrachten und dabei die Orthodoxie als „Maßstab aller Maßstäbe" hinzustellen. Sie bleiben dabei die Antwort auf die Frage schuldig, warum die Bundescharta neben den drei vertikalen Weisungen sieben horizontal ausgerichtete Wegweisungen enthält. Manche behelfen sich mit der Auskunft, daß die erste Tafel des Dekalogs das Primäre der Willensoffenbarung Gottes darstelle, die zweite Tafel als das Hinzukommende, also Sekundäre zu gelten habe. Das haben auch viele der Verantwortlichen in Israel so gesehen. Aber demgegenüber haben die Propheten im Namen Jahwehs entschieden Front machen müssen. Schon der Hofprophet Nathan muß David, seinen Herrn, des schlimmen Bundesbruches anklagen, weil er die Frau des Uria begehrte, dann verführte und schließlich Uria selbst dem Tode auslieferte. Der reumütige David beruft sich nicht auf seine Orthodoxie und seine engagierte Förderung der Jahweh-Verehrung, sondern bekennt nach 2 Sam 12,13: „Ich habe gegen Jahweh gesündigt". Elia hat sich nicht nur für die religiöse Entscheidung Israels für Jahweh und gegen Baal todesmutig eingesetzt, sondern mit gleicher Vehemenz für die Familie des Freibauern Nabot, die vom abtrünnigen Königshaus in brutalem Egoismus ausgerottet wurde (vgl. 1 Kön 21).

Die Schriftpropheten vom 8. bis 5. Jahrhundert bewegen sich ausnahmslos in dieser Kielspur und stellen sich im Namen Jahwehs einem Israel quer gegenüber, das versucht ist, die Jahweh-Religion wie die anderen Religionen der Umwelt zu verstehen und so den Opferkult vor der Gottheit als Mitte und Seele der Jahweh-Verehrung zu betrachten. Aber Jahweh ist ein ganz anderer als die Götter des Orients. Er ist nicht nur der Gott schlechthin und dies in unendlicher Lebensfülle, die durch nichts Geschöpfliches weiter aufgefüllt werden kann, er ist auch nicht mehr „ein Gott an sich", sondern das Jahweh-Sein ist seine ihn selbst kerbende Wesensverfassung. Seine prinzipielle Zuwendung zu den Menschen ist für ihn eine unaufgebbare Selbstbindung. Darum ist kein JA zu ihm möglich, ohne in ihm, mit ihm, durch ihn sich den Mitmenschen zuzuwenden. Die Horizontale ist deshalb in der Jahweh-Religion schlechthin unabdingbar. Das ist der tiefste Grund dafür, daß ein Volk, das sich Jahweh-Volk nennt, die Gemeinschaftsverbundenheit als Lebensachse der Vertikalen beigesellen muß – oder es ist nicht Jahweh-Volk.

Man hat in der Kirche vielen heutigen Theologen vorgeworfen, sie hätten die authentische Theologie zugunsten der Anthropologie aus der Mitte gerückt. Der theos als solcher müsse wieder, so meint man, das absolute Zentrum einnehmen. Dies ist scholastisch, nicht biblisch gedacht. Denn der Offenbarungsgott bezeugt uns auf beinahe jeder Seite der Prophetentexte, daß er selbst von Ewigkeit her auf Ewigkeit hin in Freiheit die Wende zum Menschen vollzogen hat, von deren Kulmination in Jesus Tit 3,4 schließlich sagen kann: „Die Güte und Menschenfreundlichkeit Gottes ist uns erschienen." Diese vom Offenbarungsgott nicht loslösbare anthropologische Perspektive tritt bei den Schriftpropheten ins helle Licht der kontinuierlichen Bezeugung.

Der Älteste der Schriftpropheten ist Amos, der ab 760 v. Chr. im Nordreich als

Gottes Bote auftrat. In langen 9 Kapiteln dieses gebildeten Freibauern aus The-
koa wird kein einziges Mal die erste mosaische Tafel des Dekalogs angesprochen, wiewohl wir aus der Verkündigung des 20 Jahre später auftretenden Hosea
wissen, welch stark baalitisch beeinflusster Synkretismus bei den Nordstämmen
im Schwange war. Was Amos aber frontal angeht, ist der Tatbestand, daß das
Jahwe-Volk in folgender Hinsicht kanaanäisch geworden war: die Armen, die
politisch und wirtschaftlich Schwachen und die unter ungerechtes Gericht Gebeugten werden zu bloßen Mitteln und Objekten der Führenden degradiert zur
Befriedigung ihrer Machtsucht, Gewinnsucht und Lustsucht. Darum muß Amos
einem solch abartigen Jahwe-Volk den Tod ansagen. Aber nicht nur Israel holt
sich am „Zertreten der Menschen" (2,7; 8,4) den Tod, auch die Völkerwelt wird
bei Amos wegen Unmenschlichkeit ins göttliche Gericht gestellt (1,3-2,3).

Vom Propheten Amos hat man früher in der kirchlichen Verkündigung so viel
wie nichts gehört. Erst der Philosoph Ernst Bloch und die Theologin Dorothee
Sölle haben bei uns den Namen Amos wieder in die Debatte geworfen. Freilich
wurde dabei Amos viel zu einseitig für den aufkommenden „Horizontalismus"
als Bürge und Zeuge angerufen. Es wurde nicht mehr beachtet, daß Amos ein
durch und durch Jahwe-Getreuer war, also die Horizontale gerade in der Vertikalen festmachte. Hätten wir Christen über die Offenbarungs- und Heilsgeschichte zu bestimmen, wir hätten zunächst das Credo Israels d.h. seine Orthodoxie in
Ordnung gebracht, was dann Hosea zu realisieren versuchte. Wenn Gott anders
handelte und den Amos mit seinem Auftrag „Recht und Gerechtigkeit" zuerst zu
seinem Volk sandte, läßt er dadurch erkennen, was ihm vor allem andern am
Herzen liegt: er will, daß sein Zeugenvolk eine Gemeinschaft sei, in welcher
Menschenwürde und Menschenrechte so beheimatet sind, daß alle anderen Men-
schengemeinschaften in ihrer tiefen Sehnsucht nach dem Menschsein des Menschen im Jahwe-Volk ihre bergende Heimat erkennen sollten, d.h. die Stadt auf
dem Berge von Mt 5,14 und das Licht auf dem Leuchter von Mt 5,15.

Selbst der eher vertikal ausgerichtete Prophet Hosea hat diese Thematik weiter
geführt und Israel den Kultbescheid übermittelt: „Liebe will ich, nicht Schlacht-
opfer". Bei Mt rekurriert Jesus zweimal (in 9,12 und 12,7) auf diese göttliche
Grundforderung in der Formulierung: „Erbarmen will ich, nicht Opfer". In Hos
12,7 wird Jakob, also Israel, die Weisung gegeben: „Bewahre die Liebe und das
Recht und hoffe immer auf deinen Gott!" In Jesaja (ab 738) treffen wir auf einen
Propheten, der besonders Glauben und Demut gegenüber dem heiligen Gott anmahnt, aber zugleich die Botschaft des Amos für Juda und Jerusalem umformu-
liert, wie man unschwer seinen Wehesprüchen gegen die Verantwortlichen im
Staat und im Kultdienst entnehmen kann (vgl. 5,8-24; 10,1f). Das eindrücklichste
Zeugnis für Jahwes Grundforderungen an sein Volk findet sich im berühmten
„Weinberglied" des Propheten (Kap. 5). Wer erwartet, Jahwe habe es zu allererst auf die Vertikale im Gottesvolk abgesehen, muß sich eines besseren belehren lassen. Denn das Rätsel-Lied wird so entschlüsselt: „Jahwe hoffte auf
Rechtsspruch (mišpāṭ; מִשְׁפָּט) und siehe da: Rechtsbruch, auf Gerechtigkeit, und
siehe da: Wehegeschrei (der Gebeugten)!" Wie Amos (cf. 5,21ff.) übt auch Jesaja Kritik am Opferkult: „Bringt nicht länger nutzlose Opfer dar, ein greuelhaftes
Rauchwerk sind sie mir, nicht halte ich Frevel und Festlichkeit aus... Wenn ihr

eure Hände ausbreitet, verhülle ich meine Augen vor euch. Wenn ihr noch so viel betet, ich höre es nicht. Eure Hände sind voller Blutschuld" (d.h. voll schwerer Untaten an Menschen!). Auch Micha, der jüngere Zeitgenosse des Jesaja, bringt fast ausschließlich Anklagen vor, welche die Menschenrechte als Gottesrecht einfordern. Für den Bruch der zweiten mosaischen Tafel muß er sogar androhen: „Darum wird der Zion euretwegen zum Acker, den man umpflügt. Jerusalem wird zu einem Trümmerhaufen, der Tempelberg zur überwucherten Höhe" (3,12).

Es ist jetzt nicht die Stunde, um bei fast allen Propheten die besondere Hervorhebung der Horizontalen herauszustellen. Ich kann die einschlägigen Texte nur kurz nennen: es sind dies: Jer 5,1-8.27f.; 7,9f. (Tempelrede); 22,3ff.; 34,8-22, Ez 22,6-10; Jes 58,1-12; Sach 7,7-14; Mal 2,14-16. Diese Zeugnisse kann man nicht mit dem Hinweis auf die zeitgeschichtlichen Verhältnisse von damals außer Kraft setzen. Wir haben zudem eine authentische Kommentierung dieser prophetischen Botschaft in Micha 6,1-8, die kurz vor dem Exil anzusetzen ist. Dabei ergeht einem Publikum, das den Kult als Hauptleistung des Volkes gegenüber Gott ansieht, folgender lapidare Bescheid: „Es ist dir verkündet worden, Mensch, was gut ist und (darum) Jahweh von dir erwartet: Nichts anderes als dies: Gerechtigkeit üben, den Brudersinn lieben, in Ehrfurcht wandern mit deinem Gott!" Hier ist wie schon bei Jer 7,9f. die zweite mosaische Tafel zuerst genannt. In Micha 6,8 ist die Willensoffenbarung Jahwehs in die klarste prophetische Zusammenfassung gebracht. Um so verwunderter war ich, als ich im Neuen Weltkatechismus nicht einmal einen randständigen Hinweis auf diesen Offenbarungstext fand, geschweige denn seine Zitierung. Dabei wird hier doch das Ideal der menschlichen Bundespartnerschaft dem alten und neuen Gottesvolk gleichermaßen vor Augen gestellt. Die Messiasbilder von Jes 9 und 11 entsprechen ihm und erst recht die Schilderung des Gottesknechts in Jes 53. Da wird fünf mal von ihm gesagt, daß er erhöht wird, weil er in Stellvertretung und zugunsten der Vielen in die Bresche des Bundesbruches tritt. Unser Michatext ist ein Wort, unter dem man auch die Evangelien und das in ihnen bezeugte Leben und Wirken Jesu neu zu lesen und neu zu verstehen vermag.

Warum nur wurden die Propheten für das neubundliche Gottesvolk zu „verstummenden Stimmen" und das bis heute? Sie haben doch nach ihrem eigenen Bekenntnis die assistentia positiva divina, durch die sie ermächtigt werden, sogar im „Ich" Jahwehs zu sprechen. Dieses charismatische Privileg hat im Jesus-Volk außer Jesus selbst niemand inne gehabt. Die assistentia divina, die der Kirche in gewichtigen und entscheidenden Fragen gegeben ist, bedeutet nach ihrer eigenen Lehre eine assistentia negativa, d.h. die Bewahrung vor wesentlichem Irren. Welcher Reichtum und welch klare Kontur ging der Kirche verloren, als sie die direkten prophetischen Gottesoffenbarungen gleichsam im Sand der Geschichte vergrub. Ich rufe, ohne die kostbaren Schätze im einzelnen noch einmal zu benennen, meine Anskizzierungen zurück in die Erinnerung. Da geht einem auf: die Kirche von heute muß prophetischer werden! Das bedeutet ein Doppeltes: 1. Sie sollte die Stimmen der Schriftpropheten neu hören und als Hörende, nicht als Befehlende, sie neu zu Gehör bringen, des Psalmworts eingedenk: „Dein Wort, Herr, ist meinem Fuß eine Leuchte, ein Licht über meinen Pfaden" (119,105). Eine kirchliche Akademie kann da gute Vorspanndienste

leisten. Die Freiburger Akademie bietet seit Jahrzehnten darum pro Jahr eine alttestamentliche und eine neutestamentliche Woche an. 2. Die Verantwortlichen in
der Kirche müssen mehr auf Prophetisches in ihrer Mitte achten und dabei dafür
offen werden, daß der Geist Gottes sich nicht nur in den Dienstämtern der Kirche
bezeugt, sondern auch, an Taufe und Firmung anknüpfend, durch Laien der Ortskirche oder der Gesamtkirche fruchtbare Impulse zu vermitteln vermag. Bei diesem Aufmerken und Prüfen sind Akademien berufene Foren zur Mithilfe. Sie
treten der ordentlichen Verkündigung unterstützend zur Seite und vermögen dabei einen fruchtbaren Dialog auch mit denen zu führen, welche das Kerygma der
Kirche nicht mehr direkt erreicht. Unter den Gründen für diese Nichtakzeptanz
vieler ist wenigstens einer hier zu erwähnen: im riesigen Lehrgebäude der Kirche
mit seinen vielen Satzwahrheiten findet der heutige Mensch keine wärmende
Heimstätte mehr. Er will wissen, worauf es dem Offenbarungsgott in erster Linie
und zutiefst ankommt in seiner Frohbotschaft und in seiner Wegweisung. Das
läßt sich in den bildmächtigen Gottesreden der Propheten und Jesu erfahren. Sie
den Menschen nahezubringen vermag eine Akademie wohl eher und flexibler als
das ordentliche Lehramt. Aber sind ihre Dialoge und Diskurse geeignete Mittel
dafür? Die so Fragenden muß man darauf hinweisen, daß es auch in den Prophe-
tenschriften die Gattung des Disputations- bzw. des Diskussionswortes gibt. Bereits bei Deutero-Jesaja kann man sie kennen lernen, vor allem aber beim
Propheten Maleachi. Von ihm sagt der anerkannte Bonner Exeget Werner H.
Schmidt: „Der Prophet knüpft an die skeptischen Auffassungen seiner Hörer an,
übt gleichsam „seelsorgliche Verkündigung im Gespräch“, indem er seine Botschaft als Antwort auf Fragen entfaltet“[2]. Ist dies nicht eine prophetische Umschreibung der Wesensaufgabe unserer Institution „Akademie“?

Literaturhinweise

Joseph BLENKINSOPP: *Geschichte der Prophetie in Israel.* Stuttgart 1998; Alfons
DEISSLER: *An mir findest du reiche Frucht. Meditationen zum Hosea-Buch.* Freiburg 1977; DERS.: *Dann wirst du Gott erkennen. Die Grundbotschaft der Propheten.* Freiburg 1987; DERS.: *Die Grundbotschaft des Alten Testamentes. Ein
theologischer Durchblick.* Freiburg 1995; DERS.: *Zwölf Propheten.* 3 Bde.
Würzburg 1981-1988 (Die Neue Echter Bibel); DERS.: *Gehen mit Gott. Leittexte
aus dem Alten Testament.* Stuttgart 1991; *Der Weg zum Menschen. Zur philosophischen und theologischen Anthropologie. Für Alfons Deissler.* Hrsg. von R.
MOSIS und L. RUPPERT. Freiburg 1989; Werner H. SCHMIDT: *Zukunftsgewißheit
und Gegenwartskritik. Grundzüge prophetischer Verkündigung.* Neukirchen-
Vluyn 1973 (Biblische Studien. 64); Odil H. STECK: *Der Abschluß der Prophetie im AT. Ein Versuch zur Frage der Vorgeschichte des Kanons.* Neukirchen-
Vluyn 1991 (Biblisch-theologische Studien. 17).

---

[2]   W. H. SCHMIDT: *Einführung in das Alte Testament.* Berlin ³1985, S. 281.

Die Heilige Schrift in jüdischer und christlicher Sicht

VON FERDINAND HAHN

1. Einleitung

1.1 Bei der Frage nach dem Verhältnis von Juden und Christen spielt ausgesprochen oder unausgesprochen das Verständnis der Heiligen Schrift eine zentrale Rolle. Wir berufen uns beide auf dieselbe Schriftgrundlage, die die Juden den „Tenach" – als Abkürzung für Tora, Nebiim, Ketubim (Gesetz, Propheten, Schriften) –, wir das „Alte Testament" nennen.

1.2 Gleich zu Beginn sei das in der gegenwärtigen Diskussion häufig erörterte Problem einer angemessenen Terminologie für die gemeinsame Heilige Schrift aufgegriffen. Da sich mit der Bezeichnung „Altes Testament" vielfach die Auffassung des Veralteten und eine fatale Substitutionstheorie verbunden hat, wonach der alte Bund durch den neuen ersetzt und abgelöst sei, wurde vorgeschlagen, statt dessen entweder von der „Hebräischen Bibel" oder von dem „Ersten Testament" zu sprechen. Beides ist möglich, dennoch bestehen in beiden Fällen Bedenken; denn einerseits handelt es sich nicht um einen rein hebräischen Text, da es im chronistischen Geschichtswerk und im Danielbuch auch aramäische Teile gibt; andererseits ist mit „Erstem" und „Zweitem Testament" nicht hinreichend die Ausschließlichkeit der Wechselbeziehung dieser beiden Testamente zum Ausdruck gebracht wie bei „alt" und „neu". Sinnvoll ist dagegen, von der „Jüdischen Bibel" oder vom „Tenach" zu sprechen, wenn es um die Heilige Schrift des Judentums geht. Im christlichen Sinn ist von der Zusammengehörigkeit von „Altem" und „Neuem Testament" nicht abzusehen. Das wird zwar bei der Bezeichnung „Erstes" und „Zweites Testament" durchaus berücksichtigt, doch sollte nicht übersehen werden, daß die Bezeichnung „Altes Testament" bereits in 2 Kor 3,14 vorkommt und daß die Rede vom „Neuen Testament" im Blick auf die urchristlichen Schriften eine schon Ende des 2. Jahrhunderts gezogene Konsequenz aus jener Textstelle ist. Wichtiger als eine andere Bezeichnung ist für uns, sachgemäß zum Ausdruck zu bringen, was in christlichem Verständnis das „Alte Testament" ist und bedeutet.

1.3 Im Tenach bzw. dem Alten Testament haben wir als Juden und als Christen eine weitgehend identische Grundlage für Gottesdienst, Glaube und Theologie, zumal dann, wenn wir in christlicher Tradition den Urtext nicht außer Acht lassen. Aber trotz gleicher Textbasis dürfen die Unterschiede in der Stellung und Bedeutung nicht übersehen werden. Das hat historische und hat theologische Gründe. Nur wenn wir uns diese Unterschiede bewußt machen, ist eine echte Verständigung möglich und sind die Gemeinsamkeiten klar zu erkennen.

2. Historische Aspekte

2.1 Bei einer historischen Betrachtung ist zunächst zu beachten, daß „Heilige Schrift" und „Kanon" nicht von vornherein identisch sind. Als „Heilige Schrift" gilt ein Text, der regelmäßig im Gottesdienst verwendet wird und für das Leben einer Gemeinschaft eine grundlegende Bedeutung besitzt. Diese Verwendung hat sich meist im Laufe einer längeren Zeit durchgesetzt und ist unabhängig davon, ob es bereits einen genau abgegrenzten „(Schriften-)Kanon" gibt. Die Kanonisierung ist ein zu einem späteren Zeitpunkt erfolgter autoritativer Akt der Anerkennung und Abgrenzung, der in jedem Fall sekundär ist gegenüber der gottesdienstlichen Verwendung und Anerkennung.

2.1.1 Im. Blick auf die Jüdische Bibel läßt sich dieser Sachverhalt sehr gut beobachten. In nachexilischer Zeit erhielt zunächst die Tora als Zusammenfassung älterer Geschichtswerke und Gesetzescorpora eine richtungweisende Funktion. Das dürfte wohl im Laufe des 5. Jahrhunderts vor Christus geschehen sein. Dazu kam dann während des 4. oder beginnenden 3. Jahrhunderts eine fortan maßgebende Sammlung der Prophetenbücher: die sogenannten „vorderen Propheten" mit Josua, Richter, 1/2 Samuel, 1/2 Könige und die „hinteren Propheten", nämlich Jesaja, Jeremia, Ezechiel und das Zwölfprophetenbuch. Der dritte Teil des späteren jüdischen Kanons war zur Zeit Jesu und der Urgemeinde noch nicht klar festgelegt, wie allein schon der häufige Hinweis auf „Gesetz und Propheten" erkennen läßt. Allgemein anerkannt war daneben nur der Psalter (vgl. Lk 24,44). Allerdings waren die übrigen Schriften bereits in gottesdienstlichem Gebrauch, wie die Qumran-Fragmente so gut wie aller später kanonisierter Schriften zeigen. Ende des 1. Jahrhunderts nach Christus wurde dann durch das Lehrhaus von Jabne der Umfang der „Ketubim", des dritten Teiles des Kanons, festgelegt, wozu seitdem außer dem Psalter die Bücher Hiob und Proverbien gehören, sodann die sog. fünf für Festtage bestimmte „Megillot" (Rut, Hoheslied, Qohelet, Klagelieder und Ester), ferner das Buch Daniel und das chronistische Geschichtswerk (1/2 Chronik, Esra, Nehemia).

2.1.2 Daß die durch autoritative Festlegung seitens der Pharisäer vollzogene Abgrenzung nicht einhellige Auffassung im damaligen Judentum war, zeigt die Septuaginta, die zwischen dem 3. und 1. Jahrhundert vor Christus entstandene griechische Übersetzung der Heiligen Schrift Israels. Im hellenistischen Judentum sind ohne förmliche Kanonisierung weitere Bücher als gottesdienstlich relevante Schriften anerkannt worden, die teils aus dem palästinischen Raum stammten und übersetzt waren (so z.B. das Buch Jesus Sirach und das 1. Makkabäerbuch), teils aber auch im griechischsprachigen Raum entstanden sind (vor allem die Weisheit Salomos und die Zusätze zu Jeremia und zum Danielbuch; Daniel wurde hier auch den Schriften der Propheten zugeordnet, wie wir das aus unserer christlichen Tradition kennen). Allerdings wurde diese Fassung der Heiligen Schrift bei der Reorganisation durch das pharisäische Judentum verworfen. Die Septuaginta ist auf diese Weise zum Erbe der Christen geworden.

2.1.3 Bei den urchristlichen Schriften lassen sich ähnliche Beobachtungen machen. Die ältesten im Gottesdienst verlesenen Dokumente waren die Paulusbriefe, die zwischen den Gemeinden ausgetauscht wurden (vgl. 1 Thess 5,27; Kol 4,16). Dazu kam zunächst jeweils nur ein Evangelium, später wurden alle vier Evangelien samt der Apostelgeschichte verwendet. Nur langsam hat man sich über die restlichen Schriften verständigt. Das betraf hier weniger die Ausgrenzung der nicht authentischen Überlieferung; darüber hatte man sich relativ früh geeinigt. Strittig war vielmehr die Frage der Aufnahme einzelner später kanonisierter Schriften, vor allem des Hebräerbriefs und der Johannesoffenbarung. Stand der neutestamentliche Kanon umfangmäßig im wesentlichen schon am Ende des 2. Jahrhunderte nach Christus fest, wie wir aus Irenäus entnehmen können, so ist die Abgrenzung doch erst im 4. Jahrhundert definitiv geregelt worden, nachdem die im Westen erhobenen Bedenken gegen die Aufnahme des Hebräerbriefs (wegen der Verwerfung einer zweiten Buße) und die im griechischen Osten verbreiteten Vorbehalte gegen die Johannesoffenbarung (wegen der apokalyptischen Denkmodelle) überwunden waren.

2.2 Noch weitere historische Sachverhalte sind zu berücksichtigen. Es ist unbestreitbar, daß die Heilige Schrift Israels, in welchem Umfang auch immer, die „Bibel des Urchristentums" war (Hans von Campenhausen).

2.2.1 In der Jerusalemer Urgemeinde ging es dabei zweifellos um den hebräischen bzw. aramäischen Urtext. Sehr früh ist aber durch den Übergang der christlichen Gemeinde in den hellenistischen Raum eine griechische Übersetzung der Heiligen Schrift maßgebend geworden. Das war nicht von vornherein die Septuaginta, obwohl diese sich sehr bald durchgesetzt hat, wie entsprechende Tendenzen bei Paulus zeigen und wie die ausschließliche Verwendung dieser Übersetzung im lukanischen Doppelwerk und im Hebräerbrief sichtbar macht. Immerhin ist es ein wichtiger Tatbestand, daß bereits im ausgehenden 1. Jahrhundert nach Christus die Septuaginta zur Heiligen Schrift der Christen wurde, und das geschah, noch bevor es einen definitiv abgegrenzten neutestamentlichen Kanon gab.

2.2.2 War ursprünglich die mündliche Verkündigung des Evangeliums zur Jüdischen Bibel hinzugetreten, so waren es inzwischen die bereits vorliegenden urchristlichen Schriften, die eine gottesdienstliche Funktion und damit einen Rang als „Heilige Schrift" erhielten. Auf diese Weise wurde die Septuaginta zum „Alten Testament" und in Verbindung mit dem im Entstehen begriffenen „Neuen Testament" zum ersten Teil der christlichen Bibel. Die Septuaginta wurde dabei in dem Umfang übernommen, wie sie im hellenistischen Judentum in Gebrauch war. Für die griechisch-orthodoxe Kirche sowie für die römisch-katholische Kirche (hier in Gestalt der Vulgata) ist dieser Textbestand bis in die Gegenwart maßgebende Grundlage und christlicher Kanon geblieben (vgl. Einheitsübersetzung).

2.2.3 Wenn in der Reformationszeit anstelle der Septuaginta bzw. der Vulgata der hebräische Urtext als Schriftgrundlage für das Alte Testament herangezogen wurde, so war das eine Entscheidung gegen eine eineinhalb Jahrtausende gültige Tradition. Diese Entscheidung hatte eine doppelte Ursache: Es war zunächst der Einfluß des Humanismus und seines Prinzips *ad fontes*, grundsätzlich zu den ursprünglichen Quellen zurückzugehen. Es hatte aber auch eine hermeneutische Funktion, sofern in Auseinandersetzung mit einer die Schrift überlagernden kirchlichen Überlieferung die älteste Textfassung Kriterium sein sollte. Das betraf sowohl den hebräisch-aramäischen Text des Alten als auch den griechischen Text des Neuen Testaments anstelle der lateinischen Vulgata. Dieser Grundsatz hat sich dann in der neuzeitlichen Exegese unter Anwendung der historisch-kritischen Forschung allgemein durchgesetzt und bewährt.

3. Das jüdische Verständnis der Heiligen Schrift

Fragen wir nun, was die „Jüdische Bibel" theologisch bedeutet, so sind vor allem zwei Sachverhalte zu beachten:

3.1 Daß zuerst die „Tora", dann die „Nebiim" („Propheten") und erst zuletzt die „Ketubim" („Schriften") Geltung als Heilige Schrift bzw. als Kanon erlangten, ist nicht nur historisch von Belang, es betrifft auch die sachliche Gewichtung dieser drei Teile der Bibel. Grundlage und Norm ist für jüdisches Verständnis in jedem Fall die Tora. Die prophetischen Bücher, seien es die „vorderen" oder die „hinteren Propheten", betreffen demgegenüber das Verständnis sowie die Anwendung der Tora in konkreten Situationen. Die „Schriften" haben als letzter Teil der Bibel lediglich eine ergänzende Funktion. So ist es in jedem Gottesdienst unerläßlich, eine Tora-Perikope zugrundezulegen, während die Lesung eines Abschnitts aus den Prophetenbüchern nicht in gleicher Weise erforderlich ist. Von den „Ketubim" spielen im Gottesdienst ohnehin nur der Psalter und die fünf für Feste bestimmten „Megillot" eine Rolle (das Hohelied an Pesach, Rut am Wochenfest, die Klagelieder am 9. Ab als dem Gedenktag der Zerstörung Jerusalems, Qohelet am Laubhüttenfest und Ester an Purim).

3.2 Hinzu kommt eine spezifische Auslegungstradition. Seit frühjüdischer Zeit ist es unbestritten, daß die sog. „Halacha" und die „Haggada" für das Verständnis der Bibel wesentliche Bedeutung haben. Bei der „Halacha" handelt es sich um eine Auslegung der gesetzlichen Teile der Tora; sie wurde zunächst mündlich weitergegeben und ist am Ende des 2. Jahrhunderts nach Christus in der „Mischna" und ergänzt im 5./6. Jahrhundert im „Talmud" zusammengefaßt worden (dazu als Parallelwerk zur Mischna die „Tosefta"; zu berücksichtigen sind auch die beiden Fassungen des Talmud, der offiziell anerkannte Babylonische und daneben der Jerusalemer Talmud). Bei der „Haggada" handelt es sich um Auslegung und Ergänzung der biblischen Erzählungstradition; sie begegnet vor allem in den „Midraschim", einer Art Kommentar zu biblischen Büchern, und in den „Targumim", paraphrasierenden Übersetzungen ins Aramäische (literarisch fixiert zwischen dem 4.-6.Jahrhundert nach Christus). Hinzu kommen dann noch hoch anerkannte mittelalterliche Auslegungen wie die von Sch°lomo ben Isaak („RaSchI", 1040-1107: Kommentare zur Bibel und zum Talmud) oder Maimonides (Mosche ben Maimon, „RaMBaM", 1135-1204: Hauptwerk „Mischne Tora", von ihm stammen auch die 13 jüdischen Glaubensgrundsätze). Durch die Auslegungstradition, die, vor allem im Blick auf den Talmud, nicht zu Unrecht als Analogie zu unserem Neuen Testament angesehen wird, ergab sich eine zusätzliche Konzentration auf die Tora und eine von daher geprägte Frömmigkeit. Der Gottesdienst der Synagoge und die Lebenspraxis religiös erzogener Juden – nicht nur der orthodoxen oder konservativen Juden –, ist nur unter dieser Voraussetzung zu verstehen. Das hat im Ansatz, um falsche Klischees in jedem Fall abzuwehren, nichts zu tun mit einer Gesetzlichkeit im Sinn der Leistung und der Selbstverwirklichung des Heils. Es ist vielmehr Ausdruck der Zugehörigkeit zum Bund, den Gott mit Israel geschlossen hat.

3.3 Neben der Konzentration innerhalb der Heiligen Schrift auf die Tora und deren Auslegungstradition ist auch noch auf wichtige hermeneutische Prinzipien zu achten.

3.3.1 Grundlegend ist die Orientierung am Erwählungs- und Bundesgedanken, womit die Gesetzestreue unlösbar zusammenhängt. Dabei beinhaltet der Erwählungsgedanken die Aufgabe für Israel, Zeuge für den einen wahren Gott zu sein; und der Bundesgedanke bezeichnet neben der Zugehörigkeit zu Gott die Zusammengehörigkeit derer, die zur Erwählungsgemeinschaft gehören. Konstitutiv ist hierbei das Bekenntnis zu dem einen Gott als Schöpfer der Welt und das Vertrauen auf Gottes Führung und Beistand. Dazu kam im Laufe der Geschichte des alten Bundes die Erwartung zukünftigen Heils. Kennzeichnend ist aber, daß jüdischerseits nicht von der Zukunft her gedacht wird, sondern von den grundlegenden Ereignissen der Vergangenheit her: der Errettung aus Ägypten – man denke an die Pesachfeier – und der Gesetzgebung am Sinai. In diesem Denkhorizont spielt dann auch die Eschatologie eine Rolle, aber ohne gleiches Gewicht zu haben.

3.3.2 Neben dieser Grundstruktur theologischen Denkens ist von besonderer Bedeutung die Auffassung: „Es gibt kein Früher und kein Später in der Tora" (Wajjikra rabba 25 = Homilien-Midrasch zu Leviticus). Alle Aussagen haben die gleiche Relevanz und sind in gleicher Weise einander zugeordnet. Das besagt für die traditionelle jüdische Torainterpretation zunächst einmal, daß es keinerlei historische Unterscheidung innerhalb der Gesetze gibt; und es bedeutet gleichzeitig, daß jede Aussage der Tora mit jeder anderen verbunden werden kann; sie ergänzen und interpretieren sich alle gegenseitig. Das sei an einem einfachen Beispiel verdeutlicht: Wenn in Num 15,22-31 zwischen einer Gebotsübertretung aus Versehen oder Unkenntnis und einer absichtlichen Übertretung („mit erhobener Hand") unterschieden wird, was sich nach Num 15,32-36 auf eine Sabbatverletzung bezieht (vgl. Ex 31,12-19), so gilt das auch für Strafbestimmungen, bei denen diese Unterscheidung nicht berücksichtigt ist. Der Grundsatz, daß es kein

Früher und kein Später in der Tora gibt, läßt nun aber auch Schlüsse und Konsequenzen zu, die zwar vom Text ausgehen, den Wortlaut aber in vielfältiger Weise interpretieren und bisweilen in einem nicht unerheblichen Maße erweitern. So kann etwa in bSanh 34a gesagt werden: „Gleichwie ein Hammer(schlag) sich in viele Funken zerteilt, also geht auch ein Schriftvers aus in einen vielfachen Sinn". Das geschieht zwar nicht willkürlich, es wurden vielmehr schon im 1. Jahrhundert nach Christus von Rabbi Hillel zuerst sieben, nach ihm dann dreizehn Regeln (sog. „Middot") aufgestellt, aber jener Grundsatz ermöglicht ein höchst kompliziertes Beziehungsgeflecht zwischen den verschiedensten Texten und deren Interpretation. Erst die im modernen liberalen Judentum ausgebildete Bibelauslegung hat dieses hermeneutische Prinzip im Sinn einer stärker historischen Sicht modifiziert, ohne es völlig aufzugeben.

3.4 Man muß sich die Eigenart des traditionellen jüdischen Verständnisses der Bibel im Zusammenhang mit dem theologischen Denken und der Frömmigkeit immer wieder klar machen, wenn man nach dem Verhältnis von jüdischem und christlichem Glauben fragt. Wegen dieser Verschränkung von Text und Auslegungstradition sowie der Berücksichtigung bestimmter hermeneutischer Prinzipien ist es eben keineswegs so, daß wir eine in jeder Hinsicht gleichartig verstandene Glaubensgrundlage hätten. Es ist auch nicht nur die von der Christologie geprägte Deutung des Alten Testaments, die Unterschiede schafft. In analoger Weise hat sich auch ein charakteristisch jüdisches Verständnis der Heiligen Schrift ausgebildet, das berücksichtigt werden muß.

4. Das christliche Verständnis des Alten Testaments

4.1 Die Frage nach der Bedeutung und der Interpretation des Alten Testaments hat die Christenheit von ihren Anfängen an beschäftigt. Es bestand ja die Aufgabe, Jesu Geschichte und Person mit der Heiligen Schrift Israels in eine eindeutige Beziehung zu setzen. Da Jesus selbst von der Schrifttradition Israels herkam, war eine Klärung der Relevanz der Christusoffenbarung für das Verständnis des Alten Testaments notwendig. Damit stellte sich ein kompliziertes hermeneutisches Problem, das innerhalb des Neuen Testament eine richtungweisende Antwort gefunden hat.

4.1.1 Zu bedenken ist zunächst, daß es sich seit Jesu Auftreten um ein Wechselverhältnis handelt: Jesu Wirken ist nur im Zusammenhang mit der Heiligen Schrift Israels zu verstehen, gleichzeitig bedeutet seine eigene Botschaft, daß dafür ein neuer Horizont erschlossen wird. Seine Verkündigung der anbrechenden Gottesherrschaft bedingt ein verändertes Verständnis der Eschatologie und des endzeitlichen Heiles. Seine Tora-Auslegung in der Bergpredigt veranlaßt zudem eine andere Gewichtung von Gesetz und Geboten, als das sonst vertreten wurde, ohne daß damit die Schriftgrundlage preisgegeben worden ist. Entsprechend ist die christologische Verkündigung der Urchristenheit eine Adaption und zugleich eine Transformation der in der Heiligen Schrift verankerten Erwartung eines Heilbringers.

4.1.2 In der nachösterlichen Gemeinde war unbestritten, daß das Zeugnis der Heiligen Schrift Israels Grundlage ist und bleibt. Das „Erforschen der Schrift" (Joh 5,39a) war für das junge Christentum ebenso konstitutiv wie für das Judentum. Es galt der Grundsatz, daß „alles erfüllt werden muß, was über mich geschrieben steht im Gesetz des Mose und den Propheten und den Psalmen" (Lk 24,44). Entscheidender Orientierungspunkt waren nun aber nicht mehr die Erwählungsgeschichte und die Gebote der Tora, sondern Jesu Kommen, sein Wirken, sein Tod und seine Auferweckung. Und seit Pfingsten kam das Wissen um die Gabe des Heiligen Geistes hinzu, der sowohl eine vertiefte Erkenntnis der Geschichte Jesu (Joh 2,22; 12,16; 15,26) als auch der Heiligen Schrift ermöglichte. Paulus spricht deshalb in 2 Kor 3,14-17 von der παλαιὰ διαθήκη – was hier den „alten Bund" und zugleich die „alte Bundesordnung" der Tora bezeichnet –, von der das κάλυμμα, die „Decke", abgenommen ist, so daß die παλαιὰ διαθήκη offen und unbedeckt vor Augen liegt. Dieses Abheben der „Decke" geschieht durch Hinwendung zu dem „Geist des Herrn", wie das alttestamentliche Zitat aus Ex 34,34 LXX hier verstanden wird. Das bedeutet, daß die παλαιὰ διαθήκη keineswegs aufgehoben ist, wohl aber daß ein neues Verständnis gewonnen wird. Damit ist in aller Klarheit ein christliches Auslegungsprogramm umrissen. Auf diese Weise ist natürlich ein Verständnis der Heiligen Schrift anvisiert, das nicht ohne weiteres mit dem ursprünglichen Verständnis der Texte identisch ist, auch nicht mit einer bestimmten jüdischen Auslegungstradition. Es geht eben um das „Alte Testament", das der christlichen Botschaft vorausgeht und zugrundeliegt, das mit der Christusoffenbarung in einem inneren Bezug steht und gerade deshalb neu gedeutet werden muß. Eine derartige Deutung liegt in ihrem konkreten Vollzug bereits in den urchristlichen Schriften vor.

4.1.3 Das „Vetus Testamentum in Novo receptum", die Rezeption des Alten Testaments im Neuen, setzt bestimmte hermeneutische Methoden voraus, die als solche nicht unbekannt waren, aber jetzt in einen ganz bestimmten Kontext gestellt worden sind. An erster Stelle ist das häufig begegnende Modell „Verheißung und Erfüllung" zu nennen. Schon für Israel gab es Erfüllung vorangegangener Verheißung, man denke nur an die Landnahme; aber jede Erfüllung blieb bedingt, wurde daher durch neue Verheißungen ergänzt. Was die neutestamentliche Verwendung dieses Schemas kennzeichnet, ist der definitive Charakter der Erfüllung, weil es um die bleibende Gültigkeit des nun verwirklichten Heils geht (vgl. nur die sog. Reflexionszitate bei Matthäus). Das gilt auch dann, wenn diese Erfüllung erst im Anbruch ist und ihrer Vollendung noch entgegengeht. – Ganz ähnlich wird die heilsgeschichtliche Betrachtungsweise aufgegriffen und modifiziert, sofern die Geschichte Gottes in der Welt mit dem Erscheinen Jesu Christi ihr wahres Ziel erreicht und somit Zentrum der Betrachtung wird (vgl. die Periodisierung in Gal 3: Zeit der Verheißung, des Gesetzes und des Glaubens). – Besonders kennzeichnend ist schließlich die Typologie: Es geht um die Entsprechung von Urzeit und Endzeit im Sinn der Anfangs- und der Abschlußzeit allen

geschichtlichen Geschehens. Paulus hat in 1 Kor 10,11 den entscheidenden Ge-
sichtspunkt genannt, daß nämlich die τέλη τῶν αἰώνιων, die „Endereignisse der
Äonen (Weltzeiten)", jetzt bereits angebrochen sind. So kann er Adam und Chri-
stus (Röm 5,12-21), Abraham und die an Christus Glaubenden (Röm 4,1-25), den
Exodus und die Wüstenzeit mit Taufe und Herrenmahl in Beziehung setzen (1
Kor 10, 1-13).

4.1.4 Mehr Probleme als die hermeneutischen Prinzipien selbst schafft für uns
deren konkrete Anwendung innerhalb des NT, weil sie in vielen Fällen in einer
allzu deutlichen Spannung zum ursprünglichen Text steht. Es handelt sich oft ja
nicht nur um eine Fortschreibung im Sinn der Erschließung eines neuen Horizon-
tes, sondern um eine gegen den Wortlaut gerichtete Neufassung eines Textes.

4.1.4.1 Die „Interpretatio Christiana" des Alten Testaments scheint dort noch
relativ unproblematisch zu sein, wo es um die Verheißung eines Heilsbringers
oder um die endgültige Teilhabe an den Heilsgütern geht. Immerhin stoßen wir
schon dabei auf gewaltsame Textinterpretationen, wenn zum Beispiel in Mk 1,2f.
Aussagen aus Mal 3,1 und Jes 40,31 nicht nur auf Christus statt auf Gott bezogen
werden, sondern wegen dieser Übertragung im Wortlaut zwar geringfügig, sachlich aber erheblich verändert worden sind. So heißt es in Mk 1,3: „Eine Stimme
ruft in der Wüste: Bereitet den Weg des *Herrn,* macht eben *seine* Straßen", statt:
„die Straßen unseres Gottes"; die Bezeichnung „Herr" wird nicht mehr wie in Jes
40,3 auf Gott, sondern auf Jesus Christus angewandt. Wenn Jesus als Repräsentant und Vertreter Gottes angesehen wird, mag das der Intention nach zutreffend
sein, darf aber in dieser Weise ein Text verändert werden? Eine solche Frage
wird heute ja häufig gestellt.

4.1.4.2 Noch gravierender wird das Problem dort, wo es um das Verständnis von
Gesetz und Geboten geht. Wenn Paulus in Röm 10,4 Christus als das „Ende des
Gesetzes" bezeichnet, dann ist das insoweit konsequent, als nicht mehr die Tora,
sondern die Christusbotschaft heilsbegründend ist. Der Satz steht allerdings in
dem oft übersehenen Zusammenhang mit der Aussage von Röm 3,31, daß die
Tora durch das Evangelium nicht aufgehoben, sondern aufgerichtet wird. Was
bedeutet es dann aber, wenn der Apostel in Röm 10,6-8 den Text von Dtn
30,12.14, wonach das Gesetz dem Menschen in Mund und Herzen „nahe" ist, in
einer massiven Umdeutung kurzerhand auf Christus und das verkündigte „Wort
des Glaubens" bezieht?

Bei Paulus lesen wir:

„Die Glaubensgerechtigkeit spricht:
Sag nicht in deinem Herzen: Wer wird in den Himmel hinaufsteigen?
Das hieße: Christus herabholen.
Oder: *Wer wird in den Abgrund hinabsteigen?*
Das hieße: Christus von den Toten heraufführen.
Was also sagt sie?

Das Wort ist dir nahe, es ist in deinem Munde und in deinem Herzen.
Das ist das Wort des Glaubens, das wir verkündigen".

Ist damit die Tora in ihrer ursprünglichen Bedeutung noch ernst genommen? Nun legt Paulus Wert darauf, daß jeder Mensch, gerade auch der Glaubende, durch die Konfrontation mit dem Gesetz seiner selbst im Verhältnis zu Gott und damit seiner Sünde ansichtig werden soll (Röm 1,18-3,20; 7,7-24); er betont auch die Bedeutung der Gebote, insbesondere des Dekalogs, im Blick auf das christliche Leben, vorausgesetzt, daß sie alle vom Liebesgebot her verstanden werden (Röm 13,8-10). Eine Aussage wie die aus Dtn 30 weist nun nach seinem Verständnis über die Tora hinaus auf die wahre Gerechtigkeit, die nicht aus dem Gesetz, sondern aus dem Glauben kommt. Das führt ihn zu jener geradezu gewaltsamen Umdeutung. Bei genauerem Zusehen handelt es sich aber um eine Neuinterpretation, die zwar eine kritische Rezeption der Tora darstellt, diese aber nicht aufhebt, sondern den Text in seiner Verheißungsdimension zu erschließen versucht.

4.2 Es ist nicht erforderlich, weitere Beispiele heranzuziehen, die Problemstellung für die Exegese der Gegenwart ist klar. Wir haben es bei solchen Textstellen nicht nur mit der für uns Christen durchaus notwendigen Frage zu tun, wie das Alte Testament in seiner Zuordnung zum Neuen und im Zusammenhang mit der Christusbotschaft zu verstehen ist; wir haben es ebenso mit dem für uns problematisch gewordenen faktischen Umgang der Urchristenheit mit alttestamentlichen Texten zu tun. Das betrifft uns um so mehr, weil diese Interpretationsweise seit der Zeit der Alten Kirche erhebliche Nachwirkungen gehabt hat, zum Teil mit höchst bedenklichen Folgerungen. Immerhin hat man in der frühen nachneutestamentlichen Zeit schon über einen mehrfachen Schriftsinn nachgedacht: den wörtlichen, den christologischen, den ethischen und den zukunftsorientierten Sinn (ein bekannter mittelalterlicher Leitsatz lautet: littera gesta docet; quid credas, allegoria; moralis, quid agas; quid speres, anagogia). Aber auch diese Auslegungsmethoden können wir heute nicht mehr ohne weiteres übernehmen. Seit dem Aufkommen der historisch-kritischen Interpretation der Bibel sind wir sehr viel sensibler und behutsamer geworden. Gleichwohl gilt es, an die alten Auslegungsmethoden anzuknüpfen. Das bedeutet nun im einzelnen:

4.2.1 Eine christliche Interpretation des Alten Testamentes hat die alttestamentlichen Texte nicht unabhängig vom Neuen Testament, wohl aber in ihrer Eigenständigkeit auszulegen. Die neuere alttestamentliche Forschung hat mit Recht darauf hingewiesen, daß wir nicht sofort mit der christologischen Interpretation einsetzen dürfen, wie das seit den Tagen der Alten Kirche durch viele Jahrhunderte hindurch geschehen ist. Das heißt, daß der ursprüngliche Sinn der Texte ernstgenommen werden muß und nicht sofort neu gedeutet werden darf.

4.2.1.1 Das Alte Testament hat neben dem Zeugnis des Neuen Testaments in jedem Fall eine eigene Aussageintention. Es hat seinen zu respektierenden Platz in einer Zeit, in der es die Christusoffenbarung noch nicht gab. Es ist ein biblisches Zeugnis, das zwar für das Verständnis Jesu und der urchristlichen Botschaft enorme Bedeutung hat – ein Aspekt, der von uns Christen nicht ausgeklammert werden kann, – davon aber noch unabhängig ist. Entscheidend ist hier der Glaube an Gott als Schöpfer und Retter, und zwar in Situationen, in denen das eschatologische Heil noch aussteht, oder anders ausgedrückt: in Situationen, in denen Menschen zwar von Gott geleitet und auf Zukünftiges verwiesen worden sind, aber die endgültige Heilszuwendung noch nicht erfahren haben.

4.2.1.2 Hinzu kommt, daß im Alten Testament viele konkrete Probleme des individuellen oder des gesellschaftlichen Lebens behandelt werden, die von hoher existentieller Bedeutung sind, weil sie hier in unmittelbarem oder mittelbarem Zusammenhang mit dem Gottesglauben gestellt sind.

4.2.1.3 Wichtig ist auch, daß die innere Tendenz des AT beachtet wird, welche immer wieder nach vorn zeigt und letztlich über sich hinausweist. Ein aufschlußreiches Beispiel ist Jes 61,1f. „Der Geist des Herrn ruht auf mir; denn der Herr hat mich gesalbt. Er hat mich gesandt, damit ich den Armen das Evangelium verkündige". Dieser tritojesajanische Abschnitt kommt seinerseits von den deuterojesajanischen Gottesknechtliedern in Jes 42,1-4 und 49,1-6 her, verheißt aber zugleich Zukünftiges. Nicht zufällig konnte der Text in diesem Sinn unverändert in Lk 4,16-21 aufgegriffen und als „heute erfüllt" angesehen werden.

4.2.2 Neben diesen Funktionen, in denen die Eigenständigkeit und der vorausweisende Charakter des Alten Testaments zu berücksichtigen ist, ist natürlich das veränderte Verständnis von der Offenbarung in Christus her zum Ausdruck zu bringen. Hier muß nun im Blick auf das urchristliche Verfahren der Neuinterpretation zwischen deren Grundtendenz und dem faktischen Vorgehen notwendigerweise unterschieden werden.

4.2.2.1 So sachgemäß die jeweils erkennbare Intention in Mk 1,2f oder Röm 10,6-8 sein mag, wir können den dort vorliegenden konkreten Umgang mit dem alttestamentlichen Text nur als ein Auslegungsverfahren ansehen, das einer anderen Zeit angehört, was wir als Ausdruck jener Zeit zu respektieren haben, aber selbst nicht ohne weiteres nachvollziehen können. Das besagt nun: Wir haben sehr wohl nach der Relevanz des neutestamentlichen Zeugnisses für die Interpretation des Alten Testaments zu fragen, und das betrifft keineswegs nur jene Textstellen, die im Urchristentum herangezogen worden sind, sondern die alttestamentliche Überlieferung insgesamt. Wir haben dabei auch die Spannungen zu berücksichtigen, die zwischen alttestamentlichen und neutestamentlichen Aussagen bestehen. Wir haben also in unserer Exegese des Neuen Testaments das aufzugreifen, was dort an Neuinterpretation des Alten Testaments begegnet, aber in dem Sinn zu adaptieren, daß sowohl der ursprüngliche Textsinn berücksichtigt als auch der neue Horizont damit verbunden wird.

4.2.2.2 Das Alte Testament ist als solches kein christliches, sondern ein vorchristliches Zeugnis. Es hat für uns seine entscheidende Bedeutung jedoch gerade darin, daß es ein vorchristliches Dokument ist, und zwar in dem Sinn, daß das christliche Zeugnis ohne das Alte Testament weder verständlich noch vollständig ist. Das besagt, daß die neutestamentlichen Texte nicht nur im Horizont des Alten Testaments zu lesen und zu verstehen sind, sondern daß auch die alttestamentlichen Texte im Licht des Neuen Testaments und seiner Heilsbotschaft zu interpretieren sind. Dabei erschließen sich andere Dimensionen, die benannt werden müssen, ohne daß dem Text selbst seine Eigenaussage genommen werden darf. Bei der Auslegung neutestamentlicher Stellen, in denen Schriftzitate vorliegen, ist daher der Vergleich mit dem alttestamentlichen Urtext unumgänglich, um beide Aspekte zu berücksichtigen.

5. Konsequenzen für das christlich-jüdische Gespräch

5.1 Was resultiert aus diesen Überlegungen für das christlich-jüdische Gespräch? Diskussionen zwischen verschiedenen Religionen oder Konfessionen sind nur dann ertragbringend, wenn an der eigenen Identität festgehalten wird. Ein Rekurs auf den kleinsten gemeinsamen Nenner ist ebensowenig hilfreich wie ein gelegentlich geforderter „christlicher Besitzverzicht". Es geht vielmehr darum, den für Juden und Christen maßgebenden Text der Heiligen Schrift so zu erschließen, daß die Gemeinsamkeiten erkannt und fruchtbar gemacht werden.

5.2 Wenn wir uns um ein weiterführendes Gespräch bemühen, sind auf beiden Seiten die besprochenen Probleme zu berücksichtigen. Wir können nicht davon absehen, daß wir die gemeinsame Heilige Schrift unter Voraussetzungen lesen, die nicht identisch sind. Es handelt sich dabei um hermeneutische Grundprinzipien, die nicht einfach austauschbar sind oder aufgegeben werden müßten. Die Juden lesen die Tora und die sonstigen Teile der Bibel im Zusammenhang den bei ihnen lebendigen Traditionen; man kann sich das am leichtesten anhand der Pesach-Liturgie vor Augen führen. Für uns ist die Zusammengehörigkeit von Altem und Neuem Testament konstitutiv, weswegen wir das Alte Testament so verstehen, daß es auf die Offenbarung Gottes in Christus hinführt und damit in einem anderen Horizont steht.

5.3 Von entscheidender Bedeutung für den Dialog ist zunächst, daß beidseits die Rückbindung der je eigenen Tradition an das Zeugnis der Heiligen Schrift deutlich gemacht wird. Das ist bei dem jüdischen Glaubensverständnis offenkundig. Aber auch für unsere christliche Glaubensgrundlage steht das nicht in Frage. Für uns gilt es daher, bewußt zu machen, daß unser christlicher Glaube ohne das vorausgehende Zeugnis der Heiligen Schrift Israels keine Grundlage hat. Es ist zu zeigen, daß die spezifisch christlichen Aussagen in der gemeinsamen biblischen Tradition verankert sind und daß auch bei einer Interpretatio Christiana des Alten Testaments die Intention der herangezogenen Texte gewahrt bleibt. Natürlich müssen wir bei einem solchen Gespräch Rechenschaft geben über die Neuinterpretation der vorgegebenen Texte und deren Bedeutung für unseren christlichen Glauben. Es wird nicht ohne Bedeutung sein, daß wir dabei auf das Neue Testament selbst zurückgehen und von den Transformationen absehen, die der christliche Glaube unter griechischen Denkvoraussetzungen durch die altkirchlichen Dogmenbildung erfahren hat. Auch wenn wir heute die im Urchristentum praktizierte Methode der Auslegung nicht einfach übernehmen können, haben wir nach deren Funktion und Tragweite zu fragen.

5.4 Von wesentlicher Bedeutung ist sodann, daß das Selbstzeugnis der Heiligen Schrift zur Geltung kommt. Davon braucht uns der unterschiedliche methodische Zugang nicht abzuhalten. Auch wenn die Texte jüdischerseits nicht oder allenfalls nur ansatzweise in unserem historisch-kritischen Sinn verstanden werden und weniger in ihrer geschichtlichen Dimension als in ihrer Einheit gesehen werden, ist ein gemeinsames Bemühen um Verständnis in jedem Falle möglich. Neben dem Glauben an den einen Gott sind das Schöpfungs-, Geschichts- und Heilsverständnis die Themen, die uns unmittelbar miteinander verbinden. Der eine Gott als Schöpfer und Herr der Welt hat uns Menschen mit seinem Handeln in der Geschichte auf einen bestimmten Weg gestellt und endgültiges Heil zugesagt. Die Gemeinsamkeit im Blick auf Ursprung und Ziel der Geschichte ist daher von grundlegender Bedeutung, selbst wenn auf der einen Seite stärker vom Ursprung, auf der anderen stärker vom Ziel her gedacht wird. Eine fundamentale Übereinstimmung besteht trotz allem auch dort, wo es hinsichtlich der endgültigen Verwirklichung des Heils und der Vorstellung eines kommenden oder eines gekommenen Messias deutliche Unterschiede gibt. Die Gemeinsamkeit im Glauben und in der Hoffnung ist jedenfalls größer als die Verschiedenheit. An all diesen Themen zeigt sich zudem, daß nicht nur das Glaubensfundament, sondern auch der Denkhorizont weitgehend übereinstimmt. Das kann uns ermutigen, trotz aller Unterschiede die Heilige Schrift miteinander zu lesen und die gemeinsame Glaubensgrundlage ernst zu nehmen, auch wenn für die Juden die Erwählung und die Tora heilsbegründend sind, für uns dagegen Gottes Zuwendung in Jesus Christus.

Gott, der Drei-Eine

Zur Trinitätstheologie der johanneischen Schriften

VON ULRICH WILCKENS

In der dogmatischen Theologie der Gegenwart ist es zu einer erstaunlichen Blüte des Nachdenkens über die Drei-Einigkeit Gottes gekommen, und zwar gleichzeitig in der katholischen[1] wie in der evangelischen[2] Theologie und in bemerkenswert ökumenischer Übereinstimmung des Interesses und der Zielrichtung, bei aller Differenzierung der Diskussion. Der Grund dürfte darin liegen, daß die tiefgreifende Krise, in der sich das öffentliche Bewußtsein der Gegenwart im Blick auf seine christlichen Wurzeln befindet, eine Elementarisierung der kirchlichen Verkündigung auf das christlich Grundlegende und Wesentliche schlicht notwendig werden läßt. Dazu gehört nun einmal zuerst das Thema der Trinität. Nicht nur, weil die Kirche des 4. Jahrhunderts im Bekenntnis von Nizäa-Konstantinopel die damals gemeinsam-gültige Antwort gefunden hat, wie im römisch-griechischen Reich unter der nunmehr führenden Autorität der Kirche von Gott in Wahrheit zu reden sei, sondern weil dieses damals formulierte Bekenntnis seither zum Grund-Dogma, zur Lehrgrundlage aller kirchlich-verbindlichen Rede von Gott geworden und dies bis heute geblieben ist, auch über die mehrfachen Kirchenspaltungen des 2. Jahrtausends hinweg. Der Gott, den die Kirche als den allein wahren Gott verehrt und von dem sie lebt, kann angemessen nur verkündigt, gepriesen und gelehrt werden als der Vater und der Sohn und der Heilige Geist. Daß dies gerade auch heute gilt; daß die Kirche auf die Herausforderungen sowohl durch den modernen Atheismus der Gleichgültigkeit wie auch durch den religiösen Pluralismus multikultureller Toleranz nur mit der Verkündigung des drei-einen Gottes überzeugend antworten kann – nicht anders als in der Situation der Welt des 4. Jahrhunderts –, das ist die gemeinsame Überzeugung, die in den verschiedenen trinitätstheologischen Entwürfen der Gegenwart zum Ausdruck kommt.

Es zeugt von der Hellsichtigkeit Karl Lehmanns in seinem Bischofsdienst, daß er für die Reihe der öffentlichen Domvorträge in Mainz im ersten Jahr des dritten

---

[1] Vgl. besonders K. RAHNER: Der dreifaltige Gott als transzendenter Urgrund der Heilsgeschichte. In: *Mysterium Salutis*. Bd. 2. Einsiedeln 1967, S. 317-401; H. U. VON BALTHASAR: *Theologik*. Bd. 2: *Wahrheit Gottes*. Einsiedeln 1985; W. KASPER: *Der Gott Jesu Christi*. Mainz 1982; G. GRESHAKE: *Der Dreieine Gott*. Freiburg ³1998; J. WERBICK: Trinitätslehre. In: Th. SCHNEIDER (Hg): *Handbuch der Dogmatik*. Bd. 2. Düsseldorf 1992, S. 481-575.

[2] Vgl. besonders K. BARTH: *Die Kirchliche Dogmatik*. Bd. 1,1. Zürich ¹²1989, S. 311-514; E. JÜNGEL: *Gott als Geheimnis der Welt*. Tübingen ⁵1986, S. 409-543; E. SCHLINK: *Ökumenische Dogmatik*. Göttingen ²1985, S. 743-760; J. MOLTMANN: *Trinität und Reich Gottes*. München ²1986; W. PANNENBERG: *Systematische Theologie*. Bd. 1. Göttingen 1988, S. 283-483.

Jahrtausends die Trinitätslehre zum Thema gemacht und seinen eigenen Vortrag
am 30. März 2000 unter der Überschrift des trinitarischen Staunensrufs des Apostels Paulus gehalten hat: „O Tiefe des Reichtums und der Erkenntnis Gottes
(Röm 11,33)"[3].

In diesem Vortrag kommt dem biblischen Zeugnis grundlegendes Gewicht zu,
und zwar nicht nur, weil hier die Anfänge trinitarischer Theologie zu finden sind,
noch nicht zu einem zusammenhängenden Lehrganzen verdichtet, sondern in der
lebendigen Vielfalt der ursprünglichen Erfahrungen mit der Offenbarungswirklichkeit von Vater, Sohn und Geist; sondern weil es eben diese Offenbarungswirklichkeit des Anfangs ist, an der sich die Bekenntnis- und Lehraussagen der
Kirche bleibend und immer neu orientieren. „Man entfernt sich nämlich nicht
ungestraft von der Sprache der Bibel", sagt der Dogmatiker als Bischof[4], war-
nend vor vielerlei Gefahren der Überfremdung des „in der Bibel Gemeinte[n]",
die nicht nur durch alle Jahrhunderte hindurch der hochkomplizierten Trinitätslehre in immer wieder neuen Weisen erwachsen sind, sondern die auch heute
überall nah an ihrem Wege liegen. Doch die Warnung dient vor allem der Ermutigung, sich von dem „Reichtum von Weisheit und Erkenntnis Gottes", der sich
in der Heiligen Schrift und in der Liturgie der Kirche erschließt, immer neu inspirieren zu lassen.

Die folgenden Bemerkungen sollen ein Beitrag dazu sein. Von allen neutestamentlichen Schriften sind die johanneischen diejenigen, in denen sich trinitarisches Denken am dichtesten zeigt. Das wird erst dort erkennbar, wo man sich in
die Gesamtkonzeption des Johannesevangeliums hineindenkt und den 1. Johannesbrief unter der Voraussetzung liest, daß hier das Johannesevangelium als Basistext zugrundeliegt.

1. Der *Prolog Joh 1,1-18 und das Abschiedsgebet Jesu Joh 17,1-26* sind die zentralen Abschnitte, die das ganze Gebäude tragen. Sie fassen jeweils die Grundaussagen der beiden Teile des Buches so 'überhöht' zusammen, daß die Einheit
des Sendungsweges Jesu in seinem Woher und Wohin erkennbar wird. *Erstens:*
Jesus kommt als der vom Vater gesandte Sohn aus der uranfänglichen Einheit
mit Gott in die Welt, damit die Welt aus seinen Worten und Werken diese eine,
zentrale, heilsentscheidende Erkenntnis des Glaubens gewinnen soll: daß Jesus in
seiner Person der Sohn Gottes ist, der vom Vater gekommen und in die Welt gesandt ist (Kap. 1-12). *Zweitens:* Diese Sendung Jesu findet ihr Ziel und ihre Erfüllung in seinem Tod am Kreuz. Entsprechend kommt auch der Glaube an Jesus
als Gottes Sohn darin zu seiner Eigentlichkeit, daß er in dem Gekreuzigten „das
Lamm Gottes" sieht, „das die Sünde der Welt wegträgt" (1,27). Als der Sohn
Gottes aber überwindet der Gekreuzigte den Tod und kehrt zum Vater in die Einheit des Uranfangs zurück. Die „Stunde" seines Kreuzestodes ist so zugleich die

---

[3]   K. LEHMANN: *O Tiefe des Reichtums und der Erkenntnis Gottes (Röm 11,33). Die
       Rede vom Dreieinen Gott und die Logik der Anbetung,* Vortrag im Rahmen der
       Domvorträge am 30. März 2000 im Mainzer Dom, bislang ungedruckt (vgl. die
       elektronische Fassung und die jeweils aktuellen Hinweise in der Bibliographie Karl
       Lehmann unter http://www.uni-freiburg.de/theologie/forsch/lehmann1.htm).

[4]   K. LEHMANN: *O Tiefe des Reichtums,* a.a.O.

„Stunde" seiner Verherrlichung durch den Vater und der Verherrlichung des Vaters durch ihn. Entsprechend kommt der Glaube der Jünger an Jesus in der „Freude", ihn als Auferstandenen zu sehen (20,8.20.29), zur Vollendung (Kap. 13-20). Am Ende der Abschiedsreden, unmittelbar vor dem Abschiedsgebet, faßt Jesus selbst diese beiden Aspekte seiner Sendung, sein Woher und sein Wohin, in *einem* Satz zusammen: „Ich bin hergekommen vom Vater und in die Welt hineingekommen. Wiederum verlasse ich die Welt und gehe zum Vater" (16,28).

Jesu ganzer Sendungsweg also erweist ihn als den Sohn Gottes. In seinem Uranfang ist er mit Gott verbunden (1,1) und nach Vollendung seiner Sendung kehrt er in diese Ur-Einheit mit dem Vater zurück (17,5). Auch während seines ganzen Sendungsweges ist er „eins mit dem Vater" (10,30), vor allem in seinem Tode, wo er (dem Vater) seinen Geist „übergibt" (19,30,vgl. 10,18!)

Dieser Zusammenhang der beiden Hauptteile des Johannesevangeliums soll nun im Blick auf einige Abschnitte verdeutlicht und entfaltet werden.

2. Dem *Prolog Joh 1,1-18* liegt wahrscheinlich ein gottesdienstlicher Hymnus zugrunde, der den Lesern im Wortlaut vertraut war (vgl. 1 Joh 1,1-4 !). Der Evangelist hat sein Buch mit diesem liturgischen Text eröffnet, weil im Urchristentum Evangelien überhaupt ihren primären Ort im Gottesdienst gehabt haben und von dort aus der katechetischen Hinführung zum Glauben und zugleich auch der 'theologischen Fortbildung' der Lehrer dienten[5]. Diese Beheimatung aller Glaubenslehre im Gottesdienst („lex orandi lex credendi") zeigt sich an vielen Stellen des Evangeliums recht deutlich. Sie ist dem Verfasser sehr wichtig. Darum läßt er den Anfang seines Buches geradezu aus dem Gottesdienst hervorgehen.

Das Thema dieses Hymnus ist: Die Offenbarungswirklichkeit des inkarnierten Gottessohnes (1,14) hat in der innergöttlichen Wirklichkeit der Einheit und der Nähe zwischen Gott und seinem Offenbarer, dem Logos, seinen ursprünglich-wesenhaften Grund (1,1). Drei kurze Sätze umschreiben die Dynamik dieses Verhältnisses:

a. „Im Anfang war das Wort". Dieser Anfang geht dem Anfang von Gen 1,1 voraus. Anstelle Gottes ist hier vom Logos die Rede, und anstelle des Schöpfungshandelns Gottes in seinem Sprechen (Gen 1,3) vom ewigen Sein seines Wortes vor dem Schöpfungsakt (Joh 1,3f.).

b. „Der Logos war bei Gott", wie in Spr 8,22ff. Gottes Weisheit[6]. Er war also ein anderer im Verhältnis zu Gott, wiewohl in Gottes Nähe, so daß Gott und Wort zusammengehören. Liest man diese ersten beiden Sätze, so steht der Logos

---

[5] In der neueren Exegese hat sich die Vermutung weithin durchgesetzt, daß es dieser Lehrer-Kreis einer „johanneischen Schule" gewesen ist, in dem der Verfasser des Johannesevangeliums eine Person von außerordentlicher Autorität gewesen ist, und aus dessen Mitte heraus sein Werk nach seinem Tode (21,21-23) herausgegeben worden ist (21,24). Weitergehenden Hypothesen, daß dieser Herausgeber das Buch durch mancherlei Zusätze erweitert und so theologisch verändert habe, kann ich mich nicht anschließen.

[6] Vgl. die in ThWNT 7, S. 499, Anm. 515 gesammelten Stellen aus weisheitlicher Literatur. In späterer rabbinischer Exegese wird Gen 1,1 mit Spr 8,22 ausgelegt.

im Vordergrund – von *ihm* singt der Hymnus, Gott bleibt im Hintergrund –, freilich so, daß es für den Logos *wesentlich* ist, seinen Ort bei Gott zu haben. Gott gehört nicht zu ihm, sondern er zu Gott.

c. Doch diese Ortsbestimmung reicht offenbar nicht aus: „*Gott* war der Logos". Die griechische Formulierung zeigt eindeutig: Der Logos ist auch hier Subjekt, „Gott" Prädikationsnomen. Demnach müßte der Satz lauten: „Das Wort war göttlicher Art", als solcher war er „bei Gott". Doch das ist schlechthin unmöglich: Der biblische Gott kann nicht zur Eigenschaft werden. Im ganzen Johannesevangelium – wie im Neuen Testament nahezu durchweg – kommt θεός in prädikativer Satzstellung nicht vor[7], entsprechend fehlt auch das Adjektiv θεῖος das sonst in der Gräzität sehr häufig gebraucht wird[8]. Das gilt übrigens ebenso für das Alte Testament: Das Adjektiv θεῖος findet sich häufig nur in dem originalgriechischen 4. Makkabäerbuch[9], sonst sehr selten als Übersetzung von elohim bzw. eloach[10]. Θεός kann also trotz der prädikativen Stellung nur *die Person des biblischen Gottes* bezeichnen. Darum steht das formal prädikative θεός betont am Anfang des Satzes. Dann aber besagt der Satz, daß der Logos *Gott* war! Das geht über die Aussagen von der Präexistenz der Weisheit Gottes hinaus. Diese bleibt durchweg Gott zugeordnet wie auch alle übrigen sogenannten „hypostatischen" Größen wie die memra. *Ist* aber in Joh 1,1 der Logos *Gott,* so klingt das dem jüdischen Ohr als zumindest gefährlich nahe an Blasphemie. Wie kann es „bei" dem einzig-einen Gott irgend einen geben, der selbst Gott wäre – und sei es Gottes Wort, das doch immer des einen Gottes schöpferische Aktivität bleibt und sich nicht von Gott verselbständigen kann! Aber auch der Logos der mittelplatonischen Philosophie, von dem Philon als Hermeneut zu den griechischen Gebildeten seiner Zeit als von einem „zweiten Gott" sprechen kann[11], steht in dem Satz Joh 1,1c nicht im Blick. Zwar klingt der absolute Gebrauch von ὁ λόγος an die Sprache dieser philosophischen Tradition an. Biblisch ist durchweg vom Wort *Gottes* die Rede (Ps 33,4-6; Jes 55,11 usw.); ὁ λόγος absolut fehlt. Doch mittelplatonisch ist der Logos als ein göttliches Wesen 'minderer' Art gedacht zwischen dem höchsten Gott als dem Ursprung von allem und der Welt der aus ihm entstandenen Dinge. Man könnte von ihm sagen, daß er „göttlich", keinesfalls aber, daß er *Gott* sei. Der Satz Joh 1,1c widerspricht diesem Gedanken. Er ist also eine ganz außerordentliche Aussage, im Rahmen jüdischer monotheistischer Theologie gefährlich nahe der schlimmsten Blasphemie, im Rahmen der

---

[7] Die beiden Ausnahmen bestätigen diese Regel: Der Vorwurf ποιεῖς σεαυτὸν θεόν darf natürlich nicht griechisch-korrekt übersetzt werden: „du machst dich selbst göttlich bzw. *zu* einem Gott", sondern: „du machst dich selbst zu *Gott*", d.h. du verletzt das 1. Dekaloggebot (vgl. 5,18 ἴσον ἑαυτὸν ποιῶν τῷ θεῷ).

[8] Die einzigen Ausnahmen sind Apg 17,29 (wo Lukas Paulus in typisch griechischer Sprache sprechen läßt: τὸ θεῖον als allgemeine Gottesbezeichnung); sowie 2 Petr 1,3.4.

[9] Vgl. bes.: 4 Makk 1,16 σοφία δὴ τοίνυν ἐστὶν γνῶσις θείων καὶ ἀνθρωπίνων πραγμάτων καὶ τῶν τούτων αἰτίων.

[10] Job 33,4 als Übersetzung von el, welches Wort in der hebräischen Bibel dort steht, wo allgemein von Gott die Rede ist.

[11] Vgl. Leg all II 86; III 175; weitere Stellen bei R. SCHNACKENBURG: *Das Johannesevangelium.* Bd. 1. Freiburg 1965 (HThK 4,1), S. 211f.

damaligen griechischen Philosophie naiver Unverständigkeit verdächtig. Aber eben so, 'zwischen allen Fronten' erregend-widersprüchlich, ist er ganz offensichtlich gemeint! Denn es ist Jesus Christus (1,17), von dem dieser Hymnus bereits an diesem Anfang singt, der inkarnierte Logos (1,14), der als solcher von Ewigkeit her zu Gott gehört und Gott *ist*. Wir werden sehen, wie ganz entsprechend auch Jesus Gottes Sohn ist, der als solcher „eines mit dem Vater" ist (10,30) und deshalb unter ständigem Verdacht steht, „sich Gott gleich" (5,18), sich als der Mensch, der er ist, selbst „zu Gott zu machen" (10,33).

d. Dieser Anschein entsteht in 1,1 schon im Blick auf den präexistenten Logos. Aber der Anschein ist falsch. Wie immer geheimnisvoll-unbestimmt das Verhältnis zwischen ihm und Gott bleibt, – *identisch* mit Gott „war" er nicht, indem er „Gott war"! Um dieses Mißverständnis auszuschließen, endet die Anfangspassage des Hymnus in 1,2 mit einem zusammenfassenden Satz, dessen Aussage zu 1,1b zurückkehrt: *„dieser"* – also der Logos, der *Gott* war! – „war im Anfang bei *Gott"*. Damit wird die erregende Aussage 1,1c nicht zurückgenommen, auch nicht eingeschränkt (was gar nicht möglich ist). Aber das Ziel dessen, was über den Anfang im Verhältnis zwischen dem Logos und Gott ausgesagt wird, wird darin erreicht, daß der Logos, der *Gott* ist, *bei* Gott ist, also von Gott unterschieden, wiewohl Gott ganz nahe. Es ist dieses Geheimnis in Gott selbst, das die Theologen des 4. Jahrhunderts begrifflich angemessen zu denken gesucht haben. Selbst die Scharfsinnigsten unter ihnen aber haben den höchst schwierigen 'Sachverhalt' dieses Geheimnisses nicht so direkt und zugleich so einfach auszusagen vermocht, wie ihn die Sprache des Gottesdienstes der johanneischen Gemeinden in den vier Anfangssätzen dieses Hymnus zum Ausdruck gebracht hat.

Im Zusammenhang dieses Hymnus hat die 'protologische' Aussage 1,1-2 grundlegende Funktion für die darauffolgenden Aussagen über das Wirken des Logos 'ad extra': in der Schöpfung (V. 3-5), in der Welt ante Christum (V. 9-13) und in seiner Inkarnation (V. 14.16-18). Entscheidend ist, daß es das im ewigen Ursprung begründete Verhältnis seiner Einheit und Gemeinschaft mit Gott ist, das den Logos dazu befähigt, daß sein Wirken *Offenbarungscharakter* hat. Für die Schöpfung heißt das: Indem schlechthin alles ausnahmslos von ihm geschaffen ist (vgl. Gen 1,3), ist das Leben in ihm das Licht für die Menschen (Gen 1,4f.), das in der Finsternis scheint, ohne von der Finsternis überwältigt zu werden. Das Licht, das vom Logos ausgeht, ist das allein wahre und verläßliche Licht (V. 9 τὸ φῶς τὸ ἀληθινόν), das nicht nur die schöpferische Kraft hat, Licht und Finsternis voneinander zu scheiden (Gen 1,4, vgl. 1 Joh 1,5), sondern darin zugleich die Kraft der Offenbarung Gottes in allem Geschaffenen, die den Menschen so erleuchtet, daß er in ihrem Licht Gott als die alleinige Lichtquelle zu erkennen vermag und in dieser Erkenntnis teilhat an dem Leben in ihm. Die Wahrheit ist ebenso Gottes wie das Leben. Indem *der Logos* das „wahre" Licht leuchten und darin am Leben in ihm teilhaben läßt, offenbart er *Gottes* „Wirklichkeit".

So „war" der Logos von der Schöpfung her der Offenbarer Gottes. Aber die Welt hat, wiewohl von ihm geschaffen, ihn „nicht erkannt" (V. 10). Das biblische Wort „Erkennen" bezeichnet hier nicht das intellektuelle Wahrnehmungsvermögen, sondern die personale Teilnahme und Teilhabe am „Erkannten" im Akt des Erkennens. Der Aorist ἔγνω meint also nicht, daß der Logos-Schöpfer der Welt in absoluter Transzendenz verborgen geblieben ist, sondern daß die Welt sich seiner Offenbarung verweigert hat. Daraufhin „kam er in sein Eigentum". ἦλθεν V. 11 spricht – im Unterschied zu ἦν V. 10 – von einer neuen Initiative des Logos. Von der Erwählung Israels als Gottes Eigentumsvolk ist jetzt die Rede[12]. Doch die Geschichte Gottes mit „den Seinigen" hat das gleiche Resultat wie die Geschichte mit der Welt zuvor: Sie haben ihn nicht angenommen. Es ist die gleiche Geschichte, wie sie Hen 42 von der Weisheit Gottes beklagt wird, die in Israel Wohnung nehmen wollte, aber auf Ablehnung stieß. Nur einige von den „Seinigen" haben den Logos angenommen, und diesen hat er das Recht und die Vollmacht der Gotteskindschaft gegeben, die nicht aufgrund natürlicher Geburt und auch nicht durch menschlich-"fleischlichen" Eigenwillen (vgl. Gen 3,5!), sondern als unmittelbar „aus Gott gezeugt" existieren (V. 12f.). Damit stehen die Gerechten und Propheten in Israel im Blick, die als einzige Gottes Offenbarung angenommen und durch sie in ein besonderes Verhältnis der unmittelbaren Zugehörigkeit zu Gott gelangt sind[13].

Sein Ziel erreicht der Hymnus in V. 14.16. Daß der Logos „Fleisch" wird, ist die letzte und äußerste Tat in der Geschichte seines Offenbarungswirkens. Denn um ein solches handelt es sich auch hier. Inmitten der Kirche, die nun im liturgischen „Wir" als unmittelbar betroffene zu Wort kommt, hat er „sein Zelt aufgeschlagen" (wie damals in der Wüste im „Zelt der Begegnung", Ex 25,8f.): „und wir haben seine Herrlichkeit geschaut", was bislang keinem Menschen möglich und erlaubt war, nicht einmal Mose (Ex 33,20-23; 34,29ff. sowie besonders 40,34f.). Die Herrlichkeit ist Gottes ureigenes, lichtstrahlendes Wesen, – und hier, in der gottesdienstlichen Versammlung der Kirche, ist sie in der Person Jesu sichtbar geworden: des Logos, der Fleisch geworden ist! Ist soeben im vorangehenden Satz V. 13 vom „Fleisch" die Rede gewesen als dem Wesen des Menschen, der von sich aus keinerlei Zugang zu Gott hat, so ist nun der ewige Logos selbst Fleisch geworden, so daß „wir" in diesem fleischlichen Menschen Gottes Herrlichkeit schauen können, die sonst fleischlichen Menschen absolut unzugänglich ist: Radikaler kann die Offenbarungskraft des Logos gar nicht zur Wirkung kommen! Fleisch und Geist sind einander gegensätzlich wie Licht und Finsternis (vgl. 3,6; 6,63) – und diesen Gegensatz hat der Logos in sich selbst überwunden, indem er Fleisch *wurde*. Provokativeres für theo-logische Logik kann ein Offenbarungslied schlechterdings nicht singen[14]! V. 14b interpretiert, was ge-

[12] Anders R. SCHNACKENBURG: *Das Johannesevangelium*. Bd. 1, S. 234.
[13] Hier zeigt sich eine Nähe zu PHILO, der sehr häufig von einer „Zeugung aus Gott" spricht, um den Offenbarungscharakter aller Gotteserkenntnis in der Seele des einzelnen Frommen hervorzuheben, vgl. z.B. Leg all III 180f.
[14] Gleichwohl liegt in dieser Provokation keinerlei Polemik gegen eine 'doketische' Christologie, wie oft – von 6,60ff. her – behauptet wird; vgl. z.B. R. SCHNACKENBURG, a.a.O., S. 243f. Davon wird im Prolog nichts sichtbar. Auch in 6,60ff. liegt die Provokation in der Logik der Inkarnationsaussage selbst, vgl. meinen Kommentar *Das Evangelium nach Johannes*. Göttingen 1998 (NTD 4), S. 109f. Daß auch die Gegner im 1. Johannesbrief keine Doketisten sind, habe ich in meinem Aufsatz erwiesen: Die Gegner im 1. Johannesbrief. In: A. v. DOBBELER – K. ERLEMANN –

meint ist. Es ist wirklich *Gottes* Herrlichkeit, die Jesus als dem „einziggeborenen" Sohn „vom Vater her" eignet. Der fleischgewordene Logos kommt nicht nur vom Vater her, als dessen Gesandter, sondern er *ist* vom Vater her, sofern er bereits in seinem ewigen Ursprung der *Logos* „war", der Gott offenbart als der, der „bei Gott war" und selbst *Gott* war (1,1). Die ganze Geschichte seines Offenbarungswirkens bis hin zu ihrem Höhepunkt in seiner Menschwerdung *gründet* in dieser seiner Herkunft. Genau das sagt das Bekenntnis von Nizäa-Konstantinopel: „Gott von Gott, Licht vom Licht, wahrer Gott vom wahren Gott". Und die Lehre der Väter des 4. Jahrhunderts vom *ewigen* „Ausgang" des Sohnes vom Vater stimmt mit dem, was Joh 1,14 im Rückbezug auf 1,1f. sagt, in der Sache voll überein[15]. In der Zusammengehörigkeit der beiden widerspruchsvollen Sätze in V. 1b und V. 1c ist begründet, daß selbst und gerade in der äußersten Entfernung des Logos von Gott, in seiner Inkarnation, wahr und wirklich bleibt, daß er Gott ist: nämlich als der einziggeborene und einziggeliebte[16] Sohn des Vaters. Die im Hymnus hier anklingende Vater-Sohn-Beziehung gewinnt dann in der johanneischen Christologie zentrale Bedeutung.

Aber zu seinem Ziel kommt der Satz 1,14 erst mit dem Schlußglied V. 14d: Der *fleisch*gewordene Logos ist als solcher „voll Gnade und Wahrheit". chäsäd und ämet sind Elemente des Namens Gottes nach Ex 34,6, der *Gott ist, indem* er sich in langmütiger Barmherzigkeit als der unendlich Gütige und Treue seinen Erwählten *heilschaffend zuwendet*. Die Offenbarung Gottes in der Menschwerdung des Logos ist von diesem Heilswillen des Wesens Gottes durch und durch bestimmt. Indem sie dazu dient, in Jesus als dem einzig-einen Sohn des Vaters die Herrlichkeit Gottes schauen zu lassen, bringt sie den schauenden „Wir" *das volle Heil Gottes*. In diesem Sinne wird Jesus zu seinen Jüngern sagen: „Wer mich gesehen hat, hat den Vater gesehen" (14,9 vgl. 2,11; 11,40).

Der Schlußsatz 1,18 bindet V. 14 noch einmal mit vollem Gewicht auf 1,1f. zurück und stellt so heraus, daß sich in der Offenbarung des fleischgewordenen Logos wirklich *Gott* offenbart. Der Gott, den niemals ein Mensch je gesehen hat, erschließt sich in der „Kunde", die Jesus als der einzig-eine Sohn des Vaters, der dem Vater in einzigartiger Weise in Liebe verbunden („am Busen des Vaters") und als solcher Gott ist[17], in seiner Verkündigung gebracht hat[18].

R. HEILIGENTHAL (Hrsg.): *Studien zur Religionsgeschichte des Neuen Testaments.* Frankfurt 2001.

[15] So R. SCHNACKENBURG: *Das Johannesevangelium.* Bd. 1, S. 246f., der freilich zu Unrecht meint, das gelte nur, wenn παρὰ πατρός auf δόξαν und nicht auf μονογενοῦς zu beziehen sei. Doch erstens liegt die letztere Beziehung vom Satzgefälle her näher, weil δόξαν durch die ganze folgende Wendung erläutert wird. Und dies wiederum zeigt, zweitens, daß es falsch ist, hier eine Alternative zu sehen.

[16] R. SCHNACKENBURG: *Das Johannesevangelium.* Bd. 1, S. 246 weist mit Recht darauf hin, daß das hebräische jachid die Wortbedeutung von μονογενής zumindest mit bestimmt. In hellenistisch-religiösem Kontext klingt oft eine göttliche Geburt an; vgl. Weish 7,22 und das bei W. BAUER – K. u. A. ALAND: *Griechisch-deutsches Wörterbuch zu den Schriften des Neuen Testaments und der frühchristlichen Literatur.* Berlin ⁶1988, Sp. 1067 genannte Material.

[17] Das Schwanken der Textüberlieferung zwischen den Lesarten ὁ μονογενής θεός und ὁ μονογενής υἱός entspricht dem Sinn der Aussage, in der die volle Of-

3. *Der Evangelist* hat diesen Hymnus (1,1-5.9-16.18) zum 'Prolog' des ersten
Teils seines Werkes (Kap 1-12) gemacht, indem er ihn durch drei Zusätze (1,6-
8.15.17) in den Beginn der Geschichte des Wirkens Jesu einbezogen und ihn dadurch zugleich verändert hat. Indem er zweimal Johannes dem Täufer als dem
Zeugen Jesu das Wort gibt, läßt er seine Leser den ganzen Hymnus als auf *Jesus*
bezogen hören. *Jesus* ist das Licht, das in der Finsternis aufstrahlt (1,5 vgl. 3,19;
8,12; 9,5; 12,46). Der Widerspruch in 1,10.11 wird zum Widerspruch gegen *Jesus* von seiten der Welt, die durch Israel repräsentiert wird. Im Evangelium sind
es die Juden, die Jesus ablehnen (vgl. 3,19-21; 5,17f. usw.; 12,37ff.). Ihnen gegenüber stehen die, „die an seinen Namen glauben". Diese Näherbestimmung der
„Kinder Gottes" in V. 12 ist wahrscheinlich ohnehin ein Zusatz des Evangelisten
(vgl. 1 Joh 3,23; 5,13), aus dem besonders deutlich wird, daß der Hymnus als
Prolog seines Buches von vornherein von Jesus Christus als dem Logos spricht
(so ausdrücklich 1,17). V. 14 wird so zur Zentralaussage, in der die Glaubenden
von V. 12 nun das Bekenntnis der johanneischen Gemeinden zu Jesus, dem Christus, als dem „ins Fleisch gekommenen" Sohn Gottes aussprechen (vgl. 1 Joh
4,2; 2.Joh 7). Auch V. 17 dürfte eine These sein, mit der der Evangelist bereits
hier herausstellt, daß sich die volle Offenbarung Gottes nicht durch das Wort des
Mose-Gesetzes, sondern in Jesus als dem fleischgewordenen Wort ereignet hat.

Mit dieser Konzentration auf *Jesus* verdichtet sich der Begründungszusammenhang zwischen der Geschichte Jesu und dem Uranfang 1,1f.: Jesus allein ist
der Offenbarer Gottes. Er ist es als Gottes Sohn, der von Ewigkeit her Gott nahe
und selbst Gott „war". Vom ewigen Ursprung her *ist* Gott *als* das personale Verhältnis von Vater und Sohn. Nur so kann verstanden werden, daß und in welchem
Sinne Jesus der vom Vater gesandte Sohn ist: Er ist nicht nur ein von Gott gesandter Bote, der einen Auftrag zu erfüllen hat und von daher gegenüber seinen
Adressaten autorisiert ist – wie Mose oder ein Prophet (vgl. 1,21; 4,19; 6,14;
9,17) –, sondern seine Sendungsautorität ist in seiner eigenen Herkunft von Gott
begründet; im Wesen seiner Person als des einzig-einen Sohnes des Vaters, den
der Vater liebt und dem der Vater seine ganze eigene Vollmacht übertragen hat,
so daß alle Menschen ihn genauso ehren sollen wie den Vater (3,34f.; 5,20-
23.26f.; 7.28f.; 8,18.42.47; 10,36-38; 12,28); der aber zugleich umgekehrt nichts
von sich selbst aus sagt und tut, sondern in allem den Sendungswillen seines Vaters erfüllt (5,30-32; 6,36-40; 8,13-18; 8,54f; 12,44.49f.). Darum gilt es, an Jesus
zu *glauben* wie an Gott (14,1 vgl. 5,24 und ähnliche Stellen). Glaube richtet sich
ja nach Dtn 6,4 allein an den einzig-einen *Gott*. An *Jesus* zu glauben, ist darum
nur möglich und gerechtfertigt, weil Jesus der Sohn Gottes ist, der selbst und in
all seinem Wirken „mit dem Vater *eines* ist" (10,30; 5,17). Entsprechend können

fenbarung Gottes in der Verkündigung Jesu in der Einheit von V. 1b und V. 1c begründet wird. Insofern sind beide Lesarten johanneisch-'richtig' und bedingen sich
gegenseitig: Der einziggeborene Sohn Gottes ist Jesus, indem er selbst Gott ist (vgl.
1 Joh 5,20!), und umgekehrt. Nirgendwo ist eine Differenz in der Textüberlieferung
so exegetisch produktiv wie hier.

18   So ist die Übersetzung von W. PANNENBERG: *Systematische Theologie*. Bd. 1, S.
367, der Sache nach zutreffend: „Niemand hat Gott je gesehen; aber der einzige
Sohn, der ihm am nächsten verbunden ist, der hat sein Wesen erschlossen."

die Jünger Jesus nur deswegen lieben (14,15.23f.; 16,27) wie man nach Dtn 6,5 allein Gott lieben soll.

Am dichtesten drückt sich die Einheit Jesu mit Gott in den ICH-BIN-Worten des johanneischen Jesus aus (6,35; 48; 8,12; 10,11.14f.; 11,25). Denn darin stellt er sich selbst mit dem Gottesnamen von Ex 3,14 vor. Das tritt besonders in dem einfachen ἐγώ εἰμι hervor (6,20; 8,28). Wie sich das ICH des Gottesnamens Ex 3,14 in Ex 20,2 im Blick auf die Erwählung Israels und schließlich in Ex 34,6 im Blick auf die Liebe seines Heilshandelns auslegt, so daß Gott seine eigene Ich-Identität in seinem Heilshandeln konkret verwirklicht, so verbindet sich auch in den ICH-BIN-Worten des johanneischen Jesus das Ich des Sohnes Gottes mit den Heilswirkungen und -gaben, die er denen gibt, die an ihn glauben. Inbegriff alles Heiles im Johannesevangelium ist „ewiges Leben" (3,15f.18.36 usw.). Es ist das Leben, das der Vater „in sich hat" und es auch „dem Sohn gegeben hat, in sich zu haben" (5,26). An diesem Leben in Gott selbst gibt Jesus den Glaubenden vollauf teil! So hängt am Glauben an Jesus als Gottes Sohn alle eschatologische Heilsteilhabe, wie umgekehrt Unglaube ewiges Verderben nach sich zieht (3,36 u.ä.). Glaube hat darum *rettende* Kraft (3,15-18 u.ä.).

Mit bestürzender Dramatik erlebt der Leser mit, wie von Anfang an die Führer der Juden mit Unglauben auf Jesu Verkündigung und Lehre reagieren, und die Kluft zwischen Glaubenden und Nichtglaubenden immer tiefer wird. Der entscheidende Grund liegt darin, daß aus dem exklusiven Selbstanspruch Jesu, der alleinige Offenbarer Gottes zu sein, und vor allem aus seinem Anspruch, als Gottes Sohn mit dem Vater eines zu sein, für jüdische Ohren massive Blasphemie spricht, Verletzung des 1. Gebots (5,18; 9,24; 10,33.36). Die ist denn auch der eigentliche Grund, aus dem die jüdischen Führer von Anfang an Jesu Tod beschließen (5,18) und womit sie schließlich Pilatus gegenüber ihre Anklage gegen ihn und die Forderung seiner Kreuzigung begründen (19,7). Dies ist ein tiefes Mißverständnis, ja ein satanisches Begehren (8,40-47). Aber der Johannesevangelist nimmt dieses Mißverständnis sehr ernst. Denn er weiß, daß dieses sarkische Urteil (8,15), das sich daran orientiert und bemißt, daß Jesus sich als Mensch, der er doch ist (6,42; 7,27; 9,29), mit seinem Selbstanspruch maßlos überhebe, sogar Glaubende zum Abfall von Jesus zu verführen vermag (8,33.37ff. vgl. 6,60ff.).

Die tiefe Krise, die bald nach der Herausgabe des Johannesevangeliums die johanneischen Gemeinden zur Zeit der *Johannesbriefe* erschüttert hat, ist dadurch ausgelöst worden, daß eine Gruppe von judenchristlichen Lehrern eben diesem Bekenntnis zu Jesus als dem Sohn Gottes widersprochen haben, weil es in dem radikal-trinitarischen Verständnis der Einheit des inkarnierten Logos mit Gott die Einzigkeit des biblischen Gottes verletze[19]. Möglicherweise hatte bereits das Johannesevangelium entsprechende Widerstände im Blick. Denn durchweg wird hier stark betont, daß einerseits die Einheit von Vater und Sohn gerade die intensivste Steigerung der Einheit Gottes bedeutet, nämlich die Einheit seiner Liebe im Sinne von Ex 34,6 in der wechselseitigen Liebe zwischen Vater und Sohn *in Gott selbst;* daß aber andererseits der Übergabe der ganzen Vollmacht

---

[19] Dazu vgl. meinen Aufsatz: Die Gegner im 1. Johannesbrief (vgl. Anm. 14)

des Vaters an den Sohn immer der ganze Gehorsam des Sohnes gegenüber dem
Vater entspricht. In diesem Sinne ist das Johannesevangelium ein geistlich-
christologisches Exerzitium für die Kirche ad intra, das diese nicht nur antwort-
fähig gegenüber synagogaler Polemik ab extra machen, sondern auch eine Vor-
übung gegen Einsprüche in den eigenen Reihen sein soll.

4. Der *zweite Teil des Johannesevangeliums* (Kap 13-20) gilt der geistlich-
theologischen Bewältigung des Abschieds, den Jesu Rückkehr zum Vater für
seine Jünger auf Erden bedeutet. Gerade in diesem Teil hat die passionsge-
schichtliche *Erzählung* zugleich die Funktion hochtheologischer *Reflexion* für die
nachösterliche Kirche aller Zeiten.

Entscheidend ist: Hier bricht „die Stunde" der Erfüllung der ganzen Sendung
Jesu an. Der Gekreuzigte ist „das Lamm, das die Sünde der Welt wegträgt"
(1,29), der gute Hirte, der sein Leben einsetzt für seine Schafe (10,11ff.14ff.)[20].
Auch und gerade im Kreuzestod Jesu entsprechen sich das Heilshandeln Gottes
in der Hingabe des Sohnes für das Leben der Welt (3,16) und das Heilshandeln
Jesu selbst in der Hingabe seines Lebens in eigener Vollmacht (10,17f.). Die
Liebe Gottes zur Welt kommt in der Liebe Jesu zu den Seinen zur Erfüllung
(13,1). Darum endet sein Sendungsweg nicht in seinem Tod, sondern er führt
durch den Tod hindurch zu seiner Auferstehung, die zugleich seine Erhöhung
„von der Erde weg" (12,32), seine „Verherrlichung" (12,28) im „Hingang" zum
Vater (13,1) und der ewigen Vereinigung mit ihm ist (13,31f.). So entspricht diese Erfüllung dem Uranfang (17,5).

Was aber bedeutet diese Vollendung des Sendungsweges Jesu für seine Jünger, die in der Welt bleiben (17,11), und die er verläßt (16,28)? Zweifellos eine
Provokation für ihren Glauben: Sie werden ihn nicht mehr sehen und selbst nicht
dorthin gelangen *können,* wo er nunmehr ist (13,33). Es ist ein Abschied grundsätzlicher Art: Der Ort der Kirche in der Welt und der Ort Jesu jenseits der Welt
(13,1) beim Vater sind verschieden. Entsprechend wird der Glaube sich wandeln
müssen in einen Glauben, der den nicht sieht, dem er sich anvertraut (20,29),
während bislang der Glaube der Jünger sich an Jesus richtete, der ihnen sichtbar
vor Augen stand und dem sie auf seinen irdischen Wegen nachfolgen konnten
(vgl.. 1,39: „kommt und seht!"). Ja, sie konnten seine Herrlichkeit schauen (2,11
vgl. 1,14), gewiß nur im Glauben, in dem sie in Jesus den Sohn Gottes sahen,
aber eben doch in einem Glauben angesichts des fleischgewordenen, als fleischlichen Menschen sichtbaren Logos.

Ist also nach Ostern die Zeit der Fleischwerdung des Sohnes Gottes vorbei?
Beginnt aufs neue eine Zeit eines Verhältnisses zum λόγος ἄσαρκος? Keineswegs! Vielmehr wird sich der Glaube in seiner Spannung zwischen Sehen und
Nicht-Sehen zu bewegen haben: einer Spannung, die für Christen als Menschen
überaus schmerzlich ist (so sehr, daß ihr Herz von dieser Traurigkeit ganz aus-
gefüllt ist: 16,6!). Aber diese Traurigkeit soll überwunden und in Freude ver-

---

[20]   Zur Bedeutung des Sühnetodes Jesu Christi in der Theologie der johanneischen
      Schriften vgl. meinen Aufsatz: Christus traditus se ipsum tradens. In: E. BRANDT –
      P. S. FIDDES – J. MOLTHAGEN (Hrsg.): *Gemeinschaft am Evangelium. Festschrift
      für Wiard Popkes zum 60. Geburtstag.* Stuttgart 1996, S. 363-384.

wandelt werden (16,20), so wie die Schmerzen einer Gebärenden der Freude über das geborene Kind weichen (16,21).

Diese Verwandlung geschieht durch das Kommen *des Geistes* in die Mitte der Kirche. Das ist das Thema, auf das sich die Abschiedsreden des zweiten Teils konzentrieren. In den johanneischen Aussagen vom „Parakleten" werden Verheißungen Jesu im Blick auf eine Sprachhilfe des Heiligen Geistes (zu Joh 15,26f. vgl. Mt 10,19f./Lk 12,11f.; Mk 13.11/Lk 21,14f.; Lk 11,13), Verheißungen des Auferstandenen von der Gabe des Geistes (zu Joh 14,16f.26; 16,13-15 vgl. Lk 24,49; Apg 1,8) und Aussagen urchristlicher Tauftheologie von der Sendung des Geistes in die Herzen der Christen (Gal 4,6; Röm 8,15f.) aufgenommen und vertieft: Der Geist tritt im Leben der nachösterlichen Kirche an die Stelle, die zuvor Jesus inmitten seiner Jünger eingenommen hat. Er wird auf ewig „mit ihnen" (14,16) und „bei ihnen" sein (14,25). Er wird sie in lebendiger Erinnerung alles lehren, was Jesus sie gelehrt hat (14.26), wird ihn bezeugen, ebenso in ihrer Mitte wie mit ihnen zusammen in ihrem Zeugnis vor der Welt (15,26f.). Wie Jesus nichts von sich aus gesagt hat, sondern nur was er den Vater reden hört (3,32; 5,30; 7,17f.; 12,49), so wird auch der Geist nichts von sich aus reden, sondern nur, was er Jesus sagen hört (16,13). Und wie Jesus in seinem gesamten Wirken den Vater in der Welt verherrlicht hat (17,4), so wird der Geist Jesus inmitten der Kirche verherrlichen (16,14). Darum trägt der Geist den gleichen Titel, der zuvor Jesus zukam: „Paraklet", Anwalt. Wie der Vater den Sohn gesandt hat, so sendet er nun den Geist als „anderen Parakleten" (14,16.26); und zugleich sendet Jesus selbst den Geist (15,26; 16,7). Vater und Sohn handeln in der Sendung des Geistes also gemeinschaftlich: Der Vater auf Bitten des Sohnes (14,16) bzw. im Namen Jesu (14,26), der Sohn „vom Vater her" (15,26). Es ist „die ganze Wahrheit" des Vaters (17,17) und des Sohnes (14,6), in der der Geist die Jünger auf Erden führt (16,13). Darum heißt er selbst „der Geist der Wahrheit" (14,17; 15,26; 16,13).

Der Geist „kommt" (15,26; 16,7.8.13), lehrt, erinnert, bezeugt, führt und überführt (16,8) als *selbst Handelnder*. Er ist deutlich ein eigenes Subjekt. Aber als solcher ist er vollkommen abhängig von Vater und Sohn, – so wie zuvor Jesus vom Vater. Jedoch handelt er nicht wie Jesus zugleich als Inhaber der ganzen Vollmacht des Vaters. Er agiert als Gesandter durchweg nur in Abhängigkeit, nie in der Vollmacht des Vaters oder des Sohnes. Selbst sogar darin, daß er Jesus inmitten seiner Jünger auf Erden verherrlicht, nimmt er, was er zu sagen hat, von Jesus (16,14), und das heißt zugleich vom Vater; denn was immer der Sohn hat, hat auch der Vater (16,15). Entsprechendes wird vom Geist nicht gesagt, weder was sein Verhältnis zum Vater betrifft noch sein Verhältnis zum Sohn.

Dieser Unterschied zwischen dem Sohn und dem Geist, der in allen Aussagen streng gewahrt wird, hat seinen Grund in der vollkommen *stellvertretenden Funktion des Geistes:* Der Geist tritt in all seinem Wirken an die Stelle des irdischen Jesus im Kreise seiner Jünger. Er nimmt gleichsam die 'Leerstelle' ein, die Jesus durch seinen Abschied in ihrer Mitte hinterlassen hat, und füllt diese dadurch aus, daß er in der gesamten nachösterlichen Zeit der Kirche die Verkündigung und die Taten und das Geschick Jesu in der Lehre und in der Glaubenspraxis der Christen gegenwärtig hält – so gegenwärtig, daß durch den Geist die gesamte Geschichte des Sendungsweges Jesu niemals zur Vergangenheit wird, sondern ewige Gegenwart „bleibt" (14,17). Auf diese bleibende Vergegenwärtigung des *irdischen* Jesus sind die Christen der nachösterlichen Kirche deswegen elementar angewiesen, weil es wahr ist und in Ewigkeit wahr bleibt, daß es *allein Jesus* ist, von dem seine Jünger das endzeitlich-vollkommene Heil empfangen können, ewiges Leben. Würde dieses Heil nach Jesu Aufstieg zum Vater nunmehr direkt und unmittelbar vom Himmel her zuteilwerden können, so würde damit die ganze irdische Sendung Jesu ihre heilschaffende Wirklichkeit verlieren, sie würde ersetzt werden durch eine Art mystischer Kommunikation mit dem Auferstandenen im Himmel. Dies war die Grundstruktur alles Offenbarungsverständnisses und aller religiösen Denk-Praxis der Gnosis. Die Gattung des Evangeliums ist dort derart verändert worden, daß nicht mehr die irdische Geschichte Jesu erzählt, sondern vielerlei Gespräche des Erhöhten mit seinen Jüngern nach seiner Auferstehung mitgeteilt werden, an denen die Gnostiker unmittelbar teilhaben. Dort spielt der Geist keine stellvertretend-vermittelnde Rolle, sondern ist mit dem Geist des Gnostikers identisch.

Seine zentrale, unersetzbar-wichtige Funktion hat der Geist im Johannesevangelium von daher, daß hier die *Geschichtsbezogenheit* alles Heilshandelns und aller Offenbarung Gottes, entsprechend der Glaubenstradition Israels, zum Wesen aller Glaubensüberlieferung und Glaubenspraxis gehört. So wie in der Liturgie des jüdischen Päsachfestes die Geschichte des Exodus in Frage und Antwort als aktuell-gegenwärtig *erinnert* wird, so wird die im Johannesevangelium erzählte Geschichte Jesu durch das Zeugnis des Geistes *Gottes* in der nachösterlichen Kirche als lebendige Gegenwart erinnert. Und so wie in der Überlieferung Israels der Kontakt mit Gott durch das Geschichtszeugnis der Tora vermittelt wird, so auch aller Kontakt der Christen mit ihrem Herrn durch das Geschichtszeugnis des Evangeliums. Jedoch: Da die Geschichte Jesu Heilsgeschichte in einzigartiger Weise ist: als Geschichte des Sendungswegs des fleischgewordenen *Sohnes Gottes,* darum bedarf es auch einer einzigartigen Weise der Erinnerung dieser Geschichte: Der Sohn Gottes selbst muß sich in Erinnerung bringen. Und das ist nur durch seine eigene Offenbarungskraft möglich: indem er aus seiner vollkommenen Einung mit dem Vater heraus den Geist, der Vater und Sohn gemeinsam ist und beide in Einheit verbindet, zu seinen Jüngern herabsendet als den einzigen Zeugen der Wahrheit seiner irdischen Geschichte: den Geist, der Gott selbst eignet und jede Anbetung Gottes allein ermöglicht (4,23f.), und der als diese Offenbarungskraft Jesus in all seinem Wirken erfüllt hat (1,32). In der Wahrheit des in der Kirche gegenwärtig-wirksamen Zeugnisses dieses Geistes vermögen Christen den irdischen Menschen Jesus als den verherrlichten Gottessohn im Glauben zu sehen, obwohl er als solcher den Augen irdischer Menschen entzogen ist. Allein der Geist Gottes selbst, der „Geist der Wahrheit", vermag darum die Christen der nachösterlichen Kirche in den Stand zu setzen, die Geschichte Jesu als die Geschichte der Sendung des Sohnes Gottes bleibend in wahrer Erinnerung zu bewahren. Von daher ist es zu verstehen, daß der Geist den Christen gegenüber ein eigenes Subjekt göttlichen Offenbarungshandelns ist (und niemals mit dem eigenen Geist noch so erleuchteter Gnostiker identisch werden kann); daß er aber auch dem Vater und dem Sohn gegenüber ein eigenes Subjekt ist: als von ihnen gemeinsam gesandter Offenbarer, der freilich zum Vater und zum Sohn gehört, als von beiden abhängiger Gesandter, aber in allem Offenbarungswirken in der Kirche den Sohn und im Sohn den Vater den Glaubenden gegenüber repräsentiert.

Die Väter der Trinitätslehre haben also auch darin im Sinne johanneischer Theologie Recht gehabt, daß sie den Geist als eigene, dritte Person im Gegenüber zu und in Gemeinschaft mit Vater und Sohn lehrten, zwar in völliger Abhängigkeit von beiden, aber als vom Vater durch den Sohn Gesandten der Kirche gegenüber im vollen Sinn als Gott, „der Herr ist und lebendig macht".

Trinitarische Bedeutung hat es auch, daß sowohl in 14,18-20 wie in 16,16ff. unmittelbar auf die Ankündigung des *Kommens des Geistes* eine Ankündigung des *Wiederkommens Jesu* selbst folgt. Der Evangelist bezieht damit die traditionelle urchristliche Parusieerwartung auf die gesamte Zeit zwischen Ostern und Parusie (ohne diese damit zu entwerten). Dabei liegt sein Interesse nicht auf einer 'realized eschatology', sondern die Erwartung des endzeitlichen „Kommens" Christi dient der inhaltlichen Bestimmung des in der Kirche wirksamen Geistes: Nicht nur, weil dieser von Vater und Sohn gesandt wird, und daher sein ganzes Wirken seine Autorisation von Vater und Sohn hat; sondern vor allem, weil der *Inhalt* all seines Zeugnisses die Geschichte des Sendungsweges *Jesu* als des Sohnes Gottes ist, zu deren lebendiger Vergegenwärtigung in der Kirche der Geist so gesandt wird, wie Jesus selbst gesandt worden ist. Darum ist es *Jesus,* der als der verherrlichte Sohn des Vaters durch die Offenbarungskraft des Geistes in der „Erinnerungsgestalt" seines irdischen *Wirkens* selbst in die Mitte der Christen als seiner Jünger „zurückkehrt". War es bereits vor Ostern so, daß, wer an Jesus glaubte, die Herrlichkeit Gottes schaute (11,40) und so in Jesus den Vater sah (14,9), so geschieht dies nun in der nachösterlichen Kirche erneut und *bleibend.*

Damit wird der Abschied der Jünger von Jesus aufgehoben. Zwar sind sie örtlich und zeitlich von ihm getrennt, und ihren irdischen Augen ist und bleibt er unsichtbar. Thomas ist der letzte Jünger, der seinen Herrn so sehen konnte, wie er ihn zuvor gesehen hatte. Sogar seine Wundmale durfte er mit seinen Fingern anfassen (20,27). Die Christen der Kirche werden an Jesus als den Sohn Gottes glauben, ohne ihn zu sehen (20,29). Doch ihr Bekenntnis wird dasselbe sein: „Mein Herr und mein Gott!" (20,28 vgl. 1 Joh 5,20!). So wie der Auferstandene sich am Ostertage den Seinen – und in dieser besonderen paradigmatischen Weise Thomas – als den Lebenden selbst gezeigt hat, genau so offenbart ihn der Geist den Christen der Kirche permanent-bleibend. Insofern wird im Zeugnis des Geistes Jesu Abschied aufgehoben. Der Verherrlichte läßt die Seinen nicht als „Waisen" auf Erden zurück, seitdem er im Himmel bei dem Vater ist (14,18). Im Geist, den er ihnen herabsendet, kommt *er selbst* zu ihnen zurück; und indem der Geist als Paraklet an seiner Statt „mit ihnen" ist (14,16), ist er selbst in ihrer Mitte. Und darum hört auch die zentrale Heilsgabe des vorösterlichen Jesus in der nachösterlichen Zeit der Kirche nicht auf: Indem der Geist den Glaubenden Jesus vergegenwärtigt, bleibt wahr und wirklich, was Jesus seinen Jüngern gegeben und zugesagt hat: „ *Wer glaubt, hat ewiges Leben"* (6,40.47).

Was dort als eucharistische Gabe angekündigt ist (6,54), wird zur eucharistischen Erfahrung der Kirche aller Zeiten: Jesus, der Sohn Gottes, kommt zu ihr

„im Wasser und im Blut" (1 Joh 5,6), das heißt: im Wasser seiner Taufe zu Beginn seines Sendungsweges (1,33) und im Blut seines Kreuzestodes (19,34) als dessen Ende. Und sofern so durch das Zeugnis des Geistes die Geschichte Jesu von ihrem Anfang bis zu ihrer Erfüllung in der Kirche vergegenwärtigt wird (1 Joh 5,6-8), sind es die beiden Sakramente der Taufe und der Eucharistie, in denen die Glaubenden ewiges Leben empfangen (1 Joh 5,10-12). Daß diese drei eines sind (1 Joh 5,7), ist auf der doppelten Ebene wahr: auf der der in der Offenbarungskraft des Geistes „erinnerten" Geschichte Jesu, und auf der des Gottesdienstes der Kirche. Und wenn man diese Stelle des 1. Johannesbriefs im Lichte des Johannesevangeliums liest (was aufgrund des eindeutigen Rückbezugs von 1 Joh 5,6 auf Joh 19,34f. nicht nur naheliegt, sondern geboten ist), dann liegt die trinitätstheologische Erweiterung und Präzisierung in der „Comma Johanneum" genannten Teillesart des lateinischen Textes von 1 Joh 5,7f. der Sache nach dem Sinn des Textes durchaus nicht fern[21]. Denn was nach den Paraklet-Sprüchen die Funktion des Geistes unter den Jüngern auf Erden ist, gründet ja in der himmlischen Sendung des Geistes durch den Vater und den Sohn. Daß diese drei „im Himmel übereinstimmen", ist ja doch jedenfalls die entscheidende Begründung dafür, daß auf Erden „der Geist, das Wasser und das Blut" übereinstimmen.

5. Das *Abschiedsgebet Jesu in Joh 17* ist als verdichtete Zusammenfassung der voranstehenden Abschiedsreden im Aufbau des Gesamtwerkes die Entsprechung zum Prolog. Geht es dort um die Begründung des Sendungsweges Jesu in seiner uranfänglich-ewigen Einheit und Gemeinschaft mit Gott, so geht es hier um die Bewahrung und Heiligung seiner Jünger auf Erden nach seiner Rückkehr in diesen Ursprung durch ihre Teilhabe an der vollendeten Einheit und Gemeinschaft des verherrlichten Sohnes mit dem Vater.

Indem Jesus „seine Augen zum Himmel erhebt" (17,1), vollzieht er den ersten Schritt seiner angekündigten Rückkehr zum Vater (zusammenfassend 16,28). Es ist zugleich der erste Schritt seines Abschieds von seinen Jüngern. Mit einer kompakten Ermutigung angesichts seines Sieges über die Welt, der sich jetzt vollendet (16,33), gilt sein Gebet in seinem Mittelteil (V. 9-19) der Fürbitte um ihre Bewahrung, die nun allein in der Welt zurückbleiben. Sie sollen „eins sein, wie wir" (V. 11) – in diesem „Wir" schließt Jesus sich als der Sohn mit dem Vater zusammen (vgl. 14,23). In seinem Kreuzestod heiligt er sich für sie. Daraus allein erwächst ihre Einheit: Weil er als der gute Hirte für sie sein Leben hingibt (10,14f.), *sind* sie hinfort in der Wahrheit geheiligt (17,19 Perfekt!). Die Wahrheit, die dem Vater wie dem Sohn eignet und in der nach der Verherrlichung Jesu

---

[21]   Aufgrund des in der Tat allgemeinen textkritischen Urteils, daß es sich zweifellos um eine sekundäre Erweiterung handelt, ist eine *dogmatische* Ausscheidung dieser Stelle aus der neutestamentlichen Grundlegung der Trinitätslehre keineswegs angesagt – gegen W. PANNENBERG: *Systematische Theologie*. Bd. 1, S. 328 mit Anm. 146, der sich auf R. SCHNACKENBURG: *Die Johannesbriefe*. Freiburg [7]1984 (HThK 13,3) beruft, – zu Recht, was die textkritische Beurteilung (ebd., S. 44.46), m. E. zu Unrecht, was dessen sachkritisches Urteil betrifft, „dogmatische Bedeutung ... besitz[e] sie nicht" (46, vgl. 262 Anm. 1).

Vater und Sohn vollkommen eines sind, ist zugleich das Signal für den Leser, diese „Heiligung" der Kirche mit dem verheißenen Wirken des „Geistes der Wahrheit" zu verbinden. Was Jesus im Schlußteil seines Gebets (17,20-26) in Explikation von V. 19 ausführt, soll also als Wirkung des Geistes in der Kirche verstanden werden.

Die Fürbitte Jesu umfaßt über den Kreis der beim Mahl versammelten zwölf Jünger[22] hinausgreifend, die ganze Kirche aller Zeiten (V. 20): Alle Glaubenden sollen eins sein, „wie du, Vater, in mir und ich in dir, so auch sie in uns" (V. 21). Das heißt: Alle Glaubenden aller Zeiten sollen *teilhaben* an der Einheit des verherrlichten Sohnes mit dem Vater und aufgrund dieser Teilhabe (V. 22) auch untereinander in vollkommener Weise eines sein (V. 23). Und an dieser Einheit der Kirche wiederum soll die Welt erkennen, daß der Vater den Sohn gesandt (V. 21) und seine Jünger so geliebt hat wie seinen Sohn (V. 23). Das heißt: Die Einheit der Kirche aufgrund ihrer Teilhabe an der Einheit von Vater und Sohn soll für die Welt das bleibend-offene Zeugnis dessen sein, daß Gottes Liebe in der Sendung Jesu der Rettung der Welt gilt. Die sehr dichte Aussage über die Einheit der Kirche ist also nicht so in sich geschlossen, daß ein ausschließender Gegensatz zur Welt entsteht. Zwar bittet Jesus im Mittelteil den Vater, die Seinen vor dem Haß der Welt zu behüten (17,14 vgl. 15,18-16,4). Doch entspricht diesem Haß auf seiten der Welt keinerlei Feindschaft Jesu und der Kirche gegen die Welt. Vielmehr öffnen sich die beiden Reihen der ἵνα-Sätze, die von der Einheit der Kirche aufgrund ihrer Teilhabe an der Einheit und Gemeinschaft zwischen Vater und Sohn sprechen (V. 21.22f.), am Ende jeweils in einem ἵνα-Satz im Blick auf den Glauben der Welt (V. 21c; V. 23b). Auch darin klingen die voranstehenden Aussagen über den Geist an, nämlich 15,26f. und 16,8-11.

Daß es nach 20,22 der Auferstandene ist, der seinen Jüngern den Geist „einhaucht" (wie in Gen 2,7 der Schöpfer dem Menschen die πνοή ζωῆς, vgl. Weish 15,11; Ez 37,9f.), ist die erzählerische Ausführung des in den Paraklet-Sprüchen Angekündigten. Der Evangelist benutzt hier eine traditionelle Erscheinungsgeschichte, in der der Auferstandene die Vollmacht zur Sündenvergebung überträgt (vgl. Mt 18,18). Nach der johanneischen Sicht ist dies pars pro toto zu verstehen; vgl. 6,63; 7,32f.

Am Schluß seines Dom-Vortrags äußert Bischof Lehmann die „Überzeugung, daß diese Zusammenhänge" – gemeint ist das trinitarische Grundbekenntnis von Nizäa-Konstantinopel und die Theologie der Väter des 4. Jahrhunderts, die dieses Bekenntnis zuerst durchdacht und verteidigt haben – „schon im Neuen Testament

---

[22] Daß die Zwölf die Teilnehmer am Abschiedsmahl sind, geht aus dem Stichwort ihrer „Erwählung" hervor (13,18 vgl. 6,70). Daß beim Mahl die geheimnisvolle Figur des namenlosen „Jüngers, den Jesus liebte" (13,23) an die Stelle des Verräters als des einen Diabolos unter den erwählten Zwölfen (6,70) tritt, der alsbald vom Mahl aufsteht und in die Nacht hinausgeht (13,30), habe ich in meinem Kommentar, a.a.O. 214f. sowie ausführlich in meinem Aufsatz: Zum Kirchenverständnis der johanneischen Schriften. In: M. KARRER – W. KRAUS – O. MERK (Hrsg.): *Kirche und Volk Gottes. Festschrift für Jürgen Roloff zum 70. Geburtstag*. Neukirchen 2000, S. 225-254, begründet.

in verschiedener Weise erkennbar werden, und zwar besonders an den Stellen, die am meisten Entfaltung zeigen im Gedanken des trinitarischen Gottes"[23]. Dazu zählen gewiß die Stellen, die Lehmann im folgenden anführt: Mt 28,16-20; 2 Kor 13,13 und Röm 11,33-36. Aber über einzelne *Stellen* in ihrem engeren Kontext hinaus gibt es im Neuen Testament auch bereits trinitätstheologische Denkstrukturen, die sich in ganzen Aussagenzusammenhängen ausprägen. Dazu gehört jedenfalls und an erster Stelle das Johannesevangelium. Ja, man kann geradezu von einer trinitarischen Grundstruktur der johanneischen Theologie reden – und muß dies tun, wenn man das Johannesevangelium in seiner Gesamtkonzeption, von der her alle Einzelaussagen allererst angemessen zu verstehen sind, und den 1. Johannesbrief, dessen aktueller Kampf gegen die Gegner im Grunde ein theologisch-kirchlicher Streit um die Wahrheit eben dieses trinitätstheologischen Bekenntnis-Fundaments ist, exegetisch richtig interpretieren will. Die johanneische Theologie ist selbst die erste Trinitätstheologie der Kirche. Sie liefert nicht nur gewisse Ansätze für das spätere Trinitätsdogma, sondern ist dessen biblische Grundlage. Das zu erweisen, ist das Ziel dieses Beitrags zur Festgabe für Karl Lehmann, den Bischof und dogmatischen Theologen. Ich bin gewiß, daß der verehrte Jubilar, mein Kollege, Mitbruder und Freund, dem zustimmen wird.

---

[23]   K. LEHMANN: *O Tiefe des Reichtums* (vgl. Anm. 3).

Doppelte Prädestination bei Paulus?

VON EDUARD LOHSE

Warum stößt die Verkündigung der frohen Botschaft so oft auf taube Ohren? Wie soll man begreifen, daß das Evangelium vielfach nicht im Glauben angenommen, sondern in entschiedenem Unglauben abgewiesen wird? Diese Frage hat die frühe Christenheit immer wieder beschäftigt. War man doch der festen Überzeugung, in Christus Heil und Rettung zu erfahren, und war man darum mit starkem Einsatz darauf bedacht, daß diese befreiende Erfahrung möglichst vielen Menschen in aller Welt zuteil werden möge.

Angesichts dieser bedrängenden Fragen blickte man in die heiligen Schriften und suchte aus ihnen Antwort zu erhalten. Allen voran stand dabei das Buch des Propheten Jesaja, in dem der Auftrag, der dem Propheten erteilt wird, mit der eigentümlichen Ankündigung verbunden wird, die Hörer seiner Predigt würden zwar vernehmen, was zu ihnen gesagt wird, es aber gleichwohl nicht verstehen. Die Aufgabe des Propheten läuft daher auf eine eigentümliche Vergeblichkeit seines Tuns hinaus: „Verstocke das Herz dieses Volks und laß ihre Ohren taub sein und ihre Augen blind, daß sie nicht sehen mit ihren Augen noch hören mit ihren Ohren noch verstehen mit ihrem Herzen und sich nicht bekehren und genesen." (Jes 6,9f.) Zwar hatte man in der synagogalen Überlieferung versucht, in der erläuternden Wiedergabe dieses harten Wortes, wie sie sich in den Targumim niedergeschlagen hat, die bittere Schärfe dieses Satzes ein wenig abzuschwächen[1]. Doch die frühe Christenheit hat diesen Worten auch einen Trost entnommen, weil es ihrem Herrn und Meister nicht anders erging als dem Propheten (Mk 4,12 par.; vgl. auch Apg 28,26f.; Joh 12,40). Sollte es Gottes verborgene Absicht sein, die Herzen zu verstocken, so daß sie unfähig wurden zu begreifen, was ihnen als frohe Kunde zugesprochen werden sollte[2]? Nur in vorsichtiger Andeutung suchte man eine Auskunft über Gottes Ratschluß zu erlangen, und machte daher nur in behutsamer Zurückhaltung vom Rückgriff auf dieses Prophetenwort Gebrauch.

I.

Der Apostel Paulus mußte die Erfahrung machen, daß seine Verkündigung zwar von vielen Heiden angenommen, von den Juden jedoch weithin abgewiesen wurde. Wie war es möglich, daß das von Gott erwählte Volk, dem „zuerst" das

---

[1] Vgl. J. JEREMIAS: *Die Gleichnisse Jesu.* Göttingen [9]1977, S. 11-14.
[2] Vgl. J. GNILKA: *Die Verstockung Israels in der Theologie der Synoptiker.* München 1961.

Evangelium zugesprochen werden sollte, sich weitgehend verschloß und geradezu verhärtete, so daß die ihnen geltende Predigt nur so wenig zu bewirken vermochte?

Diese Frage, vor die der Apostel sich immer wieder gestellt sah, wurde von ihm gründlich durchdacht. In seinem an die Christen in Rom gerichteten Schreiben, das stärker als alle anderen seiner Briefe grundsätzlichen Charakter theologischer Überlegung trägt, sucht er Antworten zu finden, die dazu helfen sollen, das Geschick Israels im Licht des Evangeliums zu begreifen. Dabei wird die Suche nach glaubwürdigen Antworten in den Kapiteln 9-11 des Römerbriefs in verschiedenen Anläufen angegangen, um die Problematik gleichsam von allen Seiten zu betrachten, bis am Ende wie in einem jubelnden Trompetensignal der Ruf angestimmt werden kann: „Ganz Israel wird gerettet werden." (11,26) In seine Betrachtungen bindet der Apostel immer wieder Worte der Schrift ein, da nicht aus frei schweifender Phantasie[3], sondern allein aus dem verbürgten Wort Gottes verläßliche Auskunft erwartet werden darf. In einer ungewöhnlichen Häufung finden sich daher in diesen drei Kapiteln Zitate aus der Schrift[4], wobei auch für Paulus das Jesajabuch einen besonders hohen Rang einnimmt[5].

Um begreifen zu können, was sich im Geschick Israels vollzogen hat und vollzieht, setzt der Apostel bei der zentralen Frage aller Theologie ein und versichert seinen Lesern wie auch sich selbst: „Es ist nicht möglich, daß das Wort Gottes hingefallen ist" (9,6a). Was Gott gesprochen hat, das gilt – mag auch der Augenschein dagegen sprechen. Ist man dessen gewiß, daß Gott unter allen Umständen Treue hält, dann läßt sich auch darüber reden, warum es so völlig anders auf der Seite derer aussieht, denen Gott sein Wort zugesprochen hat. Hier muß differenziert werden: In schroffem Gegensatz zur Treue Gottes steht das Verhalten derer, denen seine Zuwendung gilt. Der vorangestellten These fügt Paulus darum eine schwergewichtige Erläuterung hinzu: nicht alle, die aus Israel stammen, seien wahrhaft Israel (9,6b). Damit wird eine Unterscheidung zwischen leiblicher Herkunft auf der einen und wahrer Zugehörigkeit auf der anderen Seite vorgenommen (vgl. auch 2,28f.). In vergleichbarer Weise war die Frage, wer wirklich zu Recht den Ehrennamen Israel tragen darf, bereits in frommen Gemeinschaften der damaligen Zeit gestellt und einschränkend beantwortet worden. So zählt die Gemeinde von Qumran diejenigen, „die abgewichen sind vom Wege" (4 Q flor 1,14-19), nicht zu den Söhnen des Lichts, sondern betrachtet sie als Söhne der Finsternis, die ihre Zugehörigkeit zum wahren Volk Gottes verwirkt haben (vgl. CD [=Damaskusschrift] IV, 2-12).

Für Paulus steht fest, daß nicht Geburt und Herkunft die Zugehörigkeit zum erwählten Gottesvolk begründen, sondern daß allein diejenigen als wahre Israeliten gelten, die Gottes Wort gehört und sich ihm im Glauben geöffnet haben. Mit dieser Unterscheidung wird der Begriff Israel aufgespalten: Zum rechten Israel

---

[3]   So R. BULTMANN: *Theologie des Neuen Testaments.* Tübingen [9]1984, S. 484: „das heilsgeschichtliche mysterion Rm 11,25ff." entspringe „der spekulierenden Phantasie".

[4]   Vgl. insbesondere H. HÜBNER: *Gottes Ich und Israel.* Göttingen 1984.

[5]   Im einzelnen ausgeführt von F. WILK: *Die Bedeutung des Jesajabuches für Paulus.* Göttingen 1998.

sind nur diejenigen zu zählen, die Gottes erwählendes und verheißendes Wort angenommen haben – also: die Judenchristen. Gottes Treue besteht jedoch unwandelbar fort. Denn „die Erwählung bleibt, auch wenn der Bund nicht durchgehalten wird"[6]. Wird doch auch da, wo Feindschaft gegen Christus vorliegt, Israel weiterhin das geliebte Volk genannt (11,28)[7].

Allein durch Gottes Ruf und dessen vertrauensvolle Annahme wird wahre Abrahamskindschaft begründet (9,8-13). Doch obwohl Sarahs Söhne dieselben Eltern hatten, kehrte Gottes Entscheid die natürliche Ordnung um, so daß nicht Esau, der Erstgeborene, sondern Jakob, der jüngere Bruder, dazu berufen wurde, der Erbe zu sein. Zum Schriftbezug auf die Thora fügt Paulus dann ein Zitat aus den Propheten an, das in unüberbietbarer Schärfe sagt: „Jakob habe ich geliebt, Esau aber gehaßt." (Mal 1,2)

In dieser harten Gegenüberstellung hat Paulus den Namen Jakob an den Anfang gesetzt, so daß „die antithetische Aussage des Schriftwortes noch schärfer zur Geltung kommt"[8]. Der Apostel greift das Prophetenwort auf, ohne auf den Kontext im Buch Maleachi Rücksicht zu nehmen. Sind dort Jakob und Esau in kollektivem Sinn als Völkerschaften verstanden, so begreift Paulus den einen wie den anderen als Individuen, die Gott beruft oder aber übergeht. Die Zurücksetzung des Erstgeborenen wird durch „Ich habe gehaßt" angezeigt. Die Schroffheit dieser Gegenüberstellung kann ein wenig gemildert werden, wenn man sich verdeutlicht, daß im Hebräischen das Begriffspaar Lieben/Hassen in der Bedeutung verwendet werden kann, daß der eine mehr geliebt wird als der andere[9]. Doch für Paulus trägt das Wort „Hassen" starken Ton, um die absolute Freiheit der göttlichen Gnadenwahl hervorzuheben[10]. Würde leibliche Abstammung oder natürliche Ordnung in irgendeiner Weise auf den Zuspruch der Verheißung Einfluß haben, dann wäre Gott in seinem Handeln nicht mehr frei und könnte weder von seinem erwählenden Ratschluß die Rede sein, noch von seinem souveränen Ruf[11].

In der Religionsgeschichte ist zu allen Zeiten die rätselhafte Frage bedacht worden, warum die Gottheit die einen erwählt, die anderen aber verwirft. Angesichts eines dunklen und undurchdringlichen Schicksals sah sich Menschenweisheit alsbald an ihr Ende gelangt. Diese Einsicht wurde sowohl unter den Grie-

---

[6] Vgl. E. DINKLER: Prädestination bei Paulus, in: DERS., *Signum Crucis. Aufsätze zum Neuen Testament und zur Christlichen Archäologie.* Tübingen 1967, S. 267.

[7] Vgl. hierzu A. LINDEMANN: Israel im Neuen Testament. In: *Wort und Dienst* 25 (1999), S. 167-192, bes. 174-188.

[8] Vgl. D.-A. KOCH: *Die Schrift als Zeuge des Evangeliums. Untersuchungen zur Verwendung und zum Verständnis der Schrift bei Paulus.* Tübingen 1986, S. 107.

[9] Zu Mal. 1,2 vgl. K. ELLIGER: *Das Buch der zwölf Kleinen Propheten.* Bd. 2. Göttingen [4]1959 (Das Alte Testament deutsch. 25), S. 190. Vgl. weiter Gen. 29,30f.: Jakob liebte Rahel mehr als Lea; ferner Lk. 14,26 „Hassen" gegenüber Mt. 10,37 „mehr Lieben".

[10] Vgl. ELLIGER, ebd.: „Die Ausdrucksweise ... will auf die völlige Souveränität des göttlichen Wollens und Handelns hinaus."

[11] Vgl. E. PETERSON: *Der Brief an die Römer.* Aus dem Nachlaß hrsg. von Barbara NICHTWEISS unter Mitarbeit von Ferdinand HAHN. Würzburg 1997 (Ausgewählte Schriften. 6), S. 281.

chen gewonnen, die von einem Schicksal sprachen, das durch menschliche Erkenntnis nicht zu begreifen ist, wie auch in jüdischen Gemeinschaften, die nach
dem Sinn allen Treibens zu forschen bemüht waren. Insofern ließen sich zum
Vergleich mit den paulinischen Texten Aussagen der Gemeinde von Qumran
heranziehen[12], die auf Gottes Ratschluß zurückzuführen suchten, daß alles Geschehen nach seinem Plan abläuft und daher auch den Menschen bestimmt ist,
wohin sie gehören – zu den Söhnen des Lichts oder denen der Finsternis[13]. Doch
Paulus ist weder von Voraussetzungen der griechischen Antike noch von
Vorstellungen der Gemeinde von Qumran geleitet, sondern sucht die Frage nach
dem Geschick Israels im Licht des Schriftzeugnisses zu begreifen.

Vom Zeugnis, das Gesetz und Propheten bieten, ist sein Denken bestimmt, so
daß er in den Kapiteln Röm 9-11 auf dieses immer wieder zurückgreift. Der König Ägyptens wurde verstockt, weil Gott an ihm seine Macht erweisen wollte,
damit sein Name verkündigt werde auf der ganzen Erde (Röm 9,17). An Schärfe
der Gegenüberstellung kommt diesen Sätzen keine andere Aussage in den paulinischen Briefen gleich. Hat es doch in der Tat den Anschein: „Eine praedestinatio gemina wird an den Beispielen der Söhne Abrahams, der Zwillinge Rebekkas,
und an Pharao aufgezeigt"[14].

II.

Hat Paulus sagen wollen, es gebe eine doppelte Vorherbestimmung, nach der
Gott die einen in seiner Barmherzigkeit erwählt, die anderen aber von vornherein
zur Verdammnis verurteilt? In den theologischen Auseinandersetzungen, wie sie
einerseits in der Zeit der alten Kirche zwischen Augustin und Pelagius, auf der
anderen Seite im Streit Luthers mit Erasmus über das Problem der Willensfreiheit ausgetragen wurden, hat diese Problematik jeweils eine besondere Zuspitzung erfahren, so daß dann Calvin in seiner scharfsinnigen Auslegung des Römerbriefs sagen konnte: „Wie die Auserwählten nur durch Gottes Gnade dem
Verderben entrissen werden, so bleiben die, die nicht erwählt sind, notwendig
verblendet. Ihr Untergang, ihre Verdammnis kommt letztlich daher, daß sie von
Gott sich selbst überlassen sind... Nicht diejenigen werden verstockt, die es wegen ihrer Bosheit verdient haben, sondern die Gott vor Grundlegung der Welt
verworfen hat." Calvin fügt jedoch sogleich eine wichtige Einschränkung hinzu:
„Im übrigen ist der Grund der ewigen Verwerfung so verborgen, daß uns nichts
anderes übrigbleibt, als mit stummer Verwunderung vor Gottes unbegreiflichem
Ratschluß stillzustehen"[15]. In seiner Auslegung von Röm 9 betont Calvin: Der

---

[12]   Vgl. z. B. 1 QS III 15 f.: „Vom Gott der Erkenntnis kommt alles Sein und Geschehehen. Ehe sie sind, hat er ihren ganzen Plan festgesetzt. Und wenn sie da sind zu ihrer Bestimmung, so erfüllen sie nach seinem Plan ihr Werk, und keine Änderung
        gibt es."
[13]   Zu dieser Gegenüberstellung vgl. insbesondere DINKLER, a.a.O., S. 262-266.
[14]   Vgl. DINKLER, a.a.O., S. 254.
[15]   Zitate aus: J. CALVIN: *Auslegung der Heiligen Schrift. Römerbrief und Korintherbriefe.* Übers. u. bearb. von G. GRAFFMANN u.a. Neukirchen 1960, S. 224f.

Herr ist in seiner erwählenden Gnade frei und nicht daran gebunden, daß er sie allen Menschen gleicherweise mitteilen müsse. Vielmehr übergeht Gott, welchen er will, und nimmt zu Gnaden auf, welchen er will[16].

Um die Bedeutung der harten Worte über Hassen und Verwerfen Gottes richtig einzuschätzen, müssen sie aus ihrem Kontext heraus betrachtet werden, in dem sie im Gedankengang des Römerbriefs stehen. Wie die Ausführungen des Apostels deutlich erkennen lassen, ist es nicht seine Absicht, einen Traktat über Gottes ewige Vorherbestimmung zu schreiben. Sondern das Thema, um dessen Klärung er sich müht, betrifft das Geschick Israels, wie es im Licht des Evangeliums zu verstehen ist. Dabei führt Paulus im ersten Gedankengang, den er in 9,6-29 entfaltet, aus, daß Gottes – uns rätselhaft erscheinendes – Handeln an seinem Volk allein von seiner freien Gnadenwahl bestimmt ist, niemals jedoch von menschlichen Werken und Leistungen abhängig sein kann.

Der Blick in die heiligen Schriften lehrt nach Überzeugung des Apostels, daß Gott damals bei der Berufung seines Volkes ebenso gehandelt hat wie jetzt bei der Kundgabe seiner um Christi willen freisprechenden Gerechtigkeit. Was einst bei der Erwählung der Väter geschah, vollzieht sich entsprechend nun in der Heilstat in Christus. Das Zeugnis, das die Schrift von Gottes Handeln gibt, ist somit Erweis für „die Gleichheit des damaligen und jetzigen rechtfertigenden Handelns Gottes". Paulus greift auf einzelne Beispiele zurück, in denen die Schrift von dieser „Selbigkeit des Handelns Gottes" spricht, ohne „daß er dieses durch die Geschichte des Volkes Israel hindurch auf die Gegenwart zulaufen läßt"[17]. Die Aussagen der Schrift, die der Apostel heranzieht, sollen aufzeigen, „daß der Bezug zur Gegenwart" ausschließlich in der an diesen Worten der Schrift „erkennbaren Selbigkeit des Handelns Gottes" beruht[18]. Zielt die im Evangelium proklamierte und bezeugte Gerechtigkeit Gottes, die er in Christus kundgetan hat, darauf, daß jeder, der diese Botschaft in vertrauendem Glauben annimmt, gerettet wird (Röm 1,16 f.), so gilt dieser Zuspruch heute wie einst. Denn der Vater Jesu Christi, zu dem die Glaubenden „Abba" rufen (Röm 8,15), ist derselbe wie der Gott Abrahams, Isaaks und Jacobs. Und hat er sich einst zu erkennen gegeben als der, der die Toten lebendig macht und dem Nichtseienden ruft, daß es sei, so hat er dieses sein Handeln in der Auferweckung Jesu Christi von den Toten ein für allemal bekräftigt (Röm 4,17).

Die Schriftzitate, die der Apostel in Röm 9 aus den Büchern Genesis und Exodus anführt, sollen begründen, warum es so war und so bleibt, daß nicht menschlicher Ratschluß, sondern allein Gottes freie Entscheidung darüber zu befinden hat, wem er seine Barmherzigkeit zuwendet[19]. Auf dieser positiven

---

16 Ebd., S. 188.
17 Vgl. KOCH, a.a.O., S. 304.
18 KOCH, ebd., S. 305.
19 Außer den Kommentaren ist zum Thema der göttlichen Gnadenwahl im Römerbrief besonders zu vergleichen: F. MONTAGNINI: Elezione e libertà. Grazia e predestinatione a proposito di Rom, 9,6-29. In: L. de LORENZI (Hrsg.): *Die Israelfrage nach Röm 9-11*. Rom 1977, S. 57-97; O. KUSS: *Der Römerbrief*. Bd. 3. Regensburg 1978, S. 828-935: ausführlicher Exkurs „Zur Problematik der 'Prädestination'; G. RÖHSER: *Prädestination und Verstockung. Untersuchungen zur frühjüdischen, paulinischen und johanneischen Theologie*. Tübingen – Basel 1994; T.

Aussage liegt der Ton. Weder wird über das Geschick Esaus noch über das des Pharao auch nur ein einziges zusätzliches Wort verloren. Auf ihr Beispiel wird allein darum verwiesen, um vor diesem dunklen Hintergrund die Herrlichkeit der göttlichen Gnade aufleuchten zu lassen. Paulus kommt es darauf an, seinen Lesern klar zu machen, daß es bei Gottes freier Gnadenwahl niemals nach Werken der Menschen, sondern immer nur nach Gottes Ruf zugeht. In einem parenthetisch eingeschobenen Satz hebt er darum hervor, daß auf seiten der Menschen keinerlei Werk vorlag, durch das Gottes Urteil hätte bestimmt sein können, so daß allein Gottes erwählender Ratschluß bestehen bleibt (V. 11-12a). Das Verbum „bleiben" steht im Präsens, um zweifelsfrei festzustellen, daß gegenwärtig wie einst Gott sich in keiner Weise von Verdiensten abhängig macht, die etwa von Menschen vorgewiesen werden könnten. Der Apostel ist somit am Thema der Prädestination nur insoweit interessiert, als es ausdrückt, „daß Gott frei ist von der natürlichen Ordnung. Gott ist frei gegenüber der natürlichen Abstammung der Abrahams- und Isaakskinder; er ist auch frei gegenüber ihren Werken. Niemand kann Gott zwingen, weder aus der natürlichen noch aus der moralischen Ordnung"[20].

Paulus ist sich darüber im klaren, daß es Einwände gibt, die gegen seine Ausführungen erhoben werden könnten. Darum geht er in rhetorisch gestalteter Argumentation auf mögliche Bedenken ein und läßt einen fiktiven Gesprächspartner sagen: ob denn Gott, wenn er frei ist in seiner Gnadenwahl, nicht ungerecht handle (V. 14). Doch dieser Gedanke wird sogleich verworfen und erneut betont, daß von Gottes Erbarmen – nicht von einer allgemeinen Vorherbestimmung – die Rede ist (V. 15). Mit Hinweis auf Ex. 33,19 wird das vorgebrachte Gegenargument entschieden zurückgewiesen: Gottes Erwählung steht schlechthin unter dem Vorzeichen seines Erbarmens (V. 15.18). Die Konsequenz, die hieraus zu ziehen ist, lautet: Es kommt weder auf unser Wollen noch auf unser Laufen an, sondern allein auf Gottes Barmherzigkeit. Dabei werden nicht etwa Wollen und Laufen allgemein unter ein negatives Vorzeichen gesetzt. Vielmehr wird der Ton darauf gelegt, daß alles Wollen und Laufen nichtig ist, wenn man von ihm erwarten wollte, auf diese Weise das Heil erlangen zu können. Gott ist und bleibt souverän in der Freiheit seiner Erwählung.

Erneut wird ein Bedenken angemeldet: Wenn es so steht, kann Gott dann überhaupt noch Vorwürfe gegen den Menschen erheben und ihn vor sein Gericht ziehen? (V. 19) Mit aller Entschiedenheit wird auch dieser Einwand abgetan, indem der Fragesteller in seine Schranken gewiesen wird: Wie kommst du dazu, dir anzumaßen, mit Gott in einen kritischen Disput treten zu wollen? Hat nicht ein Töpfer die volle Verfügungsgewalt über die Tonmenge, die er bearbeitet? Und kann er nicht entscheiden, zu welchem Zweck er Gefäße formt? Legt er doch nicht erst nach der Herstellung fest, wozu die Gefäße dienen sollen, sondern trifft zu Beginn seiner Arbeit seine Entscheidung nach freiem Ermessen. Gegenüber Gottes Ratschluß ist daher allein betroffenes Verstummen die angemessene Haltung. Auch Zorneserweis und Verstockung, wie Gott sie verhängt, „stehen im

---

[20] ESKOLA: *Theodicy and Predestination in Pauline Soteriology*. Tübingen 1998. Vgl. PETERSON, a.a.O., S. 281.

Dienst der Offenbarung seines freien Erbarmens"[21]. Hat er doch uns – Juden und Heiden – aus den Völkern berufen, um sein heiliges Volk zu sein. Indem Paulus von „uns" spricht, gibt er der Aussage einen bekenntnismäßigen Charakter und kehrt damit wieder zur Frage nach dem Geschick Israels zurück, die als Leitmotiv den ganzen Gedankengang bestimmt.

Der Apostel will mithin keineswegs den Versuch unternehmen, die Rätsel der Weltgeschichte zu entschlüsseln; sondern mithilfe der angezogenen Schriftstellen soll der Gedanke der „absoluten Freiheit Gottes zum Ausdruck gebracht werden, die nicht durch menschlichen Anspruch gebunden ist" – also der Gedanke „der Freiheit der Gnade, die jedes Vedienst des Menschen ausschließt"[22].

III.

Richtet der Leser seine Aufmerksamkeit allein auf die Ausführungen in Röm. 9, so könnte das Mißverständnis entstehen, daß Ungehorsam Israels und Versagen der Menschen allein auf Gottes verborgenen Ratschluß zurückzuführen sind, so daß – wie bereits als Einwand zu bedenken gegeben wurde – Gott ungerecht erscheinen und kein gerechtes Urteil fällen würde. Mag es zunächst so aussehen, als lägen Unheil und Heil dabei als zwei einander entgegengesetzte Möglichkeiten göttlicher Bestimmung nahezu im Gleichgewicht zueinander, so wird dieser Eindruck vom Apostel deutlich korrigiert. In den Kapiteln 10-11 des Römerbriefes rückt er die Frage nach dem Geschick Israels jeweils unter eine neue Perspektive. In Kap. 10 wird auf Israels Ungehorsam und seine dadurch bedingte Schuld hingewiesen. Faßt man diese ins Auge, so kann unmöglich Gottes Gericht als ungerecht bezeichnet werden. Gott aber hat Israels Weigerung, das Evangelium anzunehmen, benutzt, um einen Umweg zu beschreiten, der dazu dienen soll, Heiden und Juden das Heil zuzuwenden. Zielte die geläufige eschatologische Erwartung darauf, daß am Ende der Zeit Israel auf dem Zion sein werde und die Völker aus allen Teilen der Erde herzukommen, so stellt Paulus fest, daß entgegen herrschender Erwartung zuerst viele Heiden gewonnen wurden, so daß Israel erst nach ihnen das Heil empfangen kann. Doch Paulus bleibt davon überzeugt, daß Gottes Barmherzigkeit sein Volk nicht aus den Augen lassen wird. Was er verheißen hat, läßt er nicht fallen. Darum werden im 11. Kapitel die Themen wieder aufgenommen, die im 9. Kapitel bereits angeschlagen worden waren.

Die drei Kapitel Röm 9-11 stellen mitnichten eine „im Grunde verzweifelte und abstruse Hypothese" dar[23], sondern sind nach einer wohl durchdachten Ordnung komponiert worden. Hatte der Apostel sich zunächst darum gemüht, Israels Verharren im Unglauben auf Gottes Ratschluß zurückzuführen (9,6-29), und dann des näheren dargelegt, daß und warum das Gottesvolk, das sich dem Evangelium verweigert, für diesen seinen Ungehorsam verantwortlich ist

---

[21] Vgl. G. BORNKAMM: Paulinische Anakoluthe im Römerbrief. In: DERS.: *Das Ende des Gesetzes : Paulusstudien.* München 1952 (^{5}1966), S. 76-92, hier S. 91.

[22] Vgl. R. BULTMANN: Gnade und Freiheit. In: DERS.: *Glauben und Verstehen.* Bd. 2. Tübingen 1952, S. 149-162, hier S. 158.

[23] So O. KUSS: *Der Römerbrief.* Bd. 3, S. 810.

(9,30-10,21), so werden nun beide Gedankengänge zum Abschluß gebracht, indem im ersten sowie im letzten Abschnitt des Kapitels erneut die Schrift auf das gründlichste befragt wird. Darum kann der Apostel dessen gewiß bleiben, daß die Zukunft Israels zum noch ausstehenden Ende hin offen ist und Gott aufgrund der Zusagen, die er seinem Volk gegeben hat, seine Verheißung verwirklichen wird. Mitnichten darf darum aus der harten Gegenüberstellung von Jakob und Esau, Lieben und Hassen (9,13) geschlossen werden, daß ein endgültiges Gerichtsurteil ergangen sei, in dem sich eine vorzeitliche doppelte Prädestination erfülle[24]. Denn wie in Röm 11 ausgeführt wird, kann kein Zweifel darüber bestehen, daß Gott durch die Proklamation des Evangeliums Juden und Griechen den Weg zum Heil eröffnen will. Dafür bürgt der heilige Rest, der in Gestalt der gläubig gewordenen Israeliten Gottes rettende Berufung angenommen hat (11,7f.). Gott kann daher sein Volk nicht endgültig verworfen haben, bezeugt doch Paulus durch seine eigene Person, daß er von Gott nicht verstoßen, sondern im Gegenteil als gläubiger Israelit zum Apostel der Völker berufen wurde (11,1f.). Mit diesen Worten spricht Paulus bewußt als Judenchrist, „der es für eine Auszeichnung ansieht, dem Volk Israel anzugehören"[25]. Wie Gott einst zur Zeit des Propheten Elia 7.000 getreue Israeliten bewahrt hat, die ihre Knie nicht vor dem Abgott Baal gebeugt haben, so hat er auch jetzt einen heiligen Rest nach seiner Gnadenwahl bewahrt (11,4-6). Paulus interpretiert mit diesen Worten mithilfe der Theologie der Rechtfertigung die Lehre von der göttlichen Erwählung. Das Zeugnis der Schrift läßt daher erkennen, daß zwar Verstockung und Betäubung über viele gekommen sind, aber gleichwohl Gottes gnädige Erwählung sein geschichtliches wie auch sein eschatologisches Handeln bestimmt.

Sind wider Erwarten Heiden gläubig geworden, so soll – nach dem Urteil des Apostels – Israel dadurch eifersüchtig gemacht werden, damit es gerettet werde. An die Heidenchristen aber richtet Paulus eine ausdrückliche Ermahnung, nicht hochmütig zu werden oder sich über die (noch) ungläubigen Juden zu erheben (11,17-24). Die aus den Völkern zusammengerufene Ekklesia darf darum nicht vergessen, was Melanchthon der Christenheit zu bedenken gibt: „Itaque ecclesia fit electione et per misericordiam, non propter naturalia dona aut merita"[26]. Gott hält an seinem Wort fest und „läßt der Welt sein Heil über Israel zukommen, das Erwählung und Gericht zuerst erfährt und in beidem der Treue Gottes gewiß sein kann"[27].

Was der Apostel über Gottes Gnadenwahl ausgeführt hat, ist von Anfang bis Ende von seiner Auslegung des Evangeliums durch die Rechtfertigungslehre bestimmt. Darum gebührt allemal der göttlichen Barmherzigkeit der Vorrang vor Verstockung und Verurteilung. Paulus kann daher am Ende die feste zuversichtliche Erwartung aussprechen, ganz Israel werde gerettet werden (11,26). Gottes

---

[24] Vgl. MONTAGNINI, a.a.O., S. 78: „Il testo di Malachia, perciò, non consente nessuna illusione nel senso di una praedestinatio ad poenam, ma vuol essere la proclamazione della divina bontà e libertà."

[25] Vgl. W. SCHMITHALS: *Der Römerbrief.* Gütersloh 1988, S. 387.

[26] Ph. MELANCHTHON: *Römerbriefkommentar 1532.* Ausgabe Gütersloh 1968, S. 260, zu Röm. 9,7f.

[27] SCHMITHALS, a.a.O., S. 401.

Gnadengaben und seine Berufung werden nicht widerrufen (11,29). Das letzte Wort wird daher nicht etwa einer vorherbestimmten Verurteilung zukommen, sondern dem unergründlichen Erbarmen Gottes[28]. Hat doch – so schließt Paulus seine langen Ausführungen in Röm. 9-11 ab – Gott alle, Heiden und Juden, unter den Ungehorsam beschlossen, um sich aller zu erbarmen (11,32).

Fast könnte es den Anschein haben, als liefe die Argumentation des Paulus am Ende auf die Erwartung einer Allversöhnung hinaus (vgl. hierzu Apg 3,21). Doch auch hier ist ihm alles daran gelegen, den Triumph der Gnade Gottes herauszustellen. Hatte er in Kapitel 9 das Übermaß der göttlichen Barmherzigkeit vor dem dunklen Hintergrund von Gericht und Verstockung hervorgehoben, ohne dabei in Spekulationen über eine doppelte Prädestination zu verfallen, so rührt er in Kapitel 11 nahezu an die Vorstellung einer Wiederbringung aller. Doch weder dort noch hier entwirft Paulus ein Schema, in das sich seine Auslegung der Schrift fügen müßte. Gottes freie Erwählung hat vielmehr zur Folge, daß sein Erbarmen am Ende aller Wege steht, die Israel und die Völker gehen.

In der Geschichte von Theologie und Kirche ist – wie eingangs dargelegt – verschiedentlich die Frage gestellt worden, ob Paulus in Röm 9 von der göttlichen Vorherbestimmung handle, nach der er „bestimmte Menschen zum Verderben und in seinem Erbarmen bestimmte Menschen zum ewigen Heil vorherbestimmt habe"[29]. Doch Paulus will mitnichten einer Lehre von der doppelten Vorherbestimmung das Wort reden, die auf der einen Seite Gottes freie Gnadenwahl, auf der anderen aber die Verantwortung des Menschen antasten würde. Vielmehr stellt er sich der besorgten Frage, ob Gott sein ungläubiges Volk etwa verstoßen haben könnte (Röm 11,1). Dagegen setzt Paulus ein deutliches Nein. Gott könnte freilich seine Freiheit durchaus auch zum Schaden ausschlagen lassen, hätte er doch allen Anlaß, über das Treiben der Menschen ein richterliches Urteil zu fällen. Doch „von endgültig gefallenen Entscheidungen Gottes über das Schicksal der Menschheit ist ... in diesen Kapiteln des Römerbriefs nicht die Rede, wohl aber davon, daß Gott solche Entscheidungen fällen kann und daß der Mensch als Gottes Geschöpf ihm das Recht dazu nicht bestreiten darf"[30].

Paulus gibt sich keinen Spekulationen hin über eine etwaige doppelte Prädestination – sei es zum Guten, sei es zum Bösen –, sondern er bleibt streng bei der Auslegung der von ihm herangezogenen Schriftstellen. Sie bezeugen: Wie Gott einst an den Vätern gehandelt hat, so handelt er auch hier und jetzt, indem er in hoheitsvoller Souveränität und unwandelbarer Treue zu seinem Wort steht.

Mit Recht hat daher Martin Luther in seiner Vorlesung, die er als junger Professor 1515/16 in Wittenberg gehalten hat, seinen Studenten zugerufen: „Keiner stürze sich in diese Grübeleien hinein, dessen Geist noch nicht gereinigt ist, daß er nicht in den Abgrund des Grausens und der Verzweiflung falle, vielmehr rei-

---

[28] Vgl. K. HAACKER: *Der Brief des Paulus an die Römer.* Leipzig 1999, S. 197: „Im Kontext des Evangeliums steht dem Erbarmen Gottes nicht die grundlose Prädestination zu einer Unheilsrolle gegenüber, sondern das Gericht, das die Menschheit sich durch ihre unentschuldbare Mißachtung Gottes zugezogen hat (vgl. 1,18 ff.)."

[29] Vgl. W. G. KÜMMEL: *Die Theologie des Neuen Testaments nach seinen Hauptzeugen.* Göttingen 1969, S. 207.

[30] Vgl. KÜMMEL, ebd.

nige er zuvor die Augen seines Herzens mit der Betrachtung der Wunden Christi"[31]. Und diejenigen, die zweifeln oder ins Grübeln verfallen, ermutigt er: „Unser Gott ist nicht ein Gott der Ungeduld und Grausamkeit, auch nicht den Gottlosen gegenüber. Das sage ich denen zum Trost, die beständig von gotteslästerlichen Gedanken gequält werden und sich allzu sehr ängstigen"[32]. „Apostolus ... pulcherrimo ordine loquitur, quia dixerat secundum electionem Dei omnia fieri"[33].

---

[31]   M. LUTHER: *Vorlesung über den Römerbrief 1515/16*. Lateinisch-deutsche Ausgabe. Bd. 2. Darmstadt 1960, S. 160 f.
[32]   LUTHER, a.a.O., S. 162 f.
[33]   Ebd., S. 164.

Der Gottesdienst der Urgemeinde

Perspektiven des lukanischen Bildes in Apg 2,42

VON THOMAS SÖDING

Karl Lehmann reflektiert als Systematiker die Praxis der Kirche, indem er aus ökumenischer Verantwortung ihre Sendung in der Geschichte und der Welt von heute bedenkt[1]; er inspiriert als Bischof die Theorie der Ekklesia, indem er aus politischer Verantwortung ihr gesellschaftliches Engagement fordert und fördert[2]. Beides weist ihn als Transzendentaltheologen aus, der sich in Theorie und Praxis dem katholischen Schriftprinzip verpflichtet weiß, und als *Episkopos*, der in der deutschen Gesellschaft dem katholischen Glauben hohes Ansehen verschafft und in der katholischen Welt-Kirche das Charisma, das Problembewusstsein, die Erfahrungen und die Kompetenz deutscher Theologie in die Waagschale legt.

Das Œuvre eines Dogmatikers, der ein neutestamentliches Standardwerk vorgelegt hat[3], und eines Bischofs, dessen Predigten paradigmatische Schriftauslegung sind[4], fordert die Exegese heraus, zur Sache zu kommen, wenn sie die Geschichte der ersten Christengemeinde rekonstruiert[5].

Durch die Jahrhunderte hindurch hat das Bild, das Lukas von der Urgemeinde gemalt hat[6], immer wieder die Gedanken der engagierten, reformorientierten und

[1] Vgl. K. LEHMANN - R. SCHNACKENBURG: *Brauchen wir noch Zeugen? Die heutige Situation der Kirche und die Antwort des Neuen Testaments*. Freiburg 1992.

[2] Vgl. K. LEHMANN: *Glauben bezeugen, Gesellschaft gestalten. Reflexionen und Positionen*. Freiburg 1993.

[3] Vgl. K. LEHMANN: *Auferweckt am dritten Tage nach der Schrift. Früheste Christologie, Bekenntnisbildung und Schriftauslegung im Lichte von 1 Kor. 15,3-5*. Freiburg 1968 (QD 38).

[4] Vgl. K. LEHMANN: *Vor dem Wunder der Weihnacht. Meditationen*. Freiburg 1987.

[5] Vgl. zum folgenden TH. SÖDING: *Blick zurück nach vorn. Bilder lebendiger Gemeinden im Neuen Testament*. Freiburg 1997. Das wissenschaftliche Standardwerk ist J. ROLOFF: *Die Kirche im Neuen Testament*. Göttingen 1995 (NTD.E 10). Eine biblische Ekklesiologie in einem weiten theologischen Horizont schreibt G. LOHFINK: *Braucht Gott die Kirche?* Freiburg 1998.

[6] Vgl. neben den Kommentaren von R. PESCH: *Die Apostelgeschichte*. 2 Bde. Neukirchen-Vluyn 1986 (Evangelisch-katholischer Kommentar zum Neuen Testament. 5): A. WEISER: *Die Apostelgeschichte*- 2 Bde. Gütersloh 1981. 1985 (Ökumenischer Taschenbuchkommentar zum Neuen Testament. 5), J. JERVELL: *Die Apostelgeschichte*. Göttingen 1997 (Kritisch-exegetischer Kommentar über das Neue Testament. 3) und W. ECKEY: *Die Apostelgeschichte. Der Weg des Evangeliums von Jerusalem nach Rom*. 2 Bde. Neukirchen-Vluyn 2000, die (nicht unumstrittene) historische Darstellung von F. VOUGA: *Die Geschichte des frühen Christentums*. Göttingen 1994 (UTB 1733), sowie die (historisch optimistische) Rekonstruktion von L. SCHENKE: *Die Urgemeinde. Geschichtliche und theologische Entwicklung*. Stuttgart 1990.

traditionsbewussten Christen inspiriert. Ein erstes Summarium urgemeindlichen Lebens in Jerusalem leitet der Evangelist mit einem Kernsatz ein, der vier Wesenselemente des Kirche-Seins verbindet (Apg 2,42):

> Sie verharrten bei der Lehre der Apostel
> und der Gemeinschaft,
> beim Brechen des Brotes
> und bei den Gebeten.

Dieses kleine Gesamtbild wirkt auf den ersten Blick vielleicht allzu harmonisch. Von Konflikten, von enttäuschten Hoffnungen, von Lauheit und Übereifer ist keine Rede. Lukas wird in seiner Apostelgeschichte später all dies ansprechen. Aber am Anfang will er vor Augen stellen, was die Gemeinde Jesu Christi auszeichnet. Er entwirft nicht so sehr ein Idealbild, dem es nachzueifern gälte, sondern ein Urbild, das die Kirche zeigt, wie der Geist Gottes sie erschaffen hat. Apg 2,42 gehört zur Schlusssequenz des Pfingsttages. Derselbe Geist, der die Jünger, Petrus an der Spitze, zum Sprechen bringt (Apg 2,1-36), lässt in Jerusalem durch Umkehr und Taufe (2,37-41) eine erste Christen-Gemeinde entstehen, deren authentisches Glaubensleben das Summarium festhält.

Was die christliche Gemeinde von einem Verein und einem Interessenverband unterscheidet, ist nach Apg 2,42 der Gottesdienst in Verbindung mit dem Dienst am Nächsten. Dass die Kirche für die Menschen im Dienst Gottes steht, ist ihre Existenzberechtigung und ihre Sendung, heute und zukünftig nicht anders als in der Vergangenheit. Die Sehnsucht nach einem lebendigen Gottesdienst ist groß; in Zeiten religiöser Obdachlosigkeit wächst der Hunger nach einer Spiritualität, die vom Geheimnis Gottes lebt und das Angesicht des Nächsten sucht. Eine Liturgie ist gefragt, die eine verständliche und verbindliche Zeichensprache des Glaubens spricht; gefragt ist aber auch ein Gemeinde-Leben, das sich nicht in der Liturgie erschöpft, sondern dem lebendigen Gott im Alltag *und* am Feiertag dient, innerhalb *und* außerhalb der Kirchenmauern, in der Sozialarbeit *und* in der Verkündigung des Evangeliums, im Gebet und in solidarischer Zeitgenossenschaft. Wie wird es möglich, so den Glauben zu leben?

1. Die „Lehre der Apostel"

Die Gemeinden zur Zeit des Lukas haben keinen unmittelbaren Zugang mehr zu Jesus. Der Evangelist schreibt für Christen der dritten Generation; die „Augenzeugen" (Lk 1,2) sind inzwischen gestorben; nach den Aposteln und Zeugen der Urgemeinde haben Presbyter und Episkopen die Kirchenleitung übernommen (Apg 20,17-35). Der Glaube aber lebt von der frischen Erinnerung an den Mann aus Nazareth, an seine Taufe, seine Verkündigung und seine Wunder, vor allem an sein Leiden, seinen Tod und seine Auferstehung. Dazu bedarf es einer ununterbrochenen Kette von Tradenten, die über die Generationengrenzen hinweg, durch Zeit und Raum hindurch miteinander im Gespräch sind und immer wieder neu ins Gedächtnis rufen, was über Jesus zu sagen ist. Am Beginn dieser Kette stehen die „Apostel". Deshalb stellt Lukas das „Bleiben bei der Lehre der Apostel" an den Anfang seines Summariums.

a) Das Bild des Lukas

Die „Apostel" sind für ihn diejenigen, die (idealtypisch) „in der ganzen Zeit, da der Herr Jesus unter uns aus und ein ging", alles Wichtige gesehen haben, „von der Taufe des Johannes angefangen bis zu dem Tage, da er von uns hinaufgenommen wurde" (Apg 1,21f.). Deshalb haben allein sie die Möglichkeit, nicht nur einige wenige Eindrücke von Jesus wiederzugeben, sondern ein Gesamtbild vor Augen zu stellen. Das ist die Basis für das „Buch" (Apg 1,1) des Evangelisten Lukas (1,1-4). Weil die Apostel als „Diener des Wortes" (Lk 1,2) ihre einmalige Chance der Traditionsbildung genutzt haben, ist die Kirche aller Zeiten dankbar auf ihr Zeugnis von Jesus angewiesen.

Was sie von Jesus erzählt und verkündet haben, ist zur Zeit des Lukas, gegen Ende des neutestamentlichen Jahrhunderts, schon „Lehre" geworden (Lk 1,4): nicht mehr nur spontane Eingebung oder unmittelbare Anrede, sondern reflektiere Erfahrung, differenziertes Wissen und erprobtes Bekenntnis. Zur „Lehre" verdichtet sich das Glaubenszeugnis in den langen Lernprozessen des Glaubens, die alle Apostel mitsamt ihren Gemeinden durchlaufen haben; als „Lehre" eignet es sich für die Weitergabe des Glaubens, für die Grundlage der Predigt und für die Verteidigung des Evangeliums.

Die Apostelgeschichte demonstriert an den Beispielen des Petrus und Paulus, wie diese Lehre für den Aufbau der Gemeinde und im persönlichen Glaubensgespräch fruchtbar werden kann: wie es gelingt, ein hohes Reflexionsniveau zu halten und gleichzeitig weite Zugänge zum Evangelium zu öffnen, den *genius loci* anzusprechen und gerade darin dem Geist Gottes Worte zu verleihen, unangenehme Wahrheiten nicht zu verschweigen, aber nicht in Glaubenshärte zu verfallen, sondern alles darein zu setzen, die Faszination des Glaubens zu vermitteln. Ob Petrus vor dem Hohen Rat (Apg 4,6-12) oder Paulus auf dem Areopag (Apg 17,22-31) spricht – Lukas zeigt, dass der Geist Gottes das rechte Wort zur rechten Zeit eingibt, um selbst durch Widerstände hindurch das Evangelium ins Gespräch zu bringen. Darin hat Lukas die Zeugen der Anfangszeit als vorbildlich gesehen; sie sind es bis heute geblieben.

b) Heutige Perspektiven

Die Katechese macht eine schwierige Gratwanderung zwischen Klarheit und Offenheit, Verbindlichkeit und Verständlichkeit, zwischen der Nähe zu den Problemen der Menschen und der Nähe zum Geheimnis des Glaubens. Das „Bleiben" bei der „apostolischen Lehre" stößt heute auf viele Vorbehalte: innerhalb und außerhalb der Kirche. Innerhalb der Kirche, weil man den Druck des Dogmatismus fürchtet, Misstrauen gegenüber Gedankenfreiheit, eine rückwärtsgewandte Vision, die sich die Zukunft verbaut; außerhalb der Kirche, weil man den

Anspruch verbindlicher Wahrheit bezweifelt und auf Innovationen fixiert ist. Nur wenn diese Einwände ernstgenommen werden, ist eine konstruktive Auseinandersetzung mit der Moderne möglich: das Aufgeben falscher Selbstverständlichkeiten, die Immunisierung gegen den Fundamentalismus, die Anerkennung der Wahrheit in anderen Religionen und Sinnsystemen, das Aufbrechen traditionalistischer Verkrustungen.

Andererseits verlangen jene Tendenzen präzise Kritik. Nur wenn die Kirche sich auf das apostolische Fundament in seiner ganzen Breite bezieht, findet sie den Königsweg zwischen Fundamentalismus und Relativismus. Sie pflegt das kollektive Gedächtnis[7], das ihre Identität ausmacht; sie orientiert sich am Kanon, der ihrer Praxis und Lehre das Maß setzt; sie überwindet die Angst, nur durch die Herabsetzung der anderen die eigene Stärke zur Geltung zu bringen; sie findet heraus aus dem Dschungel der „Vielmeinerei"; sie erarbeitet sich die Einheit, die in der Vielfalt, und die Vielfalt, die in der Einheit der biblischen Gottesrede liegt.

In einer Kultur des Neo-Synkretismus wird nur eine profilierte Gottesrede gehört werden, die nicht von allem und jedem, sondern immer wieder vom Einen und Einzigen handelt: wie Jesus ihn zur Sprache gebracht hat; und in einer Kultur multimedialer Vernetzung wird nur eine einladende Gottesrede verstanden werden, die alle Möglichkeiten intelligenter und sensitiver Kommunikation nutzt, um den Horizont biblischer Glaubenserfahrungen zu eröffnen.

Auf der Suche nach dieser profilierten Lehre gibt es intelligente Gegner und überraschende Bundesgenossen. Beide sind zu achten. Von beiden kann die Theologie nur lernen – nicht zuletzt, wenn sie sich in einer Person vereinigen. Der Gießener Philosoph *Odo Marquard* macht sich einerseits den Standpunkt derer zu eigen, die eine metaphysisch-religiöse Gewaltenteilung fordern und im (biblischen oder philosophischen) Monotheismus eine imperialistische Tendenz wittern, die allzu häufig in Aggressionen umschlägt[8]. Andererseits weiß er um die sinnstiftende Bedeutung von Traditionen[9] und die befreiende Kraft von Klarheit. Weder eine selektive Wahrnehmung noch ein Ausspielen der einen Position gegen die andere ist der Theologie dienlich. Entscheidend ist zweierlei: die selbstkritische Aufarbeitung der Kirchen- und Theologiegeschichte, in der es allzu häufig scheinen musste, die „Legitimität der Neuzeit" hänge an der Befreiung vom christlichen Absolutheitsanspruch[10], und die selbstbewusste Vermittlung des riesigen Schatzes an Glaubenswissen und Lebenserfahrung, der in der Heiligen Schrift und der kirchlichen Tradition aufbewahrt ist.

---

[7] Vgl. J. ASSMANN: *Das kulturelle Gedächtnis. Schrift, Erinnerung und Identität in frühen Hochkulturen*. München 1992.

[8] O. MARQUARD: Lob des Polytheismus. Über Monomythie und Polymythie. In: DERS.: *Abschied vom Prinzipiellen* [1981].Stuttgart 1991 (RUB 7724), S. 91-116, hier 100.

[9] O. MARQUARD: Der Philosoph als Schriftsteller. In: H. FECHTRUP – F. SCHULZE – TH. STERNBERG (Hrsg.): *Sprache und Philosophie*. Münster 1996, S. 9-22.

[10] H. BLUMENBERG: *Die Legitimität der Neuzeit*. Frankfurt/M. 1966, Neuausgabe in 3 Bänden, bes. Bd. 1: *Säkularisierung und Selbstbehauptung*. DERS.: *Arbeit am Mythos*. Frankfurt/M. 1979, 239-290, bes. 241.

2. Die „Gemeinschaft"

Die kleine Notiz vom Leben der Urgemeinde in Apg 2,42 folgt unmittelbar auf die Erzählung vom Geburtstag der Kirche am ersten Pfingstfest. Die Gemeinschaft des Glaubens, die als Kirche zusammenkommt, bildet sich im Gefolge dieses Tages und bleibt für alle Zeit von ihm bestimmt. In der Mitte der Kirchen-Gemeinschaft stehen die zwölf Apostel, aber auch „die Frauen und Maria, die Mutter Jesu, und seine Brüder" (Apg 1,14) mitsamt „etwa einhundertundzwanzig Brüdern" (Apg 1,15), worunter wohl alle Jüngerinnen und Jünger Jesu zu verstehen sind, die nach Jerusalem gefunden haben. Diese Menschen bilden deshalb die „Mitte" der Kirche, weil sie Jesus schon zu Lebzeiten gefolgt und von Jesus nach der Katastrophe des Karfreitags im Zuge des Ostergeschehens neu gesammelt worden sind. Sie personifizieren die Kontinuität zwischen dem vorösterlichen und dem nachösterlichen Evangelium; sie haben aber auch die eschatologische Wende der Auferstehung Jesu am eigenen Leibe erfahren. Vor dem Pfingstfest sind sie alle „an einem Ort beisammen" (Apg 2,1) – nicht etwa „aus Furcht vor den Juden", wie häufig aus Johannes (20,19) eingelesen wird, sondern gemäß der Weisung Jesu (Apg 1,4): Der Sendung geht die Sammlung des Jüngerkreises voraus; die Aktion wurzelt in der Kontemplation, die Öffnung für die Welt folgt aus der Konzentration auf das Wort Jesu.

a) Das Bild des Lukas

Das Wunder des Geistes freilich, der über die versammelte Kern-Gemeinde hereinbricht, macht die Mauern des Hauses, in dem die Jünger sich aufhalten, durchlässig und lässt eine erste Gemeinde von Zuhörern entstehen (Apg 2,1-11): Es sind Juden aus aller Herren Länder, die in Jerusalem wohnen. Als Juden repräsentieren sie den Mutterboden des christlichen Glaubens; ihre Herkunft aus der ganzen Ökumene zeichnet den weltweiten Umkreis der Mission vor, der nach Jesu Wort von genau abgemessenen Etappen „in Jerusalem und in ganz Judäa und in Samaria und bis an die Grenzen der Welt" (Apg 1,8) abgeschritten werden soll. Die Kirche ist keine Sekte, sondern im Ursprung als Kirche für alle Menschen aus allen Völkern und Nationen angelegt.

Wie die Urgemeinde dem lukanischen Bild zufolge ihre Glaubens-Gemeinschaft gelebt hat, fasziniert seit je (Apg 4,32): „Keiner nannte etwas von seinem Besitz sein eigen, sondern sie hatten alles gemeinsam."

Wie diese Gütergemeinschaft freilich zu verstehen ist, muss geklärt werden. Allzu sehr beherrschen romantisierende, bisweilen auch verbalradikale Vorstellungen das Feld. Von „Liebeskommunismus", vom Verbot des Privateigentums, von ökonomischer Anarchie kann im Ernst keine Rede sein. Die Pointe liegt vielmehr in der großherzigen Bereitschaft, den eigenen Besitz anderen Gemeindegliedern zur Verfügung zu stellen, „so wie sie es nötig hatten" (Apg 2,45; 4,35), dann aber auch tatsächlich nicht zu zögern, sondern wirklich zu teilen.

Lukas denkt sich die Urgemeinde keineswegs uniform. In seinem Evangelium hat er erzählt, wie vielfältig die Beziehungen zu Jesus und die Bindungen an ihn

sind. Es gibt nicht nur die „Nachfolge der Zwölf", die (idealtypisch) immer mit
Jesus zusammengewesen sind, „angefangen von der Taufe im Jordan bis zu seiner Himmelfahrt" (Apg 1,22), sondern auch die „Nachfolge der Siebzig" (vgl. Lk
10,1-9), die für eine gewisse Zeit die Heimatlosigkeit des Wanderpredigers Jesus
auf seinen weiten Wegen zu den Kindern Israels geteilt haben, und die „Nachfolge der Vier- und Fünftausend", die sich von Jesus beschenken und begeistern
lassen, aber nicht ständig mit ihm zusammen sind, sondern zuhause, im Beruf, in
der Nachbarschaft und ihren Freundeskreisen den Glauben an das Evangelium
leben.

So erzählt auch die Apostelgeschichte, dass die Urgemeinde bunt zusammen-
gesetzt war. Es gab Männer und Frauen, arme Witwen und reiche Grundbesitzer,
„Hebräer" und „Hellenisten", d.h. auf der einen Seite palästinische, aramäisch-
sprachige und auf der anderen Seite hellenistische, griechischsprachige Judenchristen aus der Diaspora. Die Zwölf gehören zur Urgemeinde, die schon von
Anfang bei Jesus gewesen sind, die Frauen, die ihm schon in Galiläa nachgefolgt
waren, aber auch die Mutter und die Brüder Jesu (Apg 1,14) und dann die nach
Tausenden zählenden Neubekehrten, die auf die Predigt des Petrus und anderer
Urchristen hin an das Evangelium glauben (2,41; 4,4; vgl. 5,14).

b) Heutige Perspektiven

Die Glaubensgemeinschaft der Urgemeinde war Lebensgemeinschaft; Diakonie
und Caritas waren die große Stärke – und müssen es heute wieder werden. Wenn
man die Gütergemeinschaft der Urgemeinde nicht idealisiert, sondern realistisch
einschätzt, wird viel deutlicher, dass sie heutige Gemeinden nicht schlichtweg
überfordert, sondern an wesentliche Aufgaben heranführt – innerhalb und außerhalb der Kirchenkreise. Die soziale Frage wird neu gestellt: als Frage nach der
Partizipation der Besitzlosen, der Jugendlichen, der Schwachen und Behinderten
am Arbeitsleben, nach der Förderung familiärer Erziehungs- und Pflegearbeit,
nach dem Schutz der Ungeborenen und der Alten, auch der Behinderten, der
Sterbenden, nach unbürokratischer Hilfe in der Not. Welche Antwort die Gemeinden geben – wenn sie nicht nur in Worten, sondern in Taten besteht, ist sie
Gottesdienst im elementaren Sinn. Umgekehrt muss die diakonische Praxis in
spiritueller gründen, sonst können die Menschen, denen die Werke der Barmherzigkeit erwiesen werden, nicht im letzten als sie selbst, nämlich als Gottes Geschöpfe geliebt werden, und die Gemeinschaft, die entsteht, ist letztlich funktio-
nalistisch bestimmt oder utopistisch als Verwirklichung eines Ideales, nicht aber
pneumatisch als Wirkung des Schöpfergeistes, den Gott zur Rettung der Menschen wirksam werden lässt.

Außerhalb der Kirchenmauern sind die Erwartungen groß. Wie groß sie sind,
spiegelt sich selbst noch einmal in der scharfen Kritik eines *Heinrich Böll* am
katholischen „Klüngel"[11] oder im Spott eines *Hans Magnus Enzensberger* über

---

[11]   Am eindrucksvollsten geschieht dies in seinen Romanen; vgl. H. BÖLL: *Und sagte
kein einziges Wort*. Köln 1955; *Billard um halb zehn*. Köln 1959; *Ansichten eines
Clowns*. Köln 1963; *Gruppenbild mit Dame*. Köln 1971.

die „pastorale" Tendenz, alles abzusegnen, was der Kirche über den Weg läuft[12], oder in der subtilen Ironie einer *Gabriele Wohmann* an dem „Schönen Gehege", in dem sich die Gleichgesinnten einrichten und abschließen[13]. Wie groß die Enttäuschungen sein können, ergibt sich aber auch aus westlichen und östlichen Stimmen, die von der kirchlichen Gemeinschaft viel, vielleicht allzu viel erwarten. *Botho Strauß* meditiert über „Vielfalt" und „Einheit" im Blick auf die modernen Zeitgenossen, denen die Pluralität über alles geht[14]:

> „Vielfalt statt Einfalt!" Mit solchem Spruch wollen sie den Papst vermahnen. Der Letzte auf dieser Erde, der dazu berufen ist, das Heil nicht von Reformen zu erwarten. Diese Leute ahnen offenbar nicht, wie nötig die Entfaltung des Pluralen der einen Instanz bedarf, die es ausschließt. Sie wissen nichts von Einheit, die längst verlorenging, aus dieser Welt fast spurlos verschwand – und wieviel Kraft und Gewissen sie erfordert, im Gegensatz zum raschen Zapping durch die nahverwandten Meinungen. Wie kann man für das Viele sein, wenn man das Eine noch nie erfahren hat? In dessen Namen doch der Gläubige seine Religionszugehörigkeit begründet.

Jene Einheit, die in der katholischen Kirche bis in die jüngste Vergangenheit zu erleben war, kann aber nicht nur orientieren und helfen, sondern auch einengen, die Kehle zuschnüren, Leben zerstören. Während *Günther de Bruyn* von einem unaufgeregten, gelassenen, moderat engagierten, nüchternen Katholizismus in der Berliner Diaspora erzählt[15], werden in *Martin Walsers* autobiographisch gefärbtem Roman „Ein springender Brunnen" aus derselben Zeit die Beklemmungen spürbar, die eine kirchliche Sakramentenkatechese in der Fixierung auf das Sechste Gebot ausgelöst hat[16], obgleich damals gleichfalls im süddeutschen Raum *Josef Ratzinger* eine so tiefe katholische Marien- und Sakramentenfrömmigkeit mit der Muttermilch aufgesogen hat, dass sie ihn bis heute trägt[17].

Eine rückwärtsgewandte Pastoral hat so wenig eine Zukunft wie eine geschichtslose, eine uniformistische ausgerichtete so wenig wie eine pluralistische, die keine Identität vermittelt. Die Gemeinschaft der Kirche muss, wenn sie dem Evangelischen treu bleiben will, schon im genauen Sinn des Wortes katholisch sein: einig im Grundverständnis des Glaubens, reich in seinen Ausdrucksformen, vielfältig in seinen lokalen Verwurzelung, offen für seine weltweite Präsenz, konzentriert auf seine Wahrheit.

Freilich ist mit idealen Vorstellungen wenig gewonnen. Die Kirche unserer Tage und unserer Breitengrade lebt in einer pluralistischen, multikulturellen, individualisierten, segmentierten Gesellschaft. Die modernen Zeitgenossen tun sich

---

[12] H. M. Enzensberger: *Leichter als Luft. Moralische Gedichte.* Frankfurt/M. 1999, z.B. „Besuch" (S. 120f).

[13] Vgl. G. Wohmann: *Schönes Gehege.* Darmstadt – Neuwied 1975.

[14] B. Strauss: *Die Fehler des Kopisten.* München 1997, S. 110.

[15] G. de Bruyn: *Zwischenbilanz. Eine Jugend in Berlin.* Frankfurt/M. 1992.

[16] M. Walser: *Ein springender Brunnen.* Roman, Frankfurt/M. 1998.

[17] J. Ratzinger: *Salz der Erde. Christentum und katholische Kirche an der Jahrtausendwende. Ein Gespräch mit Peter Seewald.* Stuttgart 1996, S. 43-62.

mit Verbindlichkeit und langfristigen Engagements schwer. Die Kirchen bleiben von diesem Trend nicht unberührt. Ihn nur zu kritisieren oder umstandslos gut zu heißen, ist gleich problematisch. Die Gemeinden werden neue Formen „projekt-orientierten" Christentums kennenlernen: starkes Engagement für befristete Zeit ohne Einwilligung in die langfristigen Verbindlichkeiten traditionellen Christseins, wie sie dem umfassenden Anspruch des Evangeliums eher entspre-chen, allerdings auch in die Gefahr falscher Plausibilitäten geraten. Mütter, die sich in der Sakramentenkatechese engagieren, ohne selbst eine ausgereifte Sa-kramentenpraxis zu haben oder zu entwickeln; Väter, die bei der Verschönerung der Kirchenanlagen und der Planung von Wallfahrten beherzt Hand anlegen, oh-ne sonderlich begeistert vom regelmäßigen Kirchgang zu sein; Jugendliche, die liturgische Nächte hingebungsvoll vorbereiten und mitfeiern, ohne zur sonntägli-chen Kerngemeinde zu gehören – sie alle gehören nicht zu den „Mitläufern" und „Randständigen", sondern sind in vielen Gemeinden das Salz in der Suppe. Gleichzeitig bilden sich allerorten „Neue Geistliche Gemeinschaften" von Laien und Priestern, Männern und Frauen, Jugendlichen und Erwachsenen, denen der Alltagstrott des Christentums nicht reicht, die mehr wollen: mehr spirituelle Er-fahrung, mehr menschliche Nähe, mehr freundschaftliche, brüderliche, geschwi-sterliche Gemeinschaft.

Dies alles findet gleichzeitig statt – zweifellos eine tiefe Krise und eine große Chance. Die Zahl der persönlich Engagierten steigt und die Zahl der regelmäßi-gen Kirchgänger sinkt; die Zahl der Kirchenfeinde nimmt ab und die Zahl der Desinteressierten nimmt zu. Wer früher in die innere Emigration flüchtete, tritt heute aus der Kirche aus; wer früher einfach nur mitmachte, wird heute vor die Entscheidung gestellt. Alles findet gleichzeitig statt und stellt die Frage neu, wie heute jene Gemeinschaft gelebt werden kann, die Lukas im Sinn hat.

Zwei Antworten zeichnen sich ab. Auch die Volkskirche hat immer von quali-fizierten Minderheiten gelebt. Nicht anders ist es in der Gegenwart. Die Vielfalt der engagierten Gruppen wird steigen, ob sie spirituell oder diakonisch, politisch oder ökologisch, katechetisch oder psychologisch, sach- oder erlebnisorientiert ausgerichtet sind – Sauerteig werden sie sein, wenn sie ihre ureigenen Charismen pflegen *und* ihren Dienst am Ganzen des Leibes Christi leisten.

Aber auch die „etablierten" Pfarrgemeinden gewinnen unter veränderten Rahmenbedingungen neues Gewicht. Mit den Gottesdiensten, die immer zu be-stimmten Zeiten gefeiert werden, mit den diakonischen Diensten, die auf Dauer angelegt sind, mit den katechetischen Programmen, die durch theologische Kom-petenz und gesamtkirchliche Vernetzung gekennzeichnet sind, bilden sie das Rückgrat der Kirche. Sie werden zunehmend Gemeinschaft von Gemeinschaften sein, aber eben darin ihren neuen Ort finden – als Ort der Kommunikation, als Ort der Anbahnung von Kontakten, als Ort der öffentlichen Glaubensverantwor-tung.

3. Das Brotbrechen

Die Feier des Gottesdienstes ist seit Anbeginn der Kirche im Kern die Feier der Eucharistie. Die Gemeinde kann in der Regel überhaupt nur einmal in der Woche zusammenkommen: am „Tag des Herrn", zum Gedächtnis des Leidens und Sterbens Jesu (vgl. 1 Kor 11,23-25). Diese Zusammenkunft freilich ist vieles zugleich: Sie gibt Gelegenheit zum Gespräch und zur Pflege der Gemeinschaft beim gemeinsamen Essen und Trinken; sie wird zum Medium der Diakonie, weil die mitgebrachten Speisen geteilt werden; sie ist der Ort der Verkündigung, der Katechese, der Prophetie; am Schluss steht die „Eucharistie". All dies nennt Paulus „Mahl des Herrn" (1Kor 11,20), weil der Auferstandene inmitten der Seinen gegenwärtig ist und mit seinem Geist ihren Gottesdienst erfüllt.

a) Das Bild des Lukas

Wenn Lukas in aller Kürze nur vom „Brotbrechen" redet, erinnert er an die entscheidenden Gesten und Worte des Abendmahls: an das Brot, das elementare Lebensmittel, aber sicher auch an den Wein, das Symbol festlicher Freude; an das Austeilen, das Essen und Trinken, die sinnfälligen Zeichen der Gemeinschaft mit Jesus Christus; vor allem an die Worte Jesu: „Das ist mein Leib, für euch gegeben" (Lk 22,19), und: „Dieser Kelch ist der Neue Bund in meinem Blut, für euch vergossen" (Lk 22,20). Die Gesten und Worte fassen in einzigartiger Dichte zusammen, was Jesu Leben ausmacht und deshalb auch seinen Tod bestimmt: dass er ganz und gar, bis hin zu seinem stellvertretenden Sterben, „für" die Menschen ist, obgleich sie Sünder sind, und dass dieses „Für" darauf zielt, ihnen das ewige Leben im Reich Gottes zu schenken, das allein Gottes neuschöpferischer Gnade verdankt werden kann. Jesus tritt für diese Hoffnung ein; im Vertrauen auf die Gültigkeit der Verheißung, die in seinem Sterben liegt, brechen die ersten Christen „in ihren Häusern das Brot" (Apg 2,46).

Die Schlichtheit und die Intensität dieses Zeichens hat die Menschen der Antike stark beeindruckt: keine bombastische Liturgie, kein heiliges Schauspiel, aber auch kein leerer Ritus, sondern eine Danksagung, die vom Geschehen in der Paschanacht Jesu erzählt; ein Mahl, das Gemeinschaft durch die Anteilgabe an Jesu Liebe zu Gott und zu den Menschen begründet (1 Kor 10,16f); und ein Opfer, das in der Vergegenwärtigung der Lebenshingabe Jesu als Grund aller Hoffnung besteht.

Lukas hat den inneren Zusammenhang von Eucharistie und Diakonie herausgearbeitet. Seinem Paschamahlbericht (22,14-20) folgen die Ansage des Verräters (22,21ff) und ein langes Tischgespräch Jesu mit seinen Jüngern (22,24-38). Es ist von zwei Leitmotiven bestimmt: dem Versagen der Jünger Jesu in der Stunde der Passion und dem radikalen Dienst, den Jesus ihnen leistet, zuletzt durch sein Sterben. Lukas denunziert Petrus und die Zwölf nicht, er glorifiziert sie aber auch nicht. Es ist ein historisches Faktum mit weitreichenden Konsequenzen, dass Petrus Jesus „dreimal verleugnen wird, ehe der Hahn kräht" (Lk 22,34). Aber es ist dieses paradigmatische Versagen für Jesus kein Grund, sich von Simon abzuwenden, vielmehr exemplarisch der Grund, dass er für seine Jünger „sein Blut vergießt" (22,20). Wenn er sich nach Lukas als derjenige zu erkennen gibt, der „unter euch der Diener" ist (22,27), bringt er zum Ausdruck, dass die Hingabe seines Lebens reine Proexistenz ist, ausgerichtet darauf, dass ihnen der Zugang zum Reich Gottes geöffnet wird und sie schon gegenwärtig deren Nähe heilsam erfahren, weil sie, auf sich gestellt, der Macht der Todes und der Sünde verfielen.

Die Gemeinschaft, mit der Jesus das letzte Abendmahl feiert, ist eine Gemeinschaft der Sünder. Sie sind um ihres Heiles willen darauf angewiesen, dass Jesus so sehr ihr Diener wird, dass er „für" sie stirbt: nicht nur ihretwegen, sondern an ihrer Stelle und, worauf letztlich alles ankommt, ihnen zugute. Jesus rechnet den Jüngern an, dass sie „mit" ihm „ausgehalten haben in meinen Versuchungen" (22,18). Diese Ausdauer ist nicht die Voraussetzung ihrer Anteilgabe am eschatologischen Heil; dass Jesus dessen gedenkt, ist vielmehr Ausdruck seiner eigenen Teilhabe am menschlichen Leben und seiner Aufmerksamkeit für ihre Bereitschaft zur Nachfolge. Die Gemeinschaft, die Jesus durch sein Sterben stiftet, die Gemeinschaft des Neuen Bundes (22,20), ist stark genug, Schuld und Versagen der Jünger zu überwinden – kraft der Hingabe Jesu. Davon ist und bleibt die Kirche geprägt. Die Feier der Eucharistie gibt ihr Anteil am Dienst Jesu zum Heil der Welt. Indem sie selbst die Nachfolge dessen sucht, der aller Diener geworden ist, und darin zum Dienst in der Welt und an der Welt geführt wird, gibt sie weiter, was sie selbst empfangen hat; und indem sie Eucharistie feiert, bekennt sie inmitten der menschlichen Leidensgeschichte ihre eigene Schuld, um Dank zu sagen für die je größere Macht der Liebe Gottes, die den Namen Jesu trägt.

b) Heutige Perspektiven

Die Rückbesinnung auf die einfachen Gesten und Worte der Eucharistie wird im Zentrum einer erneuerten Eucharistie-Praxis der Gemeinden stehen müssen. Nachdem das Zweite Vatikanische Konzil den „Tisch des Wortes" reich gedeckt hat, ist es an der Zeit, mit großer Aufmerksamkeit und Sorgfalt, aber auch voller Vertrauen in die Ausdruckskraft der Liturgie die Darbringung der Gaben von Brot und Wein, das Nach-Erzählen der Abendmahlsüberlieferung und die Kommunion zu gestalten. Routine ist tödlich; die Liturgie jeden Sonntag neu zu erfinden, endet schnell in Sackgassen; ob der Priester das Hochgebet wirklich betet oder nur aufsagt, ob die Kommunionhelfer glauben, dass sie tatsächlich den „Leib Christi" austeilen, ob der Gemeinde Zeit zum Beten und Hören gegeben wird – all dies wird heute viel aufmerksamer registriert als früher. Katholische Gemeinden können (inzwischen) von evangelischen Gemeinden, die Abendmahlsgottesdienste feiern, viel lernen: wie sehr der Laien-Kelch zum vollen Zeichen der Eucharistie gehört, wie viel intensiver das gemeinsame Kommunizieren kleiner Gruppen um den Altar ist als das Schlangestehen vor den Austeilern oder das Gedränge vor der Kommunionbank; wie angemessen es auch ist, eine falsche Selbstverständlichkeit des Kommunionempfangs in Frage zu stellen. Das Ergebnis wird keine neue Skrupulösität, aber vielleicht eine neue Dankbarkeit sein, zum „Tisch des Herrn" (1 Kor 10,21) treten zu dürfen, und eine neue Freiheit, die Gnade Gottes anzunehmen.

Die Liturgiereform des Zweiten Vatikanischen Konzils hat mit ihrem Ideal einer *actuosa participatio*, einer aktiven Teilnahme aller Gläubigen am Gottesdienst, die Impulse der Liturgischen Bewegung aufgenommen und eine Wende zum besseren Verständnis, zur tieferen Verwurzelung und des Gottesdienstes in der feiernden Gemeinde eingeleitet. Hinter die Einführung der Landessprache, die Aufwertung des Lektorenamtes, die Akklamationen der Ekklesia zur Schriftlesung, die dialogischen Gebetselemente zurückzufallen, wäre fatal. Aber der Hang zur Pädagogisierung der Liturgie, der immer eine Versuchung der lateinischen Kirche gewesen ist, beschwört die Gefahr der Banalisierung herauf. Der offenkundig gerade bei Pfarrern tiefsitzende Verdacht, die Zeichensprache der Liturgie sei unverständlich und müsste mühsam erklärt werden, ist offenkundig falsch, wie sogar noch die Ausschlachtung sakramentaler Gesten und Riten aus kommerziellen Interessen und kulturellem Instinkt in Werbung und Film demonstriert. Wo liturgischer Analphabetismus sich ausbreitet, ist nicht die Auflockerung (angeblich oder tatsächlich) erstarrter Gottesdienstformen, sondern elementare Mystagogie das Ziel.

Die Aufmerksamkeit für das eucharistische Geschehen wächst, wo man sich vom Zwang des Funktionalismus befreit. Ein wichtiger Zeuge ist *Peter Handke*. In seinem „Märchen aus den neuen Zeiten" heißt es[18]:

> In diesem Jahr 1997 machte ich es mir zur Regel, möglichst keine Meßfeier zu versäumen; die fand ohnedies nur zweimal im Monat statt, der Priester war auch noch zuständig für eine andere Gemeinde in den Seine-Höhen. Ich wurde an jedem Sonntagmorgen ungeduldig, dorthin zu kommen, fürchtete, zu spät zu sein für das „Kyrie eleison!", ging im Laufschritt. [...]
>
> Was mich, den Soundso aus dem slowenischen Dorf Rinkolach in der Jaunfeldebene betraf, so mußte der Meßgang sein! Hier in der Allerweltsbucht an jedem zweiten Sonntag zusammen mit ein paar anderen das Slawische zu hören, das war dabei nicht die Hauptsache. Aber es öffnete mich erst einmal, nein, riß mich auf. So hoch auch die Töne wurden, so tief wirkte auf mich der Klang. Keine Kindheit brachte er mir zurück, sondern der Mensch wurde ich mit ihm, der ich bin, oft zittrig, doch nicht wehrlos.
>
> [...] Und vor allem sah Gregor Keuschnig durch die Zeremonie das, was er für sich allein tat, gegründet und gelichtet, wenigstens für eine kurze Strecke seines Heimwegs zum Weitertun. Und nur zu bald drängte es ihn schon, sich dort in der Kirche wieder den Frieden holenzugehen. [...]
>
> Wie langweilten und ärgerten mich manchmal die Heiden, von denen ich dann draußen bald wieder selbst einer war. Obwohl ich bei den slawischen Wörtern des Vaterunser so anders aufhorchte als bei den romanischen, war das noch immer, zusammen mit dem Glaubensbekenntnis, die einzige Stelle der Liturgie, wobei ich mich ausgeschlossen fühlte. Auch fehlte mir, aus meinen gewohnten katholischen

---

[18] *Mein Jahr in der Niemandsbucht. Märchen aus den Neuen Zeiten.* Frankfurt/M. 1996, S. 965, 967, 968ff.

Messen, jener Augenblick, da der Priester ausrief: „Sursum corda! Erhebt die
Herzen!" (Oder habe ich das bis jetzt nur überhört?) Und seltsam hat es mich an-
gemutet, dass der Ostkirchenpriester, zur Fleisch-und-Blut-Werdung des Brots
und des Weins, damit diese vollzogen sei, noch ausdrücklich die entsprechenden
Beschwörungsworte aussprach, während im katholischen Ritus zur Verwandlung
die reine Erzählung ausreichte: „Am Abend, bevor Jesus gekreuzigt wurde, nahm
er das Brot ...": Dieses Verwandeln allein durch Erzählen blieb mir näher.

Den entscheidenden Eindruck hinterlässt im Roman nicht die Predigt, sondern
die Liturgie – mit wenigen schlichten Gesten und wenigen schlichten Worten, die
aber höchst bedeutungsvoll sind, weil – so die Wahrnehmung des Dichters –
durchs Erzählen eine Verwandlung geschieht, nämlich – so die Deutung des
Theologen – die Wandlung von Brot und Wein in den Leib und das Blut Christi
dadurch, dass Jesus selbst sich kraft des Geistes in der Heilsbedeutung seines
Todes vergegenwärtigt, wo seines Leidens und Sterbens eucharistisch gedacht
wird[19]. Die Gefahr einer neuen Ästhetisierung mag naheliegen[20]; ihr zu begegnen, setzt voraus, die Erzählung ernst zu nehmen, die eine kurzgefasste Passions-
geschichte Jesu ist. Die Kraft der Verwandlung rührt aus dem Gedächtnis des
Leidens, weil der Gekreuzigte der Auferstandene ist, der „für" die Vielen ist und
bleibt, indem er „mitten unter ihnen" ist, zuhöchst in der Feier der Liturgie.

4. Das Beten

Das gemeinsame Gebet ist die Lebensader der Urgemeinde. Lukas stellt das Beten nicht ohne Grund an den Schluss der Viererkette. Es ist kein Zugabe zum
Leben der Urgemeinde, sondern die Grundlage. Das Brotbrechen vollzieht sich –
Eucharistie und Eulogie – als Gebet; die Koinonia ist wesentlich Gebetsgemein-
schaft; die *lex credendi* folgt der *lex orandi*.

a) Das Bild des Lukas

Das Gebet ist vor allem Gotteslob (Apg 2,47) – aus Dankbarkeit für Jesus. Wenn
Lukas schreibt, dass „sie täglich einmütig im Tempel" weilten (Apg 2,46), hat er
die Tempelaktion Jesu im Sinn: dass der Tempel nach Gottes Willen ein „Haus

---

[19]   Was die Romanfigur genau beobachtet hat: Im lateinischen Ritus geht die Epiklese
       den „Wandlungsworten" voraus, im orthodoxen folgt sie ihr nach.
[20]   Sie ist unübersehbar in dem überaus anregenden Buch von G. STEINER: *Real pre-
       sences*. London 1989. Besonders gilt dies für das Nachwort der deutschen Ausgabe
       (*Von realer Gegenwart. Hat unser Sprechen Inhalt?* München 1990) von B.
       STRAUSS: Der Aufstand gegen die sekundäre Welt. Bemerkungen zu einer Ästhetik
       der Anwesenheit (ebd. S. 303-320). Ästhetische Erfahrung mit theologischen Kate-
       gorien zu begreifen, ist auch für die Theologie inspirierend, wenn ihr der Sinn für
       die Wirklichkeit der *symbola* abhanden gekommen sein sollte; aber Transsubstan-
       tiation ist keine Kunst, sondern – in härtester Dogmensprache ausgedrückt – Gnade
       ex opere operato.

des Gebetes" sein soll (Lk 19,46). Lukas insinuiert nicht, dass die Urgemeinde noch selbstverständlich am Opferkult partizipiert hätte. So hoch er als Institution des frommen Judentums zu schätzen ist (vgl. Lk 1-2; Apg 21,15-23,22), stellt doch die Stephanus-Rede (Apg 7,1-53) detailliert heraus, dass sich Gott an das Haus des Tempels nicht fesseln lässt (7,46-50), während zum Heil alles darauf ankommt, zum Glauben an den „einzig Gerechten" (7,52) zu gelangen, der als „Menschensohn zur Rechten Gottes steht" (7,56). In der Apostelgeschichte erzählt Lukas, wie vor allem Petrus und Paulus – ganz im Sinne Jesu – den Tempel zum Ort der Verkündigung werden lassen. Das Gebet der Urgemeinde bereitet den Boden; im Sinne des Lukas lässt es sich nicht als Versuch einer Besetzung des Tempels durch Christen (und einer Enteignung der Juden) verstehen, sondern als Ausdruck der Gemeinschaft mit Jesus, der Solidarität mit Israel und der Verwurzelung in der alttestamentlichen Glaubensgeschichte.

Neben freien Gebeten hat das feste Gebet seit alters seinen Platz im Glaubensleben der Christenmenschen. Zu den Gebeten der Urgemeinde gehörten ganz sicher die Gebete Israels, vor allem die Psalmen (vgl. 1 Kor 14,26): nicht nur weil die ersten Christen allesamt *Juden*christen waren, sondern weil die Psalmen in einzigartiger Weite und Tiefe Lebens- und Gotteserfahrungen des Gottesvolkes ansprechen.

Das wichtigste Gebet war freilich gewiss das Vaterunser (Lk 11,1-4)[21]: das Gebet um die Heiligung des Namens und das Kommen des Reiches Gottes, das Gebet aber auch um die Hilfe Gottes in der Not des Lebens, sei es um das tägliche Brot, sei es um die Vergebung der Schuld, sei es um die Bewahrung vor der Versuchung, Gott und seinen Sohn Jesus zu verraten. Das Vaterunser ist ein Gemeinde-Gebet. Es kann nicht in der 1. Person Singular, sondern nur in der 1. Person Plural gebetet werden: Es setzt immer schon die Gemeinschaft derer voraus, die Gott durch Jesu stiftet, indem er erfüllt, worum er gebeten wird, und es fördert diese Gemeinschaft, indem es zum Ausdruck bringt, was sie zusammenbringt und zusammenhält.

Die Anrede Gottes als Vater, wie Jesus sie im Gleichnis „vom verlorenen Sohn" (Lk 15,11-32) auslegt, artikuliert das Vertrauen der Gemeinde, sich an Gott wenden zu können und von Gott so gehört zu werden, dass es der Verwirklichung seines Heilswillens dient. Die Du-Bitten sind getragen vom Wissen, dass die „unnützen Knechte" (Lk 17,10) von sich aus rein gar nichts zum Aufbau des Reiches Gottes leisten und allein darauf ihre Hoffnung gründen können, dass Gott von sich aus aktiv wird, um seinen Namen zu heiligen und sein Reich kommen zu lassen, aber dass er sie in die Nachfolge Jesu ruft, damit sie in Wort und Tat Zeugen dieser Hoffnung sein können. Die Wir-Bitten sind Ausdruck des Glaubens, dass der Segen der Gottesherrschaft schon gegenwärtig das Leben der Jünger prägt, indem Gott ihnen inmitten menschlicher Not und menschlicher Schuld zu leben gewährt. Die Bitte um das tägliche Brot ist an den Schöpfer, die Bitte um Vergebung an den Erlöser gerichtet. Das Brot ist das elementare Lebensmittel der Menschen auf Erden, die menschliche Schuld der Stempel des

---

[21] Unübertroffen ist die tiefsinnige Exegese von H. SCHÜRMANN: *Das Gebet des Herrn. Das Vaterunser als Schlüssel zum Beten Jesu.* Freiburg [4]1981, Leipzig [7]1990.

Todes mitten im Leben. Die Bitte um das tägliche Brot nimmt die Welt als
Schöpfung und jeden Besitz als gabe wahr, die Bitte um die Vergebung und die
Bewahrung vor der Versuchung ist das Eingeständnis menschlicher Schwäche
und mehr noch das Vertrauen auf den Gott des Lebens. „Gott, sei mir Sünder
gnädig" – Lukas weiß von Jesus, dass die Christen nicht anders beten können als
der Zöllner im Tempel (Lk 18,9-14), und er weiß wohl von Paulus, dass ein
Glaubender, der so betet, gerechtfertigt wird (vgl. Apg 13,38f.; 15,7-11).

b) Heutige Perspektiven

Karl Rahner hat Predigten, die er kurz nach dem Zweiten Weltkrieg in München
gehalten hat, unter dem Titel „Von der Not und dem Segen des Gebetes" veröffentlicht[22]. Ob er hat ahnen können, wie groß die Not heute ist – und wie viel
größer der Segen?

„Haus des Gebetes" zu sein (Lk 19,46), ist die Berufung der Kirche. Inmitten
der religiösen Sprachnot heutiger Menschen gewinnt diese Berufung neue
Bedeutung. Viele Zeitgenossen haben selbst die einfachsten Worte und Gesten
des Betens verlernt; sie haben keine Möglichkeit mehr, ihre religiösen Ängste
und Hoffnungen auszudrücken. Viele wissen gar nicht mehr, was ihnen fehlt,
wenn ihnen die Welt des Glaubens versperrt bleibt. Das nur zu beklagen, wäre
billig. Angezeigt wäre es hingegen, dort, wo sich Kontakte ergeben (in der
Schule, in der Sakramentenkatechese, bei den Kasualien), den Sinn für das Beten
zu wecken: vom Kreuzzeichen über die Stoßgebete bis zum Vaterunser und zum
freien Gebet. Beten zu lehren, ist nicht der geringste Dienst an Gott und den
Menschen, den die Kirche heute leisten kann. Wie kann es gelingen?

Eine Grundvoraussetzung ist, dass die Kirche selbst sich neu als Gemeinschaft
des Betens begreift und vollzieht. Das ist nicht nur eine Frage des *Dass,* sondern
auch des *Wie.* Einerseits bedarf es neuer Gebetsformen und Gebetszeiten. Viele
Großstadtkirchen nutzen bereits die Chance, Oasen der Religiosität inmitten der
Kommerzwüsten zu sein. In vielen Dörfern und Stadtbezirken hingegen stehen
die Kirchen tagelang leer, ohne dass in ihnen gebetet würde. Die spirituelle Ausstrahlung der Kirchenräume, der Kirchenmusik und der Kirchenkunst zur Wirkung kommen zu lassen, ist ein Dienst an den Menschen, die sich mit Surrogaten
des Glaubens trösten müssen und die kirchliche Gebetssprache verlernt haben.
Andererseits bedarf es des liturgischen Betens zu festen Zeiten und in gebundenen Formen – sowohl zum „Aufbau des Leibes Christi" (Eph 4) als auch stellvertretend für die Menschen, die nicht (mehr) beten können. Den alt- und neutestamentlichen Gebeten, vorab den Psalmen und dem Vaterunser, aber auch den großen Gebeten der kirchlichen Tradition eignet ein Glaubenswissen, das weit über
Horizont der heutigen Generation und der westlichen Zivilisation hinausführt und
deshalb eine unversiegbare Quelle christlicher Spiritualität bleibt – auch wenn
alles seine Zeit und Stunde hat.

Die Mischung alter und neuer, gebundener und freier Gebete eröffnet die

---

[22] Innsbruck 1949 u.ö. bzw. Neuausgabe Freiburg 1991.

Möglichkeit, Verkrustungen aufzubrechen und neue Bekanntschaften mit alten Traditionen zu schließen. Dass das Stundengebet (wenn möglich) weder lästige Pflicht noch tödliche Routine wird; dass die Fürbitten nicht zu heimlichen Appellen an andere verkommen; dass das Vaterunser nicht heruntergerattert, sondern (wie vor allem regelmäßig in evangelischen Gottesdiensten) sorgsam gebetet wird; dass die Gemeinden nicht genötigt werden, zu allen möglichen Privatgebeten des Vorstehers „Amen" sagen zu müssen, aber auch erkennen können, wie der Glaube in der Sprache von heute seinen Ausdruck finden kann und dass der Vorbeter tatsächlich betet – darauf die Aufmerksamkeit zu richten, ist so wichtig wie eine gute Predigtvorbereitung. Wer den Grundwortschatz des Glaubens beherrscht, hat es leichter, frei zu beten; wer seinen Glauben mit seinen persönlichen Worten auszudrücken versteht, findet leichter in die Glaubenswelt der Gebet aus der Schrift und der Tradition hinein.

Prägt das Vaterunser das Beten der Kirche, führt es die Glaubenden aus dem Teufelskreis ihrer Ichsucht und öffnet sie für die Liebe zu ihren Nächsten, selbst zu ihren Feinden: Wer im Beten Gott als den wahrzunehmen beginnt, der sich der Menschen in ihrer Schuld und Not annimmt, um sie endgültig zu retten, kann selbst nicht mit dem Rücken zum menschlichen Elend leben, sondern wird erfahren, dass die Liebe, die er anderen schenkt, nichts anderes als die Weitergabe jener Liebe ist, der er selbst seine Hoffnung verdankt.

Rainer Kunze weiß aus eigenem Erleben, welche Rolle (vor allem) die evangelische Kirche in der DDR gespielt hat. Ein Vierzeiler beschreibt sie treffender als viele voluminöse Analysen[23]:

PFARRHAUS
(für Pfarrer W.)

Wer da bedrängt ist findet
mauern, ein
dach und

muss nicht beten

Ein Pfarrhaus wird zum Asyl, in dem nicht gebetet werden muss – weil in ihm viel gebetet wird. Und dass der Pfarrer niemanden zum Beten zwingt, zeigt wie ernst er es nimmt. Rainer Kunze hat aber nicht nur Augen für die Freiräume des Lebens, die das Beten schafft, sondern auch für das immerwährende Gebet, das mitten im Leben durch das Haus der Kirche geschieht[24]:

[23] *Zimmerlautstärke. gedichte.* Frankfurt/M. 1972, S. 41.
[24] *Ein tag auf dieser erde. gedichte.* Frankfurt/M. 1998, S. 11.

DAS KIRCHLEIN ST. PETER ZU PYRAWANG

Zählen kann es bis zwölf
und niemals hat es sich verzählt

Es merkt sich die zahl
an der zahl der jünger beim abendmahl
innen auf der wand

Auch hat der turm vier ecken,
die kuppel acht,
das macht
zwölf für den Tag,
zwölf für die nacht.

So einfach ist's zu wissen,
zu glauben schwieriger schon.

Das glöckchen klingt,
als schmiede der mesner den Sonntag.

Gott und Mensch nach Origenes

Einige wenige Beobachtungen zu einem großen Thema

VON CHRISTOPH MARKSCHIES

Literatur über Gotteslehre und Anthropologie des alexandrinischen Theologen Origenes[1] ist Legion[2]. Im folgenden Beitrag interessiert uns im Blick auf die theologischen Interessen des zu Ehrenden auch nur ein einziger Punkt auf diesen beiden weiten Feldern. Wir wollen uns mit der Frage beschäftigen, wie Origenes vom „Transzendenzbezug" des Menschen redet, also von dem anthropologischen Zusammenhang, den eine bestimmte Richtung neuzeitlicher katholischer systematischer Theologie mit Begriffen wie „Weltoffenheit" oder „Wesen der Transzendenz" in den Blick nimmt[3]. Dafür sind natürlich auch einige Voraussetzungen aus der Gotteslehre des Origenes darzustellen. Wir explizieren dagegen nicht erneut, was allgemein bekannt sein dürfte: Für Origenes ist die Schöpfung Gottes der Ort, wo die ψυχαὶ λογικαί, die vernünftigen Seelen, „die kontemplative Gottesschau zurückgewinnen können"; allein der νοῦς Jesu realisiert vollständig und frei solche Anschauung Gottes[4], und folglich erfahren die Menschen durch

---

[1] R. WILLIAMS: Origenes (ca. 185/186-ca. 253/54)/Origenismus. In: TRE 25 (1995), S. 397-420. – Die antiken Autoren und ihre Werke werden weitestgehend nach den Verzeichnissen in den Lexika von G. W. H. LAMPE: *Patristic Greek Lexicon.* Oxford 1987 (= 1961) und H. G. LIDDELL – R. SCOTT – H. S. JONES: *A Greek-English Lexicon.* Oxford 1983 (= 1968) bzw. A. BLAISE: *Dictionnaire Latin-Français des Auteurs Chrétiens.* Revu spécialement pour le vocabulaire théologique par H. CHIRAT. Turnhout 1954 und P. G. W. GLARE: *Oxford Latin Dictionary.* Oxford 1982 zitiert bzw. abgekürzt. Zusätzlich ist das Werk *Der Platonismus in der Antike* (begründet von H. DÖRRIE, fortgeführt von M. BALTES. 5 Bde. Stuttgart-Bad Cannstatt 1987-1998) mit „PdA" abgekürzt.

[2] H. CROUZEL: *Bibliographie Critique d'Origène.* Steenbrugge 1971 (Instrumenta Patristica. 8), S. 630f.; DERS.: *Bibliographie Critique d'Origène. Supplément I.* Steenbrugge 1982 (Instrumenta Patristica. 8 A), S. 312f.; WILLIAMS: Origenes, S. 410f. Zuletzt: M. SIMONETTI: Dio (Padre). In: *Origene. Dizionario. La cultura, il pensiero, le opere.* A cura di A. MONACI CASTAGNO. Rom 2000, S. 118-124.

[3] Dem Patristiker ist hoffentlich nachzusehen, wenn er aus der Fülle der einschlägigen systematischen Literatur einen einzigen Titel nennt: K. RAHNER: *Grundkurs des Glaubens. Einführung in den Begriff des Christentums.* Freiburg 1976 u.ö., S. 42-46, jetzt in SW 26, und eine evangelische Stimme ergänzt: E. JÜNGEL: *Der Gott entsprechende Mensch. Bemerkungen zur Gottebenbildlichkeit des Menschen als Grundfigur theologischer Anthropologie.* In: DERS.: *Entsprechungen: Gott – Wahrheit – Mensch. Theologische Erörterungen.* München 1980 (BEvTh 80), S. 290-317, bes. 292.

[4] Origenes kann dies mit der platonischen Metaphorik der Teilhabe ausdrücken (D. L. BALAS: The Idea of Participation in the Structure of Origen's Thought. Christian Transposition of a Theme of the Platonic Tradition. In: *Origeniana. Premier colloque international des études origéniennes...* Dirigé par H. CROUZEL, G.

Identifikation mit Jesus Erleuchtung, können auf diese Weise Gott wie Welt kennenlernen[5]. Schließlich sind das alles Grundmotive seiner Theologie, die sie bis in die Architektur seines systematischen Hauptwerks *De principiis* prägen[6]. Wir fragen im folgenden Beitrag vielmehr, inwiefern das spezifische Gottesbild des Origenes sein besonderes Verständnis des menschlichen „Transzendenzbezugs" prägte, und beginnen daher mit Bemerkungen zum Gottesbild des Origenes. Daß man alle hier gewonnenen Beobachtungen ausführlicher im Werk des alexandrinischen Gelehrten belegen könnte und auch manche Linie weiter ausziehen müßte, um die Spannweite seines theologischen Denkens adäquat darzustellen, sei ausdrücklich angemerkt; dazu ist freilich in diesem Rahmen nicht der rechte Ort.

I

Es kann keinen Zweifel daran geben, daß Origenes, wenn er von Gott redet, in besonderer Weise das betont, was im *Theologischen Wörterbuch zum Neuen Testament* so schön als die „Überweltlichkeit Gottes" bezeichnet worden ist[7] und also mit dem Stichwort „absolute Transzendenz" wiedergegeben werden könnte. Origenes verwendet die Begriffe ὑπερουράνιος bzw. *supercaelestis* zwar nur für den überirdischen Bereich und wendet sie nicht auf Gott selbst an[8], aber in jenem „überhimmlischen Ort" wird die Anschauung der Herrlichkeit gewährt[9]. Grundsätzlich gilt aber: *Impossibile est invenire principium Dei*[10]. Um die Transzendenz Gottes zu betonen, gebraucht Origenes nicht nur die traditionellen biblischen Prädikationen, sondern macht seinen Anschluß an die zeitgenössische mittelplatonische Gotteslehre beispielsweise mit der platonischen Formel ἐπέκεινα νοῦ καὶ οὐσίας für Eingeweihte unübersehbar[11]: Gott steht so, wie

LOMIENTO, J. RIUS-CAMPS, Bari 1975 [Quaderni di „Vetera Christianorum". 12], S. 257-275); vgl. Or.: Cels. VII 17 (GCS Origenes II, S. 168,26f. KOETSCHAU. καθὸ δὲ ἄνθρωπος ἦν, παντὸς μᾶλλον ἀνθρώπου κεκοσμημένος τῇ ἄκρᾳ μετοχῇ τοῦ αὐτολόγου καὶ τῆς αὐτοσοφίας.

[5] WILLIAMS: Origenes, S. 410.

[6] H. STRUTWOLF: *Gnosis als System. Zur Rezeption der valentinianischen Gnosis bei Origenes.* Göttingen 1993 (FKDG 56), S. 210-214 mit Hinweisen auf weitere Literatur und jetzt: G. SFAMENI GASPARRO: Il ΠΕΡΙ ΑΡΧΩΝ di Origene: Per una storia della Ricerca. In: DIES.: *Origene e la tradizione origeniana in Occidente. Letture storico-religiose.* Rom 1998 (Biblioteca di Scienze Religiose. 142), S. 237-295.

[7] E. STAUFFER: θεός κτλ. In: ThWNT 3 (1938), Sp. 95-122, hier Sp. 113.

[8] Für die Differenzierung zwischen einem „himmlischen", „überhimmlischen" und „göttlichen Bereich" im eigentlichen Sinne vgl. Or.: Cels. V 4 (GCS Origenes II, S. 4,16-18 KOETSCHAU) und insbesondere die Kapitel VI 19/20 (S. 89,18-91,14) sowie ders.: hom. in Ier. VIII 8 (GCS Origenes III, S. 62,12 KLOSTERMANN/NAUTIN mit A. MEHAT: Le „Lieu supracéleste" de Saint Justin à Origène. In: *Forma Futuri. Studi in onore del Cardinale M. Pellegrino.* Turin 1975, S. 282-294).

[9] Or.: Cels. VI 59 (GCS Origenes II, S. 130,5f. KOETSCHAU).

[10] Or.: hom. in Is. 4,1 (GCS Origenes VIII, S. 257,23 BAEHRENS).

[11] J. WHITTAKER: ἐπέκεινα νοῦ καὶ οὐσίας. In: *Vigiliae Christianae* 23 (1969), S. 91-104 = DERS.: *Studies in Platonism and Patristic Thought.* London 1984 (Variorum Reprint. CS 201), nr. XIII.

das Gute im Sonnengleichnis des Platonischen Staates ἔτι ἐπέκεινα τῆς οὐσίας, „noch jenseits des Seins", genannt wird (resp. 509 B), jenseits von οὐσία und νοῦς, oder wie Origenes in seiner Schrift gegen Celsus mit dessen eigenen Worten sagt: ἀλλ᾽ οὐδ᾽ οὐσίας μετέχει ὁ θεός[12]. Merkwürdigerweise kann Origenes an anderer Stelle nun aber durchaus von einer οὐσία im Zusammenhang mit 'Gott' reden. Er weist sogar vorsichtig darauf hin, daß die schwierige Frage, wie sich beide Redeweisen zueinander verhalten – also die eine, die Gott ἐπέκεινα τῆς οὐσίας nennt, und die andere, die ihn als eine besondere Form von οὐσία prädiziert, – ausführlicher untersucht werden könne[13]. Wie sich θεός und οὐσία nun aber exakt zueinander verhalten, sagt er nicht: Die Erörterung dieses Problems wäre δυσθεώρητος, schwer verständlich[14]. Als neuzeitlicher Leser kann man freilich den Verdacht nicht ganz unterdrücken, daß Origenes hier eine Ausrede niederschrieb: Eine exakte Untersuchung des Verhältnisses von θεός und οὐσία dürfte einem Autor auch nicht gerade leicht gefallen sein, der gleichzeitig den biblischen Gottesnamen ὁ ὤν für eine besonders treffende Bezeichnung des Wesens Gottes hielt[15] und trotzdem erwog, zwischen θεός und οὐσία gar keine Beziehung anzunehmen. Zu dem Grad von gedanklicher Präzision, wie man sie in zeitgenössischen philosophischen Debatten beobachten kann, stößt Origenes also an diesem Punkt nicht vor – das mag an dem Genre der jeweiligen Schrift liegen, in der jenes Problem verhandelt wird, vielleicht auch am Skopus der jeweiligen Argumentation. Genauso wahrscheinlich ist allerdings, daß Origenes, der auch an anderen Stellen Präzision beim Umgang mit dem Begriff οὐσία vermissen läßt[16], eine solche präzise Verhältnisbestimmung gar nicht ohne weiteres hätte vornehmen können. Es ist aber auch nicht ausgeschlossen, daß wir es hier mit einem für das Denken des Origenes ganz charakteristischen Vorgehen zu tun haben: Bekanntlich stellte er gerade an wichtigen Stellen gern Positionen in aller Ausführlichkeit dar, ohne sich schlußendlich für eine zu ent-

---

[12] Or.: Cels. VI 64 (GCS Origenes II, S. 134,24f. KOETSCHAU); zur Interpretation WHITTAKER, ἐπέκεινα νοῦ καὶ οὐσίας, S. 92f. und DÖRRIE/BALTES: PdA Bd. 4, 330 Anm. 3; für die zitierte Formulierung bei Origenes vgl. Cels. VII 38 (S. 188,11f.) und die weiteren Belege bei WHITTAKER a.a.O.

[13] Or.: Cels. VI 64 (GCS Origenes II, S. 135,3-11 KOETSCHAU); zum Verhältnis beider Terminologien SIMONETTI: Art. Dio (Padre), S. 118f.

[14] So Origenes selbst: Cels. VI 64 (GCS Origenes II, S. 135,3 KOETSCHAU), wahrscheinlich eine Anspielung auf eine Formulierung des Celsus: ἐπειδὴ μέγας ἐστὶ καὶ ὁ θεός δυσθεώρητος, ... (S. 139,1).

[15] Origenes parallelisiert die Unwandelbarkeit Gottes (ἄτρεπτος καὶ ἀναλλοίωτος) damit, daß auch der Name ὁ ὤν ewig bleibe (Or.: or. 24,2 [GCS Origenes II, S. 354,8-10 KOETSCHAU]); vgl. C. NOCE: Il nome di Dio. Origene e l'interpretazione dell' Es 3,14. In: Divinitas 21 (1977), S. 23-50 und zur Beziehung auf Philon von Alexandrien M.-B. VON STRITZKY: Studien zur Überlieferung und Interpretation des Vaterunsers in der frühchristlichen Literatur. Münster 1989 (MBTh 57), S. 142-146 mit Anm. 87 auf S. 142.

[16] Belege bei C. MARKSCHIES: Was bedeutet οὐσία? Zwei Antworten bei Origenes und Ambrosius und deren Bedeutung für ihre Bibelerklärung und Theologie. In: Origenes – Vir ecclesiasticus. Symposion zu Ehren von Herrn Prof. Dr. H.-J. Vogt. Hrsg. v. W. GEERLINGS u. H. KÖNIG. Bonn 1995 (Hereditas. 9), S. 59-82, bes. S. 70-75.

scheiden. Diese Offenheit hatte freilich fatale Folgen: Obwohl es neuzeitlichen Lesern vielleicht sympathisch anmutet, an dieser Stelle einen systematischen Theologen bei der Arbeit und vor ungeklärten Fragen zu beobachten, handelt es sich hier – wie Hermann-Josef Vogt immer wieder betont hat – doch zugleich um einen der Gründe, warum Positionen des Origenes unter Häresieverdacht gerieten bzw. in den trinitätstheologischen Auseinandersetzungen des vierten Jahrhunderts äußerst heftig über divergierende Ansichten gestritten wurde, die sich beide auf Origenes zurückführen lassen[17].

In der neuzeitlichen Forschung ist immer umstritten gewesen, ob das Gottesbild des Origenes mehr von Modellen und Begriffsbildungen der zeitgenössischen philosophischen Diskussion geprägt wurde oder von biblischen Texten – in gewissem Sinne handelte und handelt es sich bei diesen Debatten natürlich um ein Seitenstück der allgemeinen Diskussion über die Einordnung des Origenes zwischen biblischer Theologie und philosophischer Gnosis, um hier nur einmal zwei Abstraktionen zu nennen, die in dieser Form beide kaum verwendbar sind. Wenn man in diesem Streit neu Position beziehen will, ist es ganz wichtig, literaturwissenschaftliche Grundaxiome nicht zu übersehen und auf die Textgattungen zu achten. In den ersten Paragraphen seines systematischen Hauptwerkes περὶ ἀρχῶν, *De principiis*, ist der Anschluß an die zeitgenössische philosophische Gotteslehre überdeutlich: Der *fons, ex quo initium totius intellectualis naturae vel mentis,* ist die göttliche μονάς, *et, ut ita dicam,* ἑνάς und insofern selbst νοῦς, *mens*[18]. Für alle diese Formulierungen lassen sich wörtliche Parallelen aus der philosophischen Literatur beibringen, beispielsweise findet sich die Aussage ... ἕν ... ὃ καὶ μονάδα καλοῦσιν in einem Referat über die Gotteslehre der Pythagoreer, also eigentlich über eine bestimmte platonische Schultradition[19]. Als μόνος καὶ εἷς bzw. ἕν wird Gott aber auch bei anderen Autoren bezeichnet, die von einer solchen Prinzipientheorie beeinflußt sind, so bei Philo[20], aber auch in Texten, die „Monade" als bildlichen Vergleich für Gott „in einem ganz unmeta-

---

[17]   H.-J. VOGT: Warum wurde Origenes zum Häretiker erklärt? Kirchliche Vergangenheitsbewältigung in der Vergangenheit. In: *Origeniana Quarta. Die Referate des 4. Internationalen Origeneskongresses (Innsbruck, 2.-6. September 1985).* Hg. v. L. LIES. Innsbruck – Wien 1987 (IThS 19), S. 78-99; C. MARKSCHIES, Theologische Diskussionen zur Zeit Konstantins. Arius, der „arianische Streit" und das Konzil von Nicaea, die nachnizänischen Auseinandersetzungen bis 337. In: DERS.: *Alta Trinita Beata. Gesammelte Studien zur altkirchlichen Trinitätslehre.* Tübingen 2000, S. 99-195, bes. S. 108-110.

[18]   Or.: princ. I 1,6 (GCS Origenes V, S. 21,10-22,3 KOETSCHAU = TzF 24, S. 110 GÖRGEMANNS/KARPP).

[19]   Eudorus von Alexandrien bei Simpl.: in Arist. phys. S. 181,30 DIELS = PdA Bd. 4, S. 176,38f. DÖRRIE/BALTES; zum Zusammenhang zwischen diesem „Pythagoreismus" und Platonismus ebenso DÖRRIE/BALTES: PdA Bd. 4. Stuttgart-Bad Cannstatt 1996, S. 453f. und den Kommentar zur Stelle ebd. 472-477. In einzelnen Punkten weicht diese Interpretation von denen ab, die sich bei WHITTAKER: ἐπέκεινα νοῦ καὶ οὐσίας, S. 97f. und J. MANSFELD: *Heresiography in Context. Hippolytus' Elenchos as a Source for Greek Philosophy.* Leiden u.a. 1992 (Philosophia Antiqua. 56), S. 274-278, finden. Außerdem muß man sich klarmachen, daß das ... ἕν ... ὃ καὶ μονάδα καλοῦσιν, hier *nicht* das höchste Prinzip darstellt!

[20]   Philo: leg. all. II 1 bzw. 2 (I, S. 90,4. 10 COHN): ὁ θεὸς μόνος ἐστὶ καὶ ἕν.

physischen Sinn" verwenden (wie der vierte Traktat des *Corpus Hermeticum*[21]). Vergleichbare Abhängigkeiten gelten beispielsweise auch für die Prädikate ἀσώματος und ἐνσώματος, die durch die lateinische Übersetzung von *De principiis* hindurchschimmern[22] und einen ganz zentralen Zug der Gotteslehre des Origenes anzeigen, nämlich seine sehr betonte Rede von der Unkörperlichkeit Gottes: ὥστε ἀσώματος ἂν εἴη ὁ θεός heißt es im Lehrbuch des Mittelplatonikers Albinus/Alcinous[23].

Solche Hinweise auf begriffliche Parallelen belegen, was man an vielen Stellen lesen kann: Origenes orientiert sich an der zeitgenössischen Prinzipientheorie; er verwendet zeitgenössische Philosophie, wenn er seine Leser über „Gott" orientieren will. Einmal hat er sogar recht ausführlich eine längere Definitionensammlung zum Thema „Gott" aus einem Lexikon zitiert, nämlich aus dem Spezialwörterbuch Περὶ Στωϊκῆς ὀνομάτων χρήσεως („Über den stoischen Wortgebrauch") des Herophilus[24], das er nicht nur in dieser Passage bei seiner Arbeit herangezogen hat[25]. In diesem Lexikon fanden sich unter dem Lemma θεός offenbar mindestens sechs verschiedene Definitionen notiert (so viele zitiert Origenes jedenfalls[26]). Leider fehlt in den Katenenhandschriften, die uns dieses Fragment überliefern, praktisch der ganze Kontext; nach Pierre Nautin gehörte das Stück in die Vorrede des Psalmenkommentars, den Origenes in seinen letzten Lebensjahren im palästinischen Caesarea schrieb[27]. Erhalten ist die

---

[21] CH IV 1 (CUFr S. 49,4 NOCK-FESTUGIÈRE); zur Interpretation jetzt J. HOLZHAUSEN, *Das Corpus Hermeticum Deutsch. Tl. 1. Die griechischen Traktate und der lateinische ‚Asclepius'.* Übers. u. eingel. v. J. HOLZHAUSEN. Stuttgart-Bad Cannstatt 1997 (Clavis Pansophiae. 7/1), S. 47.

[22] Or.: princ. I 1,6 (GCS Origenes V, S. 21,10f. KOETSCHAU = TzF 24, S. 110 GÖRGEMANNS/KARPP): *Non ergo corpus aliquod aut in corpore esse putandus est deus, sed intellectualis natura simplex*; vgl. dazu auch das Katenenfragment zu Gen 1,26 in PG 12, 93 A-D = (CPG I, 1410 [5]); Ruf., apol. adv. Hier. I 17 (CChr.SL 20, S. 50,6-26 SIMONETTI) und H. KOCH: *Pronoia und Paideusis. Studien über Origenes und sein Verhältnis zum Platonismus.* Berlin 1932 (AKG 22), S. 20f.

[23] Albinus/Alcinous: did. 10,7 (S. 166,7 HERMANN = CUFr S. 25 WHITTAKER/LOUIS).

[24] Leider wissen wir nur durch Origenes von diesem Sammelbuch stoischer Wortbedeutungen, so daß die Zeitangabe bei H. VON ARNIM: Herophilos. In: PRE 8/1 (1912), Sp. 1104, spekulativ bleibt („dürfte im 1./2.Jh. gelebt haben"); zum Werk des Herophilus auch B. NEUSCHÄFER: *Origenes als Philologe.* Basel 1987 (Schweizerische Beiträge zur Altertumswissenschaft. 18/1-2), S. 146 („ein doxographisches Handbuch").

[25] R. CADIOU: Dictionnaires antiques dans l'œuvre d'Origène. In: *Revue des études grecques* 45 (1932), S. 271-285; E. KLOSTERMANN: Überkommene Definitionen im Werke des Origenes. In: *Zeitschrift für die Neutestamentliche Wissenschaft* 37 (1938), S. 54-61; NEUSCHÄFER: Origenes als Philologe, S. 149-154 sowie MARKSCHIES: Was bedeutet οὐσία? S. 61-63.

[26] Die oft verwendete Edition in PG 12, Sp. 1053 A – 54 A ist überholt durch W. RIETZ: *De Origenis in Psalterium Quaestiones Selectae.* Diss. Phil. Jena 1914, S. 14,20-15,17 (= Text IV, nach Vat. Graec. 754 und 1422 [= KARO/LIETZMANN, 41.47]). RIETZ orientiert auch über die Probleme der Zuweisung an Origenes (S. 41).

[27] P. NAUTIN: *Origène. Sa vie et son œuvre.* Paris 1977 (Christianisme antique. 1), S. 277 (Nautin datiert den Kommentar auf 246/247 n.Chr.).

lakonische Bemerkung, mit der er die Reihe der Definitionen einleitete: „Ob uns
aber auch die Definitionen über Gott und all die Bedeutungen der Bezeichnung
‚Gott' irgendeinen Nutzen bieten [...], kannst du auch selbst beurteilen"[28]. Dabei
wüßte man natürlich gern, wie Origenes sich zu diesen ὅροι stellte, die Gott jeweils als ζῷον ἀθάνατον umschreiben – nennt er doch selbst die Trinität
εὐεργετικὴ δύναμις et δημιουργική, „wohltätige und weltschaffende Kraft"[29].
Der auf den ersten Blick vielleicht verwunderliche Begriff ζῷον aus den Definitionen des stoischen Lexikons konnte nämlich durchaus auch in anderen Traditionen verwendet werden, selbstverständlich in sehr unterschiedlicher Bedeutung.
In einem notorisch schwierigen Fragment des Mittelplatonikers Numenius wird
gesagt, daß ὁ πρῶτος (sc. θεός) auf die Ebene des ὅ ἐστι ζῷον gehöre, ὁ
δεύτερος auf die Ebene des νοῦς und ὁ τρίτος auf die Ebene des διανούμενος.
Das ὅ ἐστι ζῷον ist dabei ein Platon-Zitat (aus Tim. 39 E) und bezeichnet das
lebendige Vorbild, das der Demiurg bei der Erschaffung der Welt verwendete[30].
      Vergleicht man die zitierten Passagen bei Origenes mit Texten des Numenius,
so wird erneut ein systematisches Problem der Gotteslehre des christlichen Theologen deutlich: Numenius bezeichnete wie Origenes eines seiner göttlichen Prinzipien als νοῦς[31], schloß aber sorgfältige Differenzierungen zum Verhältnis von
erstem Gott und νοῦς, vermutlich auch Bemerkungen über den Unterschied von
göttlichem νοῦς und menschlichem νοῦς an. Im Vergleich zu diesem Autor fällt
dann aber wieder auf, daß Origenes diese Präzision zeitgenössischer philosophischer Prinzipientheorien mindestens in den uns vorliegenden Texten nicht erreicht. Es bleibt jedenfalls einem neuzeitlichen Leser unklar, wie sich Origenes
das exakte Verhältnis von göttlichem νοῦς, seiner *intellectualis natura* (princ. I
1,6) und dem νοῦς von Engeln und Menschen vorstellt. Numenius nutzt die Differenzierung zwischen θεός und νοῦς, um zwischen zwei *verschiedenen* göttlichen Instanzen zu unterscheiden. Origenes spart sich eine ausführlichere Untersuchung. Natürlich könnte man hier wieder allgemein den offenen und tentativen
Charakter der Argumentationen des Origenes für seine mangelnde Präzision verantwortlich machen. Der systematische Grund für die Unsicherheiten in der

---

[28]   Frgm. 4: Εἰ δὲ καὶ οἱ περὶ θεοῦ ὅροι καὶ ὅσα σημαίνεται ἐκ τῆς 'θεός' προσ–
       ηγορίας χρήσιμόν τι ἡμῖν παρέξουσιν ἐκλεξαμένοις ἀπ᾽ αὐτῶν τοὺς δια–
       φέροντας τῇ γραφῇ καὶ αὐτὸς ἐπιστήσεις (S. 14,31-33 RIETZ), vgl. jetzt auch K.
       HÜLSER: *Die Fragmente zur Dialektik der Stoiker. Neue Sammlung der Texte mit
       deutscher Übersetzung und Kommentaren.* Bd. 1. Stuttgart-Bad Cannstatt 1987, S.
       226 (nr. 241).

[29]   Or.: princ. I 4,3 (GCS Origenes V, S. 65,9f. KOETSCHAU = TzF 24, S. 188
       GÖRGEMANNS/KARPP). – Leider gibt auch die *instructio psalmorum*, die die *Tracta-
       tus super Psalmos* des Hilarius einleitet (ed. A. ZINGERLE. Prag u.a. 1891 [CSEL
       22], S. 3-19) und erkennbar eine Vorrede des Origenes voraussetzt, keinen Auf-
       schluß über die Stellung des Origenes zu den Definitionen.

[30]   Numenius: frgm. 22 (bei Proclus, Comm. in Plat. tim. [III, S. 103,28-32 DIEHL =
       CUFr S. 61 DES PLACES]), eine Interpretation bei J. HOLZHAUSEN: Eine Anmer-
       kung zum Verhältnis von Numenios und Platon. In: Hermes 120 (1992), S. 250-
       255; zum Verständnis der platonischen Passage vgl. [H. DÖRRIE/]/M. BALTES: PdA
       Bd. 5. Stuttgart-Bad Cannstatt 1998, S. 278-281. Für Albinus/Alcinous vgl. jetzt K.
       ALT: Gott, Götter und Seele bei Alkinoos. Stuttgart 1996 (AAWLM.G; 3/1996).

[31]   Numenius: frgm. 17 (CUFr, S. 58 DES PLACES mit Kommentar auf S. 111).

Verwendung des Begriffes νοῦς könnte aber auch ganz präzise darin liegen, daß Origenes – wie die meisten anderen antiken christlichen Theologen – einen für Platoniker entscheidenden Punkt, „die religiöse Verehrung der Weltseele und ihrer Funktion", sorgsam umgangen hat[32], die „Weltseele" jedenfalls nicht explizit in seinen Versuch einer Interpretation des biblischen Befundes vor dem Hintergrund platonischer Philosophumena einbezogen hat. Denn ein zeitgenössischer Platoniker hätte natürlich die Frage nach dem Grund der Möglichkeit von Vernunfterkenntnis (τὸ νοητικόν) in der vernunftbegabten Seele (ἐν λογικῇ ψυχῇ) mit einem Verweis auf die Lehre von der Weltseele expliziert und angeben können, was eine solche vernunftbegabte Seele von der „vernunfthaften Seele als solcher" (ἔννους ψυχή) unterschied, die nach Maximus von Tyrus dem Philosophen eigen ist, durch und durch von der Vernunft bestimmt ist und zur Schau des reinen Seins fähig ist[33]. Nicht zufällig explizierte Maximus übrigens alle diese Zusammenhänge im zweiten nachchristlichen Jahrhundert in einer Rede unter dem Titel Τίς ὁ θεός κατὰ Πλάτωνα, „Wer Gott nach der Lehre Platons sei": Gotteslehre und Seelenlehre gehören unmittelbar zusammen.

Alle diese Beobachtungen bestätigen unseren Eindruck, daß in der Gotteslehre des Origenes, verglichen mit dem zeitgenössischen Denken, an zentralen Stellen „Unschärfen" zu beobachten sind. Wir hatten versucht, zwei sehr konkrete Gründe anzugeben, warum Origenes unpräzise argumentiert. Eberhard Schockenhoff hat solche Defizite in seiner Tübinger systematischen Habilitationsschrift unter dem Titel Zum Fest der Freiheit dagegen sehr grundsätzlich darauf zurückgeführt, daß Origenes mit den aus der Bibel übernommenen Zügen seines personalen Gottesbildes, die in unserer Darstellung bisher kaum eine Rolle spielten, im Grunde „die Grenzen der [...] Substanzontologie" verlassen habe[34]. Anders formuliert: Auch Origenes „fängt die strengen Transzendenz-Aussagen der Antike immer wieder durch gegenläufige Immanenz-Aussagen auf"[35]. Man kann durch-

---

[32] So mit Recht H. DÖRRIE: PdA 1 (1987), S. 32 – DÖRRIE verwendete diese Beobachtung als eines seiner Argumente dafür, gegen die Wortbildung „christlicher Platonismus" energische Vorbehalte anzumelden. Jüngere Arbeiten haben in gewisser Weise die christliche Verlegenheit gegenüber der Seelenlehre bestätigt: H. ZIEBRITZKI: Heiliger Geist und Weltseele. Das Problem der dritten Hypostase bei Origenes, Plotin und ihren Vorläufern. Tübingen 1994 (BHTh 84), S. 130-145 sowie H.G. THÜMMEL: Die Seele im Platonismus und bei den Kirchenvätern. In: ψυχή – Seele – anima. Festschrift für Karin Alt zum 7. Mai 1998. Hg. v. J. HOLZHAUSEN. Stuttgart und Leipzig 1998 (BzA 109), S. 243-254. – Auf der Basis der Arbeiten von ZIEBRITZKI und THÜMMEL müßte man mit DÖRRIE in ein Gespräch darüber eintreten, welche Größen im theologischen Entwurf des Origenes an der Stelle der „Weltseele" stehen (THÜMMEL: a.a.O., S. 246: der Logos).

[33] Max. Tyr.: or. 11,8 (BiTeu S. 138,6-139,9 HOBEIN = PdA 4, S. 76; vgl. dazu W. DEUSE: Untersuchungen zur mittelplatonischen und neuplatonischen Seelenlehre. Wiesbaden 1983 (AAWLM.G Einzelveröffentlichungen. 3).

[34] E. SCHOCKENHOFF: Zum Fest der Freiheit. Theologie des christlichen Handelns bei Origenes. Mainz 1990 (Tübinger Theologische Studien. 33), S. 165; K. LEHMANN: Kirchliche Dogmatik und biblisches Gottesbild. In: Die Frage nach Gott. Hg. v. J. RATZINGER. Freiburg ⁴1978 (QD 56), S. 116-140.

[35] K. LEHMANN: Gott ist größer als der Mensch. Vom Suchen und Finden Gottes als zentralem Schlüssel für die Zukunft von Religion und Kirche im 21. Jahrhundert.

aus auf der Basis dieser Beobachtung von Schockenhoff vermuten, daß Origenes eine präzise Beschreibung des Verhältnisses zwischen θεός und οὐσία schon deswegen kaum möglich war, weil sie einen Bruch mit der traditionellen substanzontologischen Interpretation des verbreiteten platonischen ἐπέκεινα τῆς οὐσίας verlangt hätte. Eine ganz andere Frage ist natürlich, ob man einen solchen Überschritt im ersten Jahrhundert einer nach antiken Maßstäben „wissenschaftlichen" christlichen Theologie überhaupt hätte erwarten können.

Am Ende unseres ersten Abschnittes zur Gotteslehre des Origenes legt sich mindestens aus der Perspektive einer zeitgenössischen philosophischen Prinzipientheorie eine provokative Frage nahe: Wir beobachteten Unschärfen, die einerseits die exakte Abgrenzung der göttlichen Prinzipien θεός und νοῦς gegeneinander und andererseits das Verhältnis von θεός und οὐσία betreffen. Sind es gerade diese beobachteten Unschärfen, die Origenes eine mindestens in seinen Augen spannungsfreie Synthese von philosophischen Theoremen und biblischer Schöpfungstheologie ermöglichen? Wird die spezifische Gestalt, in der er vom „Transzendenzbezug des Menschen" redet, durch jene Unschärfen bedingt? Zu diesem Zweck müssen wir nun die Anthropologie des Origenes wenigstens kurz unter dieser Fragestellung in den Blick nehmen.

II

Es gehört zu den Grundeinsichten der Anthropologie[36] des Origenes, daß die menschliche Seele, die „durch den Abfall und die Abkühlung von dem Leben im Geist" aus νοῦς zu ψυχή wurde, „noch die Fähigkeit zum Aufstieg hat zu dem, was sie im Anfang war"[37]. Für eine platonische „Weltseele" ist hier schon terminologisch kein Platz, da Origenes bekanntlich erwägt, das griechische Wort ψυχή von dem Wort (ἀπο–)ψύχεσθαι, „abkühlen", abzuleiten[38] und diese tradi-

---

Eröffnungsreferat des Vorsitzenden der Deutschen Bischofskonferenz bei der Herbst-Vollversammlung am 20. September 1999 in Fulda.

[36] H. KARPP: *Probleme altchristlicher Anthropologie. Biblische Anthropologie und philosophische Psychologie bei den Kirchenvätern des dritten Jahrhunderts.* Gütersloh 1950 (BFChTh; 44/3), S. 186-229.

[37] Or.: princ. II 8,3 (GCS Origenes V, S. 158,17-20 KOETSCHAU = TzF 24, 392 GÖRGEMANNS/KARPP): *Videndum ergo est ne forte, sicut diximus ex ipso nomine declarari, ab eo quod refrixerit a fervore iustorum et divini ignis participatione* ψυχή, *id est anima, appellata sit, nec tamen amisit facultatem restituendi se in illum statum fervoris, in quo ex initio fuit.* – Der textliche Befund ist freilich etwas schwierig, weil Rufins lateinische Übersetzung offensichtlich korrigiert hat. Griechische Zeugnisse zeigen aber, daß Origenes an dieser Stelle offenbar untersuchen wollte, πῶς νοῦς γέγονε ψυχὴ καὶ ψυχὴ καθαρθεῖσα γίνεται νοῦς (frgm. 23b apud Just., ep. ad Menam [S. 212,3f. SCHWARTZ = TzF 24, S. 392 GÖRGEMANNS/KARPP]).

[38] Or.: princ. II 8,3 (GCS Origenes V, S. 157,14f. KOETSCHAU = TzF 24, 392 GÖRGEMANNS/KARPP). Wichtig für eine vollständige Darstellung wäre auch die Besprechung der Erörterung, die Origenes an die Frage anschließt, ob es *zwei* Seelen gäbe: Or.: princ. III 4,2 (GCS Origenes V, S. 264,17-19 KOETSCHAU = TzF 24, 604 GÖRGEMANNS/KARPP), vgl. dazu auch R. FERWERDA: Two Souls. Origen's and

tionelle Etymologie als Argument für einen negativen Akzent des Begriffs nimmt: „Man prüfe, ob in den heiligen Schriften leicht eine Stelle zu finden ist, wo das Wort 'Seele' in lobendem Sinne gebraucht wird; in tadelndem Sinn kommt es dagegen häufig vor"[39]. Platonisch ist diese Etymologie nun ganz gewiß nicht[40]; platonisch ist erst wieder die Rede von einer *Fähigkeit* der Seele zum Aufstieg: Die Seele ist auch nach Platon von Natur aus befähigt, zu der Wölbung des Himmels emporzusteigen und im 'überhimmlischen Orte' das zu schauen, an dessen Anblick sich die Seligen erfreuen[41]. Insofern kann Origenes dann von ihrer „Blüte in überhimmlischer und überirdischer Schönheit" sprechen und diese besondere Schönheit der scheinbaren irdischen Schönheit entgegensetzen, die nach den Worten des Propheten verdorrt (Jes 40,6-8)[42]. Weil Gott, wie wir sahen, als Geist oder noch präziser[43] als ἐπέκεινα νοῦ καὶ οὐσίας gedacht werden muß, kann er nur von dem „erfaßt werden", wie Origenes mit Paulus (1 Kor 13,12) formuliert, „der nach dem Bilde jenes Geistes geworden ist" und selbst erkannt worden ist[44].

In solchen Formulierungen ist natürlich trotz der Anspielung auf den Apostel erkennbar auch der platonische Grundsatz vorausgesetzt, daß Gleiches nur durch Gleiches erkannt wird; nicht zuletzt vor diesem Hintergrund expliziert Origenes den „Transzendenzbezug" des Menschen. Er verfügt aber neben der platonischen Terminologie über eine ganze Palette von weiteren Metaphern, um diesen Zusammenhang und seine Konstitution immer wieder zu entfalten: An einer Stelle spricht er beispielsweise von der „Verwandtschaft", die zwischen der unvergänglichen geistigen Substanz des Menschen und Gott selbst besteht: Gott „selbst hat die geistige Substanz unvergänglich gemacht und ihm selbst verwandt". Origenes beschreibt diesen Prozeß auch als Heilung (θεραπεία)[45] und expliziert ganz

---

[39] Augustine's Attitude toward the two Soul's Doctrine. Its Place in Greek and Christian Philosophy. In: *Vigiliae Christianae* 37 (1982), S. 360-378.

Or.: princ. II 8,3 (GCS Origenes V, S. 158,9f. KOETSCHAU = TzF 24, 392 GÖRGEMANNS/KARPP).

[40] Sie wird vielmehr kritisch referiert: Vgl. nur Plat.: Crat. 399 E, Arist.: an. I 2 405 b 20-30 und Tert.: an. 27,5 (CChr.SL 2, S. 823,33f. WASZINK).

[41] Vgl. Or.: Cels. III 80 (GCS Origenes I, S. 270,20-22 KOETSCHAU): ... περὶ ψυχῆς..., πεφυκυίας ἀναβαίνειν ἐπὶ τὴν ἁψῖδα τοῦ οὐρανοῦ καὶ ἐν τῷ ὑπερουρανίῳ τόπῳ θεωρεῖν τὰ τῶν εὐδαιμόνων θεατῶν θεάματα. Für den platonischen Hintergrund vgl. Plat.: Phaedr. 26 (247 A – 250 C).

[42] Or.: or. 17,2 (GCS Origenes II, S. 339,7-15 KOETSCHAU).

[43] Diese beiden Worte sind ein Interpretament; Origenes verzichtet, wie oben gesagt, auf die Erörterung dieses Zusammenhanges und formuliert deswegen für unseren Geschmack unpräzise: Νοῦν τοίνυν ἢ ἐπέκεινα νοῦ καὶ οὐσίας λέγοντες ... Or.: Cels. VII 38 (GCS Origenes II, S. 188,11 KOETSCHAU).

[44] Or.: Cels. VII 38 (GCS Origenes II, S. 188,11-14 KOETSCHAU): Νοῦν τοίνυν ἢ ἐπέκεινα νοῦ καὶ οὐσίας λέγοντες εἶναι ἁπλοῦν καὶ ἀόρατον καὶ ἀσώματον τὸν τῶν ὅλων θεόν, οὐκ ἂν ἄλλῳ τινὶ ἢ τῷ κατὰ τὴν ἐκείνου τοῦ νοῦ εἰκόνα γενομένῳ φήσομεν καταλαμβάνεσθαι τὸν θεόν.

[45] Or.: princ. III 1,13 (GCS Origenes V, S. 218,11f. KOETSCHAU = TzF 24, S. 508 GÖRGEMANNS/KARPP): ἄφθαρτον γὰρ φύσιν πεποίηκε τὴν νοερὰν καὶ αὐτῷ συγγενῆ, καὶ οὐκ ἀποκλ είεταιὥσπερ ἐπὶ τῆς ἐνταῦθα ζωῆς ἡ λογικὴ ψυχὴ τῆς θεραπείας; vgl. É. DES

konkret, was eine solche „Heilung" im Leben von Christen bedeutet: Zunächst die Vorträge der Lehrer hören, die von der Sünde abschrecken, dann nach einer innerlichen Reinigung durch den Glauben die Lebensführung verbessern und schließlich zu den „Geheimnissen" gerufen werden – einen gewissen didaktisch-asketischen Zug wird man diesem gestuften Heilungsprozeß also nicht absprechen können[46].

Die Zusammenhänge werden natürlich auch immer wieder mit Hilfe der biblischen Terminologie entfaltet: Nur die, die reinen Herzens sind, können Gott schauen (Mt 5,8); es gebührt sich nicht, daß ein beflecktes Herz Gott schaut[47]. Unter dieser Voraussetzung geschieht Erkenntnis; Origenes beschreibt sie als gestuften Prozeß: In der Weisheit erkennt der Mensch die Weisheit, um darauf zum „Vater der Weisheit" aufzusteigen, erkennt die Wahrheit, um dann die οὐσία und schließlich die δύναμις καὶ φύσις τοῦ θεοῦ jenseits der οὐσία zu erkennen: ὑπερέκεινα[48]. Origenes kann diese Vorstellung vom rechten christlichen Leben einerseits in steilen Sätzen zusammenfassen: „Niemand lebt, der sich außerhalb des Glaubens an Christus befindet"[49]; er kann den gestuften Aufstieg zum wahren Leben aber auch in seinen Predigten bilderreich und ausführlich unter Zuhilfenahme von biblischer Terminologie beschreiben[50].

Auch die oben erwähnte Maxime, daß Gleiches nur durch Gleiches erkannt wird, hat für Origenes einen biblischen Hintergrund, nämlich die Vorstellung von der Gottebenbildlichkeit des Menschen. Er bestimmt sie freilich sehr präzise mit einem Terminus der stoischen Philosophie als das ἡγεμονικόν, als das „natürliche Denkvermögen", das Gott in die Menschen gelegt hat[51]. Dadurch können sie

---

PLACES: Syngeneia. La parenté de l'homme avec Dieu d'Homère a la patristique. Paris 1964 (Études et commentaires; 51) und für θεραπεία Albinus/Alkinous: did. 31 (S. 185,22 HERRMANN = CUFr S. 64 WHITTAKER/LOUIS).

[46] Or.: Cels III 59 (GCS Origenes I, S. 254,3-15 KOETSCHAU). Eine große Zahl von Belegen findet sich auch in den Fragmenten seiner Homilien zum ersten Korintherbrief (CPG I, 1458), die ich gerade für die „Griechischen Christlichen Schriftsteller" zur Edition vorbereite, da Origenes gern Schriftbelege aus den ersten beiden Kapiteln des Korintherbriefes wählt, um diese Zusammenhänge zu erläutern.

[47] Or.: Cels VI 69 (GCS Origenes II, S. 139,12-14 KOETSCHAU): οὐ γὰρ θέμις με-μολυσμένην καρδίαν ἐνορᾶν θεῷ, ἀλλὰ δεῖ καθαρὸν εἶναι τὸ τοῦ καθαροῦ κατ'ἀξίαν θεωρητικόν.

[48] Or.: comm. in Io. XIX 6,36f. (GCS Origenes IV, S. 305,10-17 PREUSCHEN); vgl. auch G. AF HÄLLSTRÖM: Fides Simpliciorum according to Origen of Alexandria. Helsinki 1984 (Commentationes Humanarum Litterarum; 76/1984), S. 19-23 („The Birth of Simple Faith").

[49] Or.: comm. in Ioh. II 16,10 (GCS Origenes IV, S. 73,16 PREUSCHEN): μηδένα τῶν ἔξω τῆς πίστεως Χριστοῦ ζῆν; vgl. G. GRUBER: ZΩH. Wesen, Stufen und Mitteilung des wahren Lebens bei Origenes. München 1962 (Münchener Theologische Studien. 23), S. 37-127.

[50] Beispielsweise in hom. in Num. 27,1-12 (GCS Origenes VII, S. 255,10-280,18 BAEHRENS); vgl. auch C. MARKSCHIES: „... für die Gemeinde im Grossen und Ganzen nicht geeignet ..."? Erwägungen zu Absicht und Wirkung der Predigten des Origenes. In: Zeitschrift für Theologie und Kirche 94 (1997), S. 39-68.

[51] Vgl. dazu das Origenes zugeschriebene Fragment aus der palästinischen Katene zu Ps 118,105 (SC 189, S. 358-362 HARL).

begreifen, „was man von Gott erkennen kann"[52]. Dabei ist Origenes sich bewußt, daß „nicht im Vertrauen auf unsere eigene Klugheit", sondern nur durch die Hilfe des inkarnierten Logos selbst „das Dunkle erhellt" wird[53] und theologische Fragen nach dem Zusammenhang von Gott, Welt und Mensch beantwortet werden können. Das Eingangskapitel des paulinischen Römerbriefes interpretiert er so, „daß die 'Weisen der Welt' nur zur 'Erkenntnis der Wahrheit' gelangen konnten durch Gottes Offenbarung"[54]. Obwohl Origenes diesen Vorgang, wie wir bereits sahen, gern als Erkenntnisprozeß beschreibt, rechnet er durchaus auch mit Offenbarungen im Traum[55] und verbindet die Erhebung des Denkens zu jenem „überhimmlischen Ort" mit dem Gebet der Glaubenden[56]. Aber wieder ist nicht von einem Prozeß die Rede, in dem der Mensch auf sich selbst gestellt ist: Wir werden, wie er formuliert, durch eine „himmlische und sogar überhimmlische Kraft" heftig gedrängt, einzig und allein den Schöpfer zu verehren[57].

Wir können an dieser Stelle unseren paradigmatischen Durchgang durch die

---

[52] Or.: comm. in Rom. I 16 (FC 2/1, S. 140,6-11 HEITHER): *Quam veritatem agnovisse credendi sunt homines naturalibus et a Deo animae insitis rationibus; quibus tantum prudentiae concessum est, ut quod notum est Dei, id est quod agnosci de Deo potest, per coniecturam creaturae ex his, quae videri possunt, invisibilia eius agnoscerent.*

[53] Or.: princ. II 9,4 (GCS Origenes V, S. 167,31-168,9 KOETSCHAU): *Quomodo ergo tanta ista rerum varietas tanta que diversitas iustissima et aequissima possit intellegi, certus sum humano ingenio vel sermone explicari non posse, nisi ipsum verbum ac 'sapientiam et iustitiam' (cf. 1Kor 1,30), qui est unigenitus filius dei, prostrati ac supplices depraecemur, qui per gratiam suam sensibus se nostris infundens, 'obscura inluminare' (cf. 1Kor 4,5), clausa patefacere, pandere dignetur arcana: si tamen inveniamur tam digne vel 'petere' vel 'quaerere' vel 'pulsare', ut vel petentes 'accipere' mereamur vel quaerentes 'invenire', vel pulsantibus iubeatur 'aperiri' (cf. Mt 7,7f. par.). Non ergo freti nostro ingenio sed ipsius sapientiae auxilio, quae fecit universa, et iustitiae eius, quam inesse creaturis omnibus credimus, interim etiamsi adserere non valemus, ipsius tamen confisi misericordia inquirere perscrutari que temptabimus, quomodo ista tanta varietas mundi atque diversitas omni iustitiae ratione constare videatur.*

[54] Or.: comm. in Rom. I 16 (FC 2/1, S. 136,15-17 HEITHER): *In quibus etiam hoc ostendit apostolus, quod ea quidem, quae ad sapientes saeculi de veritatis scientia pervenerunt, Deo revelante pervenerunt*; vgl. allgemein auch C. MARKSCHIES: Origenes und die Kommentierung des paulinischen Römerbriefs – einige Bemerkungen zur Rezeption von antiken Kommentartechniken im Christentum des dritten Jahrhunderts und ihrer Vorgeschichte. In: *Crossroad of Cultures. Studies in Liturgy and Patristics in Honour of Gabriele Winkler.* Ed. by H.-J. FEULNER, E. VELKOVSKA and R.F. TAFT. Rom 2000 (OrChrA 260), S. 461-491.

[55] Or.: Cels. I 48 (GCS Origenes I, S. 97,19-98,8 KOETSCHAU).

[56] Or.: Cels. VII 44 (GCS Origenes II, S. 196,2-5 KOETSCHAU); für das folgende Kapitel vgl. den vorzüglichen Kommentar bei H. DÖRRIE/M. BALTES: *Die philosophische Lehre des Platonismus. Einige grundlegende Axiome/Platonische Physik (im antiken Verständnis) I. Bausteine 101-124: Text, Übersetzung, Kommentar.* Stuttgart-Bad Cannstatt 1996 (PdA 4), S. 329-332, für das Gebet VON STRITZKY: Studien zur Überlieferung des Vaterunsers, S. 144-146.

[57] Or.: princ. IV 1,7 (GCS Origenes V, S. 304,11-13 KOETSCHAU = TzF 24, S. 692): δυνάμεως ἡμᾶς οὐρανίου ἢ καὶ ὑπερουρανίου πληττούσῃ ἐπὶ τὸ σέβειν τὸν κτίσαντα ἡμᾶς μόνον (GÖRGEMANNS / KARPP).

Anthropologie des Origenes abbrechen, weil eines bereits vollkommen deutlich geworden ist: Offensichtlich spielen biblische Texte mitsamt ihrer Begrifflichkeit für die Entfaltung der Anthropologie bei Origenes eine gewichtigere Rolle als in der Gotteslehre. Wie hat der alexandrinische Gelehrte sich nun aber das präzise Verhältnis zwischen der biblischen Terminologie und den auf die platonische νοῦς-Metaphysik bezogenen Metaphern im Rahmen seiner Anthropologie zurechtgelegt? Wir haben schon am Beispiel der Erklärung der Gottebenbildlichkeit des Menschen durch das ἡγεμονικόν gesehen, daß Origenes dieses Verhältnis gern durch eine *Synthese* der zentralen Begriffe herstellt. Ein anderes Beispiel für denselben Sachverhalt: καρδία, τουτέστι νῷ, „mit dem Herzen – das bedeutet: mit dem Verstand". Vor dem Hintergrund unserer Ergebnisse am Ende des letzten Abschnitts legt sich daher nun die Frage nahe, ob die aus der Bibel stammende Vorstellung einer „Gottesebenbildlichkeit" des Menschen deswegen von Origenes so bruchlos mit der platonischen Rede von einer Verwandtschaft zwischen Gott und Mensch synthetisiert werden konnte, weil es in seiner Gotteslehre die von uns beobachteten spezifischen „Unschärfen" gibt.

Ich denke, daß man diese Frage positiv beantworten muß. Hätte Origenes die Begriffe οὐσία und νοῦς präziser verwendet und sich insbesondere präziser über ihre sehr unterschiedliche Anwendung auf ὁ θεός, θεός und ἄνθρωπος Rechenschaft abgelegt, so wäre er vermutlich schnell auf ein großes Problem gestoßen. In vielen Entwürfen des Mittelplatonismus, dessen Terminologie Origenes recht kühn mit biblischen Begriffen synthetisiert, wurde bekanntlich gerade kein kategorialer Unterschied zwischen Gott und Mensch angenommen, wie überhaupt diese jüdische wie christliche Grundmaxime für die kaiserzeitliche Antike nicht leicht nachzuvollziehen war. Ungeachtet aller Versuche, die schlechthinnige Transzendenz Gottes zu prädizieren, existierte allein durch das Konzept einer „Weltseele" jene systematische Größe, die zwischen dem schlechthin transzendenten Gott und den Menschen vermittelte. Das Konzept der platonischen Verwandtschaft zwischen Gott und Mensch paßt nun einmal nicht bruchlos zu dem Modell einer Gottebenbildlichkeit, die kategoriale Differenz zwischen Gott und Mensch, zwischen Schöpfer und Geschöpf impliziert[58]. Gerade an diesem neuralgischem Punkt der Gotteslehre unterläßt Origenes eine präzise Verhältnisbestimmung zwischen Gott und Mensch, die die Differenz seiner Gedanken zum schulischen Platonismus seiner Zeit hätte erkennen lassen. Eine solche Differenz kommt – metaphorisch gesprochen – durch die starke Rezeption biblischer Terminologie sozusagen erst durch die Hintertür der Anthropologie wieder in sein theologisches System hinein: Dadurch, daß anstelle der Vorstellung von der Weltseele andere Konzepte wie das des Λόγος stehen[59] und die Seelenlehre sehr

---

[58] H. CHADWICK: Christian Platonism in Origen and in Augustine. In: *Origeniana Tertia. The Third International Colloquium for Origen Studies (University of Manchester September 7th-11th, 1981). Papers.* Ed. by R. HANSON and H. CROUZEL. Rom 1985, S. 217-230 = DERS.: *Heresy and Orthodoxy in the Early Church.* London 1991 (Collected Studies. CS 342), nr. XII.

[59] W. A. BIENERT: Zum Logosbegriff des Origenes. In: *Origeniana Quinta.* Leuven 1992 (BEThL 105), S. 418-423 = DERS.: *Werden der Kirche – Wirken des Geistes. Beiträge zu den Kirchenvätern und ihrer Nachwirkung.* Hg. v. U. KÜHNEWEG.

stark vor dem Hintergrund der biblischen Rede vom ursprünglichen Fall des Menschen entfaltet wird, wird die Differenz für den aufmerksamen Beobachter deutlich markiert. Origenes vertuscht sie aber immer wieder durch seine Begriffssynthesen. Hätte er Termini wie οὐσία und νοῦς sorgfältiger verwendet und nicht nur einfach die einschlägigen Lexikonartikel zitiert, wäre ihm dieser Ausweg der Begriffssynthesen vermutlich nicht so einfach möglich gewesen. Insofern haben wir am Ende unseres zweiten Abschnittes die Frage vom Ende des ersten positiv beantwortet: Es sind gerade die beobachteten Unschärfen, die Origenes seine Synthese von philosophischen Theoremen und biblischer Schöpfungstheologie ermöglichen. Die spezifische Gestalt, in der er vom „Transzendenzbezug des Menschen" redet, wird durch jene Unschärfen bedingt.

Natürlich ist es vor dem Hintergrund einer langen Tradition philosophischer Begriffsanalyse und einer ebenso langen Geschichte christlicher Rezeption und Kritik am antiken Platonismus ziemlich leicht, zugleich ahistorisch und auch ein wenig ungerecht, solche fehlenden Differenzierungen einzuklagen. Man müßte mindestens darauf hinweisen, daß Origenes an vielen Stellen sehr sensibel Inhalt und Grenzen von Begriffen auslotet; Norbert Brox hat das schön am Beispiel des Umgangs mit dem Begriff θεός gezeigt[60]. Damit die systematische Leistung gerade auch der synthetischen Elemente im System des Origenes in diesem Beitrag nicht über Gebühr kleingeredet wird, soll in einem dritten Abschnitt noch gezeigt werden, daß die Ansichten des Origenes zu den großen Themata „Gott" und „Mensch" an mindestens zwei Punkten auch für gegenwärtige systematische Diskurse noch bedeutsam sind. Mit der ihm durch den Gegenstandsbereich seiner Disziplin gebotenen Zurückhaltung versucht der Kirchenhistoriker, dies im Folgenden noch anzudeuten.

III

Man kann die anthropologische Position des Origenes, die wir oben entfaltet und deren Voraussetzungen wir angedeutet hatten, ohne Zweifel mit dem modernen Stichwort „Transzendenzbezug" umschreiben. Freilich kann man auch die immer wieder zum Vergleich herangezogenen platonischen Positionen unter diesem Stichwort rubrizieren. Es müßte also, wenn man Unterschiede und Gemeinsamkeiten dieser beiden Varianten eines „Transzendenzbezuges" wirklich präzise beschreiben will, eine Reihe von weiteren Fragen gestellt werden, um zu klären, vor welchem Hintergrund hier überhaupt vom Transzendenzbezug geredet wird. Als eine dieser Fragen – vielleicht sogar als die wichtigste – hat sich uns die Frage nach dem Umgang mit dem kategorialen Unterschied zwischen Schöpfer und Geschöpf aufgedrängt: Wird in der Rede vom „Transzendenzbezug" dieser Unterschied festgehalten bzw. umgekehrt ein Stück weit preisgegeben? Ich merke

---

[60] Marburg 1999 (MThSt 55), S. 8-18.
N. BROX: „Gott" – mit und ohne Artikel. Origenes über Joh 1,1. In: *Biblische Notizen* 66 (1993), S. 32-39 = DERS.: *Das Frühchristentum. Schriften zur Historischen Theologie.* Hrsg. von F. DÜNZL – A. FÜRST – F. R. PROSTMEIER. Freiburg u.a. 2000, S. 423-429.

als evangelischer Kirchenhistoriker hier nur an, daß das Problem der Willensfreiheit, die Frage nach den anthropologischen Folgen des Falls und der ganze Zusammenhang der Rechtfertigung unmittelbar mit systematischen Weichenstellungen an diesem neuralgischen Punkt zusammenhängen. Es genügt, das überaus
problematische Stichwort eines „Grundunterschiedes" zwischen westlicher und
östlicher Theologie anzutippen, um sich über die Aktualität unseres Themas und
den einschlägigen Forschungsbedarf klarzuwerden. Diese Zusammenhänge machen aber auf einen zweiten Punkt aufmerksam, an dem das, was wir entfaltet
haben, für gegenwärtige Diskurse bedeutsam bleibt:

Gewöhnlich wird Origenes, wenn solche sehr groben Schemata von einer
westlichen und einer östlichen Theologie einander gegenübergestellt werden, als
eindeutiger Parteigänger einer Richtung vorgestellt, es fällt dann gern das Stichwort „Synergismus". Wir sahen aber oben, daß nach Origenes nicht der Mensch
aufgrund einer wie auch immer gearteten Verwandtschaft zum Schöpfer, allein
durch eigene Kraft aus dem tiefen Tal seines Falls aufsteigt, sondern durch eine
„himmlische und sogar überhimmlische Kraft" heftig gedrängt wird, einzig und
allein den Schöpfer zu verehren[61]. Solche Sätze, für die man viele Belege bringen
könnte, warnen davor, Origenes allzu schnell vor dem Hintergrund von späteren
Auseinandersetzungen als Parteigänger einer einzigen Seite zu verbuchen, als
„Synergist" zu titulieren und sich dabei allein auf Äußerungen zu kaprizieren, in
denen Origenes von einem „Gemisch" zwischen göttlicher δύναμις und menschlicher Entscheidungskraft spricht[62].

Die Äußerungen des Origenes über den „Transzendenzbezug" des Menschen
wurden geschrieben, bevor sich die abendländische Kirche über die Frage ent-
zweite, ob und in welcher Form der Mensch am göttlichen Geschenk des Heils
mitwirken könne. Der Streit scheint am Beginn des einundzwanzigsten Jahrhunderts noch nicht abschließend gelöst zu sein, wie jüngste Auseinandersetzungen
zeigen. Wahrscheinlich kann er auch gar nicht in einem schlichten Sinne „gelöst"
werden, sondern man kann nur Modi verabreden, in der einen Kirche Jesu Christi
mit verschiedenen Positionen so umzugehen, daß die Kirchengemeinschaft durch
die Lehrunterschiede nicht weiter ausgeschlossen bleibt. Zu diesem Zweck dürfen die Lehrdifferenzen freilich nicht abgeschliffen werden. Die Erinnerung an
Positionen wie die des alexandrinischen Kirchenvaters Origenes kann vor diesem
Hintergrund eine wichtige Funktion übernehmen: Sie kann dabei helfen, daß
nicht übersehen wird, daß in einer Theologie, deren anthropologisches Freiheits-
pathos[63] nur schwer mit Grundeinsichten der Reformation Martin Luthers in

---

[61]	Or.: princ. IV 1,7 (GCS Origenes V, S. 304,11-13 KOETSCHAU = TzF 24, S. 692
	GÖRGEMANNS/KARPP), aber vgl. Max. Tyr.: or. 11,11a ἀνάμεινον τὴν κλῆσιν
	(BiTeu S. 142,15 HOBEIN): In die Gottesschau wird der Mensch berufen, er begibt
	sich nicht aus eigenem Antrieb hinein.
[62]	Vgl. beispielsweise Or.: comm. in Ps. 4 nach philoc. 26,7 (SC 226, S. 258,22
	JUNOD): μικτὸν εἶναι.
[63]	Aber vgl. schon den Hinweis bei CHADWICK: Christian Platonism in Origen and in
	Augustine, S. 225 auf zwei Passagen im Johanneskommentar, die die Notwendig-
	keit des göttlichen Gnadengeschenks für angemessene ethische Handlungen des
	Menschen betonen: Or.: comm. in Ioh. VI 36,181 (GCS Origenes IV, S. 145,3-12
	PREUSCHEN) und frgm. 45 in Ioh. 3,29 (S. 519,18-520,11) und jetzt ausführlich

Ausgleich gebracht werden kann, durchaus von der himmlischen und überhimmlischen Kraft des göttlichen Wortes die Rede ist. Damit ist aber eine zentrale Einsicht der Theologie Luthers angespielt[64], die in der einen Kirche zur Geltung zu
bringen Aufgabe eines evangelischen Kirchenhistorikers ist und bleibt. Daran,
daß so reformatorische Propria nicht nur in der reformatorischen Theologie des
sechzehnten Jahrhunderts und seitherigen systematischen Ansätzen ihrer Tradition identifiziert werden können, sondern auch in einem gänzlich anders orientierten Entwurf, wird zweierlei deutlich: Man erkennt zum einen, daß der Bezug auf
die Heilige Schrift gemeinsames Charakteristikum rechter christlicher Theologie,
nicht Sonderlehre einer Konfessionskirche darstellt. Zum anderen wird aber auch
deutlich, daß dieser Bezug die Entfaltung einer Theologie in je spezifischer Weise zu steuern vermag[65]. Diese historische Beobachtung verweist auf den systematischen Grund einer Verständigung zwischen Theologen der verschiedenen
christlichen Konfessionen. An jenen systematischen Grund muß man den Jubilar
nun ganz gewiß nicht erinnern, aber vielleicht freut ihn ein wenig bekannter Beleg dafür, zugleich ein kleines Zeichen der Dankbarkeit für sein Wirken auf dem
dornigen Feld der Ökumene.

SCHOCKENHOFF: *Zum Fest der Freiheit*, S. 116-123 bzw. H. S. BENJAMINS: *Einge-
ordnete Freiheit. Freiheit und Vorsehung bei Origenes.* Leiden u.a. 1994 (SVigChr;
28), S. 50-121.

[64] O. BAYER: *Promissio. Geschichte der reformatorischen Wende in Luthers Theologie.* 2., durchgesehene, um ein Vorwort erweiterte Aufl. Darmstadt 1989 (Forschungen zur Kirchen- und Dogmengeschichte. 24); E. BIZER: *Fides ex auditu. Eine Untersuchung über die Entdeckung der Gerechtigkeit Gottes durch Martin Luther.* 3., erweiterte Aufl. Neukirchen-Vluyn 1966. – Ich verzichte aus naheliegenden Gründen darauf, die Auseinandersetzung um den hier dokumentierten Ansatz
zu bibliographieren, und nenne nur J. MEHLHAUSEN: Die reformatorische Wende in
Luthers Theologie. In: DERS.: *Vestigia Verbi. Aufsätze zur Geschichte der evangelischen Theologie.* Berlin 1999 (Arbeiten zur Kirchengeschichte. 72), S. 3-19, bes. S.
14.

[65] Also nicht nur dekoriert, was von anderswoher gewonnen ist.

Der Dienst des Bischofs nach Hilarius von Poitiers

1. Bischof Hilarius

Bevor die Aussagen des Hilarius zum bischöflichen Dienst dargestellt werden, soll ein kurzer Blick auf seine eigene Bischofstätigkeit geworfen werden, soweit sie aus seinen eigenen Schriften oder anderen Berichten[1] bekannt ist. Was wir von Hilarius (geboren zwischen 310 und 320 in Limonum bei Poitiers oder in Poitiers, gestorben wahrscheinlich am 1. 11. 367 in Poitiers) wissen, ist im Verhältnis zu anderen großen Kirchenvätern recht bescheiden. Er empfing die Taufe wahrscheinlich erst als Erwachsener. Allerdings kann man daraus nicht schließen, dass er von heidnischen Eltern abstammte. Für den Weg des Hilarius zum Glauben und zur Taufe ist entscheidend *De Trinitate* I, 1-14, wo er diesen nach dem literarischen Modell der *Confessiones* als Ergebnis intensiven Suchens nach dem Sinn des Lebens beschreibt[2].

Um 350 wird Hilarius, von dessen Ausbildung wir nur wenig wissen[3], vom Volk seiner Heimatstadt zum Bischof von Poitiers gewählt. Vielleicht war er der erste Bischof von Poitiers. Bis zu seiner Verbannung nach Phrygien, die auf dem Konzil von Béziers (356) mit Billigung Kaisers Konstantius ausgesprochen wurde, wirkte Hilarius 5 oder 6 Jahre als Bischof seiner Heimatstadt. In diese uns sonst unbekannte Epoche seines Lebens fällt sein *Matthäuskommentar* (353-356)[4], der erste, fast vollständig erhaltene Kommentar des lateinischen Westens zum ersten Evangelium, das als das kirchliche Evangelium besondere Bedeutung bei den Kirchenvätern besaß. In der Verbannung nach Phrygien, über deren Ursache wir letztlich keine genaue Kenntnis haben[5], sind die 12 Bücher des theologischen Hauptwerks des Bischofs von Poitiers entstanden, die uns als *De Trinitate* bekannt sind, deren Titel jedoch mit Unsicherheit behaftet ist[6]. In der kleinasiatischen Verbannung hat Hilarius, der bisher die *Fides nicaena* nicht kannte[7],

---

[1] Vgl. bes. SULPICIUS SEVERUS: *Vita sancti Martini* 5,1-3; 6,4.7; 7,1 (SC 133, 262-266).

[2] Vgl. HILAIRE DE POITIERS: *La Trinité* I (SC 443, 202-235).

[3] Vgl. die Biografie des Hilarius von C. F. A. BORCHARDT: *Hilary of Poitiers' Role in the Arrian Struggle*. `s-Gravenhage 1966; Ch. KANNENGIESSER: Hilaire de Poitiers (saint). In: *Dictionnaire de Spriritualité* VII/1 (1969), Sp. 466-499; M. FIGURA: *Das Kirchenverständnis des Hilarius von Poitiers*. Freiburg 1984, S. 15-20.

[4] Vgl. HILAIRE DE POITIERS: *Sur Matthieu* I u. II (SC 254 u. 258).

[5] Vgl. H. Chr. BRENNECKE: *Hilarius von Poitiers und die Bischofsopposition gegen Konstantius II. Untersuchungen zur dritten Phase des arianischen Streites (337-361)*. Berlin/New York 1984, S. 230-243.

[6] Vgl. dazu M. FIGURA: Einleitung zu HILAIRE DE POITIERS: *La Trinité*, S. 53f.

[7] Vgl. *Liber de Synodis* 91 (PL 10, 545A): „Regeneratus pridem, et in episcopatu

sich um der Einheit der Kirche willen im *Liber de Synodis* (358-359) um eine Vermittlung zwischen dem nizänischen *homousios* und dem östlichen *homoiusios* bemüht. Er richtet diesen Brief an seine Amtsbrüder in Gallien, um sie mit östlicher Theologie vertraut zu machen.

Hilarius musste letztlich ohnmächtig ansehen, wie nach den gescheiterten Synoden von Rimini und Seleukia (359) das Glaubensbekenntnis der Kirche *homöisch* wurde. Nach der Synode von Konstantinopel (Januar 360), auf der mit Billigung von Konstantius die Kirche homöisch oder, besser gesagt, arianisch wurde, richtet Hilarius seine Streitschrift *Liber in Constantium Inperatorem* an den Kaiser. Sie führt uns mitten hinein um die Verantwortung eines Bischofs für die Weitergabe (Tradition) des rechten Glaubens. Diese Schrift trägt zwar die Züge eine Pamphlets, doch sie ist vorrangig zu interpretieren als Angstschrei eines Bischofs angesichts der Katastrophe, die Konstantius über den Erdkreis gebracht hat: „Er hat überhaupt nichts anderes getan, als den Erdkreis, für den Christus gelitten hat, dem Teufel preiszugeben."[8]

Auf nicht ganz geklärten Umständen konnte Hilarius 360 in seine Heimat zurückkehren. Die Synode in Paris (360/61), die sich eindeutig zum Glauben von Nikaia bekennt, geht sicher auf die Initiative des heimgekehrten Hilarius zurück, doch es ist nicht bekannt, ob er selbst an dieser Synode teilgenommen hat.

In den letzten Lebensjahren tritt der Kampf des Hilarius gegen den Arianismus seiner Zeit etwas in den Hintergrund. Um 364 schreibt er zwar noch eine Anklageschrift gegen den arianischen Bischof Auxentius von Mailand[9], er sammelt auch weiterhin Dokumente zum arianischen Streit, die unter der Bezeichnung „Historische Fragmente" in die Dogmengeschichte eingegangen sind, von Hilarius aber ursprünglich als „Drei Bücher gegen Valens und Ursacius" (356-367) zusammengestellt und mit einem verbindenden Text versehen wurden[10].

Im Vordergrund der letzten Lebensjahre des Bischofs von Poitiers steht seine Rückkehr zur Schriftauslegung. Er hatte sie zwar stets vor Augen, auch in seiner dogmatischen Abhandlung *De Trinitate*. Doch in der letzten Phase seines Lebens steht die Beschäftigung mit der Schrift eindeutig im Vordergrund. Während dieser Zeit entsteht der *Tractatus Mysteriorum*, in dem Hilarius an einigen Personen und Ereignissen des Alten Testaments seine typologische Exegese, die Altes und Neues Testament verbindet, darlegt[11]. Besonders zu erwähnen sind aus dieser letzten Zeit des Hilarius seine *Tractatus super Psalmos*, von denen allerdings neben der Einleitung nur die Erklärungen zu den Psalmen 1.2.9.13.14.51-69.91.118-150 erhalten sind[12]. Sie sind eine wahre Fundgrube für unser Thema, auf die im folgenden reichlich zurückgegriffen wird.

---

[8]   aliquantisper manens, fidem Nicaenam numquam nisi exsulaturus audivi."
       Liber in Constantium Inperatorem 15 (SC 334,198 f).
[9]   Vgl. *Contra Arianos, vel Auxentium Mediolanensem, liber unus* (PL 10, 609B – 618C).
[10]   Vgl. CSEL 65, 39-193. Vgl. dazu P. SMULDERS: *Hilary of Poitiers' Preface to his Opus historicum. Translation and Commentary.* Leiden 1995.
[11]   Vgl. die Einleitung v. J.-P. BRISSON zu HILAIRE DE POITIERS: *Traité des Mystères* (SC 19bis, 7-70).
[12]   Vgl. CSEL 22; CCL 61 (Pss. 1-91); SC 344.347 (Ps. 118).

Zum Leben und zur bischöflichen Tätigkeit des Hilarius gehört auch seine Begegnung mit Martin von Tours, so wie sie uns aus der bereits genannten *Vita sancti Martini* des Sulpicius Severus bekannt ist. Dadurch steht Hilarius zusammen mit Martin am Beginn des Mönchtums in Gallien. Das große Anliegen des Hilarius war die Glaubensunterweisung. Ein erster Niederschlag davon ist der bereits erwähnte *Matthäuskommentar*. Auch die ersten drei Bücher von *De Trinitate* (ausgenommen I, 20-36) sind eine Katechese über den Glauben. Sulpicius Severus nennt Hilarius einen Bischof, dessen Theologie und Glaube angesehen und anerkannt waren[13].

2. Theologische Bestimmung des bischöflichen Dienstes

2.1 Apostolische Sukzession und Kollegialität der Bischöfe

Hilarius sieht das Bischofsamt in der Apostelnachfolge verankert. Er nennt die in Nizäa (325) versammelten Bischöfe *apostolici uiri*[14] und den bischöflichen Dienst (*ministerium nostrum*) „unseren Apostolat" (*apostolatus noster*)[15]. Bei der Auslegung des Gleichnisses vom königlichen Hochzeitsmahl (Mt 22,1-14) sieht er in den zuerst genannten *servi missi* (Mt 22,3) die Apostel, in den darauf noch einmal genannten Dienern die *apostolici successores apostolorum*. Damit sind zunächst die neutestamentlichen Apostelschüler (*apostolici*), dann aber die Bischöfe als *successores apostolorum* gemeint[16]. Den Bischöfen, die Athanasius auf der Synode von Arles (353) verurteilt haben, ruft Hilarius in einer pathetischen *conquestio*, nicht ohne Ironie, zu: „O wahre Jünger Christi! O würdige Nachfolger Petri und Pauli! O fromme Väter der Kirche! O eitle Statthalter zwischen Gott und dem Volk, die ihr die Wahrheit Christi gegen die Falschheit der Menschen verkauft habt!"[17] Die Verbindung des bischöflichen Amtsträgers mit den Aposteln wird durch den Ordinationsakt weitergegeben. Zur Zeit des Hilarius wird sich der Ritus der Bischofsweihe so vollzogen haben, wie Hippolyt ihn in der Kirchenordnung beschreibt. Der wesentliche Ritus der Bischofsweihe ist die Handauflegung, verbunden mit dem entsprechenden Gebet[18].

Besonders deutlich spricht Hilarius im *Liber de Synodis* von der Bischofsweihe und der bischöflichen Sukzession. Die Aussagen sind dort eingebettet in die Unionsbemühungen des verbannten Bischofs von Poitiers zwischen östlichen

---

[13] Vgl. *Vita sancti Martini* 5,1 (SC 133, 262).
[14] *Collectanea Antiariana Parisina*, B II, 9, 5(25) (CSEL 65, 148).
[15] In Matth. 10,5 (SC 254, 220).
[16] Vgl. In Matth. 22,4 (SC 258, 146); vgl. ebd., S. 147, Anm. 15 f.
[17] *Collectanea Antiariana Parisina (Fragmenta historica)*, B II,5,3(18) (CSEL 65, 142). Vgl. dazu J. DOIGNON: O dignos successores Petri atque Pauli. Un trait d'Hilaire sur la vocation antihérétique du «témoignage» épiscopal au IVe siècle. In: *Theologische Zeitschrift* 40 (1984), S. 359-366.
[18] Vgl. *Traditio apostolica* 2-3 (SC 11 bis, 40-46). Vgl. auch K. RICHTER: *Die Ordination des Bischofs von Rom. Eine Untersuchung zur Weiheliturgie*. Münster i.W. 1976, S. 1 ff.

und westlichen Bischöfen[19]. Im zweiten Teil des *Liber de Synodis* (cap. 66-91) wendet sich Hilarius an die Homöusianer von Ankyra (358) und will sie zur Übernahme des nizänischen *homousios* bewegen, obwohl er durch seine Vertrautheit mit östlicher Theologie auch einen berechtigten Sinn von *homoiusios* anerkennt. In diesem Zusammenhang wendet er sich beschwörend an die östlichen Bischöfe: „Ich bitte euch, Brüder, beseitigt den Verdacht (Arianer zu sein), schließt die Möglichkeit aus (schlecht von euch zu denken). Damit homoeusion anerkannt werden kann, wollen wir homousion nicht verwerfen. Lasst uns doch an so viele heilige Bischöfe denken, die schon entschlafen sind: Wie wird der Herr über uns urteilen, wenn diese jetzt von uns mit dem Anathem belegt werden?[20] Was wird aus uns, wenn wir die Dinge so weit treiben, dass auch wir nicht Bischöfe geworden sind, weil jene keine Bischöfe waren? Wir sind nämlich von ihnen geweiht worden und sind ihre Nachfolger. Dann wollen wir von unserem Bischofsamt zurücktreten, denn wir haben dieses Amt von einem empfangen, der unter dem Anathem stand"[21].

Wenn auch im Exil , so sieht sich Hilarius doch in der Gemeinschaft mit allen gallischen Kirchen und Bischöfen. Er weiß sich auch seiner eigenen Diözese Poitiers durch die Gemeinschaft mit seinen Presbytern verbunden[22]. Wenn Hilarius hier auch nicht von der bischöflichen Kollegialität spricht, so klingt dieser Gedanke doch in der Erwähnung der *communio* mit den gallischen Bischöfen und seinen eigenen Presbytern an. Er konnte damit an Cyprian anschließen, der bereits ungefähr hundert Jahre vor ihm die bischöfliche Kollegialität deutlich herausgestellt hatte[23].

2.2 Der Lehr- und Verkündigungsdienst des Bischofs

Hilarius beschreibt den bischöflichen Dienst mit verschiedenen Begriffen, die er der Schrift entlehnt. Die Bischöfe sind als Hirten *principes gregum*[24], sie sind Salz der Erde und Licht der Welt[25] und zugleich die Augen der Kirche[26]. Um die-

---

[19] Vgl. G. MORELL: Hilary of Poitiers. A theological Bridge between Christian East and Christian West. In: *Anglican theological review* 44 (1962), S. 312-316.

[20] Hilarius denkt hier an die 318 Väter von Nikaia (325).

[21] Syn. 91 (PL 10,543A-544A). Denselben Gedanken wiederholt Hilarius im *Liber in Constantium Inperatorem* 27 (SC 334, 220). Mit demselben Argument drängt wenig später auch Athanasius die Arianer zur Übernahme des *homousion* (vgl. De Synodis 13,2 [Athanasius Werke, ed. H.G. OPITZ, II,1, S. 240,25-241,1]).

[22] Vgl. *Liber ad Constantium Imperatorem (Liber II ad Constantium)* 2 (CSEL 65, S. 197f.).

[23] Vgl. z.B. Ep. 55, I,1 (CCL III B, 256); 55, XXIV,4 (286 f); S. 59, V,1-2 (CCL III C, S. 344 f); 60, I,1 (374); 62, I,1(385); Unit. 5 (CCL III, 252 f). Vgl. dazu J. COLSON: *L'Épiscopat catholique. Collégialité et Primauté dans les trois premiers siècles de l'église.* Paris 1963, S. 79-101.

[24] Tr. Ps. 65,24 (CCL 61, 249).

[25] Vgl. Tr. Ps. 118, Nun, 4: „Primum enim unicuique nostrum *Dei uerbum* sibi *lucerna* est; deinde uir apostolicus *toto corpori suo*, id est *ecclesiae lucerna* est" (SC 347, 126).

[26] Vgl. Tr. Ps. 138, 34 (CSEL 22, 768).

se biblischen Aufgaben erfüllen zu können, stellt Hilarius hohe sittliche Forderungen an die *sacerdotes*[27], womit zu seiner Zeit noch vorrangig die Bischöfe bezeichnet werden[28].

Im Mittelpunkt des bischöflichen Dienstes steht für Hilarius die Verkündigung des Wortes Gottes. Zwar hat Jesus den Predigtdienst der ganzen Kirche anvertraut[29], doch innerhalb der Kirche weist Hilarius besonders den Bischöfen diese Aufgabe zu. Sie sind Lehrer des Glaubens, die mit dem *ministerium praedicationis euangelicae*[30] beauftragt sind, sie sind q*uoddam sancti Spiritus organum, per quod uocis uarietas et doctrinae diuersitas audienda est*[31]. Wie die Apostel, so verkünden auch die Bischöfe himmlische Dinge und säen die Unsterblichkeit aus, die sie durch ihre Predigt allen weitergeben, die durch das Geheimnis des Wassers und des Feuers (Taufe aus Wasser und Geist) vollkommen geworden sind[32]. Unsterblichkeit des Menschen bedeutet für Hilarius, dass „die Ewigkeit der Seele und des Leibes, d.h. des ganzen Menschen, verkündet wird"[33].

Die Mitte der apostolischen und der bischöflichen Lehre erblickt Hilarius darin, „Gott aus dem Gesetz und den Propheten in den Evangelien zu predigen"[34]. Damit ist nicht nur die Einheit der Schrift bei Hilarius – wie bei den Vätern allgemein – angesprochen, sondern auch der heilsgeschichtlich wichtige Gedanke der *memoria (zikkaron)*, auf den noch zurückzukommen sein wird.

Gleich den Aposteln sollen die Bischöfe in der Verkündigung des Glaubens durchhalten[35], denn dann erweisen sie sich als Lehrer, welche die Gläubigen in

---

[27]   Vgl. ebd.: „ex quo ingenti periculo sacerdotes, qui ecclesiae oculi sunt, negotiis saeculi, curis pecuniae et familiarium rerum incrementis et conuiuiorum luxibus occupantur. Ecclesiae enim lumen sunt, id est corporis oculi. Et si lumen ipsum auaritiae et lasciuiae nocte tenebrescat, , corpori id est ecclesiae, cui per naturam suam tenebrae sunt, quantae insuper tenebrae de exemplo tenebrosi luminis inuehentur?"

[28]   Der Begriff *sacerdos* wird bis ins 8. Jh. häufiger für den Bischof als für den Priester gebraucht. Dann tritt eine langsame Verschiebung ein, und der Begriff *sacerdos* bezeichnet mehr und mehr den Presbyter, bis er im 12. Jh. ausschließlich in diesem Sinn gebraucht wurde. Es war jene Epoche, in der die Scholastik ihre Theologie der Sakramente und des Priestertums, des Amtes des eucharistischen Opfers, herausarbeitet. Vgl. dazu P.M. GY: *Réflexions sur le vocabulaire antique du sacerdoce chrétien. Études sur le sacrement de l'ordre.* Paris 1957, S. 125-145.

[29]   Vgl. In Matth. 21,4 (SC 258, 126): „Templum uero introiit, id est ecclesiam traditae a se praedicationis ingressus est."

[30]   Trin. VI,2 (CCL 62, 196).

[31]   Tr. Ps. 13,1 (CCL 61, 76). Der Gedanke, dass der Prediger ein klingendes Instrument des Heiligen Geistes sei, findet sich bereits bei ORIGENES: Fragm. in Matth. 5,9 (GCS 41 = ORIGENES XII/1, 5,27-31).

[32]   Vgl. In Matth. 4,10 (SC 254, 128). Unter dem Feuer versteht Hilarius den Heiligen Geist (vgl. Mt 3,11).

[33]   Tr. Ps. 61,2 (CCL 61, 199). Hilarius weiß um die Schwierigkeiten dieser Verkündigung, doch er fügt Tr.Ps. 62,3 (CCL 61, 206) hinzu: „Arduum autem, sed maxime uerum est aeternitatis ita corporis ut animae sperare." Vgl. dazu M. DURST: *Die Eschatologie des Hilarius von Poitiers.Ein Beitrag zur Dogmengeschichte des vierten Jahrhunderts.* Bonn 1987, S. 237-262.

[34]   Tr. Ps. 65,17 (CCL 61, 244 f).

[35]   Tr. Myst. 37 (SC 19bis, 134).

der Wahrheit bestärken. Dieser Auftrag an die Bischöfe kommt zur Sprache bei der Auslegung von Mt 24,45: *Quis nam est fidelis seruus et prudens quem constituit Dominus super familiam suam*? Hilarius antwortet: Der treue und kluge Knecht ist der Bischof, der an die Spitze der Familie Gottes gestellt ist, um in der Zeit der Erwartung der Ankunft (Wiederkunft) des Herrn besonders für das Wohl des ihm anvertrauten Hauses zu sorgen. Wenn der Bischof auf das Wort Jesu hört und dessen Weisungen folgt, wenn er durch die Wahrheit seiner Verkündigung „das Schwache stärkt, das Zerrissene wieder zusammenfügt, das Verirrte zur Umkehr bewegt und der zu ernährenden Familie das Wort der Wahrheit als Nahrung der Ewigkeit reicht", und wenn er in dieser Aufgabe Ausdauer beweist, dann wird er jene Herrlichkeit empfangen, die der Herr dem getreuen Diener verheißen hat. Darüber hinaus gibt es nichts Besseres[36].

Untadelige Lebensführung und gediegene Bildung sind für Hilarius die Voraussetzungen, damit der Bischof sein Lehramt und seinen Verkündigungsdienst fruchtbar erfüllen kann. Dabei bezieht er sich auf Paulus, der die *forma constituendi episcopi* gezeichnet und einen völlig neuen Mann der Kirche durch seine Vorschriften festgelegt hat. Der Apostel gibt gleichsam eine Zusammenfassung der vollkommenen Tugenden, die beim Bischof vorhanden sein sollen, wenn er schreibt: „Er muss gemäß der Lehre am Wort des Glaubens festhalten, damit er fähig ist, zur gesunden Lehre zu ermahnen und die Widersprechenden zu überwinden. Denn es gibt viele Ungehorsame, Schwätzer und Verführer" (Tit 1,9f.). Der Bischof muss *innocens* und *doctus* sein: Paulus „sagt, dass Lebenszucht und Gesittung dem Priester (Bischof) dann nützlich sein werden, wenn es ihm unter den übrigen Fähigkeiten nicht an dem fehlt, was zur Lehre und zum Schutz des Glaubenswissens notwendig ist. Denn es macht noch nicht einen guten Priester (Bischof) aus, entweder nur ein unschuldiges Leben zu führen oder nur in gelehrter Form zu predigen, da der Unschuldige nur sich selbst nützt, wenn er ungebildet ist, und der Gebildete ohne die Autorität der Lehre bleibt, wenn er nicht untadelig ist." Hilarius sieht die Zierde des bischöflichen Lebens in der bischöflichen Lehre und die Zierde der bischöflichen Lehre in einem untadeligen Leben.

Für einen „Bischofsspiegel" verweist Hilarius dann auf die Mahnung des Apostels an Titus: „In allem gib dich als Beispiel guter Taten, lehre mit Ehrfurcht das gesunde und unanfechtbare Wort, damit der Gegner zurückscheut, da er nichts Schändliches und Böses über uns zu sagen hat" (Tit 2,7f.). Paulus verlangt vom Bischof, dass er die Lehre gesunder Rede, Glaubensbewußtsein und die Kenntnis der Ermahnung besitzt. Dazu fordert Hilarius die Bindung des Bischofs an den kirchlichen Glauben, der immer wieder seinen Sieg über die Irrlehren errungen hat: „Denn viele sind es, die Glauben vortäuschen, aber dem Glauben sich nicht unterwerfen, die eher sich selbst den Glauben zusammenstellen, als ihn anzunehmen, aufgeblasen in der Denkweise menschlicher Eitelkeit, indem sie nur das für ihr Denken hinnehmen, was sie selbst wollen, und das nicht annehmen wollen, was wahr ist; denn dies ist doch die Wahrheit der Weisheit, auch dasjenige

---

[36] In Matth. 27,1 (SC 258, 202). Zur Einordnung dieses idealen Bischofsbildes in die Tradition (vor allem Cyprian) vgl. J. DOIGNON: *Hilaire de Poitiers avant l'exil. Recherches sur la naissance, l'enseignement et l'épreuve d'une foi épiscopale en Gaule au milieu du IVe siècle*. Paris 1971, S. 159-168.

im Denken hinzunehmen, was du nicht willst. Die Folge dieser Weisheit des Willens ist aber die Rede von der Torheit, weil notwendigerweise das törichte Denken auch zur törichten Verkündigung führt"[37].

Vor solch einer *stulta praedicatio* will Hilarius in *De Trinitate* die Bischöfe warnen. Er weist sie auf die Größe und Verantwortung ihrer Aufgabe als Verkünder hin, denn: „Wer redet, (der rede) gleichsam Worte Gottes" (1 Petr 4,11). Das Wort Gottes darf nicht wie ein menschliches Wort behandelt werden. Daran schließt der Bischof von Poitiers die Mahnung an: „Die Prediger müssen bedenken, dass sie nicht für Menschen sprechen, die Hörer müssen wissen, dass ihnen nicht menschliche Worte vorgetragen werden, sondern Gottes Worte, Gottes Bestimmungen, Gottes Gebote. Deshalb ziemt beiden, Predigern und Hörern, die größtmögliche Ehrfurcht. Denn es ist höchst gefährlich, über die Schätze Gottes, die verborgenen Geheimnisse und das ewige Vermächtnis etwas Überflüssiges vorzutragen oder es nachlässig zu hören. Alles muss im Herzen versiegelt und der Gesinnung anvertraut werden, denn es gibt kein Wort Gottes, das nicht erfüllt werden soll; und alles, was gesagt worden ist, hat eine gewisse Notwendigkeit, sich jetzt schon zu erfüllen, weil die Worte Gottes Festlegungen (*decreta*) sind"[38]. Der Gedanke, dass das Wort Gottes nicht mit einem menschlichen Wort verwechselt werden dürfe, ist für Hilarius wichtig. Deshalb weist er darauf hin, dass man nicht mit menschlichem oder weltlichem Sinn über göttliche Dinge sprechen dürfe. Das Wort Gottes darf von seinen Auslegern nicht gewaltsam umgebogen werden[39]. Eine solche Verirrung in Glaubensfragen ist für Hilarius nach der Doppelsynode von Rimini und Seleukia (359)[40] eingetreten. In einem Brief an Konstantius (Ende 359 / Anfang 360) beklagt er, dass es jetzt so viele Glauben wie Willen, so viele Lehren wie Verhaltensweisen, so viele Blasphemien wie Laster gebe[41].

Zur rechten Verkündigung des Wortes Gottes gehört neben untadeliger Lebensführung und umfassender Bildung auch das Gebet. Denn nur was der Prediger im Gebet betrachtet hat, kann er glaubwürdig weitergeben. Darauf weist das erste Gebet in *De Trinitate* hin. Aus diesem Gebet geht auch hervor, dass der Bischof von Poitiers hohe rhetorische Anforderungen an den Prediger stellt. Er bittet Gott: *Tribue ergo nobis... dictorum honorem*[42].

Hilarius ist sich bewusst, dass alles Reden über Gott nur in analoger Weise geschehen kann, denn menschliche Sprache und menschliche Vergleiche reichen nicht aus, um die Größe Gottes zu erklären: „Was nämlich unaussprechlich ist, hat keine Grenze und kein Maß seiner Bezeichnung, und was geistig ist, ist von

---

[37]   Trin. VIII, 1 (CCL 62A, 311 f).

[38]   Tr. Ps. 13,1 (CCL 61, 76 f).

[39]   Vgl. Trin. VIII, 14 (CCL 62 A, 326): „Non est humano aut saeculi sensu in Dei rebus loquendum. Neque per uiolentam adque inpudentem praedicationem caelestium dictorum sanitati alienae adque inpiae intellegentiae extorquenda peruersitas est. Quae scibta sunt legamus, et quae legerimus intellegamus, et tum perfectae fidei officio fungemur."

[40]   Vgl. dazu H. Chr. BRENNECKE: *Hilarius von Poitiers und die Bischofsopposition gegen Konstantius II.* (wie Anm.5), S. 352-359.

[41]   Vgl. *Liber ad Constantium Imperatorem* 4 (CSEL 65, 200).

[42]   Trin. I,38 (SC 443, 272).

der Erscheinungsweise und dem Beispiel der körperlichen Dinge verschieden. Wenn dennoch von der göttlichen Natur geredet wird, so muss all jenes, was im Geist enthalten ist, durch den Gebrauch der gemeinsamen Natur und Sprache ausgedrückt werden; es entspricht zwar nicht der Größe Gottes, ist aber für die Schwäche unseres Verstandes notwendig, da wir nur mit unseren Mitteln und Worten ausdrücken können, was wir spüren und verstehen"[43].

Die bischöfliche Verkündigung ist von *parrhesia* gekennzeichnet: die Botschaft des Glaubens muss vollständig, ohne jede Verkürzung, freimütig und ohne politischen Druck verkündet werden[44]. Dies muss aber in Demut und Bescheidenheit[45], unter Verzicht auf jede Form von Macht[46] geschehen.

Wenn Hilarius dem Prediger die Größe und Verantwortung seiner Aufgabe vor Augen stellt und ihn mahnt, sich bewusst zu bleiben, dass er nicht für Menschen spricht, so fordert er ihn zugleich auf, die Bedürfnisse der Gemeinde, zu der er spricht, zu berücksichtigen[47]. Die Verkündigung soll den Hörer ja erreichen. Hilarius entwickelt in diesem Zusammenhang Grundprinzipien der Homiletik, wenn er darauf hinweist, dass die Verkündigung den Gegenstand (*quid*), die Zeit (*quando*) und den Ort (*ubi*) berücksichtigen muss[48]. Dazu bedarf es aber der Klugheit. Hilarius nimmt als Modell der Klugheit die Paradiesesschlange, von der es im Buch Genesis heißt, dass sie klüger war als alle anderen Tiere (vgl. Gen 3,1). Sie kannte genau Evas Wesen (*animum sexus mollioris*) und hat sich deshalb ihr zunächst genähert, sie dann durch die Hoffnung auf die Unterscheidung von Gut und Böse verführt, ihr schließlich die Unsterblichkeit versprochen und durch die Verheißung solch großer Belohnungen das Werk ihres böswilligen Planes und Willens durchgesetzt. Von diesem dunklen Hintergrund der *serpentis prudentia* hebt Hilarius positiv die Klugheit des Predigers ab: „Also muss bei gleich günstiger Gelegenheit, nachdem das Wesen und der Wille eines jeden von innen erforscht ist, die Klugheit der Worte angewandt werden. Die Hoffnung auf die künftigen Güter muss geoffenbart werden, die himmlischen Belohnungen eines vollkommenen Glaubens müssen vorgetragen werden. Was die Schlange erlogen hat, verkünden wir als Wahrheit gemäß der Verheißung Gottes, dass jene, die glauben werden, den Engeln gleich sein werden... Den Glauben an die

---

[43] Trin. IV,2 (CCL 62, 101 f); vgl. auch Trin. IX,37 (CCL 62A, 411).

[44] Vgl. *Liber in Constantium Inperatorem* 16 (SC 334, 200): „Hoc tandem rogo quis episcopis iubeat et quis apostolicae praedicationis iubeat formam?"

[45] Vgl. Tr. Ps. 118, Gimel, 16 (SC 344, 166 ff); Tr. Ps. 14, 11-12 (CCL 61, 88); *Liber in Constantium Inperatorem* 6 (SC 334, 176 ff).

[46] Vgl. In Matth. 10,5 (SC 254, 222); *Contra Arianos, vel Auxentium Mediolanensem, liber unus* 3-4 (PL 10, 610C-611B).

[47] Vgl. In Matth. 27,1 (SC 258, 202): „Hunc enim seruum fidelem atque prudentem, praepositum familiae significat, commoda atque utilitates commissi sibi populi curantem."

[48] Vgl. Tr. Ps. 63, 3 (CCL 61, 214): „Tenendus igitur modus est et diligenter ac caute constituendum est quid de diuinitatis suae natiuitate, , quae ei a Patre est, fuerit prophetatum, quando eius hominis, quem adsumpsit, persona tractetur, ubi operatio, passio et resurrectio praedicetur, quid uero unicuique tempori congruat,quando fides gentium nuntietur, quando peccata anterioris populi arguantur, quando doctrina timoris Dei et confessionis eruditio ex prophetae oratione praestetur."

(himmlischen) Dinge wollen wir mit der Klugheit der Schlange in der Einfachheit der Taube weitergeben."[49]

2.3 Der Bischof als Zeuge für die Wahrheit des Glaubens

Zur Verkündigung des Bischofs gehört das Glaubenszeugnis, besonders im Kampf gegen die zeitgenössischen Irrlehren (Arianismus, Neusabellianismus). Das setzt eine sichere Verankerung im apostolischen Glauben voraus. Der Begriff des Zeugnisses weist zur Zeit des Hilarius noch in die Verfolgungszeit zurück, die zwar am Beginn des 4. Jahrhunderts mit dem Aufstieg Konstantins ihr Ende findet. Hilarius gebraucht für das Zeugnis der Bischöfe den Begriff *martyrium*[50]. Damit schließt er sich der Spiritualität des leidenden Hirten an, wie sie sich z.B. bei Cyprian findet. Denn für den Bischof von Poitiers wird der vollkommene apostolische Glaube nicht nur durch die Lehre verkündet, sondern auch durch das Ertragen ungerechten Leidens, das dem Zeugen zugefügt wird. Im Leben des Hilarius wird dieses Leiden konkret durch die proarianische Politik Kaiser Konstantius' II, der gegenüber den Verteidigern des Glaubens von Nikaia neue und sublimere Formen der Verfolgung ersinnt. Mit Hugo Rahner kann man das Zeugnis des Hilarius ein „Martyrium ohne Blut" nennen[51].

In dieser schwierigen Situation stellt Hilarius klar das Zeugnis des Bischofs heraus: Der Bischof ist Diener, Jünger und Zeuge der Wahrheit sowie Hüter der apostolischen Verkündigung[52]. Hilarius wird noch deutlicher: Er verteidigt Christus, wie der Knecht seinen Herrn, der Soldat seinen König, der Hund das Haus[53].

Was der Bischof von Poitiers inhaltlich unter dem Glaubenszeugnis des Bischofs versteht, stellt er besonders in der *Praefatio* zu den *Collectanea Antiariana Parisina* heraus. Hilarius beginnt dieses historische Werk, das der Verteidigung des Athanasius und des nizänischen Bekenntnisses gewidmet ist, mit dem Preis des großen Geheimnisses der Wahrheit, des vollkommenen himmlischen Ratschlusses und der Ewigkeit, in die hinein unsere Sterblichkeit verwandelt wird. Er bezieht sich dabei auf 1 Kor 13,13, denn die geistlichen Voraussetzungen, um das ganze Geheimnis der Wahrheit zu erfassen und zu bezeugen, sind Glaube, Hoffnung, Liebe[54]. Von diesen Grundhaltungen her unternimmt Hilarius die Verteidigung des Glaubens an die wahre Gottheit Jesu Christi: aus dem Glauben an die neue Geburt des Menschen aus Gott, denn nur wenn Jesus als wahrer Mensch auch wahrer Gott ist, kann er den Menschen vergöttlichen, der Hoffnung auf die zukünftigen Heilsgüter, die alle Erwartungen dieser Welt über-

---

[49] In Matth. 10, 13 (SC 254, 230 ff). Zum letzten Satz des Zitats vgl. Mt 10,16.
[50] Vgl. Tr. Ps. 65, 24 (CCL 61, 249): „In his enim (Bezug auf Ps. 64,14: *Induti sunt arietes ouium*), tamquam in principibus gregum, significat sacerdotes, quos doctrinae apostolicae eruditio cum orationum odore – *bonus enim* secundum Paulum *in Christo odor sumus* (2 Kor 2, 15) – ad martyrii studium prosequitur."
[51] Vgl. H. RAHNER: *Kirche und Staat im frühen Christentum. Dokumente aus acht Jahrhunderten und ihre Deutung.* München 1961, S. 133.
[52] Vgl. *In Constantium Inperatorem* 6; 12 (SC 334, 176; 192).
[53] Vgl. *Collectanea Antiariana Parisina*, B VIII, 2,3(4) (CSEL 65, 177).
[54] Vgl. B I, 1 (98 f).

treffen, und der Liebe, die uns mit Gott verbindet und von der Welt nicht durchbrochen werden kann[55]. Die drei göttlichen Tugenden machen den Zeugen frei von der Angst vor weltlicher Gewalt. Deshalb warnt Hilarius die Bischöfe davor, Athanasius aus Furcht vor dem staatlichen Arm zu verurteilen[56]. Im Glaubenszeugnis der Bischöfe soll sich die katholische Einheit kund tun[57].

Im *Liber de Synodis* rühmt Hilarius den Glauben der westlichen Bischöfe, an die er 358/59 aus dem kleinasiatischen Exil schreibt. Er stellt ihr vom Geist getragenes und erfülltes Glaubenszeugnis heraus. Während sich in den 33 oder 34 Jahren seit dem Konzil von Nikaia unzählige Glaubensbekenntnisse hektisch ablösten, brauchten die westlichen Bischöfe bisher keinen schriftlich fixierten Glauben, da der Geist Gottes, der in ihnen wirkt, sie zu Zeugen macht[58].

Was Hilarius über den Bischof als Glaubenszeugen schreibt, bestätigt er durch sein Leben. Für das Glaubenszeugnis nimmt er sogar mit Freude die Verbannung auf sich[59].

2.4 Der Bischof und der Staat

Wenn es um die Wahrheit und das Zeugnis des Glaubens geht, dann muss der Bischof auch gegen die staatliche Gewalt entschieden auftreten[60]. Doch der mutige Protest des Hilarius gegen Kaiser Konstantius II. muss richtig verstanden werden, denn er greift nicht grundsätzlich die inzwischen eingetretene Einheit von Römerreich und Christenkirche an. Die Kirchenhoheit des Kaisers wird nicht grundsätzlich abgelehnt. Der Protest des Bischofs von Poitiers richtet sich unmittelbar nur gegen den konfessionsverschiedenen Kaiser. Wo nämlich die weltliche Macht unter Berufung auf den eigenen (homöischen) Glauben den Glauben der anderen erzwingen will, da sieht sich Hilarius zur Verteidigung der Glaubensfreiheit verpflichtet. Im sog. *Liber I ad Constantium* (356) schreibt er dem Kaiser, um gegen jede Gewalt in Glaubensangelegenheiten zu protestieren: „Gott hat eher seine Erkenntnis gelehrt, als dass er Forderungen aufgestellt hat..., einen Willen, der ihn unter Zwang bekennt, hat er verschmäht. Wenn zum wahren Glauben derartige Gewalt angewendet würde, dann würde die bischöfliche Lehre dem entgegentreten und sagen: 'Gott ist der Herr des Alls (*deus uniuersitatis est dominus*), er bedarf keines abgenötigten Dienstes, er fordert kein erzwungenes Bekenntnis; man darf ihn nicht zu täuschen versuchen, sondern muss sich vor ihm Verdienste erwerben; unseretwegen, nicht seinetwegen, muss man ihn vereh-

---

[55] Vgl. B I, 2 (99 f).
[56] Vgl. B II, 5,3 (18) (141).
[57] Vgl. B II, 9,7(27) (149 f).
[58] Vgl. Syn. 63 (PL 10, 523B).
[59] Vgl. Trin. X,4 (CCL 62A, 461): „Ac de temporibus non quaeremur. Quin etiam gaudebimus, quia iniquitas se per hoc exilii nostri tempus ostenderit...; exilio nostro laetantes et exultantes in Domino, constitisse in nobis plenitudinem apostolicae profetiae."
[60] Vgl. dazu H. BERKHOF: *Kirche und Kaiser. Eine Untersuchung der Entstehung der byzantinischen und theokratischen Staatsauffassung im vierten Jahrhundert.* Aus dem Holländischen übers. v. G. W. LOCHER. Zürich 1947, S. 166-171.

ren'."[61] Was Hilarius hier *episcopalis doctrina* nennt, ist im Grund allgemeine christliche Lehre. Warum dann die Einschränkung auf die bischöfliche Lehre? Deshalb, weil die christliche Lehre in dieser schwierigen Situation, da der Kaiser einem neuen Bekenntnis zugeneigt war, von den Bischöfen, und seien es auch de facto nur wenige mutige gewesen, geltend gemacht werden musste. Hilarius verteidigt der staatlichen Macht gegenüber entschieden die Glaubensfreiheit. Er spricht hier deutlich aus, was bereits Origenes betont hatte: „Omnia carnalia in necessitate sunt posita non in voluntate, spiritalia autem in voluntate non in necessitate"[62]. Hilarius kennt aber keinen Gegensatz zwischen seiner bischöflichen Lehre und dem Glaubensbewusstsein der Kirche insgesamt, denn er stellt klar heraus, dass die Konzilsentscheidungen „sacerdotali uel ecclesiastica conscientia"[63], d.h. im bischöflichen und gesamtkirchlichen Bewusstsein, festzuhalten seien.

Nachdem dieser Vorstoß nichts erbracht hatte, bittet Hilarius im *Liber II ad Constantium* den Kaiser noch höflich um eine Diskussion mit dem arianischen Bischof Saturninus von Arles und um die Möglichkeit der Darlegung des nizänischen Glaubens[64]. Als auch dieser Versuch scheiterte, schlägt er im *Liber in Constantium Inperatorem* neue Töne an. Für Hilarius wird hier die Rechtgläubigkeit des Kaisers zur Grundlage der Legitimation seiner politischen Macht. Wenn der Kaiser nicht den wahren Glauben vertritt, dann ist es für den Bischof an der Zeit, mutig zu reden. Konstantius ist für Hilarius nun der Antichrist. Deshalb fordert er seine Mitbischöfe auf: „Die Hirten sollen schreien, denn die Mietlinge sind geflohen. Geben wir unser Leben für die Schafe, denn Räuber sind eingedrungen, und der wütende Löwe geht umher. Mit diesen Worten wollen wir dem Martyrium entgegeneilen"[65]. Der Gedanke ans Martyrium kommt Hilarius, wenn er seine Zeit mit der Zeit eines Nero, Decius und Maximianus vergleicht[66]. Die Verfolgung gilt zwar nun nicht mehr dem Christentum als einer *religio illicita*, sondern dem nizänischen Bekenntnis, für welches zu leiden Hilarius bereit ist.

In der 365/66 verfassten Schrift gegen den arianischen Hofbischof Auxentius, der 355 zum Nachfolger des verbannten nizänischen Bischofs Dionysius auf dem Mailänder Bischofsstuhl eingesetzt wurde, stellt Hilarius die Kirche der Märtyrer der ersten drei Jahrhunderte in Gegensatz zur arianisch beherrschten Kirche seiner Zeit. Er erinnert an die Leiden der Apostel und sieht darin ein normatives Zeugnis für die Bischöfe seiner Zeit[67]. Für die Aufgabe des Bischofs als Glau-

[61] *Oratio Synodi Sardicensis ad Constantium Imperatorem et Textus narratiuus S. Hilarii (Liber I ad Constantium)* II, 1(6) (CSEL 65, 185). Vgl. dazu H. J. VOGT: Zum Bischofsamt in der frühen Kirche. In: *Theologische Quartalschrift* 162 (1982), S. 221-236, hier: S. 234.
[62] MtCom XVI,8 (GCS 10, 492, 24-27).
[63] Wie Anm. 61 (CSEL 65, 184).
[64] Vgl. *Liber ad Constantium Imperatorem* 3; 8 (CSEL 65, 198 f; 203).
[65] *Liber in Constantium Inperatorem* 1 (SC 334, 166).
[66] Vgl. ebd. S. 8 (182).
[67] Vgl. *Contra Arianos, vel Auxentium Mediolanensem, liber unus* 3 (PL 10, 610C-611A/B). Vgl. dazu J. DOIGNON: Un cri d'alarme d'Hilaire de Poitiers sur la situation de l'église à son retour d'exil. In: *Revue d'Histoire Ecclésiastique* 85 (1990), S. 281-290.

benszeugen und für seine Haltung zur staatlichen Macht findet sich hier eine wichtige Feststellung. Hilarius stellt nämlich den einfachen Glauben des Volkes über die Spitzfindigkeiten der arianischen Bischöfe und den Versuch des Kaisers, einen Glaubenskonsens auf möglichst niedriger Basis zu erreichen: „Die Ohren der Gläubigen sind heiliger als die Herzen der Priester."[68] Der *sensus fidelium* ist für Hilarius ein Kriterium für das Zeugnis, das der Bischof ablegen soll.

2.5 Das Bischofsamt als Dienst an der *salus publica*

Als Bischof weiß sich Hilarius berufen, den eigenen Glauben auch anderen zu verkünden, „indem er sein Amt zum Dienst am allgemeinen Heil ausdehnt"[69]. Der Begriff *salus publica* verweist auf eine römische Tradition, die bei Ambrosius (333/34-397) eine christologische Umdeutung erfährt, denn der Kult der Göttin *Salus* und die Verkörperung des öffentlichen Wohls im Kaiser während der römischen Kaiserzeit werden nun abgelöst und überboten durch Christus, der durch seinen Tod eine neue *salus publica,* nämlich die Universalität der Erlösung, eröffnet hat, die in der Taufe geschenkt, in der Eucharistie gefeiert wird und Hoffnung auf Unsterblichkeit verleiht[70].

Wenn Hilarius sein Bischofsamt zum *officium publicae salutis* ausweitet, so kann man vermuten, dass er sich auch als *protector civitatis* betätigte. So sieht R. Schieffer in Hilarius einen Schutzherren, Patron und Verteidiger der bedrängten Bevölkerung seiner Stadt: „Schon im 4. Jahrhundert hat Hilarius von Poitiers sein Bischofsamt daher ein *officium publicae salutis* genannt, 'allgemeines Heil' und 'öffentliches Wohl' untrennbar verbindend, und seither waren in den Stürmen der Völkerwanderung die Situationen nur noch zahlreicher geworden, in denen sich gallische Bischöfe herausgefordert sahen, als respektgebietende Sprecher, de facto als Regenten ihrer Städte aufzutreten. Sie suchten im persönlichen Kontakt mit den Anführern der heranstürmenden Barbarenvölker das Ärgste abzuwenden, füllten das entstandene politische Vakuum, so gut es ging, und regten den Wiederaufbau an"[71]. Von solchen Aktivitäten des Bischofs von Poitiers erfahren wir in seinen Werken allerdings nichts. Das mag zum Teil auch damit zusammenhängen, dass er vier Jahre in der Verbannung war. Erst Ambrosius wird die politische und soziale Dimension deutlich herausstellen[72], die sich bei Hilari-

---

[68] Ebd. 6 (PL 10, 613A/B).

[69] Vgl. Trin. I,14 (SC 443, 234): „Quin etiam id quod sibi credebat, tamen per ministerium inpositi sacerdotii etiam ceteris praedicabat, munus suum ad officium publicae salutis extendens."

[70] Vgl. H. FRANKE: SALUS PUBLICA. Ein antiker Kult-Terminus und sein frühchristlicher Bedeutungswandel bei Ambrosius. In: *Liturgische Zeitschrift* 5 (1932/33), S. 145-160.

[71] R. SCHIEFFER: Der Bischof zwischen civitas und Königshof (4. bis 9. Jahrhundert). In: P. BERGLAR ; O. ENGELS (Hrsg.): *Der Bischof in seiner Zeit. Bischofstypus und Bischofsideal im Spiegel der Kölner Kirche. Festgabe für Joseph Kardinal Höffner, Erzbischof von Köln.* Köln 1986, S. 21.

[72] Vgl. H. von CAMPENHAUSEN: *Ambrosius von Mailand als Kirchenpolitiker.* Berlin 1929; J.-R. PALANQUE: *Saint Ambroise et l'empire romain.* Paris 1933, S. 394-404;

us allerdings bereits anbahnt. Er sieht seinen Dienst an der *salus publica* vorrangig in einem spirituellen Kontext, nämlich der *constans et publica perfectae fidei praedicatio*, wodurch er die Häresien seiner Zeit zurückdrängt und den Gläubigen den Weg zum wahren Glauben, in dem allgemeines Heil und öffentliches Wohl besteht, erschließt[73]. An Konstantius richtet er die beschwörenden Worte: „Meine Sorge richtet sich nicht so sehr auf meine Hoffnung, mein Leben und meine Unsterblichkeit, als auf deine und aller"[74]. Besonders durch sein Beharren auf der Glaubensfreiheit gegenüber dem homöischen Kaiser und sein Bemühen um die Einheit der Kirche in Ost und West hat er zum öffentlichen Wohl beigetragen, so dass Sulpicius Severus feststellen konnte, Gallien sei nur durch Hilarius von der Häresie befreit worden[75].

2.6 Die „ökumenische" Verantwortung des Bischofs

Hilarius weiß sich als Bischof in „ökumenischer" Verantwortung für alle Gläubigen. Dahinter steht ein entscheidender Gedanke seines Kirchenverständnisses: „Wenn es auch auf dem Erdkreis nur eine Kirche gibt, so hat doch jede Stadt ihre Kirche; es ist nur eine (Kirche) in allen (Kirchen), obwohl es doch mehrere sind, denn es gibt die eine in mehreren."[76] Als Bischof von Poitiers ist er nicht nur für seine Diözese, sondern für die Gesamtkirche verantwortlich. Aus dieser „ökumenischen" Verantwortung heraus ist Hilarius in seiner Verbannung nach Phrygien zu einem Bindeglied zwischen östlicher (homoiusianischer) und westlicher (homousianischer) Theologie geworden. Er bemüht sich um Verständnis und Brüderlichkeit all jenen östlichen Bischöfen gegenüber, die den Begriff *homousios* nicht vollkommen übernehmen können. Im *Liber de Synodis* versucht er, die Homöusianer aus ihrer Position heraus zu verstehen und ihre Bedenken zu zerstreuen, indem er mögliche Missverständnisse des nizänischen Begriffs *homousios* zugibt. Wo aber der Inhalt des nizänischen Glaubensbekenntnisses beibehalten wird, da geht es Hilarius nicht so sehr um einen einheitlichen Begriff, an dem das Bekenntnis festgemacht werden könnte. Hier hat der Bischof von Poitiers eine wichtige Aufgabe in der Kirche seiner Zeit gespielt, wenn er auch die Früchte seiner Unionsbemühungen zu Lebzeiten noch nicht sehen konnte. Auch nach dem Scheitern in Konstantinopel (359/60) ist er in Kontakt mit den Homöusianern geblieben (Synode von Paris [360/61]). Hilarius konnte diese „ökumenische" Mittlerfunktion nur ausüben, weil er sich für den gesamten Leib der Kirche verantwortlich wusste und Festigkeit im Glauben mit dem Willen zur Versöh-

---

R. GRYSON: *Le prêtre selon saint Ambroise*. Gembloux 1968, S. 128-131; 306-321; A. L. FENGER: *Aspekte der Soteriologie und der Ekklesiologie bei Ambrosius von Mailand*. Frankfurt a.M. 1981.

[73]   Vgl. *Collectanea Antiariana Parisina*, B II, 9, 5(25) (CSEL 65, 148).

[74]   *Liber ad Constantium Imperatorem* 3 (CSEL 65, 198).

[75]   Vgl. SULPICIUS SEVERUS: *Chronica* II, 45, 7 (CSEL 1, 99).

[76]   Tr. Ps. 14,3 (CCL 61, 83). Das Zweite Vaticanum bezieht sich auf diese Stelle des Hilarius bei der Aussage LG 23,2: „Indem sie (die Bischöfe) ihre eigene Kirche als Teil der Gesamtkirche recht leiten, tragen sie wirksam bei zum Wohl des ganzen mystischen Leibes, der ja auch der Leib der Kirchen ist."

nung verband. Ein beeindruckendes Zeugnis seiner Unionsbemühungen findet sich in seiner Schrift gegen Konstantius: „Wie alle, die mich hören oder näher kennen, bezeugen können, habe ich, Brüder, die äußerst bedrohliche Gefahr für den Glauben schon lange vorausgesehen. Nach der Verbannung der heiligen Männer Paulinus (von Trier), Eusebius (von Vercelli), Lucifer (von Cagliari) und Dionysius (von Mailand) sind es nun schon fünf Jahre, dass ich mich zusammen mit den gallischen Bischöfen von der Gemeinschaft mit Saturninus (von Arles), Ursacius (von Singidunum [Belgrad]) und Valens (von Mursa [Esseg]) getrennt habe, während ich ihren übrigen Gesinnungsgenossen die Möglichkeit eingeräumt habe, wieder zur Besinnung zu kommen. Ich wollte einerseits den Willen zum Frieden wahren, andererseits die brandigen und den ganzen Körper verderbenden Glieder abschneiden. Doch ich wollte es nur unter der Voraussetzung tun, dass die seligsten Bekenner Christi[77] die Entscheidung bestätigen, die ich getroffen habe. Als ich später von der Partei dieser Pseudoapostel zum Erscheinen vor der Synode von Béziers (356) gezwungen wurde, habe ich vorgeschlagen, ein Verfahren zu eröffnen, um diese Häresie zu beweisen. Doch da sie ein öffentliches Zeugnis fürchteten, wollten sie meine Beschwerden nicht hören. Sie glaubten, Christus gegenüber lügen zu können und ihre Unschuld unter Beweis zu stellen, wenn sie jetzt willentlich vorgäben, das nicht zu wissen, was sie später mit vollem Wissen tun sollten. Seitdem und während dieser ganzen Zeit bin ich im Exil; doch ich habe beschlossen, nicht vom Bekenntnis zu Christus abzuweichen, aber auch keinen ehrenhaften und möglichen Ansatzpunkt zur Wiederherstellung der Einheit zurückzuweisen. Deswegen habe ich nichts geschrieben oder gesagt, um unsere Zeit zu schmähen. Ich habe auch nichts gegen jene Kirche (der Arianer) gesagt, die sich fälschlicherweise Kirche Christi nennt, obwohl ihr Unglaube (eine öffentliche Anprangerung) verdiente, denn sie ist jetzt die Synagoge des Antichristen. Wenn auch das Band der Gemeinschaft zwischen uns aufgehoben war, so habe ich es niemandem zum Vorwurf gemacht, sich mit ihnen (den Arianern) zu unterhalten oder ihr Haus des Gebets zu betreten oder auf das zu hoffen, was für den Frieden wünschenswert ist, um dadurch die Voraussetzung zu schaffen, dass sie durch Bekehrung Verzeihung ihres Irrtums erlangen und vom Antichristen zu Christus zurückkehren."[78]

Obwohl Hilarius die Gemeinschaft mit den arianischen Bischöfen aufgegeben hat, ist für ihn die Trennung nicht endgültig. Er empfiehlt das Gespräch mit den Arianern und das Gebet zusammen mit ihnen in ihren Kirchen. Leider wissen wir nichts Genaueres über die konkreten Bemühungen des Bischofs von Poitiers, die Arianer oder Homöer für den nizänischen Glauben zu gewinnen. Doch die eben zitierte Stelle zeigt, dass Hilarius ein unermüdlicher Verfechter des Friedens und der Gemeinschaft der Kirche in Ost und West gewesen ist. Es gibt in der Väterzeit wohl kaum ein deutlicheres Beispiel „ökumenischer" Sorge um Einheit und Frieden in der Kirche als das Verhalten des Hilarius den Homöusianern und Arianern gegenüber. Beiden bietet er die Hand zur Versöhnung mit der Catholica an: den Homöusianern, indem er nicht starr am nizänischen *homousios* festhält,

---

[77] Gemeint sind die erwähnten verbannten Bischöfe Paulinus, Eusebius, Lucifer und Dionysius.

[78] *Liber in Constantium Inperatorem* 2 (SC 334, 170 ff).

den Arianern, wenn er ihre Kirchen trotz Vorbehalten (Synagoge des Antichristen) letztlich doch als „Haus des Gebets" bezeichnet.

Das „ökumenische" Anliegen des Hilarius besteht darin, dass es ihm in der kirchlich verwirrten Situation seiner Zeit um die Einheit der Kirche in Ost und West geht. Dabei liegt es ihm besonders am Herzen, deutlich zu machen, dass alle Christen dazu berufen sind, eine im Glauben und Leben einträchtige Gemeinschaft zu bilden, um dadurch schon jetzt die himmlische Kirche aufscheinen zu lassen, die das Ziel der irdischen Kirche ist[79].

2.7 Der Bischof als lebendiges Gedächtnis der Heilsgeschichte

Hilarius sieht seine wichtigste Aufgabe als Bischof darin, den Glauben der Christen heranzubilden und ihnen so zu einem geistlichen Fortschritt zu verhelfen. Durch seine Verkündigung will er aber auch die Heiden für den christlichen Glauben gewinnen. Er lehrt die Glaubensgeheimnisse in eigener pastoraler Autorität, stets auf die Heilige Schrift gestützt. Dabei ist es sein großes Anliegen, deutlich zu machen, dass die christliche Offenbarung uns verstehen lässt, wie Gott seit jeher an den Menschen gewirkt hat.

Die Geschichte Israels, so wie sie im Alten Testament dargestellt wird, hat für Hilarius nur das eine Ziel, die oft vage Religiosität der Menschen zu einer unmittelbaren und sicheren Erkenntnis der Geheimnisse Gottes zu erheben. Denn der Glaube beruht wesentlich auf einem richtigen Verständnis der göttlichen Pädagogik. Um den Glauben richtig zu verkündigen, muss der Bischof in ständigem Kontakt mit den Schriften des Alten und Neuen Testaments leben. Denn nur so kann er die Gesetze der göttlichen Pädagogik verdeutlichen, nach denen die Heilsgeschichte gegliedert ist. Der Bischof muss sich vorrangig mit der Schriftauslegung beschäftigen, um den Inhalt und die Anordnung der göttlichen Absichten, wie sie sich durch die biblischen Ereignisse und Personen zeigen, erklären zu können. Als Exeget, Theologe und Hirt ist der Bischof berufen, den Menschen, die zu ihrem eigenen Schaden häufig nur an die Gegenwart denken, die göttliche Pädagogik der Heilsgeschichte aufzuzeigen[80].

In diesen Rahmen ordnen sich die Aussagen des Hilarius zum Bischof als lebendiges Gedächtnis der Heilsgeschichte ein[81]. Die Aufgabe des Bischofs besteht darin, die Einheit und den geschichtlichen Fortschritt des göttlichen Heilsplanes aufzuzeigen, der auch heute noch gültig ist[82]. Dazu sind Liebe zum Wort und den

---

[79] Vgl. In Matth. 18,8 (SC 258, 82); Tr. Ps. 14,5 ; 51,4; (CCL 61, 84; 200); 124, 4; 125, 7; 134, 27 (CSEL 22, 600; 652; 712).

[80] Vgl. Ch. KANNENGIESSER: Hilaire de Poitiers (saint). In: *Dictionnaire de Spriritualité* VII/1 (1969), Sp. 489 f.

[81] Diesen Gedanken stellt besonders heraus L. PADOVESE: Ministero Episcopale e „memoria" nel pensiero d'Ilario di Poitiers. In: E. ROMERO-POSE (Hrsg.): *PLÉROMA. Salus carnis. Homenaje a Antonio Orbe*. Santiago de Compostela 1990, S. 461-477.

[82] Vgl. Tr. Myst. I,32 (SC 19bis, 126): „Gesta namque sibi ipsi quidem ueritas est – secundum enim corporales efficientias agebatur -, sed ipsa illa humanorum actuum ueritas diuinae erat operationis imitatio et hoc ad ueram spei nostrae ac fidei

Verheißungen Gottes[83] sowie ein untadeliges Leben[84] erforderlich. Für Hilarius ist die *memoria* des Bischofs nicht nur auf die Vergangenheit, sondern auch auf die Gegenwart und vor allem auf die Zukunft gerichtet. Die Einheit in der Unterscheidung zwischen dem, was geschehen ist (*gesta*), und jenem, was geschehen soll (*gerenda*), ist in den exegetischen Werken des Bischofs von Poitiers entscheidend. Denn das Zukünftige (*gerenda* oder *futura*) bildet sich bereits in den Ereignissen der Vergangenheit und Gegenwart (*gesta*) ab. Wie der Prophet hat der Bischof die Aufgabe, an die göttlichen Heilstaten der Vergangenheit zu erinnern, um in ihnen ein Vorausbild des Zukünftigen zu erblicken[85].

Der Bischof muss die Vergangenheit kennen und immer wieder in ihr graben, um ihre Verbindung mit der Gegenwart aufzuweisen, er muss das Gegenwärtige im Licht der Vergangenheit lesen[86].

Dazu bezieht sich Hilarius auf den alttestamentlichen Begriff des Gedenkens, den er in Ps 134, 13 findet: *memoriale tuum in generatione et generationem*. Das Gedenken an Gott (*memoriale dei*) und die Erinnerung (*memoria*) an seine Taten ist von den Juden als *generatio prima* auf die Christen als *generatio altera* übergegangen[87]. Die biblischen Begriffe für Gedenken (*zekær, zikkaron, anamnesis*) sind nicht der Vergangenheit zugewandt, sondern das erinnernde Tun (z.B. bei der Pesachfeier [Ex 12,14] oder der Feier des Herrenmahls [1 Kor 11, 24 f]) vergegenwärtigt gewissermaßen das göttliche Tun und öffnet es auf die Zukunft hin. Im *zikkaron* Israels begegnen sich menschliches und göttliches Gedenken und verschränken sich immer neu, wodurch personale Gemeinschaft und Verbundenheit zwischen Gott und den Menschen gestiftet wird. Die *lectio divina* und das darin enthaltene biblische Gedenken sind die Voraussetzungen, dass der Bischof lebendiges Gedächtnis und Verkünder des Heilsgeschehens sein kann, denn *Lucerna pedibus meis uerbum tuum* (Ps 118, Nun, 105). Das Gedenken an Gottes Heilstaten schenkt Freiheit[88], verleiht Ausdauer in der Prüfung[89], entfernt die

---

eruditionem ita fiebat, cum nihil in Dei rebus repperiretur, quod non tamquam praemeditatum antea in ipsis hominum et aetatibus et moribus et effectibus cerneretur."

83 Vgl. Tr. Ps. 118, Mem, 2 (SC 347, 102): „In amore ... non potest incidere necessitas obsequellae, quia nemo id quod *diligit* non uult... *Legem* enim, quam (propheta) *diligit*, omni *die* et sine intermissione *meditatur*. Non subrepunt alia occupationum studia, non interueniunt saecularium curarum aestus, nec in eum incidit interiectu nouae alicuius cognitionis obliuio."

84 Vgl. Tr. Ps. 136, 12 (CSEL 22, 732): „omne igitur religionis initium, omne fundamentum spei nostrae euacuare (terrena uitia) temptant, ne qua in nobis memoria et recordatio dei resideat, ne qua spes boni relinquatur."

85 Vgl. Tr. Ps. 62, 4 (CCL 61, 207): „Pophetiae scientia est pro gerendis gesta memorare." Zur typologischen bzw. allegorischen Schriftauslegung des Hilarius vgl. M. SIMONETTI: *Lettera e/o allegoria. Un contributo alla storia dell' esegesi patristica.* Roma 1985, S. 254-264.

86 Vgl. In Matth. 19, 4 (SC 258, 92); Tr. Myst. II, 14 (SC 19bis, 160).

87 Vgl. Tr. Ps. 134, 23 (CSEL 22, 709): „memoriale enim est memoria operum dei, quae libro legis continentur... memoriale dei et omnium operum suorum memoria in generationem alteram transiit, in Chhistianos namque, cum quibus hodie legis ueneratio est et prophetiae et nomen domini."

88 Vgl. dazu die Auslegung von Ps 118, Heth, 61: *Funes peccatorum circumplexi sunt*

Sünde[90] und verbürgt die Rechtgläubigkeit[91]. Zur Aufgabe des Bischofs gehört auch, den Menschen zur Selbsterkenntnis anzuleiten, denn die *Memoria sui* gehört zu seiner Identität. Der Mensch soll seiner eigenen Geschöpflichkeit und der Zerbrechlichkeit seines Lebens gedenken, denn das kann ihn demütig machen, sowie sich bewusst sein, dass ihm letztlich nichts gehört, sondern er alles aus Gnade von Gott geschenkt bekommen hat. Nach der ersten Seligpreisung der Bergpredigt gehört den „Armen im Geiste" (*pauperes spiritu*) das Himmelreich[92]. Für Hilarius ist der Mensch stets in Gefahr, ein falsches Bild von sich selbst zu haben[93] und zu vergessen, dass er nach dem Bild und Gleichnis Gottes geschaffen ist. Zur Selbsterkenntnis des Christen gehört, dass er zur Auferstehung bestimmt ist, denn er besitzt seit der Taufe nicht mehr sein eigenes Fleisch, sondern das Fleisch Christi, das zu neuem Leben auferweckt wurde. Durch die Taufe als *consortium Christi, configuratio in transformationem corporis Christi* steht allen der Weg zum Heil in Christus offen, wenn sie den alten Menschen

---

mihi; et legem tuam non sum oblitus in Tr. Ps. 118, Heth, 14 (SC 344, 274): „Sed inter hos *funium* laqueos non est admittenda *legis obliuio*. Praeparatos enim esse nos conuenit, ut ab his laqueis, si quando circumligent, exuamur, ut *legis Dei* omni tempore recordemur."

[89] Vgl. Tr. Ps. 118, Lamed, 10 (SC 347, 86 ff): „Non est ergo *meditatio legis Dei*, cum tribulamur et angustiamur, relinquenda, sed cum uariis corporum infirmitatibus adfligimur, cum inter persecutionum bella uexamur, constans in nobis debet *legis* esse *meditatio*... dicti... prophetici meminisse debemus, ut consortes ipsius simus."

[90] Vgl. Tr. Ps. 62, 9 (CCL 61, 210): „Obrepentes itaque sub secreto noctis cogitationes Dei recordatione compressit seseque aduersum carnis incentiua luctantem metus nominis Dei sui iuuit." Vgl. auch Tr. Ps. 118, Nun, 17 (SC 347, 146): „Sed cuius *in manibus Dei anima* est et qui numquam *legis Dei* immemor est, his undique licet *laqueis* circumiectis a praeceptis tamen non aberrauit."

[91] Vgl. Tr. Myst. II, 13-14 (SC 19bis, 158 ff): „Iam uero generationum ordo, Abrahae electio, patriarcharum procreatio... admonitio prophetarum in quantum ad cognitionem necessaria est! In omnibus enim memoratis superius Deus pater et Deus filius et ex Deo patre Deus filius, Deus et homo Iesus Christus, agnoscitur... Haec ergo ab omnibus significata in uno illo cognita et expleta reseruari in memoriam scriptis et consignatis uoluminibus conuenit, ut posteritas successionum gestis temporis anterioris instructa et praesentia etiam in praeteritis contemplaretur et praeterita nunc quoque in praesentibus ueneraretur... Sed cognitione scripturarum posteritas indigebat, ut ueritatem disceret, ut doctrinam ueritatis ex ratione susciperet, ut scientiam uitae tamquam ab ipsis cunis prouectam sequeretur."

[92] Vgl. In Matth. 4, 2 (SC 254, 122): „Igitur, humilia spirantes, id est se homines recordantes in caelestis regni possessione constitui, conscios sibi ex sordentibus ac tenuissimis se principiis coalitos in hanc formam perfecti corporis procreari et in hunc sentiendi, contuendi, iudicandi, agendi sensum, Deo profectum ministrante, procedere; nihil cuiquam suum esse, nihil proprium, sed cunctis dono parentis unius eadem in ueniendi in uitam tribui primordias et utendi ea substantiam ministrari;... ita per hanc spiritus humilitatem qua de Deo nobis meminerimus et indulta omnia et deinceps potiora speranda, caelorum regnum erit nostrum."

[93] Vgl. Tr. Ps. 123, 2 (CSEL 22, 590): „omnis enim natura hominum insolens ad res secundas est et inbecillitatis suae inmemor inconsulte in prosperis laetans est, quod ab homine doctrina dei erudito abesse oportet. quis enim relictus est nobis gloriandi locus recordantibus omnia ex deo esse?"

ablegen und ihr Fleisch samt seinen Begierden ans Kreuz Christi heften[94]. Zur Selbsterkenntnis des Christen gehört das Bewusstsein, Sünder zu sein. Vom Bekenntnis der Sündigkeit nimmt Hilarius keinen Lebenden aus[95]. Die Zeit des Lebens ist Zeit der Umkehr. Die Umkehr muss verbunden sein mit dem Vorsatz, von der Sünde zu lassen, denn *ubi peccati confessio est, ibi et iustificatio a deo est*[96].

Hilarius vergleicht die Sünde mit dem Tod: Gott will die Buße des Sünders und nicht dessen Tod, der Trennung von Gott bedeutet[97]. Deswegen mahnt der Bischof von Poitiers immer wieder zur Umkehr. Diese Mahnung ist deshalb so wichtig, weil es einen scheinbaren Glanz der Sünde gibt, der zum Verharren in der Sünde verleitet und die Umkehr erschwert[98].

Das Bekenntnis der Sünde setzt die klare Einsicht in die Sünde voraus und den Vorsatz, von ihr zu lassen: *peccati confessio pofessio est desinendi*[99]. Ohne Vergebung bleibt, wer die Sünde erkannt hat und sie dennoch nicht bekennt[100]. Das Bekenntnis der Sünden muss umfassend sein: „Man muss, wie der Prophet gelehrt hat, aus ganzem Herzen bekennen, nicht zum Teil und indem noch irgendein Werk der erkannten Sünde in uns zurückbleibt"[101]. Wie die *confessio laudis* stets zum Leben des Christen gehört, so auch die *confessio peccati*: „Man muss aber immer bekennen, nicht weil man immer sündigen müsse, um immer bekennen zu können, sondern weil das unermüdliche Bekenntnis der alten Sünde nützlich ist"[102]. Als Beispiel dafür führt Hilarius hier Paulus an, der nach seiner Berufung zum Apostel immer noch bekennt, nicht würdig zu sein, Apostel genannt zu werden, da er die Kirche Gottes verfolgt habe (vgl. 1 Kor 15,9).

Für den Bischof von Poitiers ist der gesamte Vorgang der Erkenntnis der Sünde, der Reue und des Bekenntnisses umgriffen von der Barmherzigkeit Gottes, die dem Menschen durch die Abwendung von der Sünde eine neue Freiheit schenkt[103].

Schließlich hat der Bischof auch eine prophetische Aufgabe: er ist *memoria futuri*. Der auf den ersten Blick paradoxe Begriff eines Gedächtnisses an zukünf-

---

[94] Vgl. Tr. Ps. 91, 9 (CCL 61, 329): „Patet ergo uniuersis per coniunctionem carnis aditus in Christo, si exuant ueterem hominem et cruci eius adfigant, et ab his quae ante gesserunt in baptismo eius consepeliantur ad uitam, et, ut in consortium Christi carnis introeant, carnem cum uitiis et concupiscentiis adfigant. Istius modi enim corpora configurauit in transformationem corporis sui et horum humilitatem in gloriam carnis suae transferet, qui contundentes omnes cupiditatum aculeos et uoluptatum sordes abluentes post nouae natiuitatis sacramentum meminerint se non carnem suam habere, sed Christi."
[95] Vgl. Tr. Ps. 118, He, 16 (SC 344, 220): „neminem uiuentium ... sine peccato esse posse."
[96] Tr. Ps. 126, 10 (CSEL 22, 611).
[97] Vgl. Tr. Ps. 132, 7 (CSEL 22, 690).
[98] Vgl. Tr. Ps. 144, 19 (CSEL 22, 837).
[99] Tr. Ps. 137, 3 (CSEL 22, 735); vgl. Tr. Ps. 118, Phe, 13 (SC 347, 222); Tr. Ps. 135, 3 (CSEL 22, 715).
[100] Vgl. Tr. Ps. 135, 3 (CSEL 22, 715).
[101] Tr. Ps. 137, 3 (CSEL 22, 736).
[102] Tr. Ps. 135, 4 (CSEL 715).
[103] Vgl. Tr. Ps. 137, 4 (CSEL 22, 736).

tige Dinge hängt mit der Eschatologie des Hilarius zusammen, die man *realized eschatology* nennen kann[104]. Die zukünftigen Dinge haben sich durch das göttliche Vorauswissen bereits ereignet[105]. Vor diesem Hintergrund zeichnet sich die originelle Bestimmung der Hoffnung bei Hilarius ab. Sie ist keine Vorwegnahme ungewisser Dinge (*incertorum praesumptio*), sondern wegen der bereits verwirklichten Eschatologie Erwartung erkannter Dinge (*expectatio cognitorum*)[106]. Der Christ lebt nicht in Ungewissheit, sondern ist ein Wissender, der in der Betrachtung der Vergangenheit die Prophetie des Zukünftigen findet[107], denn die Hoffnung nährt sich von der Erinnerung. Aus der Erinnerung an die Vergangenheit und im Blick auf die Gegenwart soll der Bischof die Schrift so auslegen, dass sie den Menschen Hoffnung auf eine große Zukunft schenkt.

3. Traditionelle und neue Wege des bischöflichen Dienstes bei Hilarius

Die Aussagen des Hilarius zum bichöflichen Dienst sind tief in einer Tradition verankert, die vor allem von Irenäus von Lyon und Cyprian herkommt. Den Gedanken des Bischofs als leidenden Hirten hat er der Spiritualität Cyprians entnommen und auf seine Zeit übertragen. Mit Irenäus stellt er die apostolische Sukzession der Bischöfe heraus.

Doch der Bischof von Poitiers hat im Verständnis des Bischofsamtes auch neue Wege eröffnet, auf die bereits hingewiesen wurde und die abschließend noch kurz gewürdigt werden sollen.

Hilarius hat entscheidend zum Entstehen des Mönchtums im Poitou beigetragen[108] und so ein Beispiel gegeben für die enge Zusammenarbeit zwischen Hierarchie und Mönchtum, die für das vierte Jahrhundert charakteristisch ist.

Durch seine Schriftauslegung ist Hilarius zum Lehrer seiner Diözese geworden. Er interpretiert die Schrift in ihrem Literalsinn und ihrem geistlichen Sinn, um den Gläubigen den göttlichen Heilsplan zu erschließen und zu ihrem geistlichen Wachsen beizutragen. Dabei kommt dem Bischof die Aufgabe der *memoria* zu.

In der Mitte seiner *doctrina episcopalis* steht eindeutig die Christologie. Er zieht die Verbannung einem Verrat am Christusbekenntnis vor. Wo der Glaube in seiner Substanz bedroht ist, bleibt Hilarius kompromisslos. Doch damit verbindet er keine Starrheit, denn er hängt nicht an seinen eigenen Vorlieben. Wo er wahren Glauben vorfindet, der anders als sein eigener ausgedrückt wird, dort klebt er nicht an Worten. Wenn er auch im Wesentlichen unnachgiebig bleibt, so

---

[104] Vgl. dazu M. DURST: *Die Eschatologie des Hilarius von Poitiers* (vgl Anm. 33), S. 89-94.

[105] Vgl. Tr. Ps. 138, 41 (CSEL 22, 773 f): „secundum praescientiam dei id, quod futurum est, tamquam praeteritum loquitur, quia deo ob scientiam atque uirtutem, quae futura sunt, facta sunt, ut etiam nosmetipsi facta esse existimamus, quae futura esse confidimus."

[106] Vgl. Tr. Ps. 64, 7 (CCL 61, 226).

[107] Vgl. Tr. Ps. 118, Daleth, 5 (SC 344, 182 ff).

[108] Vgl. SULPICIUS SEVERUS: *Vita sancti Martini* 7, 1 (SC 133, 266).

anerkennt er doch eine legitime Verschiedenheit der Ausdrucksweise. So konnte er in der Zeit des Kampfes um den Glauben des Konzils von Nikaia zu einem „ökumenischen" Bindeglied zwischen Ost und West werden.

Johannes Cassian (geboren um 360, gestorben nach 432) nennt Hilarius einen „Mann aller Tugenden und Vorzüge", der „durch sein Leben wie durch seine Beredsamkeit ausgezeichnet" sei und als „Lehrer der Kirchen und als Bischof (*sacerdos*)... in den Stürmen der Verfolgung so beharrlich blieb, dass er durch die Stärke seines unbesiegten Glaubens sogar die Würde eines Bekenners erhalten" habe[109].

---

[109] *De incarnatione Domini contra Nestorium* 7, 24, 2 (CSEL 17, 382).

Zeit und Ewigkeit bei Irenäus von Lyon

VON BERNARD SESBOÜÉ SJ

Niemand wird bestreiten, dass Irenäus der erste Theologe war, der eine umfassende Sicht der Heilsgeschichte entwickelte. In dieser Geschichte ist die Frage nach der Zeit zweifellos von herausragender Bedeutung. Schließlich war in einer Welt, in der nur das „Alte" wertvoll war, seine „Neuheit" ein geläufiger Einwand gegen das Christentum. Irenäus wurde schon von der Frage umgetrieben, die dann Ende des 19. Jahrhunderts ein Mitstudent der *École normale supérieure* Maurice Blondel stellte. Aber diese Frage war in einem ganz anderen Kontext formuliert. Der Mitstudent fragte nämlich: „Warum sollte ich dazu verpflichtet sein, mich mit einem merkwürdigen Vorgang zu beschäftigen, der sich vor 1900 Jahren in einem finsteren Winkel des Römischen Reiches abgespielt hat, während es mir doch zur Ehre gereicht, so viele wichtige kontingente Ereignisse zu ignorieren, die zu wissen meinen Geist ärmer machen würde?" Unter völlig anderen Vorzeichen fragte sich Irenäus, wie Christus, der so spät, erst kurz vor dem Ende der Zeit erschien, die unzähligen Generationen hatte retten können, die ihm auf Erden vorausgegangen waren. Das war auch die Frage der ersten bekehrten Japaner an Franz Xaver: „Was wird aus unseren Ahnen?" Franz Xaver gab im Einklang mit der Theologie seiner Zeit zur Antwort: „Für eure Vorfahren kann ich nichts tun!"

Es spielt keine Rolle, ob man diese Frage in dem einen oder anderen Zeitabschnitt, im Blick auf die Zukunft oder die Vergangenheit stellt. Es bleibt die Frage nach dem Verhältnis von kontingenter Geschichte zum notwendigen Absoluten, in anderen Worten, dem Verhältnis von Zeit und Ewigkeit. Diese Frage bildet die Herzmitte der Theologie des Irenäus. Er löst sie im Licht Christi als wahrem Gott und wahrem Menschen, in dem die absolute und vertikale Transzendenz Gottes die horizontale Kontinuität der Zeit durchbricht und in ihr wahrnehmbare Zeichen seines Eingreifens setzt. Die Struktur der Beziehung zwischen Altem und Neuem Testament wird so auf das Alpha und Omega der Zeiten ausgeweitet.

Diese Festschrift zum 65. Geburtstag von Bischof Karl Lehmann steht unter dem Leitwort der *Transzendenz*. Man weiß, dass dieser Begriff für die Theologie Karl Rahners, seines Lehrers und Freundes, zentral ist. Im theologischen Werk von Karl Lehmann ist diese Vorstellung bzw. das Anliegen, für das sie steht, sehr präsent und wird auf vielfältige Art und Weise behandelt. So soll dieser Rückgriff auf die Theologie des Irenäus, also auf die allererste Theologie der Heilsgeschichte, die göttliche Transzendenz und geschichtliche Immanenz zusammenzudenken versucht, die Verehrung gegenüber dem Theologen und Bischof Lehmann zum Ausdruck bringen.

Die Debatte zwischen Oscar Cullmann und Gaston Fessard

Es hat sich ergeben, dass die Gestalt des Irenäus in einer Diskussion Mitte des 20. Jahrhunderts zwischen Oscar Cullmann und Gaston Fessard über Cullmanns berühmtes Buch „Christus und die Zeit"[1] in den Mittelpunkt des Nachdenkens trat. Cullmann bemühte den ersten Theologen der Heilsgeschichte als Kronzeugen für sein Verständnis der Zeit. Er wollte die „Kontinuität der Heilslinie" betonen und die zyklische Zeitvorstellung der Griechen mit der linearen Konzeption der biblischen Geschichte kontrastieren, in der sich etwas Neues entwickelt. Aber sein Konzept von Ewigkeit war ausgesprochen diskussionswürdig. Ausgehend von der Vorstellung der Zeit als einer horizontalen Linie von der Schöpfung bis zum Ende der Welt war er der Meinung, Ewigkeit bedeute eine unendliche Ausweitung dieser Linie in zwei Richtungen, vor die Schöpfung und nach dem Ende der Welt. Für ihn war das auch die Vorstellung des Neuen Testaments. Demnach stand für ihn der ewige Gott der Bibel auch nicht außerhalb der Zeit: Er stand vielmehr an deren Anfang, trägt sie jetzt und wird auf ewig sein (vgl. Offb 1,4). Gott ist der Herrscher der Zeit, weil er über der Zeit steht[2].

Die Überlegungen Cullmanns machten richtigerweise auf den Gegensatz zwischen der Zeitvorstellung der Griechen und derjenigen der biblischen Tradition aufmerksam. Er hat auch zu Recht herausgestellt, dass für die christliche Heilsgeschichte das grundlegende Ereignis von Tod und Auferstehung Christi die entscheidende zeitliche Zäsur bildet. Aber seine Vorstellung von der Ewigkeit als unendlicher Vorwegnahme und Verlängerung der horizontalen Zeitlinie hatte einen schwachen Punkt. Sie machte es Cullmann unmöglich, seine offensichtlich widersprüchlichen Grundannahmen miteinander zu vereinbaren, wonach Gott nicht außerhalb und doch über der Zeit stehen soll.

Es entwickelte sich eine Debatte mit Gaston Fessard, deren Spuren sich in verschiedenen Aufsätzen wiederfinden[3]: Zwar kann man sich die kosmische wie menschliche Zeit legitimerweise als horizontale Gerade von der Schöpfung bis zur Parusie vorstellen; aber die Ewigkeit darf nicht als Verlängerung dieser Geraden nach beiden Richtungen verstanden werden, weil man sich damit eine schlechte Unendlichkeit und eine extrinsezistische Vorstellung von Ewigkeit einhandeln würde. Außerdem würden die beiden der Zeit vorausgehenden und sie verlängernden „Abschnitte" der Ewigkeit das relativieren oder sogar leugnen, was sich in der Zeitlinie ereignet hat. Der Geschichte würde ihre Einheit entzogen, die notwendigerweise ihren empirischen Verlauf übersteigt.

Die Aussagen Cullmanns über einen Gott, der allein die Totalität der Zeit ergreifen, sie verstehen, überblicken und beherrschen kann, setzen eine Kreissche-

[1] Oscar CULLMANN: *Christus und die Zeit.* Zollikon-Zürich 1946, [3]1962; franz.: *Christ et le temps.* Neuchâtel – Paris 1947.
[2] Vgl. ebd. 1946, S. 59; [3]1962, S. 75; franz. Ausgabe S. 50.
[3] Gaston FESSARD: Image, symbole et historicité. In: *Demitizzazione e Immagine. Atti del convegno indetto dal centro internazionale di studi umanistici e dell'istituto di studi filosofici Roma, 11. - 16. Gennaio 1962.* A cura di Enrico Castelli. Roma 1962 (Archivio di filosofia. 1962, 1/2); DERS.: L'histoire et ses trois niveaux d'historicité. In: *Sciences ecclésiastiques* 18 (1966), S. 329-357.

ma voraus. Im Kreis sind alle Punkte miteinander gleichzeitig und stehen in jeweils der gleichen Beziehung zu den aufeinander folgenden Abschnitten der Zeitachse. So steht auch Gott dieser Achse nicht fremd gegenüber – durch die Menschwerdung seines Sohnes ist es ihm sogar möglich, sich in sie einzuschreiben. Er ist Herr der Zeit, die er geschaffen hat und einschließt und verfügt über die volle Souveränität über sie. Er kann diese Zeit ergreifen, sie verstehen und mit einem Blick umfassen.

Fessard legt Cullmann deshalb nahe, die zwei der geschichtlichen Zeit vor- bzw. nachgelagerten Zeitabschnitte in zwei Halbkreise oben und unten umzubiegen[4]. Die Ewigkeit würde dann durch den Kreis dargestellt, der diese Gerade als ihr Durchmesser einhüllt und sie zwischen einem absoluten Anfang als Alpha und einem absoluten Ende als Omega situiert.

Der große Kreis der Ewigkeit und das Kreuz der Zeiten

Lässt sich eine solche Schematisierung vom Werk des Irenäus aus rechtfertigen und kann sie zur Interpretation seiner Konzeption der Zeit dienen? Ist die horizontale Zeitlinie einem Kreis einbeschrieben? Irenäus ist sich der Entsprechung von Alpha und Omega der Zeit voll und ganz bewusst (die Genesis ist ein Bericht über die Vergangenheit und gleichzeitig eine Prophetie der Zukunft[5]), und er übernimmt die Theorie Platons, wonach Gott in bestimmter Hinsicht „Kreisumfang" ist:

> Da zeigt sich Plato noch frömmer als sie. Er hat bekannt, daß ein und derselbe Gott gerecht und gut ist, Macht über das All hat und selbst Gericht hält. Er sagt: „Der Gott, der, wie auch das alte Wort besagt, Anfang und Ende und die Mitte all dessen, was ist, in Händen hat, geht auf geradem Wege zum Ziel, indem er der Natur gemäß *kreisend* seine Bahn zieht; und ihm folgt dabei stets die Gerechtigkeit nach als Rächerin für diejenigen, die hinter dem göttlichen Gesetz zurückbleiben."[6]

---

[4] Vgl. G. FESSARD: *Dialectique des Exercices spirituels.* Paris 1956, S. 229.

[5] IRENÄUS VON LYON: *Adversus haereses,* V 28,3.

[6] PLATO: *Nomoi,* IV 715e – *Adversus haereses,* III 25,5. Die deutschen Übersetzungen sind folgender Ausgabe entnommen: IRENÄUS VON LYON: *Epideixis. Adversus haereses – Darlegung der apostolischen Verkündigung. Gegen die Häresien.* Übersetzt und eingeleitet von Norbert BROX. 4 Bde. Freiburg 1993-1995 (Fontes christiani. 8), hier Bd. 3, S. 305 (Hervorhebung B.S.). – F. SAGNARD zögert nicht zu übersetzen: „Par sa nature il [Dieu] est circonférence" (SC 34, S. 409). Der griechische Text bei Plato lautet: κατὰ φύσιν περιπορευόμενος, wörtlich „sich kreisförmig gemäß der [oder „seiner"] Natur herumgehend". Die Übersetzung von Klaus SCHÖPFSDAU lautet: „indem er der Natur gemäß kreisend seine Bahn zieht" (PLATON: Werke. Hrsg. von Gunther EIGLER. Bd. 8,1. Darmstadt 1977, S. 255). E. DES PLACES übersetzt „parmi les révolutions de la nature". Die Idee der Kreisförmigkeit oder wenigstens der Einkreisung ist jedenfalls enthalten.

Wenn die göttliche Ewigkeit kreisförmig ist, erscheint die Linie der Zeit als begrenzt wie ein horizontaler Durchmesser im Kreis der Ewigkeit. Sie wird auch von einer vertikalen Linie durchquert, die die Transzendenz Gottes ausdrückt. So entsteht ein kosmisches Kreuz, das das Universum in der Einheit seiner vier Richtungen zusammenhält. Das geschichtliche Kreuz Christi ist dessen sichtbare Darstellung. Die Entsprechung zwischen beiden findet sich in einem schönen Text der „Darlegung der apostolischen Verkündigung":

> Denn er ist selbst das Wort des allmächtigen Gottes, welches in unsichtbarer Gestalt in uns über die ganze Welt verbreitet ist und ihre Länge und die Breite und die Höhe und die Tiefe durchzieht, denn durch das Wort Gottes hat das Universum seinen Bestand; und in ihm ist der Sohn Gottes *gekreuzigt*, indem er *dem Universum* [*sc.* allen Dingen] *das Kreuzzeichen eingezeichnet hat*. Denn es gebührte ihm, daß er, sichtbar gekommen, die Kreuzesgemeinschaft von uns allen mit ihm in Erscheinung bringt, damit er seine Wirkung im Sichtbaren durch sichtbare Form zeige[7].

Die mehr als ausdrückliche Logik des Textes erwähnt das berühmte „es gebührte ihm", um so die symbolische Entsprechung zwischen dem Unsichtbaren und dem Sichtbaren zu unterstreichen. Die beiden Kreuze, die die Einheit von Schöpfung und Erlösung versinnbildlichen, stehen auch für die Beziehung der Zeit zur Transzendenz, die ihre Einheit verwirklicht. Das Ereignis das sich von der Menschwerdung bis zum Ostergeheimnis erstreckt, bildet die einende Mitte der Heilsgeschichte.

Jesus Christus, Ereignis der Rekapitulation aller Zeitabschnitte

Diese kreisförmige Bewegung bringt so den Durchmesser der Geschichte in den Kreis der göttlichen Ewigkeit ein. Sie ermöglicht auch die Darstellung des Eintretens Christi in die Geschichte dessen, der die Einheit der Zeiten bewirkt. Cullmann zitiert die Verse Hebr 13,8 („Jesus Christus ist derselbe, gestern, heute und in Ewigkeit") und Offb 1,17 („Ich bin der erste und der Letzte und der Lebendige"). Interessanterweise hat Irenäus auf diese Schriftstellen, die doch in die Richtung seiner Vorstellung von der Rekapitulation gehen, nicht zurückgegriffen. Christus ist als Gott das Alpha und das Omega, die Einheit von Anfang und Ende. Er verleiht dem geschichtlichen Ablauf Sinn. Sein Eingreifen durch Menschwerdung und Ostergeheimnis macht die Mitte der Geschichte aus. Diese Mitte hat metaphysische Bedeutung, weil sie einen Orientierungspunkt und eine radikale Zäsur darstellt: Sie trennt die Zeit in zwei Teile, gleich wie lang sich der eine oder andere in der Zeit erstreckt. Das „Chi" des Kreuzes bildet die Mitte der horizontalen Linie. Es steht im Schnittpunkt einer Vertikalen und einer Horizontalen. Diese vertikale Achse im rechten Winkel zur Zeitlinie steht für den Eingriff des Ewigen in die Geschichte und zertrennt dieses in zwei Einheiten.

---

[7]   *Epideixis*, 34, a.a.O., Bd. 1, S. 56f. (Hervorhebung B.S.).

Um die Rekapitulation zu ermöglichen, ist es notwendig („oportet"), dass Christus wahrhaft Gott ist, das heißt, dass es ihm möglich ist, den Faden der Zeit zu transzendieren und sie in die Einheit zu bringen. Er bewirkt das schon als Schöpfungswort und ebenso als inkarniertes Wort, indem er sichtbar in die Geschichte und ihre Mitte eintritt; er zeigt an, dass er die Generationen „aufsteigt und niedersteigt" und „abgekürzt" Anfang und Ende der Zeit erfüllt.

Um sichtbar in die Geschichte eingreifen zu können, muss Christus aber auch wirklich in den Ablauf der Zeit eintreten, also ein Mensch werden, der die ganze Gebrechtlichkeit des Menschseins und eine wahrhafte Solidarität mit der Menschheit annimmt. So kann deutlich werden, dass sie es ist, die rekapituliert wird. Ort der „übernatürlichen" Heilsgeschichte sind gerade die menschliche Zeit und Geschichte, allerdings in eine Einheit aufgenommen, die ihren Sinn enthüllt.

Das Christusereignis im Zentrum der Geschichte verkörpert das „Heil in abgekürzter Form". Die Vorstellung von der Rekapitulation erinnert auch an jene der Zusammenfassung einer langen Rede in einem Punkt. Irenäus zögert nicht, den Begriff des Resümees oder der Zusammenfassung *(compendium)* zur Beschreibung der Erlösungstat des menschgewordenen Wortes zu verwenden: „... vielmehr nahm er Fleisch an und wurde Mensch, um die langzeitige Entwicklung der Menschen in sich zusammenzufassen, indem er uns kurz und bündig das Heil gewährte, damit wir das, was wir in Adam verloren hatten, nämlich Bild und Gleichnis Gottes (vgl. Gen 1,25) zu sein, in Christus Jesus zurückerhielten"[8].

Das Christusereignis bedeutet eine Rekapitulation der Zeit. Weil Jesus die lange Geschichte der Menschheit und die Abfolge ihrer Generationen rekapituliert hat, ist sein Daseinsvollzug eine Zusammenfassung der gesamten Geschichte: Durch seine Geburt greift er auf den Anfang zurück und umschließt die gesamte Vergangenheit; symmetrisch dazu – allerdings sind die entsprechenden Aussagen weniger deutlich, weil Irenäus sich auf das Ende der Zeit konzentriert und sich kaum mit der Zukunft befasst – berührt Jesus durch Tod und Auferstehung jenes Ende der Zeit, an dem er selber wiederkommen wird. Er bringt somit das Heil „in Zusammenfassung" für den langen Diskurs der Geschichte der Menschheit[9].

Der Kreis des Alten Testaments: Von Cullmann zu Irenäus

Die beiden Zeitabschnitte, die durch das Christusereignis konstituiert werden, lassen sich auch in Gestalt der beiden Kreise auf beiden Seiten des Kreuzes ausdrücken. Cullmann selber hat dafür ein Gespür. Der Sinn der alttestamentlichen Geschichte ergibt sich aus ihrem Ende, das gleichermaßen ihre Erfüllung und ihr Ziel darstellt. Das Neue begibt sich hier aus dem Zutagetreten einer von da an deutungsoffenen Ganzheit. Die Abfolge der Ereignisse in der Geschichte Israels ist nicht eine Spielart der schlechten Unendlichkeit: Sie ist auf Christus hin ausgerichtet, der sie „rekapituliert". In diesem Sinn wird der „Vorhang" von ihr weggezogen:

---

[8]   *Adversus haereses*, III 18,1, a.a.O., Bd. 3, S. 221.
[9]   Schon IRENÄUS hat hinsichtlich der Eucharistie vom „compendium" gesprochen, vgl. *Adversus haereses*, III 16,7 und 11,5, a.a.O., Bd. 3, S. 202f. bzw. 104f.

Das Christusgeschehen der Mitte – schreibt Cullmann – *wird nämlich seinerseits erleuchtet von der alttestamentlichen Vorbereitung her, nachdem diese gerade von jener Mitte erst ihr Licht empfangen hat.* Es handelt sich hier um einen Zirkel. Tod und Auferstehung Christi erlauben dem Gläubigen, in der Geschichte Adams, in der Geschichte Israels, die Vorbereitung auf Jesus den Gekreuzigten und Auferstandenen zu sehen. Aber erst die so verstandene Geschichte Adams und die so verstandene Geschichte Israels erlauben ihm, nun das Werk Jesu Christi des Gekreuzigten und Auferstandenen im Zusammenhang mit dem göttlichen Heilsplan zu begreifen.[10]

a) Dieses kreisförmige Denken stützt sich auf die Struktur der Beziehung von Adam und Christus, wie sie Paulus bekräftigt und Irenäus weiterdenkt. Die Erschaffung Adams ist eine Prophetie der Menschwerdung:

Deshalb hat Lukas das Geschlechtsregister von der Geburt unseres Herrn bis zu Adam mit zweiundsiebzig Generationen vorgelegt (vgl. Lk 3, 23-38). Er verbindet dabei das Ende mit dem Anfang und zeigt an, daß er [*sc.* Jesus] es ist, der alle seit Adam verbreiteten Völker, sämtliche Sprachen und Menschengenerationen, inbegriffen Adam selbst, in sich rekapituliert hat. Deshalb ist Adam seinerseits von Paulus auch ein „Vorbild des zukünftigen" genannt worden (vgl. Röm 5,14), weil das Wort als Schöpfer aller Dinge im voraus die zukünftige Heilsordnung für das Menschengeschlecht hinsichtlich des Sohnes Gottes auf sich hin dargestellt hat, wobei Gott zuerst den psychischen Menschen vorgesehen hat, und zwar natürlich dazu, daß er vom pneumatischen (Menschen) erlöst würde (vgl. 1 Kor 15,45f). *Da nämlich zuvor derjenige schon existierte, der erlösen sollte, mußte es auch etwas geben, das erlöst werden sollte, damit der Erlöser nicht überflüssig wäre*[11].

Dieser Text ist so paradox, dass er gelegentlich gegen seinen Sinn gedeutet wurde: Er dreht die zeitliche Priorität Adams gegenüber Christus um und schafft eine umgekehrte Priorität. Nach dem Plan Gottes ist Christus früher als Adam. Der Erlöser ist nicht einfach deswegen gekommen, weil es jemanden zu erlösen gab. Es war vielmehr jemand zu erlösen, weil der Erlöser dem erlösungsbedürftigen Menschen vorausging. Das präexistierende Erlösungswort konnte nicht ohne ein Objekt sein. Also wollte Gott den Menschen im Hinblick auf Christus. Deshalb ist Adam für den Apostel Paulus nur das Vorbild für Christus.

Ein berühmter und bekannter Text aus dem dritten Buch von „Adversus haereses"[12] vergleicht die Erschaffung Adams, der durch die Hände Gottes aus jungfräulichem Erdreich geformt wurde, mit der jungfräulichen Geburt Jesu aus Maria. Dieser Text beendet den Vergleich mit dem Hinweis auf Rekapitulation der Erschaffung Adams. Diese Ähnlichkeit in der Differenz verweist darauf, dass mit der jungfräulichen Empfängnis Jesu die Erschaffung des Menschen in ihrem Ursprung wiederhergestellt und nicht nur zur ursprünglichen Unschuld zurückge-

[10]   O. CULLMANN: *Christus und die Zeit*, 1946, S. 120f.; ³1962, S. 129; *Christ et le temps*, S. 97.
[11]   *Adversus haereses*, III 22,3, a.a.O., Bd. 3, S. 277/279 (Hervorhebung B.S.).
[12]   *Adversus haereses*, III 21,10, a.a.O., Bd. 271/273.

führt wird, sondern zur Fähigkeit, das göttliche Heil aufzunehmen, im Namen der neu hergestellten Solidarität. Das fleischgewordene Wort nimmt konkret den Menschen bis in seinen Ursprung hinein an, gerade durch die Art und Weise, wie es selber zur Welt gekommen ist. Das Gleiche lässt sich auch so ausdrücken, dass seither nicht mehr Adam, sondern Christus selber der wahrhaft erste Mensch ist. Ich zitiere eine Parallelstelle aus der „Darlegung", die dieses Thema wieder aufnimmt:

> Woher ist nun das Wesen des Erstgeschaffenen? Vom Willen und von der Weisheit Gottes und von der jungfräulichen Erde. „Denn Gott hatte noch nicht", sagt die Schrift, „vor der Schöpfung des Menschen regnen lassen, und der Mensch war nicht da, um den Boden zu bebauen" (Gen 2,5). Von dieser Erde hat nun Gott, als sie noch jungfräulich war, Staub genommen und den Menschen geschaffen als den Anfang unserer Menschheit. Zur Wiederherstellung (Rekapitulation) des Menschen hat sich der Herr der Heilsordnung derselben Fleischwerdung unterzogen, indem er von der Jungfrau gemäß dem Willen und der Weisheit Gottes geboren wurde, damit auch er die Ähnlichkeit seiner Fleischwerdung mit der Adams zeige und das im Anfang Geschriebene geschehe: „der Mensch nach der Ähnlichkeit und nach dem Ebenbilde Gottes" (Gen 1,26)[13].

Die Ähnlichkeit zeigt, dass die Geburt Christi eine Wiedererschaffung des ursprünglichen Menschen bedeutet. Die Unterschiedlichkeit unterstreicht gleichfalls diese Wiederaufnahme des Anfangs, indem sie zeigt, dass es nicht um eine Parallelschöpfung geht, die nichts mit der ersten zu tun hätte. Indem sich das Wort in den Ablauf der Generationen einreiht, wird es zum Erstling der neuen Menschheit in der Ordnung des Lebens.

b) Zum Kreis des Alten Testaments gehört auch die Beziehung von Adam und Christus, durch die Doppelbewegung des Wiederaufstiegs der Generationen einerseits (Rückwärtsbewegung) und der fortschreitenden Anpassung des göttlichen Logos an die Geschichte der Menschen andererseits. Das Wort vollzieht das gesamte Alte Testament hindurch den „Abstieg und Wiederaufstieg" in den drei ersten Bundesschlüssen mit Noah, Abraham und Mose. Jeder wichtige Abschnitt der Geschichte des auserwählten Volkes ist eine „oikonomia":

> Und deshalb wurden der Menschheit vier umfassende Bünde gegeben. Einer vor der Sintflut zur Zeit Adams; ein zweiter nach der Sintflut zur Zeit des Noach (Vgl. Gen 9,8-18); der dritte aber, die Gesetzgebung, unter Mose (vgl. Ex 19-40); der vierte schließlich, den Menschen erneuert und alles in sich zusammenfaßt, was vom Evangelium gilt, das die Menschen erhebt und sie beflügelt zum Himmelreich"[14].

Irenäus drückt seine Vorstellung an anderer Stelle noch deutlicher aus. Demnach geht das Wort, um die Erschaffung Adams zu rekapitulieren, in einer zum Zeit-

---

[13] *Epideixis*, 32, a.a.O., Bd. 1, S. 55.
[14] *Adversus haereses*, III 11,8, a.a.O., Bd. 3, S. 115.

ablauf gegenläufigen Bewegung die Generationen zurück, die es von Adam trennen. Anlass für diese Überlegungen bietet ihm der Stammbaum Jesu bei Lukas: „Deshalb hat Lukas das Geschlechtsregister von der Geburt unseres Herrn bis zu Adam mit zweiundsiebzig Generationen vorgelegt (vgl. Lk 3, 23-38). Er verbindet dabei das Ende mit dem Anfang und zeigt an, daß er [sc. Jesus] es ist, der alle seit Adam verbreiteten Völker, sämtliche Sprachen und Menschengenerationen, inbegriffen Adam selbst, in sich rekapituliert hat"[15].

Diese Einsicht ist entscheidend für den Aufweis der universalen Bedeutung der Rekapitulation. Sie betrifft ja nicht nur Adam, sondern alle Menschen aus allen Nationen, also aus allen Kulturen und allen Generationen. Irenäus reagiert damit auf den oben schon erwähnten grundlegenden Einwand, den man zu seiner Zeit gegen das Christentum erhob. Das Heil übersteigt die Geschichte, weil es durch das gleichermaßen schöpferische wie menschgewordene Wort gewirkt wird, das in seiner Person die gesamte Menschheit in ihrer Vielfalt zusammenfassen kann.

c) In Anschluss an Paulus spricht Irenäus auch von der „Rekapitulation" des Ungehorsams Adams. Die paulinische Parallelisierung von Adam und Christus sollte vor allem dazu dienen, den Ungehorsam des einen mit dem Gehorsam des anderen zu kontrastieren. Irenäus weitet den Vergleich auf die jeweilige Geburt aus, ohne dabei diese symbolische Entsprechung außer Acht zu lassen. Er verwendet diese Parallelisierung als anderen, nicht minder wichtigen Aspekt der Rekapitulation. Ziel der Inkarnation ist nämlich die Befreiung des Menschen vom Ungehorsam, indem dieser auf seinen ersten Urheber zurückgebracht wird:

> Über den Menschen dagegen, der unbedacht und ohne Bosheit den Ungehorsam vollzog, erbarmte er [Gott] sich und kehrte die Feindschaft, durch die er [sc. der gefallene Engel] ihn [sc. den Menschen] zum Feind Gottes machen wollten, gegen den Urheber der Feindschaften selbst, indem er seine Feindschaft, die gegen den Menschen gerichtet war, beendete, sie umwendete und gegen die Schlange richtete. [...] Und diese Feindschaft hat der Herr in sich selbst rekapituliert, da er Mensch „geworden ist aus der Frau" (Gen 4,4) und ihren [sc. der Schlange] Kopf zertrat"[16].

Für Irenäus kehrt in den Versuchungen Jesu in der Wüste die ursprüngliche Versuchung Adams wieder. Im einen wie im anderen Fall sind die gleichen Partner im Spiel: Hier die Schlange bzw. Satan, dort der Mensch Adam bzw. Jesus. Im ersten Fall trug aber der Widersacher den Sieg davon, im zweiten geht die Auseinandersetzung zugunsten Jesu und damit des Menschen aus. Der erste Mensch erlag der Versuchung; der zweite hat ihr siegreich widerstanden. Dadurch hat er den Ungehorsam des Anfangs „rekapituliert". Er hat wiederum die gleiche Situation durchlebt, ihr aber den gegenteiligen Ausgang gegeben. Der Begriff „rekapitulieren" hat also nicht die gleiche Bedeutung wie im Blick auf die Erschaffung Adams. Die Parallelisierung der Situationen ist von der Gegensätzlichkeit be-

[15] *Adversus haereses*, III 22,3, a.a.O., Bd. 3, S. 277.
[16] *Adversus haereses*, IV 40,3, a.a.O., Bd. 4, S. 353/355.

stimmt, die Paulus unterstrichen hat. Aber um sie zu ermöglichen, musste Christus in seinen eigenen Bereich kommen, den er zusammen mit dem Vater geschaffen hat.

In einem langen Kommentar zur Versuchungsperikope streicht Irenäus mit Nachdruck den Gegensatz zwischen dem Verhalten Adams einerseits und Jesu andererseits heraus. Die Sünde Adams war in gewisser Weise auf den Wunsch nach Überfluss zurückzuführen, also eine Sünde der Esslust. Die Haltung Jesu äußerte sich demgegenüber in einem vierzigtätigen Fasten, an dessen Ende er Hunger hatte: „Weil also im Paradies der Mensch durch zweifaches Kosten sich angefüllt hatte, mußte es wieder aufgehoben werden in dieser Welt durch Entbehrung"[17] Die zweite Versuchung, die Aufforderung an Jesus, sich von der Zinne des Tempels zu stürzen, ist eine Lüge, mit der zum Stolz verleitet werden soll, wie zuvor Adam durch Stolz gesündigt hatte: „Der Hochmut der Schlange ist also durch die Demut im Menschen aufgehoben worden"[18] Die dritte Versuchung, die Aufforderung zur Anbetung Satans, wird durch die Erinnerung an das erste Gebot zurückgewiesen:

Durch den dritten Sieg also trieb er ihn endgültig von sich, da er durch das Gesetz besiegt war, und die Übertretung des göttlichen Gesetzes durch Adam wurde aufgehoben durch das Gebot des Gesetzes, das der Menschensohn beobachtete, indem er das Gebot Gottes nicht übertrat.[19]

Jesu Haltung des Gehorsams zerstört die Wirklichkeit von Adams Ungehorsam.

Letzte Versuchung Jesu und damit im herausragenden Sinn seine „Stunde" waren sein Leiden und sein Tod. Die Entscheidung Jesu in der Versuchungsszene führt ihn bis zum vollkommen Gehorsam des Todes am Kreuz. So erfüllt sich der Gehorsam endgültig am Holz des Kreuzes, nachdem auch der Ungehorsam Adams von einem Baum ausgegangen war. Der Baum des Kreuzes bildet die symbolische Entsprechung zum Baum des Paradieses:

Daß sichtbar der Herr in sein Eigentum kommen und seine eigene Schöpfung, die von ihm getragen wird, ihn tragen werden, und daß er den Ungehorsam am Holze durch den Gehorsam am Holze rekapitulieren werde und jene Verführung aufheben, der so übel unterlag die Jungfrau Eva, die schon einem Manne bestimmt war – das ist trefflich von dem Engel der Jungfrau Maria, die auch schon in der Gewalt eines Mannes war, verkündet worden. [...] Unverständig sind alle Häretiker: Unbekannt ist ihnen die Heilsordnung Gottes. [...][20]

Durch das Kreuz rekapituliert also das Wort alle Dinge im Sinn einer umfassenden Umwandlung der vorausgegangenen Situation. Was als Niederlage erscheint,

---

[17] *Adversus haereses*, V 21,2. Die Texte aus Buch 5 sind in der Übersetzung von Ernst KLEBBA entnommen aus: IRENÄUS VON LYON: *Ausgewählte Schriften*. Bd. 2. München 1912 (BKV 4), hier S. 207.

[18] *Adversus haereses*, V 21,2, a.a.O., S. 208.

[19] *Adversus haereses*, V 21,2, a.a.O., S. 208.

[20] *Adversus haereses*, V 19,1-2, a.a.O., S. 202f.

ist in Wirklichkeit ein Sieg über den Widersacher, bringt den Sündenfall zu einem guten Ende, befreit den versklavten Menschen und schenkt ihm das Leben. Das Leiden Jesu im Fleisch ist für Irenäus ebenso wichtig wie seine Geburt im Fleisch, weil das eine auf das andere hingerichtet ist. Die in der Geburt erwiesene Solidarität mit dem Fleisch des Menschen bringt Christus dazu, alles Leiden dieses Fleisches auf sich zu nehmen.

Der Herr, der gekommen ist, um das ganze Leben des Menschen zu rekapitulieren, hat auch seinen Tod rekapituliert:

> Indem er nämlich den ganzen Menschen von Anfang bis zu Ende in sich rekapitulierte, rekapitulierte er auch seinen Tod. Offenbar also nahm er an jenem Tage in Gehorsam gegen den Vater den Tod auf sich, an welchem Adam im Ungehorsam gegen Gott gestorben ist. An dem Tage aber, da er starb, hatte er auch gegessen. [...] Indem also der Herr diesen Tag in sich rekapitulierte, kam er zur Passion an dem Tage, der dem Sabbat vorausgeht, d.i. der sechste Schöpfungstag, an dem auch der Mensch erschaffen wurde, indem er ihm durch sein Leiden die zweite Erschaffung, die ihn vom Tode erlöste, schenkte.[21]

Wieder wird hier eine symbolische Parallelisierung von Adam und Christus vorgenommen: Adam wurde am sechsten Schöpfungstag erschaffen, also am Freitag; an jenem Tag zog er sich durch den Genuss der verbotenen Frucht auch den Tod zu. Ebenfalls an einem Freitag, am sechsten Tag der Woche, musste Jesus sterben. Irenäus verwendet hier die Terminologie der Schöpfung: Die Passion Jesu ist befreiende Neuschöpfung. Die Erlösung wandelt in gewisser Weise die von der Entfremdung durch die Sünde geprägte Zeit um.

Der Kreis des Neuen Testaments

Cullmann betont die Einheit der Zeit der Kirche, zwischen dem Kommen Christi und seiner Wiederkunft in der Parusie. Er schlägt dafür die berühmt gewordene, aber stark an die Entstehungszeit seines Buchs gebundene Unterscheidung zwischen dem „Tag J" und dem „Tag V" (Victory day) vor.

Der Kreis des Neuen Testaments und der Zeit der Kirche beginnt mit dem Osterereignis und führt hin zur Parusie. Durch Tod und Auferstehung eröffnet Christus die „Endzeit" und rekapituliert in Vorwegnahme das Ende der Zeit. Er rekapituliert den ganzen Menschen und ebenso seinen Tod; er führt ihn zu Auferstehung und Unvergänglichkeit. Die Rekapitulation geschieht im Kommen Christi zu den Seinen, durch seinen Tod und seine Auferstehung. Aber sie ist noch nicht voll und ganz sichtbar. Das geschieht bei der Wiederkunft Christi, seiner zweiten Parusie von den „Höhen des Himmels", „in der Herrlichkeit des Vaters (Mk 8,38 par), um ‚alles zusammenzufassen' (Eph 1,10) und um alles Fleisch der ganzen Menschheit zu erwecken"[22].

---

[21] *Adversus haereses*, V 23,2, a.a.O., S. 213.
[22] *Adversus haereses*, I 10,1, a.a.O., Bd. 1, S. 199.

Das Sichtbarwerden der Rekapitulation wird sich in der allgemeinen Auferstehung aller mit Christus ereignen. Das Ende wird das voll und ganz erweisen, was schon im ursprünglichen Plan angelegt war. Denn der eschatologische Abschluss weist zurück auf den Anfang bzw. die „Protologie": „Und wie wäre Christus das Endziel des Gesetzes, wenn er nicht auch dessen Anfang wäre?"[23].

In seiner Schilderung des Endes der Zeiten und der rekapitulierenden Wiederkunft Christi kommentiert Irenäus mit millenaristischem Realismus, nach Art des Barnabasbriefs und der Schriften Justins, die Bilder der Apokalypsen des Daniel und Johannes. Er hält an der Verschärfung des apokalyptischen Endkampfes fest und spricht von der Rekapitulation des ganzen Glaubensabfalls aller Zeiten durch den Antichristen: „Die Zahl 6, dreimal wiederholt, stellt die Rekapitulation der ganzen Apostasie im Anfang, in den mittleren Zeiten und am Ende dar"[24].

Sein Szenario unterscheidet zwischen einer ersten Auferstehung der Gerechten, die ihnen Unvergänglichkeit schenken und die Schau Gottes im wiederhergestellten Tausendjährigen Reich in Jerusalem ermöglichen wird. Dieses Reich des siebten Jahrtausends entspricht dem siebten Schöpfungstag, dem Tag des Ruhens Gottes, wie auch das wiederhergestellte Jerusalem als eschatologisches Paradies dem protologischen Paradies entspricht. Die Gerechten werden die Etappen der Auferstehung Jesu nachvollziehen, der zunächst „mitten im Todesschatten hinging" (Ps 22,4), „dann aber leiblich auferstand und nach der Auferstehung emporgehoben wurde"[25]. Im Tausendjährigen Reich wird auf Erden volle Gerechtigkeit herrschen; darauf folgt die zweite Auferstehung der Gerechten wie der Sünder zum Gericht. Die Gerechten werden in das himmlische Jerusalem und das Reich des Vaters gebracht, wogegen die Sünder in die Gehenna fahren.

Wie es sich auch mit übersteigertem Realismus des Irenäus bei der Beschreibung des Tausendjährigen Reiches verhalten mag – es geht dabei um einen Realismus, den er als Erbe übernimmt, den der Glaube der Kirche aber verwerfen wird – sein Szenario enthält ein grundsätzlich angemessenes christologisches Prinzip, das es ihm erlaubt, die Entsprechung von Ende und Anfang herauszustellen und die Wiederkunft Christi sowie das endgültige Heil im Licht des Osterereignisses zu denken.

Schluss: Die Musik Gottes

Bei Irenäus entspricht der solchermaßen in der Struktur der Zeit aufgewiesenen Kohärenz ein Sinn für Proportion und Harmonie. Das Wissen in der Religion muss zur Kontemplation führen[26]. Die Struktur der Heilsgeschichte „muss" notwendigerweise schön sein. Denn Gott, ihr Autor, ist ein Künstler, der seine ganze Kunst für das Werk der Erschaffung und Erlösung des Menschen aufgewandt

---

[23] *Adversus haereses*, IV 12,4, a.a.O., Bd. 4, S. 93.
[24] *Adversus haereses*, V 30,1, a.a.O., S. 230; vgl. auch V 25,5; 28,2; 29,2.
[25] *Adversus haereses*, V 31,2, a.a.O., S. 234.
[26] Vgl. zur theologischen Ästhetik bei Irenäus Hans Urs VON BALTHASAR: *Herrlichkeit. Eine theologische Ästhetik*. Bd. 2: *Fächer der Stile*. Einsiedeln 1962, S. 29-94: Irenäus, bes. S. 70-90: Gottes zeithafte Kunst.

hat. Die beiden Wörter „Kunst" und „Künstler" finden sich beim Bischof von
Lyon immer wieder[27]. Aber weil sich diese Kunst in der Zeit entfaltet und sichtbar wird, konkretisiert sich der Bezug zur Kunst in der Musik. Denn Musik ist
die durch Kunst verwandelte Zeit.

Platon sagte, Musik zu hören bedeute, zu zählen, ohne sich dessen bewusst zu
werden. Die häufigen Anspielungen des Irenäus auf die Musik laden auch seine
Leser dazu ein, sich auf das Hören einer Symphonie einzulassen. Das Zusammenstimmen der beiden Testamente ist nicht eine wahrhafte Entsprechung, sondern eine musikalischer Akkord, eine „Harmonie". Ihre Unterschiedlichkeit liegt
auf der Hand, aber ihr Zusammenstimmen wird in dieser Harmonie sichtbar:

> In tiefer Weisheit und gründlicher Sorgfalt, zweckmäßig und schön ist alles vom
> Herrn geschaffen, sowohl das Alte als auch alles, was sein Wort in jüngster Zeit
> getan hat. [...]
>
> Die erschaffenen Dinge sind vielfältig und zahlreich. Im Verhältnis zur ganzen
> Schöpfung sind sie gut proportioniert und in voller Übereinstimmung; im Hin-
> blick auf jedes einzelne von ihnen gibt es Gegensätze und Unharmonisches, wie
> der Klang der Zither durch die Verschiedenheit der einzelnen Töne eine einzige
> stimmige Melodie ergibt, obwohl sie aus vielen gegensätzlichen Tönen besteht.
> Wer die Wahrheit liebt, darf sich durch die Unterschiedlichkeit der einzelnen Tö-
> ne nicht verleiten lassen und mehrere Künstler und Schöpfer annehmen, wobei der
> eine die hohen Töne, ein anderer die tiefen und noch ein anderer die mittleren
> beigetragen hätte, sondern es war ein und derselbe, zur Demonstration des ganzes
> Werks und der Weisheit, der Gerechtigkeit, Güte und Gnade. Wer die Melodie
> hört, der muß den Künstler loben und rühmen und bei manchen Tönen die Länge
> bewundern, bei anderen auf den milden Klang achten, bei wieder anderen die Mi-
> schung von beidem heraushören, bei noch einmal anderen den Typos erwägen und
> worauf sich das einzelne bezieht und ihre Ursache aufspüren, ohne jemals die
> Lehre zu verfälschen oder vom Künstler abzuirren und ohne den Glauben an den
> einen Gott zu verwerfen, der alles geschaffen hat, und ohne den Schöpfer zu lä-
> stern"[28].

Die Analogie zur Musik wird sehr streng durchgeführt. Musik entsteht nicht
durch die eintönige Wiedergabe der immer gleichen Noten. Es geht vielmehr um
den Zusammenklang unterschiedlicher Noten, um den Wechsel von crescendo
und decrescendo, um eine Form der Einheit, die Grund der Schönheit ist und
zeigt, dass der Künstler genau diese Anordnung der Noten gewollt hat. Einzelne
Motive, die zunächst nur am Rand erklingen, entwickeln sich möglicherweise
zum Hauptthema. Sinn und Schönheit ergeben sich aus dem Ganzen.

So ist Gott der große Künstler der langen Symphonie der Heilsgeschichte. Die
Vollendung bildet deren letzten Satz, eine friedvolle Synthese und Ziel aller früheren musikalischen Motive. Dem Gläubigen genügt es, Schritt für Schritt in die-

---

[27] Vgl. *Adversus haereses*, II 25,2; 33,5; III 21,7; 22,1; IV 39,2-3; V 3,2-3; 18,1.
[28] *Adversus haereses*, II 25,1-2, a.a.O., Bd. 2, S. 209/211/213.

se „Zusammenklänge" bzw. musikalisch gesprochen in alle diese Akkorde einzudringen und ihre Einheit wahrzunehmen.

Es gibt aber nicht nur die qualitative Unterschiedlichkeit der Noten, sondern
auch den Rhythmus, in dem sie aufeinander folgen. Eine schlecht gesetzte Note
kann die Melodie zerstören. Die Abfolge langer und kurzer Noten ist zu beachten. Jede muss genau dann erklingen, wenn sie notwendig ist. Musik ist wesentlich Maß und damit Ordnung. Alles muss zum „rechten Zeitpunkt" geschehen,
weil sonst aus der Symphonie eine Kakophonie wird: „Der Vater weiß nämlich
alles im voraus, der Sohn aber führt es so aus, wie es passend und angemessen
ist, zur rechten Zeit"[29].

Das ist die irenäische Version des biblischen *kairos*, des angemessenen Zeit-
punkts. Jedes Ereignis muss zu seiner Zeit eintreten, vor allem die Stunde der
Passion, wie auch die Menschwerdung erst in der „Fülle der Zeit" sich ereignet
hat. Die Heilsgeschichte vollzieht sich in einem großen rhythmischen Bogen, in
einem festen Zeitmaß:

> Der Sprecher des Vaters ist von Anfang an der Sohn, weil er seit Beginn beim Va-
> ter ist. Er hat ja auch die prophetischen Visionen und die Unterscheidungen zwi-
> schen den Charismen und seinen Diensten und die Verherrlichung des Vaters der
> Menschheit in angemessener Art und Ordnung zum rechten Zeitpunkt zu ihrem
> Nutzen offenbar. Denn wo Angemessenheit herrscht, da ist auch Harmonie, wo
> Harmonie ist, da ist auch der rechte Zeitpunkt getroffen, und wo der rechte Zeit-
> punkt getroffen ist, da stellt sich auch der Nutzen ein.[30]

Übersetzt von Ulrich Ruh

---

[29] *Adversus haereses*, III 16,7, a.a.O., Bd. 3, S. 203.
[30] *Adversus haereses*, IV 20,78, a.a.O., Bd. 4, S. 167.

Der verhüllte Glanz

2 Kor 3,14-16 bei den Kirchenvätern

VON KARL SUSO FRANK

In 2 Kor 3,14-16 spricht Paulus von einer Decke (κάλυμμα / *velamen*), die einmal auf der Lesung des Alten Testaments (παλαιὰ διαθήκη) liegt, wenn es unter den Kindern Israels zur Vorlesung kommt, und zum anderen Mal auf den Herzen der Lesenden oder Hörenden. Diese Decke wird nur in Christus weggetan oder sobald einer sich zu Christus bekehrt. Die drei Sätze stehen im Zusammenhang des ganzen Paulusbriefes, unmittelbar gehören sie in die Argumentation von 2 Kor 3[1]. Dort erinnert er an die Decke, mit der Mose nach der Gottesbegegnung auf dem Sinai sein Gesicht verhüllte, weil es den Gottesglanz (δόξα) widerspiegelte (Ex 34,30-35). Wie Mose den Glanz verhüllte, so verhüllt jetzt die Decke – Paulus betont, dass es „dieselbe Decke" (τὸ αὐτὸ κάλυμμα) ist – den in der Schrift verborgenen Glanz.

Vom Begriff der Decke abgesehen, den Paulus nur in dieser Texteinheit gebraucht, und der vom griechischen Exodus-Text vorgegeben ist[2], entspricht die paulinische Aussage seinem durchgehend gültigen Verständnis des Alten Testamentes[3]. Sie bildet da keine Ausnahme, im Gegenteil ermöglichen Decke und Glanz eine Unterstreichung seiner Position. Unter der Textdecke (= Wortsinn) ist der Glanz der Christusbotschaft verborgen; als Ende des Gesetzes nimmt Christus sie weg (Röm 10,4). Die Herzensdecke (= verstocktes Herz) verwehrt den Augen des Herzens den Glanz zu schauen, der erst in der Bekehrung zum Herrn sich offen zeigt. Der verborgene Glanz macht das Bibelbuch zum Mahnzeichen vorgegebener Transzendenz.

Der Paulustext hat in der patristischen Auslegung einige Beachtung gefunden. Das gilt für die patristischen Kommentare zu 2 Kor. Sie sind freilich nicht allzu zahlreich[4]. Dank der assoziativen Schriftauslegung mit ihren zahlreichen Seitenreferenzen drängt sich 2 Kor 3,14-16 immer wieder in ihre ausschweifende bibli-

---

[1] Zur Exegese vgl. die Kommentare zu 2 Kor. – S. SCHULZ: Die Decke des Moses. Untersuchungen zu einer vorpaulinischen Überlieferung in II *Cor* 3,7-18: *Zeitschrift für die neutestamentliche Wissenschaft* 49 (1958), S. 1-31, ermittelt eine judenchristliche Vorlage, die Paulus für seine Argumentation übernahm und veränderte.

[2] Paulus bzw. seine Vorlage haben Ex 34,30-35 gezielt abgeändert: Die Kinder Israels hätten Mose nicht in das Gesicht schauen können (was so im Text nicht steht), dazu die Einfügung der Vergänglichkeit des Glanzes.

[3] Die παλαιὰ διαθήκη (2 Kor 3,14) ist hier zum ersten Mal von Paulus im Sinne des Schrifttextes, des Buches, verwandt.

[4] Zusammengestellt bei H.-J. SIEBEN: *Kirchenväterhomilien zum Neuen Testament.* Steenbrügge 1991.

sche Orchestrierung ein[5]. Die Ausleger gehen mit Paulus einig in der grundsätzlichen Bestimmung des Alten Testamentes als verhüllte Christusverkündigung. Sie stimmen auch mit ihnen überein, dass der verborgene Glanz nur durch Christus und in der Bekehrung zu ihm enthüllt wird.

1. Die Anfänge der patristischen Auslegung

Eine erste Anspielung auf 2 Kor 3,14-16 findet sich bei Justin in seinem Dialog mit Tryphon. Seinem jüdischen Gesprächspartner will er Beweise aus den alttestamentlichen Schriften für das Gottsein Christi vorlegen. Von diesen „untrüglichen Beweisen" weiß Justin, dass sie Tryphon „fremd erscheinen, obwohl sie täglich von euch vorgelesen werden". Die unverstandene tägliche Lesung erinnert an 2 Kor 3,14b. Die effektvolle Decke hat Justin nicht eingesetzt. Der Grund des Unverständnisses liegt in „der Schlechtigkeit, ihretwegen hat Gott die in seinen Worten liegende Weisheit verborgen", worin 3,14a („der verhärtete Sinn") nachklingen mag. Andererseits weiß Justin, dass „Gott aus Gnade und großer Barmherzigkeit"[6] einigen von den Juden die Erkenntnis jener Weisheit gewährt hat. Die von Paulus geforderte „Bekehrung zum Herrn" ist hier partiell schon geschehen. Ein Bezug zu 2 Kor 3,14-16 klingt bei Justin nur an. Der Anklang weist auf gängige Argumentation in der Auseinandersetzung zwischen Christen und Judenchristen hin, in die schon die Paulusworte gehörten.

Clemens von Alexandrien zitiert die Paulusstelle im Zusammenhang mit der wahren Erkenntnis im Glauben und dem Fortschritt im Christenleben. 2 Kor 3,14.16 ist aus seinem ursprünglichen Zusammenhang herausgelöst. Es geht nicht mehr um Christen und Juden, sondern um „vollkommenen" und „gewöhnlichen" Glauben. Das Subjekt in 2 Kor 3,14 ist jetzt „die große Masse", auf der noch die Decke liegt. Die von Paulus genannte Bekehrung zum Herrn wird zu einem Fortschritt in der Erkenntnis umgedeutet. Die höhere Stufe ist das Vermögen „durchzuschauen", „zum Gnostiker zu werden"[7]. Deshalb strahlt auch das Antlitz des wahren Gnostikers, dessen Seele im Besitz der Gerechtigkeit ist, wie das des Mose[8], während die, „die nur fleischlich sehen können", den Glanz nicht zu schauen vermögen, noch ihn in sich selbst widerstrahlen zu lassen[9].

Mit der Subjektverschiebung kann die Briefstelle für den innerkirchlichen Bereich fruchtbar gemacht werden. Erkenntnisstufen im Glauben und Gradunterschiede der Bekehrung können danach von 2 Kor 3,14-16 abgelesen werden.

Im umfangreichen Œuvre Tertullians spielt 2 Kor 3,14-16 nur eine geringe Rolle[10]. In *Adv. Marcionem* V 1,2 nimmt er die Paulusstelle auf und setzt sie

---

[5]   Vgl. die Zitaterschließung der *Biblia Patristica*. Paris 1975ff.

[6]   Dial. 55,3 (Goodspeed 155).

[7]   Strom. IV 100 (GCS Clemens Al. 2,392-393).

[8]   Ebd., VI 103,5 (SC 446).

[9]   Ebd., IV 117,1 (GCS Clemens Al. 2,299-300).

[10]   *Biblia patristica* 1,475 verweist auch auf *De cultu feminarum* 1,3: Verteidigung der Kanonizität des Henochbuches gegen die Juden, die alle Schriften ablehnen, die von Christus künden *(quae Christum sonant)*. Die verborgene Christusbotschaft

polemisch gegen Marcion ein[11]. Tertullian folgt dabei dem Text, wie er ihn von Marcion benützt fand[12]. Er kennt die hermeneutischen Voraussetzungen Marcions genau: Der Demiurg mit seinem noch nicht gekommenen Messias auf der einen Seite und der unbekannte Gott und Vater Jesu Christi auf der anderen Seite, dazu die Ablehnung des Alten Testaments als bleibende Gottesoffenbarung und die Beschränkung der Offenbarung auf ein zurechtgestutztes Neues Testament. Die beiden Paulusverse werden Marcion entwunden und als Schriftargument für die Einheit Gottes und die Einzigkeit des Messias eingesetzt. Was das Alte Testament betrifft, so kommt Tertullian seinem Gegner für einen Moment entgegen. Wenn Marcion mit der Decke des Mose die Absicht hatte, den Glanz des Neuen Testaments zu unterstreichen, weil er in Herrlichkeit bleibt, während der des Alte Testament vergänglich sei, dann stimme das auch mit seinem Glauben überein; denn dieser stellt das Evangelium über das Gesetz – „und ich habe dafür die besseren Argumente...". Das scheinbare Entgegenkommen hat freilich am bleibenden Offenbarungscharakter des Alten Testaments seine Grenzen.

Tertullian hat die beiden Paulusverse in seine Polemik gegen den „pontischen Schiffsreeder" eingespannt[13]. Die antijüdische Polemik der Erstformulierung wurde dabei auf die Ebene einer aktuellen Ketzerpolemik verschoben. Für diesen Einsatz von 2 Kor 3,14-16 kann Tertullian als Archeget beansprucht werden.

2. Origenes

Origenes, quantitativ und qualitativ der Meister der altkirchlichen Schriftauslegung, hat die drei Auslegungsweisen von 2 Kor 3,14-16 aufgenommen und steigernd fortgeführt[14]. Zuvor ist jedoch an eine eigene Beanspruchung des Paulustextes zu erinnern. Origenes legte großen Wert darauf, seine Exegese – das Aufzeigen des verborgenen Sinnes, gewöhnlich im Aufteilen der Schrift in einen zwei- oder dreifachen Sinn – aus der Schrift selbst zu begründen und am Bibelwort zu veranschaulichen. In diese Methodenbegründung zieht er auch 2 Kor 3,14-16 ein. Die Decke steht für den buchstäblichen Sinn *(sensus literalis)*. So lange sie auf Text und Herz liegt, kommt es nur zu einem „gröberen Schriftverständnis" *(intelligentia crassior)*; erst die Wegnahme der Decke ermöglicht die „geistige Erkenntnis" *(intelligentia spiritalis)*[15]. Die Schrift braucht den Buch-

---

entspricht wohl Paulus und auch 1 Kor 3,14-16, die schöne Formulierung „*Christum sonare*" jedoch nicht.

11 CChr.SL V 11,5-7 (CChr.SL 1,696-97).
12 Rekonstruktion des Textes bei A. v. HARNACK: *Marcion. Das Evangelium vom fremden Gott*. Leipzig ²1924, Neudruck Berlin 1960, Beilage III, S. 97*.
13 Adv. Marc. V 1,2 (663-64): *ponticus nauclerus*.
14 Im Folgenden geht es nicht um eine Darstellung der origenischen Exegese. Ihre Theorie und Praxis wird anhand der Zitationen von 2 Kor 3,14-16 und deren Umfeld aufgezeigt. Grundlegend für die Thematik: H. de LUBAC: *Geist aus der Geschichte. Das Schriftverständnis des Origenes*. Einsiedeln 1968. Ebenso die Origenes-Bände in der Reihe *Sources Chrétiennes* (nach denen ich die Originaltexte zitiere, soweit dort ediert), mit ihren gründlichen Einführungen und Kommentaren.
15 De princ. I 1,2 (SC 252,92-94).

staben als Decke für die darunter verborgene mystische und tiefere Wirklichkeit. Das schließt nicht aus, dass auch die Decke als geschichtlicher Bericht *(historiae narratio)* alle Beachtung verdient[16]. Die Theopneustie der Schrift bezieht sich sowohl auf die Decke wie auf den tieferen Sinn. Origenes kann auch zugestehen, dass sorgfältiges und aufmerksames Lesen unter göttlicher Eingebung schon zur Erkenntnis der Göttlichkeit der Schrift finden kann[17]. Die Ablösung der Decke bringt dann das darunter verborgene Licht voll zum Leuchten. Decke und tieferer Sinn gehören im Schriftcorpus zusammen wie Menschlichkeit und Göttlichkeit im fleischgewordenen Gotteswort. Um beides richtig zu vernehmen, bedarf es der „reinen Ohren des inneren Menschen". In seinen Homilien fügt Origenes deshalb nicht selten die Gebetsbitte ein, dass Gott die verhüllende Decke von Text und Herz wegnehme[18].

Die Klarstellungen zur Auslegungsmethode sind bei Origenes mit polemischer Auslegung verbunden. Sie läuft auf mehreren Ebenen und soll hier nur kurz angedeutet werden. In seiner Erklärung von Mt 15,13 wendet er sich – ohne sie beim Namen zu nennen – gegen Markion und Gnostiker, aber auch gegen die Pharisäer. Sie alle gingen nur dem „tötenden Buchstaben" nach. Die Decke über ihren Herzen machte ihr Herz gefühllos[19]. Polemische Deutung findet sich mehrmals in *Contra Celsum*. Celsus wollte „unter vernünftigeren Juden und Christen" beobachtet haben, dass sie die biblischen Schriften allegorisch auslegten. Dagegen wehrt sich der Christengegner und lehnt die Möglichkeit solcher Deutung rundweg ab: Diese Schriften erlauben keine Allegorie, sondern sind offensichtlich „sehr dumme Fabeln" (μεμυθολόγηται)[20]. Darauf wiederum Origenes: Schon eine unvoreingenommene Lektüre hätte ihn nicht zu dieser abwegigen Meinung kommen lassen können[21]. Das Hauptargument für den verborgenen Sinn in den biblischen Büchern entnimmt Origenes der Gebetsbitte in Ps 119,18 („Öffne meine Augen, dass ich deine Wunder aus deinem Gesetz erkenne"). Der Beter wusste um die „Decke des Nichtwissens" auf den Herzen der Leser. Die κάλυμμα aus 2 Kor 3,14-16 ist als „Decke des Nichtwissens" bestimmt. Mit dem Paulustext fährt Origenes in eigener Erweiterung fort, dass die Decke durch Gottes Gnade weggenommen wird, sobald Gott sieht, dass der Leser alles tut, was in seiner Macht liegt, zur Unterscheidung von „Gut und Böse" (Hebr 5,14) gekommen ist und ständig die Gebetsbitte Ps 119,18 spricht[22].

Im Zusammenhang mit jüdischem und christlichem Verständnis des AT macht Origenes dem Gegner klar, dass beide an die Inspiriertheit der Schrift glauben. Gleichzeitig muss er betonen: In der Auslegung stimmen wir jedoch nicht mit ihnen überein. Die Möglichkeit der eigenen christlichen Auslegung wird wieder mit 2 Kor 3,14-16 begründet. Die „Bekehrung zum Herrn" nimmt die Decke

---

[16]   Ebd., III 5,1 (SC 268, 218).
[17]   Ebd., IV 1,6 (SC 268, 280-282).
[18]   Z.B. Gen.-hom 1,3 (SC 7 bis, 88); Lev.-hom 1,1 (SC 286, 68); 6,1 (268), 13,2 (SC 287,200); andere Texte bei H. de LUBAC: *Geist aus der Geschichte*, 371 - 373.
[19]   Mt Com XI 14 (GCS 40,55-57).
[20]   C. Celsum IV 50 (SC 136, 314).
[21]   Ebd., IV 49 (308)
[22]   Ebd., IV 50 (312)

weg. Der Bekehrte vermag mit „unverhülltem Angesicht"[23] die Herrlichkeit des Herrn in der Schrift zu schauen, d.h. „dem inneren Menschen nach" (Röm 7,22). Ein letztes Mal beruft sich Origenes gegen Celsus auf 2 Kor 3,15-16 (17) in VI 70. Er verteidigt dort die Geistigkeit Gottes. Alle sinnenhaften Bezeichnungen Gottes in der Schrift sind nur bildlich (τροπικῶς)zu verstehen. Aber um das zu begreifen, muss die Herzensdecke entfernt werden; nur befreit von ihr kann der Herr als Geist erkannt werden[24].

Die ganze Deutungsbreite der Decke wird in den Homilien des Origenes greifbar. Ihre Adressaten sind die Gläubigen, die Kirche, die schon zum Herrn bekehrt ist - „ad Christum iam Dominum conversa ecclesia'[25]. Die paulinische Bekehrungserwartung ist grundsätzlich schon erfüllt. Die verhüllende Decke ist ebenso grundsätzlich schon weggenommen. Trotzdem bleibt das Pauluswort aktuell. Die Bekehrung wird zum dynamischen Vorgang, der zu höheren Erkenntnisgraden und gesteigerten Bekehrungsstufen führt. Die Decke ist deshalb nicht nur die Textdecke, auch nicht nur die Herzensdecke: Sie wird verinnerlicht zu einer Decke auf den inneren Sinnen[26]. In dieser Verfeinerung liegt sie nicht nur auf den Herzen, wenn Mose vorgelesen wird, sondern ebenso, wenn Paulus, die Apostel und die Evangelien vorgelesen werden[27].

Ein exemplarischer Text dieser Auslegung ist die 12. Exodushomilie, die von Ex 34,33-34 ausgeht. Der alttestamentliche Text führt Origenes schnell zu 2 Kor 3,7-8.13-15. Die Textvermischung wird jetzt auf die Kirche bezogen, denn „noch sind wir Volk, und haben nicht mehr Eifer und Verdienst als die übrige Menge"[28]. Nur in der Bekehrung zum Herrn wendet sich die Situation zum Besseren. Aber diese Bekehrung ist nicht einmalige Tat, sie ist Wandel (conversatio) und Leben (vita), die hoch über der Menge stehen. Auf dieser Höhe wird die Decke immer wieder neu weggenommen, der tiefere Sinn der Schrift besser verstanden und ihr Glanz klarer und heller geschaut.

Die Decke, die Erkenntnis verhindert und Aufstieg hemmt, wird von Origenes ganz konkret benannt. Sie ist einmal Abkehr (aversio) vom Herrn. Dazu gehören unaufmerksames Hören des Gotteswortes, die Hingabe an weltliche Geschäfte, an Besitz und an materiellen Gewinn, dazu die Suche nach weltlichem Ruhm und Ansehen. Die Hinkehr (conversio) zum Herrn geschieht dann immer dort, wo dieses verkehrte Verhalten aufgegeben wird und mit allem Eifer und ganzem Einsatz die sorgsame Hingabe an das Wort Gottes geschieht[29]. Der strenge Prediger sieht freilich wenig von diesem erwarteten Eifer. Er wird noch konkreter und prangert die Gleichgültigkeit dem Wort Gottes gegenüber an. Nach der Schriftlesung gibt es kein gemeinsames Gespräch über den Text, keine Nachfrage zum

---

[23] Ebd., V 60 (SC 147,162-164).
[24] Ebd., VI 70 (352-356)
[25] Lev.-hom I 1 (SC 286, 68).
[26] Ebd., Note Complémentaire 11 (363); H. CROUZEL: Origène et la 'connaissance mystique'. Paris 1961, S. 282-283; 418-420.
[27] Ex. -hom XII 4 (SC 321, 364).
[28] Ebd., XII 1 (SC 321, 354).
[29] Ebd., XII 2 (356): Vergleich mit dem Vater und dessen Einsatz und Aufwand für eine gründliche Ausbildung seines Sohnes.

Gehörten und kein Festhalten im Gedächtnis! Das Desinteresse kann sich noch offener zeigen: Da wartet man nicht einmal das Ende der Schriftlesung in der Versammlung ab oder man zieht sich schon vorher in abgelegene Räume der Hauskirche zurück. Bei all diesem liegt nicht nur die Decke auf den Herzen, da ist eine Wand oder Mauer aufgerichtet[30].

Die verhüllende Decke ist Sünde, Nachlässigkeit, Stumpfheit, Ungeistigkeit. Der verborgene Glanz wird nur geschaut, wo diese verkehrte Haltung aufgegeben wird und die Bekehrung zum Herrn als geistliche Hinkehr zu ihm geschieht, die ständig moralische und intellektuelle Bekehrung erfordert. Nicht Gott ist es, der seine Herrlichkeit verbirgt, sondern wir selber, die auf unseren führenden Seelenteil (ἡγεμονικόν) die Decke der Bosheit legen. Wird sie entfernt, werden wir zum geistlichen Menschen (πνευματικός). Nur der Pneumatiker kann den tieferen Sinn der Schrift erkennen. Dieser Sinn ist nichts anderes als der Herr selbst; „der Herr aber ist Geist" (2 Kor 3,17) und kann nur vom Geistesmenschen erkannt werden[31].

Mit einem Blick auf den Hoheliedkommentar sei die Erinnerung an Origenes abgeschlossen. Er zitiert 2 Kor 3,14.16 in seiner Erklärung von Hld 2,8 („Er kommt, springend über die Berge, hüpfend über die Hügel"). Origenes sieht darin die universale Ausbreitung des Wortes ausgesagt[32]; dann aber gilt es auch von der Ankündigung des Logos durch Mose und die Propheten, verborgen unter der Decke. Die Decke ist jetzt für die Braut, d.h. für die zum Herrn bekehrte Kirche, weggenommen[33]. Der Brautkirche ist die Christuserkenntnis geschenkt. Sie sieht ihn klar und unverhüllt über die Berge springen (= die Bücher des Gesetzes) und über die Hügel hüpfen (= die prophetischen Schriften). Die Schau des Logos geschieht in der intensiven Begegnung mit seinem Wort. In gesteigerter Liebe versenkt sich die Braut in die Schrift. Eine innere Wahrnehmung seiner Gegenwart wird ihr geschenkt: Auf jeder Seite springt *(exilire)* ihr Christus entgegen, sprudelt heraus *(ebullire)*, taucht auf *(emergere)* und bricht klar und hell hervor *(prorumpere)*. Die Wortwahl macht die Schriftbegegnung zum dynamischen Vorgang, der mystisches Erfahren ahnen läßt.

3. Ausblick

2 Kor 3,14-16 ist von Origenes in die ganze Breite der Schriftauslegung eingespannt worden. Das Spiel mit der Decke kann weiter gespielt werden, auch wenn neue Züge und neue Rollen gar nicht mehr gesucht werden müssen oder lediglich noch in neuen Variationen eingesetzt werden können.

Je näher die Auslegung am Paulustext bleibt, desto mehr folgen die Ausleger seiner antijüdischen Polemik. Die Decke wird als verhüllender Wortsinn verstanden, der den Kindern Israels verwehrt, den Glanz des Herrn zu schauen. Beispielhaft kann dafür auf den Briefkommentar des Johannes Chrysostomus ver-

---

[30]   Ebd., XII 2 (358).
[31]   Jer.-hom V 8 (SC 232, 298-302).
[32]   Cant. Com III 12,3 (SC 376, 612-14).
[33]   Ebd., III 12,4 (SC 376, 614); in II 8,21 (SC 375, 418) ähnlich zu Hld 1,11-12.

wiesen werden. Er hört auch aus dem Text den lauten Bekehrungsruf des Apostels und mit dem Apostel verspricht er dem Bekehrten den Glanz des Mose, ja noch strahlendere Herrlichkeit[34]. Ähnliches kann beim Ambrosiaster gelesen werden: In der Bekehrung zu Christus wird das Auge des Geistes geschärft, so dass die Bekehrten den göttlichen Glanz zu schauen vermögen[35]. Die Decke wird in diesen Auslegungen als *velamen ignorantiae*[36] oder ἀπιστίας κάλυμμα[37] präzisiert.

Auch der Frontwechsel in der Polemik lässt sich weiter verfolgen. Für Basilius von Caesarea sind es die Pneumatomachen, die weiter unter der Text- und Herzensdecke bleiben und den Herrn nicht zu erkennen vermögen. Der Kyrios ist für ihn in diesem Kontext der Hl. Geist[38]. Andere Väter beziehen die Polemik auf die Manichäer und andere Häretiker[39]. Der Kreis kann erweitert werden. Hieronymus bezieht die Philosophen und die Rhetoren ein und hält ihnen vor, dass die Decke auf ihren Augen liege[40]. Die Decke wird zur Metapher für jede Art von Glaubenshindernis und Erkenntnismangel.

Wo mit Origenes der Adressatenwechsel vollzogen und die „*ecclesia ad Christum iam Dominum conversa*" bewusst angesprochen wird, herrscht eine praktische moralische Auslegung vor. Gregor von Nyssa sieht im Prolog seines Hoheliedkommentars in der „Hinwendung zum Herrn" und in der „Wegnahme der Decke" in 2 Kor 3,16 die Aufforderung zum „Übergang von den körperlichen zu den geistigen Dingen"[41]. Zunächst hat er dabei die Schriftauslegung im Auge: Nicht am Buchstaben hängen bleiben, sondern zur unstofflichen und geistigen Betrachtung weitergehen. Damit bleibt er ganz in der Linie des Origenes und geht mit ihm auch einig, wenn er mit diesem Übergang in der Schrifterkenntnis den Schritt von der körperlichen zur pneumatischen Existenz verbindet. Das zeigt er in der Auslegung von ein paar Hoheslied-Versen. Zu Hld 5,3 („Ich habe mein Gewand angezogen...") fällt ihm die Decke (2 Kor 3,14-16) ein, die er auch „Vorhang des Herzens" nennt. Beides setzt er mit dem „alten Menschen" (Eph 4,22; Kol 3,9) gleich. Im Wegnehmen der Decke wird hier der „alte Mensch" ausgezogen. Jetzt kann die Seele den Logos als Gewand anziehen. Die „Hinwendung zum Herrn" wird mit dem „Anziehen Jesu Christi" (Röm 13,14) gleichgesetzt[42]. Der Paulustext bleibt dem Hld-Ausleger weiter gegenwärtig. Die Auslegung ist dem Aufstiegsschema verpflichtet. In Hld 5,4 will die Liebende dem Geliebten begegnen. Auf der Auslegungsebene ist es die Braut-Seele, die vom

[34] In Epist. II ad Corinth. hom. VII (zu 3,14-16; PG 61,381). – H. SCHRECKENBERG: *Die christlichen Adversus-Judaeos-Texte und ihr literarisches und historisches Umfeld (1.-11. Jh.).* Frankfurt ²1990 hat weitere Zitationen von 2 Kor 3,14-16 aufgelistet. Vgl. Register.
[35] In II Corinth. 3,14-16 (CSEL 81,1, 318).
[36] PELAGIUS: In II Corinth. 3,14-16 (PLS 5,1244-1245).
[37] THEODORET VON CYRUS: In XII epist. S. Pauli (PG 82,396-397).
[38] De Spir. S. 31,52 (SC 17bis, 436-438).
[39] CASSIODOR: Expos. S. Pauli epist. 2 Kor. 3,14-16 (PL 68,561).
[40] HIERONYMUS: Tract. Ps 82,12 (CChr.SL 78,94).
[41] Cant. com., prolog (FC 16/1, 100). – Vgl. F. DÜNZL: *Braut und Bräutigam. Die Auslegung des* Canticum *durch Gregor von Nyssa.* Tübingen 1993.
[42] Ebd., Hom 11 (592-594).

Logos berührt wird. Gregor verbindet wieder die „Decke des Herzens" mit dem „Vorhang des Fleisches": Das Tor der Seele wurde ganz geöffnet, damit der König der Herrlichkeit einziehe"[43]. Zu Hld 5,7 („Sie nahmen mir den Schleier weg") wird noch einmal die „Decke" gesetzt und damit ein weiterer Aufstieg markiert: Das unverhüllte Auge schaut jetzt die Schönheit des Bräutigams[44]. Bei genauem Hinhören ist das Auge freilich nicht ganz enthüllt. Die Decke wird zum feinsten Gespinst, dessen letzte Schicht hier nicht weggenommen werden kann. Die Hinkehr zum Herrn bleibt ein dynamischer Aufstieg, Ruhe-punkte können da immer nur Scheinhalte sein.

Die bei Origenes beobachtete Einbeziehung von 2 Kor 3,14-16 zeigt sich neben dem eben angeführten Beispiel auch in anderen Hoheslied-Auslegungen[45]. Der Paulustext wird auch mit einzelnen Hld-Versen verbunden. So kommt Hieronymus auf der Suche nach dem verborgenen Sinn von Mk 1,14 mit Hld 1,4 („der König führt mich in seine Gemächer") zu 2 Kor 3,14-16[46]. Die Decke liegt jetzt nicht nur auf „Mose", sie kann auch auf dem Evangelium liegen. Der König nimmt sie weg und führt in seine Gemächer, d.h. zum tieferen verborgenen Sinn. Die Wegnahme der Decke ermöglicht einen Aufstieg zu höherer Erkenntnis.

Ein knapper Blick auf Augustinus kann nur ein paar Texte auswählen. Im erinnernden und deutenden Bericht der *Confessiones* will er unter der Kanzel des Ambrosius in Mailand zum rechten Verständnis der „alten Schriften des Gesetzes und der Propheten" gefunden haben. Als feste Regel habe der Mailänder Bischof seinen Zuhörern 2 Kor 3,6 eingeprägt: „Der Buchstabe tötet, der Geist aber macht lebendig." Dieser Regel entsprechend habe er „die geheimnishafte Decke" weggezogen und damit den geistlichen Sinn der Schriften erschlossen[47]. Das „*mysticum velamen*" erinnert an 2 Kor 3,14-16, und Augustin hat mit dem Pauluswort häufig seine eigene exegetische Methode begründet[48]. Die Textdecke verweist auf die verhüllte Schrift. Die Herzensdecke wird weggenommen, wo immer man sich zu Christus bekehrt[49]. Augustinus bringt sein Anliegen in der Kurzformel auf den Punkt: *transire ad Dominum – velamen aufertur/removetur*. Das *transire* anstelle des *convertere* mag auf afrikanische Lesart zurückgehen, kommt jedoch der augustinischen Intention näher. Es geht nicht um den einmaligen Akt einer Hinkehr zum Herrn, sondern um ein fortdauerndes Hinübergehen:

43   Ebd. (600).
44   Ebd. (646).
45   Z.B. APPONIUS: In Cant. XI 17 (CChr.SL 19,263) zu Hld 8,1.
46   Tract. in Marci Evang. I 13-31 (CChr.SL 78,460-461); Hld 1,3 in Verbindung mit dem *velamen* auch: Prolog zum Osea-Kommentar (CChr.SL 76,2), dabei die aus Origenes bekannte Gebetsbitte Ps 119 (118), 18.
47   AUGUSTINUS: Conf. VI 4,6 (CChr.SL 27,77). Vgl. zur Stelle die Kommentare: J. J. O'DONNELL: *Augustine: Confessions*. Bd. 2. Oxford 1992, S. 350-351; N. FISCHER – C. MAYER (Hrsg.): *Die Confessiones des Augustinus von Hippo*. Freiburg 1998, S. 246-248 (Th. FUHRER). – Den figuralen Charakter der Mosedecke verbindet Augustin mit der Decke auf der Bundeslade (z. B. Enar. in Ps 77,7 (CChr.SL 39,1071) und mit dem Tempelvorhang (z. B. Enar. in Ps 70, Sermo 2,9 (968).
48   C. MAYER: *Die Zeichen in der geistigen Entwicklung und in der Theologie Augustins*. Bd. 2. Würzburg 1974 (Cassiciacum. 25,2), S. 292.
49   Enar. in Ps 64,6 (828-829) verbindet 2 Kor 3,6 mit 2 Kor 3,15-16 wie Conf. VI 4,6.

„Die zum Herrn hinübergehen, wenden sich vom Alten zum Neuen; sie streben nicht mehr nach fleischlicher Glückseligkeit, sondern nur nach geistlicher in allein wahrer Glückseligkeit des Himmelreiches"[50]. Das rechte Schriftverständnis, das Christus in allem zu erkennen vermag, eröffnet den Transitus zum Herrn. Es schenkt den „Geschmack Christi", der im Transitus Christus verkosten, ja von ihm, dem Wein, trunken werden lässt[51]; es bricht das „Mark *(medulla)* der Gerste" auf, das auf dem Transitus zu Nahrung wird[52], usw.

Augustinus hat die Dominante in 2 Kor 3,6 aufgenommen und sie mit der Metapher von der Decke (2 Kor 3,14-16) effektvoll verbunden. Damit konnte das manichäische Schriftverständnis und die manichäische Gottesvorstellung überwunden werden. Gleichzeitig begann er über seine eigenen Schwierigkeiten, sein langes Zögern, hinauszusteigen, indem er begriff, dass die Kirche, „in der ihm schon in Kindesjahren der Name Christi eingegeben war", keine „kindischen Possen" lehrte[53]. Das *transire ad Dominum* war nach *Conf.* VI 4 einen kräftigen Schub vorangebracht. Mit dem neuen und wachsenden Schriftverständnis konnte der stufenweise Transitus begonnen werden.

Geht Augustin mehr von der methodischen Bedeutung der Decke aus, so drängt sich bei Johannes Cassian die „Decke als Sünde" wieder in den Vordergrund, die schon Origenes zu einer moralischen Auslegung von 2 Kor 3,14-16 geführt hatte. Bei Origenes wurde dabei auf eine Adressatenverschiebung aufmerksam gemacht, „die zu Christus bekehrte Kirche". Das gilt noch mehr für Johannes Cassian, der sich an asketisch-monastische Kreise wendet. Die Schriftlesung ist vorzügliche geistige Arbeit der Mönche; der verständnisvolle Umgang mit der Schrift ist *scientia spiritalis*[54]. Dazu bedarf es nicht wissenschaftlicher Studien; das Durcharbeiten gelehrter Kommentare lehnt Cassian ab[55]. Denn die verhüllende Decke ist nicht aus intellektuellem Unvermögen gewoben. Cassian identifiziert sie mit den fleischlichen Lastern, spricht von der Decke der Leidenschaften, die die „Augen des Herzens" verdunkeln[56]. Die Begegnung mit dem Herrn in der Schrift setzt deshalb die Reinigung von den Lastern voraus. Sie nur ermöglicht die „Reinheit des Herzens" *(puritas cordis)* mit den unverschleierten Herzensaugen. Durch die Askese der *vita activa* muss dieser ursprüngliche, natürliche Zustand errreicht werden können: Die Schrift ist vom Heiligen Geist ja nicht verkündet worden, um unbekannt und dunkel zu bleiben[57]!

Cassian führt die Linie von Clemens von Alexandrien und Origenes weiter und verschärft sie für seinen monastischen Leserkreis. Wenn 2 Kor 3,14-16 auch nicht zitiert wird, das Spiel mit der Decke verweist deutlich genug darauf, dass

---

[50] Civ. Dei 17,7 (CChr.SL 48,569-570).
[51] Tract. in Joh 9,3 (CChr.SL 36,91-92) zu Joh 2,1-11.
[52] Ebd., 24,5 (246) zu Joh 6,1-14.
[53] Conf. VI 4,5 (CChr.SL 27,77).
[54] So der Titel der *Conlatio* 14 (SC 54,182-208), in der Cassian sein Schriftverständnis und seine Schriftauslegung darlegt. Vgl. C. STEWART: *Cassian the monk.* Oxford 1998, S. 85-99.
[55] De inst. coenob. 5,33-34 (SC 109, 242-244).
[56] Ebd., 5,34 (244).
[57] Ebd., – Cassian spricht von der durch Askese erreichbaren *„sanitas naturalis"* und der Möglichkeit des *„naturaliter contemplari"*.

das Pauluswort hier in den monastischen Kontext übertragen wird und Cassians kontemplative Schriftlesung mitbegründen muss. Sie ist Gegenstand seiner 14. *Conlatio (de spiral scientia)*. Cassian verspricht für diese Art von Schriftlesung einen wunderbaren Tausch: In der ständigen Beschäftigung mit dem Gotteswort wächst und erneuert sich der menschliche Geist. Gleichzeitig wird auch das Antlitz der Schrift erneuert und die Schönheit ihres tieferen Verständnisses wächst mit dem, der geistlich Fortschritte macht *(pulchritudo cum proficiente proficiet)*[58]. Fortschritt in der Praxis und Fortschritt in der geistlichen Schrifterkenntnis bedingen sich gegenseitig. Die paulinische *conversio ad Dominum* (2 Kor 3,16) drängt auf den Weg ins Unendliche.

Patristische Schriftauslegung will den vom Buchstaben verhüllten Glanz der Schrift zum Leuchten bringen. Im hier aufgegriffenen Beispiel erscheint der Buchstabe, der vordergründige Wortsinn, als verhüllende Decke. Diese Metapher verwenden die Väter immer dort, wo sie sich von 2 Kor 3,14-16 anregen lassen oder von verwandten Begriffen aus dem Textilbereich daraufgestoßen werden. Der verhüllenden Decke eignet zweifellos eine starke Aussagekraft. Sie in ihrer hemmenden Wirkung zu erkennen, gehört zum „Schlüssel der Erkenntnis" im Umgang mit der Schrift[59]. Origenes hat diesen für sein Schriftverständnis zentralen Begriff aus Lk 11,52 und Offb 3,7 gewonnen.

In einer Auslegung von Ps 1 hat er „eine schöne Überlieferung, die ihm von einem Juden vermittelt worden war" eingefügt[60]. Mit ihr kann nicht nur origenische, sondern patristische Schriftauslegung in ihrer Gänze illustriert werden; sie weist den Weg, auf dem der verhüllte Glanz geschaut werden kann. Der anschauliche Text soll deshalb den kleinen Einblick in patristische Auslegungsart abschließen:

„Die Gesamtheit der von Gott inspirierten Schrift gleicht auf Grund der ihr eigenen Dunkelheit einer großen Zahl von Zimmern, die mit Schlüsseln verschlossen sind, in einem einzigen Haus. Vor jedem Zimmer liegt ein Schlüssel, nicht jedoch der, der zu seinem Türschloss passt. In dieser Weise sind die Schlüssel auf die einzelnen Zimmer verteilt. Aber keiner passt zu dem Zimmer, vor dem er liegt. Es kostet deshalb sehr große Mühe, die Schlüssel aufzufinden und den Türen zuzuordnen, so dass sie geöffnet werden können. Folglich verstehen wir die Schrift in ihrer Dunkelheit nur, wenn wir zum Ausgangspunkt des Verständnisses den Zusammenhang der einen Schriftteile mit den anderen nehmen, denn ihr auslegendes Prinzip liegt verteilt in den einzelnen Teilen. Ich bin durchaus der Meinung, dass auch der Apostel eine solche Annäherung an das Verstehen der göttlichen Worte empfiehlt, wenn er sagt: 'Und davon reden wir nicht in Worten, die menschliche Weisheit lehrt, sondern in Worten, die der Geist lehrt, möchten wir Geistiges mit Geistigem vergleichen' (1 Kor 2,13)."

---

[58]   Conl. 14,11,1 (197). – Vgl. Gregor der Große, Ez.-hom. I 7,8 (SC 327, 244): *„Divina eloquia cum legente crescunt."*
[59]   De princ IV 2,3 (SC 268,308).
[60]   Erhalten in der *Philocalie* 2,3 (SC 302, 244) mit Erläuterungen 251-254.

Stationen

Ein Traum vom Paradies

Zur Erscheinung der Göttin Natura bei Alanus ab Insulis

VON FIDEL RÄDLE

Natura dicta est ab eo quod nasci aliquid faciat. Gignendi enim et faciendi potens est. Hanc quidam Deum esse dixerunt, a quo omnia creata sunt et existunt. („Die Natur hat ihren Namen [im Lateinischen] davon, daß sie etwas entstehen [nasci] läßt. Sie verfügt nämlich über die Macht des Zeugens und Schaffens. Manche haben sie darum als Gott bezeichnet, von dem alles erschaffen wurde und seine Existenz hat.") Mit diesen Worten beginnt Isidor von Sevilla (in der ersten Hälfte des 7. Jahrhunderts) das 11. Buch seiner *Etymologiae*, das den Titel *De homine et portentis* trägt. Natürlich distanziert er sich implizit von den *quidam*, die Natur und Gott kühnerweise gleichsetzen, doch ist der Gedanke, wenn man die spätantike Schöpfungstheologie (wozu u.a. die Namen Augustinus, Boethius, Chalcidius zu nennen wären) und die christlich gelenkte Tradition der Platonischen Philosophie genauer betrachtet, nicht so befremdlich, wie er zunächst scheint[1]. Im zwölften Jahrhundert schließlich hat vor allem die Schule von Chartres die philosophische Lehre von der Schöpferkraft der Natur emphatisch wiederbelebt, und nun ist es, wenigstens in poetisch-metaphorischer Terminologie, nicht mehr anstößig, von der *dea Natura*, der „Göttin Natur", zu sprechen[2]. *nature ist der ander got,* heißt es in solchem Sinn später in einem „bispel" des Stricker[3].

In drei großen Werken, die nicht nur zu den bedeutendsten literarischen Leistungen dieses kulturell so reichen zwölften Jahrhunderts, sondern überhaupt zum unverlierbaren Schatz der nachantiken lateinischen Literatur gehören, spielt Natura eine herausragende und philosophisch höchst respektierte Rolle: in der *Cosmographia* (ca. 1145-1148) des Bernardus Silvestris sowie im *Planctus Naturae* (ca. 1160-1170) und im *Anticlaudianus* (ca. 1181-1184) des Alanus ab Insulis (Alan von Lille). In der prosimetrischen *Cosmographia* wendet sich *Natura* an *Noys* (für griechisch „nous", aber als Femininum behandelt!), die in der separierten Funktion der Vorsehung Gottes eine Art Zwischeninstanz zwischen der Welt und dem fernen Gott darstellt. *Natura* bittet darum, daß dieser Gott die

---

[1] Vgl. dazu: *La filosofia della natura nel medioevo. Atti del terzo congresso internazionale di filosofia medioevale.* Milano 1966; zum Problem vgl. Christine RATKOWITSCH: *Die Cosmographia des Bernardus Silvestris. Eine Theodizee.* Köln – Weimar – Wien 1995, neue Forschungsliteratur dort S. 40, Anm. 61.

[2] Vgl. G. ECONOMOU: *The Goddess Natura in Medieval Literature.* Cambridge Mass. 1972.

[3] Vgl. dazu und zum Problem generell: Klaus GRUBMÜLLER: Nature ist der ander got. Zur Bedeutung von nature im Mittelalter. In: *Natur und Kultur in der deutschen Literatur des Mittelalters.* Hrsg. von Alan ROBERTSHAW und Gerhard WOLF. Tübingen 1999, S. 3-17, hier S. 7.

Sehnsucht der noch chaotischen *Silva* (griechisch „hyle") erhöre und ihr zur Form des wahren Kosmos verhelfe. Da dies dem göttlichen Weltenplan entspricht, darf *Noys* die Welt nach den Prinzipien der Ordnung und der Schönheit einrichten. Im zweiten Teil eröffnet sie *Natura* gegenüber den Plan, der Welt als Krönung den Mikrokosmos „Mensch" hinzu zu erschaffen. Drei Göttinnen, außer *Natura* noch *Urania* und *Physis*, bilden nun gemeinsam den Menschen, der seinerseits durch die vitale Kraft seiner Zeugungsorgane den Bestand dieser neuen Welt zu sichern vermag.

Die beiden Werke des Alanus nehmen unmittelbar Bezug auf die *Cosmographia*, indem sie deren wichtigstes „Personal" im selben grenzenlosen Weltenraum weiterbeschäftigen: im *Anticlaudianus* erkennt *Natura*, daß ihr der Mensch mißraten ist und daß es nichts auf Erden gibt, das in jeder Hinsicht glücklich wäre: *Sed nichil invenio quod in omni parte beate / Vivat* (I, 216f.). Darum beschließt sie, in einem neuen Schöpfungsakt den vollkommenen Menschen zu bilden. Sie ruft alle Tugenden und alle Kräfte des Guten (u.a. *Concordia, Pudor, Racio, Prudentia, Pietas, Fides*) zur Beratung in ihr prächtiges Haus, das sich in einer paradiesischen Region befindet. Man einigt sich, daß *Prudentia* das Anliegen vor Gott bringen und zu diesem Zweck in einem von den Sieben Freien Künsten gebauten Wagen in den Himmel fahren soll. Nach ängstlichem Irren im fremden Weltall, zögernd und vom maßlosen Licht geblendet wird diese schließlich von *Fides* vor den göttlichen Thron geführt. Gott billigt Naturas Plan und beauftragt *Noys*, ihm eine „Idee" *(ydeam, formam)* des Menschen vorzulegen, nach der er dann seinerseits tatsächlich die Seele des neuen Menschen bildet. Diese stattet *Natura* nach Prudentias Rückkehr mit einer körperlichen Idealgestalt aus, und alle Tugenden investieren in ihn ihre speziellen Gaben: *Iam perfectus erat in cunctis celicus ille / Et divinus homo* (VIII, 147f.) – da mobilisiert die Furie Alecto das gesamte Potential der Laster, um in einer gewaltigen Psychomachie diesen „göttlichen Menschen" wieder (wie nach der ersten, mißglückten Schöpfung) zu Fall zu bringen. Das gelingt jedoch nicht: der *beatus homo* (IX, 388) der den Leser an den *beatus vir, qui non abiit in consilio impiorum* des ersten Psalms erinnert, bewährt sich im Kampf und wird der Gnade teilhaftig, in einer Art Goldenem Zeitalter zu leben.

Auch in Alans poetischem Erstling *Planctus Naturae*, in dem, wie in Bernards *Cosmographia* und in beider Modell, der *Consolatio Philosophiae* des Boethius, Vers- und Prosapartien alternieren, sorgt sich die personifizierte *Natura* um den Menschen, diesmal aber nicht um das generell durch den Sündenfall verdorbene Menschengeschlecht, sondern um die aktuell, im 12. Jahrhundert, lebenden Menschen, die durch die weitverbreitete Praxis der Homosexualität die natürliche Ordnung der Welt stören. (Die Homosexualität war ein wichtiger Gegenstand des dritten Laterankonzils vom Jahre 1179.) Während der Autor diesen Zustand in seinem Eröffnungsgedicht unter Tränen beklagt, zugleich aber ungewöhnlich positive, geradezu werbende Worte für die heterosexuelle Liebe findet, erscheint ihm eine wunderschöne, allerdings offenbar betrübte, weibliche Gestalt, eben *Natura*, wie sich später herausstellt. Nachdem sie ihm in einem Gespräch ihre von Gott verfügte Stellung und Funktion im Schöpfungsprozeß beschrieben hat, eröffnet sie ihm die Ursache ihrer Trauer: es ist die überall zu beobachtende sexuelle Verkehrtheit der Menschen und das allgemein lasterhafte Leben der Zeit. Sie beschließt, mit Hilfe der diesen Lastern komplementären Tugenden *(Castitas, Temperantia, Largitas* und *Humilitas)*, die dem Kosmos angemessene Ordnung in der Welt durch eine Verbannung all derer wiederherzustellen, die im Bereich des Eros von den Gesetzen der Natur abweichen. Einer ihrer wichtigsten Helfer, den sie zu ihrer Rechten setzt, ist *Ymenaeus,* der die eheliche Liebe verkörpert, ein weiterer ist *Genius,* der Priester in ihrem eigenen Reich. Er verkündet zuletzt die Exkommunikation der dem Laster Verfallenen, – und der Dichter erwacht aus seinem Traum.

Über das Leben dieses hochbegabten Dichters, der auch ein umfangreiches und imponierendes theologisches Werk hinterlassen hat, wissen wir nicht viel. Alanus ist um 1116 in Lille geboren und hat dort in der Schule der Kollegiatkirche St-Pierre seine Ausbildung erhalten, 1136 kam er zum Studium nach Paris, wo er später auch lehrte. Für einige Zeit war Alanus auch Mönch im Benediktinerkloster in Bec, die letzten Jahre seines Lebens verbrachte er bei den Zisterziensern in Citeaux. Er starb 1202 oder 1203.

Sein literarischer Ruhm beruhte schon im Mittelalter weit mehr auf dem Epos *Anticlaudianus,* das früh als Schullektüre eine weite Verbreitung fand, als auf dem *Planctus Naturae,* und auch die Literaturwissenschaft hat sich offenbar, allerdings vielleicht ohne hinreichende Gründe, diese klassifizierende Bewertung der beiden Werke zu eigen gemacht. Es ist zwar zuzugeben, daß der *Anticlaudianus* als das stärker enzyklopädische wie auch konzeptionell strengere, weltanschaulich komplexere Werk die mittelalterliche Welt authentischer repräsentiert, das poetisch frischere, buchstäblich farbigere ist aber zweifellos der *Planctus Naturae*[4]. Ihm soll deshalb unsere Aufmerksamkeit gelten, und es wird an den ausgewählten Partien hoffentlich deutlich werden, welche poetische Kraft und vor allem was für eine blühende, festliche Sprache diesem Autor zu Gebote stand. Alanus ist gewiß der größte *descriptor personarum et rerum*[5] und, was die poetische Technik angeht, der mächtigste Metaphernmeister der mittellateinischen Literatur. Wie kein zweiter ist er in der Lage, geistige Verhältnisse und Vorgänge zu imaginieren, Gedanken in Aktion und Vorstellungen in farbige Bilder zu verwandeln. Insofern hat Alanus etwas von der charmanten Phantasie Ovids. Jedenfalls wirkt im Vergleich mit dem *Planctus* die *Psychomachia* des Prudentius (um 400), das Modell aller christlich allegorischen Dichtung, starr und leblos.

---

[4]   Der Text, aus dem im folgenden zitiert wird, ist herausgegeben von Nikolaus M. HÄRING: Alain de Lille, „De Planctu naturae". In: *Studi Medievali* 3. Serie, 19. Jg. (1978), S. 797-879. Eine deutsche Übersetzung des *Planctus* gibt es nicht. Mit Rücksicht auf die (nicht beim hier zu Ehrenden, aber) allgemein schwindenden Lateinkenntnisse werden die Zitate im folgenden auch übersetzt.

[5]   Die *descriptio personae* ist eine besondere, von der zeitgenössischen Poetik in Frankreich ausdrücklich gelehrte Kunst.

picturae incantatio – Verzauberung durch Bilder

Alans große Kunst besteht, wie angedeutet, in der mühelosen und geistreichen Visualisierung des Abstrakten: er gebraucht nicht einfach Allegorien als notdürftig verkleidete und zum Handeln gezwungene Begriffe, sondern findet und gebraucht spontane, von innen lebende Bilder bzw. Miniaturszenen, denen er mit erkennbarer Freude ihre eigene Entfaltung gönnt. Als Dichter will er möglichst viel Welt abbilden, deren Phänomene er mit geradezu unersättlicher Lust beschreibt, – als mittelalterlicher, philosophisch geschulter Theologe weiß er natürlich, daß die äußere Erscheinung nur ein *integumentum* ist für tiefere Bedeutung. Sein berühmtestes Gedicht beginnt mit folgenden Strophen:

> Omnis mundi creatura
> Quasi liber et pictura
>   Nobis est in speculum,
> Nostrae vitae, nostrae sortis,
> Nostri status, nostrae mortis
>   Fidele signaculum.

> Nostrum statum pingit rosa,
> Nostrae vitae decens glosa,
>   Nostrae vitae lectio,
> Quae dum primo mane floret,
> Defloratus flos effloret
>   Vespertino senio.[6]

(„Jede irdische Kreatur ist wie ein Buch und ein Gemälde und dient uns als Spiegel; sie ist ein getreues Sinnbild für unser Leben, unser Los, unseren Stand und unseren Tod.

Die Rose malt uns ein Bild von unserem menschlichen Zustand, sie ist der zutreffende Kommentar unseres Lebens und hält uns eine rechte Vorlesung darüber.

Während sie eben noch am frühen Morgen blühte, verliert sie ihre Schönheit und ist am Abend schon verblüht und alt geworden.")

Auch in diesem Gedicht, das schließlich in einer Meditation über die *vanitas mundi* endet, findet sich bezeichnenderweise ein Begriff, der den ganzen *Planctus Naturae* beherrscht: *pictura* (bzw. *pingere*). Außer den sehr nah verwandten Prägungen *lingua picture, picture libro* (S. 866; e steht hier und im Mittelalter oft für ae) und *speculum picture* (867) begegnen dort u.a.: *fabula picture* (816), *picture tropus, picture incantatio* (817), *sub picture ingenio* (819), *sub commento picture, picture multiloquia* (867) *imaginaria picture probabilitas* (869), *fabulosis picture commentis* (870). Man darf hier jedoch den großen Unterschied im

---

[6] *Ein Jahrtausend lateinischer Hymnendichtung.* Ed. Guido Maria DREWES. Leipzig 1909, 1. Teil, S. 288.

Gebrauch dieses Begriffs nicht übersehen: Während Alanus in dem zitierten Gedicht lediglich die sozusagen didaktische *pictura*-Funktion der Geschöpfe betont und dann allegorisierend zur Auslegung ihres tieferen Sinnes fortschreitet, darf er im *Planctus* über weite Strecken affirmativ in der kontingenten, ungedeuteten Welt verweilen. Dazu dient ihm die listige Erfindung einer Vision: die Parusie der Göttin Natura, die ihn überwältigt, bietet ihm die Möglichkeit, die auf dem dreifachen Kleid (und den Schuhen) Naturas abgebildete paradiesische Gestalt der Schöpfung poetisch nachzuerzählen. Er tut das in einer wunderbar konzentrierten, anmutigen Sprache. Diese *descriptiones,* die einen beträchtlichen Teil des ganzen Werkes einnehmen, sind, wie gesagt, zum Glück freigestellt von der Last aller Allegorese, ausdrückliche Bedeutung namhaft machen zu müssen. So präsentiert sich hier eine *imago mundi* voller Schönheit, Heiterkeit und Witz. Es handelt sich dabei um einen gewissermaßen selbstironischen Witz, der das Wissen und die Terminologie der gelehrten Welt, zumal der Fächer des Triviums Grammatik, Rhetorik und Dialektik sowie der Theologie, spielerisch in seinen Dienst nimmt.

Wir zitieren einen Ausschnitt aus der Beschreibung der *tunica* Naturas, auf der die ganze Vogelwelt abgebildet ist.[7]

> Illic aquila primo iuvenem, secundo senem induens, tercio in statum reciprocata priorem, in Adonim revertebatur a Nestore. Illic accipiter, civitatis prefectus aerie, violenta tirannide a subditis redditus exposcebat. Illic milvus, venatoris induens histrionem, venatione furtiva larvam gerebat accipitris. Illic falco in ardeam bellum excitabat civile, non tamen equali lance divisum. Non enim illud pugne debet appellatione censeri, ubi ‚tu pulsas, ego vapulo tantum'. Illic structio, vita seculari postposita, vitam solitariam agens, quasi heremita factus, desertorum solitudines incolebat.
>
> Illic olor, sui funeris preco, mellite citharizationis organo vite vaticinabatur apocopam. Illic in pavone tantum pulcritudinis compluit Natura thesaurum, ut eam postea crederes mendicasse. Illic phenix, in se mortuus, redivivus in alio, quodam nature miraculo se sua morte a mortuis suscitabat. Illic avis concordie prolem decimando nature persolvebat tributum. Illic, passere in athomum pigmee humilitatis relegato, grus ex opposito in gigantee quantitatis evadebat excessum. Illic gallus, tanquam vulgaris astrologus, sue vocis horologio horarum loquebatur discrimina. Illic gallus silvestris, privatioris galli deridens desidiam, peregre proficiscens, nemorales peragrabat provincias.
>
> Illic bubo, propheta miserie, psalmodias funeree lamentationis precinebat. Illic noctua tante deformitatis sterquilinio sordescebat, ut in eius formatione Naturam fuisse crederes sompnolentam. Illic cornix, ventura prognosticans, nugatorio ociabatur garritu. Illic pica, dubio picturata colore, curam logices perhennabat insompnem. Illic monedula, laudabili latrocinio reculas thesaurizans, innate

---

[7] Es ist im hier gegebenen Rahmen nicht möglich, Alans Quellen aus der gelehrten naturkundlichen und auch mythologischen Tradition im einzelnen anzugeben. Verwiesen sei auf die Nachweise in Härings Edition bzw. in: ALAN OF LILLE: *The Plaint of Nature.* Translation and Commentary by James J. SHERIDAN. Toronto 1980.

avaricie argumenta monstrabat. Illic columba, dulci malo inebriata Diones, laborabat Cipridis in palestra. Illic corvus, zelotipie abhorrens dedecus, suos fetus non sua esse pignora fatebatur usque dum nigri argumento coloris hoc quasi secum disputando probabat.

Illic perdix, nunc aerie potestatis insultus, nunc venatorum sophismata, nunc canum latratus propheticos abhorrebat. Illic anas cum ansere, sub eodem iure vivendi, hiemabat in patria fluviali. Illic turtur, suo viduata consorte, amorem epilogare dedignans in altero bigamie refutabat solacia. Illic phsitacus in sui gutturis incude vocis monetam fabricabat humane. ... Hec animalia quamvis ibi quasi allegorice viverent, ibi tamen esse videbantur ad litteram. (S. 814-816)

(„Dort [auf dem Kleid Naturas] war dargestellt, wie der Adler, der sich zunächst die Gestalt eines Jünglings, dann die eines Greises zulegte, schließlich, in seinen früheren Status zurückversetzt, vom Nestor wieder zum Adonis wurde[8]. Dort forderte der Habicht, Stadtpräfekt der Luft, in tyrannischer Brutalität die Einkünfte von seinen Untergebenen ein. Der Gabelweihe mimte den Jäger und maskierte sich für seinen diebischen Raubzug als Habicht. Der Falke zettelte mit dem Reiher einen Bürgerkrieg an, der allerdings mit ungleichen Waffen geführt wurde; man kann nämlich eine Auseinandersetzung nicht als richtigen Kampf bezeichnen, wo es [wie bei Juvenal, Sat. 3, 289] heißt: ‚du schlägst zu, und ich stecke nur ein'. Der Strauß hatte sein weltliches Leben aufgegeben und hauste, gleichsam Eremit geworden, in der Einsamkeit der Wüste.

Der Schwan, Herold seines eigenen Todes, prophezeite mit einer Stimme voll süßester Musik das Ende seines Lebens. Auf den Pfau hatte die Natur einen so reichen Tresor von Schönheit ausgeschüttet, daß man meinen konnte, sie hätte danach selber betteln gehen müssen. Der Phönix, in sich abgestorben, aber in einem anderen wiederbelebt, erweckte sich in einem Wunder der Natur durch seinen eigenen Tod von den Toten. Der Vogel der Eintracht [der Storch] entrichtete der Natur seinen Tribut, indem er seine eigene Brut dezimierte. Während der Spatz zum Atom von pygmäenhafter Kleinheit reduziert war, wuchs sich der Kranich auf der anderen Seite zu riesenhafter Größe aus. Der Haushahn, als Volksastrologe, markierte mit der Turmuhr seiner Stimme die Unterteilungen der Stunden. Der wilde Hahn machte sich lustig über die Bequemlichkeit des verhaustierten Hahnes und durchstreifte, als Pilger unterwegs, die Provinzen der Wälder. Das Käuzchen, Prophet des Unglücks, psalmodierte im voraus die Leichenklagen. Die Eule saß erbärmlich im Misthaufen ihrer Häßlichkeit, die so schlimm war, daß man meinen könnte, die Natur sei bei ihrer Erschaffung nicht ganz wach gewesen. Die Krähe, die das Zukünftige vorausweiß, lebte mit ihrem nichtsnutzigen Schwatzen müßig in den Tag hinein. Die Elster, wechselhaft gefärbt, kam nie zu Ende mit ihrer schlaflosen Sorge um die Kunst der Rede. Die Dohle, die mit beachtlicher Diebeslist kleine Gegenstände zu einem Schatz anhäuft, bewies, daß ihr die Erwerbsgier angeboren ist. Die Taube, vom süßen Gift der Venus betört, mühte sich ab im Palast der Liebesgöttin. Der Rabe, der zwar

---

[8]   Nach mittelalterlicher Anschauung (vgl. etwa Thomas Cantimpratensis) kann sich der Adler durch Annäherung an die Sonne und darauffolgende Abkühlung im Wasser verjüngen.

die schändliche Eifersucht verabscheut, gestand immerhin, daß er seine Jungen so lange nicht als seine Kinder anerkenne, bis er sich die wahren Verhältnisse mit dem Argument der schwarzen Farbe gewissermaßen in einer monologischen Disputation selber bewiesen hatte.

Das Rebhuhn erwartete mit Schrecken die Angriffe der Beherrscher der Luft wie die Tricks der Jäger und das Gebell der Hunde, das nichts Gutes verkündet. Die Ente, mit der Gans unter den gleichen Lebensbedingungen, überwinterte in ihrer gemeinsamen Heimat, dem Fluß. Die Turteltaube, von ihrem Ehegefährten als Witwe hinterlassen, hielt es für unwürdig, ihrer ersten Liebe einen Epilog mit einem zweiten hinzuzufügen und lehnte die Tröstungen einer Wiederverheiratung ab. Der Papagei schlug auf dem Amboß seiner Kehle die Münze des menschlichen Wortes. ... Obwohl alle diese Tiere [auf dem Kleid Naturas] gewissermaßen nur allegorisch lebten, so schienen sie dort doch litteral [real, im wörtlichen Sinn] vorhanden zu sein.")

Dieser abschließende Satz ist ein schöner Beleg dafür, wie Alanus auch noch die Grundlagen und Methoden seiner theologischen Kultur, hier die Hermeneutik nach dem mehrfachen Schriftsinn, als Metapher in sein literarisches Werk investiert. Er liefert damit gleichsam eine Formel für die rechte Beurteilung der schon vielfach zitierten *pictura*, die bei aller Perfektion mit der Realität nicht identisch ist, also mit ihr nicht *ad litteram* übereinstimmt, sondern, wie die Allegorie, nur ihre uneigentliche Umschreibung darstellt.

Der ideale Frühling

Ein festlicher Höhepunkt des *Planctus* ist die lyrische Beschreibung des idealen Frühlings, mit dem die ganze geschaffene Welt auf das Erscheinen der prächtig gekleideten Natura wie in einem Wettbewerb reagiert, um sich, wie es im Text heißt, ihre Gunst zu sichern: *Sic rerum universitas ad virginis fervens obsequium miro certamine laborabat sibi virginis graciam comparare:*

> Floriger horrentem Zephirus laxaverat annum
>   Extinguens Boree prelia pace sui.
> Grandine perfusus florum pluit ille ligustra
>   Et pratis horum iussit inesse nives.
> Ver, quasi fullo novus, raparando pallia pratis,
>   Horum succendit muricis igne togas.
> Reddidit arboribus crines quos bruma totondit,
>   Vestitum reparans quem tulit illa prius.
> Tempus erat quo larga suis expandit in agris
>   Applausu Driadum, gracia veris opes.
> Quo dum maior inest virtus, infantia florum,
>   Altius emergens, matre recedit humo.
> Quo viole speculum terre cunabula linguens,
>   Aeris afflatus postulat ore novo.

Tempus erat quo terra, caput stellata rosarum,
 Contendit celo sidere plena suo.
Quo vexilla gerens estatis amigdalus ortum
 Predicat et veris gaudia flore notat.
Quo vitis gemmata sinus amplexa maritos
 Ulmi, de partu cogitat ipsa suo.
Proscribit brume solaris cereus umbram
 Cogens exilium frigora cuncta pati.
Multis bruma tamen latuit fantastica silvis
 Quam silve foliis fecerat umbra recens.
Iam flori puero Iuno dedit ubera roris
 Quo primum partus lactet alumpna suos.
Tempus erat Phebi quo mortua gramina virtus
 Suscitat e^9 tumulis surgere cuncta iubens.
Quo mundum facies Iovialis leta serenat
 Et lacrimas hiemis tergit ab orbe suo,
Aeris ut fidei se flos conmittere possit
 Nec florem puerum frigoris urat hiemps.
Quo mundum Phebus hiemis torpore gementem
 Visitat et leta luce salutat eum.
Pristina quo senium deponit temporis etas
 Et mundus senior incipit esse puer.
Quo noctem Phebus propriis depauperat horis
 Pigmeusque dies incipit esse gigas.
Quo parat hospicia Phebo solvendo tributum
 Frixeum gaudens hospite sole pecus.
Quo Philomena sui celebrat sollempnia veris,
 Odam melliti carminis ore canens,
In cuius festo sua gutturis organa pulsat,
 Ut proprio proprium predicet ore deum.
Quo dulci sonitu citharam mentitur alauda
 Et volat ad superos colloquiturque Iovi.
Splendor lascivos argenteus induit amnes
 In fluviisque suum iusserat esse diem.
Discursus varii fontis garrire videres,
 Prologus in sompnum murmur euntis erat
Splendorisque sui facie fons ipse rogabat,
 Ut sua defessus pocula sumat homo. (metrum tercium, S. 823f.)

(„Der blütenreiche Zephir hatte das Jahr aus seiner Erstarrung gelöst und mit seinem Frieden die Kämpfe des winterlichen Boreas erstickt. Beladen mit einem Hagel von Blüten ließ er Liguster regnen und befahl, daß dessen Schnee die Wiesen bedeckte. Wie ein neuer Tuchbleicher verschaffte der Frühling den Wiesen ihren weißen Mantel und entzündete mit dem Feuer des Purpurs ihre Kleider.

---

^{9} Ed.: et.

Den Bäumen, welche die Winterkälte tonsuriert hatte, gab er ihre Haare zurück und erstattete ihnen ihr Kleid wieder, das diese ihnen vorher weggenommen hatte. Es war die Zeit, zu der des Frühlings freigebige Grazie unter dem Applaus der Dryaden auf den Feldern ihre Schätze ausbreitet, zu der die Kinderschar der Blumen, da ihnen jetzt besondere Kraft innewohnt, immer höher aufschießend der Mutter Erde entwächst, zu der das glänzende Veilchen seine Erdenwiege beleckt und mit erneuertem Gesicht nach dem Wehen der Luft verlangt. Es war die Zeit, zu der die Erde mit ihrem rosengestirnten Haupt es ob der Fülle ihres eigenen Strahlenglanzes mit dem Himmel aufnehmen kann, zu welcher der Mandelbaum als Bannerträger den Einzug des Sommers verkündet und mit seiner Blüte die Freuden des Frühlings ansagt, zu welcher der knospende Rebstock die Brust der ihm angetrauten Ulme[10] umarmt und sich Gedanken macht über die Geburt ihrer eigenen Frucht. Die Leuchte der Sonne verbannt den Schatten der Winterzeit und schickt jegliche Kälte ins Exil. Und doch hat sich in vielen Wäldern die gespenstische Gestalt des Winters noch verborgen gehalten, die der Schatten durch das Laub der Bäume jüngst zustande gebracht hatte.[11] Jetzt gab Juno [die Göttin des Kindergebärens] der neugeborenen Frühlingsblüte ihre Brüste voll Tau, mit dem sie ihre Kinder als Nährerin labt. Es war die Zeit, zu der die Kraft der Sonne die gestorbenen Gräser auferweckt und aus ihren Gräbern steigen heißt, zu der das heitere Gesicht Jupiters die Erde hell erstrahlen läßt und die Tränen des Winters aus seiner Welt abwischt, so daß sich die Blüte der Verläßlichkeit der Witterung anvertrauen kann und die Winterkälte sie nicht schon in ihrer Kindheit beschädigt. Es war die Zeit, zu der die Sonne die noch von der Winterstarre ächzende Erde besucht und ihr mit heiterem Licht ihren Gruß entbietet; zu der die vergangene Jahreszeit ihre Vergreistheit ablegt und die veraltete Welt wieder ein Kind zu werden beginnt; zu der die Sonne der Nacht ihre Stunden wegnimmt und der pygmäenartige Tag immer mehr zum Riesen heranwächst. Es war die Zeit, da der Widder [das Tierkreiszeichen des Frühlings] der Sonne seinen Tribut entrichtet und ihr, froh über ihren Besuch, seine Herberge bereitet. Es war die Zeit, zu der die Nachtigall ihr Lied von honigsüßem Klang singt und ihre Feier des Frühlings zelebriert, an dessen Fest sie das Organ ihrer Kehle erschallen läßt, um mit eigenem Mund kundzutun, daß dies ihr eigentlicher Gott sei. Es war die Zeit, zu der die Lerche mit ihrem süßen Gesang vortäuscht, selbst nichts als eine Leier zu sein, und in den Himmel hinauffliegt und mit dem höchsten Gott sich unterhält. Die munteren Flüsse kleidete silberner Glanz, der den ganzen Tag auf den Gewässern spielen wollte. Da konnte man den Bach in vielfältigen Windungen dahinrauschen sehen, und das Murmeln des fließenden Wassers war ein Prolog für den Schlaf; die Quelle selber richtete allein durch den Glanz ihres Anblicks an den erschöpften Menschen die Bitte, aus ihr einen Trank zu schöpfen.")

---

[10] Die in VERGILs *Georgica* (vgl. Georg. I, 2 u.ö.) beschriebene Anbindung des Rebstocks an die Ulme ist hier metaphorisch und mit erotischer Nuancierung als „Ehe" aufgefaßt.

[11] Vielleicht spielen diese zwei undeutlichen Verse auf eine brauchtümliche Vorstellung vom noch nicht ganz vertriebenen Winter an.

Natura und die Theologie

Trotz dieser prächtigen Empfangszeremonie der vom Frühling neubelebten Schöpfung hellt sich das Antlitz Naturas nicht auf. Sie tadelt den Dichter, wie einst *Philosophia* den verzagten Boethius in seiner Todeszelle getadelt hatte, daß er ihr wahres Wesen noch nicht erkannt habe, wo sie doch auch ihm als „Stellvertreterin des Schöpfergottes" (*dei auctoris vicaria*, S. 825) den rechten Gang seines Lebens vorbestimmt habe. Und dann beginnt *Natura* eine umfassende Belehrung, in der sie u.a. ihre eigene Funktion als theologisch unbedenklich erläutert. Dazu gehört die Klärung ihres Verhältnisses zum *Summus Magister* (S. 829): sie ist nur seine *humilis discipula*; er schafft kraft seines eigenen göttlichen Wesens, sie schafft nur in seinem Namen: *ille suo operatur in numine, ego operor illius sub nomine*. Nach dem Glaubenszeugnis der Theologie, das größere Gültigkeit beanspruchen darf als die der *Natura* gemäße rationale Methode, verdankt der Mensch zwar *ihrer* Tätigkeit seine *Geburt*, der Autorität Gottes aber seine *Wiedergeburt*: *Auctoritatem theologie consule facultatis cuius fidelitati potius quam mearum rationum firmitati dare debes assensum. Iuxta enim ipsius fidele testimonium homo mea actione nascitur, dei auctoritate renascitur* (S. 829). *Natura* findet es einleuchtend, daß ihr in Glaubensdingen die Theologie keine enge Freundschaft anbietet, „da wir in den meisten Fragen zwar nicht einander Widersprechendes, aber doch voneinander Unterschiedenes vertreten": *Nec mirum si in hiis theologia suam michi familiaritatem non exhibet, quoniam in plerisque non adversa sed diversa sentimus.* Und dann folgt diese populäre Unterscheidung: *Ego ratione fidem, illa fide comparat rationem. Ego scio ut credam, illa credit ut sciat* (S. 829. „Ich verschaffe [erwerbe] Glauben durch Vernunftwissen, sie [die Theologie) verschafft [erwirbt] Wissen durch Glauben. Ich benutze mein Wissen, um zu glauben, jene glaubt, um dadurch Wissen zu haben").

Es handelt sich hier, wie man sieht, um das große und problematische Thema der hochmittelalterlichen Scholastik, das der Dichter und Theologe Alanus virtuos, ganz nach seiner Art, in einen attraktiven poetischen Kontext eingebettet hat.

Unmittelbar nach dieser Selbstvorstellung Naturas bittet der Autor um Vergebung dafür, daß er nicht von sich aus die Erscheinung einer so mächtigen Gottheit erkannt und gebührend gewürdigt habe. Um ihre Gnade zu gewinnen, bringt er ihr einen preisenden Hymnus (in Sapphischen Strophen) dar, der zu den schönsten Gedichten des lateinischen Mittelalters zählt. Er beschreibt in lyrischer Sprache, was die mit Platonischer Philosophie getränkte Schöpfungstheologie des 12. Jahrhunderts der Natur zubilligt. Dieser Hymnus, der in seiner Emphase an den Venushymnus des Lukrez und in einzelnen Gedanken an das Gebet zum Weltenschöpfer in der *Consolatio Philosophiae* (Buch III, metrum 9) erinnert, sei hier zum Abschluß zitiert:

> O dei proles genitrixque rerum,
> Vinculum mundi stabilisque nexus,
> Gemma terrenis, speculum caducis,
>   Lucifer orbis.

Pax amor virtus regimen potestas
Ordo lex finis via dux origo
Vita lux splendor species figura
    Regula mundi.
Que, tuis mundum moderans habenis,
Cuncta concordi, stabilita nodo
Nectis et pacis glutino maritas
    Celica terris.
Que, Noys puras recolens ideas,
Singulas rerum species monetas,
Rem togans forma clamidemque forme
    Pollice formans.
Cui favet celum, famulatur aer,
Quam colit tellus, veneratur unda,
Cui, velut mundi domine, tributum
    Singula solvunt.
Que, diem nocti vicibus cathenans,
Cereum solis tribuis diei,
Lucido lune speculo soporans
    Nubila noctis.
Que polum stellis variis inauras,
Etheris nostri solium serenans,
Siderum gemmis varioque celum
    Milite comples.
Que novis celi faciem figuris
Protheans mutas aviumque vulgus
Aeris nostri regione donas
    Legeque stringis.
Cuius ad nutum iuvenescit orbis,
Silva crispatur folii capillo
Et sua florum tunicata veste
    Terra superbit.
Que minas ponti sepelis et auges,
Sincopans cursum pelagi furori,
Ne soli vultum tumulare possit
    Equoris estus.
Tu vie causam resera petenti,
Cur petis terras, peregrina celis?
Cur tue nostris deitatis offers
    Munera terris?
Ora cur fletus pluvia rigantur?
Quid tui vultus lacrime prophetant?
Fletus interni satis est doloris
    Lingua fidelis.

(„O Tochter Gottes, Mutter der geschaffenen Dinge, Band und beständiger Zusammenhalt der Welt, Edelstein für die Menschen und Spiegel für die Vergänglichen, Lichtträgerin des Weltalls,

Friede, Liebe, Kraft, Lenkung, Macht, Ordnung, Gesetz, Ziel, Weg, Führerin, Ursprung, Leben, Licht, Glanz, Schönheit, Abbild und Richtschnur der Welt,

du lenkst die Welt mit deinem Zügel, du verknüpfst alles fest mit dem Band der Eintracht und fügst den Himmel und die Erde mit dem Leim des Friedens zusammen.

Du trägst in deiner Erinnerung die reinen Ideen der göttlichen Vorsehung und prägst danach jede Erscheinung der Dinge, indem du die Materie durch die Form kleidest und mit deinem Finger den Mantel für die Form webst.

Dir gehört die Huld des Himmels[12], dir dient die Luft, dich verehrt die Erde, dir huldigt das Wasser, und dir entrichtet als der Herrin der Welt alles seinen Tribut.

Du kettest im Wechsel den Tag an die Nacht, du teilst dem Tag die Leuchte der Sonne zu und besänftigst durch den glänzenden Spiegel des Mondes die Finsternis der Nacht.

Du vergoldest den Himmel mit vielerlei Sternen, machst heiter den Thron unseres Aethers und erfüllst das Firmament mit den Edelsteinen und der reichgegliederten Mannschaft der Gestirne.

Du veränderst den Anblick des Himmels durch ständig neue Sternbilder, du besiedelst die Region unserer Luft mit dem bunten Volk der Vögel und bindest sie an dein Gesetz.

Auf deinen Wink verjüngt sich die Welt, der Wald bekommt mit dem Haar seiner Belaubung Locken, und die Erde frohlockt, bekleidet mit der Robe ihrer Blumen.

Die drohenden Wellen des Meeres lässest du sinken und steigen und beschneidest dem entfesselten Meer seinen Lauf, damit seine Brandung nicht das Gesicht des Küstenbodens zudeckt.

Eröffne du dem Bittenden den Grund deines Kommens: warum suchst du die Erde auf und entfernst dich vom Himmel? Warum bietest du unserer Erde die Gaben deiner Gottheit dar?

Warum ist dein Gesicht benetzt vom Regen der Tränen? Was künden die Tränen auf deinem Antlitz? Denn das Weinen ist ja ein sehr zuverlässiger Ausdruck der Trauer, die im Herzen wohnt.")

Das nun folgende lange Gespräch bringt Aufklärung über die Ursache der Trauer Naturas und über die notwendige, aber zum Glück mögliche Heilung der Welt. Durch eine Art Exorzismus reinigt der priesterliche *Genius* die Schöpfung vom Bösen in der Gestalt der dem Laster verfallenen Menschen. Dann verschwinden die Bilder, und der Dichter erwacht beruhigt aus seiner *mistica apparitio*.

---

[12]   Der Himmel steht in dieser Aufzählung der Elemente für das Feuer.

Kleines Plädoyer für eine „asketische" Lehre vom dreieinen Gott

Am Beispiel Thomas von Aquin und Martin Luther

VON OTTO HERMANN PESCH

I. Anspruchsvoll und bedeutungslos

Kein Zweifel, der christliche Glaube hat ein intellektuell höchst anspruchsvolles Bild von Gott. Auf der einen Seite hält er mit Nachdruck daran fest und bekennt es im Credo, dass er an den „einen Gott" glaubt, den das Zeugnis der Bibel Israels, des von den Christen sogenannten „Alten Testamentes" anruft und zu dem sich später auch der Islam bekennt. Auf der anderen Seite grenzen sich die Christen gegen Juden und Muslime mit gleichem Nachdruck dadurch ab, dass sie bekennen: Dieser Gott ist nur der eine Gott als Vater, Sohn und Heiliger Geist oder, wie man es in der theologischen Fachsprache ausdrückt: als der *eine* Gott in *drei* „Personen". Thomas von Aquin kann im 13. Jahrhundert formulieren – und zwar gezielt im Blick auf die Auseinandersetzung mit dem Islam –: „Der christliche Glaube besteht hauptsächlich darin, die heilige Dreieinigkeit zu bekennen"[1].

Eben dies aber scheint ein viel zu großes Wort im Vergleich mit dem, was faktisch das gläubige Alltagsbewußtsein von Millionen von Christinnen und Christen wirklich prägt. Zahllos sind inzwischen die Erfahrungsberichte aus der Seelsorge, die die offenkundige Bedeutungslosigkeit der „Trinitätslehre" für das gläubige Leben der Durchschnittschristen belegen[2]. Es hilft nicht, hier wahr-

---

[1] „Fides autem christiana principaliter consistit in confessione sanctae Trinitatis": De rationibus fidei contra Saracenos, Graecos et Armenos. Prooemium, Ed. Marietti. In: THOMAS VON AQUIN: *Opuscula theologica*. Bd. 1. Taurini 1954, n. 949.

[2] Vgl. dazu jetzt G. GRESHAKE: *Der dreieine Gott. Eine trinitarische Theologie.* Freiburg i.Br. 1997, S.15-22, mit Literatur. Ein Beispiel für viele ist die Feststellung des evangelischen Theologen und Religionswissenschaftlers W. J. HOLLENWEGER: *Geist und Materie.* München 1988 (Interkulturelle Theologie. 3), S. 325: „Die kirchliche Lehre von der Dreieinigkeit [ist] stumpf..., weil sie weder von der Gemeinde noch von vielen Theologiestudenten in ihrer Funktion erkannt wird. Man vergegenwärtige sich nur, was ein normaler Pfarrer im Konfirmationsunterricht zu diesem Thema lehrt – wenn er nicht überhaupt auf dieses Lehrstück verzichtet –: Er spricht z.B. von drei Kerzen, die alle das gleiche Licht geben. Er kann aber nicht erklären, warum es drei Kerzen sind und nicht vier, warum es nicht neunundneunzig (Qualitäten Gottes, wie im Islam) oder Hunderttausende von Kerzen sind wie bei den indischen Religionen. Die Gemeinde weiß auch nicht, warum es gerade diese drei sind (Vater, Sohn und Geist), warum die 'Mutter Maria' nicht auch dazu gehört, wie dies seinerzeit von C. G. Jung gefordert wurde. Mit einer theologischen Lehre aber, die, mag sie noch so wichtig sein, in der Gemeinde aber

heitsgemäß darauf hinzuweisen, dass wir von Gott ohnehin immer nur in der Sprachform des Paradoxes reden können, also so, dass zwei Aussagen gegeneinander gestellt werden, die beide gleichzeitig wahr und festzuhalten sind, aber logisch nicht miteinander auf einen Nenner gebracht werden können, so dass der Punkt ihrer Vereinbarkeit gewissermaßen im Dunklen bleibt und seinerseits nicht noch einmal begrifflich erfasst werden kann. Solches paradoxe Reden und Denken ist schon immer für den einfachen Christenmenschen eine Überforderung gewesen. Eins ist nicht gleich drei, und gerade auch, wenn beides unter verschiedenem Gesichtspunkt gilt, läßt es sich nicht zusammendenken – es sei denn, ich denke irgendwie an drei Verwirklichungen derselben Art, was aber das christliche Bekenntnis gerade mit Nachdruck ausschließt. Und so erscheint das Bekenntnis zur Dreieinheit Gottes für schlichte Gläubige als eine abstrakte Theorie, die aus Gründen der Integrität des kirchlichen oder gar konfessionellen Status festgehalten wird, die aber in keiner Weise ihr tägliches christliches Leben beeinflußt. Intellektuelle aber, die es dabei nicht bewenden lassen wollen, fragen sich konsequent, ob sie noch Christen sind, wenn sie von sich bekennen müssen, dass sie mit der „Trinität" nichts anfangen können. Immerhin hat ein prominenter Mann, an dessen intellektueller Kompetenz kein Zweifel sein kann, dies jüngst öffentlich von sich bekannt: Helmut Schmidt[3].

Nun kann es nicht genug sein, die offenkundige Diskrepanz zwischen dem Dogma und seiner theologischen Hervorhebung einerseits und dem gläubigen Bewusstsein weiter Teile der Christenheit anderseits nur festzustellen. Die Lehre vom dreieinen Gott hätte in der Geschichte gar nicht aufkommen und sich durchsetzen können, wenn sie nicht an ihrem Ursprung in der Tat auf Leben und Tod mit dem Wesen des christlichen Glaubens verbunden gewesen wäre. Was sind die Gründe, dass es heute und seit langem anders ist?

Wir müssen heute offenkundig in neuer Weise über die Dreieinheit Gottes nachdenken, wenn wir sie wieder für das gläubige Leben so erschließen wollen, dass sie die gleiche Bedeutung erhält, die sie für frühere Generationen von Christinnen und Christen gehabt hat. Um einen diesbezüglichen neuen Ansatz vorzubereiten, befragen wir zwei Repräsentanten der „klassischen" Tradition der Trinitätslehre, Theologen, die von deren Bedeutung tief durchdrungen waren und auf unvorhersehbare Weise doch uns das Erbe hinterlassen haben, mit dem wir heute nicht umzugehen verstehen: Thomas von Aquin und Martin Luther. Indem wir sie befragen, warum und wie für sie die Trinitätslehre für ihren gelebten Glauben bedeutsam war, können wir den Wandel zu unserer Verstehenssituation erspüren und haben damit den Ausgangspunkt für einen neuen Erschließungsversuch – genauer: für eine Andeutung, in welche Richtung er suchen müßte. Für vorinformierte Theologinnen und Theologen mag es eine Erinnerung sein, für andere eine Anregung, einmal mit den Problemen der Menschen einer fernen Zeit mit-

---

im besten Falle bedeutungslos [ergänze: ist], im schlimmsten Falle aber auf Protest und Unverständnis stößt, muß etwas schief gelaufen sein" (nach GRESHAKE, a.a.O. S.16 Anm.5).

[3]   Vgl. H. SCHMIDT: *Warum ich (kein) Christ bin*. In: J. RÖSER (Hrsg.): *Christsein 2001. Erwartungen und Hoffnungen an der Schwelle zum neuen Jahrtausend*. Freiburg i.Br. [3]1998, S. 47-52, hier 51.

zudenken, die nicht mehr die unseren sein können und müssen. Darum nun zuerst:

II. Thomas von Aquin über den dreieinen Gott

1. Der Ort der Trinitätslehre in der Summa Theologiae

Drei Faktoren bestimmen die Annäherung des Thomas an das Thema Trinität in seinem Hauptwerk, der *Summa Theologiae*. Der erste Faktor ist bekanntlich die augustinische Tradition im Anschluss vor allem an die zwischen 399 und 419 geschriebenen 15 Bücher *De trinitate*[4]. Darin bringt Augustinus außer seinen eigenen Überlegungen auch das Erbe der griechischen Kirchenväter ein, die zwischen dem Konzil von Nizäa (325) und dem Ersten Konzil von Konstantinopel (381) für die Entwicklung der Trintitätslehre so wichtige Arbeit geleistet haben. Das ist insofern bedeutsam, als die griechischen Kirchenväter, soweit sie nicht schon ins Lateinische übersetzt waren, bei den mehrheitlich des Griechischen unkundigen mittelalterlichen Theologen aus dem Blick gerieten, vor allem nach dem Schisma zwischen Ost- und Westkirche von 1054. So wurde Augustinus (auch) in der Trinitätslehre die dominierende Autorität. In der Trinitätslehre waren alle frühscholastischen Theologen Augustinisten und eben dadurch auch eingebunden in die altkirchliche Tradition im Ganzen[5].

Der zweite Faktor ist Petrus Lombardus mit seinen *Vier Bücher der Sentenzen*, geschrieben um 1150 und sozusagen die Drehscheibe für die Vermittlung der augustinischen Tradition in das Ausbildungssystem der jungen Universitäten[6]. Bald wurde es obligatorisch für jeden akademischen Lehrer am Beginn seiner Karriere, die „Sentenzen" zu kommentieren, im 13. Jahrhundert schließlich institutionalisiert in der Position des *baccalaureus sententiarius*. Das hat Folgen für die Trinitätslehre. Denn der „Magister", wie man den Verfasser des Sentenzenbuches bald nennt, bietet einen integrierten Traktat über den dreieinen Gott ohne methodische Unterscheidung zwischen solchen Aussagen, die auf der Grundlage einer rein rationalen Reflexion und/oder auf der Basis des gemeinsamen jüdisch-christlichen Zeugnisses gemacht werden können, und solchen Aussagen, die allein im Glauben an Christus begründet sind. Oder kurzum: Petrus Lombardus trennt nicht einen Traktat über „Gott, der Eine" *(De Deo uno)* von einem Traktat über „Gott, der Dreieine" *(De Deo trino)*. Im Zuge der obligatorisch werdenden Kommentierung der Sentenzen musste sich daher jeder Theologe die Frage nach

---

4   Lat.: PL 42; CChr.SL 50 u.50A. Deutsche Übersetzung von M. SCHMAUS BKV II, 13 und 14 (1935).
5   Für weitere Details verweise ich auf die ausgezeichnete Sachdarstellung und die Literatur bei F. COURTH: *Trinität. In der Schrift und Patristik.* Freiburg i.Br. 1988 (HDG 2/1a); DERS.: *Trinität. In der Scholastik.* Freiburg i.Br. 1985 (HDG 2/1b); vgl. ferner GRESHAKE: *Der dreieine Gott*, S. 74-126; und jetzt K.-H. OHLIG: *Ein Gott in drei Personen? Vom Vater Jesu zum „Mysterium" der Trinität.* Mainz [2]1999, S. 83-113.
6   *Sententiarum libri quatuor.* Ed. Collegii S. Bonaventurae Ad Claras Aquas [Quaracchi]. 2 Bde. Grottaferrata [3]1971 und 1981.

dem Verhältnis zwischen beiden Aussagengruppen stellen. Die Trennung der Traktate findet sich zuerst bei dem Zeitgenossen, Mitstreiter und späteren Gegner des Petrus Lombardus, Robert von Melun († 1167)[7]. Dies macht dann Schule bei den großen Theologen des 13. Jahrhunderts, besonders bei den (älteren) Kollegen des Thomas aus dem Franziskanerorden – hier sind Namen zu nennen wie Wilhelm von Auxerre († 1231), Albert der Grosse († 1280), Alexander von Hales († 1245) und sein Schülerkreis, der die sog. *Summa Halensis* erarbeitete, und Bonaventura († 1274).

Der dritte Faktor, der mit dem zweiten verbunden ist, ist die anhaltende Diskussion um den „richtigen", den sachgemäßen Aufbau einer theologischen Synthese, einer *Summa*. Soll die dogmatische Darstellung dem Verlauf der Heilsgeschichte folgen, also mit der Schöpfung beginnen und den „Letzten Dingen" enden? Soll der Aufbau nach zentralen Stichworten und Sachgebieten organisiert werden, etwa Glaube, Ethik, kirchliches Leben (Sakramente!)? Lassen sich beide Gesichtspunkte für eine Synthese verbinden? Diese Diskussion auch nur anzudeuten, müßte in extreme mediävistische Fachsimpeleien stürzen. Aber der theologische Sinn des Aufbauplanes der *Summa Theologiae*, der nach wie vor umstritten ist[8], spiegelt diese Diskussionen unter den mittelalterlichen Theologen, und: er hat mit der Trinitätslehre zu tun. Denn wie man Anknüpfung und Originalität des Thomas bei der Konzeption seiner *Summa Theologiae* auch immer beurteilen mag, *eine* ihrer ins Auge springenden Auffälligkeiten ist die Plazierung der Christologie (STh III[a] Pars) *nach* der Lehre von der Gnade und der gesamten theologischen Ethik (soweit man sie mit Vorbehalt so nennen kann). Dafür aber gibt es auf jeden Fall frühscholastische Vorlagen, die Thomas gekannt hat. Für unseren Zusammenhang ist der Grund für diese Nachordnung der Christologie (zusammen mit der Lehre von den Sakramenten und der Eschatologie) bedeutsam, den die jüngere Thomas-Forschung herausgearbeitet hat, denn er hängt mit der Trinitätslehre zusammen und geht seinerseits auf Augustinus zu-

---

[7] Vgl. U. HORST: *Die Trinitäts- und Gotteslehre des Robert von Melun.* Mainz 1964.
[8] Die Diskussion wurde angestoßen und eingeleitet durch M.-D. CHENU: Le plan de la Somme théologique de saint Thomas d'Aquin. In: *Revue thomiste* 47 (1939), S. 93-107, wieder abgedruckt und eingearbeitet in DERS.: *Introduction à l'étude de saint Thomas d' Aquin.* Paris 1950, unverändert [4]1984, S. 255-276; dt.: *Das Werk des hl.Thomas von Aquin.* Graz 1960, unverändert mit Nachwort [2]1974, S. 340-361. Überblicke und Bibliographie der Diskussion bei M. SECKLER: *Das Heil in der Geschichte. Geschichtstheologisches Denken bei Thomas von Aquin.* München 1964, S. 33-47; O. H. PESCH: Um den Plan der Summa Theologiae des hl. Thomas von Aquin. Zu Max Secklers neuem Deutungsversuch [1965]. In: K. BERNATH (Hrsg.): *Thomas von Aquin.* Bd. 1: *Chronologie und Werkanalyse.* Darmstadt 1978 (Wege der Forschung. 188), S. 411-437; R. HEINZMANN: Die Theologie auf dem Weg zur Wissenschaft. Zur Entwicklung der theologischen Systematik in der Scholastik. A.a.O. S. 453-469; J.-P. TORRELL: *Initiation à saint Thomas d'Aquin. Sa personne et son œuvre.* Paris 1993, S.219-229; dt.: *Magister Thomas. Leben und Werk des Thomas von Aquin.* Freiburg i.Br. 1995, S. 168-174. Jüngst hat W. METZ die Frage wieder aufgenommen und den bisher erreichten Konsens in Frage gestellt: *Die Architektonik der Summa Theologiae des Thomas von Aquin. Zur Gesamtsicht des thomasischen Gedankens.* Hamburg 1998; siehe meine Besprechung in: *Theologische Revue* 97 (2001).

rück. Um streng die Einheit des dreieinen Gottes durchzuhalten, war schon Augustinus auf dem Weg zu dem berühmten Grundsatz, den, wie es scheint, erst Anselm von Canterbury formuliert und den erst das Konzil von Florenz 1439 in seinem *Decretum pro Iacobitis* definiert hat: In Gott „ist alles eins, ausgenommen wo der Gegensatz der Beziehung entgegen steht"[9]. Alle sogenannten „Werke nach außen" *(opera ad extra)*, die eine nicht-göttliche Wirklichkeit begründen, sind demnach Werk der *ganzen* Trinität. Das einzige „Werk", das die göttliche Realität nach außen überschreitet und trotzdem exklusiv einer einzigen Person zuzuschreiben ist, ist das Werk der Erlösung durch die Menschwerdung des Wortes. Folglich gliedern sich alle Werke Gottes in zwei fundamentale Gruppen, die eine Zweiteilung im Stoff begründen, mit dem der Theologe sich zu beschäftigen hat: Das „Werk der Gründung" *(opus conditionis)*, also Schöpfung und alles was damit zusammenhängt, und das „Werk der Wiederherstellung" *(opus restaurationis)*, also Menschwerdung, Erlösung, Sakramente, Kirche, Eschatologie. Diese Unterscheidung bildet den Hintergrund für den Aufbauplan der *Summa Theologiae* [10]. Das heißt nicht, Thomas habe bei den Überlegungen zum Aufbau seiner *Summa Theologiae* nur einfach ohne viel Nachdenken ein vorliegendes Schema zur Aufgliederung des theologischen Stoffes übernommen. Nichts hindert, dass Thomas an eine Tradition anknüpft und sie trotzdem in seine eigene Konzeption einschmilzt. Das Ergebnis ist der „Plan" der *Summa Theologiae*, um dessen theologischen Sinn seit den 30er Jahren des 20. Jahrhunderts bis heute eine lebhafte Diskussion im Gange ist[11]. Selbst wenn Thomas es nicht wollte, enthält der Aufbau der *Summa Theologiae* in der Sache auf jeden Fall eine Stellungnahme zu den drei Faktoren, die den Ansatz seiner Trinitätslehre bestimmen: augustinische Tradition, die Frage der Trennung der Traktate und die Nachordnung der Christologie. So gesehen, ist die Makrostruktur der *Summa Theologiae* also ein Erfordernis der Trinitätslehre augustinischer Prägung.

Vermerken wir noch, dass die Wirkungsgeschichte der thomanischen Lehre von Gott in einer Mischung aus Missverständnis und Reaktion auf neue Fragen einer neuen Zeit dahin geführt hat, die Lehre von „Gott dem Einen" als eine allein philosophische Gotteslehre mit dem Anspruch, ohne Vorgabe des Glaubens argumentativ zu überzeugen, verstanden hat, während erst mit dem Traktat über „Gott den Dreieinen" die eigentlich offenbarungstheologischen Überlegungen beginnen. Wir können hier nicht die guten und überzeugenden Gründe ausbreiten, die beweisen, dass diese (im übrigen typisch „neuscholastische") Thomas-Interpretation nicht den wirklichen Thomas trifft. Im Traktat *De Deo uno* ebenso wie in all den anderen anscheinend rein philosophischen Traktaten denkt und

---

[9]   „In Deo omnia sunt unum ubi non obviat relationis oppositio": ANSELM VON CANTERBURY: *De processione Spiritus Sancti* 1. In: ANSELMUS CANTUARIENSIS: *Opera Omnia*. Ed. F. S. SCHMITT. Bd. 2. Edinburgh 1946, S. 180,24-181,4; vgl. DH 1330. AUGUSTINUS hatte formuliert: (Deus trinus) „simplex dicitur, quoniam quod habet hoc est, excepto quod relatiue quaeque persona ad alteram dicitur" („Der dreieine Gott wird ein einfacher genannt, weil er ist, was er hat, ausgenommen das, was jede Person in Bezug auf die andere genannt wird"): *De civitate Dei* XI, 9, 10, CChr.SL 48, S. 330.

[10]   So das Ergebnis bei HEINZMANN, a.a.O. (s. Anm. 8).

[11]   Siehe die Hinweise in Anm. 8.

argumentiert Thomas als christlicher Theologe und nicht als aristotelischer Philosoph. Und die genannte frühscholastische Tradition der Unterscheidung zwischen den beiden Gruppen von „Werken Gottes" ist im Verein mit den anderen Faktoren einer der Gründe dafür, dass es in der ganzen Gotteslehre von Anfang an um den einen und dreieinen Gott des christlichen Glaubens geht[12]. In diesem Sinne steht die Trintitätslehre als Reflexion auf den einen Grund aller „Werke Gottes nach außen" am Anfang der *Summa Theologiae*, genauer: in der beschriebenen Weise als dessen zweiter Teil (STh I 27-43), im Anschluss an den ausführlichen Traktat *De Deo uno* (STh I 2-26).

Wir haben uns so vergleichsweise ausführlich auf die historischen und methodischen Vorfragen zur Trinitätslehre des Thomas eben deswegen eingelassen, weil dieser Ansatz uns den Zugang zu deren existentieller Bedeutung eröffnet, will sagen: zu einem Verständnis von christlicher Existenz, dem diese spezifische Trinitätstheologie entspricht. Um das zu vertiefen, müssen wir nun einen Blick darauf werfen, wie Thomas dieses Konzept durchführt, also uns einen Einblick verschaffen über die Wege, wie Thomas in Sachen Trinitätslehre argumentiert.

2. Der Ansatz der Trinitätslehre

Offenkundig hat der Traktat vier Abschnitte: Die Dreiheit der göttlichen Personen (STh I qq. 27-32[13]); die drei Personen als solche (qq. 33-38); das Verhältnis zwischen Person und göttlicher Natur (qq. 39-42); Trinität und Heilswerk: die „göttlichen Sendungen" (q. 43) – das ist die Quästion, die von rückwärts die Bedeutung des Ganzen erschließt, wie zu zeigen sein wird.

Natürlich können wir hier nicht ausführlich werden. Dennoch möchte ich wenigstens einen Artikel von Thomas etwas im Detail erläutern. Denn wir müssen vom originalen Argument des Thomas gewissermaßen einen Geschmack auf die Zunge bekommen, wir müssen wenigstens einen kleinen Eindruck uns verschaffen, wie er vorgeht. Denn nur unter dieser Bedingung können wir eine Antwort auf die Frage finden, was es für eine gläubige Existenz bedeutet, so zu denken, wie Thomas es tut. Zu diesem Zweck wähle ich den ersten Artikel der ersten Quästion der Trinitätslehre (27,1).

Das Thema der *ganzen* Quästion 27 ist nach Thomas Lehre des Glaubens und darum verbindlich (27,1 c., gegen Schluss). Es ist daher kein Gegenstand freier

---

[12]   Dies wird durch die Diskussion um den Plan der STh zusätzlich bekräftigt. Es wird aber auch in jüngster Zeit in origineller Weise unterstrichen von lutherischen Thomasforschern in den USA. Vgl. B. D. MARSHALL: Aquinas as Postliberal Theologian. In: *The Thomist* 53 (1989), S. 353-402; DERS.: Thomas, Thomisms, and Truth. In: *The Thomist* 56 (1992), S. 499-524; DERS.: Faith and Reason Reconsidered: Aquinas and Luther on deciding what is true. In: *The Thomist* 63 (1999), S. 1-48. E. F. ROGERS Jr.: *Thomas Aquinas and Karl Barth. Sacred Doctrine and the Natural Knowledge of God.* Notre Dame (Indiana) – London 1995. Vgl. auch O. H. PESCH: Die Frage nach Gott bei Thomas von Aquin und Martin Luther. In: *Luther. Zeitschrift der Luthergesellschaft* (1970), H. 1, S. 1-25.

[13]   Im folgenden beziehen sich alle Zahlen auf STh I, wenn nicht anders vermerkt.

Spekulation, deren Ergebnis ungewiss wäre. Im Gegenteil, es handelt sich um *eine nachfolgende* theologische und begriffliche Reflexion auf das, was jeder Christenmensch auch ohne solche Reflexion festzuhalten hat: Es gibt Hervorgänge in Gott; einer von ihnen ist zu verstehen als Hervorgang eines Wortes und gleichzeitig als Zeugung eines Sohnes, der andere als „Hauchung"; es gibt weder weniger noch mehr als diese zwei. Die Quästion 27 löst die intellektuelle Herausforderung in fünf Schritten. Werfen wir also einen Blick auf den Artikel 27,1. Oftmals wird bei Thomas im ersten Artikel einer Quästion das Schlüsselargument entfaltet, das virtuell das Ganze der Quästion, ja sogar das Ganze eines Traktates enthält. Das ist auch hier der Fall.

Es gibt „Hervorgang" in Gott. Die Frage wird noch ganz allgemein gestellt. Man achte auf den Singular! Später wird es wesentlich schwieriger werden, den zweiten Hervorgang *als Hervorgang* zu erläutern. Für den Augenblick ist Thomas zufrieden, dass er *einen* Hervorgang sichern kann. Die *Sed-contra*-Argumente in 27,1 und 27,3 zeigen, dass Thomas drei Voraussetzungen zwingend in Betracht zu ziehen hat: biblische Aussagen, durch die Christus und der Heilige Geist herausgestellt werden als Subjekt eines *procedere* – Joh 8,42: „Ich bin von Gott hervorgegangen" (in der lateinischen Bibel: „Ego a Deo processi"); Joh 15,25: „Der Geist der Wahrheit, der vom Vater hervorgeht" (lateinisch: „Spiritus veritatis, qui a Patre procedit") –; ferner andere biblische Aussagen, die einschlussweise von „Hervorgängen" reden (vgl. 27,1 c.); und schließlich das gläubige katholische Bewusstsein, das den ersten Hervorgang als einen „einsichthaften Ausfluss" *(emanatio intelligibilis)* versteht, im Gegensatz zu einem Hervorgang in einen äußeren, nicht-göttlichen Effekt. Die entscheidende Frage ist nun: *Warum* erfüllt die Idee des Hervorgangs eines *Wortes* in Gott die Bedingungen, die biblisches Zeugnis und gläubiges Bewusstsein im Verein aufstellen? Mit anderen Worten: *Warum* und in welchem Sinne ist diese Idee die einzig legitime Interpretation des traditionellen Zeugnisses, nämlich den Hervorgang zu verstehen im Sinne eines hervorgehenden Wortes? Wir merken: Es ist eine *nachfolgende* Suche nach einem Verstehen innerhalb des Glaubens, nach einem *intellectus fidei*. Die stereotypen Einwände, die hier ebenso wie nachfolgend jeden Artikel eröffnen, sind nicht etwa eine ernsthafte Bedrohung für die These des Artikels, vielmehr ein Hinweis auf die zu bewältigende Aufgabe des theologischen Nach-Denkens.

Zunächst und ein wenig schematisierend ruft Thomas die beiden entgegensetzten Häresien des Arius und des Sabellius in Erinnerung. Nach Arius geht die Wirkung hervor *aus* der Ursache. Nach Sabellius geht die Wirkung sozusagen *in* die Ursache hinein hervor. Beide Auffassungen stehen im Widerspruch zum klaren biblischen Zeugnis.

Aber einmal vorausgesetzt, das wäre kein Einwand, so wäre es doch noch keine Antwort auf die *Frage,* nämlich: wie ein Hervorgang *in* Gott denkbar ist. Er ist so lange *nicht* denkbar, als „Hervorgang" betrachtet wird innerhalb des Begriffs der Kausalität. In Gott gibt es keine Kausalität „nach innen" – denn das müsste bedeuten, dass Gottes Wesen nicht vollkommen wäre, so lange eine innergöttliche Ursache ihre Wirkung noch nicht hervorgebracht hätte, mit anderen Worten: so lange in Gottes Wesen noch eine Struktur von Potenz und Akt angenommen werden müsste. Wohl aber gibt es eine göttliche *Tätigkeit,* die *in* Gott verbleibt, und zwar sowohl als Hervorgang wie als Ergebnis, mit einem Wort: als eine sogenannte „innere Tätigkeit" *(actio immanens).* Solch eine Tätigkeit widerspricht nicht Gottes Wesen.

Auf Seiten des Menschen – und auf Seiten geistbegabter Geschöpfe im Allgemeinen – besteht das charakteristischste Beispiel einer solchen „inneren Tätigkeit" in der Betätigung der Erkenntniskraft. Deren Akt, die Erkenntnis, verbleibt völlig innerhalb des Erkennenden. Dabei ist ein innerer Hervorgang am Werk: Die Erkenntniskraft bringt ein Bild des erkannten Dinges hervor. Im Akt des Erkennens *geht* das Bild *hervor* aus der Erkenntniskraft und ist daher unterschieden sowohl von der Erkenntniskraft selbst *und* vom Akt des Erkennens. Dennoch verbleibt es *innerhalb* des Subjektes, welches erkennt. Die paradoxe Bedingung eines *„Hervor*gehens – *in"* eines *„Heraus*kommens – *in",* ist erfüllt. Was „hervorgeht" ist ein *verbum,* ein „Wort". Thomas fügt hinzu: ein *verbum cordis,* ein „Wort des Herzens". Das äußere Wort ist das Zeichen dieses inneren Wortes[14].

Das muss schließlich auf Gott „angewendet" werden. Hervorgänge, wie wir sie in der materiellen Welt beobachten, zum Beispiel Ortsbewegungen, haben in Gott keinen Ort. Ein Verhältnis auf der Linie von Kausalität genügt nicht, weil dann die hervorgehende Wirklichkeit nicht in Gott selbst verbleibt. Was übrig bleibt ist jener „einsichthafte" Ausfluss, die *emanatio intelligibilis,* die wir schon erwähnt haben. Das heißt: die „Emanation" eines geistigen Wortes, wie es der katholische Glaube bekennt.

3. Ein kurzer Überblick über das Ganze

Diese subtile und strenge Art der Argumentation geht weiter bei den nächsten Schritten. Um es zusammenzufassen: *Ein* Hervorgang in Gott ist Zeugung, das hervorgehende Wort ist der „Sohn" (27,2). Denn der Hervorgang eines Wortes ist ein Lebensakt, der hervorgeht von einem Ursprungsgrund, der mit dem lebenden Subjekt verbunden ist – das heißt: nicht verursacht von etwas Äußerem –, und seinen Abschluss findet mit etwas, das dem Subjekt ähnlich ist in der gleichen Natur.

Neben der Zeugung gibt es einen anderen Hervorgang in Gott (27,3). Denn die

---

14   Wir berühren hier den tiefsten Grund dafür, daß Thomas in gewisser Weise die Bedeutung des äußeren Wortes „abwertet" – zumindest im Vergleich mit der reformatorischen Konzeption, die das äußere Wort der Verkündigung gerade „aufwertet" als Zeichen und Garantie für das extra nos unserer Gerechtigkeit. Doch Thomas benötigt den Vorrang des inneren Wortes vor dem äußeren Worte (vox), um den Hervorgang des Wortes in Gott selbst durchzuhalten. Es ist dann zwar korrekt, wenn man feststellt, Thomas verstehe das „Wort" auf der Linie eines „signifikationshermeneutischen" Verständnisses, aber es ist nicht legitim, daraus einen Vorwurf zu machen. Thomas hat andere Probleme als die Reformatoren, und er ist auch kein moderner Sprachphilosoph, der sorgsam zwischen der „informativen" und „performativen" Funktion der Sprache unterscheidet. Mehr dazu bei O. H. PESCH: Theologie des Wortes bei Thomas von Aquin. In: *Zeitschrift für Theologie und Kirche* 66 (1969), S. 437-465.

andere innere Tätigkeit des menschlichen Geistes nötigt dazu, auf einen „Hervorgang der Liebe" *(processio amoris)* zu schließen – „gemäss der Weise, wie das Geliebte im Liebenden ist, in Entsprechung zu der Weise wie die Zeugung des Wortes die ausgedrückte Wirklichkeit ... in der erkennenden Person ist". Mit diesen letzten Worten steht Thomas vor dem spezifischen Problem des zweiten Hervorgangs: *Was* entspricht hier dem Wort? Es muss gleichzeitig vom Liebenden unterschieden sein und doch eins mit ihm wie das Wort mit dem Erkennenden. Aber dafür haben wir keine Parallele zum „Wort". Der Begriff „Geist" *(spiritus)*, vorgegeben durch die Bibel, ist streng genommen ein Ersatz. Schon Augustinus hatte bemerkt, dass der Geist keinen spezifischen charakterisierenden Namen hat[15]. Auch Thomas berührt hier erstmals das fundamentale Problem einer kohärenten trinitarischen Interpretation des Heiligen Geistes – und berührt damit schon bei den ersten Schritten die Grenzen der ganzen Theorie.

Dieselben Grenzen erscheinen noch schärfer, wenn Thomas anschließend ausdrücklich analysiert, warum der zweite Hervorgang nicht noch einmal als Zeugung verstanden werden kann (27,4). Wir haben hier keinen Begriff, der „Wort" entspricht, und wir haben keinen Begriff, der „Zeugung" entspricht. Wieder hat man seine Zuflucht zu einem Ersatznamen zu nehmen: „Hauchung" *(spiratio)*, abgeleitet von „Geist" *(spiritus)*, was seinerseits ein Ersatzname ist.

Der letzte Schritt ist ziemlich einfach (27,5). Durch fortschreitenden Ausschluss aller anderen Möglichkeiten kann Thomas zeigen, dass außer diesen zweien keine weiteren „Hervorgänge" in Gott anzunehmen sind.

Wir können in diesem Stil mit der Erläuterung nicht fortfahren. Denn dann hätten wir nun einer ähnlich subtilen und strengen Argumentation zu folgen, wenn Thomas anschließend in den Fußstapfen Augustins den äußerst paradoxen Begriff der „subsistenten Relation" entwickelt (qq. 28-31; 40), um die göttlichen „Personen" zu erläutern – reine *Beziehung* gegen alle offenen oder verborgenen Vorstellungen von drei Göttern, *subsistente* Relation, um einen wirklichen Unterschied in Gott selbst festzuhalten. Wenn wirkliche Differenz, dann müssen wir fragen, anhand welcher „Kennzeichen" *(notiones)* die Personen zu identifizieren sind (q. 32) und was jede Person als für sie „Eigentümliches" hat, das heißt: ihre „Eigentümlichkeiten" *(proprietates)* oder „eigentümliche Namen" *(nomina propria)* (qq. 33-38), und weiter, welche Art von „persönlichen Tätigkeiten" jeder Person zuzuschreiben sind – die „notionalen Akte" *(actiones notionales)* (q. 40,4; 41), und schließlich hätten wir uns zu beschäftigen mit den sogenannten „Appropriationen", das heißt: mit solchen *Wesens*eigentümlichkeiten Gottes, die gemäss dem augustinischen Prinzip der *ganzen Dreieinigkeit* zugehören, die aber die Schrift ohne dogmatische Skrupel den einzelnen *Personen* zuschreibt: zum Beispiel dem Vater die Macht, dem Sohn die Weisheit, dem Heiligen Geist die Güte (q. 39,7-8), oder: der Vater als Schöpfer, der Sohn als Herr, der Heilige Geist als der, der heiligt – ein schwacher Versuch, das klare biblische Zeugnis mit einem am Anfang stehenden (axiomatischen) trinitarischen Prinzip zu versöhnen, das allein im Rahmen eines bestimmten trinitätstheologischen Ansatzes entscheidend sein kann. Die abschließende Quästion 43 über die „göttlichen Sendungen" mar-

---

[15] *De trinitate* V, 11, 12, CChr.SL 50, S. 219f.

kiert die Verbindung zwischen der Lehre vom dreieinen Gott und der Lehre von der Schöpfung.

Das Ende *kann* sein, aus einfachen Gründen der Gedächtnisstütze solche Formeln einer „trinitarischen Mathematik" zu entwickeln, die für das theologische Examen auswendig zu lernen sind: 1 göttliches Wesen, 2 Hervorgänge, 3 Personen, 4 subsistente Relationen, 5 Notionen und entsprechende notionale Akte, und zahllose Appropriationen! Das ist der Augenblick, wo fromme Gemüter frustriert sind und Studenten der Theologie anfangen ihre Scherze zu machen[16]. Können wir wirklich beanspruchen, so vertraut damit zu sein, was im innersten Leben Gottes sich zuträgt? Ist das nicht ein typisches Beispiel für die „spekulative Bewältigung" Gottes, deren die reformatorische Theologie die scholastischen „Sophisten" anklagt?

Doch für Thomas ist das eine Sache auf Leben und Tod. Er fühlt sich verpflichtet, in genau dieser Weise zu systematisieren, was er aus dem biblischen Zeugnis, der Lehre der ökumenischen Konzilien und den Reflexionen der Kirchenväter gelernt hat – und so jenen strengen und geschlossenen Traktat über den dreieinen Gott auszuformulieren, der dann „klassisch" für die katholische Tradition der folgenden Jahrhunderte wurde. Bevor wir uns Luther zuwenden, sei in drei kurzen Bemerkungen das innere Problem eines solchen Typus von Trinitätslehre im Blick auf eine gläubige Lebenspraxis angezeigt.

4. Probleme – oder: Was hat Thomas erreicht?

Das erste Problem ist mit der Vorentscheidung gegeben, die im ersten Artikel eine Brücke baut vom Credo zur theologischen Reflexion: dem Gebrauch des Begriffs „Hervorgang" als *allgemeinem* Begriff für das innere göttliche Leben. Das Glaubensbekenntnis gebraucht diesen Ausdruck ausschließlich für den Hervorgang des Heiligen Geistes („qui a Patre [Filioque] procedit"). Thomas ist sich dessen bewusst, denn er kann später den Begriff *processio* auch als spezifischen Namen für den Heiligen Geist bestimmen (32,3). Immerhin, dieser Ansatz bei einer Generalisierung des Begriffs „Hervorgang" sichert die Kontinuität mit dem Traktat *De Deo uno,* der mit der Reflexion auf Gottes „Tätigkeiten" abschließt – und „Hervorgang" ist eine innere Tätigkeit in Gott[17]. Dennoch, Thomas schließt hier voll an die westliche Tradition an – oder, um vorsichtig zu sein: an die westliche Tradition, wie sie durchschnittlich verstanden wurde! –, die ihre trinitarischen Überlegungen beim einen und einzigen Wesen Gottes beginnt, dessen Überfülle notwendig zu denken ist als in sich selbst sich ergießend in die drei Personen. Das Problem des Thomas – und das der westlichen Tradition – ist daher, anders als im biblischen Zeugnis und in der ostkirchlichen Tradition, nicht,

---

[16]   Einmal im Jahr darf der Pfarrer vollständig über die Köpfe der Gemeinde hinweg predigen, nämlich am Dreifaltigkeits-Sonntag (1. Sonntag nach Pfingsten). Warum? Um zu beweisen, daß auch die Theologie eine Wissenschaft ist! – Ein berühmter Dogmatikprofessor, Fachmann für Trinitätslehre, kommt in den Himmel. Freut sich Gott-Vater: „Nun werde ich endlich über mich selbst aufgeklärt!"

[17]   Dies ist scharfsinnig analysiert bei METZ, a.a.O. (s. Anm. 8), S. 1-20.

wie die wohlbekannten drei göttlichen „Personen" niemand anders sind als der eine und alleinige Gott des jüdischen und apostolischen Glaubens[18], sondern wie der eine und alleinige Gott gerade als der Gott der Juden und der Apostel kein anderer sein kann als der dreieine. Von der Einheit zur Dreiheit, nicht von der Dreiheit zur Einheit verläuft die Fragerichtung. In gewissem Grade ist Thomas sich der Differenz bewusst (vgl. 35,2!). Kein Zweifel auch, dass der westliche Ansatz legitim ist – auf der spezifischen Ebene einer theologischen Reflexion. Das Problem entsteht, wenn Thomas – unbewusst? – diesen spezifischen trinitätstheologischen Ansatz identifiziert mit dem verbindlichen Glaubensbekenntnis in seiner begrifflich reflektierten Form.

Das Ergebnis ist, und das ist die zweite Bemerkung, in der Tat ein durch und durch ausgearbeiteter Traktat mit Verbindungen zum Ganzen nicht nur der *Prima Pars*, sondern der ganzen *Summa Theologiae* überhaupt[19]. Was aber wird geschehen, wenn die Einzelheiten dieser virtuosen begrifflichen Ausarbeitung nicht nur nicht mehr verstanden, sondern darüber hinaus als eitle Spekulation empfunden werden? Dieses Problem ist tägliche Erfahrung auf der Ebene des Religionsunterrichtes für Kinder wie der religiösen Erwachsenenbildung – zum Beispiel bei Vorbereitungskursen auf das Sakrament der Firmung. Weil die „thomistische Trinitätslehre" sich aufdrängt als „der" trinitarische Glaube, muss man nun die Einzelheiten wieder elementarisieren. Mit anderen Worten: Was ursprünglich nicht mehr ist als ein riskanter Versuch, durch analoge Begriffe zu verstehen, muss nun herunter transformiert werden durch Bilder und Veranschaulichungen – zum Beispiel das Bild von den drei Kerzen mit einer gemeinsamen Flamme, oder das Bild von den drei Gesichtern mit insgesamt nur vier Augen, aber auch die berühmte, jedoch theologisch problematische Ikone von den drei Männern, die Abraham besuchen (vgl. Gen 18). Kein Wunder, dass Kinder ebenso wie Erwachsene Schwierigkeiten haben, zu verstehen, was für eine Bedeutung das für ihr tägliches Leben im Glauben haben soll.

So, und das ist die dritte Bemerkung, berühren wir das innere Problem des thomanischen Konzeptes: seine strenge Systematik. Wie schon erwähnt, systematisiert Thomas bewusst den gesamten Bestand des patristischen Erbes. Ursprünglich sind alle Grundbegriffe dieser Tradition tastende Versuche, etwas vom inneren Leben Gottes zu erfassen, häufig provoziert durch Fragen zeitgenössischer Intellektueller, deren eigene Antworten überzeugender, weil einfacher erschienen. Sogar Augustinus, zu schweigen von den Griechen, ist äußerst vorsichtig beim Gebrauch von Begriffen wie „Relation", „Person", und bei der Einführung seiner berühmten „psychologischen Dreiheiten" wie *memoria – intelli-*

---

[18]   Vgl. die „klassischen" Untersuchungen dieser Grunddifferenz zwischen östlicher und westlicher Tradition, M. SCHMAUS: *Die psychologische Trinitätslehre des hl. Augustinus.* Münster 1927, Nachdruck mit ausführlichem Nachwort zur 40jährigen Diskussion 1966. Und Th. DE REGNON: *Études de théologie positive sur la Sainte Trinité.* 4 Bde. Paris 1892-1898. Jüngere Patrologen relativieren allerdings die scharfe Entgegensetzung bei den älteren Autoren. Vgl. Überblick und Literatur bei COURTH, a.a.O. (s. Anm. 5), S. 190-193; und jüngst GRESHAKE, a.a.O. (s. Anm. 2), S. 90-100; zu Thomas: S. 111-125.

[19]   Vgl. wiederum METZ, a.a.O. (s. Anm. 8), S. 20-33.

gentia – voluntas oder *mens – notitia – amor*[20]. Deutlich gesagt: Die Väter wissen genau, dass sie das entwickeln, was man ein „Theologumenon" nennt – eine theologische Theoriebildung, die soviel taugt, wie sie wirklich erklärt. Thomas aber fühlt sich verpflichtet, diese Versuche in ein kohärentes System zu überführen, wo alles seinen angemessenen Platz und seine angemessene Funktion hat[21]. Er fühlt sich verpflichtet zum einen, weil das die Pflicht eines guten scholastischen Lehrers ist, zum anderen, weil er ebenso wie alle Scholastiker voraussetzt, die Kirchenväter und selbst die biblischen Autoren hätten mehr oder weniger nach den Regeln der aristotelischen Logik gedacht, und drittens, weil er überzeugt ist, dass arianische Neigungen noch lebendig sind und Bemühungen um ihre Zurückweisung nötig machen. Aber auch die Systematisierung und die damit verbundenen Verwandlungen des patristischen (augustinischen) Gedankens heben den Charakter des Theologumenons nicht auf.

Es wäre nicht schwierig zu zeigen, dass Thomas all die Grenzen seines Unternehmens und den schwebenden Charakter seiner Begriffe nicht übersieht – angefangen von der ausdrücklichen Feststellung, dass wir keinen eigenen Begriff haben, um die Eigentümlichkeit des Geistes und der „Hauchung" auszudrücken. Aber entgegen der Intention ihres Verfassers hat die schiere Ausdehnung und die kohärente Argumentation des Thomas die Leser verführt, diese für die genaue und sozusagen univoke Darlegung von Gottes dreieiner Wirklichkeit selbst zu halten. In einer abschließenden hermeneutischen Analyse können wir sagen: Der Traktat über die Hl. Dreieinigkeit bei Thomas markiert den Gipfel einer augustinischen Trinitätstheologie – und zur gleichen Zeit den Punkt ihres Zusammenbruchs. Dieser freilich geht nicht zu Lasten des Thomas, denn kein großer Mann ist verantwortlich für den Missbrauch durch seine Nachfolger. Das aber ist eine Tatsache – und die Konsequenzen sind übel.

Eine letzte Bemerkung führt uns zu Martin Luther. Innerhalb einer Idee von Theologie, dergemäß Gott als Gott Subjekt der *sacra doctrina* ist, muss man selbstverständlich einsetzen mit der Lehre von Gott und seiner Drei-Einheit als ihrem Höhepunkt. Was aber, wenn der Gegenstand der Theologie bestimmt wird, mit den berühmten Worten Martin Luthers, als „der der Sünde schuldige und verlorene Mensch und Gott, der den Sünder rechtfertigt und rettet"[22]? Die Funktion der Trintiätslehre und ihrer begrifflichen Details werden dann sich völlig wandeln.

---

[20]   Belege und Kommentierung bei COURTH, a.a.O. (s. Anm. 5), S. 201f.; und bei GRESHAKE, a.a.O. (s. Anm. 2), S. 97-99.

[21]   Sehr bezeichnend: STh I 39,8, wo Thomas den unterschiedlichen Aussagen der Kirchenväter über die korrekte „Appropriation" von Wesensnamen an die trinitarischen Personen gerecht zu werden versucht. Vgl. auch METZ, a.a.O. (s. Anm. 8), S. 51-64, zur Verwandlung der augustinischen Gedanken bei Thomas.

[22]   „Homo peccati reus ac perditus et Deus iustificans ac salvator hominis peccatoris": Ennarratio Ps 51, 1532. In: WA 40 II, 328,17.

III. Martin Luther über den dreieinen Gott

1. Die Texte

Luther war bekanntlich Exeget. Er war kein systematischer Theologe und daher hat er uns keinen kohärenten Traktat über die Heilige Dreieinigkeit hinterlassen. Nur aus gegebenem Anlass macht er seine Aussagen über den dreieinen Gott. Wir können daher nicht vermeiden, Aussagen aus verschiedenen Kontexten zusammenzustellen – und geraten so in alle methodologischen Probleme eines solchen Versuchs[23]. Wir müssen also beachten

– die verschiedenen Schwerpunkte solcher Aussagen, die von den verschiedenen Situationen und Kontroversen abhängen;

– die ungleiche Verlässlichkeit von Mitschriften und Redaktionen durch seine Hörer und/oder Studenten, besonders im Hinblick auf die Texte der letzten 15 Jahre von Luthers Leben;

– schließlich die Tatsache, dass einschlägige Aussagen vergleichsweise selten sind: Ist er desinteressiert am Thema, oder ist es selbstverständlich für ihn?

Kurzum, sollen wir einem Grundsatz folgen wie diesem: Der „echte" Luther ist nur der, der „originell" und nicht im Einklang mit der Tradition ist, so dass traditionelle Überzeugungen bei ihm zu bewerten sind als „katholische (mittelalterliche) Reste"? Oder haben wir im Gegenteil Luthers Originalität ausdrücklich im Rahmen der spätmittelalterlichen Theologie zu erhellen, die er offenkundig überschreitet und überwindet, deren Sprachmuster und begriffliche Instrumente er aber ohne Zögern benutzt?

Wo also spricht Luther über die Heilige Dreieinigkeit[24]? Schon eine seiner frühesten akademischen Lehrveranstaltungen beschäftigt sich mit der Trinitätslehre. Als junger Magister und Assistent liest er 1509 über Augustins *De trinitate* und macht Randnoten dazu (WA 9, 16-23)[25]. In seiner Predigt über Joh 1 in der *Weihnachtspostille* (1521) nutzt er die Auslegung der ersten Verse des Prologs zu einer kurzen Vorlesung über die gemeinsame göttliche Natur von Gott, dem Wort und dem Geist, verbunden mit heftigen Angriffen gegen die sinnlosen

---

[23] Vgl. meinen Artikel: Luther, Martin. In: LThK³ 6, Sp. 1129-1140, bes. 1132f.

[24] Überblick über die Texte und Zusammenfassung der Lehre bei P. ALTHAUS: *Die Theologie Martin Luthers*. Gütersloh 1963, S. 173-175; B. LOHSE: *Luthers Theologie in ihrer historischen Entwicklung und ihrem systematischen Zusammenhang*. Göttingen 1995, S. 223-227; 235-239; 248-252. Zum historischen Hintergrund der wichtigen Disputationen aus den 30er Jahren vgl. M. BRECHT: *Martin Luther*. Bd. 3.: *Die Erhaltung der Kirche 1532-1546*. Stuttgart 1987, S. 130-137. Darstellung der Lehre auch bei A. PETERS: *Kommentar zu Luthers Katechismen*. Bd.2.: *Der Glaube*. Göttingen 1991, S. 66-71; G. WENZ: *Theologie der Bekenntnisschriften der evangelisch-lutherischen Kirche*. Bd. 1. Berlin 1996, S. 551-561. Die relativ knappen Darlegungen der Forscher reflektieren in gewissem Ausmaß die relativ knappen Ausführungen in Luthers Texten selbst. – Für umfassendere Perspektiven vgl. jetzt J. HEUBACH (Hrsg.): *Luther und die trinitarische Tradition*. Erlangen 1994; und jüngst B. D. MARSHAL: *Trinity and Truth*. Cambridge 1999; dort auch Vergleich zwischen Thomas und Luther.

[25] Im folgenden beziehen sich alle Zahlen auf die WA, soweit nicht anders vermerkt.

„Subtilitäten" der scholastischen Lehrer, aber ebenso heftigen Angriffen gegen Arius und Sabellius – und bucht dabei Moses auf das Konto des christlichen Glaubens an den dreieinen Gott (10 I 1, 180-201). Zwei akademische Disputationen von 1539 und 1540, „Über den Satz 'Das Wort ward Fleisch'" die eine (39 II, 3-33) und „Über die Gottheit und Menschheit Christi" die andere (39 II, 97-121), handeln über Probleme der korrekten trinitätstheologischen Sprache. Und schließlich bietet die große Genesis-Vorlesung 1535-1545 (WA 42-44) eine Gelegenheit, bei der Kommentierung der ersten drei Verse des Buches Genesis auf die Trinitätslehre zu sprechen zu kommen[26]. Alle diese Texte zeigen, wie selbstverständlich und allen Zweifeln entzogen der trinitarische Glaube für Luther ist. Wir müssen schließen, dass Schweigen bei ihm nicht einen Mangel an Interesse bedeutet, vielmehr, dass die fragliche Lehre außerhalb jeden Streites liegt. Sein einziges Anliegen ist, nicht in sophistische Spekulationen zurückzufallen, die die Sache nicht klarer machen, aber einfache Gläubige verwirren (vgl. 39 II, 257ff.). So zeigt er zum Beispiel eine gewisse Unbekümmertheit gegenüber den klassischen trinitarischen Schlüsselbegriffen wie „Wesen", „Natur" oder „Eigenart" (26, 499-509; BSLK 414: s.u.). Auf der anderen Seite ist er ziemlich zögerlich gegenüber vertrauten Begriffen wie „Trinität" oder sogar „Person" – wie die griechischen Väter kann er erklären: „Ich kann ihm keinen Namen geben" (46, 436,7-12; vgl. 41, 270,2-23; 272,1-13; 49, 237f.; 52, 338,1-10). Es ist daher keine harmlose Vorbemerkung, sondern eine feierliche Aussage in einem hoch bedeutsamen Kontext, wenn er die berühmten Worte formuliert, die den ersten Teil der *Schmalkaldischen Artikel* eröffnen:

„Der erste Teil der Artikel handelt von den hohen Artikeln der göttlichen Majestät.

1. Dass Vater, Sohn und Heiliger Geist, drei verschiedene Personen in *einem* göttlichen Wesen und Natur, ein einziger Gott ist, der Himmel und Erde geschaffen hat usw.

2. Dass der Vater von niemand, der Sohn vom Vater geboren ist, der Heilige Geist vom Vater und Sohn ausgeht.

3. Dass nicht der Vater noch der Heilige Geist sondern der Sohn Mensch geworden ist...

Um diese Artikel gibt es keinen Zank und Streit, weil wir sie auf beiden Seiten (glauben und) bekennen"[27].

Mehr als zehn Jahre vorher, in *De servo arbitrio* („Vom unfreien Willen"), hat er den „Skeptiker" Erasmus mit den berühmten Worten angegriffen:

„Was kann an Erhabenem in der Schrift verborgen bleiben, nachdem die Siegel gebrochen, der Stein von des Grabes Tür gewälzt und damit jenes höchste

[26] Weitere Bemerkungen, die die Selbstverständlichkeit des trinitarischen Dogmas belegen, z.B. 39 II, 252-257; 304,16; 323,20f.; 382,6f.; und schon 8, 149,34-150,4 (1521).

[27] BSLK 414, 10-19; 415, 1f. Sprachliche Fassung nach H. G. PÖHLMANN (Hrsg.): *Unser Glaube. Die Bekenntnisschriften der evangelisch-lutherischen Kirche.* Gütersloh ³1991, S. 48f. Luther hat später die eingeklammerten Worte „glauben und" gestrichen um zu bestreiten, dass die „Papisten" einen wahren Glauben an diese „hohen Artikel" hätten.

Geheimnis preisgegeben ist: Christus, der Sohn Gottes, sei Mensch geworden, Gott sei dreifaltig und einer, Christus, habe für uns gelitten und werde herrschen ewiglich? Wird das nicht sogar in Elementarschulen bekannt gemacht und dort auch besungen?"[28].

Drei Jahre später das gleiche, zugleich zusammenfassende und entschiedene „Bekenntnis" am Ende seiner großen Schrift *Vom Abendmahl Christi* – geschrieben in Erwartung seines bevorstehenden Todes und daher von höchster Ernsthaftigkeit (26, 499-505); und noch einmal ein Jahr später die kurze Vorbemerkung in seinem *Großen Katechismus* – wo er in bezeichnender Weise die Trinität nicht um ihrer selbst willen erwähnt, sondern als Grundlage für die Unterscheidung von *drei* Artikeln des Glaubensbekenntnisses, wobei er die traditionelle Zählung von zwölf Artikeln zurückweist[29].

2. Einige Einzelheiten

Wie bei Thomas, müssen wir uns auch hier beschränken – auf einige Bemerkungen zu den beiden erwähnten Disputationen. Diese sind deswegen für unseren Zusammenhang so bezeichnend, weil Luther hier in einem rein akademischen Kontext spricht, wo er sich als bestens informierter Experte in allen Subtilitäten einer korrekten trinitätstheologischen Sprache erweist – und wo er zeigt, welche Kompetenz er in dieser Hinsicht auch von seinen Studenten erwartet.

Höchst interessant, teilweise amüsant ist der historische Kontext der ersten Disputation[30]. Luther war eingeladen, soweit das sein Gesundheitszustand zuließ, eine neue Serie der sogenannten „Zirkulardisputationen" zu eröffnen, in der „reihum" („zirkulär") alle Professoren freitags Übungsdisputationen mit ihren Studenten zu halten hatten. Übrigens: „Von der ersten bis zur dritten Stunde", das heißt: morgens zwischen sechs und neun Uhr[31]! Luther stimmte bereitwillig zu und disputierte im Januar 1539 als „Respondent" gegen seine eigenen Studenten und Mitarbeiter (die alle in der Mitschrift der Diskussion erscheinen). Allgemeines Thema war, die scholastische These zurückzuweisen, dass es keine dop-

---

[28] WA 18, 6,6,24-28. Übersetzung Bruno JORDAHN in: M. LUTHER: *Daß der freie Wille nichts sei.* München [3] 1962 (Ausgewählte Werke. Münchener Lutherausgabe. Ergänzungsband 1), S. 16.

[29] BSLK 647, 7. 12-19. – Vgl. THOMAS: STh II-II 1,6-9; vgl. I 1,8. Luthers Einteilung in drei Artikel ist inzwischen auch in den katholischen Katechismen rezipiert, nicht zuletzt im deutschen *Katholischen Erwachsenenkatechismus.* Stuttgart 1985, und im *Katechismus der Katholischen Kirche* (dem sog. „Weltkatechismus") von 1992, dt. Ausgabe München 1993.

[30] Vgl. BRECHT, ebd. (s.Anm.24), und die historische Einführung in der WA. – B. D. MARSHALL bietet eine Bibliographie und eine intensive Interpretation dieser Disputationen unter epistemologischem Gesichtspunkt in: Faith and Reason (s. Anm. 12), S. 33-46.

[31] Vgl. Ernst WOLF: Zur wissenschaftsgeschichtlichen Bedeutung der Disputationen an der Wittenberger Universität im 16.Jahrhundert [1952]. In: DERS.: *Peregrinatio.* Bd. 2.: *Studien zur reformatorischen Theologie, zum Kirchenrecht und zur Sozialethik.* München 1965, S. 38-51, hier 40 (Text aus den Statuten von 1508).

pelte Wahrheit gebe und dass philosophische Aussagen im Einklang mit theologischen stehen müssten und umgekehrt[32]. Nein, sagt Luther, eine Aussage kann philosophisch wahr und dennoch theologisch falsch sein, und umgekehrt: Was theologisch wahr ist, kann absurd für den Philosophen sein. Um das zu beweisen, bezieht er sich ausführlich auf die Trinitätslehre und auf die Inkarnation. Der Satz „Das Wort ist Fleisch geworden" ist philosophisch absurd, theologisch wahr (These 2). „Gott ist menschlich", ist weiter entfernt von der Philosophie als der Satz „Ein Mensch ist ein Esel" (These 3)[33]. Grund (und ein Hinweis auf Luthers Anliegen!): Die These der „Sorbonne" unterstellt die Glaubensartikel unter das Urteil der menschlichen Vernunft (These 6). Das steht gegen den Apostel Paulus (These 8). Aber gegen das Zeugnis des Apostels sind keine Tricks einer Sprachphilosophie, keine *logomachiae* oder *kenophoniae* erlaubt (These 9-13). In ähnlicher Weise kann es geschehen, dass wir eine theologisch falsche Konsequenz aus einer richtigen Prämisse ziehen, obwohl das Schlussfolgerungsverfahren philosophisch korrekt ist. Zum Beispiel – und nun bezieht er sich auf die Trinitätslehre –, ist der folgende Syllogismus logisch korrekt: Der Vater zeugt in Gott; aber der Vater ist identisch mit seinem göttlichen Wesen; daher zeugt das göttliche Wesen (These 16f.) – was offenkundig falsch ist, wie Luther mit der einhelligen negativen Antwort der Scholastiker auf die berühmte Frage überzeugt ist: *Utrum essentia generet*[34]. Das gleiche bei dem anderen Satz: „Die ganze göttliche Wesenheit ist der Vater. Aber der Sohn ist identisch mit der göttlichen Wesenheit. Folglich ist der Sohn der Vater" (These 18f.). Theologische Wahrheit steht nicht gegen, aber neben, innerhalb, oberhalb, unterhalb, diesseits oder jenseits dialektischer Wahrheit *(extra, intra, supra, infra, citra, ultra veritatem dialecticam)* (These 21).

Diese Thesen erweisen nicht nur Luthers Virtuosität im Umgang mit den Kernpunkten der traditionellen Trinitätslehre, sie lassen uns auch die tiefste Motivation für seine Zurückhaltung verstehen: Er fürchtet eine dominierende, gar eine richterliche Rolle der philosophischen Vernunft in Dingen des Glaubens. Es ist das alte Misstrauen gegen eine Verfremdung der Theologie durch die (aristotelische) Philosophie[35]. In dem nachfolgenden Bericht über die wirklich abgelau-

---

[32] Es ist unklar, gegen wen Luther argumentiert. Gegen das Fünfte Laterankonzil und seine Zurückweisung des Peter Pomponazzi (vgl. DH 1440f.)? Oder gar gegen den Pariser Bischof Stephan Tempier, der die These der Averroisten von der doppelten Wahrheit 1277 verurteilt hat? Luther bezieht sich auf die „Sorbonne" (vgl. unten Anm. 35).

[33] Man erkennt: Luther bezieht sich auf den Unterschied zwischen paradoxen Aussagen auf der Linie der communicatio idiomatum und der logisch unmöglichen Identität von Gegensätzen. Der „Austausch der Prädikate" als paradoxe Möglichkeit, auf der Basis des Glaubens an die wahre Gott-Menschheit Jesu z.B. von Jesus zu sagen, er habe die Welt erschaffen, und vom göttlichen Logos zu sagen, er habe gelitten – das ist etwas ganz anderes als die von den Averroisten behauptete gleichzeitige objektive Wahrheit der aristotelischen These von der einzigen universalen Geistseele aller Menschen und der christlichen Überzeugung von der individuellen Geistseele jeder einzelnen Person.

[34] Vgl. THOMAS: STh I 39,5.

[35] Vgl. B. LOHSE: *Ratio und Fides. Eine Untersuchung über die ratio in der Theologie*

fene Disputation berühren wir freilich den unmittelbaren Sachgrund, warum Luther sich auf die Trinitätslehre beruft, um die Ablehnung einer doppelten Wahrheit seinerseits abzulehnen. Ein Einwand (Argumentum VI) besteht darauf: Weisheit in Bezug auf Gott widerspricht sich nicht selbst. Philosophie aber ist Weisheit in Bezug auf Gott. Luther reagiert geradezu heftig: Dieses Argument ist tatsächlich entscheidend! Der erste Satz ist in Ordnung. Aber der Fehler der „Sorbonne" ist: Man kann ihn nicht auf das bürgerlich-gesetzliche und philosophische Leben beziehen. Philosophie lehrt *natürliche* Weisheit in Bezug auf das *sittliche* Leben. Diese aber gilt *nicht* im Blick auf Rechtfertigung und Vergebung der Sünden – andernfalls wäre Christus überflüssig. Die „Sorbonne" ist im Irrtum, wenn sie das „Tun was in den eigenen Kräften steht" *(facere quod in se est)* und das „Angemessenheitsverdienst" *(meritum de congruo)* und demnach die Rechtfertigung den natürlichen Kräften des Menschen zuschreibt[36]. Im Klartext: Luther befürchtet, eine Theorie vom Einklang zwischen einer dominierenden philosophischen Vernunft und einer untergeordneten theologischen Vernunft könnte den Graben zwischen Gott und dem Sünder überdecken und die absolute Notwendigkeit von Gottes „unlogischer" und bedingungsloser Gnade verschleiern.

Die zweite Disputation über Gottheit und Menschheit Christi argumentiert wiederum gegen die Theorie vom Nicht-Widerspruch zwischen philosophischer und theologischer Aussage. Streng auf der Linie der Zwei-Naturen-Lehre des Konzils von Chalkedon (451) räumt Luther ein, dass einige Väter auf eine Weise formuliert haben, die wir heute nicht wiederholen dürfen (These 2-24). Machen wir uns nicht lächerlich mit Worten und ausgeklügelten Unterscheidungen! Das kommt auf einen „Frosch-Mäuse-Krieg", auf eine *batrachomyomachia* hinaus[37]. Luther erlaubt sich sogar die Bemerkung, dass selbst der Evangelist Johannes nicht auf dem aktuellen Niveau systematisch-theologischer Reflexion ist: Anstatt zu sagen: „Das Wort ist Fleisch geworden" (Joh 1,14), hätte er „nach meiner Meinung" sagen sollen: „Das Wort ist fleischlich geworden" (These 14). Selbstverständlich ist die Trinitätslehre vorausgesetzt. Der *Logos,* der Fleisch wurde, ist ja die vom Vater unterschiedene innergöttliche Person.

Luthers. Göttingen 1958; B. A. GERRISH: *Grace and Reason. A Study in the Theology of Luther.* Oxford 1962; G. EBELING: *Lutherstudien.* Bd. 2: *Disputatio de homine.* 2.Teil. Tübingen 1982, S.184-332; LOHSE: *Luthers Theologie* (s. Anm.24), S. 214-223 (Lit.); Th. DIETER: *Der junge Luther und Aristoteles* (Diss. habil.). Tübingen 1997; vgl. auch MARSHALL, a.a.O. (s.Anm.29), S.21-33. – Papst JOHANNES PAUL II. war sich wohl kaum bewußt, wie sehr er hier auf Seiten Luthers ist, wenn er in seiner Enzyklika *Fides et ratio* (Nr. 37) die alten Kirchenväter lobt, „im besonderen [den] hl. Irenäus und Tertullian, [daß sie, Paulus folgend] ihrerseits Vorbehalte gegen eine kulturelle Konzeption [erhoben], die forderte, die Wahrheit der Offenbarung der Interpretation der Philosophen unterzuordnen".

[36]   Dieses Argument scheint dafür zu sprechen, daß Luther sich auf eine spätmittelalterliche ockhamistische Auffassung bezieht, für die die Theorie, die Luther erwähnt, charakteristisch ist. Auch MARSHALL, a.a.O (s. Anm. 29) argumentiert in diesem Sinne.

[37]   Luther kennt also die berühmte alte griechische Parodie auf Homers Odyssee, den Krieg zwischen Fröschen und Mäusen – in griechischen Hexametern!

In der Reaktion auf die Einwände in der ersten Disputation zeigt Luther mehr als einmal seine Vertrautheit mit und seine Zustimmung zu der augustinischen Tradition in Sachen Trinität (vgl. 17,8-18,12; 20,15-21,11; 23,6-24,19; 28,15f.; 30,1-7). Keine einzige Distanzierung! Auf dieser Grundlage kritisiert er heftig die Anordnung des Kirchenrechtes im *Decretum Gratiani:* „Man soll nicht über die Trinität disputieren" *(De trinitate non est disputandum).* Luther entgegnet: Selbstverständlich, keine eitle Spekulation! Aber das päpstliche Verbot bewirkte mehr Schaden als Nutzen: „Es wäre besser gewesen, eine nüchterne Untersuchung in Bezug auf die Trinität mit theologischen Mitteln zu erlauben als den Artikel von der Rechtfertigung auf diese Weise zu zerstören" (29,3-14; Zitat: 29,7f.). Wiederum: der innere Zusammenhang zwischen einer korrekten Soteriologie und einer korrekten Trinitätslehre! Einige Seiten vorher hatte er festgehalten, *warum* die Letztere nicht durch einen logisch korrekten Syllogismus erfasst werden kann: „wegen der Größe der Sache!" (17,8-18,12, Zitat: 18,12).

3. Die Sorge um die Soteriologie

Dieser knappe Einblick in die Art und Weise, wie Luther mit dem Thema Trinität umgeht, zurückhaltend, aber von ihrer Bedeutung tief überzeugt, führt uns zu folgendem Urteil: Luther ist an der Trinitätslehre nicht um ihrer selbst willen interessiert – oder gar um intellektueller Befriedigung willen –, sondern ausschließlich im Hinblick auf unsere Erlösung. Er „braucht" *Christi* unverkürzte Gottheit, denn andernfalls wären wir nicht erlöst. Es gibt Texte bei Luther, die Christi Gottheit sozusagen als ein Erfordernis des Rechtfertigungsglaubens vorstellen: „Wenn wir Christus die Gottheit entziehen, dann gibt es keine Hilfe noch Rettung vor Gottes Zorn und Gericht" (46, 555,6; vgl. 4, 609,27; 49, 252,9; 50, 590,11). Wo er im *Großen Katechismus* die Bedeutung des Glaubens an Christus erläutert, sagt er: „Ich glaube, dass Jesus Christus, wahrer Sohn Gottes, sei mein Herr" (BSLK 651,29). Das eigentliche Thema des Glaubens an Christus ist also Christi Herrsein – worin das Ganze der Rechtfertigung des Sünders enthalten ist –, seine Gottheit ist die Voraussetzung dafür und daher grammatisch erwähnt in der Form einer Apposition. Oder noch einmal im Klartext in unserer Disputation von 1539: Wenn Christus nicht Gottes Sohn ist, und zwar in einer anderen Weise als wir „Söhne Gottes" genannt werden, dann „wäre es ohne Nutzen für uns, wie wir immer wieder gesagt haben" (39 II, 24,6f.).

Aber *Christus* kann eine göttliche Person nur unter der Bedingung der Wahrheit der Trinitätslehre sein. Daher der dauernde Wechsel von der Zwei-Naturen-Lehre zur Trinitätslehre und zurück in unseren beiden Disputationen.

Dasselbe Argumentationsmuster begegnet uns in Bezug auf den Heiligen Geist. Wir müssen hier Luthers klare Aussagen über die wahre Gottheit des Geistes nicht zusammentragen und auch nicht die zahllosen Kontexte erläutern, in denen er von der Bedeutung des Heiligen Geistes für alle Einzelheiten des christlichen Lebens handelt. Zitieren wir nur *einen* Text, in dem Luther einmal mehr seinen trinitarischen Glauben an den Heiligen Geist zum Ausdruck bringt, und dies in einem bezeichnenden Zusammenhang mit der Frage nach dem menschlichen Heil. In dem „Bekenntnis" am Ende seiner Schrift über das Sakrament formuliert er 1528:

„Zum dritten glaube ich an den Heiligen Geist, der mit Vater und Sohn ein wahrhaftiger Gott ist und vom Vater und Sohn ewiglich kommt, doch in einem göttlichen Wesen und Natur eine unterschiedliche Person. Durch denselbigen als eine lebendige, ewige, göttliche Gabe und Geschenk werden alle Gläubigen mit dem Glauben und anderen geistlichen Gaben gezieret, vom Tode auferweckt, von Sünden befreit und fröhlich und getrost, frei und sicher im Gewissen gemacht; denn das ist unser Trotz, so wir solches Geisteszeugnis in unserem Herzen fühlen, dass Gott will unser Vater sein, Sünde vergeben und ewiges Leben geschenkt haben. Das sind die drei Personen und ein Gott, der sich uns allen selbst ganz und gar gegeben hat mit allem, was er ist und hat" (26, 505).

Wir bemerken: Nur dank seiner innergöttlichen Personalität ist der Heilige Geist Gottes „Gabe und Geschenk". Folglich, fährt Luther nach dem zitierten Text fort, wäre die Gnade des Sohnes zu niemandes Nutzen, sondern verborgen, wenn nicht der Heilige Geist sich uns ganz und gar gibt. Das Echo kann man lesen im *Großen Katechismus* zum Dritten Artikel (BSLK 653,26-654,42).

Die Frage ist nun: Was können wir von all dem lernen für heutiges Versehen und heutige Praxis des Glaubens – und insbesondere von Thomas und Luther im Vergleich?

IV. Christliche Existenz im Licht des dreieinen Gottes

1. Luther und Thomas

Beginnen wir mit der bedeutsamsten Feststellung: Nach Luthers ausdrücklichen Worten besteht bei der Frage nach der Heiligen Dreieinigkeit und ebenso bei der nach der Fleischwerdung des Wortes „kein Zank noch Streit". Das bedeutet: *Die Trinitätslehre ist kein ökumenisches Problem.* Diese Feststellung ist von erheblichem ökumenischem Gewicht. Und nebenbei: Es klingt darum nicht sehr überzeugend, wenn gelegentlich lutherische Theologen argumentieren, diese Übereinstimmung sei banal, weil katholische Theologen diese gemeinsame Feststellung in einer grundlegend anderen Weise interpretieren[38]. Für Luther jedoch ist ein korrektes trinitarisches und christologisches Bekenntnis grundsätzlich unab-

---

[38] Z.B. J. BAUR: *Einig in Sachen Rechtfertigung?* Tübingen 1989, S. 13-15; 20; 38; eine Antwort bei U. KÜHN – O. H. PESCH: *Rechtfertigung im Disput. Eine freundliche Antwort an Jörg Baur.* Tübingen 1991, S. 112-113. Es gibt in der Tat Theologen, die die katholischen Einwände gegen alle Details der lutherischen Rechtfertigungslehre – Gottes Alleinwirksamkeit, keine „Mitwirkung", kein „Verdienst" usw. – schon auf die Christologie des Konzils von Chalcedon und dessen Betonung der unverkürzten Menschheit Jesu zurückführen wollen. Vgl. H. GEISSER: Die Interpretation der kirchlichen Lehre vom Gottmenschen. In: *Kerygma und Dogma* 14 (1968), S. 307-330; Mit Blick auf den allgemeinen Hintergrund vgl. dazu O. H. PESCH: „Um Christi willen..." Christologie und Rechtfertigungslehre in der katholischen Theologie: Versuch einer Richtigstellung [1981]. In: DERS.: *Dogmatik im Fragment. Gesammelte Studien.* Mainz 1987, S. 115-150: 116-126.

hängig von seinem „Gebrauch", das heißt: von der Frage seiner soteriologischen Konsequenzen.

Dies vorausgesetzt und unterstrichen, müssen wir das seltsame Faktum ins Auge fassen: Luther hält am gesamten Bestand der augustinischen Tradition der Trinitätslehre fest, am gesamten Bestand der traditionellen „Sprachspiele" in Bezug auf dieses Thema; er kann sie verteidigen, wo erforderlich, dass jeder „Sophist" nur höchst zufrieden sein kann; er sieht die wesentlichen Punkte seiner Lehre von der Rechtfertigung gefährdet, wo irgendein Zweifel aufkommt – und dennoch hat er nicht das mindeste Interesse daran, diese trinitarischen Spekulationen zu entfalten, oder gar zu vertiefen und auszuweiten. Religionslehrer und Pastoren sollen ihre Schüler mit diesem Stoff nicht belasten. *Unmittelbar* ist die Trinitätslehre ohne Bedeutung für christliche Existenz. Kein Wunder, dass in der lutherischen Tradition die Neigung wuchs, das Trinitätsdogma als letzte Garantie der Soteriologie zu verstehen – wie es klassisch wurde durch Schleiermacher[39] –, während die reformierte Tradition sozusagen mehr „thomistisch" als „reformatorisch" ist[40]. Aber das ist eine andere Geschichte.

Die Frage ist demnach, ob die Intensität der Reflexion bei Thomas wirklich ohne jede existentielle Bedeutung ist. Diese Frage ist noch nicht beantwortet mit dem (korrekten) Hinweis, dass Luther Exeget war und darum beruflich nicht verpflichtet, einen Traktat über die Heilige Trinität auszuarbeiten. Muss Thomas nicht für Luther hier wieder einmal als „Schwatzmaul" (*loquacissimus*[41]) erscheinen? Jedenfalls ist da „kein Zank noch Streit" nur unter der Bedingung, dass gerade die thomanische Intensität und Ausführlichkeit der Überlegung, der ganze Bestand der 74 Artikel zur Trinitätslehre, als eine spezifische Form, eine besondere Gestalt existentiellen Verhaltens anzusehen ist, als eine eigene existentielle Beziehung zur Sache. Unter einer Fülle von Argumenten, die man anführen könnte, beschränke ich mich auf einige wenige.

a. Thomas versteht die von Menschen gemachte Theologie als Teilhabe am göttlichen Wissen selbst, als *quaedam impressio divinae scientiae* (STh I 1,3 ad 2). Der Theologe denkt gleichsam Gottes eigene Gedanken mit, er schaut auf Welt, Mensch und Geschichte sozusagen mit Gottes eigenen Augen – auf der Grundlage von Gottes eigener Selbstmitteilung durch seine Offenbarung. Solche Sicht auszuarbeiten durch eine Reflexion, die so weit wie möglich an die äußerste Grenze geht, ist nichts anderes als ein Akt der Dankbarkeit im Glauben – mit anderen Worten: ist in sich selbst ein religiöser Akt[42]. Unmöglich auf der Basis

---

[39] Auch getreue Lutheraner folgen dieser Linie. Vgl. P. ALTHAUS: *Die Christliche Wahrheit. Lehrbuch der Dogmatik.* Gütersloh [8]1969, § 71. Dieselbe Entscheidung bei G. EBELING: *Dogmatik des christlichen Glaubens.* Bd. 3. Tübingen 1979. Eine bewußte Rückkehr zur vorthomistischen Tradition jetzt bei W. PANNENBERG: *Systematische Theologie.* Bd. 1. Göttingen 1988, S. 283-364 – zwischen den Kapiteln über Gottes Offenbarung und über seine Einheit und Eigenschaften.

[40] Vgl. KARL BARTH: *Kirchliche Dogmatik,* und E. BRUNNER: *Dogmatik,* die wie Thomas ihre Werke mit der Trinitätslehre eröffnen.

[41] WA Tischreden 1, Nr. 280; 3, Nr. 3722; 4, Nr. 5008f.

[42] Vgl. O. H. PESCH: Scholastik – Gottesdienst des Denkens. Ein Versuch über Größe und Gefährdung aller Theologie. In: H. FRANKE u.a. (Hrsg.): *Veritas et communicatio. Ökumenische Theologie auf der Suche nach einem verbindlichen*

lutherischen Verständnisses vom „Subjekt der Theologie"! Im Gegenteil, ihm zufolge müsste man ein solches Konzept als eine Gestalt intellektueller Hybris ansehen, die die „Anfechtung" vernachlässigt, die, nach seinem berühmten Wort, allein einen wahren und echten Theologen macht[43].

b. Diesem Verständnis von Theologie entspricht es vollständig, wenn Thomas Weisheit – als Erkenntnis auf Grund der höchsten Gründe (STh I 1,6!) – als die irdische Gestalt des Heils ansieht[44]. Eben deshalb hat Thomas schon in seiner *Summa contra Gentiles* (geschrieben zwischen 1259 und 1265) jenen Satz formuliert, den man nicht oft genug zitieren kann, weil er diesen Mann so ganz und gar charakterisiert: „Von den höchsten Dingen auch nur mit kleiner und schwächlicher Betrachtung irgend etwas erschauen zu können, ist höchste Lust *(iucundissimum)"* (*Summa contra Gentiles* I 8: ed. Marietti n. 49).

c. An dieser Stelle kommen wir zurück auf die bedeutsame abschließende Quästion 43 des Trinitäts-Traktates: die Frage nach den „göttlichen Sendungen". Sie behandelt die *äußeren* Sendungen sowohl des Sohnes als auch des Geistes, und in diesem Kontext das biblische Thema der „Einwohnung" des dreieinen Gottes in der Seele des Gerechtfertigten. Ohne auf Einzelheiten einzugehen (und auf die Kontroversen der Interpreten!), können wir zusammenfassen: Thomas versteht diese „Einwohnung" nicht als ein mystisches Ereignis jenseits aller Verstehbarkeit, sondern einfach als die Beziehung von Erkenntnis und Liebe. Der dreieine Gott „wohnt" in der Seele „ein", insofern der gerechtfertigte Gläubige Gott erkennt und liebt. Nun, genau dasselbe Argument begegnet in der Quästion über den Menschen als Ebenbild Gottes (STh I 93). Die Menschen bilden Gott ab, insofern sie Gott erkennen und lieben. Kurzum: Die Menschen verwirklichen ihre Bestimmung durch Erkenntnis Gottes und Liebe zu ihm, und dies ist der Weg, auf dem sie am dreifaltigen Leben Gottes teilnehmen und Gemeinschaft mit ihm haben. In der Tat, die Trinitätslehre – *diese* Trinitätslehre – hat wesentliche Bedeutung für christliche Existenz. Denn diese besteht in nichts anderem als darin, das dreifaltige Leben Gottes, wie der Theologe es – in „kleiner und schwächlicher Betrachtung" – auslegt, zu verstehen bis zu der Grenzlinie, die die Fähigkeit eines endlichen Intellektes vom absoluten Geheimnis der transzendenten Wirklichkeit Gottes scheidet[45].

Zeugnis. Festschrift zum 60. Geburtstag von Ulrich Kühn. Göttingen 1992, S. 187-202.

[43] „Sola experientia facit theologum": WA Tischreden 1, Nr. 46, Z. 16; vgl. WA 25, 106,25-28. Vgl. dazu G. EBELING: Die Klage über das Erfahrungsdefizit in der Theologie als Frage nach ihrer Sache. In: DERS.: *Wort und Glaube.* Bd. 3. Tübingen 1975, S. 3-28: 6-14.

[44] Vgl. O. H. PESCH: *Thomas von Aquin. Grenze und Größe mittelalterlicher Theologie.* Mainz ³1995, S. 42-51.

[45] Gewiss ist Thomas sich bewußt, daß nicht alle Christen in der Lage sind, seine *Summa Theologiae* zu studieren. Aber seine Antwort auf dieses Problem ist nicht, wie man vielleicht vermuten möchte, eine Unterscheidung zwischen einem „schlichten Glauben" und theologischer Reflexion, sondern sein Begriff einer fides implicita (einschlußweiser Glaube), der nicht mit modernen Vorstellungen verwechselt werden darf: Die „einfachen" Gläubigen, die minores in fide glauben in einer „eingefalteten" Weise, was die maiores in fide ausdrücklich glauben – und

2. Ein kurzes Plädoyer für eine „asketische" Trinitätslehre

Gott zu *erkennen* und lieben, sagt Thomas. An diesem Punkt sagt Luther: Gott zu *fürchten* und lieben – wo er auslegt, was es heißt, als Christ zu leben in Gehorsam gegen Gottes Gebote, in unseren Worten: was „christliche Existenz" heißt[46]. Die Einzelheiten einer ausgearbeiteten Trinitätslehre zu kennen, und wäre es in „kleiner und schwächlicher Betrachtung", ist nicht notwendig für einfache Gläubige, wegen der „Größe der Sache". So kommen wir zu einer abschließenden Schlussfolgerung:

Die Trinitätslehre ist ein Paradigma einer nahtlosen Übereinstimmung ohne „Zank und Streit" und gleichzeitig einer äußersten Differenz im Denken[47].

Für Thomas ist es der Höhepunkt christlicher Existenz, für Luther ist es Expertenwissen zu dem Zweck, die Verlässlichkeit der Verkündigung zu sichern. Für den Ersten ist die trinitätstheologische Reflexion als solche Inhalt christlicher Existenz, so unverständlich uns das heute auch sein mag, für den Zweiten ist sie der Anker für Gewissheit und Hoffnung in der „Anfechtung". Frage: Was können wir von all dem lernen für christliche Existenz *heute?* Ich antworte abschließend mit einem kurzen Plädoyer für mehr „Askese" in der Trinitätslehre. Selbstverständlich ist dies nur möglich in der Form einiger Bemerkungen, mit Thesen ohne ausführliche Argumente, in der Form von Hinweisen für künftige Überlegungen mehr als der Überlegungen selber.

Offenkundig hat auch in unseren Jahrzehnten ein trinitätstheologisches Denken von „thomanischem" Typus seine Vertreter. Führende Theologen, Katholiken ebenso wie evangelische Theologen, scheuen keine „Anstrengung des Begriffs" im Durchdenken der Fragen, wie die Einheit von Gott-Vater, Gott-Sohn und Gott-Heiliger Geist gemäss dem biblischen Zeugnis und der dogmatischen Tradition auf dem Niveau zeitgenössischer Forschung zu denken ist. Es genügt, hier die Namen der „Gründerväter" moderner Theologie in Erinnerung zu rufen: Karl Barth, Emil Brunner, Michael Schmaus, Karl Rahner, Hans Urs von Balthasar, aber ebenso aus unserer Generation Wolfhart Pannenberg, Jürgen Moltmann, Eberhard Jüngel, Walter Kasper, Gisbert Greshake, schließlich die Jüngeren wie Jürgen Werbick, Gerhard Ludwig Müller, Markus Knapp[48]. Was drängt sie zu

---

wenn nötig, haben die minores ja die Möglichkeit, die maiores, die „Experten", zu fragen: STh II-II 2,6.

[46] BSLK 507,41-510,21 (*Kleiner Katechismus*, 1529).

[47] Siehe dazu meinen Versuch: Existentielle und sapientiale Theologie. Hermeneutische Erwägungen zur systematisch-theologischen Konfrontation zwischen Luther und Thomas von Aquin. In: *Theologische Literaturzeitung* 92 (1967) Sp.731-742. Wegen notorischer Mißverständnisse – zuletzt bei K. BEYSCHLAG: *Grundriß der Dogmengeschichte*. Bd. 2. Darmstadt 2000, S. 252 – vermeide ich seit geraumer Zeit diese Terminologie, halte aber die Sache der These aufrecht.

[48] Es ist unnötig, hier die Werke der älteren Generation aufzulisten. Aus der „jüngeren" Generation vgl. PANNENBERG: a.a.O. (s. Anm. 39); J. MOLTMANN: *Trinität und Reich Gottes. Zur Gotteslehre*. München 1980; E. JÜNGEL: *Gott als Geheimnis der Welt*. Tübingen 1978; W. KASPER: *Der Gott Jesu Christi*. Mainz 1982; GRESHAKE: *Der dreieine Gott* (s. Anm.2); und aus der „jüngsten" Generation J. WERBICK: Der trinitarische Gott als Fülle des Lebens. In: Th. SCHNEIDER (Hrsg.):

solch einem Unterfangen? Gewiss nicht die Begier nach eitler Spekulation, vielmehr die Überzeugung, hier am Brennpunkt des christlichen Glaubens zu stehen – und der Wille, dies in Seelsorge und Verkündigung den Gläubigen besser zu vermitteln.

Dennoch habe ich ernsthafte Zweifel, ob diese noblen Bemühungen in der Lage sein werden, ein Bewusstsein von der Bedeutung der Trinitätslehre in den Köpfen einfacher Gläubiger wieder zum Leben zu erwecken. Denn so lange einfache Christenmenschen, idealtypisch gesprochen, über die Fragen der Trintitätslehre nicht so öffentlich diskutieren, wie in alten Zeiten die Marktfrauen auf dem Markt von Alexandria mit den Arianern diskutierten, so lange kann von einer Wiederbelebung der Trinitätslehre keine Rede sein. Mehr oder weniger gehen wir alle mit den Fragen der Trinitätslehre auf der Linie um, auf der Luther es tat: im Glauben an den dreieinen Gott als die letzte Voraussetzung für das, was wir von Gott glauben und von Gott hoffen, als eine theoretische Zusammenfassung der gläubigen Überzeugung, dass Gott ist „eitel Gnade und Liebe" (Luther[49]) in sich selbst und zu uns – eine Zusammenfassung, die als solche nur eine vorsichtige Reflexion erfordert. Und so weit wir überhaupt uns auf Mutmaßungen über das trinitarische Leben Gottes in ihm selbst einlassen, ist das Ergebnis meist ein mehr oder weniger unbeholfener gemäßigter „Sabellianismus"[50]. Luther aber konnte in der Weise, wie er es tat, nur denken, weil er überzeugt war dass die gesamte trinitätstheologische Tradition gesichert ist und keiner weitergehenden Reflexion um ihrer selbst willen bedarf. Was aber, wenn diese Überzeugung schwindet? Sollen wir eine neue Trinitätslehre von mehr oder weniger thomanischem Typus beginnen – oder von augustinischem oder hegelianischem oder sonst einem ähnlichen Typus? Sollen wir üppige neue Theologumena an die Stelle der alten setzen?

Wohl kaum! Ich meine, wir sollten hinter alle „trinitarische Mathematik" zurückgehen auf die hermeneutische Zurückhaltung der frühen Kirchenväter. Und wenn ich recht sehe, wächst ein Gespür dafür bei den Jüngeren unter den genannten Theologen: biblische und historische Vergewisserung, aber nur verhältnismäßig knappe systematische Reflexionen. Wer jedenfalls heute anfängt eine Trinitätslehre auszuarbeiten, sollte sich einige Kirchenväterzitate gewissermaßen in goldenem Rahmen auf den Schreibtisch stellen oder über den Bildschirm des Computers hängen. Zum Beispiel Gregor von Nazianz, einer der drei großen, für die Trinitätslehre so bedeutsamen Kirchenväter des 4. Jahrhunderts: „Die Begriffe 'das Ungezeugte, das Gezeugte und das Hervorgegangene' mögen in Rede und

---

Handbuch der Dogmatik. Bd. 2: Düsseldorf 1992, S. 481-558 (am *Schluß* des Gesamtwerkes!); DERS.: Gottes Dreieinigkeit. In: G. FUCHS – J. WERBICK (Hrsg.): *Der dreieinige Gott. Predigten mit Hintergrund*. Donauwörth 1999, S. 192-218; G. L. MÜLLER: *Katholische Dogmatik. Für Studium und Praxis der Theologie*. Freiburg i.Br. 1995, S. 416-476 (zwischen Christologie/Pneumatologie und Mariologie/Eschatologie!); M. KNAPP: Trinitätslehre und Handlungstheorie. In: E. ARENS (Hrsg.): *Gottesrede – Glaubenspraxis*. Darmstadt 1994, S. 49-58.

[49]   WA 36, 396,13; vgl. 4, 269,25; 56, 520,20; 17 I, 233,4; 31 I, 68,27; 182,19; 36, 424,2; 425,1; 40 I, 224,23.

[50]   Siehe die bei GRESHAKE: *Der dreieine Gott* (s. Anm. 2) verzeichneten Stimmen.

Spekulation gebraucht werden, *falls es einem zusagt, Begriffe zu bilden*"[51]. Oder das volltönende Echo gerade bei Augustinus: „Wenn man jedoch fragt, was diese drei sind, dann wird die *große Armut* offenbar, an welcher die menschliche Sprache leidet. Immerhin hat man die Formel geprägt: Drei Personen, nicht um damit den wahren Sachverhalt auszudrüken, *sondern um nicht schweigen zu müssen*"[52]. Mögen es die mittelalterlichen Theologen nicht anders haben verstehen können, wir wissen jedenfalls heute, dass die Reflexionen der Kirchenväter nicht als Anweisung zur Ausarbeitung eines geschlossenen Traktates verstanden werden wollen. In Erinnerung an ihre Vorsicht kann man nur sagen: Die Trinitätslehre ist viel zu vollmundig geworden, manchmal (und sogar heute noch) geradezu gepanzert mit Konzeptionen und systematischen Konstruktionen. *Es ist Zeit für eine „asketische" Trinitätslehre, die sich die grundlegende Tatsache zu Herzen nimmt, dass das Ganze des Glaubens an den dreieinen Gott ausgedrückt ist in jeder Doxologie und durch jedes Kreuzzeichen am Ende unserer Gebete.* Eine solche „asketische" Trinitätslehre schulden wir den heute Glaubenden und der gegenwärtigen Theologie zu Gunsten von vier notwendigen Perspektiven:

a. *Ein „einfacher" und unbehinderter Glaube.* Wenn eine Theologie dadurch, dass sie intellektuell und spirituell überzieht, einfache Christenmenschen daran hindert, ihren Glauben in einfachen Worten auszudrücken, die es ihnen erlauben, diese Worte als Zusammenfassung des menschlichen Heils zu erfassen, dann führt eine solche Theologie die Gläubigen in die Irre, sie ist in der Gefahr, mit Luthers Worten, „Irrtum und Gift"[53] zu werden.

b. *Der interreligiöse Dialog.* Mehr denn je sind wir heute verpflichtet, gegenüber dem jüdischen Glauben und gegenüber dem Islam klarzustellen, dass der christliche Trinitätsglaube nichts zu tun hat mit einem latenten Polytheismus. Es ist hoffnungslos, das zu versuchen auf der Grundlage einer spekulativen Trinitätslehre, die in früheren Zeiten fernab von jedem interreligiösen Dialog entwickelt wurde. Kein Jude, kein Muslim kann genötigt sein, zuerst die *Summa Theologiae* I 27-43 und/oder 15 Bücher *De trinitate* von Augustinus zu studieren, um zu begreifen, dass ihre Sorgen gegenstandslos sind. Wir müssen in der Lage sein, den Sachverhalt in einfachen Worten zu sagen – auch einfachen Worten der Reflexion –, andernfalls haben wir keine Hoffnung, die Einwände erfolgreich zurückweisen zu können.

c. *Die soteriologische Bedeutung der Trinitätslehre.* Dieser Aspekt bedarf kaum einer Erläuterung. Etwas überschärft kann man sagen: Das Bewusstsein von der soteriologischen Bedeutung des *Glaubens* an den dreieinen Gott hat im gleichen Maße proportional abgenommen, als die Trinitäts*lehre* immer genauer

---

[51]   GREGOR VON NAZIANZ: *Oratio 42*, 17, PG 36, Sp. 477 C. Lat.-Franz. SC 384, S. 86.

[52]   *Confessiones* XIII, 11, 12, CChr.SL 27, S.247.

[53]   WA 40 II, 328,17 (= Fortsetzung des in Anm. 22 zitierten Textes!). – Einen Versuch solch „einfacher" Worte habe ich gemacht in: O. H. PESCH: *Kleines katholisches Glaubensbuch*. Mainz 1974, [14]1997 (Topos-Taschenbücher. 29), S. 34-37; und in O. H. PESCH: *Heute Gott erkennen*. Mainz 1980, [3]1988 (Topos-Taschenbücher. 100), S. 137-143. Einfachheit läßt sich leider nicht bescheinigen bei den von G. FUCHS und J. WERBICK herausgegebenen und, soweit direkt die Trinität angesprochen ist, teilweise wieder sehr „vollmundigen" Predigten (s. Anm. 48).

und umfangreicher wurde und in sich selbst den Rang einer Glaubenswahrheit und eines ersten axiomatischen Prinzips der Theologie erlangte. Wird einer, der das deutlich ein Theologumenon mit seiner Größe und seinen Grenzen nennt, befürchten müssen, er werde der Leugnung der Trinität bezichtigt?

d. *Schließlich, die Unaussagbarkeit Gottes.* Was wir wissen und was wir in der Tat über Gott aussagen können, das ist Gottes liebende Zuwendung zu uns. Hier ist kein Geheimnis hinter dem Geheimnis, keine *secreta maiestatis*[54]. Für alles Übrige gilt auch vom Gott des christlichen Glaubens, dass Gott „wohnt in unzugänglichem Licht" (1 Tim 6,16) und dass „niemand hat Gott je hat gesehen" (1 Joh 4,12). Soll es Sache des Buddhismus sein, dies uns ins Gedächtnis zurückzurufen und alle harmlosen anthropomorphen Ideen von Gott uns auszutreiben?

Das gläubige Wort vom dreieinen Gott ist nicht das erste, sondern das riskante letzte Wort unseres Glaubens über Gott. Es sagt uns, dass Gott noch geheimnisvoller ist als schon Israels Glaube uns gelehrt hat. Und es sagt uns in der Tat, dass Gott in sich selbst Gemeinschaft ist, Dialog, Liebe – und so der Grund aller geschöpflichen Gemeinschaft, alles geschöpflichen Dialogs, aller geschöpflichen Liebe. Alles Andere ist die unzugängliche „Größe der Sache" (Luther). Uneinsehbar mit den Mitteln der rein natürlichen Vernunft (Thomas, STh I 32,1)[55]. Alles Weitere ist die Unterströmung der „negativen Theologie", die beständig die

---

[54] WA 18, 689,18f. 29; 706,29; 712,25; 729,17; vgl. 685,26; 686,1; 718,2; 784,14f. (*De servo arbitrio*, 1525).

[55] Im Urteil über die Ausgangslage gehe ich also einig mit K.-H. OHLIG: *Ein Gott in drei Personen?* (s. Amm. 5) – obwohl Ohlig immer wieder gezwungen ist, durch „könnte...". „dürfte wohl...", „lag es nahe...", „wahrscheinlich ist..." „ganz offensichtlich ist..." u.ä. den hypothetischen Charakter vieler Einzelheiten seiner veritablen historischen „Dekonstruktion" der Trinitätslehre einzugestehen. Anderseits bezeichnet er mehrfach diesen Weg der christlichen Gottesanschauung als „unausweichlich", „unvermeidlich". Damit stellt sich die Frage: Ist die Entstehung des trinitarischen Glaubens und nachfolgend die Entwicklung der Trinitätslehre sogleich der erste und gründliche Verrat an der Sache Jesu – wie nach Meinung immer noch vieler auch die Entstehung der Kirche und die Entwicklung der Ekklesiologie? Oder ist beides die „unausweichliche" Inkulturation, ja „Inkarnation" der ursprünglichen Botschaft Jesu von Gott im griechischen und später römischen Geist, ohne die der christliche Glaube keine Geschichte gehabt hätte und die Ohlig in bezug auf das NT als Glücksfall bezeichnet (S. 30)? Wenn dies letztere, dann ist gewiß jede kritische Rückfrage an die Trinitätslehre erlaubt, aber die kulturell-kontextuelle Verortung und Herleitung des trinitarischen Gottesbildes kann dann nicht alles sein. Vielmehr legitimiert, ja nötigt sie uns zu einem umsichtigen Versuch neuer Inkulturation und Kontextualisierung unter *unseren* Verstehensbedingungen. Ist sie aber doch Verrat, dann bleibt als Alternative nur ein Biblizismus, der „unausweichlich" aber ebenfalls Züge *unseres* kulturellen Kontextes annimmt. Ist es akustische Täuschung, wenn ich in Ohligs Buch einen solchen biblizistischen Unterton heraushöre? Im übrigen: Wenn Jesus nach christlichem Verständnis wirklich die *endgültige* und *unüberbietbare* Selbstmitteilung Gottes an die Welt ist, und zwar durch sein Kreuz, dann sagt uns das „unausweichlich" auch etwas Neues über Gott, das so im Monotheismus Israels noch nicht (so deutlich) gesagt ist. Und: Fragen sind nicht schon deshalb illegitim, weil sie in der Heiligen Schrift noch nicht gestellt sind. – Ansonsten ist Ohligs Buch ein brillantes und reich dokumentiertes Kurz-Kolleg zur Geschichte der Trinitätslehre!

Geschichte der christlichen Lehre von Gott begleitete und deren Grundsatz zusammengefasst ist in den berühmten Worten des Ps.-Dionysius Areopagita: „In Bezug auf die Wirklichkeit Gottes sind unsere Verneinungen wahr und unsere Bejahungen unzureichend"[56]. Was bleibt ist, was der alte griechische Kirchenvater Eusebius von Emesa in seinen *Orationes* sagt: *Finis autem sermonis religiosa taciturnitas* – „Am Ende aller Worte: das Schweigen der Verehrung"[57].

Einstmals waren es die Bischöfe, die mit der angedeuteten „Askese" die Lehre vom dreieinen Gott vorantrieben. Dann investierten die Dogmatiker ihre ganze theologische Leidenschaft in sie. Möge der Dogmatiker in Bischof Lehmann noch lange die theologische Leidenschaft ermutigen. Und möge der Bischof im Dogmatiker Lehmann ihr, wenn es nottut, die sanften Zügel der intellektuellen „Askese" anlegen!

---

[56] PS.-DIONYSIOS: *De caelesti hierarchia* 2,3. Ed. G. HEIL in: *Corpus Dionysiacum.* Bd. 2. Berlin 1991, S. 12,20-13,2. Siehe dazu J. HOCHSTAFFL: *Negative Theologie. Ein Versuch zur Vermittlung des patristischen Begriffs.* München 1976, S. 13-155.
[57] EUSEBIUS VON EMESA: *Orationes* V, 32, zit. nach GRESHAKE: *Der dreieine Gott,* S. 556.

„Extra nos" – Ein Beitrag Luthers zur christlichen Frömmigkeit

VON WOLFHART PANNENBERG

Die Kirchengemeinschaft, die sich auf Luthers Lehre gründete und schon zu seinen Lebzeiten – zu seinem großen Ärger – nach seinem Namen genannt wurde, als „Lutherische Kirche", erinnert sich bis heute an ihren Gründer auf mancherlei Weise. Bis auf den heutigen Tag braucht sie Luthers Übersetzung der Heiligen Schrift, sie singt seine Lieder und hat seine Katechismen in ihre Bekenntnisschriften aufgenommen. Nicht zuletzt fährt sie fort, sich seines Mutes zu erinnern, wie er unter Berufung auf das Gewissen gegen den Papst und die kaiserliche Autorität aufstand. Wenn wir als Lutheraner an Luthers theologische Leistungen denken, dann erinnern sich viele von uns an erster Stelle an die exegetische Entdeckung, die er selbst als den Durchbruch seiner reformatorischen Theologie bezeichnet hat. Das ist die Neubestimmung des Ausdrucks „Gerechtigkeit Gottes" bei Paulus (Röm 1,17) im Sinne der Bundesgerechtigkeit Gottes, seiner Treue zu den Menschen, nicht seiner strafenden Gerechtigkeit. Daneben steht die andere exegetische Entdeckung Luthers bei Paulus, die paulinische Lehre von der Rechtfertigung des Menschen durch den Glauben. Der genaue Sinn dieser Lehre ist allerdings bis zum heutigen Tag Gegenstand endlosen Streites unter den lutherischen Theologen selber und nicht etwa nur zwischen ihnen und der römisch-katholischen Theologie.

Ich persönlich betrachte eine dritte exegetische Entdeckung Luthers als seine vielleicht bedeutendste theologische Leistung, nämlich die Wiedergewinnung der vollen Tiefe des biblischen Begriffs Glaube. Sie ist grundlegend für die Lehre von der Rechtfertigung durch den Glauben allein. Ohne den vollen biblischen Glaubensbegriff wird diese Lehre unvermeidlich mißverstanden und falsch beurteilt. So geschah es im 16. Jahrhundert, als Luthers Gegner das Wort Glauben nur im Sinne der Zustimmung zur Kirchenlehre *(assensus)* auffaßten und daher nicht als hinreichend zur Rechtfertigung des Menschen vor Gott beurteilten. Auch Luther hat das Moment der Zustimmung im Glaubensbegriff festgehalten, aber nur als Voraussetzung des Vertrauens auf Gott. Erst das Vertrauen auf Gott erfüllt den vollen Sinn des biblischen Wortes Glaube. Sicherlich gibt es kein Gottvertrauen ohne Zustimmung zu der Annahme, daß Gott existiert. Ebenso müssen die Verheißungen Gottes zunächst einmal zur Kenntnis genommen werden, damit man sein Vertrauen auf ihn setzen kann. Dennoch werden wir erst durch das Vertrauen auf Gottes Verheißungen gerettet, nicht schon durch die bloße Kenntnisnahme von ihnen. Wenn das Moment des Vertrauens im Glaubensbegriff vernachlässigt wird, dann kann die zustimmende Kenntnisnahme von Gott und seinen Verheißungen nicht mehr unsere Gerechtigkeit vor Gott ausmachen. Die Glaubenszustimmung bedarf dann der Ergänzung durch die Liebe zu Gott. Das war die Position des Konzils von Trient. Nur auf der Basis des vollen biblischen

Begriffs vom Glauben konnten in unseren Tagen Lutheraner und Katholiken Übereinstimmung erreichen darüber, daß wir durch Glauben vor Gott gerecht sind und nichts, was dem Glauben vorhergeht oder ihm folgt, unsere Gerechtigkeit vor Gott begründet. Nur der biblische Begriff des Glaubens als Vertrauen auf Gottes Verheißungen macht auch die Heilsgewißheit des Glaubens verständlich und die jetzt über dieses Thema erzielte ökumenische Verständigung.

Luthers Einsicht in die volle Bedeutung des biblischen Glaubensbegriffs bildete nun aber nicht nur das Herzstück seiner Lehre, sondern war auch von entscheidender Bedeutung für die Entwicklung einer neuen Form christlicher Frömmigkeit, deren Ansatzpunkte bei Luther zu erkennen sind. Diese spirituelle Dimension der Glaubenstheologie Luthers ist wiederum unerläßlich für ein sachgemäßes Verständnis seiner Rechtfertigungslehre.

Um diesen Sachverhalt richtig zu würdigen, ist es hilfreich, wenn man sich das Ausmaß von Luthers früher Teilnahme an spätmittelalterlichen Einstellungen und Formen der Frömmigkeit vor Augen hält. Einige davon blieben auch in Luthers späteren Jahren wirksam. Das gilt nicht für die spätmittelalterliche Heiligenverehrung, wohl aber für die Bußfrömmigkeit des späten Mittelalters. Die Heiligenverehrung teilte Luther in seinen frühen Jahren, ließ sie aber später hinter sich durch die Konzentration auf Jesus Christus als unseren alleinigen Mittler für unser Verhältnis zu Gott. Der Jungfrau Maria bewahrte er auch später noch tiefe Verehrung. Er betrachtete sie als Beispiel reinen Vertrauens auf Gott, wie besonders Luthers Auslegung des Magnificat zeigt. In ihrem gehorsamen Vertrauen auf Gottes Verheißung erblickte Luther ein Vorbild für jeden Christen. Aber er brachte auch Maria keine gottesdienstliche Verehrung mehr dar.

Viel tiefer als mit der Heiligenverehrung blieb Luther mit der Bußfrömmigkeit des späten Mittelalters verbunden. Obwohl er ein leidenschaftlicher Kritiker einiger ihrer volkstümlicher Ausdrucksformen wurde, von Pilgerfahrten bis zum Fasten. Er lehnte nämlich alles ab, was der Werkgerechtigkeit verdächtig werden konnte. Dennoch hat er den Rahmen der Bußfrömmigkeit seiner frühen Jahre als Mönch nie vollständig durchbrochen und hinter sich gelassen. Als er in seinem Gewissen litt unter seiner skrupulösen Empfindlichkeit für die Forderungen des göttlichen Gesetzes mit allen seinen subtilsten Implikationen, da riet ihm sein Beichtvater Johannes von Staupitz, sich ganz auf das Bild des leidenden Christus zu konzentrieren, auf das Bild der Liebe Gottes für den Sünder. Von Staupitz lernte Luther, sich an Jesus Christus und die in ihm verkörperte göttliche Verheißung der Sündenvergebung zu halten, statt die eigenen Bemühungen um verdienstliche Werke der Buße und Genugtuung noch weiter zu verstärken. Dennoch blieb Luther unter dem Eindruck der anklagenden Gewalt des göttlichen Gesetzes. So blieb er auch in seiner späteren Lehre von Gesetz und Evangelium noch der Grundeinstellung der Bußkämpfe seiner frühen Jahre als Mönch verbunden, und dementsprechend identifizierte er das Heil in Christus in erster Linie und oft beinahe ausschließlich mit der Vergebung der Sünden, im Unterschied zu anderen Formen christlicher Frömmigkeit, die stärker das ewige Leben als den zentralen Inhalt des christlichen Heils betonen. Im Kleinen Katechismus schrieb Luther: „Wo Vergebung der Sünden ist, da ist auch Leben und Seligkeit" (WA 30/1, 376). Man könnte von der Mahlgemeinschaft mit Jesus her auch umgekehrt sagen: Wo Gemeinschaft mit Gott ist, da ist auch Vergebung der Sünden; denn da ist alles überwunden, was von Gott trennt. Doch für Luther blieb das christliche Heil konzentriert auf die Vergebung der Sünden. Er ersetzte nur die Absolution durch den Priester im Bußsakrament durch die Verheißung Christi selbst. In Luthers Erfahrung war das Sakrament der Kirche nicht genug, um die Schrecken des Gewissens zu überwinden. Angesichts seines quälenden Zweifels, er könne selber zu denjenigen gehören, die Gott von Ewigkeit her verworfen hat, bedurfte Luther des unmittelbaren Kontaktes mit Gott selbst, um seines persönlichen Heils gewiß zu werden. Das Wort des Priesters im Sakrament der Kirche war nicht genug. Konfrontiert mit dem undurchdringlichen Geheimnis des göttlichen Willens im Hinblick auf seine eigene Person und sein Heil fand Luther für eine Weile Trost in dem Gedanken, sich ganz der Willkür der göttlichen Entscheidung über ihn anheimzugeben, was auch immer der Inhalt dieser Entscheidung sein mag. Sogar dann, wenn Gott ihn für die ewige Verdammnis bestimmt haben sollte, würde er nicht ganz von Gott getrennt sein können, wenn er sich in Gottes Willen ergab ohne Rücksicht auf dessen Inhalt. Als Luther 1516 Vorlesungen über den Brief des Apostels Paulus an die Römer hielt, war er von diesem Gedanken einer *resignatio ad infernum* fasziniert, einer Ergebung in die Möglichkeit der eigenen Verdammnis, wenn dies denn Gottes Wille sein sollte. Er sah darin ein Mittel, die eigene Seele von allen Wünschen des eigenen Selbst zu reinigen und sich ganz und gar Gott zu überliefern. Doch dann wurde Luther sich bewußt, daß diese Überlegung den konkreten Willen Gottes in Bezug auf uns so, wie er in Jesus Christus offenbart ist, vernachlässigt, nämlich Gottes entschiedenen Willen zu unserer Erlösung. Dieser in Christus offenbare Wille Gottes bedeutet, daß wir nur so mit dem Willen Gottes eins werden können, daß wir uns seiner Verheißung in Jesus Christus anvertrauen. Daher wurde von nun an Gottes Verheißungswort in Jesus Christus zum Brennpunkt von Luthers Glaubenstheologie, und die Unmittelbarkeit der göttlichen Zusicherung unseres Heils in Jesus Christus hielt er den Anschuldigungen des Gesetzes entgegen. Dennoch betonte Luther auch weiterhin die geistliche Notwendigkeit der Predigt des Gesetzes für die Christen, damit sie immer wieder durch die Anklage des Gesetzes dazu getrieben werden, Zuflucht zu suchen in Gottes Verheißung durch das Evangelium. Luther selbst hat bis zum Ende seines Lebens an der privaten Beichte und Absolution festgehalten. Die Bußfrömmigkeit der spätmittelalterlichen Kirche blieb in seinem Verhalten wirksam, obwohl er das göttliche Verheißungswort als Befreiung von den Schrecken seines Gewissens erlebt hatte. Luthers Lehre von Gesetz und Evangelium zeigt den fortdauernden Einfluß der Bußfrömmigkeit auf sein Denken. Und doch hat er im Prinzip die Schranken dieser Frömmigkeit überschritten durch die Erfahrung einer neuen Unmittelbarkeit zu Gott. Diese Unmittelbarkeit zu Gott hatte er gesucht durch blinde Ergebung in den göttlichen Willen unabhängig von seinem konkreten Inhalt. Gefunden hat er sie aber in der konkreten Gestalt des göttlichen Willens, in seinem Verheißungswort, das uns durch Jesus Christus gegeben ist. Diese neue Unmittelbarkeit zu Gott in Christus ist im Prinzip unabhängig vom Kontext der Bußfrömmigkeit. Das zeigte sich in Luthers Gedanken der christlichen Freiheit, die im Akt des Glaubens gründet. Mit seinem Verlangen nach Unmittelbarkeit zu Gott stand Luther in seiner Zeit nicht allein. Viele Christen haben in der Geschichte der christlichen Mystik die Unmittelbarkeit zu Gott erstrebt. Im. Spätmittelalter gab es ein wachsendes Verlangen nach solcher Unmittelbarkeit zu Gott. Es trat in verschiedenen Formen auf, die nicht alle mystisch waren. Die franziskanische Lehre eines Duns Scotus von der freien Annahme einer Person durch Gott als letztem Grund der Teilhabe am Heil enthielt ein Moment der Unmittelbarkeit zu Gott, ohne mystisch zu sein. Ähnliches läßt sich vom spätmittelalterlichen Augustinismus sagen. Wo aber das Verlangen nach Unmittelbarkeit zu Gott sich verband mit dem Wunsch nach Vereinigung mit ihm, da sollte die Wirksamkeit eines mystischen Motivs nicht bestritten werden. In diesem Sinne war Luthers Gedanke einer *resignatio ad infernum*, eine Ergebung in den Willen Gottes auch für den Fall, daß Gott für den ihm so Ergebenen die ewige Verdammnis beschlossen haben sollte, ganz offensichtlich mystisch. Die Einigung mit dem Willen Gottes, was immer sein Inhalt ist war hier das Ziel. Der Gedanke geht zurück auf ein ganz bestimmtes Werk mystischer Theologie, auf die unter dem Einfluß Johann Taulers geschriebene *theologia deutsch*. Luther schätzte dieses Werk sehr, seit er 1516 mit ihm bekannt wurde. Luther besorgte 1518 sogar eine Neuausgabe des Buches. Es betont den Wert der Demut als Weg zur Einheit mit Gott und stellt Jesus als Beispiel der Selbstverleugnung hin, die ihren Gipfel darin erreicht, daß Jesus im Gehorsam gegen Gottes Willen die Verdammnis des Kreuzes erlitt. Wegen solcher Selbstverleugnung empfing er anschließend die höchste Ehre im Reiche Gottes, den Platz zur Rechten des Vaters. Diese Argumentation der *theologia deutsch* faßte die Einheit mit Gott als Resultat der Selbstverleugnung durch Demut auf, und Jesus wurde als das höchste Beispiel solcher Demut dargestellt. Die Mystik direkter Vereinigung mit Gott wurde dabei kombiniert mit dem Gedanken mystischer Einheit mit Jesus durch kontemplative Versenkung in seine Demut und in sein Leiden. Luther ging über dieses Modell hinaus, als er im Anschluß an Paulus das Leiden Christi nicht nur als Beispiel und Vorbild für uns auffaßte, sondern als stellvertretendes Leiden, das für uns erlitten wurde, an unserer Stelle, mit der Konsequenz der Beseitigung unserer Sünde und ihrer Folgen.

Luthers Theologie der Verheißung ist deutlich verschieden von der Mystik der *theologia deutsch*. Aber es ist ein Fehler, daraus einen Gegensatz Luthers zur Mystik überhaupt zu machen. Luther gelangte nur zu einer anderen Form der Mystik, statt einer Demutsmystik zu einer Glaubensmystik, für die die mystische Einigung im Akt des Glaubens selber stattfindet. Nach Luthers berühmter Schrift über die christliche Freiheit von 1520 vereint der Glaubensakt den Glaubenden mit demjenigen, worauf er sein Vertrauen setzt. Das Wort Vertrauen bedeutet, sich zu verlassen auf denjenigen, auf den wir unser Vertrauen setzen. Sich verlassen ist hierbei ganz buchstäblich zu nehmen: Der Vertrauende verläßt sich selber, indem er sich auf den andern gründet, dem er vertraut. Wer so sich selbst verläßt, der existiert fortan „außerhalb seiner selbst", nämlich in Abhängigkeit von dem, auf den er sich verläßt. Das ist das berühmte *extra nos* des Glaubens, das Luther so oft betont hat: Unser Glaube versetzt uns aus uns selber heraus in denjenigen hinein, dem wir uns anvertrauen. In *De libertate christiana* hat Luther das in der Sprache der Brautmystik beschrieben: Der Glaube vereint die Seele mit Christus wie die Braut mit dem Bräutigam, so daß beide ein Fleisch werden, *una caro* (c. 12, WA 7,54). Daher gehört der Seele des Glaubenden alles, was Christus hat, seine Gerechtigkeit und Heiligkeit und sein Leben. Seine Gerechtigkeit wird die unsere, weil wir durch den Glauben mit Christus vereint an seiner Gerechtigkeit partizipieren. Der Glaube ist eine ekstatische Bewegung, die uns aus uns selber herausreißt und uns hineinversetzt in den, dem wir vertrauen. Diese ekstatische Bewegung stiftet die mystische Einheit mit Christus „außerhalb unserer selbst", und „in Christus" partizipieren wir an Gottes eigenem ewigen Leben, das unser Heil ist. Die ekstatische Natur des Glaubens erklärt auch den Sinn von Luthers berühmter, paradoxer Formel *simul iustus et peccator:* In uns selber erfahren wir uns als Sünder, aber außerhalb unserer selbst, in der Ekstase des Glaubens, sind wir „in Christus", und in Christus sind wir gerecht, weil wir an seiner Gerechtigkeit teilhaben. So sind wir gerechtfertigt außerhalb unserer selbst in Christus.

Diese Formel Luthers wurde im 16. Jahrhundert von seinen Gegnern völlig mißverstanden, da man Luthers mystischen Begriff des Glaubens verkannte. Die Formel *simul iustus et peccator* schien dann zu besagen, daß sich im getauften Christen gar nichts ändert, weil er ja in sich ein Sünder bleibe. Die Gerechtigkeit Christi bleibt ja auch nach Luther außerhalb von uns. Doch wer so argumentiert, berücksichtigt nicht das Wesen des Glaubens, der uns außerhalb unserer selbst in Christus hineinversetzt und so mit Jesus Christus „außerhalb unserer selbst" vereint. Unsere persönliche Identität wird in Christus neu konstituiert. Das geschieht im Akt der Taufe, und der Glaube ist die tägliche Aneignung der Taufe. Als Christen sind wir „in Christus", und in diesem Sinne ist Christus nicht mehr „außer uns". Durch Taufe und Glaube ist er in uns. Aber als Christen sind wir das, was wir sind, nur im Glauben „außerhalb unserer selbst" in Christus, und nur so ist Christus auch „in uns". Wir selber also – mit dem was wir eigentlich sind – leben „außerhalb unserer selbst". Im ekstatischen Akt des Glaubens sind wir eins mit Christus, und seine Gerechtigkeit, sein Leben sind unser. Wir empfangen durch Taufe und Glaube eine neue Identität, aber wir besitzen sie nicht getrennt von Christus, so wie wir in uns selber uns von anderen getrennt erfahren. Wir besitzen diese neue Identität als getaufte Christen nur „in Christus", nämlich im Glauben, der uns „außerhalb unserer selbst" ekstatisch vereint mit Christus.

Das ist nach Luther der Kern der „christlichen Freiheit" – der Freiheit von Sünde und vom Tode, der die Konsequenz der Sünde ist, die Konsequenz der Trennung von Gott, von der Quelle unseres Lebens. Die Freiheit des Glaubens bedeutet aber auch Unabhängigkeit von aller nur menschlichen Autorität, weil wir „in Christus" mit Gott selbst Gemeinschaft haben und darum keiner irdischen Instanz mehr letztlich unterworfen sind. Die Gemeinschaft mit Gott macht uns im Kern unseres Wesens unabhängig von aller irdischen Gewalt. Das ist jedoch eine Freiheit, die wir nur im Glauben haben, im ekstatischen Vollzug des Glaubens, der uns „außerhalb unserer selbst" mit Christus vereint. Der Christ ist also frei in seinem Glauben, aber er bleibt dennoch in seinem irdischen Dasein zum Gehorsam gegenüber menschlichen Autoritäten verpflichtet. Das konnte Luther sogar aus dem Gedanken der christlichen Freiheit selber begründen, weil wir uns „in Christus" ebenso wie er selber dem Dienst am Mitmenschen widmen sollen. Luthers christliche Freiheit ist nicht identisch mit einer Freiheit, die jeder menschlichen Person von Natur aus zukäme im Sinne eines Naturrechts. Der Mensch ist nach Luther nicht frei von Natur. Ganz im Gegenteil, jeder Mensch bedarf einer Befreiung von den Fesseln der Sünde. Es ist allein der Sohn, der uns frei macht, wie das Johannesevangelium sagt (Joh 8,36), – und schon dort steht diese Aussage im Gegensatz zur Annahme einer dem Menschen angeblich von Natur aus eigenen Freiheit. Nur durch den Glauben an Christus sind wir frei, weil uns der ekstatische Akt des Glaubens aus uns selber herausversetzt, hinein in Jesus Christus, so daß wir mit ihm vereint sind.

Es ist möglich zu fragen, ob solche Freiheit in Gott die Kraft hat, auch unser irdisches Leben zu verwandeln. Luther hat das nicht bestritten. Aber das Resultat solcher Verwandlung des irdischen Lebens kann nie in einer sogenannten bürgerlichen Freiheit bestehen, die eine jede Person ihrem eigenen Gutdünken und ihrer eigenen Willkür überläßt. Solche Freiheit kennzeichnet in christlicher Betrachtung eher die Lebensform der Sünde. Die christliche Freiheit hingegen ist frei, nach dem Willen Gottes zu leben und zu handeln. Der Inhalt des göttlichen Willens aber ist dem Christen keine heteronome Norm, kein äußerliches Gesetz, sondern dieser Inhalt entscheidet sich in jeder Situation neu für die Person, die durch den Glauben in Christus neu konstituiert ist, außerhalb unserer selbst.

Daher ist das Verhältnis zwischen der christlichen Freiheit des Glaubens und der bürgerlichen Freiheit der Moderne komplex. Historisch gesehen wurde die christliche Freiheit der lutherischen Reformation zum Argument für die Begründung bürgerlicher Freiheit, für deren Gebrauch der Einzelne nur Gott und seinem Gewissen verantwortlich ist. Solche religiöse Begründung der bürgerlichen Freiheit befindet sich jedoch nur dann in Übereinstimmung mit der christlichen Freiheit in Gott, wenn sie auf der letzteren als ihrer Basis beruht. Von dieser Grundlage abgelöst kann das Prinzip der bürgerlichen Freiheit zum Freibrief für die Sünde werden. In der Nachfolge Luthers kann das Prinzip der allgemeinen Freiheit jedes Einzelnen im Sinne der Naturrechtstradition nur in der Weise bejaht werden, daß in der Tat jede menschliche Person ihrer Natur nach als Gottes Geschöpf bestimmt ist zu der Freiheit in der Gemeinschaft mit Gott, die durch den Sohn realisiert ist und an dem die übrigen Menschen durch den Glauben anteil haben können. Keine menschliche Autorität oder Amtsgewalt ist dazu legitimiert, irgendeine Person davon abzuhalten, diese Freiheit in Gott zu gewinnen, die der menschgewordene Sohn Gottes jedem einzelnen Menschen eröffnet als Erfüllung seiner oder ihrer natürlichen Bestimmung. Mit dieser Begründung können Lutheraner die bürgerliche Freiheit als ein Wesenselement der Menschenwürde einer jeden Person bejahen. Doch der wahre Sinn solcher Freiheit wird verdunkelt durch ihren Mißbrauch, so daß der Sünder der Befreiung bedarf durch den Sohn Gottes, der uns zu wahrer Freiheit in der Gemeinschaft mit Gott befähigt.

Luthers mystischer Begriff des Glaubens im Sinne eines ekstatischen Aktes, der den Glaubenden vereint mit dem Gott, auf den er sein Vertrauen setzt, ist nicht nur ein Beitrag zur christlichen Spiritualität, sondern auch eine historische Wurzel westlicher politischer Ideen und Institutionen geworden. Auch als solche behält Luthers Gedanke eine aktuelle Bedeutung. Das Motiv einer letzten Unabhängigkeit der Person von aller menschlichen Autorität, das für die moderne Freiheitsidee charakteristisch ist, hat seine Evidenz nur auf der Basis der persönlichen Gemeinschaft mit der absoluten Wirklichkeit Gottes. Das hat noch Hegel gewußt, wenn er die „Freiheit in Gott" als tragende Wurzel der Freiheitsidee geltend machte. Die Naturrechtstradition, die andere Wurzel des modernen Freiheitsgedankens, hat für sich allein nie die Kraft gehabt, den unveräußerlichen Bestand solcher letzten Unabhängigkeit der menschlichen Person zu garantieren. Das Prinzip solcher Freiheit ist nur dann plausibel, wenn die menschliche Person in der absoluten Wirklichkeit Gottes gründet und mit ihr Gemeinschaft hat, wie sie im Akt des Glaubens stattfindet und als die moralische Bestimmung jeder menschlichen Person behauptet werden kann.

Es bleibt jedoch eine letzte Frage, wenn die im ekstatischen Akt des Glaubens erfahrene Freiheit als Grund der Rekonstitution der menschlichen Person gedacht werden soll: Wie kann der momentane Akt des Glaubens Grund einer neuen Kontinuität persönlicher Existenz sein? Jeder nächste Augenblick könnte das persönliche Engagement verändern. Doch sogar in dem Falle, daß der Akt des Glaubens unablässig wiederholt wird, wird dadurch nur eine Kette gleichartiger momentaner Ereignisse entstehen, nicht eine kontinuierliche neue Identität „jenseits unserer selbst". Solch eine Kette momentaner Glaubensakte würde unsere eigene Leistung bleiben, eine sublime Form von Werkgerechtigkeit, nicht Rekonstitution unserer Person von Gott her sein können. Der Aktualismus immer wieder zu erneuernder Glaubensakte ist charakteristisch für eine bestimmte Form protestantischer Frömmigkeit, welche die Rechtfertigung des Glaubenden als momentane Erfahrung auffaßt, die immer wiederholt werden muß und immer wieder geschieht, wo das Evangelium verkündigt und im Glauben ergriffen wird. Bei diesem Modell jedoch bestünde die Kontinuität der Existenz des Glaubenden im Fleisch und nicht im Geist. Die neue Existenz in Christus würde Ereignis nur durch die Unterbrechung unseres Lebens im Fleisch durch das Ereignis der Verkündigung und des Glaubens an sie. Luthers Konzeption der christlichen Existenz war das nicht. Luthers Lösung für das mit der Augenblickshaftigkeit des Glaubensaktes im Hinblick auf den kontinuierlichen Gang eines christlichen Lebens verbundene Problem liegt in seiner Theologie der Taufe. In der Taufe geschieht ein für allemal, daß wir eins werden mit Jesus Christus „außerhalb unserer selbst". Der Akt der Taufe nimmt nämlich nach Paulus den Tod des Täuflings vorweg, indem dieser in den Tod Christi versenkt und begraben wird, damit er an dem neuen Leben teilhaben mag, das in der Auferstehung Christi erschienen ist und das das Leben des Christen schon jetzt erfüllen und bestimmen soll. Die paulinische Beschreibung der Taufe als Inkorporation in den Tod Jesu Christi (Röm 6,3ff.) ist grundlegend für Luthers Auffassung der Taufe und ihrer Bedeutung für das christliche Leben. Der Akt der Taufe betrifft nach Luther nicht nur den Anfang eines christlichen Lebens, sondern ist in diesem Leben fortdauernd wirksam und muß täglich neu angeeignet werden.

In seinen Ausführungen zu diesem Thema im Großen Katechismus, im Abschnitt über die Taufe, konnte Luther sich mit Schärfe gegen einen Mißbrauch seiner Lehre von der Rechtfertigung des Menschen allein durch den Glauben wenden: Die „Klüglinge, die neuen Geister", gäben vor, „der Glaube mache allein selig, die Werk aber und äußerlich Ding tuen nichts dazu". Die Bedeutung nicht nur der guten Werke, sondern auch der Sakramente wird hier unter Berufung auf die Rechtfertigung allein aus Glauben abgewertet. Dazu nun Luther: „Das wöllen aber die Blindenleiter nicht sehen, daß der Glaube etwas haben muß, das er glaube, das ist, daran er sich halte und darauf stehe und fuße" (WA 30/1, 495). Das ist nun die Taufe. In einem allgemeinen Sinne ist es allerdings das Wort der göttlichen Verheißung, an das sich der Glaube hält. Das Wort der Verheißung ist auch für das Sakrament der Taufe grundlegend. Aber das bedeutet nicht, daß die Taufe nicht etwas Besonderes vermittelt über die Verkündigung des Verheißungswortes in der Predigt hinaus. Bei der Taufe empfangen wir die Verheißung Gottes in einer speziellen Form: Sie ist erstens ausdrücklich adressiert an eine einzelne Person, die mit ihrem Namen angeredet wird, und zweitens wird durch die Taufe, die den künftigen Tod des Täuflings vorwegnimmt, das ganze künftige Leben des Täuflings mit Christus verbunden.

Darum wird der Akt der Taufe nicht wiederholt wie es bei der Wortverkündigung der Fall ist, sondern die Taufe verbindet den Täufling ein für allemal mit Jesus Christus. Sie muß allerdings gerade darum, weil sie den ganzen künftigen Lebensweg bis zu seinem Ende vorwegnimmt, täglich neu angeeignet werden. Luther sagte dazu, der Christ habe sein ganzes Leben hindurch genug zu lernen und zu üben mit der Aneignung seiner Taufe, und das geschieht dadurch, daß wir täglich fest glauben, was uns durch die Taufe verheißen ist: die Überwindung des Teufels und des Todes, Vergebung der Sünde und Gnade Gottes, „den ganzen Christum und Heiligen Geist mit seinen Gaben" (WA 30/1, 497). Der Akt des Glaubens muß täglich wiederholt werden, aber die Grundlegung der neuen Existenz des Christen in der Taufe ist ein für allemal geschehen. Darum empfiehlt Luther dem durch seine Sünde angefochtenen Christen, sich auf seine Taufe zu berufen und sich zu sagen: „Ich bin dennoch getauft" (WA 30/1, 497).

Das neue Leben, das wir im Akt der Taufe empfangen, haben wir „außerhalb unserer selbst" in Christus; denn wir müssen sterben, um daran teilzuhaben, und nur durch die Vorwegnahme unseres Todes, in dem unser altes Leben in den Tod Christi hineingegeben wird, haben wir jetzt schon Anteil am neuen Leben seiner Auferstehung von den Toten. Darum kann unsere Taufe nur durch den Glauben angeeignet werden, und sie bedarf solcher Aneignung, weil der Glaube uns aus uns herausversetzt, *extra nos*. Luthers mystische Interpretation des Glaubensaktes entspricht genau seiner Lehre von der Taufe. Das neue Leben, das wir durch die Taufe empfangen, ist keine empirisch wahrnehmbare Qualität. Entgegen der mittelalterlichen Lehre von der Taufe verwandelt die Taufe nicht das Leben des Sünders in das eines Gerechten, weil vielmehr der Sünder sterben muß und wir als getaufte Christen nur jenseits dieses todverfallenen Lebens am neuen Leben des auferstandenen Christus teilhaben. Und dennoch haben wir schon in diesem Leben, durch die zeichenhafte Vorwegnahme unseres künftigen Todes und durch seine Verbindung mit dem Tode Christi die Zuversicht auf Teilhabe an seinem Leben, und das wirkt sich schon jetzt auf unsere Lebensführung aus. In diesem Sinne werden wir als Person durch die Taufe rekonstituiert in Christus, außerhalb unserer selbst. Es ist nicht so, daß damit in diesem Leben alles beim alten bliebe, aber die neue Identität des getauften Christen gehört einer anderen ontologischen Ebene an als der alte Mensch, der in diesem todverfallenen Leben weiter seinem Ende entgegengeht. Christen haben ihr ganzes Leben hindurch zu kämpfen gegen die Macht der Sünde „in ihrem sterblichen Leibe" (Röm 6,12), bis zum Augenblick des Todes, der bei ihrer Taufe in den Tod Christi bereits zeichenhaft vorweggenommen wurde. Nach Luther geht es im christlichen Leben darum, dieses Ereignis der Taufe durch unser ganzes irdisches Leben hindurch nachzuleben und einzuholen: Täglich muß der alte Adam in uns getötet werden, damit der neue Mensch in uns auferstehen kann, „welche beide unser Leben lang in uns gehen sollen, also daß ein christlich Leben nichts anders ist, denn eine tägliche Taufe, einmal angefangen und immer darin gegangen" (WA 30/1, 501). Mit anderen Worten, ein christliches Leben ist täglich neue Aneignung unserer Taufe durch den Glauben, der uns „„außerhalb unserer selbst" in Christus hineinversetzt, dahin, wo hinein wir schon durch unsere Taufe fest eingepflanzt sind. Da Christen ihre neue Identität also „außerhalb ihrer selbst' haben" in einem „außerhalb" aber, in das sie selber durch den Glauben versetzt sind, geht unsere Taufe nach Luther niemals verloren, während nach der Lehre der mittelalterlichen Theologie die Taufgnade durch die erste nach der Taufe begangene Todsünde verloren geht und durch das Sakrament der Buße wiederhergestellt oder ersetzt werden muß. Nach Luther hingegen können wir jederzeit zu unserer Taufe zurückkehren, wie wir es ohnehin täglich tun sollen, weil wir unsere neue Identität jenseits unserer selbst in Christus haben. Dieses *extra nos* bedeutet nicht, daß es sich nicht wirklich um unsere Identität handelte. Im Gegenteil, sie ist durch die Taufe wirklich uns selbst gegeben, und die Teilhabe daran durch den Glauben entspricht der ekstatischen Bestimmung alles Lebendigen, außerhalb seiner selbst zu sein. Das Bewußtsein solcher ekstatischen Teilhabe am neuen Leben Christi – und so an Gottes eigenem, ewigen Leben – soll unsere ganze christliche Existenz auf unserem irdischen Lebensweg durchdringen. Das höchst eindringlich vor Augen gestellt zu haben, ist Luthers Beitrag zur christlichen Spiritualität.

Fragmente zu einem Fragment: Die *Wette* Pascals

VON ALBERT RAFFELT[1]

1. Philologische Vorbemerkungen

Liest man in einer gängigen Ausgabe[2] das Fragment *infini rien*, die sogenannte „Wette" aus Blaise Pascals *Pensées* – Nr. 418 nach der Zählung Lafumas –, so hat man den Eindruck eines fortlaufenden Textes, dessen Absätze zwar nicht ganz bruchlos aneinander anschließen, der aber doch ein abgeschlossenes Denk- bzw. Schreibprodukt suggeriert, zumal wenn es in typographischer Vollendung bibliophil in modernen Druckausgaben dargeboten wird. – Schaut man dagegen in ein Faksimile[3] des Manuskripts, so sieht man einen Textentwurf, in sich durch Striche unterbrochen, durch Überschreibungen korrigiert, durch an die Ränder geschriebene Zusätze ergänzt, vermutlich durch eine ungewöhnliche Schreibsituation teilweise schräg angelegt, nicht immer klar aufzulösen etc. Kurz: eine Skizze, nur für den Schreibenden bestimmt.

Der Ausleger des Fragments muß sich dessen bewußt sein, daß er kein durchredigiertes Manuskript, nicht einmal unbedingt einen stimmigen Zusammenhang in *allen* Punkten vor sich hat. Die Interpretation des Fragments *infini rien* ist daher *auch* ein bibliothekarisches und textkritisch-philologisches Thema!

Im Gegensatz zu anderen Fragmenten Pascals bietet der Text aber einen Vorteil, den man bei vielen anderen bestenfalls durch philologische Verfahren wie die Wasserzeichenanalyse rekonstruierend gewinnen kann: Der Schreib-Zusammenhang der unterschiedlichen Absätze ist einigermaßen klar. Sie sind – wenn auch nicht in einem Wurf, sondern ersichtlich in mehreren Anläufen – auf zwei

---

[1] Vorlesung an der Universität Freiburg am 14. 12. 2000.
[2] Zur Interpretation sollte man Ausgaben heranziehen, welche die Ordnung des Nachlasses wahren und sie nicht zugunsten subjektiver Einteilungskriterien verändern. Louis LAFUMAs Ausgaben der *Pensées* von 1951 und der *Œuvres complètes* von 1963 können als die Standardausgaben gelten. Sie erfüllen dieses Kriterium ebenso wie die Ausgaben von Philippe SELLIER (1976, 1991, 2000 [Le Livre de poche. 16069], vgl. ThPh 68 [1993], S. 270-272) und Michel LEGUERN (1977, 1999 [Bibliothèque de la Pléiade. 462]) (sämtlich in Paris erschienen). Von den deutschen Übersetzungen beruht diejenige von Ulrich KUNZMANN (B. PASCAL: *Gedanken.* Leipzig 1987, ²1992 [RUB 1211], Neuausgabe Stuttgart 1997 [RUB 1622]) auf Lafumas Ausgabe, ist in manchen Punkten der Übersetzung aber problematisch (dazu FZPhTh 35 [1988], S. 507-526).
[3] Faksimileausgaben edierten Léon BRUNSCHVICG u.d.T. *L'original des Pensées* (Paris 1905) und Louis LAFUMA *Le manuscrit de Pensées de Pascal 1662* (Paris 1962). Ersterer als Photographie des jetzigen (buchbinderisch bedingten) Manuskript-Zustands, letzterer umgeordnet nach der sog. ersten Kopie, die 1662 angefertigt wurde. Eine Faksimile des „Wett"-Fragments finden sich auch bei Per LØNNING: *Cet effrayant pari. Une „pensée" pascalienne et ses critiques.* Paris 1980, S. 203-206.

großen Blättern notiert worden, die Pascal wohl zusammengefaltet längere Zeit mit sich herumgetragen hat. Es stehen noch andere apologetische Überlegungen auf diesen Blättern, die *scheinbar* keine direkte Beziehung zu dem Wett-Argument haben. Der Zeitpunkt der Entstehung wiederum ist leider nicht klar. Er spricht einiges dafür, ihn parallel mit Pascals mathematischer Beschäftigung mit den Fragen des Glückspiels anzusetzen – nach 1654 –, aber es sind auch andere Hypothesen denkbar, und eine Sicherheit läßt sich hier kaum gewinnen.

Während Pascal die übrigen Notizblätter für seine Apologie des Christentums weitgehend zerschnitten und einem Gliederungsschema zugeordnet hat, blieb dieser Text beieinander. Das läßt sich auf verschiedene Weise deuten: Entweder ist der Autor nicht so weit gekommen, die Zuordnung vorzunehmen – oder der Text sollte als solcher in die geplante Apologie eingeordnet werden – oder das Material diente als Gedächtnisstütze, um seinen Inhalt parat zu haben und an passender Stelle unterzubringen (bis auf das Wett-Argument im engsten Sinn finden sich die anderen Gedanken auch im übrigen Material: vielleicht nochmals ein Hinweis zur Vorsicht bei der Interpretation hinsichtlich der Wertigkeit der speziellen Arguments für Pascal selbst). Weitere Möglichkeiten ließen sich natürlich ausdenken...

Die folgenden Überlegungen suchen einen Weg mit diesen Fragmenten zu skizzieren, der auf den philologischen Gegebenheiten aufzubauen sucht, aber den Assoziationsreichtum des Textes nicht auf seinen genetischen Kontext beschränkt, sondern bedeutsame Stationen der Rezeptionsgeschichte dieses Fragments miteinzubeziehen sucht. Die Ausführungen können hier nur Andeutungen bleiben. Daher der Titel.

2. Zum Text

Wenigstens kurz müssen wir uns über den Inhalt verständigen[4]. Es handelt sich um einen Text mit einer Überschrift – *unendlich nichts.* Sie wird in zwei Richtungen weitergeführt: Der Eingangsabschnitt beschränkt die Reichweite menschlichen Erkennens auf die Endlichkeit. Es wird sodann behauptet, daß das Endliche vor dem Unendlichen zu einem Nichts wird. Die folgenden Abschnitte reflektieren über die Grenzen unserer Erkenntnismöglichkeiten: Die Erkenntnis der Existenz und der Natur des Endlichen ist uns angemessen, weil wir selbst endlich und ausgedehnt sind; die *Existenz* des Unendlichen ist uns zugänglich, weil es Ausdehnung hat wie wir; nicht aber sein *Wesen*, weil es keine Grenzen hat wie

---

[4] Eine genauere Darstellung des Textzusammenhangs findet sich in meiner unter der Leitung von Karl Lehmann verfertigten Dissertation *Spiritualität und Philosophie.* Freiburg 1978 (FThSt 110), S. 223-237 [auch als elektronische Ausgabe http://www.freidok.uni-freiburg.de/volltexte/5/]. Dafür könnte ich Georges BRUNET: *Le pari de Pascal.* Paris 1956, benutzen. Die gründlichste Analyse, eine umfassende Interpretation des Fragments von seinen philologischen Voraussetzungen aus sowie eine Darstellung der Rezeptionsgeschichte bietet das genannte Buch von P. LØNNING: *Cet effrayant pari.*

wir; *Existenz und Wesen* Gottes sind uns unzugänglich, weil er weder Ausdehnung noch Grenzen hat. Es folgt eine den Zusammenhang erweiternde Bemerkung über die Erkenntnis der Existenz Gottes, die der *Glaube* ermöglicht, und über die eschatologische Erkenntnis des *Wesens* Gottes. Der Schreiber sieht aber von der Glaubenserkenntnis ab und argumentiert auf dem Boden der natürlichen Einsicht; dort aber gilt: „Wir kennen weder die Existenz noch die Natur Gottes". Die *theoretische* Vernunft kann also den Punkt „Gott ist oder er ist nicht" nicht entscheiden.

An dieser Stelle beginnt ein Dialog um Gott von einer agnostischen Position aus. Daß es die Position Pascals ist, sollte man nicht von vornherein voraussetzen. Der Dialog ist zunächst einmal eine literarische Fiktion[5]. – Wer sich auf das Wett-Argument im engeren Sinn bezieht, beginnt im allgemeinen hier seine Analyse.

Angesichts des Scheiterns der theoretischen Vernunft in der Gottesfrage wird zu einer *Wahl* aufgerufen. Die Spielmetaphorik wird bemüht (Bild oder Schrift, wie beim Münzenwerfen). Der Einwand, richtig wäre es, überhaupt nicht zu wählen, wird damit beantwortet, daß *immer* eine Wahl getroffen wird: „Sie sind im Boot". Die Wahl kann zweierlei verlieren: Das Wahre und das Gute; sie setzt zweierlei ein: die Vernunft und den Willen, die Erkenntnis und die Seligkeit. Die [theoretische] Vernunft kommt bei keiner der Entscheidungen zu größerem Schaden. Aber die Glückseligkeit (béatitude)? „... falls Sie gewinnen, gewinnen Sie *alles;* falls Sie verlieren, verlieren Sie *nichts.* Wetten Sie also ohne Zaudern, daß er [Gott] ist"...

Das ist ein Überrumpelungsargument. Es wird im Text sozusagen beklatscht („Das ist wunderbar..."). Aber die Frage stellt sich, ist der Einsatz nicht zu hoch? – Vernunft und Wille waren als „Einsatz" bezeichnet. Im folgenden wird aber das „Leben" als Einsatz genommen und mit ihm gewissermaßen gerechnet. Es werden die Gewinnchancen wie in einem Glücksspiel kalkuliert; unter der Voraussetzung, daß das Spielen nicht frei ist, ergibt sich daher ein sinnhafter Handlungszwang, wenn für eine Seite die Chancen ungleich besser werden. Die Chancen werden aber unvergleichlich besser, wenn das Unendliche ins Spiel kommt: „Das hebt jedes Verhältnis auf: überall, wo das Unendliche ist und wo keine Unendlichkeit von Verlustchancen gegen die Gewinnchance steht, darf man nicht zögern und muß alles einsetzen."

Brechen wir hier die Bemerkungen zum Inhalt des Fragments – in der Mitte der beiden Blätter – vorerst ab.

3. Eine gespaltene Rezeption

Kaum ein Fragment Pascals hat eine solche Irritation ausgelöst. Schon die frommen Herausgeber der Erstausgabe aus Port-Royal beziehungsweise der Familie haben sich an diesem Text gestoßen, der anscheinend empfiehlt, eine Wette auf

---

[5] Inwieweit ein realer Dialog hinter diesem Fragment steht, untersucht P. LØNNING: *Cet effrayant pari.* Auch hier sind freilich nur Hypothesen möglich.

Gott und das ewige Leben einzugehen, weil dies vorteilhafter als die Gegenposition sei. Sie haben eine Bemerkung vorangestellt, in der mitgeteilt wird, daß das Meiste aus dem Fragment nur für gewisse in ihrer Zuneigung zu einer gläubigen *oder* atheistischen Haltung schwankende Personen gelte[6]. Schon der erste Kommentator, der Abbé Villars[7], fand den Text skandalös, Voltaire[8] schlicht kindisch und so geht es weiter bis etwa zu Kardinal Journet[9], – für viele „the most discredited theistic argument"[10].

Eine andere Rezeptionslinie findet dagegen im Text fruchtbare Anstöße zum Weiterdenken, von Empiristen wie Locke an; aber auch bei Kant findet sich der Wettgedanke – wohl nicht ohne Vermittlung Pascals[11] –, Maurice Blondel bedenkt ein Leben lang den Text – mit unterschiedlichen Wertungen –, der Wissenschaftstheoretiker Nicholas Rescher schließlich kommentiert ihn ausführlich[12] und nennt in seiner Autobiographie bei der Darstellung seiner eigenen Konversion auch diesen Text[13]. Ein Lexikonartikel hält ihn mit Anselms ontologischem Gottesbeweis gar für „the most famous argument in the philosophy of religion" (A. Hájek[14])...

Doch welcher Text wird hier zurückgewiesen oder positiv aufgenommen? Die Rede von der „Wette" Pascals kann ja durchaus Verschiedenes bedeuten: Es kann der gesamte Textzusammenhang der zwei Blätter damit gemeint sein, auf denen der Text notiert ist (Laf. 418-426); es kann der Haupttext daraus (Laf. 418) gemeint sein oder man kann sich in diesem Text nur auf das formale Wettargument, ggf. auch nur auf dieses Argument in seiner mathematischen Form beziehen.

Eine Flut von Sekundärliteratur läßt sich auf diese Möglichkeiten verteilen. Dabei gibt es nationale Vorlieben. So ist die angelsächsische Literatur meist auf

---

[6]   Vgl. B. PASCAL: *Pensées... L'Édition de Port-Royal et ses compléments (1679-1776).* Présentée par Georges COUTON et Jean JEHASSE. Saint-Étienne 1971 (Images et témoins de l'âge classique. 2), S.166f. – Die neue Gesamtausgabe von M. LE GUERN enthält ebenfalls „Les 'Pensées' de Port Royal"; vgl.: B. PASCAL: *Œuvres complètes.* Bd. 2. Paris 1999 (Bibliothèque de la Pléiade. 462), S. 901-1046, hier 935f.

[7]   Vgl. N. P. H. de MONTFAUCON DE VILLARS : *Traité de la délicatesse.* Paris 1671 bzw. *La première critique des „Pensées". Texte et commentaire du 5ᵉ dialogue du Traité de la Délicatesse de l'abbé de Villars (1671).* Hrsg. von Dominique DESCOTES. Paris, 1980

[8]   B. PASCAL: *Gedanken. Mit den Anmerkungen Voltaires.* München 1984, S. 321.

[9]   Charles JOURNET: *Vérité de Pascal. Essai sur la valeur apologétique des Pensées.* Saint Maurice 1951, S. 47.

[10] ... in der Formulierung – nicht Meinung – von George N. SCHLESINGER: *New perspectives on old-time religion.* Oxford 1988, S. 149.

[11] Ob direkt oder indirekt: Genaueres bei Aloysius WINTER: *Der andere Kant. Zur philosophischen Theologie Immanuel Kants.* Hildesheim 1999 (Europaea memoria. I,11), S. 143f., Anm. 148, und S. 472f., Anm. 243.

[12] Nicholas RESCHER: *Pascal's Wager. A study of practical reasoning in philosophical theology.* Notre Dame, Indiana 1985.

[13] N. RESCHER: *Instructive journey.* Lanham 1997, S. 225f.

[14] Pascal's wager. In: *Stanford encyclopedia of philosophy* = http://plato.stanford.edu/ entries/pascal-wager/ – online-Publikation.

den formalistischen Teil bezogen[15], während die (neuere) französische den Komplex eher als solchen, auch in seiner historischen Bedingtheit betrachtet[16] – von originären systematischen Zugriffen, die sich nicht so leicht auf die Philologie beziehen lassen, ganz abgesehen.

4. Nützlichkeitsdenken, Spielmotiv, Wahrscheinlichkeit

Nützlichkeitserwägungen haben bei der Betrachtung ethischer und religiöser Themen immer eine peinlich Seite. Auch bei Pascals Argumentation ist der Hauptanstoß das anscheinend vorausgesetzte Nützlichkeitsdenken. Journet[17] sagt von Pascals Wettendem, er scheine gierig auf Gewinn, sie niedrig gesinnt und ohne Großherzigkeit...

Muß man den Text Pascals als solch engen „Nützlichkeitstext" lesen? Es würde auf eigentümliche Weise das Leben und die Theologie dieses Denkers der Gottesliebe konterkarieren, wenn dem so wäre, auch wenn die Deutung *verbal* möglich scheint: Ein geschriebener Text lebt auf eine eigene, objektive Weise. Der Autor kann sich nicht gegen Auslegungen wehren. Ich möchte aber an dieser Stelle die hermeneutische Voraussetzung reklamieren, daß ein Text nicht beliebig formalisiert und kontextlos interpretiert werden darf, wenn man seine *Intention* erheben will und von *ihr* aus weiterdenken will. Die Lektüre des Wett-Fragments als *Pascal*-Text setzt zudem voraus, daß dieses nicht für die Veröffentlichung freigegebene Fragment aus seinem genetischen Zusammenhang und aus Kenntnis des übrigen Werks Pascals gelesen, wenn auch nicht darauf beschränkt wird. Daß man es aus anderen Erkenntnisinteressen auch in andere, Pascals Intention fremde Kontexte stellen kann, sei unbestritten..

Die Ersteditoren von Port-Royal haben m.E. richtig gesehen, wenn sie den Text zunächst einmal in eine bestimmte Situation gestellt und als auf bestimmte Adressaten bezogen gelesen haben. Der literarische Reiz der Schriften Pascals besteht ja darin,

– daß er auf außergewöhnlich vielfältige Weise anlaßbezogen die Register wechseln kann – die *Provinciales* sind dafür ein Beispiel –,

– daß er seine Gedanken mit Bildern aus verschiedensten Lebensbereichen visualisieren kann – Mersennes Probleme der Orgelstimmung etwa zur Veranschaulichung der Anthropologie (Laf. 55) nimmt –,

– daß er von mathematischen Problemen zu Fragen der Ontologie vordringt – die „Dimensionen" im Pascalschen Quadrat und die Frage der „Ordnungen" (Laf. 308) – usw.

So auch hier: Mathematische Probleme des Glücksspiels bieten mindestens den „metaphorischen" Hintergrund. Zu ernste Interpreten wie Journet können diesen spielerischen Zug nicht nachvollziehen.

---

[15] Vgl. etwa die Sammlung von Jeffrey JORDAN (Hrsg.): *Gambling on God. Essays on Pascal's wager*. Lanham 1994, Bibliographie S. 161-164.

[16] Die Literatur bis 1980 ist aufgearbeitet bei Per LØNNING: *Cet effrayant pari*, Bibliographie S. 187-193.

[17] Vgl. Anm. 9.

Die Adressierung des Fragments und die Beachtung der literarischen Form entheben aber nicht der Frage, wie stichhaltig der strikt argumentative Teil in sich ist. Hierzu ist eine Fülle vor allem angelsächsischer Literatur erschienen. Ian Hacking hat Pascals Überlegungen als frühes Beispiel eines entscheidungstheoretischen Kalküls analysiert[18]. Er sucht die Logik dreier Argumentationsfiguren zu erheben, die im Pascaltext vorkommen, und unterscheidet dabei drei „Wetten", deren erste vom klaren Übergewicht einer der beiden Alternativen ausgeht: Die zweite Alternative ist so angesetzt, daß ihr Ergebnis nie günstiger ist als das der ersten. Sprich: Der Ungläubige kommt auch im Falle, daß er recht hat, nicht besser weg als der Gläubige („Wenn Sie gewinnen, gewinnen sie *alles*, wenn Sie verlieren, verlieren Sie *nichts*"). Ein *argument from dominance*.

Die zweite Form reagiert auf den Einwand, „vielleicht setze ich zu viel". Hier ist der Nutzenerwartungwert beider Alternativen zu vergleichen und die Handlung mit dem größten Erwartungswert zu vollziehen. Also muß Pascal den Erwartungswert maximieren. Und wenn gleiche Chancen für Gottes Existenz oder Nichtexistenz gegeben sind, ist der Erwartungswert der positiven Wahl angesichts der Verheißung von „mehr Leben" (Pascal spielt mit der merkwürdigen Wendung von „zwei Leben" und „drei Leben" gegen das weltliche Leben des *libertin*) eindeutig der negativen überlegen: „Sie wären unklug – da Sie ja genötigt sind zu spielen –, wenn Sie nicht in einem Spiel, wo die Chance für Verlust und Gewinn gleich ist, Ihr Leben einsetzen". Ein *argument from expectation*.

Nach Hacking setzt dieses Argument die „monströse Prämisse der gleichen Chance" voraus, die nur wenige Agnostiker teilen – genau diejenigen allerdings, die die Erstherausgeber als Adressaten genannt haben. Das Argument muß in der Weise erweitert werden, daß der Erwartungswert so hoch ist, daß auch bei einer geringeren Chance die religiöse Alternative die irreligiöse so dominiert, daß sie die Wahl quasi erzwingt: Dies geschieht im dritten Argument, wenn das Unendliche – wie oben zitiert – ins Spiel kommt... Ein *argument from dominating expectation*.

Die Analyse läßt sich teilweise bestreiten; die dialektische Verbindung von Argument zwei und drei ist hier wohl zu scharf getrennt. Außerdem trägt Hacking Inhalte in die Argumentation ein, die sich dort gar nicht finden, wie das „Höllen"-Argument – obwohl diese Vorstellung zu Pascals „Dogmatik" gehört (vgl. Laf. 419), wird sie in seiner „Apologetik" im Wett-Argument im engeren Sinn nicht benötigt[19]. Hacking findet in allen drei Fällen die Prämissen unhaltbar oder gar absurd und kann sich bestenfalls vorstellen, daß es tatsächlich vor (gut) dreihundert Jahren Individuen gegeben haben mag, die sie geteilt haben... Interessant ist aber, daß Hacking die *Logik* des Gedankengangs in sich für konsistent hält und daß er das Argument für eine geniale Anwendung der Entscheidungstheorie *avant la lettre* nimmt. Aber die Prämissen...[20]!

[18] The logic of Pascal's wager. In: *American philosophical quarterly* 9 (1972), S. 186-192, hier nach dem Wiederabdruck in J. JORDAN: *Gambling on God*, S. 21-29.
[19] Anders die Übernahme in der *Logique de Port-Royal*, 4. Teil, Kapitel 16, dt. in: Antoine ARNAULD: *Die Logik oder die Kunst des Denkens*. Darmstadt 1972, S. 345-349.
[20] Eine sehr gute Zusammenfassung und Diskussion der entscheidungstheoretischen

Klar ist, daß Pascals Argument von *Voraussetzungen* ausgeht. Es setzt voraus, daß man sinnvoll über Gott sprechen kann und daß er *möglicherweise* ist. Könnte man dagegen die Möglichkeit der Existenz Gottes apriori ausschließen, so käme es zu keiner möglichen Wette. Die theoretische Vernunft hätte entschieden. Die von Pascal formulierte Gesprächsvoraussetzung wäre nicht gegeben.

Deutlich ist auch, daß ein bestimmtes Gottesbild – eine „Theologie – vorausgesetzt wird. In der angelsächsischen Literatur wird etwa das *many gods*-Argument als Gegenbeweis diskutiert; ein postmoderner Indifferenzgott, der meine Lebenshaltung nicht betrifft, u.a.m. ließe sich auch nennen. Es lassen sich durchaus auch absurde Theologien konstruieren – William James hat das schon getan[21] –, unter deren Voraussetzung die Wette nicht greifen könnte. Aber das kann eigentlich weniger beeindrucken; es zeigt nur, daß es keine Universalisierbarkeit des rein formalen Arguments für alle Kontexte gibt... Wenigstens anmerkungsweise sei aber darauf hingewiesen, daß gerade die Isolation des formalen Arguments von Pascals Kontext Probleme schafft, die sich im Gesamt von Pascals Denken so nicht stellen.

Die spielerisch kalkulierende Durchführung der Argumentation formuliert jedenfalls ein ernsthaftes Problem, die Frage nämlich, wie Entscheidungen sinnhaft (Pascal: „haben sie auch keine Beweise, so ermangeln sie doch nicht des Sinns...") gefällt werden können angesichts einer nicht völligen Durchreflektierbarkeit, angesichts einer offenen Erwartungsituation und im Blick auf die möglichen Risiken. Pascal hat dabei eine Formalisierung solcher Entscheidungssituationen vorgenommen, indem er Chancen rechnerisch zu fassen sucht. Das hatte er vorher mathematisch für Glücksspielsituationen durchgeführt. Hierauf spielt der Gedankengang an. Er führt einen heute in anderen Lebensbereichen klassisch gewordenen Argumentationsstil in die Apologetik ein. Wie man sieht, nicht völlig wirkungslos, aber mit Voraussetzungen, die aufgeschlüsselt werden müssen, will man dem Argument einen auch heute nachvollziehbaren Inhalt abgewinnen.

5. Die existentielle Dimension der Wette

Der Gedankengang gewinnt größeres Gewicht, wenn man das Glücksspielmotiv relativiert. H. Gouhier hat z.B. auf existentiell relevante Vorzugsentscheidungen hinsichtlich der Lebensführung angesichts möglicher – positiver oder negativer – Zukunftserwartungen hingewiesen; eine Entscheidung wird hier notwendig getroffen[22]. Ein ärztlicher Rat in einer gravierenden Situation und die Stellung dazu kann ein solches Beispiel sein. Das – natürlich auf einer anderen Ebene angesie-

---

Interpretation des Fragments im Anschluß an die angloamerikanische Literatur gibt jetzt Nikolaus KNOEPFFLER: Über die Unmöglichkeit, die Gottesfrage durch eine Wette im Sinne Pascals zu entscheiden. In: *Philosophisches Jahrbuch* 107 (2000), S. 398-409. Ich möchte dagegen fragen, ob nicht eine andere Hermeneutik adäquater ist.

[21] *The will to believe and other essays in popular philosophy*. Jetzt in W. JAMES: *The works*. Bd. 6. Cambridge, Mass. 1979, S. 16.

[22] H. GOUHIER: *Blaise Pascal. Commentaires*. Paris ²1971, S. 261.

delte – Beispiel nimmt das notwendige Involviertsein – *vous êtes embarqués* – auf. Der Alternative ist nicht zu entgehen. Die indifferente Haltung ist eine negative Stellungnahme.

Wir verlassen hier noch nicht das Gebiet der Entscheidungskalkulation – wohl aber des Glücksspiels und seiner Gewinnerwartung. Die Abschätzung möglicher Folgen kommt auch hier *„ins Spiel"* (wie wir ja immerhin auch sagen).

Aber gerade auf dieser Ebene stellte sich ja das Problem: „Vielleicht setze ich zu viel!" Was sind die Kosten der Wette? Für den *libertin*, den Pascal im Blick hat, ist es ein selbstzentriertes Leben in mondäner Annehmlichkeit, das zugunsten der Praxis und der sittlichen Forderungen, die ein religiöses Leben ausmachen, aufgegeben wird. Pascal spielt dies, wie gerade gesehen, mit der Gedankenfigur von mehreren Leben und von ewigem Leben als Erwartung durch (an dieser Stelle merkwürdig „blaß" formuliert). Die formale Schlüssigkeit dieser Rechnung – „wenn die Menschen irgendeiner Wahrheit fähig sind, dann dieser" – führt aber auch bei Pascal nicht weiter. Das formale Wett-Argument im Fragment *infini rien* bleibt zwiespältig: Es führt zu keiner theoretischen Einsicht – *voraussetzungsgemäß* nicht! Es führt aber auch nicht zwingend zu einem neuen Handeln. Auch wenn man es verstanden hat, muß man – *„wetten"*. Es ist ein *Beunruhigungsargument*. Es führt bestenfalls zur Frage nach der Bewertung der Prämissen – ohnehin das eigentliche Problem entscheidungstheoretischer Überlegungen – und der Verständnisschwierigkeiten gegenüber dem glänzenden Argument: „lernen Sie wenigstens, daß Ihre Unfähigkeit zu glauben... von Ihren Leidenschaften herrührt", wie Pascal moralisierend formuliert.

6. Autosuggestion des Handelns?

Der eigentliche Wett-Text endet mit der Frage, ob es nicht eine Möglichkeit gebe, hinter das Spiel zu sehen. Es sind die Heilige Schrift und der Glaube. Darauf kommen wir noch. Was ist aber mit dem, der nicht glauben kann? Pascal hält diese Situation als Ergebnis des Dialogs fest: Es ist für ihn klar, daß ein noch so gutes Argument weder Glauben schafft noch diesen ersetzt.

Hier folgt ein Textsplitter, den auch die Erstherausgeber nicht ganz zu veröffentlichen wagten: Pascal rät, den Weg der Häufung von Argumenten zu verlassen und es zu machen wie die Gläubigen: die religiöse Praxis zu übernehmen und zwar in ziemlich kruder Form – Weihwasser nehmen, Messen lesen lassen –: „Ganz von selbst wird Sie dies zum Glauben führen und verdummen (abêtir)".

Die Provokation dieser Formulierung hat man relativierend aufzulösen versucht – als Anspielung auf den Automatismus des Körpers in der cartesianischen Anthropologie, der dementsprechend zu manipulieren ist, wie ein Pianist mechanische Abläufe trainiert[23], um frei gestalten zu können (so etwa Gilson) oder als Anspielung auf eine bestimmte Dialogsituation (genauer bei Lønning[24]). Diese

---

[23] *abêtir* als das „Tier" (*bête*) dressieren...

[24] Vgl. P. LØNNING: *Cet effrayant pari*, S. 96ff. Dort ist auch die ältere Literatur genannt.

Relativierung sollte jedenfalls nicht so weit führen, die bewußte Provokation der Formulierung – die ja immerhin die Zeitgenossen auch als solche verstanden haben – zu eliminieren (Pascal dürfte an die schon vorher im Fragment angedeutete *stultitia* von 1 Kor 1,18 denken)[25]. Wie dem auch sei: Während dem formalen Wettargument von Kritikern der niedrig gesinnte Spekulant zugeordnet wurde, wäre es hier anscheinend der reflexionsscheue Anpassungskünstler, der mit dem Einhalten von Sozialnormen seine Bequemlichkeit pflegt und sich noch eine Lohnerwartung damit sichert.

Man wird nachdenklicher, wenn N. Rescher in seiner Autobiographie gerade diesen Gedankengang der gemeinsamen gläubigen Praxis positiv heranzieht; allerdings geht es dabei nicht um äußere Riten. Vielleicht kann man an das Scheler zugeschriebene Diktum erinnern, Philosophieren könne man nur für Freunde, das ja auch die Reflexionskraft der Philosophie nicht beeinträchtigen will, aber auf die notwendige gemeinsame Bemühung als Voraussetzung des Verstehens verweist.

Ein wenig rätselhaft und unbefriedigt bleibt man aber auch an diesem Punkt. Vielleicht sollte man sich spätestens hier nochmals klarmachen, daß der „Rohzustand" und die literarische Form des gesamten Textes nicht zu vernachlässigen sind. Schon der Einsatz oben enthielt Begrifflichkeiten, die nicht ganz deckungsgleich sind: Wahl, Spiel, Wette... Das signalisiert deutlich, daß hier *Metaphern* verwendet werden, die vom Bildgehalt her nicht zu sehr zu zwingen sind. Auch im eben genannten Textsplitter geht man in die Irre, wenn man den Weihwasserkessel sucht; es geht um ein praktisches Tun, das seine Evidenz mit sich bringt. Die Aufschlüsselung unten im Fragment „Sie werden treu, rechtschaffen.... sein" bringt andere Elemente dafür bei.

7. Fragment und System

Ist mit der aus dem Pragmatismus herkommenden bzw. von diesem unterstrichenen Interpretationslinie eine befriedigende und umfassende Deutung erreichbar – „Rechnen" und „Trainieren" als die beiden Eckpunkte? Die Übergabe der Argumentation an die praktische Vernunft wird zu niedrig eingestuft, wenn man nur das *rechnende, konsequentionalistische* Denken im Blick hat. Es ist zwar kein Zweifel, daß das isolierte Wett-Argument so auslegbar ist. Die Prämissen – Gott, ewiges Leben etc. – scheinen dann aber willkürlich und beliebig; aus bloßer Dogmatik genommen.

Ein kurzer Blick auf Immanuel Kant kann hier nützlich sein. In dem Teil des *Kanons der reinen Vernunft*, in dem er vom *letzten Zwecke des reinen Gebrauchs unserer Vernunft* handelt, heißt es: „Die Endabsicht, worauf die Speculation der Vernunft im transscendentalen Gebrauche zuletzt hinausläuft, betrifft drei Gegenstände: die Freiheit des Willens, die Unsterblichkeit der Seele und das Dasein

---

[25] Eine privat notierte provokante und wohl auch im Blick auf das Argumentationsziel zunächst paradoxe Formulierung sollte man allerdings auch nicht zu simpel *à la lettre* nehmen, wie dies John L. MACKIE: *Das Wunder des Theismus.* Stuttgart 1985 (RUB 8075), S. 210, tut.

Gottes" (KrV B 826)[26]. Wie das Problem bei ihm aus der Aporie der theoretischen an die praktische Vernunft übergeben wird, sei mit einem weiteren Zitat
über den „moralischen Glauben" aus dem dritten Abschnitt des *Kanons* verdeutlicht. Daß wir diesen Text hier heranziehen, ist nicht beliebig. Kurz vorher
spricht Kant das „Wetten" als „Probierstein" einer Überzeugung an (KrV B 853);
es ist anzunehmen, daß hier ein Pascalscher Zusammenhang besteht. Dabei ist
allerdings die Glücksspielmetaphorik gleich ausgeschaltet. Der Text lautet:

> „Zwar wird freilich sich niemand rühmen können: er *wisse,* daß ein Gott und daß
> ein künftig Leben sei; denn wenn er das weiß, so ist er gerade der Mann, den ich
> längst gesucht habe. Alles Wissen (wenn es einen Gegenstand der bloßen Ver-
> nunft betrifft) kann man mittheilen, und ich würde also auch hoffen können, durch
> seine Belehrung mein Wissen in so bewundrungswürdigem Maße ausgedehnt zu
> sehen. Nein, die Überzeugung ist nicht *logische,* sondern *moralische* Gewißheit,
> und da sie auf subjectiven Gründen (der moralischen Gesinnung) beruht, so muß
> ich nicht einmal sagen: *es ist* moralisch gewiß, daß ein Gott sei etc., sondern: *ich
> bin* moralisch gewiß etc. Das heißt: der Glaube an einen Gott und eine andere
> Welt ist mit meiner moralischen Gesinnung so verwebt, daß, so wenig ich Gefahr
> laufe, die letztere einzubüßen, eben so wenig besorge ich, daß mir der erste jemals
> entrissen werden könne" (B 856f.).

Vorher heißt es:

> „...so werde ich unausbleiblich ein Dasein Gottes und ein künftiges Leben glauben
> und bin sicher, daß diesen Glauben nichts wankend machen könne, weil dadurch
> meine sittliche [sic] Grundsätze selbst umgestürzt werden würden, denen ich nicht
> entsagen kann, ohne in meinen eigenen Augen verabscheuungswürdig zu sein"
> (KrV B 856).

Darauf „wettet" auch Kant! – Die Reminiszenz ist eingeflochten, um zu zeigen,
daß es durchaus – selbst mit dem hier in eine andere Richtung gewendeten Wett-
Motiv – Möglichkeiten gibt, die Pascalsche „Wahl" positiv zu werten. (Die Kant-
sche Prämisse – die „sittlichen Grundsätze" – ist an dieser Stelle nicht zu entfalten.) Gegenüber der pragmatischen Lesart ist nicht konsequentialistisch nach
den Folgen, sondern transzendental nach den Voraussetzungen gefragt.
    Das „Autoritätsargument Kant" soll nicht verfolgt, sondern vielmehr auf einen
Denker verwiesen werden, der in wesentlich engerem Anschluß an Pascal argumentiert hat: Maurice Blondel. Dabei hat Blondel Pascals Argument zunächst
einen Vorwurf gemacht, diesen aber gleichzeitig produktiv umgewendet. Der
Vorwurf lautet, er untersuche nicht, *warum* wir „im Boot" sind[27]. Infolgedessen
gebe es an diesem Punkt bei Pascal nur harte, unerklärte Fakten. Blondel dage-

---

[26]   Vgl. dazu Norbert FISCHER: Kants These vom Primat der praktischen Vernunft, – in
       diesem Band S. 231-246. – Zum folgenden auch N. RESCHER: *Pascal's wager,* S.
       38-41. Zur „Wette" bei Kant auch A. WINTER: *Der andere Kant,* S. 328, Anm. 201.

[27]   *L'itinéraire philosophique.* Paris ²1966, S. 22 und schon *L'Action.* Paris 1893, S.
       XXI bzw. *Œuvres complètes.* Bd. 1. Paris 1995, S. 29.

gen untersucht, warum wir im Boot sind. Seine *philosophie de l'action* hat am Ausgangspunkt einen dem Pascalschen *libertin* ähnlichen Gesprächspartner, den *dilettante* des *fin de siècle,* der jeglichen Existenzsinn leugnet[28]. Blondels Ziel ist es, den inneren Widerspruch in dieser Haltung aufzudecken und das wahre Wollen des quasi „postmodern" nur genießenden Ästheten herauszuarbeiten. Es ist der Ansatzpunkt für seine Analyse der Gedoppeltheit des Willensvollzugs, bei dem der wollende Wille – das Grundwollen – dem konkret Gewollten des Einzelwillens immer *unendlich* voraus ist – der Blondel und Pascal gemeinsame Kirchenvater Augustin steht im Hintergrund. Es ist eine Anthropologie des *desiderium,* die Blondel in einem strengen philosophischen Gedankengang entwikkelt. Die Nähe zu Pascal ist einer eigenen Untersuchung vorzubehalten. Es ist aber auffällig, daß Blondel entscheidende Etappen seines Gedankengangs im umgreifenderen Pascalschen Kontext formuliert.

Liest man die Blondelsche *Action* anthropologisch, so kulminiert sie nicht in einer Wette, aber doch in einer *option*[29], einer Wahl bzw. Entscheidung. Auch hierzu wenigstens ein Zitat, das genügend an Parallelität zeigt:

> „Was unausweichlich in jedem menschlichen Bewußtsein aufsteigt, was im praktischen Tun seine unabdingbare Wirkung zeitigt, ist nicht der Begriff einer zu definierenden spekulativen Wahrheit; es ist die vielleicht unbestimmte, aber gewisse und gebieterische Überzeugung von einer Aufgabe und einem jenseitigen, erst noch zu erreichenden Ziel. Hier sind nicht ein paar kleine Einzelheiten unseres Verhaltens zu klären oder ein paar Teilentscheidungen zu treffen; hier ist – und zwar von jedem – das Ganze seines Lebens in Frage zu ziehen. Eine Unruhe – ein natürlicher Drang zum Besseren – der Eindruck, man habe eine Aufgabe zu erfüllen – die Suche nach einem Sinn des Lebens: sie prägen unentrinnbar unser Verhalten: Es mag einer die Frage beantworten, wie er will, sie bleibt gestellt. Der Mensch legt in sein Tun, so unklar er darum wissen mag, diesen Charakter der Transzendenz. Was einer tut, das tut er nie um des bloßen Tuns willen"[30].

Es ist vielleicht interessant, daß Blondel auch eine Analogie zum Pascalschen Kalkül bietet, indem er die unendlichen Kosten einer sich verweigernden Entscheidung negativ berechnet. Der wesentliche Unterschied bzw. die wesentliche Weiterführung gegenüber der Pascalschen Skizze – m.E. nicht gegenüber dem Pascalschen Denken schlechthin – liegt darin, daß das Unendliche nicht erst als Versprechen und „Erwartungswert" in das „Kalkül" eingeht, sondern der Raum ist, in dem sich von vornherein jede Entscheidung abspielt. Es ist für Blondel wie für Pascal – und natürlich Augustinus – selbstverständlich, daß solche Überlegungen nicht den Glauben bewirken können, der ein Geschenk – Gnade – ist. Aber sie bedenken die rationale Substruktur, auf der Glauben möglich ist.

---

[28] Pikanterweise findet sich hier sogar eine Parodie des Pascalschen Rats der äußeren religiösen Praxis: wenigstens literarisch in M. BARRÈS Romantriologie *Le Culte du moi.* Vgl. dazu A. RAFFELT: *Spiritualität und Philosophie* (Anm. 4), S. 89-96 und bes. 237-239.

[29] Vgl. P. HENRICI: Transzendent oder übernatürlich?, in diesem Band S. 269-279.

[30] *L'Action.* Paris 1893, S. 353 bzw. *Œuvres complètes.* Bd. 1. Paris 1995, S. 387.

8. Die Schrift und der Rest

Es soll nicht völlig übergangen werden, daß dieses merkwürdige Fragment noch wesentlich mehr enthält als die Frage, ob im „Licht der natürlichen Erkenntnis" Glaube oder Unglaube die rationaleren Handlungsweisen sind. Es hat durchaus einen *theologischen* Hintergrund: Schon zu Beginn ist die Frage der Erkenntnis des Glaubens und der eschatologischen Erkenntnis in der Glorie angesprochen. Im entscheidenden Mittelteil fällt das Rätselwort von der „Schrift und dem Rest"[31], in denen das Geheimnis des Spiels aufgeklärt wird. Diese anscheinend sehr nebenher gesagte Bemerkung ist ein Hinweis darauf, daß Pascal eine Bibel-hermeneutik kennt, die im Blick zu behalten ist, wenn man die theologische Reichweite seiner Gedanken verfolgt. Der anthropologische Teil der *Pensées* – wenn wir das Fragment in diesem Kontext sehen – ist zwar der weit wirkmächti-gere, er zielt aber auf den Schriftteil. Daß die Wirkung so ist, liegt an der literari-schen Qualität der „anthropologischen" Fragmente und daran, daß die Schrift-hermeneutik Pascals in ihren vorkritischen Voraussetzungen – das Alter der Menschheit, die auf dieser Grundlage konstruierte lückenlose Zeugenkette (vgl. in unserem Kontext Laf. 425) etc. – nur durch schwierige gedankliche Transposi-tionen noch nachvollziehbar ist. Sie ist allerdings für sein Apologie insgesamt unentbehrlich, ist sozusagen seine *demonstratio christiana*. Der sachliche Kern seiner Schrifthermeneutik ist aber nicht so problematisch. Er ist am besten in dem Satz zusammengefaßt, wonach die Liebe der Gegenstand der Schrift ist und alles, was sich nicht darauf bezieht, bloß „figürlich" zu deuten sei („Tout ce qui ne va point à la charité est figure. L'unique objet de l'Écriture est la charité." Laf. 270). – Soweit die Schrift. Aber was ist der „Rest"?

9. Der „Hintergedanke"

„Il faut avoir une pensée de derrière, et juger de tout par là" (Laf. 91), sagt Pascal andernorts. Wo liegt dieser Hintergedanke im Fragment „Infini rien"? Ich denke, er liegt im „infini". Auf eine platte Art wäre das Wett-Fragment logisch haltbar, wenn es nicht um „infini", sondern bloß um „sehr viel" ginge. Inkonsistent wird das Argument, wenn das „infini" rein formal betrachtet wird: Die Logik stimmt, aber das Beweisziel ist nicht erreichbar.

Das *infini(-rien)* strukturiert den Text: vom unendlichen Abstand Gottes zu uns über den unendlichen Wert im Kalkül – gegen das aufgegebene *rien* – bis zum Gewinn eines ethisch-religiösen Lebens schon jetzt: „que vous connaîtrez à la fin que vous avez parié pour une chose certaine, *infinie*, pour laquelle vous n'avez *rien* donné." Auch an die Stelle am Schluß sei erinnert, wo der Dialogfüh-rende sagt, daß er „... sich auf die Knie geworfen hat, um jenes *unendliche* und ungeteilte Wesen ... zu bitten".

Sachlich gesehen ist die „qualitative Füllung" des *infini* gerade das Problem

---

[31]   Die maßgebliche Monographie über die Schrifthermeneutik Pascals schrieb David WETSEL: *L'écriture et le reste. The Pensées of Pascal in the exegetical tradition of Port-Royal.* Columbus, Ohio, 1981

des Fragments für einen heutigen Leser. „...que l'homme passe infiniment l'homme" (Laf. 131) sagt Pascal an anderer Stelle. Blondels Analyse der Transzendenzstruktur der menschlichen Existenzbewegung, des Überschritts des konkreten endlichen Gewollten in jeder Willensbewegung, der geheimnisvollen Anwesenheit des Unendlichen im Vollzug jedes konkreten Aktes, die schrittweise vor die entscheidende *option* zwischen Öffnung und Selbstverschließung führt, übersetzt den Pascalschen Hintergedanken in eine konsistente Gedankenbewegung, die im übrigen augustinisch – und damit auch wieder pascalianisch ist.

Sucht man gewissermaßen die Ontologie, in welche die Pascalsche Argumentation eingeordnet ist, so sollte man sich das Fragment über die Ordnungen ins Gedächtnis rufen: „La distance infinie des corps aux esprits figure la distance infiniment plus infinie des esprits à la charité, car elle est surnaturelle" (Laf. 308, der Gedanke findet sich schon im Brief an die König von Schweden von 1652). Es kann hier um kein Herüberrechnen in diese Ordnung gehen, sondern nur um ein analoges Verdeutlichen der Struktur.

Sucht man die spirituelle Dimension, die hinter dem Fragment Pascals steht, so kann man in seinem Meditationstext „Mystère de Jésus" nachsehen: „Tu ne me chercherais pas si tu ne m'avais trouvé" (Laf. 919). Die Vermittlung dieses Funds ist das Problem der Apologie. Auch das kann hier nur noch angedeutet werden.

10. Die Faszination des Fragments

Es gibt eine literarische Faszination Pascalscher Texte, der man sich schwer entziehen kann. Die Kunst der Pointierung, der stilistische Reichtum, die Bildhaftigkeit der Argumentation etc. führen viele zu Pascal, die seine Gedanken nicht teilen.

Die inhaltliche Faszination geht darüber hinaus. Im Falle des Fragments *infini rien* gibt es eine Fülle von Anknüpfungspunkten, die zum Weiterdenken reizen. Die Konzentration auf das formale Wettargument ist sicher für Wahrscheinlichkeitstheoretiker ein gutes Übungsstück – sie findet bis in Lehrbücher ihren Niederschlag. Sie hat in einem bestimmten Kontext unter bestimmten Prämissen ihren Sinn (über gewisse seltsame Individuen des 17. Jahrhundert hinaus!). Isoliert betrachtet dürfte für diesen Teil des Fragments aber gelten, was Pascal von den Gottesbeweisen schreibt: „...cela ne servirait que pendant l'instant qu'ils voient cette démonstration, mais une heure après ils craignent de s'être trompés" (Laf. 190).

Nimmt man den Text als eine „existentiale" Auslegung der menschlichen Entscheidungssituation, beachtet seinen literarischen Charakter und macht seine Implikationen stark – die Transzendenzbewegung des Willens auf das *infini* –, so bleibt er ein nachdenkenswertes Stück der Überlieferung. Liest man ihn vor dem Hintergrund der Leuchtkraft ethisch-religiösen Lebens – 'sie werden treu, rechtschaffen, wohltätig, aufrichtig sein...'; nicht das „Weihwasser nehmen" zeigt die Intention –, so wird er zur Hermeneutik einer vorausgesetzten und vollzogenen Evidenz.

In unserem Textzusammenhang steht auch das Wort *le coeur a ses raisons* (Laf. 423). Es ist typisch für Pascal, daß es literarisch vollendet mit einem Wortspiel und einem Quasi-Paradox weitergeht: *...que la raison ne connaît point.* Es ist aber ebenso typisch, daß Pascal die Vernunft bemüht, diese nicht von ihr konstruierbaren Gründe dennoch zu bedenken und sie in ein Gespräch einzubringen.

„Gott ist gegenwärtig" – ein Lied von Gerhard Tersteegen

VON GERHARD KAISER

„ *...wie es war im Anfang, jetzt und immerdar, und von Ewigkeit zu Ewigkeit"* –
die Schlußformel des Gloria Patri spricht das Wesen der liturgischen Feier Gottes
aus. Die Ewigkeit Gottes gießt sich in die Schöpfung aus, damit in die Zeit, in
Heilsgeschichte. Und die Liturgie spiegelt aus der Schöpfung, damit aus der Zeit,
aus der Heilsgeschichte die Ewigkeit Gottes zurück. Sie tut es, indem sie ihn so
lobt, wie sie es von Anfang her getan hat, jetzt tut und in aller Zukunft tun wird,
bis die Zeit in Ewigkeit wiedereingeht. Deshalb verbietet die Liturgie aktualisti-
sche Verbesserungen. Sie reicht über uns hinaus, geht durch die Zeiten und
Räume, versammelt die lebende und die tote Gemeinde, die 24 Ältesten und uns,
die Christen aller Konfessionen und Kulturen, die Engel und die Menschen im
Gotteslob.

Jesaja 6 und die Apokalypse geben Darstellungen dieses universalen Gotteslobs, eine alttestamentliche und eine neutestamentliche. In Jesaja 6 legt der Prophet Rechenschaft ab über seine Berufung. Eine historische Zeitbestimmung verankert die zeitentrückte Vision, die ihm zuteil geworden ist, in der Geschichte
und beglaubigt sie damit. Auf hohem Stuhl sitzt der Herr, eine so übermächtige
Erscheinung, daß der Blick nur den Saum des Kleides faßt, der schon für sich
allein den Tempel füllt. Die Raumordnung ist damit expressiv gesprengt. Seraphim mit sechs Flügeln stehen über dem Thron und rufen einander mit so gewaltiger Stimme das Gotteslob zu, daß ihr Ruf *„Heilig, heilig, heilig ist der Herr
Zebaoth; alle Lande sind seiner Ehre voll"* wie ein Erdbeben die Tempelschwel-
le erschüttert. Der Beiname Zebaoth beruft den Allmächtigen als den Herrn der
himmlischen Heerscharen. Rauch verbirgt noch in der Offenbarung diesen Gott,
dessen Anblick kein Mensch aushalten würde. Jesaja spricht angesichts der Erscheinung: *„Weh mir, ich vergehe! Denn ich bin unreiner Lippen"*, aber einer
der Seraphim reinigt seinen Mund zum Zeichen der Sündenvergebung, so daß
der berufene Prophet nun sagen kann: *„Hier bin ich."*

Das 4. Kapitel der Apokalypse übersteigt noch einmal dieses Bild. Der Stuhl
der Herrschaft steht nun im Himmel, die 24 Ältesten der Stämme Juda sitzen um
den Thron, vor dem sich das gläserne Meer erstreckt, über dem sich der Regen-
bogen des Friedens wölbt, von dem aber auch Blitz und Donner und Stimmen
ausgehen. An Stelle der Seraphim umstehen die vier Evangelistensymbole den
Thron und stimmen das Dreimalheilig an, erweitert um die Aussage der in die
Zeit ergossenen Ewigkeit Gottes. Schon im 1. Kapitel der Offenbarung verkündet
Gott: *„Ich bin das A und O, der Erste und der Letzte."* Jetzt preisen die Evangelisten den Allmächtigen, *„der da war und der da ist und der da kommt."*

Über den jüdischen Gottesdienst ist das Sanctus als Anbetungsruf zum Bestandteil der Messe geworden. Dabei ist es von den Seraphim an die Kirche übergegangen. Luther hat für seine *Deutsche Messe* von 1526 das Lied „*Jesaja dem Propheten das geschah, / daß er im Geist den Herren sitzen sah*" gedichtet und komponiert, das den Huldigungsruf der Messe in die Vision des thronenden, von den Engeln angebeteten Herrn wiedereinbettet. Leicht sind im alttestamentlichen Berufungsbericht selber die liturgischen Stationen: Gotteslob, Sündenbekenntnis, Lossprechung – wiederzuerkennen. Luthers Lied setzt andere Akzente als die Erzählung. Die Erzählung spricht beglaubigend von der Berufung, Reinigung und Aussendung des Propheten. Luthers Lied stellt die liturgische Feier am Thron des Herrn in den Mittelpunkt. Zwar läßt er wie im biblischen Bericht die Engel schreien, aber als Komponist und reimender Dichter verwandelt er das Geschrei in Gesang, die expressive Gewalt in mächtiges liturgisches Schreiten einer Melodie. Er kann dabei zurückgreifen auf das Moment liturgischer Ordnung und Wiederholung, das als Dreifachheit des Engelrufs im Prophetenbericht steckt. Das liturgische Gotteslob ist zugleich damit bei Luther auch Stiftungsurkunde und Lob der Liturgie.

Die tiefstgreifende Änderung Luthers, der mit seinem Lied dem Jesaja-Text in eigener Übersetzung im ganzen recht nahe bleibt, ist die Ersetzung des Tempels als Ort der Gottesoffenbarung und Anbetung durch den Chor: „*Sein Saum füllet den Tempel*" wird im Lied: „*seines Kleides Saum den Chor füllet ganz.*" Man kann darin die noch in der Frühneuzeit übliche Verlegung der biblischen Erzählungen in die vertraute heimische Umgebung sehen, aber das scheint mir als Charakterisierung des Eingriffs nicht zu genügen. Indem Luther den Thron Gottes aus dem jüdischen Tempel in den Chor der christlichen Kirche verlegt, wo sich das Allerheiligste befindet, deutet er das alttestamentliche Gottesbild des Jesaja christologisch um: Das Kreuz überm Altar ist als Galgen zugleich Thron Christi, des am Kreuz erhöhten, erniedrigten und verherrlichten Gottessohns. Luthers Lied vollzieht mit diesem einen Wort ausdrücklich die Übertragung des alttestamentlichen Gloria Dei in den christlich-reformatorischen Gottesdienst.

Die Spuren der Jesaja-Szene gehen weit über das sechste Kapitel der Apokalypse hinaus, sogar in die außerchristliche Dichtung. So feiert etwa Goethes freirhythmische Hymne: „*Grenzen der Menschheit*" von 1789 Gott folgendermaßen: „*Wenn der uralte / Heilige Vater / Mit gelassener Hand / Aus rollenden Wolken / Segnende Blitze / Über die Erde sät, / Küss' ich den letzten / Saum seines Kleides, / Kindliche Schauer / Treu in der Brust.*" Wir erkennen Blitz und Donner und den Mantelsaum wieder.

Auch im protestantischen Kirchenlied nach der Reformation sind die Bezüge auf Jesaja 6 mannigfaltig, die jedesmal die Vorstellung aneignen und zugleich verwandeln. Ich möchte hier das viel gesungene Kirchenlied „*Gott ist gegenwärtig*" des berühmten reformierten Pietisten und Mystikers Gerhard Tersteegen von 1729 herausgreifen, weil es ein eindringliches Beispiel dafür ist, wie enge Bezugnahme und tiefe dichterische Verwandlung ineinandergreifen können. Das Lied trägt bei Tersteegen den Titel: „*Erinnerung der herrlichen und lieblichen Gegenwart Gottes*". Der Originaltext, der durch die Kirchenliedbearbeitung in den Gesangbüchern zum Teil gestört ist, lautet:

1

Gott ist gegenwärtig; lasset uns anbeten,
Und in Ehrfurcht vor ihn treten!
Gott ist in der Mitte; alles in uns schweige
Und sich innigst vor ihm beuge!
Wer ihn kennt, Wer ihn nennt,
Schlagt die Augen nieder.
Kommt, ergebt euch wieder!

2

Gott ist gegenwärtig, dem die Cherubinen
Tag und Nacht gebücket dienen;
„Heilig, heilig!" singen alle Engelchören,
Wenn sie dieses Wesen ehren.
Herr, vernimm Unsre Stimm',
Da auch wir Geringen
Unser Opfer bringen!

3

Wir entsagen willig allen Eitelkeiten,
Aller Erdenlust und Freuden;
Da liegt unser Wille, Seele, Leib und Leben
Dir zum Eigentum ergeben.
Du allein Sollst es sein,
Unser Gott und Herre,
Dir gebührt die Ehre.

4

Majestätisch Wesen, möcht' ich recht dich preisen
Und im Geist dir Dienst erweisen!
Möcht' ich wie die Engel immer vor dir stehen
Und dich gegenwärtig sehen!
Laß mich dir Für und für
Trachten zu gefallen,
Liebster Gott, in allen!

5

Luft, die* alles füllet, drin wir immer** schweben,
Aller Dinge Grund und Leben.
Meer ohn' Grund und Ende, Wunder aller Wunder,
Ich senk mich in dich hinunter.
Ich in dir, Du in mir,
Laß mich*** ganz verschwinden,
Dich nur sehn und finden!

6

Du durchdringest alles; laß dein schönstes Lichte,
Herr, berühren mein Gesichte!
Wie die zarten Blumen willig sich entfalten
Und der Sonne stille halten,
Laß mich so Still und froh
Deine Strahlen fassen
Und dich wirken lassen!

7

Mache mich einfältig, innig, abgeschieden,
Sanfte und im stillen Frieden,
Mach mich reines Herzens, daß ich deine Klarheit
Schauen mag in Geist und Wahrheit.
Laß mein Herz Überwärts
Wie ein Adler schweben
Und in dir nur leben!

8

Herr, komm in mir wohnen, laß mein' Geist auf Erden
Dir ein Heiligtum noch werden;
Komm, du nahes Wesen, dich in mir verkläre,
Daß ich dich stets lieb' und ehre!
Wo ich geh', Sitz und steh',
Laß mich dich erblicken
Und vor dir mich bücken!

* Jer. 21,34   ** Apg. 17,28   *** Gal. 2,20

Beim ersten Zusehen möchte man kaum glauben, daß hier die Urszene der Liturgie im Hintergrund steht, aber schon die zweite Strophe macht es gewiß. Gegenüber Luthers Jesaja-Lied ist freilich die Einmaligkeit des aufwühlenden visionären Ereignisses entschieden weiter zurückgenommen, die Dramatik ist in Stille übersetzt. Schon die Überschrift macht den Wandel der Grundstimmung klar: *„Erinnerung* [hier zu verstehen als innere Vergegenwärtigung] *der herrlichen und lieblichen Gegenwart Gottes"* (Sperrung von mir). Der Herr der himmlischen Heerscharen bei Jesaja ist nicht lieblich, sondern erschütternd und dröhnend. Dagegen findet sich im Text Tersteegens dreimal das Wort *„still"*, einmal *„schweigen"*, einmal *„Frieden"*, zweimal *„innig"* bzw. die Steigerungsform *„innigst"*, zweimal *„ergeben"* im Sinn von *„sich hingeben"*, einmal *„abgeschieden"* mit der Bedeutung von: *„der Unruhe des Lebens abgewandt. "*

Diese Stimmungswandlung gegenüber Jesaja und Luther deutet zum ersten auf Tersteegens Pietismus. Die sehr verschiedenen Richtungen dieser religiösen Erneuerungsbewegung an der Wende des 17. zum 18. Jahrhundert, die sich ebenso bei den Lutheranern wie den Reformierten findet, haben ihre Gemeinsamkeit darin, daß sie auf eine persönliche emotionale Gotteserfahrung drängen, die in der

Innerlichkeit des Herzens stattfindet. Deshalb nannte man sie auch, obwohl aus dieser Innerlichkeit starke soziale Aktivitäten hervorgehen können, halb spöttisch „die Stillen im Lande". Bei Tersteegen ist diese Haltung in Richtung eines sogenannten Quietismus, wie er konfessionsübergreifend aus Frankreich herüberdrang, gesteigert.

Die Stimmungsumwandlung hat aber auch – und das liegt dem heutigen Christen wohl näher – mit der Bestimmung des Liedes zum Gottesdienst zu tun, deren Auswirkung sich ja schon bei Luthers Jesaja-Lied zeigte. Tersteegen zieht letzte Konsequenzen aus der bei Luther vollzogenen Neuformierung des alttestamentlichen Textes. Das Exzeptionelle ist im Liedtext Schritt für Schritt in die Wiederholungsform der Andacht transformiert, wobei aber die großartige Leistung Tersteegens, der Appell dieses Liedes über die Zeiten hinweg auch an uns, darin besteht, daß er das Wunder der Gegenwärtigkeit Gottes nicht etwa zum Gewöhnlichen und Üblichen, sondern das Gewohnte zum Wunderbaren macht. Die gegenwärtige versammelte Gemeinde ist angesprochen – „wir Geringen" mit unserer schwachen Stimme und Kraft – und zur gottesdienstlichen Feier – als Beugung, Hingebung, Ehrerbietung – aufgerufen; aber in all unserer Geringfügigkeit und bürgerlichen Durchschnittlichkeit sind wir in überwältigender Gemeinschaft mit den gewaltigen Cherubinen der Jesaja-Vision, die wiederum uns dadurch angenähert sind, daß sie gebückt in Demutshaltung stehen. Die Chöre aller Engel singen, und mit ihnen vereinigen sich die Stimmen der Gemeinde, des irdischen Chors. An die Stelle der prophetischen Vision unter Furcht und Zittern ist die gottesdienstliche Einheit der himmlischen und irdischen Gemeinde getreten.

Bei diesem Neuformungsprozeß hat dem niederrheinischen Tersteegen das Loblied „Wunderbarer König" von Joachim Neander, der Leitgestalt des reformierten Kirchengesangs, vor Augen gestanden, der als Schulrektor und Frühprediger in Düsseldorf tätig war. Tersteegen dichtete sein Lied auf die Melodie des etwa fünfzig Jahre älteren Gesanges von Neander, so daß man „Gott ist gegenwärtig" als eine Paraphrase auf „Wunderbarer König" verstehen kann.

Wie Tersteegen war Neander, der frühzeitig mit Philipp Jacob Spener bekannt geworden war, Pietist, allerdings studierter Theologe. Tersteegen dagegen war ein hoch gebildeter Laie, als solcher Seelsorger, Erbauungsschriftsteller und Erweckungsprediger, Betreuer von Kranken und Bedürfigen, ein hervorragender Zeuge für die Bedeutung von Laientheologen im radikalen Pietismus. Schon Neander hatte als Pietist Schwierigkeiten mit der Amtskirche. Tersteegen bewegte sich in Konventikeln und Separatistenkreisen, war allerdings frei von aller theologischen Streitbarkeit, ein gelassener Argumentierer und Mystiker. Sein Leben war geprägt durch eine mönchisch-asketische Haltung, die ihn zur Trennung vom ererbten Kaufmannsberuf mit seiner Umtriebigkeit und seinen materiellen Interessen geführt hatte. Er wandte sich dem Handwerk der Weberei von Seidenbändern zu, das er in Stille und Konzentration ausüben konnte – man denkt an Spinozas Berufstätigkeit als Brillenschleifer.

Auch Neanders Loblied „Wunderbarer König" hält die Erinnerung an die Jesaja-Szene fest: „wirf dich in den Staub darnieder. / Er ist Gott / Zebaoth, / er nur ist zu loben / hier und ewig droben." Der Gott seines Lieds ist König, Herrscher und Schöpfer im Weltenraum von Sonne, Mond und Sternen. Schon bei ihm wandelt sich das *„Wir"* des Gemeindeliedes – *„Herrscher von uns allen"* – in das *„Ich"* der anbetenden Seele. Aber das Lied behält den Charakter der Gemeindeöffentlichkeit. Tersteegen dagegen löst die anfangs exponierte Gottesdienstsituation, wie wir sie nachgezeichnet haben, von der fünften Strophe an auf in eine völlig nach Innen zurückgenommene, monologische Betrachtung. Er radikalisiert die Wendung aus der Objektivität des liturgischen Zeremoniells in die Subjektivität der Selbstaussprache. Er geht aus der öffentlichen Anbetung in die innerliche Anschauung über, aus der Gegenwart in die innere Vergegenwärtigung, aus der Kirche als Wohnung Gottes in die seelische Einwohnung als stetig durchgehaltenen Lebensbezug. So sind die Schritte: *„Möcht' ich wie die Engel immer vor dir stehen / Und dich gegenwärtig sehen!"* Das ist noch gottesdienstlich. Der nächste: *„Laß mich ganz verschwinden / Dich nur sehn und finden!"* – das ist eine einsame Ekstase. *„Wo ich geh', Sitz' und steh', / Laß mich dich erblicken / Und vor dir mich bücken."* Das ist die Konkretheit des praktischen wochentäglichen Lebens mit all seinen Verrichtungen im Licht Gottes. So kann man, am Webstuhl sitzend, Gott schauen.

Die Reihe einander verwandter Bitten entfernt sich also aus der Hoheitsszenerie der liturgischen Feier in der Gemeinschaft der Engel hin ins alltägliche Sitzen und Stehen; aber was wie ein Abflauen wirken könnte, ist in Wirklichkeit Vertiefung des sonntäglichen Gottesdienstes zum Wunschbild immerwährender Anwesenheit Gottes in der Menschenseele als seinem Heiligtum. Freilich sind das fast alles biblisch geläufige Vorstellungen, und Tersteegen versäumt nicht, seine Formulierungen, soweit sie eigensinnig scheinen könnten, in Fußnoten biblisch abzusichern. Welche Bilder und Gedanken aber aus dem großen Schatz aktiviert werden, wie und mit welcher Folgerichtigkeit sie aufeinander bezogen werden, ist eigentümlich. Entsprechend konsequent ist auch durch Tersteegen die bei Neander vorbereitete Wendung vom Wir-Lied zum Ich-Lied durchgeführt. Drei Strophen des *„Wir"* der Gemeinde im Gottesdienst folgen fünf Strophen des *„Ich"* in der Betrachtung, wobei die vierte Strophe den Übergang von der liturgischen Situation mit der Parallelität der himmlischen und irdischen Chöre in die Stille vollzieht – in die psychische Aneignung Gottes als alles umfassenden, auch die Raumrelationen aufhebenden Lebenselements.

„Gott ist gegenwärtig". Diese schlichte Aussage findet sich in der Bibel so nicht. Freilich spricht die Bibel häufig von der Gegenwart Gottes, aber entweder in Form ereignishafter, das gewohnte Lebensmaß durchstoßender Vergegenwärtigungen, oder aber in staunender, rhetorischen Ausdruck verlangender Wahrnehmung der Allgegenwart, Allweisheit und Allmacht. Tersteegens *„Gott ist gegenwärtig"* ist weniger und mehr, eine einfache begriffliche Tatsachenfeststellung ohne Ausrufezeichen, das er sonst häufig verwendet, und gerade darin liegt schon und erst recht ein überwältigender Einbruch dessen, was selbstverständlich bis zur Vergessenheit ist, in meine aktuelle Wahrnehmung. Gott ist immer schon da. Und so sinkt das Lied durch die Erhabenheit der liturgisch rezipierten Jesaja-Situation im kirchlichen Gottesdienst hindurch in die Tiefe dessen, was unaufhörlich tragend immer und überall der Fall ist, die Gegenwart Gottes, in der wir unser Leben bis hin zu den banalsten Handlungen führen.

Daß wir uns durch Stille, Hingabe und Sammlung für den Aufgang Gottes in unserem Bewußtsein zubereiten können, nimmt der Demut Tersteegens jeden Anklang von Leisetreterei und Sklavenmoral, den stolze Leute wie etwa Nietzsche dem Christentum vorgehalten haben. In dieser Stille und Unterwerfung herrscht eine Art von Stolz, Gott bis zur Vereinigung nahe sein zu können. „Ich in dir Du in mir" ist eine mystische Vorstellung der Verschmelzung der Seele mit Gott, und in der Tat läuft eine Traditionslinie der mittelalterlichen Mystik über die Barockmystik zu Tersteegen. „Ich in dir Du in mir" ist aber auch eine Umkehrformel wechselseitiger Liebe, wie sie für den Geist der Partnerschaftlichkeit etwa in der Liebeslyrik des jungen Goethe charakteristisch ist und wie sie an zentraler Stelle der Hymne „Ganymed" für die liebende Wechselumschlingung der Seele mit Gott steht: „umfangend umfangen". Vielleicht nicht ganz so genial wie Goethe, aber metrisch und im Reim höchst prägnant hat Tersteegen die Kurzzeilen seiner Strophen, jeweils die fünfte Verszeile, zu formelhaften Verdichtungen geführt. Sie bewirkt in der zitierten Wendung ein Einswerden geradezu in Brüderlichkeit. Gewiß ist es kein Zufall, daß der junge Goethe Zugänge zum Pietismus und zur Mystik besaß und auch die gleichen Autoren wie bei Tersteegen dafür namhaft gemacht werden können: der separatistische Pietist Gottfried Arnold und die quietistische Mystikerin Madame Guyon. Goethe ist reicher in den Tönen, aber einen Ton hat er mit Tersteegens Liedern gemein.

„Gott ist gegenwärtig". Der Dreiwortsatz von Tersteegens Liedanfang verlangt nach einer Pause, ruft für einen Augenblick Stille hervor, in der mystische Meditation sich ausbreiten könnte. Dieser Stille erst entspringt die Aufforderung „Lasset uns anbeten". Bei Tersteegen zeigt sich in solchen vermeintlich beiläufigen Momenten noch einmal die Kraft der mittelalterlichen Mystik, begrifflich das Unaussprechliche heraufzurufen. Und mystisch paradox und nüchtern zugleich ist auch die mit der fünften Strophe beginnende Auflösung der Raum- und Wahrnehmungsordnung (übrigens auch wieder vergleichbar mit Ganymed), die der Erfahrung der Allgegenwart Gottes entspricht: Das Ich will Gott sehen und finden, indem es in ihm verschwindet; es will ihn erblicken, während er innerlich sich in ihm verklärt; das Herz will zugleich in das grundlose Meer Gottes eintauchen und „überwärts", nicht nur aufwärts, schweben wie ein Adler, um in der göttlichen Gegenwart zu leben, in der es doch schon immer ist.

Trotz all dieser Eindringlichkeiten wäre das Lied Tersteegens noch nicht der unermeßliche Schatz, der es durch seine sechste Strophe wird. Sie spricht nicht nur von den zarten Blumen und ihrer Stille; sie ist selber von äußerster Zartheit und Ruhe, ja Zärtlichkeit. Die Sonne, oft Bild der blendend überwältigenden Majestät Gottes, ist Medium leisester, fast immaterieller göttlicher Berührung des Gesichts. Auch Paul Gerhardt kann in seinen Liedern herzliche Freude an den Naturdingen äußern – „Geh aus mein Herz und suche Freud" –, aber sie bleiben dem Menschen streng gegenüber und werden Allegorien einer geistlichen Lehre. Bei Tersteegen ist der Vergleich durchflutet von Einfühlung in den genau gesehenen Naturvorgang. Die willig dem Licht stillhaltende Blume ist nicht nur Metapher der Seele, sie erscheint selbst als beseelt.

Damit ergibt sich auch ein Gegengewicht zur wiederholten, in der Zeit geläufigen, uns heute eher befremdlichen Weltabsage von Tersteegens Lied. Sie mag vieles ausschließen, was der Christ sehr wohl als Gottesgeschenk irdischer, geschöpflicher Freuden und Aktivitäten zu erleben vermag; aber die stille Intensität der Fühlung von Sonne und Blume läßt doch auf schmalem Feld eine große und schöne Schöpfungsfrömmigkeit aufklingen. Das Niederschlagen der Augen, zu dem die erste Strophe auffordert, meint nicht Blindheit für das Schöne, sondern Konzentration. Und welche geistlichen Möglichkeiten diese Sprache in aller von Gott erbetenen Einfalt und Innigkeit hat (wer dächte nicht an Matthias Claudius' Aufnahme der Bitte *„Laß uns einfältig werden"* in seinem Abendlied), erweist der Strophenschluß mit seiner paradoxen Gebetsformulierung: „laß mich [...] wirken lassen". Sie faßt die mystischen Anklänge zusammen und sammelt zugleich eines der schwierigsten Glaubensgeheimnisse in großer Klarheit: Noch daß der Mensch die Wirkung Gottes auf sich und in sich zuläßt, hat Gott erst zugelassen und veranlaßt. Denn in seinem Lichte erkennen wir das Licht.

Luthers Jesaja-Lied als Bibelparaphrase nennt den Namen Christus nicht, evoziert ihn aber durch die Verlegung der Szene in den Chor der christlichen Kirche. Neander führt das Lob des *„wunderbaren Königs"* in der letzten Strophe seines Liedes auf Christus hin: *„Halleluja bringe, wer den Herren kennet, wer den Herren Jesum liebet".* Tersteegen nennt Gott dreimal in seinem Lied *„Wesen"*, einmal mit dem Beiwort *„majestätisch"*, einmal mit dem Beiwort *„nah"*. Luther kennt dieses Wort durchaus, aber er wendet es in der Bibelübersetzung meist auf das Wesen des Menschen an; einmal spricht er vom Wesen Gottes, aber nirgends heißt Gott *„Wesen"*. Auch das ist ursprünglich mystischer Sprachgebrauch, später auch aufklärerischer, wie es denn manche Berührungen zwischen Pietismus und Aufklärung gibt.

Gott als Wesen anzusprechen, kann aufklärerisch einer gewissen Verdünnung der Personhaftigkeit dienen, die dem Wort „Gott" innewohnt. Einen spöttischen Nachklang solcher Verdünnung finden wir in Heinrich Bölls Satire *Doktor Murkes gesammeltes Schweigen*, wo ein Rundfunkautor seine restaurative Nachkriegsfrömmigkeit mit dem Wechsel der Zeitmode aufklärerisch zu übertünchen sucht, indem er nachträglich in den Tonbandaufzeichnungen seiner Kulturfunkbeiträge immer da, wo er früher mal *„Gott"* gesagt hatte, die Formel *„jenes höhere Wesen, welches wir verehren"* einsetzt. Tersteegens Anrede Gottes als *„nahes Wesen"* sagt dem Entgegengesetztes. Er kommt ohne Namensnennung Christi und auch ohne Zeichen Christi, wie es Luther gibt, aus. Aber Gott kann nahes Wesen nur in Christus sein. Mit der Wendung in die Intimität, aus der Offenbarung in die Einwohnung, aus der Majestät in die Nähe Gottes ist Christus, die brüderliche Gestalt Gottes, zur Sphäre des Liedes, zur Luft, in der es atmet, geworden. Und das ist vielleicht noch mehr, als wenn er sein Thema wäre. Damit entfaltet das Substantiv „Wesen" auch eine neue Bedeutungsnuance; seine Begrifflichkeit wird verlebendigt, es gewinnt an Vergegenwärtigungskraft. Wo Gott nah ist, spüren wir seine An-wesenheit, seine Präsenz.

Die Gemeinde lobt Gott, *„wie es war im Anfang, jetzt und immerdar, und von Ewigkeit zu Ewigkeit."* Die Kirchenlieddichter und -komponisten loben ihn mit besonderer Vollmacht, weil sie mit der Fülle und Vielschichtigkeit ihrer Ausdrucksmittel Möglichkeiten in uns aufschließen, die Sprache als geläufiges Verständigungsmittel nicht aktiviert. Wie unsere Kirchenlieder als ein geschichtlicher Schatz uns, indem wir sie singen, in die geschichtsdurchdauernde Kontinuität der Kirche stellen und damit zum lebendigen Bewußtsein der liturgischen Versammlung der Zeiten und Räume unter dem Kreuz beitragen, so manifestieren sie zugleich, daß alle Zeiten und Epochen nicht ausreichen, die Fülle dessen auszuschöpfen, was uns als Evangelium gesagt ist. Jedes große Kirchenlied unserer Tradition bringt eine historische und individuelle Facette des Ganzen zum Aufleuchten, erhellt eine Facette unserer Glaubensmöglichkeiten. Sie sind viel reicher, als die historisch und individuell begrenzten Erfahrungen, die wir unmittelbar machen. Wir brauchen Mut – auch zu fremden Erfahrungen und Formulierungen, die unsere eigenen wecken und reizen. Wir müssen sie nur wirken lassen – siehe Gerhard Tersteegen[1].

---

[1] Der Text des Tersteegen-Liedes folgt orthographisch und in der Zeichensetzung der Ausgabe Gerhard TERSTEEGEN: *Geistliches Blumengärtlein inniger Seelen mit der frommen Lotterie und einem kurzen Lebenslauf des Verfassers*. 3 Aufl. der Neuen Ausgabe. Stuttgart [17]1988, S. 340-342. Alle anderen Zitate sind der modernen Orthographie angepaßt. Zu Luthers Jesaja-Lied siehe Gerhard KAISER: *Augenblicke deutscher Lyrik. Gedichte von Martin Luther bis Paul Celan interpretiert*. Frankfurt a.M. 1987. S. 63-77. Vielfältige Anregungen verdanke ich der Literatur- und geistesgeschichtlich orientierten Abhandlung von Hans-Georg KEMPER: Vielsinnige „Blumen"-Lese. Zum literarhistorischen Standort Gerhard Tersteegens. In: *Pietismus und Neuzeit. Jahrbuch zur Geschichte des neueren Protestantismus* 19 (1993), S. 117-142.

Kants These vom Primat der praktischen Vernunft

Überlegungen zu ihrem Sinn und ihrer Reichweite

Die Rede vom Primat der praktischen Vernunft ist zu einer gängigen Münze geworden. Viele reden von ihm, meist ohne zu beachten oder gar zu bedenken, daß sich dieses Wort aus der kritischen Philosophie Immanuel Kants herleitet. Es ist allerdings zuzugeben, daß Kant mit dieser These nichts völlig Neues ins Spiel gebracht, sondern ein schon lange lebendiges Motiv in ein prägnantes Wort gefaßt und verstärkt hat. So finden sich bei maßgebenden Gestalten der europäischen Philosophie Gedanken, die auf diese These hinauslaufen[1]. Die unterschiedlichen Bedeutungen, die man heutzutage mit ihr verbindet, lassen es geraten erscheinen, zu Beginn darauf hinzuweisen, was mit ihr im Zuge einer Kant-Interpretation nicht gemeint sein kann.

Mit dem Primat der praktischen Vernunft ist im Denken Kants zunächst keine Geringschätzung der Theorie verbunden[2]. Wäre es anders, ließe sich nicht ver-

---

[1] Exemplarisch sei auf Gedanken hingewiesen, die sich bei Platon, Aristoteles und Augustinus finden. PLATON untersucht in *Politeia* (504aff.) die Idee des Guten (ἰδέα τοῦ ἀγαθοῦ) als die höchste Aufgabe des Denkens (μέγιστον μάθημα). Als Ideal menschlichen Lebens versteht er die Angleichung an Gott (*Theiatetos* 176b). Dieses Ziel bedarf einer Bestimmung des Göttlichen, damit der Mensch sich in bestimmter Weise auf den Weg machen kann. Platon sagt folglich (*Theaitetos* 176 b/c): „Gott ist niemals auf keine Weise ungerecht, sondern im höchsten Sinne vollkommen gerecht, und nichts ist ihm ähnlicher, als wer unter uns ebenfalls der Gerechteste ist" (θεὸς οὐδαμῇ οὐδαμῶς ἄδικος, ἀλλ᾿ ὡς οἷόν τε δικαιότατος, καὶ οὐκ ἔστιν αὐτῷ ὁμοιότερον οὐδὲν ἢ ὃς ἂν ἡμῶν αὖ γένηται ὅτι δικαιότατος). ARISTOTELES sieht das Denken, das beim Menschen im betrachtenden Leben auftritt (*Nikomachische Ethik* 1095b14-19: βίος θεωρητικός) als höchste Möglichkeit menschlichen Lebens, so daß die Theorie insofern unter der Maßgabe der praktischen Vernunft stünde. AUGUSTINUS deutet Verfehlungen im praktischen Leben gar unmittelbar als Hindernisse auf dem Weg zur Wahrheit (vgl. *Confessiones* 11,5 und 11,41).

[2] Verfehlt ist auch die Annahme, Kant habe sich um eine Demonstration der Nichterkennbarkeit Gottes bemüht. Richtig ist vielmehr, daß ihm die Einsicht in die Nichterkennbarkeit gleichsam abgerungen worden ist. Vgl. dagegen Ingo KAUTTLIS: Von „Antinomien der Überzeugung" und Aporien des modernen Theismus. In: Walter JAESCHKE (Hrsg.): *Der Streit um die göttlichen Dinge (1799-1812)*. Hamburg 1999, S. 18f.: „Auch Kants Demonstration der Nichterkennbarkeit Gottes weist deutliche Spuren eines ethisch motivierten Interesses an solcher Nichterkennbarkeit auf: Wäre Gott zu erkennen, ließe sich unser Verhältnis zu ihm nicht ausschließlich auf den Bereich der Moralität konzentrieren." Kant braucht indessen dieses praktische Interesse nicht (es liefe auch auf einen pragmatischen Umgang mit dem Praktischen hinaus). Ganz im Geiste der Alten (z.B. AUGUSTINUS: *De ordine*, 2,44: „qui melius

stehen, daß die *Kritik der reinen Vernunft*, die auf die Prüfung des Vermögens der theoretischen Vernunft zielt, am umfangreichsten ausgefallen ist. Der große Umfang des ersten kritischen Hauptwerks mag zwar auch daher rühren, daß Kant bei dessen Ausarbeitung die späteren Kritiken, die *Kritik der praktischen Vernunft* und die *Kritik der Urteilskraft*, noch nicht im Sinn hatte und deren Themen deswegen rudimentär bereits in der ersten Kritik – vor allem in deren *Methodenlehre* – behandelt hat[3]. Die *Kritik der reinen Vernunft* war aber gewiß Kants Einstieg ins kritische Geschäft – und besaß so faktisch für ihn eine Art Primat, von dem die weitere Entfaltung seines Denkens abhängen sollte.

Das Primat der praktischen Vernunft hat sodann laut Kant nichts mit dem gefälligeren Primat einer pragmatischen Vernunft zu tun[4]. Ferdinand Fellmann scheint dieses Primat wohl auch deshalb pragmatisch zu wenden, weil er den angeblichen 'Formalismus' der praktischen Philosophie Kants abwehren will[5]. Er redet zwar vom 'Primat der praktischen Vernunft', aber nicht im Kontext der Lehre von den Postulaten der reinen praktischen Vernunft, in den es laut Kant gehört[6]. Daß er den Sinn der praktischen Vernunft verfehlt, zeigt sich in seiner allzu dürftigen Interpretation der Hoffnung, die laut Kant schon in der *Kritik der reinen Vernunft* eine wichtige Rolle spielt und dort mit dem Glauben an 'Gott, Freiheit, Unsterblichkeit' zusammenhängt[7]. Fellmann hingegen erklärt: „An die Stelle der großen Hoffnung sind die kleinen Hoffnungen des Lebens getreten, die Hoffnungen auf ein gesichertes Einkommen und eine intakte Familie"[8]. Solche

---

scitur nesciendo"; *Confessiones* 1,10: „non inveniendo invenire potius quam inveniendo non inveniendo te"; *Sermo* 117,5: „de deo loquimur, quid mirum si non comprehendis? si enim comprehendis, non est deus") erkennt Kant im Kontext der Reflexion der theoretischen Erkenntnis, daß das Unbedingte gar nicht gedacht werden kann, wenn es als Entwurf einer endlichen Vernunft gedacht wird. Vgl. dazu die Hinweise von N. Fischer im Kant-Teil des Buches von Norbert FISCHER – Dieter HATTRUP: *Metaphysik aus dem Anspruch des Anderen. Kant und Levinas*, Paderborn 1999, bes. S. 49-66.

[3] Vgl. bes. *Kritik der reinen Vernunft*, B 825ff. (Kant wird zitiert nach der Akademie-Ausgabe, Berlin 1902ff.).

[4] Zu Kants Unterscheidung zwischen dem Praktischen, das mit notwendigen, unbedingt geltenden Zwecken zu tun hat, und dem Pragmatischen, bei dem es um Klugheit und Regeln der Geschicklichkeit geht, vgl. z.B. KrV B 828, 834 und 851ff.

[5] Vgl. Ferdinand FELLMANN: *Orientierung Philosophie. Was sie kann, was sie will.* Reinbek bei Hamburg 1998, S. 69ff. Bekanntlich war es Max SCHELER, der versucht hat, Kants praktische Philosophie als „formalistische Vernunft- und Gesetzesethik" zu diskreditieren; vgl. *Der Formalismus in der Ethik und die materiale Wertethik* (1916), Bern und München [6]1980, bes. S. 370. Zum Nachweis, daß dieser Versuch mißlungen ist, vgl. FISCHER – HATTRUP: *Metaphysik aus dem Anspruch des Anderen* (s. Anm. 2), bes. S. 216-219.

[6] Die Postulate der reinen praktischen Vernunft antworten auf die Frage nach der philosophisch begründeten Hoffnung des Menschen. Kant fragt: Was 'darf' ich (auf Grund reiner Vernunft) hoffen. Nicht: Was hoffe ich als natürliches Wesen, als das ich mich in der Welt vorfinde.

[7] Vgl. z.B. KrV B XXX, 6, 395. Anm., 825, 831f., 839, 854ff.

[8] Vgl. FELLMANN: *Orientierung Philosophie* (s. Anm. 5), S. 118f. Diese Antwort auf die Frage, was ich hoffen darf, setzt ein völliges Mißverstehen der Lehre von den Postulaten der 'reinen' praktischen Vernunft voraus; vgl. dazu meine Rezension zu

'kleinen' Hoffnungen sind aber gewiß nicht die einer 'reinen' praktischen Vernunft. Mit dem Primat der praktischen Vernunft kann schließlich keine nachträgliche Reduktion auf das bloß Praktische gemeint sein, in der die metaphysischen und religiösen Impulse ausgeschlossen werden, die laut Kant notwendig aus dem Primat der praktischen Vernunft folgen. In diesem reduktiven Sinne legt Eckhart Förster einige zweideutige Passagen des *opus postumum* recht eindeutig aus und erklärt am Ende: „Zu hoffen gäbe es demnach in Kants abschließender Bestimmung der Transzendentalphilosophie nichts mehr. Sei's drum. Wir wissen, was wir tun sollen. Das muß reichen."[9] Wie gravierend Försters unbekümmert vorgetragene These ist, ergibt sich daraus, daß Kant die Frage, was ich hoffen darf, als letzte – und vielleicht entscheidende – der drei Fragen genannt hatte, in denen sich alles „Interesse meiner Vernunft (das speculative sowohl, als das praktische) vereinigt"[10]. Im veröffentlichten Werk kommt allen drei Fragen, wenn auch in unterschiedlicher Betonung, unbestreitbar große Bedeutung zu. Wenn also die Eliminierung der dritten Frage nicht mit einer pragmatischen Verwässerung der praktischen Philosophie einhergehen soll, bedürfte sie wohl einer einsichtigeren Begründung, als Förster sie vorlegt[11].

In einem neuerlichen Anlauf hat Förster seine These zu untermauern versucht, daß die Frage, was ich hoffen darf, im Denken Kants einer fortschreitenden Auflösung ausgesetzt gewesen sei[12]. Er baut dabei falsche Gegensätze zwischen den Stationen von Kants Denkweg auf, interpretiert dogmatisch und diagnostiziert Inkonsistenzen, die sich bei genauem Hinsehen auflösen[13]. Wenn Försters Deutung des *opus postumum* zuträfe, müßte Kant im hohen Alter die einleuchtend-

---

Fellmanns Buch. In: *Theologische Revue* 96 (2000) Sp. 74-77, bes. 76.

[9] Vgl. Eckhart FÖRSTER: „Was darf ich hoffen?" Zum Problem der Vereinbarkeit von theoretischer und praktischer Vernunft bei Immanuel Kant. In: *Zeitschrift für philosophische Forschung* 46 (1992), bes. das Resümee S. 185; vgl. dazu FISCHER – HATTRUP: *Metaphysik aus dem Anspruch des Anderen* (s. Anm. 2), S. 196-214, bes. Fußnote 3 (197f.).

[10] Vgl. KrV B 832. Vgl. dazu auch *Logik* A 25, wo den drei Fragen (KrV B 833: „Was kann ich wissen? Was soll ich tun? Was darf ich hoffen?") eine vierte hinzugefügt wird („Was ist der Mensch?"). Laut Kant erweist sich der Mensch somit als Wesen der Metaphysik, der Moral und der Religion.

[11] Die von Kant in der *Kritik der praktischen Vernunft*, A 198 entfaltete „Dialektik der reinen Vernunft in Bestimmung des Begriffs vom höchsten Gut" wird prägnant von Wilhelm TEICHNER dargestellt; vgl. *Kants Transzendentalphilosophie. Grundriß*. Freiburg/München 1978, bes. 122-136; vgl. weiterhin Reiner WIMMER: *Kants kritische Religionsphilosophie*. Berlin 1990, bes. 57-77. Förster steht mit seiner reduktiven Deutung vor der Alternative, Kant entweder auf Stoizismus zu reduzieren oder ihn als Vorläufer von Marx zu sehen.

[12] Diese Auflösung erinnert an die Art, die Ernst JANDL in einem Gedicht unter dem Titel „fortschreitende räude" zur Sprache gebracht hat, die sich im Gedicht an den Worten vom Beginn des Johannes-Prologs ereignet („Im Anfang war das Wort [...]"). Vgl. E. JANDL: *Gesammelte Werke*. 1. Band. Gedichte 1. Darmstadt 1985, S. 473.

[13] Reiner WIMMER: *Kants kritische Religionsphilosophie* (s. Anm. 11) zeichnet Kants Weg systematisch konsistent von den kritischen Hauptwerken bis zum *Opus postumum*.

sten Motive der kritischen Philosophie preisgegeben haben. Müßte man zum Beispiel den Gedanken, daß der Äther als *omnitudo realitatis* – also als 'Ding an
sich' – zu betrachten sei[14], für eine gültige These Kants halten, so zeigt sich, daß
sie hinter Einsichten der *Kritik der reinen Vernunft* zurückfällt, weil sie die Möglichkeit verdirbt, objektive Erkenntnis zu verstehen und das Unbedingte auch nur
zu denken (KrV B XXVIIIff.). Förster verfolgt seine Absicht, die Auflösung des
Gottdenkens beim späten Kant nachzuweisen, mit einem parteiischen Eifer, der
bald sehen läßt, welches Resultat er favorisiert.[15] So wundert man sich nicht über
das folgende Resümee: „Kants letztes Wort in Sachen Ethikotheologie steht damit fest. Ob Gott auch außer dem denkenden Menschen existiert, kann philosophisch nicht entschieden werden"[16]. Förster fehlt offenbar der Sinn für die Besonderheit von Kants Antworten auf die Frage nach Gott; er nennt sie agnostizi-
stisch und meint etwas Erhellendes zu sagen, wenn er erklärt, daß Kant auch in
der praktischen Philosophie eben den 'Agnostizismus' vertrete, „zu dem sich die
theoretische Vernunft schon 1781 verpflichtet fand"[17].

Gegenüber solchen Versuchen, Kants kritische Philosophie metaphysikfrei
plausibel zu machen, ist darauf zu bestehen, daß sie als *Metaphysik aus dem Anspruch des Anderen* zu verstehen ist. Kant ist nämlich zur Einsicht gelangt, daß
die von ihm gesuchte Wissenschaft aus der Beziehung auf den unbedingten Anspruch von Anderem lebt und sich am Ende als Metaphysik erweist. Metaphysik,
die ihren Namen verdient, kann *ursprünglich kein Produkt gelehrter Spekulation*,
sondern nur *Antwort* auf den Anspruch von Anderem sein, dessen Andersheit
unbedingte Anerkennung fordert. Wer immer versucht, ein durch Vernunft gesichertes System der Wahrheit des Ganzen zu entwerfen, ohne dessen Beziehung
auf unerkennbares Anderes zu bedenken, verharrt im Entwerfen der Bedingungen möglicher Gegenstände bei sich selbst, so daß ihm alles, was er erkennt, zu
Natur wird. Solange die Vernunft nicht auf das Andere antwortet, das ihr mit unbedingtem Anspruch entgegentritt, bleibt die gesuchte Wissenschaft im Grundcharakter *Physik*. Die *Möglichkeit wahrer Metaphysik* setzt folglich das Primat
der praktischen Vernunft voraus, also die Annahme, daß Anderes die Vernunft
mit unbedingtem Anspruch getroffen hat.

---

[14] Vgl. Eckhart FÖRSTER: Die Wandlungen in Kants Gotteslehre. In: *Zeitschrift für
philosophische Forschung* 52 (1998), S. 356f.

[15] Vgl. dagegen die von Kant angemahnte Kühle des Urteils; wenn es auf „Entschlie-
ßungen" ankäme, gäbe es keine Zweifel, wozu Kant sich entschlösse. Da es aber
darauf ankommt zu denken, muß Kant um der Annehmbarkeit des Unbedingten
willen auf dessen Erkennbarkeit Verzicht leisten (vgl. KrV B 615).

[16] Vgl. FÖRSTER: Die Wandlungen in Kants Gotteslehre (s. Anm. 14), 361f.

[17] Ebd.; der gegen die KrV – von Rationalisten (später von Katholiken) erhobene –
Vorwurf des Agnostizismus geht von vornherein fehl; vgl. FISCHER – HATTRUP:
Metaphysik aus dem Anspruch des Anderen (s. Anm. 2), S. 49ff. (zur „Befremd-
lichkeit des Unbedingten"). Für den späten Kant mag folgende These Försters zutreffen (362): „Ethik und Religion fallen damit am Ende zusammen." Zu fragen ist
aber, was dieser Ineinsfall bedeutet. Einen scharfen Kontrapunkt gegen Försters
Unverständnis in der Frage nach Gott bietet Gerda VON BREDOW: Lernen des
Nichtwissens. Erfahrung unbegreiflicher Wahrheit. In: DIES.: *Im Gespräch mit Nikolaus von Kues.* Hrsg. von Hermann SCHNARR. Münster 1995, S. 233-243.

Von solchem Anspruch ist jeder Mensch seit seiner ersten Begegnung mit Anderen getroffen. Der Andere fordert durch sein Dasein, als Zweck an sich selbst geachtet zu werden, und ruft so das *Bewußtsein des moralischen Gesetzes* hervor, das sich als das *einzige Faktum der reinen Vernunft* erweist[18]. Dieses Faktum ist die Grundlage des *Primats der praktischen Vernunft*, von dem Kant selbst explizit nur im Kontext der Postulate der reinen praktischen Vernunft spricht. Um Sinn und Reichweite dieses Primats sachgemäß entfalten zu können, muß jedoch über diese schmale Textbasis hinausgegangen werden. Der unbedingte Anspruch, der im Bewußtsein des moralischen Gesetzes als Faktum auftritt und der laut Kant die theoretischen Ansprüche der Vernunft niederschlägt, ist der Ursprung der *metaphysischen Naturanlage der menschlichen Vernunft*[19]. Denn dieser Anspruch weckt erst die Fragen, die zwar „durch die Natur der Vernunft selbst aufgegeben" sind, aber doch „alles Vermögen der menschlichen Vernunft" übersteigen (KrV A VII). Eine Vernunft, die sich ihrer selbst absolut gewiß wäre und ihre Erkenntnis durch sich selbst begründen könnte, bedürfte keiner Beziehung auf Anderes, weil sie selbst das Absolute wäre. Die Suche nach solch absoluter Begründung der Erkenntnis ist Kants Anliegen nicht. Kant sieht sich zwar imstande, die Möglichkeit objektiver Erkenntnis zu begreifen, gesteht aber in diesem Begreifen zugleich deren Grenzen ein. Diese Grenzziehung ist das Hauptergebnis der *Kritik der reinen Vernunft*, das demzufolge am heftigsten diskutiert und bekämpft worden ist.

Kant ist überzeugt, daß *für die Physik* der Weg zur Wissenschaft gefunden wurde, als Naturforschern wie Galilei, Torricelli und Stahl das Licht aufging, „daß die Vernunft nur das einsieht, was sie selbst nach ihrem Entwurfe hervorbringt" (KrV B XIII). Im Anschluß an diese Annahme ist Kant in der Suche nach einem Weg der Wissenschaft *für die Metaphysik* aber ein anderes Licht aufgegangen. Dieses neue Licht läßt zunächst die Konsequenz des Verfahrens der Naturforscher sehen, daß die Vernunft nämlich alles, was sie nach ihrem Entwurfe objektiv erkennt, in *Natur* verwandelt[20]. Sodann macht es sichtbar, daß die Vernunft in der Naturerkenntnis Bedingungen zugrunde legt, die selbst nicht objektiv erkennbar sind und die Kant deshalb als transzendental bezeichnet[21]. Diese über

---

[18] Vgl. *Grundlegung zur Metaphysik der Sitten*, BA 66f.; KpV A 55f.; vgl. auch FISCHER – HATTRUP: *Metaphysik aus dem Anspruch des Anderen* (s. Anm. 2), bes. § 9 (S. 158-178: Das 'Princip der Selbstliebe' und die Beziehung zum 'Princip anderer Menschen').

[19] Vgl. dagegen Uwe Justus WENZEL: *Anthroponomie. Kants Archäologie der Autonomie.* Berlin 1992, S. 51; zur Kritik vgl. FISCHER – HATTRUP: *Metaphysik aus dem Anspruch des Anderen* (s. Anm. 2), bes. S. 19ff.

[20] KrV B XXX: „in Erscheinung verwandeln"; vgl. auch KrV B 854: „Nun müssen wir gestehen, daß die Lehre vom Dasein Gottes zum doctrinalen Glauben gehöre. Denn ob ich gleich in Ansehung der theoretischen Weltkenntniß nichts zu verfügen habe, was diesen Gedanken als Bedingung meiner Erklärungen der Erscheinungen der Welt nothwendig voraussetze, sondern vielmehr verbunden bin, meiner Vernunft mich so zu bedienen, als ob alles bloß Natur sei".

[21] Naturerkenntnis setzt das Dasein spontanen Denkens, die Gegebenheit rezipierbaren Materials und die Eignung des Materials voraus, unter die Einheit des Denkens gebracht zu werden. Damit laufen die transzendentalen Bedingungen in immanen-

die Physik hinausweisende Einsicht bleibt laut Kant indessen dem „bloß mit seinem empirischen Gebrauche beschäftigte[n] Verstand" fremd, „der über die Quellen seiner eigenen Erkenntnis nicht nachsinnt" (KrV B 297). Man kann hinzufügen, daß sie ihm nicht nur fremd bleibt, sondern ihm sogar feindlich entgegentritt, da der Verstand von Natur aus „die Grundsätze, mit denen sich speculative Vernunft über ihre Grenze hinauswagt [...], über alles zu erweitern" sucht (KrV B XXIVf.).

Die folgende Kant-Interpretation stützt sich lediglich auf Texte Kants, sie verdankt sich dennoch auch einigen Anregungen, die aus Werken von Emmanuel Levinas gewonnen wurden. Levinas hat eine grundsätzliche Kritik der Vernunft vorgetragen und angenommen, daß die Vernunft stets in ihren eigenen Kreisen verharrt. Indem Levinas sieht, daß die Vernunft alles aus ihrem Blickwinkel zu erfassen sucht, spricht er von der panoramahaften Perspektive der Vernunft, die Anderem als Anderem keinen Platz läßt[22]. Mit Kants Worten könnte man sagen, daß die spekulative Vernunft (d.i. der Verstand, der sich von den Ketten der Erfahrung zu lösen sucht) in dieser Erweiterung alles, was sie zu erkennen sich anschickt, in *Natur* verwandelt. Folglich droht sie, wie Kant sagt, wenn ihr durch die Kritik keine Grenzen gesetzt werden, „den reinen (praktischen) Vernunftgebrauch gar zu verdrängen" (KrV B XXIVf.). Wenn der spekulativen Vernunft keine Grenzen gesetzt werden, ist es laut Kant also nicht einmal möglich, das Dasein Gottes, die Freiheit des Willens oder die Unsterblichkeit der Seele auch nur zu denken, da diese Gedanken ohne den reinen praktischen Vernunftgebrauch widersprüchlich werden. Demgemäß sagt Kant: „Ich kann also *Gott, Freiheit* und *Unsterblichkeit* zum Behuf des nothwendigen praktischen Gebrauchs meiner Vernunft nicht einmal *annehmen*, wenn ich nicht der speculativen Vernunft zugleich ihre Anmaßung überschwenglicher Einsichten *benehme*" (KrV B XXIXf.). Insofern zeigt sich, daß Kants Denken schon in der *Kritik der reinen Vernunft* vom Primat der praktischen Vernunft geleitet ist.

Der Weg der Wissenschaft, den Kant für die *Metaphysik* sucht, unterscheidet sich entsprechend diesem Eingeständnis deutlich vom Weg der *Physik*[23]. Immerhin hat die *Revolution der Denkart* in der Physik die Einsicht wachsen lassen, daß kein endlicher Verstand seine Gegenstände selbst hervorbringen kann, sondern auf Anschauung angewiesen ist. Innerhalb der Metaphysik hat diese Einsicht zur Folge, daß objektive Erkenntnis transzendentale Bedingungen voraussetzt, die selbst nicht objektiv erkennbar sind, und daß objektiv Erkanntes als

ter Bedeutung auf die drei Ideen der reinen Vernunft hinaus: auf ein transzendentales Subjekt, ein transzendentales Objekt und ein transzendentales Subjekt-Objekt, deren transendente Bedeutung für die Vernunft ein Problem bleibt. Vgl. Kants – allerdings inkonsistente – Versuche der Ableitung in KrV B 362-379.

[22]   Vom Primat des panoramahaften Blicks („primat du panoramique") spricht Emmanuel LEVINAS in *Totalité et Infini. Essai sur l'exteriorité*. The Hague 1961 (⁴1984), S. 270. Vgl. dazu N. Fischer: Zur Kritik der Vernunfterkenntnis bei Kant und Levinas. Die Idee des transzendentalen Ideals und das Problem der Totalität. In: *Kant-Studien* 90 (1999), S. 168-190.

[23]   Es geht also nicht um Meta-Physik, nicht um eine Meta-Theorie der Erfahrung; vgl. dagegen den programmatischen Titel von Hermann COHEN: *Kants Theorie der Erfahrung* (1871). Hildesheim ⁵1987 (Nachdruck von ³1918).

solches nicht unbedingt ist[24]. Unbedingtes kann folglich nicht objektiv erkannt werden, sofern die Grundsätze der objektiven Erkenntnis alles, worauf diese sich richtet, „jederzeit in Erscheinung verwandeln" (KrV B XXX).

Da sich eine Metaphysik, die ihren Namen verdient, auf die Wahrheit von Unbedingtem bezieht, die transzendent bleibt und durch objektive Erkenntnis nicht bestimmt werden kann, ist es verfehlt, Metaphysik als eine Wissenschaft zu suchen, die auf die systematische Erkenntnis des Seienden als Seienden im Allgemeinen und im Höchsten zielt. Wahre Metaphysik läßt sich vielmehr nur als Antwort der Vernunft auf den unbedingten Anspruch denken, der von Anderem ausgeht. Das Andere, das die Vernunft laut Kant unbedingt beansprucht, ist das Bewußtsein des moralischen Gesetzes, das in moralisch relevanten Situationen auftritt, „so bald wir uns Maximen des Willens entwerfen" (KpV A 53). Wenn es zutrifft, daß Metaphysik nur aus dem Anspruch von Anderem entspringen kann und daß dieser Anspruch sich ursprünglich im ethischen Phänomen zeigt, dann steht fest, daß wahre Metaphysik aus dem Primat der praktischen Vernunft lebt.

Die folgenden Überlegungen sollen im ersten Schritt zeigen, daß Kant sich schon bei der Ausarbeitung der *Kritik der reinen Vernunft* des Primats der praktischen Vernunft als Ursprungs der metaphysischen Naturanlage bewußt war. Im zweiten Schritt wird die These vom Primat der praktischen Vernunft im Kontext der Frage nach einer Rechtfertigung der Postulate der reinen praktischen Vernunft verfolgt, in dem Kant sie ausdrücklich vorgetragen hat. Dieser Kontext impliziert jedoch eine Bedeutung des Primats, der über die Rechtfertigung der Postulate hinausweist. Im dritten Schritt geht es um diese weiterreichende Bedeutung des Primats der praktischen Vernunft, durch die sich die praktische Philosophie als *Erste Philosophie* und als Quellgrund einer *kritischen Metaphysik* erweist. Die kritische Philosophie endet nicht in der Selbsttäuschung der Vernunft, sondern öffnet deren engen Horizont, indem sie uns laut Kant „eine höhere, unveränderliche Ordnung der Dinge" sehen läßt, „in der wir schon jetzt sind" (KpV A 193).

1. Die Wirksamkeit des Primats der praktischen Vernunft in der „Kritik der reinen Vernunft"

Laut dem Beginn der Vorrede zur ersten Auflage der *Kritik der reinen Vernunft* hat die menschliche Vernunft „das besondere Schicksal in einer Gattung ihrer Erkenntnisse: daß sie durch Fragen belästigt wird, die sie nicht abweisen kann, denn sie sind ihr durch die Natur der Vernunft selbst aufgegeben, die sie aber auch nicht beantworten kann, denn sie übersteigen alles Vermögen der menschlichen Vernunft" (KrV A VII). Mit diesem vielzitierten Satz weist Kant darauf hin, daß die Vernunft sich mit dem Erfahrungsgebrauch nicht zufrieden geben kann und sich genötigt sieht, „zu Grundsätzen ihre Zuflucht zu nehmen, die allen möglichen Erfahrungsgebrauch überschreiten" (KrV A VIII). Das Überschreiten der

---

[24]   Vgl. Kants Hinweise zum negativen und zum positiven Nutzen der Kritik in KrV B XXIVf.

Erfahrungsgrenzen, das man ein vom Subjekt gewolltes und vollzogenes *Transzendieren* nennen könnte, bekommt ihr jedoch nicht gut, da sie sich dabei „in Dunkelheit und Widersprüche" stürzt (KrV A VIII).

Die menschliche Erkenntnis hebt laut Kant „von den Sinnen an, geht von da zum Verstande und endigt bei der Vernunft, über welche nichts Höheres in uns angetroffen wird, den Stoff der Anschauung zu bearbeiten und unter die höchste Einheit des Denkens zu bringen" (KrV B 355). Sie bewegt sich also zunächst im Bereich der Erfahrung und hat in diesem Bereich auch großen Erfolg. Entsprechend ihrer eigenen Natur sucht sie immer höhere, entferntere Bedingungen und wagt sich, da ihr die Erfahrung keine letzte Befriedigung verschafft, am Ende sogar über die Grenzen der Erfahrung hinaus. Sie gelangt so zu Vernunftbegriffen, als deren höchsten Kant die Gottesidee darstellt, die er auch als *transzendentales Ideal*, als ein *Ideal ohne Gleichen* bezeichnet (KrV B 639f.). Allerdings gewinnt die Vernunft auf dem Weg ihrer über die Erfahrung hinausgehenden Spekulation nicht die fraglose Gewißheit, die sie auf ihm gesucht hat, sondern verliert sich in endlose Streitigkeiten, die Kant unter dem Titel der *Antinomie der reinen Vernunft* ausgearbeitet hat (KrV B 432-595). Wenn man *Metaphysik* aus diesem Ursprung als ein Produkt spekulativer Vernunft zu verstehen hätte, wäre sie laut Kant nichts anderes als der „Kampfplatz dieser endlosen Streitigkeiten" (KrV A VIII).

Ihre Verstrickung in endlose Streitigkeiten ist die elende Lage, in der sich die Metaphysik laut Kant befindet und aus der er sie durch die Kritik befreien möchte. Er hofft, diese Streitigkeiten beenden zu können, indem er zeigt, daß innerhalb der Erfahrung objektive Erkenntnis möglich ist, daß aber alle Versuche scheitern, ohne Anschauung zu objektiver Erkenntnis zu gelangen. Begriffe des Verstandes oder der Vernunft müssen sich also stets direkt oder indirekt auf gegebene Anschauung beziehen, wenn ihnen auch nur objektive *Bedeutung* zukommen soll. Kant bemerkt zwar, daß die Ideen – Gott, Freiheit, Unsterblichkeit – einen Bedeutungsüberschuß haben, der in der transzendentalen Funktion der Vernunftbegriffe nicht erfaßt wird. Die Annahmen, daß Gott existiere, der Wille frei und die Seele unsterblich sei, begreift er deswegen als die Kardinalsätze der menschlichen Vernunft und sieht, daß es der Vernunft um das Unbedingte geht, das nur jenseits der Grenzen der Erfahrung gedacht werden kann[25]. Vom transzendenten Sinn der Ideen, der die Vernunft antreibt, den Bereich der Erfahrung zu verlassen, kann er innerhalb der theoretischen Untersuchung aber nur sagen, daß er *nicht unmöglich* sei. Als einziges förderliches Resultat, das spekulative Vernunft zustande bringt, bleibt die Einsicht, daß sie „immer doch wenigstens Platz verschafft, wenn sie ihn gleich leer lassen mußte" (KrV B XXI).

Für den theoretischen Vernunftgebrauch wäre objektive Erkenntnis des Übersinnlichen zwar der höchste Triumph. Die transzendente Bedeutung der Ideen scheint jedoch belanglos zu sein, wenn nichts Übersinnliches existiert und es für

---

[25]   Vgl. N. FISCHER: *Die Transzendenz in der Transzendentalphilosophie. Untersuchungen zur speziellen Metaphysik an Kants 'Kritik der reinen Vernunft'*, Bonn 1979; außerdem: N. FISCHER: Die Cardinalsätze der Metaphysik in der Kritik der reinen Vernunft. Fünf Thesen zu Kants 'Revolution der Denkart' gemäß den 'ersten Gedanken des Copernicus'. In: *Theologie und Glaube* 89 (1999), S. 349-363.

die Vernunft hier nichts objektiv zu erkennen gibt. Folglich ist im Blick auf den Seinsmodus der Ideen als transzendenter Dinge an sich zu sagen: „Unter dem Vorzeichen einer objektiven Erkennbarkeit betrachtet, ist daher das Ding an sich sowohl seiner Realität als auch seinem Sein nach das schlechthin Unbestimmte und das schlechthin Nichtseiende"[26]. Obwohl die spekulative Vernunft keine objektive Erkenntnis hervorbringt, wird auf diesem Wege immerhin deutlich, daß das Land der objektiv erkennbaren Wahrheit eine Insel ist und das absolut Unbedingte für objektive Erkenntnis prinzipiell unerreichbar bleibt (KrV B 29ff. und B 612). Weil die Annahme, absolut Unbedingtes könne objektiv *erkannt* werden, Widersprüche nach sich zieht, kann es nur *gedacht* werden, wenn sich zeigen läßt, daß die Spekulation an ihm scheitert. Die Kritik der spekulativen Metaphysik dient so der Rettung von Annahmen, deren transzendenten Sinn die Spekulation – vielleicht wider Willen – bedroht hatte. Das ist der Grund, aus dem Kant sagt: „Ich mußte also das *Wissen* aufheben, um zum *Glauben* Platz zu bekommen" (KrV B XXX).

Zu fragen ist, warum es ein Anliegen der Vernunft sein kann, zum Glauben Platz zu bekommen, warum die Vernunft sich nicht damit begnügt, objektiv Erkennbares zu erkennen, sondern sich von Fragen belästigen läßt, die sie weder abweisen noch beantworten kann. Festzuhalten ist, daß die Vernunft nicht belästigt würde, wenn sie sich mit ihrem immanenten Gebrauch begnügen könnte. Da ihr dieser Gebrauch aber nicht genügt, wird sie „durch ihr eigenes Bedürfnis" zu Fragen getrieben, die über ihren immanenten Gebrauch hinausweisen (KrV B 22). Daß sie durch Fragen, die in die Transzendenz weisen, belästigt wird, macht laut Kant ihre metaphysische Naturanlage aus. Deren Wirklichkeit hält Kant für so unbestreitbar, daß er annimmt, in allen Menschen sei wirklich „irgend eine Metaphysik zu aller Zeit gewesen" und werde „auch immer darin bleiben" (KrV B 21).

Um die Möglichkeit der Metaphysik als Naturanlage zu verstehen, muß geklärt werden, wie die Fragen entspringen, „welche reine Vernunft sich aufwirft" (KrV B 21f.). Zu klären ist zunächst, wie um Grenzen der Erkenntnis gewußt werden kann, wenn alle Erkenntnis als Leistung der spekulativen Vernunft vorgestellt wird. Wäre das Bewußtsein ihrer Begrenztheit ein Werk der Vernunft, hätte dieses Wissen nicht die Begrenzung der Erkenntnis, sondern deren Übergang ins Absolute und Unendliche zur Folge. Es ginge dann um eine die objektive Erkenntnis überholende objektive Erkenntnis der Erkenntnis, die Nietzsche übrigens mit gutem Recht als *Naivetät* bezeichnet hat[27]. Indem Kant bestreitet, daß endliche Vernunftwesen absolute Erkenntnis des Absoluten besitzen können, und folglich an der Endlichkeit der menschlichen Erkenntnis festhält, meidet er die in sich widersprüchliche Suche nach absoluter Selbstbegründung einer endlichen Vernunft.

---

[26] Wilhelm TEICHNER: *Kants Transzendentalphilosophie. Grundriß* (s. Anm. 11), S. 59.

[27] Vgl. Friedrich NIETZSCHE: Nachgelassene Fragmente 7 [4]. In: *Sämtliche Werke. Kritische Studienausgabe*. München – Berlin 1980, Bd. 12, S. 264.: „es ist eine Naivetät, was er will: *die Erkenntniß der Erkenntniß!*" Zur Kritik vgl. FISCHER – HATTRUP: *Metaphysik aus dem Anspruch des Anderen* (s. Anm. 2), S. 79.

Die Suche nach absoluter Selbstbegründung ist Sache eines *Verstandes*, der sich um solche Widersprüche nicht bekümmert. Da die *Vernunft* das Scheitern der Erkenntnis des Unbedingten bemerkt, zieht sie dem Verstand enge Grenzen. Das Eingeständnis des Nichtwissens, das ihr nur von einem äußeren Widerstand abverlangt worden sein kann, ist schon in der *Kritik der reinen Vernunft* mit dem *Bewußtsein* verbunden, daß der reine praktische Vernunftgebrauch sein *soll*. Solange der Verstand sein Werk verrichtet und immer neues Mannigfaltiges unter die Einheit des Denkens bringt, treten Fragen nach Unbedingtem und nach Grenzen der Erkenntnis nicht auf.

Diese Fragen stellen sich vielmehr, weil Unbedingtes die Vernunft bedrängt, obwohl es theoretisch weder erkennbar noch bestreitbar ist. Der Gedanke des Unbedingten gewinnt sein Ansehen ursprünglich also nicht durch theoretische, sondern durch praktische Vernunft. Weil das Unbedingte ihr im Bewußtsein des moralischen Gesetzes schon begegnet ist, sieht die Vernunft sich gezwungen, Platz zum Glauben an das absolut Unbedingte zu lassen. Die Lehre der *Kritik der reinen Vernunft*, daß theoretische Erkenntnis über die Grenzen der Erfahrung hinaus unmöglich ist, lebt also vom Faktum der reinen praktischen Vernunft und dient der Sache der Metaphysik.

2. Kants Darstellung des Primats der praktischen Vernunft im Vorfeld der Postulatenlehre

Kant erklärt in dem Abschnitt des *Kanons der reinen Vernunft*, in dem er vom *letzten Zwecke des reinen Gebrauchs unserer Vernunft* handelt: „Die Endabsicht, worauf die Speculation der Vernunft im transscendentalen Gebrauche zuletzt hinausläuft, betrifft drei Gegenstände: die Freiheit des Willens, die Unsterblichkeit der Seele und das Dasein Gottes" (KrV B 826). Weil uns *diese drei Cardinalsätze* laut Kant „zum Wissen gar nicht nöthig sind", uns aber „gleichwohl durch unsere Vernunft dringend empfohlen werden", könne „ihre Wichtigkeit wohl eigentlich nur das *Praktische* angehen" (KrV B 827f.). Weil er zusätzlich erklärt, daß die „ganze Zurüstung [...] der Vernunft in der Bearbeitung, die man reine Philosophie nennen kann, [...] in der That nur auf die drei gedachten Probleme gerichtet" sei (KrV B 828), muß „die letzte Absicht der weislich uns versorgenden Natur bei der Einrichtung unserer Vernunft eigentlich nur aufs Moralische gestellt" sein.[28]

Den Sinn dieser *aufs Moralische gestellten Einrichtung unserer Vernunft* vermag die Vernunft innerhalb ihres spekulativen Gebrauchs nicht zu begreifen, zumal diese Einrichtung den spekulativen Gebrauch nicht befördert, sondern einschränkt und zur Folge hat, daß ihre höchsten Begriffe bloß regulative Prinzipien mit heuristischer Funktion und problematischer Geltung sind[29]. Zu Beginn der

---

[28]	KrV B 829. Die Einschätzung der moralischen Gesetze, die in diesem Abschnitte als „Producte der reinen Vernunft" bezeichnet werden (B 828), bleibt noch hinter den Einsichten zurück, die in der *Kritik der praktischen Vernunft* deutlich hervortreten.

[29]	Vgl. Rudolf ZOCHER: Der Doppelsinn der kantischen Ideenlehre. In: *Zeitschrift für*

Dialektik der reinen praktischen Vernunft, in deren Mittelpunkt die *Postulate der reinen praktischen Vernunft* stehen, spricht Kant im Rückblick noch einmal zu den Streitigkeiten der spekulativen Vernunft, die sie nicht schlichten kann, wenn sie nicht „durch eine vollständige Kritik des ganzen reinen Vernunftvermögens" vor ihnen bewahrt wird (KpV A 193). Die Antinomie der reinen Vernunft verlangt ihr das Eingeständnis der Grenzen ihres Vermögens ab und stört ihren Versuch, ein wohlgegründetes System der Wahrheit des Ganzen zu errichten. Sie stört die Vernunft so sehr, daß ihr schließlich jede über die Erfahrung hinausgehende Spekulation als Irrweg erscheint. In der *Kritik der praktischen Vernunft* bezeichnet Kant die Antinomie dennoch als „die wohlthätigste Verirrung, in die die menschliche Vernunft je hat geraten können, indem sie uns antreibt, den Schlüssel zu suchen, aus diesem Labyrinthe herauszukommen"[30]. Dieser Schlüssel ist das Bewußtsein des moralischen Gesetzes, das sich mit unbedingten Forderungen an den Willen richtet. Von diesem Bewußtsein konnte die spekulative Vernunft nicht ahnen, daß es als Schlüssel taugt, dem Labyrinth der Antinomie zu entkommen. Deshalb sagt Kant, daß er, „wenn er gefunden worden, noch das entdeckt, was man nicht suchte und doch bedarf"[31].

Kants Auskunft, daß man dessen, was gefunden wird, zwar bedurfte, daß das Gefundene aber nichts ist, was man suchte, scheint widersprüchlich zu sein und kann zu Irrtümern verleiten. *Was man nicht suchte und doch bedarf*, ist „eine Aussicht in eine höhere, unveränderliche Ordnung der Dinge, in der wir schon jetzt sind" (KpV A 193). Eine solche höhere Ordnung der Dinge scheinen wir durchaus aus eigenem Antrieb zu suchen, da sie uns die Erfüllung unserer höchsten Hoffnungen verheißt. Kant betont aber, daß dieser Fund nicht den Mangel unseres Vermögens ersetzt, uns nicht nachträglich des Bewußtseins unserer Endlichkeit enthebt. Er erklärt deshalb: „Diese Erweiterung der theoretischen Vernunft ist aber keine Erweiterung der Speculation, d.i. um in theoretischer Absicht nunmehr einen positiven Gebrauch davon zu machen"[32].

Die große *Befriedigung*, die dieser Fund der Vernunft verschafft, verdankt sich keiner Leistung der Vernunft und läßt sich folglich auch nicht als *Selbstbefriedi-*

---

philosophische Forschung 20 (1966), S. 222-226; weiterhin N. FISCHER: *Die Transzendenz in der Transzendentalphilosophie* (s. Anm. 25), bes. S. 84ff.

[30] KpV A 193. Das *Antreiben*, von dem Kant hier spricht, läuft dem *excitare* parallel, von dem AUGUSTINUS innerhalb der *Confessiones* spricht; vgl. 1,1; 11,1; vgl. auch *Retractationes* 2,6,1.

[31] KpV A 193. Da hier etwas gefunden wird, was kraft der Vernunft nicht gefunden werden kann, geht es um *reines* Finden, in dem sich das Gefundene keiner Leistung des Suchenden verdankt.

[32] KpV A 242; Kant fährt an dieser Stelle fort (*KpV A 242f.*): „Denn da nichts weiter durch praktische Vernunft hiebei geleistet worden, als daß jene Begriffe real sind und wirklich ihre (mögliche) Objecte haben, dabei aber uns nichts von Anschauung derselben gegeben wird (welches auch nicht gefordert werden kann), so ist kein synthetischer Satz durch diese eingeräumte Realität derselben möglich. Folglich hilft uns diese Eröffnung nicht im mindesten in speculativer Absicht, wohl aber in Ansehung des praktischen Gebrauchs der reinen Vernunft zur Erweiterung dieses unseres Erkenntnisses."

gung der Vernunft verstehen[33]. Die Hoffnungen werden nämlich *durch Anderes* erfüllt – und sie werden *anders* erfüllt, als es sich die endliche Vernunft des Menschen kann träumen lassen. Sie erfüllen sich so wenig gemäß den Entwürfen der spekulativen Vernunft, daß der theoretische und der praktische Vernunftgebrauch bezüglich der höchsten Zwecke der Vernunft sogar in einen Widerstreit geraten. Dieser Widerstreit nötigt zur Untersuchung und Beantwortung der Frage, ob der theoretischen Vernunft oder der praktischen das Primat zukomme. Die Entscheidung fällt Kant im kurzen Abschnitt *Von dem Primat der reinen praktischen Vernunft in Verbindung mit der speculativen.* Als das Interesse des spekulativen Vernunftgebrauchs benennt er hier die „*Erkenntniß* des Objects bis zu den höchsten Principien *a priori*", als das Interesse des praktischen Gebrauchs die „Bestimmung des *Willens* in Ansehung des letzten und vollständigen Zwecks" (KpV A 216). Diese Bestimmungen deuten schon an, daß das Interesse des spekulativen Vernunftgebrauchs dem Interesse ihres praktischen Gebrauchs untergeordnet ist. Da das Bewußtsein des moralischen Gesetzes zudem zeigt, daß „reine Vernunft für sich allein praktisch sein kann und es wirklich ist", kann nur der praktischen Vernunft das Primat zukommen[34]. Im Gefolge dieser Antwort erfüllen sich nun die Hoffnungen der menschlichen Vernunft, aber auf ganz unvorhersehbare Weise, nämlich „als ein ihr fremdes Angebot, das nicht auf ihrem Boden erwachsen" ist (KpV A 218). Die Erfüllung geschieht *durch Anderes*: nicht durch Entwürfe der spekulativen Vernunft, sondern durch ein gegebenes Faktum, das Kant als „das einzige Factum der reinen Vernunft" bezeichnet (KpV A 56). Und die Erfüllung geschieht *anders*, als eine endliche Menschenvernunft es sich in ihrer Selbstverliebtheit ausmalen möchte.

Das wird besonders deutlich im ersten, grundlegenden Postulat der reinen praktischen Vernunft, in dem Kant für die Unsterblichkeit der Seele argumentiert

---

[33] Vom Scheitern der *Selbstbefriedigung* spricht Kant an zwei Stellen; vgl. zunächst KrV B 638: „Die falsche Selbstbefriedigung der Vernunft in Ansehung der Vollendung dieser Reihe, dadurch daß man endlich alle Bedingung, ohne welche doch kein Begriff einer Nothwendigkeit statt finden kann, wegschafft und, da man alsdann nichts weiter begreifen kann, dieses für eine Vollendung seines Begriffs annimmt." Weiterhin *Prolegomena zu einer jeden Metaphysik die als Wissenschaft wird auftreten können*, A 161: „Da die psychologische, kosmologische und theologische Ideen lauter reine Vernunftbegriffe sind, die in keiner Erfahrung gegeben werden können, so sind uns die Fragen, die uns die Vernunft in Ansehung ihrer vorlegt, nicht durch die Gegenstände, sondern durch bloße Maximen der Vernunft um ihrer Selbstbefriedigung willen aufgegeben und müssen insgesamt hinreichend beantwortet werden können; welches auch dadurch geschieht, daß man zeigt, daß sie Grundsätze sind, unsern Verstandesgebrauch zur durchgängigen Einhelligkeit, Vollständigkeit und synthetischen Einheit zu bringen, und so fern blos von der Erfahrung, aber im Ganzen derselben gelten." Diese Selbstbefriedigung der Vernunft verfehlt aber die transzendente Bedeutung der Ideen, so daß die Vernunft doch unbefriedigt bleibt; vgl. *Prolegomena zu einer jeden Metaphysik die als Wissenschaft wird auftreten können*, A 165 und 169.

[34] *KpV* A 218. Die spekulative Vernunft muß sich im Gegensatz zur praktischen stets auf Erfahrung stützen; allerdings bedarf auch die praktische Vernunft moralisch relevanter Situationen, die durch die Gegenwart des Anderen konstituiert werden; vgl. *Grundlegung zur Metaphysik der Sitten*, BA 66f.

(KpV A 219ff.). Die praktisch fundierte Forderung, ein Weiterleben der Person nach dem Tode anzunehmen, antwortet gewiß auch auf die Frage der *Kritik der reinen Vernunft*, was ich hoffen darf (KrV B 833). Dennoch ist zu beachten, daß sie sich nicht auf Beweisgründe aus spekulativer Vernunft stützt. Ein Postulat der *reinen* praktischen Vernunft ist auch nicht geeignet, schwärmerische Hoffnungen auf ein Weiterleben nach dem Tode zu erfüllen. Die Hoffnung stützt sich vielmehr auf *Anderes*, nämlich auf die an den Willen ergehende Forderung der *Heiligkeit*. Diese Hoffnung erfüllt sich zudem *anders* als erwartet, nämlich als Aufgabe einer *unendlichen Annäherung* an das Ziel der Heiligkeit. Weil dieses Postulat in seinem Grunde nicht dazu dient, die natürlichen Wünsche des Subjekts zu erfüllen, sondern zunächst nur der Forderung des moralischen Gesetzes Geltung verschafft, war die Vernunft nicht durch sich selbst in der Lage, das zu suchen, was sie schließlich gefunden hat. Heiligkeit kann die Vernunft nicht als einen Entwurf ihrer selbst suchen, dessen Meister sie ist. Heiligkeit ist vielmehr ein Ziel, dem sich die Vernunft – ob sie es will oder nicht – in unendlichem Progressus annähern soll (vgl. KpV A 220).

Die Hoffnungen der menschlichen Vernunft werden also durch Anderes und auf andere Weise erfüllt, als Wesen es wünschen mögen, die den Einschränkungen ihrer Endlichkeit entkommen möchten. Obwohl sie solchen Wünschen nicht entspricht, gewährt die Hoffnung auf Weiterleben, die durch praktische Vernunft ermöglicht wird, doch manches, dessen der Mensch bedarf: der Mensch weiß sich nämlich zur Heiligkeit verpflichtet, sobald er sieht, daß das moralische Gesetz sie von ihm fordert (KpV A 220). Zudem bedarf er auch als Wesen, das unter dem moralischen Gesetz steht, der Glückseligkeit, sofern ihn natürliche Neigungen weiterhin bestimmen. Kant erklärt: „Glücklich zu sein, ist nothwendig das Verlangen jedes vernünftigen, aber endlichen Wesens und also ein unvermeidlicher Bestimmungsgrund seines Begehrungsvermögens" (KpV A 45). Endliche Lebewesen können zwar bezüglich ihrer Lebensdauer nichts verlangen; dennoch gewährt ihnen die durch das Postulat ermöglichte Hoffnung „einer ins *Unendliche* fortdauernden Existenz", wenn auch aus anderem Grund und in anderer Konkretion, eine Erfüllung, deren sie auf Grund ihrer natürlichen Sehnsucht bedürfen.[35] Die Postulate der reinen praktischen Vernunft *erlauben* nicht nur, sondern *fordern* die Annahme der *Cardinalsätze der Metaphysik*. Das Primat der praktischen Vernunft, das die Postulate ermöglicht, führt somit zu Änderungen in der Beurteilung der metaphysischen Naturanlage der menschlichen Vernunft, die abschließend ins Auge gefaßt werden sollen.

3. Das Primat der praktischen Vernunft als Quellgrund von Kants kritischer Metaphysik

Laut Kant wird die Existenz des höchsten in einer Welt möglichen Gutes „durch einen den Willen unmittelbar bestimmenden (kategorischen) Imperativ als praktisch nothwendig vorgestellt" (KpV A 241). Diesen Zweck, das höchste Gut zu

---

[35] Vgl. AUGUSTINUS: *Confessiones* 11,4 (unter Verweis auf Mt 6,33).

befördern, soll sich unser Wille zu eigen machen – unabhängig von Neigungen, die ihn empirisch affizieren können. Die Absicht zur *Beförderung* dieses Zwecks tritt als Pflicht auf und ist folglich *a priori* gegeben. Die *Verwirklichung* dieses höchsten Gutes ist jedoch nicht möglich, „ohne drei theoretische Begriffe [...] vorauszusetzen: nämlich Freiheit, Unsterblichkeit und Gott" (KpV A 241f.). Die Annahme der objektiven Realität dieser drei Ideen, die auf theoretischem Wege nicht gesichert werden konnte, wird durch das praktische Gesetz postuliert, das „die Existenz des höchsten in der Welt möglichen Guts gebietet" (KpV A 242).

Soweit scheint die Belästigung der Vernunft durch die notwendigen, aber unlösbaren Aufgaben, die am Ende der Untersuchung ihres theoretischen Vermögens standen, überwunden zu sein. Stören könnte indessen, daß Kant die Postulate nicht als *theoretische Dogmata*, sondern als „*Voraussetzungen* in nothwendig praktischer Rücksicht" einführt, die „das speculative Erkenntnis" (KpV A 238) nicht erweitern. Seine Antwort auf die Frage, ob „unser Erkenntnis durch reine praktische Vernunft wirklich erweitert" werde, lautet also: „Allerdings, aber *nur in praktischer Absicht*" (KpV A 240; vgl. auch KrV B XXI). Sie dokumentiert noch einmal die Grenzen unserer Erkenntnis: „Denn wir erkennen dadurch weder unserer Seele Natur, noch die intelligibele Welt, noch das höchste Wesen nach dem, was sie an sich selbst sind" (KpV A 240). Sofern die theoretische Erkenntnis, die „nur das einsieht, was sie selbst nach ihrem Entwurfe hervorbringt" (KrV B XIII), alles in Natur verwandelt, leuchtet ein, daß theoretische Erkenntnis sich nur dessen zu bemächtigen vermag, was zur Sinnenwelt oder zur Natur als dem Inbegriff der Erscheinungen gehört (KrV B 446 Anm.; vgl. auch B 700). Schon damit wird die restriktive These unvermeidlich, daß wir die Unsterblichkeit der Seele, die Freiheit des Willens und das Dasein Gottes *nur in praktischer Absicht* erkennen. Die Ideen bleiben für die theoretische Vernunft also doppelgesichtig, sofern sie „kein menschlicher Verstand jemals ergründen", aber auch „keine Sophisterei der Überzeugung selbst des gemeinsten Verstandes jemals entreißen wird" (KpV A 241). Mit dem einen Gesicht treten sie uns nämlich schwach und nichtig gegenüber, da ihnen kein Sein zuzukommen scheint; mit dem anderen Gesicht triumphieren sie über uns, weil sich ihre Stärke gerade darin beweist, daß sie dem Zugriff der spekulativen Vernunft widerstehen.[36]

Die Einschränkung der Erkenntnis, die *nur in praktischer Absicht* möglich sei, kann zwar aus der Perspektive der spekulativen Vernunft im Sinne der Depravierung der Ideen verstanden werden. Sie hat diese Depravierung aber keineswegs notwendig zur Folge. Vielmehr erweist sie sich als das einzige taugliche Hilfsmittel gegen die Eroberungslust der spekulativen Vernunft, der nach der Einsicht in die Begrenztheit der theoretischen Erkenntnis endgültig die Hoffnung geraubt ist, sich doch noch der Wahrheit des Transzendenten bemächtigen zu können. Die Zerstörung dieser Hoffnung versteht Kant aber nicht als einen Verlust, sondern als einen Gewinn, weil „die Grundsätze, mit denen sich speculative Vernunft über ihre Grenze hinauswagt, in der That nicht Erweiterung, sondern, wenn man sie näher betrachtet, Verengung unseres Vernunftgebrauchs zum unausbleiblichen Erfolg haben", weil sie die Sinnlichkeit hindern, sich „über alles zu erweitern und so den reinen (praktischen) Vernunftgebrauch gar zu

---

[36] Vgl. z.B. AUGUSTINUS: *Confessiones* 1,10.

erweitern und so den reinen (praktischen) Vernunftgebrauch gar zu verdrängen" (KrV B XXIVf.).

Unter dieser Voraussetzung der Doppelgesichtigkeit der Ideen kann nun eine Antwort auf die Frage gesucht werden, welche Folgen das Primat der praktischen Vernunft für die Metaphysik zeitigt. Obwohl die *Cardinalsätze* der reinen Vernunft dem Zugriff der spekulativen Vernunft entzogen sind, bleiben die Gedanken, um die es in ihnen geht, problematische Grenzbegriffe, die zwar keine positive Erkenntnis enthalten, aber laut Kant in der Lage sind, „die Anmaßung der Sinnlichkeit einzuschränken" (vgl. KrV B 310f.). Unter der Voraussetzung des Primats der praktischen Vernunft hängt die Metaphysik demnach in ihrem positiven Teil einerseits vom Auftreten eines unbedingten und unableitbaren Anspruchs ab, andererseits aber auch von der Antwort derer, denen dieser Anspruch gilt, die ihn hören und die durch ihn in die Verantwortung gerufen werden.

Ein Vernunftwesen, das unter diesem Anspruch steht, entdeckt durch ihn in sich eine metaphysische Naturanlage, die kein Besitz, sondern eine Herausforderung der Vernunft ist und zeigt, daß die Vernunft in den Ideen mehr und Besseres denkt, als spekulative Vernunft zu denken vermag[37]. Das Transzendente ist also zugleich *über ihr* und *in ihr*. Dieses doppelte Verhältnis der Vernunft zum Transzendenten besagt laut Kant, daß das, was für die spekulative Vernunft „*transscendent*" war, in der praktischen *immanent*" ist[38]. Indem in den Ideen mehr und Besseres gedacht wird, als spekulatives Denken zu denken vermag, erregen diese Gedanken nicht übermütigen Stolz und Selbstzutrauen der Vernunft, sondern Bewunderung und Ehrfurcht. In diesen Haltungen spricht sich die metaphysische Naturanlage der menschlichen Vernunft aus.

Im Zentrum der 'Revolution der Denkart' ereignet sich eine Inversion der Aktivität, die mit Kant als kopernikanische Wende in der Metaphysik zu bezeichnen ist[39]. Kant begegnet der Wirklichkeit, von der seine kritische Metaphysik getragen wird, mit Bewunderung und Ehrfurcht; diese Metaphysik speist sich aus dem Quellgrund des Bewußtseins des moralischen Gesetzes, das unbedingt gebietet und das Primat der praktischen Vernunft hervorruft[40]. In dem Abschnitt, mit dem

---

[37]   Vgl. Emmanuel LEVINAS: *Totalität und Unendlichkeit. Versuch über die Exteriorität*. München/Freiburg 1987 (von Nikolaus KREWANI besorgte Übersetzung von *Totalité et infini*; s. Anm. 22); hier *Vorwort zur deutschen Übersetzung*, S. 11: „Denken, das mehr oder das *besser* denkt, als es der (theoretischen) Wahrheit nach denkt."

[38]   KpV A 240. Auch in der praktischen Vernunft ist das Transzendente allerdings „*nur in praktischer Absicht*" für immanent zu halten.

[39]   Vgl. bes. KrV B XIff.; B XVIf. und B XXII Anm. Für den ersten Teil der Metaphysik verläuft die Wende so, daß das Subjekt ins Zentrum gerät; es gibt dort nur eine formale Parallele zwischen der Revolution der Denkart in der Astronomie, bei der das Zentrum von innen nach außen verlegt wird. Für den zweiten Teil der Metaphysik verläuft die Wende auch inhaltlich ähnlich wie bei Kopernikus, da nun das Zentrum nach außen verlegt wird und ein Gegenstand von Bewunderung und Ehrfurcht wird.

[40]   Sie errichtet also kein Gebäude (vgl. KrV B 294). Das Fundament (oder das, woran sie sich halten kann) befindet sich oben (Freiheit, Gott, Unsterblichkeit). Sie kann sich nur an diese hängen, muß sich nach oben recken, um Halt zu bekommen.

der Text der *Kritik der praktischen Vernunft* endet und den Kant als *Beschluß* bezeichnet, kommen die beiden Haltungen zur Sprache, in denen sich die metaphysische Naturanlage der menschlichen Vernunft dokumentiert. Dort heißt es: „Zwei Dinge erfüllen das Gemüth mit immer neuer und zunehmender Bewunderung und Ehrfurcht, je öfter und anhaltender sich das Nachdenken damit beschäftigt: *der bestirnte Himmel über mir und das moralische Gesetz in mir*" (KpV A 288).

Indem der Blick auf den bestirnten Himmel „ins unabsehlich Große mit Welten über Welten und Systemen von Systemen, überdem noch in grenzenlose Zeiten ihrer periodischen Bewegung, deren Anfang und Fortdauer" schweift, vernichtet er „gleichsam meine Wichtigkeit, als eines *thierischen Geschöpfs*, das die Materie, daraus es ward, dem Planeten (einem bloßen Punkt im Weltall) wieder zurückgeben muß, nachdem es eine kurze Zeit (man weiß nicht wie) mit Lebenskraft versehen gewesen" (KpV A 289). Der Blick auf das moralische Gesetz in mir „erhebt dagegen meinen Werth, als einer Intelligenz, unendlich durch meine Persönlichkeit, in welcher das moralische Gesetz mir ein von der Thierheit und selbst von der ganzen Sinnenwelt unabhängiges Leben offenbart" (KpV A 289). Die kritische Philosophie endet, trotz des Eingeständnisses der Grenzen der Erkenntnis, nicht in der Enttäuschung, die sich eine vermeintlich autarke Vernunft selbst zugefügt hat. Vielmehr lebt sie vom einzigen Faktum der reinen Vernunft, das erst die Grenzen der Vernunft sichtbar macht und deren engen Horizont öffnet, indem es uns „die Aussicht in eine höhere, unveränderliche Ordnung der Dinge" gewährt, „in der wir schon jetzt sind" (KpV A 193).

In diese unveränderliche Ordnung finden wir uns nicht kraft der spekulativen Erkenntnis gestellt. Nur ein unbedingter Anspruch, den die Vernunft in moralisch relevanten Situationen vernimmt und in denen Andere als Zwecke an sich selbst auftreten, kann solche Metaphysik hervorrufen. Der Ursprung von Kants kritischer Metaphysik liegt also in dem unbedingten Anspruch, den er als das „einzige Factum der reinen Vernunft" (KpV A 56) bezeichnet. Die Darstellung von Kants Vergegenwärtigung dieses Ursprungs wäre indessen die Aufgabe einer anderen Untersuchung.

Reines Innesein sich gegebener Endlichkeit

Religiöser Transzendenzbezug nach Maßgabe des ersten Teils der Schleiermacherschen Glaubenslehre von 1830/31

VON GUNTHER WENZ

Die These von der „Geburt wahrer Autonomie aus radikalem Glauben", die Karl Lehmann unlängst programmatisch ans Ende eines einschlägigen Beitrags über „Autonomie und Glaube" gestellt hat[1], könnte auch von Friedrich Daniel Ernst Schleiermacher (1768-1834) stammen. Man hat Schleiermacher den evangelischen Kirchenvater des 19. Jahrhunderts genannt. Grund hierfür ist vor allem, daß er der Religion – mit seinen Worten zu reden – eine eigene Provinz im Gemüt des Menschen jenseits von Metaphysik und Moral zuerkannt hat. Autonomes Wissen und Tun, so wird geurteilt, kann es sinnvollerweise nur im differenzierten Zusammenhang mit Religion, Frömmigkeit und Glauben geben, in welchen Denken und Handeln des Menschen des fundierenden Grundes von Selbst und Welt ansichtig werden.

In seinen berühmten Reden über die Religion an die Gebildeten unter ihren Verächtern von 1799 hat Schleiermacher das religiöse Wesen mit der Wendung „Anschauung des Universums und Gefühl" umschrieben. In seiner Dogmatik „Der christliche Glaube nach den Grundsätzen der evangelischen Kirche im Zusammenhange dargestellt" (1. Aufl.: 1821/22; 2. Aufl.: 1830/31, abgekürzt: GL) spricht er anstelle dessen vom „Gefühl schlechthinniger Abhängigkeit". Was damit genau gemeint ist, soll im folgenden nicht, wie üblich, primär an den Prolegomena und an den ihnen zugehörigen Lehnsätzen, sondern am ersten Teil des materialen Lehrsystems der Glaubenslehre von 1830/31[2] erörtert werden. In diesem wird die strukturelle Verfassung religiösen Transzendenzbezugs des Menschen im universalen Kontext der traditionellen Schöpfungs- und Erhaltungslehre thematisiert, bevor dann in einem – hier nicht mehr eigens zu verhandelnden – zweiten Teil mit dem Gegensatz von Sünde und Gnade vorzugsweise das eigentümlich Christliche dogmatisch in Betracht gezogen wird.

Schleiermachers Verhältnisbestimmung des eigentümlich Christlichen und des Wesensbegriffs der Religion, wie er durch die Formel „Gefühl schlechthinniger Abhängigkeit" markiert wird, ist nicht selten mit der Denkfigur von Besonderheit und Allgemeinheit in Verbindung gebracht worden. Allerdings kompliziert sich das Problem der Vermittlung von Allgemeinem und Besonderem im gegebenen

---

[1] K. LEHMANN: *Autonomie und Glaube*. In: K. LEHMANN – H. MAIER (Hrsg.): *Religion und Künste am Ende des 20. Jahrhunderts*. Regensburg 1995, S. 11-22, hier S. 22.

[2] F. D. E. SCHLEIERMACHER: *Der christliche Glaube nach den Grundsätzen der evangelischen Kirche im Zusammenhange dargestellt*. Kritische Ausgabe der 2. Auflage von 1830/31 / hrsg. v. M. REDEKER, 2. Bde. Berlin 1960. Die nachfolgenden Paragraphenverweise im Text beziehen sich hierauf.

Zusammenhang nicht unerheblich, insofern das allgemeine Wesen der Religion nach Schleiermacher niemals als solches in Erscheinung tritt, sondern nur als formales Einheitsprinzip fungiert, das ausschließlich in der Positivität bestimmter Religion zu realer Wirklichkeit gelangt. Man wird also, um keinen Fehlschlüssen aufzusitzen, im Kontext nachfolgender Erörterungen stets ein Doppeltes zu bedenken haben: daß es sich hierbei um Abstraktionen handelt, die zwar einerseits unverzichtbar, andererseits aber auch defizitär sind und auf jene Konkretion religionstheologischer Wahrnehmung drängen, wie sie für den zweiten Teil der Glaubenslehre kennzeichnend ist.

1. Subjektivität und frommes Selbstbewußtsein: Vom religiösen Wesen des Menschen

Drei Stufen menschlichen Selbstbewußtseins unterscheidet Schleiermacher: die „tierartig verworrene" (§ 5,1), die sinnliche und die durch das Gefühl schlechthinniger Abhängigkeit repräsentierte. Auf der ersten Selbstbewußtseinsstufe, wie sie für die „erste dunklere Lebenszeit des Menschen" (ebd.) kennzeichnend ist und im Erwachsenenleben nur in träumerischen oder ähnlichen Augenblicken wiederkehrt, sind objektive Gegenstandswelt und in sich reflektierte Subjektivität noch nicht klar voneinander geschieden. Solche distinkte Scheidung vollzieht sich erst auf der Stufe des entwickelten sinnlichen Selbstbewußtseins im Sinne eines trennungsscharf entwickelten Verhältnisses von Ich und Nichtich. Dieser Stufe, die durch wechselnde Mischungsverhältnisse relativer Abhängigkeit und relativer Freiheit charakterisiert ist, gehören nach Schleiermacher alle menschlichen Wissens- und Handlungsvollzüge an. Selbst das ein denkbar höchstes Wissen bzw. ein alle Selbsttätigkeit umfassendes Tun begleitende Selbstbewußtsein liegt „auf dem Gebiete des Gegensatzes" (§ 5,2) bzw. im Felde des „objektiven Bewußtseins" (ebd.), ohne das differenzierte Verhältnis des Subjekts als eines Wissenden bzw. Handelnden zu dem Gewußten bzw. Getanen als Gegenstand prinzipiell hinter sich zu lassen. Die Möglichkeit, die Einheit von Ich und Nichtich durch eine unmittelbare Tathandlung zu konstituieren, schließt Schleiermacher deshalb ebenso aus wie die Annahme ihrer genetisierenden Aufhebung in den absoluten Begriff eines nur sich selbst wissenden Wissens. Die Religion ist durch Moral und Metaphysik nicht substituierbar. Angemessen erfaßt ist die Bedingung der Möglichkeit der Einheit von Ich und Nichtich in ihrer Verschiedenheit ausschließlich im Gefühl schlechthinniger Abhängigkeit, welches als unmittelbares Innesein sich gegebener Einheit von Selbst und Gegenstandswelt die höchste Stufe menschlichen Selbstbewußtseins allein repräsentiert. Als „die einzige Weise, wie im allgemeinen das eigene Sein und das unendliche Sein Gottes im Selbstbewußtsein eines sein kann" (§ 32, Leitsatz), ist das Gefühl schlechthinniger Abhängigkeit zugleich die definitive Bestimmung der Frömmigkeit, welche dem religiösen Wesen des Menschen bzw., was dasselbe ist, dem Wesen menschlicher Religion entspricht. Im Gefühl schlechthinniger Abhängigkeit wird wahrgenommen, daß die differenzierte Einheit von Selbst und Gegenstandswelt, wie sie für das Dasein insgesamt kennzeichnend ist, nicht unmittelbar in sich gründet, sondern schlechterdings gegeben – sich gegeben ist. Eben diese

Wahrnehmung aber und nichts anderes ist das allgemeine Wesen von Frömmigkeit und Religion.

Nun tritt freilich, wie erwähnt, das Wesen von Frömmigkeit und Religion nach Schleiermacher unter den gegebenen irdischen Bedingungen niemals und nirgends rein und als solches in Erscheinung, sondern stets nur in Zusammenhang mit dem sinnlichen Selbstbewußtsein, mit dem es sich in je und je verschiedener Weise zur Einheit des raumzeitlichen Moments verbindet. Das hindert den Glaubenslehrer freilich nicht, das Gefühl schlechthinniger Abhängigkeit an sich selbst zu thematisieren. Imaginiert man das in diesem unmittelbar gegebene höchste Selbstbewußtsein in seinem Sich-selbst-gleich-Sein, also in seiner einfachen und stetigen Selbigkeit ohne seine Beziehung auf das sinnliche Selbstbewußtsein und den durch diesen Zusammenhang gegebenen Wechsel, so ist dies nach Schleiermacher die Idee beständigen seligen Lebens, wie es in der Annahme eschatologischer Erfüllung vollendeter Endlichkeit und in anderer Hinsicht in der protologischen Annahme ursprünglicher Vollkommenheit vorstellig wird. Beide Vorstellungen markieren ideale Grenzwerte, wobei der protologische Aspekt das ideale Wesen der Frömmigkeit unter Abstraktion von den realen Gegebenheiten von Menschheit und Welt in den Blick faßt, der eschatologische hingegen so, daß die Einheit von Idealität und Realität zum Vorschein kommt, auf welche Religion und Frömmigkeit approximativ hingeordnet sind, auf daß sich ihr Wesen fortschreitend manifestiere. Ohne eine ins einzelne gehende Begründung zu liefern, darf deshalb vermutet werden, daß das Verhältnis von protologischer und eschatologischer Perspektive analog ist zum Verhältnis von allgemeinem Wesen und positiver Gestalt der Religion. Der Zusammenhang von positiver Religion und Eschatologie bewährt sich namentlich an Judentum und Christentum, welche nach Schleiermacher als monotheistische Glaubensweisen mit dezidiert teleologischer Ausrichtung zu gelten haben. Die Koinzidenz von allgemeiner Wesensbestimmung der Religion und protologischer Perspektive hinwiederum wird durch die offenkundige Tatsache bestätigt, daß Schleiermacher das Gefühl schlechthinniger Abhängigkeit, wie es an sich selbst ist, im direkten Kontext der Schöpfungslehre entfaltet, welcher der erste Teil seiner Glaubenslehre gewidmet ist. Thema dieses Teils ist entsprechend die „Entwicklung des frommen Selbstbewußtseins, wie es in jeder frommen Gemütserregung immer schon vorausgesetzt wird, aber auch immer mit enthalten ist" (Erster Teil: Überschrift), oder, wie es in der entsprechenden Teilüberschrift der ersten Auflage hieß: „Entwicklung des frommen Selbstbewußtseins als eines der menschlichen Natur einwohnenden, dessen entgegengesetzte Verhältnisse zum sinnlichen Selbstbewußtsein sich erst entwickeln sollen."

2. Gefühl schlechthinniger Abhängigkeit: Vom Sichgegebensein des Daseins in seiner Gänze, wie es im frommen Selbstbewußtsein unmittelbar erschlossen ist

Die unter Abstraktion vom sinnlichen Bewußtsein und der durch es bestimmten Differenzsphäre statthabende Entwicklung des frommen Selbstbewußtseins thematisiert dieses im wesentlichen als allgemeines Endlichkeitsbewußtsein, in welchem sich Selbst und Welt vereint und vereint von Gott als ihrem absoluten Grund getragen wissen. Das Gefühl schlechthinniger Abhängigkeit, wie es an sich selbst ist, ist Wahrnehmung der Endlichkeit des Endlichen und zugleich Wahrnehmung des Unendlichen als dessen, durch welches das Endliches als es selbst sich gegeben ist. Auf diese Weise erfüllt sich in ihm das Wesen der Religion als eines anthropologischen Universale.

Daß Religion und Frömmigkeit nicht lediglich einzelne Individuen betreffen, sondern zum Menschsein des Menschen gehören, gilt Schleiermacher als ausgemacht. Ja, er geht sogar davon aus, daß die Evidenz dieses Faktums „vollständig alle sogenannten Beweise für das Dasein Gottes" (§ 33, Leitsatz) ersetzen kann. Als das evidentermaßen allen Menschen „schlechthin Gemeinsame" (§ 33,1) die Religion zugleich – jedenfalls was das unmittelbare Selbstbewußtsein der Frömmigkeit angeht – „in allen dasselbe" und „nicht in dem einen so, in dem andern anders" (ebd.). Die Einheit des religiösen Wesens, das zum Menschsein aller Menschen gehört, ist identisch mit jenem allgemeinen Sich-schlechthin-abhängig-Finden, in welchem das Sichgegebensein des Daseins im Ganzen aufgeht. Es verhält sich also nicht so, als werde im Gefühl schlechthinniger Abhängigkeit eigentlich nur die Abhängigkeit eines einzelnen Endlichen von der Gesamtheit alles Endlichen wahrgenommen. Diese Annahme hat als ebenso irrig zu gelten wie die irre Behauptung, ein Einzelsubjekt sei Inbegriff und Abhängigkeitsgrund der Welt als ganzer. Zwar ist im frommen Selbstbewußtsein das Bewußtsein der Welt als der Ganzheit und Gesamtheit alles Endlichen, von dem sich das einzelne Endliche abhängig weiß, mitgesetzt. In diesem Sinne weiß sich das fromme Selbstbewußtsein eins mit aller Welt, ja im Gefühl schlechthinniger Abhängigkeit koinzidiert das Selbstbewußtsein förmlich mit dem Weltganzen. Das ist aber nicht deshalb der Fall, weil im Grunde das Weltganze Fundament der Frömmigkeit wäre. Im reinen – die Selbst-Welt-Differenz umgreifenden – Innesein sich gegebener Endlichkeit, wie es im Gefühl schlechthinniger Abhängigkeit statthat, ist vielmehr zugleich und ursprünglich jene irreduzible und unaufhebbare Grunddifferenz offenbar, die durch den Unterschied von Gott und Nichtgott, Schöpfer und Kreatur bezeichnet ist. Eben davon geht der ursprüngliche Grundsatz der Frömmigkeit aus, wenn es heißt, daß das Weltdasein als Inbegriff dessen, was ist, „nur in der schlechthinnigen Abhängigkeit von Gott besteht" (§ 36, Leitsatz).

In der kirchlichen Lehre spaltet sich dieser Ausdruck „in die beiden Sätze, daß die Welt von Gott erschaffen ist und daß Gott die Welt erhält" (ebd.). Nach Schleiermachers Urteil ist diese Spaltung allenfalls aus Konventionsgründen beizubehalten, da sich beide Sätze recht verstanden nicht nur ergänzen, sondern wechselseitig ineinander aufheben lassen (vgl. § 38). Entscheidend für ihre dogmatische Erörterung sei, sie so zu behandeln, daß sie zusammengenommen den ursprünglichen Ausdruck des auf das Verhältnis zwischen der Welt und Gott bezogenen frommen Selbstbewußtseins erschöpfen, demgemäß „die Gesamtheit des endlichen Seins nur in der Abhängigkeit von dem Unendlichen besteht" (§ 36,1). Was Schleiermachers eigenen Umgang mit den beiden traditionell gesonderten, sachlich hingegen untrennbar verbundenen Vorstellungen von Weltschöpfung und Welterhaltung Gottes angeht, so folgt er dem Leitsatz: „Die Lehre von der Schöpfung ist vorzüglich in der Hinsicht zu entwickeln, daß Fremdartiges abgewehrt werde, damit nicht aus der Art, wie die Frage nach dem Entstehen anderwärts beantwortet wird, etwas in unser Gebiet einschleiche, was mit dem reinen Ausdruck des schlechthinnigen Abhängigkeitsgefühls im Widerspruch steht. Die Lehre von der Erhaltung aber vorzüglich, um daran jenes Grundgefühl selbst vollkommen darzustellen." (§ 39, Leitsatz) Geht es also in der Schöpfungslehre vorzüglich um „die Aufstellung der nötigen Vorsichtsregeln" (§ 39,3), so in der Erhaltungslehre überwiegend um „die positive Entwicklung" (ebd.) der das Gott-Welt-Verhältnis betreffenden Frömmigkeitsgehalte. Schleiermacher begründet dieses Vorgehen mit dem Hinweis, es sei sachgemäßer, die Schöpfungslehre unter der Form der Erhaltungslehre zu entwickeln als umgekehrt. Das sei insbesondere deshalb der Fall, weil im Unterschied zur Frage nach dem Erhaltungsgrund die Frage nach dem Anfang alles endlichen Seins, von welchem wir „kein Selbstbewußtsein haben" (§ 39,1), nicht im unmittelbaren Interesse der Frömmigkeit liegt; das Interesse der Frömmigkeit ist vielmehr lediglich ein mittelbares, „nämlich daß sie keine Beantwortung desselben anerkennt, welche den Frommen mit seinem Grundgefühl in Widerspruch brächte" (ebd.).

Ein solcher Widerspruch läge im Falle jeder Vorstellung von dem Entstehen der Welt vor, „durch welche irgend etwas von dem Entstandensein durch Gott ausgeschlossen, oder Gott selbst unter die erst in der Welt und durch die Welt entstandenen Bestimmungen und Gegensätze gestellt wird" (§ 40 Leitsatz). Von „beiden Klippen" (§ 40,3) habe sich die christliche Frömmigkeit und Glaubenslehre fernzuhalten. Erstere Klippen zu meiden ist Funktion der Annahme einer creatio ex nihilo, welche „leugnet, daß vor der Entstehung der Welt irgend etwas außer Gott vorhanden gewesen, was als Stoff in die Weltbildung eingegangen wäre" (§ 41,1). Ist aber kein Seiendes vom Entstandensein durch Gott ausgeschlossen, so heißt das, daß das Entstehen der Welt „ganz auf die göttliche Tätigkeit zurückgeführt werden" (§ 41 Leitsatz) muß, wobei eine Bestimmung derselben nach Art menschlichen Tuns sich selbstverständlich verbietet. Damit ist bereits die zweite zu meidende Klippe und die Forderung angesprochen, Gottes Schöpfungshandeln nicht der Logizität und den Bedingungen der ins Werk gesetzten Schöpfung zu unterwerfen. Das heißt u.a., daß die Entstehung der Welt zwar „als die allen Wechsel bedingende Zeiterfüllung dargestellt werden (soll), aber nicht so, daß die göttliche Tätigkeit selbst eine zeitliche würde" (§ 41 Leitsatz). Ebensowenig darf die göttliche Tätigkeit dem Gegensatz von Notwendigkeit und Zufälligkeit, wie er für die Sphäre des sinnlichen Selbstbewußtseins charakteristisch ist, subsumiert werden: Gottes Schöpferhandeln ist absolut frei, ohne deshalb arbiträre Willkür zu sein (vgl. § 41 Zusatz).

Während das Lehrstück von der Schöpfung nach Schleiermacher im wesentlichen die negativen Grenzmarkierungen für den angemessenen Ausdruck frommen Selbstbewußtseins gottgesetzter Endlichkeit abzustecken hat, expliziert das Lehrstück von der Erhaltung dieses positiv, indem es Gott als den beständigen Konstitutionsgrund des Endlichen in seiner Gesamtheit vorstellig macht. Dabei kommt Schleiermacher alles darauf an, göttliche Weltkonstitution und Naturzusammenhang als unauflösliche Einheit zur Geltung zu bringen. Der einschlägige Leitsatz lautet wie folgt:

„Das fromme Selbstbewußtsein, vermöge dessen wir alles, was uns erregt und auf uns einwirkt, in die schlechthinnige Abhängigkeit von Gott stellen, fällt ganz zusammen mit der Einsicht, daß eben dieses alles durch den Naturzusammenhang bedingt und bestimmt ist." (§ 46 Leitsatz)

Um den naheliegenden Verdacht des Pantheismus abzuwehren und eine undifferenzierte Identifizierung von deus und natura zu vermeiden, bringt Schleiermacher in Erinnerung, daß unbeschadet der Tatsache untrennbaren Zusammengehörens von Abhängigkeit von Gott und Bedingtsein durch Natur die Idee Gottes von derjenigen der Welt als Inbegriff des Naturzusammenhangs strikt zu unterscheiden ist. Während nämlich im Naturzusammenhang nur relative Abhängigkeit und bedingte Ursächlichkeit statthabe, sei die Gott zu attestierende Ursächlichkeit eine absolute, von der nicht nur jede besondere Ursache, sondern auch die Welt als die den Naturzusammenhang als solche darstellende Gesamtheit geteilter Ursächlichkeit selbst abhängig sei. Von einer Gleichschaltung Gottes und der Welt bzw. einer indifferenten Koinzidenz des Unendlichen und des Endlichen im frommen Gefühl kann also offenbar nicht die Rede sein. Die Pointe der These, daß das Gefühl schlechthinniger Abhängigkeit die Einsicht eines alles bestimmenden und bedingenden Naturzusammenhangs nicht aufhebt, sondern bestätigt, erhellt vielmehr aus der Überlegung, wonach jenes Gefühl „am vollständigsten [sei], wenn wir uns in unserm Selbstbewußtsein mit der ganzen Welt identifizieren und uns auch so noch, gleichsam als diese, nicht minder abhängig fühlen. Diese Identifikation kann uns aber nur in dem Maß gelingen, als wir in Gedanken alles in der Erscheinung Getrennte und Vereinzelte verbinden und mittelst dieser Verknüpfung alles als Eines setzen. In diesem All-Einen des endlichen Seins ist dann der vollkommenste und allgemeinste Naturzusammenhang gesetzt, und wenn wir uns also als dieses schlechthin abhängig fühlen: so fällt beides, die vollkommenste Überzeugung, daß alles in der Gesamtheit des Naturzusammenhanges vollständig bedingt und begründet ist, und die innere Gewißheit der schlechthinnigen Abhängigkeit alles Endlichen von Gott vollkommen zusammen." (§ 46,2)

3. Absolute Ursächlichkeit:
Vom göttlichen Grund sich gegebenen Daseins, wie er im unmittelbaren Selbstbewußtsein der Frömmigkeit unveräußerlich mitgesetzt ist

Drei Formen der Explikation des frommen Inneseins sich gegebener Endlichkeit sieht Schleiermacher gemäß der dreifachen Gestalt dogmatischer Sätze vor: die ursprüngliche, welche in der entwickelten Aussage besteht, daß alles Seiende sowohl als einzelnem als auch in seiner Gesamtheit in schlechthinniger Abhängigkeit sein Dasein hat, sowie zwei abgeleitete Nebenformen, deren erste sich auf den göttlichen Grund sich gegebenen Daseins und deren zweite sich auf die Beschaffenheit der ursprünglich gegebenen Wirklichkeit bezieht. Was die Lehre vom göttlichen Grund betrifft, so beansprucht sie nicht, Gottes Wesen an sich selbst zu erfassen; ein solch spekulativ-metaphysischer Anspruch wird von Schleiermacher vielmehr als der Frömmigkeit und der ihr entsprechenden Dogmatik unangemessen abgewiesen. Gegenstand der Dogmatik ist Gott daher nur auf indirekte Weise, nämlich um das im Gefühl schlechthinniger Abhängigkeit mitgesetzte Innesein schlechthinniger Ursächlichkeit theologisch zu thematisieren. Alles, was von Gott zu sagen ist, ist im Grundsatz absoluter göttlicher Ursächlichkeit bündig zusammengefaßt. Die absolute Ursächlichkeit Gottes, deren das fromme Gefühl schlechthinniger Abhängigkeit auf indirekte Weise inne wird, kann nach Schleiermacher sinnvoll „nur so beschrieben werden, daß sie auf der einen Seite von der innerhalb des Naturzusammenhanges enthaltenen [sc. Ursächlichkeit] unterschieden, ihr also entgegengesetzt, auf der andern Seite aber dem Umfange nach ihr gleichgesetzt wird" (§ 51, Leitsatz). Daseinsimmanenz und Daseinstranszendenz Gottes sind sonach zugleich und als differenzierter Zusammenhang zu behaupten. Man hat diese Behauptung, wie bereits angedeutet, nicht selten mit dem Vorwurf eines spinozistischen Pantheismus und der These konfrontiert, daß das Dasein als Inbegriff dessen, was ist, „nicht nur ein Werk Gottes, sondern ein zufälliges Werk Gottes sey" (KGA I/10, 331, 27f: Erstes Sendschreiben an Lücke), will heißen: ein Werk, daß allein ins freie Belieben seines transzendenten Willens gestellt ist. Dem hat Schleiermacher zum einen die dezidierte Selbstunterscheidung seiner Glaubenslehre von jedweder Metaphysik einschließlich derjenigen Spinozas und zum andern die Tatsachen entgegengehalten, daß das fromme Selbstbewußtsein die im Gefühl schlechthinniger Abhängigkeit mitgesetzte Ursächlichkeit Gottes als ein freies Walten wahrnehme, welches jenseits der Alternative von arbiträrer Wahl und Zwangsnotwendigkeit wirksam sei. Zu bedenken ist ferner, daß die apostrophierte Rede vom Naturzusammenhang, zu dem sich Gott identisch und different zugleich verhält, nach Schleiermacher keineswegs allein oder auch nur in erster Linie mit der extrahumanen Sphäre zu assoziieren ist, da sie die Möglichkeit und Faktizität spontaner Selbsttätigkeit des Menschen ausdrücklich voraussetzt. Als Naturzusammenhang hat sonach nicht weniger als die differenzierte Einheit relativer Abhängigkeit und relativer Freiheit als Inbegriff des Daseinsganzen zu gelten, welches in der Determinismus und Indeterminismus gleichermaßen überlegenen Ursächlichkeit Gottes ihren Konstitutions- und Erhaltungsgrund findet, wie er im frommen Selbstbewußtsein wahrgenommen wird. Daß Gott vom so bestimmten Naturzusammenhang, sowenig er ihm unvermittelt entgegengesetzt, sondern immer auch immanent ist, zugleich strikt unterschieden werden muß, hat Schleiermacher u.a. anhand des göttlichen Unendlichkeitsattributs sowie dadurch zu unterstreichen versucht, daß er den Naturzusammenhang als lediglich „geteilte Einheit, welche zugleich die Gesammtheit aller Gegensäze und Differenzen ist" (GL^1 § 36,2), Gott hingegen als die absolute ungeteilte Einheit (vgl. § 32,2) bezeichnet hat.

Daß Gottes absolute Ursächlichkeit sich zur Gesamtheit relativer Ursächlichkeiten identisch und different zugleich verhält, wird in der Lehre von den göttlichen Eigenschaften nach Maßgabe der gegenüber der via eminentiae oder via negationis bevorzugten via causalitatis im einzelnen dadurch entfaltet, daß Gottes Daseinsimmanenz mit den Attributen göttlicher Allmacht und Allwissenheit, Gottes Daseinstranszendenz mit denjenigen der Ewigkeit und Allgegenwart verbunden wird. Allmächtig ist Gott, insofern er in allem, was ist, begründend und erhaltend wirkt, um in der Gesamtheit des endlichen Seins sich vollkommen darzustellen. Dabei verdeutlicht das Attribut der Allwissenheit, daß Gottes allmächtiges Wirken nicht „nach der Analogie der toten Kräfte" (§ 51,2), sondern im lebendigen Sinne schlechthinniger Geistigkeit zu denken sei (vgl. § 55, Leitsatz). Ewig und allgegenwärtig hinwiederum ist Gott, insofern er als schlechthin zeit-

und raumlose Ursächlichkeit mit allem Zeitlichen die Zeit selbst und mit allem
Räumlichen den Raum selbst bedingt (vgl. § 52f) und sich so als Herr von Zeit
und Raum als der Sphäre alles Irdischen erweist. Ausdrücklich vorausgesetzt ist
dabei stets, daß die traditionell in Anschlag gebrachte Pluralität und Verschiedenheit göttlicher Eigenschaften „nichts Reelles in Gott" (§ 50,3) ist, wie „[d]enn
auch das schlechthinnige Abhängigkeitsgefühl … nicht an und für sich betrachtet
und sich selbst immer und überall gleich sein [könnte], wenn in Gott selbst Diffe-
rentes gesetzt wäre" (§ 50,2). Es gilt der monotheistische Grundkanon, demzufolge stets vom „ungetrennte[n] und untrennbare[n] Ineinandersein aller göttlichen Eigenschaften und Tätigkeiten" (§ 56,2) auszugehen sei, wie es durch die
theologischen Begriffe der Einheit und Einfachheit Gottes bezeichnet wird.

4. Ursprüngliche Wirklichkeit:
*Von der vollkommenen Integrität des Daseienden, wie sie im unmittelbaren
Selbstbewußtsein der Frömmigkeit ungetrübt wahrgenommen wird*

Ebensowenig wie die Frömmigkeit nach Schleiermacher beansprucht, sich auf ein
metaphysisches Wissen von Gott zu gründen, setzt sie nach seinem Urteil eine
wie auch immer geartete empirische Kenntnis vom status integritatis eines vermeintlichen Protoplasten und seiner urständischen Welt voraus. Die Möglichkeit
einer solchen Kenntnis wird vielmehr ausdrücklich bestritten, da alle Versuche,
ein geschichtliches Bild von den ersten Anfängen des menschlichen Daseins zu
gestalten, notwendig scheitern müssen, „weil es uns, wie uns denn überhaupt kein
absoluter Anfang gegeben ist, an aller Analogie fehlt, woran wir uns einen absoluten Anfang des vernünftigen Bewußtseins verständlich machen könnten" (§
61,3). Unbeschadet seiner Annahme, „daß ein schlechthin erster Zustand sich gar
nicht denken läßt" (ebd.), ist Schleiermacher gleichwohl der Überzeugung, daß
dem frommen Selbstbewußtsein eine Ahnung ursprünglicher Vollkommenheit
gottgegebener Menschenwelt innewohnt. Ihren poetischen Ausdruck habe diese
Ahnung sowohl in den Volkssagen von einem goldenen Zeitalter vor der eigentlichen Geschichte als auch in den „kurzen alttestamentischen Andeutungen von
einem paradiesischen Leben" (§ 59, Zusatz) in prähistorisch-utopischen Gefilden
gefunden. Dogmatisch findet sich ihre Explikation in dem Grundsatz, „daß die
Gesamtheit des endlichen Seins, wie sie auf uns einwirkt, und so auch die aus
unserer Stellung in derselben hervorgehenden menschlichen Einwirkungen auf
das übrige Sein dahin zusammenstimmt, die Stetigkeit des frommen Selbstbewußtseins möglich zu machen" (§ 57,1). In diesem und nur in diesem Sinne
schließt das fromme Gefühl schlechthinniger Abhängigkeit die Gewißheit ursprünglicher Vollkommenheit der Menschenwelt in sich.
    Der Glaube ursprünglicher Vollkommenheit der Menschenwelt, wie er im
frommen Selbstbewußtsein mitgesetzt ist, beinhaltet, wie bereits vermerkt, zum
einen die Gewißheit, daß sowohl jeder einzelne auf das Selbst des Menschen
wirkende Welteindruck als auch die Summe solcher Welteindrücke prinzipiell
mit dessen Frömmigkeit und der in ihr manifesten Wahrnehmung der Gottgege-
benheit seines Weltdaseins „kompossibel" (§ 57,1) ist. Glaubensgewiß ist aber
auch, daß weder eine einzelne Handlung des Menschen noch die Summe mensch-

licher Selbstätigkeiten das Gefühl schlechthinniger Abhängigkeit und damit die fromme Gewißheit sich gegebenen Daseins von Mensch und Welt aufzuheben in der Lage sind. Die ursprüngliche Vollkommenheit der Welt stellt sich dem frommen Selbstbewußtsein demnach als differenzierter Zusammenhang von Ich und Nichtich dar. Prinzipiell ausgeschlossen ist hingegen einerseits die Vorstellung freiheitsdestruierender Abhängigkeit des menschlichen Ich von dem, was es nicht ist, wie sie etwa dort vertreten wird, wo Bewußtsein und selbstbewußtes Sein zu bloßen Epiphänomenen von bewußtlosen Naturkausalitäten herabgesetzt werden. Ausgeschlossen ist aber andererseits ebenso die Annahme einer Absolutheit des Ich, welches alles Nichtich negiert oder als bloßen Modus seiner selbst betrachtet. Die fromme Ahnung ursprünglicher Vollkommenheit geht demgegenüber von einer harmonischen, weil in Gott gründenden und von ihm erhaltenen Einheit relativer Freiheit und relativer Abhängigkeit aus, wobei das einheitsinterne Beziehungsverhältnis von Freiheit und Abhängigkeit einen Vorrang des Freiheitsmoments insofern voraussetzt, als dieses die Bedingung dafür ist, dieses Verhältnis als einheitliches wahrzunehmen, wie das im frommen Selbstbewußtsein der Fall ist.

Näher entfaltet wird der zwar asymmetrisch differenzierte, aber nichtsdestoweniger unauflösliche Zusammenhang von Ich und Nichtich, wie er sich der frommen Ahnung ursprünglicher Integrität der Menschenwelt darstellt, seiner strukturellen Verfassung entsprechend unter zwei Aspekten, nämlich zum einen hinsichtlich der Vollkommenheit der Welt in ihrer gegenständlichen Beziehung auf den Menschen und zum andern hinsichtlich der Vollkommenheit der Menschen selbst. Was den ersten Gesichtspunkt betrifft, so erregt die gegenständliche Welt unter Integritätsbedingungen leidentliche Zustände im Menschen nur insofern, als sie ihn zu aktiver Einwirkung auf sie reizt und dazu motiviert, seinen Leib samt der leibhaft gegebenen Außenwelt zum empfänglichen Organ und Darstellungsmittel gottgegebenen Selbstbewußtseins zu gestalten. Unter dem Aspekt menschlicher Vollkommenheit hinwiederum gilt, daß der Mensch zu solcher selbsttätigen Gestaltung kraft seines vom frommen Selbstbewußtsein geleiteten Willens und Verstandes fähig und in der Lage ist, um als gottunterschiedener Mensch unter Menschen in einer gemeinsamen Welt so zu leben, daß die Gleichursprünglichkeit und Parität von Individualität und Sozialität offenkundig und die Einheit der Verschiedenen kommunikativ realisiert wird. Endlichkeit ist, so gesehen, keineswegs Indiz eines Defizits, sondern eine Vollendungskategorie. Die Frömmigkeit nimmt dies wahr, und sie läßt sich von dieser Wahrnehmung auch durch das Bewußtsein der Befristetheit leibhafter Existenz nicht abbringen. Denn zum Übel wird die Befristetheit kreatürlichen Daseins erst durch die Sünde, wohingegen der Fromme getrost das Zeitliche zu segnen bereit ist.

5. Kreatürliche Religiosität und gläubiges Christentum

Im zweiten seiner Sendschreiben an Friedrich Lücke, die er im Jahre 1829 in den ‚Theologischen Studien und Kritiken" erscheinen ließ, um die Neuauflage seiner Glaubenslehre von störenden Repliken und Anmerkungen zu entlasten, gibt Schleiermacher zu erkennen, er habe – um ihn wörtlich zu zitieren – bezüglich der materialen Organisation seiner Dogmatik „lange geschwankt, ob ich den einzelnen Theilen die Stellung geben sollte, die sie nun haben und auch, wie Sie hoffentlich bald sehen werden, für jetzt noch behalten, oder ob ich sie umkehren sollte, mit dem jetzigen zweiten Theil anfangen und mit dem ersten schließen"[3]. Wäre nicht ein harmartiologisch-gnadentheologischer und damit dezidiert christologischer Einsatz „das natürlichste und ordnungsmäßigste für mich gewesen, da ich so bestimmt ausgesprochen habe, daß Christen ihr gesammtes Gottesbewußtseyn nur als ein durch Christum in ihnen zu Stande gebrachtes in sich tragen?" (338, 12-15) Schleiermacher ist weit davon entfernt, das Recht dieser Frage und ihrer möglichen bejahenden Beantwortung in Abrede zu stellen. Dazu war ihm zu klar bewußt, daß eine von Christologie und Soteriologie abgehobene Schöpfungs- und Erhaltungslehre eine ebensolche Abstraktion darstellt wie ein von religiöser Positivität abstrahiertes allgemeines Wesen der Religion. Ausdrücklich und mit schwer überbietbarem Nachdruck betont er deshalb, „der erste Theil [sc. der Glaubenslehre] gehöre zwar zum Gebäude selbst, aber doch nur als Eintritt und Vorsaal, und die Sätze desselben seyen, so wie sie dort gegeben werden könnten, eigentlich nur unausgefüllte Rahmen, und bekämen ihren wahren Gehalt nur durch die Beziehung auf das, was erst hernach vorgetragen werde" (340, 7-11).

Wenn Schleiermacher trotz dieses Sachverhalts und trotz des naheliegenden Mißverständnisses, daß seine „Dogmatik eigentlich Philosophie sey" (339, 12) und „auf einem speculativen Grunde ruhe" (342, 13f.), an der einmal gewählten Reihenfolge der beiden Hauptteile der Glaubenslehre festhält, so hat das nach seiner Auskunft zunächst einen formalen Grund, der auf einer „Grille" (344, 15) beruht, nämlich auf einer ausgeprägten Abneigung gegen die Darstellungsform der Antiklimax, wonach der Übergang von der stärkeren zur schwächeren Ausdrucksgestalt gemacht wird. Ihr gegenüber wird entschieden die Klimax bevorzugt, um vom vergleichsweise flachen Gelände zur Bergesspitze emporzuschreiten. Der sachliche Grund für die gewählte und beibehaltene Anordnung des materialen Stoffs der Glaubenslehre aber beruht nach dem Urteil ihres Autors sowohl auf der binnenkirchlichen Abwehr eines antirationalistischen Supranaturalismus als auch auf der Notwendigkeit theologischer Aufgeschlossenheit für die Belange wissenschaftlicher Selbst- und Weltanschauung im allgemeinen. „Soll der Knoten der Geschichte so auseinandergehen? das Christenthum mit der Barbarei, und die Wissenschaft mit dem Unglauben?" (347, 8-10) Zwar ist Schleiermacher sehr wohl bewußt, daß sich die Wahrheit des Christentums nicht wissenschaftlich demonstrieren bzw. aus einem allgemeinen Wesensbegriff der Religion deduzieren läßt. Gleichwohl muß das Christentum nach seinem Urteil in Kritik und Konstruktion auf Wissenschaft und namentlich auf ein wissenschaftliches Verständnis der Religion bezogen sein, um seinen Wahrheitsanspruch verständlich machen zu können. Die elementarste materialdogmatische Wahrnehmungsgestalt

---

[3] *Dr. Schleiermacher über seine Glaubenslehre an Dr. Lücke*. In: F. D. E. SCHLEIERMACHER: *Theologisch-dogmatische Abhandlungen und Gelegenheitsschriften*. Hrsg. v. H.-F. TRAULSEN unter Mitw. v. M. OHST. Berlin ; New York 1990 (SCHLEIERMACHER: Kritische Gesamtausgabe. Erste Abteilung. Bd. 10), S. 337-394), S. 337, 15-19. Die folgenden Verweise im Text beziehen sich hierauf.

dieses Bezugs ist die Protologie, wie Schleiermacher sie im ersten Teil seiner Glaubenslehre entfaltet. Dieser Teil ist zwar, um es zu wiederholen, für sich genommen abstrakt und theologisch defizitär, aber nichtsdestoweniger um der nötigen wissenschaftlichen Aufgeschlossenheit der Theologie willen unverzichtbar. Ohne den Erweis theologischer Aufgeschlossenheit für die allgemeinen Belange der Wissenschaft, wie sie namentlich in der Philosophie zum Begriff ihrer selbst gelangt, und ohne erwiesene Offenheit der Theologie für einen wissenschaftlichen Begriff der Religion, welcher diese und den sie kennzeichnenden Transzendenzbezug als zum Wesen des Menschen gehörig und damit als anthropologisches Universale verstehen lehrt, würde ich – bekennt Schleiermacher – „nicht glauben, meinem Beruf genügt zu haben" (345, 8f.).

Das ist nachgerade deshalb der Fall, weil der Beruf des Theologen konsequent auf kirchenleitendes Handeln hingeordnet ist gemäß dem Grundsatz, der in der „Kurze[n] Darstellung des theologischen Studiums zum Behuf einleitender Vorlesungen"[4] (1. Aufl.: 1810; 2. Aufl.: 1830) entfaltet wird: „Die christliche Theologie ist .... der Inbegriff derjenigen wissenschaftlichen Kenntnisse und Kunstregeln, ohne deren Besitz und Gebrauch eine zusammenstimmende Leitung der christlichen Kirche, d.h. ein christliches Kirchenregiment, nicht möglich ist." (§ 5, Leitsatz) Kirchenleitendes Handeln aber muß, gerade um der Kirche zu dienen, verständnisoffen sein nicht nur für die unterschiedlichen Gestalten konfessionellen Christentums, sondern für den religiösen Transzendenzbezug des Menschen und die Belange wissenschaftlicher Weltanschauung im allgemeinen. Bleibt aus gegebenem Anlaß nur noch hinzuzufügen, was im 9. Paragraphen der Schleiermacherschen Enzyklopädie der theologischen Wissenschaften zu lesen steht: „Denkt man sich religiöses Interesse und wissenschaftlichen Geist im höchsten Grade und im möglichsten Gleichgewicht für Theorie und Ausübung vereint: so ist dies die Idee eines Kirchenfürsten." (§ 9, Leitsatz)

---

[4] F. D. E. SCHLEIERMACHER: *Kurze Darstellung des theologischen Studiums zum Behuf einleitender Vorlesungen.* Kritische Ausgabe hrsg. v. H. SCHOLZ. Darmstadt ⁴1977. Die nachfolgenden Paragraphenverweise im Text beziehen sich hierauf.

Transzendenz – Immanenz – Universalität

in der Theologie Herman Schells

VON PAUL-WERNER SCHEELE

Die Herausforderung: Der vielgestaltige Monismus

Als Christgläubiger und als priesterlicher Seelsorger, als Philosoph und als Theologe sah sich Herman Schell (1850-1906) permanent vom Monismus herausgefordert. Da diese Herausforderung bis zur Stunde akut ist, verdient das Vorgehen Schells nicht nur historisches Interesse; es ist von eminent aktueller Bedeutung. Schell begegnete dem Monismus in verschiedenen Gestalten. Er fand ihn mehr oder weniger unreflektiert im Denken und Handeln vieler Zeitgenossen. Sie lebten so, als ob die sie umgebende Welt das ein und alles wäre. Nicht selten paarte sich mit diesem Verhalten die Einstellung, man müsse sich in dieser Welt mit eigener Kraft durchsetzen und so einen angemessenen Platz für sich erkämpfen. Schell fand diese Weltsicht bereits im alten China: „Ihrem Grundcharakter zufolge ist die chinesische Reichsreligion ein ausgesprochener Realismus des Diesseits, entschiedener Optimismus und praktischer Monismus: der Mensch gehört seinem Volk und Staat, d.h. der Welt, die ihn erzeugt und erzogen hat, dem hienieden gedachten Himmelreich"[1]. Zu diesem Monismus gehört „der Glaube an die Allmacht der Weltvernunft, an die unbedingte und ausnahmslose Weltherrschaft des Gesetzes auf allen Gebieten, in der Natur, im Schicksal, in der Geschichte. Die weltregierende Vernunft ist *in* der Welt, nicht *über* der Welt, aber natürlich das Höchste in der Welt" (KS 494). Wie dieser Rückblick zeigt gab es immer wieder ein Reflektieren des praktischen Monismus und damit den Versuch seiner theoretischen Begründung. Zur Zeit Schells wurden dazu zwei unterschiedliche Wege beschritten: Zum einen ging man von der Begrenztheit der menschlichen Erkenntnis aus, zum andern ließ man sich von einer Überschätzung der menschlichen Kraft leiten. Man machte geltend, „das Erkennen könne und dürfe sich nicht über die Grenzen der Erfahrung hinauswagen. Die Vernunft habe kein Recht, über die Erscheinungswelt hinauszugehen. Was jenseits der Erfahrung liege, sei unserem Wissen unerreichbar" (KS 432). Entsprechend dürfe man „mit den Schlussfolgerungen nicht über die Welt hinausgehen; die wissenschaftliche Vernunft habe die Aufgabe, die Welt aus sich selbst zu erklären"[2]. Schell sah die Auswirkung gerade dieser Einstellung in vielen Bereichen: „Das Kraftgefühl des geistigen Selbstgenügens und die darin liegende Exaktheit des rein empirischen, innerweltlichen Denkens und Sinnens ist der innere Grund des Monismus in Religion, Wissenschaft und Kultur" (KS 434).

---

[1] H. SCHELL: *Kleinere Schriften*. Hrsg. v. K. HENNEMANN. Paderborn 1908, S. 493; zit.: KS.
[2] H. SCHELL: *Gott und Geist*. Bd. 2. Paderborn 1896, S. 62; zit.: GG 2.

Wie im Monismus unterschiedliche Wertungen des Menschen zum Tragen kommen, so finden sich in ihm geradezu entgegengesetzte Wertungen der Welt im ganzen. So sah sich Schell einem materialistischen und einem idealistischen Monismus gegenüber. Die materialistische Variante begegnete ihm vor allem bei dem Chemiker Albert Ladenburg und dem Zoologen Ernst Häckel. Mit beiden hat er sich intensiv auseinandergesetzt (KS 522-541; 594-612; GG 2, 21-61). „Der *Monismus der Materie* ist wesentlich verschieden vom *Monismus des Geistes*, auch wenn der unpersönliche und unbewusste Geist als das Urwesen der Welt angenommen wird; denn man will doch dabei auf eine in sich einige Innerlichkeit zurückgehen, in der und aus der die Ideen und Zwecke, Formen und Kräfte hervortreten, welche in dem großen Weltendrama wirksam werden" (GG 2, 31). Auf die meisten übt der idealistische Monismus eine stärkere Faszination aus als sein materialistischer Stiefbruder. Seine Vertreter sind sich dessen durchaus bewusst. Ihr Stolz äußert sich entsprechend auch gegenüber dem christlichen Glauben. „Der Monismus des Geistes und der Entwicklung ist ... von dem Gefühl grundsätzlicher Überlegenheit durchdrungen und schaut von der Höhe einer ins Unendliche erweiterten Weltauffassung sowie einer uneigennützigen und autonomen Sittlichkeit auf das kirchliche Christentum herab, das nur mit Not sein monotheistisches Bekenntnis mit der widersprechenden Praxis zu vereinigen vermöge und mit noch größerer Not sich gegen die Kritik seiner geschichtlichen Grundlagen von Fall zu Fall rette" (KS 520). So nimmt es nicht wunder, wenn lauthals verkündet wird: „Der Monimus des Geistes sei die Philosophie und die Religion der Zukunft, zu der die Entwicklung der Gegenwart hindränge" (KS 512.).

Der Begriff Entwicklung weist auf eine weitere Variante des Monismus hin, der sich Schell nach Kräften zu stellen suchte: Es gibt einen Monismus, der vor allem von der in der Welt zu beobachtenden Dynamik geprägt ist. Besondere Bedeutung kommt dabei der Entwicklung des Lebens zu. „Das spontane Wachstum der Welt" erscheint geradezu als „der Grundgedanke des Monismus" (GG 2, 268). „Wachstum, substanzielle Wesensentwicklung der Vielheit aus der Einheit, ist der Begriff, den der Monismus zur Welterklärung verwendet" (GG 2, 269). Schell fand diese Position bereits in den babylonischen Mythen. Polemisch zugespitzt kann er schreiben: „Aus dem Chaos zum Kosmos – durch eigenen Werdegang und Entwicklungslauf – nach ewigen Schicksalsgesetzen: das ist der Grundgedanke, der genau derselbe ist in Babels Schöpfungsmythe wie in der natürlichen Schöpfungsgeschichte des modernen Monismus. Die Kosmologie Babels wird nicht anders, wenn etwa die Zeitmaße und die Charaktere der wirkenden Mächte größer oder kleiner angesetzt werden. Ebensowenig vermag die Verschiedenheit der Form, die zwischen der Begriffssprache der Gegenwart und der Bildersprache des Altertums besteht, gegen die Wesensgleichheit der beiden Weltanschauungen zu beweisen." (KS 432).

Von den dynamischen Monismen aller Art hebt sich ein mehr statisch gesehener ab. Ist das Zeichen des evolutiven Monismus der zielgerichtete Pfeil, so ist der in sich geschlossene Kreis das Zeichen des in sich ruhenden Monismus Schell sah diese zyklische Grundstruktur übrigens nicht nur in einigen Sonderformen gegeben. Er lastete dem Monismus insgesamt an, im Banne eines in sich zurückkehrenden Kreislaufs zu stehen (KS 462) und daher keine umfassende Weiterentwicklung zu kennen (KS 539).

Eine Herausforderung besonderer Art stellt schließlich die Tatsache dar, dass es neben dem von den Naturwissenschaften und der Philosophie proklamierten Monismus beachtliche Formen gibt, die religiös verstanden werden wollen. Schell sah sie bereits in der Antike gegeben. Ausführlich kam er darauf zu sprechen als er sich in den Bibel-Babel-Streit einmischte, der seinerzeit viele Gemüter bewegt hat. Babel ist keineswegs eine Welt ohne Götter noch leben seine Bewohner ohne eine gewisse Religiosität, aber die Götter Babels sind und bleiben weltliche Wesen. Die Kraft und die Einheit, in die sie eingegliedert sind, „ist nicht über die Welt erhaben, sondern ist die Welt selber. Die Götter sind in verschiedener Abstufung die in der Welt selbst enthaltenen und wirkenden Kräfte, die in der Wirklichkeit verborgenen und erscheinenden Mächte. Die großen Götter gehören ebenso zur Alleinheit der Welt wie die Geister und Menschen: die Götter des Lichtes ebenso wie die Gewalten des Chaos" (KS 430f.). Wie die Götterwelt Babels der Erde dient, „der Welt des Vergänglichen, wie sie innerlich dazu gehört und selber nichts anderes ist als die Frucht des großen Weltprozesses" (KS 444), so verbleiben auch die Menschen, die sie verehren, in der Haft des Irdischen. Ihre Götter fordern sie nicht heraus und führen sie nicht heraus. „Die Götter des Monismus, die Götterkönige des Himmels, der Erde und der Wassertiefe, die innerweltlichen Weltherrscher und Schicksalswalter, wie Marduk und Assur ..., haben niemals die Hingabe eines ausschließlichen Glaubens und einer aus dem Grund der Persönlichkeit hervorgehenden Zielbestimmung gefordert" (KS 435).

Unschwer ist zu erkennen, wie viel von dieser Einstellung auch heute lebendig ist. Was sich in den verschiedenen Formen des Monismus abzeichnet, was in Babel in konzentrierter Form sichtbar geworden ist, wird in der immer mehr zusammenwachsenden Menschheit unserer Tage noch durch den religiösen „Monismus des brahmanischen, buddhistischen und konfutsianischen Ostens" (KS 341) verstärkt. Deshalb gehört die wohlbegründete, klare und entschiedene Antwort auf die Herausforderung des Monismus zu den dringlichsten Aufgaben der Gegenwart. Wie hat Schell diese Aufgabe wahrgenommen? Dieser Frage ist nunmehr nachzugehen.

Die Antwort Schells: Die Transzendenz des dreieinigen Gottes

Auf die Vielzahl der Motive und Argumente, die der Monismus geltend macht, hat Schell mit einer Vielzahl von Hinweisen und Überlegungen reagiert. Etliches davon ist in der Folge aufzunehmen. So wichtig ihm die Anstrengung des Begriffes war, sie allein genügte ihm nicht. Sein Schüler Hugo Paulus macht auf etwas aufmerksam, was vielen Lesern seiner Schriften entgeht: Die Auseinandersetzung Schells mit dem Monismus war „nicht eine rein begriffsmäßige ..., er bot Lebenswirklichkeit gegen Leben auf, er rang mit der Lebensstimmung, mit der geistigen Verfassung selber, aus der der Monismus seine besten Kräfte zieht, an der er immer wieder lebendig wird, auch wenn er in der reinen Luft der Begriffe erwürgt worden wäre"[3]. – In diesem ganzheitlichen Engagement ist das Allerwichtigste für Schell, dass Gott selber seine Antwort gegeben hat und immer wieder gibt. In ihrem religiösen Suchen hat die Menschheit sich auf unterschiedliche Weise dem Geheimnis der Transzendenz genähert. In seiner Abhandlung über das Entwicklungsgesetz der Religion und deren Zukunft (KS 271-286) spricht Schell von drei verschiedenen Ausgangspunkten des menschlichen Suchens: dem Raum, der Zeit und der Person. „Das Göttliche wird zunächst in der Unendlichkeit gefunden, welche uns *räumlich* als ursächliche Macht umgibt, von der wir uns äußerlich abhängig fühlen, sodann in der Unendlichkeit, die uns *zeitlich* uranfänglich vorangeht, von der wir uns innerlich gebunden fühlen, zuletzt in der Unendlichkeit, welche sich in den Tiefen der *Innerlichkeit*, des erkennenden und wollenden Geistes offenbart, in jenen Tiefen der Innenwelt, wo der Sinn für Wahrheit und Vollkommenheit die entscheidende Macht und der allerhöchste Richter ist" (KS 276f.). Beim ersten Ansatz ist die *Natur* der „Ausgangspunkt des religiösen Denkens ... und in Bezug auf den Menschen selber das natürliche Lebensschicksal sowie der Bereich der nächstliegenden Lebensinteressen" (KS 278). Die zeitlich bzw. geschichtlich bestimmte Sicht ist in der *Kultur* beheimatet. „Als Erzeugnis der Geschichte lenkte sie den Blick auf die Vergangenheit, aus der die Erfindungen, Sitten und Gesetze, die Überlieferungen und Autoritäten stammten" (KS 278). In einem weiteren Entwicklungsstadium erwachte der Mensch „zum Bewußtsein der geistigen Persönlichkeit, der Humanität", welche höhere Aufgaben kennt, „eben jene Wahrheit und Tüchtigkeit, deren Heimstätte die Innenwelt der *Seele* ist" (KS 278).

Schell versteht diese Kennzeichnungen nicht als Festlegung eines unumkehrbaren historischen Wegs. Er weist darauf hin, dass es immer wieder zu Neuaufbrüchen kommt sowie zum Aufgreifen dessen, was in früheren Stadien lebendig war. Selbst auf ihrer höchsten Entwicklungsstufe ist die Religion „nicht etwa zum Stillstand verurteilt," sie kann „den ganzen Entwicklungsprozess geistigen Lebens auf Grund der seitherigen Errungenschaften von neuem" durchmachen (KS 277). Seine Klassifikation „soll nicht als Schablone gelten, in der das Leben eingezwängt, zur Erstarrung gebracht und begraben wird, sondern als die Formel, in der es verläuft und sich fort und fort verjüngt" (KS 277).

So bedeutsam die Erfahrungen und Erkenntnisse bei den verschiedenen Ansätzen sein können, bei keinem wird die wahre Transzendenz erreicht. Das gilt, selbst wenn man den Begriff gebraucht. Der Weg führt weder durch die Erweiterung des Raumes noch durch die Verlängerung der Zeit noch durch die Vertiefung der Innerlichkeit zur Transzendenz; der Weg führt von der vorgegebenen Transzendenz Gottes hin zu allen Elementen und Dimensionen der Welt. Konkreter gesagt: Gott erweist seine Transzendenz, indem er sich als Jahwe offenbart und indem er sich vollends als der dreieinige Gott zu erkennen gibt. Es entspricht der absolut freien, allem vorgängigen Initiative Gottes, wenn Schell in seinem voluminösen Werk „Gott und Geist" das Offenbaren in der Form der direkten Rede wiedergibt. Er wagt zu schreiben: Jahwe „wird uns sagen: Betrachte, *was*

[3]　Vgl. H. PAULUS: *Der religiöse Schell.* Hrsg. v. V. BERNING. In: *Münchener Theologische Zeitschrift* 19 (1968), 106-120. hier 109.

ich bin, Endlicher! dann wirst du verstehen, *dass* Ich war, bin und sein werde! dass Ich unentbehrlich bin, dass ich die ewige Erfüllung alles Rechtes und alles Guten bin! Ich bin ja alles, was Vollkommenheit ist, alles in lichtester Einheit, alles im vollkommensten Sinne, alles in einem Gedanken, alles aus Liebe, alles aus Heiligkeit, alles aus innerem Recht und eigener Tatkraft, alles in lebendiger, selbstbewusster Selbstbestimmung! Und willst du wissen, *wie* Ich bin, ohne einen Grund außer mir und unter mir zu haben, so siehe wiederum, *was* Ich bin: Ich bin ja die Wahrheit und Heiligkeit selber! Ich bin der ewige *Gedanke*, in dem die ganze Wahrheit gedacht und erkannt ist; Ich bin die ewige *Liebe*, in der alle Vollkommenheit umfangen, vollzogen und selig empfunden ist!" (GG 2, 139) In diesen Worten kündigt sich bereits das Leben des dreieinigen Gottes an und damit der tiefste Grund der absoluten Transzendenz Gottes. „Vom Allmächtigen zum Dreieinigen, von der ewigen Geistestat zur ewigen Liebe: das ist der Fortschritt der Offenbarung vom Anfang des Alten Testamentes bis zum Abschluss des Neuen;"[4] das ist zugleich die Weise, wie Gottes Transzendenz sich offenbart.

Transzendenz im biblischen Sinn bedeutet daher das radikale und totale Anderssein Gottes, das ihn in allem von der Welt und von allen ihren Wesen unterscheidet. Gott ist vor der Welt da, die Welt ist durch ihn da. Gott ist „unendlich über diese Welt erhaben, nicht etwa durch irgend einen Raum von ihr getrennt, sondern von innen heraus ganz anders als die Welt und sogar ganz anders als die höchst bewussten und selbständigsten ihrer Bewohner" (GG 2, 120). Der Monismus sieht das als einen Dualismus an, der Welt und Bewusstsein spaltet, und setzt „die Einheit von Welttatsache und Weltgrund" dagegen[5]. Er versteht sich dabei als Anwalt des Weltganzen, wie es ist, und sieht zugleich dessen Wert durch den mit dem Weltfaktum untrennbar verbundenen Weltgrund gegeben. Zweifellos geht von dem Faktum der unverkürzten Welttatsache wie von der Idee des zu ihr gehörenden Weltgrunds eine große Faszination aus. Sicherlich gibt es dafür gute Gründe. Der biblische Glaube an den transzendenten Gott muss deshalb auf den Weltgrund wie auf das Weltganze Bezug nehmen und auf die damit verknüpften Fragen Antwort geben. Schell leistet dazu einen beachtenswerten Beitrag, indem er den wesenhaften Bezug zur Immanenz und zur Universalität herausstellt.

Transzendenz und Immanenz

Zu dem häufig erhobenen Vorwurf, das Ja zur Transzendenz impliziere einen abzulehnenden Dualismus, ist zu sagen: Durch den wahrhaft transzendenten Gott wird eine viel größere Einheit begründet, als der Monismus sie sich vorstellen kann. Gerade wegen der Transzendenz kommt es zu einer unvergleichlichen Immanenz, durch die alle Gegebenheiten mit Gott und untereinander verbunden sind. „Als Weltschöpfer ist Gott unendlich über seinem Werk erhaben und ihm zugleich unentbehrlich nahe. Die Überweltlichkeit Gottes bedeutet also keine

---

[4] H. SCHELL: *Apologie des Christentums.* Bd. 2. Paderborn 1905, S. 5, zit.: A 2.
[5] H. SCHELL: *Katholische Dogmatik.* Bd. 2. (Paderborn 1890). Kritische Ausgabe. Hrsg. v. J. HASENFUSS - P.-W. SCHEELE. Paderborn 1972, S. XIX; zit.: D 2.

Entfernung von der Welt, sondern die innigste Verbindung der Welt mit Gott als ihrem Schöpfer und Vollender. Gott ist der Welt unendlich nahe und innerlichst gegenwärtig, nicht obgleich, sondern gerade deshalb, weil er als ihre einzige und vollkommene Ursache unendlich über ihr erhaben ist" (GG 2, 121). Näherhin wird das Schöpfungsgeschehen wie die sich aus ihr ergebende Immanenz Gottes in allen Geschöpfen durch das Erkennen und Wollen Gottes bestimmt. Daher ist „der Schöpfungsgedanke das Prinzip aller inhaltlichen Beschaffenheit" und der Schöpfungswille das Prinzip „aller Tatsächlichkeit und Ursächlichkeit"[6]. Entsprechend stammen Idealität und Realität „aus einem Urgrund, dem schöpferischen Denken und Wollen. Es gibt nichts, was unabhängig von Gottes Denken eine ideale Geltung hätte; nichts, was unabhängig von Gottes Willen eine reale Bedeutung ausüben könnte" (A 1, 304). Das bedeutet wiederum: „Die Immanenz Gottes in der Welt (unbeschadet der Wesensverschiedenheit) beruht darauf, dass Gott von innen heraus das Was und das Dass der Geschöpfe bewirkt, d.h. durch seine Denk- und Willensbestimmung allein, ohne eines Werkzeugs zu bedürfen. Die Immanenz entspricht der Art und Weise, wie Gott wirksam ist; die Transzendenz ist der Ausdruck des Verhältnisses, in dem die Welt ihrem Inhalt und Tatbestand nach zu Gott steht: als Werk, nicht als Wesensbestandteil noch als Wesensform" (A 1, 304). Weil die Welt alles ihrem Schöpfer verdankt, ist „Gott für kein Geschöpf eine fremde Kraft und Ursächlichkeit, sondern die einzig mögliche und denkbare Kraftquelle: wie für den Anfang und Fortbestand des Daseins, so für dessen Entwicklung und Vollendung" (A 2, 448).

Auf Grund dieser Gegebenheiten belässt es Schell nicht bei einer argumentativen Zurückweisung der Dualismus-Anklage; im Gegenangriff hält er dem Monismus vor, er verfehle das selbstgesteckte Ziel der umfassenden Einheit. Die Leugnung der Persönlichkeit Gottes macht es für den Monismus unmöglich, „das Ideal der innern *Einheit* in seinem Weltgrund und damit in seiner Weltanschauung zu erreichen und zum wahren Monismus zu werden. Nur die Persönlichkeit ist die geeignete Form, den Gegensatz von Wesen und Dasein, von Natur und Geist, von Denken und Wollen, von Idee und Kraft, von Unendlich und Endlich, von Sittlichkeit und Seligkeit, von Leben und Vollendung innerlich in einer höheren Einheit zu überwinden, ohne ihre selbständige Eigenart zu verletzen. Der persönliche Geist allein umfasst nämlich beides, sich selbst und den Inhalt seiner ursächlichen Tätigkeit; das eigene Innere und die in ihm erdachte, gewollte und vergegenwärtigte Außenwelt; den Geist und den Stoff, das gestaltende Denken und das Gedachte, das bewirkende Wollen und das Gewollte, das eigene Bewusstsein und das Bewusstlose, das eigene Leben wie das Leben aller andern und alles Leblose; die Kraft der Selbstbestimmung und Selbstverwirklichung wie den Genuss der innern Gegenwart; den Hervorgang des Gedankenbildes und des Liebesbandes aus dem inneren Urgrund, aber ebenso das stete Verbleiben beider in ihrem Ursprung unbeschadet ihres steten Hervorgangs"[7].

Die Begeisterung für die Immanenz des transzendenten Gottes muss sich davor hüten, die Grenzen zwischen Gott und der Welt zu verwischen und Göttli-

---

[6]   H. SCHELL: *Apologie des Christentums*. Bd. 1. Paderborn ³1907, S. 304; zit.: A 1.
[7]   H. SCHELL: *Gott und Geist*. Bd. 1. Paderborn 1895, S. 228; zit.: GG 1.

ches und Weltliches zu vermischen. Angesichts dieser Gefahr macht Schell gel-tend: „Die Immanenz des Schöpfers in der Welt bedeutet keine Vermischung von Gott und Welt. Denn gerade weil Gott nur durch seine Denk- und Willensbe-stimmung wirksam ist, ist alles so, wie Gott es denkt und will, also von Gott we-senhaft unterschieden, für Gottes Vollkommenheit entbehrlich, von Gottes Güte frei zum Dasein gerufen" (A 1, 311). Immerzu gilt es, „die innere und vollkom-mene Wesensverschiedenheit Gottes von der Welt" (A 1, 314) zu beachten. Die Welt ist „weder innerlich als Wesensbestandteil, Wesensinhalt, Wesensform, Wesenbedingung, noch auch als äußeres Material für Gottes eigene Vollkom-menheit notwendig" (A 1, 314).

Zur biblisch inspirierten Sicht der Transzendenz und Immanenz gehört die Hochachtung vor dem *Geheimnischarakter* der Welt und erst recht ihres Schöp-fers. Der transzendente Gott übersteigt alle unsere Erkenntnismöglichkeiten, so sehr er diese herausfordert. Der alles wissen wollende moderne Mensch muss vor allem bedenken: „Von der Existenz der Außenwelt an, also von den fundamenta-len Annahmen unserer sinnlichen Erfahrung an bis zu den philosophischen Er-klärungsgründen der Wirklichkeit hinauf ist alles Geheimnis. Wir können dem Geheimnis nur entfliehen, wenn wir auf das Denken überhaupt verzichten, oder doch auf das scharfe und gründliche Denken. Was das Geheimnis übersehen lässt, ist nur die Macht der Gewohnheit und die Oberflächlichkeit der Betrach-tung" (A 1, 426). Der Glaube weiß, dass dieser Geheimnischarakter ein Ge-schenk des Schöpfers ist, das besonders dem Menschen zugute kommen soll. „Dadurch, dass die Wahrheit ein Geheimnis für uns ist, bewährt sie sich als der unerschöpfliche Lebensgrund, aus dem wir unsere Lebensnahrung gewinnen. Wenn die Wahrheit nicht tiefer, höher, reicher wäre als unser Denken und seine flüchtig-zersplitterten Vorstellungen und Urteile, dann wäre sie nicht der Le-bensgrund für unsere geistige Entwicklung und Vollendung. Der Mensch braucht als Naturwesen, so klein er ist, einen Erdball mit seinen geheimnisvollen Tiefen als Mutterboden, ja eine ganze Welt: noch mehr fordert das Geisteswesen ein Universum von überragender Bedeutung, um für uns eine Übungsschule zur gei-stigen Lebens- und Kraftentfaltung, zur geistigen Wesensbildung zu werden. Ein Universum, das uns nicht wie ein Mysterium magnum mit der Aussicht ins Un-endliche demütigt und aufregt, würde uns zum Gefängnis werden, zum Sarg des Geisteslebens" (A 1, 427). Unendlich größer ist das Geheimnis Gottes. Inmitten seiner rationalen Beweisführungen erinnert Schell an die Worte, die Job zu hören bekam: „Kannst du das Geheime der Gottheit ergründen, bis zur Vollendung den Höchsten erforschen? Himmelshöhen sind es! was kannst du erzielen? Tiefer als die Unterwelt ist es! was kannst du erkennen? Länger als die Erde das Maß und breiter wie das Meer!" (Job 11,7-9 – GG 2, 141) Im Sinne dieser Gottesrede stellt Schell heraus: „Auch für den fragenden Geist ist Gottes Dasein und Wesensfülle ein unerschöpfliches Geheimnis: aber ein Geheimnis, dessen erklärendes Licht nie ausgeht, das niemals ein Dunkel zeigt, das keine Grenzen des Innehaltens für das Erkennen hat und keine Schranken des Aufhörens dem Verstehen setzt. Gott ist eben die nur durch sich selber begrenzte Fülle, die nur in sich selber gründen-de Tiefe, die nur von sich selber erreichte Höhe der Weisheit und Liebe! ewiger Quell des unendlichen Lebens und freier Ursprung des zeitlichen Werdens!" (GG

2, 141.) In allen Stadien unseres Erkenntnisweges und selbst im Licht der himmlischen Herrlichkeit bleibt das „Deus semper maior" bestehen; „wir kommen trotz allem nicht hoch genug hinauf, um möglichst weit zu schauen: Gott bleibt immer noch größer als unsere hochherzigste und allseitigste Auffassung!" (GG 1, XXVII)

Transzendenz und Universalität

Mit seinem Grundgedanken der „Einheit von Welttatsache und Weltgrund" (D 2, XIX) verbindet der Monismus den Anspruch, der Weltwirklichkeit im ganzen und ihren einzelnen Elementen im besonderen optimal gerecht zu werden. Überdies halten viele seiner Vertreter ihn für die rechte Weise, die wachsende Fülle der wissenschaftlichen Erkenntnisse aufzunehmen, einzuordnen und weiterzuführen. Wie sieht die Welt im ganzen und im einzelnen im Licht der Transzendenz aus? Diese Frage muss beantwortet werden, wenn man sich der Herausforderung des Monismus stellen will. Eine Zurückweisung einzelner seiner Positionen genügt dazu nicht. Man muss auch seine Positiva sehen und ernstnehmen. Es kann nicht darum gehen, diese zu ignorieren oder zu diffamieren; es kommt vielmehr darauf an, sie wahrzunehmen und zu fragen, in welchem Kontext sie am besten verstanden und gefördert werden können bzw. welche Weltanschauung alle Faktoren unserer Welt angemessen erfassen lässt.

Der Monismus hält dem Glauben an den transzendenten Schöpfer vor, nach ihm wirke die Gottheit „alles Sein und alles Wirken der Geschöpfe. Folglich sei sie der eigentliche Wesensgrund der Dinge" (D 2, 142), der diese selbst ihres Wesens beraube. Zweifellos gibt es gelegentlich katechetische und auch theologische Äußerungen, die einen solchen Eindruck erwecken können. Die biblische Schöpfungsbotschaft spricht eine andere Sprache. Sie bezeugt, dass der Schöpfer frei und freigebig handelt, dass gerade die Eigenständigkeit seiner Kreaturen sein Wille und seine Gabe ist. „Die Welt gewinnt den Anfang, Fortbestand und die Kraftentwicklung ihres ganzen Daseins nur von dem Schöpfer: weil nur die absolute Vollkommenheit die Kraft des Daseins in sich selber hat" (A 1, 448). Wie keine andere Liebe in der Welt sagt die Liebe des Schöpfers ein uneingeschränktes Ja zu seinen Geschöpfen, ein Ja, das dessen Anderssein will, fordert und fördert. „Gott ist ja der Urheber der geschöpflichen Existenz und Selbständigkeit, und zwar aus reiner Liebe und uneigennütziger bedürfnisloser Güte. Gott begründet die Interessen seiner Geschöpfe, aber er beeinträchtigt sie nicht" (A 1, 441).

Aus dem göttlichen Erkennen und Wollen hervorgegangen sind die Geschöpfe auf das Erkennen und Wollen angelegt. Weil sich die Welt „ganz und gar mit allen ihren Elementen" (A 1, 304) der vollkommenen Weisheit und Güte verdankt, ist sie dem Verstehen zugänglich. Anders wäre es, wenn es den anonymen Weltgrund geben würde. „Aus der Tiefe des monistischen Weltgrundes, aus seinem weltgestaltenden Dichten und Träumen, Drängen und Formen ohne Weisheit und Freiheit, ohne Einsicht und Wahl fällt kein Licht auf das Rätsel der Welttatsache" (GG 2, 138). Zugleich steht die ganze Schöpfung im Zeichen der

Freiheit. Unsere Welt ist „in keiner Weise darauf zurückzuführen, dass die Gottheit dem Chaos oder einem bestehenden Urstoff eine gewisse Ordnung aufnötigt, sondern sie verdankt ihre ganze Kraft und Wirklichkeit dem schöpferischen Willen" (A 1, 304).

Eine weitere Qualität ist allen Geschöpfen eingeprägt: Alle sind berufen, auf je eigene Weise Zeichen und Instrument der Güte ihres Schöpfers zu sein. „Durch die Betonung der unmittelbaren, geistig lebendigen und liebevollen Gegenwart Gottes in der Welt, unbeschadet seiner unendlichen Erhabenheit über ihr, war alles zum Sinnbild und Werkzeug der Erlösung und Vollendung geweiht, weil alles ein Gedankenwerk und Abbild des Schöpfers, eine Spur seiner Weisheit und Güte war. 'Der Geist Gottes erfüllt den Weltkreis;' darum ist alles bereit und befähigt, zum Werkzeug seiner Gnade, zu einem Spross der Jakobsleiter zu werden" (KS 686). Schell zieht daraus eine bedenkenswerte Konsequenz; sie kann einen wichtigen Zugang zum Wesen der Kirche und aller ihrer heiligen Zeichen eröffnen: Der transzendente Gott will uns durch alle seine Werke ansprechen und Hilfe schenken. Er ist „das Sakrament in allen Sakramenten, die Wahrheit aller Wahrheiten, der Geist aller Formen, der Endzweck aller Mittel, der Sinn aller Einrichtungen" (A 1, 360).

Diese erfindungsreiche Vielfalt seines Gnadenwirkens entspricht seinem Willen, jedem Menschen nahe zu sein. Schell sieht im Monismus die entgegengesetzte Tendenz, die nur dem Tüchtigen und Mächtigen Beachtung und Hilfe zuteil werden lässt. „Der Monismus macht den Stärksten zum absoluten Herrscher, der Gesetz und Maß der Herrschaft in sich selber trägt" (KS 429). Sein Evangelium heißt: „Hilf dir selbst! aber ohne den Zusatz: und Gott wird dir helfen!" (GG 1, 355) Letztlich bedeutet die „Entthronung des persönlichen Gottes ... für das folgestrenge Denken nur die Thronfolge des rücksichtslosen Egoismus" (GG 1, S. 355). Demgegenüber bedeutet der überweltliche Gott „nicht bloß den Erklärungsgrund der Welt, sondern auch deren höchstes Vorbild, Gesetz und Zielgut. Nicht das Substanzgesetz ist das Höchste, sondern die Erhebung der Schöpfung in die Lebensgemeinschaft des Schöpfers, die Einwohnung und Sabbatruhe Gottes in seinem Geschöpf" (A 1, 307). Der Transzendenz des Weltgrundes entspricht die Transzendenz des Weltzieles: „die wesenhafte Erhabenheit des Urwesens über die Welt, darum auch die Beziehung der Welt über sich hinaus zur möglichsten Teilnahme an ihrem Schöpfer und seiner welterhabenen Vollkommenheit" (A 1, 308).

Anwalt und Zeuge

Die Überlegungen und Diskussionsbeiträge Schells werden erst dann voll erfasst, wenn man sie im Kontext seines Lebens sieht. In seiner gesamten Theologie war Schell ein beredter Anwalt der Transzendenz Gottes und seiner daraus hervorgehenden Immanenz in der Schöpfung sowie der Universalität seines Schöpfer- und Erlöserwirkens. Zugleich war er ein engagierter Zeuge all dessen. Als sein Fakultätskollege Sebastian Merkle in der Akademischen Totenfeier kurz nach dem frühen und jähen Tod Schells dessen Wirken zu würdigen versuchte, schildert er es als Einsatz „für den Universalismus der evangelischen Wahrheit und für den Universalismus der christlichen Liebe"[8]. Als sein Schüler Hugo Paulus Jahre später in einem Freundeskreis über seinen begnadeten Lehrer sprach, wählte er ähnliche Worte. Er wies darauf hin, dass Schells Universalismus in seinem Gottesglauben wurzelt. „Das klang bei Schell aus unmittelbar religiösen Gewissheiten heraus, dass Gott der tätige Geist, der alleinige Quellpunkt des Lebens, auch allen Geistern nahe ist, die sich strebend bemühen. Dass überall, wo Leben entsteht und sich entfaltet, sei es auch im Kreise einer uns fremden Begriffsausprägung, der Vater allen Lebens der heimliche Grund und Schöpfer ist"[9]. Energisch setzte Schell sich dafür ein, dass das Denken und Leben der Kirche der Gnade des Universalismus gemäß verwirklicht werde. Für viele seiner Schüler, die zum Teil Erhebliches zu erleiden hatten, fügte Paulus hinzu: „Noch heute steht es uns unverlierbar vor Augen und tragen wir wie einen Segen jenes Erlebnis mit uns durchs Leben, wie die Stunde war, in der die weite Welt unter dem Lichte des Schell'schen Denkens sich auch in jenen entlegenen Winkeln erhellte, wo wir angewiesen waren, nur Moder und Abfall zu sehen. Das war wie ein geistiger Sonnenaufgang am frühen Morgen, wie ... das Licht Gottes hinab in die Abgründe aller Kreatur drang"[10].

Ein Artikel, den Schell am Anfang des 20. Jahrhunderts für die Zeitschrift „Türmer" schrieb, beginnt mit den Worten: „Hat das Christentum eine Zukunft?" (KS 334-343) Schell verknüpfte damit die ernste Frage: „Ist dem Christentum nicht selber schon geschehen, was einstens der heidnischen Welt durch das junge Christentum geschah, dass ihm all sein berechtigter Gedankengehalt von einem jugendstarken Erben der Zukunft, vom *Monismus*, im geistigen Ringen abgenommen und nun in höherer Form als Ideal der Religion, Wissenschaft und Sittlichkeit, des Rechtes und der Kunst geltend gemacht wird, in einer Form, die nicht mehr christlich ist, sondern monistisch, die nicht mehr christlich sein will, die höchstens verschämt und aus pietätvoller Schonung den Zusammenhang mit dem Christentum in frommen Worten aufrechterhält?" (KS 334) Nach einem Gang durch die Geschichte und einer Besinnung auf zentrale Gegebenheiten lautet Schells zuversichtliche Antwort auf die Ausgangsfrage: „Das ganze und volle Christentum, das in dem Inbegriff aller Wahrheitsmomente und in der allseitigen Pflege aller religiösen Ideale seine gottgegebene Größe und Aufgabe erkennt und wahrt, wird darum den großen Entscheidungskampf in der Zukunft gegenüber dem philosophischen und religiösen Monismus der autonomen Vernunft und Sittlichkeit siegreich bestehen: denn die wahre Lösung und Erlösung ist nur zu gewinnen, wenn wir Licht und Leben aus der Liebe von oben in unser Innerstes aufnehmen und von dort aus in vollkräftiges Geistesleben umsetzen" (KS 343). Genau das hat Schell versucht; genau das ist seine Botschaft für unsere Zeit und für unsere Zukunft.

[8]   K. HENNEMANN (Hrsg.): *Herman Schell. Im Lichte zeitgenössischer Urteile bei seinem Tode*. Würzburg 1907, S. 29.
[9]   H. PAULUS (wie Anm. 3), S. 109.
[10] A.a.O., S. 110.

Transzendent oder übernatürlich?

Maurice Blondels Kritik des Religiösen

VON PETER HENRICI

Man spricht heute oft und gerne von einem Wiedererwachen des Religiösen und von einem neuen Aufbrechen der Frage nach dem Lebenssinn. Man möchte darin einen Hoffnungsschimmer für die Zukunft des Christentums sehen. Nur teilweise zu Recht. Denn „das Religiöse" kann ebensowohl von Christus ablenken wie zu Ihm hinführen. Eine „Kritik des Religiösen" ist deshalb unerläßlich.

Eine solche Kritik des Religiösen hat Maurice Blondel in seinem Erstlings- und Hauptwerk *L'Action* (1893) vorgelegt. Sie steht an Radikalität der seiner Zeitgenossen Nietzsche und Freud in nichts nach – wobei „Kritik" hier wie dort nicht einfach Ablehnung bedeutet, sondern Unterscheidung des Echten vom Unechten.

Blondel stellt seine Kritik, die er eine „critique de la vie" nennt, unter die Frage nach dem Lebenssinn: „Ja oder nein, hat das Leben einen Sinn? Hat der Mensch eine Bestimmung?"[1] Diese Frage weist nicht nur auf Fichte zurück; sie wird auch von Johannes Paul II. in „Fides et Ratio" fast wörtlich wieder aufgenommen: „Die Wahrheit stellt sich beim Menschen anfangs in Frageform vor: *Hat das Leben einen Sinn? Wohin führt es?*"[2]

Implizit und unreflektiert beantwortet jeder Mensch in seinem tatsächlichen Verhalten immer schon die Frage nach dem Lebenssinn. Diese unmittelbare Antwort – so Blondel – kann jedoch den Ansprüchen des philosophischen Diskurses nicht genügen. Eine philosophisch – und damit auch theologisch – gültige Antwort kann nur aus einer fortschreitenden Kritik der tatsächlich gegebenen unmittelbaren Antworten erschlossen werden, d.h. aus dem, was Blondel seine „critique de la vie" nennt.

Kritik der natürlichen Religiosität

Es ist hier nicht der Ort, diese Kritik im einzelnen nachzuzeichnen. Jedem einigermaßen mit Blondels Werk Vertrauten ist ihr Ablauf bestens bekannt. In dialektisch verknüpfter Folge legt Blondel eine Kritik des Ästhetizismus, des Nihi-

---

[1] M. BLONDEL: *L'Action. Essai d'une critique de la vie et d'une science de la pratique.* Paris 1893, p. VII (zitiert: A) = BLONDEL: *Logik der Tat.* Einsiedeln 1957, ²1986, S. 16 (zitiert: L). Alle Übersetzungen aus dem Französischen stammen von mir.

[2] JOHANNES PAUL II: *Enzyklika Fides et ratio von Johannes Paul II. an die Bischöfe der katholischen Kirche über das Verhältnis von Glaube und Vernunft. 14. September 1998.* Bonn 1998 (Verlautbarungen des Apostolischen Stuhls. 135), Nr. 26.

lismus, des Positivismus, der Willensfreiheit, der Leiblichkeit, des Sozialverhaltens, der Metaphysik und der Moral vor, bis hin zur abschließenden Kritik der natürlichen Religiosität, die Blondel als „action superstitieuse", als Aberglauben (oder vielleicht besser als Götzendienst) bezeichnet. Auf ersten Blick sieht es also so aus, als ob diese verschiedenen Stufen der Kritik zwar zielgerichtet auf einer Kritik der Religion hinführen, aber nicht selbst zu ihr gehören. Erst in ihrem allerletzten Stadium – das sich dann allerdings über zwei weitere Hauptteile des blondelschen Werkes hin ausbreiten wird – würde so die „critique de la vie" zu einer Kritik der Religion.

Dieser erste Blick ist jedoch trügerisch. Das Kapitel über die „action superstitieuse", das die Phänomenologie des menschlichen Tuns, den dritten Hauptteil von L'Action abschließt, befaßt sich nicht so sehr mit einem neuen Objekt des menschlichen Wollens und Tuns, sondern mit einer neuen Qualität, die den bis dahin erschlossenen Objekten zugeschrieben wird. Die „action superstitieuse" schreibt einem der zuvor als endlich und begrenzt erkannten Objekte des Wollens eben jene Unendlichkeit zu, mit der das Wollen dieses Objekt anstrebt. Mit dieser Zuschreibung projiziert sie das endliche Objekt ins Unendliche hinaus, um es dort als unerreichbar anzubeten. Wir meinen Feuerbach zu hören:

„Seltsam! Was der Mensch nicht zu umfangen, zu begreifen, zu erzeugen vermag, das stellt er aus sich heraus, um vor ihm auf die Knie zu fallen – als hoffe er das, was er in sich selbst nicht anzulangen vermag, besser in den Griff zu bekommen, wenn er es ins Unendliche hinaussetzt. Und mit einer umgekehrten, aber nicht minder verwunderlichen Bewegung schickt er sich dann auch noch an, das, was er soeben unendlich hoch über sich hinausgestellt hat, unter seine Botmässigkeit zu bringen, es in Beschlag zu nehmen und in sich aufzusaugen – als ob er es nur zum Gott gemacht hätte, um ihm umso dringender jene Antwort abzufordern, die dem schöpferischen Ehrgeiz seines Herzens endlich genug zu tun vermag! ... Das Unendliche als Endliches, das Unendliche zu Besitz und Verfügung: das ist der Sinn und das ehrgeizige Streben des Götzendienstes." (A 306; L 42)⁻

Zu dieser Analyse der „action superstitieuse", die wir hier nur gerade andeuten konnten, sind zwei grundsätzliche Bemerkungen zu machen.

1. Deutlicher als bei Feuerbach, ja deutlicher noch als bei Freud wird hier klargestellt, daß *das menschliche Begehren selbst* als Objekt der Religion ins Unendliche hinausprojiziert wird. Die im Grunde genommen beliebig auswechselbaren Objekte des Begehrens dienen bloß dazu, daß das Begehren sich selbst definieren kann, indem es sich einen Inhalt gibt. So wird einerseits deutlich, daß die Grundkraft dieser (falschen) „Religiosität" die Selbsttranszendenz des menschlichen Begehrens (bzw. Wollens, bzw. Tuns[3]) ist. Andererseits wird verständlich, was Blondel seinen Leser in dem hier zitierten Kapitel erkennen lassen will: daß nämlich die Struktur dieser (falschen) Religiosität umso deutlicher zu Tage tritt, je weniger sie sich an einem materiellen Objekt (einem Idol oder einem Ritual) festmacht, und je mehr sie sich, gewissermaßen „gereinigt",

---

[3] Der reiche Begriff der „action", des Tuns, schliesst bei Blondel immer den Aspekt des Wollens ein, das, soweit es sich auf ein bestimmtes Objekt bezieht, am entsprechendsten mit „Begehren" übersetzt wird.

rein geistigen Inhalten des menschlichen Wollens zuwendet: „Wird der Metaphysiker in seinem Ehrgeiz, das unendliche Objekt, dem er nachjagt, in seinem Denken heimisch zu machen, nicht auch auf seine Art ein Götzendiener, wenn er sich
einzubilden beginnt, er könne mit seinen Begriffen und Vorschriften, mit seinen
Systemen und seiner 'natürlichen Religion' die Hand aufs transzendente Sein
legen, es gewissermaßen erobern und meistern?... Und selbst wenn er geruht, zu
Ehren jenes höchsten Wesens, das seine Vernunft für existent erklärt, besondere
Akte vorzuschreiben, tut er das immer noch so, als entstammten Gebet und Anbetung einzig seinem Denken und seinem freien Entschluß, und ist eifrig bedacht, diese sogenannt religiösen Akte von jedem ungesunden Überschwang und
allem dunkeln, sakramentalen Ritual reinzuerhalten. Sein Götze ist es, so zu tun,
als hätte er keinen, und zu wähnen, er habe sein Leben bloß auf klare Begriffe
und vernunftgemäßes Tun gegründet; er jubelt Sieg im Gedanken, die alten Dogmen ausgeschaltet zu haben. Auch das ist ein Glaube – und was für ein leicht-
gläubiger und unversöhnlicher!

Götzen werden auch das Unerkennbare, die allgemeine Solidarität, das soziale
Ganze, das Vaterland, die Liebe, die Kunst, die Wissenschaft, sobald einmal die
Leidenschaft ein Herz übermannt hat und ihm vormacht, es könne an diesen Din-
gen Befriedigung finden, sobald sie all seine Liebes- und Hingabekraft an diese
Dinge verschwendet, als hätte der Mensch nun endlich sein Alles gefunden...

Auch die mystische Gottlosigkeit ist ein Götzendienst, sobald sie aus dem tatsächlichen Unvermögen des menschlichen Wollens und aus der Sinnlosigkeit der
Kniefälle des Fetischisten, des Mystizismus der Wissenschaft, der Träumereien
der Theosophie auf die Unmöglichkeit jeder weiterführenden Offenbarung
schließt. Ein Unvermögen läßt sich feststellen, aber nicht eine Unmöglichkeit. Es
steckt vielleicht mehr Leichtgläubigkeit und Intoleranz in diesem sektiererischen
Nein als in den Exzessen des Fanatikers" (A 314-315, 320-321; L 43-44, 46).

2. Diese Hinweise auf *spätneuzeitliche Fehlformen der Religiosität* weisen inhaltlich auf die Entstehungszeit von *L'Action* zurück. Nicht Feuerbach, Nietzsche
und Freud sind Blondels Gesprächspartner, sondern Renan, Barrès und Guyau
(*L'irreligion de l'avenir*). Einer Kritik der Religionskritik von Renan und Barrès,
so erinnern wir uns, war schon der erste Teil der „Action" gewidmet, und der im
zweiten Teil kritisierte Nihilismus schopenhauerscher Prägung trägt ebenfalls
religiöse Züge. Der Verdacht verstärkt sich, daß eine Kritik zeitgenössischer
Fehlformen der Religion auch als Hintergedanke hinter der Kritik des Positivismus (Comte und Taine), des ethischen Formalismus (Kantianer) und des (sozialen) Humanismus (z.B. Durkheim) im dritten Teil der *Action* steht.

Das letzte Kapitel des dritten Teils bestätigt nun diesen Verdacht. Was ist
denn die „volonté voulante", der gegenüber sich die „volonté voulue", d.h. das
jeweilige Objekt des Begehrens, im Lauf der Dialektik immer wieder als „in-
adäquat" erwiesen hat? Sie ist nichts anderes als das Begehren selbst – und das
letzte Kapitel deckt nun auf, daß dieses im Grunde schon immer ein religiöses
Begehren war. Wer sich somit mit einem der im Lauf der Dialektik aufscheinen-
den Objekte des Wollens begnügt und dieses als absolut zufriedenstellend dekla-
riert, der macht es, bewußt oder unbewußt, zum Inhalt seiner Religion. Blondels
„critique de la vie", die sich je nach dem kritisierten Objekt als Wissenschaftskri-

tik, als korrigierte Psychophysiologie, als Moralkritik oder als Metaphysikkritik gibt, will immer das Ungenügen eines jeden dieser Objekte als Inhalt eines zufriedenstellenden Existenzentwurfs aufzeigen. Indem sie über jedes mögliche falsche Objekt einer neuzeitlichen Religion hinauszudenken zwingt, ist Blondels Dialektik in den ersten drei Teilen der „Action" eine Religionskritik.

Von der Transzendenz zum Übernatürlichen

Wo aber ist denn die echte Religion zu finden? Blondels Religionskritik will keineswegs eine Kritik aller Religion überhaupt sein – ganz im Gegenteil. Schon das ausdrücklich religionskritische Kapitel kommt zum Schluss: „So sehr jede natürliche Religion künstlich ist, so natürlich ist es, eine Religion zu erwarten" (A 321). Der Auslegung dieser Erwartung dienen der 4. und 5. Teil des Werkes.

1. Im vierten Teil, den Blondel in der vorletzten Fassung seines Manuskripts noch mit „Entscheidender Teil" (Partie décisive) betitelt hatte, wendet er sich der Betrachtung des Wollens selbst zu – nicht mehr als ein auf ein Objekt ausgerichtetes und von diesem bestimmtes „Begehren", sondern als sich verwirklichen (wollender) Willensakt, eben als „action". Die „action", so war genau in der Mitte des dritten Teils definiert worden, „ist die Intention, die im Organismus zum Leben kommt und die den dunkeln Kräften, aus denen sie entsprungen ist, Gestalt gibt" (A 144) – also das sich verwirklichende Wollen. Dieses hat sich inzwischen als ein im Grunde religiöses Begehren erwiesen, das gar zum Maßstab der Unechtheit jeder „natürlichen" Religion geworden ist. Wenn somit kein religiöses Objekt diesem religiösen Begehren angemessen ist (nicht einmal das Begehren selbst), dann erhebt sich die Frage, ob sich das Wollen überhaupt verwirklichen läßt, d.h. ob es eine „action" geben kann, die diesen Namen voll und ganz verdient, und die dann als religiöse „action" bezeichnet werden müsste.

Auf der Suche nach einer Antwort auf diese Frage stellt Blondel zunächst fest, daß die Analyse des Willensaktes eine scheinbar unüberwindliche „Antibolie"[4] aufdeckt: nicht bloß eine theoretisch unauflösbare, aber de facto (besser gesagt: in facto) immer schon gelöste Antinomie, sondern eine echte Alternative, deren Extreme sich auch de facto wechselseitig ausschließen (A 323 Anm.). Das eine dieser Extreme ist die scheinbar endgültige Unvollendbarkeit des Wollens: nicht bloß daß kein der „volonté voulante" adäquates Objekt gefunden werden konnte und daß das unvermeidliche Leiden immer wieder die Selbstbestimmung des Wollens in Frage stellt, sondern vor allem, daß das Wollen sich nicht selbst wollen kann. Es ist sich selbst unausweichlich aufgegeben, ja es kann sogar die von ihm gewollten und bewirkten Taten nicht mehr nicht wollen. Ein Zwang zum Sein scheint auf dem Wollen zu liegen – und zwar genau da, wo es zum Scheitern verurteilt scheint. An dieser Stelle findet sich ein erster Hinweis auf die Religion: „Wie die Unfähigkeit, in der sich der Mensch findet, auch nur das geringste seiner Werke aus sich allein zu vollenden, ihn zu den verschiedenen Formen

---

[4] Dieses Kunstwort, das Blondel, vielleicht in Anlehnung an Leibniz und Kant, offenbar selbst gebildet hat, wird in einer langen Anmerkung, A 323, erklärt.

des Götzendienstes und des Aberglaubens geführt hat, so hat ihn die Un-möglichkeit, über sein Leben souverän zu verfügen und sich selbst die Unschuld wiederzugeben, die ganze Vielfalt von Anrufungen, Gebeten und Sühneopfern erfinden lassen" (A 331).

Das andere Extrem der Antibolie findet Blondel, nur scheinbar symmetrisch dazu, im unausweichlich freien Ja des Wollens zu sich selbst. Erst auf dem Hin-tergrund dieses Sich-Selbst-Wollens kann das Scheitern des Wollens überhaupt als Scheitern erscheinen. Es geht hier nicht bloß um das Paradox einer sich selbst aufgegebenen Freiheit, die dieses Aufgegebensein in Freiheit ratifiziert. Es geht hier um das Wirklichsein des Willensaktes, und darum betrifft die Antibolie das tatsächliche Sein von etwas, das eigentlich gar nicht sein kann.

2. Die Lösung des Rätsels besteht darin, daß das Wollen nicht kraft seiner selbst, sondern nur kraft eines Ganz-Andern sein und wollen kann. Dieses Ganz-Andere bezeichnet Blondel demzufolge als das *Eine Notwendige* (oder *den* Einen Notwendigen), und er versucht es dialektisch zu bestimmen. Es muß, so lautet das Resultat der vorausgehenden Religionskritik, zunächst als „Nichts" von allen möglichen Willensobjekten erscheinen. In diesem Zusammenhang gibt uns Blondel einen zweiten, deutlicheren Hinweis auf die religiöse Dimension seiner Religionskritik:

„Nicht ohne Grund haben die Mystiker so tief vom Nichts gesprochen und es den Quell genannt, aus dem alles Leben strömt; nicht ohne Grund sind religiöse Menschen vor dem Unsagbaren in anbetendes Schweigen versunken, um es durch ihr Reden nicht zu entweihen, weil keiner würdig ist, seinen verborgenen Namen zu nennen; nicht ohne Grund haben die größten Denker gefürchtet, dieses geheimnisvolle Etwas zu leugnen, wenn sie den Versuch wagten, es in einen po-sitiven Begriff zu fassen; nicht ohne Grund glaubten schließlich liebende Herzen, im Atheismus eine und, wie sie meinten, sogar die ehrfürchtigste Form keuscher und tiefer Frömmigkeit zu finden" (A 342; L 61).

Dennoch muß dieses „Nichts" auch positiv bestimmt werden können, denn es soll ja die Wirklichkeit des Wollens und der Willensobjekte begründen, die beide nicht nichts sind. Als Letztbegründung der Wirklichkeit unseres Wollens muß ihm gerade das zugesprochen werden, was unserem Wollen abgeht: „die vollen-dete Einheit von Wirklichkeit und Ideal, von Können und Einsicht, von Sein und Vollkommenheit" (A 347; L 65). Blondel merkt an, daß sich zwar in jedem sich verwirklichenden Wollen, in jeder unserer geschehenden „actions" diese Einheit tatsächlich ereignet und ereignen muß, aber immer nur momentan, immer nur im Durchgang, um uns gleich wieder zu entfliehen. Das Einzig Notwendige dagegen muß das sein, „was ich nicht sein kann: ganz und gar Denken und ganz und gar Tat; ... der vollkommene Ineinsfall (équation) von *Sein, Erkennen,* und *Tun*. Es ist ein Subjekt, in dem alles Subjekt ist" (A 347, 349). Dieses personale „Eine Notwendige" ist „Gott": „Am Grenzzaun alles Endlichen, zu dem wir nicht allzu weit zugehen hatten, finden wir uns schon nach einem ersten kurzen Besinnen vor dem, was Erscheinung und Nichts gleicherweise verhüllen und offenbaren; vor Dem, den wir nie wie einen Fremden oder Abwesenden bloß aus der Erinne-rung nennen können; vor Ihm, den zu bekennen alle Sprachen und alle Herzen nur *ein* Wort und *ein* Aufwallen haben: Gott" (A 350; L 65).

3. Erst hier ist die *Transzendenz* erreicht. Zwar hat schon die Dialektik des dritten Werkteils gezeigt hat, wie das Wollen immer über sich hinauszuschreiten gezwungen ist; doch dies ist nur die Ausfaltung der Unendlichkeit des Wollens selbst. Hier dagegen ist ein Ganz-Anderer *(der* Ganz-Andere) gefunden, der in keiner Weise mit meinem Wollen und Tun identifiziert werden kann, und der doch in jedem sich verwirklichenden Wollen, in jeder „action" notwendig präsent ist. Diese Präsenz verleiht der „action" selbst transzendenten Charakter (A 353f.), so daß das Kapitel über das Einzig Notwendige den Untertitel tragen kann: „Die unvermeidliche Transzendenz des menschlichen Tuns" (A 339).

Doch so sehr der Ganz-Andere nicht nur dem Wollen, sondern auch allen Objekten des Wollens immanent sein muß, um ihnen Konsistenz zu geben (A 343: „Au lieu d'en faire un support transcendant mais extérieur, il [das Argument *a contingentia*] découvre qu'il est immanent au centre même de tout ce qui est"), so sehr bleibt er als Ganz-Anderer für die „action" „ein transzendentes Ziel, auch dann noch, wenn er schon in ihr ist" (A 340).

Angesichts dieses immanent-transzendenten Gottes stellt sich nun, wenn auch von Blondel nicht ausdrücklich als solches angesprochen, das *religiöse Problem* in seiner echten Form. Es geht darin um das Sich-Verhalten des Wollens und der „action" zu diesem in ihm immanenten Gott. Solange sich das Wollen nur zu selbstgewählten und -gesetzten Objekten und Zielen verhielt, projizierte es seine eigene Unendlichkeit in diese Objekte hinein, und brachte so die Formen der falschen Religiosität hervor. Hier dagegen muß es Stellung beziehen zu seinem eigenen, ihm aufgegebenen Sein und zu dessen tragendem Grund. Dieser ist bisher allerdings erst denkerisch erreicht worden. Das in der Antibolie des Wollens entdeckte Eine Notwendige ist bisher nur als „la pensée de Dieu" oder „l'idée nécessaire de Dieu" (A 351) erkannt worden.

In der neuzeitlichen Philosophie haben sich zwei verschiedene Verhaltensmodelle zu dieser Gottesidee herausgebildet. Entweder gab man sich mit Spinoza und Hegel damit zufrieden, daß Gott ja dem menschlichen Wollen und Denken immer schon immanent sei, und daß diese folglich eine gleichsam naturhaft religiöse Dimension haben, ja sich immer schon mit Gott vereint finden. Oder man hat mit Kant und der Scholastik die Transzendenz der Gottesidee betont als Idee eines Ganz-Anderen, dem Menschen gänzlich Äußerliches, zu dem sich der Mensch erst durch gewisse, wiederun äußerliche, religiös-gebotene Verhaltensweisen in Beziehung setzen könne und müsse.

Blondel dagegen hält an beiden Bestimmungen Gottes als gleich unabdingbar fest, und sieht Gott ebensosehr als dem menschlichen Wollen und Tun unausweichlich immanent *und* als den jedem menschlichen Bemühen unerreichten und unerreichbaren Ganz-Anderen, der bewußt angestrebt werden kann und muß. Folglich sieht sich das menschliche Wollen je und je vor eine *existentiell-religiöse Grundentscheidung* gestellt. Wird der Mensch seine Zustimmung geben zu seiner paradoxen Situation, daß er nur sein, wollen und handeln kann kraft des in ihm anwesenden Ganz-Anderen – und damit auf jeden Autonomieanspruch verzichten? Oder wird er, wie es natürlich scheint, auf seiner Autonomie und Selbstgenügsamkeit beharren – und sich damit in Widerspruch zu seinem eigenen Sein setzen? Mit Augustinus formuliert Blondel diese Alternative in religiösen Termini: „Selbstliebe bis zum Gotteshass, Gottesliebe bis zum Selbsthass" (A 355; L 68). Um eine, ja um *die* religiöse Entscheidung handelt es sich hier in der Tat – auch dort noch, wo sie gar nicht mehr als religiös oder als Entscheidung erkannt wird: „Nicht daß sich dieser tragische Gegensatz jedem mit der gleichen Klarheit und Schärfe zeigt. Aber wenn sich der Gedanke, „aus dem Leben ist etwas zu machen", jedem Menschen aufdrängt, dann genügt das schon, um auch den Ungewecktesten aufzustören zur grossen Aufgabe, zum Einen Notwendigen" (A 355; L 68).

4. Damit ist ein erster entscheidender Unterschied zwischen der echten Religion und der natürlichen Religiosität angesprochen. Die natürliche Religiosität sucht nach einer linearen Vollendung des menschlichen Strebens, während die echte Religion vor eine existentielle Entscheidung stellt. Ohne Entscheidung keine Religion, so können wir diesen Schritt der blondelschen Ausführungen zusammenfassen.

Die religiöse Entscheidung betrifft, zweitens, die ganze menschliche Existenz; es ist eine Entscheidung auf *Leben und Tod*. Während die veröffentlichte Fassung der „Action" die Alternative relativ harmlos-symmetrisch darstellt: „Erste Option. Der Tod der action. – Zweite Option. Das Leben der action", hatte es in der vorletzten Fassung noch wesentlich dramatischer geheißen: „Der ewige Tod der action. – Das Sterben zum Leben (Le trépas en la vie)". Hier wurde nicht nur deutlich gesagt, daß es um Leben und Sterben geht und daß die beiden „Optionen" keineswegs symmetrisch nebeneinander stehen. Blondel wies auch darauf hin, daß wir um das Sterben, so oder so, nicht herumkommen. Damit ist nicht nur und nicht in erster Linie der physische Tod gemeint, sondern der seelische.

Zum ewigen seelischen Tod führt das Beharren des Menschen auf seiner Selbstherrlichkeit. Wir brauchen hier nicht nachzuzeichnen, wie Blondel den selbstzerstörerischen Widerspruch der Selbstherrlichkeit angesichts des Einzig Notwendigen aufzeigt, wie er die existentiell-religiöse Dimension ethischer Fehlentscheidungen aufdeckt, und wie er schließlich die Endgültigkeit der daraus folgenden Verdammnis philosophisch zu rechtfertigen sucht. Es sind durchaus bedenkenswerte Ausführungen, die für eine Philosophie der Sünde (auch diese würde zu einer Religionsphilosophie gehören) wegweisend sein könnten.

Wichtiger für unser Anliegen ist jedoch die *positive Option*. Sie kann nicht einfach symmetrisch aus der – philosophisch naheliegenderen – negativen errechnet werden. Die innere Widersprüchlichkeit der negativen Option ergibt sich aus dem ganzen Gang der „Action" logisch zwingend – obwohl gerade dieses Kapitel bei der Entstehung des Werkes als eines der allerletzten eingefügt worden ist. Der Ausgang der positiven Option dagegen ist nicht abzusehen; denn er liegt ganz und ausschließlich in Gottes Hand. So ist die Haltung, in der sich die positive Option ausdrückt, nicht nur das Gegenteil der negativen: der Verzicht auf Selbstherrlichkeit und die ethische Entscheidung für das Gute und das Bessere. Schon die ethische Entscheidung für das Gute gehorcht einer Pflicht (obligation), welche oft eine Selbstverleugnung (détachement) erfordert. Darin liegt ein Verzicht auf uneingeschränkte Autonomie in der Anerkennung der Autorität eines „Anderen". In diesem Sinn kann ethische Rechtschaffenheit eine anonyme Form echter Religiosität sein.

Doch darüber hinaus sucht Blondel auch *nach eindeutig religiösen Ausdrucks-formen* für das Bemühen des Menschen, den Ganz-Anderen in seinem Leben zum Zuge kommen zu lassen und Ihm die Herrschaft über das eigene Leben zu übergeben. Geleitet von seiner eigenen Lebenserfahrung[5] und von der christlich-aszetischen Tradition, aber auch in logischer Weiterführung seiner bisherigen Überlegungen, sieht Blondel zunächst die geduldige Annahme des Leidens und die Bereitschaft zum Opfer als Ausdruck einer solchen religiösen Haltung. Nicht aus einseitigem Aszetismus oder gar Masochismus, sondern weil „das Leid das Siegel eines Anderen in uns" ist, „nicht nur Prüfung, sondern auch Bewährung der Liebe und Erneuerung unseres inneren Lebens" (A 382; L 84):

„Die Liebe wirkt ähnlich auf die Seele wie der Tod auf den Leib: Sie versetzt den Liebenden in das Geliebte und das Geliebte in das Liebende. Lieben, das heißt das Leiden lieben, weil es Freude und Tun eines Andern in uns lieben heißt – ein Schmerz, der uns selbst liebenswert und lieb wird... Das Leid ist auch deshalb Prüfung und Bewährung des hochherzigen, mutigen Wollens, weil es die Wirkung und sozusagen das Wirken der Liebe ist" (A 382; L 84).

Damit ist bereits das Thema des Todes und des Sterbens angesprochen. Die positive Option beinhaltet immer ein Sterben des Menschen, nicht als physischen Tod, sondern als geistiges Sich-Absterben, als freiwillige Selbstverleugnung (ab-négation volontaire) und als Abtötung (mortification), sodaß das mönchische „quotidie morior" zur Grundhaltung des Lebens wird[6]. Wir beginnen zu verstehen, in welchem Sinne Blondel von einem „trépas à la vie" (A 375) spricht.

Doch der Gipfel der Selbstverleugnung ist mit der liebenden Hinnahme des Sterbens noch nicht erreicht. Der Mensch könnte diese immer noch seiner eigenen Willenskraft und Tugend zuschreiben und wähnen, sich damit den imma-nent-transzendenten Gott gnädig zu stimmen. Am Ende aller auf natürlichem Weg erreichten religiösen Haltung, muß das Eingeständnis ihres Ungenügens stehen und der Unfähigkeit des Menschen, sich aus eigener Anstrengung das Heil zu erwerben:

„Den Verzicht auf sein Eigenwollen als sein eigenstes Werk zu betrachten und sich dann noch einbilden, diese Selbstabtötung sei vollgültig, sühneleistend und heilswirkend, ist immer der gleiche Rückfall in den Grundirrtum; es heißt die Wahrheit vom lebendigen Gott vergessen und ihn wie eine tote Sache behandeln, wie Menschenwerk und gefügige Materie; es heißt Gott sich aneignen, statt sich Gott zu übereignen.

Es gilt somit (und das macht den engen Pfad, der zum Leben führt, so schwierig) im praktischen Leben diese beiden widersprüchlichen Haltungen zu vereinen: Alles tun, was wir vermögen, als hätten wir nur auf uns zu zählen, aber dabei zugleich überzeugt bleiben, daß alles, was wir tun, zwar nötig, aber doch radikal ungenügend ist. Was wir an Kraft und Licht in uns finden, kann uns erst zu rechtmäßigem Besitz werden, wenn wir es dem zurückerstatten, von dem wir es bekamen" (A 385; L 87-88).

Damit hat sich Blondels Religionskritik sozusagen zu ihrer zweiten Potenz

5 Vgl. MAURICE BLONDEL, *Tagebuch vor Gott*. Einsiedeln 1964, passim.
6 *Tagebuch*, S. 200 (Anfang des dritten Notizheftes).

emporgeschwungen. Sie übt ihre Kritik nicht mehr an der aus dem religiösen Begehren hinausprojizierten natürlichen Religion, sondern an der selbstdefinierten religiösen Haltung gegenüber dem wirklichen Gott – eine Selbstkritik dessen, was Blondel selbst auf den vorhergehenden Seiten entwickelt hat. Die einzig mögliche Folgerung ist klar: der philosophische Diskurs hat zu verstummen, Gott selbst muß (wenn Er will) handelnd und bestimmend eingreifen. *Dieses freie und unerrechenbare Eingreifen Gottes* zum Heil des Menschen wäre das, was wir das „Übernatürliche" nennen. Der Mensch kann es nur erwarten und erhoffen, aber nicht einmal seine Möglichkeit erkennen.

Die Bestimmung des Übernatürlichen

Wie zu erwarten war, ist namentlich die Einführung des Übernatürlichen in Blondels philosophischen Diskurs auf Unverständnis und Widerspruch gestoßen. Zweifellos wäre Blondel ohne seinen christlich-gläubigen Hintergrund nie auf den Gedanken des Übernatürlichen gekommen, und doch ergibt er sich folgerichtig aus dem ganzen Gedankengang der „Action" – zunächst nur als Anzeige einer „notwendigen" Leerstelle. Eben diese Bestimmung des Übernatürlichen als „notwendig" hat besonders zur Kritik herausgefordert:

„Absolut unerreichbar und absolut notwendig für den Menschen: das ist genau der Begriff des Übernatürlichen. Das Tun des Menschen geht über den Menschen hinaus, und das ganze Bemühen seiner Vernunft muß sich darauf richten, einzusehen, daß er bei ihr nicht stehenbleiben kann noch darf" (A 388; L 91) – so definiert Blondel in Anlehnung an Pascal.

Das eigentlich Definitorische liegt hier jedoch gar nicht im „absolut notwendig", sondern im „absolut unerreichbar" – erst dieses macht das Übernatürliche zum über-natürlichen. Allerdings, wenn es für den Menschen nicht auch absolut notwendig wäre (und dies zu zeigen war das Anliegen der ganzen „Action"), bliebe es ein unerreichbar Transzendentes, das für den Menschen und für seinen Lebenssinn von keinerlei Interesse wäre. Weil dem jedoch nicht so ist (wie die Ausführungen über das Eine Notwendige gezeigt haben), wird Blondels Anzeige einer Leerstelle zu einem Aufruf zu existenziell-religiöser Erwartung. Der eben zitierte Text fährt fort:

„Liebende Bereitschaft für den unbekannten Messias, Begierdetaufe, zu der bloßes Menschenwissen nie führen kann, weil schon die Begierde ein Geschenk ist. Die Wissenschaft kann ihre Notwendigkeit zeigen, aber sie kann sie nicht wecken. Denn wenn wir wirklich einen echten Bund mit Gott schließen sollen und Hand in Hand mit Ihm zusammenwirken: wer könnte sich da vermessen, Erfolg zu haben, ohne sich einzugestehen, daß Er der absolute Herr über Sein Schenken und Sein Mitwirken bleibt? – ein notwendiges Eingeständnis, das aber zu nichts taugt, wenn einer nicht zugleich nach dem unbekannten Mittler ruft oder sich dem geoffenbarten Heiland verschließt" (A 388; L 91-92).

Das letzte Wort der Religionskritik Blondels und das letzte Echtheitszeichen wahrer Religiosität müsste also das *offene, angestrengte Erwarten* eines übernatürlichen Eingreifens Gottes sein – wenn Blondel nicht als gläubiger Katholik wüßte, daß Gott tatsächlich eingegriffen hat. Dieses Wissen gibt ihm die Möglichkeit und den Mut, auch noch das (notwendige) Wie dieses Eingreifens zu erforschen – nicht etwa indem er die Strukturen oder gar den Inhalt der christlichen Offenbarung aus dem menschlichen Erwarten ableitet, sondern indem er umgekehrt die tatsächlichen Bedürfnisse und Erwartungen des Menschen im Licht der Offenbarung auslegt:

„Es ist legitim, die Untersuchung bis zu dem Punkt voranzutreiben, wo wir spüren, daß wir innerlich etwas Ähnliches ersehnen müssen wie das, was uns die Dogmen von außen vorlegen... Es ist legitim, diese Dogmen zunächst gar nicht als geoffenbart, sondern als offenbarend zu betrachten, das heißt: sie mit den tiefsten Ansprüchen unseres Willen zu vergleichen und in ihnen, falls sie das zeigen, das Bild unserer wirklichen Bedürfnisse und die erwartete Antwort zu entdecken. Es ist legitim, sie als Hypothesen anzunehmen nach Art der Geometer, die ein Problem als gelöst betrachten und dann die angenommen Lösung auf analytischem Weg verifizieren" (A 391).

Auf diesem (im Sinne Platons) hypothetischen Weg kann Blondel nicht nur die Umrisse der christlichen Offenbarung nachzeichnen; er zeigt vor allem auch, daß das Übernatürliche dem Menschen nur durch eine *vorgeschriebene religiöse Praxis* (pratique littérale) greifbar werden kann. Darunter versteht Blondel sowohl die traditionsgeprägte kirchliche Disziplin wie vor allem die sakramentale Praxis – an erster Stelle die Eucharistie. In einer sehr sorgfältigen Studie hat Mario Antonelli vor ein paar Jahren nachgewiesen[7], daß das Geheimnis der Eucharistie die Entelechie von Blondels philosophischem Denken und den Schlußstein (clef de voûte) seiner Ontologie darstellt.

Diese Ausführungen über die nur hypothetisch zu erschließenden, aber unabdingbaren *Konkretisierungen des Übernatürlichen* sind somit keineswegs bloß ein Anhängsel; sie bilden vielmehr den Schlußstein von Blondels Religionskritik. In der vorletzten Manuskriptfassung waren sie denn auch ausdrücklich als religionskritisch betitelt: Der „Abschließende Teil" trug den Titel: „Die Kritik des übernatürlichen Tuns" und die erste Kapitelüberschrift lautete: „Die philosophische Kritik des Offenbarungsbegriffs". Auch sachlich ist dieser abschließende Teil von der Anlage des ganzen Werkes her gefordert. In ihm kommt wieder zu seinem Recht, was an den verschiedenen Formen der natürlichen Religion nicht falsch war: daß sich der Mensch religiös immer auf bestimmte Ausdrucksformen und bestimmte Objekte seines Begehrens ausrichten muß. Reines Erwarten ist keine menschengerechte Religion. Der Unterschied zwischen der echten Religion und dem Aberglauben und Götzendienst ist nur der, daß in der übernatürlichen Religion diese *Ausdrucksformen von Gott selbst gesetzt* und dem Menschen gegeben sind.

Hier wird zum Schluß der Unterschied zu Karl Rahners Religionsphilosophie deutlich, die im Übrigen Blondel recht nahe steht. Einerseits würde Rahners „transzendentale Offenbarung" von Blondel keinesfalls als Offenbarung bezeichnet, sondern als eine Verfasstheit des Menschen. Andererseits ist bei Blon-

---

7   Mario ANTONELLI: *L'Eucaristia nell',,Action" (1893) di Blondel. La chiave di volta di un'apologetica filosofica.* Milano 1993.

del die rahnersche scheinbare Willkürlichkeit der „Kategorialisierung" dieser Offenbarung aufgehoben: Wenn Gott sich dem Menschen offenbaren und zu eigen geben will (Rahners „Selbstmitteilung Gottes"), dann kann er es nur in endlichen Symbolen und (vorgeschriebenen) Handlungen. Worauf der Mensch von Natur aus angelegt ist, das sind eben diese kategorialen Objekte, nicht eine „Offenbarung im allgemeinen". Angesichts des Überhandnehmens einer allgemeinen Religiosität und einer wachsenden, verspätet aufklärerischen Verachtung für die „positive Religion" (wie es damals hieß), erscheint Blondels Religionsphilosophie als höchst unzeitgemäß – und ist vielleicht eben deshalb ausgesprochen zeitnotwendig.

„Voilà l'organe vivant de Dieu, Vivum Dei organum!"

Zur spirituellen Konzeption der Orgel im Frankreich des 19. Jahrhunderts

VON PETER REIFENBERG

„Cavaillé starb arm, ohne den Seinen etwas zu hinterlassen. Dafür aber singen die Orgeln von St.-Sulpice und Notre Dame seinen Ruhm, solange noch ein Stein auf dem andern bleibt. Bis einst Paris wie Babel ein Trümmerhaufe ist, werden diejenigen, welche für die zauberhafte Schönheit seiner Orgeln empfänglich sind, beim Verlassen von Notre-Dame und St. Sulpice mit Ergriffenheit desjenigen gedenken, der es wagte, der Zeit trotzend, rein Künstler zu bleiben"

A. SCHWEITZER[1]

1. Die Wahrheit und das Schöne der Kunst

Kann einem Menschen Größeres widerfahren, als in Aufrichtigkeit dem treu bleiben zu können, aus dem er lebt, was erfüllender sein als eine zeitlich begrenzt scheinende Hinterlassenschaft in die zeit-lose Ewigkeit zu reintegrieren?

Der wortgewaltige Lutheraner-Theologe Albert Schweitzer fand tiefe Worte für seinen Freund Aristide Cavaillé-Coll (1811-1899), den er als Menschen und Künstler verehrte[2]. Und der visionär-prophetische Pastor und Arzt mutmaßte früh, daß über alle Säkularismen hinaus, jedweden Atheismus, Dilettantismus und Ästhetizismus seiner und der postmodernen Zeiten aufnehmend und zugleich überwindend, die reine Schönheit der Kunstwerke Cavaillés die einheitsstiftende, wahrhaft religiöse, im wahren Sinne 'katholische' Kraft besitzt, die aus der Zeiterstreckung der bloßen „distentio" eine ins 'Tremendum' hineinwirkende Kraft der erfüllten Zeit, „extentio" besitzt. Von genau dieser einheitsstiftenden Kraft der Schönheit, die jeweils schwer explizierbar, weil zunächst subjektiv-ästhetischer Akt ist, soll hier gesprochen werden.

---

[1] A. SCHWEITZER: *Deutsche und französische Orgelbaukunst und Orgelkunst.* Wiesbaden 1906, S. 25.

[2] Nachdem das von Cavaillé erbaute Salon-Instrument der Sängerin Pauline Viardot durch die damaligen deutsch-französischen Wirren Anfang der siebziger Jahre des 19. Jahrhunderts von Baden-Baden nach Paris zurückgebracht wurde (es ist heute noch im „Collégiale Notre Dame de Melun" zu hören; vgl. Carolyn SHUSTER-FOURNIER: Les Orgues de salon d'Aristide Cavaillé-Coll. In: *Orgue* Nr. 57-58 [1997], S. 25-41), besitzt nun das Bistum Mainz – durch die wohlwollende Begleitung und Befürwortung Bischof Lehmanns – mit der Orgel von St. Bernhard/Mainz das erste Instrument Cavaillé-Colls auf deutschem Boden, zumal die erste Orgel aus seiner Werkstatt, die in einer deutschen Kirche je erklang. Vgl. CD: Daniel ROTH an der A. Cavaillé-Coll-Orgel, St. Bernhard Mainz/François-Xavier ROTH, Querflöte. = Organ/Schott 7101 2 (Geleitwort: Bischof Karl LEHMANN).

Einer Besinnung auf das Schöne der Kunst räumte man in den neuscholastisch
geprägten theologischen und philosophischen Lehrbüchern einen geringen Stellenwert ein. Innerhalb der katholischen Theologie geriet das Schöne deshalb
entweder im Taumel eines falsch verstandenen Platonismus oder durch einen
absolut gefaßten Realismus ins Abseits und in die Vergessenheit einer bloßen
Dienstbarkeit. Vom „pulchrum" wurde allenfalls im Anhang geredet. Die Auswirkungen eines wissentlichen Übersehens des Schönen verspüren wir in der
Kirche auch heute noch: der Dialog[3] zwischen Kunst und Kirche stellt sich nur
unter erschwerten Verhältnissen und oft mangelnder gegenseitiger Offenheit dar,
die „freien Künstler" betrachten ihre kirchengebundenen Kollegen als bloß brot-
erwerbende Auftragskünstler; innerhalb der kirchlichen Gremien und Behörden
schwelt ein bestenfalls vagabundierender Kunst- und Kulturbegriff; eine Reflexion über das Schöne fällt weitgehend aus[4].

Für Kirche und Theologie lenkte erst Hans Urs von Balthasar auf dem Boden
der Philosophie Maurice Blondels den theologischen Blick nachhaltig auf die in
der Schönheit des Seins zugrundeliegende Gestalt des Konkreten, das seine Bestimmung in einem übergestalthaften und damit überästhetischen Bezugspunkt
wiederfindet, der sich als Herrlichkeit zeigt und die Differenz zwischen dem
Schönen und dem Herrlichen offenbart.

Philosophisch gesehen ist die „Logik der Sinnlichkeit", wie Heidegger die Besinnung auf das Schöne der Kunst nennt[5], heute gottlob für die theologische Reflexion zu einem wichtigen Movens der Seinsauslegung als geschöpfliche Herrlichkeit geworden. Das Wesen der Kunst, „worin das Kunstwerk und der Künstler zumal beruhen, ist das Sich-ins-Werk-setzen der Wahrheit"[6]. Die Wahrheit
geschieht auf die Weise des Werkseins des Werkes, das damit in einem fundamentalen Sinne sittlichen Charakter trägt. Und zwar sieht er die Wesensumgren-
zung des Werks selbst als das Geschehnis der Wahrheit, die sich als Unverborgenheit des Seins des Seienden zeigt (48/48)[7]. Die so verstandene „Unverborgenheit" ist nicht ein starrer Zustand, keine bloße Eigenschaft sondern lebendige
'action'. Die Kunst läßt das Geschichtliche des Werks aufleuchten, denn sie ist
„ein Werden und Geschehen der Wahrheit" (59/59). In ihr findet der Künstler

---

[3] Es zeichnet das kulturelle Wirken Bischof Lehmanns aus, gerade diesen Dialog
    nicht nur innerhalb seines Bistums, sondern für die deutsche und europäische Kir-
    che immer wieder mutig anzustoßen. Vgl. hierzu: K. LEHMANN – H. MAIER: *Auto-
    nomie und Verantwortung. Religion und Künste am Ende des 20. Jahrhunderts.*
    Regensburg 1995.
[4] Vgl. den dichten Beitrag zur seinsgeschichtlichen Ortung des Schönen von Wolf-
    gang JANKE: Das Schöne. In: *Handbuch philosophischer Grundbegriffe.* Bd. 5.
    München 1974, S. 1260-1276.
[5] Martin HEIDEGGER: *Nietzsche.* Bd. 1: *Der Wille zur Macht als Kunst.* Pfullingen
    ⁴1961 bzw. Frankfurt 1985 (GA 43), S. 99/98. – Die Seitenzahlen der jeweils zitier-
    ten Ausgaben sind im folgenden durch Schrägstrich getrennt.
[6] M. HEIDEGGER: Der Ursprung des Kunstwerkes. In: DERS.: *Holzwege.* Frankfurt
    ⁵1972 bzw. Frankfurt 1977 (GA 5), S. 59/59; 64/65. Die folgenden Seitenzahlen im
    Text hieraus.
[7] Vgl. 57/57; vgl. ebd. 45/44: „Das Inswerksetzen der Wahrheit bestimmten wir ...
    als das Wesen der Kunst".

und sein Werk den Ursprung (46/44). Im schaffend-hervorbringenden Wollen des Künstlers, in der engen Beziehung zu seinem Werk drückt sich „die nüchterne Ent-schlossenheit des existierenden Übersichhinausgehens" aus, „das sich der Offenheit des Seienden als der ins Werk gesetzten aussetzt" (55/55). Wir fassen dieses Wollen als Wissen, Fühlen und Handeln weiter als Heidegger, dann aber mit ihm als ein „ekstatisches Sicheinlassen des existierenden Menschen in die Unverborgenheit des Seins", dort, wo Sein gelichtet wird. „Das ins Werk gefügte Scheinen ist das Schöne. Schönheit ist eine Weise, wie Wahrheit als Unverborgenheit west" (44/43). Hinsichtlich der Frage nach Wahrheit und Kunst ist die unterschiedliche Weise der Hervorbringung und damit die Unterscheidung Heideggers zwischen dem „Schaffen von Werken" und dem „Anfertigen von Zeug" wichtig. Denn gerade die „großen Künstler", so Heidegger, „schätzen das handwerkliche Können am höchsten". Sie zuerst fordern seine sorgfältige Pflege aus der vollen Beherrschung. Sie vor allen anderen mühen sich um die stets neue Durchbildung im Handwerk" (47/46). Während das Wesen des Schaffens von der handwerklichen Seite mitzubestimmen ist, beruht das Schaffen gerade auch auf einem Wissen, das in „der Entbergung des Seienden" in der ἀλήθεια den innersten Verhalt zum Sein des Seienden ausdrückt (48/47). Von der Existenz des Künstlers her gesehen geschieht mehr als ein Wissen. Es geschieht eine jeweilige aposteriorische Einholung des je als Sinn von Sein Vorgegebenen, jedoch auf eine immer neue, schöpferische und situative Weise. Hier geschieht nicht mehr nur bloßer Nachvollzug, μίμησις[8], der zwangsläufig einen Abstand der Kunst (verstanden als μίμησις) von der Wahrheit (verstanden als Idee) bedeutete, sondern ein Vollzug von Kunst Wahrheit, in dem das Grund-Geschehen des Seins des Seienden selbst zum Ausdruck kommt und damit Wahrheit stets neu offenbar-wird.

Schon für Aristoteles drückt sich in diesem Vollzug das Verhältnis des Künstlers zu seinem Werk am authentischsten aus: „Durch seine Tätigkeit ist also der Meister gewissermaßen das Werk, und daher liebt er das Werk darum, weil er das Sein liebt ..." (*Nikomachische Ethik* IX, 1168a).

2. Historisch-systematischer Blick in die Zeit Cavaillé-Colls: Eingeschränkte Problemstellung

1. Unsere zunächst geweitete Problemstellung geht von einem konkret geschichtlichen Beispiel, der Cavaillé-Coll-Orgel des 19. Jahrhunderts, aus. Sie beschränkt sich damit auf ein Konkretum aus dem Bereich des im feinsten Sinne 'Kunst-Handwerks', dem wir Schönheit zusprechen.

Denn das Schöne zeigt sich im einzelnen Phänomen, das zum Symbol des Schönen überhaupt wird. Die objektiven Merkmale des Schönen, das, was seine Qualität ausmacht, zu bestimmen, bereitet immer wieder die größte Schwierigkeit. Qualität wird nicht von der Masse bestimmt. Auch Musik und Persönlich-

---

[8]   Vgl. demgegenüber die eher traditionelle Platon-Auslegung Heideggers, in: *Nietzsche*, Bd. 1, S. 198ff./209ff.

keit eines Bach oder Beethoven bedurften nicht des Jubels vieler. Das Wahre und Schöne bleibt auf eine geheimnisvolle Weise in der Zeit anwesend und kommt den Vielen vielleicht erst zu Bewußtsein, wenn der Künstler keine öffentliche Anerkennung für sein Werk mehr entgegennehmen kann. Der Schaffensdrang des Hervorbringenmüssens seiner Kunst achtet nur in zweiter Linie auf das Echo. Dies gilt auch für das letztlich nicht zu entbergende Geheimnis des Lebenswerks Aristide Cavaillé-Colls, dem im Folgenden nachgespürt werden soll.

Zu Lebzeiten haben die kirchlichen Funktionsträger die Bedeutung Cavaillés unterschätzt; Mensch und Künstler wurden nicht selten verkannt und von kleinherzigen pfarrlichen Gremien ausgenutzt[9]. Doch bis in unsere Tage hinein elektrisiert sein Name die Welt der Orgel. Seine Werke entsprechen dem hochromantischen Klangideal, das auf orchestrale Farben, fließende dynamische Übergänge, Fülle und Weichheit zugleich abzielt. Dunklen und satten Klangfarben werden vor gleißender Helle Vorzug eingeräumt. Der Orgelbauer aus Montpellier, der die Tradition der Silbermanns und Clicquots hoch achtete und weiterführte, gilt als der Schöpfer der symphonischen Orgel Frankreichs. Sein Einfluß auf die Entwicklung des europäischen Orgelbaus ist hoch einzuschätzen. Er schuf eine Synthese aus der klassischen französischen Orgel, der er überblasende Flöten, das (spanische) Schwellwerk und „trompettes en chamade" sowie (süddeutsche) Streicher hinzufügte, alles in einen genialen Klangausgleich gebracht. Hochwertigste handwerkliche Verarbeitung edler Materialien verbindet sich in seinen Meisterwerken mit genialen klanglichen Entwürfen, die sich im Detail durch eine einzigartige akkustische Einpassung in den Raum und einer damit verbundenen edlen Intonation auszeichnen. Seine Orgeln haben den französischen Komponisten seit der zweiten Hälfte des 19. Jahrhunderts zugleich ideale Motivationen und Realisierungsmöglichkeiten eines durch sie selbst hervorgerufenenen, neuen symphonischen Kompositionsstils für die Orgel verholfen. Komponisten wie Franck, Widor und Messiaen etwa waren zutiefst von seinem Klangideal inspiriert und erfüllt: Das Kunstwerk ermöglichte den Ausdruck höchster Kunst.

2. In der Einleitung zum Wiederabdruck der Inaugurationsrede für die Cavaillé-Coll-Orgel von St. Godard in Rouen von 1884 beklagt Kurt Lüders zu Recht, daß es kaum oder überhaupt keine Untersuchung gibt, welche eine „conception philosophique de l'orgue" im 19. Jahrhundert thematisiert[10]. Den Hinweis greifen wir hier selbst dann auf, wenn unbestimmt bleibt, was sich letztlich hinter diesem

---

[9] Eine ruhmreiche Ausnahme hierzu bildete der Förderer Cavaillé-Colls, Abbé Pierre-Henri Lamazou, bis 1859 „vicaire" von St. Sulpice, dann „curé" von Notre-Dame d'Auteuil und seit 1881 Bischof von Limoges. Einen biographischen Abriß bietet Kurt LUEDERS in: *La flûte harmonique* Nr. 71/72 (1996), S. 23-28; vgl. auch Cécile et Emmanuel CAVAILLE-COLL: *Aristide Cavaillé-Coll. Ses Origines – sa vie – ses oeuvres.* Paris 1929, S. 82f. (Anm.) sowie S. 82-89: Vgl. demgegenüber das Verhalten des „Conseil de Fabrique" von St. Sulpice; Gregor KLEIN: L'orgue Cavaillé-Coll. In: *La flûte harmonique* Nr. 59/60 (1991), S. 18-2, hier 23f. Vgl. auch: Loïc MÉTROPE: *Les Grandes Orgues Historiques de Saint Roch.* Paris 1994; verhaltener: Kurt LUEDERS: L'Orgue Aristide Cavaillé-Coll de l'église Notre-Dame de Saint-Dizier. In: *La flûte harmonique* Nr. 66-68 (1993), S. 3.

[10] Vgl. *La flûte harmonique* Nr. 37 (1986), S. 37.

Desiderat verbirgt. Tatsächlich berichten Standardwerke recht pragmatisch-positivistisch und zielgruppen-orientiert von der Geschichte des Orgelbaus, auch von der Geschichte einzelner Werke, vergleichen Dispositionen, messen Mensuren aus etc. Was die Orgel betrifft, so erfuhr ohnehin bis vor ca. 15 Jahren das 19. Jahrhundert als Zeitalter der Dekadenz und der Romantik überwiegend eine eher negative Beurteilung. Auch wenn hier ein deutlicher Wandel, ja gerade ein frenetisches Umdenken einsetzte, so gewinnt man dennoch den Eindruck, daß bis heute vom „Geist der Orgel des 19, Jahrhunderts", vom geistesgeschichtlichen Ort und Stellenwert der Werke Cavaillé-Colls oder Merklins noch wenig verstanden wird. Auch wenn dies mit mangelndem Wissen um die Heterogenität eines geistes- und kulturgeschichtlich und politisch vielfach zerrissenen Jahrhunderts in Europa begründet werden muß, entbindet dies nicht, die Wertschätzung oder Ablehnung einer gewissen (Klang-) Ästhetik in ihrer philosophie-, kultur- und geistesgeschichtlichen Bedeutung auszumessen und einer klareren Beurteilung zuzuführen.

Dies gilt insbesondere für einen so bedeutenden und besonders in unseren Tagen weit über die Grenzen Frankreichs hinaus wirkenden Künstler(-Handwerker) wie Cavaillé-Coll, dessen 100. Todestag am 13. 10. 1999 es uns aufnötigte, die an Ereignissen reiche Zeitspanne seines Lebens zwischen 1811 und 1899 wenigstens facettenhaft und ausschließlich unter dem eng begrenzten Forschungsinteresse einer „conception philosophique ou théologique" hin auszuleuchten.

Ohne stets den ereignisreichen kirchen- und profangeschichtlichen Geschichts-Takt: 1799 – 1830 – 1848 – 1852 – 1854 – 1864 – 1870/71 mitzubedenken, wäre eine vorurteilsfreie ästhetische und theologische Würdigung freilich gar nicht erst anzugehen, denn im gallikanisch gesinnten Frankreich läßt sich Kirchengeschichtsschreibung nur unzureichend als Geschichte der Päpste schreiben. Die philosophische und theologische Debatte in Frankreich während des gesamten 19. Jahrhunderts ist nicht zu trennen von einer Interpretation der Großen Revolution sowie die aufeinanderfolgenden Erschütterungen von Staat und Gesellschaft in den Jahren 1830, 1848, 1871, welche das politische Leben mit blutigen Ereignissen überzogen und dadurch schon einen eigenen Zeitrhythmus prägten. Aber stets handelt es sich in widersprüchlicher Weise um den Bruch mit dem l'Ancien Régime und um eine Fortsetzung mit dem Denken des 18. Jahrhunderts. Ohne Zweifel muß man dabei der Gemeinsamkeit in der Sprache, der Zusammenschlüsse der Schulen, der politischen, religiösen Institutionen Rechnung tragen. Doch ist es wichtig in Erinnerung zu rufen, daß das Lehren der Philosophie außerhalb der Fakultät von Paris, außerhalb des Collège de France oder der 'Grandes Écoles' besonders an „lycées" und innerhalb der Theologenausbildung an Seminaren stattfand. Nahezu alle Theologen waren zugleich Philosophen, da die spekulative Theologie des 19. Jh. nur eine sekundäre Rolle einnahm. Ein Teil der Denker berief sich auf den Evolutionismus der schottischen Schule, namentlich auf Spencer und William James, die Katholiken hingegen eher auf Descartes, Pascal, Bossuet und Newman; viele verstanden sich allerdings auch in der Tradition der großen deutschen Denker wie Kant, Hegel, Leibniz und Spinoza. Es ist wohl kaum übertrieben, wenn man feststellt, daß die Theologie in Frankreich während des 19. Jahrhunderts im Grunde ein Kommentar Pascals und am Ende des Jahrhunderts in der Neuscholastik besonders auch des Thomas von Aquin war. Erstaunlich hingegen ist trotzdem, daß selbst die Katholische Philosophie mit Maurice Blondel und Victor Delbos eine kritische Auseinandersetzung mit Kant wagte.

3. These: Die symphonische Orgel Cavaillé-Colls als Element der Kontinuität in der Heterongenität

Unter mehrfacher Hinsicht läßt sich die symphonisch-romantische Orgel Cavaillés als Paradigma eines innerhalb des in sich zerstrittenen Katholizismus einheitsstiftenden Schaffens beleuchten. Einerseits Linkskatholiken, die sich Republikaner nannten, auf der anderen Seite ein Rechtskatholizismus, die Monarchianisten oder Ultramontanisten. Gehen wir noch einen Schritt weiter, so ließe sich gar als These formulieren:

Die Orgel Cavaillés stellt innerhalb des politischen wie geistesgeschichtlich heterogenen Frankreichs des 19. Jahrhunderts während 50 Jahren ein einheitsstiftendes ästhetisches Kontinuum dar, das damit – zumindest indirekt – dem kirchlich-kulturell-liturgischen Leben Stabilität verlieh.

Umgekehrt gilt, daß gerade der Kult, die Liturgie, die in Treue gefeierte Eucharistie stets auch Ausdruck der Kultur und der Permanenz in der Kirche ist. Die Liturgie vereint heterogene soziokulturelle Personkreise, weil sie die allen gemeinsame „Sprache der Kirche" („langue de l'Église"[11]) darstellt; und dies gilt bis in unsere Tage hinein über alle „katholischen Restaurationsphasen" hinweg. Denn die sich in der Liturgie verwirklichende Kirche bildet das Herz und somit das „innere Heiligtum" („le Sanctuaire"[12]).

Dann aber kann die sozio-historische Sicht Hamelines lediglich eine helfende Stütze eines tieferen theologisch-anthropologischen Faktums sein, das sich als „desiderium naturale" in der Sinnfrage, dann als Frage nach der Letztbestimmung ausspricht, um die Seele mit dem „surnaturel" szenisch in ein personales Verhältnis zu bringen.

Die soziologische Sehweise allein genügt nicht, wenn es darum gehen soll, dem „Geheimnis der Kirche" nachzuspüren. Hier entfaltet sich das mystisch-katholische Element als „das Gefühl des Göttlichen"[13] sowie als lebendige Präsenz des Göttlichen in Wort und Tradition der Kirche. Dieses katholische Prinzip lediglich in pejorativem Sinne als „intransingent" zu bezeichnen, wäre zu kurz gegriffen und verrät eine tiefe Unkenntnis gegenüber dem kirchlichen Selbstverständnis. Bei jedem Versuch der „Wiederaufrichtung des Heiligtums" („recom-

---

11   Prosper GUERANGER: *Mélanges de Liturgie, d'histoire et de théologie.* Solesmes 1887, S. 7; vgl. 5; „... le culte est le corps de la Religion; par la même raison la liturgie en est l'expression, le langage; donc, point de connaissance parfaite de l'Eglise sans celle de la Liturgie ...".

12   P. GUERANGER: *De l'élection et de la nomination des Evêques.* Paris 1831, S. 281.

13   Vgl. Jean-Yves HAMELINE: Le son de l'histoire. Chant et musique dans la restauration catholique. In: *La Maison-Dieu* Nr. 131 (1977), S. 5-47, hier 17: „sentiment de la divinité".

position du sanctuaire") geht es einerseits um eine „Erneuerung der inneren Gestaltwerdung", andererseits jedoch verkörpert eine wahre spirituelle Reform stets eine äußere Verwirklichung in die Welt hinein. Um den Stellenwert der symphonischen Orgel in diesem Kontext zu verstehen, muß man dieses im Christologischen begründete, im wahren Sinne 'katholische', weil einheitsstiftende Prinzip als zu verwirklichende Aufgabe verstehen und respektieren: „Omnia instaurare in Christo".

Die Orgel Cavaillé-Colls in diesen umfassenden (heils-)geschichtlichen Prozeß eingebunden, bedeutet eine Ineinssicht eines retrospektiven Moments durch die Einfaltung der Tradition sowie ein prospektives Moment durch die neue Klanggestalt und den damit vebundenen ästhetischen Stellenwert. Joseph d'Ortigue hat dieses Faktum in ein eindrucksvolles Wort gefaßt, das sich in direkter Weise auf Cavaillé-Coll anwenden läßt: „Le besoin inspire le génie. ... une fois déterminée la tendance d'une époque tout se développe harmoniquement dans le même sens, car la première loi de l'esprit humain, c'est l'unité"[14].

Zur Beurteilung des gesamtästhetischen Stellenwerts Cavaillés genügt eine soziokulturelle Analyse allein nicht, weil ihr Sitz im Leben einer theologischen und anthropologischen Inblicknahme bedarf.

Denn in einem existenziellen und religiösen Suchprozeß kann die Orgel einen Kontinuität schaffenden Einfluß ausüben. Wenn auch von der „l'impossible tâche de la musique d'église"[15] gesprochen wird, so darf einerseits die menschenbildende Kraft des Kultes, andererseits das Verlangen und die Suche des Menschen nach den seine Existenz stabilisierenden, übernatürlichen Faktoren nicht unterschätzt werden.

Die Liturgische Bewegung im 19. Jahrhundert machte sich dies zunutze. Neben konkret politischen Interessen der sozio-politischen Einheit unter einem ultramontanen Christentum, die „restauration catholique" ab den dreißiger Jahren, sah sie die Notwendigkeit dieses spirituellen Kontinuums der Liturgie, in deren Konzept die symphonische Orgel einen wichtigen Platz einnahm. Führende Köpfe wie Guéranger, d'Ortigues oder Lammenais haben gerade in der Stabilität verleihenden spirituellen Kontinuität, bei der die Musik eine stützende Funktion mit hoch besetztem symbolischen Wert ausübt, eine Chance gesehen. In diesem größeren Rahmen kann die symphonische Orgel in einer theologisch-philosophischen Weise verortet werden. Denn sie vereint – wenn auch oft unmerklich – die heterogenen Schichten im Gesang und in der Begegnung über die alle Schichten hinweg mit der Pflege wahrer Orgelliteratur. Und sie bindet damit – zumindest im Gottesdienst selbst – eine breitere Masse („l'art de masse"), die sich eher in einer „musique légère de l'opéra bourgeois" wiederfindet, mit einer kleinen Elite, welche eine „musique sérieuse" bevorzugte, zusammen. Daran hat sich freilich bis heute nichts geändert. Und es war Cavaillé-Coll, der zudem durch eine geschmeidige Umsetzung dieser Prämisse in ein ästhetisches Klanggefüge ein Klangideal schuf, das gleichsam große Interpreten wie einen neuen Kompositionsstil ermöglichte. Die „orgue symphonique" traf mit der Erstehung

---

[14]   Joseph D'ORTIGUE: *Dictionnaire de Plain-Chant et de Musique Religieuse*. Paris 1853, S. 1475f.

[15]   HAMELINE: Le son de l'histoire, S. 12.

einer neuen (religiösen) Orgelliteratur in ein brachliegendes, unbestelltes Feld[16].
Insofern hat eine „recomposition du sanctuaire", wie sie von De Bonald und Prosper Guéranger vorangetrieben wurde, immer zugleich einen rückwärtsgewand-
ten, (politisch meist) restaurativen und zugleich einen notwendig prospektiven, in
die Zukunft weisenden Zug, zumindest, wenn man an die Möglichkeit des Schaffens Cavaillés denkt:
    Einerseits verkörpert die Liturgie ein inneres Wiederaufrichten einer wahrhaf-
ten christlichen Gesellschaft, die sich auf sich selbst mit einigem Kraftaufwand
re-konzentrierte, um sich als verkündigende und zelebrierend-feiernde „Him-
melsstadt" wieder Ausdruck zu verschaffen[17], andererseits offenbart sie ihr das
Geheimnis durch die Sprache, die sie selbst lehrt. Daher ist sie „die Sprache und
der perfekte Ausdruck von Kirche überhaupt"[18]. Die Liturgie und mit ihr die Orgel stellt einen „exklusiv und ausgesprochen ihr zueignenden katholischen Raum
des Denkens und der Kultur dar, Versprechen und Quelle eines sich erneuernden
christlichen Geistes, das keinen Kompromiß einzugehen braucht; weder den
Kompromiß mit dem Ancien Régime, noch mit der Gesellschaft, die aus dem
revolutionären Bürgertum hervorgegangen ist"[19].
    Das Klangideal Cavaillé-Colls fiel genauso wenig vom Himmel wie die soli-
den und zugleich hochkünstlerischen Konstruktionen seiner Orgeln[20]. Sie entstammen aus den Bedingtheiten einer Mentalität, die den Gedanken des einheit-
lich-Katholischen mit der orchestralen Idee als Ausdruck des Einheitlichen auf
die Orgel übertrugen. Damit wurde eine Affinität zwischen kirchlich-Sakralem
einerseits und weltlich-Profanem andererseits konstruiert. In diesem Sinne läßt
sich das Wort César Francks „Mon orgue? c'est un orchestre" auch theologisch-
ästhetisch lesen; die Orgel immitiert nicht einfachhin das Orchester, sondern faltet selbst ein Orchester der gesamten Schöpfung in sich ein[21]. Wir finden nicht

[16] So ist es nicht erstaunlich, daß sich im Einweihungsjahr der Orgel von St.-Sulpice,
1862, Oscar COMETTANT fragt (vgl. *Musique et Musiciens*. Paris 1862, S. 44):
„Dois-je parler de la musique religieuse, et avons nous bien en France des
compositeurs pour ce genre de musique? Le catalogue des éditeurs dit oui, mais ma
conscience dit non ... On ne saurait rien imaginer de plus plat, de plus banal et de
plus niais que ces milliers de petits motets et de petites messes écrits pour de petites
chapelles, par de petits compositeurs pour de petites voix avec accompagnement de
petites orgues. En vérité, il faut que la bonté du Créateur soit infinie pour qu'il
accepte, sans courroux ce tas de petits hommages à deux sous la page. Ne vaudrait-
il pas beaucoup mieux se taire que de chanter ainsi?"
[17] Vgl. HAMELINE: Le son de l'histoire, S. 17: „la remodelage interne d'une véritable
société chrétienne recentrée ... sur elle-même au prix d'un effort impressionant pour
se reconstituer un être d'expression, un corps parlant et célébrant"
[18] P. GUÉRANGER: Mémorial Catholique. In: DERS.: *Mélanges de Liturgie, d'histoire
et de théologie*, S. 5.7.
[19] HAMELINE: Le son de l'histoire, S. 17
[20] Zu oft gerät in Vergessenheit, daß die Orgel das Ergebnis eines begabten Teams ist.
Eine Liste der führenden Mitarbeiter Cavaillés, zu denen insbesondere die Intona-
teure Gebr. Reinburg gehören, benennt KLEIN: L'orgue Cavaillé-Coll, S. 23.
[21] Vgl. Abbé Ernest JOUIN: *Inauguration du Grand Orgue de la Paroisse Saint
Augustin le 30 Mai 1899. Allocution de M. le Curé de Saint Augustin*. Paris 1899.
(Für freundschaftliche Hinweise dankt der Autor ausdrücklich Kurt Lueders, Paris.)

selten eine starke Affinität zwischen sakraler und profaner Welt. Hier starke Profanisierung des Sakralen, bis ins Säkularistische hinein, dort aufgeladene gemüthafte Emphase, die mit einem Willen nach nationaler Identität gepaart[22], die mystisch-höhere Vereinigung erstrebte.

Die heterogene Frömmigkeitsgeschichte im letzten Drittel des 19. Jahrhunderts (Verehrung der Hl. Thérèse von Lisieux; Verehrung des Herzens Jesu [sacré-coeur] etc.) läuft diametral der atheistisch-positivistischen Wissenschaftsgeschichte entgegen. Hat etwa das dionysische Prinzip durch den orchestralen Gedanken einer Riesenorgel auch auf Kirche und Theologie übergegriffen, oder ist nicht vielmehr in dieser Weise der Ästhetik das zum Ausdruck gebracht, was Schöpfungstheologie abstrakt formulieren möchte, nämlich die Einheit der einen guten Schöpfung in der Vielfalt ihrer Wirkweisen und Ausdrucksmöglichkeiten.

Denkt man bei Cavaillé-Coll vielleicht deshalb an das „Urbild einer katholischen Orgel", weil der orchestrale Gedanke in der Musik auf die Orgel übertragen wird, so weiß man im Grunde doch nur aus einem vagen Gefühl oder aus einem Verlangen heraus, was dies überhaupt sein soll.

Seine Orgeln im Lichte der Theologie des 19. Jahrhunderts in Frankreich spiegeln zu wollen[23], wäre eine nahezu unlösbare Aufgabe, zumal mit dem Untergang des „ancien régime" in Frankreich geistesgeschichtlich durch die Adaptation der Erfahrungswissenschaften und durch die aufreibenden Enttäuschungen in den unfruchtbaren Kontroversen um den Jansenismus die Philosophie schließlich den Platz einnahm, den bisher die Theologie besetzte: Die Theologie fand als katholische Philosophie statt[24].

In einem diffusen Strudel von Fragestellungen gilt es nun schlicht, die Cavaillé-Coll-Orgel in die Geistesgeschichte anhand ausgewählter einschlägiger Zeit-Dokumente einzubetten und ihren Stellenwert angemessen zu beurteilen. Dies bedeutet auch, das spannungsgeladene Jahrhundert als einerseits ein starkes Bemühen nach Restauration des Katholischen, und zwar in seiner liberalrepublikanischen wie in seiner monarchistischen Ausprägung, andererseits jedoch schließlich zunehmend als Bedeutungsverlust des Religiösen und Kirchlichen zu verstehen.

Während die Kirche in Deutschland im wesentlichen ungeschwächt aus dem Kulturkampf hervorgegangen war, gelang ihr das in Frankreich nicht. Denn nicht ein einzelner Staatsmann trat hier als Gegner mit bloßen Machtansprüchen gegenüber, denen er auch den kirchenfeindlichen Liberalismus unterzuordnen wußte; sondern hier galt es, einem laizistischen Radikalismus von ausgesprochen an-

[22] Vgl. A. DESCHAMPS: *Discours prononcé à l'inauguration solennelle d'un grand orgue de chapelle à l'Hotel-Dieu de Vitry-Le-François.* Châlons-sur-Marne 1880, S. 25.

[23] So der lebensfüllende Arbeitsauftrag an den Autor durch die das Präsidium der Association Aristide Cavaillé-Coll für das „Colloque International Aristide Cavaillé-Coll à l'occasion du centenaire de sa mort (1899-1999) (24.-26. 9. 1999)" in Paris, auf dem der hier überarbeitete Beitrag im Französischen vorgetragen wurde.

[24] Vgl. hierzu: E. DELARUELLE ... (Hrsg.): *Histoire du Catholicisme en France.* Bd. 3. Paris 1962, S. 349-485; Jacques GADILLE ... (Hrsg.): *Histoire du Christianisme des origines à nos jours.* Bd. 11. Paris 1995, S. 174-202. 501-543 (Lit.).

tichristlicher Tendenz entgegenzutreten[25]. Die Instrumente Cavaillé-Colls laufen – entsprechend unserer These und des Eingangworts Schweitzers – diametral dem Laizismus entgegen und geben bis heute immer noch von der einheitsstiftenden 'Katholizität' Kunde.

Das Ziel ist, eine ästhetische Einheits-Linie der symphonischen Orgel an theologie- und philosophiegeschichtlichen Strömungen abzulesen, oder umgekehrt, einer möglichen Beeinflussung einer Stil-Epoche auf eine bestimmte Denkungsart nachzuspüren.

Dabei kann eine denkerische Leitlinie in der Annahme bestehen, daß die hochromatische Klang-Ästhetik der Cavaillé-Coll-Orgel die Rolle einer einenden Konstante innerhalb des in sich zerstrittenen Katholizismus hatte. Von daher wäre eine Flucht in die eine ästhetische Allianz zwischen einem religiösen und national gesinnten Bürgertum zu erklären, zumal eine Konstanz versprechende Institution wie der Kirche hierzu als geeignet angesehen wurde.

3.1 Das intellektuelle Klima „außerhalb des Heiligtums" („hors du sanctuaire") zwischen 1870 und 1893

In seinen *Essais de psychologie contemporaine* bezeichnete Paul Bourget den Pessimismus als charakteristisches Merkmal der Denker seiner Generation. In Frankreich war die Niederlage von 1870 ein Schlüsselerlebnis, das sich in einem allgemeinen Gefühl des Pessimismus niederschlug. Auf literarischem Gebiet zeichnete sich eine „troublante séduction" ab, den Baudelaire als der Theoretiker der Dekadenz vertrat. Doch das Phänomen der pessimistisch-nihilistischen Grundstimmung ist nicht auf Frankreich beschränkt[26].

Welche Kritik erfährt der Dilettantismus und der Ästhetizismus des endenden 19. Jahrhunderts?

In *L'Action* (1893) beschreibt Maurice Blondel den „dilettantisme de la science et de l'art"[27]. Die Kritik des „libertin mystique", des „ascète voluptueux" offenbart die Relativität von allem, was er in der Leichtigkeit des Unbeteiligten und Abwesenden ohne Engagement seinerseits ansieht. Wenn die Welt ein

---

[25] vgl. R. KOTTJE ... (Hrsg.): *Ökumenische Kirchengeschichte*. Bd. 3. Mainz 1974, S. 209f.

[26] Bourget schrieb: „Une nausée universelle devant les insuffissances de ce monde soulève le coeur des Slaves, des Germains, des Latins. Elle se manifeste chez les premiers par le nihilisme, chez les seconds par le pessimisme, chez nous-mêmes par de solitaires et bizarres névroses. Le rage meurtrière des conspirateurs de Saint-Petersbourg, les livres de Schopenhauer et la misanthropie acharnée des romanciers naturalistes – je choisis avec intention les exemples les plus disparates – ne relèvent-ils pas un même esprit de négation de la vie qui, chaque jour, obscurcit davantage la civilisation occidentale?" (P. BOURGET: *Essais de psychologie contemporaine*. Bd. 1. Paris 1883, S. 13.)

[27] Vgl. M BLONDEL: *L'Action*. Paris 1893, S. 3ff.; 37ff./27ff. Auch in *Œuvres complètes*. Bd. 1. Paris 1995, gleiche Paginierung. Die folgenden Seitenangaben beziehen sich auf dieses Werk. Zahlen hinter dem Schrägstrich beziehen sich auf die dt. Ausgabe: *Die Aktion (1893)*. Freiburg 1965.

Konglomerat des Zufalls ist, so ist auch das Leben lediglich ein Spiel: „beati qui ludunt". Es kommt darauf an, nicht getäuscht zu werden. Sein oder nicht sein, wollen oder nicht wollen – all dies spielt keine Rolle. Jedenfalls ist jedwede Alternative und Entscheidung zurückzuweisen. Das Wahre und Gute kann im Grunde nicht gefunden werden; Hauptsache ist, daß man erleuchtet wird, selbst im Hoffnungslosen und Enttäuschenden. „Alles ist leicht und reizvoll, da alles leer ist; die Freiheit des Ästheten tritt vollkommen in Erscheinung" (45/35).

Blondel glaubte, mit „Ästhet" einen Neologismus geschaffen zu haben, der unverwechselbar an die erste Sphäre der Existenz bei Kierkegaard erinnert. Der Philosoph der 'action' spricht vom Leben im Unmittelbaren, im Augenblicklichen, von einer totalen Verzettelung („émiettement complet") von einer Zunichtemachung des Denkens und des Seins, („l'anéantissement de la pensée et de l'être, par muliplication et dissociation) durch Vervielfältigung und Auflösung, von „Desorganisation aller elementarer Räderwerke"; (la désagrégation de tous les rouages élémentaires), als würde jede kleine Zelle ihre eigene „Aire" für sich alleine spielen. (44/34). Die erste der drei Sektionen der Blondelschen Analysen ist eine Kritik der Haltung des Ästheten gegenüber der Wahrheit. Das Postulat des Ästheten besteht im Vorurteil, daß es weder Realität, noch Wahrheit gibt; er ist sogar intolerant gegenüber seiner Intoleranz: „Sein Ziel, das er in der Tat hat, besteht darin, an die Stelle des intellektuellen Dogmatismus eine ästhetische Anarchie, an die Stelle eines sittlichen Imperativs eine grenzenlose Phantasie und an die Stelle der kompakten Einheit der 'action' eine Randverzierung zu setzen, daraus eine echte Wissenschaft die Leere eines universalen Traums zum Vorschein kommen läßt" (52/42f.).

Was Blondels Kritik des Dilettantismus in L' Action (1893) betrifft, so sind die Gegner leicht auch in Renan et Barrès auszumachen.

Er hatte den Naturalismus und den Positivismus im Auge, wie ihn H. Taine vertrat und die bereits Henri Bergson einer philosophischen Kritik in seiner 1889 erschienenen These über *Les données immédiates de la consience* äußerte und dann seit 1896 in *Matière et Mémoire* verstärkte.

Die *Action* (1893) hat sich insofern als antiscientistische Reaktion sowie als Wiederbelebung des Spiritualismus in die französische Philosophiegeschichte eingetragen. Man kann die Position Blondels mit zwei Kennzeichen charakterisieren: er schließt sich an eine philosophische Tradition des 19. Jahrhundert an, welche Maine de Biran, Ravaisson, Lachelier, Boutroux folgt, die man bei ihm mit „réalisme spiritualiste" kennzeichnen könnte[28]. Aber diese Art von Spiritualismus ist von einer persönlichen Zustimmung gekennzeichnet, die sich vom Katholizismus getragen weiß.

Er blieb somit außerhalb der Bewegung, „de la foi désirée à la foi retrouvée",

---

[28]   Der Begriff stammt von Félix RAVAISSON: *La philosophie en France au XIXe siècle* (1867). Paris ⁴1895, S. 275.: „A bien des signes il est donc permis de prévoir comme peut éloignée une époque philosophique dont le caractère général serait la prédominance de ce qu'on pourrait appeler un réalisme ou un positivisme spiritualiste, ayant pour principe général la conscience que l'esprit prend en lui-même d'une existence dont il reconnaît que toute autre existence dérive et depend, et qui n'est autre que son action".

die insbesondere in den literarischen und künstlerischen Milieus stattfand, wie Namen wie Brunetière, Bourget, Claudel, Huysmans, Coppée und viele andere bezeugen[29].

Blondel und Ollé-Laprune schickten sich an, den Katholizismus philosophisch bis hin zur „pratique littérale" zu durchdringen. Ollé-Laprune etwa veröffentlichte im Jahre 1890 sein Werk *La philosophie et le temps présent*, dessen zweites Kapitel er überschrieb: „De certaines façons frivoles de philosopher, qu'on croit justifier par le rapprochement entre la philosophie et de l'art". Und das von Blondel verfaßte „Résumé" zum Buch fügte hinzu: „ou, pour employer une formule brève, du dilettantisme en philosophie".

Blondel zielte mit seiner Fundamentalkritik gegen eine säkularisierte Gesellschaft, die behauptete, Gott nicht (mehr) zu kennen. Er verfolgte eine Form des Laienapostolats („laïque d'apostolat") innerhalb eines universitären und intellektuell geprägten Milieus *„hors du sanctuaire"*. Seine Analysen haben mehr denn je in Zeiten der Nachbeben postmoderner ästhetizistischer Dekadenz eine unverkennbare Gleichzeitigkeit.

Wir werfen nun mit der Analyse der Inaugurationsreden einen Blick auf das „Innere des Heiligtums".

4. Die Orgel „innerhalb des Heiligtums"

Hier knüpfen wir wieder an mit unserer These von der Kontinuität des einheitsstiftenden Schaffens Cavaillés zwischen 1840 und 1895. Dieses bleibt hinsichtlich seiner ästhetischen Geschlossenheit nahezu unberührt von den für die französische Kirche erosionsartigen Ereignissen.

Stets hatte er das Glück, von den Künstlern gehalten zu werden, denen er vorher die künstlerische Existenz an seinen Orgeln ermöglichte. Dadurch gelang es ihm, selbst Künstler bleiben zu können. „Fehlt ihm [erg.; dem Orgelbauer] dieser Halt, so wird er durch die Macht der Umstände Kaufmann in Kunstgegenständen ... ein gütiges Schicksal bewahrte zu derselben Zeit Cavaillé-Coll, in diese Bahn gedrängt zu werden. Seine Haupttätigkeit fiel in das letzte Jahrzehnt des Kaiserreichs, wo Geld für kirchliche Zwecke reichlich vorhanden war. Nachher boten ihm Guilmant und Widor, seine künstlerischen Berater, durch ihren Halt eine solche Superiorität, daß er seine Preise nicht nach der Konkurrenz zu richten brauchte"[30].

Unser die Eingangsthese entfaltendes Interesse lenkt sich nun auf ein Genre von Primärquellen, die innerhalb eines vor die Zerreißprobe gestellten Katholizismus zwischen linkskatholischen Republikanern und ultramontan gesonnenen Monarchisten über die Wirklichkeit der Frömmigkeit wie zugleich über den Stellenwert, den man sowohl der Kirchenmusik als ganzer wie der Orgel und dem Organisten Auskunft geben. Die *Inaugurationsreden* thematisieren konzis ein theologisches Grundproblem, das eng mit dem Ursprung, der Gestalt, schließlich

[29] Vgl. G. FONSEGRIVE: *De Taine à Péguy. L'évolution des idées dans la France contemporaine.* Paris 1917.
[30] A. SCHWEITZER: *Deutsche und französische Orgelbaukunst und Orgelkunst*, S. 24.

der Bestimmung und der Wirkweisen der Orgel in Verbindung gebracht wird. Die klare, leicht verständliche, aber gepflegte Sprache des einweihenden Klerikers expliziert dabei keine hohe Theologie, erst recht keinen tieferen Sachverstand betreffs der Orgelpflege oder des Orgelbaus, sondern die Rede selbst versteht sich als Erbauung – also ganz im Sinne des Sitzes im Leben –, als Erhebung der seelischen Kräfte[31] und als solche zugleich als besondere Weise der Verkündigung. Auch wenn beim ersten Hinblick die Texte zeitentsprechend emphatisch, oft schwülstig und deshalb fremd anmuten, sind sie theologisch dennoch hoch besetzt und sparen zudem nicht mit Anspielungen auf die spannungsreiche Gegenwartskultur. Interessant ist der Blick auf die in den von Allegoresen gespickten Texte benannten zeitgenössischen theologischen Autoritäten, um die Rede entsprechend zu legitimieren: es sind Bossuet, Chateaubriand, Lamartine, etc. Wir untersuchen den klar gegliederten „Sermon sur la Royauté de Orgue" (prononçé en l'église paroissiale de Vendhuile, au jour de l'inauguration de l'orgue-Merklin[32], sowie den „Discours, prononçé le 8 mai 1884 en l'église Saint Godard de Rouen pour l'inauguration du grand orgue par le dominicain P. Monsabré[33]. Der Dominikaner formuliert geschliffen und setzt ganz auf seine rhetorische Wirkung. Einen feinsinnigen Text bildet „Le discours par l'Abbé A. Deschamps, vicaire général de Châlons de 1880, prononçé à l'inauguration solennelle d'un Grand Orgue Cavaillé-Coll de Chappelle à l'Hotel-Dieu de Vitry-Le François le mercredi, 3 décembre 1879". Ebenso wird die „Notice par A. Bourdon 'Sur le Grand Orgue de Notre-Dame de Saint Dizier, construit par A. Cavaillé-Coll' le jeudi 23 novembre 1862"[34] einbezogen. In den Inaugurationsreden spielt der Orgelbauer selbst keine gesonderte Rolle. Meist kommt er überhaupt nicht vor. Lediglich Deschamps nimmt im laufenden Text allgemein Stellung („vous êtes allé demander à des ateliers hors ligne"[35]) und erwähnt Cavaillé namentlich nur in der Anmerkung. – Demgegenüber hielt Abbé Lamazou eine große Eloge auf seinen Freund Cavaillé-Coll. Er erkannte sehr früh das grandiose Geheimnis" und die Bedeutung des „génie de M. Cavaillé"[36], das er inmitten der Tradition der großen französischen Linie und als einer der bedeutenden Nachfolger Clicquots plazierte. Sein Artikel in der „Revue de la Religion" bleibt deshalb eine „évocation capitale des courants de cette époque charnière, où l'orgue post-classique disparaît définitivement, où Aristide Cavaillé-Coll en pleine force de l'âge prend seul des rênes de l'entreprise familiale..." (ebd.).

---

[31] „instruire et édifier": J.-H. PLY: *La Facture Moderne étudiée à l'orgue de Saint Eustache.* Lyon 1880, S. 113-177. 305-316, hier 307; „quelques mots d'édification": P. MONSABRE: Discours prononçé le 8 mai 1884 en l'Église Saint-Godard de Rouen pour l'inauguration du Grand Orgue. Wiederabgedruckt in: *La flûte harmonique* Nr. 37 (1986), S. 37-52, hier 39.

[32] J.-H. PLY: *La Facture Moderne...*

[33] Wiederabdruck in: *La flûte harmonique* Nr. 37 (1986), S. 39-52, mit einer Einleitung versehen von Kurt LUEDERS, ebd. S. 37-39.

[34] Reprint St. Dizier 1986.

[35] A. DESCHAMPS: *Discours,* S. 6 mit Anm. 1.

[36] Pierre-Henri LAMAZOU: Document (X), wiederabgedruckt mit einer Einleitung von Kurt LUEDRS in: *La flûte harmonique* Nr. 71/72 (1986), S. 5-22, hier S. 13.

4.1 Der Ursprung der Orgel

Sowohl Abbé Ply als auch Père Monsabré OP verfolgen keinerlei historisierendes Interesse[37], sondern verankern die Orgel als wichtiges Faktum inmitten der theologisch-heilsgeschichtlichen Ebene.

Man kann zur Auffassung gelangen, es sei nicht gerade originell, die Orgel als „Königin der Instrumente"[38] zu bezeichnen. Eine ganz andere Farbe jedoch bekommt dieses auf Mozart zurückgeführte Bild, wenn es als Theologumenon verwandt, heilsgeschichtlich eng eingebunden und durchbuchstabiert wird, und in einer steten Allegorese so eingesetzt wird, daß die Orgel am Ursprung der Menschheit, dann in der abrahamitisch-biblischen Tradition und im neutestamentlich griechisch-christlichen Kontext steht. Diese große alttestamentliche Linie zieht auch Monsabré, der besonders das musikalisch eingekleidete Gotteslob König Davids hervorhebt, dann das Christentum als den legitimen Erben Israels ansieht[39].

Das leitende theologische Bild seiner Rede ist die Welt als eines Gott lobenden Tempels: „Le monde est un vaste temple; Dieu l'a créé pour que sa gloire y fût chantée. Et, de fait, l'ensemble des créatures est une musique immense..."[40]. Der Gesang der Schöpfung durchdringt die gesamte Natur und besonders die durch die Auferstehung transfigurierte Natur des Gott lobenden Menschen, wie Monsabré dies in kunstvoller Weise sprachlich ausmalt. Der Mensch ist gemäß Gen 1,28 die Krone der Schöpfung, der sie durch seinen Gesang beherrscht[41].

Bestätigt werden die heilsgeschichtlichen Betrachtungen mit einer sie bestätigenden moralisierenden Akklamation an alle Organisten: „Soyez fier, artiste qui dévouez votre vie au perfectionnement de l'instrument sacré"[42]. Die Bezeichnung der Orgel als „instrument sacré", bei Monsabré – entsprechend seines alles einenden Tempelbildes – „orchestre sacré"[43] in scharfer Abhebung zu profanen Instrumenten, bildet das Rückrat aller Inaugurationsreden. Da die Welt – im Bilde Monsabrés der Tempel – ein Haus der Gebete ist, müssen die musikalischen Erfordernisse streng hiernach ausgerichtet sein, um die „Übungsstunden des göttlichen Kultes"[44] angemessen zu feiern.

Dabei findet die Orgel – eng an die menschenmögliche Äußerung zum Gotteslob angebunden – hier vornehmste Wurzel. „La voix n'a été à l'homme que chanter les louanges de Dieu, et le premier souffle qui, parti du coeur de

---

[37] Dagegen zeigt A. DESCHAMPS: *Discours*, S. 7-21 größeres Interesse an einer ideengeschichtlichen Darstellung.

[38] J.-H. PLY: *La Facture Moderne...*, S. 308.

[39] Vgl. P. MONSABRE: Discours..., S. 42.43. „Israël n'est plus, Mes Frères; mais la famille religieuse, qui a pris sa place sous l'amoureuse conduite de la Providence, est appelée à chanter des faits bien autrement grands que ceux qui gaisaient battre le coeur des enfants de Jacob ..." (ebd. S. 43.)

[40] P. MONSABRE: Discours..., S. 40.

[41] Vgl. P. MONSABRE: Discours..., S. 41.

[42] J.-H. PLY: *La Facture Moderne...*, S. 309.

[43] P. MONSABRE: Discours..., S. 46.

[44] „leçons de culte divin"; vgl. P. MONSABRE: Discours..., S. 48.

l'humanité, vint éclore sur les lèvres, fut un hymne à son créateur"[45]. Damit ist die 'Geburtsstunde' der Orgel markiert: Mensch, Lippen, Wind, um Gott anzubeten und zu loben. Moses gebrauchte die Trompeten, David spielte die Harfe dann, wenn es darum ging, Saul zu beruhigen. Salomon schmückte den Tempel mit allem Luxus sowie mit den Klängen des Orchesters aus. Die Leiden des Exils waren nur zu ertragen durch die tröstenden Harfen, durch die die Klagen vor Gott gebracht wurden.

Ply nutzt die Gelegenheit, um mit der Aufnahme des Bildes vom Exil plötzlich einen Sprung in seine Situation zu tun, um jene auf diese zu übertragen und um die Katholiken zu beruhigen und zu trösten: „il n'est plus d'exil sur la terre; catholique, L'Église est partout présente à l'homme, et partout le fidèle adorateur de Dieu est avec elle"[46].

Das Lob der Liebe Gottes zu singen ist die Aufgabe der Kreatur; aber das Orchester der Antike hat sich durch die Aufgabe der Kirche erneuert und überlebt; denn sie ist im eigentlichen Sinne der legitime Erbe der antiken Kunst, die sie in einem einzigen Instrument, das „für immer das katholische Organ par excellence werden sollte"[47], zusammenführte und verdichtete. In dieser Interpretation versteht sich die symphonische Orgel wiederum als die typisch 'katholische Orgel'. Die Orgel wird fest theologisch und ekklesiologisch in den Katholizismus eingewurzelt und für ihn in Dienst genommen. Ply wagt den kühnen Vergleich mit der Schrift: Sie ist Instrument der Instrumente wie die Bibel Buch der Bücher ist, wobei der Erfinder namenlos bleibt wie der Baumeister der prachtvollen Kirchen und Kathedralen und hierbei nur wichtig bleibt, daß er vom Hl.Geist inspiriert die Loblieder Gottes zu zelebrieren hat. Die Notwendigkeit der Orgel ergibt sich eben aus der „communauté" des Gebetes; somit sind Kathedralen wie Orgeln gleichsam Symbole des Universums.

Kühn ist auch der angedeutete Vergleich mit der „anakephalaiosis panton", der sich bei der Orgel in der Allegorie des Organons, dann in der „réunion de tous les instruments de musique" ausspricht und an die Stellung Christi selbst anknüpft[48]. Denn wie Christus selbst, so nimmt auch die Orgel eine Mittlerstellung zwischen Erde und Himmel ein[49]. Sie ist christologisch in der Kirche verankert, läßt die himmlische Musik transparent werden, welche den „divin précenteur, le Verbe fait chair" offenbart, der sich selbst der Menschheit als „l'artiste suprême" zeigt. Hierin gipfelt Monsabrés Argumentation: Christus faltet einerseits alles in sich ein, andererseits fließen alle sittlichen Wirkweisen aus der Nachfolge dieses höchsten Künstlers: „L'artiste suprême, le Verbe incarné, Jésus-Christ fait parler les grandes voix de son orgue humain, les vertus et les oeuvres de son Eglise, selon les règles éternelles qu'il a proclamées pendant les jours de sa chair ..."[50].

---

[45] J.-H. PLY: *La Facture Moderne...*, S. 307.

[46] J.-H. PLY: *La Facture Moderne...*, S. 308.

[47] „qui sera toujours l'organe catholique par excellence" (J.-H. PLY: *La Facture Moderne...*, S. 308).

[48] Vgl. P. MONSABRE: Discours..., S. 43f.

[49] Vgl. P. MONSABRE: Discours..., S. 45f.: „L'orgue est debout entre le ciel, dont il semble attendre les inspirations, et la terre qu'il va faire chanter".

[50] P. MONSABRE: Discours..., S. 50.

Einerseits wird die Musik und die Orgel in die Heilsgeschichte mit eingebunden, andererseits verliert sie freilich insofern ihren Eigenwert als Kunstwerk, als
sie ganz hinter den meist moralisierenden Paränesen des Predigers zurücktritt:
„Quel concert magnifique! ... Le Christ ne veut dans son instrument divin que
voix dociles et concordantes. Rajeunissons donc nos vertus, rectifions nos
oeuvres et rendons-nous dignes de chanter au concert du temps, pour nous parer
à l'éternel concert des cieux"[51]. Ply schließt sich Chateaubriand an, wenn er feststellt, daß die Orgel ihre Existenz dem Christentum verdankt: „c'est le christianisme qui l'a inventé"[52].

4.2 Die Gestalt der Orgel

Den geistlich-spirituellen Ursprung der Orgel bindet Ply eng an ihre Gestalt und
Struktur. Denn die Orgel bindet alle Künste in sich zusammen: „die Musik durch
ihren unendlichen Reichtum an Noten, Harmonien und Akkorde, die Architektur
durch die Reinheit der Linien und ihre Proportionen sowie die Mechanik durch
die Präzision der Bewegungen". Ply zieht den analogen Schluß, daß sich am Genie des Menschen die Größe Gottes ablesen läßt, so daß sich an der Einheit der
„oeuvres du Tout-Puissant", welche das Herz erzittern lassen und die Seele mit
Bewunderung erfüllen, zugleich der Fingerzeig Gottes wiederfindet: „Le doigt de
Dieu est là".
    Die nicht nur schöpfungstheologisch, sondern auch philosophisch wichtige
These, daß die Vielheit in einer bewundernswerten Einheit erscheint, belegt Ply
an einer die Orgel in ihren materiellen Bestandteilen spiritualisierenden allegorischen Auslegung:
    Die *Windanlage* bildet die Lebens-Basis, die *Windlade* verteilt den Wind auf
die verschiedenen Pfeifenfamilien, wobei die einzelnen *Pfeifen* den Wind durch
die zupackende Hand des Künstlers vergeistigen, „spiritualisieren". Und Ply
schlußfolgert: „et voici que la pensée humaine, traduite par le mouvement des
doigts, se communique d'articulation en articulation". Der Analogieschluß hinsichtlich der Güte des ordnenden Schöpfers folgt in absteigender Reihenfolge auf
dem Fuße: Die Orgel bildet dadurch einen Mikrokosmos, welche die Vielfalt der
Schöpfung – allerdings auf eine verborgene Weise (durch den Schutz des „buf-
fets") – zum Ausdruck bringt, um das Geheimnis des Schöpfers zu wahren. Die
Beziehung zwischen der Orgel und dem Organisten entspricht der vom Universum und seinem Schöpfer, der durch den Schöpfungsakt seine gnadenhafte Sorge
expliziert. Der personale Vergleich wird schnell auf die gesamte Kirche hin ge-
weitet und so einem „sozial-personalen" Ethos zugeführt. Genau so verhält es
sich mit der Kirche, die sich durch die Orgel bald bescheiden und gnadenhaft,
bald majästetisch und reich in ihrem Geheimnis ausspricht, denn so schließt Ply
mit einem Prophetenzitat: „Il est bon de cacher le secret du roi" (Tob. 12,7)[53].

---

[51]   P. MONSABRE: Discours..., S. 51.
[52]   Vgl. J.-H. PLY: *La Facture Moderne...*, S. 309; vgl. CHATEAUBRIAND: *Génie du
       Christianisme*, IIIe partie, liv. I., ch. I.
[53]   Alle Zitate bei J.-H. PLY: *La Facture Moderne...*, S. 310.

4.3 Die Bestimmung der Orgel

Aus Theologenkreisen läßt sich heute nur allzu wenig darüber finden, worin die eigentlich geistliche Bestimmung der Orgel und damit ihre höchste Aufgabe besteht (vgl. II. Vaticanum: SC 120), weniger jedoch darüber, wie eine solche Aufgabe sich abgrenzt gegenüber profanen Vereinnahmungen. Die Texte des 19. Jahrhunderts geben hierüber ein lebendiges Zeugnis.

Die Orgel ist für das Beten und für die Anbetung gebaut: „l'orgue est fait pour prier". Sie erhebt zu Gott innerhalb des Ordo der Kirche. Hierin besteht ihre eigentliche Mission. Wiederum zeigt sich die einheitsstiftende Wirkung der Orgel, wenn sie in ihren Harmonien alle Akzente der Erde und des Himmels zusammenbindet und sich so zum Ausdruck bringt. Sie wird somit zum „interprète des anges, des hommes et de toute créature"[54], aus der die Wirkweisen der Schöpfung sprechen. Denn nur der Mensch herrscht in der Schöpfung durch den Gesang, durch den er zugleich die Regeln der Intervalle, den Notentext und die Konstruktion der Akkorde erlernt. Durch die feinsinnige Allegorese will Monsabré sagen, daß der Mensch durch die Musik, die sich am reinsten in der Orgel ausspricht, seinem Schöpfungsauftrag am besten nachkommt[55] und durch sie zudem zu geordneten Ausdrucksmöglichkeiten seines sittlichen Lebens gelangt; die Sprache der Musik läßt den Menschen zum eigentlichen Menschen werden[56]. Und die Orgel hat eine sittliche Bestimmung.

Deschamps spricht im zweiten Teil über „l'orgue et sa vocation" und denkt theologisch exakt von der Eucharistie als der kirchenbildenden Kraft, bevor er ihr konzise eine „dreifache Berufung" zuweist: „ ...c'est là, la triple vocation, la triple mission de l'orgue dans le temple saint. Il est là pour contribuer au progrès du chant ecclésiastique, pour rehausser la splendeur des cérémonies, venir en aide aux sentiments religieux des fidèles, donner des ailes à la prière du peuple[57].

Die Orgel ist vor allem „auxiliaire officiel du culte public, du culte social et national" (ebd. 22). (Nur Deschamps und Lamazou lasssen den nationalen Aspekt laut werden!). Sinngemäß ähnlich bei Ply: Der menschliche Geist erhebt sich zu Gott und läßt eine Ahndung verspüren vom himmlischen Fest genauso wie sie die irdischen und menschlichen Stimmen zu Gehör bringt. Ply baut eine irdisch-himmlische Dramatik auf, die sich in der Orgel selbst widerspiegelt. Die Stimme in allen Altersstufen menschlichen Daseins, in ihren Wirk- und Ausdrucksweisen reflektiert die Schöpfung zum Hymnus und Loblied Gottes hin. Die Orgel wird zum Instrument des existenziellen und ganzmenschlichen Ausdrucks und zur Möglichkeit des persönlichen Bekenntnisses des Glaubens selbst: „je crois, j'espère, et j'aime" ... le rôle de l'orgue dans nos églises catholiques: il chante à Dieu l'hymne de louange au nom de la terre et des cieux".

Der eigentliche Herrschaftsauftrag aus dem priesterschriftlichen Schöpfungsbericht (Gen 1,1-2,4a) erfüllt sich mit dem Auftrag der Orgel als Königin der In-

---

[54] Zitate bei J.-H. PLY: La Facture Moderne..., S. 311.
[55] „la musique du monde soumise à nos lois": P. MONSABRE: Discours..., S. 47.
[56] Vgl. P. MONSABRE: Discours..., S. 42.
[57] A. DESCHAMPS: Discours, S. 25.

strumente und des Organisten: „servir Dieu, c'est régner"[58]. „Né de l'union de
l'art et de la religion, il est et reste roi par ses fonctions"[59].

4.4 Mißbrauch des heiligen Instruments?

Monsabré wie Deschamps stellen sich in unterschiedlicher Weise gegen Profani-
sierungsversuche der Orgel und der Orgelliteratur: „Dans ces derniers temps, on
a essayé de séculariser l'orgue"[60].

Wenn Deschamps sogleich nachschlägt: „fidèle à sa mission, l'orgue a resi-
sté", dann denkt er zuvörderst an die Instrumente Cavaillés, die er als Ideal für
die katholische Liturgie erachtet. Er bringt seine harte, aber bis heute nicht ungültige Kritik auf den Punkt, wenn er – hoch aktuell – den „artiste vulgaire" als
denjenigen meint, der „par la médiocrité de son talent, par la trivialité de son inspiration, ainsi que par le but abaissé qu'il poursuit", die „mission de l'orgue"
und seine eigene „vocation" verfehlt. Die Orgel wird sei es im engeren Sinne
gottesdienstlich oder künstlerisch ausschließlich von ihm für den Kultraum reklamiert: „c'est aux offices de l'église qu'il doit et qu'il devra toujours ses plus
grandes gloires"[61]. Ganz offensiv wehrt der Freund der Kunst Cavaillés gegen
den profanen Gebrauch als Konzertsaalorgel und beruft sich hier gar auf Widor.
Deschamps siedelt etwa die Trocadero-Orgel sowie die Orgel im „Palais de
l'Industrie d'Amsterdam" zwar in qualitativer Hinsicht ganz hoch an, verurteilt
aber vehement den säkularen Standort und den nichtreligiösen, rein konzertanten
Gebrauch. Die Orgel wehre jedoch den wesensfremden Gebrauch aus dem
eigentlichen ihrer Bestimmung ab: „C'est là un fait d'expérience, notamment
pour ceux qui ont entendu, au Trocadéro, le grand orgue de M. Cavaillé-Coll
quand on a sollicité le superbe instrument de se prêter à des intentions purement
profanes. C'est nous disait M. Widor après la cérémonie de Vitry. L'éminent
organiste de Saint-Sulpice donnait ainsi raison à une pensée de notre discours en
la sanctionnant du jugement plus autorisé en pareille matière, puisque ce
jugement est le sien"[62]. Die Orgel wie die Orgelliteratur haben einzig eine kirch-
lich-religiöse Bestimmung, und hierüber müssen sich die Organisten stets Rechenschaft ablegen: „Q'il inspire toujours, dans son jeu, des grandes idées dont
s'inspiraient, dans leurs admirables compositions destinées à l'église, les grandes
maîtres", zu denen er Bach, Händel und Beethoven [!] zählt, jedoch etwa Franck,
unerwähnt läßt[63]. Dabei werden mit stark paränetischen Zügen zunächst die
Künstler, dann die Zuhörer selbst hart in die Kritik genommen: „Entdendez-vous,
Messieurs les artistes? – L'orgue n'est point fait pour cette musique frivole qui
trouble le reuceuillement et emporte l'âme, dans un torrent de distractions vulgai-

---

[58] PLY zitiert hier aus dem Pontificat. Roman De ordinatione subdiaconi".
[59] J.-H. PLY: *La Facture Moderne...*, S. 312.
[60] A. DESCHAMPS: *Discours*, S. 25f.
[61] A. DESCHAMPS: *Discours*, S. 27, Anm. 1.
[62] A. DESCHAMPS: *Discours*, S. 26f., Anm. 1.
[63] A. DESCHAMPS: *Discours*, S. 30.

res, loin de Dieu ..."[64]. Dabei nehmen sie eine Diskussion um das Ethos des Künstlers genauso auf wie um das Ethos des aufrichtigen Gläubigen. Die moralische Ebene wird an den Ausdrucksweisen festgemacht. Einige Jahre später faßt Albert Schweitzer mit der Unterscheidung von bloßen „wandernden Orgelvirtuosen" und dem „guten Organisten" diese Kritik noch einmal deutlich ins Wort und beruft sich dabei auf Aussagen seines Lehrers und Freundes Widor[65]. Interessanterweise fügt Schweitzer hinzu, daß gerade Cavaillé-Coll diese selbstdarstellerischen Subjektivisten zu verhindern suchte: „Daß die 'Konzertorgel' und der 'Orgelvirtuose' in Frankreich fast unbekannt sind, ist das Verdienst des Orgelbauers Cavaillé-Coll, des Schöpfers des einfachen und in seiner Art vollendeten Typus der französischen Orgel. Er war mehr als ein großer Orgelbauer: er war, wie Silbermann, ein Genius des Orgelbauers"[66].

Die Ethik des Organisten macht es notwendig, daß er den göttlichen Geist auf die Orgel überträgt. Der Appell nach einer sittlichen Lebensführung ist nicht zu überhören. Auch die Ausführungen Plys verdeutlichen, daß es um das religiöse Wissen sowie die tägliche Glaubenspraxis – allerdings auch um die Bezahlung – der Künstler schlecht bestellt war[67]: „Soyez les âmes divines de l'orgue": âmes formées à l'étude de ces grands maîtres, dont la religion a sanctifiée le génie; âmes ouvertes, par une vie honnête et pure, aux inspirations du ciel; âmes pleines de foi et de sentiments chrétiens, sachant comprendre l'esprit de nos fêtes, interpréter nos mystères et les traduire de manière à ce qu'ils soient plus respectés et plus aimés". In emphatischer Steigerung wird dem Organisten verdeutlicht, daß nur der religiöse und gläubige Künstler seiner hohen pastoralen Verantwortung gerecht werden kann, und die Aufgabe des Organisten in einem bleibend aktuellen Wort zusammengefaßt: „Faites de nos temples les sanctuaires du beau et du saint; de l'orgue le porte-voix de la création chantant la glorie de son auteur; le pieux suppléant et le religieux excitateur du peuple chrétien, et, s'il se peut un écho de la musique céleste"[68].

Man fühlt sich an das Gleichnis vom treuen und untreuen Verwalter erinnert, wenn Deschamps die himmlische Belohnung der „artistes fidèles" durch die Kirche betont, „qu'elle acceuille tendrement, qu'elle protège sympathiquement, qu'elle récompense noblement"[69]. Eine interessante Variante baut gerade er ein, wenn er die Inspiration der Religion auf die Musik großer Meister an Mozart und Haydn festmacht und – außer Widor – keinen einzigen zeitgenössischen Kompo-

[64] P. MONSABRE: Discours..., S. 46.
[65] Vgl. A. SCHWEITZER: Deutsche und französische Orgelbaukunst und Orgelkunst, S. 16 : „Gibt es denn noch etwas, das höher ist als ein „guter Organist" sein, ein solcher, der sich bewußt ist, nicht seinen Ruhm zu suchen, sondern hinter der Objektivität des heiligen Instruments zu verschwinden und es allein reden zu lassen, als redete es von sich selber, ad majorem Dei gloriam? 'Denken Sie sich, sagte mir einmal Widor, 'man hat mich beleidigt. Man hat mich in einer Zeitschrift einen Orgelvirtuosen genannt. Ich bin aber ein ehrlicher Organist. Ein Orgelvirtuose ist nur der Wildling des Organisten'."
[66] A. SCHWEITZER: Deutsche und französische Orgelbaukunst und Orgelkunst, S. 17.
[67] J.-H. PLY: La Facture Moderne..., S. 176, Anm. 3.
[68] P. MONSABRE: Discours..., S. 47.
[69] A. DESCHAMPS: Discours, S. 22.

nisten zur Illustration heranzieht. Die beiden „Profanmusiker" zeigen, so will er
sagen, was es eigentlich heißt, die Geschwisterlichkeit zwischen Religion und
Musik zum Ausdruck zu bringen und doch auf höchstem künstlerischen Niveau
zu arbeiten[70]. Monsabré arbeitet mit allen sentimentalen Mitteln zeitgenössischer
Rhetorik; auch er personalisert die Orgel und läßt sie selbst sprechen, um Gebrauch und Literatur ganz auf das Religiöse hin zu beschränken: „Si l'orgue pou-
vait parler, il vous dirait: – Respectez-moi. Pour tout ce qui est d'un style pur,
grave, large, profond, élevé, capable de toucher et d'attendrir, de faire couler de
pieuses larmes vers Dieu, je suis prêt à vous obéir; mais tout autre style
m'outrage et me déshonore; car ma bouche aux mille voix ne peut dire que de
grandes choses"[71].

Es geht also nicht um Selbstdarstellung des Künstlers, auch nicht um die
„plaisirs mondaines" eines dilettantisch(!)-ästhetizistischen Bürgertums, das sich
selbsthuldigend durch ihre Salonorgeln die Zeit vertreibt, sondern um die Anerkenntnis aufgrund der Bestimmung der Orgel selbst, daß das „instrument sacré"
vom „Haus des Gebetes beansprucht" wird und ausschließlich innerkirchlichem
Gebrauch ansteht[72]. Gibt es denn einen Ehrenkodex, eine Ethik des Organisten?
„Comme l'art de l'organiste est une sorte de prédication", dès lors l'organiste lui-
même est un homme „doué de bonnes moeurs, habile dans l'art de toucher
l'orgue"[73]. Als Fazit läßt sich das Wort Gauthiers anführen, das Ply zitiert: „Um
ein guter Organist zu sein, genügt es nicht, ein guter Musiker zu sein, man muß
zugleich auch noch religiös sein"[74].

4.5 Die Wirkweisen der Orgel

Mit der Bestimmung ergeben sich auch die Wirkweisen der Orgel für den Men-
schen: Im betenden Klang der Orgeln vereinigen sich die Stimmen auf religiöse
Weise, in welcher die Musik mit dem Wort übereinkommt; beide predigen die
Wahrheit der Botschaft Christi.

4.5.1 Die Orgel als perfekter Mystagoge

An erster Stelle steht die mystagogische Wirkweise, die von Ply mit einem durch
C. Borromäus überlieferten Beispiel belegt wird: „Der Klang der Orgel, die
Schönheit ihres Gesangs haben mich so in Erstaunen versetzt, daß ich mir gesagt
habe: das ist es tätsächlich, ich bin katholisch"[75]. Die Orgel begünstigt die Um-

---

[70]   Vgl. A. DESCHAMPS: *Discours*, S. 16ff.
[71]   P. MONSABRE: Discours..., S. 47.
[72]   Vgl. P. MONSABRE: Discours..., S. 47f.
[73]   J.-H. PLY: *La Facture Moderne...*, S. 176.
[74]   Vgl. J.-H. PLY: *La Facture Moderne...*, S. 177 : „bon organiste, il ne suffit pas
       d'être bon musicien, il faut encore être religieux".
[75]   Vgl. J.-H. PLY: *La Facture Moderne...*, S. 313: la mélodie de l'orgue et la beauté du
       chant m'ont tellement frappé que je me dis: c'en est fait, je suis catholique".

kehr und führt den Suchenden zum lebendigen Geheimnis. Insofern bewirkt sie ein „touchement à l'âme", das damit in einer höheren Stufe die Botschaft des Evangeliums einprägsam werden läßt. Die ausschließlich innerkirchlichem Gebrauch zum Gotteslob dienende Orgel ist somit hervorragende Mystagogin zum Heiligen[76]. Mit der Orgel steht dem Gott suchenden Menschen „traductions sublimes" zur Verfügung, denn sie übersetzt das nur im Innern Erfahrbare ins Äußere hinein. Sie vermag die Seele im Innersten zu erschüttern und dadurch alle religiösen Gefühle gebündelt zum Ausdruck zu bringen[77]. „C'est à l'orgue qu'il est donné de pouvoir transporter mon âme au-delà de ce monde visible, jusqu'à ces sphères où je me trouve en présence du divin ...«[78]. L'orgue peut exprimer mystérieusement l'Inexprimable.

Der große intellektuelle Wohltäter der Orgel, l'Abbé Lamazou, lobte die Wirkweisen der Orgel Cavaillés, indem er die Zurückstellung persönlicher Interessen zugunsten der künstlerischen forderte[79]. Unter der Hinsicht der Mechanik und der Entwicklung und Verschönerung der Intonation stellt er mit Blick auf die Orgeln des Maître unvergleichliche und unverwechselbare Effekte fest und verbindet eng die technischen Entwicklungen mit den musikalischen Effekten und den damit verbundenen religiösen Wirkungen: „ ... tantôt entonner un hymne mayesteux avec une puissance éclatante de son, tantôt reciter une timide prière avec une expressive mélancolie; passer par une progression insensible des plus tendres modulations aux plus mâles accent, développer des thèmes dans tous les genres et tous les styles, formuler les pensées les plus variées, mettre à la disposition de sa phrase musicale le concours simultané et successif de plusieurs milliers de tuyaux de toute dimension; en un mot, produire sans interruption et sans effort les plus magiques effets par un simple mouvement des pieds et une légère traction des mains«[80].

4.5.2 Die Orgel als Übersetzerin und Vermittlerin der Heilsgeheimnisse

Insofern wirkt die Orgel nicht nur mystagogisch, sondern sie hat als Übermittlerin der Heilsgeheimnisse auch religiöse Valenz. Im Mittelpunkt der Argumentation Plys steht an dieser Stelle ein Wort aus dem X. Buch der *Confessiones* des heiligen Augustinus: „Es sollen die Freuden des Gehörs dem unstarken Gemüt

---

[76] A. DESCHAMPS: *Discours*, S. 31.
[77] Ebd., S. 22. – „ ... mais de même que le *Lauda Sion*, l'*Ave verum*, le *Tantum ergo*, même le *Dies irae* et le *Te Deum*, sont encore aus-dessous des louanges et des adorations, des craintes et des espérances où s'abîme notre âme en présence du divin, à la pensée des choses célestes, dans la méditation du jugement futur et de nos immortelles destinées, de même les psaumes, dont la voix 'se prête à qui la veut pour gémir, pour invoquer, pour intercéder, pour louer, pour adorer'": A. DESCHAMPS: *Discours*, S. 23.
[78] Ebd.
[79] Vgl. Pierre-Henri LAMAZOU: Document (X). In: *La flûte harmonique* Nr. 71/72 (1986), S. 5-22.
[80] P.-H. LAMAZOU: Document (X), S. 11.

zur höheren Seelenbewegung der Andacht verhelfen"[81]. Zielgruppe derer, die mit der Orgel angesprochen werden können, sind vor allem die Zweifelnden und Ungläubigen, die durch das liebliche oder grandiose, durch das unheimliche oder feierliche Spiel gefesselt und zum Bekennen geführt werden sollen. Dabei hat jedes Register sein „timbre spécial", seinen eigenen Akzent. Sie übermittelt den traurigen Herzen die Freude der „cité céleste" und fordert die Gleichgültigen heraus. Damit aber wirkt sie unter sittlichem Aspekt zurüstend: „'il récrée ceux qui aiment; il provoque les justes à l'amour, les pécheurs à la componction'"[82]. Sie überliefert in der Sprache der Harmonie getreu die Texte der Heiligen Liturgie und hat insofern stabilisierenden Charakter. Das „heilige Instrument" repräsentiert im wahren Sinne das „Organ Gottes": „Voilà l'organe vivant de Dieu, Vivum Dei organum[83]!

Zum Ende hin benutzt Ply noch einmal die Gelegenheit, in paränetischer Absicht einen Vergleich zwischen der Orgel, die in sich die ganze Vielfalt in einem zusammenfaßt, und der Kirche, die vom Papst gleichsam durch ein großes Manual regiert wird, einzubringen. Das Ganze wirkt wie eine zu diesem Anlaß unpassende Moralpredigt, wenn er sagt: „Mais c'est assez de louanges, et nous devons arriver aux leçons"[84]. Jeder habe seiner speziellen Berufung gemäß – gleich dem Register der Orgel – dem Spiel des „Souverain-Pontifie" zu gehorchen („notre rôle est d'obéir").

Die Orgel wird personalisiert, der Mensch als „organum Dei interpretiert", wenn Ply – Gregor von Nyssa zitierend – behauptet „votre âme est un orgue, quasi organum Deo facta, et c'est votre volonté qui doit tenir le clavier de cet instrument, tandis que l'Esprit-Saint le remplit du souffle de la grâce"[85]. Die moralische Einheit des Menschen wird mit der notwendigen Harmonie der Orgel verglichen. Die Orgel ist dann gleichsam der Spiegel einer harmonischen Kirche, in der ein jeder seine Rolle im ewigen Konzert des Himmels vorzubereiten hat.

5. Beschluß

Die untersuchten Inaugurationsreden aus dem 19. Jahrhundert zeigen, daß die Orgel in das kirchliche Leben fest verwurzelt ist. Sie hat vorrangig einen verkündigenden Auftrag und stellt ein der Liturgie zuspielendes und sie unterstützendes Kontinuum dar. Sie ist zugleich ein Moment der „Restauration" wie ein mögliches Element der prospektiven spirituellen Erneuerung. Die romantische Orgel eignet sich für diesen katholisch-einheitsstiftenden Plan offenbar am besten.

[81] Mit Zitationen aus den *Confessiones* (hier: Conf. IX, 10) arbeitet auch A. DESCHAMPS: *Discours*, S. 23. „Ut per oblecta menta aurium infirmior animus in affectum pietatis assurgat"; (vgl. auch ebd. S. 23 sowie P.-H. LAMAZOU: Document (X), S. 11, S. 17: „il nous paraît plus religieux. Qu'est-ce que la musique, sinon une prière? Ne doit-elle donc pas élever l'âme à Dieu?"

[82] J.-H. PLY: *La Facture Moderne...*, S. 314; vgl. auch P. MONSABRE: Discours..., S. 511.

[83] J.-H. PLY: *La Facture Moderne...*, S. 314.

[84] J.-H. PLY: *La Facture Moderne...*, S. 315.

[85] J.-H. PLY: *La Facture Moderne...*, S. 315.

Ebenso ist der Organist zwar den Menschen erbauender Künstler, doch seine vornehmste und eigentliche Pflicht ist ekklesiologisch-christologisch geprägt. Sein künstlerischer Anspruch hat sich ganz in den Dienst der höheren Aufgabe zu stellen. Der Organist ist eingebunden in den allgemein liturgisch-eucharistisch-sittlichen Rahmen; er soll sein künstlerisches Vermögen als Auftrag zur Mystagogie verstehen, um letztlich auch dem „instrument sacré" gerecht zu werden.

Daß das Schöne der Kunst nach diesen Texten keinen Eigenwert beanspruchen kann, bedingt die eingeschränkte zeitgebundene Sehweise, die heute überwunden werden kann. Nicht nur daß der Mensch durch den Schleier des Schönen sein eigenes Wesen zu erkennen vermag[86], weil er im Spiel mit dem Schönen seine Bestimmung ahnden kann; die 'lebende Gestalt des Schönen' wird dem Menschen augenblicklich zum „Symbol des Sittlichguten"[87]. Dem Werk eignet eine innere, objektive Zweckmäßigkeit oder die „bloße Form einer Vollkommenheit"[88]. Mit ihm ist „das Geschehnis der Wahrheit am Werke", in ihm geschieht die symbolische Darstellung des Unendlichen im Endlichen. Die Indienstnahme geschieht um der Herrlichkeit willen, welche die Schönheit einfaltet. Das Schöne der Kunst, verkörpert in der Gestalt der hochromantischen Orgel Cavaillé-Colls, ist ein „Akt der Huldigung an die Herrlichkeit des Seins"[89].

---

[86] Vgl. JANKE: Das Schöne, S. 1267.
[87] I. KANT: *Kritik der Urteilskraft,* B 258)
[88] Vgl. *Kritik der Urteilskraft,* §15. B 44.46)
[89] Hans Urs VON BALTHASAR: *Herrlichkeit. Eine theologische Ästhetik. Bd. 1: Schau der Gestalt.* Einsiedeln 1961, S.14.

Zwiesprache mit der Ewigkeit

VON JULIUS BERGER

In meiner Heimat im Allgäu kann man im Winter beobachten, wie die Seen langsam zufrieren. Bei Spiegeleis bietet sich in Ufernähe ein unbeschreiblicher Blick in dunkle Tiefen, der immer wieder fasziniert. Nicht nur herrliche Farben kann man entdecken, sondern auch Spuren verschiedener Zeiten, eingefrorene Herbstblätter, Luftblasen, Abdrücke eines Wildwechsels, Steine und Pflanzen weit unten – ein Blick in die Vergangenheit im Spiegel der Gegenwart.

Der Klangraum der Musik schenkt uns ein ähnliches Erlebnis. Dadurch daß die großen Werke der Musikliteratur die Tradition ihres Landes ebenso wie die Einflüße der bedeutenden Meister der Generationen vorher miteinschließen, kann ein Interpret, der dies erkennt und erspürt, die verschiedenen Zeitebenen der musikalischen Meisterwerke erfahrbar machen und darüberhinaus auch eine Ahnung von dem offenbaren, was immer bleiben wird. Die Begegnung mit dem Kunstwerk in Tönen kann zur Begegnung mit den sinnstiftenden Grundstrukturen unseres Seins werden, wenn Zeitloses in der eigenen, endlichen Zeitlichkeit aufscheint.

Es ist mir sehr eindrücklich in Erinnerung, als ich anläßlich des Symposions „Kirche und Kunst" in Berlin während des Gottesdienstes der Bischöfe in „Regina Martyrum" in der Nähe von Plötzensee zur Gabenbereitung Sofia Gubaidulinas „In croce" zusammen mit dem Akkordeonisten Stefan Hussong aufführte. Der Hauptzelebrant der Heiligen Messe, Bischof Prof. Dr. Dr. Karl Lehmann kam nach dem Gottesdienst zu mir und fragte, ob die Partitur dieses Werkes die Form des Kreuzes in Tönen abbilde, er hätte dies so empfunden. Ich war damals sehr erstaunt, hatte ich doch mit einigem Bangen das sehr moderne und relativ lange Werk vorgeschlagen, obwohl mir gesagt wurde, Bischof Lehmann hätte relativ wenig Zugang zur Musik. Daß dem nicht so ist, widerlegt dieses Erlebnis und noch viele andere, die uns seither verbinden. Als ich im Rahmen der Berliner Tagung am Morgen vor einer Diskussionsrunde Toshio Hosokawas „In die Tiefe der Zeit", ein durch die asiatische Philosophie geprägtes zeitgenössisches Werk für Violoncello und Akkordeon spielte, berichtete mir Bischof Lehmann, er hätte bemerkt, wie die Wortbeiträge nach Hören der Musik auf wesentlich höherem Niveau sich bewegt hätten, als am Vortag ohne Musik.

Die Komponistin Sofia Gubaidulina, deren „In croce" in „Regina Martyrum" erklang, hat ihren Schaffensprozeß im „Staccato des Lebens" als den Weg zur Wiederherstellung einer Einheit beschrieben, erreichbar durch die „religio" (Rückbindung) im wahrsten Sinn des Wortes. Sie meint damit die anzustrebende Einheit von Göttlichem und Menschlichem über alle Zeiten hinweg. Ähnlich hat sich auch der vor wenigen Jahren verstorbene Olivier Messiaen geäußert. Er verwies immer wieder auf Plato, der gesagt hat: Wir sprechen zwar von Vergangenheit, Gegenwart und Zukunft, aber in Wahrheit „ist" alles, hier und jetzt.

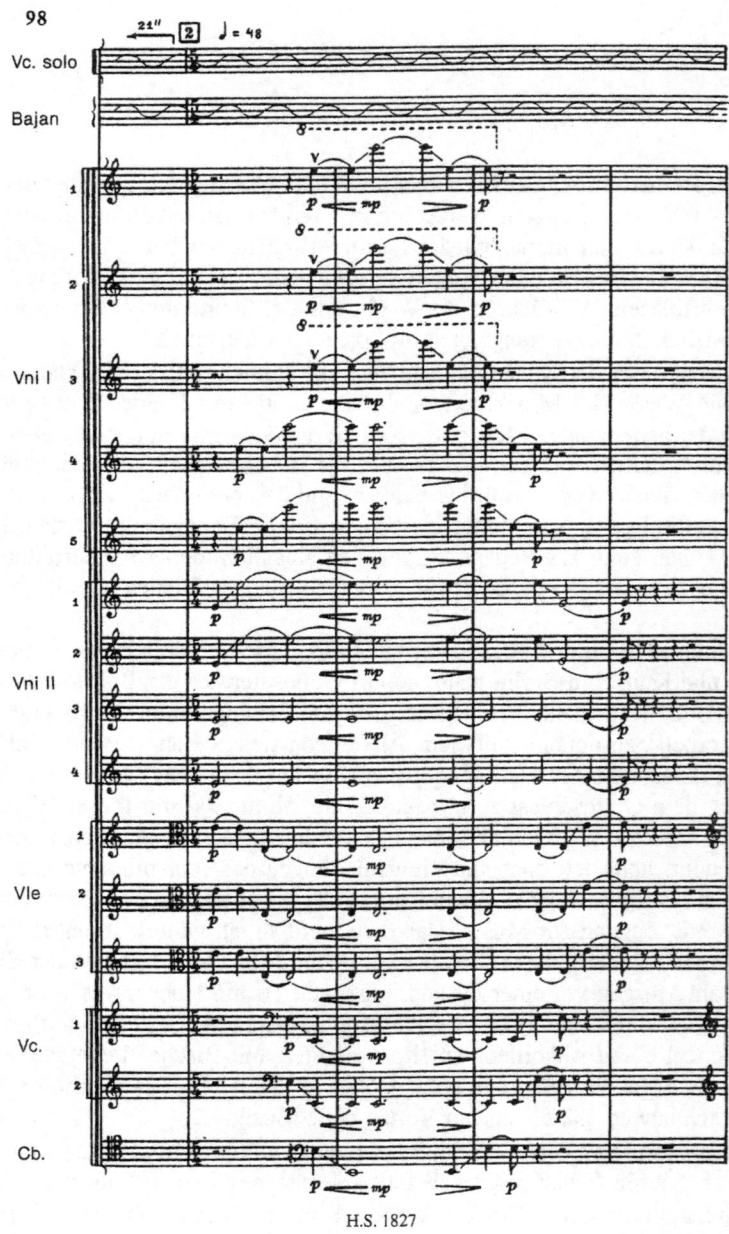

Abb. 1: Das Kreuz in Tönen in einem Werk von Sofia Gubaidulina,
hier aus „Die sieben Worte" (Hamburg : Ed. Sikorski)

Als ich Mitte der 80er Jahre zum erstenmal Olivier Messiaens „Transfiguration de Notre Seigneur Jésus Christ" spielte, haben mich die beiden Choräle des mehr als zweistündigen Werkes besonders ergriffen. Den Schlußakkord wünschte Messiaen fast unerträglich lang in einem ständigen Crescendo. Ich habe diese Stelle wie ein Licht wahrgenommen, das immer heller zu werden schien; der sich anschließende Widerhall in der Stille offenbarte eine unerhörte Erfüllung. Das Wort von Thomas von Aquin schien wahr in diesem Moment, Olivier Messiaen hat es häufig zitiert: „Gott blendet uns durch ein Übermaß an Wahrheit."

Messiaen sagte einmal: „Der gregorianische Choral allein besitzt zugleich die Reinheit, die Freude, die nötige Leichtigkeit für das Sichaufschwingen der Seele zur Wahrheit", und an anderer Stelle: „Die sakrale Musik gründet in der Tatsache, daß Gott keinen Anfang hat..." In den Chorälen von Johann Sebastian Bach, z.B. in „Wenn ich einmal soll scheiden" kann man erkennen, daß eine sinnstiftende Interpretation diese Erkenntnis umzusetzen versucht. Der erste Ton entwickelt sich auf dem Atem, der im stillen Raum vor dem Klang der Instrumente oder der menschlichen Stimmen empfunden werden kann, der letzte Ton birgt ein Nachklingen ohne Ende, die Phraseneinschnitte (Interpunktionen) während des Chorales bleiben in der Linienbildung aller Stimmen auf einer Spannungshöhe, die sich erst mit dem letzten Ton auflöst. So entsteht ein Ganzes, einem kreisenden Organismus gleich, der zwar beginnt und endet, aber doch immer da zu sein schien und immer zu bleiben scheint.

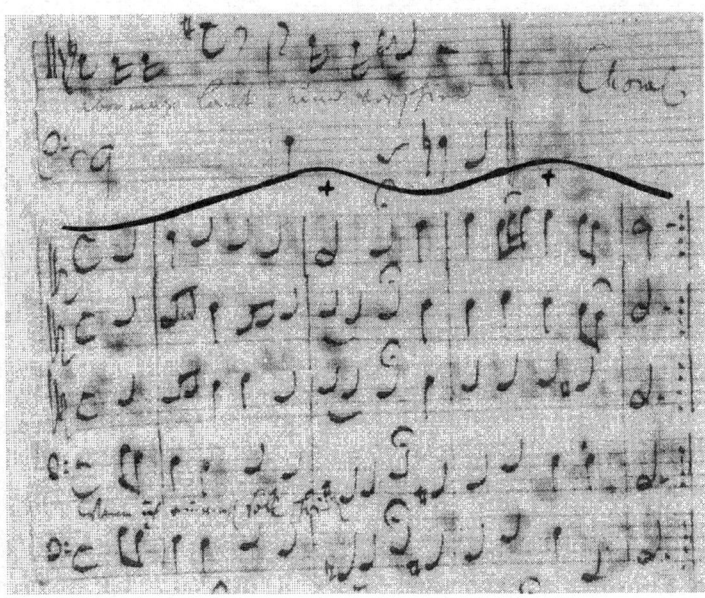

Abb. 2: „Wenn ich einmal soll scheiden, so scheide nicht von mir..."
(Linienbildung im Choral, vgl. auch die Setzung der Legatobögen in Beethovens Handschrift in Abb. 3. – Aus: J. S. BACH: *Passio Domini nostri J. C. secundum evangelistam Matthaeum*. Faksimile-Ausgabe. Leipzig 1966.)

Anläßlich des „Aschermittwochs der Künstler" mit Bischof Lehmann im Jahr 1999 habe ich versucht, den „bleibenden" Elementen in langsamen Sätzen für Violoncello und Klavier von Beethoven, Reger und Messiaen unter dem Aspekt „Zwiesprache mit der Ewigkeit" nachzugehen. Ich gebe hier einige wichtige Punkte dieses Vortrages wieder.

Der langsame Satz in Beethovens letzter Cellosonate beginnt mit einem schlichten Choral in d-moll. In der Handschrift Beethovens kann man erkennen, daß die Legatobögen der immer weitergehenden Linie entsprechen, die sich hebt und senkt, aber nie einen Abschluß bildet. Offenbar hatte Beethoven eine ähnliche Vorstellung vom Charakter des Chorales wie Messiaen oder vor ihm Bach, dessen Musik er sehr gut kannte und außerordentlich schätzte. Im Jahr 1819 schrieb er an Erzherzog Rudolf: „Genie hat doch nur der deutsche Händel und Bach gehabt."

Der Cellist Bernhard Greenhouse, der dieses Werk bei Casals studierte, beschreibt die ersten acht Takte als einen „langsamen Gang über den Friedhof" und der Beethovenschüler Czerny sagt: „Sehr langsam, sehr legato, und mit tiefem schwermütigem Gefühl."

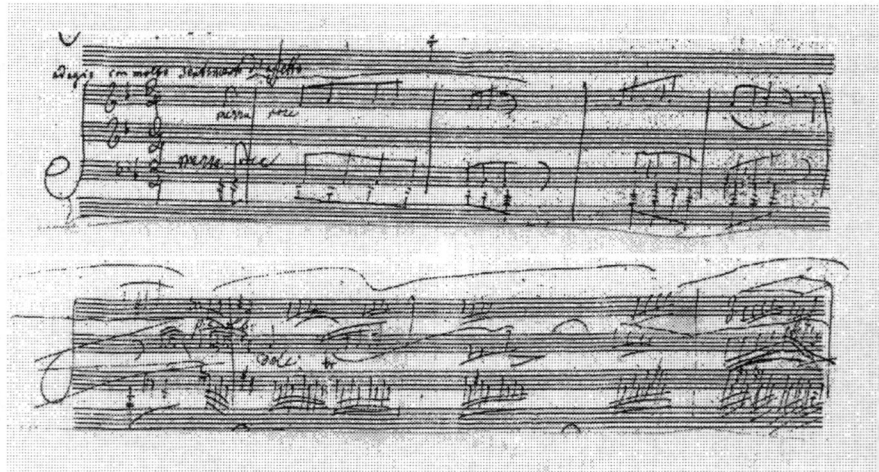

Abb. 3: Zwei Zeilen aus Beethovens autographer Handschrift des langsamen Satzes der Sonate für Klavier und Violoncello op. 102/2. Autograph im Besitz der Stiftung Preußischer Kulturbesitz, Staatsbibliothek, Berlin. – Man beachte die Setzung der Legatobögen: Hinweis auf auf einen Interpretationsansatz in Verbindung mit der Kenntnis der geistigen Hintergründe des Chorales.

Für den Interpreten ist es ferner von größter Wichtigkeit, den choralartigen, homophonen Satz nicht als Cellomelodie mit Begleitung zu interpretieren, sondern die von Beethoven vorgeschriebene mezza-voce-Verinnerlichung auf alle Stimmen gleichermaßen zu beziehen.

Um die von Czerny benannte Schwermut des Satzes zu verdeutlichen, empfiehlt es sich, die immer wiederkehrenden Rhytmen eines Trauermarsches hervorzuheben. So entsteht ein großer Gegensatz zum mit „dolce" bezeichneten Mittelteil. Auf einer leisen und fließenden Begleitung entsteht eine neue Melodie, glücklich und innerlich strahlend, in welcher die beiden Instrumente einen Dialog führen und sich ohne strenge Symmetrie abwechseln. Die Tongebung vor allem des Cellisten muß sich der neuen Situation durch intensiveres, wärmer klingendes Vibrato und leichtere Bogenführung anpassen. Beethovens Handschrift deutet auf fließendes Tempo hin, das durchaus minimal schneller als der choralartige Beginn sein kann. An anderer Stelle bemerkt Beethoven: „100 nach Maelzel [dem Erfinder des Metronoms], doch kann dies nur von den ersten Takten gelten, denn *die Empfindung hat auch ihren Takt*" (Hervorhebung durch den Verfasser).

Der Beethovenschüler Ferdinand Ries berichtet uns, daß der Meister technische Fehler bis zu einem gewissen Grad verzieh, daß er aber auf die seiner Meinung nach wesentlichen Dinge wie Entschlüsselung des Ausdrucksgehaltes, deutlicher Phrasierung und Artikulation unerbittlich bestand. Zu Temperamentsausbrüchen kam es dann, wenn seine Schüler innerlich unbeteiligt, glatt und ausdruckslos spielten. Beethoven selber war offenbar ein außerordentlicher Interpret, dem die Übermittlung einer geistigen Botschaft besonders gut gelang. Sein Zeitgenosse Johann Schenk berichtet: „Jeder dieser Figuren gab er einen bestimmten Charakter, sie trugen das Gepräge leidenschaftlicher Empfindung, in denen er das selbst Empfundene rein aussprach ... mein Ohr war zu beständiger Aufmerksamkeit gereizt."

Ganz ähnlich äußert sich auch Max Reger zur Aufgabe des Interpreten: „Eine geistlose Interpretation beschränkt sich auf Einhaltung von forte und piano und crescendo decrescendo. Nach meinem Dafürhalten beginnt die Kunst des Vortrages erst damit, daß man 'zwischen den Zeilen' zu lesen versteht, daß man das 'Unausgesprochene' ans Licht zieht."

Im Jahr 1913 schreibt Max Reger: „Haben Sie noch nicht bemerkt, wie durch alle meine Sachen der Choral hindurch klingt: Wenn ich ein mal soll scheiden"? Drei Jahre zuvor schuf er seine Cellosonate op. 116. Der Reger-Biograph Fritz Stein berichtet: „In der ländlichen Stille des bayerischen Oberaudorf, wo er mit 'sehr fidelen Mönchen' des nahen Karmeliterklosters fröhliche Stunden verlebt, entstehen die Violoncellosonate op. 116 und die 'Episoden, Klavierstücke für große und kleine Leute' op. 115." Reger selber behauptet, „es steckt eine Masse von musikalischen Feinheiten" in dieser Sonate. Die Partitur offenbart feine Unterschiede der Bezeichnung „ sempre molto espressivo" im Cello, „poco espressivo" im Klavier, „piano" im Cellopart, „pianissimo" im Klavier (siehe Abb. 4). Die große, weite Linie des Cellos steht also eindeutig im Vordergrund. Wie beim Choral so schließt sich auch hier der Bogen erst nach Verklingen der letzten Note. Mich erinnert diese Kunstform an die Technik der Kalligraphiemeister im asiatischen Kulturraum, die mit der Konzentration auf das Unendliche beginnen, man könnte auch von einem Gebet sprechen, dann mit ihrer Tuschefeder das Papier berühren und in einem Zug, ohne Unterbrechung wieder in die Ausgangsposition zurückkehren. Nach der Philosophie dieser Meister stellt die auf dem Papier erscheinende Linie den sichtbaren Teil einer ewigen Spur dar.

Abbildung 4 zeigt den Beginn des langsamen Satzes der Cellosonate von Max Reger, in Abbildung 5 habe ich an die Stelle der von Reger komponierten Cellostimme den Beginn des Chorales „Wenn ich einmal soll scheiden" gesetzt. Ich war sehr überrascht, wie gut diese Melodie zur bestehenden Klavierstimme klingt. War dieser Choral vielleicht auch in diesem Werk eine Urstruktur, ein „Hintergedanke" , wie von Reger im Jahr 1913 angedeutet?

Es gibt noch eine Reihe weiterer Anhaltspunkte für diese Annahme. Die Tonart E-Dur, in der dieser Satz steht, war seit altersher Tonart für die letzten Dinge, Grenztonart nach oben, Symbol für den Übergang zur Ewigkeit. Der berühmte Barockgelehrte Mattheson beschreibt sie als die Tonart für die extremen Empfindungen menschlichen Seins. Zu dem in zeitlicher Nähe entstandenen Satz des Streichsextetts op. 118, der ohne Zweifel eine Verwandschaft zum langsamen Satz der Cellosonate aufweist, äußert sich der Komponist, dies sei sein „Gespräch mit dem lieben Gott".

Largo

Abb. 4: Beginn des langsamen Satzes „Largo" der
Sonate op. 116 a-moll für Violoncello und Klavier von Max Reger.

Abb. 5: Statt der von Reger komponierten Cellostimme steht hier der Beginn des Chorals „Wenn ich einmal soll scheiden", der sehr gut zur Klavierstimme klingt.

Auch Messiaens Satz „Louange à l'Éternité de Jésus" aus dem „Quatuor pour la fin du temps" steht in E-Dur. Das Werk ist in deutscher Kriegsgefangenschaft entstanden, die Uraufführung fand am 15. Januar 1942 im Lager bei Görlitz unter extremen Bedingungen bei Minusgraden statt. Das Lager war tief verschneit. Die Ausführenden waren wie Messiaen Gefangene, die um ihr Leben fürchten muß-ten. Ein verständiger deutscher Offizier hatte Instrumente besorgt, das Cello hatte nur mehr drei Saiten. Die Aufführung dieser Musik in dieser Situation muß ein überwältigender Eindruck gewesen sein. Für die über 5000 Mitgefangenen hielt Messiaen einen kleinen Vortrag über die Apokalypse bevor das Werk erklang. Über die Atmosphäre der Uraufführung berichtete er später: „Niemals hat man mir mit so viel Aufmerksamkeit und Verständnis zugehört."

Sicherlich war die Uraufführung nicht nur von der besonderen Situation der Gefangenschaft gekennzeichnet, es war auch eine Begegnung mit bislang Unge-hörtem. Die außergewöhnliche Leistung Messiaens besteht vor allem darin, daß er nicht in ein naives Denken zurückfällt, sondern durch die Tiefe seines- Glau-bens eine eigene Sprache entwickelt, die sich unter anderem durch ein neues Verständnis von Rhythmik auszeichnet: durch Hinzufügen und Weglassen von kleinen Werten (siehe Abb. 6) entsteht ein Gefühl von Schwerelosigkeit, ebenso wie durch Übereinanderlagerung von verschiedenen Zeitschichten. Messiaen hat seine Zuhörer mit ureigener Wahrheit konfrontiert, der Wahrheit des eignen We-ges.

Abb. 6: In der ersten Gruppe sind nur drei Sechzehntel,
die anderen bestehen jeweils aus vier Sechzehnteln (Paris: Ed. Durand & Cie)

Der Satz „Louange à l'Éternité de Jésus" endet fast so wie in Thomas Manns Roman Doktor Faustus in Bezug auf Adrian Leverkühns letztes Werk beschrie-ben: „Eine Instrumentengruppe nach der anderen tritt zurück, und was übrig-bleibt, womit das Werk verklingt, ist das hohe g eines Cellos, das letzte Wort, der letzte verschwebende Laut, in Pianissimo Fermate langsam vergehend. Dann ist nichts mehr – Schweigen und Nacht."

Abb. 7: Die letzten drei Takte von Messiaens Louange à l' Éternité de Jésus

Das Schweigen und das Dunkel, das uns nach dem Erleben dieser Musik umfängt, bringt den Menschen ganz zu sich. Ein unsagbarer Trost scheint in uns auf,
der über alles Zeitliche, über alles Unvollkommene hinausweist, eine Kraft, die
ich dem verehrten Bischof Prof. Dr. Dr. Karl Lehmann immer neu wünsche und
die er in so segensreicher Weise in diese Welt hineinstrahlt.

Der Mainzer Priester Dr. iur. Karl Neundörfer (1885-1926)

Aspekte seines Lebens und Wirkens

VON ALEXANDER HOLLERBACH

Wer immer in bestimmten Zusammenhängen der neueren deutschen Katholizis-musgeschichte, insbesondere im Umkreis von *Romano Guardini*[1] oder etwa in bezug auf die *Rhein-Mainische Volkszeitung*[2], dem Namen Karl Neundörfer be-gegnet, wird es bedauern, dass es bis heute über dessen Träger keine brauchbare Biographie und keine ganz verlässliche bibliographische Information gibt[3]. So verdienstlich die neueren Publikationen von *Reinhild Ahlers* über Neundörfer sind[4] – sie ändern nichts an dem kritisch-negativen Gesamtbefund.

Um so mehr dürften in dieser Situation Detailstudien angezeigt sein, die ein-zelne Facetten seines Lebens, seines Wirkens und seines wissenschaftlichen Werkes beleuchten und so helfen, Bausteine für eine umfassende Würdigung zu-sammenzutragen[5]. In dieser Richtung und mit dieser bescheidenen Zielsetzung will der folgende Beitrag über den profilierten Mainzer Priester Karl Neundörfer verstanden sein. Er ist dem derzeitigen Mainzer Bischof in herzlicher Dankbar-keit und Verbundenheit gewidmet.

---

[1] Von Romano GUARDINI selbst vgl. besonders: *Stationen und Rückblicke. Berichte über mein Leben.* Mainz-Paderborn 1995, S. 68 u.ö. Im übrigen grundlegend Hanna-Barbara GERL: *Romano Guardini (1885-1968). Leben und Werk.* 3. Aufl. Mainz 1987.

[2] Dazu Heinz BLANKENBERG: *Politischer Katholizismus in Frankfurt am Main 1918-1933.* Mainz 1981, bes. S. 94-98.

[3] Erste Bausteine dafür: *Karl Neundörfer zum Gedächtnis. Von seinen Freunden* [Joseph WEIGER, Romano GUARDINI, Walter DIRKS, Gerta KRABBEL]. Mainz 1926; Karl NEUNDÖRFER: *Zwischen Kirche und Welt. Ausgewählte Aufsätze aus seinem Nachlass.* Hrsg. v. Ludwig NEUNDÖRFER und Walter DIRKS. Frankfurt a. M. 1927 (darin: Einführung, S. 7-17, und bibliographischer Anhang, S. 173-179); *Zum Gedächtnis der in Gott ruhenden Mainzer Seelsorger Geistlicher Rat Kaspar Schaefer, Pfarrer von St. Stephan, und Dr. Karl Neundörfer, Pfarrer von St. Quintin.* Mainz 1926. Ansätze zu einer Gesamtbibliographie bei Heinrich AUER: Aus Karl Neundörfers literarischer Werkstatt. In: *Die Schildgenossen* (1927), S. 252-256.

[4] Reinhild AHLERS: Kirchenrecht im Gegensatz. Karl Neundörfers Beitrag zu einer Begründung des Kirchenrechts. In: *Internationale Katholische Zeitschrift* 19 (1990), S. 175-183; DIES.: Neundörfer. In: *Neue Deutsche Biographie* 19 (1999), S. 175f.

[5] Dem Dom- und Diözesanarchiv Mainz habe ich für die Möglichkeit der Einsicht-nahme in die Personalakte Neundörfers zu danken.

I.

Karl Neundörfer war zwar nicht „Volljurist", aber doch qua Studium, wenn man das so sagen darf, gelernter Jurist, und er hat die damit verbundene Prägung sein Leben lang nicht verleugnet. Am 5. Mai 1885 im rheinhessischen Wöllstein geboren, studierte er nach dem 1903 in Mainz abgelegten Abitur Rechtswissenschaft, zunächst in Freiburg i. Br. und in Berlin, zuletzt an seiner hessischen Heimat-Universität Gießen. Dort legte er im Herbst 1906 das juristische Fakultätsexamen ab und wurde im Frühjahr 1907 zum juristischen Vorbereitungsdienst zugelassen[6]. Bis dahin war er, vielleicht in seiner Berufswahl auch von ihm beeinflusst, ganz auf der Spur seines Vaters, des Geheimen Justizrats *Ludwig Neundörfer* (1848-1923), der Anfang des Jahrhunderts als Großherzoglicher Oberamtsrichter in Mainz amtierte. Doch machten sich nachhaltig wissenschaftliche Interessen geltend. Neundörfer ließ sich beurlauben und widmete sich der Erarbeitung einer Dissertation, deren Thema er selbst gewählt hatte. Es lautete: *Der ältere deutsche Liberalismus und die Forderung der Trennung von Staat und Kirche*[7]. Sich über das Trennungspostulat Gedanken zu machen und in der Debatte darüber Orientierung und Sicherheit zu gewinnen, lag nahe, nachdem der französische Paukenschlag des Jahres 1905 – Loi relative à la séparation des Églises et de l'État vom 9. Dezember 1905 – auch in Deutschland große Aufmerksamkeit gefunden hatte. Hinzu kam der Anstoß durch eine groß angelegte wissenschaftliche Analyse, die *Karl Rothenbücher* vorgelegt hat[8]. Aber es spricht schon für den Mut des jungen Autors, dass er sich durch dieses Werk und andere Publikationen nicht einschüchtern und beeindrucken ließ, sondern im Bemühen um begriffliche Klarheit, systematische Ordnung und geschichtliche Vertiefung seine Sonde ansetzte. Dabei kam es ihm zunächst wesentlich auf die Offenlegung der Wurzeln der Trennungskonzeption im neueren Naturrecht und in der deutschen idealistischen Philosophie an, ferner auf die Sichtung der Ausschuss- und Parlamentsdebatten des Jahres 1848. Die als Dissertation vorgelegte Schrift bleibt freilich am Ende bei der Genese der religionsrechtlichen Artikel der Paulskirchenverfassung stehen. Einen irgendwie gearteten Ausblick oder programmatischen Schluss gibt es nicht. Stattdessen hat der Autor am Anfang gewissermaßen ein Signal gesetzt, indem er bekennt, seine Arbeit sei nur ein „Teil umfassenderer Untersuchungen über die geistesgeschichtlichen Grundlagen der modernen Kirchenpolitik"[9]. Nur Prolegomena also sollten es sein. Jedenfalls aber war die Promotionsschrift ein reifes Testimonium für einen offensichtlich wissenschaftlich begabten jungen Juristen, der sich in besonderer Weise für das Staat-Kirche-Problem sensibilisiert zeigte. So kommen Äußerungen in dem Gutachten

---

[6] So die Angaben in dem der Dissertation beigefügten Lebenslauf.

[7] Selbständig erschienen Mainz 1909, in zwei Folgen auch in: *Archiv für katholisches Kirchenrecht* 89 (1909), S. 270-299; 393-418.

[8] *Die Trennung von Staat und Kirche*. München 1908. Zuvor schon: Johann Baptist SÄGMÜLLER: *Die Trennung von Kirche und Staat*. Mainz 1907. Bemerkenswert auch die Rezension des Werks von Rothenbücher durch NEUNDÖRFER: *Literarische Rundschau für das katholische Deutschland 34* (1908), Sp. 575 ff.

[9] Dissertation, S. 2.

seines Doktorvaters *Arthur Benno Schmidt* vom 6. Dezember 1908 nicht von ungefähr: Der Verfasser sei ein „sehr ernster und genauer Arbeiter"; er sei erfüllt von Selbstkritik, mithin von der „Sorge, dass das, was er gearbeitet hat, nicht seinen eigenen Anforderungen und den Anforderungen anderer entsprechen möchte". Schließlich heißt es: „Verfasser ist ein selbständiger und nachdenklicher Mensch, der in gründlicher Weise vieles durchgearbeitet hat, was bisher in der Literatur noch nicht oder nur kurz angesprochen war. Seine Arbeit hebt sich durch ihre Selbständigkeit nicht unbeträchtlich über die Durchschnittsdissertationen heraus, die auf betretenen Pfaden wandeln"[10].

Die mündliche Prüfung fand am 21. Dezember 1908 statt. Sie bezog sich nur auf Kirchenrecht und wurde von *Arthur Benno Schmidt* und *Wilhelm van Calker* (1869-1937)[11] abgenommen. Das Ergebnis lautete auf „magna cum laude". Das Doktordiplom, ausgestellt nach Abgabe der erforderlichen Pflichtexemplare, datiert vom 20. März 1909.

In *Arthur Benno Schmidt* hatte Karl Neundörfer offenbar einen verständnisvollen Promotor gewonnen. Schmidt war in der damaligen Gießener Fakultät nicht nur formaliter für Kirchenrecht zuständig, er hatte seine wissenschaftlichen Aktivitäten außer dem Privatrecht und der Deutschen Rechtsgeschichte tatsächlich auch diesem Gebiet gewidmet. In Leipzig am 20. Mai 1861 geboren, wurde er als Schüler von *Emil Friedberg*[12] 1887 dort Privatdozent und schon zwei Jahre später als Ordinarius nach Gießen berufen. Hier gab er eine instruktive kirchenrechtliche Quellensammlung heraus[13] und trat mit einer grundlegenden Monographie über den Kirchenaustritt auf den Plan[14]. Auch als Kenner des Denkmalschutzrechtes mit seinen staatskirchenrechtlichen Implikationen machte er sich einen Namen[15]. Es muss offen bleiben, ob Karl Neundörfer über die formale Betreuung

---

[10] Universitätsarchiv Gießen, Jur. prom. Nr. 1269. Dem genannten Archiv verdanke ich auch die im Text nachfolgenden Informationen.

[11] Wilhelm van Calker (1869-1937), 1900 in Freiburg habilitiert, war seit 1903 Extraordinarius für Öffentliches Recht in Gießen. Über Kiel (1913) kehrte er 1918 nach Freiburg zurück. Vgl. über ihn Michael STOLLEIS: *Geschichte des Öffentlichen Rechts in Deutschland.* Bd. 3. München 1999, S. 267.

[12] Über ihn zuletzt Christoph LINK: Emil Friedberg. Kirchenrechtler der historischen Rechtsschule. „Staatskanonist" und Mitstreiter im „Kulturkampf". In: *Deutsche Juristen jüdischer Herkunft.* München 1993, S. 283-300. Siehe auch Johann MARTETSCHLÄGER: Friedberg. In: LThK[3] 4 (1995), Sp. 136f.

[13] *Kirchenrechtliche Quellen des Großherzogtums Hessens. Eine Quellensammlung zur Stellung von Staat und Kirche und zum kirchlichen Verfassungsrecht.* Gießen 1891, Ergänzungsheft 1895.

[14] *Der Austritt aus der Kirche. Eine kirchenrechtliche und kirchenpolitische Abhandlung.* Leipzig 1893. Dieses Thema hat er in der Festschrift für seinen Lehrer später wieder aufgegriffen: Neue Beiträge zum Austritt aus der Kirche. In: *Festschrift Emil Friedberg zum 70. Geburtstag.* Leipzig 1908, S. 73-114.

[15] Rechtsfragen des deutschen Denkmalschutzes. In: *Festgabe für Rudolph Sohm.* München und Leipzig 1914, S. 143-197. Auch insoweit kam es später zu einer Fortschreibung: Art. 150. Denkmalschutz. In: *Die Grundrechte und Grundpflichten der Reichsverfassung. Kommentar zum zweiten Teil der Reichsverfassung.* Hrsg. v. Hans Carl NIPPERDEY. 3. Bd. Berlin 1930, S. 99-124. Zu dieser Materie in historischer Perspektive jetzt grundlegend Felix HAMMER: *Die geschichtliche Entwick-*

des Promotionsverfahrens hinaus in eine nähere Beziehung zu *Arthur Benno Schmidt* getreten ist. 1913 folgte dieser einem Ruf nach Tübingen[16].

II.

Der Abschluss der juristischen Promotion bedeutete für Karl Neundörfer alles andere als die Rückkehr zur Komplettierung seiner Ausbildung oder überhaupt die Rückkehr zur juristischen Profession. Schon die Phase der Ausarbeitung der Gießener Dissertation war nämlich überlagert durch das Studium der katholischen Theologie, das er im Sommersemester 1907 in Tübingen begann und ab Sommersemester 1908 für ein Jahr in Freiburg fortsetzte. Nach dessen Abschluss im Mainzer Priesterseminar wurde Neundörfer am 28. Mai 1910 in Mainz zum Priester geweiht. Über ein Jahrzehnt stand er dann als Kaplan und seit 1918 als Pfarrer von St. Quintin in Mainz im hauptamtlichen Seelsorgsdienst. Aber der Stachel der Wissenschaft saß tief. Ein Beleg dafür ist das Urlaubsgesuch, das er unter dem 29. September 1914 bei seinem Bischof einreichte[17]. Er möchte gerne kanonistische Studien fortführen und denkt dabei an eine der Kaplansstellen bei der Anima[18] oder beim Campo Santo in Rom[19]. Aber unter Berufung auf die Kriegsverhältnisse wurde seinem Gesuch nicht stattgegeben. Immerhin war es ihm gelungen, den Faden der Dissertation wieder aufzugreifen und ein Stück von der Ernte einzubringen, auf die er hingearbeitet hatte. 1913, während seiner Kaplanszeit an St. Martin in Worms, erschien die Schrift „Die Frage der Trennung von Kirche und Staat nach ihrem gegenwärtigen Stande"[20]. Hier gibt er zunächst höchst sachkundige, materialgesättigte und anschauliche Überblicke über die beiden Grundtypen positiver und negativer Trennung, wie sie in den USA einerseits, in Frankreich andererseits verwirklicht wurden. Er spricht von der „Trennungsgesetzgebung mit wohlwollender Rücksichtnahme auf religiös-kirchliche Interessen" bzw. von der „Trennungsgesetzgebung mit kirchenfeindlicher Spit-

---

[16] *lung des Denkmalrechts in Deutschland.* Tübingen 1995.
      Die 1931 von Heinrich STOLL herausgegebene Festgabe für Philipp Heck, Max Rümelin und Arthur Benno Schmidt erweckt den Anschein, auch letzterer sei eine wesentliche Säule der Tübinger Schule der Interessenjurisprudenz. Der Anschein trügt jedenfalls insofern, als von Schmidt kein explizites methodologisches Bekenntnis bekannt ist. Zutreffend hervorgehoben von Werner KRAWIETZ: Interessenjurisprudenz. In: *Historisches Wörterbuch der Philosophie.* Bd. 4. Basel 1976, S. 498. Hingegen pflegte Schmidt enge Kontakte mit der Württembergischen Evangelischen Landeskirche. Siehe dazu die Schriften: *Der Verfassungsneubau der Evangelischen Kirche Württembergs.* Tübingen 1919; *Kirchengemeinde und Diözesanverwaltung.* Tübingen 1921; Kirchliche Simultanverhältnisse in Württemberg. In: *Festgabe Karl Müller.* Tübingen 1922, S. 301-321.

[17] Enthalten in den Personalakten.

[18] Dazu Josef LENZENWEGER: Anima. In: LThK[3] 1 (1993), Sp. 678f.

[19] Dazu Erwin GATZ: Campo Santo Teutonico. In: LThK[3] 2 (1994), Sp. 917f.

[20] München u. Mergentheim 1913. 120 S. Im gleichen Jahr erschien die Arbeit von Richard LEMPP: *Die Frage der Trennung von Staat und Kirche im Frankfurter Parlament.* Tübingen 1913; dort S. 104 u. 107f. Bezugnahmen auf Neundörfers Dissertation.

ze". Aber so instruktiv diese Darstellung ist, bedeutsamer sind die Erörterungen über „die Trennungsfrage im Deutschen Reich" (S. 58-102) und die „grundsätzliche Stellungnahme zur Trennung von Kirche und Staat" (S. 103-112). Hier zeigt sich wiederum die analytische Kraft des Autors, aber auch sein illusionsloser klarer Blick für die ideologischen Strömungen einerseits, die religions- und konfessionssoziologischen Entwicklungen andererseits. Er kann die Möglichkeit nicht ausschließen, „dass auch bei uns die Trennung von Kirche und Staat zu einem akuten politischen Problem wird" (S. 102). Dass nach den Grundvorstellungen der Katholischen Kirche, wie sie damals galten, ein Trennungssystem abzulehnen sei, ist für ihn selbstverständlich, und er hat dabei mit besonderer Deutlichkeit die Schulfrage im Blick – „hier ist das Trennungsproblem für uns am meisten praktisch" (S. 110). Aber am Ende steht der deutliche Appell, sich nicht auf die staatlichen Stützen zu verlassen, sondern „den persönlich überzeugten kirchlichen Sinn in unseren Reihen zu beleben" (S. 111f.). Er setzt insbesondere auf „freie Zugehörigkeit und Mitarbeit in einem katholischen Verein" und mahnt zur Vorbereitung „auf eine vielleicht auch bei uns kommende Zeit, wo die kirchliche Organisation selber vom Staate nur mehr als ein Privatverein wird anerkannt werden" (S. 112).

Es liegt auf der Hand, dass für einen so klarsichtigen Autor der tiefe Einschnitt, den die Ereignisse von 1918/19 für Deutschland gebracht haben, keinen Schrecken bedeuten konnte. Auch mitten in der Zeit des Umbruchs mahnt er zur Besonnenheit und verweist darauf, dass die neuen Verhältnisse auch „neue Freiheiten" bringen werden, die es mit dem „Einsatz der ganzen Persönlichkeit", die „die Sache der Kirche zu ihrer eigenen" macht, zu ergreifen gelte.[21]

III.

Wie die Personalakten ausweisen, wurde Karl Neundörfer unter dem 28. Oktober 1922 „zum Vorsteher des Caritassekretariats und zum Leiter der Organisationsarbeit zur Einführung des Caritasverbandes in allen Pfarreien der Diözese mit dem Titel Caritasdirektor" ernannt. Diese Ernennung kommt nicht von ungefähr. Von Beginn seines priesterlichen Wirkens an hat Neundörfer, auch unter dem Eindruck der besonderen Nöte der Großstadtseelsorge, der praktischen Liebestätigkeit besonderes Augenmerk zugewandt und die faktische Entwicklung alsbald auch mit literarischen Beiträgen begleitet[22]. Sein sensus iuridicus ließ ihn dabei auch auf die strukturell-organisatorischen Fragen achten, die in dieser Phase zu

---

[21]   Zur Trennung von Staat und Kirche in Deutschland. In: *Magazin für volkstümliche Apologetik* 17 (1919), S. 13-16. Eine ausführliche Stellungnahme von Neundörfer zur Kompromisslösung der Weimarer Reichsverfassung gibt es leider nicht. Bedeutsam aber seine sorgsam abwägende, im Prinzip positive Würdigung des Konkordatsabschlusses in Bayern: Zum Problem des Konkordates, in: *Zwischen Kirche und Welt*, S. 128-139.

[22]   Soweit ersichtlich hat er erstmals schon in Band 17 (1911/12) der Zeitschrift *Caritas* publiziert. Im einzelnen siehe die bibliographischen Angaben bei AUER, o. Anm. 3, S. 253.

bewältigen waren. Mit der offiziellen kirchenamtlichen Anerkennung des 1897 gegründeten Deutschen Caritasverbandes[23] war der Startschuss für die Ausbreitung und Verwurzelung der organisierten Caritas in allen Diözesen gegeben. Dieser Aufgabe hatte er sich für sein Bistum zu widmen. Schon anderthalb Jahre später war ein wesentlicher Schritt vollzogen. Am 27. März 1924 wurde Neundörfer zum ersten Vorsitzenden des Mainzer Diözesan-Caritasverbandes ernannt, während sein bisheriges Amt als Diözesan-Caritasdirektor auf *Aloys Strempel* (1891-1944) überging[24].

Gehört so Neundörfer zu den Pionieren der praktischen Caritasarbeit, so ist sein Name darüber hinaus nicht nur mit der formal-organisatorischen, sondern auch ekklesiologischen Grundsatzfrage „Amt oder Verein" verbunden. Mit vier großen Beiträgen, die in der *Kölnischen Volkszeitung* erschienen sind[25], hat Karl Neundörfer eine bemerkenswerte Kontroverse ausgelöst. Ihm sind insbesondere *Wilhelm Wiesen*[26] und *Joseph Löhr*[27] entgegengetreten. In seiner grundlegenden kanonistischen Studie über die Caritas[28] hat *Alfred E. Hierold* die Position Neundörfers so zusammengefasst: „Caritas ist eine Lebensäußerung der Kirche. Also muss diese Aufgabe durch Amtsträger der Kirche, in der Diözese durch den Bischof bzw. durch den Caritas-Direktor als dessen Organ wahrgenommen werden". Er redete somit der Einbindung der Caritasarbeit in die Strukturen der verfassten Kirche das Wort. Es wäre aber ein Missverständnis, dies als Votum gegen die Beteiligung von Laien zu interpretieren. Seine Konzeption beruht im Gegenteil gerade auf einer theologisch fundierten Aufwertung des Laienelements. Das kommt in seiner Stellungnahme „Caritas und Kirche"[29] klar zum Ausdruck. Deutlich sieht er Gefahren des Vereinswesens, das sich leicht von den spirituel-

[23] Maßgebend der Beschluss der Fuldaer Bischofskonferenz vom 23. August 1916. Siehe dazu Erwin GATZ (Hrsg.): *Akten der Fuldaer Bischofskonferenz*. Bd. 3: 1900-1919. Mainz 1985, S. 266.

[24] Belege in den Personalakten. Im übrigen siehe Friedhelm JÜRGENSMEIER: *Das Bistum Mainz von der Römerzeit bis zum 2. Vatikanischen Konzil*. Frankfurt a. M., 1988, S. 309f.; ferner: *Zwölf Jahre Caritasarbeit unter dem hochseligen Bischof Dr. Ludwig Maria Hugo*. Hrsg. vom CARITASVERBAND DER DIÖZESE MAINZ. Mainz 1935.

[25] Jahrgang 1924 Nr. 810: Amt und Verein in der Geschichte der Caritas; Nr. 835: Die jüngste innerkirchliche Entwicklung und die Organisation der Caritas; Nr. 869: Der Deutsche Caritasverband; Jahrgang 1925, Nr. 156: Die Stellung der Laien in der katholischen Caritasarbeit.

[26] Die Caritasorganisation der Gegenwart. In: *Caritas* 30 (1925), S. 73-82.

[27] Kirchenrecht und Caritas. In: *Caritas* 31 (1926), S. 97-104; 134-139; 168-174. LÖHR war schon vorher mit der Schrift *Geist und Wesen der Caritas*. Freiburg i. Br. 1922, hervorgetreten. Zu Löhr siehe im übrigen unten Abschnitt VII.

[28] *Grundlegung und Organisation kirchlicher Caritas unter besonderer Berücksichtigung des deutschen Teilkirchenrechts*. St. Ottilien 1979, S. 126. Vgl. von HIEROLD auch „Grundfragen karitativer Diakonie" und „Organisation der Karitas". In: *Handbuch des Katholischen Kirchenrechts*. Hrsg. v. Joseph LISTL u. Heribert SCHMITZ. 2. Aufl. Regensburg 1999, S. 1028-1031 bzw. 1032-1038. Die damalige Kontroverse hat auch Beachtung gefunden bei Susanne EBERLE: *Sozialstationen in kirchlicher Trägerschaft*. Essen 1993, S. 134f.

[29] In: *Caritas* 30 (1925), S. 240f.

len Wurzeln entfernt und Gefahr laufen kann, sich zu sehr Formen dieser Welt anzugleichen. Deshalb will er „um der Caritasgesinnung willen" die Caritas-übung „in möglichst enger, auch organisatorischer Fühlung mit dem 'sakramentalen Organismus der Kirche' (Scheeben)" sehen. „Wenn ich von der Kirche spreche, denke ich nicht an ihr Beamtentum, sondern an ihr Priestertum, und zwar nicht nur an das Weihe-Priestertum, sondern auch an das allgemeine Priestertum, das sich ja vor allem in der caritativen Arbeit der Laien auswirken kann und soll. In diesem Priestertum vor allem lebt jener 'sakramentaler Organismus der Kirche', durch den die göttliche Liebe in die Menschheit fließt und die menschliche Liebe vor der Gottheit gilt. Von diesem Priestertum sollen daher auch die Liebeswerke am Menschen getragen sein".

Die damals geführte Diskussion, zu der Neundörfer den Anstoß gegeben hatte, hat heute neue theologische und kanonistische Dimensionen bekommen. Aber einfach abhaken kann man sie nicht. In ihrem theologisch-kanonistischen Kern ist sie nach wie vor relevant. Die Konzeption Neundörfers erinnert jedenfalls an die undelegierbare Verantwortung des kirchlichen Amtes für die kirchliche Liebestätigkeit. Zugleich stützt und rechtfertigt sie die Forderung nach dem Schutz der theologisch-kirchlichen Eigenart caritativen Wirkens im Bereich des staatlichen Rechts, und zwar sowohl in grundrechtlicher wie in institutionell-organisatorischer Hinsicht.

Zu den Aufgaben der Caritasarbeit gehörte natürlich von allem Anfang an auch deren klare Ortsbestimmung im gesellschaftlichen und politischen Gefüge. Hierfür boten die nach dem Ersten Weltkrieg alsbald einsetzenden Bemühungen um ein Reichsjugendwohlfahrtsgesetz ein spezifisches Anwendungsfeld. Dieses sozialpolitisch bedeutsame Gesetz, bei dessen Vorbereitung der Deutsche Caritasverband sich zu Wort gemeldet hatte, wurde am 14. Juni 1922 im Reichstag verabschiedet, am 1. April 1924 trat es in Kraft[30]. Die verhältnismäßig lange vacatio legis nutzte der Deutsche Caritasverband, sich und seine Mitarbeiter mit dem Gesetz vertraut zu machen und sich auf die konkrete Anwendung vorzubereiten. So hat er vom 10. bis 19. April 1923 in Freiburg einen „Führerkurs" veranstaltet, auf dem das Ganze vom Reichsjugendwohlfahrtsgesetz erfasste Spektrum beleuchtet und erörtert wurde[31]. Daran war Karl Neundörfer mit einer grundsätzlichen Würdigung beteiligt. In einer für ihn höchst charakteristischen Fragestellung und der entsprechenden Art und Weise der Durchführung behandelte er das Thema „Widerstreitende Mächte im Reichsgesetz für Jugendwohlfahrt"[32]. Er erkannte als solche Sozialismus und Katholizismus. In scharfsichtiger Analyse präpariert er heraus, wo sich sozialistische Tendenzen, insbesondere

---

[30] Zu diesem Gesetz und zur seitherigen Entwicklung siehe die Grundorientierung bei Hubertus JUNGE: Jugendhilfe. In: *Staatslexikon*. Bd. 3. 7. Aufl. Freiburg 1987, Sp. 248-251.

[31] Joseph BEEKING (Hrsg.): *Das Reichsgesetz für Jugendwohlfahrt und die Caritas. Eine grundsätzliche Würdigung verbunden mit Wegweisungen für die praktische Arbeit*. Freiburg i. Br. 1923 (Schriften zur Jugendwohlfahrt. 3).

[32] In dem soeben angeführten Sammelband S. 35-60. Zu den Grundsatzfragen wichtig von NEUNDÖRFER auch: Die Eigenständigkeit der Wohlfahrtspflege gegenüber Kirche und Staat. In: *Hochland* 23, Bd. 2 (1926), S. 69-76.

Verstaatlichung und Kommunalisierung, durchgesetzt haben bzw. wo katholischen Forderungen Genüge getan worden ist. Er ist überzeugt davon, dass das neue Gesetz dem Katholizismus nicht weniger entgegenkommt als dem Sozialismus. Beide Grundströmungen seien in ein gewisses Gleichgewicht gebracht. „Aber praktisch geht der Kampf zwischen diesen Mächten weiter. Und von dem Fortgang und Ausgang dieses Kampfes hängt es ab, welche Wirkungen das neue Gesetz tatsächlich ausüben wird. Das Gesetz ist so mehr ein Anfang als ein Ende; stärker von Möglichkeiten erfüllt, als auf Wirklichkeiten festgelegt" (S. 58).

IV.

So sehr Karl Neundörfer einem konkreten politischen Arbeitsfeld verhaftet war, so sehr trieben ihn die prinzipiellen Fragen des Politischen um. Das wurde u.a. dadurch befördert, dass er mit führenden Männern des Frankfurter Politischen Katholizismus in Verbindung stand[33] und so gewissermaßen auch zum „braintrust" der Rhein-Mainischen Volkszeitung gehörte[34].

Für *Walter Dirks*[35] und *Ernst Michel*[36] war er ein wichtiger Gesprächspartner und unterstützte grundsätzlich deren Konzept der „Politik aus dem Glauben".

In diesem Zusammenhang waren es insbesondere seine Erörterungen zum Verhältnis Kirche und Parteipolitik, die Beachtung fanden und die ihn in das Meinungsspektrum der damaligen Zeit einordneten – Erörterungen, die über den Tag hinaus bedeutsam sind[37]. Die Analyse der historisch-politischen Situation in Republik und Demokratie führte ihn zu der Forderung, die Wahrnehmung kirchenpolitischer Interessen nicht allein dem Zentrum zu überlassen. Dieses müsse sich vielmehr zu einer Partei mit allgemein-politischem Profil fortentwickeln. Damit war notwendig das Postulat verbunden, Klerus und spezifisch katholische Organisationen hätten gegenüber dem Zentrum stärkere Zurückhaltung, ja Neutralität zu üben. Er unterstützte so auch die Tendenz, den Katholiken in politischer Hinsicht größere Meinungsfreiheit zuzubilligen und ihre Entscheidung für diese oder jene Partei zu respektieren.

---

[33] Heinz BLANKENBERG: *Politischer Katholizismus in Frankfurt a. M. 1918-1933.* Mainz 1981, S. 94.

[34] BLANKENBERG, a.a.O, S. 100 ff. Siehe dazu auch BRUNO LOWITSCH: Der Kreis um die Rhein-Mainische Volkszeitung, Wiesbaden – Frankfurt a. M. 1980, bes. S. 26, 36, 44.

[35] Kurzinformation bei Ulrich BRÖCKLING: Dirks, Walter. In: LThK³ 3 (1995), Sp. 258. Vgl. ferner Hans-Otto KLEINMANN: *Zeitgeschichte in Lebensbildern.* Hrsg. v. Jürgen ARETZ, Rudolf MORSEY u. Anton RAUSCHER. Bd. 8. Mainz 1997, S. 265-281, 324 (Lit.).

[36] Kurzinformation bei Peter REIFENBERG: Michel, Ernst. In: LThK³ 7 (1998), Sp. 240. Vgl. ferner Bruno LOWITSCH: *Zeitgeschichte in Lebensbildern* (vgl. Anm. 35), Bd. 5, 1982, S. 223-238, 292 (Lit.); DERS.: *Neue Deutsche Biographie* 17 (1994), S. 444f.

[37] Das Folgende in Anlehnung an die Darstellung bei BLANKENBERG, a.a.O., S. 94-98. Die maßgebenden Texte von NEUNDÖRFER dazu finden sich in dem Sammelband *Zwischen Kirche und Welt*, S. 143-171.

Dem korrespondierte Neundörfers Sympathie für das Konzept der Katholischen Aktion als Plattform für das theologisch-spirituell fundierte, parteipolitisch neutrale Wirken katholischer Laien im weltlich-gesellschaftlichen Bereich[38]. Er gilt zu Recht als der erste Interpret der Katholischen Aktion in Deutschland[39].

V.

Die Neundörfer eigene angespannte geistige Sensibilität im Allgemeinen und das spezifische Interesse an Fragen von Ordnung und Form im Besonderen mussten fast zwangsläufig dazu führen, dass auch *Carl Schmitt* in sein Fadenkreuz geriet. So widmete er dessen zwischen 1919 und 1923 erschienenen Werken, mit denen Schmitt die juristische, staatstheoretische und politische Diskussion anfachte, eine einfühlsame, von kritischer Sympathie getragene Besprechung unter dem bezeichnenden Titel „Religiöser Glaube und politische Form"[40]. *Manfred Dahlheimer*[41] hat in seinem Werk „Carl Schmitt und der deutsche Katholizismus 1888-1936" mit Recht darauf aufmerksam gemacht und auch *Andreas Koenen* nimmt darauf Bezug[42]. Es ist von besonderem Interesse, diejenigen Äußerungen hervorzuheben, in denen Neundörfer Carl Schmitt Widerpart bietet. In bezug auf „Politische Romantik" ist schon bemerkenswert, dass er Schmitt vorhält, in Hinsicht auf das Verhältnis von Religion und Recht bleibe er bei aller sonstigen scharfen Kritik doch in der von der Romantik eingeschlagenen Linie, und er legt den Finger auf Schmitts eigene Neigung zu einem „politischen Irrationalismus, der in seinen Grundlagen mystischen oder religiösen Ursprungs ist"[43]. Wichtig und charakteristisch ist auch die vorsichtige Distanzierung gegenüber Schmitts Hochschätzung der Protagonisten der katholischen Gegenrevolution. Er beharrt darauf, dass die katholische Lehre die demokratische Staatsform ebenso zulässt wie die aristokratische oder monarchische. „Sonst wird leicht verkannt, dass die demokratische Staatsform für bestimmte Verhältnisse die beste, und dass andererseits auch die Aristokratie und Monarchie Ausdruck und Werkzeug antichristlicher Strömungen werden kann"[44]. Das Bemühen um eine klare Positionsbestimmung findet am Ende eine Steigerung[45]: Er sieht in der positiven Fassung der

---

[38]   Unter der Überschrift „Die Aktion der Kirche in der Gesellschaft" die maßgebenden Texte dazu in dem genannten Sammelband, S. 94-127.

[39]   Dazu und zum Problem überhaupt siehe Angelika STEINMAUS-POLLAK: *Das als Katholische Aktion organisierte Laienapostolat. Geschichte seiner Theorie und seiner kirchenrechtlichen Praxis in Deutschland.* Würzburg 1988, S. 56 u.ö. Zur Grundorientierung vgl. auch Paul BECHER: Katholische Aktion. In: LThK[3] 5 (1996), Sp. 1347f.

[40]   In: *Die Schildgenossen* 5 (1924/25), Sp. 323-331, auch in: *Zwischen Kirche und Welt*, S. 60-73.

[41]   Paderborn 1998, bes. S. 73 u.ö.

[42]   *Der Fall Carl Schmitt. Sein Aufstieg zum „Kronjuristen des Dritten Reiches".* Darmstadt 1995, S. 40 u.ö.

[43]   Zwischen Kirche und Welt, S. 63.

[44]   A.a.O., S. 67.

[45]   A.a.O., S. 72f.

Beziehung von religiösem Glauben und politischer Form, wie sie bei Carl Schmitt hervortritt, eine „geistesgeschichtliche Wendung", insofern sie die „Überwindung des spiritualistischen Kirchen- und materialistischen Staatsbegriffs" mit sich bringe. Katholisches Gedankengut könne dadurch aber auch gefährdet werden. So sieht er klar, dass die religiöse Einstellung Schmitts von einer einseitigen Betonung des „Amtes" gegenüber dem „Charisma" nicht ganz frei sei. „Demgegenüber kann das Wesen der katholischen Kirche nur im Religiösen, und muss das Wesen dieses Religiösen ebenso von der Seite der lebendigen Fülle wie von jener der geordneten Form erfasst werden. Das Charisma ist der Kirche ebenso notwendig, wie das Amt". Seit dem Erlass des *Codex iuris canonici* sei „für alle Zeiten gesagt, dass die katholische Kirche *auch* Rechtskirche ist, und dass gewisse Rechtsformen in ihrem unveränderlichen Wesen wurzeln. Damit ist aber *nicht* gesagt, dass das Wesen der Kirche in solch politischer Form bestehe". „Gerade der neue Codex erlaubt und verlangt eine Scheidung von Göttlichem und Menschlichem im Kirchenrecht. Im Bereich dieses Menschlichen aber wird und muss es der Gläubige durchaus für möglich halten, dass innerhalb der Kirche das Charismatische gegenüber dem Institutionellen, die Gemeinschaft gegenüber der Gesellschaft wieder stärker hervortritt".

Mit diesen Überlegungen und Thesen ist Wesentliches von dem zum Ausdruck gebracht, was sein Grundverständnis von Recht in der Kirche und sein Bemühen um eine spezifisch theologische Begründung des Kirchenrechts ausmacht. Hier kann sich anschließen, was *Reinhild Ahlers* in ihrem schon eingangs angeführten Aufsatz[46] näher entfaltet hat, nämlich den Zusammenhang von Karl Neundörfers Konzeption mit *Guardinis* Lehre vom Gegensatz, seinen Versuch, die Philosophie des Lebendig-Konkreten auf das Kirchenrecht anzuwenden, die Hervorhebung der Dienstfunktion des Kirchenrechts, schließlich die Erinnerung daran, „dass wirkliche Personalität und Autorität alles Rechtliche überschreiten und von diesem nicht hinreichend erfasst werden können"[47]. Darauf soll hier mit Nachdruck verwiesen werden.

VI.

Auf Karl Neundörfer, dessen Arbeitskraft allgemein gerühmt wurde, richteten sich große Erwartungen. Sie wurden durch seinen frühen Tod zunichte gemacht. Eine ebenso schöne wie anspruchsvolle Aufgabe hatte man ihm mit der Herausgabe von *Friedrich Pilgrams* „Physiologie der Kirche" zugedacht. Dieses 1860 erschienene Werk – es trägt den Untertitel „Forschungen über die geistigen Gesetze, in denen die Kirche nach ihrer natürlichen Seite besteht" – war weitgehend in Vergessenheit geraten[48]. Es sollte in der Reihe „Deutsche Klassiker der katholischen Theologie aus neuerer Zeit", die von *Heinrich Getzeny* betreut wurde,

[46] Siehe oben Anm. 4.
[47] A.a.O.. S. 182.
[48] Grundlegend dazu Bernhard CASPER: *Die Einheit aller Wirklichkeit. Friedrich Pilgram und seine theologische Philosophie*. Freiburg i. Br. 1961. Siehe jetzt auch die Kurzinformation durch denselben Autor in: LThK[3] 8 (1999), Sp. 302f.

neu herausgebracht werden. Aber Neundörfer konnte nur „Vorarbeiten" dazu leisten, auf denen fußend dann *Werner Becker*[49] und schließlich *Heinrich Getzeny*[50] die 1931 erschienene Edition vollendet haben. Der Beginn von Beckers Einführung[51] lässt aber eindrucksvoll erkennen, wie sich die Freunde Karl Neundörfer zugetan und verpflichtet fühlten und wie gerade diese Aufgabe ihm gemäß gewesen wäre. Das Werk Pilgrams habe bei ihm stillschweigend allem Nachdenken über die Theologie und Philosophie der Kirche zugrunde gelegen; er habe dieses Werk durch 20 Jahre hochgeschätzt. Werner Becker tritt in die von Karl Neundörfer gelegte Spur und übernimmt die Bearbeitung „aus einem verantwortungsvollen Ernst, der seine Kraft aus dem frommen Andenken an den lauteren und tiefen Denker holt". Werner Becker war es auch, der aus dieser Gesinnung Karl Neundörfer in der ersten Auflage des Lexikons für Theologie und Kirche[52] ein kleines Denkmal gesetzt hat. Treffsicher und Wesentliches zusammenfassend heißt es dort: „Mit der Weite und Zeitoffenheit seines Blickes, dem klaren und sicheren Urteil und mit seiner Hingabebereitschaft war er einer der Führer der katholischen Bewegung (besonders auch der Jugendbewegung) der Nachkriegszeit, die von ihm viel für ihre rechte Einordnung in Kirche und Staat gelernt hat. Sein wissenschaftliches Feld war die philosophische und soziologische Erfassung von Kirche und Kirchenrecht. Von vielen rastlos verfolgten Arbeitsplänen konnte er nur wenige verwirklichen".

VII.

Seit Herbst 1925, in der letzten Lebensphase also, schien sich eine grundlegende Veränderung in der beruflichen Situation Karl Neundörfers anzubahnen, jedenfalls die Möglichkeit dazu. In Tübingen galt es nämlich, über die Nachfolge *Johann Baptist Sägmüllers* auf dem Lehrstuhl für Kirchenrecht zu befinden[53]. Dafür wurde Neundörfer ins Spiel gebracht, und zwar von Sägmüller selbst, der ihm offenbar sehr gewogen war und ihn schätzte[54]. Doch wurde am Ende nichts dar-

[49] Über ihn Lothar ULLRICH in: LThK[3] 2 (1994), Sp. 114f. Im Hinblick auf die Beziehungen zu Carl Schmitt siehe auch DAHLHEIMER, a.a.O., S. 511-515. Dass Werner Becker die Aufgabe der Edition des Werks von Pilgram übernommen hat, hat in einem Brief an Carl Schmitt vom 6. September 1928 Niederschlag gefunden, wobei Becker nicht verfehlt zu betonen, dass Karl Neundörfer „der Berufene" dazu gewesen wäre: Werner BECKER: *Briefe an Carl Schmitt*. Hrsg. v. Piet TOMMISSEN. Berlin 1998, S. 42.

[50] Informationen über ihn bei DAHLHEIMER, a.a.O. S. 136-138 u.ö.

[51] In der Ausgabe von 1931 S. XV/XVI.

[52] LThK[1] 7 (1935), Sp. 519f.

[53] Neueste Kurzinformation über ihn bei Richard PUZA in: LThK[3] 8 (1999), Sp. 1429. Ausführliche Würdigungen bei Josef Rupert GEISELMANN: *Theologische Quartalschrift* 123 (1942), S. 217-222; August HAGEN: *Zeitschrift der Savigny-Stiftung für Rechtsgeschichte, Kanonistische Abteilung* 63 (32) (1943), S. 569f.; Philipp HOFMEISTER: *Archiv für Katholische Kirchenrecht* 122 (1947), S. 345-348; Eugen Heinrich FISCHER: *Theologische Quartalschrift* 150 (1970), S. 82-95.

[54] Neundörfer hat in seinem zweiten theologischen Semester (Wintersemester 1907/08) bei ihm gehört und zwar „Kirchliche Verfassung", die erste Hälfte der

aus. Bisher las man es so: „Wenige Monate vor seinem Tode sollte Karl Neundörfer als Nachfolger Professor Sägmüllers auf den Lehrstuhl für Kirchliches Recht berufen werden. Ich freute mich über die Nachfolge, die der greise Gelehrte der Tübinger Schule großen Angedenkens finden sollte. Er hätte sein Amt keiner reineren und zuverlässigeren Hand anvertraut wünschen können. Das Geschick wollte es anders". So äußerte sich der Freund *Joseph Weiger*[55]. *Philipp Funk*[56] setzt einen besonderen Akzent, wenn er schreibt: „Wie hoch er in wissenschaftlichen Fachkreisen eingeschätzt wurde, geht aus der Tatsache hervor, dass ihn, vor noch nicht Jahresfrist, die katholisch-theologische Fakultät der Universität Tübingen für die Nachfolgerschaft des bedeutenden Kanonisten J. B. Sägmüller in Aussicht genommen hatte. Die Vereitelung dieses Planes war ein schwer zu verantwortender Missgriff. Neundörfer selbst verwand die schmerzliche Verdrängung vom nahen Ziele mit der ihm eigenen vornehmen und gläubigen Ruhe". Noch einen Schritt weiter geht *Jakob Franz*: „Dass man vermutlich von Mainz aus ihm die Berufung auf den Lehrstuhl für Kirchenrecht in Tübingen verdarb, ist eine peinliche Angelegenheit"[57].

Welches sind die Fakten, was sagen die Akten dazu?[58] In der Sitzung der Fakultät vom 30. November 1925 wurde folgender Berufungsvorschlag beschlossen: 1. Löhr – Breslau[59], 2. Neundörfer – Mainz, 3. Tischleder – Münster[60], 4.

Kirchenrechtsvorlesung, die er zu halten pflegte. In dem in der vorigen Anmerkung zuletzt angeführten Beitrag von FISCHER heißt es: „Pietätvoll erinnerte sich Sägmüller seines allzu früh verstorbenen ehemaligen Schülers, des Mainzer Stadtpfarrers Dr. Karl Neundörfer und seiner Gespräche mit ihm, ohne freilich ein Hehl daraus zu machen, dass er ihm nicht in allen Ansichten folgen konnte" (S. 91). Als literarischen Beleg führt Fischer einen Umschau-Beitrag von Sägmüller an, in dem dieser die Schrift „Katholische Ehe" vorstellt, eine Schrift, in der Vorträge zusammengefasst sind, die auf der Delegiertenversammlung des Katholischen Deutschen Frauenbundes in Hildesheim gehalten worden sind (*Theologische Quartalschrift* 107, 1926, S. 176). Von den Vorträgen, so sagt Sägmüller, „am höchsten steht nach jeder Seite hin, nach der dogmatischen und moralischen und juristischen der erste: Ehemoral und Eherecht im Lichte des Ehesakraments von Dr. Karl Neundörfer, verst. Stadtpfarrer von St. Quintin in Mainz. Wir wüssten an ihm, hervorgegangen aus ebenso großem Seeleneifer, wie wissenschaftlicher Tiefe und formaler Darstellungsgabe, auch gar nichts auszusetzen, am allerwenigsten, wenn es S. 19 heißt, dass in dem, was Paulus über die Stellung der Frau sage, auch zeitgeschichtlich Bedingtes stecke, da sofort beigefügt wird, dass diese veränderliche Sphäre nur die der Sitte und des bürgerlichen Rechtes sei".

[55] *Karl Neundörfer zum Gedächtnis*, o. Anm. 3, S. 9/10.

[56] Karl Neundörfer †. In: *Hochland* 24, Bd. 1 (1926/27), S. 114.

[57] Das vorweggenommene Konzil. Dr. Karl Neundörfer, Mainzer Pfarrer zwischen Welt und Kirche. In: *Mainzer Almanach* (1970), S. 124.

[58] Die folgenden Belege finden sich in den Akten 184/227 und 205/21 des Universitätsarchivs Tübingen, dem ich für bereitwillige Hilfe bei meinen Recherchen sehr zu danken habe.

[59] Joseph Löhr (1878-1956). Über ihn Heinrich FLATTEN: *Theologische Quartalschrift* 136 (1956), S. 393-401. Siehe auch den ungezeichneten Nachruf im *Archiv für Katholisches Kirchenrecht* 128 (1957), S. 432f. In der Kontroverse über die Stellung der Caritas war Löhr einer der Antipoden Neundörfers; vgl. oben bei Anm. 25.

Gescher – Köln[61]. Die Laudationes für Löhr und Neundörfer waren von Sägmüller selbst verfasst. Über letzteren sagt er zusammenfassend urteilend: „Ist es im Verhältnis zu Löhr auch viel weniger, was N. geschrieben, so ist einerseits seine Stellung seit 11 Jahren inmitten der städtischen Seelsorge zu bedenken, andererseits aber seine volle juristische Ausbildung, seine Frühreife, seine klare Denk- und Darstellungsweise und seine Aufgeschlossenheit für alle kirchenrechtlichen, sozialen und modernen Probleme überhaupt in Betracht zu ziehen. Endlich fühlt er ein förmliches Drängen zur Wissenschaft zurück, wie wir von ihm wissen". Auf dem Blatt, das das Sitzungsprotokoll wiedergibt, ist unten ein Vermerk angebracht: „Nachträgliche Umstellung Löhr – Gescher – Tischleder". Und in der Tat ist der Berufungsvorschlag in dieser Form, also ohne den Namen Neundörfer und mit geänderter Reihenfolge in Bezug auf Gescher und Tischleder in den Großen Senat eingebracht und von diesem unter dem 21. Dezember 1925 so beschlossen worden[62]. Der Ruf ging dann an den Erstplazierten, der zum Sommersemester 1926 in Tübingen seinen Dienst antrat.

Was war geschehen? Bischof *Paul Wilhelm Keppler* war durch den Dekan der Fakultät über den Berufungsvorschlag informiert worden. In einem kurzen handschriftlichen Vermerk vom 7. Dezember 1925 nimmt er dazu Stellung: „Wir beehren uns, unsere Äußerung zu diesen Vorschlägen dahin abzugeben, dass wir gegen Löhr – Breslau und Tischleder – Münster nichts einzuwenden haben. Dagegen müssten wir Neundörfer – Mainz unsererseits unbedingt ablehnen. Was den mir völlig unbekannten Gescher – Köln betrifft, so müssen wir uns die Stellungnahme vorbehalten". Natürlich wurden Gründe nicht genannt, aber sie liegen wohl auf der Hand: Bischof Keppler[63], der sich im Streit um den sog. Reformkatholizismus auf der konservativen Seite profiliert hatte[64], dürfte Neundörfer, Autor im „Hochland" und in der Rhein-Mainischen Volkszeitung, für einen gefährlichen Modernisten gehalten haben. Es ist freilich auch kein Ruhmesblatt für die Fakultät, wenn sie kampflos sofort klein beigegeben hat. Andererseits bleibt bemerkenswert, dass es gerade Sägmüller gewesen ist, der sich zunächst für Neundörfer eingesetzt hat. Das passt nämlich nicht in das Bild vom Integralisten, als

[60] Peter Tischleder (1891-1947). Über ihn Sigrid DUCHHARDT-BÖSKEN in: *Biographisch-Bibliographisches Kirchenlexikon.* Bd. 12. Herzberg 1997, Sp. 181-183.
[61] Franz Gescher (1884-1945). Über ihn Nikolaus HILLING in: *Archiv für Katholisches Kirchenrecht* 123 (1948), S. 106-109.
[62] Tübinger Tradition entsprechend war das Mitglied einer anderen Fakultät zum Senatsberichterstatter bestellt. Es war pikanterweise Arthur Benno Schmidt, der „Doktorvater" Neundörfers. Ob er die Vorgänge, die sich im Vorfeld abgespielt hatten, kannte?
[63] Über ihn Rudolf REINHARDT in: LThK[3] 5 (1996), Sp. 1400f.
[64] Zur allgemeinen Orientierung vgl. Manfred WEITLAUFF: Reformkatholizismus. In: LThK[3] 8 (1999), Sp. 957-959. Sehr erhellend die Spezialstudie von Karl HAUSBERGER: „Reformistae quoad intellectum confusi sunt, quoad mores mendaces". Zur antimodernistischen Protagonistenrolle des Rottenburger Bischofs Paul Wilhelm von Keppler (1898-1926). In: Hubert WOLF (Hrsg.): *Antimodernismus und Modernismus in der katholischen Kirche. Beiträge zum theologiegeschichtlichen Vorfeld des II. Vaticanums.* Paderborn 1998, S. 217-239. Ob übrigens Rottenburg in dieser Sache mit Mainz konspiriert hat, ist nicht auszuschließen, muss aber offen bleiben.

den *August Hagen*[65] ihn charakterisiert hat, und stützt damit die differenzierteren Urteile über Sägmüller, wie wir sie etwa von *Geiselmann* und *Fischer*[66] und auch von *Georg May*[67] kennen. Für die Gesamtbeurteilung des Vorgangs, dessen staatskirchenrechtliche Seite hier bewusst ausgeklammert bleibt, wird man allerdings nicht außer Acht lassen dürfen, dass Neundörfer auf dem ursprünglichen Vorschlag der Fakultät nur auf Platz 2 figurierte, die Chance, dass er zum Zuge kommen würde, also von vornherein nicht sehr groß war. Insoweit waren seine eigenen Erwartungen und diejenigen seiner Freunde wohl zu hoch gespannt[68].

VIII.

Am Ende ist noch einmal an die begrenzte Zielsetzung dieses Beitrags zu erinnern. Deshalb verbietet sich auch ein zusammenfassendes Urteil über Leben und Wirken Karl Neundörfers. Aber es dürfte doch verständlich geworden sein, warum es sich lohnt, sich mit dieser Priestergestalt näher zu beschäftigen[69] und seine Position im Netzwerk des deutschen Katholizismus der ersten 25 Jahre des 20. Jahrhunderts genauer zu bestimmen, näherhin seine Position als Jurist, Kanonist, Theologe, Caritasfunktionär, Publizist, Seelsorger, nicht zuletzt als Mitglied der Jugendbewegung. Die Gefährten und Zeitgenossen haben ihn offenbar als eine Lichtgestalt erlebt und erfahren. Er selbst hat augenscheinlich das vorgelebt, was er einmal in einem thematisch sensiblen Zusammenhang[70] als unverzichtbares Postulat formuliert hat: „Ungebrochene Kraft der Gläubigkeit und unverschleierte Schau der Wirklichkeit".

---

[65] *Der Reformkatholizismus in der Diözese Rottenburg (1902-1920)*. Stuttgart 1962, S. 153-165.

[66] S. o. Anm. 53.

[67] *Mit Katholiken zu besetzende Professuren an der Universität Tübingen von 1817-1945*. Amsterdam 1975, S. 582.

[68] Nach Abschluss des Manuskripts stieß ich noch auf den Beitrag von Rudolf REINHARDT: Zu den Auseinandersetzungen um den „Modernismus" an der Universität Tübingen. In: *Tübinger Theologen und ihre Theologie. Quellen und Forschungen zur Geschichte der Katholisch-Theologischen Fakultät Tübingen*. Hrsg. v. Rudolf REINHARDT. Tübingen 1977, S. 271-352. Der Autor erwähnt die Intervention von Bischof Keppler in dem Berufungsverfahren Nachfolge Sägmüller (S. 272, Anm. 3). Im übrigen hebt er hervor, „dass Sägmüller, der in Keppler zunächst einen bewährten Bundesgenossen im Kampf gegen Reformkatholizismus und Modernismus sah, von diesem später abrückte und den Regierungsstil und Persönlichkeitskult des 'Kirchenfürsten' einer immer schärferen Kritik unterzog" (S. 284). – Mit Nachdruck mache ich auch noch auf die von mir bei der Abfassung meines Beitrags leider übersehenen wichtigen Bezugnahmen auf Neundörfer bei Heinz HÜRTEN: *Deutsche Katholiken 1918-1945*. Paderborn 1992, aufmerksam (S. 113ff., 131ff., 149f.). Sie betreffen insbesondere die oben unter IV. und V. behandelten Problemkreise.

[69] Vgl. auch den Hinweis auf Neundörfer in meiner Studie „Rechts- und Staatsdenken im deutschen Katholizismus der Weimarer Zeit". In: *Dem Staate, was des Staates – der Kirche, was der Kirche ist. Festschrift für Joseph Listl zum 70. Geburtstag*. Hrsg. v. Josef ISENSEE, Wilhelm REES und Wolfgang RÜFNER. Berlin 1999, S. 63f.

[70] *Die geschlechtliche Erziehung*. In: *Hochland* 23, Bd. 1 (1925/26), S. 496.

Ein Mainzer Theologe über das
Verhältnis von Kirche und Staat in schwieriger Zeit

Peter Tischleder (1891-1947)[1]

VON PETER WALTER

In Darstellungen der Theologie des 20. Jahrhunderts sucht man den Namen Peter Tischleders meist vergeblich[2]. Dies steht in einem krassen Mißverhältnis zu der Tatsache, daß seine Werke in den theologischen Bibliotheken oft in mehreren Exemplaren vorhanden und auch gegenwärtig noch über den Antiquariatshandel gut erhältlich sind. Tischleder scheint ein zu seinen Lebzeiten gefragter und wohl auch gelesener Autor gewesen zu sein. Die unbestreitbare Tatsache, daß sein früher Tod am 24. Mai 1947 kaum ein Echo fand, dürfte eher auf äußere Gründe zurückgehen. Zum einen hatten die Menschen in der unmittelbaren Nachkriegszeit andere Sorgen, zum andern – und dies dürfte vielleicht der gewichtigere Grund sein – fehlten zunächst noch die wissenschaftlichen Publikationsorgane, in denen man Nachrufe und Würdigungen hätte veröffentlichen können.

I. Kurzer Lebensabriß

Peter Tischleder[3] wurde am 22. Februar 1891 in Dromersheim bei Bingen als Sohn eines Gast- und Landwirtehepaars geboren. Nach dem Abitur, das er in

---

[1] Eine erste Fassung dieses Beitrags wurde am 24. Mai 1997, dem 50. Todestag Peter Tischleders, in dessen Heimatgemeinde vorgetragen. Ich freue mich, daß ich die Druckfassung, deren Fertigstellung sich verzögert hat, nun dem gegenwärtigen Bischof von Tischleders Heimatdiözese widmen kann, dem das Kirche-Staat-Verhältnis, wenn auch unter ganz anderen Konstellationen, ein wichtiges Anliegen ist. Meinen Kollegen Rudolf Henning und Norbert Glatzel, dem emeritierten und dem amtierenden Vertreter des Fachs Christliche Gesellschaftslehre an der Freiburger Theologischen Fakultät, danke ich für freundliche Hinweise.

[2] Er fehlt z.B. bei Ernst HIRSCHBRICH: *Die Entwicklung der Moraltheologie im deutschen Sprachgebiet seit der Jahrhundertwende.* Klosterneuburg 1959. Johannes REITER: *Modelle christozentrischer Ethik. Eine historische Untersuchung in systematischer Absicht.* Düsseldorf 1984 (Moraltheologische Studien. Historische Abteilung. 9), S. 102 nennt ihn immerhin und gibt als Grund der Nichtbefassung die Hinwendung Tischleders zur Sozialethik an.

[3] Vgl. die vorzügliche, auf bislang unveröffentlichtes Material gestützte Darstellung von Peter FLECK: „Der Gemeinde größter Sohn". Peter Tischleders Lebensweg vom rheinhessischen Bauernjungen zum Moraltheologen und Begutachter der hessischen und rheinland-pfälzischen Verfassung (1891-1947). In: *Archiv für hessische Geschichte und Altertumskunde* 56 (1998), S. 205-254. Vgl. auch Eduard HEGEL: *Geschichte der Katholisch-Theologischen Fakultät der Universität Münster 1773-1964.* Münster 1966-1971 (Münsterische Beiträge zur Theologie. 30, 1-2); Bd. 2, S. 94.

Bensheim bestand, studierte er am Mainzer Priesterseminar Theologie und wurde am 3. August 1914, an dem Tag, an dem Deutschland Frankreich den Krieg erklärte, zum Priester geweiht. Anschließend wirkte er als Kaplan in Heusenstamm, Mainz-Kastel und Friedberg. 1919 wurde er zum Studium beurlaubt und ging nach Münster, wo er als Schüler des Moraltheologen Joseph Mausbach[4] am 20. August 1920 zum Dr. theol. promoviert wurde. Anschließend wirkte er als Kaplan von Lampertheim wieder in der Seelsorge und konnte nebenher seine Habilitationsschrift verfassen, aufgrund deren er am 25. Oktober 1922 in Münster für Moraltheologie und Sozialethik habilitiert wurde. Anschließend wirkte er hier als Privatdozent.

Seinen Lebensunterhalt bestritt Tischleder weitgehend durch die Tätigkeit als Hausgeistlicher. In den Wintersemestern 1927/28 und 1928/29 hielt er Gastvorlesungen über katholische Weltanschauung an der Technischen Hochschule Hannover. Am 17. 12. 1928 wurde er, da er 1925/26 auf einer Tübinger Liste gestanden hatte[5], in Münster zum „n[icht] b[eamteten] a[ußer]o[rdentlichen] Professor" ernannt.

Am 17. April 1931 folgte er seinem Lehrer Mausbach als ordentlicher Professor für Moraltheologie nach. Auf der dem Ministerium präsentierten Liste für die Nachfolge Mausbachs standen neben Tischleder an zweiter und dritter Stelle der Passauer Moraltheologe Theodor Müncker, der später nach Freiburg im Breisgau wechselte, und der am Mainzer Priesterseminar lehrende Wendelin Rauch, der zukünftige Freiburger Erzbischof. Tischleder war der Jüngste unter ihnen und noch nicht Lehrstuhlinhaber. Da es sich zudem um eine „Hausberufung" handelte, mußte die Fakultät besonders begründen, warum sie ihn den arrivierteren auswärtigen Kollegen vorzog. Im Schreiben des Dekans an den Minister wird die Weite seines Arbeitsfeldes, das biblische, scholastische und moderne Fragestellungen umfaßt, ebenso hervorgehoben wie sein Interesse an soziologischen und juristischen Fragen, das ihn den benachbarten Fakultäten als Gesprächspartner empfiehlt. Als „sein besonderes Verdienst" wird herausgestellt, „daß er in schweren Zeiten des staatlichen Lebens mit einer Anzahl wissenschaftlicher, wertvoller Untersuchungen gerade das Gebiet der Staatslehre nach den Auffassungen der katholischen Theologie in Angriff genommen hat, in einer Unabhängigkeit und Unbestechlichkeit des wissenschaftlichen Urteils, die ihm einen angesehenen Platz in der katholischen Theologie der Gegenwart einräumt." Auch seine Vortragstätigkeit, die ihm die Wertschätzung „bei den Jungakademikern im ganzen katholischen Deutschland" eingetragen habe, wird in die Waagschale geworfen[6].

[4] Vgl. Wilhelm WEBER: Joseph Mausbach (1861-1931). In: *Zeitgeschichte in Lebensbildern*. Bd. 3. Hrsg. von Jürgen ARETZ – Rudolf MORSEY – Anton RAUSCHER. Mainz 1979, S. 149-161; *Biographisch-Bibliographisches Kirchenlexikon*. Bd. 5. Hamm 1993, Sp. 1071-1077 (Winfried BECKER). Vgl. auch Mausbachs Autobiographie in: *Die Religionswissenschaft der Gegenwart in Selbstdarstellungen*. Hrsg. von Erich STANGE. Bd. 3. Leipzig 1927, S. 57-89. Tischleder widmete seinem Lehrer den Aufsatz: Joseph Mausbachs unvergängliches Erbe an die Wissenschaft. In: *Das neue Reich* 13/14 (1931), S. 474-477 sowie den Artikel „Mausbach" in: LThK[1] 7 (1935), Sp. 11f.
[5] Vgl. E. HEGEL: *Geschichte der Katholisch-Theologischen Fakultät...*, Bd. 1, S. 455.
[6] Schreiben der Fakultät, Dekan Donders, an den Minister vom 26. 12. 1930, zit. nach

Nachdem sein für Christliche Sozialethik zuständiger Fakultätskollege Heinrich Weber am 1. Oktober 1935 zwangsweise nach Breslau versetzt worden war, übernahm Tischleder dessen Aufgabe zum 21. Juli 1936 per Lehrauftrag[7]. Beide hatten 1931 als ersten Band des Handbuchs der Sozialethik eine „Wirtschaftsethik" (Essen 1931) verfaßt, an der Tischleder nach eigenen Angaben den Hauptanteil hatte[8]. Auf Tischleders unerschrockene Haltung während der Zeit des Nationalsozialismus wird weiter unten noch einzugehen sein.

1946 wechselte Tischleder, der aus dem zerbombten Münster in sein Heimatdorf geflohen war und kaum Aussichten auf eine Rückkehr sah, dessen Gesundheitszustand zudem wohl schon den nahenden Tod ankündigte, auf den Lehrstuhl für Sozialethik an die neugegründete Katholisch-Theologische Fakultät der Johannes Gutenberg-Universität in Mainz. Sein durch eine Krebserkrankung verursachter Tod am 24. Mai 1947 hinderte ihn daran, hier eine breitere Wirksamkeit zu entfalten. Aber auch in der kurzen Zeit, die ihm verblieb, hat er versucht, an der Überwindung der geistigen Wüste, die der Nationalsozialismus hinterlassen hat, mitzuwirken. Politiker der ersten Stunde haben bei ihm Rat gesucht.

Einer seiner Mainzer Hörer bescheinigt Tischleder neben einer gewissen professoralen Zerstreutheit „Gründlichkeit und Fröhlichkeit" und nennt ihn „ein[en] Mann[,] mit dem man reden konnte"[9]. Andere Zeitgenossen heben seine Liebenswürdigkeit hervor[10], sein Büdesheimer Landsmann Johannes Kraus, der bei der Beerdigung Tischleders am 30. Mai 1947 in Dromersheim die Predigt gehalten hat, betont darüber hinaus seine tiefe Frömmigkeit[11].

E. HEGEL: *Geschichte der Katholisch-Theologischen Fakultät...*, Bd. 1, S. 455f. Zu Müncker (1887-1960) vgl. LThK[3] 7 (1998), Sp. 527 (Konrad HILPERT), zu Rauch (1885-1954), seit 1948 Erzbischof von Freiburg, vgl. LThK[3] 8 (1999), Sp. 851 (DERS.).

[7] Vgl. Stephan RAABE: Katholische Soziallehre und Caritaswissenschaften an den Hochschulen des deutschen Sprachgebiets. Lehrstühle, Personen, Daten – von den Anfängen bis zur Gegenwart. In: *Jahrbuch für christliche Sozialwissenschaften* 32 (1991), S. 393-427, S. 405; zu Weber (1888-1946) vgl. Erich KLEINEIDAM: *Die Katholisch-Theologische Fakultät der Universität Breslau 1811-1945*. Köln 1961, S. 157.

[8] Ludwig BERG (Hrsg.): Peter Tischleders Auffassung von den Menschenrechten. In: *Archiv für Mittelrheinische Kirchengeschichte* 14 (1962), S. 387-407; S. 387. Berg (1909-1976), Schüler und Nachfolger Tischleders auf dem Mainzer Lehrstuhl, scheint gegenüber seinem Lehrer später eine gewisse Zurückhaltung geübt zu haben. Vgl. P. FLECK: „Der Gemeinde größter Sohn", S. 244 Anm. 63, S. 252 Anm. 56.

[9] Peter KRATZ: Im Zweiten Weltkrieg und unmittelbar danach. In: *Augustinerstraße 34. 175 Jahre Bischöfliches Priesterseminar Mainz*. Mainz o.J. [1980], S. 179-185, S. 182f. Vgl. dazu auch P. FLECK: „Der Gemeinde größter Sohn", S. 235.

[10] Der Jesuit Friedrich Muckermann nennt ihn „den liebenswürdigen Professor Tischleder": F. MUCKERMANN: *Im Kampf zwischen zwei Epochen. Lebenserinnerungen*. Bearbeitet und eingeleitet von Nikolaus JUNK. Mainz 1973 (Veröffentlichungen der Kommission für Zeitgeschichte. A 15), S. 347; vgl. auch S. 445.

[11] Johannes KRAUS: *Universitäts-Professor Dr. Peter Tischleder in piam memoriam. Predigt bei der Beisetzung in Dromersheim bei Bingen am 30. Mai 1947*. Mainz 1947. Zu Kraus (1893-1969), der seit 1938 am Mainzer Priesterseminar und seit 1946 an der neugegründeten Universität Moraltheologie lehrte, vgl. LThK[3] 6 (1997), Sp. 432 (P. WALTER).

II. Tischleders theologisches Werk

Tischleders Lehrer, der Münsteraner Moraltheologe und Sozialethiker Joseph Mausbach, gehörte ohne Zweifel zu den bedeutendsten katholischen Theologen seiner Zeit und zu den aufgeschlosseneren Vertretern seines Faches. Er wandte sich aktuellen Fragestellungen zu und machte auch seinen Schüler darauf aufmerksam. So erklärt sich die Thematik der Dissertation wie der Habilitationsschrift Tischleders. Erstere beschäftigt sich mit der nicht erst in der Gegenwart virulenten Frage nach der Stellung der Frau in Kirche und Gesellschaft, letztere mit der in den frühen Zwanziger Jahren, im Zusammenhang der politischen Neuordnung Deutschlands nach dem Ersten Weltkrieg, viel diskutierten Frage nach dem Ursprung der Staatsgewalt.

In seiner Dissertation[12] untersucht Tischleder die im Neuen Testament unter dem Namen des Apostels Paulus überlieferten Briefe, ohne nach deren Authentizität zu fragen, im Hinblick auf ihre Aussagen über „Wesen und Stellung der Frau". Tischleder bemüht sich vor allem, „die sittliche und religiöse Ebenbürtigkeit des Weibes mit dem Mann" herauszuarbeiten (so die Überschrift des zweiten Kapitels des ersten Hauptabschnitts, S. 103-119). Dies ist nicht ganz leicht, da Paulus sich anscheinend in Widersprüche verwickelt, insofern er auf der einen Seite die grundsätzliche Gleichheit aller in Christus behauptet, aber soziale Unterschiede, wie sie etwa das Sklavendasein mit sich bringt, nicht zu überwinden trachtet. Tischleder versucht, dieses Problem zu lösen, indem er auf den für Paulus „wesentlichen Unterschied zwischen der innerlich-religiösen Stellung zu Christus und der äußerlich-rechtlichen Stellung in der Gesellschaft" (S. 117) hinweist. Nach ihm ist der „Schluß von der vorzüglicheren äußeren Rechtsstellung auf größeren inneren Wert vor Gott und die Forderung größerer sozialer Vorteile und Rechte auf Grund des neugewonnenen Christenstandes ... verfehlt und unberechtigt, weil beide Gebiete nicht innerlich zusammenfallen, sondern selbständig nebeneinander Geltung haben. *Darum steht ähnlich wie beim Sklaven auch die Christenwürde der Frau nicht im Widerspruch zu ihrer untergeordneten Stellung zum Mann in dem Haus wie in der Gesellschaft*, und die Frauen können das Recht zu *Unabhängigkeitsbestrebungen* nach Paulus ebensowenig durch die Berufung auf ihre christliche Freiheit und Gleichheit in Christus rechtfertigen wie die Sklaven." Nach Tischleder stellt es einen „Mißbrauch des Christentums" dar, den Paulus „mit aller Entschiedenheit" ablehne, mit diesem politische, wirtschaftliche oder soziale Veränderungen begründen zu wollen: „Die christliche Religion ist ihm [sc. Paulus] im wesentlichen Gesinnungs- nicht Wirtschaftsform" (S. 117f.).

Tischleder untermauert mit seiner in systematischer Absicht betriebenen exegetischen Studie die Auffassungen seines Lehrers Mausbach, der in der Frauenfrage eine Art Mittelstellung zwischen „Rückständigkeit und übereiltem Fort-

---

neugegründeten Universität Moraltheologie lehrte, vgl. LThK ³ 6 (1997), Sp. 432 (P. WALTER).

12 *Wesen und Stellung der Frau nach der Lehre des heiligen Paulus. Eine ethisch-exegetische Untersuchung.* Münster i. W. 1923 (Neutestamentliche Abhandlungen. 10, 3-4). Zu den Gutachten vgl. P. FLECK: „Der Gemeinde größter Sohn", S. 220f.

schritt"[13] einnimmt. Aus heutiger Sicht mag man beklagen, daß beide nicht über eine Argumentationsstruktur hinauskommen, „die letztlich wie eine zynische Rechtfertigung bestimmter bestehender Verhältnisse und einer spiritualisierenden Vertröstung der Frauen wirkt"[14], und daß sie – „in hartem Kontrast zu ihrer sonstigen Sensibilität für die notwendige rechtliche Fundierung und Einlösung von Handlungsspielräumen"[15] – solche für Frauen nicht einklagen. Dabei darf allerdings nicht übersehen werden, daß es nach Tischleders Auffassung Paulus fernlag, „die damaligen Verhältnisse als die *unter allen Umständen und für alle Zeiten allein möglichen und gültigen* behaupten und festlegen zu wollen" (S. 118; vgl. auch S. 218f.). Dadurch widerspricht Tischleder denen, die mittels Paulus die aktuelle „Frauenfrage" lösen wollen, eröffnet aber einen Handlungsspielraum für die Problemfelder seiner Gegenwart, der durch die biblischen Aussagen, insofern sie zeitgebunden erscheinen, nicht nur nicht eingeschränkt wird, vielmehr durch die grundsätzlichen Ausführungen über die sittliche und religiöse Gleichheit von Mann und Frau eine tiefere theologische Begründung erhält. Gerade weil er die Zeitbedingtheit mancher paulinischer Texte in Rechnung stellt, entgeht Tischleder der Gefahr, Forderungen von Frauen pauschal abzukanzeln.

Tischleders Habilitationsschrift[16] erschien im Verlag des Volksvereins für das katholische Deutschland, dessen Bedeutung für den deutschen Katholizismus kaum überschätzt werden kann[17]. Sie beschäftigt sich mit der Frage nach dem Ursprung der Staatsgewalt nach der Auffassung des Thomas von Aquin und der späteren Thomisten. Thomas galt seit dem 19. Jahrhundert, besonders seit der Enzyklika „Aeterni Patris" Leo XIII. aus dem Jahre 1879, nicht nur in theologischer, sondern auch in philosophischer wie in staatstheoretischer Hinsicht als die maßgebende katholische Autorität[18]. Es verwundert daher nicht, daß sich Tischleder in dieser für die damals aktuelle politische Diskussion wichtigen Frage (s.u.

[13] Lydia BENDEL-MAIDL: Die Frau – ein verhinderter Mann oder verhindert durch den Mann? Thomas von Aquin als Quelle der Frauenfrage im ersten Drittel des 20. Jahrhunderts. In: *Die Einheit der Person. Beiträge zur Anthropologie des Mittelalters. Richard Heinzmann zum 65. Geburtstag.* Hrsg. von Martin THURNER. Stuttgart 1998, S. 195-215; S. 196. Die Verfasserin analysiert scharfsichtig die Position Mausbachs und Tischleders hinsichtlich der Frauenfrage (S. 196-202) und stellt fest, daß letzterer bei der Überarbeitung des Mausbachschen Handbuchs (s.u.) in dieser Problematik nur geringe Veränderungen vorgenommen hat (S. 196 Anm. 4).

[14] L. BENDEL-MAIDL: Die Frau..., S. 199.

[15] L. BENDEL-MAIDL: Die Frau..., S. 201. In der Verfassungsfrage (s.u. III 1) betonen beide, „daß die Kirche um ihre rechtliche Stellung und Anerkennung kämpfen müsse" (Ebd. Anm. 36).

[16] *Ursprung und Träger der Staatsgewalt nach der Lehre des hl. Thomas und seiner Schule.* M. Gladbach 1923.

[17] Vgl. Gotthard KLEIN: *Der Volksverein für das katholische Deutschland 1890-1933. Geschichte, Bedeutung, Untergang.* Paderborn 1996 (Veröffentlichungen der Kommission für Zeitgeschichte. B 75), S. 78.

[18] Vgl. Heribert RAAB: Die Wiederentdeckung der Staatslehre des Thomas von Aquin in Deutschland im 19. Jahrhundert. In: *Historisches Jahrbuch* 94 (1974), S. 191-221. Tischleder verfaßte später eine für weitere Kreise bestimmte Darstellung: *Die geistesgeschichtliche Bedeutung des hl. Thomas von Aquin für Metaphysik, Ethik und Theologie.* Freiburg i. Br. 1927.

III 1) den Aussagen des Aquinaten zuwendet. Er versucht, Thomas von Aquin als Urheber der Lehre von der gemäßigten Volkssouveränität herauszuarbeiten und dadurch die Kritiker dieser Position innerhalb des Katholizismus zu überzeugen bzw. zum Verstummen zu bringen. Nach der von Rousseau und anderen formulierten absoluten Volkssouveränitätslehre gründet die Staatsgewalt im Volkswillen und nicht in Gott, sie ist absolut unveräußerlich und kann keineswegs an einen einzelnen Herrscher abgegeben werden; dieser ist bloß ein vom Volk Beauftragter und kann ohne weiteres wieder abgesetzt werden. Im Unterschied dazu lehrt die scholastische Volkssouveränitätslehre, die deshalb als gemäßigt bezeichnet wird, daß die staatliche Gewalt primär beim Volksganzen ruht und vom Volk auf einen einzelnen Herrscher übertragen werden kann. Ihren Ursprung aber hat die Volkssouveränität nach dieser Lehre in Gott, der als Schöpfer der sozialen Natur des Menschen Letztursache der staatlichen Gemeinschaft ist. Diese explizit erst bei dem spanischen Jesuiten Francisco Suárez (1548-1619) zu findende Auffassung sucht Tischleder nun bereits bei Thomas von Aquin nachzuweisen. Dem Ergebnis seiner Studie ist, was die Darstellung der Lehre des historischen Thomas von Aquin angeht, wohl mit Recht, widersprochen worden[19]. Dennoch behält Tischleders Arbeit ihre Bedeutung, insofern es ihm gelungen ist, die Tragfähigkeit des thomanischen Ansatzes auch für eine veränderte Problemkonstellation deutlich zu machen.

Tischleders nächstes großes Werk „Die Staatslehre Leos XIII.", welches in kurzer Zeit drei Auflagen erreichte (M. Gladbach 1925, ³1927), weist in dieselbe Richtung. Aus den zahlreichen Äußerungen dieses Papstes konstruiert er zum einen eine umfassende Staatslehre und weist zum andern Versuche zurück, mittels Berufung auf Leo XIII. die Legitimität der Weimarer Republik zu bestreiten. Tischleders Interpretation der päpstlichen Aussagen stieß auf entschiedenen Widerspruch von katholisch-monarchistischer Seite, wovon im nächsten Abschnitt die Rede sein wird.

In späteren Jahren hat Tischleder sich mit der Soziallehre des Mainzer Bischofs Wilhelm Emmanuel von Ketteler (1811-1877) befaßt. Eine Frucht dieser Beschäftigung ist die Marienthaler Rede von 1931, auf die noch zurückzukommen ist; eine andere seine im Todesjahr 1947 erschienene Schrift „Der Totalismus in der prophetischen Vorausschau W. E. von Kettelers" (Mainz 1947). Hier

---

[19]   Vgl. Otto SCHILLING: *Die Staats- und Soziallehre des heiligen Thomas von Aquin.* München ²1930, S. 125ff.; Wilhelm MÜLLER: Thomas von Aquin und die gemäßigte Volkssouveränitätslehre. In: *Bonner Zeitschrift für Theologie und Seelsorge* 7 (1930), S. 321-345; Hans MEYER: *Thomas von Aquin. Sein System und seine geistesgeschichtliche Stellung.* Paderborn ²1961, S. 557-560, bes. S. 558f. Anm. 4. Zum Problem der Volkssouveränität aus naturrechtlicher Sicht vgl. Johannes MESSNER: *Das Naturrecht. Handbuch der Gesellschaftsethik, Staatsethik und Wirtschaftsethik.* Berlin ⁷1984, S. 782-790; Tischleder wird hier erwähnt, es erfolgt aber keine Auseinandersetzung mit seiner Position. Messner nennt ihn neben anderen, die sich „mit wagemutigem Verantwortungsbewußtsein und beherzter Entschlossenheit ... mit den vielen schwierigen Gerechtigkeitsfragen, die sich ihrer Zeit angesichts der Sozialkrise in Gesellschaft, Staat, Wirtschaft, Völkerrecht stellten, als solchen des angewandten Naturrechts beschäftigt [haben]" (S. 372).

wie auch in einem posthum erschienenen Aufsatz[20] deutet Tischleder Ketteler als Thomisten, was ihm nicht zu Unrecht die Kritik eingetragen hat, „in Wahrheit ... eine zu Kettelers Zeit noch nicht voll durchgebildete und noch nicht voll durchgesetzte neuscholastische Sozialethik auf Ketteler rückprojiziert"[21] zu haben.

III. Tischleders (kirchen-)politisches Wirken

1. Verteidigung der Weimarer Verfassung gegen katholische Kritiker

Bereits die Themen, über die Tischleder gearbeitet hat, lassen erkennen, daß er kein weltferner Stubengelehrter sein, sondern, wenn auch in bezug auf historische Gestalten wie Thomas von Aquin, Papst Leo XIII. und Bischof Ketteler, gegenwartsrelevante Fragen bearbeiten wollte. Die Gelegenheit zur breiteren öffentlichen Wirksamkeit bot sich ihm im Gefolge des Umbruchs nach dem verlorenen Weltkrieg, der den Übergang vom Kaiserreich zur Republik mit sich brachte. Tischleders Lehrer Mausbach war in die Nationalversammlung gewählt worden und hatte an der Abfassung der sog. Weimarer Verfassung von 1919 mitgewirkt[22].

Während die Republik von der Zentrumspartei und dem an demokratische Formen gewöhnten Verbandskatholizismus weitgehend mitgetragen wurde, kam gerade aus akademischen Kreisen heftiger Widerspruch[23]. Er richtete sich v.a. gegen den zweiten Satz des ersten Artikels der Weimarer Verfassung: „Die Staatsgewalt geht vom Volke aus". Der Bonner Kirchenhistoriker Heinrich Schrörs[24] etwa hielt diese Aussage mit der traditionellen Lehre von der Herkunft

---

[20] Wilhelm Emmanuel von Ketteler, ein klassischer Anwalt und Herold der Synthese von der gleichzeitigen Statik und Dynamik des sittlichen Naturgesetzes und des Naturrechtes. In: *Jahrbuch für das Bistum Mainz* 5 (1950), S. 94-121. Dieser Band ist Bischof Stohr zum 60. Geburtstag gewidmet: Wilhelm KASTELL (Hrsg.): *Aus Kirche – Kunst – Leben.*

[21] Albrecht LANGNER: Grundlagen des sozialethischen Denkens bei Wilhelm Emmanuel von Ketteler. Ein Beitrag zum Verhältnis von Sozialethik und Staatswissenschaft im 19. Jahrhundert. in: DERS. (Hrsg.): *Theologie und Sozialethik im Spannungsfeld der Gesellschaft. Untersuchungen zur Ideengeschichte des deutschen Katholizismus im 19. Jahrhundert.* München 1974 (Beiträge zur Katholizismusforschung. B [o. Nr.]), S. 61-112; S. 107f. (Zitat S. 108).

[22] Vgl. die knappen Ausführungen Mausbachs in seiner Autobiographie in: *Die Religionswissenschaft der Gegenwart in Selbstdarstellungen,* Bd. 5, S. 81f.

[23] Zum sog. „Verfassungsstreit" im deutschen Katholizismus vgl. mangels einer ausführlicheren Untersuchung noch immer Rudolf MORSEY: *Die deutsche Zentrumspartei 1917-1923.* Düsseldorf 1966 (Beiträge zur Geschichte des Parlamentarismus und der politischen Parteien. 32), S. 236-242; Klaus BREUNING: *Die Vision des Reiches. Deutscher Katholizismus zwischen Demokratie und Diktatur (1929-1934).* München 1969, S. 21-23.

[24] Vgl. Herman SCHWEDT: Heinrich Schrörs (1852-1928) Kirchenhistoriker. In: *Christen zwischen Niederrhein und Eifel – Lebensbilder aus zwei Jahrhunderten.* Bd. 3. Hrsg. von Karl SCHEIN. Aachen-Mönchengladbach 1993, S. 31-52; vgl. auch Schrörs' autobiographische Skizze in: *Die Religionswissenschaft der Gegenwart in Selbstdar-*

334 PETER WALTER

aller Staatsgewalt von Gott für prinzipiell unvereinbar. Tischleder hingegen hat sich in seiner Habilitationsschrift, in seinem Werk über Leo XIII. sowie in der Schrift „Staatsgewalt und katholisches Gewissen" (Freiburg i. Br. 1927) für eine kirchlicherseits akzeptable Interpretation dieser Aussage ausgesprochen. Der Regensburger Domdekan Franz Xaver Kiefl[25] griff ihn deshalb an in seinem Werk „Die Staatsphilosophie der katholischen Kirche und die Frage der Legitimität in der Erbmonarchie" (Regensburg 1928). Ein anderer Kritiker, Joseph Engert, fragte Tischleder in der Zeitschrift „Die schönere Zukunft" polemisch, ob er „ebenso eilfertig wie die deutsche Republik auch die bolschewistische Republik für legitim erklärt hätte, wenn sie in Deutschland zum Siege gekommen wäre?", und hielt ihm entgegen: „Meines Wissens berufen sich auch die Bolschewisten immer auf das 'Gemeinwohl', genau wie Robespierre ... Wer heute von Demokratie spricht, ist gezwungen, den geschichtlich gewordenen Sinn festzuhalten, und dieser ist nicht mehr ethisch"[26]. In der Nachbemerkung der Redaktion wird Tischleder als „Modedemokrat" verunglimpft[27].

Tischleder gehörte zusammen mit seinem Lehrer Mausbach zu den Verteidigern der Republik, die auf die durch die neue Verfassung eröffneten Möglichkeiten der Katholiken hinwiesen. Sie „versäumten ... auch nicht zu betonen, daß erst die Weimarer Verfassung das große Ziel aller Kämpfe der deutschen Katholiken im 19. Jahrhundert, die Freiheit und Unabhängigkeit der Kirche erfüllt habe – was bei allem Herummäkeln an der Republik von den Gegnern völlig übersehen werde. Sie zeigten außerdem, daß die katholische Lehrtradition bei den prinzipiellen Monarchisten legitimistisch verengt wurde; auf thomistisch-naturrechtlicher Grundlage suchten sie nachzuweisen, daß es durchaus ein legitimes katholisches Verständnis von Volkssouveränität und Herkunft der Staatsgewalt vom Volke gebe: denn die Herkunft der Staatsgewalt von Gott bedeutet nichts anderes als

stellungen, Bd. 5, S. 193-239; zum Streit über die Weimarer Verfassung vgl. ebd., S. 232f.

[25] Kiefl (1869-1928), der, nachdem er in Dillingen (1900) und Passau (1903) zunächst neutestamentliche Exegese doziert hatte, ab 1905 in Würzburg Dogmatik lehrte, wurde hier in die Auseinandersetzungen um Herman Schell hineingezogen, den er gegen die Angriffe der Gegner in Schutz nahm. 1911 wurde er Domkapitular in Regensburg, 1914 Domdekan. Vgl. Karl Josef LESCH: Franz Xaver Kiefl und der Reformkatholizismus. In: *Würzburger Diözesangeschichtsblätter* 44 (1982), S. 359-387, zur Auseinandersetzung mit Tischleder: S. 383. Vgl. auch Wilhelm IMKAMP: Die katholische Theologie in Bayern von der Jahrhundertwende bis zum Ende des Zweiten Weltkrieges. In: Walter BRANDMÜLLER (Hrsg.): *Handbuch der bayerischen Kirchengeschichte*. Bd. 3. St. Ottilien 1991, S. 539-651; S. 554; Karl HAUSBERGER: *Herman Schell (1850-1906). Ein Theologenschicksal im Bannkreis der Modernismuskrise*. Regensburg 1999 (Quellen und Studien zur neueren Theologiegeschichte. 2), passim.

[26] J. ENGERT: Die umstrittene Frage der Legitimität. In: *Die schönere Zukunft* 3 (1927/8) S. 1030f.; zit. K. BREUNING: *Die Vision des Reiches*, S. 22. Zu Joseph Engert (1882-1964) vgl. Otto WEISS: *Der Modernismus in Deutschland. Ein Beitrag zur Theologiegeschichte*. Regensburg 1995, S. 299; Karl HAUSBERGER: *Thaddäus Engert (1875-1945). Leben und Streben eines deutschen „Modernisten"*. Regensburg 1996 (Quellen und Studien zur neueren Theologiegeschichte. 1), passim.

[27] „Wir stimmen den Ausführungen des geschätzten Verfassers gegenüber der Ideologie gewisser Modedemokraten vollständig zu." (a.a.O., 1031)

ihre Grundlegung in der von Gott geschaffenen menschlichen Natur; dann aber sei primärer natürlicher Träger der Staatsgewalt zunächst niemand anders als das Volk selbst"[28].

Tischleder hat sich freilich nicht nur mit konservativen Katholiken auseinandersetzen müssen, sondern auch mit der Kritik von liberaler Seite. Als etwa der badische Staatspräsident Willy Hellpach Ende 1925 in einer Rede behauptete, „daß die Katholiken wohl Bürger, aber nicht Bürgen der Demokratie sein könnten"[29], und diesen Vorwurf in einer Veröffentlichung aus dem Jahre 1928, wenn auch abgemildert, aufrecht erhielt, gehörte Tischleder zu denen, die dieser Behauptung entgegentraten[30]. Sein Werk „Der katholische Klerus und der deutsche Gegenwartsstaat" (Freiburg i.Br. 1928) ist von der Auseinandersetzung mit Hellpach durchzogen.

Tischleder hat, so kann man zusammenfassend sagen, in seinen staatstheoretischen Schriften, wiewohl sie aus der zeitgenössischen Polemik entstanden sind, „eine noch heute beachtenswerte sozialethische Auseinandersetzung mit dem modernen Verfassungsstaat und eine positive sozialethische Würdigung der Demokratie mit zeitgerechtem und zukunftsträchtigem Charakter vorgelegt"[31].

2. Tischleder und der Nationalsozialismus

Einen guten Einblick in Tischleders Haltung zum heraufziehenden Nationalsozialismus bietet seine auf der großen Männerwallfahrt am 28. Juni 1931 in Marienthal im Rheingau, dem traditionellen Marienwallfahrtsort des Binger Landes, gehaltene Rede, die am nächsten Tag in der „Mittelrheinischen Volkszeitung", dem von Dr. Peter Paul Nahm[32] geleiteten, 1934 verbotenen Binger Zentrumsblatt, gedruckt wurde. Sie trägt den Titel: „Windthorst, Leo XIII., Ketteler und Brüning"[33]. Die Rede, die unverhohlen Tischleders Sympathie für die Zentrumspartei und den von ihr gestellten Reichskanzler erkennen läßt, umfaßt drei große

---

[28] Klaus SCHATZ: *Zwischen Säkularisation und Zweitem Vatikanum. Der Weg des deutschen Katholizismus im 19. und 20. Jahrhundert.* Frankfurt am Main 1986, S. 234f.

[29] R. MORSEY: *Die deutsche Zentrumspartei...*, S. 613; vgl. auch Thomas RUSTER: *Die verlorene Nützlichkeit der Religion. Katholizismus und Moderne in der Weimarer Republik.* Paderborn 1994, S. 55f. Zu Hellpach (1877-1955), der seit 1911 an der TH Karlsruhe Sozialpsychologie lehrte, seit 1922 badischer Unterrichtsminister war und 1924-1926 als badischer Staatspräsident amtierte, vgl. *Neue Deutsche Biographie.* Bd. 8. Berlin 1969, S. 487f. (Wilhelm WITTE).

[30] Vgl. R. MORSEY: *Die deutsche Zentrumspartei...*, S. 613 Anm. 18.

[31] Albrecht LANGNER: Diskussionsbericht. In: DERS. (Hrsg.): *Katholizismus und philosophische Strömungen in Deutschland.* Paderborn 1982 (Beiträge zur Katholizismusforschung. B [o. Nr.]), S. 167-184; S. 172.

[32] Zu Nahm (1901-1981), der zu den entschiedensten Gegnern des Nazi-Regimes in Bingen gehörte, vgl. *Widerstehen und Verfolgung in den Pfarreien des Bistums Mainz.* Bd. 1/2. Hrsg. von Ludwig HELLRIEGEL unter Mitarbeit von Peter FLECK und Christof DUCH. Mainz 1990 (Aktuelle Information. 55), S. 201.

[33] *Mittelrheinische Volkszeitung* 84. Jahrgang, Montag, 29. Juni 1931. Für die Überlassung einer Photokopie danke ich Herrn Pfarrer Paul Hildenbeutel, Bingen-Dromersheim.

Teile, die jeweils eine der im Titel genannten historischen Gestalten zum Mittelpunkt haben:

1. Ludwig Windthorst, den Zentrumspolitiker und Bismarck-Antipoden der Kulturkampfzeit, 2. Leo XIII., den Papst der ersten, 1891 erschienenen Sozialenzyklika, und 3. den Mainzer Sozialbischof Wilhelm Emmanuel von Ketteler. Auf den in der Überschrift ebenfalls genannten, damals amtierenden Reichskanzler Brüning[34] geht Tischleder im ersten Teil ein. Windthorst (1812-1891) ist für Tischleder „das Symbol staatsbürgerlicher Loyalität und Treue". Zu seiner Zeit hat er nach der preußischen Annexion des Königreichs Hannover, dem er als Minister diente, der neuen Herrschaft die Loyalität nicht verweigert. Tischleder, der Mahner der Katholiken zur Loyalität gegenüber der vielfach ungeliebten Republik, erinnert an diese Gestalt des deutschen Katholizismus in durchaus aktueller Absicht: „Ja, wenn wir heute Mühe haben, uns der Staatsverdrossenheit zu erwehren, wenn wir durch so vieles, was uns am neuen Staat mit Recht mißfällt, durch so bittere Opfer, die er uns abverlangt, durch so schwere Lasten, die er uns auferlegt, in steter Versuchung sind, der Staatsverneinung anheimzufallen, uns zum Radikalismus von links oder rechts zu schlagen, dann sei uns Windhorst doch Vorbild und Führer."

Tischleder trifft sehr genau die politische Situation, in der Reichskanzler Heinrich Brüning mit dem problematischen Mittel von Notverordnungen versuchte, der Wirtschaftskrise zu begegnen, indem er Steuern und Arbeitslosenversicherungsbeiträge erhöhte und die Beamtengehälter kürzte, während seine Bemühungen um Preissenkung und Arbeitbeschaffung keine schnellen Erfolge zeitigten. Kommunisten und Nationalsozialisten, die in den Wahlen zum Reichstag vom 14. September 1930 jeweils Gewinne erzielen konnten, versprachen Abhilfe. Tischleder warnt davor, sich „die Sinne und den Geist vernebeln [zu] lassen durch lügenhafte Machtträume auf die Segnungen einer moskowitischen Weltrevolution oder durch die naive Illusion von der alles erneuernden Schöpferkraft des Dritten Reiches." Er geht noch weiter, indem er offen Partei ergreift für den gegenwärtigen, vom Zentrum gestellten Reichskanzler: „Steht nicht in der ragenden Gestalt Brünings wieder Windthorst vor uns, ist er nicht die lebendige Verkörperung der schlichten, edlen, selbstlosen Sachlichkeit, die nicht viele Worte macht, aber zupackt, wo die Last am schwersten, die Verantwortung am undankbarsten, die Lorbeeren am rarsten sind? Das ist katholisches Führertum, wie Windthorst es vorgelebt hat; wie Brüning es mit gleicher westfälischer Zähigkeit und Treue ... wiederholt: Durch Ruhe und Zuversicht strömt es Vertrauen und Mut aus und nimmt der Untergangs- und Krisenstimmung den Wind aus den Segeln. Durch Furchtlosigkeit und Festigkeit bietet es den Geistern der Verneinung Trotz, erstickt ihre Putschanschläge im Keime mit fester Hand, ohne Märtyrer zu

---

[34] Heinrich Brüning (1885-1970) stammte aus Münster, wo seine überraschende Ernennung zum Reichskanzler begeistert aufgenommen wurde. Vgl. Doris KAUFMANN: *Katholisches Milieu in Münster 1928-1933. Politische Aktionsformen und geschlechtsspezifische Verhaltensräume.* Düsseldorf 1984 (Düsseldorfer Schriften zur Neueren Landesgeschichte und zur Geschichte Nordrhein-Westfalens. 14), S. 123-126. In Brünings Memoiren sowie in seinen edierten Briefen begegnet der Name Tischleder nicht.

schaffen, in einer unermüdlichen Tätigkeit bis zur Selbstaufopferung bietet es dem Volk das Beispiel unverdrossener, selbstloser Hingabe an das Staatswohl." Papst Leo XIII., dem der zweite Teil der Rede gewidmet ist, hat in seiner Enzyklika „Rerum novarum" „Liberalismus und Sozialismus gleichermaßen als die großen heidnischen und gottlosen Fehllösungen der sozialen Frage" verworfen. Papst Pius XI. hat in seiner zum vierzigsten Jahrestag dieses Rundschreibens erschienenen Enzyklika „Quadragesimo anno" die Soziallehre der Kirche fortgeschrieben und der Welt ins Gewissen gerufen, „daß die soziale Frage die brennendste und dringlichste aller Fragen ist, ... daß ihre Lösung nur nach den Grundsätzen und Grundkräften der Gerechtigkeit und der Liebe, durch das Zusammenwirken von Staat und Kirche, von Arbeitgebern und Arbeitnehmern, von freier Caritas und gewerkschaftlicher Selbsthilfe, staatlicher und internationaler Sozialpolitik zu lösen ist unter dem Segen Gottes und Christi." Tischleder bringt die gegenwärtige Krise ursächlich mit der Mißachtung der päpstlichen Weisungen in Verbindung und sieht nur in ihrer Befolgung einen Ausweg, um abschließend zu fragen: „Wann wird die Internationale der christlichen Bruderliebe siegen über die Internationale des proletarischen Hasses und der kapitalistischen Beutegier, über den engen, naturhaften Nationalismus völkischen Rassewahns und kleingeistiger Krähwinkelei?"

Während Tischleder mit den Gestalten von Windthorst und Leo XIII. die politische und die soziale Situation in den Blick genommen hat, wendet er sich mit Bischof Ketteler der religiösen Lage zu. Immer wieder stellt er die Frage, was Ketteler heute sagen würde, und gibt u.a. folgende Auskünfte: „Er würde Euch ein großes Aufgebot der Gerechtigkeit und der Liebe predigen und dröhnend uns ins Gewissen rufen: Es ist 5 Minuten vor 12 ... Er würde erschüttert stehen vor der *sittlichen Not*, die in der Zahl der Selbstmorde, der Ehescheidungen, der Sünden gegen das keimende Leben, der Legion unsittlicher Schriften und Bilder, der Fäulnis der Großstädte, der sittlichen Stumpfheit und Abgestandenheit des flachen Landes zum Himmel schreit." Tischleders Auflistung der von Ketteler, würde er noch leben, beklagten Mißstände gipfelt in einer eigenartigen Zusammenstellung von aus heutiger Sicht eher zweitrangigen ethischen mit, wie die nachfolgende Geschichte lehrte, grundsätzlichen Problemen: Ketteler „würde schaudern vor dem Schwinden des *kirchlichen Sinnes*, vor dem Geiste des Kritisierens und Räsonnierens gegen die klaren Weisungen und Gebote der Bischöfe, des hl. Vaters in Sachen der Badeunsitten und der Kleidermode, sozialistischer und nationalsozialistischer Verführung." Aber Ketteler, so fährt Tischleder fort, würde angesichts der gegenwärtigen Situation nicht verzagen, sondern aufrufen zu einer „mutige[n] und entschlossene[n] *Offensive* in frisch-fröhlichem Kampf, damit nicht, wie in Spanien, in Mexiko, in Rußland eine zum Aeußersten entschlossene tyrannische Minderheit einer zwar noch gläubigen, aber mutlosen, zersplitterten, aktionsmüden Mehrheit der Bevölkerung das Joch des Unglaubens auf den Nacken zwingen kann."

Die Warnungen waren, was Deutschland als ganzes anging, vergeblich. In der unmittelbaren Heimat Tischleders dagegen halfen sie, den Gegnern des Regimes – und das waren in dem „schwarzen Nest"[35] Dromersheim recht viele – den Rücken zu stärken.

Auch im Münsterland erhob Tischleder, wie der Dekan der Katholisch-Theologischen Fakultät Münster, Joseph Pascher, am 30. Oktober 1945 an den Rektor der Universität schrieb, „in zahlreichen Vorträgen die Forderung des Gewissens gegenüber bestimmten Irrtümern der nationalsozialistischen Lehre"[36]. Für „besonders bemerkenswert" hält er die entsprechenden „Einzelauseinandersetzungen in dem von Tischleder neu herausgegebenen Lehrbuch der kath. Moraltheologie von Mausbach (Neuauflage 1938/40)" (ebd.). Tischleder selber hat im Hinblick auf seine Überprüfung durch die englische Besatzungsmacht eine eindrucksvolle Liste dieser Änderungen zusammengestellt[37]. Als ein Beispiel seien die Ausführungen zur „Euthanasie" herausgegriffen. Während Mausbach im dritten Band seiner Katholischen Moraltheologie in der letzten von ihm betreuten Auflage nur kurz auf diese Frage eingeht[38], widmet Tischleder ihr in seiner Neubearbeitung mehrere Seiten[39]. Er unterscheidet zunächst zwischen „erlaubte[r] Hilfe *beim* Sterben" und „Hilfe *zum* Sterben", welch letztere er als „direkte und formelle Tötung" qualifiziert, die deshalb unter allen Umständen abzulehnen ist (S. 114f.). Weder „die ausdrückliche oder gar bloß angenommene

---

35   Vgl. *Widerstehen und Verfolgung in den Pfarreien des Bistums Mainz*, S. 232-238.

36   Wilhelm DAMBERG: Kirchengeschichte zwischen Demokratie und Diktatur. Georg Schreiber und Joseph Lortz in Münster 1933-1950. In: *Theologische Fakultäten im Nationalsozialismus*. Hrsg. von Leonore SIEGELE-WENSCHKEWITZ und Carsten NICOLAISEN. Göttingen 1983 (Arbeiten zur kirchlichen Zeitgeschichte. B 18), S. 148-167; Anhang: S. 164-167; S. 166. Als Beispiele nennt Pascher Tischleders Vorträge: „Warum verwirft die kath[olische] Kirche und die kath[olische] Moral die Sterilisation aus privater Eigenmächtigkeit und im staatlichen Auftrag? (Gehalten im Juli 1933 vor d[er] jur[istischen] Fachschaft der Univ[ersität] Münster). Der wahre sittliche und christliche Sinn der Tugend der Tapferkeit oder Heldentum und Heiligkeit (Gehalten vor den Mitgliedern des kath[olischen] Akademikervereins Osnabrück 1937 u[nd] d[er] Vinzenzkonferenz Münster 1944). Die natürl[ich]-sittl[iche] Würde u[nd] die sakramentale Weihe der Ehe gegenüber den Irrtümern und Entstellungen d[es] biologischen Materialismus. (Gehalten vor d[em] kath[olischen] Akademikerverein Recklinghausen 1935 od[er] 36)." (ebd.) Der Dekan hätte auch die Vorträge nennen können, die Tischleder nach eigenem Bekunden „in dem Jahre 1941 vor verschiedenen Kreisen von Geistlichen und Seelsorgshelfern in den Diözesen Münster und Osnabrück gehalten" und nach dem Krieg in der Broschüre *Das rechte Bild vom Menschen, die Voraussetzung aller rechten Menschensorge besonders aller rechten Seelsorge*. Mainz 1947, veröffentlicht hat (Zitat: S. 3).

37   Wiedergegeben bei P. FLECK: „Der Gemeinde größter Sohn", S. 251 Anm. 141 (252).

38   Joseph MAUSBACH: *Katholische Moraltheologie*. Bd. 3. Münster i. W. [6-7]1930, S. 55: „Moderne Ethiker und Ärzte erklären die Tötung eines Menschen für ausnahmsweise erlaubt oder geboten, wenn sein Leben nutzlos, qualvoll oder gemeingefährlich geworden ist ('Euthanasie'). Die Gestattung solcher Ausnahmen würde jedoch schnell weitere Kreise ziehen und die allgemeine Sicherheit und Sittlichkeit völlig untergraben. Sie würde auch in den Einzelnen die schlimmsten Instinkte wachrufen, alle echte Humanität, alle christliche Stärke, Geduld und Zartheit der Seele ersticken. – Das absolute Verbot läßt sich freilich auf die Dauer nur halten, wenn man die naturrechtliche Forderung versteht als den unbedingten Willen eines heiligen, für Zeit und Ewigkeit gebietenden Gottes."

39   Joseph MAUSBACH: *Katholische Moraltheologie*. Bd. 3. Neu bearbeitet und hrsg. von Peter TISCHLEDER. Münster i. W. [8]1938, S. 113-116.

Einwilligung des zu Tötenden" noch „die *edelsten persönlichen Beweggründe*"
des Handelnden noch eine auf Nützlichkeitserwägungen für das Gemeinwohl
basierende staatliche Erlaubnis können solches Tun rechtfertigen (S. 115f.).
Tischleder prangert den „zur Rechtfertigung der Euthanasie erfundene[n] Begriff
des *lebensunwerten Lebens*" an, der „nur vom Standpunkt des biologischen Materialismus verständlich" sei; „weil er das menschliche Leben wie das pflanzliche
und tierische einem animalischen Naturprozeß gleichsetzt und keine anderen
Werte als die physischen Vitalwerte anerkennt, kann er nur dem jungen und
schönen, dem gesunden und starken, nicht dem alten und häßlichen, dem kranken
und schwachen Menschenleben Daseinswert und -recht zusprechen" (S. 116).

In seinen Vorlesungen hat Tischleder, wie sich Zeitzeugen erinnern, die Er-
laubtheit des „Tyrannenmordes" vertreten, was von den damaligen Hörern auf
Hitler bezogen wurde[40]. Tischleder war maßgeblich an der Erarbeitung des letz-
ten, vor dem Ende der Naziherrschaft veröffentlichten gemeinsamen Hirtenbriefs
der Deutschen Bischofskonferenz „über die zehn Gebote als Lebensgesetz der
Völker" beteiligt, der am 19. August 1943 verabschiedet und am 12. September
desselben Jahres von den Kanzeln verlesen wurde[41]. Zusammen mit seinem
Münsteraner Kollegen, dem Professor für Homiletik und Domprediger Adolf
Donders lieferte er den Entwurf[42], den der neue Erzbischof von Köln, Joseph
Frings, am 28. Juni 1943 im Auftrag der Kölner und Paderborner Kirchenprovinz
an die übrigen Metropoliten sandte[43]. Obwohl der Vorsitzende der Bischofskonferenz, Kardinal Bertram von Breslau, der einen Hirtenbrief zum Dekalog angeregt hatte[44], den Entwurf als den „maßgebenden Kreisen" mißliebig kritisierte,

---

[40] Vgl. unter Berufung auf Curt Hohoff P. FLECK: „Der Gemeinde größter Sohn", S.
229-231.

[41] Druck: *Akten deutscher Bischöfe über die Lage der Kirche 1933-1945*. Bd. 6. Bearbeitet von Ludwig VOLK. Mainz 1985 (Veröffentlichungen der Kommission für Zeitgeschichte. A 38), S. 197-205. Zur Entstehung des Hirtenbriefes vgl. zuletzt Antonia
LEUGERS: *Gegen eine Mauer bischöflichen Schweigens. Der Ausschuß für Ordensan-
gelegenheiten und seine Widerstandskonzeption 1941-1945*. Frankfurt am Main 1996,
S. 275-289; hier finden sich S. 233f. auch Hinweise auf Tischleder als Referent der
Kirchlichen Hauptstelle für Männerseelsorge und Männerarbeit in Fulda.

[42] Vgl. das Schreiben von Kardinal Faulhaber an Donders vom 26. 10. 1943, in dem es
heißt: „Für das von Dir und T[ischleder] verfaßte Dekalog-Pastorale sage ich herzli-
ches Vergelts Gott. Die Angst der Ängstlichen war unbegründet. ... Aber diese grundsätzlichen Felsblöcke vom Sinai mußten wieder einmal frei gelegt werden. Klerus und
Volk haben aufgehorcht. Ich habe viele Zuschriften erhalten und Äußerungen gehört –
mehr als sonst – auch aus akademischen und nichtkath[olischen] Kreisen, – voller Begeisterung" (*Akten Kardinal Michael von Faulhabers 1917-1945*. Bd. 2. Bearbeitet
von Ludwig VOLK. Mainz 1978 [Veröffentlichungen der Kommission für Zeitgeschichte. A 26], S. 1005). Zu Donders (1877-1944), der seit 1911 als Domprediger
und ab 1919 zugleich als Professor für Homiletik in Münster wirkte, vgl. LThK[2] 3
(1959), Sp. 508 (Karl KLEIN).

[43] Druck: *Akten deutscher Bischöfe über die Lage der Kirche 1933-1945*, Bd. 6, S. 184-
197; das Begleitschreiben von Frings ist abgedruckt in: *Akten Kardinal Michael von
Faulhabers 1917-1945*, Bd. 2, S. 987. Frings (1887-1978) war seit 1942 Erzbischof
von Köln. Vgl. LThK[3] 4 (1995), Sp. 159 (Norbert TRIPPEN).

[44] Vgl. *Akten deutscher Bischöfe über die Lage der Kirche 1933-1945*, Bd. 6, S. 40-42.
Bertram (1859-1945), seit 1914 Fürstbischof von Breslau und seit 1919 Kardinal, pro-

wurde dieser, wenn auch mit zahlreichen Änderungen, von der Bischofskonferenz verabschiedet[45]. Nach einer Mainzer Überlieferung hat Tischleder zunächst für seinen Studienfreund Bischof Albert Stohr den Entwurf für dessen Predigt zum Christkönigsfest des Jahres 1941 geliefert, die sich mit dem Thema der Zehn Gebote befaßt[46]. Beide hätten dann auch die erste Fassung des genannten Hirtenbriefs erstellt[47]. In Münster wird die Auffassung vertreten, Bischof Galen habe die beiden genannten Professoren mit dem Entwurf beauftragt und diesen mit den Bischöfen von Paderborn, Fulda und Mainz überarbeitet[48]. Für eine gewisse Mit-Urheberschaft Galens spricht in der Tat die Herkunft der beiden Erstverfasser sowie die Bemerkung Kardinal Faulhabers, der „Bischof von Münster [habe noch vor der Konferenz] den Eingang und den Schluß [d.i. des Hirtenbriefes] ... neu fassen lassen"[49]. Über einen engeren persönlichen Kontakt zwischen Tischleder und seinem Ortsordinarius liegen bislang keine näheren Hinweise vor[50].

testierte zwar immer wieder mit Eingaben gegen Rechtsbrüche durch die nationalsozialistische Regierung, vermied aber öffentliche Äußerungen. Vgl. LThK[3] 2 (1994), Sp. 294f. (Erwin GATZ).

[45] Bertram schrieb am 24.7.1943 seinerseits an die Metropoliten: „Es scheint darin [d.i. in dem Entwurf] neben der klaren belehrenden Darlegung eine Behandlung von aktuellen Maßnahmen, die fast zu betrachten ist als kritische Abrechnung mit verschiedenen Akten und Bestrebungen des öffentlichen Lebens, die von den maßgebenden Kreisen als politische betrachtet werden" (*Akten deutscher Bischöfe über die Lage der Kirche 1933-1945*, Bd. 6, S. 106f.); vgl. auch die Aufzeichnung Kardinal Faulhabers vom Tag der Verabschiedung (ebd. S. 170f.).

[46] Zitate aus der Predigt „Der Widerspruch der Zeit gegen das Königtum Christi, wie es in den 10 Geboten seine Forderungen stellt" in Johannes KRAUS: *Dr. Albert Stohr, 25 Jahre Bischof von Mainz*. Mainz 1960, S. 31-34. Zu Stohr (1890-1961), seit 1935 Bischof von Mainz, vgl. LThK[3] 9 (2000), Sp. 1015f. (Friedhelm JÜRGENSMEIER).

[47] Vgl. L. BERG (Hrsg.): Peter Tischleders Auffassung..., S. 388. Berg weiß S. 387f. auch zu berichten, daß Tischleder einen Entwurf eines Hirtenbriefes für Bischof Galen anfertigte, den dieser jedoch nicht aufgriff.

[48] Maria Anna ZUMHOLZ: Clemens August Graf von Galen und der deutsche Episkopat 1933-1945. In: *Clemens August Graf von Galen. Neue Forschungen zum Leben und Wirken des Bischofs von Münster*. Hrsg. von Joachim KUROPKA. Münster 1992, S. 179-220; S. 207. Aus den von der Verfasserin aufgeführten Dokumenten geht die Beteiligung der genannten Bischöfe, gerade des Mainzers, nicht hervor!

[49] *Akten deutscher Bischöfe über die Lage der Kirche 1933-1945*, Bd. 6, S. 171.

[50] Joachim KUROPKA: Staatsverständnis aus augustinischem Geist. Clemens August Graf von Galen, der NS-Staat und die katholische Soziallehre. In: *Traditio Augustiniana. Studien über Augustinus und seine Rezeption. Festgabe für Willigis Ekkermann OSA zum 60. Geburtstag*. Hrsg. von Adolar ZUMKELLER und Achim KRÜMMEL. Würzburg 1994 (Cassiciacum. 46), S. 381-399, nimmt zwar einen „offenbar engeren persönlichen Kontakt" zwischen Galen und Tischleder an (S. 396), bietet dafür aber über L. BERG (Hrsg.): Peter Tischleders Auffassung..., hinaus keine Belege. Jedoch können die Unterschiede zwischen der Einstellung Galens etwa in der Frage nach dem Ursprung der Staatsgewalt, wie sie Kuropka präsentiert, und derjenigen Tischleders nicht verborgen bleiben. Keinerlei Hinweise auf Tischleder finden sich in: *Bischof Clemens August Graf von Galen. Akten, Briefe und Predigten 1933-1946*, 2 Bde. Bearbeitet von Peter LÖFFLER. Paderborn ²1996 (Veröffentlichungen der Kommission für Zeitgeschichte. A 42). Der zur fraglichen Zeit im Hause Tischleders wohnende Großneffe Heinrich Weingärtner (s. P. FLECK: „Der Gemeinde größter Sohn".

In dem Hirtenschreiben heißt es mit aller Deutlichkeit zum fünften Gebot: „Tötung ist in sich schlecht, auch wenn sie angeblich im Interesse des Gemeinwohls verübt würde: An schuld- und wehrlosen Geistesschwachen und -kranken, an unheilbar Siechen und tödlich Verletzten, an erblich Belasteten und lebensuntüchtigen Neugeborenen, an unschuldigen Geiseln und entwaffneten Kriegs- oder Strafgefangenen, an Menschen fremder Rassen und Abstammung. Auch die Obrigkeit kann und darf nur wirklich todeswürdige Verbrechen mit dem Tode bestrafen"[51].

So deutlich hatten die deutschen Bischöfe in ihrer Gesamtheit bislang noch nicht gesprochen. „Je nach individueller Prädisposition begriffen die Zuhörer unter der Kanzel, auf welche konkreten Untaten der Staatsführung die Bischofsworte zielten, oder wurden zumindest auf die richtige Spur gebracht. Nicht ohne Vorbedacht begannen die Unterzeichner ihre scheinbar bloß theoretische Aufzählung möglicher Gebotsverletzungen mit der Wendung gegen die Euthanasiemorde, an deren Realität nicht zu rütteln war. Verstoß an Verstoß reihend, rekapitulierten sie das Register nationalsozialistischer Gewaltverbrechen. Unausdrücklich aber taten sie noch mehr, und zwar etwas sehr Entscheidendes. Indem sie in dem Katalog der Gebotsverletzungen vom unbestreitbar Erwiesenen (Euthanasie) zum vage Gewußten oder ungläubig Geahnten (Judenmord) fortschritten, bürgten sie mit ihrer Bischofsautorität für die Tatsächlichkeit der aufgezählten Greuel, so sehr sie den Wahrheitsbeweis im einzelnen hätten schuldig bleiben müssen"[52].

Die Zeit des Nationalsozialismus hat Tischleder, gerade weil er nicht Stubengelehrter sein wollte, als eine tiefgreifende Beeinträchtigung seines Wirkens empfunden. Er, der die Freiheit, welche die republikanische Verfassung den Katholiken gewährte, so betont hatte, mußte um so mehr unter der neuen Unfreiheit leiden, von allen Schandtaten des Regimes einmal abgesehen. Nach dem Zeugnis von Johannes Kraus hat er sich in dieser Zeit oft als „Petrus in vinculis" bezeichnet[53]. Nach dem Ende der Schreckensherrschaft war ihm ein längeres Wirken nicht mehr verstattet, aber er hat auch in seinem neuen Wirkungsbereich als Professor an der Universität Mainz sein Bestes zu geben versucht. Von seiner wiederaufgenommenen Vortragstätigkeit zeugt das kleine Bändchen „Das rechte Bild vom Menschen, die Voraussetzung aller rechten Menschensorge besonders aller rechten Seelsorge" (Mainz 1947), in dem er die These aufstellt: „Die katholische Wahrheit ist die goldene Wesensmitte zwischen allen Extremen, weil sie das frohe, volle Ja zur unverkürzten, ganzen Wirklichkeit ist" (S. 5).

S. 227f.) vermutete bei einem Gespräch, daß das Verhältnis seines Großonkels zu Bischof Galen eher ein distanziertes war.

[51] *Akten deutscher Bischöfe über die Lage der Kirche 1933-1945*, Bd. 6, S. 201.

[52] Ludwig VOLK: *Katholische Kirche und Nationalsozialismus. Ausgewählte Aufsätze.* Hrsg. von Dieter ALBRECHT. Mainz 1987 (Veröffentlichungen der Kommission für Zeitgeschichte. B 46), S. 105.

[53] J. KRAUS: *Universitäts-Professor Dr. Peter Tischleder in piam memoriam*, S. 11.

Theo-logie als Geschehen des Gebetes

Eine Anleitung, Franz Rosenzweigs „Stern der Erlösung" zu lesen

VON BERNHARD CASPER

Unter den religiösen Denkern des 20. Jahrhunderts, die zu der Faktizität des Glaubensgeschehens einen neuen Zugang eröffnet haben, nimmt Franz Rosenzweig einen besonderen Rang ein. Denn sein Denken unternimmt ja nichts weniger als den Versuch, das Seinsverständnis in Frage zu stellen, in welchem sich bislang das Christentum – und auch das Judentum von der Zeit der Septuaginta an – artikulierte[1]; dies aber, um *ursprünglichere* Wurzeln des Menschlichen und des Verhältnisses des Menschen zu dem göttlichen Anspruch zu suchen. Darin ist Rosenzweigs Denken der Suche nach dem Ursprünglicheren verwandt, das sich in der Erschütterung Europas in der Epoche des Ersten Weltkrieges an vielen Stellen zeigt: in der bildenden Kunst ebenso wie in der Phänomenologie Edmund Husserls und in Martin Heideggers „Hermeneutik der Faktizität", die als Ursprungsforschung die „faktische Lebenserfahrung" zum Ausgang wie zum Ziel der Philosophie erhebt[2]. Und auch die von der Jahrhundertmitte an das Feld der Philosophie eine zeitlang beherrschende Sprachanalytik sucht im Geschehen der Sprache als einem solchen, und in der Alltagssprache dann vornehmlich, den ursprünglicheren, den anfänglicheren Zugang zur Wirklichkeit. Ja selbst das postmoderne Auflösen jeder festen Bedeutung zugunsten der immer neu sich eröffnenden „différance" (Derrida) findet eben in dieser die abgründige Ursprünglichkeit, der das Dasein, wenn es denn Denken sein will, nahe zu bleiben hat. – Aber wie kann man dem je *Ursprünglicheren* nahe sein? Ich meine, daß die Bedeutung Rosenzweigs darin liegt, daß er – beinahe möchte man sagen: wider den eigenen Willen, weil nämlich von einer Grunderfahrung überwältigt – auf diese Frage Antwort gibt. Das ist nicht leicht zu erkennen. Und zwar nicht nur wegen der biographisch bedingten Eigenart des Œuvres Rosenzweigs. Es entfaltet sich eben nur in dem einen großen Werk „Der Stern der Erlösung", dem Rosenzweig nach dessen Erscheinen infolge seiner Erkrankung dann nur bedingt mit Erläuterungen wie etwa dem „Neuen Denken" selbst beistehen konnte. Sondern diese Antwort ist auch deshalb schwer zu erkennen, weil sie sich nicht nur in einzelnen Aussagen vollzieht, die Rosenzweig vorlegt, sondern weil sie vielmehr in der ganzen Art und Weise des Vorgehens geschieht, in der Sprachhandlung selbst, die Rosenzweigs Leben und Werk insgesamt darstellt[3].

---

[1] Dieses Verständnis hat sich allerdings in der Neuzeit noch einmal in eigentümlicher Weise verschärft und verengt.

[2] Vgl. Martin HEIDEGGER: *Phänomenologie des religiösen Lebens*. Frankfurt a.M. 1995 (GA 60), S. 15.

[3] Die Herausgeber der Schriften Rosenzweigs wählten deshalb mit Bedacht für diese

Ich will im folgenden dieses Vorgehen am „Stern der Erlösung" zu verdeutlichen versuchen. Und eben darin soll denn auch ans Licht treten, inwiefern das Geschehen des *Gebetes* jenes leibhafte Sprach- und Daseinsgeschehen ist, in welchem das Menschsein des Menschen, sein Da-sein, In-der-Welt- und d.h. In-der-Geschichte-*sein* kulminieren; wenn man will: das eigentliche Transzendentale, das sich in einer Besinnung auf das Mensch-sein als faktisches offenbart.

Die erste und sehr grundlegende Schwierigkeit, die jedem Leser begegnet, der sich mit Rosenzweigs Hauptwerk „Der Stern der Erlösung" einläßt, liegt bereits in dessen eigentümlicher *literarischer Gestalt*. Zwar hat Rosenzweig in seinen „nachgereichten Prolegomena", nämlich dem Aufsatz „Das Neue Denken" gesagt, der Stern sei „bloß ein System der Philosophie"[4]. Indessen, gerade wer den Stern als ein solches System zu lesen versucht, wird sehr rasch in Verwirrung geraten. Er wird allenfalls Stern I mit einer derartigen Erwartung, in ein System eingeführt zu werden, lesen können. Und er wird selbst in diesem ersten „Teil" schon ständig Frustrationen erfahren, sofern er nicht durch Kant bereits daran gewöhnt ist, auch Antinomien und Paralogismen als Bausteine eines „Systems" zu verstehen. Er wird aber vollends von dem zweiten „Teil" und dem dritten „Teil" des Stern, die nämlich von dem „*ereigneten Ereignis*", der Offenbarung und schließlich vom *Beten* und den jüdischen und christlichen *Festen* sprechen, in Verwirrung gestürzt werden und vielleicht sogar zu der Vermutung geführt werden, man habe es hier doch eher mit jüdischer Esoterik zu tun als mit systematischem philosophischem Denken.

Nun bedeutet diese Verwirrung, diese Erfahrung des Befremdlichen, in Wirklichkeit freilich hermeneutisch gesehen die erste Chance zum Verständnis dessen, was Rosenzweig wirklich zur Sprache und dem Denken nahe bringen will.

Was dies ist, darauf hat Rosenzweig auch dadurch hingewiesen, daß er wünschte, der Stern möge überhaupt nicht als *ein* Buch publiziert werden, sondern in der Gestalt von *drei* jeweils für sich gebundenen Büchern, – einer Bitte, welcher der Verleger der 2. Auflage[5], denn ja auch nachgekommen ist. Erst von der 3. Auflage an wurde der Stern dann wieder in einem Band veröffentlicht.

Die von Rosenzweig gewünschte Dreibändigkeit gibt uns nun aber den entscheidenden Hinweis auf den wahren „System"charakter dessen, was Rosenzweig zu sagen hat, und womit er im Denken, das selbst ein Tun ist, dem „Sein" der Geschichte, in die wir schon verstrickt sind und um deren guten Ausgang wir bangen, gerecht zu werden sucht. Versteht sich das Denken nämlich als kritisches Denken, d.h. als Denken, das nur denkt, insofern es stets sein Vorgehen selbst und damit seine eigenen Grenzen mitbedenkt, so *zerfällt* ihm zunächst die altehrwürdige Gleichung zwischen noein und einai[6] und es wird sich darüber klar,

den Titel: Franz ROSENZWEIG: *Der Mensch und sein Werk*. Den Haag – Dordrecht 1976-1984. Das Briefcorpus z.B. stellt einen entscheidenden Teil dieser „Gesammelten Schriften" Rosenzweigs dar.

[4] ROSENZWEIG: *Der Mensch und sein Werk*, Bd. 3, S. 140. Vgl. dazu auch den Brief an Ernst Simon vom Juni 1923 in Bd. 1, S. 909.

[5] Franz ROSENZWEIG: *Der Stern der Erlösung*. Zweite Auflage. Im Jahre der Schöpfung 5690. Berlin: Schocken Verlag (= 1930).

[6] PARMENIDES: Fragment 3. Diels I, 231.

daß es einerseits zwar immer von transzendentalen Einheiten ausgehen muß, wenn es denn Denken sein will. Diese transzendentalen Einheiten zeigen sich aber in sich bereits in einer Pluralität: nämlich jener der drei transzendentalen Ideen, welche die überlieferte Metaphysik namhaft gemacht hat: Gott, Mensch, Welt. Und sie zeigen bereits in ihrer Pluralität selbst die prinzipielle Grenze an, die das Denken als reines Denken erfährt. Es ist der tatsächlichen Wirklichkeit nicht mächtig. Vielmehr erfährt es bei aller Notwendigkeit zu denken, d.h. logisch zu ordnen, angesichts der Wirklichkeit als einer solchen seine Ohnmacht.

Rosenzweig wurde zu dieser Einsicht ohne Zweifel auch durch den späten Schelling angeregt; und schließlich in gewisser Weise durch Hermann Cohen. Aber diese erste Einsicht in das Verhältnis zwischen Vernunft und Faktizität der Wirklichkeit führt ihn dazu, zuerst einmal nur in einem ersten methodisch und inhaltlich in sich ruhenden „Werk" die „Urphänomene" zu klären, die dem Denken als die transzendentalen Horizonte jeder möglichen Wirklichkeitsordnung erscheinen. Die „Urphänomene" erweisen sich freilich bereits als in sich selbst antinomisch[7]. In diesem ihrem sich in sich selbst nur antinomisch sich zeigenden Inhalt meldet sich bereits in dem Geschehen des Zum-Phänomen-werdens das *Verhältnis* der Vernunft zur Wirklichkeit zu Wort, welches *responsorisch* ist und nie in eine absolute Mächtigkeit der Vernunft, eine unbedingte potentia der scientia aufgehoben werden kann.

Und erst recht meldet sich dieses Urverhältnis in der Perplexität zu Wort, in welche das Denken angesichts der irreduziblen Dreiheit der drei jeweils absoluten Urphänomene gerät. Das Denken als das logisch Ordnende und derart denn auch dem Menschen Notwendige wird seiner eigenen Ohnmacht angesichts der Wirklichkeit selbst inne. Die drei Urphänomene bleiben hypothetisch. Dennoch: als ein „System" im Sinne der überlieferten philosophischen Lesegewohnheiten kann man am ehesten Stern I lesen, insofern dieser eine Klärung des Zur-Idee-kommens der möglichen transzendentalen Horizonte jeden Denkens bedeutet. Diese Klärung klärt aber zugleich die Vernunft über ihre Ohnmacht im Hinblick auf die Faktizität der Wirklichkeit auf, und d.h. im Hinblick auf die tatsächlich geschehende Geschichte. Diese ist hinsichtlich ihres Geschehens selbst, hinsichtlich der tatsächlichen Quelle, in der sie entspringt, jedem Machenkönnen der verfügenden Vernunft entzogen. Sie entspringt in der Autonomie des „ereigneten Ereignisses"[8] und zeigt sich derart als *Freiheitsgeschichte*. Der Schlüsselterminus für das Denken des späten Heidegger steht für Rosenzweig derart bereits 1919 im Mittelpunkt der Ursprungserfahrung von „Sein", insofern dieses sich in seiner Geschichtlichkeit selbst eröffnet[9].

---

[7] Vgl. dazu B. CASPER: *Das dialogische Denken. Eine Untersuchung der religionsphilosophischen Bedeutung Franz Rosenzweigs, Ferdinand Ebners und Martin Bubers.* Freiburg 1967, S. 93-116. DERS.: Transzendentale Phänomenalität und ereignetes Ereignis. Der Sprung in ein hermeneutisches Denken im Leben und Werk Franz Rosenzweigs. In: *Vom Rätsel des Begriffs. Festschrift für Friedrich-Wilhelm v. Herrmann zum 65. Geburtstag.* Hrsg. v. Paola-Ludovika CORIANDO. Berlin 1999, S. 357-367, insbes. S. 360-363.

[8] ROSENZWEIG: *Der Mensch und sein Werk*, Bd. 2, S. 178.

[9] Vgl. dazu wiederum meinen in Anm. 7 erwähnten Beitrag zu der Festschrift für F.W. v. Herrmann; ferner B. CASPER: La concezione dell'„evento" nella *Stella del-*

Die Leistung Rosenzweigs besteht nun aber, so scheint mir, darin, daß er ganz klar sieht, daß die Vernunft sich in ihrem *Vollzugssinn* selbst *wandelt,* wenn sie sich mit der Wirklichkeit der Geschichte als einem „ereigneten Ereignis" einläßt. Deshalb kann, was nun von der mit der Wirklichkeit im convivium lebenden vernünftigen Sprache vorzubringen ist, nicht mehr zwischen denselben beiden Buchdeckeln vorgebracht werden, wie das, was die analysierende Vernunft in Stern I zu sagen hatte. Der Denkende muß vielmehr ein *neues Sprachspiel* beginnen, eine neue Praxis seines vernünftigen Sich-Zeitigens, in welchem die Vernunft zwar nicht weniger Vernunft ist als dort, wo sie „Sein" als den jeweiligen Grund der Möglichkeit des Schon-Vorliegens logisch analysierte. Die Sprache muß sich vielmehr nun mit ihrer *Zeitigung selbst* als dem Grund, dem sie sich selbst *verdankt,* einlassen. Sie muß aus einem „fassenden" zu einem „lassenden", d.h. sich verdankenden Denken werden[10]. Nur so kann sie der Tatsächlichkeit von Sein als dem sich als Geschichte ereignenden Wunder ent-sprechen.

Rosenzweig hat Stern II „in theologos" geschrieben[11]. Denn als Mittelpunkt dieses mittelsten Stückes der Trilogie des Sterns erweist sich die Explikation des „ereigneten Ereignisses" der Offenbarung. Offenbarung ist Grundstruktur von Wirklichkeit als in Freiheit geschehender Geschichte. Sie gewinnt ihren innersten Sinn für Rosenzweig aber im Geschehen der biblischen Offenbarung. Um diese zur Sprache zu bringen – und dies will biblische Theologie ja – muß das Sprechen zwar die transzendentalen Horizonte der Urphänomene benutzen, die es in der Analyse der eigenen jeweils ihre Grenze erfahrenden Fähigkeiten im Hinblick auf Sein als Vorliegendes gewann. Das Denken gibt sich als Sprechen aber nun frei an das wirklichkeitsgründende Ereignis selbst, in der der *Mensch* als „Freiherr seines Ethos"[12] und *Gott* als der in Liebe ihn einfordernde dank der Initiative Gottes *einander* begegnen; und sich so zugleich *Welt* als der gewährte Spielraum der Ver-antwortung auftut.

Rosenzweig hat der Theologie, insofern sie sich denn als vernünftiges, vernehmendes Sprechen von dem die menschliche Geschichte richtenden[13] Offenbarungsereignis versteht – und kann sie sich anders verstehen? – gezeigt, daß sie in der Tat eines *eigenen* Denkens und einer *eigenen* Sprache bedarf, die nicht einfachhin Fortsetzung metaphysischen Denkens und Sprechens sind; wenngleich sie sich auf das Vokabular der reflektierenden Vernunft angewiesen finden. Aber das theologische Sprechen *gebraucht* dieses Vokabular *anders,* insofern es sich letztlich dem „ereigneten Ereignis" verdankt, im Hinblick auf das die bloß reflektierende Vernunft ohnmächtig ist. Die Zugangsweise, welche Theologie zur

la redenzione di Franz Rosenzweig e nel pensiero di Martin Heidegger. In: *Teoria* (Pisa) 11, N.S. 1, H. 2 (1991), S. 47-64.

[10]   Zu der Differenz zwischen fassendem und lassendem Denken vgl. K. HEMMERLE: Das Heilige und das Denken. Zur philosophischen Phänomenologie des Heiligen, in: DERS.: *Auf den göttlichen Gott zudenken. Beiträge zur Religionsphilosophie und Fundamentaltheologie.* Bd. 1. Freiburg 1996 (HEMMERLE: Ausgewählte Schriften. 1), S. 111-175.

[11]   Vgl. ROSENZWEIG: *Der Mensch und sein Werk,* Bd. 2, S. 103.

[12]   ROSENZWEIG: *Der Mensch und sein Werk,* Bd. 2, S. 90.

[13]   In dem dreifachen Sinn, den das Wort hat: richten, ausrichten (orientieren), aufrichten.

Wirklichkeit findet, ist die des denkenden Sich-Einlassens mit der Zeitigung selbst.

Es ist deutlich, daß hinter diesem „unvermischt und ungetrennt" der Denk- und Sprechweisen einer bloß reflektierenden Philosophie *und* der sich mit dem in Offenbarung wurzelnden Denken und Sagen von Theologie Schellings in den Weltalterfragmenten vorgetragene Differenz von „Wissen" und „Erkennen" steckt[14]. Wie denn ja überhaupt Schellings Philosophie der Freiheit insgesamt ohne Zweifel einen wichtigen „point de départ" für Rosenzweigs Denken darstellt. Und man wird auch darauf aufmerksam machen dürfen, daß Heidegger angesichts der Einsichten von Sein und Zeit in seinem Vortrag „Phänomenologie und Theologie" sich an eine Verhältnisbestimmung herantastet, die der Rosenzweigschen nahe steht[15]. Allerdings gerät Heidegger durch die Bestimmung von Theologie als „positiver Wissenschaft", und d.h. Wissenschaft von Ontischem, in die Gefahr dahin mißdeutet zu werden, daß das von der Theologie Auszulegende eine rein historische Setzung sei, die ihrerseits nicht noch einmal in das Licht philosophischen Fragens gestellt werden müsse. Das Verhältnis von Ontologie und Ontischem muß aber immer mitbedacht werden, und es scheint mir nicht unwichtig, daß Heidegger selbst angesichts seiner Bestimmung von Theologie als einer „positiven Wissenschaft" in Zweifel geriet: „Zwar bin ich persönlich überzeugt, daß Th[eologie] *keine* Wissenschaft ist, aber ich bin heute noch nicht im Stande, das *wirklich zu zeigen*, u. zwar so, daß dabei die große geistesgeschichtliche Funktion der Theologie positiv begriffen ist. Die bloße Negation ist leicht, aber zu sagen, was Wissenschaft selbst sei, u. was Theologie sei, wenn weder Philosophie noch Wissenschaft – all das sind Probleme, die ich nicht in eine momentane Diskussion gezerrt sehen wollte, ... eine natürliche Scheu hielt mich in Vortrag und Diskussion davor zurück"[16].

Versteht man Sein aber in seiner Zeitigung selbst, die durch menschliches Dasein geschieht, welches sich durch einen unbedingten Anruf herausgefordert findet, so kann es zunächst scheinen, als vollziehe sich Theologie vollständig darin und dadurch, daß eben dieses in Offenbarung sich ereignende Wechselverhältnis dann ausgelegt werde. Muß sich Theologie nicht derart als „Phänomenologie der Offenbarung" verstehen? Was anders hat sie denn zur Sprache zu bringen und auszulegen als eben dieses Geschehen, das „ereignete Ereignis" zwischen Gott und dem Menschen als ein solches? Die Rosenzweigsche Formel „Die theologischen Probleme wollen ins Menschliche übersetzt werden und die menschlichen bis ins Theologische vorgetrieben"[17], kann durchaus als Anzeige dessen verstanden werden, was in einer im ereigneten Ereignis von Offenbarung gründenden Theologie geschieht.

Aber dieses Auslegungsgeschehen könnte sich nun wiederum selbst unge-

---

[14] „Das Vergangene wird gewußt, das Gegenwärtige wird erkannt, das Zukünftige wird geahndet". Fr. W. J. v. SCHELLING: *Die Weltalter. Fragmente. In den Urfassungen von 1811 und 1813.* Hrsg. v. Manfred SCHRÖTER. München 1946, S. 3.

[15] Martin HEIDEGGER: *Phänomenologie und Theologie.* Frankfurt 1970.

[16] Brief Heideggers an Elisabeth Blochmann. In: Martin HEIDEGGER – Elisabeth BLOCHMANN: *Briefwechsel 1918-1969.* Marbach/Neckar 1989, S. 24ff.

[17] ROSENZWEIG: *Der Mensch und sein Werk*, Bd. 3, S. 153.

schichtlich, zeitlos, verstehen; als reines andenkendes Verweilen bei dem zwischen Gott und dem Menschen in Offenbarung Geschehenen. Und dieses Verweilen hätte seine Berechtigung. Und dennoch wäre es ein nur unvollständiges Verständnis von Theo-logie.

Denn die von Offenbarung Getroffenen müssen ja dadurch betroffen sein, daß die jedenfalls immer durch den Menschen mitkonstituierte Geschichte in der geschehenen Offenbarung keineswegs zu einem Ende gekommen ist, – so sehr das Entscheidende in der Weisung der Thora und – christlich gelesen – in Jesus Christus auch gesagt sein mag. Kommt dies aber zu Bewußtsein und wird darin die eigentliche Not des – und gerade des *von Offenbarung herausgeforderten* Menschen offenbar, dann wird sichtbar, daß Reden von Gott, Theo-logie, eben gerade nicht nur im Verweilen in solch „liebender Erinnerung"[18] bestehen kann. Vielmehr ist der, der sich als er selbst von der Offenbarung angegangen findet, wesentlich eben dadurch in eine offene Zukunft *herausgefordert*, die eine notvolle in-der-Welt-seiende Zukunft als die nur durch mich sein werdende Zukunft und zugleich die Zu-kunft des Reiches Gottes sein wird. In dieser Situation, und nur in dieser Situation, kann ich dann aber im Ernste *zu* und *von* Gott sprechen. Diese Einsicht, die aus dem Ernstnehmen der Wirklichkeit als einer überhaupt nur in ihrer Geschichtlichkeit sich gebenden, resultiert, ernötigt für Rosenzweig konsequent derart dann aber ein *drittes* über eine Hermeneutik von Offenbarung (die zugleich auch erst die Kategorien „Schöpfung" und „Erlösung" verständlich werden läßt) hinausführendes Werk: „Über die Möglichkeit, das Reich zu erbeten"[19]. Oder, mit dem Bild, das Rosenzweig selbst gebraucht, um dieses Verhältnis zu verdeutlichen: „Ehe ist nicht Liebe, Ehe ist unendlich mehr als Liebe; Ehe ist die Erfüllung im Draußen, nach der die Liebe aus ihrer inneren seligen Erfülltheit die Hand ausstreckt in ohnmächtig unstillbarer Sehnsucht"[20].

Das Offenbarungsereignis verlangt danach, in dem geschichtlichen In-der-Welt-seienden Dasein der Menschen, denen es widerfahren ist und die es durch die Sehnsucht nach der Erlösung orientiert hat, verwirklicht zu werden: sich selbst als menschliche Geschichte zu *inkarnieren*, – gemäß der Weisung „Wie Er dich liebt, so liebe Du"[21].

Erst in solcher prekären menschlichen Verwirklichung in eine notvoll-offene Zukunft hinein kann dann vollends und im Ernste *zu* und deshalb *von Gott gesprochen werden:* Und erst so wird Theologie zu einem vor sich selbst ausgewiesenen Sprechen, in welchem die theologischen Probleme in die menschlichen hineingeführt werden; und die menschlichen in die theologischen. Dies ist im Ernste nur möglich in einem weitergehenden und als korrelatives Geschehen, als

---

[18] Vgl. dazu B. CASPER: Kann Augustins „amans memoria" unmetaphysisch verstanden werden? In: *Alltag und Transzendenz Studien zur religiösen Erfahrung in der gegenwärtigen Gesellschaft.* Hrsg. v. B. CASPER und W. SPARN. Freiburg – München 1992, S. 101-112.

[19] Diesen Titel gibt Rosenzweig der Einleitung in den dritten „Teil" des Sterns. ROSENZWEIG: *Der Mensch und sein Werk,* Bd. 2, S. 295.

[20] ROSENZWEIG: *Der Mensch und sein Werk,* Bd. 2, S. 228.

[21] ROSENZWEIG: *Der Mensch und sein Werk,* Bd. 2, S. 228. Rosenzweig zitiert damit H. Cohen. Vgl. dazu Bd. 1, S. 663.

Ereignis des Bundes zwischen Gott und den Menschen zwar endgültig orientierten, aber gleichwohl noch nicht abgeschlossenen Geschehen. Dieses Geschehen aber bleibt das Geschehen eines ständigen *Versuchtseins*, in welchem Gott den Menschen versucht und der Mensch Gott versucht[22]. Nur in der *Prekarietät* dieses Verhältnisses geschieht Geschichte als ständig neues Ereignis der Versuchung und des Heiles.

Und nur im Sicheinlassen mit dieser als Geschichte der Freiheit und des In-der-Welt-seins zugleich geschehenden Geschichte zwischen Gott und dem Menschen kann schlußendlich im Ernste Theo-logie geschehen. Diese wird mit Notwendigkeit aus einem *Sprechen zu Gott* hervorgehen. Der Sprechende steht hier ja nicht außerhalb des Verhältnisses, das er zur Sprache bringt. Sondern er bringt sich selbst in der Not seines Etwas-mit-sich-selbst-Beginnenmüssens mit zur Sprache. Und nur so bringt er denn auch im Ernste Gott zur Sprache. Rosenzweig liebte das Wort seines christlichen Namenspatrons Franz von Assisi sehr:[23] Tantum scit homo ... quantum operatur[24] und sah darin, das, was er mit dem Stern leisten wollte zusammengefaßt. Es ist dies das Anliegen, das man auch bei dem späten Hermann Cohen finden kann: das Gottesverhältnis in der in einer weitergehenden und dem Menschen in Ver-antwortung aufgegebenen Praxis aufzusuchen[25].

Kann sich Theo-logie aber nur in diesem Verhältnis und *als dieses Verhältnis* vollziehen, dann ist sie durch sich selbst *Gebet*. Es geht in der als Geschehen der menschlichen Freiheit sich ereignenden Geschichte nicht einfach um eine Applikation des in Offenbarung deutlich Werdenden auf das Material chronologisch eindimendional verlaufender zukünftiger Zeit. Vielmehr geht es um das offene Drama menschlicher Freiheitsgeschichte, die sich – unvorwegnehmbar – zwischen Gott und dem Menschen ereignet. In diese läßt sich das Reden von Gott ein, das nicht nur von menschlichen Vorstellungen oder einem vermeintlich gehabten Wissen über Gott redet, – sondern das im Ernste *zu* und deshalb *von* Gott spricht.

Von daher ist es einsichtig, daß der Stern nach seinem mittelsten Teil, der eine Phänomenologie der Offenbarung entfaltet, eines dritten „Teiles" bedarf, in welchem das Denken noch einmal völlig neu anhebt und der sich als *Phänomenologie des Gebetes* entfaltet.

Dieses ist aber nicht so sehr das Gebet des Einzelnen, wie wohl es dies notwendig auch immer ist. Sondern es ist in seiner vollen Gestalt Sprechen der Gemeinschaft von Menschen, die sich miteinander in der Zeugenschaft für das Kommenwollen des Reiches herausgefordert erfahren und sich derart zeitigen: Theo-logie; d.h. Theologie als soziologisch-ekklesiologisch verfaßte *Liturgie*.

---

22 Vgl. dazu ROSENZWEIG: *Der Mensch und sein Werk*, Bd. 2, S. 295ff.
23 ROSENZWEIG: *Der Mensch und sein Werk*, Bd. 1, S. 1026. Zu dem Verhältnis Rosenzweigs zu Franz von Assisi und der Deutung des eigenen Werkes durch dieses Verhältnis vgl. ferner Bd. 1, S. 432; 713-714; 1051.
24 *Scripta Leonis, Rufini et Angeli Sociorum S. Francisci*. Ed. and translated by Rosalind B. BROOKE. Oxford 1970, S. 216.
25 Vgl. dazu H. COHEN: *Religion der Vernunft aus den Quellen des Judentums*. Köln ²1959, insbes. 431-463.

Zum Leitfaden für Rosenzweigs Phänomenologie des von der Offenbarung getroffenen sich selbst aufgegebenen prekären geschichtlichen Daseins werden die
jüdischen und christlichen *Feste*. In ihnen geben sich die Wegweiser für die dem
menschlichen Miteinander aufgegebene Geschichte, in der das Reich Gottes
„immer zukünftig" ist, „aber zukünftig ist es immer"[26].

Im Begehen der Feste wird legitim von Gott gesprochen. Und es kann *von*
ihm, d.h. *zu* ihm immer nur derart *preisend* und zugleich *bittend* gesprochen werden; d.h. so, daß die Sprechenden damit sich selbst von der Herrlichkeit Gottes
ergreifen lassen und sich selbst mit der Not ihres geschichtlichen Daseins in dieses Verhältnis wenden. Theo-logie wird so zu dem, als was sie in dem latreuti-
schen Sprachgebrauch und Vollzugssinn erscheint, in welchem das Wort zum
ersten Mal überhaupt in der christlichen Geschichte auftaucht, nämlich bei Eusebius, bei dem davon die Rede ist, daß Myriaden von Engeln mit unaussprechli-
chen und „für euch unausdenklichen Theologien (theologiais) ... euren Schöpfer
verehren"[27].

Und es wird dann deutlich, daß solches Reden von Gott selbst konstitutiv teilhat an der auf dem schmalen Grat zwischen Tod und Leben weitergehenden
menschlichen Geschichte selbst. Daß Theologie diesen für die Geschichte selbst
verantwortlichen Charakter hat, hat im übrigen auch Heidegger in seiner Verhältnisbestimmung von Phänomenologie und Theologie gesehen: „Der Glaube ist
als Wiedergeburt zugleich *die* Geschichte, zu deren Geschehen die Theologie
selbst an ihrem Teil beitragen soll"[28].

Was hier gesagt wurde, in der Absicht Franz Rosenzweigs Stern der Erlösung
lesbarer und zugleich seine Bedeutung für das Selbstverständnis von Theologie
zugänglich zu machen, muß des beschränkten Raumes wegen, der dafür zur Verfügung steht, skizzenhaft bleiben. Es mag aber dennoch die grundsätzliche Bedeutung an den Tag bringen, die es für ein neues Sprechen von Gott hat. Die
christliche Theologie und in gewisser Weise auch die jüdische, haben sich seit
der europäischen Antike in der Weise ihres Sprechens weitgehend an jenes Sprechen von Gott angelehnt, das wir – sehr vereinfachend – das metaphysische und
onto-theologische nennen können. Dieses blendet aber die Geschichte *als Geschichte*, d.h. als Ereignis von Freiheit, aus dem Verständnis von Sein aus. Daher
rührt seine (Selbst)Sicherheit[29].

Bei Rosenzweig hingegen meldet sich in der Aufnahme der modernen Frei-
heitsproblematik im Anschluß an Kant und Schelling ein viel älteres Verständnis
von Wirklichkeit zu Worte. „Denn das hebräische 'Hajah' ist ja nicht wie das
indogermanische 'sein' seinem Wesen nach Kopula, also statisch, sondern ein

---

[26] ROSENZWEIG: *Der Mensch und sein Werk*, Bd. 2, S. 250.
[27] EUSEBIUS V. CAESAREA: *Kirchengeschichte*. Hrsg. und eingel. v. H. KRAFT. Mün-
      chen 1967, X 4,70. Vgl. dazu K. KERÉNYI: *Griechische Grundlagen des Sprechens
      von Gott*. In: *Weltliches Sprechen von Gott. Zum Problem der Entmythologisie-
      rung*. Freiburg 1967 (Weltgespräch. 1), S. 9-15, hier 9.
[28] M. HEIDEGGER: *Phänomenologie und Theologie*, S. 20.
[29] Inwiefern das hier vorausgesetzte Verständnis von Metaphysik und Onto-Theologie
      sich in der Neuzeit nicht verschärft und eine ältere Pluralität im Verständnis von
      Sein verdeckt hat, bleibt zu untersuchen.

Wort des Werdens, Eintretens, Geschehens. ... Nur weil dieser dir gegenwärtig Werdende dir immer gegenwärtig werden wird, wenn du ihn brauchst und rufst; ich *werde* dasein, nur deshalb ist er dann unserem Nachdenken, Nach-denken freilich auch der Immerseiende, der Absolute, der Ewige, losgelöst dann von meiner Bedürftigkeit und meinem Augenblick, aber doch nur loszulösen, weil jeder künftige Augenblick eines Jeden an der Stelle meines jetzigen stehen könnte"[30].

Läßt sich das Denken aber mit *diesem* Verständnis von „sein" ein, dann wird ihm Theo-logie notwendig zu dem den ganzen Menschen in seinem Selbstsein und die ganze Welt zugleich einbegreifenden *Geschehen des Gebetes*.

---

[30] ROSENZWEIG: *Der Mensch und sein Werk*, Bd. 1, S. 1161.

Was wahr ist

Philosophische Reflexionen zu zwei Gedichten von Ingeborg Bachmann

VON HEINRICH SCHMIDINGER

Kaum ein anderer Schriftsteller, kaum eine andere Schrifstellerin der modernen Zeit dürfte so viel und so ausdrücklich über *Wahrheit* geschrieben haben wie Ingeborg Bachmann (1926-1973)[1]. Dies gilt nicht allein für jene Texte, die das Wort schon im Titel tragen wie die beiden Gedichte *Was wahr ist* (I 118) und *Wahrlich* (I 166) oder die Rede *Die Wahrheit ist dem Menschen zumutbar* (IV 275-277), es gilt auch nicht bloß für Texte, die die Wahrheit als solche zum Thema machen wie die Erzählung *Ein Wildermuth* (II 214-252) aus dem Band *Das dreißigste Jahr* (erschienen 1961), sondern für ihr ganzes Werk, für das lyrische nicht weniger als für das erzählerische, szenische oder essayistisch-philosophische. Immer wieder ist scheinbar ganz selbstverständlich die Rede von der Wahrheit. Völlig zu recht haben daher die Herausgeberinnen der *Gespräche und Interviews* (München 1991) mit Ingeborg Bachmann als Buchtitel das Zitat *Wir müssen wahre Sätze finden* gewählt. Das erstaunt nicht nur hinsichtlich der modernen Literatur überhaupt, die bekanntlich das Wort 'Wahrheit' nur zögerlich einsetzt und einem Anspruch auf Wahrheit in der Regel aus dem Weg geht, sondern ebenso bei einer Autorin, die bei Begriffen vergleichbarer Bedeutung überaus zurückhaltend ist[2].

---

[1] Die Werke Ingeborg Bachmanns werden in Haupttext und Fußnoten mit Abkürzung zitiert. Es sind dies: I. BACHMANN: *Werke*. Hrsg. von Ch. KOSCHEL – I. v. WEIDENBAUM – C. MÜNSTER. 4 Bde. München 1978 (zitiert mit Bandnummer und Seitenangabe, z.B. IV 125); DIES.: *Wir müssen wahre Sätze finden. Gespräche und Interviews*. Hrsg. von CH. KOSCHEL – I. v. WEIDENBAUM. München – Zürich 1983 (zitiert mit WS); DIES.: *Letzte, unveröffentlichte Gedichte, Entwürfe, Fassungen*. Hrsg. von H. HÖLLER. Frankfurt 1998 (zitiert mit LuG). Die folgenden zwei Publikationen, die Quellenwert besitzen, sofern sie bisher Unveröffentlichtes von Ingeborg Bachmann enthalten, werden jeweils mit Kurztitel angeführt: E. FRIED: *Ich grenz noch an ein Wort und an ein andres Land. Über Ingeborg Bachmann. Erinnerung, einige Anmerkungen zu ihrem Gedicht „Böhmen liegt am Meer" und ein Nachruf*. Berlin 1983; S. WEIGEL: *Ingeborg Bachmann. Hinterlassenschaften unter Wahrung des Briefgeheimnisses*, Wien 1999. – Der kürzlich erschienene Gedichtband von I. BACHMANN: *Ich weiß keine bessere Welt. Unveröffentlichte Gedichte*. Hrsg. von I. MOSER u.a. München 2000, ist erst nach Fertigstellung des Beitrages erschienen. Er konnte nicht mehr berücksichtigt werden. – Alle Hervorhebungen in den Texten sind von H. S.

[2] Vgl. dazu D. MIETH: Die „Umsetzung" biblischer Sprache im Werk Ingeborg Bachmann. In: J. HOLZNER – U. ZEILINGER (Hrsg.): *Die Bibel im Verständnis der Gegenwartsliteratur*, St. Pölten – Wien 1988, S. 61-69.

[...] Immerzu müssen wir uns und alles, was wir tun, wünschen, denken, begründen; das Leben, wie wir es seit Jahrtausenden leben, ist nichts Selbstverständli-
ches, schon frühe Aussprüche wie 'Leben geschenkt', 'Gnade', 'Befreiung', deuten auf die gigantische Unselbstverständlichkeit. Alle diese Worte müßten verschwinden. Hier wird nicht mehr geschenkt, begnadigt, befähigt, anerkannt etc.,
wenn hier dies nicht mehr getan wird – es wird das Morgenrot sein. (IV 335)

Mag sein, daß für das auffällige Interesse Ingeborg Bachmanns an der expliziten
Verwendung des Wortes 'Wahrheit' ihre intensive Beschäftigung mit der Philosophie verantwortlich ist[3]. Bekanntlich schrieb sie 1949 ihre Wiener Dissertation
– übrigens bei Viktor Kraft (1880-1975), einem wichtigen Historiker des sogenannten 'Wiener Kreises' – zum Thema *Die kritische Aufnahme der Existenzi-
alphilosophie Martin Heideggers* (publiziert von Robert Pichl 1985 im Piper-
Verlag). Möglicherweise noch wichtiger war ihr Beitrag zur deutschen Ausgabe
des Werkes von Ludwig Wittgenstein durch den Suhrkamp Verlag (vgl. dazu den
1953 publizierten Aufsatz *Ludwig Wittgenstein – Zu einem Kapitel der jüngeren
Philosophiegeschichte* [IV 12-123]). Darüber hinaus läßt sich die Beschäftigung
mit Heidegger – etwa mit dessen Buch *Der Satz vom Grund* (Pfulligen 1957) –
bis in Texte der sechziger Jahre (u.a. im Gedicht *Böhmen liegt am Meer*) verfolgen. Schließlich ist es erwiesen, daß auch das Denken der Frankfurter Schule und
Walter Benjamins unverkennbare Spuren in ihrem Werk hinterlassen hat. Jedenfalls räumt sie dem Begriff 'Wahrheit' in ihrem literarischen Werk eine ähnlich
zentrale Stelle wie die moderne Philosophie ein. Dies wiederum läßt sich nur
daraus erklären, daß Literatur für sie *von Hause aus* mit Wahrheit zu tun hat.

Eine Bestätigung dafür findet sich in den *Frankfurter Vorlesungen* (IV 181-
271)[4] aus dem Wintersemester 1959/60, die Ingeborg Bachmann unter der Titel
Probleme zeitgenössischer Dichtung gestellt hat. In deutlicher Korrespondenz zu
Paul Celans[5] Rede anläßlich der Verleihung des Bremer Literaturpreise (Januar
1958) ist dort die Rede davon, daß die neue Literatur „wirklichkeitswund und
wirklichkeitssuchend" (216) und insofern „erkenntnishaltig" (215), ja „scharf

[3]   Vgl. S. WEIGEL: *Ingeborg Bachmann*, S. 74-133, 446, 554f. u.ö.; siehe außerdem
      H. HÖLLER: *Ingeborg Bachmann*. Reinbek bei Hamburg 1999, S. 65-72; S.
      LENNOX: *Bachmann und Wittgenstein*. In: Ch. KOSCHEL – I. V. WEIDENBAUM
      (Hrsg.): *Kein objektives Urteil – nur ein lebendiges. Texte zum Werk von Ingeborg
      Bachmann*, München 1989, S. 600-621; F. WALLNER: *Philosophie der Dichtung –
      Dichtung der Philosophie. Wittgenstein-Rezeption bei Ingeborg Bachmann und ihre
      Folgen*. In: W. SCHMIDT-DENGLER u.a. (Hrsg.): *Wittgenstein 'und': Philosophie –
      Literatur*. Wien 1990, S. 147-157.
[4]   Dazu S. WEIGEL: *Ingeborg Bachmann*, S. 196-199, 205f., 247f., 427ff., 485ff. u.ö.;
      H. HÖLLER: *Ingeborg Bachmann. Das Werk von den frühesten Gedichten bis zum
      „Todesarten"-Zyklus*. Frankfurt 1993, S. 144-169; I. V. D. LÜHE: „Ich ohne Ge-
      währ". Ingeborg Bachmanns Frankfurter Vorlesungen zur Poetik. In: Ch. KOSCHEL
      – I. V. WEIDENBAUM (Hrsg.): *Kein objektives Urteil – nur ein lebendiges*, S. 569-
      599.
[5]   Zur Beziehung Bachmann-Celan vgl. S. WEIGEL: *Ingeborg Bachmann*, S. 411-453;
      H. HÖLLER: *Ingeborg Bachmann*. Reinbek bei Hamburg 1999, S. 57-64; B.
      BÖSCHENSTEIN – S. WEIGEL (Hrsg.): *Ingeborg Bachmann und Paul Celan. Poeti-
      sche Korrespondenzen*, Frankfurt 1997.

von Erkenntnis" (197) ist. Sie „will" Erkenntnis und „treibt" Erkenntnis „ein"
(192). Man begegnet ihr daher „immer dort [...], wo ein moralischer, *erkenntnis-hafter* Ruck geschieht, und nicht, wo man versucht, die Sprache an sich neu zu
machen, als könnte die Sprache selber die *Erkenntnis eintreiben* und die *Erfah-rung* kundtun, die man nie gehabt hat" (ebd. vgl. 210), bzw. man begegnet ihr als
„einer Stoßkraft für ein Denken, das zuerst noch nicht um Richtung besorgt ist,
[als] einem Denken, das *Erkenntnis* will und mit der Sprache und durch Sprache
hindurch etwas erreichen will. Nennen wir es vorläufig: *Realität*" (192f.). Die
„verändernde Wirkung", die von ihr ausgeht, besteht – dem entsprechend – zum
einen aus „neuer *Wahrnehmung*, neuem Gefühl, neuem Bewußtsein" (195), zum
anderen aus neuen Verbindlichkeiten (199), die sich Bachmann nicht scheut, mit
dem Wort „Moral" zu bezeichnen (191f., 195).

Aber es gibt ein Wort, von dem Karl Kraus nie losgekommen ist und das zu un-terstreichen man nicht müde werden möchte: „Alle Vorzüge einer Sprache wur-zeln in der Moral". Und damit ist nichts Landläufiges gemeint, nichts Liquidierba-res, wie die bürgerliche oder die christliche Moral, nicht ein Kodex, sondern jenes
Vorfeld, in dem von jedem neuen Schriftsteller *die Maßstäbe von Wahrheit und
Lüge* immer neu errichtet werden müssen (206).

Es liegt auf der Hand, daß Literatur weder etwas „bewirken" (195) noch verän-dern (210) oder gar „an den Schlaf der Menschen rühren" (197) könnte, wenn die
„Realität", die es zu erkennen gilt, eine rein poetische oder künstlerische Realität
wäre, die sich von der konkreten Lebenswirklichkeit sowohl der Schreibenden
als auch der Lesenden absonderte. Real und damit wahr ist für Ingeborg Bach-mann daher allemal nur das, was denjenigen / diejenige, der / die es in Anspruch
nimmt, auch *existenziell* betrifft. Das Anna Achmatova gewidmete Gedicht
Wahrlich (I 166) aus dem Jahr 1964 drückt es unmißverständlich aus:

Wem es ein Wort nie verschlagen hat,
und ich sage es euch,
wer bloß sich zu helfen weiß
und mit den Worten –

dem ist nicht zu helfen.
Über den kurzen Weg nicht
und nicht über den langen.

Einen einzigen Satz haltbar zu machen,
auszuhalten in dem Bimbam von Worten.

Es schreibt diesen Satz keiner,
der nicht unterschreibt.

Goethe bestätigend, der 1823 in einem Gespräch mit Eckermann bekannt hat:
„Alle meine Gedichte sind durch die Wirklichkeit angeregt und haben darin

Grund und Boden. Von Gedichten aus der Luft gegriffen halte ich nichts." (WS 61), stellt Bachmann klar: „Es heißt immer, die Dinge lägen in der Luft. Ich glaube nicht, daß sie einfach in der Luft liegen, daß jeder sie ergreifen und in Besitz nehmen kann. Denn eine neue Erfahrung wird *gemacht* und nicht aus der Luft geholt. Aus der Luft oder bei den anderen holen sie sich nur diejenigen, die selber keine Erfahrung gemacht haben" (IV 190, vgl. 196). In der Literatur geht es für sie daher niemals um ein 'l'art pour l'art', um das Durchexperimentieren von Stilen, um das Hantieren mit einem „unerschöpflichen Materialvorrat" genannt Sprache oder um das bloße Herstellen von intertextuellen Bezügen (191ff.). Wie für sie kein Werk der Literatur ausschließlich für Germanisten, Sprachwissenschaftler, Philosophen, Philologen oder sonstige Fachleute der Interpretation geschrieben wurde, so ist auch keine Form gewählt, kein intertextueller Bezug erzeugt, wo nicht ein existenzieller Anknüpfungspunkt, es der Autorin, sei es des Lesers / der Leserin vorhanden ist. In diesem Sinne antwortet sie auf die Frage, warum sie dies oder jenes in ihren eigenen Werken zitiere, in einem Interview im Jahr 1965: „Es gibt für mich keine Zitate, sondern die wenigen Stellen in der Literatur, die mich aufgeregt haben, *die sind für mich das Leben.* Und es sind keine Sätze, die ich zitiere, weil sie mir so sehr gefallen haben, weil sie schön sind oder weil sie bedeutend sind, sondern weil sie mich wirklich erregt haben. *Eben wie Leben*" (WS 69).

Als was wird nun aber diese aus der konkreten Lebenserfahrung hervorgehende und auf die konkrete Lebenserfahrung zurückwirkende Wahrheit erfahren? Was ergibt sich über sie aus dem, wozu sie führt? Macht sie frei, wie es von der Wahrheit im Johannes-Evangelium (8,32) heißt, oder tötet sie, wie man es u.a. bei Thomas Bernhard lesen kann: „Wenn wir der Wahrheit auf der Spur sind, ohne zu wissen, was diese Wahrheit ist, die mit der Wirklichkeit nichts als die Wahrheit, die wir nicht kennen, gemein hat, so ist es das Scheitern, es ist der Tod, dem wir auf der Spur sind ...".[6] Daß auch für Ingeborg Bachmann Wahrheit nicht einfach in der reinen 'adaequatio intellectus ad rem' bzw. aus dem bloßen Satz besteht, der einen 'Sachverhalt', welcher 'der Fall ist', wiedergibt, legt bereits der Umstand nahe, daß sie derselben Literatur, die sich immer wieder neu um „die Maßstäbe von Wahrheit und Lüge" bzw. um das Eintreiben von „Erkenntnis" zu bemühen hat, einen *utopischen* Charakter zuschreibt, kraft dessen durch sie nicht allein zu Sprache kommt, *was ist*, sondern ebenso was *sein wird*.

> Die Literatur aber, die selber nicht zu sagen weiß, was sie ist, die sich nur zu erkennen gibt als ein tausendfacher und mehrtausendjähriger Verstoß gegen die schlechte Sprache – denn das Leben hat nur eine schlechte Sprache – und die ihm darum eine Utopia der Sprache gegenübersetzt, diese Literatur also, wie eng sie sich auch an die Zeit und ihre schlechte Sprache halten mag, ist zu rühmen wegen ihres verzweiflungsvollen Unterwegssein zu dieser Sprache und nur darum ein Ruhm und eine Hoffnung der Menschen. (IV 268)

---

[6]   Th. BERNHARD: Der Wahrheit und dem Tod auf der Spur, in: *Neues Forum* 15. Jg Nr. 173 (1968), S. 347-349, hier 347.

Aus diesem Grunde ist das Verhältnis der Literatur zur Wahrheit sowohl dasjenige der *Erkenntnis*, die für Hoffnung keine Berechtigung sieht, als auch dasjenige des *Glaubens*, der mit dem Tag rechnet, der kommen wird. Die Antwort auf die Frage „Glauben Sie?", nämlich: „Woran? Wozu? Ich habe noch nie darüber nachgedacht. Ein Philosoph muß vielleicht, ein Schriftsteller darf nicht darüber sprechen. Man hat zu beschreiben und zu erzählen ... Es gibt Fragen, die ich mir verbiete." (WS 77), steht daher folgerichtig neben dem Bekenntnis: „Ich glaube wirklich an etwas, und das nenne ich 'ein Tag wird kommen'. Und eines Tages wird es kommen. Ja, wahrscheinlich wird es nicht kommen, denn man hat es uns ja immer zerstört, seit so vielen tausend Jahren hat man es immer zerstört. Es wird nicht kommen, und trotzdem glaube ich daran. Denn wenn ich nicht mehr daran glauben kann, kann ich auch nicht mehr schreiben." (WS 145)

Um diese Spannung *innerhalb* der Wahrheit näher beschreiben zu können, die sich zwischen dem, „was wahr *ist*", und dem einstellt, was sich *in Beziehung zu eben diesem* als ein *zu Erhoffendes* ergibt, seien zwei Gedichte näher analysiert, die zwar – in einem Abstand von wahrscheinlich neun Jahren – ohne Bezug aufeinander geschrieben wurden, die aber doch inhaltlich wesentlich miteinander zu tun haben: das Gedicht *Was wahr ist* (I 118) aus dem Jahr 1955/6 (entnommen dem Gedichtsband *Anrufung des Großen Bären*, München 1956) und das Gedicht *Böhmen liegt am Meer* (I 167f.) aus dem Jahr 1964 (erstmals publiziert in dem von Hans Magnus Enzensberger herausgegebenen *Kursbuch* 15 [1968]) [7]. Die Verbindung, die sich zwischen diesen beiden Gedichten aufweisen läßt, besteht freilich nicht nur in diesem Fall, ist folglich auch nicht willkürlich konstruiert. Sie durchzieht vielmehr spätestens ab dem Text *Was ich Rom sah und hörte* aus dem Jahr 1955 (IV 29-34), genauer besehen aber bereits seit den 1944/45 entstandenen *Briefe[n] an Felician*, die (von der Schwester Bachmanns, Isolde Moser) 1991 im Piper-Verlag publiziert wurden, das gesamte Werk bis zum 1971 erschienenen Roman *Malina*.

Was wahr ist

Was wahr ist, streut nicht Sand in deine Augen,
was wahr ist, bitten Schlaf und Tod dir ab
als eingefleischt, von jedem Schmerz beraten,
was wahr ist, rückt den Stein von deinem Grab.

Was wahr ist, so versunken, so verwaschen
in Keim und Blatt, im faulen Zugenbett
ein Jahr und noch ein Jahr und alle Jahre –
was wahr ist, schafft nicht Zeit, es macht sie wett.

[7] Zu den Gedichten Bachmanns vgl. u.a. S. WEIGEL: *Ingeborg Bachmann*, S. 135-186, 355ff.; H. HÖLLER: *Ingeborg Bachmann. Das Werk...*, Frankfurt 1993, S. 13-70, 170-190; DERS.: Die gestundete Zeit und Anrufung des Großen Bären. Vorschläge zu einem neuen Verständnis. In: Ch. KOSCHEL – I. v. WEIDENBAUM (Hrsg.): *Kein objektives Urteil – nur ein lebendiges ...*, S. 337-382.

Was wahr ist, zieht der Erde einen Scheitel,
kämmt Traum und Kranz und die Bestellung aus,
es schwillt sein Kamm und voll grauften Früchten
schlägt es in dich und trinkt dich gänzlich aus.

Was wahr ist, unterbleibt nicht bis zum Raubzug,
bei dem es dir vielleicht ums Ganze geht.
Du bist sein Raub beim Aufbruch deiner Wunden;
nichts überfällt dich, was dich nicht verrät.

Es kommt der Mond mit den vergällten Krügen.
So trink dein Maß. Es sinkt die bittre Nacht.
Der Abschaum flockt den Tauben ins Gefieder,
wird nicht ein Zweig in Sicherheit gebracht.

Du haftest in der Welt, beschwert von Ketten,
doch treibt, was wahr ist, Sprünge in die Wand.
Du wachst und siehst im Dunkeln nach dem Rechten,
dem unbekannten Ausgang zugewandt.

Dieses Gedicht wird in der Sekundärliteratur zu Ingeborg Bachmann kaum einmal beachtet. Eine eigene Interpretation, wie es sie von etlichen anderen Gedichten gibt, ist mir nicht bekannt. Der Grund dafür scheint mir – nach Gesprächen mit Kolleginnen und Kollegen aus der Germanistik – allerdings nicht etwa darin zu liegen, daß man das Gedicht nicht schätzen würde oder es für eines der weniger gelungenen hielte, sondern vielmehr darin, daß es unmittelbar verständlich und zugänglich ist. Um es interpretieren zu können, bedarf es keiner langen Erörterungen sogenannter intertextueller Bezüge, wenngleich derartige Bezüge gegeben sind und zwar sowohl bezüglich anderer Werke der Literatur als auch bezüglich eigener Texte der Schriftstellerin. Auch in puncto Form stellt das Gedicht vor keine Schwierigkeiten, die Hinweise erforderlich machten. Sechs vierzeilige Strophen mit sich durchhaltendem einfachem Versmaß, in denen die Überschrift „Was wahr ist" insgesamt achtmal wiederholt wird, verleihen ihm den Charakter eines lyrischen Liedes. Gewiß entspricht die Semantik der verwendeten Wörter, Bilder und Metaphern nicht jener der Alltagssprache, andererseits ist sie dieser aber auch nicht so fremd, daß die Eingängigkeit und Nachvollziehbarkeit des Gesagten darunter leiden würden.

Im Gedicht wird ein Du angesprochen. Wer dieses Du ist, wird nicht gesagt. Ist es das Ich, das anspricht und so zu sich selbst spricht? Ist es der Leser / die Leserin? Korrespondierend dazu steht ebensowenig fest, wer das Ich ist, das spricht. Allerdings läßt es sich – abgesehen davon, daß es ein 'lyrisches Ich' ist – dahingehend charakterisieren, daß es ein menschliches Ich ist, das vielleicht nicht alle Hoffnung, sicherlich aber jede Illusion und Selbsttäuschung hat fahren lassen. Dieses Ich, wer immer es sei, ist ganz offensichtlich durch Erfahrungen mit Leben und Tod hindurchgegangen. Wie Anton Wildermuth (in der oben genannten gleichnamigen Erzählung) ist ihm bereits die Wahrheit über all die Wahrheiten aufgegangen, mit denen normalerweise „ein Jahr und noch ein Jahr und alle Jahre" dahingelebt wird. Es weiß bereits, was die Zeit 'wettmacht'. Über die Rechnung, deren Ergebnis letztlich zählt, gibt es sich keinen Illusionen mehr hin. Mit diesem Wissen fügt es sich ins Unausweichliche. „So trink dein Maß" empfiehlt es sich oder wem immer es sich zugewandt hat. Und geradezu *stoisch*[8] schließt es mit der Feststellung / dem Rat:

> Du wachst und siehst im Dunkeln nach dem Rechten,
> dem unbekannten Ausgang zugewandt.

Das Gedicht sagt nicht, wie sich das Ich in das Unausweichliche fügt. Spielt jedoch Ingeborg Bachmann vier Jahre später in der – vor Kriegsblinden – gehaltenen Rede *Die Wahrheit ist dem Menschen zumutbar* auf das Gedicht an, so darf vermutet werden, daß es dies mit *Stolz* tut:

> Wer, wenn nicht diejenigen unter Ihnen, die ein schweres Los getroffen hat, könnte besser bezeugen, daß unsere Kraft weiter reicht als unser Unglück, daß man, um vieles beraubt, sich zu erheben weiß, daß man enttäuscht, und das heißt, ohne Täuschung, zu leben vermag. Ich glaube, daß dem Menschen eine Art des Stolzes erlaubt ist – der Stolz dessen, *der in der Dunkelhaft der Welt nicht aufhört, nach dem Rechten zu sehen*. (IV 277)

Weil sich dieses 'stolze' Ich *aus Erfahrung* an ein Du wendet, kann es dies auch nicht anders als in Dialog- bzw. Anredeform tun. Denn Erfahrungen, zumal wenn sie mit Leben und Tod gemacht werden, lassen sich weder neutral noch theoretisch weitergeben. Sie haben vielmehr nur dann eine Chance auf Weitergabe, wenn auch 'Atem getauscht wird', d.h. wenn ein Ich einem Du wirklich begegnet. Jenseits dieser Konstellation bedeuten sie nichts, sind sie vielleicht da, aber nicht von Interesse, können sie zwar vernommen, jedoch nicht gehört werden. So reflektiert das Gedicht in seiner Form – in der Ansprechung eines Du – die Bedingung der Möglichkeit dessen, was es tun will, nämlich zu sagen, was wahr ist.

Was aber ist wahr? Das Gedicht zählt es nicht im einzelnen auf. Es unternimmt vielmehr, *das Wahre überhaupt* in seiner Erfahrbarkeit zu charakterisieren – *unabhängig* davon, was konkret von Fall zu Fall wahr ist. Das Wahre überhaupt jedoch, wie wird es erfahren? Zum ersten als das, was im weitesten Sinne des Wortes *konfrontiert*[9], Es nimmt keine Rücksicht auf den, der von ihm gestellt wird. Dieser hat nichts mehr zu sagen. Die völlige Passivität ist alles, was übrigbleibt. Weder vermag das Wahre gebeten werden, wann es unter Umständen genehm ist, noch kann ihm gegenüber ein Recht anmeldet werden. Dafür ist die Zeit um. Schon gar nicht spielt eine Rolle, was in der Begegnung mit ihm empfunden wird. Nicht einmal der Augenblick, wo „es [...] vielleicht ums Ganze geht", wo unter Umständen die Bereitschaft besteht, sich auf die Wahrheit und

---

[8] Siehe dazu das Gespräch Bachmanns mit Otto Basil am 14. April 1971 in WS 101-105, hier 105.

[9] Siehe dazu H. HÖLLER: *Ingeborg Bachmann. Das Werk...*, Frankfurt 1993, S. 13-36.

nichts als die Wahrheit zu verpflichten, zählt mehr. Zum andern erscheint das
Wahre als *das Desillusionierende, ‚Ent-täuschende' schlechthin*. Es streut keinen
Sand in die Augen, „es schafft nicht Zeit" in dem Sinne, daß es die Stunde der
Wahrheit beliebig verschöbe und durch die Jahre Fakten erzeugen oder Wunden
heilen ließe, vielmehr „macht [es] sie wett". Erst recht nicht kümmert es sich um
das, was gegen es aufgeboten, ins Treffen geführt oder geltend gemacht werden
könnte: „Traum und Kranz und die Bestellung". All dem gegenüber schafft es
klare Verhältnisse, indem es „der Erde einen Scheitel" zieht. In dieser Form hat
das Wahre sodann etwas *Bedrohliches* an sich: „[...] es schwillt sein Kamm und
voll gerauften Früchten / schlägt es in dich und trinkt dich völlig aus" und dies
„als eingefleischt, von jedem Schmerz beraten". „Was wahr ist", ereignet sich
dem entsprechend als ein „Raub" bzw. als ein „Überfall", der „verrät", was immer schon wahr war, was aber „so entsunken, so verwaschen / in Keim und Blatt,
im faulen Zugenbett" zuvor weder wahrgenommen noch eingestanden worden
ist. Wenn es den Menschen stellt, brechen „Wunden" auf. Mit ihm „sinkt die bittre Nacht", „kommt der Mond mit den vergällten Krügen". So erscheint „was
wahr ist" weiters in Gestalt eines *gnadenlosen Gerichts*, das als bloße Stunde der
Wahrheit zur Besinnung bringt, rücksichtslos auf die Füße stellt, vor den Spiegel
zwingt und auf den Tod hin ernüchtert. Es ist die „Todesstille", die – wie es im
(kurze Zeit später entstandenen, jedoch im selben Gedichtsband erschienenen)
Gedicht *Reklame* (I 114) heißt – „eintritt", sobald das Erwachen aus allen Träumen, Einbildungen, Verdrängungen und Narkotisierungen unvermeidlich geworden ist. Über dieses Gericht, das die Wahrheit *per se* ist, führt schließlich nichts
hinaus. Kein Wort von einem hoffnungsvollen Danach, kein Aufruf zur Hoffnung, keine Begründung für Zuversicht. Im Gegenteil: Wohl rückt, was wahr ist,
'den Stein vom Grab', doch nicht um vom Tode zu erwecken, sondern um bis ins
Grab hinein zu stellen, um nicht einmal dort Ausflucht zu gönnen. Und wohl gibt
es „die Tauben", diese bringen aber nicht wie in der biblischen Noah-Geschichte
den Zweig als Ankündigung der Erlösung und des Friedens, denn ihnen 'flockt
der Abschaum ins Gefieder', so daß sie nicht fliegen können. Abgesehen davon
„wird nicht ein Zweig in Sicherheit gebracht". Das Einzige, was angesichts dieses Kerkers und dieses 'Dunkels' an Offenem bleibt, ist, daß „was wahr ist"
Sprünge selbst in Kerkerwände treibt und der „Ausgang" – sowohl im räumlichen als auch im zeitlichen Sinne – unbekannt ist.

> Du haftest in der Welt, beschwert von Ketten,
> doch treibt, was wahr ist, Sprünge in die Wand.
> Du wachst und siehst im Dunkeln nach dem Rechten,
> dem unbekannten Ausgang zugewandt.

Gibt es das Wahre für Ingeborg Bachmann nur in dieser apokalyptischen Konno-
tation? Beschränkt sich „was wahr ist" ausschließlich auf das, was in diesem Gedicht steht? Hat das Wahrheitsgericht das letzte Wort? Bevor dazu speziell das
Gedicht *Böhmen liegt am Meer* befragt werden soll, sei auf etwas hingewiesen,
was ebenso wahr ist, jedoch den soeben betrachteten Zusammenhang von sich

aus sprengt – auf das Faktum der *Liebe*[10]. Bachmann spricht sie in vielen Gedich-
ten, in etlichen Erzählungen, vor allem aber auch in ihrem Hörspiel *Der gute
Gott von Manhattan* (entstanden 1957, erstmals gesendet 1958) sowie in ihrem
Roman *Malina* an. Speziell bezogen auf diese beiden Titel gibt sie in diversen
Interviews und Gesprächen zu verstehen, worin für sie das Ungeheure an der
Liebe besteht. Es ist das zugleich *Ekstatische* und *Utopische* in ihr (WS 70, 74f.,
86, 94, 109f. 128 u.ö.). Darin liegt sowohl ihre Schwäche als auch ihre Stärke:

> Ja, Liebe führt in die tiefste Einsamkeit. Wenn sie ein ekstatischer Zustand ist,
> dann ist man in keinem Zustand mehr, in dem man sich durch die Welt bewegen
> kann. Man sieht die Welt nicht mehr mit den Augen der andern. [...] Sie will
> Ewigkeit, führt aber daher immer zum Untergang. Die Liebe ist für das Ich im
> Buch [Malina] von solcher Ausschließlichkeit, daß nichts daneben Platz hat. Sie
> drückt sich nicht durch ein Geschehen aus, sondern durch Intensität, durch Fana-
> tismus. Diese Art von Liebe kann nicht in der Zeit bestehen. [...] (WS 74)

Andererseits ist es die Liebe, die jenes „Spannungsverhältnis" erzeugt, das
menschliches Leben erst zu einem lebenswerten menschlichen Leben macht.

> Nun steckt aber in jedem Fall, auch im alltäglichen von Liebe, der Grenzfall, den
> wir, bei näherem Zusehen, erblicken können und vielleicht uns bemühen sollten,
> zu erblicken. Denn bei allem, was wir tun, denken und fühlen, möchten wir
> manchmal bis zum Äußersten gehen. Der Wunsch wird wach, die Grenzen zu
> überschreiten, die uns gesetzt sind. [...] Innerhalb der Grenzen [...] haben wir den
> Blick gerichtet auf das Vollkommene, Unmögliche, Unerreichbare, sei es der Lie-
> be, der Freiheit oder jeder reinen Größe. Im Widerspiel des Unmöglichen mit dem
> Möglichen erweitern wir unsere Möglichkeiten. Daß wir es erzeugen, dieses
> Spannungsverhältnis, an dem wir wachsen, darauf, meine ich, kommt es an; daß
> wir uns orientieren an einem Ziel, das freilich, wenn wir uns nähern, sich noch
> einmal entfernt. (IV 276)

Vor allem geht von der Liebe der Glaube an den Tag aus, der kommen wird, jener Glaube, der sogar das Wissen darum, daß kein Tag kommen wird, „den Zusammenbruch aller Beweise [...] mit einer Salve Zukunft" (IV 271, vgl. WS 145)
beantwortet. „Dennoch ist selbst in der Kapitulation noch Hoffnung, und diese
Hoffnung des Menschen hört nicht auf, wird nie aufhören" (WS 128, vgl. 70).
Deshalb besteht kein Zweifel darüber, daß der Tag, der kommen wird, ein Tag
der Liebe sein wird. Jedenfalls heißt es in einer der „lyrisch-eschatologische[n]"
(WS 69) Passagen in *Malina*:

> Ein Tag wird kommen, an dem die Menschen rotgoldene Augen und siderische
> Stimmen haben, *an dem ihre Hände begabt sein werden für die Liebe,* und die

---

[10] Vgl. S. WEIGEL: *Ingeborg Bachmann*, S. 149-161, 212ff.; H. HÖLLER: *Ingeborg
Bachmann. Das Werk...*, Frankfurt 1993, S. 106-122; J. SEIM: Ingeborg Bachmann
– Der gute Gott von Manhattan. in: Ch. KOSCHEL – I. v. WEIDENBAUM (Hrsg.):
Kein objektives Urteil – nur ein lebendiges ..., S. 395-401.

Poesie ihres Geschlechts wird wiedererschaffen sein [...] und ihre Hände werden begabt sein für die Güte, sie werden nach den höchsten aller Güter mit ihren schuldlosen Händen greifen, denn es sollen nicht ewig, denn es sollen die Menschen nicht ewig, sie werden nicht ewig warten müssen ... (III 138)

Vor diesem Hintergrund ist das Gedicht *Böhmen liegt am Meer* zu lesen[11]. Wie schon erwähnt, steht es zu *Was wahr ist* in einem Spannungsverhältnis, sofern es im Gegensatz zu diesem nicht das, was *ist*, sondern das, was aufgrund der Hoffnung *sein wird*, m.a.W. nicht das Rücksichtslose, Bedrohliche und Tödliche der Wahrheit, sondern das 'U-topische', 'Ek-statische' und Leben-Verheißende derselben beschreibt, ja nicht nur beschreibt, sondern diesem selbst in sich Platz gibt, und dies wiederum nicht allein deshalb, weil es nun einmal die Kunst und die Literatur sind, die dem Utopischen Form und Ausdruck geben (WS 75; I 268ff.), sondern weil es – „wie wenig auch" – im Gedicht sowie in der diesem vorausgegangenen Erfahrung selbst Realität geworden ist. Indem es in sich selbst die *Spannung* zwischen dem, was unter Umständen ist, und dem, was de facto ist, ebenso wie jene *Spannung* anspricht, die zwischen dem, was an Utopischen „noch" ist, und dem, was eben faktisch ist, bringt es das Utopische zur Wirklichkeit. Dieses wird gerade dadurch – *innerhalb der Spannung* – seinerseits zu dem, „was wahr ist".

Ingeborg Bachmann selbst hat dieses Gedicht nicht als „Raub" oder „Überfall", sondern im Gegenteil als „Geschenk" empfunden:

Für mich ist es ein Geschenk, und ich habe es nur weiterzugeben an alle anderen, die nicht aufgeben zu hoffen auf *das Land ihrer Verheißung*. (LuG 119) Es ist gerichtet an alle Menschen, weil es das *Land ihrer Hoffnung* ist, das sie nicht erreichen werden.[...][12].

Obwohl sie davon behauptet „ich glaube nicht einmal, daß ich es geschrieben habe, ich kann es manchmal nicht glauben" und gerne ihren „Namen wegnehmen und darunter schreiben [würde] 'Dichter unbekannt'", weil es „geschrieben [ist] von jemand, der nicht existiert", betrachtet sie es gleichzeitig doch als „das Gedicht, zu dem ich immer stehen werde" (LuG 119f.). Und obwohl der äußerliche Anlaß zum Verfassen desselben eine Einladung war, „stellvertretend für die Deutsche Literatur, für das Shakespeare-Jahr in Stratford on Avon" ein Gedicht zu schreiben (LuG 122; vgl. IV 479), geht es in diesem Gedicht mehr noch um die Erfahrung einer persönlichen Rückgewinnung von Leben. Nach einer Phase tiefster Depression und schweren gesundheitlichen Krise erfährt sie im winterlichen Prag des Jahres 1964 eine unerwartete Rettung[13]: „[...] es kommt mir zum

[11] Zur Interpretation dieses Gedichts: LuG 119-133; S. WEIGEL: *Ingeborg Bachmann,* S. 319f., 354-363, 426, 514; E. FRIED: *Ich grenz noch an ein Wort...*; P. H. NEUMANN: Ingeborg Bachmanns Böhmisches Manifest. in: Ch. KOSCHEL – I. v. WEIDENBAUM (Hrsg.): *Kein objektives Urteil – nur ein lebendiges ...,* S. 382-388.
[12] Zitat S. WEIGEL: *Ingeborg Bachmann,* S. 320.
[13] Zu den biographischen Hintergründen vgl. H. HÖLLER: *Ingeborg Bachmann.* Reinbek bei Hamburg 1999, S. 117-136.

erstenmal vor", heißt es in einem Brief am 12. Februar 1964, „daß ich die Vergangenheit überwinden kann, denn wenn Prag auch ein Wunder ist, so wirken Wunder nicht immer gleich" (LuG 123). Es ist aber nicht allein das Überwinden der Vergangenheit, das sie als Wunder erlebt, sondern zugleich die Befähigung dessen, was Liebe ermöglicht, ja Liebe *ist*, nämlich von sich absehen zu können: „Bin ich's nicht, ist es einer, der ist so gut wie ich. / [...] Bin ich's, so ist's ein jeder, der ist soviel wie ich. / Ich will nichts mehr für mich. [...]" Erich Fried glaubte sich genau daran zu erinnern, daß Ingeborg Bachmann ihm dies drei Jahre später (also 1967) in London bestätigte, als sie bekannte: „Wenn man die Welt ohne sich sieht, sieht man sie wieder besser"[14]. Und das ist nicht alles: Die Reise nach Prag wird genauso wie das „Geschenk" des Gedichts ausdrücklich als „Heimkehr" – „es war die Heimkehr" (LuG 123) – erfahren. Nicht erst aus dem Nachlaß, sondern bereits aus dem gemeinsam mit *Böhmen liegt am Meer* entstandenen und publizierten Gedicht *Prag Jänner 64* – für das zeitweise sogar der Titel „Auferstehung" geplant war[15] – wissen wir davon: „Seit jener Nacht / gehe und spreche ich wieder, / *böhmisch* klingt es, / als wär ich *wieder zuhause*, // wo zwischen der Moldau, der Donau / und meinem Kindheitsfluß / alles einen Begriff von mir hat. // Gehen, schrittweis ist es wiedergekommen, / Sehen, angeblickt, habe ich wieder erlernt." (I 169) Nach all dem überrascht es nicht, wenn Bachmann neun Jahre später zu *Böhmen liegt am Meer* bekennt: „Es ist [...] das letzte Gedicht was ich geschrieben habe. Ich würde nie wieder eines schreiben, weil damit alles gesagt ist"[16].

Böhmen liegt am Meer

Sind hierorts Häuser grün, tret ich noch in ein Haus.
Sind hier die Brücken heil, geh ich auf gutem Grund.
Ist Liebesmüh in alle Zeit verloren, verlier ich sie hier gern.

Bin ich's nicht, ist es einer, der ist so gut wie ich.

Grenzt hier ein Wort an mich, so laß ich's grenzen.
Liegt Böhmen noch am Meer, glaub ich den Meeren wieder.
Und glaub ich noch ans Meer, so hoffe ich auf Land.

Bin ich's, so ist's ein jeder, der ist soviel wie ich.
Ich will nichts mehr für mich. Ich will zugrunde gehn.

Zugrund – das heißt zum Meer, dort find ich Böhmen wieder.
Zugrund gerichtet, wach ich ruhig auf.
Von Grund auf weiß ich jetzt, und ich bin unverloren.

Kommt her, ihr Böhmen alle, Seefahrer, Hafenhuren und Schiffe

14 E. FRIED: *Ich grenz noch an ein Wort...*, S. 10.
15 S. WEIGEL: *Ingeborg Bachmann*, S. 359.
16 Zitat S. WEIGEL: *Ingeborg Bachmann*, S. 320.

unverankert. Wollt ihr nicht böhmisch sein, Illyrer, Veroneser,
und Venezianer alle. Spielt die Komödien, die lachen machen

Und die zum Weinen sind. Und irrt euch hundertmal,
wie ich mich irrte und Proben nie bestand,
doch hab ich sie bestanden, ein um das andre Mal.

Wie Böhmen sie bestand und eines schönen Tags
ans Meer begnadigt wurde und jetzt am Wasser liegt.

Ich grenz noch an ein Wort und an ein andres Land,
ich grenz, wie wenig auch, an alles immer mehr,

ein Böhme, ein Vagant, der nichts hat, den nichts hält,
begabt nur noch, vom Meer, das strittig ist, Land meiner Wahl zu sehen.

Im Unterschied zum Gedicht *Was wahr ist* bedarf dieses Gedicht, das ich persönlich für eines der schönsten der deutsch-österreichischen Sprache halte, der Erläuterung. Sowohl was die Form als auch was die Bedeutung der Metaphern sowie die zahlreichen Zitate anbelangt, ist es ohne interpretierende Hinweise kaum verständlich, wenngleich allein schon der Klang der einzelnen Verse und Strophen, erst recht aber der Klang des Ganzen für sich selbst spricht und aus sich selbst heraus fasziniert. Doch bereits zu diesem Klang, genauer zu der Stimmung, die er erzeugt, gibt es etwas zu sagen: Er ist nicht nur ein wesentlich anderer als jener von *Was wahr ist*. Herrscht dort das Bedrohliche, Düstere, Ernüchternde und Apokalyptische vor, so hat sich hier das Helle, Hoffnungsvolle, Zufriedenheit-Erweckende und Zustimmungs-Gebietende durchgesetzt – und dies, obwohl die Haltung des Ich, das in diesem Gedicht spricht, nicht weniger *stoisch* ist als jenes in *Was wahr ist*. Er hält sich darüber hinaus bewußt an ein *österreichisches* Sprachidiom, was sich sowohl in den Wortzusammenziehungen als auch im Weglassen von Wortendungen zeigt: „tret", „verlier", „geh", „grenz", „glaub", „zugrund", „ich's", „ist's". Mag sein, daß dies eine Reminiszenz an das alte Österreich mit seiner eigenen Literatursprache ist, in der sich die Dichterin mehr als sonst wo zu Hause fühlte[17].

> Am liebsten war mir immer der Ausdruck 'das Haus Österreich', denn er hat mir besser erklärt, was mich bindet, als alle Ausdrücke, die man mir anzubieten hatte. Ich muß gelebt haben in diesem Haus zu verschiedenen Zeiten, denn ich erinnre mich sofort, in den Gassen von Prag und im Hafen von Triest, ich träume auf böhmisch, auf windisch, auf bosnisch, ich war immer zu Hause in diesem Haus […] (*Malina*, III 99; vgl. WS 79f.)

In diesem Sinne wird zweifellos das „Haus", welches das Ich des Gedichts

---

[17]   Darauf hat vor allem H. HÖLLER hingewiesen, in: LuG 127, 130; DERS.: *Ingeborg Bachmann*. Reinbek bei Hamburg 1999, S. 134ff.

betritt, nicht zuletzt das genannte „Haus Österreich" sein. Doch mehr noch muß es mit der fundamental existenziellen „Heimkehr", mit dem „wieder zuhause" zu tun haben, von dem die Rede war. Heimkehr freilich findet immer auch in der Sprache statt, und diese war nun einmal für Bachmann jene österreichische Sprache, die einst ganz Mittel- und Osteuropa verbunden hat: die „Böhmen", „Illyrer, / Veroneser und Venezianer alle". Es ist aber auch nicht auszuschließen, daß hinter der Verknüpfung von 'Haus', 'Sprache' und 'Leben', 'Existieren' bzw. 'Sein' zusätzlich Martin Heideggers Definition von der Sprache als „Haus des Seins" steht[18], die Bachmann sicherlich gekannt haben dürfte.

Zur Form des Gedichts gehört sodann, daß es *überwiegend* – die Verse 13-20 gehen in eine hymnische Apostrophe über – das alte alexandrinische Versmaß (sechshebiger Jambus mit einer Zäsur nach der dritten Hebung) verwendet[19]. Dieses Versmaß erfreute sich in der Barockzeit großer Beliebtheit. Bevorzugter Ort seines Einsatzes war das Sonett. Bekanntere deutschsprachige Lyriker, die es gerne herangezogen haben, waren Andreas Gryphius und Paul Fleming. Kaum hingegen verwendete es Shakespeare, dessen *Sonette* durchwegs im Pentameter gehalten sind und dessen spätere Tragödien den Alexandriner nur im Ausnahmefall einsetzen. (Auf die Shakespeare'schen Sonette weisen übrigens die Entwürfe zum Gedicht hin. Ihnen gemäß sollte dieses dieselbe Widmung „to the only begetter" enthalten [LuG 103, 105].) Abgesehen davon bot das Sonett mit dem alexandrinischen Versmaß genau das, was im Gedicht zur Sprache kommt: Die Darstellungsmöglichkeit von dialektischen Beziehungen, d.h. von Beziehungen, in denen sich gegenseitig Ausschließendes plötzlich gegenseitig bedingt, um überhaupt sein zu können. Solche Beziehungen innerhalb des Gedichts sind die Beziehungen zwischen Leben und Tod, Zugrundegehen und Aufwachen, Gewinnen und Verlieren, Vertrauen und Verzweifeln, Meer und Land, Komödie und Tragödie, Faktizität und Utopie. Sobald jedoch derartigen dialektische Beziehungen Form gegeben werden soll, geht es nicht mehr um bloße Form, sondern um die sich in ihr ausdrückende Anschauung. Diese wiederum – was beinhaltet sie?

Der Titel drückt bereits Wesentliches aus. „Böhmen liegt am Meer" ist ein Zitat aus Shakespeares tragikomischem Romanzendrama *Das Wintermärchen* aus den Jahren 1610/11 (3. Akt, 3. Szene: Anweisung: „Böhmen; eine wüste Gegend am Meer"; danach Antonius: „Du bist also gewiß, daß unser Schiff / Die Wüsten Böhmens angelaufen hat?"). Schon zu Lebzeiten Shakespeares wurde das Offenkundige eingewandt, daß nämlich Böhmen nicht am Meer liegt. Dennoch gibt ihm Ingeborg Bachmann recht: „Nun gibt es einen Streit zwischen Shakespeare und einem seiner allergescheitesten Zeitgenossen, Johnson, der ihm vorgeworfen hat, er sei ungebildet, ein schlechter Dichter, er wisse nicht einmal, dass Böhmen nicht am Meer liegt. Wie ich nach Prag gekommen bin, habe ich gewußt, doch Shakespeare hat recht: Böhmen liegt am Meer"[20]. Der Grund hiefür: „ ...und mit

[18] Siehe u.a. M. Heidegger: *Wegmarken*. Frankfurt 1976 (GA 9), S. 313, 326, 333, 361; oder DERS.: *Unterwegs zur Sprache*. Pfullingen 1959, S. 90, 111f., 114, 117f., 267.

[19] Dazu: P. H. NEUMANN: Ingeborg Bachmanns Böhmisches Manifest (wie Anm. 11), S. 384

[20] S. WEIGEL: *Ingeborg Bachmann*, S. 356.

Böhmen meine ich ein Land, das ist nicht nur Böhmen ... sondern ... es ist ... ja, es ist unser aller Land, nach dem wir suchen" (IV 480). Damit ist klar, daß Böhmen das utopische Land der Hoffnung ist, und damit ist ebenso deutlich, daß die im Gedicht mehrmals auftretende Metapher vom „Land", an welches das Meer grenzt und das näherhin ein „andres Land", ein „Land meiner Wahl" ist, kein irdisches, reales Land meint, sondern ein erhofftes Land, das am Schluß – ähnlich dem verheißenen Land der Israeliten – nur gesehen, nicht einmal betreten werden kann: „[...] begabt nur noch, vom Meer, das strittig ist, Land meiner Wahl zu *sehen*". Laut Erich Fried hat Ingeborg Bachmann sogar zugestimmt, als er „an Moses erinnerte, der das Verheißene Land sehen aber nicht betreten durfte"[21].

Der Titel ist nicht das einzige, das eines der Werke Shakespeares zitiert. So werden die „Illyrer, Veroneser / und Venezianer alle" gemeinsam mit den „Böhmen" nicht bloß an den Vielvölkerstaat des 'Hauses Österreich' erinnern, sondern ebenso an Dramen wie *Der Kaufmann von Venedig, Zwei Herren aus Verona* oder *Romeo und Julia*. Weiters könnte hinter dem Vers „Ist Liebesmüh in alle Zeit verloren, verlier ich sie hier gern" eine Anspielung an *Verlorene Liebesmüh* stecken. Schließlich bildet das, was Hans Höller die „alten Raum-Utopien des 17. und 18. Jahrhunderts" genannt hat, deren „Relikte [...] das Ankommen der Schiffbrüchigen in eine insuläre und doch urbane Gegenwelt irgendwo im Meer, die freundliche Aufnahme in eine egalitäre Gemeinschaft und die Hoffnung [sind], dieses wahrhaft christliche Miteinander würde einmal die gesellschaftliche Lebensform aller werden" (LuG 126), nicht nur einen thematischen Hintergrund des Bachmannschen Gedichts, sondern ebenso das Sujet der Komödie *Der Sturm*, dessen von Prospero gesprochener Epilog einen ähnlichen Erlösungston anschlägt und mehrmals auf die 'Gnade' zu sprechen kommt, die auch im Gedicht eine wichtige Rolle spielt („Wie Böhmen [...] eines schönen Tags / ans Meer *begnadigt* wurde und jetzt am Wasser liegt").

Die germanistische Literatur zu *Böhmen liegt am Meer* nennt noch weitere, nicht Shakespeare betreffende intertextuelle Bezüge. Besondere Aufmerksamkeit erfahren dabei die vier Verse

Ich will nichts mehr für mich. Ich will *zugrunde gehn*.

Zugrund – das heißt zum Meer, dort find ich Böhmen wieder.
Zugrund gerichtet, wach ich ruhig auf.
Von Grund auf weiß ich jetzt, und ich bin unverloren.

Das hier stattfindende Wortspiel von „zugrunde gehn", „zugrund" und „von Grund auf" – in das auch der „gute Grund" aus dem 2. Vers einzubeziehen wäre – drängt sowohl philosophisch-theologische als auch literarische Referenzen auf. Sigrid Weigel meint deshalb sogar, daß das „Nebeneinander von lyrischer Metaphernsprache und philosophischem Diskurs nun im Gedicht aufgehoben" sei[22].

---

[21] E. FRIED: *Ich grenz noch an ein Wort...*, S. 8.
[22] S. WEIGEL: *Ingeborg Bachmann*, S. 363.

Was den philosophischen Diskurs anbelangt, so wird allseits auf Heideggers
Buch *Der Satz vom Grund* (1957) verwiesen[23], das ganz offensichtlich auch im
Roman *Malina* angesprochen ist (ebd. 362, 554f.; H. Höller in LuG 128f.). Über
Heidegger hinaus wäre damit die gesamte auf Leibniz zurückgehende Auseinandersetzung um das sogenannte 'Prinzip des zureichenden Grundes' ins Auge gefaßt. Hans Höller denkt darüber hinaus an „die alte mystische Vokabel von
'grunt' und 'in den grunt gon' [...], alte Ausdrücke für die theologisch-
philosophische Praxis der Entgrenzung des Erkenntnisvermögens" (LuG 125).
Als literarische Vorlage böte sich unter Umständen das Gedicht *Zum Lazarus*
von Heinrich Heine aus seinen Gedichten von 1853/54 an, in dem es heißt: „Sie
hat in meines Herzens *Grund* / Mit ihren Akten sich geflüchtet – / Nur eins bleibt
im Gedächtnis mir, / Das ist: ich bin *zugrund gerichtet*"[24]. Für Erich Fried hingegen „klingen dabei die beiden Stimmen am Ende von *Faust I* an: ‚Sie ist gerichtet'. – ‚Sie ist gerettet'"[25].

Beachtliche Aufmerksamkeit schenkt die Sekundärliteratur sodann dem Wort
„unverloren" im Vers „Von Grund auf weiß ich jetzt, und ich bin *unverloren*",
das sicherlich in Korrespondenz zum Wort „verloren" in Vers 3 („Ist Liebesmüh
in alle Zeit *verloren, verlier* ich sie hier gern") steht. Aller Wahrscheinlichkeit
nach zitiert Bachmann dabei Paul Celan, den rumänisch-deutschen Lyriker jüdischer Abstammung und Überlebenden des Holocaust, mit welchem sie kurze Zeit
persönlich eng verbunden war und mit dem sie zeit ihres Lebens, wie die Forschung in der Zwischenzeit detailliert herausgearbeitet hat, in einem poetischen
Dialog stand, was nicht nur etliche Gedichte, sondern vor allem die Geschichte
„Die Geheimnisse der Prinzessin von Kagran" im Roman *Malina* (III 62-70) bezeugen[26]. Celan, der seinerseits vielleicht an Martin Luther („weyl wir das wort
rayn haben, so sein wir *unverlorn*" [Zitat bei H. Höller in LuG 128]) oder an
Goethes *West-östlichen Divan* denkt, wo sich u.a. die Verse finden „Kenn ich
doch der Väter Menge, / Silb' um Silbe, Klang um Klänge, / Im Gedächtnis *unverloren*, / diese da sind neugeboren"[27], bietet mögliche Anknüpfungspunkte sowohl in dem von Bachmann in ihren *Frankfurter Vorlesungen* (IV 216) zitierten
Gedicht *Engführung* („Ein / Stern / hat wohl noch Licht. / Nichts, / nichts ist *verloren*") als auch in seiner bereits genannten Rede anläßlich der Verleihung des
Bremer Literaturpreises 1958, in der zu lesen ist: „Erreichbar, nah und *unverloren* blieb inmitten der Verluste dies eine: die Sprache. / Sie, die Sprache, blieb
unverloren, ja, trotz allem"[28].

Hans Höller, dem die Forschung schon seit etlichen Jahren fundamentale und
wegweisende Untersuchungen zum Werk Ingeborg Bachmanns verdankt, verweist noch auf zwei weitere mögliche intertextuelle Referenzen: Im Vers

---

[23]   Wobei natürlich auch an HEIDEGGERs frühere Arbeit *Vom Wesen des Grundes* aus
       dem Jahre 1929 zu denken wäre, die Bachmann bereits bei der Abfassung ihrer
       Dissertation bekannt war.
[24]   S. WEIGEL: *Ingeborg Bachmann*, S. 363.
[25]   E. FRIED: *Ich grenz noch an ein Wort...*, S. 9.
[26]   Vgl. Anm. 5 die dort angeführte Literatur.
[27]   Zitat bei S. WEIGEL: *Ingeborg Bachmann*, S. 426.
[28]   Zitat bei H. HÖLLER in LuG 129, S. WEIGEL: *Ingeborg Bachmann*, S. 427.

„Kommt her, ihr Böhmen alle, Seefahrer, Hafenhuren und Schiffe / unverankert" vermutet er eine Anspielung an das Matthäus-Evangelium 4,19 – „Kommt her, folget mir nach!" (LuG 126). Zu denken wäre natürlich auch an Matthäus 11,28: „Kommt alle zu mir, die euch plagt und schwere Lasten zu tragen habt. Ich werde euch Ruhe verschaffen." – was den angesprochenen „Böhmen [...], Seefahrer[n], Hafenhuren und Schiffe[n] / unverankert" ebenso entsprechen würde. Sodann kann sich Höller bei den Versen „Und irrt euch hundermal / wie ich mich irrte und Proben nie bestand" Anklänge an die Barocklyrik vorstellen, ganz besonders an Andreas Gryphius und sein Sonett *Überschrift an dem Tempel der Sterblichkeit*, in dem es heißt: „Ihr irrt, indem ihr lebt; die ganz verschränkte Bahn / läßt keinen richtig gehen [...] Ihr irrt [...] Bis der gefundne Tod euch frei von Irren macht" (Zitat in LuG 126).

Vor dem Hintergrund all dieser Hinweise ergibt die Lektüre des Gedichts folgendes Bild: Das Ich, das spricht, befindet sich in einem außerordentlichen Zustand. Es kann, was von Natur aus dem Menschen kaum möglich ist – von sich selbst absehen: „Bin ich's nicht, ist es einer, der ist so gut wie ich. [...] Bin ich's, so ist's ein jeder, der ist soviel wie ich. / Ich will nichts mehr für mich." Wenn überhaupt kann solches nur in der Liebe geschehen, aber selbst in ihr übersteigt es in der Regel die menschlichen Fähigkeiten.

Daß übrigens auch Bachmann an Liebe gedacht hat, belegen die ersten Entwürfe zum Gedicht, in denen mehrmals noch der Vers „Zugrund, das ist zum Du, so bin ich unverloren" steht (LuG 100-109). Im allerersten Entwurf unter dem Titel „Grüne Häuser in Prag" heißt es sogar: „[...] so grenze ich / an Dich, nur glaubt es keiner, muss es auch / nicht glauben, dass das unmögliche schon möglich / ist. Krankt jeder auch daran, nicht anzugrenzen, / wie Böhmen nicht ans, wie ich an Dich nicht, / und Du nimmer" (LuG 97).

In welchem Rahmen ist dann aber der genannte Zustand möglich? Im Gedicht sind es bereits die Formen der Ich-Sätze, die diese Frage beantworten. Sie nämlich sind zum einen *Konditionalsätze* in den ersten acht Versen und zum anderen *Feststellungen* im ganzen weiteren Teil des Gedichts. Das bedeutet: Konditionalen Aussagen wie „Grenzt hier ein Wort an mich, so laß ich's grenzen. / Liegt Böhmen noch am Meer, glaub ich den Meeren wieder. / Und glaub ich noch ans Meer, so hoffe ich auf Land" stehen feststellend-behauptende Aussagen wie „Zugrund gerichtet, wach ich ruhig auf. / Von Grund auf weiß ich jetzt, und ich bin unverloren. / [...] / doch hab ich sie bestanden, ein um das andre Mal. / [...] / Ich grenz noch an ein Wort und an ein andres Land, / ich grenz, wie wenig auch, an alles immer mehr [...]" gegenüber. Schon allein dies drückt aus, daß der Zustand, in dem das „Ich will nichts mehr für mich" gilt, ein Zustand absoluter *Nicht-Selbstverständlichkeit* ist. Wann immer er eintritt, könnte er ebenso gut nicht sein, ja daß er genauso gut nicht sein könnte, macht sogar einen wesentlichen Bestandteil seiner Erfahrbarkeit aus. Ist jedoch dies der Fall, wodurch wird er dann zu einer realen Möglichkeit bzw. zur Wirklichkeit? Die Antwort darauf stehen in den Versen

[...] Und irrt euch hundermal,
wie ich mich irrte und Proben nie bestand,
doch hab ich sie bestanden, ein um das andre Mal.

Wie Böhmen sie bestand und eines schönen Tags
ans Meer begnadigt wurde und jetzt am Wasser liegt.

Das Liegen am Meer macht die Besonderheit des Hoffnungslandes Böhmen aus. Seinetwegen kann noch ans Meer, den Ursprungsort des Lebens, *geglaubt* und auf das Land, das kommen muß, *gehofft* werden. Daß jedoch Böhmen am Meer liegt, verdankt es einer *Begnadigung*, die „eines schönen Tags" erfolgte. Und wie nun Böhmen „ans Meer *begnadigt* wurde", so wurde das Ich des Gedichts zu jenem Zustand *begnadigt*, in dem es von sich sagen kann „Bin ich's nicht, ist es einer, der ist so gut wie ich. [...] Bin ich's, so ist's ein jeder, der ist soviel wie ich. / Ich will nichts mehr für mich." Von welcher Instanz diese Begnadigung ausgegangen ist, sagt das Gedicht nicht. Daß sie, wie Peter Horst Neumann in seiner Interpretation *Ingeborg Bachmanns Böhmisches Manifest* meinte, „jenseits aller Zweifel" stehe und „Shakespeare" bzw. „ach, die Kunst" sei[29], kann ebenso wenig behauptet werden, wie die Ansicht, daß es sich hierbei um eine übernatürliche Instanz oder gar um Gott handelte. Es muß 'genügen', daß der Zustand, aus dem heraus das Ich spricht, ein Zustand der Gnade ist.

Allerdings gibt das Gedicht darüber Auskunft, wozu das „Ich will nichts mehr für mich" befähigt. Es hängt mit dem bereits zitierten Satz zusammen, den Bachmann gegenüber Erich Fried geäußert haben soll: „Wenn man die Welt ohne sich sieht, sieht man sie wieder besser"[30]. In dem darin angesprochenen Sehen liegt ein Wissen, jenes Wissen nämlich, von dem das Gedicht sagt, daß es aus dem Meer, dem Ursprungsort des Lebens, stammt, und von dem bereits im Gedicht *Das erstgeborene Land* (1956) die Rede ist, wo es heißt:

Und als ich mich selber trank
und mein erstgeborenes Land
die Erdbeben wiegten,
war ich zum Schauen erwacht.

Da fiel mir Leben zu. (I 120)

In *Böhmen liegt am Meer* ist das Wissen, das zum Leben befreit, ein Wissen „von Grund auf". Zwar handelt es sich bei diesem Grund um einen „guten Grund", der die „Schiffe / unverankert" so festmacht, daß „die Brücken heil" werden und die Gewißheit besteht, daß man „unverloren" ist. Doch dieser Grund ist so wenig ein abstrakter Grund im Sinne des philosophischen 'principium rationis sufficientis' wie das Wissen um ihn ein theoretisches, spekulatives oder gar abstraktes ist. Vielmehr sammelt sich in ihm das Leben, das aus dem Meer

---

[29] P. H. NEUMANN: *Ingeborg Bachmanns Böhmisches Manifest* (wie Anm. 11), S. 386f.
[30] E. FRIED: *Ich grenz noch an ein Wort...*, S. 7.

stammt. Deshalb ist das, was das Wissen enthält, auch kein beliebiger Inhalt, sondern „ein Wort". Dieses Wort wiederum ermöglicht durch seine Sagbarkeit nicht allein Bezeichnung, Information oder Identifizierung, sondern *Leben*. Wie schließlich das Leben wesentlich dasjenige ist, wozu begnadigt wird, ist das Wort *primär* das, was *von sich aus* an das Ich grenzt (Vers 5: „Grenzt hier *ein Wort* an mich, so laß ich's grenzen"), und erst danach auch das, woran das Ich seinerseits grenzt (Vers 21f.: „*Ich* grenz noch an ein Wort und an ein andres Land, / *ich* grenz, wie wenig auch, an alles immer mehr). Das Verb *grenzen*, das in diesen drei Versen viermal verwendet wird und offensichtlich *ebenso* Trennung *wie* Verbindung ausdrückt, unterstreicht zusätzlich, daß das Wort nicht beliebig zur Verfügung steht, sondern aus der Begnadigung heraus *zukommt*.

Allerdings grenzt dieses Wort, das für Ingeborg Bachmann letztlich mit dem ganzen Gedicht identisch gewesen sein und den Grund für die große Zustimmung abgegeben haben muß, welche es in seiner Gesamtheit durchzieht, das aber auch unabhängig davon nichts Geringeres als eine ganze Welt gewährt („ich grenz, wie wenig auch, *an alles* immer mehr"), nur mehr *auf Abruf*. Nicht weniger als fünfmal kommt das Wort *noch* vor. Es mischt, wie Erich Fried wohl zurecht vermerkt hat, in den Ton der Zustimmung einen Ton der Verzweiflung: „Die Gegenwelt, in der sie [die Ichperson] Zuflucht vor der Verzweiflung findet oder doch sucht, wird der Verzweiflung zum Verwechseln ähnlich, so ähnlich wie in Shakespeares Komödien"[31]. Deshalb ist das Ich am Schluß des Gedichts wohl „ein Böhme", zugleich aber auch „ein Vagant" – in den Entwürfen „ein Narr" (LuG 100f.) – „der nichts hat, den nichts hält" und der „*nur noch*" vom Meer „begabt" ist, das noch dazu bereits „strittig" geworden ist, „Land meiner Wahl zu sehen". Damit ist sicherlich erneut unterstrichen, wie wenig selbstverständlich der Begnadigungszustand des „Ich will nichts mehr für mich" bzw. die Liebe ist, zugleich klingt aber doch auch die Resignation, ja die Angst an, daß dies alles schon wieder dabei ist, unwiderbringlich verloren zu gehen.

Wenn es abschließend gestattet ist, den beiden Gedichten *Was wahr ist* und *Böhmen liegt am Meer* je einen theologischen Begriff zuzuordnen, so wähle ich für das erstere den Begriff des *Gerichts*, für das letztere hingegen den Begriff der *Gnade*. Dadurch kommt sowohl die Spannung als auch die Zusammengehörigkeit beider Texte, die in dieser Untersuchung herausgearbeitet werden sollte, zum Ausdruck. Das Verbindende, das diese dialektische Beziehung ermöglicht und bedingt, liegt in der *Wahrheit*. Sie ist *an sich selbst* beides: *Gericht*, sofern ihre Stunde allemal Maße setzt und Urteil spricht, *Gnade* hingegen, sofern es abermals *sie* ist, die Sprünge in die Wand treibt und es mit dem, was faktisch der Fall ist, nicht bewenden sein läßt, sondern den Menschen zu einer Hoffnung befreit, die ihm – „wie wenig auch" – ermöglicht, daß er „in der Dunkelhaft der Welt nicht aufhört, nach dem Rechten zu sehen", und sich den Glauben an den Tag bewahrt, an dem seine Hände „begabt sein werden für die Liebe".

---

[31] E. FRIED: *Ich grenz noch an ein Wort...*, S. 10.

Zwei Söhne des Ignatius – Drama und Dialektik[1]

VON LEO J. O'DONOVAN

Karl Rahner wie Hans Urs von Balthasar übten beträchtlichen Einfluss auf die Theologie des 20. Jahrhunderts aus. Und sie haben, wie zu vielen anderen, auch zu mir persönlich auf schöpferische und geheimnisvolle Weise gesprochen, so dass mich das Nachdenken über meine Begegnungen mit ihnen dazu geführt hat, die Jahre hindurch auf neue Weise auf meine eigene Stimme und, so weit möglich, auf die Eingebung des Geistes zu hören.

Wenn ich über diese beiden Männer und ihr Werk nachdenke, möchte ich nicht einem den Vorrang gegenüber dem anderen geben bzw. dartun, warum der intellektuelle und theologische Stil des einen mein Denken und Leben stärker geprägt hat als der des anderen. Noch weniger geht es mir darum, die Überlegenheit des einen über den anderen darzutun. Dieser Aufsatz ist für mich nicht nur Ausdruck der Wertschätzung dieser beiden Theologen, sondern die Nachzeichnung eines theologischen Wegs.

Bibliographie und Biographie

Ich gehe davon aus, dass intellektuelle Neigungen und grundlegende Prägungen eines Menschen weit mehr Geschenk als bewusste Wahl sind. Diese beiden großen Theologen beeinflussten tief nicht nur mein Denken, sondern auch mein Leben, ebenso wie das Leben vieler anderer. Zusammen mit Bernard Lonergan prägten sie mein Denken und orientierten mein Weltbild tatsächlich mehr als jeder andere, natürlich nicht ohne Vermittlung von und im Dialog mit Lehrern wie Gerald McCool, William Richardson, Avery Dulles, Walter Burghardt, Joseph Fitzmyr und John Courtney Murray, wobei hier noch mehr der geheimnisvolle erzieherische Einfluss guter Freunde ins Gewicht fällt.

Der Weg, auf dem man zum Denken vorstößt, bedeutet auf jeweils eigene Weise eine Art persönlicher Bibliographie. Für mich hießen die großen Namen Henri de Lubac, Pierre Teilhard de Chardin, Romano Guardini, William Lynch und später dann Edward Schillebeeckx und Yves Congar. Von den protestantischen Theologen begegnete ich zunächst Paul Tillich während meines Philosophiestudiums und dann in der Theologie Rudolf Bultmann und Karl Barth. Erst später entdeckte ich die Niebuhrs. Und wer, wenn nicht Augustinus und Thomas, waren die großen Gestalten im Hintergrund?

Eine erste englische Version dieses Aufsatzes erschien in *Philosophy and theology* 11 (1998), S. 105-125. Die Überarbeitung erscheint mit freundlicher Genehmigung der Marquette University Press.

Bei der Vorbereitung dieses Aufsatzes stellte ich mir auch die Frage, wann und wie Balthasar und Rahner in mein Blickfeld und mein Leben eintraten – eine natürlichere Frage, als ich zunächst annahm. Lange bevor ich bei Rahner studierte, las ich zum ersten Mal 1963 im Woodstock College Texte von ihm, als mir der verstorbene, von mir sehr geschätzte William Dych mit einem weisen Ratschlag *Worte ins Schweigen* empfahl. Aber es ist vermutlich noch wichtiger, wie man einen großen Denker persönlich kennen lernt – wenn man denn dieses Privileg hat. Ich erinnere mich sehr gut, dass ich Karl erstmals 1964 bei der 175-Jahr-Feier der Georgetown University traf. Während Bill den großen Aufsatz über die Theologie der Freiheit las, saß dessen Verfasser auf der Treppe und betete den Rosenkranz, wie er das nicht selten in der Öffentlichkeit tat. Auch unter Berücksichtigung der Diskrepanz zwischen Leben und Denken, die nach den Worten von Hopkins den „Gifthauch" ausmacht, „für den wir geboren wurden", erscheint mir die Vorstellung, ein solcher Mann sei in seiner Theologie Relativist gewesen, schlicht und einfach unzutreffend.

Beim Nachdenken wurde mir allerdings klar, dass ich Hans Urs von Balthasar schon vor Rahner gelesen hatte. *Die Gottesfrage des heutigen Menschen,* auf Englisch zunächst unter dem Titel *Science, Religion and Christianity* erschienen, beeindruckte mich während meines Philosophiestudiums sehr. Als ich meine damaligen Notizen wieder hervorzog, bestätigte sich meine Erinnerung, dass ich zu Balthasars anspruchsvollem Text tatsächlich durch Karl Rahner gekommen war, den ich seinerzeit zum ersten Mal ausführlich exzerpierte. Es war nicht das letzte Mal, dass ich durch die Lektüre eines Autors Zugang zu einem anderen gewann.

Ich beschleunigte das kleine Experiment in privater Archäologie und mir wurde klar, wo ich mit beiden erstmals in Berührung gekommen war: Es war bei Ignatius von Loyola. Mein Novizenmeister bei den Jesuiten hatte mir Hugo Rahners *The Spirituality of St. Ignatius Loyola (Ignatius von Loyola und das geschichtliche Werden seiner Frömmigkeit,* [2]1949) empfohlen, ein Buch, das mit Pater Gavigans eigenem Verständnis der ignatianischen Konzeption übereinstimmte, die Gott in allen Dingen und alle Dinge in Gott sucht. Damals begeisterte ich mich auch für die Deutung, die der ältere Rahnerbruder dem großen Gebet des Ignatius aus den *Geistlichen Übungen* angedeihen ließ, dem „Suscipe". „Nimm hin o Herr und empfange meine ganze Freiheit, meine Erinnerung, mein Denken und meinen ganzen Willen..."; dieses Gebet deutete der ältere der beiden berühmten Rahnerbrüder als dialektischen Weg, um Gott in jedem Lebensabschnitt finden zu können.

Wenn ich also eine „Rahnersche Würdigung" von Hans Urs von Balthasar unternehme, geschieht das aus der Sicht eines Rahnerstudenten, nicht aber – worauf ich großen Wert lege – eines Rahnerschülers. Zwar hoffe ich, auch jetzt noch von ihm zu lernen, aber mir ist auch die Gefahr einer scholastischen Interpretation eines großen Autors um so deutlicher bewusst. Auch im Blick auf Balthasar betrachte ich mich als dankbaren Studenten, aber nicht als eingefleischten Verehrer. In Münster wollte ich zunächst meine Doktorarbeit über ihn schreiben, aber im Gespräch mit Karl Lehmann, der damals Rahners Assistent war und den wir mit dieser Festschrift ehren, merkte ich sehr schnell, dass das unter den damaligen

Umständen keine gute Idee war. Aber auch von Balthasar lerne ich nach wie vor, ohne jeden Zwang, zu seinem theologischen Stil zu „konvertieren".

Ein dialektischer Theologe

Wer war also für mich Karl Rahner? Er war vor allem ein Theologe, der aus der Erfahrung des Heiligen Geistes lebte und sich von daher um das Verstehen von Leben, Tod und Auferstehung Jesu von Nazareth bemüht hat. Sehr viele seiner Schriften belegen seine Erfahrungen und seinen Denkansatz, und immer wieder habe ich darauf hingewiesen, dass es nicht nur kurzschlüssig, sondern schlicht falsch wäre, ihn nur einfach als transzendentalen Denker zu verstehen. Ich möchte in aller Kürze die vier Perioden skizzieren, die man meiner Auffassung nach in seinem Leben und Werk unterscheiden kann. In seiner exzellenten Einleitung zur Rahner-Anthologie *Rechenschaft des Glaubens,* die er 1979 zusammen mit Albert Raffelt herausgab[2], unterteilte Karl Lehmann Rahners Weg in drei Perioden. Hätte er den Aufsatz fünf Jahre später verfasst, wäre er wohl wie ich der Auffassung gewesen, dass man eine vierte hinzufügen sollte.

Es gab zweifellos eine erste Periode der Grundlegung, für die zukunftsweisende Werke wie *Geist in Welt* (1939) und *Hörer des Wortes* (1941) stehen (jetzt in SW 2 [1996] und 4 [1997]). Sie lassen sich, worauf gerade Balthasar hingewiesen hat, besser verstehen, wenn man sie zusammen mit den aus dem Gebet geborenen Überlegungen von *Worte ins Schweigen* liest. Die ersten drei Bände der *Schriften zur Theologie* gehören zu dieser Periode der Grundlegung, ebenso Rahners Herausgebertätigkeit für vier Ausgaben des „Denzinger". Rahner bemühte sich seinerzeit um eine Reinterpretation der katholischen Theologie sowohl im Blick auf den neuen geschichtlichen Kontext wie auf die wichtigsten philosophischen Strömungen innerhalb dieses Kontexts. Es folgten programmatische Jahre, die ungefähr mit der Herausgabe der zweiten Ausgabe des *Lexikons für Theologie und Kirche* von 1957 bis 1965 zusammenfielen. Dazu gehörten die Konzilsjahre und die Bände vier bis sieben der *Schriften zur Theologie* mit ihren wegweisenden Aufsätzen über Inkarnation, Geheimnis, Theologie des Symbols, menschliche Freiheit, Eschatologie und Evolution. Das Bemühen um eine Verbindung zwischen christlichem Glauben und evolutionärer Weltsicht ist ein wichtiger Schlüssel für die Deutung Rahners, nicht nur in systematischer, sondern auch in methodologischer Hinsicht. Denn er kam auf dieses Thema nicht deshalb, weil Teilhard de Chardin es behandelt hatte oder weil es systematisch zwingend war, sondern einfach deshalb, weil ihn die Paulusgesellschaft gebeten hatte, es 1959 zum hundertjährigen Jubiläum von Darwins *Über den Ursprung der Arten* aufzugreifen. Tatsächlich kannte er Teilhard (vom Hören her, nicht persönlich), sagte mir aber einmal, er habe von Teilhards Werk nur *Die Messe über der Welt (La messe sur le monde)* und einige wenige Briefe gelesen. Wie mehrere Freunde Rahners bestätigten, brauchte er nur den Grundgedanken eines Autors verstanden zu haben, um auch sein gesamtes Werk erfassen zu können.

---

[2] Karl Rahner: Ein Porträt, a.a.O., S. 13*-53*, hier 39*-40*.

Sendung und Gnade erschien 1959 und beeinflusste zahllose Theologiestudenten während des Konzils. In gemeinsamer Herausgeberschaft mit Heinrich Schlier startete er 1958 die Reihe *Quaestiones disputatae* und setzte sie bis zu Band 100 fort, den Rahner gemeinsam mit Heinrich Fries verfasste. 1962 entstand der Entwurf für das *Handbuch der Pastoraltheologie* (jetzt SW 19), und 1967 bis 1969 erschienen die vier Bände von *Sacramentum Mundi*. Die flexiblen Grundlagen, die Rahner gelegt hatte, machten es ihm möglich, die christliche Lehre in ihrer ganzen Breite als gute Nachricht für die Welt der Gegenwart darzubieten.

Aber seiner Meinung nach dachte die Kirche noch nicht historisch genug und war auch nicht dazu im Stande, die Mitte ihrer Lehre überzeugend und glaubwürdig darzustellen. So kam es nach den programmatischen Jahren, in denen das ganze Ausmaß und die ganzen Möglichkeiten von Rahners Denken sichtbar wurden, zu einer weiteren Periode seiner Entwicklung, in die weitere fünf Bände der *Schriften zur Theologie* (8-12) und der lange erwartete *Grundkurs des Glaubens* gehörten (1976, jetzt SW 26), eine grundlegende, auf einer ersten Reflexionsebene angesiedelte Rechenschaft über den Kern des christlichen Glaubens, den Bill Dych passend als *Foundations of Christian Faith* übersetzte. Zu dieser Periode gehören auch die fünf Bände von *Mysterium Salutis*, für die Rahner etliche Beiträge verfasste. Seine Teilnahme an der Gemeinsamen Synode der deutschen Bistümer, wiederum ein wichtiges, aber letztlich nicht vorhersehbares Ereignis in seinem Leben, bot den Anlass zur Veröffentlichung von *Strukturwandel der Kirche,* einem recht schmalen Band, der allerdings wegen seiner kühnen Vorschläge für eine stärkere Demokratisierung der Kirche für einiges Aufsehen sorgte.

In den acht Jahren zwischen dem Erscheinen des *Grundkurs des Glaubens* und seinem Tod im Jahr 1984 hielt Rahner weiter Vorträge und publizierte. Als ich vor einigen Jahren gebeten wurde, die Veröffentlichungen jener Jahre zu besprechen, kam ich zu dem Schluss, dass es sich dabei um eine Art Zusammenfassung handelte – ich würde es eine abschließende Dialektik nennen. Zwei weitere Bände der *Schriften zur Theologie* erschienen in seiner Münchener Zeit (1978 und 1980) und die letzten beiden, als er wieder in Innsbruck wohnte (1983 und 1984); die beiden Bände gehören jeweils zusammen und interpretieren sich gegenseitig. Aus den letzten Jahren Rahners stammen auch eine Neuauflage des *Kleinen Theologischen Wörterbuchs* (1976), eine zusammen mit Karl-Heinz Weger verfasste kurze, aber aussagekräftige Apologie des christlichen Glaubens, etliche scharfsinnige Aufsätze über Gottes- und Nächstenliebe sowie eine Reihe bemerkenswert ehrlicher Interviews, die ihren Höhepunkt in einigen Interviews aus Anlass seines 80. Geburtstags fanden.

Gerade diese letzten Jahre belegen für mich immer stärker, dass Autoren wie Anne Carr mit ihrer Einschätzung richtig liegen, Rahners Methode sei nicht nur transzendental, sondern ebenso grundlegend historisch gewesen. So schreibt Anne Carr in dem von Martin Marty und Dean Perlmann herausgegebenen *Handbook of Christian Theologians*[3]: „Für Rahner ist Transzendenz immer Transzendenz in Geschichte oder Geschichte als Transzendenz. Diese zweipolige Struktur

---

[3] Nashville 1984, S. 524.

impliziert eine zweipolige Methode: Aufmerksamkeit für die im Christlichen implizierten grundlegenden menschlichen Strukturen wie für die historischen, konkreten Befunde der christlichen Offenbarung. Essenz und Existenz, Transzendenz und Geschichte sind gleichzeitige, einander begleitende Wirklichkeiten, die eine ist ohne die andere nicht zu haben".

Diese Deutung lässt sich Text für Text bei Rahner verifizieren. Aber meiner Meinung nach wird man seinem Werk noch umfassender gerecht, wenn man es als Bemühen um eine konkrete Dialektik geschichtlicher Transzendenz versteht, wie es sich besonders deutlich gegen Ende seines Lebens gezeigt hat. Besonders in den letzten Aufsätzen bedeutet Dialektik gelegentlich die Art und Weise, in der er eine Position zwischen den Extremen erarbeitete. Häufig meint Dialektik, dass er von Einheit in Differenz sprach, sei es epistemologisch oder ontologisch. Noch häufiger bezieht sich Dialektik bei ihm auf die fruchtbare Spannung zwischen unaufhebbaren Polaritäten des Menschseins in ihren verschiedenen Formen – psychologisch gesprochen zwischen Freiheit und Notwendigkeit, soziologisch gesehen zwischen Individuum und Gesellschaft, religiös gesehen zwischen Gesetz und Eigenverantwortung, kirchlich gesehen zwischen Theologie und Lehramt.

Rahners Dialektik unterschied sich von Insistieren Karl Barths auf dem Einbruch des offenbarenden Gottesworts in die sündige Menschenwelt. Er war sich des Hegelschen Einflusses bewusst, aber verstand in faktischem Kontrast zu Hegel Dialektik mehr systematisch als geschichtlich. Und zweifellos verstand er Dialektik nicht in der materialistischen Spielart des Marxismus, für die einige wenige seiner radikalen Interpreten eintraten. Für ihn bedeutete Dialektik grundlegend den Versuch, Identität in geschichtlicher Entwicklung zu begreifen und dabei gleichermaßen Kontinuität wie Diskontinuität zu berücksichtigen. Er wusste, was er Heidegger verdankte, aber auch, worin er sich von ihm unterschied: Indem er mit ihm darin übereinstimmte, dass sich endliche Wirklichkeit verwandelt, um zu werden und mit sich selbst identisch zu bleiben, dass sie nicht dazu in der Lage ist, eine absolute Sprache hervorzubringen, mit der sie von Quelle und Ziel ihrer Zeit sprechen könnte; indem er aber gleichzeitig daran festhielt, dass uns in der Zeit eine Absolute Zukunft anruft, hin zu einem endgültigen, inkarnierten, erfüllten Wort der Liebe. In ganz einfachen Worten formuliert war seine Dialektik der Versuch, Aussagen in der Zeit über Gott und die Ewigkeit gleichermaßen zu bejahen und zu verneinen.

Ich bin der festen Überzeugung, dass dies eine neue Art systematischer Theologie ist, die nicht nur in ihrer formalen Methode dialektisch ist, sondern auch in Bezug auf die behandelten Inhalte. Rahner wollte kein „endgültiges System". Aber er setzte entschieden darauf, immer systematisch zu denken[4].

---

[4] Vgl. Karl Rahner at 75 years of age. In: *America* 9/140 (March 10, 1979), S. 177-180. Dt.: Man soll nicht zu früh aufhören zu denken. Gespräch mit Leo J. O'DONOVAN. In: K. RAHNER: *Im Gespräch*. Bd. 2. München 1983, S. 47-59. Zur Kennzeichnung von Rahners Methode als dialektisch vgl. meine Aufsätze: Orthopraxis and theological method in Karl Rahner. In: *Proceedings of the Catholic Theological Society of America* 35 (1980), S. 47-65; A journey into time: The legacy of Karl Rahner's last years. In: *Theological studies* 46 (1985), S. 621-646; A

„Welch ein Mensch"

Wenn ich mich jetzt Hans Urs von Balthasar zuwende, habe ich starke Zweifel, dass er selber oder auch Karl Rahner mir nahelegen würden, ausschließlich über seine Schriften zu sprechen. Zwar begann Peter Henrici seinen ein Jahr nach Balthasars Tod veröffentlichten schönen biographischen Aufsatz mit einem Pascalzitat: „Wenn man einen Menschen sieht und dabei an sein Buch denkt, ist das ein schlimmes Zeichen"[5]. Es stimmt, dass sich Henrici nicht sonderlich für Balthasars Lebensgeschichte interessierte. Aber dennoch war diese für seine Theologie außerordentlich wichtig. Henrici hat darauf aufmerksam gemacht, wie wichtig für Balthasar seine „Gründungen" in Basel waren: Die Studentenvereinigung, der Johannesverlag, den er zur Herausgabe seiner Werke und der von Adrienne von Speyr gründete, und vor allem die Johannesgemeinschaft, die er unter dem Einfluss von Adrienne ins Leben rief. Er sprach eigentlich nicht gern über sich selbst, zeigte sich dazu aber nach ihrem Tod eher bereit – vielleicht weil es notwendig war, um ihre Gedanken zu verbreiten, die Intensität ihrer persönlichen Gespräche und ihre religiösen Inspirationen darzulegen.

Inwiefern gab es eine Entwicklung in seinem Leben und Denken? Die Feststellung, dass sein Werk wie das Rahners eine hohe Konsistenz aufweist, ist ein Gemeinplatz. Aber trotzdem hat Balthasars Werk ein bestimmtes Profil, so wie auch bei Rahner deutliche Entwicklungen und sogar Selbstkorrekturen auszumachen sind. Die Dissertation von J. R. Sachs über Balthasars Pneumatologie bestreitet eine tiefgreifende Entwicklung[6]. Aber auch wenn man dieser These beipflichtet, lässt sich doch dort eine gewisse Zäsur festmachen, wo sich die große Trilogie als Idee abzeichnet und dann zu erscheinen beginnt. Auf die Gefahr einer systematischen Überzeichnung hin möchte ich doch vier entscheidende Phasen in Leben und Werk Balthasars darstellen.

„Bestimmt durch Musik"

Seit seiner Kinderzeit, während Jugend und Universitätsstudium war Balthasar ein begeisterter Musiker. „Die Jugend war bestimmt durch Musik"[7], erinnerte er sich 1987. Seine Liebe zu Mozart lässt sich kaum überschätzen. Als Adrienne von Speyr starb, verschenkte er, so wird berichtet, seine Stereoanlage, weil sie nicht mehr zuhören konnte, und er brauchte die Anlage auch nicht, weil er das

---

final harvest: Karl Rahner's last theological writings. In: *Religious studies review* 11 (1985), S. 357-361; The word of the cross. In: *Chicago studies* 25 (1986), S. 95-110; ferner: Karl Rahner. In: *The encyclopedia of religion*. Bd. 12. New York 1986, S. 199-201; Karl Rahner. In: *New catholic encyclopedia* Bd. 18. Washington, D.C. 1986, S. 411-413.

5   Erster Blick auf Hans Urs von Balthasar. In: K. LEHMANN – W. KASPER (Hrsg.): *Hans Urs von Balthasar. Gestalt und Werk*. Köln 1989, S. 18-61, hier 18.

6   John R. SACHS: *Spirit and life. The pneumatology and Christian spirituality of Hans Urs von Balthasar.* Diss. Tübingen 1984.

7   Zitiert von P. HENRICI: Erster Blick..., S. 53.

gesamte Werk Mozarts auswendig kannte[8]. Wahrscheinlich war Karl Barth der einzige nicht-professionelle Musiker in Europa, der Mozart ebenso gut kannte wie Balthasar.

Während seines Studiums in Wien, Berlin und Zürich übte niemand stärkeren Einfluss auf ihn aus als Rudolph Allers, ein abtrünniger Freudschüler in Wien, mit dem er zusammenwohnte. Schließlich schrieb er sich an der Universität des protestantischen Zürich ein, um dort zu promovieren und setzte dort seine Untersuchungen zu der Art und Weise fort, in der sich das deutsche Denken im 19. Jahrhundert mit den „letzten Dingen" bzw. den grundlegenden Fragen des Menschseins befasste. In der später in drei Bänden veröffentlichten Dissertation (*Apokalypse der deutschen Seele*, Salzburg 1937-1939) bemüht er sich darum, die von ihm untersuchten Texte in ihrem Eigengewicht zu erfassen. Darin kündigt sich unmissverständlich an, was er später über die Annahme von Offenbarung in ihrem eigenen Gewicht und ohne vorgefertigte Deutungen sagte. Alle seine Interpretationen, von Herder bis Nietzsche, waren darum bemüht, die Texte selber zu Wort kommen zu lassen. Dabei diente ihm Goethe als Vorbild, an dem er die „gehorsame Objektivität"[9] bewunderte. Auch hier lässt sich eine Vorwegnahme seiner Betonung des objektiven Charakters der Form feststellen, in der sich Offenbarung zeigt, eine Offenbarung der Herrlichkeit und Liebe Gottes, der nicht Reflexion, sondern nur Verehrung angemessen ist.

Beim Rückblick auf sein Leben sagte Balthasar in einem Interview von 1976: „Zunächst: ich halte Rahner, aufs Ganze gesehen, für die stärkste theologische Potenz unserer Zeit. Und es ist evident, daß er mir an spekulativer Kraft weit überlegen ist"[10]. Im weiteren Verlauf des Interviews kontrastierte Balthasar Rahners Ausgangspunkt bei Kant oder auch Fichte, also den transzendentalen Ansatz, mit seinem eigenen Ausgangspunkt bei Goethe. Und warum Goethe? Weil er bei Goethe die „Gestalt, die unauflösbar einmalige, organische, sich entwickelnde Gestalt" fand[11]. Schon in seiner Dissertation hatte sich diese methodologische Grundentscheidung abgezeichnet, die dann deutlich in dem schmalen, aber ungemein wichtigen Buch *Glaubhaft ist nur Liebe* (1963) wieder zum Vorschein kam.

Die Apokalypse der deutschen Seele ist primär eine literarische bzw. kulturgeschichtliche Untersuchung. Vor einigen Jahren deutete Tom O'Meara Balthasar scharfsinnig als einen Theologen der Kultur. Balthasar selbst sprach im Blick auf seine Dissertation von „mythisch", und traf damit den Nagel auf den Kopf, da es ihm um die großen Mythen des deutschen Denkens im 19. Jahrhundert und ihre kulturelle Funktion zu tun war. Schon in der jeweiligen Frühphase treten die unterschiedlichen Sensibilitäten der beiden Theologen deutlich hervor[12].

---

[8] Vgl. P. HENRICI: Erster Blick..., S. 20.

[9] Vgl. Edward T. OAKES: *Pattern of redemption. The theology of Hans Urs von Balthasar*. New York, 1994, 3. Kapitel.

[10] Geist und Feuer. Ein Gespräch mit Hans Urs von Balthasar. In: *Herder-Korrespondenz* 30 (1976), S. 72-82, hier 75.

[11] Ebd., S. 76.

[12] Gesprächsweise sagte Rahner 1974, er habe eine eher rationalistisches und antimythologisches Empfinden und würde es vorziehen – wenn dies möglich wäre –, eher ein orthodoxer Nestorianer denn ein orthodoxer Monophysit zu sein. Von

Es waren wirklich zwei unterschiedliche Sensibilitäten, auch im mündlichen
Vortrag: Der Rahners war eher schlicht. Leser, die sich mühsam durch die frühen
Aufsätze über Natur und Gnade gekämpft haben, können sich deren Verfasser
nur schwer als einen Mann mit klarer Diktion vorstellen. Aber genau das war
Rahner, der selbstverständlich handfeste Vergleiche und Bilder aus dem täglichen Leben gebrauchte, um den Sinn höchst abstrakter Distinktionen zu veranschaulichen. Balthasar dagegen war ein Mann von außergewöhnlicher Belesen-
heit, für den Musik alles bedeutete und der eine extreme Abneigung gegen „Systematisierung" pflegte. In seinem Leben ereignete sich eine bemerkenswerte
Begebenheit während dreißigtägiger Exerzitien im Sommer 1927. Bei einer
Wanderung im Schwarzwald – Jahre später konnte er noch genau Ort und Weg
angeben – erfuhr er den Ruf Gottes, in seinen Dienst zu treten. Für Balthasar war
das eine Berufung wie die des Paulus; Ignatius würde hier von der „ersten Methode der Erwählung" sprechen. Er war in Dienst genommen worden – nicht in
erster Linie als Priester oder Jesuit, sondern einfach dazu, dem Ruf zu folgen.
Und so sah er sich vor der Herausforderung, mit dem zurechtzukommen, was er
als das Problem seines ganzen Lebens betrachtete, wie er sich nämlich ganz Gott
zur Verfügung stellen könne[13].

„Leben aus einer unendlichen Indignation heraus"

Mit dem Eintritt in die Gesellschaft Jesu begann eine neue Periode im Leben Balthasars. Später schrieb er, während seines Studiums im Orden habe er ein „ver-
bissenes Ringen mit der Trostlosigkeit der Theologie" und ein Leben aus einer
„unendlichen Indignation heraus, daß es so war"[14] geführt, weil die Neuscholastik, mit der er konfrontiert wurde, für ihn eine ausgesprochen magere Kost bedeutete. Sein philosophisches Studium absolvierte er in Pullach, und zu dieser
Zeit wurde er auf das Denken von Erich Przywara aufmerksam, der nie Balthasars Lehrer war, aber damals in München lebte. Die Zentralstellung der Analogie
in seinen Schriften lässt sich in diese Zeit zurückverfolgen.

Zum Theologiestudium schickte man ihn an die Jesuitenfakultät Fourvière in
Lyon, wo er seine Kenntnisse der französischen Kultur und Literatur vertiefen
konnte. Henri de Lubac war nicht direkt sein Lehrer, aber führte ihn in die Welt
der Kirchenväter ein, woraus Entwürfe für die später nacheinander veröffentlichten Bücher über Gregor von Nyssa, Maximus Confessor und Origenes entstanden. Er ließ Vorlesungen über sich ergehen, die ihm, so erzählte er später, wie

---

ein orthodoxer Nestorianer denn ein orthodoxer Monophysit zu sein. Von Balthasar
habe ich nie einen Kommentar zu solch einer Unterscheidung gehört und man mag
spekulieren, welche Alternative er vorgezogen hätte. Vgl. Zugänge zum theologischen Denken. Gespräch mit Theologiestudenten im Proseminar von Albert Raffelt
an der Universität Freiburg/Br. In: K. RAHNER: Im Gespräch. Bd. 1. München
1982, S. 240-256, hier S. 244 und 246.

[13]   Vgl. P. HENRICI: Erster Blick..., S. 23. Kein vergleichbares Ereignis ist von Rahner
        überliefert.

[14]   Ebd., S. 25.

leeres Stroh vorkamen, stopfte sich die Ohren zu und las dabei das Gesamtwerk des Augustinus. Sieben Jahre nach dem Ordenseintritt wurde Balthasar 1936 zum Priester geweiht und für die Mitarbeit an der Jesuitenzeitschrift *Stimmen der Zeit* bestimmt. Zwar war er offenkundig eine theologische Begabung, da seine Dissertation aber in die Germanistik gehörte, war nicht klar, ob und wann er Theologie dozieren würde – er hat es dann überhaupt nie getan. Während seiner Arbeit bei den *Stimmen der Zeit* verfasste er 1939 eine berühmte Sammelbesprechung philosophischer Neuerscheinungen, darunter auch Rahners *Geist in Welt*, und hob dabei Tiefe und kreative Leistung Rahners hervor. Interpreten der beiden Theologen haben seither häufig festgestellt, die Besprechung zeige Anfänge einer kritischen Haltung; aber mir scheint, es handelt sich dabei eher um eine Frage der Perspektive als um eine prinzipielle Kritik. Balthasars Sorge betraf die von ihm aufgewiesene Tendenz bei Rahner, jede Form der Metaphysik des Objekts in die transzendentale Struktur des Subjekts zu absorbieren und dadurch die Dimension des Objektiven zu vernachlässigen. Aber am Ende seiner Besprechung merkte Balthasar an, es zeigten sich Wege zur Ausarbeitung einer „objektiven Transzendenz", vor allem durch die Ausleuchtung der Intersubjektivität und dadurch, dass die Wirklichkeit in Formen erscheint und so zu einer gleichermaßen legitimen Erfahrung des Seins führt („die Gestalthaftigkeit des Wesens")[15].

Ebenfalls 1939 arbeiteten Balthasar und Rahner zusammen an einem Entwurf für einen neuen Aufriss der Dogmatik, dessen erweiterte Fassung später in Band 1 der *Schriften zur Theologie* erschien (die Originalfassung ist erstmals 1997 abgedruckt in SW 4) und der den Plan für das vielbändige Werk *Mysterium Salutis* beeinflusste. Ich bin auch heute noch erstaunt, in welchem Maße die spätere Theologie vor allem Rahners in dieser Skizze enthalten ist, von der allgemeinen heilsgeschichtlichen Perspektive bis zum Verständnis der Kirche als Ursakrament. Aber diese Zusammenarbeit sollte nicht zu dem Schluss verleiten, die beiden Männer seien enge Freunde gewesen. Verschiedene Umstände verhinderten sogar, dass sie viel Zeit miteinander verbrachten.

Als sich der Zweite Weltkrieg am Horizont abzeichnete, schlug man Balthasar zwei Möglichkeiten vor, entweder nach Rom zu gehen und dort bei der Gründung eines Ökumenischen Instituts mitzuarbeiten, oder nach Basel zu ziehen, um dort Studentenseelsorger zu werden. Das war die zweite grundlegende Entscheidung in seinem Leben, wobei er sich für die zweite Möglichkeit entschied. Kurz nach seiner Ankunft in Basel lernte er sowohl Albert Béguin wie Adrienne von Speyr kennen, die beide bald zum Katholizismus konvertieren wollten. Nach fünf Jahren hatte er auf Bitten Adriennes dann die Johannesgemeinschaft gegründet.

Die wahre Mitte finden

Zwischen seiner Ankunft in Basel und etwa dem Jahr 1960 fand Balthasar seine wahre Mitte[16]. Sein 1948 veröffentlichtes Buch über die Laienchristen und die

---

[15] *Zeitschrift für katholische Theologie* 63 (1939), S. 371-379, hier 379.
[16] Vgl. P. HENRICI: Erster Blick..., S. 27ff.

Säkularinstitute eröffnete eine neue Perspektive sowohl für die Kirche wie für ihn persönlich. Im gleichen Jahr veröffentlichte er den berühmten Aufsatz über „Theologie und Heiligkeit", der mich bei der Lektüre fünfzehn Jahre später davon überzeugte, dass alle wirkliche Theologie eine „kniende Theologie" sein muss.

1950 erschien sein schmales, aber einflussreiches Buch über die Theologie der Geschichte, das sich später zu *Das Ganze im Fragment* (1963) auswuchs und in starkem Maß die geistigen Vorgaben für die späteren „theodramatischen" Bände seiner großen Trilogie lieferte.

Im Sommer 1946 hätte Balthasar seine endgültigen Gelübde als Jesuit ablegen sollen, schob aber diesen Schritt in der Hoffnung auf, weiterhin mit Adrienne ihr Säkularinstitut leiten zu können. Als sich das nicht realisieren ließ, verließ er 1950 den Orden, eine Entscheidung, die ihn in vieler Hinsicht schmerzte, nicht zuletzt deshalb, weil er sechs Jahre nicht in einer Diözese inkardiniert war, nicht öffentlich als Priester wirken, Beichte hören und die Eucharistie feiern konnte. Wie wenig stimmt das mit unserem Bild von Balthasar als einem dem Gebet hingegebenen Mann überein, dem es zuallererst um das Reich Gottes geht!

Er hielt in Basel einige Vorträge über Karl Barth und verarbeitete sie zu einem bemerkenswerten, 1951 erschienenen Buch; nach Przywara und de Lubac war Barth der zweite, weitere wichtige Einfluss zeitgenössischer Theologie auf sein Denken. Es folgten 1955 ein schwer zu lesendes, aber tiefes Buch über das betrachtende Gebet von 1955 und *Die Gottesfrage des heutigen Menschen* von 1956.

In diesen Jahren fand Balthasar offensichtlich seine Mitte und seinen Ort. Er wollte kein systematischer Theologe im geläufigen Sinn dieser Bezeichnung sein, sondern statt dessen eine herausfordernde, dramatische Perspektive auf die unableitbare, unverwechselbare erlösende Liebe Gottes im gekreuzigten Christus entwerfen. Seine Grundoption äußerte sich in einem erstaunlich breiten Themenspektrum und schuf die Grundlage für die Herausbildung eines Lebenswerks, dessen Vorboten sich schon 1958 zeigten, ganz sicher aber dann in *Glaubhaft ist nur Liebe*. Vielleicht stärker als irgendwo sonst in seinem Werk kommt dort Balthasars neuer Plan zum Vorschein.

Die höchsten Gipfel erreicht

Mit der Veröffentlichung des ersten Bandes von *Herrlichkeit* (1961) beginnt die letzte große Periode seines Lebens, ein Aufstieg zu den höchsten Gipfeln, wie er es selber nannte, der sich bis zu seinem Tod 1988 erstreckte, zwei Tage vor seiner Erhebung zum Kardinal durch Johannes Paul II. Aus dieser Periode stammen wunderbare kleine Bücher wie beispielsweise *Wer ist ein Christ?*, ebenso ein Aufsatz zu Rahners 60. Geburtstag 1964[17] – man konnte sich kein stärkeres Lob für einen lebenden Theologen vorstellen, wobei Balthasar nur kritisch anmerkte,

---

[17]   Karl Rahner zum 60. Geburtstag am 5. März 1965. In: *Christliche Kultur*, Beilage zu *Neue Zürcher Nachrichten* 28/9 (29. Februar 1969).

dass vielleicht die spekulative Kraft des Geehrten groß sei, Ursprünglichkeit und Lebendigkeit der Schrift demgegenüber in den Hintergrund träten. Wie allgemein bekannt, fiel die Kritik an Rahner in *Cordula* (1966) dann wesentlich härter und gnadenloser aus, indem Rahner ein „System" unterstellt wurde, das das Christliche eher ableite als wahrnehme und seiner personalen Mitte beraube. Als Theologiestudent im Woodstock College las ich dieses kleine Buch mit Widerstreben und der Vermutung, dass hier das Ressentiment über die reflektierte Kritik gesiegt habe. Balthasar selber scheint das zeitweise auch so empfunden zu haben, wie sich aus dem Nachwort zur zweiten Auflage ergibt. Aber mit „Cordula" hatte sich eine Kluft zwischen den beiden Männern aufgetan, die offensichtlich nie mehr ganz zu überbrücken war.

Trotz zunehmender gesundheitlicher Probleme waren die letzten Jahre Balthasars voller Aktivitäten. Von 1969 bis zu seinem Tod war er Mitglied der Internationalen Theologenkommission; 1973 gründete er die Zeitschrift *Communio* und blieb bis zu seinem Lebensende Mitherausgeber. 1977 unternahm er seine erste Reise in die USA. Ich traf ihn seinerzeit zum ersten Mal und kam mir wie ein Schuljunge vor, als ich ihn fragte, warum er, obwohl er nie in einem englischsprachigen Land gelebt hatte, die Sprache so hervorragend und akzentfrei beherrsche. Er gab einfach zur Antwort: „Ich benutze das Wörterbuch".

Das große Werk jener Jahre war zweifellos die monumentale Trilogie, über die er in *Rechenschaft* (1965) geschrieben hatte, er werde nicht lange genug leben, um sie abschließen zu können. Die Grundkonzeption war so bestechend einfach wie kühn: Er griff auf die Transzendentalien der scholastischen Tradition zurück, behandelte sie aber genau in der umgekehrten Reihenfolge wie die Schulphilosophie, so dass die Erfahrung der Schönheit (Theologische Ästhetik) zu einer tieferen Einsicht in das Drama des Ineinander menschlicher und göttlicher Freiheit (Theodramatik) und schließlich zur Logik einer weiter gefassten Theologie führt, die mit aller gebotenen Rücksicht und Ehrfurcht vom dreifaltigen Gott zu sprechen wagt, dem letztlich nur anbetendes Schweigen als angemessene menschliche Haltung gebührt (Theologik).

Erste Etappe dieses Projekts war eine theologische Ästhetik; nicht ein ästhetisch sensibler Zugang zur Theologie, sondern vielmehr eine Neufassung der ursprünglichsten Erfahrung göttlicher Liebe, die sich unbezweifelbar in der uns überwältigenden Schönheit offenbart. So widmete sich Balthasar nach einem ersten Band über die Erfahrung von Schönheit der Darstellung paradigmatischer (klerikaler wie laikaler) Stile und dann in zwei weiteren Bänden der ästhetischen Dimension der metaphysischen Tradition, schließlich der Deutung der biblischen Erscheinung der Herrlichkeit Gottes im Alten und Neuen Testament[18].

Viele Leser und Verteidiger von Balthasars Grundoption identifizieren ihn vor allem mit seiner Ästhetik. Aber tatsächlich war für ihn die Theodramatik wichtiger. Als großer Theaterliebhaber hatte er während des Zweiten Weltkriegs Clau-

---

[18] Als Kommentar vgl. Louis DUPRÉ: The glory of the lord: Hans Urs von Balthasar's teological aesthetic. In: David L. SCHINDLER (Hrsg.): *Hans Urs von Balthasar. His life and work*. San Francisco 1991, S. 183-206; außerdem L. J. O'DONOVAN: God's glory in time. In: *Communio* 2 (1975), S. 250-269; DERS.: Hans Urs von Balthasar on the glory of God. In: *Emmanuel* 84 (1978), S. 258-264.

dels *Seidenen Schuh* übersetzt und in Zürich koproduziert, später zeigte er sich ebenso begeistert von Bernanos, *Die Letzte am Schafott*. Bald nach dem Krieg hielt er Vorträge über das Drama des Christlichen, die Theologie des Theaters, eine Theologie der Handlung und des Ereignisses. In den fünf zentralen Bänden seiner Trilogie tauchen dann zentrale ästhetische Kategorien wie Form, Ausdruck und Symbol wieder als Handlungskategorien wie Entscheidung, Tat und Rolle auf. Noch wichtiger ist dabei die zentrale historische und anthropologische Kategorie der Freiheit, analog auf die unbegrenzte transzendente Freiheit des Schöpfers in seiner geschichtlichen Kommunikation mit kosmischen und geschichtlichen Ereignissen angewandt. Hier kamen voll Balthasars Grundkonzeptionen der Sendung und Erwählung (besonders im Dialog mit Karl Barth ausgebildet) voll ins Spiel, immer in Ableitung von der wie im Rückbezug auf die christologische Mitte seiner Theologie.

In einer theodramatischen Theologie erwächst das Verständnis Gottes, der Welt und des Menschen nicht an einem anthropologischen Ausgangspunkt, sondern aus dem unableitbaren freien Eintreten Gottes in die menschliche Geschichte, das im fleischgewordenen Wort zur Erfüllung kommt und vom Heiligen Geist gedeutet wird. Balthasar verfolgt den Weg dieser dramatischen Handlung bis zur Betrachtung des Abstiegs des toten Jesus in die Unterwelt (in der Theologie des Triduums) und darüber hinaus, durch die fruchtbare Kraft der Auferstehung, bis hin zu Maria und der Gemeinschaft der Glaubenden, deren Mutter sie wahrhaft ist[19].

Die drei abschließenden Bände, die Theologik, waren offensichtlich für den Verfasser von geringerem Gewicht. Er stellt darin die Frage, wie – vor allem im Blick auf die Suche nach der Wahrheit in der philosophischen Tradition – die Wahrheit des Handelns Gottes in Christus die Geschichte hindurch ausgedrückt und verstanden wird. Die Gestalt des gekreuzigten Christus ist geschichtlich einzigartig, und Balthasar identifizierte sie schon früh mit dem „universale concretum", in dem sich die innere Logik der Geschichte erschließt. Der erste Band von Balthasars Antwort nimmt ein älteres Buch aus der Nachkriegszeit (*Wahrheit*, 1947) wieder auf, jetzt unter dem Titel „Die Wahrheit der Welt". Der zweite Band behandelt „Die Wahrheit Gottes", der dritte den „Geist der Wahrheit". Hier findet sich nicht nur die breit ausgeführte Reflexion Balthasars auf das transzendentale Wahre, sondern auch seine abschließende Theologie der Dreifaltigkeit, die sich um das schwierige Gleichgewicht zwischen dem Drama der innertrinitarischen Relationen und der unwandelbaren Ewigkeit Gottes bemüht[20].

Rang und Gelehrsamkeit dieses Werks lassen sich von einem einzelnen nicht angemessen beurteilen. Man muss es Exegeten überlassen, die Schriftdeutung

---

[19]   Ein schmaler Band von BALTHASARs: *In Gottes Einsatz leben*. Einsiedeln 1971, gibt einen Überblick über die fünf Bände. Vgl. auch E. T. OAKES, a.a.O., Kapitel 8-9, und Donald MACKINNON: Some reflections on Hans Urs von Balthasar's christology with special reference to *Theodramatik* II/2 und III. In: John RICHES (Hrsg.): *The analogy of beauty. The theology of Hans Urs von Balthasar*. Edinburgh 1986, S. 164-174.

[20]   Vgl. E. T. OAKES, a.a.O., Kap. 11, und W. TREIDLER: True foundations of authentic theology. In: D. L. SCHINDLER (Hrsg.): *Hans Urs von Balthasar*, S. 169-182.

Balthasars zu bewerten, Literaturwissenschaftlern das Urteil über seiner Auseinandersetzung mit den Klassikern von den Griechen bis zur Moderne, Philosophen die Bewertung seiner Sicht des Deutschen Idealismus, Religionswissenschaftlern das Urteil darüber, ob seine Einschätzung der Weltreligionen angemessen ist. Allerdings dürfte die schiere Zahl der Bände, die in einem Zeitraum von sechzehn Jahren veröffentlicht wurden, Spezialisten aus den genannten Gebieten den Zugang eher erschweren. Aber es scheint providentiell, dass die Trilogie abgeschlossen werden konnte, dass dieses Monument der Theologiegeschichte im Dienst der Schönheit von Gottes Wort, seiner dramatischen Wucht und inneren Logik errichtet werden konnte[21].

Aspekte einer Beurteilung

Diese Skizze des Einflusses zweier großer Theologen auf mich wie auf viele aus meiner Generation kann kaum eine angemessene Bewertung ihres theologischen Denkens sein, noch weniger ein Vergleich zwischen beiden. Aber vielleicht kann ich doch einige sinnvolle Gesichtspunkte für die weitere Erforschung ihres Werks markieren.

Balthasars Kritik an Rahners Theologie ist bekannt: Sie sei zu systematisch, habe den transzendentalen Idealismus zum Ausgangspunkt gewählt und dadurch die Einzigartigkeit der christlichen Offenbarung relativiert, besonders aber die der Gestalt Jesu; ihr fehle eine Kreuzestheologie und ihre soteriologische Dimension sei schwach ausgeprägt; Rahners Trinitätstheologie tendiere zum Modalismus, seine Vorstellung vom anonymen Christentum sei, ungeachtet Balthasars Hoffnung auf eine allumfassende Erlösung, in theoretischer Hinsicht missverständlich und in pastoraler ineffektiv.

Rahners Kommentare zu Balthasars Theologie waren weit mehr Gelegenheitsäußerungen, meist als Reaktion auf Kritik, die man ihm hinterbracht hatte, und sie lösen bei von Balthasar oft weitere Stellungnahmen aus. Das vielleicht beste Beispiel dafür ist die Beschäftigung mit der Soteriologie im zweiten Band der „Theodramatik". Aber im Jahr 1965, gerade ein Jahr vor „Cordula", veröffentlichte Rahner einen kurzen, aber bemerkenswerten Beitrag zum sechzigsten Geburtstag seines Kollegen, in dem er über die außergewöhnliche Originalität, Unableitbarkeit, Vielseitigkeit und breite des Werks Balthasars spricht. Er hebt des weiteren die innere Einheit in dieser Breite hervor und stellt dann die Frage, ob Balthasar 1965 wirklich schon angemessen verstanden worden sei. Rahner nennt ihn einen „Theologen für die nächsten Jahrzehnte und die Christenheit von morgen", der „noch nicht so geschätzt wird, wie er es verdient hätte". Abschließend merkt er an: „Jeder hat seine Gabe und keiner alle"[22].

Um einen dieser beiden Theologen einigermaßen sinnvoll beurteilen zu können, muss man sich ihre Haltung gegenüber dem System klar machen. Für Bal-

---

[21] Es ist interessant, daß Karl Barth, der Balthasars Leidenschaft für Mozart teilte, der Meinung war, daß „die gute Schöpfung Gottes" in seiner Musik hörbar sei (*Die Kirchliche Dogmatik.* Bd. III/3. Zollikon – Zürich 1950, S. 338).

[22] Hans Urs von Balthasar. In: *Civitas* 20 (1964/65), S. 601-604.

thasar war System immer eine rein menschliche Konstruktion. Aber Rahner war nicht weniger kritisch; für ihn konnte es in der Theologie kein abgeschlossenes System geben, obwohl er doch immer für die Notwendigkeit systematischen Denkens eintrat. Tatsächlich dürfte der „Gegensatz", den man heute häufig zwischen ihnen konstruiert, in vieler Hinsicht damit zu tun haben, dass man ihr theologisches Werk über ihre jeweiligen Absichten hinaus systematisiert.

Ich halte es für ganz und gar nicht hilfreich, die beiden Autoren gegeneinander zu stellen, indem man dem einen oder dem anderen größere Verdienste für Theologie und Kirche zuspricht. Mit dem Wesen theologischer Arbeit verträgt es sich nicht, jemand Vollkommenheit zuzusprechen oder ihm größeren Erfolg zu unterstellen. In dieser Hinsicht bin ich nicht ganz mit Edward Oakes hervorragendem Buch „Pattern of Redemption" einverstanden, das meiner Ansicht nach von den beiden Autoren zu oft als „Rivalen" spricht (Auch wenn sie in der Internationalen Theologenkommission selten einer Meinung waren, sollte ein Dritter doch eher den Dialog zwischen ihnen fördern als die Rivalität). Ebenso lehne ich Oakes' These ab, ebenso wie Balthasar jetzt noch nicht bewertet werden könne, weil eine Bewertung von Adrienne von Speyr noch nicht möglich sei, müsse man auch ein irgendwie geartetes Urteil des kirchlichen Lehramts über die Ansichten der beiden Autoren abwarten. Ob Rahner vielleicht zu modalistisch oder Balthasar vielleicht zu tritheistisch ist, darüber sollten sich die Theologen streiten; eine lehramtliche Stellungnahme wäre hier fehl am Platz.

Ich habe herauszuarbeiten versucht, dass einer dieser beiden Söhne des Ignatius ein dramatischer Theologe der Kultur ist, der andere dagegen ein dialektischer Deuter der Situation für das Evangelium. Jeder der beiden entwickelte seine Theologie aus einer tiefen Erfahrung des Geistes, die ihn zur Entdeckung von Horizonten führte, die nicht einfach miteinander harmonisiert werden können. Eine mehr brüderlich als polemisch orientierte Deutung der beiden Männer sollte von ihrer Anerkennung als Diener des Evangeliums und seines Herrn ausgehen; sie sind weit mehr Söhne des Ignatius als etwa von Goethe oder Kant, der Welt der Kultur oder der Verkündigung. Ihr Vermächtnis für die Kirche von morgen lässt sich besser verstehen, wenn wir uns darüber im klaren sind, dass, wie Yeats schrieb „das Talent die Differenz wahrnimmt, das Genie aber die Einheit"[23].

Wie sieht also ihr Ort in der Theologiegeschichte aus? Für mich stellen sie nicht gegensätzliche, sondern alternative Weisen des Denkens dar, von denen keine jemals zur endgültigen Theologie für die Kirche abgerundet werden kann. Aber sie haben uns an einem entscheidenden Wendepunkt in der Geschichte des Christentums so deutlich wie kaum ein anderer Theologe unseres der Hoffnung so sehr bedürftigen Jahrhunderts nach vorne gewiesen. Neulich fragte ich einen feinfühligen Dichter und Literaturkritiker, der nach eigener Einschätzung von den beiden Männern mehr gelernt hat als von irgendeinem anderen Theologen des Jahrhunderts, was er von dem Gerede über die Überlegenheit des einen gegenüber dem anderen halte. Er sagte: „Leo, das ist doch dummes Zeug! Wenn die Welt in Flammen steht, ist es doch gleich, welche Uniform die Feuerwehr trägt!"

---

[23] R. F. FOSTER: *W. B. Yeats. A life.* Bd. 1. New York 1997, S. 58.

Wenn wir uns wirklich die Frage stellen, wo Hans Urs von Balthasar und Karl Rahner jetzt „sind" – wobei diese Frage im Blick auf Theologen und ihre Erfolge eher selten ist –, dann scheint mir keine Antwort angemessener zu sein als die, dass sie mit dem Herrn in der Gemeinschaft der Heiligen sind, wo sie die Unterschiede in ihrer Theologie sicher nicht von Gott oder voneinander trennen. Zweifellos haben beide Männer, tief in den Fußstapfen des Ignatius, am Ende ihres Lebens das „Suscipe" gebetet, Gott gebeten, ihre ganze Freiheit, ihre Erinnerung, ihren Verstand, ihren ganzen Willen zu nehmen und dafür nur Gottes Liebe und Gnade zu erstreben. Dieses Thema findet sich in Rahners letzten Jahren immer wieder. Und von dem Mann, der einst wie er Jesuit war und in seinen letzten Lebensjahren ernsthaft mit der Absicht umging, der Gesellschaft Jesu wieder beizutreten, ist bekannt, dass er dieses Gebet der Johannesgemeinschaft oft empfahl. Beide betrieben Theologie aus der Erfahrung des Geistes, der beide zum Kreuz des auferstandenen Herrn und zum Lob seines Gottes führte. Wir sollten über alle ihre kleinen Streiterein hinwegsehen und uns auf diesem Weg ihnen anschließen.

Übersetzt von Ulrich Ruh

Aus Opportunismus auf beiden Schultern getragen?

Karl Lehmann im Gespräch mit Karl Rahner und Hans Urs von Balthasar

VON THOMAS KRENSKI

1

„Meinen Bemühungen um Versöhnung von Balthasars mit Karl Rahner war kein Erfolg beschieden"[1]. So resümiert Herbert Vorgrimler seinen Versuch, Karl Rahner und Hans Urs von Balthasar zu Lebzeiten ins Gespräch zu bringen. Nach dem Scheitern dieses Vermittlungsversuches positioniert er sich, schlägt sich auf die Seite Rahners und erklärt retrospektiv, daß es für ihn nach der Verhärtung der Fronten nicht weiter in Frage gekommen sei, „aus Opportunismus auf beiden Schultern zu tragen"[2].

Ob er bei dieser Formulierung an Karl Lehmann gedacht hat, der sich erklärtermaßen weigerte eine derart ausschließliche Position zu beziehen und also bereit war „auf beiden Schultern zu tragen"? Lehmann war von 1964-1967 Rahners Assistent in München und begleitete ihn 1967 in gleicher Funktion nach Münster. Er erklärt, daß ihn die Jahre an Rahners Seite tief geprägt hätten[3], schlägt sich aber – inzwischen Ordinarius für Dogmatik und Ökumenische Theologie an der Theologischen Fakultät der Universität Freiburg – in den Augen des nun auf Betreiben Rahners in Münster lehrenden Herbert Vorgrimler im Konflikt um die von Karl Rahner mitverantwortete Zeitschrift 'Concilium' auf die Seite des von der „Hierachie subventionierten"[4] und von Hans Urs von Balthasar favorisierten Zeitschriftenprojekts namens „Communio"[5]. Trägt Lehmann fürderhin aus Opportunismus auf beiden Schultern? Er selbst erklärt, daß ihn ein Unbehagen angesichts der Tatsache befalle, daß „manche nur auf einen der genannten großen Theologen schwören"[6]. Er versucht die Balance zwischen den mutmaßlich gegenläufigen Theologien zu halten und gibt öffentlich seiner Dankbarkeit Ausdruck, die er darüber empfinde, daß er beide über lange Zeit aus der Nähe kennenlernen durfte: „Für mich, mein Leben und mein Amt gehören [beide] zur ei-

1 H. VORGRIMLER: *Wegsuche. Kleine Schriften zur Theologie.* Bd. 2. Altenberge 1998, S. 729.
2 H. VORGRIMLER: *Wegsuche.* Bd. 2, S. 730.
3 K. LEHMANN: Das gelebte Zeugnis: Karl Rahner. In: *Dein Reich komme. 89. Deutscher Katholikentag. Dokumentation.* Bd. I. Hrsg. vom ZENTRALKOMITEE DER DEUTSCHEN KATHOLIKEN. Paderborn 1987, S. 832-842, hier 833.
4 H. VORGRIMLER: *Wegsuche,* Bd. 2, S. 729.
5 Dazu: F. GREINER: Das erste Echo. In: *Internationale katholische Zeitschrift* 1 (1972), S. 284-289.
6 K. LEHMANN: Das gelebte Zeugnis: Karl Rahner, S. 833.

nen, großen und weiten Wirklichkeit der Kirche"[7]. Aus seiner Feder stammen
etliche Porträts Karl Rahners[8], in denen er durchweg Hans Urs von Balthasar erwähnt. Er bemüht sich darin, den mutmaßlich unüberbrückbaren und von den
jeweiligen Epigonen verschärften Konflikt zwischen Rahner und Balthasar schon
dadurch zu entschärfen, daß er deren gegenseitige Wertschätzung in Erinnerung
ruft[9]. Könnte sie nicht Ausgangspunkt eines posthum in Gang zu bringenden Gesprächs sein? Man gewinnt während der Lektüre der benannten Essays den Eindruck, daß Lehmann in Balthasars und Rahners Werken zwei Pole einer Ellipse
zu sehen bemüht ist. Folgerichtig fungiert er als Herausgeber sowohl der Beiträge der Karl Rahner zu seinem 80. Geburtstag gewidmeten Freiburger Akademie-
tagung[10] als auch der im Anschluß an Hans Urs von Balthasars Tod erschienenen
Würdigung[11]. Gegenwärtig gehört er dem Gremium der Herausgeber der Sämtlichen Werke Karl Rahners an. Nimmt Lehmann Rahner für seinen Umgang mit
den Antipoden der nachkonziliaren Theologie in Anspruch, wenn er ihn zitierend
erklärt, daß „partielle und bedingte Konflikte in der Kirche selbst noch einmal
kirchlich seien"[12]? Freilich soll nicht der Eindruck erweckt werden, Lehmann
und Rahner lägen hinsichtlich ihrer kirchenpolitischen Handlungsoptionen auf
einer Linie. Rahners Naturell entsprach tatsächlich eher der entschiedenen Haltung Vorgrimlers. Lehmann selbst erklärt, daß er seit den siebziger Jahren „kir-
chenpolitisch etwas andere Wege [gegangen sei] als Karl Rahner"[13].
    Er sucht den Ausgleich, blieb mit den vermeintlich Unversöhnlichen im Ge-
spräch und hat diesermaßen versucht, den gerissenen Gesprächsfaden mittels des
von ihm beiderseits geführten Dialoges neu einzufädeln und aufzunehmen. Nach
seinen Jahren an der Seite Karl Rahners sucht der Freiburger Ordinarius das Gespräch mit dem im nahegelegenen Basel lebenden Hans Urs von Balthasar. In
seinen Freiburger Seminaren bot er Räume der kritischen Auseinandersetzung
sowohl mit der Position seines Mentors als auch mit der des Schweizers Hans

---

[7]   Ebd. – LEHMANN spricht ausdrücklich vom Einfluß, den Balthasar auf ihn habe.
      Etwa, wenn er erklärt: „Der Kundige wird merken, wieviel der Verfasser diesen
      und anderen Gedanken Hans Urs von Balthasars [...] verdankt." (*Jesus Christus –
      Unsere Hoffnung.* Freiburg 1976, S. 95).

[8]   K. LEHMANN: Karl Rahner. Ein Porträt. In: K. LEHMANN. – A. RAFFELT (Hrsg.)
      Rechenschaft des Glaubens. Karl Rahner-Lesebuch. Zürich/Freiburg 1979, S. 13*-
      53*; K. LEHMANN: Das gelebte Zeugnis. In: *Dein Reich komme. 89. Deutscher Ka-
      tholikentag. Dokumentation.* Bd. 1. Paderborn 1987, S. 832-842; K. LEHMANN
      Karl Rahner. Exemplarische Kraft des theologischen Denkens. In: S. PAULY
      (Hrsg.): *Theologen unserer Zeit.* Stuttgart 1997, S. 9-22, hier 17;

[9]   K. LEHMANN: Karl Rahner. Ein Porträt, S. 51* Anm. 14; DERS.: Karl Rahner. Ex-
      emplarische Kraft des theologischen Denkens, S. 17.

[10] K. LEHMANN (Hrsg.): *Vor dem Geheimnis Gottes den Menschen verstehen. Kar
      Rahner zum 80.Geburtstag.* München 1984.

[11] K. LEHMANN – W. KASPER (Hrsg.): *Hans Urs von Balthasar. Gestalt und Werk*
      Köln 1989.

[12] K. RAHNER: Rede des Ignatius an einen Jesuiten von heute. In: *Ignatius von Loyola*
      Mit einem Essay von Karl RAHNER. Freiburg 1978, S. 9-38 hier S. 27 (zitiert nach
      K. LEHMANN: Das gelebte Zeugnis: Karl Rahner, S. 832).

[13] K. LEHMANN: Mehr als eine biographische Eisode. In: P. IMHOF – H. BIALLOWON
      (Hrsg.): *Karl Rahner. Bilder eines Lebens.* Freiburg 1985, S. 123-126, 126.

Urs von Balthasar. So bewahrte er die Teilnehmerinnen und Teilnehmer seiner Seminare zumindest langfristig vor holzschnittartiger Polarisierung. Unter seiner Leitung entstanden für die Rahner- bzw. Balthasarrezeption bahnbrechende Dissertationen[14]. Lehmann evoziert den im Rahmen der Rezeption der Werke Karl Rahners und Hans Urs von Balthasars überfälligen Versuch, die mutmaßlichen Kontrahenten jenseits jeder Polemik und ideologisch motivierter Polarisierung posthum ins Gespräch zu bringen. Dabei könnte der Umstand mit den „Kontrahenten" persönlich verbunden und in die Auseinandersetzungen verwickelt gewesen zu sein, sich als eher hinderlich erweisen[15]. Schuldzuweisungen im Rahmen eines Täter-Opfer-Schemas[16], Polemiken[17], Verletzungen[18], Frustrationen[19] und kirchenpolitische Polarisierungen[20] helfen nicht weiter. Insbesondere ist dem Versuch, die beiden wohl wirkmächtigsten Theologen der zweiten Hälfte des 20. Jahrhunderts vor den Karren einer jeweils konzilsfreundlichen, progressiven und linken bzw. einer konzilskritischen, konservativen und rechten Position zu spannen, eine deutliche Absage zu erteilen. Karl Lehmann befürchtet, daß Karl Rahner seit Beginn der siebziger Jahre „so manchen Einflüsterungen ausgesetzt war, die nicht immer ein Gegengewicht hatten"[21]. Er benennt im Blick auf Karl Rahner eine hermeneutische Voraussetzung, ohne die zu erfüllen ein ideologiefreier und jenseits jeden Epigonentums zu führender Dialog zwischen Rahner und Balthasar nicht möglich sei: „Es liegt eine gewisse Tragik über diesen letzten Jahren, die auf tiefere Konflikte weist, an denen wir zum Teil auch heute noch leiden. Gerade darum verdient Karl Rahner nicht die Polemik, die ihm heute manchmal auf peinliche Weise ins Grab nachgerufen wird. Man darf ihm nicht die Mißver-

---

[14] Etwa: W. LÖSER: *Im Geiste des Origenes. Hans Urs von Balthasar als Interpret der Theologie der Kirchenväter*. Frankfurt 1976; M. LOCHBRUNNER: *Analogia Caritatis. Darstellung und Deutung der Theologie Hans Urs von Balthasars*. Freiburg 1981; N. SCHWERDTFEGER: *Gnade und Welt. Zum Grundgefüge von Karl Rahners Theorie der „anonymen Christen"*. Freiburg 1982.

[15] Diese Einschätzung teilen: A. RAFFELT – H. VERWEYEN: *Karl Rahner*. München 1997, S. 74: „Am Ende kommt es zu einem zutiefst gestörten Verhältnis zwischen den beiden wohl wirkmächtigsten Theologen der zweiten Jahrhunderthälfte. Die Gründe dafür wird erst eine spätere Generation entschlüsseln können."

[16] So: K. H. NEUFELD: *Die Brüder Rahner. Eine Biographie*. Freiburg 1994, S. 265: „Balthasars Vorwürfe [...] waren nach Form und Inhalt eine der größten menschlichen und geistlichen Enttäuschungen, die Rahner erlebte. Dementsprechend hat er sich mit Äußerungen in dieser Sache ganz zurückgehalten. Die Attacken blieben *einseitig.*"

[17] So L. RINSER: *Gratwanderung. Briefe der Freundschaft an Karl Rahner 1962-1984*. München 1994, S. 417: „Ratzinger und der Urs von Balthasar haben Dich wieder angegriffen. Strecke ihnen die Zunge raus und sag laut: Ihr könnt mich. Der Urs ist neidisch."

[18] H. VORGRIMLER scheint sich derart von Balthasars Polemik verletzt zu fühlen, daß man aus seinen einschlägigen Äußerungen eine persönliche Kränkung herauszuhören glaubt (*Karl Rahner verstehen*, 150-152; *Wegsuche*, Bd. 2, S. 729-730).

[19] H. VORGRIMLER: *Wegsuche*, Bd. 2, S. 729.

[20] So erklärt VORGRIMLER, daß Balthasar die „Polemiken gegen Impulse des II. Vatikanischen Konzils [sic!]" gegenüber seinen kritischen Anfragen Mitte der sechziger Jahre Ende der sechziger Jahre noch verschärft habe (*Wegsuche*, Bd. 2, S. 729).

[21] K. LEHMANN: Karl Rahner. Exemplarische Kraft des theologischen Denkens, S. 21.

ständnisse anderer, von Gegnern und falschen Verehrern, ankreiden"[22]. Ebensolches gilt für Hans Urs von Balthasar, der sich mittels einer Äußerung über Rahners Schüler der eigenen Epigonen erwehrt: „Über die Fruchtbarkeit seines Ansatzes wird die Nachwelt zu urteilen haben. Auch darüber, was seine Schüler aus seinem Gedankengut gemacht haben. Aber so geht es eigentlich allen großen Anregern [...]. Sie finden viele Nachbeter, aber keinen Nachfolger. Péguy sagt irgendwo, daß ein großer Philosoph gar keine Schule haben kann; das ergäbe nur Mißverständnisse"[23].

Der vorliegende Beitrag versteht sich als Gesprächsskizze. Er erarbeitet zunächst Regeln des im Rahmen des Rezeptionsprozesses unerläßlichen Dialogs, der zwischen Rahner und Balthasar auf den Weg zu bringen ist. Er bearbeitet Gesprächsblockaden und sucht nach Anknüpfungspunkten, von denen aus das Gespräch in Gang gesetzt werden könnte. Schließlich benennt er mögliche Themen des anstehenden Dialoges und weist auf vermutete Konvergenzen hin.

2

Ein Gespräch zwischen Konfliktpartnern braucht *Regeln*. Warum sollte diese Erfahrung nicht auch für jenes posthume Gespräch gelten, das wir beabsichtigen zwischen Karl Rahner und Hans Urs von Balthasar auf den Weg zu bringen. Was läge näher als in Sachen Gesprächskultur die Kontrahenten selbst beim Wort zu nehmen. Hans Urs von Balthasar hält dogmatisches Denken für gesprächsweises Denken: „fragendes und antwortendes, antwortendes und fragendes und nur in dieser Bewegung Erkenntnis vollziehendes"[24]. Ähnlich beteuert er in einem seiner letzten Aufsätze, daß nur „Integralisten die Orthodoxie für sich pachten" und sich im Bewußtsein ihrer integralen Katholizität berechtigt sähen, „alles von ihrem Standpunkt Abweichende souverän zu verurteilen"[25]. Demgegenüber erfasse die menschliche Urteilskraft lediglich Fragmente des Ganzen, nie aber das Ganze selbst. Dementsprechend entwirft er sein Werk im respektvollen Dialog mit Klassikern und Zeitgenossen aller Fakultäten, in deren Werken er die Spuren des Geistes vermutete, so daß sein erklärter Anspruch, im Gespräch der Wahrheit auf die Spur kommen zu wollen, im Blick auf sein literarisches Oeuvre als eingelöst bezeichnet werden darf. Hat Hans Urs von Balthasar diesen papierenen Anspruch im Konflikt mit Karl Rahner einzulösen versucht?

Obwohl es seit Mitte der sechziger Jahre zu keinem wirklichen Gespräch zwischen Balthasar und Rahner kam, reißt zumindest seitens von Balthasars der theologische Dialog mit Rahner nicht ab. Er fragt und läßt sich anfragen. Er antwortet und nimmt Antworten wahr. Er zitiert Rahner fortwährend und an expo-

---

[22]   Ebd., S. 21-22.
[23]   H. U. VON BALTHASAR: Geist und Feuer. Interview mit Michael Albus. In: *Herder-Korrespondenz* 30 (1976), S. 72-82, 76.
[24]   H. U. VON BALTHASAR: *Karl Barth. Darstellung und Deutung seiner Theologie.* Einsiedeln ⁴1976, S. 84.
[25]   Integralismus heute. In: *Diakonia* 19 (1988), S. 221-229, 226.

nierter Stelle[26], widmet in seiner „Theodramatik" der Rahnerschen Erlösungslehre einen eigenen Exkurs[27], zeigt sich im Schlußband desselben Werkes verunsichert und empört über Rahners Anfragen und Unterstellungen bezüglich seiner Christologie und Trinitätslehre[28], führt ihn in der Debatte um die auf dem universalen Heilswillen Gottes bauende Hoffnung auf Erlösung aller als Gewährsmann an[29] und hat die Größe, Karl Rahner als „stärkste theologische Potenz unserer Zeit" zu bezeichnen, die ihm „an spekulativer Kraft weit überlegen"[30] sei. Rahner sprach ein Jahrzehnt früher von Balthasar als einem Theologen, dessen geschichtliche Forschung „wirklich einer lebendigen, sich weiterentwickelnden, den Fragen von heute sich stellenden Theologie dient"[31]. Es handelte sich dementsprechend um eine gegenseitige Hochachtung. Dieser Befund straft jene Lügen, die den Eindruck zu erwecken versuchen, daß es sich diesbezüglich um eine einseitig noble Haltung Rahners gegenüber Balthasar gehandelt habe.

Freilich gilt auch hier, was Balthasar in einem seiner „Rechenschaftsberichte" schrieb: „Schreibend ist man sich einmal voraus [...]; dann wieder hinkt man hinter sich her oder schleicht gar zurück"[32]. Konkret: Beide fallen hinter die Beteuerung gegenseitiger Achtung zurück. Obwohl Balthasar sich fast verschämt gegen den Versuch wehrt, „mit alten polemischen Äußerungerungen behaftet"[33] zu werden und sie sich im Tonfall und der Noblesse seiner Äußerungen verbietet, entfahren ihm polemische Töne immer dann, wenn er die innerste Mitte seiner Kreuzes- und Trinitätslehre in Frage gestellt sieht. So etwa in einer eigens dem Einspruch Karl Rahners gewidmeten und dem letzten Band seiner Theodramatik vorangestellten „Vorbemerkung", in der er sich gegen die Anwürfe Rahners verwahrt und seine Betroffenheit über den derben Umgang Rahners mit seiner in Theologie gefaßten Gotteserfahrung zum Ausdruck bringt. Erstaunlich, daß Balthasar Rahner am Ende des genannten Textes insofern entgegenkommt, daß er einräumt, daß er zwar versucht habe „nur so weit zu gehen, als die Offenbarung es verstattet"[34], sich aber vorstellen könne, daß er „für manche vielleicht einen Schritt zu weit"[35] gegangen zu sein. Er sucht den Konsens, indem er erklärt: „Der Schlußband der Theodramatik mündet breit in das aus, was Karl Rahner mit vollem Recht und emphatisch als das Geheimnis Gottes bezeichnet"[36]. Dennoch entfahren ihm im persönlichen Gespräch Äußerungen, die sich nur durch eine tiefe Kränkung seinerseits erklären und den Zuhörer ratlos lassen.

Nachdem Karl Rahner fast zwei Jahrzehnte zu den Anfragen und Vorwürfen

---

26 Dazu: H. U. VON BALTHASAR: *Theodramatik.* Bd. 2/2. Einsiedeln 1978, S. 497.

27 H. U. VON BALTHASAR: *Theodramatik.* Bd. 3: *Die Handlung.* Einsiedeln 1980, S. 253-262.

28 H. U. VON BALTHASAR: *Theodramatik.* Bd. 4: *Das Endspiel.* Einsiedeln 1983, S. 11-12.

29 H. U. VON BALTHASAR: *Was dürfen wir hoffen?* Einsiedeln 1986, S. 26, 45, 64.

30 H. U. VON BALTHASAR: Geist und Feuer, S. S. 75.

31 K. RAHNER: *Kritisches Wort.* Freiburg 1970, S. 27.

32 H. U. VON BALTHASAR: *Mein Werk. Durchblicke.* Freiburg 1990, S. 16.

33 H. U. VON BALTHASAR: Geist und Feuer, S. 75.

34 H. U. VON BALTHASAR: *Theodramatik IV. Die Handlung.* Einsiedeln 1983, S. 11.

35 Ebd.

36 Ebd.

seines Kontrahenten schwieg, äußerte er sich in seinen letzten Lebensjahren sowohl inhaltlich[37] als auch formal[38] zum Konflikt mit Balthasar. Man kann seinen Äußerungen den Versuch entnehmen, ihren Dissens als einen konkreten Ausdruck kontroverser Pluralität im Rahmen der einen Kirche zu begreifen. Seine Äußerungen liegen auf der Linie des von Karl Lehmann vertretenen Kurses, der mehr ist als der Versuch eines unentschiedenen Ausgleiches:

„Die Jesuiten und die Dominikaner haben sich im 16. und 17. Jahrhundert erbittert gestritten um das Verhältnis von göttlicher Souveränität und Macht und der menschlichen Freiheit. Sie haben durchaus so argumentiert, als ob diese Meinungsverschiedenheit eine glaubenstrennende sei. [...] Doch die Amtskirche hat erklärt: Jetzt seid still und bringt euch nicht gegenseitig um. Die Amtskirche verwarf keines der beiden Konzepte. Ich könnte mir auch heute unter katholischen Theologen durchaus sehr tiefgreifende Meinungsverschiedenheiten denken, die greifbar gemacht werden könnten, bei denen die Kirche ebenso handeln sollte, obwohl beide Parteien eigentlich auf eine Unterscheidung im Glauben hin argumentieren. Um ein konkretes Beispiel zu nennen: Ich bin in gewissen theologischen Fragen von sehr ernsthafter Art entschieden gegen die Theologie von Hans Urs von Balthasar und umgekehrt er noch viel mehr. Vorläufig, glaube ich, hat er mich in Rom nicht als Häretiker angeklagt; ich habe das auch nicht gemacht. Die Amtskirche schweigt darüber, Gott sei Dank. Das grundsätzliche Bestreben, auf den Glauben der einen Kirche hinzudenken, ist beiden gegeben. Also können wir miteinander Eucharistie feiern und brauchen uns nicht gegenseitig auf den Scheiterhaufen zu bringen"[39].

An anderer Stelle antwortet Rahner auf die Frage, welchen Weg er für den besten halte, mit Kritikern umzugehen:

„Natürlich gibt es in der Theologie Meinungen, die man vertritt, die von anderen kritisiert werden, ergänzt werden, abgelehnt werden. Über solche Dinge muß man sich dann in Ruhe und Vernunft unterhalten und schauen, ob man selbst recht hat oder ob der andere recht hat. Es gibt natürlich auch viele Dinge in der Theologie, wo man eine Ansicht vorträgt mit der Meinung, sie sei ganz sinnvoll und gut, aber auch gleichzeitig mit der Frage an sich selber, ob man alles richtig getroffen hat. Wenn Hans Urs von Balthasar in einem Buch meine Erlösungslehre kritisiert oder vielleicht andere meine Trinitätstheologie nicht ganz richtig finden, dann sind das natürlich Dinge, wo man sich hinterher aufs neue überlegt, was nun da richtig ist, was man vielleicht übersehen hat, was man anders machen kann oder man bleibt vielleicht nach einer solchen Kritik und ihrer sachlichen Prüfung doch bei seiner Meinung"[40].

[37] So etwa: K. RAHNER: *Die Gabe der Weihnacht.* Freiburg 1980, S: 29-33; Karl RAHNER: *Im Gespräch.* Bd. 1. Hrsg. von P. IMHOF – H. BIALLOWONS. München 1982, S. 245-246; K. RAHNER: Jesus Christus – Sinn des Lebens. In: DERS.: *Schriften zur Theologie.* Bd. 15. Zürich 1983, S. 206-216.
[38] Der Papst könnte dazulernen. [Gespräch mit Siegfried VON KORTZFLEISCH.] In: K. RAHNER: *Im Gespräch.* Bd. 2. München 1982, S. 195-205, hier 202f.; Ich bin Priester und Theologie, ebd. S. 266-269, hier 268.
[39] K. RAHNER: Der Papst könnte dazulernen, S. 203.
[40] K. RAHNER: *Im Gespräch.* Bd. 2, S. 266-269, 267-268.

Trotz der gegenseitigen Wertschätzung, trotz des Vorsatzes sich in Ruhe und mit Vernunft zu unterhalten und der Bereitschaft, sich in Frage stellen zu lassen, kam es zu Lebzeiten Rahners und Balthasars zu keinem klärenden Gespräch. Die emotionalen Blockaden setzten dem erklärten Willen eine Grenze, die beiderseits nicht übersprungen werden konnte. Die Blockaden sollten nicht einseitig positioniert werden. Man kann überdies nur Vermutungen anstellen, welcher Art sie waren. Das gängige Muster, das Balthasar aus Enttäuschung über seinen weitgehenden Ausschluß von den Beratungen des Konzils und der angeblichen Niederlage bei der Neubesetzung des Guardinilehrstuhles derart gekränkt sieht[41], daß er Rahner mit Anwürfen harscher Kritik beworfen habe, greift zu kurz. Balthasar hatte Rahner vor dem Konzil als Exponenten der gemeinsamen Überzeugungen aufgebaut[42] und nach eigenem Bekunden und in der Logik seiner damaligen Lebenslage, das Angebot den Münchener Guardinilehrstuhl zu übernehmen abgelehnt[43]. Daß sich auf dem Hintergrund der im Zusammenhang mit seinem Austritt aus dem Jesuitenorden bitter erlebten Ächtung eine gewisse Empfindlichkeit angesichts der breiten Rezeption Rahners bei gleichzeitiger Nichtbeachtung seines eigenen Werkes einstellte, scheint unübersehbar. Ob Rahner versuchte dem einstigen Mitbruder über diese Barriere zu helfen, entzieht sich unserer Kenntnis. Man hätte sich gewünscht, daß er es getan hätte. Etwa mit Worten, die Balthasar 1950 im Gespräch mit Henri de Lubac für Rahner fand: „Ich fürchte, daß Karl Rahner jetzt sehr entmutigt ist. Man muß ihn unterstützen, – Sie müssen sich gegenseitig helfen"[44]. Auch Rahner zeigte Empfindlichkeiten. Etwa, als ihm während eines Besuches bei dem von ihm hochgeschätzten Lehrer und Freund Balthasars Henri de Lubac, dem die einstigen Freunde gleichermaßen verbunden blieben, mit Blick auf das Bücherregal des Kardinals die Bemerkung entfuhr: „Alles nur Balthasar!"[45]

So wie man Balthasar vorwerfen kann und muß, daß er im Rahmen der Auseinandersetzung mit Rahner polemisierte, muß man Rahner fragen, ob er nicht dazu neigte, die freilich unsanfte Einladung zur Auseinandersetzung zu überhören, so daß es statt des Dialoges bei einer einseitigen Anrede blieb. Außerdem hat er sich trotz entsprechender Bemühungen nur schwer von der Notwendigkeit eines Dialoges mit seinen Kritikern überzeugen lassen. Eigenartig auch, daß Rahner, dem K.-H. Neufeld bescheinigt, daß er „bis zum Ende seines Lebens für den Dialog im Einsatz gestanden"[46] habe, den konkreten Dialog scheute. Diese per-

---

[41] H. Vorgrimler: *Karl Rahner verstehen*, S. 151.

[42] So Balthasar in einem vom Juli 1950 datierenden, französischsprachigen Brief, in dem er gegenüber Henri de Lubac erklärt, daß Karl Rahner die einzige Hoffnung innerhalb des Konfliktes um *Humani generis* sei. Balthasar fordert Lubac auf, Rahner zu unterstützen: „Je crains que Karl Rahner sera bien découragé maitenant, lui qui est á peu près notre seul espoir. Il faudra le soutenir, – vous aider les uns les autres." (zit. nach: H. de Lubac: *Theologie dans l'histoire*. Bd. 2: *Questions disputées et résistance au nazisme*. Paris 1990, S. 399).

[43] H. U. von Balthasar: Geist und Feuer, S. 75.

[44] Übersetzung der in Anm. 45 zitierten Briefpassage.

[45] K. H. Neufeld: *Die Brüder Rahner*, S. 389.

[46] K. H. Neufeld: Dialog. Herausforderungen, Möglichkeiten und Grenze im Anschluß an Karl Rahner. In: M. Lutz-Bachmann: *Und dennoch ist von Gott zu re-*

sönlichen *Blockaden* dürfen nicht dazu dienen, die Fronten weiter aufzubauen und zu verschärfen. Sie sollten um des erklärten Willens der „Kontrahenten" abgebaut und den von ihnen aufgestellten Dialogregeln folgend dem Versuch weichen, Balthasar und Rahner posthum ins Gespräch zu bringen. Nur so werden sich beide Werke befruchten, gegenseitig korrigieren und ihr wahres Profil entfalten.

Man bringt Gespräche zwischen Konfliktpartnern in Gang, indem man nach *Anknüpfungspunkten* sucht, die nicht nur eine emotionale, sondern auch eine inhaltlich Basis für einen im besten Sinne des Wortes kontroversen Diskurs abgeben könnten. An welche gemeinsamen Überzeugungen könnten die Gesprächspartner anknüpfen? Auf welche gemeinsamen Erfahrungen könnten sie zurückgreifen? Von welcher Basis aus könnten sie die Entwicklung ihrer kontroversen Auffassungen verfolgen und ihren Dissens verstehen lernen? Von besonderem Interesse wären freilich die außengesteuerten sowohl wissenschaftstheoretischen als auch (kirchen-)politischen Beeinflussungen, denen die Gesprächspartner ausgesetzt waren und die auf die jeweilige Entwicklung ihres theologischen Denkens eine entsprechende Wirkung hatten. Wenn wir aber nach Anknüpfungspunkten bei Hans Urs von Balthasar und Karl Rahner suchen, dann nicht vornehmlich aus biographischer Neugier. Wir vermuten vielmehr, daß jene Anknüpfungspunkte uns in die Lage versetzen, Gesprächsschneisen in das Dickicht des „zutiefst gestörten Verhältnisses zwischen den beiden wohl wirkmächtigsten Theologen der zweiten Jahrhunderthälfte"[47] zu schlagen. Sie könnten sich wie Magnetfelder auswirken, die auseinderfallende Metallspäne um sich sammeln und in eine unvermutete Ordnung bringen.

3

Die Kontrahenten machen unabhängig voneinander auf ein gemeinsames Projekt aufmerksam, das einen Anknüpfungspunkt für das abgebrochene Gespräch darstellen könnte. Nachdem Rahner 1954 den ersten Band seiner „Schriften zur Theologie" mit Überlegungen „Über den Versuch eines Aufrisses einer Dogmatik" eingeleitet hatte, die er „vor vielen Jahren mit Hans Urs von Balthasar gemeinsam anstellte"[48], erinnerte Balthasar seinerseits in einem 1975 der Herderkorrespondenz gegebenen Interview an das einstige Gemeinschaftsprojekt: „Wir haben im Jahr 1939 einträchtig zusammen einen Dogmatikplan ausgearbeitet (über Innsbruck am Zenzenhof), aus dem dann später 'Mysterium Salutis' geworden ist"[49]. Man sollte sowohl dem Wort „einträchtig" als auch der Bemerkung Rahners Gehör schenken, es scheine ihm unmöglich, „daß ein Theologe allein eine ganze Dogmatik schreibt, die mehr ist als ein Schulbuch"[50]. Noch

---

47 den. *Festschrift für Herbert Vorgrimler*. Freiburg 1994, S. 246-261, 251.
48 A. RAFFELT – H. VERWEYEN: *Karl Rahner*, S. 74.
49 A. RAFFELT – H. VERWEYEN: *Karl Rahner*, S. 74.
50 H. U. VON BALTHASAR: Geist und Feuer, 75-76.
    K. RAHNER: *Schriften zur Theologie*. Bd. 1. Einsiedeln 1954, S. 9. – Jetzt in DERS.: *Hörer des Wortes. Schriften zur Religionsphilosophie und zur Grundlegung der*

aufmerksamer sollte man aber den Aufriß selbst zur Kenntnis nehmen. Er enthält Stichworte, die Gemeinsamkeiten auf den Punkt bringen. Hier sei nur bereits im Dogmatikentwurf erwähnte und sich durch das spätere Werk beider ziehende Begriff „Heilswille Gottes"[51] benannt, der sich sowohl in Rahners Theorie vom „anonymen Christen" als auch in Balthasars „Theologie des Karsamstags" Bahn bricht. Bemerkenswert, daß Balthasar sich in seinen letzten Schriften, die der Verteidigung seiner heilsuniversalistischen Eschatologie galten, bezüglich des universalen Heilswillens Gottes, der seiner Heilshoffnung zugrunde liege, fortwährend auf Rahner beruft[52]. Umgekehrt ist sich Rahner sicher, daß es in der mit seinem Wort von den „anonymen Christen" verbundenen Sache mit Hans Urs von Balthasar „keine Meinungsverschiedenheiten"[53] gebe. Ähnliches ließe sich anhand ekklesiologischer Stichworte zeigen. Trotz der durch Balthasars Polemik „Cordula oder Der Ernstfall" ausgelösten Kontroverse verband beide die Vision einer sich der Welt öffnenden und zuwendenden Kirche. Gemeinsam mit Karl Lehmann veröffentlichte Rahner in den siebziger Jahren eine Denkschrift titels „Marsch ins Ghetto"[54], die der Sorge Ausdruck verlieh, die Kirche ziehe sich nach der konziliaren Öffnung in einen gesellschaftlich irrelevanten Binnenraum zurück. Obwohl man bezüglich dieses Bedenkens eine tiefgreifende Kontroverse zwischen Rahner und Balthasar auszumachen versuchte, lehrt ein Blick in die Theologiegeschichte und in die der Auseinandersetzung nachfolgenden Schriften der Kontrahenten, daß sie mittels ihrer Werke und ihrer persönlichen Charismen ohne Bruch für eine „Schleifung der Bastionen"[55] eintraten. Was die ekklesiologischen Grundfragen betrifft, stand im Hintergrund des 1939 gemeinsam erarbeiteten Konzepts die Faszination, die die universale Ekklesiologie Henri de Lubacs auf die damals jungen Jesuiten Balthasar und Rahner machte[56]. Man sollte sich der gemeinsamen Wurzeln der vermeintlichen Kontrahenten im Rahmen der Theologiegeschichte des 20. Jahrhunderts aufmerksamer erinnern als das bisher der Fall war. Angesichts der Konzentration auf die nachkonziliare Entwicklung versäumte die Theologie unserer Tage weitgehend, einen Blick auf die Vorgeschichte des Konzils zu werfen, die ein unersetzlicher Teil des Interpretationsrahmens ist, innerhalb dessen die Texte des Zweiten Vatikanums zum Sprechen gebracht werden müssen. Ähnliches gilt für die nachkonziliare Kontroverse zwischen Balthasar und Rahner.

Der Dogmatikplan[57] stammt überdies aus jenen Jahren, da Rahner und Baltha-

---

Theologie. Düsseldorf – Freiburg 1997 (Sämtliche Werke. 4), hier S. 404.

[51] K. RAHNER: SW 4, S. 437 (linke Spalte).

[52] H. U. VON BALTHASAR: *Was dürfen wir hoffen?* Einsiedeln 1986, S. 26, 45, 64. – DERS.: *Kleiner Diskurs über die Hölle*. Ostfildern 1988, S. 11.

[53] K. RAHNER: *Glaube in winterlicher Zeit. Gespräche mit Karl Rahner aus den letzten Lebensjahren*. Hrsg. von P. IMOF – H. BIALLOWONS. Düsseldorf 1986, S. 125.

[54] Zit. nach: K. LEHMANN: Das gelebte Zeugnis: Karl Rahner, S. 840.

[55] H. U. VON BALTHASAR: *Schleifung der Bastionen*. Einsiedeln 1952.

[56] Dazu: K. RAHNER: Rezension von: Henri DE LUBAC: *Catholicisme*. In: *Zeitschrift für katholische Theologie* 63 (1939), S. 443-444, bzw. SW 4, S. 484f. – H. U. VON BALTHASAR: *Mein Werk*, S. 30, 31, 37-38; DERS.: *Henri de Lubac und sein organisches Lebenswerk*. Einsiedeln 1976.

[57] Zur Geschichte des Projekts: K. H. NEUFELD: *Die Brüder Rahner*, S. 178-186.

sar in einem von Hochachtung und intellektueller Redlichkeit geprägten Stil ihre jeweiligen Veröffentlichungen besprachen. Dabei treten inhaltliche Differenzen hinter dem gemeinsamen Anliegen keineswegs in den Hintergrund. So besteht Rahner schon anläßlich der Rezension des Maximusbuches, das Balthasar erstmals 1941 veröffentlichte, auf dem „unvermischt"[58] der Naturen in Christus, während Balthasar anläßlich der Besprechung von Rahners „Geist in Welt" die „Wendung zu einer Objektsmetaphysik"[59] anmahnt, indem er erklärt: „Die Grundfrage wird also lauten: wie muß dieser Vorgriff verstanden werden, wenn Offenbarung echte Seinseröffnung und nicht nur (modernistisch) Explikation eines im Vorgriff Vorgewußten sein soll?"[60] Karl Lehmann sieht „die gesamte Differenz zwischen Rahner und Balthasar"[61] auf dieser Anfrage beruhen.

Der Stil, den sowohl Rahner als auch Balthasar in jenen Jahren über dem sich bereits andeutenden Dissens pflegten, unterscheidet sich durch Noblesse und Sachlichkeit von späteren Anwürfen und sollte die stilistische Grundlage für das angemahnte Gespräch darstellen, das nur dann eine Chance hat, wenn es die von beiden selbst markierte Gesprächskultur nicht weiter unterschreitet.

Die Themen des Gespräches sind bereits in den zitierten Rezensionen benannt: das Rahnersche Insistieren auf dem chalkedonischen „Unvermischt" der Naturen in Christus wird Auswirkungen auf die Christologie, die Trinitätslehre und die vom leidenden Christus her konzipierte und von ihm heftig kritisierte „Theologie göttlichen Schmerzes" haben; die kritischen Bemerkungen Balthasars bezüglich der Gefahr der Depotenzierung der geschichtlichen Offenbarung durch den transzendentalen Vorgriff auf das Sein werden sich im Streit um die unverhoffte Offenbarung der Herrlichkeit Gottes, in der Auseinandersetzung um die Kreuzestheologie, das anonyme Christentum und die transzendentale Christologie konkretisieren. Weiterhin klingt in der Warnung Balthasars vor einer Subjektmetaphysik bereits die Auseinandersetzung um die von Balthasar korrigierend entworfene Wahrnehmungslehre an: „Rahner hat Kant, oder wenn Sie wollen, Fichte gewählt, den transzendentalen Ansatz. Und ich habe Goethe gewählt als Germanist. Die Gestalt, die unaufhebbar einmalige, organisch, sich entwickelnde Gestalt"[62].

Wenn von Anknüpfungspunkten für ein zukünftiges Gespräch zwischen Rahner und Balthasar die Rede ist, darf nicht übersehen werden, daß beide der Schule des Ignatius von Loyola entstammen. Ihr Werk basiert auf der ihnen nahezu zeitgleich im Noviziat und Terziat vermittelten und verinnerlichten ignatianischen Spiritualität. Die jesuitische Wurzel der beiden Werke sollte daher mehr als bisher üblich wahrgenommen und als Dialogbrücke betreten werden. Dabei dürfte die weitverzweigte Theologie der Exerzitien eine entscheidende Rolle

---

[58]   K. RAHNER: Rezension von Hans Urs VON BALTHASAR – Josef LOOSEN: Maximus 1941. In: *Zeitschrift für katholische Theologie* 66 (1942), S. 153-156. Jetzt auch in SW 3 (1999), S. 411-415, hier 413.

[59]   H. U. VON BALTHASAR: Rezension von Karl RAHNER: *Geist in Welt*. In: *Stimmen der Zeit* Bd. 136 (1939), S. 375-379, 377.

[60]   Ebd.

[61]   K. LEHMANN: Karl Rahner. Ein Porträt, S. 51, Anm. 14.

[62]   H. U. VON BALTHASAR: Geist und Feuer, S. 76.

spielen[63]. Hugo Rahner weist in einem „Eucharisticon fraternitatis" betitelten Beitrag für die Festschrift zum 60. Geburtstag seines Bruders ausdrücklich auf diese Konvergenz hin, indem er ihn auf dessen Aufsatz „Die ignatianische Logik der existentiellen Erkenntnis" anspricht und dessen Inhalt in Verbindung bringt mit der „Christologie der Geistlichen Übungen, über die unser gemeinsamer Freund Hans Urs von Balthasar im zweiten Band seiner 'Theologischen Ästhetik' so trefflich geschrieben hat"[64]. Der Anknüpfungspunkte und Themen sind genug, so daß das Gespräch dieserseits ohne Zögern in Gang gebracht werden könnte.

5

Karl Lehmann nimmt mittels der genannten Anknüpfungspunkte das *Gespräch* mit den vermeintlichen Kontrahenten auf. Er beherzigt die erarbeiteten Gesprächsregeln, indem er das jeweilige Anliegen des entsprechenden Autors wahrnimmt und mit dem des Dialogpartners konfrontiert. Dabei bringt er Balthasar und Rahner eher beiläufig ins Gespräch. Unvermutet kommen die zwischen ihnen kontroversen Themen in abgelegenen Beiträgen zur Sprache. So finden sich in Sammelwerken und Meditationen Titel wie „Gott und das Leid"[65], „Gott und die Passion"[66], „Seligkeit und Gottesfrage"[67] und „Gott im Leid"[68]. Lehmann geht diesermaßen auf die letzte große Kontroverse, in die Balthasar und Rahner sich begaben, ein. Sein Umgang mit den kontroversen Positionen darf als Paradigma eines künftigen Gespräches zwischen den vermeintlichen Widersachern gelten.

Während Balthasar im Schlußband seiner „Theodramatik" ausdrücklich vom Schmerz Gottes handelt[69], stellt sich Rahner an die Spitze der Kritiker, zeiht Balthasar und Moltmann der Gnosis, die wissen wolle, was man nicht wissen könne

---

[63]   Entsprechende Versuche bei: A. ZAHLAUER: *Karl Rahner und sein „produktives Vorbild" Ignatius von Loyola.* Innsbruck 1996 (Lit.); W. LÖSER: Die ignatianischen Exerzitien im Werk Hans Urs von Balthasars. In: K. LEHMANN – W. KASPER (Hrsg.): *Hans Urs von Balthasar. Gestalt und Werk.* Köln 1989, S. 152-174. H. U. VON BALTHASAR: *Texte zum ignatianischen Exerzitienbuch.* Hrsg. von J. SERVAIS. Einsiedeln 1993.

[64]   H. RAHNER: Eucharisticon fraternitatis. In: J. B. METZ – W. KERN – A. DARLAP – H. VORGRIMLER (Hrsg.): *Gott in Welt. Festgabe für Karl Rahner.* Bd. 2. Freiburg 1964, S. 895-899, 896.

[65]   K. LEHMANN: Gott und das Leid. In: DERS.: *Glauben bezeugen, Gesellschaft gestalten. Reflexionen und Positionen.* Freiburg 1993, S. 281-291.

[66]   K. LEHMANN: Gott und die Passion. In: DERS.: *Jesus Christus – Unsere Hoffnung. Meditationen.* Freiburg 1976, S. 22-23.

[67]   K. LEHMANN: Seligkeit und Gottesfrage. In: DERS.: *Signale der Zeit – Spuren des Heils.* Freiburg 1983, S. 32-34.

[68]   K. LEHMANN: Gott im Leid. In: DERS.: *Jesus Christus ist auferstanden.* Freiburg 1975, S. 24-48.

[69]   H. U. VON BALTHASAR: *Theodramatik.* Bd. 4, S. 191-222. Dazu: Th. KRENSKI: *Passio Caritatis. Trinitarische Passiologie im Werk Hans Urs von Balthasars.* Freiburg 1990.

und skandiert: „Um aus meinem Dreck und Schlamassel und meiner Verzweiflung herauszukommen, nützt es mir doch nichts, wenn es Gott genauso dreckig geht.. [...] Ich bin von vornherein in diese Gräßlichkeit hineinzementiert, während Gott in einem wahren und echten Sinn und mich tröstenden Sinne der Deus impassibilis, der Deus immutabilis usw. ist. Und bei Moltmann und bei anderen meine ich eine Theologie eines absoluten Paradoxons und eines Patripassianismus, vielleicht auch einer Schellingschen Projektion der Gespaltenheit, der Zwiespältigkeit, der Gottlosigkeit, des Todes in Gott selbst hinein zu spüren"[70]. Rahner verweist ausdrücklich auf die chalkedonische Formel und besteht auf dem „Unvermischt" der Naturen in Christus, das verbiete, von einem Schmerz Gottes an sich zu sprechen. Auch Lehmann warnt im Gefolge seines einstigen Lehrers vor „fragwürdiger Spekulation"[71]. Nachdem er mit Balthasar jenem Gott eine Absage erteilt, der in „ungestörter Glückseligkeit waltet und herrscht" und „in seliger Unberührbarkeit und fern allen menschlichen Leidens thront"[72], warnt er gleichermaßen davor, „eine dialektisch zwischen Gott und Gott, dem Vater und dem Sohn sich ereignende innergöttliche Leidensgeschichte"[73] zu konstruieren. Wenn er dennoch mit Balthasar, der sich diesermaßen mit Hegel auseinandersetzt, davon spricht, daß „Gott ... das Gegenteil seiner selbst" werde, „indem er die Sünde, die Verlorenheit und die Gottverlassenheit einholend in sich"[74] hineinnehme, so doch immer mit dem Bemühen, die Leidensunfähigkeit des leidenden Gottes insofern zu bewahren, daß er betont, daß Gott sich aus freiem Willen und nicht gezwungenermaßen dem Leiden aussetze. Ähnlich Balthasar, der gegen Moltmann die souveräne Freiheit des dreifaltigen Gottes in seinem Leiden verteidigt und sichergestellt wissen will. Sollte Rahner, indem er auf dem Deus impassibilis beharrte, eben jene Souveränität des leidenden Gottes zu wahren versucht haben, hätte er das zentrale Anliegen Balthasars geteilt, dem es darum zu tun war, gegenüber der theogonischen, von Hegel beeinflußten Auffassung Moltmanns, Gott müsse sich notwendig entäußern um er selbst, nämlich Liebe zu werden, dessen souveräne Freiheit zu garantieren. Balthasar hielt erklärtermaßen an der theologischen Funktion des Apathieaxiomes fest, so daß er nicht vom Pathos Gottes, sondern von einem freien, souveränen Leiden Gottes sprach, das statt einer privatio entis eine Vollkommenheit der Liebe darstelle.

Recht besehen stehen Rahner und Balthasar sich in der Ablehnung einer in Gott hineingelesenen „ehernen Notwendigkeit zum Kreuz"[75] näher als Balthasar und Moltmann, die Rahner nahezu unbesehen in einen Topf wirft. Rahner und Balthasar machen unmißverständlich klar, daß Gott auf ganz andere Weise in die Gräßlichkeit des Leidens trat als das Geschöpf, das nicht aus freiem Willen, sondern hineinzementiert in die Strukturen des Bösen leidet. Indem Lehmann davon spricht, daß „das Leiden mitten in das Bild Gottes"[76] gehöre und

---

[70]   Karl RAHNER: *Im Gespräch.* Bd. 1, S. 245-246.
[71]   K. LEHMANN: Gott und das Leid, S. 289.
[72]   Ebd.
[73]   Ebd.
[74]   K. LEHMANN: Gott und die Passion, S. 22-23.
[75]   K. LEHMANN: Gott und das Leid, S. 290.
[76]   K. LEHMANN: Gott im Leid, S. 44.

zugleich vor „krampfartigen spekulativen Zwängen"[77] warnt, nimmt er diesbezügliche Divergenzen und Konvergenzen zwischen Rahner und Balthasar weitaus vorsichtiger und unpolemischer wahr als das in der Schule Rahners üblich geworden ist. Er bemüht sich, die Hintergründe dieser oder jener Formulierungen ins Spiel zu bringen, die isoliert wahrgenommen sicher zu Mißverständnissen Anlaß geben. So führt er mittels einer mit höchster Wahrscheinlichkeit bewußt gewählten Formulierung Balthasars Rede vom Unterschied in Gott, der allen Ernst der Trennung in sich berge, so daß er ihn nicht außerhalb seiner selbst suchen muß, auf dessen Auseinandersetzung mit Hegel zurück. Dabei gelingt es ihm ausgewogen – d.h. das jeweilige Anliegen der Kontrahenten integrierend und den entsprechenden Hintergrund der Auseinandersetzung im Blick – zu formulieren: „Gott wird aus freier Liebe das Gegenteil seiner selbst". Nicht aus innerer Notwendigkeit. Nicht aufgrund irgendeines erlittenen Zwanges, sondern kraft der Vollkommenheit der Liebe.

Lehmann benennt in den knappen Texten eine weitere Facette der Auseinandersetzung, indem er nicht ansteht, die christologischen bzw. trinitätstheologischen Implikate anzusprechen, die mit der zwischen Rahner und Balthasar ausgetragenen Kontroverse in Zusammenhang stehen. So etwa, wenn er erklärt: „Darum kann Gott auch unendlich leiden, und nur aus diesem geschichtlichen Wesen Gottes heraus kann man einen vollkommenen Gott mit Leid und Tod zusammenbringen."[78] Während Rahner Balthasar vorwirft, das Unvermischt des Chalkedonismus zu überschreiten und derart statt von einem Leiden des Menschgewordenen von einem göttlichen Leiden trinitarischen Ausmaßes zu sprechen, konfrontiert Balthasar Rahner mit der Formel „Unus ex Trinitate passus est", von der er der Auffassung ist, daß sie ihm ein Dorn im Auge sei[79]. Rahner schimpft Balthasar einen Neuchalkedonier, der die Einheit der Naturen derart betone, daß er zum Monophysitismus neige. Er selbst verstehe sich als reiner Chalkedonier, der trotz oder gerade angesichts der in der konkreten Person Jesu Christi ungetrennten Einheit von göttlicher und menschlicher Natur bezüglich des göttlichen Logos am Unvermischt der Naturen festzuhalten sich verpflichtet sehe[80]. Wiederum versucht Lehmann die in diesem Fall christologische Kontroverse insofern zu entschärfen, als er in der soeben zitierten Formulierung sowohl dem Anliegen Rahners als auch dem Balthasars gerecht zu werden versucht. Eine Brücke schlägt ein jenseits der späteren Polemik bereits Ende der sechziger Jahre in Sacramentum mundi veröffentlichter Text, in dem er unter dem Titel „Der Tod Jesu als Tod Gottes" erklärt: „Wenn man sagt, der fleischgewordene Logos sei „bloß" in seiner menschlichen Wirklichkeit gestorben, und dies stillschweigend dahin versteht, daß dieser Tod also Gott nicht berühre, dann hat man nur die halbe Wahrheit gesagt und die eigentliche Wahrheit ausgelassen..."[81].

Mag sein, daß man Lehmann einen Hang zum Konsens nachsagt, der dem produktiven Konflikt die Farbe und das Profil nehme. Mag sein, daß man ihn

[77] K. LEHMANN: Gott und das Leid, S. 290.
[78] K. LEHMANN: Gott und die Passion, S. 23.
[79] H. U. VON BALTHASAR: *Theodramatik*, Bd. 4, S. 11.
[80] Fundorte dieser Argumentation in Anm. 39
[81] K. RAHNER: Jesus Christus. In: *Sacramentum mundi*. Bd. 2. Freiburg 1968, S. 951f.

verdächtigt, aus Opportunismus auf beiden Schultern getragen zu haben. Ob er aber nicht eher intellektuell redlich und ohne den Hang, Positionen derart zu verschärfen, daß sie nicht weiter gesprächsfähig sind, sich der Mühe unterzieht, divergierende Auffassungen in ihrer ursprünglichen und vorpolemischen Intention zu erfassen und uneigennützig zusammenzudenken? Gesetzt den Fall, daß dem so sei, bedeutete dies in concreto: Transzendenz statt Immanenz. K. H. Neufeld spricht diesbezüglich davon, daß „der Dialog den eigenen Horizont von Wahrheit transzendieren und erweitern würde"[82]

6

Die zur Zeit u.a. von Karl Lehmann herausgegebenen „Sämtlichen Werke" Rahners werden weiteren Aufschluß über die Entwicklung seines Werkes, über zeitbedingte Überzeichnungen und Einseitigkeiten, ursprüngliche Intentionen und bedeutende Weichenstellungen geben. Sie werden Rahner möglicherweise aus den Klauen derer, die sein Werk ideologisch mißbrauchen, statt den Dialog zu suchen, zu sich selbst befreien. Ähnliches gilt von Hans Urs von Balthasar, dessen Werk vom Johannes-Verlag zur Zeit konzentriert und in entsprechenden Ausgaben verlegt wird. Die Qualität nicht nur der *Rahner* – bzw. *Balthasar-Rezeption,* sondern einer in die Zukunft weisenden Rezeption der Theologie der zweiten Hälfte des 20. Jahrhunderts wird vornehmlich daran zu messen sein, ob es der Theologie, die Theologie nach Balthasar und nach Rahner ist, gelingen wird, sie in ein kreatives Gespräch zu verwickeln, das neue Perspektiven eröffnet. Wer Positionen festzurrt und als unversöhnbar hinzustellt tut dem Werk eines Einzelnen und der Theologie der Zukunft einen Bärendienst. Albert Raffelt und Hansjürgen Verweyen bestätigen Karl Lehmanns Kurs, wenn sie erklären: „Man wird nicht weniger berücksichtigen müssen, wie Karl Rahner zeitlebens versucht hat, unversöhnlich erscheinende Positionen in seinem Denken aufzuheben"[83]. In der Spur Lehmanns bemühen sich jüngere Theologinnen und Theologen, das Gespräch zwischen Rahner und Balthasar in Gang zu bringen. Ausdrücklich seien die Arbeiten von N. Schwerdtfeger[84], E. Conway[85] und M. Schulz[86] erwähnt. Letzterer hat sowohl in seiner Dissertation als auch in einer

---

[82]   K. H. NEUFELD: Dialog, S. 256.

[83]   A. RAFFELT – H. VERWEYEN: *Karl Rahner,* S. 129.

[84]   N. SCHWERDTFEGER: *Gnade und Welt. Zum Grundgefüge von Karl Rahners Theorie der anonymen Christen.* Freiburg 1982.

[85]   E. CONWAY: *The anonymous christian – a relativised christianity? An evaluation of Hans Urs von Balthasar's criticismus of Karl Rahner's theory of the anonymous christian.* Frankfurt 1993.

[86]   M. SCHULZ: *Sein und Trinität. Systematische Erörterungen zur Religionsphilosophie G. W. F. Hegels im ontologiegeschichtlichen Rückblick auf J. Duns Scotus und I. Kant und die Hegel-Rezeption in der Seinsauslegung und Trinitätstheologie bei W. Pannenberg, E. Jüngel, Karl Rahner und Hans Urs von Balthasar.* St. Ottilien 1997. Schulz vermutet bei allen Unterschieden weitgehende Konvergenzen und parallele Argumentationsformen, vgl. insbesondere S. 720-737. Auch in seiner instruktiven Einführung *Karl Rahner begegnen.* Augsburg 1999, versucht Schulz

Hinführung zu Rahners Leben und Werk überzeugend versucht, das jeweilige Anliegen Rahners bzw. Balthasars wahrzunehmen und ins Gespräch zu bringen. Die künftige Theologengeneration hat die Chance, Balthasar und Rahner derart miteinander zu konfrontieren, daß bis heute ungeklärte methodische Grundfragen einer Klärung nähergebracht werden könnten, von denen Albert Raffelt und Hansjürgen Verweyen der Meinung sind, daß „wir sie heute schmerzlich vermissen"[87]. Dazu wollte der vorliegende Beitrag erneut anregen.

Das Bemühen um ein posthum in Gang zu bringendes Gespräch zwischen Hans Urs von Balthasar und Karl Rahner darf sich dabei getragen wissen von der Überzeugung, daß die Genannten verewigt im Angesicht der Wahrheit jenseits der Blockaden jenen Dialog führen, aus dem sie uns entgegenhalten: „Man bleibt für das Publikum unweigerlich der Mann seiner vergangenen Werke, während man selber nur widerwillig, ja ängstlich eine dieser Schlangenhäute befühlt, die einem dies mit Sicherheit verraten: daß man nicht mehr dort steht, längst ein anderer geworden ist"[88].

Rahner und Balthasar ins Gespräch zu bringen, vgl. insbesondere S. 64, 122-126, 153-158, 160-164, 174-180.

[87]   A. RAFFELT – H. VERWEYEN: *Karl Rahner*, S. 74.

[88]   H. H. U. VON BALTHASAR: *Mein Werk*, S. 16.

Zeugnis im Immanenten für den Transzendenten

Spuren einer Verwandtschaft
im Denken von Karl Lehmann und Karl Rahner

VON DOROTHEA SATTLER

I. Annäherungen an die Fragestellung

1. Karl Lehmann über Karl Rahner

Zu den wenigen literarisch greifbaren Erinnerungen Karl Lehmanns an seine frühen Lebensphasen gehört sein Gedächtnis der ersten Konzilsjahre, die er als Student in Rom erlebte. In dieser Zeit geschah auch seine erste intensivere Begegnung mit Karl Rahner. In ihrer theologischen Neugier und ihrer kirchlich gesinnten Dienstbereitschaft erkannten sie sich bald schon als tief verwandt. Karl Lehmann erinnert sich: „Als Bibliothekar war ich vor dem Konzil und in den ersten Konzilsjahren im Collegium Germanicum-Hungaricum nebenbei auch vom Rektor beauftragt, den Mitgliedern der vorkonziliaren Vorbereitungskommissionen sowie später den Mitgliedern und Beratern des Konzils zur Verfügung zu stehen, wenn sie als Gäste im Haus theologische Literatur suchten. So lernte ich auch meinen Landsmann Karl Rahner kennen, der mir freilich schon seit dem Beginn meiner Studienzeit in Freiburg (1956) durch seine großen Vorträge als theologischer Lehrer und Forscher unauslöschlich vor Augen stand. Im Lauf der Zeit ging es nun nicht nur darum, ihm Literatur zu besorgen, sondern er bat mich auch um die Erledigung ganz alltäglicher Dinge: Büromaterialien und Briefmarken besorgen, eine Schreibmaschine zur Verfügung stellen. Allmählich bat er mich auch, Texte durchzusehen, formal und stilistisch zu verbessern und auch die Reinschrift anzufertigen"[1]. Nach seiner eigenen Einschätzung bestand Lehmanns bedeutsamste Teilhabe am Geschehen des Konzils in einer sprachlichen Bearbeitung eines von Karl Rahner unter Mitarbeit von Joseph Ratzinger in schwer verständlichem Latein erstellten Neuentwurfs der Offenbarungskonstitution, durch den eine veränderte Basis der bis dahin auf die von römischen Kommissionen vorgelegten Schemata bezogenen theologischen Diskussion erreicht werden konnte. Die von Lehmann vorgenommenen Vereinfachungen zur Förderung der Verständlichkeit des Textes veranlaßten Rahner zu der wohlwollend gemeinten Äußerung: „Man kennt sein eigenes Zeug nicht mehr"[2]. Dies war der Beginn einer später sehr intensivierten und bis heute für die Öffentlichkeit weithin un-

---

[1] K. LEHMANN: Meine Erfahrungen mit dem Konzil. In: G. EBERTS (Hrsg.): *Das Zweite Vatikanische Konzil und was daraus wurde.* Aschaffenburg 1985, S. 114-116, hier S. 115.
[2] Ebd.

kenntlich gebliebenen Doppelautorenschaft, deren Geheimnis Karl Lehmann im
Gespräch gelegentlich in diskreter Weise preisgibt. Karl Lehmann wußte zu
schreiben, was Karl Rahner dachte. Großes Einfühlungsvermögen und innere
Verwandtschaft waren dazu die Voraussetzung – und noch eine Tugend, um die
Lehmann selbst weiß: „Gerade die Großen haben die undankbare und namenlose
Kärrnerarbeit nicht gescheut"[3].

Karl Lehmann hatte vielfach Gelegenheit, über Karl Rahner zu sprechen und
zu schreiben[4]. Feierliche Gedenktage der Wiederkehr seines Geburtstages waren
dazu oft der Anlaß. Der einzige Beitrag, den Lehmann in der dritten Auflage des
„Lexikon für Theologie und Kirche" übernommen hat, geht über das Stichwort
„Rahner, Karl"[5]. Erinnerungen an die mühselige gemeinsame Sorge um die zweite Auflage dieses Lexikons werden beim Schreiben dieses Artikels wohl auch
gegenwärtig gewesen sein. Mit wenigen Worten bestimmt Lehmann den Ansatz
der Transzendentaltheologie Rahners als die Frage „aus dem Inneren der Theologie nach den Möglichkeitsbedingungen im Subjekt für die bereits gegebenen
und schon erkannten Gehalte. Der Ansatz bei der Gnadenerfahrung integriert
gleichzeitig die Grundvollzüge authentischer Existenz und die Erfahrung gelebter
Spiritualität ins Zentrum der Dogmatik. Der extreme Extrinzesismus nachmoder-
nistischer Theologie und deren Erfahrungsferne werden überwunden, ohne in die
damit ferngehaltenen Gefahren ('Immanentismus') abzugleiten"[6].

Die Fülle der theologischen Themen, zu deren Besprechung Rahner sich hat
herausfordern lassen, veranlaßt Lehmann rückblickend auf das Werk des Lehrers
zu der wertschätzenden Äußerung: „Die Konkretion des Ansatzes an Einzelthe-
men zeigt den immer wieder überraschenden Reichtum von Rahners Denken"[7].

Eine Einzelthematik, auf die Rahner und Lehmann in ihren Schriften immer
wieder Bezug nehmen, habe ich ausgewählt, um der Frage nachzugehen, welche
Verwandtschaft und welche Eigenarten sich in ihrem theologischen Bemühen
aufzeigen lassen: die Bedeutung des Zeugnisses für den transzendenten Gott
durch das Wort und die Tat der Menschen. Exemplarisch soll auf diese Weise

---

[3]   Ebd., S. 116.
[4]   Vgl. (in Auswahl): K. LEHMANN: Karl Rahner. In: H. VORGRIMLER – R. VANDER
      GUCHT (Hrsg.): *Bilanz der Theologie im 20. Jahrhundert*. Ergänzungsband: *Bahn-
      brechende Theologen*. Freiburg 1970, S. 143-181; DERS.: Laudatio. In: *Karl Rah-
      ner 70 Jahre. Vier Ansprachen*. Freiburg 1974, S. 11-19; DERS.: Karl Rahner. Ein
      Porträt. In: K. RAHNER: *Rechenschaft des Glaubens*. Hrsg. v. K. LEHMANN – A.
      RAFFELT. Freiburg 1979, S. 13*-53*; K. LEHMANN: Karl Rahner und die Kirche.
      In: DERS. (Hrsg.): *Vor dem Geheimnis Gottes den Menschen verstehen. Karl Rah-
      ner zum 80. Geburtstag*. München-Zürich 1984, S. 120-135; DERS.: Das gelebte
      Zeugnis. Karl Rahner. In: *Dein Reich komme. 89. Deutscher Katholikentag Aachen
      1986*. Dokumentation Teil I. Paderborn 1987, S. 832-842; DERS.: Philosophisches
      Denken im Werk Karl Rahners. In: A. RAFFELT (Hrsg.): *Karl Rahner in Erinne-
      rung*. Düsseldorf 1994, S. 10-27; K. LEHMANN: Karl Rahner und die Kirche. Ebd.,
      S. 118-133; DERS.: Karl Rahners Vermächtnis für die Kirche. In: A. LEIDINGER
      (Hrsg.): Drei große Gottesgelehrte. Romano Guardini – Karl Rahner – Ildefons
      Herwegen. Maria Laach 1999, S. 25-38.
[5]   Vgl. K. LEHMANN: Rahner, Karl. In: LThK[3] 8, Sp. 805-808.
[6]   Ebd., Sp. 807.
[7]   Ebd., Sp. 808.

(auch) in Erscheinung treten, wie die (in den späteren Lebensjahren zunehmend) unterschiedlich kirchlich situierte Ausübung des einen sakramentalen Dienstamtes Einfluß nahm auf die jeweilige theologische Redegestalt. Oder könnte es so sein, daß die bereits in früher Zeit in den Beiträgen Lehmanns erkennbare Sensibilität für das Erfordernis des gesellschaftlich-öffentlichen Glaubenszeugnisses ihn eher die Orte aufsuchen ließ, an denen dies möglich ist? Diese Frage wird wohl offen bleiben müssen.

2. Hinweise auf die gegenwärtigen Kontexte der Frage

Das Wesen des menschlichen Zeugnisses für das Dasein Gottes hat in jüngerer Zeit in theologischen Schriften hohe Aufmerksamkeit erfahren. Dabei ist gewiß von Bedeutung, daß in der gegenwärtigen kirchlichen Verkündigungssituation der Hinweis auf das bleibende Phänomen des authentisch gelebten Zeugnisses die Möglichkeit eröffnet, die existentielle Dimension des Glaubens zu reflektieren. Aus vielfältigen Gründen ist in den letzten Jahren das Gotteszeugnis der Märtyrerinnen und Märtyrer in besonderer Weise in das Zentrum des wissenschaftlichen Interesses gerückt. Ihre Lebensgestalt dem Strom des Vergessens zu entreißen, ist ein Gebot der Stunde vor allem in Deutschland, dem Land, dem das Gedächtnis der jüdischen Märtyrerinnen und Märtyrer für immer aufgetragen bleibt. Die christliche Besinnung auf das Wesen des Blutzeugnisses, des Martyriums im engeren Sinn, geschieht gegenwärtig in ökumenischer Verbundenheit. Vorbei scheinen endlich die Zeiten, in denen die Zahl der Märtyrer der eigenen Konfession aus Gründen der Apologetik stolz mit denen der anderen verglichen wurde. Johannes Paul II. hat im Vorfeld des Jahres 2000 angeregt, die ortskirchlichen Martyrologien zu erneuern, um das Vergessen zu bekämpfen. In seinem Apostolischen Schreiben „Tertio Millennio Adveniente" von 1994 schrieb er: „Der Ökumenismus der Heiligen, der Märtyrer, ist vielleicht am überzeugendsten. Die Communio Sanctorum, Gemeinschaft der Heiligen, spricht mit lauterer Stimme als die Urheber von Spaltungen"[8]. Im Jahr 1999 erschien ein im Auftrag der Deutschen Bischofskonferenz erarbeitetes zweibändiges Werk[9], in dem das Gedächtnis der deutschen Märtyrerinnen und Märtyrer des 20. Jahrhunderts bewahrt wird. In seinem Geleitwort gesteht der Vorsitzende der Deutschen Bischofskonferenz, Karl Lehmann, ein: „Es sind viel mehr leidgeprüfte Menschen, die für die Wahrheit des Glaubens den gewaltsamen Tod erlitten haben, als wir zunächst vermutet haben"[10].

Im Blick auf die Erforschung des christlich motivierten Martyriums ist es auf-

---

[8] JOHANNES PAUL II.: *Apostolisches Schreiben „Tertio Millennio Adveniente" zur Vorbereitung auf das Jubeljahr 2000 vom 10. November 1994.* Bonn 1994 (Verlautbarungen des Apostolischen Stuhls. 119), hier Nr. 37.

[9] Vgl. H. MOLL (Hrsg.): *Zeugen für Christus. Das deutsche Martyrologium des 20. Jahrhunderts.* 2 Bde. Paderborn 1999. Vgl. auch DERS.: Glaubenszeugnis durch Lebenshingabe. In: *Internationale katholische Zeitschrift* 26 (1997), S. 429-439.

[10] K. LEHMANN: Zum Geleit. In: H. MOLL (Hrsg.): *Zeugen für Christus,* Bd. 1, S. XXV.

fällig, daß historische Studien[11] in weit größerer Zahl vorliegen als systematisch-theologische Zugänge. Das Zeugnis der Märtyrer und Märtyrerinnen aus der Frühzeit der Kirche ist vielfach dargestellt worden. Ihr Beitrag zur Festigung des christlichen Bekenntnisses und zur Formung auch des gottesdienstlichen Gemeindelebens fand Beachtung[12]. Daneben gibt es nicht wenige bibeltheologische Beiträge[13], in denen insbesondere die Unterschiede im Verständnis des Zeugnisses in biblischer und nachbiblischer Zeit herausgearbeitet werden.

Meine Ausführungen zum Verständnis des menschlichen Zeugnisses für den transzendenten Gott bei Karl Rahner und Karl Lehmann werden ausschnitthaft bleiben müssen. Das große Schrifttum beider Autoren nötigt dazu. Ich beginne mit einer Besinnung auf das Wesen des Zeugnisses (Teil II). Dabei lasse ich mich von Autoritäten leiten, die von beiden Theologen fraglos anerkannt werden: von der Philosophie und der Exegese. Im Fortgang hebe ich charakteristische Züge im Verständnis des Zeugnisses bei Karl Rahner (Teil III) und Karl Lehmann (Teil IV) hervor, die ich abschließend vergleichend einander zuordne (Teil V).

II. Besinnung auf das Wesen des Zeugnisses

1. Phänomenologische Betrachtung

Die Suche nach Spuren der Verwandtschaft im Denken von Karl Lehmann und Karl Rahner führt mich zunächst in den Raum der Freiburger philosophischen und theologischen Schulen, die von beiden sowohl erlebt als auch mitgestaltet wurden. Klaus Hemmerle, ein Schüler von Bernhard Welte, der wie dieser in Freiburg die Religionsphilosophie lehrte, hat einen der wenigen philosophischen Beiträge zum Wesen des Zeugnisses verfaßt. In seiner Traueransprache beim Begräbnis des früh verstorbenen späteren Bischofs von Aachen greift Karl Lehmann mehrfach den Gedanken des in der Verkündigung des christlichen Glaubens wirksam werdenden existentiellen Lebenszeugnisses auf[14]. Bescheidenheit im Blick auf die eigenen Kräfte spricht aus den Worten Hemmerles: „Dem echten Zeugnis eignet ... die Identität von Leidenschaft und Gelassenheit. Das wahrhaft zu Bezeugende ist so groß, daß es die ganze Leidenschaft des Menschen wachruft, und in seiner Größe so mächtig, daß es den Zeugen nicht nur seinem

---

11   Vgl. J. MARX (Hrsg.): *Sainteté et martyre dans les religions du livre.* Brüssel 1989; N. BROX: *Zeuge und Märtyrer. Untersuchungen zur frühchristlichen Zeugnis-Terminologie.* München 1961; Th. BAUMEISTER: *Die Anfänge der Theologie des Martyriums.* Münster 1980; DERS.: *Genese und Entfaltung der altkirchlichen Theologie des Martyriums.* Bern u.a. 1991.

12   Vgl. A. ANGENENDT: *Heilige und Reliquien. Die Geschichte ihres Kultes vom frühen Christentum bis zur Gegenwart.* München 1994.

13   Vgl. ThWNT 4 (1942), S. 477-520 und Bd. 10/2 (1979), S. 1169-1172 (Lit.); *Exegetisches Wörterbuch zum Neuen Testament.* Bd. 2 (1981), S. 958-973 (Lit).

14   Vgl. K. LEHMANN: Der größte Dank an ihn. Das Zeugnis unseres Lebens. Ansprache beim Trauergottesdienst für Bischof Klaus Hemmerle am 29. Januar 1994. In: *das prisma* 6 (1994), S. 77-81.

eigenen Dasein gegenüber gelassen macht, sondern auch dem gegenüber, was er bezeugt; denn der Zeuge weiß, es ist mächtiger als ich selbst, es gibt sich zwar durch mich kund, aber nicht erst und nicht nur durch mich wird es seine Wahrheit durchsetzen"[15].

Was macht das Zeugnis zu einem Zeugnis? Klaus Hemmerle[16] beantwortet diese Frage in seiner Beschreibung des Phänomens des menschlichen Zeugnisgebens in vierfacher Weise: (1) Das Zeugnis eröffnet ansonsten Verborgenes; (2) das Zeugnis erinnert Vergangenes um der Zukunft willen; (3) die bezeugte Einsicht drängt sich auf; (4) das Zeugnis ist angewiesen auf das menschliche Wort, die menschliche Aussagebereitschaft und Sprachfähigkeit.

(1) Ein Zeugnis ist dadurch gekennzeichnet, daß es eine ansonsten unzugängliche Wirklichkeit in den Raum der Erfahrung holt. Dabei bleibt zunächst offen, ob das Zeugnis in einem Vorgang besteht, also ein Geschehen, eine Geste, eine Rede und eine Tat meint, oder ob das Zeugnis als Objekt aus vergangener Zeit vorliegt: als Gegenstand, Bauwerk, Urkunde und Brief beispielsweise. Sowohl in der Handlung eines Subjekts als auch durch die Anwesenheit eines Objekts bietet das Zeugnis die Gelegenheit zur Gegenwärtigung von ansonsten Verborgenem.

(2) Das Zeugnis ist kein absichtsloses Gedächtnis, es geschieht nicht ohne Intention. Das Zeugnis beansprucht Gültigkeit. Das Zeugnis ist nicht nur die Kundgabe von einer ansonsten entzogenen Zeit, die unbetroffen zurückgelassen werden könnte. Das wahre Zeugnis fordert auf Zukunft hin ein. Das Zeugnis beansprucht Bedeutung und Wert für das Leben heute und morgen.

(3) Wenn Menschen Zeugnis von einer ansonsten verborgenen Wirklichkeit ablegen, die bleibende Gültigkeit hat, dann erfahren sie sich darin als überwältigt, als von außen angegangen, als angesprungen von einer Gewißheit, die sie sich nicht selbst gebildet haben. Im Zeugnis besprechen Menschen eine ihnen auferlegte geschenkte Einsicht, eine nicht selbst erdachte Wahrnehmung. Der Zeuge und die Zeugin sind frei, sich dieser Einsicht zu verschließen oder sich ihr zu öffnen.

(4) Das Zeugnis hat Wortcharakter; es ist die Aussage einer Person. Das Zeugnis ist darin verwiesen an den Dialog, die Rede erwartet Gegenrede. In seinem Wortcharakter leuchtet die unvertretbare Subjektivität des Zeugnisses auf. Das eigene Wort kann niemand dem anderen Menschen streitig machen. Das Wort des Zeugnisses ist unvertretbar, ein personales Wort in letzter freiheitlicher Entschiedenheit. Das zeugnisgebende Wort des Menschen muß nicht aus gesprochenen Silben bestehen, entscheidend ist vielmehr der Aspekt der unvertretbaren, personalen Aussage über die Gegebenheit einer Wahrnehmung. Eine solche Aussage ist auch möglich „in der Gebärde, im Schrei, im Lied, im Tun, im Werk, im Schweigen, in der Liebe, im Tod"[17].

Die von Hemmerle zusammengetragenen Aspekte zur allgemeinen Bestimmung des Wesens des Zeugnisses legen offen, daß das Zeugnis eine Gestalt des wirksamen Gedächtnisses ist, zu dem Menschen sich herausgefordert empfinden

---

[15]   K. HEMMERLE: Wahrheit und Zeugnis. In: B. CASPER u.a. (Hrsg.): Theologie als Wissenschaft. Methodische Zugänge. Freiburg 1970, S. 64.

[16]   Vgl. ebd., S. 54-72.

[17]   Ebd., S. 66.

und zu dem sie sich in Freiheit entscheiden, um die Gegenwart und Zukunft wirksam zu verwandeln. Die innere Verbundenheit zwischen dem Wesen des Gedächtnisses und dem des Zeugnisses läßt sich auch etymologisch bekräftigen. So sind die griechische Wortgruppe μάρτυς (Zeuge), μαρτυρέω (Zeuge sein, bezeugen), μαρτυρία und μαρτύριον (Zeugnis) sprachgeschichtlich betrachtet verwandt mit Wörtern, die in die deutsche Sprache übersetzt ein Nachsinnen, Gedenken, Erinnern oder Sorgen aussagen, nämlich μεριμνάω und μερμηρίζω im Griechischen sowie memoria im Lateinischen. Ein Zeuge oder eine Zeugin ist demnach ein Mensch, der kraft seines Gedächtnisses eine Kenntnis hat und daher die Sorge empfindet, seine Kenntnis in der Öffentlichkeit kund zu machen. Das Zeugnis ist primär auf Geschichtliches, auf Kategoriales, auf Vorkommendes bezogen, das erinnernd vergegenwärtigt werden kann. Wie das Gedächtnis ist das Zeugnis ein lebendiger Widerspruch gegen den folgenlos bleibenden Strom der Zeit. Es ist das in der Gegenwart für die Zukunft Sorge tragende Gedächtnis. Ein Gotteszeugnis ist Gedächtnis Gottes, das aus Sorge um die Zukunft geschieht.

2. Biblische Sichtweisen

Was macht das Zeugnis zu einem Zeugnis? Auf diese Frage antworten die biblischen Schriften nicht in Gestalt systematisierter Rede. Die biblische Verwendung des Begriffes „Zeugnis" ist vielgestaltig. Ich habe einige Aspekte ausgewählt und ordne sie bewußt der soeben skizzierten phänomenologischen Betrachtung zu, um manche Eigenarten der biblischen Rezeption des Zeugnisbegriffs erkennen zu können.

(1) Das Zeugnis eröffnet ansonsten Verborgenes: Der primäre Ort, auf den bezogen in biblischer Zeit von der Bedeutung des menschlichen Zeugnisses gesprochen wird, ist das Gericht. Der Zeuge vor Gericht hat Kenntnis von Gegebenheiten, die anderen verborgen sind. „Tod und Leben stehen in der Macht der Zunge" (Spr 18,21). In Zeiten, in denen der Indizienbeweis vor Gericht noch wenig Bedeutung hatte, war das Geschick eines Beschuldigten oft eine Konsequenz der Worte, die Zeugen über ihn sprachen. Das falsche Zeugnis über einen anderen Menschen und die eilfertige Aussage vor Gericht unterstanden einer hohen Strafe in Israel (vgl. Dtn 19,16-21; Ex 23,1; Spr 6,19; 12,17.19; 19,5.9; 21,28).

Deuterojesaja greift die Israel vertraute Wertschätzung der Zeugenschaft in seiner Bildrede vom Göttergericht auf. Die fremden Götter, die im Wettstreit mit JHWH stehen, sind zeugenlos. Niemand ist da, der ihre geschichtliche Wirksamkeit bestätigen könnte. Anders ist es bei JHWH: Israel ist Gottes Zeuge; ohne Israels Zeugnis bliebe Gottes rettendes Handeln verborgen. Eindringlich mahnt der Prophet in Gestalt der Gottesrede Israels Gotteszeugnis an: „Ihr seid meine Zeugen – Spruch JHWH ... Vor mir wurde kein Gott erschaffen und auch nach mir wird es keinen geben. Ich bin JHWH ich, und außer mir gibt es keinen Retter. Ich habe es selbst angekündigt und euch gerettet, ich habe es euch zu Gehör gebracht. Kein fremder Gott ist bei euch gewesen. Ihr seid meine Zeugen – Spruch JHWH" (Jes 43,10-12).

(2) Das Zeugnis beansprucht Gültigkeit auf Zukunft hin: Um die biblische Re-

zeption dieses Gedankens verständlich zu machen, erscheint es mir hilfreich, auf eine Unterscheidung zurückzugreifen, die in der philosophischen Tradition begegnet: die Unterscheidung zwischen dem Tatsachenzeugnis und dem Wahrheitszeugnis. Bereits Aristoteles unterschied in seiner Rhethoriklehre zwischen solchen Redeweisen, die auf geschichtliche Gegebenheiten, auf Tatsachen, aufmerksam machen, und anderen, in denen jemand die Wahrheit eines Wertes bezeugt. Über die Stimmigkeit eines Tatsachenberichts kann gestritten werden; ethische Überzeugungen aber, sittliche Werte, Einstellungen und Ansichten sind im letzten dem Streit der Meinungen entzogen. Der Zeuge beansprucht für sie bleibende Gültigkeit und Wahrheit für Gegenwart und Zukunft.

In den biblischen Schriften erscheinen Tatsachenzeugnisse in charakteristischer Verbindung mit Wahrheitszeugnissen. JHWH, der Israel aus der Knechtschaft Ägyptens befreit hat, fordert die Achtung der Tora. Israels Zeugnis für die zeitmächtige, in aller Zeit bleibende Gültigkeit der Tora ist ein Wahrheitszeugnis: Gottes Wille ist die unbedingte Anerkenntnis der Lebensrechte seiner Geschöpfe.

(3) Das Zeugnis gibt eine auferlegte Einsicht wieder: Die biblischen Schriften sprechen nicht nur über das Zeugnis, das Menschen für Gottes Handeln und für Gottes Willen ablegen; sie sprechen auch von dem Zeugnis, das Gott von sich selbst gibt. Die Rede vom Gottes-zeugnis meint dann ein göttliches Selbstzeugnis vor den Menschen. Gott selbst erklärt nach Dtn 31,26 die in die Lade gelegte Bundesurkunde zum Zeugen für seinen Willen. Gottes Handeln an David ist offenbarendes Selbstzeugnis Gottes, das den Völkern von Gott vor Augen gehalten wird (Jes 55,3-5).

Innerhalb der neutestamentlichen Schriften ist die Rede vom Selbstzeugnis Gottes in den johanneischen Schriften am deutlichsten zu greifen: „Wenn wir von Menschen ein Zeugnis annehmen, so ist das Zeugnis Gottes gewichtiger; denn das ist das Zeugnis Gottes: Er hat Zeugnis abgelegt für seinen Sohn. ... Und das Zeugnis besteht darin, daß Gott uns das ewige Leben gegeben hat; und dieses Leben ist in seinem Sohn" (1 Joh 5, 9.11). Gottes Tat der Auferweckung Jesu ist Zeugnis für den lebenwirkenden Gott. Dieses Zeugnis bestätigt und bekräftigt das Gotteszeugnis Jesu.

(4) Das Zeugnis ist unvertretbar: Der Gedanke der erforderlichen persönlichen Zustimmung zur Wahrheit des Bezeugten verbindet sich in der biblischen Rezeption mit dem drängenden Wunsch, für die Wahrheit des Bezeugten einzutreten, für sie zu werben, sie zu verkündigen. Die Sendung von Jüngerinnen und Jüngern als Zeugen des Lebens, des Sterbens und der Auferweckung Jesu Christi ist vielfach im Neuen Testament belegt. Lukas schildert zu Beginn der Apostelgeschichte ein Mahl; der auferweckte Christus sagt zu seinen Jüngern: „Ihr werdet die Kraft des Heiligen Geistes empfangen, der auf euch herabkommen wird; und ihr werdet meine Zeugen sein in Jerusalem und in ganz Judäa und Samarien und bis an die Grenzen der Erde" (Apg 1,8).

Was macht das Zeugnis zu einem Zeugnis und welche Kennzeichen hat das Zeugnis aus biblischer Sicht? Ich fasse ein Zwischenergebnis zusammen: Das Zeugnis von Menschen offenbart Verborgenes; es bezieht sich auf geschichtliche Ereignisse oder auf ethische Weisungen. Sein Sinn ist es, dem Erlebten und Gelebten bleibende Bedeutsamkeit zu sichern; dazu ist ein Künden, eine Aussage, eine Äußerung erforderlich, die nicht notwendig worthaft sein muß, zu der der Zeuge und die Zeugin sich frei entscheiden und mit der sie werbend eintreten für die Wahrheit des Bezeugten. Der in der phänomenologischen Beschreibung benannte Aspekt der Vorgabe, der Auflage der bezeugten Wahrheit, weist auf die Erfahrung der Zeugen hin, die Gültigkeit des eigenen Zeugnisses nicht allein mit der eigenen Einsicht begründen zu können. Zeugen erfahren sich eingefordert von dem, was sich ihnen zeigt.

Die biblischen Schriften greifen alle genannten Aspekte des Zeugnisses auf. Eigen ist dem biblischen Verständnis des Zeugnisses, daß das Zeugnis der Erkenntnis eines geschichtlich sich offenbarenden Gottes dient, der in seinem rettenden Handeln und in seiner ethischen Weisung erkannt werden möchte. Gemeinschaftstreue und nicht Gemeinschaftsbruch fordert dieser Gott; das ist seine Tora, die Israel und auch die Christen zu bezeugen haben. Das Leben und nicht den Tod der Schöpfung wirkt dieser Gott. Israel erfährt es so in seiner Geschichte. Die frühen christlichen Gemeinden legen Zeugnis ab für Gottes Selbstzeugnis in Jesus Christus, jener geschichtlichen Gestalt, die die Weisung Gottes lebte und im Sterben bezeugte, daß es Hoffnung gibt noch für die, die die Weisung Gottes verfehlen.

III. Das Lebensopfer als Grundgestalt des Zeugnisses nach Karl Rahner

In einem streng systematisch-theologischen Gedankengang hat sich Karl Rahner[18] bereits in den frühen Jahren seines theologischen Schaffens mit dem Gotteszeugnis im Martyrium befaßt. Sein Zugang zur Wirkweise des menschlichen Zeugnisses geschieht über eine Betrachtung der Bedingung der menschlichen Möglichkeit, in Freiheit lieber den Tod zu wählen, als den Glauben zu verleugnen[19]. Der Kontext der Rede Rahners von der Kraft des Zeugnisses ist seine Theologie des Todes. In seinem transzendentaltheologischen Zugang zu der Frage, was Menschen zum Martyrium ermutigt, betrachtet Rahner das Martyrium als einen Sonderfall der Situation, vor der alle Menschen stehen. Für jeden und jede

---

[18]   Vgl. K. RAHNER: *Zur Theologie des Todes. Mit einem Exkurs über das Martyrium.* Freiburg 1958 (Quaestiones disputatae. 2), bes. S. 73-106; DERS.: Zu einer Theologie des Todes, In: *Schriften zur Theologie.* Bd. 10. Zürich 1972, S. 181-199.

[19]   Vielfach ist in der theologischen Literatur besprochen worden, daß die Identifikation der gläubigen Zeugenschaft mit dem Lebensopfer von Gottesfürchtigen der Weite der biblischen Sprechweise vom Gotteszeugnis nicht gerecht wird. Gleichwohl lassen sich Bezüge herstellen zwischen den biblischen Schriften und dem Verständnis des Martyriums im Sinn eines Gotteszeugnisses im Lebensopfer. Wenn Christinnen und Christen sich in der Situation befinden, den Tod vor Augen zu haben und sich zu dieser Situation glaubend-vertrauend stellen zu wollen, dann wissen sie sich verbunden mit der Weise, wie Jesus seinen Tod gedeutet hat. Auch Jesus hat den Tod nicht bloß erlitten, er hat ihn erlebt – das Sterben als Tat durchstanden. Die Erwartung eines qualvollen Todes wird wohl im Erleben noch grausamer sein als das Sterben selbst. Die Getsemani-Erfahrung verbindet die Märtyrer Gottes.

ist der Tod letztlich unausweichlich. Die Weise, wie Menschen ihr sterbliches und von Unversöhntheit immer wieder bedrohtes Leben annehmen und in Hoffnung und Liebe bestehen, ist nach Rahner der Ort, an dem Menschen im Zeitlichen Zeugnis für den Ewigen ablegen. Drei Überlegungen, die Rahner zum Verständnis des Todes anstellt, bereiten seine Ausführungen zur Zeugniskraft des freiwillen Lebensopfers vor:

(1) Der Tod ist eine Tat. Menschen erleiden den Tod nicht nur passiv; zeitlebens wissen Menschen, daß das Sterben getan sein will. Das Leben ist Einübung des Sterbens, das als ein Lassen, ein Loslossen, ein Sichüberlassen zu verstehen ist: „weil wir den Tod im Leben sterben, weil wir dauernd lassen, dauernd Abschied nehmen, dauernd durchschauen auf das Ende hin, dauernd enttäuscht werden, dauernd durch Wirklichkeiten hindurch in ihre Nichtigkeit durchbrechen, dauernd durch die tatsächlichen Entscheidungen und das wirklich Gelebte die Möglichkeiten des freien Lebens einengen, bis wir das Leben in die Enge des Todes getrieben und verbraucht haben, weil wir immer das Bodenlose erfahren, immer über das Angebbare hinausgreifen ins Unverfügbare, ins Unbegreifliche, und weil wir überhaupt nur so eigentlich menschlich existieren, darum sterben wir durch das ganze Leben hindurch"[20].

(2) Die höchste Freiheit ergreifen die Menschen, die angesichts der endlichen Begrenztheit der Wahlmöglichkeiten die Vorstellung aufgeben, sich selbst ein erfülltes Leben bereiten zu können. Karl Rahner wirbt dafür, die höchste und wahrhaft freie Freiheit des Menschen als den Mut zu erkennen, mit dem Menschen sich frei dem Tod überlassen, liebevoll, bejahend, wissend, daß darin alle Möglichkeiten der Selbstbestimmung erschöpft sind, vertrauend allein darauf, daß es Gott gibt und daß dieser Gott die tiefe Sehnsucht nach unverlierbarem Leben erfüllt, die Menschen haben.

(3) Im Sterben wird offenbar, daß der Gottesglaube in einem letztlich grundlosen Vertrauen besteht. Glauben heißt, besitzlos zu verbleiben bei den bewährten Deutungen derer, die zuvor den Tod vertrauend bestanden haben. Im Blick auf das einzelne individuelle Sterben bleibt der vertrauende Gottesglaube abgründig grundlos. Menschen stürzen, fallen in den Tod. Die Einübung einer vertrauensvollen Bewältigung dieser Situation geschieht zeitlebens. Das Gewahrwerden des Zeugnisses derer, die hoffnungsvoll sterben, vermag die eigene Bereitschaft zu stärken, sich dem Unvertrauten vertrauensvoll zu überlassen.

Worin unterscheidet sich das Gotteszeugnis der Märtyrerinnen und Märtyrer von jener Todesbewältigung, die allen Menschen aufgegeben ist? Es unterscheidet sich im Blick auf alle drei der soeben umschriebenen Aspekte des menschlichen Todes: (1) durch das intensivere, bewußtere Durchleben der Sterbesituation, die einer tätigen Deutung bedarf; (2) durch das freie, entschiedene Ausschlagen der Alternative zum Tod, im Verzicht also auf die Lebensverlängerung; (3) durch die in der Situation des quälerischen Leidens naheliegende größere Anfechtung durch den Zweifel an Gottes Dasein. Diese drei Aspekte lassen die Sterbesituation des Märtyrers und der Märtyrerin als eine den Menschen besonders herausfordernde Sterbesituation erscheinen. Der Zeugnischarakters dieser Sterbeweise

---

[20] K. RAHNER: *Zur Theologie des Todes* (s. Anm. 17), hier S. 76f.

ist graduell, nicht prinzipiell unterschieden von jenem Gotteszeugnis, das alle Menschen im eigenen Sterben zu geben in der Lage sind. Durch das höhere Maß an Öffentlichkeit, in der der Märtyrertod oft geschieht, verstärkt sich jedoch die Wirkung, die das Zeugnis einer solchen Sterbeweise entfalten kann.

Als ein besonderes Zeugnis unter den Gotteszeugnissen trägt auch das Martyrium die vier Kennzeichen jedes Zeugnisses an sich, zu deren Erkenntnis die im Anschluß an Klaus Hemmerle dargelegte phänomenologische Betrachtung des Zeugnisses führte: (1) Das Martyrium ist ein öffentliches Bekenntnis zu dem im Tod, in der Leere tief verborgenen Gott; (2) es beansprucht Gültigkeit sogar jenseits der irdischen Zeit; (3) es ist ein offenkundiger Erweis für eine fremde, eine einfordernde, vorgegebene Wahrheit; (4) es ist das letzte Wort, mit dem ein Mensch sich unvertretbar als eine Person äußert, die sich preisgibt und sich vertrauend Gott überläßt.

Die von Rahner zu Beginn der 70er Jahre für ein Symposion in Rom erarbeiteten „theologischen Bemerkungen" zum Begriff des Zeugnisses[21] greifen zunächst die allgemeine Beschreibung des Phänomens auf. Die entsprechenden Ausführungen von Hemmerle werden eigens erwähnt. Zielstrebig führt Rahner dann die Gedanken in den Bereich fort, den Lehmann[22] als den primären Ansatz des Denkens Rahners bezeichnet: die universale Erfahrung der Wirksamkeit der Gnade Gottes: „Zeugnis ... als Selbstverfügung geschieht als ... Tat der Freiheit über sich selbst notwendig als Selbsttranszendenz auf das unüberholbare, souveräne Geheimnis hin, das wir Gott nennen. ... Wo ... 'Zeugnis' (also sich selbst positiv und unbedingt annehmende Selbstverfügung) geschieht, ist für das Christentum immer und überall Ereignis der Gnade, Annahme dieser Gnade, Bewegung auf die Unmittelbarkeit Gottes hin gegeben, ob dies ausdrücklich reflektiert wird oder nicht. Zeugnis ist faktisch ein gnadenhaftes Ereignis, oder es ist gar nicht wirklich Zeugnis. ... Zeugnis ist Bezeugung der Gnade Gottes, ob dies reflektiert ist oder nicht, ob es gegenständlich verbal gesagt wird oder nicht. ... Das Zeugnis ist immer ein theologisches. Verschieden ist nur der Grad der reflexen Vergegenständlichung dieses theologischen Wesens *jedes* Zeugnisses ... Dieses Zeugnis kann somit 'anonym' christlich sein, '*anonymer*' Vollzug des Menschen auf Gott hin und so (weil von Gottes Selbstmitteilung = Gnade getragen) heilschaffend sein, aber es ist immer (wenigstens unreflektiert) christlich"[23]. Die kategoriale Inhaltlichkeit jeden wahren Zeugnisses besteht nach Rahner „in dem Wort vom Tod, der in das absolute Leben Gottes hinein geschieht"[24]. Jesu Tod ist die Erfüllung der Suche nach einem radikalen Zeugnis im Sterben, in dem „ein Mensch sich radikal in aller Realität des wirklichen Lebens Gott übergibt"[25]. Ausdrücklich betont Rahner (einer häufig ihm begegnenden kritischen Rückfrage vorgreifend), daß Jesu Tod geschichtlich kontingent und daher nicht als notwendig ab-

---

[21] Vgl. K. RAHNER: Theologische Bemerkungen zum Begriff „Zeugnis", in: *Schriften zur Theologie*. Bd. 10. Zürich 1972, S. 164-180.

[22] Vgl. K. LEHMANN: Rahner, Karl (s. Anm. 5).

[23] K. RAHNER: Theologische Bemerkungen zum Begriff „Zeugnis" (s. Anm. 20), S. 167-169.

[24] Ebd., 175.

[25] Ebd., S. 174.

leitbar zu gelten hat[26]. – Rahner folgt dann den gedanklichen Spuren, die er in seiner Theologie des Todes über das Martyrium als Grundgestalt des Zeugnisses grundgelegt hat. Eigene Aufmerksamkeit schenkt Rahner dem immer auch politischen und öffentlichkeitswirksamen Charakter des Zeugnisses: „Die Öffentlichkeit dieses Zeugnisses ist in einer eigentümlichen Verschränkung die der 'Welt' und die der 'Kirche'. 'Welt', weil und insofern dieses Zeugnis 'werbend', d.h. Zustimmung heischend auftritt mit dem ihm wesentlichen Risiko, ungehört zu bleiben und abgelehnt zu werden ... Wo hingegen dieses Zeugnis gesagt und auch gehört wird, ist im Bezeugenden und im Hörenden das konstituiert (weil beides öffentlich ist), was wir im selben Sprachgebrauch 'Kirche' nennen."[27] Ein einzelner Mensch kann alleine keinen Anspruch auf die Wahrheit seines Zeugnisses erheben. Auch nach Rahner ist die sozial-ekklesiale Prüfung des individuellen Gotteszeugnisses unverzichtbar.[28]

IV. Das öffentliche Bekenntnis als
Grundgestalt des Zeugnisses nach Karl Lehmann

Karl Lehmann hat nach meiner Wahrnehmung in der Zeit, in der er als bischöflicher Lehrer der Theologie wirkte, begonnen, ein ihm grundlegend wichtiges Anliegen in die Rede vom Zeugnis zu fassen[29]. In veröffentlichten Interviews und Vorträgen sowie in Hirtenworten geht er immer öfter auf diese Thematik ein. Jüngere Buchtitel nehmen ausdrücklich auf die Dimension des Zeugnisses Bezug[30]. Als Leitmotiv des Katholikentages in Mainz 1998 wählte das Zentralkomitee der Deutschen Katholiken die biblische Mahnung: „Gebt Zeugnis von eurer

---

[26] Ebd., S. 175.

[27] Ebd., S. 176.

[28] Vgl. ebd., S. 180.

[29] Vgl. K. LEHMANN: Mehr Mut zum Zeugnis. Interview. In: *Die Furche* 43 (1987); DERS.: Glauben bezeugen und lehren in einer gewandelten Welt. In: *25 Jahre Maria Laacher Tagungen. Vermächtnis und Aufgabe.* Mainz 1988, S. 19-36; DERS.: Gelebtes Zeugnis der Christen in der Diaspora. In: *Lebendiges Zeugnis* 43 (1988), S. 40-43; DERS.: *Ihr sollt meine Zeugen sein. Vom Sinn und Auftrag des Christseins. Hirtenwort zur Österlichen Bußzeit 1996.* Mainz 1996; DERS., Die Zeugniskraft des christlichen Glaubens im gesellschaftlichen Ringen um einen Wertekonsens. In: H. KEUL – W. KRANING (Hrsg.): *Um der Menschen willen. Evangelisierung – eine Herausforderung der säkularen Welt.* Leipzig 1999, S. 214-227; DERS.: Zeugen sein für die Liebe Gottes in einer oft zerrissenen, ja feindseligen Welt. Aufruf zur Wahl der Pfarrgemeinderäte. In: *Glauben und Leben* (Mainz) 55 (1999) Nr. 44, S.13.

[30] K. LEHMANN – R. SCHNACKENBURG: *Brauchen wir noch Zeugen? Die heutige Situation der Kirche und die Antwort des Neuen Testaments.* Freiburg 1992; K. LEHMANN: *Glauben bezeugen, Gesellschaft gestalten. Reflexionen und Positionen.* Freiburg 1993. In diesem Sammelband findet sich auch die gedruckte Fassung eines 1989 anläßlich der Eröffnung des Festjahres der Diözese Würzburg gehaltenen Vortrags, in dem Lehmann sich intensiv mit dem Wesen des Zeugnisses befaßt: „Ihr werdet meine Zeugen sein...". Die missionarische Herausforderung des christlichen Glaubens heute, S. 531-546.

Hoffnung (vgl. 1 Petr 3,15)." Karl Lehmann verteidigte diese Wahl mehrfach gegenüber Kritikern[31]. In der frühen Zeit seiner verantwortlichen Mitgestaltung der Gemeinsamen Synode der Bistümer in der Bundesrepublik Deutschland schenkte Lehmann dem Zeugnisdienst in der Verkündigung des Wortes Gottes große Aufmerksamkeit[32]. Von den drei kirchlichen Grundvollzügen wählte er stärker die Diakonia[33] als die Martyria als Interessensbereich, in dem er wissenschaftliche Reflexionen anstellte. Neben dem Wort des Zeugnisses in der Verkündigung klagt er bis heute die lebendige Tat des Zeugnisses in der Liebe als ebenso wertvoll und wirksam ein.

Bereits in früher Zeit zeigte Karl Lehmann Skepsis, ob es gelingen kann, Menschen über die Wahrnehmung ihrer existentiellen Suche nach der Lichtung ihres dunklen Daseins zur Anerkenntnis der Existenz des in Christus Jesus offenbaren Gottes zu führen. In einem Beitrag über „Kirche und Atheismus heute" zeigte er sich skeptisch gegenüber der Möglichkeit, die Grenzerfahrungen des Lebens als vorrangigen Ort der Gnadenerfahrung zu betrachten: „Wo Gott immer mehr aus der öffentlichen Sphäre des menschlichen Daseins in seiner bestimmenden Kraft schwindet, kommt der Seelsorger leicht in Gefahr, Gottes Macht und Kraft an den Grenzsituationen des individuellen Lebens aufzuzeigen. Das ist durchaus legitim. Aber mögliche Krankheiten, Leid, Not, Sorgen, Sünde, Schuld und Tod dürfen nun nicht zum Damoklesschwert werden, das über den religiös Entfremdeten oder Indifferenten verhängt wird. Die Zuchtrute, die religiös erpressen will, macht nicht bloß keinen großen Eindruck mehr, sondern sie war in Dingen des Glaubens noch nie ein gutes Erziehungsmittel. Demgegenüber steht man heute oft vor einer für den traditionellen Christen zunächst fast unbegreiflichen Entdeckung: Der säkulare Mensch kommt durch – auch ohne Gott; es gibt eine tief gelebte Diesseitigkeit, die voller Zucht und Menschlichkeit ist."[34] Die Bereitschaft zur Anerkenntnis des liebenden Daseins auch der nichtchristlich orientierten Menschen verbindet Lehmann mit Rahner, dessen anthropologischen Ansatz er auch in jüngerer Zeit als unbestreitbar verteidigte[35]. Zugleich war und ist

---

[31] Vgl. K. Lehmann: Gebt Zeugnis von eurer Hoffnung! Der Katholikentag Mainz 1998 vor den Herausforderungen des 21. Jahrhunderts. In: M. Rommel – K. Lehmann (Hrsg.): *Stationen der Hoffnung. Katholikentage in Mainz 1848-1998*. Mainz 1998, 149-174; Zeugnis geben: Welche Hoffnung trägt Sie? Fragen von Bernhard Remmers an den Vorsitzenden der Deutschen Bischofskonferenz und an den Präsidenten des Zentralkomitees der deutschen Katholiken zum Motto des Katholikentages in Mainz. In: *KirchenZeitung* (Hildesheim) Nr. 24 (14. 6. 1998).

[32] Vgl. K. Lehmann: Einleitung zum Beschluß „Die Beteiligung der Laien an der Verkündigung" der Gemeinsamen Synode der Bistümer in der Bundesrepublik Deutschland. In: *Gemeinsame Synode der Bistümer in der Bundesrepublik Deutschland. Offizielle Gesamtausgabe*, Bd. 1. Freiburg 1976, S. 153-169.

[33] Vgl. (in Auswahl): K. Lehmann: Caritas der Gemeinde. In: *Caritas* 75 (1974), S. 61-76; Ders.: Sie gehören zusammen. Caritas und Kirche. In: *Caritas* 99 (1998), S. 5-8.

[34] K. Lehmann: Kirche und Atheismus heute. In: *Katechetische Blätter* 92 (1967), S. 148-159, hier S. 157.

[35] „Auch heute müssen wir im Sinne eines recht verstandenen anthropologischen Ansatzes der Theologie nach solchen Anknüpfungspunkten suchen. Es liegt jedoch eine Schwierigkeit darin, daß es heute ein menschliches Lebensverständnis gibt, das

Lehmann nicht nur zurückhaltender in der Annahme, daß alle Menschen sich auf ihre Weise mit der Frage der Kontingenz des eigenen Daseins auseinandersetzen, er stellte zudem auch die Frage, ob die christliche Verkündigung ihrer eigenen Sinnbestimmung folgt, wenn sie ihren Ausgangspunkt in der Betrachtung der Bedrohung des Lebens durch Tod und Sünde sieht. Die Suche nach Freude im Leben und die Verteidigung der Freiheitsrechte des Menschen betrachtet Lehmann als Errungenschaften der säkularen Gesellschaft, die im Raum der Kirche im Namen Gottes Anerkennung finden können: „Der künftige Sinn von Anbetung und Gottesdienst könnte ... anthropologisch auch darin bestehen, dem Menschen einer säkularisierten Welt einen letzten Daseinsort zu retten, darin er eine wirklich freie, nicht manipulierte Erfahrung der vollen Dimension seiner Freiheit machen kann"[36].

Aussagekräftig für die Weise, wie Karl Lehmann die Bedeutung des christlichen Zeugnisses in der gegenwärtigen Verkündigungssituation beschreibt und begründet, ist sein Hirtenwort zur Österlichen Bußzeit im Jahr 1996[37]. Er beginnt mit einer detaillierten Darlegung der biblisch belegten Gründe für die Wertschätzung des wahren menschlichen Zeugnisses. Eine kurze Einleitung, in der er an alltägliche menschliche Erfahrungen erinnert, führt zu diesen Passagen hin. Alle Aspekte, die in den alt- und neutestamentlichen Schriften zu finden sind, werden auf knappem Raum präsentiert: die Hintergründe für die Schärfe der Strafe bei einer Falschaussage vor Gericht, die soteriologische Relevanz des Selbstzeugnisses Gottes in Jesus Christus und die ekklesiale Bedeutung des Zeugnisses der frühen Jüngergemeinde. Die Ausführungen haben ihre gedankliche Mitte in dem Nachweis der aus biblischer Sicht bestehenden Verbundenheit zwischen der göttlichen Gabe des Lebens und dem Zeugnis der Hoffnung, zu dem gläubige Menschen auf dieser Grundlage berufen sind. Die biblisch orientierten Passagen des Hirtenwortes münden in die zusammenfassende Aussage: „Dieser rasche Durchblick durch den Alten und Neuen Bund ruft auch uns heutigen Christen lebendig in Erinnerung, daß Gott in Jesus Christus der einzig wirklich treue Zeuge unseres Lebens ist und daß wir stets aufgerufen bleiben, in aller Welt Zeugen zu sein für das Evangelium von der unbesieglichen Hoffnung in Gott für alle Menschen"[38]. Lehmann schließt an den biblischen Teil eine Reflexion an, in der er das Phänomen und die Wirksamkeit des Zeugnisses in einer Gestalt beschreibt, die derjenigen verwandt ist, die Klaus Hemmerle erkannt hat. Literaturhinweise dokumentieren die Nähe, die Lehmann zu den in der Welte-Schule geformten Erkenntnissen empfindet. Zugleich nutzt Lehmann noch in diesem Abschnitt die Gelegen-

---

oft gar nicht mehr das Bedürfnis zu haben scheint, die Sinnfrage zu stellen und nach Sinngehalten zu suchen. Mindestens ist dieses Suchen sehr tief verborgen, oft vielleicht verstellt oder auch verdrängt. Um so mehr kommt alles auf das Wecken verschütteter menschlicher Grunderfahrungen an. Dann rührt man auch an Gott" (K. LEHMANN: Geistes-Gegenwart und Weggemeinschaft. Interview über die Kirche in der Bundesrepublik Deutschland. In: *Herder-Korrespondenz* 43 [1989], S. 67-74, hier S. 72).

[36] K. LEHMANN: Prolegomena zur theologischen Bewältigung der Säkularisierungsproblematik. In: *Liturgisches Jahrbuch* 22 (1972), S. 70-84, hier S. 83f.

[37] Vgl. K. LEHMANN: Ihr sollt meine Zeugen sein (s. Anm. 29).

[38] Ebd., S. 4.

heit, auf zwei Themen zu sprechen zu kommen, die ihm besonders am Herzen liegen: das Tatzeugnis in der Liebe[39] und die Gemeinschaft aller Getauften in der Verantwortung für die Glaubwürdigkeit des Zeugnisses[40]. Der dritte und letzte Abschnitt des Hirtenwortes stellt sich der Frage, warum es dem Bischof von Mainz gerade in der gegenwärtigen Zeit so wichtig erscheint, die Gemeindeglieder an die gemeinsame Verantwortung in der Bereitschaft, für den lebendigen Gott Zeugnis abzulegen, mahnend zu erinnern. Nicht nur zwischen den Zeilen tritt seine Sorge in Erscheinung, die starke interne Kritik an der äußeren Gestalt der amtlichen Strukturen der Kirche lähme die Bereitschaft zum gemeinsamen Dienst in der Verkündigung des Evangeliums Gottes: „Ich will keinen Zweifel lassen: Erneuerung der Kirche schließt auch eine Reform von Diensten und Ämtern, Strukturen und institutionellen Merkmalen ein ... Wer jedoch nur auf diese Ebene der Strukturen schaut und sich selbst und sein christliches (oder auch unchristliches) Leben weitgehend aus dieser Reform ausblendet, verfehlt das wirkliche Zeugnis von Glaube, Hoffnung und Liebe. ... Dies macht mir Kummer in der Kirche von heute. Es gibt vieles, was den Glauben fördert und der Sendung der Kirche in die heutige Welt hinein hilfreich sein kann. Auch kann manche Kritik, auch wenn sie überzieht oder gar ungerecht wird, dazu anregen, das Erscheinungsbild der Kirche und ihr inwendiges Leben glaubwürdiger zu gestalten. Darauf kommt es beim Lebenszeugnis aller entscheidend an. Wenn wir jedoch nicht zuerst und in allem dem spirituellen Leben und der Erneuerung des Glaubens Vorrang geben, täuschen wir uns selbst über seine tiefe Krise hinweg"[41]. Karl Lehmann möchte zugleich die berechtigten Anfragen hören, die die Getauften an die Leitung ihrer Gemeinschaft richten, und dazu ermutigen, selbst im eigenen Lebenskreis ein glaubwürdiges Zeugnis von der Wahrheit der Gegenwart des lebendigen Gottes abzulegen. Viele Begegnungen mit Menschen in den christlichen Gemeinden und in der politischen Öffentlichkeit haben seine Rede über die Bedeutung des Zeugnisses geprägt.

---

[39] „Das gelebte Zeugnis, das keine großen Worte macht, darf nicht gering geschätzt werden. Es gibt Orte in unserer Welt, wo das faktisch gelebte Zeugnis mehr Eindruck und auch vielleicht mehr Glaubwürdigkeit schafft als viele Erklärungen. Ich denke an die stille Hilfe, die jemand einem anderen leistet, an die treue Solidarität kranken und behinderten Menschen gegenüber, an die Verläßlichkeit am Arbeitsplatz und in der Nachbarschaft" (Ebd., S. 6).

[40] „Jeder hat aufgrund von Glaube, Taufe und Firmung eine innere Verpflichtung zum Bekenntnis und auch zum Wort. Dieses öffentliche Zeugnis für den Glauben von Seiten aller Christen fehlt uns heute besonders. Ich denke an Stellungnahmen z.B. für das Leben des ungeborenen Kindes, die Würde von Kranken, Behinderten und Sterbenden, aber auch an die meist schweigende Mehrheit, wenn es um der Freiheit der Kunst und der Medien willen nicht selten um eine Verunglimpfung der Kirche und eine Diskriminierung der Glaubenden geht. Der Glaube darf keine Angst haben vor solchen Einmischungen und Eingriffen in das öffentliche Gespräch. Der Christ als Zeuge darf sich dabei freilich nicht über Unverständnis, Widerstand und vielleicht auch Spott und Hohn wundern" (Ebd., S. 8).

[41] Ebd., S. 9f.

V. Verbindendes und Eigenarten

Der Versuch, mit Bezug auf eine ausgewählte Thematik die Konturen der Gemeinsamkeiten und der Besonderheiten im theologischen Denken von Karl Rahner und Karl Lehmann mit wenigen Strichen zu zeichnen, wird berechtigten Argwohn auslösen. Vielleicht regen meine Gedanken dazu an, dieser Frage in einer wissenschaftlichen Studie gründlich(er) nachzuspüren. Ich meine jedoch, auch auf der Basis meiner Lektüre erkennen zu können, daß wichtige Anliegen der Theologie Karl Rahners im bisherigen Werk von Karl Lehmann Aufnahme gefunden haben: die Suche nach einer Verbindung zwischen den menschlichen Alltagserfahrungen und der theologischen Reflexion; die Bereitschaft, das Erscheinungsbild der Kirche am Maßstab des Evangeliums zu messen; das Ringen um die Wiedergabe der Antwort Gottes auf die existentiellen Fragen der Menschen; die Mahnung zur Demut im Dienst der amtlich berufenen Verkündiger der Heilstaten Gottes; die Erinnerung immer wieder an die Hoffnung auf Leben bei Gott, von der Christen Zeugnis abzulegen haben; und die Besinnung auf Jesus Christus als Urbild und Endgestalt des erlösten Daseins.

Doch es erscheint mir auch möglich, in den Beiträgen beider Theologen Eigenarten zu erkennen, die gewiß auch biographische Hintergründe haben[42]. Sehr pointiert gesagt und darin gewiß nur vorläufig, empfindet Rahner die (wohl auch selbst erlittenen) Schattenseiten des Lebens als Erfahrungsbasis, auf deren Grundlage es als Erweis der Gegenwart Gottes aufleuchtet, wenn Menschen sich frei dazu entscheiden können, in Hoffnung und Liebe geduldig mit den Mitlebenden das sterbliche Dasein zu teilen. Lehmann rückt die Botschaft der Osterzeugen in den Mittelpunkt seines Denkens: Am dritten Tag hat Gott seinen Sohn Jesus Christus vom Tod befreit und ihm unverlierbares Leben geschenkt[43]. Gott hat die Wende vom Unheilen zum Heilen bereits gewirkt. Die biblische Überlieferung dieser Glaubenserfahrung ist der bleibende Bezugspunkt der theologischen Beiträge Lehmanns: Im historisch erforschbaren Zeugnis der geschichtlich wirksamen Zeuginnen und Zeugen gründet die christliche Hoffnung. Wie damals sind Frauen und Männer dazu gerufen, dieses von Gott verheißene Leben gläubig zu ergreifen und von ihm zu künden.

Angesichts der Verbundenheit aller Menschen im Wissen um die eigene Sterblichkeit ist nach Rahner das Martyrium (das Zeugnis der Hoffnung, zu dem alle Menschen im Sterben von Gott befähigt werden, ohne darin unfrei zu werden) der primäre Ort der Erkenntnis der universalen Geisterfüllung und Begnadung der Menschheit. Karl Lehmann ermutigt dazu, für das Leben auch der Schwachen und Kranken einzutreten und darin mit Wort und Tat Zeugnis von Gott abzulegen, der das Leben, nicht den Tod der Menschen will. Darin sind sich beide Theologen einig. Das eine Geschehen von Passion und Ostern betrachten sie von

---

[42] Theologie und Biographie in einem Zusammenhang zu sehen, lag bei Karl Rahner schon anderen Kommentatoren nahe: Vgl. J. B. METZ: Theologie als Biographie. Eine These und ein Paradigma. In: *Concilium* 12 (1976), S. 311-315.

[43] Vgl. die theologische Dissertation: K. LEHMANN: *Auferweckt am dritten Tag nach der Schrift. Früheste Christologie, Bekenntnisbildung und Schriftauslegung im Lichte von 1 Kor 15,3-5.* Freiburg 1968.

seinen beiden Seiten, ohne je den Blick auf das gesamte christliche Evangelium preiszugeben.

Besonders eine Gemeinsamkeit von Karl Rahner und Karl Lehmann sollte, so wünschte ich es, am Ende im Bewußtsein bleiben: Beide betrachten die Theologie als Dienst der Verkündigung Gottes. Rahner[44] bezeichnet als Abschluß seiner Bemerkungen zum Begriff des Zeugnisses auch die „theologische Rede" als einen (defizienten) „Modus des Zeugnisses" und grenzt sie auf diese Weise von den Sprachgestalten der Religionswissenschaft ab. Als Kunde von Gottes Wahrheit, für die der Theologe und die Theologin mit der ganzen Person, mit Wort und Tat, einsteht, ist die Theologie Zeugnis. Diesem Gedanken stimmt Karl Lehmann ausdrücklich zu: „Der Sinn der Theologie als Wissenschaft besteht nicht ausschließlich in der Professionalisierungsaufgabe, also in der Ausbildung künftiger Mitarbeiter im kirchlichen Dienst, künftiger Wissenschaftler usw. Der Sinn der Theologie erschöpft sich nicht einfach in einer ausschließlich der reinen Theorie zugewandten Forschung, sondern hat die Funktion der Legitimation der christlichen Botschaft vor dem Forum der menschlichen Vernunft, nicht zuletzt in der profanen Welt. Dies hat radikal etwas mit dem missionarischen Zeugnischarakter der christlichen Botschaft zu tun, an dem auch die Theologie teilhat"[45]. Es ist die Aufgabe von Theologinnen und Theologen, ihre personale Entschiedenheit zum Zeugnisdienst mit ihrer wissenschaftlichen Tätigkeit zu verbinden. Gewiß ist die Theologie als eine wissenschaftliche Disziplin gefordert, ihre Erkenntnisse der Intention nach intersubjektiv nachvollziehbar sein zu lassen. Das Offenlegen der Verstehensvoraussetzungen und die Bereitschaft zum kritischen Dialog über alle Thesen der Theologie sind dazu unabdingbar erforderlich. Zugleich bleiben Theologinnen und Theologen, die sich zu einem in der Geschichte offenbaren Gott bekennen, von Gott engagierte Erinnerer und Mahner, die auf einen alle menschliche Erkenntnis transzendierenden Grund ihrer Hoffnung verweisen.

[44] Vgl. K. RAHNER: Theologische Bemerkungen zum Begriff „Zeugnis" (s. Anm. 21) hier S. 180.
[45] K. LEHMANN: Gesellschaft – Wissenschaft – Kirche. In: A. FRANZ (Hrsg.): *Bindung an die Kirche oder Autonomie? Theologie im gesellschaftlichen Diskurs* Freiburg 1999, S. 17-29, hier S. 20.

Reflexionen

Der philosophische Transzendenzbegriff –
Hilfe oder Hindernis des Glaubens?

VON RICHARD SCHAEFFLER

1. Zur Problematik des Transzendenzbegriffs

Der philosophische Begriff der „Transzendenz" wird auf zweifache Weise verwendet: einerseits zur Beschreibung einer Bewegung des menschlichen Denkens, das die Gesamtheit alles Welthaften „überschreitet" oder „transzendiert", andererseits zur Bestimmung des Zieles, auf das diese Bewegung sich ausrichtet. Dabei scheint die zweite Bedeutung von der ersten abgeleitet zu sein, weil nur in ihr die Bedeutung des Verbums „transcendere" noch anklingt. In beiderlei Hinsicht aber ist der Begriff der „Transzendenz" durch die Beziehung zu demjenigen definiert, was die Bewegung des „Transzendierens" hinter sich läßt: das Ziel dieses Weges unterscheidet sich wesentlich von allen seinen Stadien.

Die *erkenntnistheoretische Voraussetzung* dieses Begriffsgebrauchs liegt im Verständnis des Denkens (und Wollens) als eines „Unterwegsseins", dessen einzelne Stadien durch einen „Vorgriff" auf ein Ziel bestimmt werden, in welchem diese Bewegung zur Ruhe kommen soll. Exemplarisch für diese Auffassung vom Denken und Wollen ist der platonische Gedanke von einem „Aufstieg der Seele", dessen einzelne Schritte im „Gleichnis von der Höhle" beschrieben, dessen Ziel durch das „Gleichnis von der Sonne" bestimmt wird, während der Zusammenhang der einzelnen Schritte untereinander durch das „Gleichnis von der Linie" als die Wiederkehr eines identischen Verhältnisses (Analogía) definiert wird. Die *theologische Anwendung* dieses Begriffsgebrauchs aber beruht auf der Annahme, daß jenes Ziel, in welchem die Denkbewegung zur Ruhe kommt, mit dem Gott des Glaubens identisch sei. Diese Annahme hat ihren deutlichsten Ausdruck in der bekannten Formulierung Augustins gefunden: „Unruhig ist unser Herz, bis es ruhet in dir".

In erkenntnistheoretischer Hinsicht sind vor allem zwei Implikate dieses Begriffsgebrauchs rechtfertigungsbedürftig: die Annahme, daß das Ziel dieser Bewegung des Denkens von allen seinen Stadien wesenhaft unterschieden sei, und die komplementäre Annahme, daß diese Bewegung gleichwohl als ein Stufenweg verstanden werden könne, in dessen Verlauf das Denken sich diesem Ziele annähert. Die erste dieser Annahmen wird dadurch gerechtfertigt, daß das Ziel, auf das die Bewegung des Denkens sich ausrichtet, zugleich die Bedingung sei, von der es abhängt, ob das Denken sich auf jedem einzelnen Schritt seiner Bewegung auf Gegenstände beziehen kann. Es ist das „Licht" (oder die „Quelle" dieses Lichtes), ohne das dem menschlichen Denken auf keinem Stadium seines Weges irgendein Gegenstand gegeben werden könnte. Die Wesensdifferenz zwischen Weg und Ziel und insofern die „Transzendenz" des Zieles beruht auf dem Unterschied zwischen der *Bedingung* des Erkennens von jedem seiner *Gegenstände* oder im Bild gesprochen: zwischen dem „Licht" und allem, was es „beleuchtet". Die Metapher vom „Licht" kommt dieser Auffassung dadurch entgegen, daß der Lichtstrahl als solcher nicht sichtbar *ist*, wohl aber alles, was in ihn gerät, sichtbar *macht*. Dabei ist die Unsichtbarkeit des Lichtstrahls die Bedingung seiner sichtbarmachenden Kraft: Wäre er selbst sichtbar, dann würde er sich, nach Art eines „Lichtnebels", vor alle Gegenstände schieben und diese gerade unsichtbar machen. In der Sprache der kantischen und nachkantischen Philosophie gesprochen: Die Transzendenz des Zieles beruht auf seinem transzendentalen Charakter: Es unterscheidet sich von allen Gegenständen des Erkennens gerade dadurch, daß es diejenige Bedingung ist, die jedem Gegenstand und der Gesamtheit aller möglichen Gegenstände (der „Welt") ermöglichend vorausliegt.

Desto problematischer wird die zweite der genannten Voraussetzungen, die dem Gebrauch des Begriffs „Transzendenz" zugrundeliegt: die Voraussetzung, daß es einen „Weg" gebe, auf dem sich das Erkennen stufenweise diesem „Ziele" annähern kann. Wenn die „Transzendenz" dieses „Zieles" darauf beruht, daß es nicht Gegenstand, sondern Bedingung jeden Gegenstandsbezuges ist, in welchem Sinn kann es dann noch als „Ziel" bezeichnet werden, das durch die Bewegung des Denkens schließlich erreicht werden soll? Und wenn diese Bedingung, beschrieben durch die Metapher des „Lichtes", *jeden* Gegenstand „beleuchtet", d.h. dem menschlichen Erkennen zugänglich macht, in welchem Sinne kann dann noch davon die Rede sein, daß das menschliche Erkennen sich diesem „Ziele" schrittweise „annähert", was doch voraussetzen würde, daß manche Erkenntnisgegenstände diesem Licht und seiner Quelle „näher" seien als andere? Ist ein solches „Licht" nicht vielmehr jedem Gegenstande gleich nahe, indem es ihn „beleuchtet", und gleich „fern", indem es prinzipiell „unsichtbar" bleibt?

Der Begriff des „transzendenten Zieles" der Denkbewegung erscheint folglich als widersprüchlich. Es ist nur „transzendent", wenn es „transzendental" gedacht werden muß: als die *Bedingung* für den Gegenstandsbezug unseres Denkens und Wollens, die selber kein *Gegenstand* dieser intentionalen Akte sein oder werden kann. Aber gerade dann hört es auf, ein „Ziel" zu sein, das durch die Bewegung des Denkens jemals erreicht werden oder dem dieses Denken sich „annähern" könnte, und wird zu einem „perspektivischen Fluchtpunkt" („focus imaginarius"), auf den wir vorausblicken müssen, um zu Akten des Erkennens und Wollens fähig zu sein, der sich uns aber im gleichen Maße entzieht, in welchem wir uns ihm anzunähern meinen. Das Ziel dieses Vorblickes ist, kantisch gesprochen, eine Idee, kein möglicher Gegenstand, den wir erkennend oder wollend erreichen oder dem wir uns auch nur annähern könnten.

Platon hat, trotz aller Bevorzugung des „Noetón" vor dem „Aisthetón", konsequenterweise das „Licht" und seine Quelle, die „Sonne", nicht nur von allen Gegenständen der sinnlichen „Aisthesis", sondern auch von allen Gegenständen der geistigen „Noesis" unterschieden und diejenige Eigenschaft, die in späterer Terminologie die „Transzendenz" dieser Erkenntnisbedingung genannt worden ist durch den Ausdruck „epékeina tes ousías" kenntlich gemacht. Dieser Ausdruck besagt, daß die transzendentale Bedingung jeden Erkennens „jenseits" all dessen liegt, worüber wir mit Hilfe der Copula „ist" Aussagen machen können. Wi kennen diese Erkenntnisquelle nicht hinsichtlich dessen, was sie „ist", sondern nur hinsichtlich dessen, was sie „bewirkt": die „Zuteilung" der Erkenntniskraft an den menschlichen Geist und der Erkennbarkeit und des Seins (!) an die Gegenstände. Dieses „Licht" und seine „Quelle" liegen, in der Terminologie des „Gleichnisses von der Linie" gesprochen, *außerhalb* aller Proportion und damit jenseits jener „Stufenleiter", vermöge derer, *innerhalb* der Erkenntnisgegenstände, ein „Aufstieg" von einer Stufe zur anderen möglich ist.

Dann aber wird zweifelhaft, ob der Begriff der „Transzendenz" geeignet ist, die Eigenart jener göttlichen Wirklichkeit zu bezeichnen, auf die der christliche Glaube sich bezieht. Gerade wenn der Begriff der „Transzendenz", bezogen auf die Bewegung des menschlichen Denkens, besagt, daß dieses Denken seinen jeweiligen Gegenstand nur erreicht, indem es über die Gesamtheit seiner Gegenstände immer schon „hinausgreift", erscheint es zweifelhaft, ob es irgendein Wirkliches geben kann, in dessen Erkenntnis dieses Denken „zur Ruhe kommt". Und gerade wenn der gleiche Begriff der „Transzendenz", bezogen auf das „Ziel" dieser Erkenntnisbewegung, besagt, daß dieses Denken darauf ausgerichtet ist, „in intentione obliqua" sich der gemeinsamen Bedingung jedes einzelnen seiner Schritte bewußt zu werden, dann erscheint es zweifelhaft, ob es diese seine Absicht nicht verfehlt, wenn es „in intentione recta" diese Erkenntnis*bedingung* in einen Erkenntnis*gegenstand* verwandeln will. Wiederum in der Metapher vom „Licht" gesprochen: Will man den Begriff der „Transzendenz" dazu verwenden, die Eigenart Gottes zu beschreiben, dann muß man, so scheint es, von diesem Gott sagen, daß er nicht nur für das Auge des Leibes, sondern auch für das Auge des Geistes „unsichtbar" bleiben muß, um die Gegenstände des menschlichen Erkennens „sichtbar" zu machen. Ein so verstandener Gott aber hätte kein „Antlitz", das er dem Menschen zuwenden könnte. Und indem er sich an *allem*, was für den Menschen erkennbar wird, als wirksam erweist, hat kein *besonderer* Gegenstand dieses Erkennens das Privileg, zur unterscheidbaren Offenbarungsgestalt dieses Gottes zu werden.

Nun könnte der Anschein entstehen, als werde mit solchen Überlegungen eine Schwierigkeit beschrieben, die nur entsteht, wenn jemand sich schon entschlossen hat, Philosophie zu betreiben, innerhalb solchen Philosophierens den Begriff der „Transzendenz" zu verwenden und diesen Begriff sodann versuchsweise auf den Gott anzuwenden, von dem die christliche Glaubensbotschaft spricht. Die beschriebene Schwierigkeit würde dann nichts anderes anzeigen, als daß der philosophische Begriff eines „transzendenten Gottes" ein widersprüchlicher Begriff ist und daß der Glaube wohlberaten sei, wenn er sich des Gebrauchs derartiger philosophischer Begriffe enthält.

Indessen zeigt eine genauere Betrachtung: Es handelt sich um eine Schwierigkeit, die durch den philosophischen Begriffsgebrauch nicht erzeugt, sondern nur beschrieben wird. Der Begriff der „Transzendenz" beschreibt jene Unterscheidung zwischen dem Schöpfer und all seinen Geschöpfen, die nicht unbeachtet bleiben kann, wenn jene „Vertauschung" vermieden werden soll, die, nach einer Aussage des Apostels Paulus, der Ursprung aller Verehrung falscher Götter ist. Angesichts einer in jüngerer Zeit zu beobachtenden Neigung, die Verehrung von Mond- oder Erd-Göttinnen zu erneuern, gewinnt die Betonung der göttlichen

Transzendenz neue Aktualität, und zwar nicht nur für die philosophische Reflexion, sondern auch für die Glaubensverkündigung. Freilich gilt dies auch für die entgegengesetzte Gefahr: Die Betonung der Transzendenz Gottes gegenüber allem, was uns in der Welt als Gegenstand unseres Erkennens und Wollens begegnen kann, schafft nicht nur Probleme für die Reflexion der Philosophen, sondern läßt es für viele Zeitgenossen zweifelhaft erscheinen, ob irgendeine unter den möglichen Manifestationen Gottes einen Vorrang vor anderen beanspruchen kann. Wenn *jeder* Gegenstand unserer Erfahrung als Erscheinungsgestalt Gottes gelten kann, so daß „alle Lande seiner Herrlichkeit voll sind", scheint *keine* der Weisen, wie diese göttliche Herrlichkeit „aufleuchtet", vor irgendeiner anderen ausgezeichnet zu sein. Da aber in allen Religionen Erfahrungen dieser Selbst-Manifestation Gottes gemacht werden, legt sich für viele Zeitgenossen der Schluß nahe, keine Religion könne für sich einen Vorrang vor einer anderen beanspruchen. Der Begriff der „Transzendenz" wird, so verstanden, zur Rechtfertigung dafür, die unterschiedlichsten Zeugnisse der religiösen (oder religiös verstandenen) Erfahrung für bedeutungsgleich zu halten und die Behauptung, Gott habe sich in bestimmten Weisen seines Erscheinens auf allgemeingültige Weise zu erkennen gegeben, als Verwechselung des transzendenten Gottes mit bestimmten seiner innerweltlichen Selbst-Manifestationen zu beurteilen. Vor der „großen" Differenz zwischen dem transzendenten Gott und jeder Weise, wie sein „Licht" von den innerweltlichen Gegenständen unserer Erfahrung reflektiert wird, scheinen dann die „kleinen" Differenzen zwischen den Religionen unwesentlich zu werden. Die scheinbar philosophisch-abstrakte Frage, ob die Rede von einem „transzendenten Gott" widersprüchlich sei, weil „das Transzendente" als „überseiend" und damit auch als „überpersonal" qualifiziert werden müsse, ist keine Frage, die bloß die Metaphysiker zu beschäftigen bräuchte, sondern erweist sich zugleich als ein unabweisliches Problem der Religion und speziell des christlichen Glaubens.

2. Freiheit, Transzendenz, Substantialität

Der Begriff der „Transzendenz", der sich in den soeben durchlaufenen Überlegungen als problematisch erwiesen hat, läßt seine Bedeutung und zugleich seine Unentbehrlichkeit erst dann erkennen, wenn er in seinem „semantischen Umfeld" betrachtet wird. Dieses kann durch zwei weitere Begriffe charakterisiert werden: durch die Begriffe der „Freiheit" und der „Substantialität".

Freiheit, positiv verstanden als Fähigkeit zur Selbstbestimmung, impliziert negativ die Unabhängigkeit von fremden Einflüssen. Doch erscheint es zweifelhaft, ob diese Unabhängigkeit als „Indifferenz" beschrieben werden kann, wie dies in der traditionellen Lehre vom „Iudicium indifferentiae" geschieht, das gewöhnlich als Voraussetzung des „liberum arbitrium" betrachtet wird. Erscheinen nämlich die Alternativen, zwischen denen gewählt werden kann, als „unterschiedslos", dann ist die „Entscheidung" nicht nur frei, sondern beliebig und kann nicht mehr mit dem vollen Einsatz des Wählenden, sondern nur auf spielerische und widerrufliche Weise vollzogen werden. Zutreffender scheint es, die Freiheit als die Fähigkeit einer Zuwendung zur begegnenden Wirklichkeit zu beschreiben; diese Zuwendung wird zwar auf ungenötigte Weise vollzogen, entdeckt aber an der Wirklichkeit, die in konkreten Weltbezügen begegnet, fortschreitend die „ratio sufficiens" dafür, sich an sie zu binden. Erst so wird die „Indifferenz" gegenüber dieser Wirklichkeit überwunden und Selbstbestimmung (auto-determinatio) möglich gemacht. Die Hellsichtigkeit der Liebe, die fortschreitend am Geliebten die „zureichenden Gründe" der Selbstbindung und Selbsthingabe entdeckt, ist das ausgezeichnete Beispiel einer freien Entscheidung im vollen Sinne des Wortes, der gegenüber die bloße Beliebigkeit als „infimus gradus libertatis" beurteilt werden muß.

Von hier aus ergibt sich eine genauere Bestimmung jener Bewegung des Denkens und Wollens, die einleitend als „Transzendenz" bezeichnet worden ist. Die liebende Zuwendung „überschreitet" die innerweltliche Wirklichkeit, an die sie sich bindet, nicht so, wie man eine Wegstrecke hinter sich läßt, wenn man sich dem Ziele annähert. Vielmehr macht sie diese Wirklichkeit, deren innerweltliche Bedingtheit sie illusionslos erfaßt, „durchscheinend" für das Wirken einer Quelle ihrer unbedingten Bedeutung und Verpflichtungskraft. Die Bewegung der Liebe – und die nach ihrer Analogie gedachte Bewegung des Denkens – ist nicht die schrittweise „Annäherung" an ein „Ziel", sondern die Vergegenwärtigung des unbedingt Verpflichtenden, an das der Liebende sich bindet, in seiner stets bedingten Erscheinungsgestalt. Diese Bewegung erreicht ihr Ziel nicht dadurch, daß sie die Welt und alles, was in ihr begegnet, hinter sich läßt, sondern dadurch, daß sie im jeweils Konkreten und daher notwendigerweise Bedingten dessen Wahrsein (d.h. seine Verpflichtungskraft für das theoretische Urteil) und sein Gutsein (d.h. seine Verpflichtungskraft für das praktische Urteil und das ihm folgende Verhalten) freilegt und sich vorbehaltlos an dieses Wahrsein und Gutsein bindet. Sie „überschreitet" das Konkrete und Innerweltliche nicht wie das Stadium eines Weges, das sie hinter sich läßt, wohl aber „durchschreitet" sie es, um das Bedingte als Erscheinungs- und Gegenwartsgestalt des Unbedingten zu begreifen.

Bezeichnet die Vokabel „Transzendenz" in ihrer verbalen Bedeutung diese Bewegung des liebenden Denkens, das die innerweltliche Wirklichkeit auf den Grund ihrer unbedingten Verpflichtungskraft hin „durchschreitet", so bezeichnet die gleiche Vokabel in ihrer substantivischen Bedeutung die „Quelle", die dem Bedingten die Kraft verleiht, unser Denken und Wollen unbedingt in Anspruch zu nehmen. Diese Quelle ist von dem, was aus ihr entspringt, so verschieden wie das „Repräsentatum" von seiner jeweiligen Gegenwartsgestalt. Und doch begegnet sie nicht abseits von dieser Gestalt ihres Erscheinens, sondern in ihr, nicht am Ende eines Weges, sondern an jedem seiner Orte. Das „Repraesentans" verleiht dem „Repraesentatum" seine Gegenwart vor unserem Denken und Wollen und für es. Aber das „Repraesentatum" verleiht dem „Repraesentans" jenes unbedingte Bedeutungsgewicht, das die ebenso unbedingte Entscheidung unseres theoretischen und praktischen Urteils erfordert und zugleich möglich macht.

Ein klassisch gewordener Ausdruck für diese Verhältnisbestimmung ist Kants bekannte Rede von der „Erkenntnis unserer Pflichten als göttlicher Gebote". Wir erkennen die göttlichen Gebote nicht abseits von der Erkenntnis unserer Pflichten; aber wir dürfen (und, nach Kants Auffassung: wir müssen) unsere Pflichten als die Erscheinungsgestalten der Weise verstehen, wie Gott uns durch seine Gebote in Anspruch nimmt. Und selbst wenn diese unsere Pflichten, nach Kants Überzeugung, Ausdrucksgestalten der Selbstgesetzgebung unserer Vernunft sind, darf und muß diese Selbstgesetzgebung insgesamt als die Erscheinungs- und Gegenwartsgestalt einer göttlichen Gesetzgebung verstanden werden. Nur so wird begreiflich, daß die stets innerweltlich bedingten Handlungsziele, die unsere Vernunft in ihrem praktischen Gebrauche uns vorschreibt, uns zu unbedingter Selbsthingabe herausfordern. (Über die Gründe, die Kant zu dieser Interpretation unserer sittlichen Pflichten bewogen haben, wird an späterer Stelle noch zu sprechen sein.)

Bedeutet „Transzendenz", im verbalen Sinne des Wortes, jenes „Durchschreiten", kraft dessen wir in unserem Denken und Wollen in der stets innerweltlichen und welthaft bedingten Wirklichkeit, die uns begegnet, den unbedingten Anspruch des Wahren und Guten entdecken, dann gewinnt auch der Begriff der „Substanz" eine spezifische Bedeutung. Zunächst läßt sich die allgemeine Regel formulieren: Selb-Stand im Sein ist die Bedingung der Selbstbestimmung im Handeln. Selbstbestimmung im Handeln ist die nach außen hervortretende Erscheinungsgestalt des Selb-Standes im Sein. Ein Wesen dagegen, das durch seine Relationen und Funktionen definiert ist, ist auch in seinem Verhalten durch diese Relationen und Funktionen bestimmt und so zur Selbstbestimmung unfähig. Es kann in solche Relationen nicht „eintreten", solche Funktionen nicht „übernehmen", sondern ist durch sie immer schon zu einem Verhalten genötigt, das diesen Relationen und Funktionen entspricht. Es „wählt" nicht, sondern „funktioniert". Ein Wesen, das in seinem Sein nicht eigenständig ist, also nicht „subsistiert", kann auch in seinem Handeln nicht frei sein. Und daraus folgt im Umkehrschluß: „Substanzialität" im Sein ist die Bedingung der Freiheit im Handeln.

Aber die Freiheit des Menschen ist nicht seine Fähigkeit, darüber zu entscheiden, ob er in eine Welt – und genauer: in diese konkrete, ihn umgebende Welt – eintreten will oder nicht; sie ist innerweltliche Freiheit. Entsprechend ist auch seine Substanzialität nicht ein Selb-Stand außerhalb der Welt, ein Stehen auf einem „archimedischen Punkt", von dem aus sich „die Welt aus den Angeln heben ließe". (Darin bestand das cartesische Mißverständnis der menschlichen Subjektivität.) Sie ist innerweltlicher Eigenstand und realisiert sich in jenen hermeneutischen und zugleich kritischen Akten des „Durchschreitens", kraft derer wir in unserem Denken und Wollen den Anspruch, den die innerweltliche Wirklichkeit an uns richtet, als endlich und durch seinen „Ort" in der Welt bedingt durchschauen und zugleich als die Erscheinungs- und Gegenwartsgestalt eines unbedingten Anspruchs begreifen. Das menschliche Subjekt *ist* Substanz, indem es sich zur kritischen Distanz gegenüber der Weltwirklichkeit als fähig erweist, und es *gewinnt* zugleich seinen Eigenstand inmitten der Welt, indem es in hermeneutischem „Durchschreiten" dieser Weltwirklichkeit die Begegnung mit dem Unbedingten abgewinnt. Nur so gewinnt es den „Boden unter den Füßen", also im Wortsinn die „Hypóstasis" (ὑπόστασις), auf dem es in Eigen-Ständigkeit zu stehen vermag.

Der sittliche Akt ist das ausgezeichnete Beispiel dieses „Boden-Nehmens" im

Unbedingten, dieser Gewinnung des Eigenstandes in der Hingabe an seinen Anspruch. Die Fähigkeit zur Selbstgewinnung durch Selbsthingabe ist Ausdruck und zugleich Realisationsform des menschlichen Selb-Stands im Sein und der menschlichen Selbstbestimmung im Handeln. Und die „Transzendenz", das „Durchschreiten" der begegnenden Weltwirklichkeit in Richtung auf das Unbedingte, das in dieser stets relativen Weltwirklichkeit Gegenwart gewinnt, ist die Weise, wie diese menschliche Substanzialität sich äußert und zugleich je konkret realisiert.

(Schon an dieser Stelle darf darauf hingewiesen werden, daß die Weise, wie der Hebräerbrief den Glauben als eine ἐλπιζομένων ὑπόστασις und zugleich als πραγμάτων ἐλέγχος οὐ βλεπομένων [Hebr 11.1: „Glaube aber ist: Feststehen in dem, was man erhofft, Überzeugtsein von Dingen, die man nicht sieht."] definiert, verständlich gemacht werden kann, wenn von diesem Verständnis menschlicher „Substanzialität" ausgegangen wird: Das „Bodengewinnen" des Menschen geschieht, inmitten der Vorläufigkeit der Welt, stets „auf Hoffnung hin" und im Überführtwerden von einer Wirklichkeit, die zwar in der Welt Gegenwart gewinnt, sich aber zugleich von aller „Sichtbarkeit" des Welthaften unterscheidet.)

Fragt man, ob in diesem Zusammenhang auch der Begriff der „Transzendenz" in seiner substantivischen Bedeutung, die Rede von „der Transzendenz" als einer von allem Innerweltlichen verschiedenen Wirklichkeit, auf neue Weise verstanden werden kann, dann zeigt sich: Auch dieser Begriffsgebrauch ist nur sinnvoll und frei von inneren Widersprüchen, wenn jenem Unbedingten, das im Innerweltlichen seine Erscheinungs- und Gegenwartsgestalt gewinnt, der Charakter des Eigenstands im Sein und der Selbstbestimmung im Handeln zugesprochen werden kann. „Die Transzendenz" ist nur dann mehr als eine bloße regulative Idee, ein bloßer „focus imaginarius", wenn die Fähigkeit des Menschen zu den Akten des „Durchschreitens" als freie Gabe eines in sich seienden Wesens verstanden werden kann und muß. Und nur wenn dies gesichert ist, kann geprüft werden, ob die so verstandene „Transzendenz" auch als „Wesens-Eigenschaft Gottes" aufgefaßt werden kann.

3. Die Kontingenz menschlicher Transzendentalität und „das Transzendente" als Subjekt und Substanz

Die menschliche Fähigkeit, die begegnende innerweltliche Wirklichkeit zu „durchschreiten" (transcendere) und sie gerade dadurch als die Erscheinungs- und Gegenwartsgestalt des Unbedingten zu begreifen, kann „Transzendentalität" genannt werden. Diese Fähigkeit aber erweist sich in konkreten Lebenssituationen als kontingent. Die kritisch-hermeneutische Bewegung unseres Denkens und Wollens gelingt uns nicht immer; und es scheint nicht in unserer Macht zu stehen, uns selber die dazu notwendige Fähigkeit zu verleihen.

Platon hat in seinem schon mehrfach erwähnten „Gleichnis von der Sonne" das Licht als jene „dritte Größe" bezeichnet, die zum menschlichen Geist und seinen Gegenständen hinzutreten muß und „eben dazu bestimmt ist", die Vermittlung (συζυγία) zwischen beiden zu bewirken. Wenn dieses Licht nicht leuchtet, „gleichen wir einem, der keinen Verstand besitzt". Da dieses Licht also nicht immer leuchtet, ist es nötig, nach seiner „Quelle" zu fragen. Darum handelt das platonische Gleichnis nicht nur vom Licht, sondern auch von der Sonne. In der hier verwendeten, nicht-platonischen Terminologie gesprochen: Die Kontingenz der menschlichen Transzendentalität macht die Rückfrage nach ihrem Grunde nötig.

Freilich hat Platon die Differenz zwischen dem „Licht" und der „Sonne" nicht zum ausdrücklichen Thema seiner Darstellung gemacht und deshalb auch nicht gefragt, warum die „Sonne" ihr „Licht" nicht immer aussendet. Deshalb konnte er im gleichen Zusammenhang doch wieder die Auffassung vertreten, es hänge vom Menschen ab, ob er die angemessene Richtung des Blickes finde, um die Gegenstände seiner αἴσθησις als „Abbilder der Ideen" zu begreifen. Dann aber entsteht der Anschein, als hänge die Vermittlung von Geist und Gegenstand nur von der Weise des menschlichen Hinblickens ab – eine Auffassung, die Heidegger in seiner Schrift *Platons Lehre von der Wahrheit* als die wesentliche Ursache der „Seinsvergessenheit" zu diagnostizieren meinte.

Hält man dagegen konsequent an der Erfahrung von der Kontingenz der menschlichen Transzendentalität fest – und nur dann ist es gerechtfertigt, die „Zusammenjochung" von Geist und Gegenstand einer „dritten Größe" zuzuschreiben und diese ihrerseits auf eine von ihr verschiedenen „Quelle" zurückzuführen –, dann wird man folgern müssen: Die zureichende Ursache für ein wirklich und nicht nur vermeintlich kontingentes Ereignis muß in einem Akt der Freiheit gesucht werden. Denn alle Erklärungen von Ereignissen aus einer notwendig wirkenden Ursache sind Versuche, den Anschein der Kontingenz zu beseitigen und stattdessen eine bisher verborgene Notwendigkeit des Ereignisverlaufes freizulegen. (Von dieser Art sind die Erklärungsversuche der klassischen Naturwissenschaft.) Für das kontingente Ereignis des „aufleuchtenden Lichtes" aber folgt daraus: „Die Transzendenz" im substantivischen Sinne dieses Wortes, also jenes Unbedingte, als dessen stets bedingte Erscheinungs- und Gegenwartsgestalten die uns begegnenden Weltwirklichkeiten begriffen werden müssen, zeigt sich uns nur in einem Akt freier Selbstkundgabe und muß deshalb als das Subjekt einer freien Entscheidung begriffen werden. Durch diese freie Selbstbestimmung im Handeln aber gibt sie zugleich ihren Selb-Stand im Sein zu erkennen. „Das Tranzendente" erweist sich so als Subjekt und zugleich als Substanz.

Dieser Zusammenhang zwischen der Kontingenz der menschlichen Transzendentalität und der Freiheit des Transzendenten tritt noch deutlicher hervor, wenn sich zeigt: Die menschliche Fähigkeit, alle gegebene Weltwirklichkeit auf das in ihr repräsentierte Unbedingte hin zu „durchschreiten", stößt nicht nur dann und wann an äußere Grenzen, sondern ist kraft ihrer Struktur mit innerer Notwendigkeit von der Gefahr der Selbst-Auflösung bedroht. Diese Notwendigkeit aufzuzeigen, ist das Ziel der Ausführungen Kants über die unvermeidliche „Dialektik der Vernunft". Diese muß sich, um zur theoretischen und praktischen Erkenntnis fähig zu sein, Aufgaben stellen, an deren Erfüllung sie notwendig scheitert. Keineswegs wesensnotwendig dagegen ist es, daß sie, in veränderter Gestalt, aus diesem Scheitern so hervorgeht, daß sie zu neuen Weisen des Gegenstandsbezuges fähig wird. Daß diese Wiederherstellung geschehen wird, läßt sich nicht aus Gründen apriori deduzieren, muß aber gehofft werden dürfen, wenn die Vernunft an der Erfüllbarkeit ihrer Aufgaben nicht verzweifeln soll. Diese Hoffnung bildet den Inhalt der Vernunftpostulate. Das ausgezeichnete Beispiel einer solchen postulatorischen Hoffnung ist, in Kants Religionsschrift, die Hoffnung auf einen „Urteilsspruch aus Gnade", auf den wir, wie Kant ausdrücklich bemerkt, „keinen Rechtsanspruch haben", der aber ergehen muß, wenn die Vernunft, trotz kritischer Beurteilung ihres moralischen Zustandes und des Zustands der Welt, an ihrer Aufgabe, der Heraufführung einer moralischen Weltordnung wirksam zu dienen, nicht verzweifeln soll. Der entscheidende Rechtfertigungsgrund dafür, „unsere Pflichten als göttliche Gebote" zu verstehen, besteht darin, daß diese Pflichten auch für einen Menschen, der sich der Unreinheit seiner Gesinnung bewußt geworden ist, nur dann erfüllbar sind, wenn sie als Gebote des gleichen Gottes verstanden werden dürfen, von dem auch der „Urteilsspruch aus Gnade" erhofft werden kann.

Es ist hier nicht der Ort, um die Entwicklung der kantischen Postulatenlehre von der „Kritik der praktischen Vernunft" über die Religionsschrift bis zum „Opus postumum" nachzuzeichnen[1]. Aber es darf darauf hingewiesen werden, daß sich in Kants nachgelassenem Werk nicht nur die oft formulierte Formulierung findet „Der Transzendentalphilosophie höchster Standpunkt: Transzendentale Theologie"[2], sondern auch die Aussage: „Der Begriff von *Gott* ist der von einer *Person*, mithin eines Wesens, das Rechte hat, gegen die kein anderer Rechte besitzt"[3]. Auch wer der Argumentation Kants nicht im Einzelnen folgen will, wird von ihm lernen können: Die Kontingenz menschlicher Transzendentalität, die in der Dialektik der Vernunft offenbar wird, beweist die Unzulänglichkeit einer bloßen Gottes-*Idee* und macht es nötig, das Unbedingte, von aller bedingten Weltwirklichkeit Verschiedene und insofern Transzendente als den Gegenstand einer Hoffnung zu denken, die in transzendentaler Hinsicht (d.h. zur Ermöglichung aller theoretischen und praktischen Erkenntnis) notwendig ist. Die Erfüllung dieser Hoffnung aber kann nur vom freien Akt einer *Person* erwartet werden[4]. Daraus aber ist die Folgerung zu ziehen: Der volle Sinn des Begriffs „Transzendenz" in seinem substantivischen Gebrauch tritt also nur hervor, wenn „die Transzendenz" als *Subjekt* freier Akte und damit zugleich als in sich selbst stehendes Wesen, d.h. als *Substanz*, gedacht wird. Nur kraft ihrer Substanzialität ist sie frei; nur durch diese Freiheit erweist sie sich als Person. Freilich handelt es sich nun um ein *Subjekt absoluter Freiheit*, das alle Beziehung zur bedingten Weltwirklichkeit nicht schon vorfindet, sondern stiftet, und um eine *absolute*

[1] Vgl. dazu vor allem Reiner Wimmer: *Kants kritische Religionsphilosophie*. Berlin 1990 (Kant-Studien. Ergänzungshefte. 125).

[2] I. Kant: *Gesammelte Schriften*. Hrsg. von der Königlich Preussischen Akademie der Wissenschaften. Berlin, 1902ff., Bd. 22 (1938), S. 63 [Abkürzungen sind oben aufgelöst, die Orthographie normalisiert].

[3] A.a.O., Bd. 21 (1936), S. 9.

[4] Vgl. dazu: R. Schaeffler: Kritik und Neubegründung der Religion bei Kant. In: A. Franz – W. G. Jacobs (Hrsg.): *Religion und Gott im Denken der Neuzeit*. Paderborn 2000, S. 39-63.

Substanz, die es nicht nötig hat, in der ihr begegnenden Weltwirklichkeit „Boden zu nehmen", sondern ihren Selb-Stand in sich selber besitzt. Und kraft dieser absoluten Substanzialität und Freiheit ist die Transzendenz in einem absoluten, nicht durch ihre Beziehung zur Welt definierten Sinne Person.

4. Ein Ausblick auf die Theologie

Aus dem Gesagten folgt: Die menschliche Substantialität, die die freie Selbstbestimmung im Handeln möglich macht, ist, angesichts der unvermeidlichen Dialektik der Vernunft, nur als ein „Standnehmen im Erhofften" (ἐλπιζομένων ὑπόστασις) möglich. Dieses Standnehmen wird durch die absolute Freiheit Gottes möglich gemacht, die ihrerseits in Gottes absolutem Eigenstand gründet. Die freie Zuwendung dieses Gottes ist eine „Tatsache", die sich von allen innerweltlich erfahrbaren Tatsachen unterscheidet und sich insofern dem unmittelbaren Hinblick des Menschen entzieht (πράγμα οὐ βλεπόμενον), zugleich aber allem, was sich uns als Tatsache darbietet, seine unbedingte Maßgeblichkeit für unser theoretisches und praktisches Urteil verleiht. Es handelt sich nicht um eine empirisch feststellbare Tatsache, wohl aber um den transzendentalen Grund, der die Erfassung der objektiven Geltung empirischer Tatsachen möglich macht.

Indem dieses Ergebnis einer philosophischen Reflexion mit den gleichen Worten beschrieben werden kann, mit denen der Hebräerbrief die Eigenart des Glaubens beschreibt, wird deutlich: Nur so, als Begriff von derjenigen Freiheit, mit der Gott auf ungenötigte und ungeschuldete Weise zum Grund der menschlichen Hoffnung wird, kann der Begriff der „Transzendenz" zu einer Hilfe für den Glauben werden. Wenn dagegen der Begriff der „Transzendenz" nur als die Bezeichnung der *Verschiedenheit* der transzendentalen Erkenntnisbedingung von allen Erkenntnisgegenständen verwendet wird, nicht zugleich als Bezeichnung seiner absoluten *Freiheit*, kraft derer er, wenn er will, die menschliche Vernunft aus ihrer Selbstverstrickung befreit, dann verwandelt sich der Gottesglaube in ein anonymes „Weltvertrauen", das der Begegnung mit dem Unbedingten immer schon gewiß zu sein meint und daher besonderer Akte der freien göttlichen Zuwendung nicht mehr bedürftig zu sein wähnt.

Nun werden wir uns aber der so verstandenen Freiheit des transzendenten Gottes nur in der Erfahrung von der Kontingenz unserer eigenen Transzendentalität bewußt, d.h. in der Erfahrung, die uns deutlich werden läßt: Unsere Fähigkeit, die Gegenstände unseres Erkennens und Wollens kritisch zu „durchschreiten" und sie gerade dadurch als die Erscheinungs- und Gegenwartsgestalten des Unbedingten zu begreifen, ist von der Gefahr der Selbstauflösung bedroht; und unsere Vernunft kann sich nicht selber aus dieser drohenden Gefahr befreien. Nur im Zusammenhang mit dieser Erfahrung wird Gottes Transzendenz als Ausdruck seiner „befreienden Freiheit" erkennbar. Oder kurz: Nur wenn der Begriff der „Transzendenz" im Zusammenhang mit der unvermeidlichen Dialektik der Vernunft und mit der für uns unverfügbaren Auflösung dieser Dialektik gedacht wird, kann dieser philosophische Begriff eine Hilfe für den Glauben sein, statt diesem Glauben als ein Hindernis in den Weg zu treten.

Teilsystemische Rationalität und Transzendenz

VON ARNO ANZENBACHER

Die fortschreitende *teilsystemische Ausdifferenzierung* der sozialen Interaktion gilt zurecht als ein typisches Kennzeichen der Moderne. In seiner Theorie der sozialen Systeme schlug Niklas Luhmann[1] in radikaler Prägnanz eine soziologische Interpretation dieses Sachverhalts vor, die zwar einerseits in ihrer Differenziertheit ein beträchtliches Erklärungspotential besitzt, andererseits aber eine Perspektive gesellschaftlicher Entwicklung eröffnet, die aus *sozialethischer* Sicht inakzeptabel ist. In Luhmanns Theorie sind die Teilsysteme apersonale Kommunikations- bzw. Funktionssysteme, die sich wechselseitig als Umwelt ausgrenzen und sich in ihren codierten Sinnprozessen selbstreferentiell-autonom entwickeln, wobei ihr Umweltkontakt nur als Selbstkontakt möglich ist. Das soziale Gesamtsystem stellt sich demnach dar als ein unsteuerbares apersonales Kreisen autopoietisch prozessierender Kreise und erweckt den fatalistischen Eindruck schicksalhafter Zwangsläufigkeit. Für moralisch verantwortliche, vernünftig-zielorientierte Praxis scheint es in diesem Gefüge keinen Spielraum zu geben, denn die Teilsysteme prozessieren selbstreferentiell im Sinne der objektiven Logik ihres Codes. Die Entwicklung läßt sich zwar beschreiben, aber nicht gestalten.

Einerseits konstatiert der christliche Sozialethiker, daß die systemtheoretische Diagnose in vieler Hinsicht das empirische Material zutreffend beschreibt und erklärt. Er ist sich auch klar darüber, daß die teilsystemische Ausdifferenzierung irreversibel ist; schon die Konzilskonstitution *Gaudium et spes* sprach von der legitimen „Autonomie der irdischen Wirklichkeiten", „ihrer Eigengesetzlichkeit und ihren eigenen Ordnungen" (GS 36). Andererseits weiß er sich jener zentralen ethischen Perspektive verpflichtet, die besagt: „Die gesellschaftliche Ordnung und ihre Entwicklung müssen sich dauernd am Wohl der Personen orientieren; denn die Ordnung der Dinge muß der Ordnung der Personen dienstbar werden und nicht umgekehrt" (GS 26). So gesehen genügt es nicht, das autopoietische Prozessieren der Teilsysteme zu registrieren und hinzunehmen, sondern es muß darum gehen, praktische Vernunft in die Prozesse zu bringen und sie menschenwürdig und sozial gerecht zu gestalten.

Die Vernunft, die hier gefragt ist, kann aber nur dann im dargelegten Sinn praktisch werden, wenn sie selbst mehr ist als abstrakte teilsystemische Rationalität. Soll es letztlich in allen sozialen Interaktionen um das Wohl der (und zwar aller) Personen gehen, dann hat sich die hier geforderte Vernunft notwendig der

---

[1] N. LUHMANN: *Soziale Systeme. Grundriß einer allgemeinen Theorie.* Frankfurt a.M. 1984.

Frage nach dem Menschen zu stellen, nach seinem Wesen, seiner Bestimmung und seiner Stellung in Gesellschaft und Welt. Das aber ist die zentrale *weltanschaulich-religiöse Frage*. Je mehr diese Frage aus dem gesellschaftlichen Diskurs eliminiert wird, desto mehr verkommt die Rede von Humanität und Gerechtigkeit zur leeren Phrase und die Vernunft bleibt auf dem abstrakten Niveau jener teilsystemischen Rationalitäten, die eben dadurch Komplexität reduzieren, daß sie von ihren Fundierungsfragen absehen. Das sozialethische Ziel, das Wohl der Personen im Sinne einer *gemeinwohlartig-gerechten* Ordnung der Gesellschaft, setzt eine gewisse soziale Integration der ausdifferenzierten Teilsysteme voraus, eine *Reflexivität* ihrer Rationalitäten, die sie befähigt, ihre spezielle Funktion als Teilfunktion der sozialen Interaktion als ganzer und als Mittel zur Verwirklichung dieses Ziels begreifen[2]. Damit aber kommt unabweisbar Weltanschauung ins Spiel.

Weltanschaulich-religiöse Interaktion hat im Kontext der Ausdifferenzierung selbst teilsystemischen Charakter; im Konzert der Teilsysteme scheint sie allerdings heute faktisch eine eher marginale Rolle zu spielen. Außerdem vollzieht sie sich in modernen Gesellschaften pluralistisch und insofern kontrovers; der christliche Standpunkt ist einer unter anderen. Aus der Sicht einer christlichen Sozialethik geht es im Projekt gemeinwohlartig-gerechter Gesellschaftsgestaltung darum, „daß der dabei zugrundegelegte Begriff von 'Handeln' und 'Personalität' sich im Horizont des christlichen Existenzverständnisses, also der für den christlichen Glauben wesentlichen Sicht der Wirklichkeit von Mensch und Welt bewegt"[3]. Jeder Standpunkt, der im pluralistischen Kontext zu diesem Projekt bezogen wird, ist notwendigerweise, implizit oder explizit, weltanschaulich bedingt. Darum hängt die Chance des Projekts immer auch davon ab, welchen Stellenwert und welches Niveau die weltanschaulich-religiöse Interaktion einer Gesellschaft besitzt. Im Blick auf das Projekt bedingen sich die Teilsysteme, setzen sich wechselseitig voraus und bedürfen der *Vermittlung*. Insofern sind auch alle anderen Teilsysteme ihrerseits auf die weltanschaulich-religiöse Interaktion angewiesen, ohne welche die teilsystemischen Rationalitäten nicht reflexiv werden und deren Vermittlung nicht zu leisten ist. Im folgenden soll an einigen Beispielen skizzenhaft aufgewiesen werden, wie unabweisbar teilsystemische Autopoiesen dieser Reflexivität und Vermittlung bedürfen bzw. wie wesentlich teilsystemische Rationalitäten *Transzendenzprobleme* voraussetzen, die ohne weltanschaulich-religiöse Interaktion nicht zu bewältigen sind.

Das Recht

In moderne Rechtsstaaten gelten die *Menschenrechte* als Basis der Rechtsordnung. Diese sind einerseits in internationalen Pakten kodifiziert und damit geltendes Völkerrecht und andererseits in den Grundrechtskatalogen der nationalen

[2] Vgl. dazu: G. WILHELMS: *Die Ordnung moderner Gesellschaft. Gesellschaftstheorie und christliche Sozialethik im Dialog.* Stuttgart 1996.
[3] E. HERMS: *Gesellschaft gestalten. Beiträge zur evangelischen Sozialethik.* Tübingen 1991, S. 92.

Verfassungen positiviert. Das Demokratieprinzip ist in den Menschenrechten fundiert, legt sie in der Gesetzgebung aus und wird zugleich durch die Menschenrechte begrenzt. Das Grundgesetz der Bundesrepublik Deutschland fundiert in Art. 1 Abs.1 die Menschenrechte, zu denen sich das deutsche Volk in Abs. 2 bekennt, in der Unantastbarkeit der *Menschenwürde*: „Sie zu achten und zu schützen, ist Verpflichtung aller staatlichen Gewalt."

Diese Menschenwürdegarantie ist „die strukturbestimmende Organisations- und Wertenorm, die das ganze Verfassungsrecht bestimmt", und insofern „Staatsfundamentalnorm"[4]. In ihrer menschenrechtlichen Auslegung fundiert sie das Rechtssystem als ein humanes Koordinationssystem der Freiheit, das Freiheit ermöglicht und schützt.

Da der freiheitliche Rechtsstaat gegenüber der weltanschaulich pluralistischen Gesellschaft zu weltanschaulicher Neutralität verpflichtet ist, kann er als Staat nicht inhaltlich bestimmen, worin diese garantierte Würde besteht, wie sie zu begründen ist und warum ihr ein so fundamentaler normativer Rang zukommt. Er muß die weltanschauliche Füllung seiner grundlegenden Wertbindung der weltanschaulichen Interaktion der Gesellschaft überlassen. Diese kann auf die biblisch fundierten Lehren von der Gottebenbildlichkeit des Menschen (Gen 1,27) oder seiner Berufung zur „Freiheit und Herrlichkeit der Kinder Gottes" (Röm 8,21) rekurrieren, auf die humanistische Idee des vernünftig-freien, autonomen Subjekts, auf sozialistische Traditionen oder andere Orientierungen. Die Menschenwürdegarantie des Grundgesetzes wurzelt ebenso wie das Menschenrechtsethos in weltanschaulichen Standpunkten, in philosophischen und religiösen Überzeugungen von Wesen und Bestimmung des Menschen[5]. Von der Tragfähigkeit und Akzeptanz derartiger Überzeugungen hängt der Gehalt ab, der dem Bekenntnis zu Menschenwürde und Menschenrechten des Art. 1 GG im Rechtsbewußtsein der Menschen zukommt.

Gegen Schluß seines Werks *Das Ende der Geschichte* beschäftigt sich Francis Fukuyama mit diesem Problem. Rechte, so meint er, hängen immer von „einer bestimmten Vorstellung vom Menschen" ab. Heute sei zwar viel von Menschenwürde die Rede, aber es bestehe „keine Einigkeit darüber, warum der Mensch Würde besitzt" bzw. worin diese bestehen soll. Nach der Erosion der tragfähigen religiösen und philosophischen Antworten der Tradition seien Reduktionismen dominant geworden, die einerseits den Unterschied von Mensch und Tier nivellieren und andererseits den Menschen als bloßen Spielball biologischer, psychologischer oder soziologischer Determinismen begreifen. Gibt es aber lediglich ein qualitatives Kontinuum vom „lebenden Schleim" (Nietzsche) zum Menschen und ist der Mensch nur „eine organisiertere und rationellere Form des 'Schleims'", so verliert die Rede von der Würde des Menschen allen Gehalt. Nach Fukuyama stecken wir „mit der Frage 'Was ist der Mensch?' gegenwärtig in einer Sackgasse" mit entsprechenden Konsequenzen für die Rechtsordnung[6].

Es mag sein, daß die eingespielte teilsystemische Prozeduralität des Rechtswe-

---

[4] P. KIRCHHOF: Gerechtigkeit im sozialen Rechtsstaat. In: *zur debatte* 30 (2000), Nr. 1, S. 3.

[5] Ebd., S. 2.

[6] F. FUKUYAMA: *Das Ende der Geschichte*. München 1992, S. 394-397.

sens und das Nachwirken relevanter Traditionen die Virulenz dieser Konsequenzen verzögern. Das Problem ist damit aber nicht gelöst. Mit Recht prognostiziert
Paul Kirchhof, daß „Rechtsgarantien sich in einer bloßen Einigkeit im Unbe-
gründeten, vielleicht sogar im Unbegründbaren letztlich nicht behaupten können". Auf Dauer durchsetzen können sie sich nur, wenn eine Idee da ist, „die sie
letztlich als Wurzel immer wieder erneuert und speist"[7]. Die Präsenz derartiger
Ideen in der Gesellschaft hängt aber vom Niveau und der Intensität der weltanschaulich-religiösen Interaktion ab. Leistet diese keine tragfähigen Gehalte und
Begründungen der fundamentalen Rechtsgarantien oder kann sie diese im Bewußtsein der Gesellschaft nicht plausibel vermitteln, so ist das Rechtssystem im
Grunde ein Koloß auf tönernen Füßen.

Diese Sachlage betrifft unmittelbar auch den Begriff der *Gerechtigkeit*. Seine
Bestimmung und Differenzierung hängt letztlich davon ab, wie Menschenwürde
interpretiert und Menschenrechte systematisiert werden. Erst die Klärung dieser
eminent weltanschaulichen Frage im Prozeß der demokratischen Meinungs- und
Willensbildung ermöglicht die rechtliche Ausdifferenzierung jenes Gehalts der
konkreten Freiheit der Person, auf den sie gerechterweise einen sozial anerkannten Anspruch erheben kann. Worin dieser Anspruch konkret besteht bzw. was als
distributiv vorteilhaft für alle zu gelten hat, hängt also vom weltanschaulichen
Profil der Gesellschaft und der in der Gesetzgebung maßgeblichen politischen
Kräfte ab. Der Begriff der (sozialen) Gerechtigkeit wird nur dann leer, wenn man
seine weltanschauliche Dimension eliminiert.

Die Wirtschaft

Oswald von Nell-Breuning definiert „Wirtschaft" als „Mittelsystem zur Selbstverwirklichung des Menschen"[8]. Damit ist zunächst ein *Ziel* angesprochen, letztlich das personale Wohl des Menschen, auf welches Wirtschaft als *Mittel*, also
instrumentell, hingeordnet ist. Menschenwürdige Bedarfsdeckung unter Knappheitsbedingungen ist eine notwendige Voraussetzung dieses Wohls und insofern
ein konstitutiver Aspekt des Gemeinwohlbegriffs. Die Definition spricht weiters
vom Mittel*system*; d.h. Wirtschaft ist nicht eine beliebig verfügbare Menge von
Mitteln, „sondern vielmehr ein zusammenhängendes, geordnetes, einer inneren
Gesetzmäßigkeit folgendes Ganzes, eben das, was man ein 'System' nennt, und
ist *als solches* für unsere Selbstverwirklichung von uns zu nutzen"[9]. Die damit
angesprochene teilsystemische Rationalität ist Thema der Wirtschaftswissen-
schaften. Daß diese Rationalität unter modernen Bedingungen nur die einer
Marktwirtschaft sein kann, sollte auch unter christlichen Sozialethikern unbestritten sein. Wenn aber die effiziente Verwirklichung des ökonomischen Gemein-
wohlaspekts unbestreitbar eine moralische Aufgabe ist, diese aber nur mittels
dieser teilsystemischen Rationalität bewältigt werden kann, dann erhalten auch
die Regeln des Teilsystems als notwendige Bedingungen der Gemeinwohlver-

[7]   P. KIRCHHOF: Gerechtigkeit im sozialen Rechtsstaat, S. 2.
[8]   O . VON NELL-BREUNING: *Gerechtigkeit und Freiheit*. Wien 1980, S. 142.
[9]   Ebd., S. 145.

wirklichung moralische Relevanz. Es scheint, daß diese Bedeutung des Wirtschafts*systems* etwa in *Gaudium et spes* und *Laborem exercens*, aber auch im Wirtschaftshirtenbrief der Bischöfe der USA nicht hinreichend beachtet wurde; anders in *Centesimus annus*.

Das ändert aber nichts daran, daß die Wirtschaft als Mittelsystem auf ein Ziel hingeordnet ist, dessen Bestimmung nicht in die Kompetenz ihrer teilsystemischen Rationalität fällt und daß die ökonomisch effiziente Bedarfsdeckung nur ein Teilaspekt der Selbstverwirklichung des Menschen bzw. des Gemeinwohls ist. Von beidem abstrahiert die ökonomische Rationalität. In dieser doppelten Abstraktion zeigt sich aber wiederum deutlich das weltanschauliche Transzendenzproblem, auf welches das Teilsystem verweist, ohne es thematisieren zu können. Angesichts der zunehmenden Dominanz des wirtschaftlichen gegenüber den anderen Teilsystemen der sozialen Interaktion erhält diese Abstraktion insofern eine bedrohliche Tragweite, als die ökonomische Rationalität dazu tendiert, sich absolut zu setzen und schlechthin die Rolle der praktischen Vernunft zu spielen.

Aus teilsystemischer Sicht ist der Mensch auf den Status des *homo oeconomicus* reduziert, der egoistisch-zweckrational agiert und dessen Bedürfnisse unbegrenzt sind. Auf dieser Basis vermitteln Marktprozesse die Produktionsfaktoren zu einer eigengesetzlich prozessierenden Autopoiese, die aus sich selbst keinerlei Grenzen setzt und durch die scheinbar willkürliche Freiheit konkurrierender Akteure ökonomische Effizienz (Gewinn, Wachstum, Produktivität) erreicht. Georg Wilhelm Friedrich Hegel nennt diesen Vorgang, daß der unmittelbare Zweck zwar „die Befriedigung der subjektiven Besonderheit ist, aber in der Beziehung auf die Bedürfnisse und die freie Willkür anderer die Allgemeinheit sich geltend macht", ein „Scheinen der Vernünftigkeit in diese Sphäre", allerdings nur ein Scheinen, da sie als solche Domäne des abstrakten Verstandes ist[10].

Natürlich läßt sich der Mensch nur in der abstrakten Verständigkeit des Modells auf den *homo oeconomicus* reduzieren. Auch das ökonomisch relevante subjektive System der Bedürfnisse ist nur unbegrenzt, solange es sich vernunftlos-konsumistisch gebärdet. Aus sich bietet das Teilsystem auch keine Antwort darauf, wie angesichts seiner modellimmanenten Wachstumsorientierung und der unvermeidlichen Grenzen des Wachstums die Nachhaltigkeitsforderung im Blick auf künftige Generationen und die gerechte Verteilung der knapp werdenden Ressourcen und Wachstumschancen im Blick auf den Wachstumsbedarf der Entwicklungsländer realisiert werden können. Die Distribution von Arbeit, Einkommen und Vermögen, die der Markt in seiner Autopoiese bewirkt, ist zwar teilsystemisch rational, kollidiert aber massiv mit den Gerechtigkeitspostulaten einer menschenwürdig zu gestaltetenden Gesellschaft. Leistungsgerechtigkeit ist nicht soziale Gerechtigkeit. Die personale Bedeutung der Arbeit und die Subjektstellung der Person im Arbeitsprozeß sind nicht ohne weiteres zur Deckung zu bringen mit der teilsystemischen Funktionalität des Produktionsfaktors Arbeit. Die systemimmanente Tendenz zur Ökonomisierung bzw. ökonomischen Instrumentalisierung der anderen Teilsysteme bzw. Lebensbereiche, der Politik, der

---

[10] G. W. F. HEGEL: *Grundlinien der Philosophie des Rechts*, § 189.

Bildung, der Wissenschaft, der Kunst, der Medien, der Freizeit etc., also das, was Jürgen Habermas die „Kolonialisierung der Lebenswelt"[11] nennt, bedroht den kulturellen Reichtum der sozialen Interaktion durch eine letztlich sterile, abstrakte Eindimensionalität, die alle Kultursachbereiche ökonomisch-zweckrational durchdringt.

Diese Überlegungen bestreiten nicht die Unverzichtbarkeit der teilsystemischen ökonomischen Rationalität für die effiziente Verwirklichung des Gemeinwohls. Sie plädieren aber für deren Gestaltung und Begrenzung in *Rahmenordnungen*, etwa im Sinne des erfolgreichen Projekts der Sozialen Marktwirtschaft, sowie für die Weiterentwicklung dieser Rahmenordnungen auf internationaler Ebene angesichts der ökonomischen Globalisierung. In gewisser Hinsicht ist die Rahmenordnung in der Tat „der systematische Ort der Moral in einer Marktwirtschaft"[12] und damit zugleich der Ort, wo die teilsystemische Rationalität reflexiv wird und praktische Vernunft als ihr Korrektiv eine Gerechtigkeitskonzeption ins Spiel bringt, die nicht in Marktgerechtigkeit aufgeht, sondern sich an Menschenwürde und Menschenrechten orientiert.

Erziehung und Bildung

Alltagssprachlich geht es in beiden Begriffen um Prozesse der Formung und Entwicklung der Person im Kontext einer Kultur als einer kollektiven Gestalt des objektiven Geistes, wobei die Rede von Erziehung speziell auf die kulturelle Sozialisation des Kindes und Jugendlichen Bezug nimmt. Auf Grund der Prozeßhaftigkeit von Erziehung und Bildung, die eine Finalisierung impliziert, setzen beide Begriffe einen *intentionalen Gehalt* im Sinne einer *Zielbestimmung* voraus[13]. Die Rationalität des Teilsystems Erziehung und Bildung scheint demnach nur dann ihren Vernunftbedingungen zu genügen, wenn sie über einen Begriff dieser Zielbestimmung verfügt. Ohne einen solchen ist sie abstakt und prozessier ziellos. Welcher intentionale Gehalt müßte in einem solchen Begriff thematisier sein?

Wie wir sahen, begreift sich das Rechtssystem auf der Basis der Menschenrechte als Koordinationssystem der Freiheit. Damit eröffnet es den Rechtspersonen maximale Freiheitsspielräume, die es nur dort begrenzt, wo die Freiheit des einen mit der des andern nicht „nach einem allgemeinen Gesetz der Freiheit zusammen vereinigt werden kann"[14]. Die damit geforderte weltanschauliche Neutralität des Rechts bedingt das Auseinandertreten von *Gerechtigkeit* und *guten Leben*, von Recht und Ethos sowie von Legalität und Moralität. Die letztlich weltanschaulich bedingten Wert- und Sinnoptionen des guten Lebens werden

[11]   J. HABERMAS: *Theorie des kommunikativen Handelns*. Frankfurt 1981, Bd. 2, S. 522.
[12]   K. HOMANN – F. BLOME-DREES: *Wirtschafts- und Unternehmensethik*. Göttingen 1992.
[13]   A. ANZENBACHER: Bildungsbegriff und Bildungspolitik. In: *Jahrbuch für christliche Sozialwissenschaft* 40 (1999), S. 12-37.
[14]   I. KANT: *Metaphysik der Sitten*, Rechtslehre, B 33.

privatisiert bzw. Sache der freien kommunitären Gebilde der Gesellschaft, z.B. der Kirchen, während das Recht sich darauf beschränkt, die Freiheitsspielräume zu legalisieren, sie (negativ) zu schützen und (positiv) zu ermöglichen. Das damit entstehende Grundproblem hat Ernst W. Böckenförde[15] in seiner bekannten Aussage auf den Punkt gebracht, der moderne Staat lebe von Voraussetzungen, die er selbst nicht garantieren könne; denn seine Funktionsfähigkeit hänge wesentlich davon ab, ob seine Bürger in diesen Spielräumen der Freiheit gut leben, was das Recht jedoch nicht gewährleistet kann.

Die diversen Positionen des weltanschaulichen Pluralismus dürften sich weitgehend darin einig sein, daß zum intentionalen Gehalt der Zielbestimmung von Erziehung und Bildung eben jene menschliche Reife gehört, die als *freiheitsfähige Mündigkeit* nicht nur rechtspersönliche Legalität umfaßt, sondern auch staatsbürgerliche Verantwortung und die Fähigkeit, als ethische Person ein gutes Leben zu führen, also den Spielraum der Freiheit mit Sinn zu erfüllen. Um diese freiheitsfähige Mündigkeit ging es der Aufklärung in der Rede vom autonomen Subjekt und durchaus in diesem Sinne faßte Johann Gottlieb Fichte Erziehung als „Aufforderung zur freien Selbsttätigkeit"[16]. Aber wie die Rede von Menschenwürde und Menschenrechten als Basis des Rechts der Klärung in weltanschaulich-religiösen Diskursen bedarf, so auch die Frage nach den Wert- und Sinnoptionen des guten Lebens. Als mündig und reif kann der Erzogene bzw. Gebildete nur gelten, wenn er in der Lage ist, im Pluralismus der Sinnangebote eine Position zu beziehen, die ihn befähigt, ein gutes Leben zu führen bzw. ein „guter Mensch" zu sein, d.h. ein Mensch, der jene „Eigenschaften einer moralischen Persönlichkeit" besitzt, „die die Mitglieder einer wohlgeordneten Gesellschaft vernünftigerweise an ihren Mitmenschen wünschen"[17]. Das heißt aber, daß Erziehung und Bildung unverzichtbar die Aufgabe haben, mit den weltanschaulich-religiösen Fragen nach dem Wesen und der Bestimmung des Menschen vertraut zu machen, denn von der Beantwortung dieser Fragen hängt es ab, was unter einem guten Leben und einem guten Menschen zu verstehen ist. Damit aber zeigt sich das Transzendenzproblem dieses Teilsystems.

Soweit Erziehung und Bildung in Einrichtungen der öffentlichen Hände (z.B. Kindergärten, Schulen, Hochschulen) verortet sind, stellt sich die Frage, inwieweit die weltanschauliche Neutralität diese Einrichtungen daran hindert, diese weltanschaulich-religiöse Aufgabe wahrzunehmen, bzw. inwieweit öffentliche Hände überhaupt in der Lage sind zu erziehen und zu bilden, eine Frage, die sich für Einrichtungen in privater, weltanschaulich deklarierter, etwa kirchlicher Trägerschaft so nicht stellt. Es herrscht im öffentlichen Erziehungs- und Bildungswesen oft eine eigentümliche Scheu, weltanschaulich-religiöse Themen zu erörtern, und an der öffentlichen Schule meinte man lange, das Problem erledige sich dadurch, daß man es in die Zuständigkeit der Familie, des konfessionellen Religionsunterrichts oder eines (weltanschaulich neutralen) Ethikunterrichts abschiebe, während man in den anderen „Fächern" ohne Bezug auf diese Basisthemen

[15] E. W. BÖCKENFÖRDE: *Staat, Gesellschaft, Freiheit.* Frankfurt 1976, S. 60.
[16] J. G. FICHTE: Grundlage des Naturrechts nach Prinzipien der Wissenschaftslehre. In: J. G. FICHTE: *Gesamtausgabe.* Bd. 1,3. Stuttgart-Bad Canstatt 1966, S. 347.
[17] J. RAWLS: *Eine Theorie der Gerechtigkeit.* Frankfurt 1975, S. 476.

methodisch abstrakt unterrichte. Beachtet man jedoch die grundlegende und integrative Bedeutung des weltanschaulich-religiösen Teilsystems für Erziehung und Bildung überhaupt, dann erscheint eine solche systematische Marginalisierung äußerst prekär.

Es ist aber nicht nur diese eigentümliche Scheu, grundlegende weltanschaulich-religiöse Fragen in Erziehung und Bildung zu behandeln, was diesen Bereich an den Rand rückt. Außerdem drängt die zunehmende Dominanz des ökonomischen Teilsystems auf eine stärkere ökonomische Instrumentalisierung von Erziehung und Bildung, auf mehr Berücksichtigung instrumentellen, berufsbezogenen Wissens und Könnens und damit auf Zurückdrängung jener Dimension, die auf freiheitsfähige Mündigkeit abzielt. Zweifellos geht es in Erziehung und Bildung auch darum, Qualifikationen zu vermitteln, die als Humankapital die Wettbewerbsfähigkeit des Standorts garantieren und die Personen in die Lage versetzen, berufliche Rollen zu übernehmen. Soll aber der Mensch nicht bloß als Mittel zu anderweitigen Zwecken, sondern als Zweck an sich selbst begriffen werden, dann sollte die zentrale Bedeutung ernst genommen werden, die dem weltanschaulich-religiösen Bereich in Erziehung und Bildung zukommt. So wünschenswert Internetanschlüsse für alle Schulen sind, die technische Fertigkeit, sie zu nutzen, erzieht als solche nicht zu jener freiheitsfähigen Mündigkeit, die als „Herzensbildung" zum guten Leben qualifiziert und als „Konstituens sozialer Ordnung [...] ihre Qualität ausmacht"[18].

Es ist eine entscheidende Frage der Erziehungs-, Bildungs- und Kulturpolitik, wie die Dimension der weltanschaulich-religiösen Sinnansprüche so gestärkt werden kann, daß sie die (im Sinne Böckenfördes) auch für den weltanschaulich neutralen Staat unverzichtbare Rolle spielen kann. Überläßt man sie der beliebigen Banalisierung in den Talk-Shows des Privatfernsehens, dann kann es dazu kommen, daß es zwar genügend hochqualifizierte Fachkräfte gibt, aber jene freiheitsfähigen, mündigen Menschen fehlen, ohne die kein demokratischer Staat, aber auch keine humane Gesellschaft zu machen ist. Insofern wäre es z.B. wohl klüger, theologische Fakultäten stärker in das universitäre Bildungswesen einzubinden, um ihre weltanschaulich-religiöse Kompetenz interdisziplinär als Gegengewicht zur zunehmenden Dominanz des immer spezialisierteren instrumentellen und methodisch-abstrakten Wissens und Könnens fruchtbar zu machen, als ihre universitäre Präsenz durch Sparmaßnahmen zu dezimieren.

Politik

Seit Niccolò Machiavelli ist die Tendenz verbreitet, die eigenständige Bedeutung des Politischen in der *Technik des Erwerbs, des Ausbaus und der Sicherung der Macht* zu sehen. Auch in der Systemtheorie Luhmanns ist das Teilsystem Politik machtcodiert. Zweifellos geht es in der Politik notwendigerweise um Macht. Der politische Verband, auch der demokratische, ist wesentlich *Herrschaftsverband*, weil er nur so in der Lage ist, soziale Wohlordnung mittels des Rechts wirksam

---

[18] E. Herms: *Gesellschaft gestalten*, S. 93.

durchzusetzen. Diese Macht ist im demokratischen Politikprozeß legitimerweise umkämpft. Um an die Macht zu gelangen und Politik machen zu können, ringen die politischen Parteien in ihren Wahlkämpfen und im Widerstreit von Regierung und Opposition um die machtrelevante Legitimation der Bürger. Aber dieser notwendige Aspekt bildet aus sozialethischer Sicht kein hinreichendes Definiens der Rede von Politik. Im Grunde läßt sich Macht als Ziel sozialer Interaktion gar nicht vernünftig denken, da sie in sich instrumentell ist und damit über sich hinaus auf das verweist, was durch sie bewirkt werden kann. Zielbewandtnis hat nach Thomas von Aquin eigentlich nur der Machtgebrauch (*usus potestatis*) als das *Worumwillen der Macht* und nicht die Macht als solche (*ipsa potestas*)[19]. Die Frage nach dem Worumwillen der Macht transzendiert aber prinzipiell die auf Technik der Macht reduzierte teilsystemische Rationalität des Politischen.

Die katholische Soziallehre folgte darum aus guten Gründen bis heute, auch und gerade angesichts der teilsystemischen Ausdifferenzierung, dem Politikbegriff des Aristoteles, wonach die Staatskunst „die maßgebendste und im höchsten Sinne leitende Wissenschaft" ist, „da sie die übrigen praktischen Wissenschaften in den Dienst ihrer Zwecke nimmt", so daß „ihr Ziel die Ziele der anderen als höhere umfaßt", und „dieses ihr Ziel demnach das höchste menschliche Gut"[20] ist, nämlich das dem Gemeinschaftlichen Zuträgliche (*agathòn koinê symphéron*)[21], also das *Gemeinwohl* (*bonum commune*) als das Worumwillen des Machtgebrauchs. Damit ist aber für Aristoteles auch klar, daß sich Politik nicht auf eine bestimmte *Technik* reduzieren läßt, sondern primär *Praxis* ist, also sittlich relevantes Handeln, das sich im Sinne der Tugend der Klugheit (phrónesis) am Guten zu orientieren hat. Thomas von Aquin schloß sich diesem Politikverständnis an. Nach *Rerum novarum* geht nichts „dem Staat seinem Wesen nach näher als die Pflicht, das Gemeinwohl zu fördern" (RN 26). Die Konzilskonstitution *Gaudium et spes* betont: „Die politische Gemeinschaft besteht also um dieses Gemeinwohls willen; in ihm hat sie ihre letztgültige Rechtfertigung und ihren Sinn, aus ihm leitet sie ihr ursprüngliches Eigenrecht ab." Gefaßt wird dieses Gemeinwohl als „die Summe aller jener Bedingungen gesellschaftlichen Lebens, die den einzelnen, den Familien und gesellschaftlichen Gruppen ihre eigene Vervollkommnung voller und ungehinderter zu erreichen gestatten" (GS 74).

Kein anderes Teilsystem der sozialen Interaktion ist in dieser Weise formell auf das Gemeinwohl (die soziale Wohlordnung, die soziale Gerechtigkeit, die Universalität der konkreten Freiheit) als Objekt bezogen. Die anderen Teilsysteme sichern zwar notwendige Bedingungen der Gemeinwohlverwirklichung, die Wirtschaft etwa die Bedarfsdeckung, der Wissenschaftsbetrieb das erforderliche Wissen und Können, die Familie den Fortbestand der Gesellschaft etc., die menschenwürdige Wohlordnung des Ganzen jedoch ist Thema der Politik, allerdings subsidiär, also so, daß sie die Eigenleistung der Teilsysteme, sozialen Gebilde und Personen möglichst freisetzt, aber zugleich letztverantwortlich auf das Ziel hin koordiniert, daß das Ganze sozial gerecht geordnet ist und human funktioniert. Zweifellos wird nach wie vor eben das von der Politik erwartet. Sie soll

---

[19] THOMAS VON AQUIN: *Summa theologiae*, I-II, q. 2, a. 4.
[20] ARISTOTELES: *Nikomachische Ethik*, I. 1094b 1-8.
[21] *Politik*, III. 1282b 18.

mittels ihrer gewaltenteiligen Macht diese Koordinationsleistung erbringen. Sie soll die Autopoiesen der Teilsysteme in *Rahmenordnungen* einbinden, die gewährleisten, daß deren Eigenleistung sich als Gemeinwohlfunktion in die Wohlordnung des Ganzen fügt. Sie soll gegensteuern, wenn Defizite in den anderen Teilsystemen diese Wohlordnung gefährden.

Damit aber kommt jenes Transzendenzproblem ins Spiel, das den machtcodierten Politikbegriff prinzipiell sprengt. Wenn die Maxime des Aristoteles zutrifft, wonach die vernünftige Wahl der zielführenden Mittel die Kenntnis des Ziels voraussetzt, dann braucht Politik als gemeinwohlorientierte Praxis einen *Begriff* dieses ihres Worumwillen, d.h. eine differenzierte Konzeption des Gemeinwohls bzw. eine Theorie der Gerechtigkeit. Wie im Kontext des Transzendenzproblems des Rechts deutlich wurde, verweist ein solcher Begriff über die Interpretation der Rede von Menschenwürde und Menschenrechten unvermeidlich auf die weltanschauliche Frage nach Wesen und Bestimmung des Menschen. Als Teilsystem besitzt Politik als solche aber gerade keine spezielle Kompetenz, diesen ihren Objekt- bzw. Zielbegriff zu differenzieren, da eine solche Differenzierung in die Kompetenz des weltanschaulich-religiösen Teilsystems fällt. Die Politik ist hier verwiesen an die weltanschaulich-religiöse Interaktion der Gesellschaft, an die einschlägigen philosophischen und theologischen Diskurse und an die durch die Medien vermittelten öffentlichen Meinungs- und Willensbildungsprozesse, in welchen sich dieser Begriff pluralistisch (und insofern kontrovers) ausdifferenziert.

Im demokratischen Politikprozeß fällt dabei den *politischen Parteien* eine entscheidende Transmissionsfunktion zwischen Gesellschaft und Staat zu. Ihre Aufgabe erschöpft sich nicht darin, den Wählern alternative Eliten zu präsentieren. Sie sollten darüber hinaus in der Lage sein, programmatisch alternative Gemeinwohl- bzw. Gerechtigkeitskonzeptionen zu entwickeln und auf der modernen Agora der öffentlichen Meinungs- und Willensbildungsprozesse zu vertreten, um sie im Fall demokratischer Legitimation politisch umzusetzen. Eine solche Transmission vom weltanschaulich-religiösen zum politischen Teilsystem ist unverzichtbar sowohl für die Profilierung politischer Parteien als auch für eine Politik, die sich nicht bloß als Technik der Macht, sondern als zielbewußte Praxis begreift. Inwieweit Politik diesem Begriff gerecht zu werden vermag, hängt darum immer auch vom Niveau und der gesellschaftlichen Relevanz der weltanschaulich-religiösen Interaktion ab. Darum sollte die kulturpolitische Pflege dieses Teilsystems durch geeignete Rahmenordnungen ein ständiges Anliegen der Politik sein. Die Marginalisierung des weltanschaulich-religiösen Teilsystems führt dazu, daß Politik ihre eigenste Zielbestimmung vergißt und vom gerade potentesten Teilsystem instrumentalisiert wird. Dieses dürfte derzeit die Wirtschaft sein.

Aus sozialethischer Sicht bildet diese Instrumentalisierung der Politik durch die Wirtschaft das zentrale Problem der *Globalisierung*. Die ökonomische Globalisierung, die sich ohne hinreichende Internationalisierung politischer Rahmenordnungen vollzieht, bewirkt einen *ökonomischen Wettbewerb der nationalen politischen Rahmenordnungen*. Das heißt, daß die Rahmenordnungen, durch welche die Politik die anderen Teilsysteme subsidiär gestaltet und koordiniert, nicht mehr primär von der moralischen Normativität des Gemeinwohls bzw. der Gerechtigkeit bestimmt werden, sondern von der teilsystemischen Normativität der Ökonomik, also z.B. von Wettbewerbsfähigkeit, Wachstumschancen, Standortvorteilen und Kostenerwägungen. Da aber soziale Gerechtigkeit und Marktgerechtigkeit nicht äquivalent sind, kann dieser ökonomische Wettbewerb der nationalen Rahmenordnungen dazu führen, daß Staaten bezüglich ihrer sozialpolitischen Gerechtigkeitsstandards in eine wechselseitige Lizitation nach unten geraten. Diese könnte zwar aus der Sicht der teilsystemisch-ökonomischen Rationalität wünschenswerte Resultate bringen, aus sozialethischer Sicht jedoch gemeinwohlwidrige Konsequenzen bewirken. Darum sollte sich die Politik auf nationaler und internationaler Ebene bemühen, der Instrumentalisierung durch die globalisierte Wirtschaft entgegenzuwirken, indem sie die Wirtschaft international (z.B. auf der Ebene der Europäischen Union, aber darüber hinaus auch global) in Rahmenordnungen einbindet, die sich an Maximen des Gemeinwohls und der Gerechtigkeit orientieren.

Ein solches Bemühen hat aber in demokratisch verfaßten Gesellschaften nur dann Aussicht auf Erfolg, wenn auf der Agora der Öffentlichkeit Gerechtigkeitssinn, Solidarität und Kritikfähigkeit die politische Meinungs- und Willensbildung bestimmen, aus der die politischen Akteure letztlich ihre Legitimation beziehen. Inwieweit das tatsächlich und dauerhaft der Fall ist, hängt aber nicht zuletzt vom Zustand des weltanschaulich-religiösen Teilsystems ab.

Übersicht

Was bezüglich des Rechts, der Wirtschaft, Erziehung und Bildung sowie der Politik aufgewiesen wurde, ließe sich auch an anderen Teilsystemen zeigen, etwa am Wissenschaftsbetrieb, an den Medien und nicht zuletzt am familialen Bereich. Soll das gesellschaftliche Gesamtsystem nicht steuerungslos dem autopoietischen Prozessieren der Teilsysteme überlassen werden, sondern gemeinwohlartig-gerechte Gesellschaftsgestaltung möglich sein, so müssen die abstrakt codierten teilsystemischen Rationalitäten zur Reflexivität gebracht und mit ihren jeweiligen Transzendenzproblemen konfrontiert werden, die letztlich in der Frage nach dem Wesen und der Bestimmung des Menschen konvergieren. Diese Aufgabe fällt in der ausdifferenzierten Gesellschaft der weltanschaulich-religiösen Interaktion zu, den philosophischen und theologischen Diskursen und der damit befaßten Öffentlichkeit. Die christlichen Kirchen verkörpern auch heute die weitaus größten und wichtigsten Institutionen und Traditionen dieser weltanschaulich-religiösen Interaktion. Sie leisten an der Gesamtgesellschaft einen wahrhaft prophetischen Dienst, wenn sie beharrlich auf die Reflexivität der teilsystemischen Rationalitäten insistieren, deren Transzendenzprobleme bewußt machen und darüber öffentliche Diskurse forcieren und veranstalten. Meines Erachtens hat der Jubilar in diesem Dienst Vorbildliches geleistet.

Über die Ethik der Menschenwürde

VON JOHANNES REITER

I. Bestandsaufnahme und Problematik

Die Menschenwürde präsentiert sich in der Gegenwart als ein Schlüsselbegriff der Politik, des Rechts, aber auch der Ethik und der Moraltheologie. Sie gehört zu den ethischen Ressourcen der Gesellschaft mit einem Geltungsanspruch, der das gesamte Feld der sittlichen Lebensführung des einzelnen und des gesellschaftlichen Miteinanders umfasst. Die Rückfrage nach der Menschenwürde als ethisches Kriterium bricht vor allem bei neuen Handlungsmöglichkeiten auf, so etwa bei zahlreichen Konfliktfällen im Bereich der Bioethik[1].

1. Menschenwürde als Maßstab

Warum – so mag man fragen – zieht der Theologe zur Überprüfung neu auftauchender ethischer Probleme keinen spezifisch theologischen Begriff wie etwa das Heilwerden der Welt oder das Liebesgebot heran, sondern den überwiegend philosophisch und verfassungsrechtlich geprägten Begriff Menschenwürde, der zudem bis in die 1960er Jahre unter dem Verdikt stand, von der aufklärerisch-idealistischen Freiheitsidee herzukommen, und somit kein Thema der Theologie war – selbst in den großen Lexika[2] und Ethiken[3] nicht?

Für den Rückgriff auf die Menschenwürde als ethisches Kriterium sprechen mehrere Gründe, von denen hier nur drei thematisiert werden sollen: die Säkularisierung unserer Welt, die Pluralität unserer modernen Gesellschaft und schließlich die gegenwärtige Aktualität der Menschenwürde[4].

---

[1] Vgl. J. SCHWARTLÄNDER: Menschenwürde/Personwürde. In: *Lexikon der Bioethik.* Bd. 2. Gütersloh 1998, S. 683-688, hier S. 683: „Die Menschenwürde bestimmt in der Gegenwart national, regional und global den ethischen und vor allem den rechtsethischen Grundlagendiskurs [...]. Dieser Diskurs betrifft zunächst und vor allem das Verhältnis von Politik und Ethik. Er bestimmt aber auch das Verhältnis von Wissenschaft und Ethik und wird – gerade auf dem Boden der sich an die Achtung der Würde des Menschen und die Grundrechte bindenden Verfassung der Bundesrepublik Deutschland – durch die Entwicklung von Wissenschaft und Technik in immer neuer Weise erforderlich."

[2] So fehlt der Begriff etwa im LThK[2]; im LThK[3] 7 (1998), Sp. 132-137, wird er von K. HILPERT behandelt.

[3] Von den neuesten Moralhandbüchern widmet H. WEBER dem Begriff in seiner Speziellen Moraltheologie einen eigenen Paragraphen, vgl. DERS.: *Spezielle Moraltheologie.* Graz 1999, S. 73-83.

[4] Vgl. dazu J. SCHWARTLÄNDER (Hrsg.): *Menschenrechte – eine Herausforderung der Kirche.* München – Mainz 1979.

2. Die Menschenwürde im Prozess der Säkularisierung und Entweltlichung Gottes

Wir leben heute nicht mehr in einer sogenannten christlichen Welt. Die Geschichte der Christen ist für viele zu einer Geschichte der Sektierer geworden, die die konkrete Welt, in der der Mensch lebt, nicht mehr zu treffen scheint.

Wenn uns als Christen aber an der christlichen Botschaft etwas liegt, dann müssen wir uns mit unseren Mitmenschen, auch mit den Nichtchristen, in eine redliche Solidarität begeben. Nur so sind wir für sie glaubwürdig. Diese redliche Solidarität mit den Zeitgenossen beinhaltet u.a., dass ich als Christ ihre Begrifflichkeit aufgreife, ihre Sprache spreche. Dies fordert, dass ich mit rationalen und als solchen für jedermann einsichtigen Grund-Sätzen operiere. Einen solchen für jeden verständlichen Grund-Satz stellt die Menschenwürde dar. Sie ist für alle Menschen als die Grundlage erkennbar, durch welche unsere Gesellschaft als eine humane und pluralistische existiert.

Die Solidarität in Sprache und Begrifflichkeit bedeutet aber nicht eo ipso Identifikation bzw. Identität in der Begründung und in den Inhalten. An diesem Punkt kann, ja muss der christliche Glaube zu reden beginnen und sein Verständnis der Menschenwürde verantworten. Dabei kann der christliche Glaube nicht erwarten, dass alle Menschen seinem Menschenbild zustimmen. Es können aber alle Menschen erwarten, dass die Christen das vorbringen, was sie zur Menschwerdung des Menschen und zur Humanisierung der Welt beizutragen haben.

3. Die Menschenwürde im Spannungsfeld des modernen Pluralismus

Wir müssen zugeben, dass unsere Gesellschaft kein einheitliches Welt- und Menschenbild mehr besitzt. Der Pluralismus der Weltanschauungen ist in der modernen Welt eine Tatsache. Deshalb erscheint auch ein gemeinsames Handeln aufgrund gemeinsamer Wertvorstellungen kaum mehr möglich. Gerade in dieser Situation dürfte schließlich auch der tiefere Grund für die permanenten religiösen, weltanschaulichen, sittlichen und rechtlichen Krisen des heutigen Menschen zu suchen sein.

Dieser Pluralismus ist für uns umso bedrängender, als wir heute global in Konfrontation mit anderen Nationen, ja sogar mit völlig anderen Kulturen – alten und neuen – stehen, die den gleichen Wahrheitsanspruch stellen wie wir.

Aber wie bedrohlich der moderne Pluralismus wegen seiner tiefgehenden Verunsicherung auf den ersten Blick auch erscheinen mag, so zwingt er uns zunächst einmal zu der Frage: Enthält dieser moderne Pluralismus nicht selbst bereits jenes allgemeine, d. h. für alle Menschen gültige Prinzip Menschenwürde, durch das uns eine umgreifende Sinnorientierung und vor allem eine sinnvolle Verwirklichung unserer Freiheit möglich ist?

Und hier drängt uns – wie später noch zu zeigen ist – unsere eigene abendländische Geschichte die Antwort auf: Die heute universal ins Bewusstsein tretende und in der täglichen Erfahrung unsere gesellschaftliche und politische Verantwortung herausfordernde Menschenwürde will jenes allgemeinste sinngebende Prinzip sein, das dem heutigen Menschen eine originäre Orientierung in der Welt ermöglicht. Die Menschenwürde will den für das geordnete Zusammenleben notwendigen Konsens darstellen. Weil sie für den Menschen als solchen gilt – gleich ob Katholik oder Protestant, ob Christ oder Nichtchrist, Arbeitgeber oder Arbeitnehmer, Schwarzer oder Weißer –, kann sie grundlegend für alle politisch-gesellschaftlichen Ordnungen sein[5].

4. Zur gegenwärtigen Aktualität der Menschenwürde

Menschenwürde steht heute im Zentrum des öffentlichen Interesses. Menschenwürde ist hochaktuell geworden, ja sie scheint der allgemeine Nenner zu sein, auf den gegenwärtig alle Forderungen nach Humanität bezogen werden. Es vergeht in Ost und West kaum ein Tag, an dem die Medien nicht von der Verletzung oder angeblichen Verletzung der Menschenwürde berichten.

Wo die Freiheit des Glaubens und des Gewissens oder völkische bzw. politische Minderheiten unterdrückt werden, sieht man die Menschenwürde ebenso bedroht wie dort, wo willkürliche Verhaftungen und geheime Aburteilungen geschehen. Zuweilen hat man sogar den Eindruck, dass es bei dieser Aktualität auch zu einer Überstrapazierung der Menschenwürde kommt, dann nämlich, wenn alle menschlichen Akte und Bedürfnisse – von der caritativen Hilfe bis zur Euthanasie, von der Verkürzung der Arbeitszeit bis zur Abtreibung als Verfügungsrecht über den eigenen Leib – in Zusammenhang mit der Menschenwürde gebracht werden. Man ist sehr schnell mit dem Begriff Menschenwürde zur Hand, ohne ihn klar zu definieren oder gar schlüssig zu begründen. Deshalb erscheint es notwendig, im folgenden den Begriff Menschenwürde näher zu bestimmen.

II. Zur Begriffsgeschichte und Begründung der Menschenwürde

1. Philosophische Begründung der Menschenwürde

Zur näheren Umschreibung der Menschenwürde wollen wir uns zunächst im engeren Rahmen unserer abendländischen Geschichte umsehen, aus der heraus auch unser heutiges Bewusstsein von der Würde des Menschen noch lebt und in der die Frage nach der Würde des Menschen eine bestimmte Antwort erfahren hat[6].

---

[5] „Träger dieser menschenrechtlichen Würde ist jedes menschliche Wesen, unabhängig von seinem Entwicklungsstand, seiner Leistungsfähigkeit und seiner gleichsam subjektiven und objektiven Zuständlichkeit. Sie gilt also für den Ungeborenen ebenso wie für den missgebildeten Geborenen und sogar für den Verbrecher. Sie besteht also für das menschliche Wesen von seiner Empfängnis bis zu seinem Tod." J. SCHWARTLÄNDER: Menschenwürde/Personwürde, S. 686.

[6] Vgl. dazu etwa R. P. HORSTMANN: Menschenwürde. In: J. RITTER (Hrsg.): *Histori-*

In der antiken Philosophie wird die Würde in zwei recht unterschiedlichen Kontexten gebraucht. Zum einen ist mit „Würde" die Kennzeichnung einer sozialen Position innerhalb der Gesellschaft gemeint. Würde wird vor allem als Leistung des einzelnen wie auch als eine Funktion der Gesellschaft verstanden. Insofern gibt es ein Mehr oder Weniger an Würde. – „Würde" ist zum anderen dasjenige, was jeden Menschen vor der nichtmenschlichen Kreatur auszeichnet. Deshalb kommt allen Menschen dieselbe Würde zu. Beide Bedeutungsvarianten des Begriffes lassen sich bereits bei *Cicero* nachweisen.

Als Grund für die zuletzt genannte Auffassung von der unverlierbaren Menschenwürde galt der Stoa die Teilhabe des Menschen an der Vernunft, den christlichen Autoren der Antike und des Mittelalters die Gottebenbildlichkeit des Menschen.

Eine neue Sicht der menschlichen Würde bringt die Renaissance. Der italienische Humanist *Pico della Mirandola* kommt aufgrund von Überlegungen über die Ähnlichkeit des Menschen mit Gott zu der auf stoische Lehren zurückgehenden Überzeugung, dass der Mensch alles in sich vereint, also einen Mikrokosmos darstellt, in dem alle Möglichkeiten angelegt sind. Zwischen diesen Möglichkeiten eine Wahl zu treffen, dies ist nach Pico die dem Menschen von Gott gegebene Bestimmung. Die den Menschen auszeichnende Würde ist also seine Freiheit.

Mit der beginnenden Neuzeit rückt erneut die Vernunftbestimmung in den Mittelpunkt. Während der Aufklärung wird die Auffassung der Würde als Freiheit mit der stoischen Auffassung der Würde als Teilhabe an der Vernunft verbunden. Der französische Philosoph *Pascal* und der Staats- und Völkerrechtstheoretiker *Pufendorf* sehen die Würde in der Freiheit des Menschen, das durch die Vernunft Erkannte zu wählen und zu tun. *Pufendorf*, dessen Lehre übrigens Einfluss auf die amerikanische Erklärung der Menschenrechte von 1776 hatte, verbindet diesen Gedanken der Würde mit dem der Gleichheit aller Menschen, da allen Menschen als solchen diese Eigenschaft zukomme.

Eine wichtige Stellung nimmt der Begriff der Menschenwürde sodann in der Moralphilosophie Kants ein, wie er sie in der „Grundlegung zur Metaphysik der Sitten" (1785) entwickelt. *Kant* unterscheidet im Bereich menschlicher Zwecksetzungen zwischen dem, was einen Preis, und dem, was eine Würde hat. „Was einen Preis hat, an dessen Stelle kann auch etwas anderes, als Äquivalent, gesetzt werden; was dagegen über allen Preis erhaben ist, mithin kein Äquivalent verstattet, das hat eine Würde" [7]. Nur ein Wesen, das in der Lage ist, sich selbst Zwecke zu setzen, kommt als letzter Bezugspunkt, als Selbstzweck jeder Zwecksetzung in Frage. Der Grund dafür, dass die menschliche Natur Würde hat, ist nach Kant die Autonomie des Menschen, d. h. seine Möglichkeit, in Freiheit einem Gesetz unterworfen zu sein, also sittlich sein zu können.

---

sches Wörterbuch der Philosophie. Bd. 5. Basel – Stuttgart 1980, Sp. 1124-1127; K. BAYERTZ: Menschenwürde. In: H. J. SANDKÜHLER (Hrsg.): *Enzyklopädie Philosophie*. Bd. 1. Hamburg 1999, S. 824-826; R. SPAEMANN: Über den Begriff der Menschenwürde. In: E.-W. BÖCKENFÖRDE – R. SPAEMANN (Hrsg.): *Menschenrechte und Menschenwürde*. Stuttgart 1987.

[7]   Vgl. I. KANT: *Grundlegung zur Metaphysik der Sitten*, AB 77. In: DERS.: *Werke*. Hrsg. von Wilhelm WEISCHEDEL. Bd. 6. Darmstadt 1956, ³ 1968, S. 68.

Um die Mitte des 19. Jahrhunderts wird der Begriff Menschenwürde dann zu einem politischen Schlagwort der Arbeiterbewegung. Die Forderungen nach einem menschenwürdigen Dasein und nach menschenwürdigen Zuständen gehören zu den Hauptparolen der frühen Sozialisten. *Ferdinand Lasalle* fordert, dass die materielle Lage der arbeitenden Klasse verbessert und den Arbeitern zu einem wahrhaft menschenwürdigen Dasein verholfen wird. Der Franzose *Pierre Proudhon* geht noch einen Schritt weiter und bindet die Würde der Person in den Begriff der Gerechtigkeit ein, indem er für die Verwirklichung der Gerechtigkeit von jedem Menschen fordert, die Würde des anderen ebenso zu respektieren wie die eigene.

Eine erneute Besinnung auf die Menschenwürde setzt danach erst wieder im *20. Jahrhundert* ein, nicht zuletzt unter dem Eindruck der den Menschen entwürdigenden Handlungen und Vorgänge im Dritten Reich[8].

2. Rechtspolitische Interpretation

Die rechtspolitische Interpretation der Menschenwürde ist auch für die theologische Reflexion von Interesse und Bedeutung, weil die Menschenwürde nur auf dem Weg ihrer Umsetzung in das durch Institutionen gesetzte und vollzogene Recht realisierbar und konkretisierbar ist.

Besondere Aufmerksamkeit gewinnt der Begriff Menschenwürde durch seine exponierte Stellung in neuen Verfassungen – u.a. in der Allgemeinen Erklärung der Menschenrechte der UNO sowie im Grundgesetz der Bundesrepublik Deutschland (Art. 1, Abs. 1).

Bemerkenswert ist, dass die Menschenwürde im verfassungsrechtlichen Kontext ein relativ neuer Begriff ist, der zum ersten Mal in der Verfassung der Portugiesischen Republik von 1933 auftrat[9].

Wie im Bereich der Philosophie gibt es auch im rechtspolitischen Feld verschiedene Konzepte von Menschenwürde. Von diesen sollen hier exemplarisch

---

[8] „Nach dem Ende des Zweiten Weltkrieges hat sich die Völkergemeinschaft konkret, politisch bzw. rechtspolitisch darauf verständigt, die Idee der Menschenwürde und die Schutz- bzw. die Freiheitsrechte eines jeden Einzelnen als Basis für das Zusammenleben der Menschen anzuerkennen. Es handelt sich um eine interkulturelle Einigung. Der französische Diplomat Stéphane Hessel, der damals bei den Beratungen der Menschenrechtskommission zugegen war, berichtete im Rückblick, für die Betonung des 'Gewissens' habe ein chinesischer Jurist plädiert; den Begriff Menschenwürde hätten vor allem katholische Kulturen eingebracht. Bei der Abstimmung enthielt sich Saudi-Arabien dann allerdings der Stimme, weil dieses islamische Land die Kodifizierung der Religionsfreiheit nicht nachvollzog. Inzwischen werden Menschenrechte in der islamischen Welt zumindest dem Grundsatz nach anerkannt, und zwar mit Hilfe einer Deutung, der zufolge die Menschenrechte nicht neuzeitlich-westlichen Ursprungs, sondern im Islam selbst verwurzelt seien. Außerdem enthielten sich 1948 sechs sozialistische Staaten und bezeichnenderweise Südafrika." H. KRESS: *Menschenwürde im modernen Pluralismus.* Hannover 1999, S. 33.

[9] Vgl. dazu etwa nur den sehr informativen Beitrag von W. Graf VITZTHUM: Die Menschenwürde als Verfassungsbegriff. In: *Juristenzeitung* 40 (1985), S. 201-209.

die beiden vorgestellt werden, die am meisten voneinander abweichen: die Werttheorie und die Leistungstheorie.

Die Werttheorie lässt sich am treffendsten mit den Worten des Rechtswissenschaftlers *Hans Carl Nipperdey* umschreiben: „Der Begriff der Würde des Menschen bedarf keiner weiteren juristischen Definition. Es handelt sich um den Eigenwert und die Eigenständigkeit, die Wesenheit, die Natur des Menschen schlechthin"[10]. Dieses Wesen bestehe in der Freiheit der Entscheidung, seinem Organ für das Reich der sittlichen Werte. Die Würde selbst sei der „höchste Wert" unseres Wertesystems und als „versittlichende Kraft im Recht" das „Zentrum der Rechtsidee". – Auch für *Friedrich Klein*, den Mitverfasser eines Grundgesetz-Kommentars, ist „Würde ... ein Wertbegriff, der einen Wertträger als Subjekt voraussetzt". Nach Klein ist davon auszugehen, „dass die Würde des Menschen an die Fähigkeit zum geistig-seelischen Werterlebnis geknüpft ist"[11]. *Günter Dürig*, ebenfalls ein Kommentator des Grundgesetzes, fasst seine Auffassung von der Menschenwürde als Grundlage eines Wertesystems prägnant in den folgenden zwei Sätzen zusammen: „Die normative Aussage des objektiven Verfassungsrechts, dass die Würde des Menschen unantastbar ist, beinhaltet eine Wertaussage, der ihrerseits aber eine Aussage über eine Seinsgegebenheit zugrunde liegt. Diese Seinsgegebenheit 'Menschenwürde', die unabhängig von Zeit und Raum 'ist' und rechtlich verwirklicht werden 'soll', besteht in folgendem: Jeder Mensch ist Mensch kraft seines Geistes, der ihn abhebt von der ursprünglichen Natur und ihn aus eigener Entscheidung dazu befähigt, sich seiner selbst bewusst zu werden, und sich selbst zu bestimmen und sich selbst und die Umwelt zu gestalten"[12]. – Diese Dürigsche Rechtsdogmatik zu Art. 1 GG hat nach ihrer Formulierung einen Siegeszug in Wissenschaft und Rechtssprechung angetreten, der bis heute anhält. Das bedeutet aber nicht, dass Differenzierungsmöglichkeiten und -notwendigkeiten ausgeschlossen sind. Man wird fragen müssen, ob diese uneingeschränkte Aussage über den Menschen und seine Würde diesen nicht zu einem Prometheus macht, der den Göttern das Feuer raubt. Außerdem scheint hier das Eigentliche des Menschseins auf seine Geistigkeit reduziert zu sein. Die Leiblichkeit des Menschen sowie seine anderen Dimensionen wären demnach etwas uneigentlich Menschliches. Eine realistischere Sicht hat hier der frühere Präsident des Bundesverfassungsgerichts *Ernst Benda*. Er greift originär christliches Gedankengut auf, wenn er darauf hinweist, dass zum Wesen des Menschen auch seine Unvollkommenheit und seine ihm schicksalhaft auferlegte Individualität gehören. Wenn also Menschenwürde als Maßstab angelegt werde, müsse sie auch der Unvollkommenheit und Unzulänglichkeit des Menschen Rechnung tragen[13].

---

[10] H. C. NIPPERDEY: Die Würde des Menschen. In: F. L. NEUMANN – H. C. NIPPERDEY – U. SCHEUNER (Hrsg.): *Die Grundrechte*. Bd. 2. Berlin 1954, ²1968, S. 1-50, hier S. 1.

[11] Vgl. H. V. MANGOLDT – Fr. KLEIN: *Das Bonner Grundgesetz*. Bd. 1. Berlin ²1957, Anm. III 3b und 3c.

[12] In: Th. MAUNZ – G. DÜRIG – R. HERZOG – R. SCHOLZ: *Kommentar zum Grundgesetz*. München 1978ff., Art. II, Rz. 17f.

[13] Vgl. E. BENDA an vielen Stellen, so etwa: Erprobung der Menschenwürde am Bei-

Einen der Werttheorie diametral entgegengesetzten Versuch der Interpretation von Menschenwürde bietet der Bielefelder Rechtswissenschaftler und Soziologe *Niklas Luhmann* mit seiner kommunikationssoziologischen Definition, der sogenannten Leistungstheorie. Danach ist Würde weder eine Naturausstattung des Menschen – was ihn also vom Nichtmenschen unterscheiden würde – noch ein Wert. Für Luhmann ist Würde allein Leistung, die der einzelne erbringen, die er aber auch verfehlen kann[14].

Ihrem Inhalt nach begegnet uns diese Auffassung bereits in der antiken Philosophie. Einer solchen Würdevorstellung – dies sei hier schon vorweg gesagt – kann man vom christlichen Standpunkt aus nicht folgen. Denn aus christlicher Sicht ist die Würde gerade nicht ein Verdienst, sondern Geschenk.

Eine Einschränkung der Würde auf selbst hergestellte Würde, wie sie Luhmann vollzieht, würde all diejenigen schutzlos machen, die in den Augen der Leistungsfähigen nicht oder nicht mehr leistungsfähig sind. Man denke hier nur an die Alten und Kranken, an die körperlich oder geistig Behinderten, aber auch an das ungeborene Leben. Auch für den Luhmannkritiker *Christian Starck* ist daher der verfassungsrechtliche Würdeschutz total ausgehöhlt, wenn er von eigener Würdeleistung abhängig gemacht wird[15].

3. Die jüdisch-christliche Traditionslinie

Angesichts der Notwendigkeit, sich für eines der verschiedenen Konzepte der Menschenwürde zu entscheiden und dafür einzutreten, wird der Theologe Kriterien für seine Entscheidung u.a. darin finden, dass er die verschiedenen Entwürfe von Menschenwürde auf die Affinität oder Widersprüchlichkeit zu seiner Glaubensorientierung bzw. zur Offenbarung hin überprüft. Eine theologische Begründung der Menschenwürde muss von dem umgreifenden Handeln Gottes am Menschen ausgehen. Dieses Handeln Gottes lässt sich unter drei Aspekten umschreiben: unter einem schöpfungstheologischen, einem christologisch-soteriologischen und einem eschatologischen[16].

---

spiel der Humangenetik. In: R. FLÖHL (Hrsg.): *Genforschung – Fluch oder Segen?* München 1985, S. 205-231, hier S. 230f.

[14] Vgl. N. LUHMANN: *Grundrechte als Institution.* Berlin ²1974, S. 68ff.

[15] Chr. STARCK: Menschenwürde als Verfassungsgarantie im modernen Staat. In: *Juristenzeitung* 36 (1981), S. 463.

[16] Vgl. dazu K. LEHMANN: Gibt es ein christliches Menschenbild? In: DERS.: *Glauben bezeugen, Gesellschaft gestalten.* Freiburg 1993, S. 43-51; DERS.: Verbindliche sittliche Maßstäbe und christliches Ethos in der modernen Gesellschaft, ebd., S. 128-136.; A. AUER: Die Bedeutung der christlichen Botschaft für das Verständnis und die Durchsetzung der Grundwerte. In: A. PAUS (Hrsg.): *Werte, Rechte, Normen.* Kevelaer – Graz – Wien – Köln 1979, S. 29-85; E. WALDSCHÜTZ: Menschenwürde – Menschenrechte. In: *Diakonia* 9 (1978), S. 394-403; H. KRESS: *Menschenwürde im modernen Pluralismus*, S. 11-35.

Schöpfungstheologischer Aspekt der Menschenwürde

Die Grundaussagen des Glaubens über die Menschenwürde stehen auf den ersten Seiten der Bibel: Der Mensch ist von Gott als dessen Ebenbild geschaffen (Gen 1, 26-27). Die Pastoralkonstitution des Zweiten Vatikanischen Konzils über die Kirche in der Welt von heute „Gaudium et spes" schreibt dazu: „Die Heilige Schrift lehrt nämlich, dass der Mensch 'nach dem Bild Gottes' geschaffen ist, fähig, seinen Schöpfer zu erkennen und zu lieben, von ihm zum Herrn über alle irdischen Geschöpfe gesetzt, um sie in Verherrlichung Gottes zu beherrschen und zu nutzen" (GS Nr. 12)[17]. Das Bewusstsein dieser menschlichen Würde bricht sich im Alten Testament deutlich Bahn, wenn die überragende Stellung des Menschen in Psalm 8 emphatisch beschrieben wird: „Was ist der Mensch, dass du seiner gedenkst? Oder des Menschen Kind, dass du dich seiner annimmst? Wenig geringer als Engel hast du ihn gemacht, mit Ehre und Herrlichkeit ihn gekrönt und ihn über die Werke deiner Hände gesetzt. Alles hast du ihm unter die Füße gelegt" (Ps 8, 5-7).

Als letzter Grund für die Würde des Menschen erscheint hier also seine Gottebenbildlichkeit, die sich in der Unmittelbarkeit des Menschen zu Gott, in der Partnerschaft mit Gott, ja letztlich im freundschaftlichen Verbundensein mit Gott ausdrückt. Hierbei ist der Mensch jedoch aufgrund seiner Geschöpflichkeit auf Gott als den letzten Grund seiner personalen Würde ausgerichtet.

Christologisch-soteriologischer Aspekt der Menschenwürde

Die menschliche Würde ist weiterhin unwiderruflich gegeben und bestätigt durch die Menschwerdung des Sohnes Gottes.

Jesus ist als wirklicher Mensch in die Geschichte eingetreten. Er ist so sehr der Mensch für Gott, dass in ihm die Liebe Gottes zu den Menschen unüberbietbar offenbar geworden ist. Frei von allen Verkettungen der Sünde, die die Würde anderer Menschen in Mitleidenschaft zieht, hat Jesus die Freiheit anderer respektiert bis zum Tod. Sein Leben und sein Wirken selbst werden als befreiend erfahren. In ihm sind alle Menschen von der Sünde erlöst. Seine Hingabe gilt in besonderer Weise den Kleinen, den Verfolgten, den Sündern, den Kranken, also denen, die sich nicht selbst helfen können.

Der Glaube an die Erlösung des Menschen in Jesus Christus mutet dem Menschen zu, sich als Person von seiner eigenen Leistung zu unterscheiden. Leistung und Aktivität sind zwar durchaus des Menschen Recht, aber keineswegs seine Rechtfertigung. Vielmehr kommt auch und gerade dem noch nicht sowie dem nicht mehr leistungsfähigen Menschen Würde in sich selbst zu. Deshalb hat, um mit *Erich Fromm* zu sprechen, das „Sein" des Menschen unbedingten Vorrang vor dem „Haben" und gilt als *das* die Menschenwürde bestimmende Faktum.

---

[17]	Ausdrücklich ist von der Menschen- und Personwürde in den Art. 26, 28 und 29 von GS die Rede. Der Begriff „Personwürde" findet sich in Art. 1 der „Erklärung über die christliche Erziehung". Und die Erklärung über die Religionsfreiheit beginnt betont mit der Wendung: „Die Würde der menschlichen Person".

Würde hat man also nicht aufgrund von Leistung, Stand und Ehre, sondern aufgrund des einzigen Titels „Mensch".

Eschatologischer Aspekt der Menschenwürde

Die eschatologische Botschaft spricht von der Parusie und von dem mit ihr hervortretenden Vollendungszustand von Mensch und Welt. Es bleibt vom Menschen, wenn er seine geschichtliche Daseinsform verlässt, nicht nur die unsterbliche Seele, nicht nur die Liebe und das, was sie einst getan hat (GS Nr. 39), sondern auch sein konkretes Dasein, das in die von Gott geschenkte Zukunft hinübergeführt wird. Von diesem Ziel her, in dem der „neue Mensch" geboren wird, begreift sich der gegenwärtige Mensch als der Sich-selbst-noch-Verborgene, als der Noch-nicht-Ausgereifte, aber Zur-Vollkommenheit-Berufene.

Unsere Auffassung von der Menschenwürde muss auch diesem Aspekt der menschlichen Unvollkommenheit Rechnung tragen. Aufgrund der Sünde der Welt und der allgemeinen Heillosigkeit entspricht der konkrete Mensch nicht dem abstrakten Idealbild vom Menschen. Er ist mit einer Natur, die nicht durch seine Personalität voll beherrscht wird, sowie mit Krankheit, Leid und Tod belastet. Blut und Tränen zeichnen seinen Weg durch die Geschichte. Die Folge der Entfremdung von Gott ist die Entfremdung des Menschen von der Welt, von den Mitmenschen und von sich selbst. Würde und Gottebenbildlichkeit werden durch viele Grautöne überdeckt, weil mit dem Menschlichen unmittelbar auch das Allzumenschliche, oft Unmenschliche verbunden ist, das bis zur Entwürdigung des Humanums führen kann.

All dies macht das Bild des Menschen aus. Aber das ist nicht das letzte Wort über ihn. Zu seinem Wesen gehört es auch, dass er sich immer bemühen soll, die in ihm angelegten Begrenzungen zu überwinden. Die Bestimmung des Menschen liegt noch immer in seiner Reichweite: die Herrschaft der Person über die Natur, der Sieg des Lebens über den Tod. Aber dies wird erst in einer eschatologischen Ordnung verwirklicht. Gleiches gilt auch von der Welt und ihrer Geschichte. In einer noch ausstehenden Heilstat wird Christus die Welt zur Erfüllung bringen. Dieser eschatologische Aspekt unterstreicht noch einmal deutlich, dass die Würde des Menschen aus der Transzendenz stammt, dass sie letztlich geschenkte Würde ist.

Das beinhaltet zugleich, dass Menschenwürde geachtet wird, wenn die Unvollkommenheit des Menschen anerkannt, aber zugleich von ihm erwartet wird, sie zu überwinden.

Was unterscheidet diese theologische Würdekonzeption nun von allen anderen Entwürfen? Der freiheitliche, pluralistische Rechtsstaat setzt voraus, dass der Mensch eine unverlierbare Würde hat. Aber den letzten Grund dieser Würde kann der Staat nicht ausmachen. Die Frage nach dem letzten Grund wird unterschiedlich beantwortet. Im christlichen Glauben wird die rein auf Vernunft begründete Auslegung des unbedingten Anspruchs menschlicher Würde z.T. gestützt, vertieft, aber auch überschritten. Der Kern einer theologischen Begründung der Menschenwürde liegt in der Behauptung, dass Grund und Ziel des

Menschen nicht in diesem selbst zu suchen sind. Menschenwürde gründet letztlich nicht in aufweisbaren Fähigkeiten und Qualitäten des Menschen, sondern in
dem Ja, das Gott zum Menschen gesprochen hat und das er auch in allen menschlichen Widergesetzlichkeiten durchhält. Die dreifach gesetzte Unmittelbarkeit
des Menschen zu Gott – im Schöpfergott als Ebenbild, im menschgewordenen
Gott als Bruder, im vollendenden Gott als neuer Mensch – ist theologisch gesehen die letzte Legitimation der Menschenwürde. Bei einer solcherart begründeten
Menschenwürde ist einer Verfügbarkeit des Menschen über andere Menschen
jegliche Grundlage entzogen.

III. Inhaltliche Momente der Menschenwürde

Während die bisherigen Überlegungen zur Menschenwürde vornehmlich auf deren Begründung ausgerichtet waren – Was macht Menschenwürde aus, worin ist
sie verankert, aus welchen Grundbefindlichkeiten ist sie zu erheben? -, richten
sich die jetzt folgenden Gedankengänge auf den Inhalt der Menschenwürde, d. h.
auf deren fundamentale Forderungen. Was vermag die Menschenwürde konkret
für die Ethik und Moraltheologie zu leisten?
    Hierbei ist die sog. „Objektformel" von dem Verfassungsrechtler *Günter Dü-
rig* hilfreich. In dem von ihm verfassten Grundgesetzkommentar heißt es: „Die
Menschenwürde ist getroffen, wenn der konkrete Mensch zum Objekt, zu einem
bloßen Mittel, zur vertretbaren Größe herabgewürdigt wird"[18]. Anders ausgedrückt: Es widerspricht der Menschenwürde, wenn der Mensch einer Behandlung
ausgesetzt wird, die seine Subjektqualität prinzipiell in Frage stellt bzw. unter-
wandert. Die Menschenwürde wird hierbei also im wesentlichen ex negativo, von
ihrer Verletzung her bestimmt. Das heißt konkret: Die Menschenwürde ist betroffen durch Folter, Sklaverei, Ausrottung bestimmter Gruppen, Geburtenverhinde-
rung oder Verschleppung, Unterwerfung unter unmenschliche oder erniedrigende
Strafe oder Behandlung, Brandmarkung, Vernichtung sog. unwerten Lebens oder
durch Menschenversuche[19]. Diese Kasuistik resultiert also im wesentlichen aus
Verletzungstatbeständen durch Unrechtssysteme. Die Plausibilität der Objektfor-
mel beruht nicht zuletzt auf der historischen Erfahrung der Instrumentalisierung
von Menschen durch totalitäre Staaten. Und deshalb wurde der Menschenrechts-
gedanke auch in Reaktion auf die NS-Diktatur in das Grundgesetz aufgenommen.
Insofern stellt die Rede von der Menschenwürde ein aus der Leidensgeschichte
der Menschheit erwachsenes Sinnangebot an die Welt dar.
    Eine solche negative Umschreibung der Menschenwürde mag in früheren Zei-
ten genügt haben. Für unsere heutige hochkomplexe, moderne Industriege-
sellschaft mit ihrem vielfältigen Gefährdungspotential jedoch scheint sie nicht
mehr ausreichend zu sein. Hier darf erst gar nicht abgewartet werden, bis die
Menschenwürde verletzt ist. Zu fragen ist daher nach den positiven Konstituti-

---

[18]   G. DÜRIG: Der Grundrechtssatz von der Menschenwürde. In: *Archiv des öf-
      fentlichen Rechts* 81 (1956), S. 117-157, hier S. 127.
[19]   Vgl. das Urteil des Hessischen Staatsgerichtshofes, *Deutsches Verwaltungsblatt* 89
      (1974), S. 940ff.

onselementen der Menschenwürde. Dies bedeutet aber nichts anderes als das Fragen nach den konstitutiven Bedingungen für die Wahrung der Subjekt-Qualität des Menschen. Insofern gilt es also, die grundlegenden Bedingungen menschenwürdiger Existenz in der modernen Gesellschaft zu ermitteln. Der Rechtswissenschaftler *Albert Podlech* nennt in dem Alternativkommentar zum Grundgesetz fünf solcher Bedingungen: die Sicherheit individuellen und sozialen Lebens, die rechtliche Gleichheit der Menschen, die Wahrung menschlicher Identität und Integrität, die Begrenzung staatlicher Gewaltanwendung und schließlich die Achtung der körperlichen Kontingenz des Menschen[20].

Die ex negativo-Begründungsstrategie (*G. Dürig*) ist auch nur dort erfolgreich, wo sie auf einen bestehenden Konsens im Hinblick auf einen Verletzungstatbestand trifft (z. B. Folter, Sklaverei, Rassendiskriminierung). Sie stößt auf Schwierigkeiten, wo ein solcher Konsens nicht besteht. Ob etwa die In-vitro-Fertilisation oder Pornographie Verstöße gegen die Menschenwürde bedeuten, ist in unserer Gesellschaft umstritten und auf der Basis des Menschenwürde-Begriffes allein nicht zu klären. Doch auch die positive Strategie (*A. Podlech)* trifft auf Schwierigkeiten. Die dort aufgelisteten Ansprüche sind insoweit plausibel, als ihre Erfüllung zur Sicherung und Ausübung von Autonomie und Freiheit, dem philosophischen Kern der Menschenwürde, notwendig sind; unklar bleiben jedoch der Umfang und die Reichweite dieser Ansprüche: Genügt etwa für den Fall der materiellen Not eine Absicherung der physischen Existenz, oder sind weitergehende Garantien, z. B. ein Recht auf Arbeit notwendig, um ein menschenwürdiges Leben zu sichern?

IV. Menschenwürde – keine Leerformel

Trotz einer prinzipiellen und völkerübergreifenden Zustimmung zur Menschenwürde begegnet man zuweilen aber auch dem Einwand, der Begriff sei unklar; im modernen, weltanschaulich neutralen, säkularen Staat bilde er eine Leerformel, es handele sich um eine „metaphysische Ballastvorstellung" oder – so schon *Theodor Heuß* – um eine „nicht interpretierte These". Eine heutige inflationäre Berufung auf die Menschenwürde entwerte diese nochmals zusätzlich[21]. Im Hinblick auf diesen Einwand muss man zugeben, dass diese Gefahr einer oberflächlichen Inanspruchnahme der Menschenwürde durchaus vorhanden ist. Entscheidender aber ist, dass die Menschenwürde sehr wohl gehaltvoll, formal und inhaltlich ertragreich in unterschiedliche Blickrichtungen hin ausgelegt werden kann. „Dieser Sachverhalt, dass sich Menschenwürde in gefüllter, menschendienlicher Weise konkretisieren lässt, spricht gegen die These, es handele sich lediglich um eine Leerformel"[22]. – Die ethische Bedeutung des Menschenwürde-Gedankens

---

[20] Vgl. A. PODLECH, in: *Kommentar zum Grundgesetz für die Bundesrepublik Deutschland.* Bd. 1. Neuwied 1984 (Reihe Alternativkommentare), S. 282-291, Rz. 23-55.

[21] Vgl. E. BENDA: Erprobung der Menschenwürde am Beispiel der Humangenetik, S. 213f.

[22] H. KRESS: *Menschenwürde im modernen Pluralismus*, S. 170.

liegt vor allem und insbesondere darin, dass die Menschenwürde als das Fundament der Menschenrechte herausgestellt wird. Die Menschenwürde führt zur Formulierung der Menschenrechte hin, bedarf aber umgekehrt auch der politisch-rechtlichen Absicherung durch eben diese Rechte. Die Menschenwürde begründet die Schutz- und Freiheitsrechte des Menschen und schärft diese ein. Die ethische Grenze des Menschenwürde-Gedankens liegt darin, dass die Menschenwürde eine vorwiegend formale Größe ist. Aus ihr können keine konkreten Normen positiver Art gefolgert werden.

Es sind dann auch vor allem die skizzierten Schwierigkeiten der inhaltlichen Bestimmung von Menschenwürde, die es geraten erscheinen lassen, sie als Berufungsinstanz bei der Lösung ethischer Kontroversen nicht zu überschätzen. Schon 1840 hatte *Schopenhauer* die sorgfältige Verwendung des Begriffes angemahnt und bemängelt, dass dieser Ausdruck zum „Schibboleth aller rath- und gedankenlosen Moralisten [geworden sei], die ihren Mangel an einer wirklichen, oder wenigstens doch irgend etwas sagenden Grundlage der Moral hinter jenem imponierenden Ausdruck 'Würde des Menschen' verstecken"[23].

Auch wenn die Menschenwürde bei der Formulierung konkreter positiver Normen an Grenzen stößt, bedeutet dies keine Relativierung im Hinblick auf ihre Geltung. Das gleiche gilt im Hinblick auf die unterschiedlichen philosophischen oder theologischen Begründungsansätze. Vielleicht kann durch die Mehrzahl von Begründungsperspektiven die Geltung und die Akzeptanz der Menschenwürde innerhalb der pluralistischen Gesellschaft sogar noch zusätzlich gestützt werden[24].

„Der Begriff der Menschenwürde ist zugleich ein wachsender und dynamischer Begriff. Es kann und sollte immer mehr und besser erkannt werden, was dem Menschen aufgrund seiner unverlierbaren Grundwürde an weiterer Würde zusteht. Es ist ein Prozess, der zwar Etappen kennt, aber grundsätzlich nicht abgeschlossen werden kann, ebenso wenig wie die Entwicklung des Menschen selbst als eines gesellschaftlich-kulturellen Wesens. Ein Christ wird den tiefsten Grund aller Menschenwürde darin erblicken und erblicken müssen, dass jeder Mensch ein Ebenbild Gottes ist. Was immer auch sonst an konsensfähigen nicht-theologischen Antworten möglich ist, die theologische Perspektive darf in einer christlichen Moral nicht übergangen oder verschwiegen werden"[25]. Der Mensch hat deswegen eine letzte unantastbare und unverlierbare Würde, weil hinter ihm sein Schöpfer, Erlöser und Vollender steht.

---

[23] A. SCHOPENHAUER: Preisschrift über die Grundlage der Moral. In: *Werke in fünf Bänden.* Hrsg. von L. LÜTKEHAUS. Bd. 3. Zürich 1988, S. 522.

[24] Vgl. H. KRESS: *Menschenwürde im modernen Pluralismus*, S. 170f.

[25] H. WEBER: *Spezielle Moraltheologie*, S. 83.

Freiheit, Interesse und Verantwortung

Zur moralphilosophischen Diskussion in der Gegenwart[1]

VON MATTHIAS LUTZ-BACHMANN

1. „Freiheit" und „Verantwortung".
Anmerkungen zu einer moralphilosophischen Kontroverse

Wenn wir heute über die Bedeutung der Begriffe „Freiheit" und „Verantwortung" bzw. „moralische Verpflichtung" nachdenken, so tun wir dies vor dem Hintergrund einer öffentlichen Diskussion, die durch gegensätzliche Tendenzen bestimmt ist: Auf der einen Seite mehren sich die Stimmen, die angesichts der globalen Herausforderungen, vor die sich die Menschheit gestellt sieht – wie die Sicherung des Friedens, die Herstellung sozialer Gerechtigkeit, die Begründung und Implementierung der Menschenrechte und die Bewältigung der ökologischen Herausforderung – von einer weltweiten ethischen oder sittlichen Verantwortung sprechen und in diesem Zusammenhang die Unverzichtbarkeit einer universalistischen Moral unterstreichen. Auf der anderen Seite aber gibt es auch Stellungnahmen, die vor einer Moralisierung von Sachfragen und von Recht deutlich warnen und strikt dafür plädieren, den Geltungsbereich des Begriffs der „Verantwortung" im engeren Sinn auf den Raum politisch-institutioneller Zuständigkeiten zu beschränken. In Folge einer solchen Zurücknahme eines spezifischen sittlichen Gehalts des Verantwortungsbegriffs wird die ethische Frage nach den Gründen für moralisch richtiges Handeln entweder mit dem Hinweis auf die „Üblichkeiten" traditionaler Handlungsmuster im Sinne des Neoaristotelismus beantwortet, oder aber wie etwa bei Richard Rorty aufgrund der vermeintlichen historisch-sozialen Beliebigkeit ihrer Beantwortbarkeit als rational prinzipiell unbeantwortbar erklärt. Auf diesem Weg aber werden entweder nur mehr situative Handlungsmuster oder interessensgeleitete Handlungen als Verhaltensregeln anerkannt. Diesen Sachverhalt beschrieb vor einiger Zeit Karl-Otto Apel[2] mit gutem Grund als einen in der Gegenwart beobachtbaren „Aufstand gegen die Zumutung universeller Moralprinzipien", der sich nicht nur gegen ein ethisches Verständnis des Begriffs der Verantwortung wendet, sondern auch den Begriff der Freiheit neu codiert. Hierbei kommt es jedoch zu einer bemerkenswerten Si-

---

[1] Meinem Beitrag liegt der Text des Eröffnungsvortrags des „VII. Convegno Internazionale di Studi rosminiani" am 8. 3. 1999 in Rovereto zugrunde, dessen Aufgabe darin bestand, allgemein in Probleme der zeitgenössischen Diskussion der Moralphilosophie einzuführen.

[2] Vgl. u. a. K.-O. APEL: Der postkantische Universalismus in der Ethik im Lichte seiner aktuellen Mißverständnisse. In: DERS.: *Diskurs und Verantwortung. Das Problem des Übergangs zur postkonventionellen Moral.* Frankfurt/M. 1988, S. 154-178.

tuation: Denn der zeitgenössische Angriff auf die Position einer universalistischen Konzeption von Moral – sei es im Namen eines sich eher konservativ ver-
stehenden Neoaristotelismus oder eines sich sozialdemokratisch gebenden
Kommunitarismus, sei es im Namen eines Erkenntnisskeptizismus à la Rorty
oder eines radikalen Postmodernismus – erfolgt stets im Namen einer „höheren
Sittlichkeit". Unter den Gründen, die in der zeitgenössischen Debatte vielfach
gegen die Idee einer universalistischen Moralkonzeption vorgebracht werden,
möchte ich drei Einwände herausstellen, die allesamt besonders vom Standpunkt
einer vermeintlich höheren Form von Sittlichkeit argumentieren: 1. das Argument: „Freiheit gegen sittliche Verantwortung bzw. ethische Verpflichtung", 2.
die Option: „Glück gegen einen ethisch begründeten Allgemeinheitsanspruch"
und 3. das Plädoyer für: „Wahrhaftigkeit gegen Ideologie". Diese dreifache Konfrontation markiert die Situation, in der heute über weite Strecken über die Möglichkeit oder Unmöglichkeit einer universalistischen Ethik oder Moralphilosophie diskutiert wird. Zunächst möchte ich diese drei Einwände noch etwas näher
erläutern.

Der erste Einwand gegen die Möglichkeit einer universalistischen Moralphilosophie wird erhoben im Namen eines – verglichen mit Kant – neu ausgelegten
Prinzips der Freiheit des Menschen. Das Freiheitsprinzip wird hier so ausgelegt,
daß einem jeden Menschen ein Recht auf Selbstverwirklichung und das heißt hier
auf Realisierung seiner Interessen zuerkannt wird. Dies hat zur Folge, daß keine
Pflicht oder kein Verantwortungsprinzip akzeptabel erscheint, das dieses Frei-
heitskonzept ethisch einschränkt. Allenfalls werden rechtliche Einschränkungen
mit dem Hinweis auf die Notwendigkeit der Koordination des äußeren Handelns
der Menschen akzeptiert, die – wie wir wissen – verschiedene und mitunter auch
miteinander konfligierende Interessen verfolgen. Dies also meine ich mit dem
Argument „Freiheit gegen sittliche Verantwortung bzw. ethische Verpflichtung".
Der zweite Einwand gegen ein universalistisches Moralkonzept bringt einen Anspruch auf individuelles Glück zur Sprache, der sich gegen die vermeintlichen
Zumutungen einer auf die Allgemeinheit ausgerichteten Moraltheorie wendet.
Analog dem bereits erwähnten Freiheitsprinzip der Selbstverwirklichung (im
Sinne der Realisierung der eigenen Interessen) wird hier im Namen einer höheren
Sittlichkeit ein Glücksanspruch für die eigene Lebensgeschichte reklamiert. Da
sich Glück aber stets nur als ein individuelles, je eigenes realisieren lässt, nämlich als das Lebensglück von Individuen, müsse – so das Argument – der von
einer universalistischen Moraltheorie herausgestellte Gesichtspunkt der Verall-
gemeinerungsfähigkeit der Maximen des Handelns als Kriterium für deren ethische Legitimität zurückgewiesen werden. Der dritte Einwand beansprucht zu seinen Gunsten, daß der Kritiker der universalistischen Moraltheorie selbst einen
höheren Grad an Wahrhaftigkeit besitzt als der Vertreter dieser Ethik. Diesem
wird vorgeworfen, er müsse kontrafaktisch und wider besseres Wissen, also
„ideologisch" eine allgemeine Vernunftnatur des Menschen unterstellen oder
eine „Wesensnatur" konstruieren. Wo der Vertreter einer universalistischen Moral eine allgemeine Vernunftnatur des Menschen sieht, erblickt der nicht auf solche Allgemeinheiten fixierte Kritiker der Moraltheorie nur die Kontingenz des
Einzelfalls, genauerhin die Individualität des Eigeninteresses, die kontextuelle

Verschränkung einer Handlung sowie die Singularität des Handelnden, weshalb diese Moralkritik beansprucht, sie allein erfasse die für die Wirklichkeit angemessene „individuelle Differenz" im Unterschied zu der auf die Allgemeinheit und Regelhaftigkeit ideologisch fixierte universalistische Moral.

Angesichts solcher Einwände, die in der einen oder anderen Form die zeitgenössische Diskussion der Moralphilosophie bestimmen, soll – wenigstens ansatzweise – deren Stichhaltigkeit überprüft werden. So geht der erste Einwand vom Autonomieprinzip der menschlichen Freiheit aus, das sich in Kants Moralphilosophie findet und dessen „Unhintergehbarkeit" auch in heutigen, an Kant anschließenden Ethiken vertreten wird. Doch in Falle des ersten Einwands wird dieses Prinzip der Freiheit auf eine Weise umformuliert, daß ein Gedanke aus ihm ausgetrieben wird, auf den die gesamte Moralphilosophie Kants aufgebaut war: Dieser Gedanke formuliert die Einsicht, daß aus der Freiheit selbst eine sittliche Verpflichtung entspringt, die den Menschen innerlich in Verantwortung nimmt. Wird dieser Gedanke aber zugestanden, dann erscheint der Einwand nicht mehr stichhaltig und die problematische Umformulierung oder Neufassung im Begriff der Freiheit, die diesem ersten Einwand zugrundeliegt, ist offenkundig. Daher kann im Gegenzug mit den Mitteln einer an Kants Autonomiekonzeption positiv anschließenden philosophischen Ethik der Grundsatz verteidigt werden, daß um der Freiheit willen am Prinzip einer sittlichen Verantwortungsethik festgehalten werden kann, ja muß.

Auch der zweite Einwand erscheint wenig überzeugend. Er gibt vor, aus dem natürlichen Interesse der Menschen an der Erfüllung ihres natural grundgelegten Strebens nach Glück als einem „gelungenen Leben" heraus den Anspruch der Moralphilosophie auf eine Einsicht in universal gültige ethische Prinzipien zurückweisen zu können. Ich will die Suche nach Glück als eine faktische und unter bestimmten Bedingungen auch sittlich berechtigte Triebfeder des menschlichen Handelns überhaupt nicht in Abrede stellen. Doch erwächst aus der naturalistischen Reduktion der Begründung von Handeln auf die Ebene faktisch vorhandener, stets partikularer Interessen der miteinander Handelnden noch keine „sittliche Einsicht", im übrigen auch kein „sittlicher Konsens". Die Unzulänglichkeit einer Position, die diesen Reduktionismus vertritt – wie beispielsweise der ethische Utilitarismus –, wird z.B. an der unvermeidlichen Folge dieser Argumentation deutlich: Vereinbarungen wie Versprechen, Zusagen oder auch rechtliche Verträge wären sittlich betrachtet nur solange als rational verbindlich zu betrachten, solange sie im sogenannten „wohlverstandenen Eigeninteresse" der ihr individuelles Glück suchenden und prinzipiell egoistisch orientierten Individuen liegen. Ein solches Handeln widerspräche aber nicht allein der Aussageabsicht und dem Handlungskontext, der mit einem Versprechen in unserem alltäglichen Sprachverstehen verbunden ist. Eine Lebenssituation, die tatsächlich von einem solchen ethischen Prinzip des uneingeschränkten Egoismus bestimmt wäre, wäre zudem beständig vom Rückfall in den Hobbesschen „Naturzustand" als dem nicht bloß rechtlichen, sondern – was schwerer wiegt – sittlichen Normalzustand bedroht. Bereits der politischen Philosophie von Hobbes ist jedoch aufgefallen, daß der aus dem uneingeschränkten Egoismus folgende Kampf aller gegen alle auf Dauer die Glücksintentionen aller Beteiligten ruinieren muß. Daher kann auch der zweite Einwand gegen eine universalistische Moraltheorie im Namen des natürlichen Glücksstrebens nicht überzeugen, da er sich selbst aufhebt.

Auch vom dritten Einwand kann unschwer gezeigt werden, daß er sich in geltungstheoretische Aporien verirrt. Dies soll kurz am Beispiel einer heute eben nicht selten begegnenden Argumentation erläutert werden, die den Versuch unternimmt, den Anspruch auf eine allgemeine Verbindlichkeit der Menschenrechtsidee als Ausdruck einer bloß partikulären Herrschaftsideologie zu relativieren und das heißt aufzuheben. Bei einer solchen Argumentation spielt es zunächst keine Rolle, ob die Menschenrechte zum Herrschaftsinstrument „des Westens", „der Männer" oder welcher partikulären Teilgruppe auch immer erklärt werden. Unschwer ist auch an diesem Argument der Anspruch einer höheren Sittlichkeit im Sinne einer größeren Wahrhaftigkeit abzulesen, die diese Art von Moral- oder Rechtskritik für sich reklamiert. Doch es kann gezeigt werden, daß die gegenüber der universalistischen Idee der gleichen Menschenrechte betonte „Differenz" der Kulturen oder Geschlechter nur dann zu einem Argument gegen eine bestimme (und gar nicht zu bestreitende) historische Praxis der Unterdrückung oder Marginalisierung werden kann, wenn die allgemeine Geltung gerade der sittlichen Idee der gleichen Rechte für alle Menschen anerkannt wird. Eine Moralkritik, die dieser Einsicht im Grundsatz nicht Rechnung trägt, löst sich selbst als Kritik auf.

2. Schwierigkeiten des zeitgenössischen Freiheitskonzepts

Die Frage nach Möglichkeit oder Unmöglichkeit einer universalistischen Moraltheorie markiert das zentrale Anliegen in einer ethischen Kontroverse des vergangenen Jahrzehnts, in der sich postmoderne Vernunftkritiker zusammen mit kommunitaristischen Differenztheoretikern und neoaristotelischen Tugendethikern in einer Front gegen die Vertreter einer an Kant anschließenden Ethiktradition gesehen hatten. Letztere hatten – wie z.B. die Vertreter der an Apel und Habermas anschließenden Diskursethik – an einer kognitivistischen und deontologischen Begründung der ethischen Prinzipien festgehalten und sich damit zugleich in einen Gegensatz zu emotivistischen Ansätzen der Ethik, also den sogenannten Mitleidsethiken, ebenso gebracht wie in einen Gegensatz zum ethischen Intuitionismus oder Dezisionismus wie auch zum ethischen Relativismus oder Utilitarismus. Allen Unterschieden hinsichtlich der hier jeweils vertretenen Begründung des Sittlichen und hinsichtlich der Einschätzung der Reichweite oder des Geltungsanspruchs der ethischen Einsicht zum Trotz teilen diese Wortmeldungen im Streit der philosophischen Schulen die eine Einsicht als Ausgangspunkt, nämlich daß die Begründung des moralisch qualifizierten Handelns vom Prinzip der Handlungsautonomie des Menschen, also von einem (wenn auch an sich selbst vielfach ungeklärten) Begriff der Freiheit ausgesucht werden muß.

Insofern kann behauptet werden, daß die Diskussionen der philosophischen Ethik in der Moderne ihren programmatisch gemeinsamen Ausgangspunkt bei Kant besitzen. Kant hatte die sittliche Freiheit des Menschen zunächst einmal aber negativ bestimmt, nämlich als das notwendige Fehlen eines anderen Willens, einer fremden vorgeordneten Autorität oder einer vorgegebenen Natur. Gleichzeitig – und das ist für Kant entscheidend – bindet Kant das ethische Freiheitsprinzip an die praktische Vernunft des Menschen zurück, die nur sich selbst und daher auch ihre Freiheit als „Autonomie", als „Selbstgesetzgebung" will: „Zu ihrer Gesetzgebung", schreibt Kant zu Beginn seiner „Kritik der praktischen Vernunft" „wird erfordert, daß sie bloß sich selbst vorauszusetzen bedürfe, weil die Regel nur alsdenn objektiv und allgemein gültig ist, wenn sie ohne zufällige, subjektive Bedingungen gilt, die ein vernünftiges Wesen von dem anderen unterscheiden"[3].

Das aus dieser Argumentation folgende Moralprinzip formuliert Kant bekanntlich in den verschiedenen Fassungen des kategorischen Imperativs, dessen Aufgabe in der Überprüfung des Vernünftigkeits- und d.h. legitimen Sollensanspruchs lebensweltlicher Handlungsmaximen und -aufforderungen besteht; Maßstab der Überprüfung ist hierbei das Kriterium der Verallgemeinerbarkeit der subjektiven Willensmaxime. Von dieser fordert Kant, daß sie jederzeit zugleich als das Prinzip einer allgemeinen Gesetzgebung gelten können soll[4]. Die auf diesem Weg als vernünftig ausgewiesenen Handlungsmaximen sind für den Handelnden zugleich das „Grundgesetz", an dem er sein Tun ausrichten soll. Damit erhebt Kant die unbedingte, autonome und vernünftige Selbstbestimmung des Menschen zum moralischen Prinzip, das sich historisch in den Freiheitsforderungen der Aufklärungsphilosophie reflektiert. An diese knüpft nun ihrerseits die Philosophie G. W. F. Hegels zwar durchaus positiv an, doch der Kantischen Moralbegründung verweigert Hegel bekanntlich seine Zustimmung. Im einzelnen zielt Hegels Kritik an der von ihm als den Standpunkt der „Moralität" bezeichneten Ethik Kants auf deren inhaltsleere Formalität und deren abstrakt bleibenden Universalismus, woraus für Hegel sowohl die Ohnmacht des bloßen Sollens als auch die Gefahr eines „Terrorismus reiner Gesinnung" folgen. In seiner „Rechtsphilosophie" stellt Hegel daher der „Moralität" Kants das System einer geschichtlich gewordenen „Sittlichkeit" gegenüber, in dessen Teilsystemen „Familie", „bürgerliche Gesellschaft" und beide zusammenfassend im „Staat" die handelnden Subjekte ihre praktisch gelebte und nicht nur im abstrakten Recht oder in der subjektiven Innerlichkeit des Gewissensurteils einseitig fixierte Freiheit realisieren: „Die Sittlichkeit ist die Idee der Freiheit", schreibt hier Hegel und setzt präzisierend hinzu: „– der zur vorhandenen Welt und zur Natur des Selbstbewußtseins gewordene Begriff der Freiheit"[5].

Nicht nur die Moralphilosophien von Kant und Hegel, sondern auch die heute noch auf Kant und Hegel zurückgreifenden und miteinander wetteifernden Positionen der neokantischen und neoaristotelischen Ethikbegründung der Gegenwart stimmen darin miteinander überein, die philosophische Theorie des Sittlichen vom Begriff der Freiheit her zu begründen. Dabei verstehen sie unter „Freiheit" die sittliche Selbstgesetzgebung, der sie einen Begriff der Handlungsautonomie des Menschen zugrundelegen; dieser wird verstanden als ein sittliches, d.h. von

---

3   I. KANT: *Kritik der praktischen Vernunft*, A 38.

4   Vgl. KpV A 54.

5   G. W. F. HEGEL: *Grundlinien der Philosophie des Rechts*, § 142.

fremden Willenseinflüssen freies Wesen, das im äußeren Handeln seine Interessen verfolgt. Bei Kant bleibt jedoch die Freiheit des Willens an die Einsichten der praktischen Vernunft zurückgebunden. Aus dieser Verbindung des freien Willens und der praktischen Vernunft resultieren für Kant die menschliche Einsicht in das „Gute" und die Anerkenntnis des „Guten" als des „Gesollten".

Wenn wir diese Argumentation bei Kant mit den heutigen Vertretern sowohl des Neokantianismus als auch des Neoaristotelismus vergleichen, so fällt auf, daß der zentrale Unterschied zu Kant nicht in dem Ausgangspunkt beim Begriff der Freiheit liegt, sondern in der von Kant abweichenden Schwächung des Vernunftbegriffs. Diese führt dazu, daß sowohl die Neokantianer als auch die Neoaristoteliker an die Stelle der Vernunftbindung der Freiheit, die Kants Begriff der „Autonomie" festhält, eine Interessensfundierung der menschlichen Freiheit setzen: Dies hat zur Folge, daß in beiden philosophischen Ethikentwürfen die „Freiheit" somit nichts anderes als die sittliche Legitimität und Letztinstanzlichkeit der Interessen der Handelnden artikuliert. Der Streit zwischen Neoaristotelikern und Neokantianern wird daher auch nicht über die Fragen einer inhaltlichen Moraltheorie geführt, die die Bestimmungen des „Guten" betreffen müßten; vielmehr teilen beide, wenn auch aus verschiedenen Gründen, im letzten die Position eines moralphilosophischen Relativismus, der die Frage des sittlich Guten entweder wie im Fall des Neoaristotelismus oder der kommunitaristisch ansetzenden Ethik im Horizont der Interessensnatur der Handelnden gemeinschaftlich oder wie im Fall des Neokantianismus rein aus der Perspektive der beteiligten Individuen und ihrer Einzelinteressen zu beantworten versucht.

Ihren Streit führen Neoaristoteliker und Neokantianer daher auch nicht über Fragen einer inhaltlichen Moraltheorie, sondern vielmehr über die Probleme der Metaethik. Daher bleibt in dieser Debatte auch weitgehend unbemerkt, daß jetzt mit dem Rückgriff auf den „Begriff der Freiheit" nicht mehr die praktisch-vernünftige Willensfreiheit von Kant, sondern die interessensgeleitete Willkürfreiheit der auf partikuläre Selbstverwirklichung und Selbsterhaltung ausgerichteten Handlungssubjekte gemeint ist. Damit aber – so lautet meine These – ist die jüngere philosophische Ethikdiskussion in Gefahr, das von der neuzeitlichen-politischen Philosophie (bei John Locke und Thomas Hobbes) vertretene Konzept des seine Interessen egoistisch verfolgenden Besitzbürgers zum grundlegenden und nicht mehr hinterfragbaren Paradigma für sittliche Rationalität zu erklären. Eine Folge dieser, wie ich meine, philosophisch problematischen Entwicklung sehe ich darin, daß Neoaristoteliker wie Neokantianer bei den materialen Fragen der Moralphilosophie immer stärker auf die vermeintlichen Plausibilitäten des ethischen Utilitarismus zurückgreifen und hier zu Konvergenzen gelangen, die den Streit über formelle Bedingungen der Gültigkeit der ethischen Einsichten vergessen läßt.

3. „Freiheit" und „Interesse". Prolegomena zu einer Kritik der Diskursethik

Damit komme ich zum dritten Teil meines Beitrags und zu der Frage nach spezifischen Schwächen der wichtigsten Spielart des Neokantianismus in der Gegenwart, nämlich der von Jürgen Habermas vertretenen „Diskursethik". Der Diskurs ist für Habermas die sprachpragmatisch eingeführte soziale Situation, in der Argumente für oder gegen Aussagen mit Behauptungscharakter ausgetauscht, überprüft und auch entschieden werden können. Für die Fragen des richtigen, und d.h. für Habermas nun im Sinne der Ethikbegründung Kants, aus Vernunftgründen „gesollten" Handelns ist diese Überprüfungsinstanz der ethische Diskurs. In ihm soll von einem „forum externum" der an der Debatte beteiligten Diskussionspartner „die Sollgeltung von Geboten oder Handlungsnormen" überprüft werden. Dieser ethisch-praktische Diskurs tritt bei Habermas an die Stelle des vermeintlich einsamen Subjekts, an welches sich ihm zufolge Kants kategorischer Imperativ mit der Aufforderung wendet, es müsse, um die Moralität seiner Handlungsmaximen zu überprüfen, die Probe auf deren Universalisierbarkeit machen. Dieser Interpretation der Kantischen Forderung entsprechend stellt Habermas für den ethisch-praktischen Diskurs den transzendentalpragmatischen Grundsatz („D") auf, „daß nur die Normen Geltung beanspruchen dürfen, die die Zustimmung aller Betroffenen als Teilnehmer eines praktischen Diskurses finden (oder finden könnten)"[6]. Aus diesem Grundsatz leitet Habermas nun für den praktisch-ethischen Diskurs eine Argumentationsregel ab, die das Verfahren der Diskursteilnehmer anleiten soll. Sie besteht darin, daß „eine strittige Norm unter den Teilnehmern eines praktischen Diskurses Zustimmung nur finden kann, wenn der „Universalisierungsgrundsatz" („U") gilt, und d.h. „wenn die Folgen und Nebenwirkungen, die sich aus einer allgemeinen Befolgung der strittigen Norm für die Befriedigung der Interessen eines jeden Einzelnen voraussichtlich ergeben, von allen zwanglos akzeptiert werden können"[7].

Die Vernünftigkeit einer Handlungsnorm erweist sich diesen Aussagen von Habermas zufolge also im Licht der *faktischen* bzw. zu unterstellenden *möglichen* Zustimmung aller von dieser Norm betroffenen Teilnehmer eines Handlungszusammenhangs. Was sich bei Habermas zunächst wie eine kommunikationstheoretisch oder sprachpragmatisch erweiterte Neuformulierung des „kategorischen Imperativs" von Kant ausnimmt, erweist sich jedoch bei näherer Betrachtung als eine entscheidende Einschränkung der Zuständigkeit des ethischen Diskurses; denn es sind bei Habermas alleine die verallgemeinerungsfähigen Fragen, die das Problem der Gerechtigkeit betreffen, die in der Diskursethik als entscheidungsfähige Fragen zugelassen werden. Hier sehen wir die Folgen der bereits angesprochenen Ersetzung des Begriffs der praktischen Vernunft bei Kant durch den Begriff des handlungsleitenden Interesses bei Habermas; denn nicht mehr die Fragen nach dem „Guten" erscheinen entscheidungsfähig im Sinne der Diskursethik, sondern nur mehr die Fragen des „Gerechten" als eines Ausgleichs divergierender Handlungsinteressen von Beteiligten. In diesem Sinne schreibt Habermas „Der Universalisierungsgrundsatz funktioniert wie ein Messer, das einen Schnitt legt zwischen 'das Gute' und 'das Gerechte', zwischen evaluative und streng normative Aussagen. Kulturelle Werte führen zwar einen Anspruch auf intersubjektive Geltung mit sich, aber sie sind so sehr mit der Totalität einer be-

---

[6] J. HABERMAS: Diskursethik – Notizen zu einem Begründungsprogramm. In: DERS.: *Moralbewusstsein und kommunikatives Handeln*. Frankfurt/M. 1983, S. 103.

[7] Ebd.

sonderen Lebensform verwoben, daß sie nicht von Haus aus normative Geltung
im strikten Sinn beanspruchen können – sie *kandidieren* allenfalls für eine Verkörperung in Normen, die ein allgemeines Interesse zum Zuge bringen sollen"[8].
Doch damit beschränkt sich Ethik für ihn jedoch weitgehend darauf, die – um
es in Anlehnung an eine Formulierung Kants zu sagen – Prolegomena einer künftigen Rechtsphilosophie zu formulieren, die als Wissenschaft soll auftreten können.

Die Verbindlichkeiten, die aus den Ausführungen von Habermas resultieren,
sind im Blick auf das sittlich richtige *Handeln* minimal; denn die von der Diskursethik geltend gemachten Aufforderungen sind nur mehr metanormativer Art
und können deshalb zurecht auch als „Normen zweiter Stufe" bezeichnet werden.
Für diese Selbstbeschränkung der Diskursethik zahlt Habermas jedoch nicht nur
einen sehr hohen Preis; er ist infolge dieser Beschränkung auch nicht mehr dazu
in der Lage, inhaltliche Kriterien der *sachlichen Richtigkeit* von Handlungsnormen für den ethischen Diskurs zu benennen. Dem Diskursethiker verbleibt nämlich innerhalb des ethischen Diskurses alleine die Möglichkeit, auf die artikulierten *Interessen* von Betroffenen zu rekurrieren bzw. auf die unterstellten *Interessen* nicht Anwesender zu verweisen. Hier entsteht für Habermas jedoch ein doppeltes Problem: Erstens muß gefragt werden, welche einsichtigen Gründe angeführt werden können, um die Interessen der am Diskurs aktuell nicht Beteiligten
bzw. prinzipiell nicht Beteiligbaren ausmachen und unterstellen zu können. Die
Diskursethik benennt hierfür keine Kriterien, und doch muß darauf bestanden
werden, daß ohne deren Aufweis sowohl der transzendental-pragmatische
Grundsatz „D" als auch der als Argumentationsregel eingeführte Universalisierungsgrundsatz „U" an den kontingenten Bedingungen ihrer praktischen Realisierung zum Scheitern verurteilt sind. Zweitens muß gefragt werden, woran sich
die sogenannten „Betroffenen" orientieren sollen, um ihre eigenen Interessen
selbst noch einmal auf ihre moralische Richtigkeit, d.h. auf ihre Sittlichkeit hin
überprüfen zu können. Diese Überprüfung muß möglich sein, anderenfalls müßte
der Unterschied zwischen einer sittlichen Lebensführung und der Verfolgung von
partikularen Interessen getilgt werden. Auch Habermas zufolge soll eine solche
Reflektion möglich sein, weil das für den ethischen Diskurs von ihm geforderte
Kriterium einer zwanglosen Zustimmung der Betroffenen zu einer Handlungsnorm in der Sache motiviert sein muß durch eine Anerkennung von deren „normativer Richtigkeit", die als ein wahrheitsanaloger Geltungsanspruch praktischer
Aussagen eingeführt worden war. Doch die Diskursethik von Jürgen Habermas
gibt ihrerseits kein sachliches Kriterium für die geforderte praktische Richtigkeit
von Normen bzw. für die mögliche Zustimmung zu normativen Aussagen an. Sie
beschränkt sich vielmehr darauf, an dieser Stelle nur mehr auf die tatsächlich
artikulierten bzw. unterstellten Interessen der Betroffenen und Beteiligten zu
verweisen. Dabei geht er offenbar von einem gleichsam ursprünglich-
naturwüchsigen, in Wahrheit aber doch wohl gesellschaftlich vermittelten und
keineswegs unschuldigen Egoismus ausschließlich interessensorientiert handelnder Individuen aus und ist bestrebt, in deren Rücken ohne allzu große ethisch-

---

[8] Ebd., S. 113f.

praktische Zumutungen zumindest eine große Metaspielregel in Geltung zu bringen, die wie ein letztes „soziales Band" eine auch für demokratische Institutionen unverzichtbare Zusammengehörigkeit der Individuen garantieren soll. Die Beschränkung auf die Dimension artikulierter Interessen mag für bestimmte Fragen demokratisch-parlamentarischer Willensbildungsprozesse sogar ausreichen (z.b. für eine Mehrheitsfindung durch Wahlentscheidungen unbedingte Geltung des Verfahrens, d.h. der Wahlordnung), für die Gesamtheit der Fragen der Menschen nach dem *richtigen sittlichen Handeln* bleibt diese Auskunft der Diskursethik jedoch schlicht unzureichend; dies gilt selbst noch für den Entscheidungsbedarf demokratischer Politik, die es mehr denn je mit globalen Problemen der Friedenssicherung, der internationalen Gerechtigkeit, der Bewahrung der individuellen und kollektiven Freiheitsrechte, der Technikfolgenabschätzung, der Ökologie sowie der Verteidigung des Lebensrechts Ungeborener, Behinderter und Alter, aber eben auch überforderter, sog. „unvernünftiger", weil pathologisch kranker Menschen, die ihre Interessen nicht angemessen ausmachen und formulieren können, zu tun bekommt. Da die Diskursethik die Frage nach dem richtigen sittlichen Handeln ausblendet und auf die Ebene der Interessen der Handlungsakteure verweist, beschränkt sie sich weitgehend darauf, alleine die formalen und prozeduralen Voraussetzungen des moralischen Diskurses philosophisch klären zu können. Dies ist die Konsequenz, die sich aus der unbefragten Gleichsetzung der Freiheit mit den Interessen der Handelnden unter Verzicht auf eine Rückbindung der menschlichen Freiheit an ein Konzept von praktischer Vernunft fast zwangsläufig ergibt. Denn erst von einem philosophisch aufgeklärten Begriff der praktischen Vernunft des Menschen aus könnten die materialen Fragen des sittlichen Handelns moralphilosophisch angemessen behandelt werden.

Religion – nach ihrem Ende?!

Zum Ort des Glaubens jenseits religiöser Beliebigkeit und Indifferenz

VON HANS-JOACHIM HÖHN

Daß die Theorien von der baldigen Verkümmerung des Religiösen in den letzten Jahren deutlich verkümmert sind, hat in der Theologie Erleichterung hervorgerufen. Zwar sind die Tendenzen einer Entkirchlichung des Christentums und einer Entchristlichung des Religiösen nach wie vor ungebrochen[1]. Aber die Nachrichten von einer Renaissance des Religiösen diesseits der Kirche und jenseits des Christentums haben zumindest die schlimmsten Befürchtungen eines modernisierungsbedingten Komplettverschwindens des Religiösen als unbegründet erwiesen. Auf diesen empirischen Befund haben religionssoziologische Theorien prompt reagiert[2]. An die Stelle des „klassischen" Säkularisierungsparadigmas[3] sind Erklärungsmuster einer fortschreitenden Pluralisierung und Individualisierung des religiösen Feldes moderner Gesellschaften getreten[4]. Vorgänge der Erosion religiöser Kulturbestände erweisen sich in dieser Perspektive bei näherem Hinsehen als Prozesse der Dispersion, d.h. der Aussiedlung des Religiösen in die nicht-religiösen Segmente der modernen Kultur, der Durchmischung von Glaubensinhalten unterschiedlicher Herkunft und der Herausbildung neuer religiöser Charaktere, die virtuos Versatzstücke aus verschiedenen Religionen kombinieren und neu aufbereiten[5]. Dispersion heißt hier Dekonstruktion: zerlegendes Zusammensetzen, Religion im Plural, Verteilung religiöser Erwartungen – Sinnfindung, Identitätsstiftung, Kontingenzbewältigung – auf eine Vielzahl kultureller Adressen. Diese „Zerstreuung" geht so weit, daß Funktionen, die einst vom Christen-

1 Vgl. exemplarisch die Auswertung empirischer Untersuchungen von K.-P. JÖRNS: *Die neuen Gesichter Gottes. Was die Menschen heute wirklich glauben.* München 1997; DERS. – C. GROSSEHOLZ (Hrsg.): *Was die Menschen wirklich glauben. Die soziale Gestalt des Glaubens.* Gütersloh 1998.

2 Vgl. H. TYRELL: Religionssoziologie. In: *Geschichte und Gesellschaft* 22 (1996), S. 428-447; M. N. EBERTZ: Forschungsbericht zur Religionssoziologie. In: *International journal of practical theology* 1 (1997), S. 268-301.

3 Vgl. D. POLLACK: Zur neueren religionssoziologischen Diskussion des Säkularisierungstheorems. In: *Dialog der Religionen* 5 (1995), S. 114-121.

4 Vgl. hierzu D. POLLACK – G. PICKEL: Individualisierung und religiöser Wandel in der Bundesrepublik Deutschland. In: *Zeitschrift für Soziologie* 28 (1999), S. 465-583; D. POLLACK: Individualisierung statt Säkularisierung? Zur Diskussion eines neuen Paradigmas in der Religionssoziologie. In: K. GABRIEL (Hrsg.): *Religiöse Individualisierung oder Säkularisierung.* Gütersloh 1996, S. 57-85.

5 Vgl. hierzu ausführlicher M. N. EBERTZ: Die Dispersion des Religiösen. In: H. KOCHANEK (Hrsg.): *Ich habe meine eigene Religion. Sinnsuche jenseits der Kirchen.* Zürich – Düsseldorf 1999, S. 210-231; H.-J. HÖHN: *Zerstreuungen. Religion zwischen Sinnsuche und Erlebnismarkt.* Düsseldorf 1998.

tum als dem religiösen Leitsystem einer Gesellschaft gebündelt wahrgenommen wurden, heute von Instanzen, Institutionen und Akteuren erfüllt werden, die sowohl von ihrem Selbstverständnis her als auch im allgemeinen Bewußtsein kaum noch als „religiös" gelten. Auf dem Gesundheitsmarkt ist bisweilen kaum mehr entscheidbar, ob man mit religiös getarnten Psychokonzernen à la Scientology oder mit Therapieanbietern zu tun hat, die sich ungewollt mit einem auf psychische Heilung umformatierten Bedürfnis nach Heil und Erlösung konfrontiert sehen. Die religiöse Dispersion läßt neue Berufe entstehen, in denen die ästhetisch-therapeutischen Sinnelemente des Christentums aus ihrem dogmatischen Sinnsystem herausgelöst und von freischaffende „Ritendesignern" an den Wendepunkten einer Biographie zur Selbst- und Sinnvergewisserung verunsicherter Individuen eingesetzt werden. Als Resultate religiöser Dispersion lassen sich auch jene säkularen Liturgien und Wallfahrten verstehen, die aus Anlaß von „Kultevents" bei Rock- und Popfestivals oder sportlichen Großereignissen veranstaltet werden. Fündig wird man bei dem Bemühen um die Verifikation der Dispersionstheorie natürlich auch in vielen Bereichen medialer Kommunikation, – sei es, daß hier religiöse Motive „umgebucht" und für nicht-religiöse Zwecke eingesetzt werden (z.B. in Werbespots)[6] oder sei es, daß bestimmten Genres (z.B. Talkshows, Fernsehserien) religiöse Funktionen zuwachsen (z.B. Ritualisierung des Alltags)[7]. Es sind diese entkonfessionalisierten und dekontextualisierten „updates" religiöser Traditionen, die zunehmend Gegenstand soziologischer Feldforschung und Theorieproduktion werden.

1. Zerstreuungen – oder: Die Bedeutung des Religiösen außerhalb der Religion

Mit der üblichen Verzögerung wird man auch in der Theologie auf das aufmerksam, wofür sich Soziologen interessieren. Wo es nicht zu einer bloß defensiven Verarbeitung religiöser Pluralität und Konkurrenz mit den bekannten Superioritätsbehauptungen des Christentums als „Offenbarungsreligion" (im Unterschied zu esoterischen Selbstbeantwortungen letzter Fragen) kommt, ist die theologische Aufmerksamkeit für die neuen Formen einer „natürlichen" Religiosität meist von einem modernitätskritischen Beiklang bestimmt: Die ebenso unvermutete wie unverhoffte Antreffbarkeit religiöser Motive und Stoffe in den Medien, in Werbung und Marketing oder als „zivilreligiöser" Bodensatz wird nur allzu gerne als Beleg für die Säkularisierungsresistenz und existenzielle Unabwälzbarkeit des Religionsthemas interpretiert. Man glaubt neue Indizien für die alte Auffassung gefunden zu haben, daß Religion eine anthropologische Konstante sei, und macht sich Hoffnungen, die bleibende religiöse Ansprechbarkeit des modernen Menschen als Resonanzverstärker für den fälligen Versuch einer Neu-Evangelisation betrachten zu können. Gelegentlich fällt in diesem Zusammenhang die Bemerkung, der Mensch sei „unheilbar religiös", womit offenbar auf die sozio-

---

6 Vgl. hierzu mit zahlreichen Beispielen W. ISENBERG – M. SELLMANN (Hrsg.): *Konsum als Religion? Über die Wiederverzauberung der Welt.* Mönchengladbach 2000.
7 Vgl. G. THOMAS: *Medien – Ritual – Religion.* Frankfurt 1998; J. REICHERTZ: *Die frohe Botschaft des Fernsehens.* Konstanz 2000.

kulturelle Überlebensfähigkeit des Religiösen gezielt wird[8]. Allerdings läßt dieser Satz es auch zu, Religion für eine anthropologische Pathologie zu halten, an der alle bisher aufgebotenen Therapieversuche scheiterten – was der Religion gleichwohl nicht den Zug Pathologischen nimmt.

Schon vor geraumer Zeit hat angesichts der sich abzeichnenden „religiösen Unübersichtlichkeit" Karl Lehmann auf die Notwendigkeit einer Kriteriologie der notwendigen Unterscheidung von Indizien für die kulturelle Permanenz des Religiösen von Phänomenen der religiösen Regression hingewiesen[9]. Die Dringlichkeit einer solchen „Unterscheidung der Geister" ist evident. Manche religiös-weltanschauliche Sinnofferte zeichnet sich durch fundamentalistische Verbohrtheit aus, übt sich in der marktkonformen Anpassung an kurzlebige Nachfragetrends oder führt ohne große Umwege in die Trivialisierung eines religiösen Wirklichkeitsverständnisses. Die von K. Lehmann seither mehrfach geforderte skeptisch-kritische Aufmerksamkeit für Phänomene einer Pluralisierung und Individualisierung des Religiösen[10] ist auch gegenüber den sich gegenwärtig verstärkenden Prozessen der kulturellen Zerstreuung und individuellen „Dekonstruktion" religiöser Traditionen angezeigt. Sie sind keineswegs nur Zeichen für die Renaissance des Religiösen im Säkularen, sondern gehen immer häufiger einher mit Vorgängen einer nicht-religiösen Aneignung und Verwertung religiöser Symbole, Riten und Überlieferungen. Kritische Beobachter dieser Entwicklung können zwar den Fortbestand vieler Elemente religiöser Lebenskultur nicht ignorieren, müssen aber zunehmend bezweifeln, daß es sich hierbei um die gleichzeitige Fortdauer ihrer genuin religiösen Funktionen handelt. Diesen Umstand haben alle theologischen Reflexionen zum Öffentlichkeitscharakter und zur Zukunftsfähigkeit des christlichen Glaubens zu beachten. Ehe im folgenden eine Sondierung seiner kulturellen Selbstbehauptungsmöglichkeiten angesichts religiöser Beliebigkeit und zunehmenden Desinteresses an seinen welttranszendenten Bezügen versucht wird, soll daher zunächst eine „religionskritische" These entwickelt werden: Religiösen Motiven, Themen und Traditionen kommt dort, wo sie in den Medien, im Therapiemarkt und im Marketing noch antreffbar sind, die Bedeutung funktionaler Äquivalente ehemals für originär religiös gehaltener Lebensdeutungs- und -bewältigungsmuster zu (z.B. Sinnorientierung, Sozialintegration). Religion besteht fort auch nach ihrem von der Religionskritik betriebenen Ende als metaphysisches Bindemittel der Gesellschaft, als sozio-kulturelles Lebenssinndepot oder als Moral- und Utopiegenerator – aber nicht mehr *als* Religion.

Gegen diese These scheint zu sprechen, daß das Spektrum möglicher Deutungen des genuin Religiösen an der Religion schon immer beträchtlich breit war

---

[8]   Vgl. M. N. EBERTZ: Kommunikationspastoral der Zwischenräume. In: *Renovatio* 55 (1999), S. 75.

[9]   K. LEHMANN: Der christliche Glaube vor der neuen Religiosität. In: DERS.: *Signale der Zeit – Spuren des Heils*. Freiburg 1983, S. 58-82.

[10] Vgl. K. LEHMANN: Religion als Privatsache und öffentliche Angelegenheit: Die Kirche in der pluralistischen Gesellschaft, in: K. GABRIEL u.a. (Hrsg.): *Zukunftsfähigkeit der Theologie. Anstöße aus der Soziologie Franz-Xaver Kaufmanns*. Paderborn 1999, S. 17-32.

und die neue religiöse Unübersichtlichkeit eigentlich kein Novum darstellt. Die einschlägigen theologischen und religionsphänomenologischen Lexikon- und Handbuchdefinitionen bieten in der Tat reichlich divergierende Definitionsvorschläge: Hinordnung des Menschen auf Gott allein (Thomas v. Aquin), „Verehrung einer höheren Macht (H. v. Glasenapp); Umgang mit dem Heiligen (Mensching, Heiler, Otto); Beziehung zu heilspendender, lebensteigernder Macht (van der Leuuw); Erlebnisbeziehung zu einem transzendenten Zentrum heilbringenden Willens (A. Vergote), das durchgängige Bestimmtsein des Menschen durch das ursprüngliche Bewußtsein von Gott (J. S. Drey); die Verehrung einer Manifestation des Geheimnisses der Wirklichkeit (G. Ebeling) usw."[11]

Sofern zahlreiche neo-religiöse Manifestationen im Markt der Weltanschauungen und Spiritualitäten keines dieser Definitionsmerkmale mehr erfüllen, aber im Phänotyp, in Ästhetik und Semantik an die alten Erscheinungsformen erinnern, liegt nun doch das Paradox vor, daß „die" Religion (der bisherigen Religionstheorien) ihr Ende überlebt hat, ohne daß erkennbar ist, daß sie *als* Religion weiterlebt. Genauer: Die Religion hat dort ihr Ende überlebt, wo nicht mehr ihre bisher für genuin religiös gehaltenen Inhalte und Vollzüge nachgefragt werden oder ihre Geltungsansprüche für eine transzendenzorientierte Lebensführung des Menschen Beachtung finden, sondern statt dessen und primär Bedarf angemeldet wird für ihre therapeutischen Leistungen und ästhetischen Nebenwirkungen. Auf diese Nachfrage hat der nicht-religiöse Therapie- und Ästhetikmarkt seit längerer Zeit mit der Instrumentalisierung des Religiösen für therapeutische und ästhetische Zwecke reagiert. Hauptsache und Nebeneffekte haben dabei die Plätze getauscht. Die nahezu alles spezifisch Christliche ausblendende Aufmerksamkeit, die seit Jahren das „mystische" Heilwissen einer Hildegard v. Bingen findet, bietet hierfür ein instruktives Beispiel.

Ob die These vom nicht-religiösen Fortbestand der Religion plausibel wird, ist nicht allein vom Beibringen passender Beispiele abhängig, sondern bedarf auch terminologischer und methodischer Abklärungen. Die große Unschärfe, die gegenwärtig selbst in wissenschaftlichen Publikationen zur Sondierung der religiösen und quasi-religiösen Phänomene (post-)moderner Esoterik-, Therapie- und Psychoszenen, bei der Identifikation religiöser Fundstücke in den Medien, in Kultur und Sport auffällt[12], erzwingt besondere Anstrengungen des Begriffs zur Erhöhung ihrer Prägnanz. Ist alles Religion, was Anbieter und Nachfrager als „religiös" definieren? Ist es nur eine Frage der jeweiligen Optik, ob ein bestimmtes Phänomen als „religiös" eingestuft wird?

Für einen ebenso notwendigen wie unvermeidlich abstrakten Definitionsversuch soll im folgenden nicht ein funktionalistischer Ansatz gewählt werden, der die Bestimmung des Religiösen an die Bewältigung bestimmter Lebensprobleme (z.B. die Endlichkeit der Lebenszeit) und Freisetzung entsprechender Wirkungen (z.B. Angstentmachtung) knüpft. Die Folgeprobleme, die hier bei der Anwendung auf konkrete Phänomene entstehen, machen rasch jegliche Definitionsge-

---

[11]   M. SECKLER: Der theologische Begriff der Religion. In: W. KERN u.a. (Hrsg.): *Handbuch der Fundamentaltheologie*. Bd. 1. Tübingen – Basel ²2000, S. 146.
[12]   Zu solchen „Fehlanzeigen" vgl. etwa K. FECHTNER – M. HASPEL (Hrsg.): *Religion in der Lebenswelt der Moderne*. Stuttgart 1998.

winne wett. Dies gilt auch für einen material-substanziellen Ansatz, der inhaltliche Angaben über Gegenstand (z.B. das „Heilige") und Verlaufsform (z.B. Opfer, Gebet) religiöser Vollzüge macht[13]. Statt dessen soll mit einer relational-strukturellen Buchstabierübung zu einer „relativistischen" Floskel begonnen werden, die zunächst wie eine Wiederholung jener Verlegenheit klingt, welche die religiöse Unübersichtlichkeit und Beliebigkeit der späten Moderne charakterisiert: Religion ist eine „Einstellungssache".

2. Einstellungssache – oder: Die Frage nach dem Religiösen der Religion

Religion als Einstellungssache zu bezeichnen, impliziert bei näherem Hinsehen den Versuch, in ihr ein spezifisches Verhältnis des Menschen zu seinen Lebensverhältnissen zu sehen. Damit ist zunächst auf die relationale Struktur des Menschseins angespielt: Am Leben sein heißt: „ein Verhältnis haben" (E. Jüngel). Jeder Mensch ist in der Weise am Leben, daß er/sie ein Verhältnis hat zur Gesellschaft, Natur, Geschichte und zu sich selbst. Diese (primären) Verhältnisse werden nach Maßgabe bestimmter Parameter gestaltet und gedeutet. Sie können z.B. nach ökonomischen Gesichtspunkten bestimmt und gestaltet werden. „Leben" heißt dann: in den Bezügen zu Natur, Gesellschaft und Geschichte unter Knappheitsbedingungen zu existieren und diese Bezüge gemäß dem optimalen Verhältnis von Aufwand und Ertrag, Mittel und Zweck zu gestalten. Ökonomisch gestaltete Lebensverhältnisse beziehen sich auf die Frage, wie unter Knappheitsbedingungen (von Ressourcen und Lebenszeit) eine optimale Relation von Mitteln und Zwecken bei der Produktion und Verteilung von Gütern hergestellt werden kann und wie teuer es einem kommt, wenn man diese optimale Relation verfehlt.

Zu diesen (primären) Lebensverhältnissen, ihren Deutungen und kulturellen Ausformungen kann man nun wiederum unterschiedliche Einstellungen haben. Denkbar ist eine moralische Einstellung, die an das ökonomische Umgehen mit den Knappheitsbedingungen menschlicher Existenz die Frage anschließt, wie unter Ungewißheitsbedingungen menschlichen Erkennens eine verantwortbare Zuordnung und Verknüpfung von Handlungsmotiven, -zielen und -folgen gefunden werden kann. Die Schlüsselfrage kann hier lauten: Sind Handlungen verantwortbar, deren Folgen nicht abzuschätzen sind bzw. von deren Folgen nicht klar

---

[13] Vgl. hierzu D. POLLACK: Was ist Religion? Probleme der Definition. In: *Zeitschrift für Religionswissenschaft* 3 (1995), S. 163-190 (Lit.). Ein entscheidender Nachteil substanzieller Religionsdefinitionen ist aufgrund ihrer Prämissen und Aprioriannahmen (z.B. bei der Kategorie des „Heiligen") ihre eingeschränkte Verallgemeinerbarkeit im interreligiösen Gespräch (etwa mit dem Buddhismus). Der Nachteil funktionaler Definitionen (z.B. Religion als „Kontingenzbewältigung") besteht in der prekären Abgrenzung von Religion zu sich als nicht-religiös bestimmenden Phänomenen, die aber funktional äquivalente Leistungen erbringen. Zu den Schwierigkeiten, die sich hier außerdem bei der Problematisierung religiöser Geltungsansprüche unter dem Aspekt der Wahrheit stellen, vgl. H.-TH. HOMANN: *Das funktionale Argument. Konzepte und Kritik funktionslogischer Religionsbegründung.* Paderborn 1997.

ist, ob sie die Zustimmung aller möglicherweise Betroffenen finden? Es ist aber auch möglich, auf dieser Reflexionsstufe erneut nach ökonomischen Parametern zu verfahren und eine moralische Einstellung in eine ökonomische zu integrieren. Die Leitfrage lautet dann: Was kostet es mich, unter ökonomischen Knappheitsbedingungen nach den moralischen Parametern des Handelns unter Ungewißheitsbedingungen zu verfahren? In einer therapeutischen Variante dieser Einstellung wird es etwa darum gehen, inwieweit das Leben unter Knappheits- und Ungewißheitsbedingungen psychische Reifungsprozesse begünstigt oder behindert. In ähnlicher Weise ist es möglich, eine moralische Einstellung zu den Lebensverhältnissen in eine ästhetische oder ökologische Einstellung zu übernehmen und umgekehrt.

Wo die unterschiedlichen Lebensverhältnisse auf diese Weise jeweils in anderen Einstellungen zu diesen Lebensverhältnissen gespiegelt oder aufgehoben werden, ist nicht erkennbar, ob dabei ein Lebens- und Einstellungsverhältnis zu entdecken oder zu erwarten ist, das „religiös" genannt werden könnte. Sofern man in klassischer Manier diese Bezeichnung jenen Vollzügen reservieren will, in denen sich eine „Transzendenz" menschlicher Lebensverhältnisse bzw. der verschiedenen Einstellungen zu ihnen manifestiert[14], ist in diesem Kontext nichts wahrnehmbar, was eine solche Bezeichnung rechtfertigt. Das nährt den Anfangsverdacht, daß die ökonomischen, ästhetisch-medialen und therapeutischen Dekonstruktionen, Dekontextuierungen und Inversionen religiöser Themen, Symbole und Überlieferungen in Wahrheit Dubletten eines ökonomischen, ästhetischen oder therapeutischen Lebensverhältnisses sind. Folglich handelt es sich allenfalls um „(welt)immanente Transzendenzen" und um „religionskonsumtive" Tendenzen. Sollte dieser Verdacht zu erhärten sein, dann wäre die Prognose vom allmählichen Verschwinden der Religion keineswegs endgültig vom Tisch. Einstweilen bleiben dann lediglich die ästhetischen und therapeutischen Erlebnisformate und Folgewirkungen der Religion erhalten; ihre Inhalte aber werden im Lauf der Zeit aufgezehrt. Wo religiöse Traditionen und Motive in den Medien, im „Kult-Marketing" oder im Psychomarkt umformatiert werden gemäß den Parametern und der Logik des Medialen, Ökonomischen, Ästhetischen oder Therapeutischen, nehmen diese Bereiche zwar Züge des Religionsförmigen an. Man arbeitet mit religiös konnotierten Layouts, Ästhetiken und Semantiken, die jedoch „religiös entkernt" worden sind. Auf Dauer werden in diesen Bereichen nur noch die nicht-religiösen Inhalte des Religiösen übrig bleiben.

Ob diese Entwicklung für den christlichen Glauben nur Nachteile hat, ist keineswegs ausgemacht. Die skizzierten nicht-religiösen Dekonstruktionen, Dekontextuierungen und Inversionen religiöser Themen, Symbole und Überlieferungen können auch als Belege für eine Entflechtung von Christentum und Kultur gelesen werden, die es ebenso nötig wie möglich macht, wieder die Unverwechselbarkeit eines genuin christlichen Welt- und Gottesverhältnisses zur Darstellung und Geltung zu bringen, es von allen Versuchen zivilreligiöser, ästhetisch-medialer und kulturökonomischer Daseinsgrundierung (bzw. -überhöhung) radi-

[14] Vgl. hierzu K. LEHMANN: Transzendenz. In: LThK² 10, Sp. 316-319; DERS.: Transzendenz. In: *Herders theologisches Taschenlexikon.* Bd. 7. Freiburg 1973, S. 329-338.

kal abzusetzen und sich kritisch um die Entlarvung jener Verabsolutierungen zu bemühen, mit denen moderne Gesellschaften sich in ein Verhältnis zu einer alles bestimmenden und selbst nicht mehr bestimmten weltimmanenten Wirklichkeit bringen, wie sie etwa die Größe „Geld" darstellt. Wenn das Nicht-Religiöse Züge des Religionsförmigen annimmt, dann scheint es angezeigt, daß der christliche Glaube sich entschieden von derartig religionsförmigen Konstellationen und Praktiken unterscheidet und sich als „Nicht-Religion" behauptet[15]. Gegen diese Empfehlung ist insofern Widerspruch anzumelden, als eine radikale Absetzung des christlichen Glaubens von allem Religionsförmigen den Glauben um seine existenzielle und sozio-kulturelle Resonanzfähigkeit bringt. Sich als Christ für das gesellschaftliche Vorkommen von Religion zu interessieren kann sich nicht in der Kritik an offensichtlichen Schwundstufen und Verzweckungen eines religiösen Lebensverhältnisses erschöpfen. Vielmehr legt die Häufigkeit religionsanaloger Sinnangebote in der modernen Gesellschaft zunächst die Frage nahe, ob z.B. die ökonomische Aneignung des Religiösen nur deswegen erfolgreich ist, weil hierbei das Nichtökonomische der Ökonomie in den Blick kommt. Dieses Nichtökonomische nicht bloß den Marketingstrategen zu überlassen und seine Widerständigkeit gegenüber Vermarktungsversuchen herauszuarbeiten, wäre dann ebenso Aufgabe theologischer Ökonomiekritik wie eine kritische Beschreibung des Kapitalismus als „Weltreligion qua Geldreligion". Ähnlich verhält es mit den anderen Formen einer empirischen Antreffbarkeit des Religiösen im nicht-religiösen Kontext. Theologie und Glaube, die sich ihrer Resonanzfähigkeit bezüglich solcher Phänomene nicht mehr vergewissern können, weil sie diese Phänomene allein im Modus der Kritik wahrnehmen, stehen in der Gefahr, ihr eigenes Thema aus säkularen Erfahrungsbezügen herauszunehmen. Letztlich geschieht dies zu ihrem eigenen Nachteil, weil kritischen Zeitgenossen ein von allen säkularen Erfahrungsbezügen abgesetzter Glaube als eine dem Zugriff der Kritik entzogene, d.h. fundamentalistische Lebenseinstellung erscheinen muß. Eines solchen Eindrucks kann sich der christliche Glaube nur erwehren, wenn er sich widerständig auf die religionsförmigen Deutungen nicht-religiöser Lebensbezüge einläßt[16]. Aufgabe theologischer Religionshermeneutik und -kritik ist es dann nicht, den christlichen Glauben als Nicht-Religion apart zu setzen zu allen jenen Vollzügen, in denen aufgeht, wozu Religion „gut" und belangvoll sein kann. Vielmehr kommt es entscheidend darauf an, für die Kritik an allen Versuchen der Absorption oder Verzweckung des Religiösen innerhalb des Religiösen einen Anhalt für seine Widerständigkeit gegenüber nicht-religiösen Adaptionen zu finden und zugleich die Lebensrelevanz dieser Widerständigkeit zu identifizieren. An diesem Doppelaspekt wird sich dann auch die „Zukunftsfähigkeit" von Religion und Glaube erweisen.

Religion kann *als* Religion nur eine Zukunft haben, wenn sie sich als modernitätskompatibel und zugleich als säkularisierungsresistent erweist. Als säkularisie-

---

[15] Vgl. hierzu das Plädoyer von Th. RUSTER: *Der verwechselbare Gott. Theologie nach der Entflechtung von Christentum und Religion.* Freiburg 2000 (QD 181).

[16] Daß eine religionskritische und religionshermeneutische Aufgabe unablösbar zum Auftrag der Theologie gehören, zeigt W. GRÄB (Hrsg.): *Religion als Thema der Theologie.* Gütersloh 1999.

rungsresistent erweisen sich religiöse Bezugnahmen auf Lebensverhältnisse, wenn dafür modernisierungsbedingte Gründe und Anlässe bestehen und die Aufnahme dieser Bezugnahme in andere Einstellungen zu Lebensverhältnissen (bzw. eine zu religiösen Lebenseinstellungen alternative Einstellung) nicht zu funktional äquivalenten Resultaten führt. Religion hat nur dann eine Zukunft, wenn sie sich von ihrer eigenen Sache und ihrem besonderen Thema her solcher Instrumentalisierungen erwehren kann. Als „religiös" käme demnach eine solche Einstellung zu Lebensverhältnissen und Lebenseinstellungen in Betracht, welche diese Relationen des Ökonomischen, Moralischen, Therapeutischen etc. transzendiert, indem sie bezogen werden auf das, was für den Menschen „mehr als notwendig" ist und wofür es keine funktionalen Äquivalente gibt. Alle Notwendigkeiten transzendierend und ohne funktionales Äquivalent kann nur sein, was nicht innerhalb anderer Einstellungen zu Lebensverhältnissen zum Mittel des Erreichens von Zwecken innerhalb dieser Systeme gemacht werden kann. Es muß gezeigt werden können, daß das, was als „religiös" behauptet wird, einer Überführung oder Aufhebung in ökonomische, technische, moralische und therapeutische Lebenseinstellungen widerstreitet.

Funktional bestimmbar und instrumentell verzweckbar ist alles, was es *im* Leben gibt. Religion und Glaube haben verspielt, wenn sie bei der Frage, was ein religiöses Verhältnis zu Lebensverhältnissen konstituiert, Bezug nehmen auf Dinge und Ereignisse im Leben, für deren Bewältigung sie sich nützlich machen möchten. Religion und Glaube müssen sich vielmehr für das interessieren, was *im* Leben keinen Nutzenwert hat, was aber *für* das Leben als solches belangvoll ist. Ein religiöses Verhältnis zu menschlichen Lebensverhältnissen (und deren Deutung) nimmt demnach nicht Bezug auf etwas *im* Leben, zu dem man ein Verhältnis aufbauen kann, sondern sucht nach einem Verhältnis *zum* Leben als ganzen. Diese Ganzheit wird thematisiert in der Frage, was es mit dem Leben letztlich auf sich hat.

Für das Leben belangvoll ist die Auseinandersetzung mit der Behauptung, daß das Leben letztlich belanglos sei. Etliche Zeitgenossen halten es für bezeichnend, daß für das Fehlen eines jeden „höheren" Sinnes die Welt selbst ein Zeichen ist. Daß die Welt keine Zeichen für ihre Sinngestalt und die Bedeutsamkeit des Menschen enthält, einzig dafür entdecken sie selbst wieder Zeichen: „Betrachten wir das rand- und mittelose Universum mit Milliarden von Sonnen und Galaxien aus Wasserstoff und Helium, in dem unser Blick nur auf unermeßliche Weiten und das Ohr bloß auf beängstigende Stille trifft und das dem Menschen wie nichts sonst seine Winzigkeit und Unerheblichkeit vor Augen führt, so wird es nahezu unmöglich, das gesamte Weltgeschehen noch als sinnhaftes Ereignis zu sehen und auf den Menschen zu beziehen. Leben scheint im Labyrinth des kosmischen Würfelspiels eine Zufallsgröße zu sein und nicht das Resultat einer zielstrebigen Anstrengung der Natur – eine flüchtige Episode, gemessen an den Zeitdimensionen des Alls. Denn so unwahrscheinlich und zufällig die Entstehung des Menschen war, so gewiß ist sein Untergang, der nicht mit der Vernichtung der Erde, geschweige dem Ende der Welt zusammenfallen wird. Vor Jahrmilliarden existierte die Menschheit überhaupt nicht, und irgendwann wird sie von der Erdoberfläche verschwunden sein, ohne daß deshalb das Universum aufhörte zu existieren. Darin wird sich nichts begeben haben, wenn es mit dem Menschen [...] wieder vorbei ist. Doch scheint die stumme Welt, die völlig unbetroffen und ungerührt von unserem Dahinscheiden fortexistiert, nicht nur gleichgültig uns gegenüber zu sein, sondern auch gleichgültig in sich. Vermutlich existiert sie ohne Grund und Zweck"[17].

3. Grundloses Dasein – oder: Die Frage nach dem Sinn von Religion

Die Einsicht in die Grundlosigkeit der Daseins entspricht einer modernisierungsbedingten Verabschiedung metaphysischer Auskünfte über Sinn und Grund der Daseins. Vielen Zeitgenossen gilt das Leben als belanglos, weil es für die philosophische Vernunft unmöglich ist einen Grund zu ermitteln, der erklärt, warum überhaupt etwas ist und nicht vielmehr nichts[18]. Anderen stellt sich die Sinnfrage nur noch in ihrer negativen Version, weil sie sehen, daß ein Dasein kaum belangvoll sein kann, wenn das Größte dem Menschen Erfahrbare – die Natur, die Evolution, der Kosmos – sich gleichgültig zeigen gegenüber dem menschlichen Insistieren auf Wert und Bedeutung[19]. Ein solcher Befund kränkt – vor allem die noch verbliebenen Daseinsoptimisten. Man hatte Besseres erwartet. Und man hat wohl auch Besseres verdient – denkt sich der moderne Mensch. Manchmal denkt der moderne Mensch sogar, daß er etwas Besseres verdient hat als so zu sein, wie er ist, und in einer Welt zu sein, die so ist, wie sie ist. Könnte beides nicht ein wenig vollkommener sein? Wer so fragt, gibt zu, daß Mensch und Welt zwar nicht völlig ablehnenswert, aber gleichwohl verbesserungswürdig sind. In einer endlichen Welt ist jedoch für einen solchen Fragesteller, der grundsätzlich stets das Bessere beansprucht und ein gegebenes oder vorhandenes Gutes eigentlich ausschlagen muß, weil es nicht besser ist als es gerade ist, überhaupt nichts Endliches akzeptabel. Denn Endliches kann immer besser sein – und bei jedwedem Besseren meldet sich der Einspruch wieder: Warum ist es nicht noch besser als es gerade ist?

Ist eine solche Welt akzeptabel? Ist ein endliches Dasein sinnvoll, in dem alles Endliche gerade im Hinblick auf seine mögliche Verbesserung nur eingeschränkt akzeptabel – d.h. letztlich nicht akzeptabel – ist? Am Ende bleibt nur die Resignation und als Alternative, daß das „Allerbeste" für den Menschen wohl nur das „Nichtgeborensein" sein kann. Ist demnach das Dasein ein Verhängnis, ein unverschuldetes Unglück? Solche Fragen erübrigen scheinbar jede weitere Sinn-Frage nach einer angemessenen Einstellung zu einer derartigen Welt. In der Tat ist eine Fortsetzung des Fragens nach sinnvollen Lebenseinstellungen nicht

---

[17] F.-J. WETZ: Abschied ohne Wiedersehen. In: DERS. – H. TIMM (Hrsg.): *Die Kunst des Überlebens*. Frankfurt 1999, S. 36-37.

[18] Vgl. exemplarisch U. HORSTMANN: *Ansichten vom großen Umsonst*. Gütersloh 1991; M. GEIER: *Das Glück der Gleichgültigen*. Reinbek 1997; L. LÜTKEHAUS: *Nichts. Abschied vom Sein – Ende der Angst*. Zürich 1999.

[19] Zum Folgenden vgl. besonders F.-J. WETZ: *Lebenswelt und Weltall*. Stuttgart 1994; DERS.: *Die Gleichgültigkeit der Welt*. Frankfurt 1994; DERS.: *Die Würde des Menschen ist antastbar*. Stuttgart 1998.

zwingend. Sie drängt sich allerdings jedem Menschen auf, der in einer ihm gegenüber offensichtlich gleichgültigen Welt nicht indifferent sich selbst und der Welt gegenüber bleiben kann und nach einer Möglichkeit der Bewältigung dieses Widerstreites sucht.

Wie prekär jedoch diese Suche ist und in welche Paradoxien sie gerät, ergibt sich aus einem nochmaligen Blick auf die besondere Daseinslage und -verfassung des Menschen. Existieren heißt für den Menschen: eine ihm gegenüber gleichgültige Welt übernehmen, innerhalb deren zudem nicht alles von sich aus annehmbar ist. Zur Indifferenz der Welt kommt die Unvollkommenheit und Veränderungsbedürftigkeit der Dinge in der Welt hinzu. Zum Akzeptieren einer veränderungsbedürftigen Welt muß der Mensch davon ausgehen, daß es nicht gleichgültig ist, Dinge in der Welt zustimmungsfähig zu gestalten, wenn das Dasein der Welt diesem Bemühen gegenüber indifferent bleibt. Auch im Hinblick auf das Eigensein der Welt muß es ein sinnvolles Tun sein. Der Sinn dieses Tuns mag nun – etwa in den Spuren der Anthropologie I. Kants – in der Weise gerechtfertigt werden, daß er gerade darin erblickt wird, daß der Mensch Zwecke und Ziele verfolgen kann, die über die „sinnindifferenten" Zwecke und Ziele der Natur hinausgehen. Dies mag auch der Grund dafür sein, daß der Mensch im Blick auf die ihn umgebende indifferente Welt etwas „Besonderes" darstellt. Seine Besonderheit liegt näherhin darin, sich bei der Auswahl von Zwecken und Mitteln der Weltgestaltung ganz von den Grundsätzen einer sinn- und wertsetzenden (ethischen) Vernunft bestimmen zu lassen, aus der Sphäre einer sinnindifferenten „Naturordnung" herauszutreten und an der Verwirklichung einer sinnvollen und wertbestimmten (moralischen) Weltordnung zu arbeiten[20]. Die Bestimmung des Menschen als Naturwesen ist dann die Hervorbringung von Kultur unter dem kategorischen Imperativ der praktischen Vernunft. Durch die moralische Veränderung der Weltverhältnisse sollen sich die Lebensverhältnisse des Menschen verbessern und die Weltverhältnisse akzeptabler werden.

Allerdings taucht gerade an dieser Stelle ein Grenzproblem der Vernunft auf; d.h. hier stellt sich eine empirisch unbeantwortbare Frage, die sich unabweislich der Vernunft aufdrängt: Jeder Anspruch, durch Veränderung der Weltverhältnisse die Welt akzeptabler zu machen, muß davon ausgehen, daß die Welt nicht von vornherein etwas Mißglücktes oder unaufhebbar Mißlungenes darstellt. Wer etwas zum Besseren verändern möchte, kommt nicht umhin, es für besser zu halten, etwas zum Besseren zu verändern, als es bleiben zu lassen. Zum Akzeptieren und Verbessern einer veränderungsbedürftigen und -fähigen Welt muß der Mensch von etwas ausgehen, was an der Welt empirisch nicht ausweisbar ist: die Rechtfertigung des Anspruchs, daß es sinnvoll ist, die Welt zu verbessern. Aber eben diese Rechtfertigung ist fraglich.

Somit ergeben sich zwei einander widerstreitende Momente der „Bedeutsam-

---

[20]   Vgl. hierzu I. KANT: *Kritik der Urteilskraft*, §§ 82-84. Der Mensch darf nach Kant nur insofern als „letzter" Zweck der Natur betrachtet werden, wie er über das Vermögen der Zwecksetzung in moralischer Hinsicht verfügt, d.h. im Kontext sittlichen Handelns. Nur sofern er Zwecke verfolgt, die Zwecke der ethischen Vernunft sind, ist es ihm gestattet, Natur als Mittel (für das Erreichen dieser Zwecke) zu betrachten.

keit" und der „Belanglosigkeit" bei der Beschreibung der existenziellen Grundsituation des Menschen: Das Größte, das dem Menschen erfahrbar ist, das physische Weltall, verhält sich gleichgültig gegenüber allem, was in ihm geschieht. Andererseits ist das Nächste, das dem Menschen erfahrbar ist, sein eigenes Dasein, ihm nicht gleichgültig, sondern höchst bedeutsam. Der Mensch muß sein für ihn höchst bedeutsames Dasein als für die Natur, Welt und Kosmos ganz und gar gleichgültig und unerheblich anerkennen. Dieser Widerstreit ist nicht absorbierbar durch technisch beherrschbare Weltverhältnisse oder instrumentell hergestellte szientifische Formen von Wissen und praktischer Lebensführung. Er bezieht sich nicht auf einen Teil der menschlichen Daseinsverhältnisse, sondern ist ein Grundzug des ganzen Lebens und all seiner Charaktere. Ihm untersteht das Ganze des Daseins und alles, was sich in ihm ereignet. Der Mensch ist somit genötigt, seine existenzielle Grundsituation „zwischen Bedeutsamkeit und Belanglosigkeit" als ein widerständiges Dasein zu leben. Nur im Widerstand gegen die schicksalhafte ebenso wie gegen die selbstproduzierte Belanglosigkeit und Nichtigkeit des Lebens läßt sich Stand gewinnen im Ablauf des Daseins. In diesem widerständigen Sein lernt der Mensch zu sich zu stehen und anderen beizustehen in Ansehung der Unbeliebigkeit dessen, wer und wie sie sind und sein wollen.

Der Widerstand gegen Nichtigkeit und Belanglosigkeit hört aber dann auf vernünftig zu sein, wenn es keinerlei Aussicht gibt, daß dieser Widerstand zu einem Gewinn an Sein und Sinn führt. Diese Situation ergibt sich aber nicht erst am Ende menschlichen Lebens, sondern besteht bereits zu dessen Anfang. Die Grundaufgabe des Lebens und Denkens besteht demnach von Anfang an in dem fragenden Ausgriff nach einer Konstellation, in der Existenz, Humanität und Widerstand vereinigungsfähig bleiben. Wer sich dieser Aufgabe einmal gestellt hat, kann weder den Rückweg in eine existenzielle Indifferenz antreten noch wird er sich mit beliebigen Antworten zufriedengeben können. Das aber impliziert die Suche nach Hinsichten, unter denen sich der Mensch berechtigterweise für bedeutsam halten kann, wenn zugleich das Größte, innerhalb dessen er mit anderen Menschen existiert, sich ihm und den anderen gegenüber gleichgültig verhält.

Diese Grundkonstellation menschlichen Daseins markiert das Bezugsproblem eines religiösen Verhältnisses zu den Lebenseinstellungen des Menschen. An sie knüpft auf widerständige Weise auch der christliche Glaube an. Er sieht die Letztbestimmung menschlicher Existenz ebenfalls in der Grundlosigkeit des Daseins, zählt aber diese Grundlosigkeit zu den unverfügbaren und unableitbaren, alternativenlosen und unabstreifbaren Sinn- und Akzeptanzbedingungen des menschlichen Lebens[21]. In einem christlich-religiösen Verhältnis zu den Daseinsverhältnissen wird die Grundlosigkeit des Daseins als Sinnbedingung von Freiheit und Humanität bzw. als prä-funktionale Voraussetzung aller zweckorientierten, funktionalen Gestaltungen menschlicher Lebensverhältnisse bestimmt. Grundlos am Leben (gelassen) zu sein bedeutet, daß das menschliche Dasein bedeutungslos ist, d.h. es hat keine Bedeutung in dem Sinne, daß es etwas abbildet, an- oder bedeutet und für etwas steht, das es nicht selbst ist. Es ist als grundloses zugleich zwecklos in dem Sinne, daß es nicht als Mittel zum Erreichen eines

---

[21] Zum Folgenden vgl. auch H.-J. HÖHN: *Zerstreuungen*, S. 173-185.

Zwecks herhalten kann. Aber gerade diese Grundlosigkeit erweist sich in einem zweiten Hinblick als eine Freiheits-, Identitäts- und Sinnbedingung menschlicher Existenz. Allein ein Dasein, das allen Zweck- und Nutzenbestimmungen enthoben ist, an dessen Seinkönnen keine Vor- oder Nachbedingungen gestellt werden, das nicht als Emanation, Funktion oder Platzhalter einer anderen Größe begegnet, ist sich wirklich selbst ganz gegeben, frei überantwortet und kann Zweck an sich selbst sein und andere als Zweck an sich selbst anerkennen.

Der Gedanke und die Erfahrung grundlosen Existierens läßt den Menschen mit seinem Dasein eine neue Erfahrung machen. Das Dasein erscheint dann als ein aus dem Nichts (weil grundlos) heraus vor dem Nichtsein bewahrtes Dasein[22]. Auf diese Grundlosigkeit verweisen alle partikularen Sinnerfahrungen. Sie weisen in den Momenten des Sinnvollen jenen Aspekt der Unverfügbarkeit von Sinn auf, welcher bereits das Faktum des grundlosen Daseins kennzeichnet[23]. Grundlos und zweckfrei existieren zu können, ist mithin das Erste und Beste, was dem Menschen widerfahren kann. Nur wer zweckfrei existiert, kann frei und autonom Zwecke setzen. Die Erhaltung einer zweckfreien menschlichen Existenz ist letztlich auch die Sinnbedingung der ökonomisch-technischen Gestaltung menschlicher Lebensverhältnisse. Sie ist das, was allen Zwecksetzungen Sinn gibt.

Allerdings läßt sich dieses religiöse Verhältnis zur Grundkonstellation menschlicher Lebensverhältnisse nicht formulieren und leben, ohne erneut mit widerstreitenden Momenten des Denkens und Lebens konfrontiert zu werden. Denn die Grundlosigkeit des Daseins als Grund freier Existenz bleibt ein triftiges Motiv, das Dasein letztlich doch für belanglos und unannehmbar zu erklären. Was unterscheidet diese Grundlosigkeit letztlich von Willkür, Indifferenz oder Absurdität? Wie frei ist dann eine Freiheit, wie stimmig eine Identität und wie sinnvoll ein Sinn, wenn sie abkünftig sind vom Absurden?

Um als sinnvoll gedacht werden zu können, muß in der Tat bei der Erfahrung von Grundlosigkeit etwas miterfahren werden, das dem Moment ihrer Indifferenz widerstreitet. Soll ein sich grundlos gegebenes Dasein als Sinn- und Freiheitsgeschehen gedeutet werden, muß es das „Woher" dieses Gegebenseins derart denken können, daß es sich angesichts dieses „Woher" als in seiner Freiheit gewollt denken kann. Geht dies anders als im Rekurs auf eine vorgängige und absichtslose Bejahung des Menschen um seiner selbst willen, die seine Würde begründet[24]? Sich dieser Bedingung in der Weise eines „Rück-Überstiegs" alles Faktischen zu vergewissern ist die Voraussetzung und der Anfang einer Transzendenzbewegung, die für den christlichen Glauben charakteristisch ist. Worauf sie zielt, „ist 'jenseits' aller unmittelbar planbarer und habbarer Ziele. Und dennoch gibt es für seltene Augenblicke der Erfahrung diesen abgründigen Grund reiner Freiheit,

---

[22] Zur Bedeutung der Kategorie „Grundlosigkeit" im Kontext einer christlichen Schöpfungstheologie vgl. K. LEHMANN: Kreatürlichkeit des Menschen als Verantwortung für die Erde. In: DERS.: *Glauben bezeugen – Gesellschaft gestalten*. Freiburg 1993, S. 143-158, bes. 145 ff.

[23] Vgl. hierzu ausführlicher K. LEHMANN: Von der Schwierigkeit, glücklich zu sein. In: DERS.: *Signale der Zeit – Spuren des Heils*, S. 15-34.

[24] Vgl. K. LEHMANN: Sinnfrage und Gottesfrage. In: W. SEIDEL (Hrsg.): *Glaubt ihr nicht, so bleibt ihr nicht*. Würzburg 1983, S. 41-58.

dem sich das Glück, das Leben, die Liebe und das Gute bis in das Letzte verdanken[25].

Gleichwohl bleibt es auch den Glaubenden nicht erspart, diese Sinnerfahrungen stets im Kontrast oder als Einspruch zur Erfahrung des Leidens, Mißlingens und der Zerstörung von Sinn zu machen. Und es steht außer Frage, daß es zynisch wird, angesichts dieser Erfahrungen von einer „wohltuenden" Grundlosigkeit des Daseins zu reden. Viele Zeitgenossen haben daraus die Konsequenz gezogen, daß weder die Welt noch ihr angeblicher Schöpfergott es wert sind, daß man Aufhebens von ihnen macht, wenn das, wovon der Mensch im Erfahren von Leid und Tod unbedingt Aufhebens machen muß, weil er sich hier an der Negativität des Negativen und am Unrecht unschuldigen Leidens wundreibt, letztlich in dieser Welt bedeutungslos bleibt. Übrig bleibt auf seiten des Menschen dann nur die ohnmächtige Empörung gegen das unschuldige Leiden, die Auflehnung und die Entrüstung über den Skandal, ohne erweislichen Grund um Leben und Glück betrogen zu werden. Übrig bleibt das Wissen, daß das Negative etwas Nicht-sein-Sollendes ist. Aber dieses Wissen bleibt nicht lange übrig. Wer in einer Welt lebt, mit der es letztlich nichts auf sich hat, kann letztlich nicht mehr sagen, worin das Skandalöse des Skandals unschuldigen Leidens besteht. In einer solchen Welt kann man den unschuldig Leidenden nur zurufen, daß es für sie besser wäre, nie geboren zu sein. Und für den Schöpfergott dieser Welt, sofern er existiert, wäre es ebenfalls besser, diese Welt nicht erschaffen zu habe. Was hat es mit dem Gottsein Gottes noch auf sich, wenn es mit der Welt im letzten nichts auf sich hat?

Bleiben diese Frage unbeantwortet, wird der Glaube etwas Beliebiges, gegenüber dem man mit Recht indifferent bleiben kann. Sich auf diese Herausforderung einzulassen ist für den Glauben unabdingbar, um sich selbst vom Beliebigen zu unterscheiden. Die Haltung der Indifferenz kann er aber nur durchbrechen, wenn er die Aufgabe, Gott und das Leid zusammenzudenken, als eine zugleich um des Menschen willen aufzunehmende Herausforderung versteht. Indifferenz versagt, wo etwas Unbedingtes ins Spiel kommt und es zynisch wird, ein unbedingtes Nein zum sinnlosen Leiden zu unterlassen. Nur dort, wo im Blick auf einen unbedingten Maßstab das Unrecht der Ungerechtigkeit benannt werden kann, ist es möglich, das Relativieren von Leid und Unrecht zu relativieren. Das Leidvolle am Leid wird überall dort relativiert, wo es funktionalisiert, pädagogisiert, moralisiert oder ästhetisiert wird. Sich diesen Bestrebungen theologisch zu widersetzen kann nicht bedeuten, das Leid spirituell zu überhöhen (d.h. auch: zu relativieren), sondern muß heißen, es kategorisch, „ohne wenn und aber" als nicht-sein-sollend zu bestimmen. Für das Kategorische dieses „Nein, ohne jedes Ja" steht der Gottesbegriff. Wer für einen sinnlos Leidenden nur den Kommentar übrig hat, es sei besser für ihn, nicht geboren zu sein, bleibt ihm die kategorische Auflehnung gegen die Sinnlosigkeit des Leidens schuldig. Kategorische Auflehnung gegen das kategorisch Widersinnige aber verlangt danach, an einem Unbe-

---

[25] K. LEHMANN: Gibt es ein christliches Menschenbild? In: DERS.: *Glauben bezeugen – Gesellschaft gestalten*, S. 49. Vgl. auch DERS.: Gott – das bleibende Geheimnis. In: P. REIFENBERG (Hrsg.): *Gott – das bleibende Geheimnis*. Würzburg 1996, S. 103-114.

dingten Maß zu nehmen. Der Glaube kommt nicht umhin, dieses Maß in der Unbedingtheit Gottes zu sehen. Die Aufgabe, Gott und das Leid zusammenzudenken, verknüpft daher den Gedanken der Unbedingtheit Gottes mit der Negativität
des Negativen. Die Berechtigung und Wahrheit dieser Verknüpfung erweist sich
in der bedingungslosen Solidarität mit den Leidenden, als Bestreitung jedweden Versuches, den Skandal ihres Leidens zur relativieren. Dieser Protest setzt
sich fort in der Weigerung, das Gedächtnis des Leidens zu entsorgen in der Amnesie der Nachkommen. Der Glaube weigert sich, der Leidenden anders zu gedenken als im Aufbegehren gegen das Nicht-sein-sollen ihres Leidens. Er tut dies
„coram Deo et coram mundo". Denn das Leidvolle am Leiden ist die Erfahrung
der Gott- und Weltverlassenheit. Was bleibt, wenn man sich eines Tages in einer
transzendenzvergessenen Kultur eines solchen Vollzuges nicht mehr erinnern
kann: Beliebigkeit? Indifferenz?

Religion und Politik in Zeiten der Globalisierung

VON JOHANN BAPTIST METZ

Sowohl die öffentliche Verantwortung des Glaubens in unserer Zeit wie das Ringen um eine lebendige Gestalt der Ökumene dürfen als besondere Anliegen Karl Lehmanns bezeichnet werden. Als Theologe, als Bischof, als Vorsitzender der Deutschen Bischofskonferenz hat er sie längst eindrucksvoll und nachhaltig zur Geltung gebracht. Mein ihm zugedachter kleiner Text kreist um zwei einschlägige Fragen: um die Frage nach einer Neugestaltung des Verhältnisses von Religion und Politik in unseren globalisierten Verhältnissen und – in innerem Zusammenhang damit – um die Frage nach einer neuen Perspektive der Ökumene, die ich hier abgekürzt als Ökumene der Compassion kennzeichne.

1. In diesen Zeiten der Globalisierung zeigt sich eine neue Gemeinsamkeit zwischen Religion und Politik. Sie ist – auf den ersten Blick – eine rein negative Gemeinsamkeit, eine Gemeinsamkeit in der Ohnmacht, eine agonale Gemeinsamkeit: In globalisierten Verhältnissen droht Religion am Pluralismus zu scheitern und Politik an Ökonomie und Technik. Läßt sich angesichts dieser Gefahr des Scheiterns ein neues Bündnis schmieden? Ich versuche es, zunächst aus der Sicht der biblischen Religion.

2. Das Zeitalter der Globalisierung ist das Zeitalter des Pluralismus der Religionswelten. Religion lebt heute nicht mehr in einem geschlossenen Universum; sie ist der Konkurrenz mit anderen Religionen und deren Wahrheitsansprüchen ausgesetzt. So empfiehlt man Toleranz, Dialog oder Diskurs. Das ist gewiß wichtig. Aber ist es die hinreichende Antwort auf den konstitutionellen Pluralismus der Religionen? Gibt es nicht auch Grenzen der Toleranz und Kriterien für den Dialog? Und gibt es in Zeiten der Globalisierung nicht auch Situationen, in denen die formale, die rein prozedurale Rationalität der Diskurse versagt? Diese Fragen zu berücksichtigen heißt freilich nicht, den Pluralismus zu leugnen oder aufzulösen, sondern eine allen Menschen zugängliche und zumutbare Form des Umgangs mit ihm zu entwickeln. Gibt es aber in der unwiderruflich anerkannten Vielfalt der Religionen ein alle verpflichtendes und in diesem Sinne wahrheitsfähiges Kriterium der Verständigung? Oder bleibt nun alles der Beliebigkeit des postmodernen Marktes ausgeliefert? Führt die Globalisierung im Bereich der Religionen und Kulturen am Ende zu einer Relativierung aller Geltungsansprüche, zu einer Vielzahl von religiös-kulturellen Sprachspielen, die letztlich einander verständnislos gegenüberstehen?

Zu befragen und zu prüfen sind die Traditionen und Kontexte der Religions- und Kulturwelten. Viele favorisieren heute – gerade auch in unseren westlichen

Kulturkreisen – die „weiche Lösung" einer Religion ohne Gott. Wirkt sie nicht viel toleranter und pluralismus-verträglicher als die Erinnerung an den biblischen Gott, der schließlich als Gott der Geschichte und der Gesetze überliefert ist? Gleichwohl zielt mein Vorschlag auf diese „harte" Lösung: auf das Gottesgedächtnis der biblischen Überlieferungen, soweit es sich als Leidensgedächtnis der Menschen buchstabiert.

3. Gewiß, monotheistische Religionen scheinen wenig geeignet für eine Neubestimmung des Verhältnisses von Religion und Politik. Sie gelten zumeist als Legitimationsquelle eines vordemokratischen, eines gewaltenteilungsfeindlichen Souveränitätsdenkens und als Wurzel politischer Fundamentalismen. Doch die Rede vom Gott Abrahams, Isaaks und Jakobs, der auch der Gott Jesu ist, ist nicht Ausdruck irgendeines Monotheismus, sondern eines „schwachen", eines verletzbaren, eines empathischen Monotheismus, sie ist im Kern eine leidempfindliche Gottesrede.

Bei diesem biblischen Monotheismus handelt es sich um einen „reflexiven Monotheismus". Das will zweierlei besagen: Zum einen ist dieser Monotheismus von einer Figur der „biblischen Aufklärung" begleitet, d.h. er enthält zwar Elemente eines archaischen Monotheismus mit seinen Gewaltmythen und seinen friedensfeindlichen Freund-Feind-Bildern, gleichzeitig kennt er aber ein „Bilderverbot", eine radikale Mythenkritik und die negative Theologie der Propheten. Zum anderen ist die Gottesrede der biblischen Traditionen eine Rede, die durch die ebenso unbeantwortbare wie unvergeßliche Theodizeefrage – also durch die Frage nach dem Leid in Gottes guter Schöpfung – konstitutionell „gebrochen" ist, eine Rede, die nicht eine Antwort, sondern eine Frage zu viel hat. Sie ist deshalb eine Gottesrede, die sich nur über die Leidensfrage, über die memoria passionis, über das Eingedenken des Leids, insbesondere des Leids der anderen - bis hin zum Leid der Feinde – universalisieren kann. Universal, also für alle Menschen bedeutsam, kann diese Gottesrede nur sein, wenn sie in ihrem Kern eine für fremdes Leid empfindliche Gottesrede ist.

Das Ringen um diesen Monotheismus hat vermutlich ausschlaggebende Bedeutung bei den gegenwärtig viel diskutierten Kulturkonflikten – z.B. zwischen der politischen Kultur des Westens und der der islamischen Länder. Ich halte es für aussichtslos bei diesen und analogen Auseinandersetzungen, das „monotheistische Prinzip" überhaupt ausschalten zu wollen. Es geht vielmehr darum, die Züge dieses leidempfindlichen Monotheismus in den Traditionen aller drei großen monotheistischen Religionen anzurufen und einzuklagen – bei den Juden, bei den Christen und bei den Muslimen.

Freilich sind alle monotheistischen Religionen gebrandmarkt durch ihren historischen Verrat an dem Grundaxiom des biblischen Monotheismus, wonach das Gottesgedächtnis an das Eingedenken fremden Leids gebunden ist. Und sind es heute schließlich nicht die monotheistischen Religionen selbst, die gegen dieses Eingedenken fremden Leids immer wieder verstoßen und so Situationen des Hasses und der Gewalt wachrufen oder stabilisieren – in Exjugoslawien, in Irland, im Israel-Palästina-Konflikt, im Libanon, auf dem indischen Subkontinent usw.?

4. Es gibt in der deutschen Sprache kein Wort, das diese elementare Leidempfindlichkeit – und die Tatsache, daß Jesu erster Blick dem fremden Leid galt – unmißverständlich zum Ausdruck bringt. „Mitleid" klingt zu gefühlsbetont, zu unpolitisch. Es steht im Verdacht, die gesellschaftlichen Zustände durch Übermoralisierung zu entpolitisieren, die herrschenden Ungerechtigkeiten durch Sentimentalität zu verschleiern. ... So verwende ich versuchsweise das Fremdwort „Compassion" als Schlüsselwort für das Weltprogramm der biblischen Religion im Zeitalter der Globalisierung. Diese Compassion als teilnehmende Wahrnehmung fremden Leids, als Eingedenken des Leids der anderen, ist in meinen Augen die biblische Mitgift für Europa so wie die theoretische Neugierde die griechische Mitgift und das republikanische Rechtsdenken die römische Mitgift für Europa in unseren globalisierten Verhältnissen ist.

5. Welche Bedeutung hat nun diese Compassion für ein neues Verhältnis von Religion und Politik in diesen Zeiten der Globalisierung?

Zum einen kann diese Compassion als Inspiration für eine neue Politik des Friedens gelten. Fremdes Leid wahrzunehmen und beim eigenen Handeln zu berücksichtigen, ist die unbedingte Voraussetzung aller künftigen Friedenspolitik. Was z.B. wäre im ehemaligen Jugoslawien geschehen, wenn die dortigen Völker – ob christlich oder muslimisch – nach diesem Imperativ gehandelt hätten? Wenn sie sich also in ihren ethnischen Konflikten nicht nur der eigenen Leiden, sondern auch der Leiden der anderen, der Leiden ihrer bisherigen Feinde erinnert hätten? Was wäre mit den Bürgerkriegen in den anderen Gegenden Europas, wenn Christen nicht immer wieder diese Compassion verraten hätten? Und nur, wenn auch unter uns – in dieser neuen EU – eine von dieser Compassion inspirierte politische Kultur zunimmt, wächst die Aussicht darauf, daß Europa eine blühende, und nicht eine brennende kulturelle Landschaft sein wird, eine Friedenslandschaft, und nicht eine Landschaft implodierender Gewalt, also nicht eine Landschaft eskalierender Bürgerkriege.

Zum anderen kann diese Compassion als Anstiftung zu einer neuen Politik der Anerkennung gelten. Es kann in den globalen politischen Verhältnissen nicht nur um das Verhältnis der einen Diskurspartner zu den anderen Diskurspartnern gehen, sondern – fundamentaler – um das Verhältnis der Einen zu den bedrohten und geopferten Anderen. Strikt symmetrische Anerkennungsverhältnisse, wie sie im Konzept unserer fortgeschrittenen Diskursgesellschaften unterstellt werden, kommen letztlich über eine Logik der Markt-, der Tausch- und Konkurrenzverhältnisse nicht hinaus. Erst asymmetrische Anerkennungsverhältnisse, erst die Zuwendung der Einen zu den ausgegrenzten und zerstörten Anderen bricht die Gewalt der Logik des Marktes. Nicht wenige werden in dieser Betonung der Asymmetrie einen zu emphatischen Politikbegriff vermuten. Tatsächlich reklamiert er jedoch nur die unverzichtbare Beziehung zwischen Politik und Moral. Ohne diese „moralische Implikation" wäre Politik, wäre Weltpolitik nur das, als was sie heute bereits weithin erscheint: die Geisel von Ökonomie und Technik und ihren sog. „Sachzwängen" im Zeitalter der Globalisierung.

Schließlich kann diese Compassion zur Schärfung des humanen Gedächtnisses in der Politik führen. Sie protestiert gegen einen Pragmatismus der modernen

Freiheit, der sich vom Leidensgedächtnis losgesagt hat und so zunehmend moralisch erblindet. Sie ist ein Protest gegen die Vergeßlichkeit der modernen Freiheit. Was wäre denn, wenn sich die Menschen eines Tages nur noch mit der Waffe des Vergessens gegen das Unglück in der Welt wehren könnten? Wenn sie ihr Glück nur noch auf das mitleidlose Vergessen der Opfer bauen könnten, also auf eine Kultur der Amnesie, in der allenfalls die Zeit alle Wunden heilen soll? Woraus würde sich dann noch der Aufstand gegen die Sinnlosigkeit der Leiden in der Welt nähren? Was würde dann noch zur Aufmerksamkeit für das fremde Leid und die Vision einer neuen größeren Gerechtigkeit inspirieren?

6. In den gegenwärtigen Versuchen, ein globales Ethos für die Politik zu formulieren, ist häufig von einem sittlichen Universalismus die Rede, der auf der Basis eines sog. Minimalkonsenses zwischen den Religionen und Kulturen bestimmt wird. Doch ein globales Ethos ist kein Konsensprodukt. Es wurzelt vielmehr in der unbedingten Anerkennung einer Autorität, die freilich auch in den großen Religionen und Kulturen der Menschheit angerufen werden kann: in der Anerkennung der Autorität der Leidenden, wie ich sie hier in extremer Abkürzung nennen möchte. Diese Autorität der Leidenden ist nach den modernen Kriterien von Konsens und Diskurs „schwach". Sie kann weder hermeneutisch noch diskursiv gesichert werden. Der Gehorsam gegenüber dieser Autorität geht der Verständigung und dem Diskurs voraus – und zwar um den Preis jeglicher Moralität. „Sieh hin – und du weißt" (Hans Jonas). Diese „schwache" Autorität der Leidenden ist die einzige Autorität, die uns in unseren aufgeklärten autoritätskritischen Verhältnissen geblieben ist.

– Dieser Autorität der Leidenden bleibt die menschliche Vernunft um ihrer Vernünftigkeit willen unterworfen, will sie nicht zur rein instrumentellen, rein funktionalen Vernunft geraten. „Das Bedürfnis, Leiden beredt werden zu lassen, ist Bedingung aller Wahrheit" (Theodor W. Adorno). So läßt sich das Leidensapriori aller uns vergönnten und zugemuteten Metaphysik und ihrer Wahrheitsansprüche formulieren.

– Dieser Autorität der Leidenden (nicht: des Leidens!) ist jede Ethik unterworfen, sofern Ethik immer auf Gegenseitigkeit, auf Intersubjektivität beruht, d.h. sofern sie nicht einfach davon handelt, wie jeder mit sich selbst umgehen soll, sondern wie wir uns gegenseitig behandeln sollen. Hier spielt die Autorität der Leidenden eine normative Rolle. Sie verhindert, daß Ethik zur reinen Verträglichkeitsethik bzw. Rechtfertigungsethik in unserer wissenschaftlich technologischen Weltzivilisation wird. Sie unterbricht die fortschreitende Auflösung des Gedächtnisses der Menschen ins reine Experiment. Sie erhebt Einspruch gegen eine Biotechnik bzw. „Anthropotechnik", in der „der Mensch" völlilg objektiviert wird und nur als das letzte noch nicht völlig durchexperimentierte Stück Natur gilt.

– Dieser Autorität sind alle Kulturen und Religionen der Menschheit unterworfen. Die Autorität der Leidenden ist auch religiös und kulturell unhintergehbar. (Das gilt auch für die Kirche; schließlich hat Jesus selbst in seiner Gerichtsparabel von Matth 25 die gesamte Menschheitsgeschichte unter eben diese Autorität der Leidenden gestellt: „Was ihr dem Geringsten getan oder nicht getan habt ...") Die Anerkennung dieser Autorität läßt sich deshalb als jenes Kriterium formulieren, das den Religions- und Kulturdiskurs in globalisierten Verhältnissen orientieren kann.

7. Weltpolitik – Weltreligionen. „Die Welt", so habe ich beim Direktor des Washingtoner Counsel of Foreign Relations gelesen, „steuert unerbittlich auf einen dieser tragischen Momente zu, der künftige Historiker fragen lassen wird, warum nicht rechtzeitig etwas unternommen wurde. Haben die wirtschaftlichen und politischen Eliten nicht bemerkt, zu welch tiefgreifenden Verwerfungen der ökonomische und technische Wandel führte? Und was hat sie davon abgehalten, die notwendigen Schritte zu unternehmen, um eine globale soziale Krise zu verhindern?" Wer treibt eigentlich in diesem Sinne gewissenhafte Weltpolitik? Wo sind die Institutionen, die eine unter moralischen Gesichtspunkten geforderte „globale Verantwortung" übernehmen könnten? Etwa die UN mit ihren in Menschenrechtsfragen so augenscheinlich divergierenden Interessen?

Sind es am Ende nur so renommierte Subinstitutionen wie amnesty international (für die Freiheitsrechte in der Welt), wie etwa Terre des Hommes (für die Armen in der Welt) oder wie Green Peace (für die weltweiten ökologischen Fragen)? Aber, bei allem Respekt, genügen sie? Kann man mit ihnen die Weltpolitik ermöglichen und garantieren, in der der Primat der Politik gegenüber Ökonomie und Technik gewahrt bleibt – angesichts der beschleunigten Globalisierung der Märkte und angesichts einer überschießenden kulturellen Amnesie in den virtuellen Welten unserer Kultur- und Informationsindustrie? Bedarf da die Politik nicht der Unterstützung durch ein breiter und fundamentaler verwurzeltes Gedächtnis? Braucht sie nicht auf eine neue Weise das in den Religionen der Menschheit akkumulierte Leidensgedächtnis – wohlgemerkt: im Sinne der Compassion, im Sinne der teilnehmenden Wahrnehmung fremden Leids?

Damit die Globalisierung nicht zur kulturellen und moralischen Trivialisierung führt (= „Weltkultur auf dem kleinsten gemeinsamen Nenner"), darf der religiöse Kern der Kulturen der Menschheit gerade heute nicht vernachlässigt werden. Nun sind alle großen Religionen der Menschheit um eine Mystik des Leidens konzentriert. Sie könnte auch die Basis sein für eine Koalition der Religionen zur Rettung und Beförderung der sozialen und politischen Compassion in unserer Welt – im gemeinsamen Widerstand gegen die Ursachen des ungerechten und unschuldigen Leidens, aber auch gegen die kalte Alternative einer Weltgesellschaft, in der „der Mensch" immer mehr in den menschenleeren Systemen der Ökonomie, der Technik und ihrer Kultur- und Informationsindustrie verschwindet. Diese Ökumene der Compassion wäre nicht nur ein religiöses, sondern auch ein politisches Ereignis. Dies freilich nicht, um einer traumtänzerischen Gesinnungspolitik oder einer fundamentalistischen Religionspolitik das Wort zu reden, sondern um in diesen Zeiten der Globalisierung gewissenhafte Weltpolitik zu ermöglichen und zu stützen.

8. Dabei wird künftig vor allem eine Frage von entscheidender Bedeutung sein und den weltweiten Religionsdiskurs bestimmen: Wie verhalten sich zwei klassische Formen dieser Leidensmystik der Religionen zum Umgang mit fremdem

Leid? Es handelt sich zum einen um die biblisch monotheistischen Traditionen, zum andern um die Leidensmystik in den fernöstlichen, insbesondere in den buddhistischen Traditionen, die inzwischen auch in der postmodernen Welt des Westens, in der Welt nach dem proklamierten „Tod Gottes" immer mehr Anhänger gewinnt.

Diese fernöstliche Leidensmystik, speziell die des Buddhismus, beruht darauf, daß letztlich alle Leid schaffenden Unterschiede nur Schein sind. Das Ich, in das sich unser westlicher Egoismus so leicht verkrallt, gilt selbst als Illusion, sozusagen als erster Anthropomorphismus. Das mag für strapazierte europäische Subjekte wie eine Befreiung klingen. Doch wo das eigenständige Subjekt zur mystisch durchschauten Illusion wird, verflüchtigen sich auch alle anderen Subjekte ins Illusionäre. Wo wäre da noch eine unhintergehbare Verpflichtung zur Compassion als Empfindlichkeit für und Sorge um das Leid der Anderen? Diese fernöstliche Leidensmystik entspannt m.E. das Verhältnis von Mystik und Moral zu einem allzu hohen Preis.

Die Leidensmystik der biblisch monotheistischen Traditionen ist jedenfalls in ihrem Kern eine politische Mystik, eine Mystik der politischen und sozialen Compassion. Sie ist eine Antlitzmystik, nicht eine antlitzlose Natur- bzw. kosmische Alleinheitsmystik. Ihr kategorischer Imperativ lautet: Aufwachen, die Augen öffnen! Sie ist nicht eine Mystik der geschlossenen, sondern eine Mystik der offenen Augen, der unbedingten Wahrnehmungspflicht für fremdes Leid. „Sieh hin und du weißt!" Hier ist jene unhintergehbare Verantwortung des Ich verankert, die wir als „Gewissen" bezeichnen, und was wir die „Stimme" dieses Gewissens nennen, ist unsere Reaktion auf die Heimsuchung durch das fremde Antlitz der Leidenden.

In diesem Sinn bringen die Zeiten der Globalisierung neue tiefgreifende Fragen und Herausforderungen mit sich – für die Welt der Politik wie für die Welt der Religion und für das gegenseitige Verhältnis beider.

Exilische Mystagogie

Anmerkungen zu einer notwendigen Aufgabe

VON NIKOLAUS SCHWERDTFEGER

I. Von der Notwendigkeit einer neuen Mystagogie

Nicht von ungefähr wird ein Wort Karl Rahners in den letzten Jahren so häufig wie wohl kein anderes zitiert: Der „Fromme von morgen wird ein 'Mystiker' sein, einer, der etwas 'erfahren' hat, oder er wird nicht mehr sein, weil die Frömmigkeit von morgen nicht mehr durch die im voraus zu einer personalen Erfahrung und Entscheidung einstimmige, selbstverständliche öffentliche Überzeugung und religiöse Sitte aller mitgetragen wird"[1]. Offenbar verrät die häufige Zitation dieses Wortes, daß die hier vorausgesagte Situation längst eingetreten ist: Der Glaube wird nicht mehr durch ein Milieu gestützt, das ihn als Nährboden tragen könnte. Jüngst hat Franz-Xaver Kaufmann wieder an dieses Wort erinnert und es von religionssoziologischer Seite bekräftigt: Es sind vor allem die „lebensweltlichen Stützen, welche heute der Tradierung des christlichen Glaubens abhanden gekommen sind. Eben deshalb müßte sich dieser, um glaubwürdig zu sein, weit stärker an seinen zentralen Inhalten ausweisen als je zuvor. Wurde man durch die Jahrhunderte hindurch Christ mittels der als selbstverständlich geltenden Taufe, und blieb es gewohnheitsmäßig dank der den Tages-, Jahres- und Lebenslauf strukturierenden kirchlichen Ereignisse, so erscheint heute zum Christ-Bleiben ein *Akt persönlicher Bekehrung* notwendig"[2].

Rahner selbst hat schon damals eine Besinnung auf das Wesentliche des Glaubens gefordert und von der „Notwendigkeit einer neuen Mystagogie"[3] gespro-

---

[1] K. RAHNER: *Schriften zur Theologie*. Bd. 7. Zürich 1966, S. 22. Zur Deutung dieses Rahnerschen Diktums vgl. H. D. EGAN: „Der Fromme von morgen wird ein 'Mystiker' sein." Mystik und die Theologie Karl Rahners. In: H. VORGRIMLER (Hrsg.): *Wagnis Theologie. Erfahrungen mit der Theologie Karl Rahners*. Freiburg i. Br. 1979, S. 99-112; J. SUDBRACK: Der Christ von morgen – ein Mystiker? Karl Rahners Wort als Mahnung, Aufgabe und Prophezeiung. In: W. BÖHME – J. SUDBRACK (Hrsg.): *Der Christ von morgen ein Mystiker? Grundformen mystischer Existenz*. Würzburg – Stuttgart 1989, S. 99-136; J. SPLETT: *Denken vor Gott. Philosophie als Wahrheits-Liebe*. Frankfurt a. M. 1996, S. 221-244.

[2] F. -X. KAUFMANN: *Wie überlebt das Christentum?* Freiburg i. Br. 2000, S. 135.

[3] Vgl. K. RAHNER: Die grundlegenden Imperative für den Selbstvollzug der Kirche in der gegenwärtigen Situation. In: HPTh II/1 (1966), S. 256-276, 269-271, jetzt in K. RAHNER: *Sämtliche Werke*. Bd. 19. Freiburg i. Br. 1995, S. 297-316, 309-311; *Schriften zur Theologie*. Bd. 7, S. 22f. Zu Rahners Mystagogie vgl. besonders K. P. FISCHER: *Gotteserfahrung. Mystagogie in der Theologie Karl Rahners und in der Theologie der Befreiung*. Mainz 1986.

chen, ja sie offenbar sogar als „Hauptaufgabe" der Pastoral verstanden⁴. In einer
Zeit, in der Gott weltlos und die Welt gottlos erscheint, sei es notwendig, zu einer
echten Gotteserfahrung inmitten dieser Welt zu führen: „Der Mensch von heute
wird auch in der Dimension seiner theoretischen, satzhaften Überzeugungen nur
dann ein Glaubender sein, wenn er eine wirklich echte, persönliche religiöse Erfahrung gemacht hat, immer neu macht und darin durch die Kirche eingeweiht
wird. Eine bloße Vermittlung satzhafter, kategorialer Lehrsätze des christlichen
Dogmas genügt nicht. Diese werden in einer weltlich und pluralistisch gewordenen Welt nicht mehr gestützt und als indiskutabel durchgesetzt durch die öffentliche Meinung und das gemeinsame Ethos der ganzen Gesellschaft. Wenn sie
also nicht von einer persönlichen religiösen Erfahrung begleitet und getragen
sind, wenn sie nicht in ihrer Gesamtheit erscheinen als die richtige Aussage und
satzhafte Objektivation dieser religiösen Erfahrung, dann können sie nicht anders
wirken denn als blasse, unwirkliche Ideologie, die man auch aufgeben kann, ohne daß sich dadurch im konkreten Dasein etwas ändert"⁵.

Mystagogie geht es also darum, eine bloß abstrakte Gotteserkenntnis zu überwinden und den Glauben in seiner Plausibilität und Lebensrelevanz von der persönlichen Gotteserfahrung des einzelnen her neu zu gewinnen. Dabei setzt Rahner voraus, daß das gesamte menschliche Dasein vom Heilswillen Gottes umfaßt
und somit jedes menschliche Leben immer schon in Wahrheit Heils- und Un-
heilsgeschichte ist. Mystagogie bedeutet dann eine Art „Tiefenbohrung", die bei
den alltäglichen Erfahrungen ansetzt und zur „Quelle" der „Wasser des lebendigen Geistes" durchzustoßen, d.h. zum ausdrücklicheren Zusichselberkommen
und zur freien Annahme einer Verfassung des Menschen zu führen sucht, „die
immer gegeben, meist verschüttet und verdrängt, aber unausweichlich ist und
Gnade heißt, in der Gott selbst in Unmittelbarkeit da ist"⁶.

Rahners Forderung einer Mystagogie kommt aus der Mitte seiner Theologie
und drückt ihre durchgängige Intention aus. Denn wenn man mit Karl Lehmann
die „Erfahrung der Gnade" als den Kristallisationspunkt seines Werkes ansehen
darf⁷, dann ist Mystagogie als Hinführung zum Geheimnis der gnadenhaften
Selbstmitteilung Gottes das Schlüsselwort, das seine zentralen Gedanken ins
Praktisch-Theologische vermittelt. Was dabei Mystagogie unter den Bedingungen heutiger gesellschaftlicher Situation heißt, ist Anliegen der folgenden Überlegungen.

---

4   Vgl. K. RAHNER: Rede des Ignatius von Loyola an einen Jesuiten von heute. In:
     Ignatius von Loyola (K. RAHNER zus. mit P. IMHOF und H. N. LOOSE). Freiburg i.
     Br. 1978, S. 9-38, 15. Der unmittelbar Angesprochene für diese Hauptaufgabe ist
     der „Jesuit von heute"; was aber da gesagt wird, geht wohl über den direkten
     Adressaten hinaus.
5   K. RAHNER, HPTh II/1, S. 269f. bzw. SW 19, S. 309f.
6   K. RAHNER, Rede des Ignatius, S. 15; 14.
7   Vgl. K. LEHMANN: Karl Rahner. Ein Porträt, in: K. LEHMANN – A. RAFFELT
     (Hrsg.): *Rechenschaft des Glaubens. Karl Rahner-Lesebuch*. Freiburg i. Br. 1979,
     S. 13*-53*, bes. 36*-40*; DERS.: Rahner, Karl. In: LThK³ 8 (1999), Sp. 805-807,
     bes. 807.

II. Abgrenzungen

Anfangs eher unbeachtet, hat Rahners Forderung einer Mystagogie seit Mitte der achtziger Jahre ein vielfältiges Echo gefunden. Besonders von Pastoraltheologen wurde sie aufgegriffen und in verschiedenen Zusammenhängen für die Praxis fruchtbar gemacht, etwa unter dem Stichwort „Mystagogische Seelsorge"[8]. Auch „Exerzitien im Alltag"[9] oder „Grundkurse gemeindlichen Glaubens"[10] sind Ansätze, das Postulat Rahners praktisch zu verwirklichen. Betrachtet man die gegenwärtige Situation, so erscheint auf den ersten Blick die Perspektive für Mystagogie nicht ungünstig zu sein. Die „Erschöpfung der Moderne", von der gelegentlich gesprochen wird, läßt offenbar ein verstärktes Bedürfnis nach Transzendenz aufkommen. Religionssoziologen sprechen von einer beträchtlichen Religionsproduktivität unserer Gesellschaft. Die alten Grundfragen des Menschen nach Herkunft, Ziel und Sinn seines Lebens werden – zumal in Filmen, dem vielleicht aktuellsten Medium – wieder neu gestellt. Spirituelle Erfahrungen werden gesucht, und erstaunlich unbefangen wird von Mystik gesprochen[11]. Die häufigste Antwort schließlich auf die Frage, wie der Glaube in unserer postmodernen Ge-

---

[8] Einen kurzen Überblick über die Rezeption von Rahners Mystagogie gibt: H. HASLINGER: Was ist Mystagogie? Praktisch-theologische Annäherung an einen strapazierten Begriff. In: S. KNOBLOCH – H. HASLINGER (Hrsg.): *Mystagogische Seelsorge. Eine lebensgeschichtlich orientierte Pastoral.* Mainz 1991, S. 15-75, bes. 30-33; vgl. auch die verschiedenen Beiträge dieses Bandes selbst. Kritisch zum Konzept einer „Mystagogischen Seelsorge": K. ARMBRUSTER: *Von der Krise zur Chance.* Freiburg i. Br. 1999, bes. S. 74-77.

[9] Vgl. etwa: *Mit Jesus auf dem Weg. Erläuterungen und Texte zu Exerzitien im Alltag für die Jesuiten im deutschen Sprachraum 1989/90.* Herausgegeben von der GRUPPE FÜR IGNATIANISCHE SPIRITUALITÄT, Frankfurt a. M. 1989; R. KINAST: Einzelexerzitien im Alltag. Erfahrungen eines Gemeindekaplans in Niederösterreich. In: *Geist und Leben* 61 (1988), S, 386-390; M. JILESEN: Mit Gott unterwegs im Alltag. Ein Erfahrungsbericht über Exerzitien im Alltag. In: *Pastoralblatt* 48 (1996), 18-21; K. SCHWEITZER: „Alles ins Du stellen" (Martin Buber). Exerzitien im Alltag im Zugehen auf das Jahr 2000. In: *Anzeiger für die Seelsorge* 106 (1997), S. 302-305.

[10] Vgl. etwa das Themenheft *Grundkurse Gemeindlichen Glaubens* = Materialbrief 1/98 GK (Beiheft zu den *Katechetischen Blättern*); N. SCHWERDTFEGER: Erfahrungen teilen – Glauben erschließen. In: *Meditation* 25 (1999), S. 25-29.

[11] Einen knappen Überblick gibt G. GRESHAKE: Gottes Wirklichkeit – Mitte priesterlichen Seins und Handelns. In: *Pastoralblatt* 52 (2000) S. 99-110, 101f. Vgl. auch etwa P. L. BERGER: *Sehnsucht nach Sinn. Glauben in einer Zeit der Leichtgläubigkeit.* Frankfurt 1994; M. EBERTZ: Was die Deutschen heute glauben. Christentum, Kirche und religiöse Sehnsüchte aus soziologischer Sicht (1). In: *Christ in der Gegenwart* 48 (1996), S. 205-206; DERS.: Ich habe meinen eigenen Glauben. Christentum, Kirche und religiöse Sehnsüchte (2). Ebd., S. 213-214. – Eine Äußerung von einem diözesanen Jugendforum, die für viele stehen könnte: Bei den Themen spiritueller Art „gibt's ganz starken Bedarf bei jungen Menschen. Religion und Kirche sind zwar nicht mehr so gefragt, aber die ganz persönliche Gotteserfahrung, dieses Suchen und Sehnen, das ist sehr wohl da und auch stark, aber auch stark privatisiert." (*Kirchenzeitung für die Diözese Rottenburg–Stuttgart* Nr. 22 [28. 5. 2000], S. 10).

sellschaft neu an Überzeugung gewinnen könnte, lautet heute: „Der Glaube muß sich auf die *Erfahrung* gelingenden Menschseins gründen, denn nur solche Erfahrung macht ihn glaubwürdig und gibt ihm seine Deutungskompetenz für das menschliche Dasein zurück"[12].

Rahners Diktum über den „Frommen von morgen" und seine Forderung nach einer „neuen Mystagogie" entsprechen offenbar durchaus den heutigen Erfordernissen und Bedürfnissen. Genauer betrachtet ist die Situation jedoch recht zwiespältig; Mystagogie im Sinne Rahners bleibt weiterhin eine anspruchsvolle Herausforderung. Alle mir bekannten Situationsanalysen sind sich in der Feststellung einig: Ein nie gekannter Individualisierungsschub hat die Gesellschaften westlicher Prägung erfaßt und bestimmt das Alltagsleben aller Bevölkerungsschichten. Der einzelne sieht sich einer unheimlichen persönlichen Freiheit gegenüber und weiß sich gleichzeitig dazu verurteilt, sein Leben mit allen Risiken selbst wagen und seine Biographie selbst gestalten zu müssen. Das geschieht oft um den Preis eines Rückzugs aus der Gesellschaft in die kleinen, privaten Lebenswelten. Nur das unmittelbar Erlebte hat Bedeutung. Jeder sucht für sich einen Sinn; gemeinsame Orientierung gibt es immer weniger, so daß mit dieser Individualisierung eine durchgreifende Pluralisierung einhergeht. Im Zuge dieser Entwicklung hat sich der Abbruch christlicher Überlieferung in den letzten zwei Jahrzehnten enorm beschleunigt. Die religiöse und kirchliche Situation läßt sich realistisch gesehen vermutlich so auf den Punkt bringen: „Spiritualität: vielleicht – Christentum: nein danke!"[13]

Jedenfalls ist bei einem Ruf nach religiöser Erfahrung unter den Bedingungen einer individualisierten „Erlebnisgesellschaft" (Gerhard Schulze) mit gewissen Verschiebungen zu rechnen, die eine wirklich *christliche* Mystagogie überschreiten muß. Darum will ich zunächst einige Abgrenzungen vornehmen, die mir auch aufgrund praktischer Erfahrungen mit mystagogischen Ansätzen in Grundkursen gemeindlichen Glaubens oder in der Sakramentenkatechese wichtig zu sein scheinen.

1. Mystagogie führt über das bloße Erlebnis hinaus. Das Interesse an religiöser Erfahrung ist daraufhin zu prüfen, ob es nicht unter der Hand Erfahrung auf Erlebnisse reduziert. Der so selbstverständlich gebrauchte Begriff der Erfahrung zählt, so Karl Lehmann, „zu den rätselhaftesten Begriffen der Philosophie"[14]. In einem weiten Sinn kann man ihn umschreiben als die Gesamtheit dessen, was dem Menschen widerfährt und von ihm in ganzheitlicher Offenheit und vermittelt durch geschichtlich-gesellschaftliche Zusammenhänge, insbesondere durch die Sprache, wahrgenommen wird. Erfahrung hat einen verwandelnden Charak-

---

12   M. KNAPP: Erfahrung – Glaube – Dogma. In: *Geist und Leben* 68 (1995) S. 335-347, hier 336.

13   F.-X. KAUFMANN: *Wie überlebt das Christentum?*, Klappentext. Vgl. zum Ganzen auch M. KEHL: *Wohin geht die Kirche? Eine Zeitdiagnose.* Freiburg i. Br. 1996, bes. S. 19-58; M. EBERTZ: Was die Deutschen heute glauben; DERS.: Ich habe meinen eigenen Glauben; H.-J. HÖHN: Spurensicherung. Erlebnisgesellschaft – Erlebnisreligion. In: *Pax-Korrespondenz* 80 (2000), S. 7-14.

14   K. LEHMANN: Art. Erfahrung. In: *Sacramentum mundi.* Bd. 1. Freiburg i. Br. 1967, Sp. 1117-1123.

ter, der den Personkern betrifft, wobei sich „Innen" und „Außen", Ereigniserfahrung und Selbsterfahrung wechselseitig bedingen[15]. Erlebnis ist demgegenüber ein flüchtiges Phänomen, ein punktuelles Widerfahrnis, ein unerwarteter Eindruck, der noch nicht in den Personkern eingeht. „Während Erlebnisse sich auf eine bestimmte Art und Weise spontan ereignen, sind Erfahrungen immer ganzheitliche Vollzüge des Menschen: Gefühl *und* Verstand, Spontaneität *und* Planung, Aktuelles *und* Zukünftiges, Individualität *und* Gemeinschaft, Erlebnis *und* Reflexion kommen zusammen"[16].

Die hier nur angedeutete Komplexität des Erfahrungsbegriffs ist erst recht zu beachten, wenn er auf Religion und Glaube bezogen wird. Die Suche nach religiöser Erfahrung überschreitet zwar die vordergründige Wirklichkeit. Doch begnügt sie sich vielfach mit emotionalen Erlebnissen und gefühlsmäßiger Sinnstiftung, die den grauen Alltag zwar transzendieren, tatsächlich aber einseitig, diesseitig bleiben und nur scheinbar dem transzendenten Wesen des Menschen entsprechen: „'Erleben' [...] ist der neue Name für eine Transzendenz ohne Gott"[17]. Gerade Karl Rahner war es, der zwischen der Skylla einer immanenten, bloß diesseitsbezogenen Erfahrung und der Charybdis eines transzendenten, bewußtseinsjenseitigen Glaubens die Möglichkeit einer transzendentalen, geschichtlich vermittelten Gotteserfahrung aufgewiesen und damit sowohl dem Ruf nach Erfahrung wie dem Anspruch eines christlichen Gottesbildes Rechnung getragen hat[18].

2. *Mystagogie ist nicht nur innenorientiert.* Auch dort, wo Gott nicht bloß als Fluchtpunkt des Bedürfnisses nach einem über das Vordergründige hinausgehenden Erleben gesucht wird, bleibt diese Suche oft lediglich innenorientiert und dem eigenen Selbst verhaftet. Der Weg in die eigene Tiefe wird als der eigentliche Weg der Gotteserfahrung ausgegeben und die eigene Erfahrung zum entscheidenden Maßstab des Glaubens gemacht. „'Glaube' darf und kann wesentlich nichts anderes sein", so definiert Eugen Drewermann, „als die Erfahrung,

---

[15] Vgl. B. QUELQUEJEU – J.-P. JOSSUA: Erfahrung. In: *Neues Handbuch Theologischer Grundbegriffe.* Bd. 1. München 1984, S. 230-241, hier 231; B. WELTE: *Das Licht des Nichts. Von der Möglichkeit neuer religiöser Erfahrung.* Düsseldorf 1980, bes. S. 11-19; M. SCHEUER: Gotteserfahrung und Krise. In: *Pastoralblatt* 26 (1994), S. 36-44; 68-80, bes. 38f.

[16] K. ARMBRUSTER, a.a.O., S. 88.

[17] G. GRESHAKE: Gottes Wirklichkeit, S. 102. Vgl. M. EBERTZ: Was die Deutschen heute glauben, S. 205; K. LEHMANN: „Gott ist größer als der Mensch". Vom Suchen und Finden Gottes als zentralem Schlüssel für die Zukunft von Religion und Kirche im 21. Jahrhundert. Eröffnungsreferat bei der Herbstvollversammlung der Deutschen Bischofskonferenz am 20. September 1999 in Fulda, bes. S. 6-8.

[18] Vgl. etwa K. RAHNER: *Grundkurs des Glaubens. Studien zum Begriff des Christentums.* Freiburg i. Br. 1999 (SW 26), S. 26f. u.ö. Dazu K.-H. WEGER: *Karl Rahner. Einführung in sein theologisches Denken.* Freiburg i. Br. 1978, bes. S: 48-54; N. SCHWERDTFEGER: *Gnade und Welt. Zum Grundgefüge von Karl Rahners Theorie der „anonymen Christen".* Freiburg i. Br. 1982 (Freiburger Theologische Studien. 123), bes. S. 347-349; 353-359; A. ZAHLAUER: *Karl Rahner und sein „produktives Vorbild" Ignatius von Loyola.* Innsbruck 1996 (Innsbrucker Theologische Studien. 47), bes. S. 197-202.

durch ein unbedingtes *Angenommensein* bei sich selber *angekommen* zu sein"[19]. Glaube wird damit auf eine bestimmte innere Erfahrung festgelegt. Rahner selbst geht es nie um eine introvertierte, subjektivistische Erfahrung Gottes. Aus der für ihn unlösbaren Zusammengehörigkeit von Pneumatologie (transzendentaler Erfahrung Gottes) und Christologie (geschichtlicher Erfahrung Gottes) ist die konstitutive Geschichtsgebundenheit der Gotteserfahrung bereits im Ansatz verankert: die Erfahrung von innen und die Erfahrung von außen sind einander zugestaltet[20]. Grundlegend für das christliche Verständnis von Gotteserfahrung ist, daß Gott selbst von sich aus dem Menschen begegnen will. Darin liegt das absolut Neue im biblischen Gottesgedanken. Gotteserfahrung ist ein Beziehungsgeschehen, das aus der liebenden Freiheit Gottes kommt und maßgeblich die Gestalt Jesu Christi trägt. Gnade ist immer die Gnade Christi, und das heißt auch die Gnade des Gekreuzigten. Von daher ist die Erfahrung Gottes auch nicht notwendig nur eine beglückende und bergende Erfahrung (wie es der Gedanke des Angenommenseins nahelegt). Gerade Rahner beschreibt die Erfahrung der Gnade vornehmlich als Kreuzeserfahrung: „Der Kelch des Heiligen Geistes ist identisch in diesem Leben mit dem Kelch Christi"[21]. Um diesen Kelch aber zu trinken und damit die Erfahrung Gottes zu machen, ist von seiten des Menschen eine personale Entscheidung verlangt. Der eigentliche Preis für diese Erfahrung

---

[19]   E. DREWERMANN: *Glauben in Freiheit oder Tiefenpsychologie und Dogmatik.* Bd. 1: *Dogma, Angst und Symbolismus.* Solothurn 1993, S. 208 (zit. nach M. KNAPP: Erfahrung – Glaube – Dogma, S. 337). Vgl. dazu auch die Beobachtung von H.-J. HÖHN: „Eine stark erlebnisorientierte Religiosität ist häufig zugleich *innenorientiert,* das heißt sie hält religiöse Objektivierungen (Riten, Bekenntnisse) nur insoweit für belangvoll, wie sie bestimmte Wirkungen *im* religiösen Subjekt hervorrufen: Gefühle, Stimmungen, Ekstasen, Betroffenheit, Ergriffenheit. Als entscheidend im religiösen Erleben gilt oft nicht mehr der im Erleben erschlossene Inhalt, sondern das bloße Ergriffenwerden – egal wovon. Das Paradigma 'Innenorientierung' und 'Selbsterfahrung' findet seinen empirischen Reflex auch in der Psychologisierung religiöser Erfahrung. [...] Vor diesem Hintergrund ist auch der Erfolg der von E. Drewermann angestoßenen tiefenpsychologischen beziehungsweise therapeutischen 'Inversion' religiös-metaphysischer Aussagen zu sehen. Das 'Woher' religiöser Offenbarungen erweist sich im Zug der Entdeckung des Unbewussten als das über eine 'Transzendenz nach innen' zugängliche menschliche Selbst. Was zuvor 'von oben', 'außerhalb' und unabhängig vom Menschen als 'höhere Macht' vorgestellt wurde, wird nun als Aufbruch aus den Tiefen der menschlichen Psyche gedeutet. [...] Dieser Rückbezug auf das religiöse Erlebnis bietet den Vorzug, dass er allen Formen dogmatischer   Verkündigung zuvorkommt, was wiederum dem Grundzug des neuzeitlichen Zivilisilisationsprozesses mit seiner umfassenden Individualisierung der Lebensformen entgegenkommt. Religion im Zeitalter der Individualisierung wird hier unversehens zu einer Anleitung für psychische Transzendenzen, für Reisen in das innere Ausland des Subjekts." (H.-J. HÖHN: Spurensicherung, S. 10f.)

[20]   Siehe etwa K. RAHNER: Rede des Ignatius, S. 18-20. Vgl. dazu N. SCHWERDTFEGER: *Gnade und Welt,* bes. S. 386-405; 425-428; K. KIENZLER: Karl Rahner – Theologie im Blick auf Jesus Christus. In: A. VAN HOOFF – P. REIFENBERG – W. SEIDEL (Hrsg.): *Glaubenserfahrungen im Handeln und Denken. Fundamentaltheologische Skizzen.* Würzburg 1998, S. 25-42.

[21]   K. RAHNER: *Schriften zur Theologie.* Bd. 3. Einsiedeln 1956, S. 109.

„ist das Herz, das sich selber in glaubender Hoffnung aufgibt und den Nächsten liebt"[22].

3. *Mystagogie bejaht den Individualismus als notwendig, aber nicht hinreichend.* Der bevorzugte Ort für die Suche nach Gott ist heute die Biographie des einzelnen. Die damit einhergehende Anerkennung des Individualismus hat nicht nur ihr gesellschaftliches, sondern auch ihr theologisches Recht. Wenn Glaube nämlich eine Angelegenheit einer personalen Entscheidung ist, dann ist er „als eine unüberholbar individuelle Angelegenheit zu entschlüsseln": der Individualismus ist selbst ein „Strukturmoment des Glaubens"[23]. Eine alleinige Verortung der Gottessuche in der Lebensgeschichte des einzelnen hat allerdings die ausgeprägte Privatisierung des Glaubens zur Konsequenz. Denn sie gliedert sich damit ganz in den gesellschaftlichen Individualisierungsprozeß ein, dessen Zielpunkt *„die vollmobile Single-Gesellschaft"* ist: „Die Grundfigur der *durchgesetzten* Moderne ist – zu Ende gedacht – der oder die Alleinstehende"[24]. Kirche muß dann aber auf dem Markt der Möglichkeiten als ein Angebot unter anderen erscheinen, das man wählen kann, wenn es einem hilfreich vorkommt, das jedoch für die Gotteserfahrung selbst keine konstitutive Bedeutung mehr hat – Gott ist ja immer schon da, so daß man ihn einfach in der eigenen Lebensgeschichte finden kann.

Die entschiedene Anerkennung des Subjekts in seiner Individualität ist also eine notwendige, aber doch noch keine hinreichende Bedingung des Glaubens in der Postmoderne. „Denn zwar ist die Anerkennung des Individualismus nicht nur aus taktischen, sondern aus theologischen Gründen unverzichtbar; ebenso unverzichtbar ist jedoch, diese Ebene der Gründung des Glaubens im Vollzug auf Gemeinschaft hin zu transzendieren"[25]. Die personale Glaubensentscheidung ist an die gemeinschaftliche Ebene des Glaubensvollzugs in der Kirche zurückzubinden.

Für Rahner ergibt sich das vom christlichen Gottesverständnis selbst her. Er spricht nicht einfach abstrakt von Gott, der immer schon da ist, so daß wir jederzeit über Gotteserfahrung verfügen könnten. Er spricht vielmehr von Gott in seiner dreifaltigen Zuwendung zu uns[26]. Das trinitarische Verständnis Gottes ermöglicht es ihm, seine Mystagogie als kirchliche zu entfalten. Das Geheimnis Gottes liegt zwar dem Geheimnis der Kirche voraus, aber es bleibt doch – in

---

[22] K. RAHNER: Rede des Ignatius, S. 14.

[23] M. HEIMBACH-STEINS: Ein Original sein. Bedingungen von Kirchlichkeit in der Postmoderne. In: J. HOMEYER – G. STEINS (Hrsg.): *Kirche – postmodern „überholt"? Erfahrungen und Visionen in einer Zeit des Umbruchs.* München 1996, S. 91-114, hier 104.

[24] U. BECK: *Risikogesellschaft, Auf dem Weg in eine andere Moderne.* Frankfurt a. M. 1986, S. 199, zit. nach M. KNAPP: Erfahrung – Glaube – Dogma, S. 338. – H.-J. HÖHN beobachtet aufgrund der „Transzendenz nach innen", wie sie sich gesellschaftlich findet, auch „Umstellungen" in den Vollzugsformen und Ausdrucksgestalten kirchlicher Glaubenspraxis, so daß „auch hier die lebensgeschichtlich-ordnende Funktion der Religion hinter ihre biographisch-reflexive Funktion mit ihrer individualitätsverstärkenden Komponente zurücktritt." (a.a.O., S. 11)

[25] M. HEIMBACH-STEINS, a.a.O., S. 104f.

[26] Vgl. K. RAHNER: Rede des Ignatius, S. 10f.

Menschwerdung, in Tod und Auferstehung Jesu Christi und in der Sendung des Heiligen Geistes – untrennbar mit dem Geheimnis der Kirche verbunden. Gerade so widersteht seine Sicht der Kirche als dem Grundsakrament der Zuwendung Gottes einer Reduzierung der kirchlichen „Communio" auf eine Dienstleistungsorganisation.

Damit sind einige Abgrenzungen genannt, um einen heutigen Rückgriff auf Rahners Mystagogie nicht von vornherein zu verkürzen. Allerdings genügt das allein noch nicht. So orientierend und produktiv auch heute Rahners Theologie ist, so muß sie doch unter den gegenwärtigen gesellschaftlichen Bedingungen neu übersetzt werden. Die Einweisung in das Gottesgeheimnis ist zwar nie ganz diesen Bedingungen unterworfen, bleibt aber in ihrer konkreten Gestalt doch an sie gebunden. Mystagogie kann davon nicht absehen – genau das gehört mit zum mystagogischen Programm: in der konkreten Geschichte die Spuren Gottes wahrzunehmen.

Rahner hat seinen Ansatz in einer theologiegeschichtlichen Stunde der Kirche entworfen, als es vor allem darum ging, das Subjekt aus einer theologisch objektivistischen Umklammerung zu befreien. Von daher trägt seine mystagogische Theologie *eher* existentialistische oder subjektivisch-individualistische Züge[27]. Eine wie auch immer transzendental generierte Rede von „dem" Menschen neigt dazu, das in ihr vorausgesetzte Subjekt in abstrakt-existentialer Individualität gesellschaftlich zu antizipieren. Rahner selbst hat diese Gefahr durchaus gesehen und ist ihr nach Kräften bewußt begegnet. Vor allem hat seine existentiale Theologie ihr rettendes Recht – bis heute. So Großes jedoch aus dieser Theologie erwuchs und so sehr Rahner weitblickend künftige Entwicklungen erahnte, ist doch zugleich zu sehen, daß sich die Problemstellung heute, Jahrzehnte danach, in der Gesellschaft und Kirche noch einmal erheblich gewandelt hat. Die Probleme der Individualisierung, der Pluralisierung und der Traditionsabrisse werfen die Frage auf, ob der Rückgriff auf existentiale Kategorien den heutigen Herausforderungen *allein* noch gerecht wird oder ob Rahner vielmehr ganz anders beerbt werden müßte in einem neuen „Wagnis Theologie". Hier ist jedenfalls zu fragen, was für die Sache der Mystagogie heute notwendig ist. Dafür will ich die Konstellation,

---

[27] Anders gesagt: Spiegeln die Wesenszüge, die Rahner einmal für die Spiritualität seines Ordensvaters herausstellte, vielleicht etwas von den Wesenszügen seiner eigenen Theologie? „Ignatius ist der Mann transzendentaler Frömmigkeit, nicht so sehr der kategorialen." Diese Spitzenaussage konkretisiert er in einem zweiten Charakteristikum: „Ich wage es, dieses mit dem Modewort des Existentialistischen zu bezeichnen." Ignatius „mit seinem aus seinem mystischen Tod herkommenden Weltverständnis" sei ein „Individualist", weil er sich nur „angerufen weiß von einem unmittelbaren Willen Gottes". Als drittes und letztes Charakteristikum ignatianischer Spiritualität erscheint „das Kirchliche", das „Frucht und Antitoxin der existentialistischen Indifferenz zugleich ist." (K. RAHNER: Ignatianische Frömmigkeit und Herz-Jesu-Verehrung [1955]. In: DERS.: *Sendung und Gnade. Beiträge zur Pastoraltheologie.* München ⁴1966, S. 515-518.) Vgl. dazu die Studie von A. ZAHLAUER, a.a.O., bes. S. 248-253; 328-334. – Zu den verschiedenen Ansätzen in der Spiritualität der zweiten Hälfte des 20. Jahrhunderts vgl. L. SCHULTE: Suchen, Tasten und Drängen. Spiritualität im deutschen Katholizismus am Anfang des 21. Jahrhunderts, in: *Geist und Leben* 73 (2000), S. 179-193, bes. 183-187.

in der sich die Kirche in unserer Gesellschaft gegenwärtig befindet, aus einem theologischen Blickwinkel heraus in den Blick nehmen und von daher einige Konsequenzen aufzeigen.

III. Eine theologische Situationsbestimmung

Viele Deutungen der postmodernen Situation der Kirche setzen religionssoziologisch an und ordnen sie im Rahmen der gesamtgesellschaftlichen Entwicklung ein. Dabei kommen vor allem strukturelle Probleme in den Blick: Diskrepanzen zwischen heutigen Modernisierungsprozessen und kirchlicher Lebensgestaltung. Die Lösung wird dann nicht selten in der Aufgabe gesehen, das kirchliche Angebot der gesellschaftlichen Nachfrage anzupassen. Das aber dürfte nicht ausreichend sein. Denn „die brisante Mischung aus Hektik und Depression, geschäftiger Pastoralplanung auf der Bistumsebene und wachsender Erschöpfung auf der Gemeindeebene zeigt an, daß am Grunde der derzeitigen Kirchenkrise eine tiefere Enttäuschung brütet. Ihr können die sozialwissenschaftlichen Interpretationen der Modernisierungskrise nur beschränkt Entlastung bringen, solange es nicht gelingt, sie in der Sprache des Glaubens zu benennen, d.h. die Frage zuzulassen: 'Ist der Herr in unserer Mitte oder nicht?' (Ex 17,7; Dtn 31,17; Ex 33,3) Die Kirchenkrise hat sich längst zu einer Gotteskrise entwickelt"[28].

Damit greift Rolf Zerfaß auf, was Johann Baptist Metz schon vor einigen Jahren zur Krise des europäischen Christentums diagnostiziert hat: Die „Kirchen stehen heute wie entlaubte Bäume in unserer postmodernen Landschaft. Woran liegt es? Natürlich auch an den Kirchen selbst." Doch: „Die Krise sitzt tiefer. Und aus dieser 'unterirdischen' Krise speist sich das, so ist zu vermuten, was wir Kirchenkrise und Gesellschaftskrise zu nennen pflegen. Der Name für diese Krise in der Krise: Gotteskrise. Nur ist diese Gotteskrise nicht leicht zu diagnostizieren, weil sie gegenwärtig sowohl innerhalb wie außerhalb des Christentums in eine neue religionsfreundliche Atmosphäre getaucht ist. Wir leben in einer Art religionsförmiger Gotteskrise. Das Stichwort könnte also lauten: Religion, ja – Gott, nein, wobei dieses Nein wiederum nicht kategorisch gemeint ist im Sinne der großen Atheismen. [...] Religion als Name für den Traum vom leidfreien Glück, als mythische Seelenverzauberung, als postmodernes Glasperlenspiel: ja: Aber Gott, der Gott Abrahams, Isaaks und Jakobs, der Gott Jesu? Wie modernitätsverträglich ist eigentlich die Rede vom christlichen Gott? [...] Was ist geschehen? Ist die intelligible und kommunikative, die verheißungsvolle Macht des

---

[28] R. ZERFASS: Volk Gottes unterwegs: in der Fremde, unter den Völkern. In: H. HASLINGER (Hrsg.): *Handbuch Praktische Theologie. Bd. 1: Grundlegungen.* Mainz 1999, S. 167-177, 174f. Dieser Beitrag ist offenbar die überarbeitete Fassung der Abschiedsvorlesung von Zerfaß in Würzburg 1999. Der ursprüngliche Text ist ebenfalls publiziert: R. ZERFASS: Das Volk Gottes auf dem Weg in die Minderheit? Zur pastoralen Aktualität einer zentralen Erfahrung Israels, in: *Katechetische Blätter* 125 (2000), S. 42-52. Da sich beide Veröffentlichungen in einigen Punkten wechselseitig ergänzen, zitiere ich sowohl aus der einen wie der anderen.

Wortes Gott endgültig geschwunden?"[29] Karl Lehmann hat dieser Diagnose zugestimmt und seinerseits vom „Suchen und Finden Gottes als zentralem Schlüssel für die Zukunft von Religion und Kirche im 21. Jahrhundert" gesprochen[30].

Zerfaß öffnet dafür nun einen Weg, indem er den Begriff der Gotteskrise von einer Theologie des Exils her profiliert. Er führt auf diese Weise auch eine frühe theologische Situationsanalyse Rahners weiter, der die christliche Situation der Moderne als Diaspora gekennzeichnet hat, die „ein heilsgeschichtliches *Muß* bedeutet, aus dem wir für unser christliches Verhalten Konsequenzen ziehen dürfen und müssen"[31]. Für Rahner ist die Situation der Diaspora zumal in der Tatsache zu greifen, daß die Kirche im 20. Jahrhundert anfängt, faktisch Weltkirche zu werden: „In dem Augenblick, da sie beginnt Kirche *aller* Heiden zu werden, beginnt sie auch, Kirche *überall unter Heiden* zu werden"[32]. Diese Diaspora hat sich heute allerdings noch zugespitzt, insofern das Wort Gott nicht nur unter den „Heiden", sondern offenbar selbst unter Christen obsolet geworden zu sein scheint. Darum tun wir gut daran, den biblischen „Begriff der Diaspora [...] nicht von der bitteren Erfahrung des Exils abzukoppeln, die ihm zugrunde liegt, weil Israel das Exil und die Diaspora zwar immer unterschieden, aber auch immer zusammengesehen hat"[33]. Mit dem Rückbezug auf das Exil gelingt Zerfaß eine für den Umgang mit der heutigen kirchlichen Situation inspirierende glaubensmäßige Perspektive. Er geht dabei von der Überlegung aus, daß das seit dem letzten Konzil zunächst vorherrschende Bild der Kirche als „Volk Gottes" die Tatsache ausgeblendet hat, daß Gott sein Volk nicht bloß in das Gelobte Land, sondern später auch in die Verbannung geführt hat. Will man die Wahrheit nicht halbieren, darf man dieses Kirchenbild darum nicht nur von der Exodus-Erfahrung her verstehen, an die die optimistischen Erwartungen der unmittelbaren Nachkonzilszeit gut anknüpfen konnten; man muß sich auch der schmerzlichen Exils-Erfahrung stellen, die die tiefen Irritationen der achtziger und neunziger Jahre als „Zumutung Gottes" sehen läßt. Es ist „an der Zeit, in das Leitbild der Kirche von morgen nicht nur die Exodusmetapher, sondern auch die Exils- und Diasporaerfahrung aufzunehmen"[34].

[29]   J. B. Metz: Kirche in der Gotteskrise. Oder: Entlaubte Bäume in der postmodernen Landschaft. Eine Einladung zu elementaren Vergewisserungen. in: *Frankfurter Rundschau* (27. 6. 1994).

[30]   Vgl. K. Lehmann: „Gott ist grösser als der Mensch", S. 8, und den Untertitel dieses Referates. Siehe auch: Die Gotteskrise meistern. Gespräch mit Bischof Karl Lehmann. In: *Evangelische Kommentare* 28 (1995), S. 95-98.

[31]   K. Rahner: Theologische Deutung der Position des Christen in der modernen Welt [1954]. In: Ders.: *Sendung und Gnade*, S. 13-47, hier 24. Vgl. dazu N. Schwerdtfeger: *Gnade und Welt*, S. 418-421; M. Sievernich: Planetarische Diaspora. Zur pastoralen Bedeutung einer Krisenkategorie. In: R. Bärenz (Hrsg.): *Theologie, die hört und sieht. Festschrift für Josef Bommer zum 75. Geburtstag.* Würzburg 1998, S. 94-107.

[32]   K. Rahner: Theologische Deutung, S. 30.

[33]   R. Zerfass: Das Volk Gottes, S. 50. Zerfaß selbst verweist für seine Deutung der heutigen kirchlichen Situation vom Exil her auch auf den Beitrag von J. Rigal: Vivre l'exile dans un monde en crise. In: *Bulletin de littérature ecclésiastique* 94 (1995), S. 25-40 (a.a.O., S. 47-48; 52).

[34]   R. Zerfass: Das Volk Gottes, S. 50.

Mit aller Behutsamkeit, die um die Einzigartigkeit der jüdischen Exils-Erfahrung weiß, zu der uns aber Jesus Christus selbst einen Zugang eröffnet hat[35], zeigt Zerfaß die zweite Wegstrecke des Volkes Gottes ins Exil und in die Diaspora auf und begreift sie schließlich auch als Stück unserer gegenwärtigen Geschichte mit Gott. Die Erfahrung des biblischen Exils setzt mit dem Verlust all dessen ein, was die Identität Israels ausmacht: „Das Volk verliert das ‚Land der Verheißung‘, den König als Repräsentanten vor Gott, den Tempel als den Ort der Anwesenheit und Ansprechbarkeit Gottes"[36]. Die biblischen Texte geben Zeugnis von dem ungeheuren Schock und dem namenlosen Schmerz, das dieses Geschehen für Israel bedeutet. Die in die Fremde Verschleppten haben lange keine Antwort für ihr Geschick. Sie verstummen vor der alten Frage: „Ist der Herr in unserer Mitte oder nicht?"

Zieht man von hier aus vorsichtig eine Parallele zur Gegenwart, darf man darauf hinweisen: Auch der heutigen kirchlichen Erfahrung liegt eine „Verlusterfahrung zugrunde, der Schmerz über die Auflösung des Milieus, in dem kirchlicher Glaube sich beheimatet wußte, aus dem er sich nun in die ‚Fremde‘ gestoßen sieht"[37]. Was kann eine solche „Kirche in der Fremde" (Medard Kehl) durch die biblische Erfahrung des Exils, die sich allmählich in die frühjüdische Diaspora transformierte, lernen?

Die gründliche Infragestellung seines bisherigen Gottesbildes, die die tiefe Verlusterfahrung durch die Verbannung und die Zumutung der Ohnmacht als rechtlose Minderheit in einer fremden Kultur für Israel bedeutete, führt zu einer Auseinandersetzung mit dem Dunkel Gottes und der eigenen Schuld, aber auch zugleich zu einer neuen Beschäftigung mit den alten Verheißungen. Die gesamte Überlieferung Israels wird aus der Perspektive des Exils neu gewichtet[38]. Dadurch kommt es zu einem neuen „Durchbruch in der Erkenntnis Gottes": Das alte Bekenntnis Israels „Gott wohnt in unserer Mitte" bekommt einen neuen Sinn:

---

[35] „Exil und Diaspora sind zunächst einmal die singuläre Erfahrung Israels selbst, die Zumutung einer abgründigen Fremdheit, die wir Christinnen und Christen gerade erst zu respektieren lernen" (R. ZERFASS: Das Volk Gottes, S. 46 bzw. Volk Gottes unterwegs, 173). Das babylonische Exil, das sich allmählich in die frühjüdische Diaspora transformiert hat, war die erste Shoah: das Verschwinden der Menschen, die Zerstörung aller Bauten und Errungenschaften und das Zurückbleiben bloß von toten Steinen. „Das Exil ist ‚die zutiefst jüdische, die dem jüdischen Volk eigenste Schöpfung, das Symbol, das die gesamte geschichtliche Erfahrung [des Judentums] ausmacht und sie vergeistigt‘ [B. Halpern], d.h. ausgelitten, durchbetet, zu Ende gedacht und angenommen hat." (ebd. 46 bzw. 172 f.) „Andererseits wurzelt alle unsere Hoffnung in der Freudenbotschaft des Deuterojesaja von der Gottesherrschaft (vgl. Jes 52,7); Jesus muß nur mehr sagen: Sie ist da! (vgl. Mk 1,1.14). In ihm sind wir zu ‚Miterben‘ der Verheißung geworden (vgl. Röm 8,17; Eph 6,6) – nicht mehr, aber auch nicht weniger." (Volk Gottes unterwegs, S. 173f.; vgl. Das Volk Gottes, 47)

[36] R. ZERFASS: Volk Gottes unterwegs, S. 169, bzw. Das Volk Gottes, S. 44.

[37] R. ZERFASS: Das Volk Gottes, S. 50.

[38] Vgl. R. ZERFASS: Das Volk Gottes, S. 50. Deshalb darf jeder Satz des Alten Testaments „daraufhin befragt werden, was er Menschen unter Verhältnissen zu sagen hat, in denen alles gegen Gott spricht. Das aber ist zunehmend unsere Situation als ‚Kirche in der Fremde‘." (ebd., S. 50f. bzw. Volk Gottes unterwegs, S. 176)

„Gottes Gegenwart unter uns hängt nicht am Tempel, sie hängt an Gottes Treue"[39].

Diese Entdeckung erwächst allerdings nicht in der Vereinzelung. Der Verlust des Tempels in Jerusalem führt in der frühen Diaspora zur Entstehung der Synagogen. In kleinen Gruppen feiert man dort Gottesdienst, bei dem die Lesung der Heiligen Schrift und die Unterweisung in der Tora im Mittelpunkt stehen und der so „zum neuen Ort des Horchens auf Jahwe und des Bekenntnisses zu ihm" wird[40]. Nach jüdischer Theologie ist einem solchen Synagogengottesdienst die Schechina, die Gegenwart Gottes, verheißen. Zugleich wird in den Synagogen die Hoffnung auf die Rückkehr zum Zion und die Wiedererrichtung des Tempels wachgehalten[41].

Schließlich ist eine wesentliche Erfahrung des Exils die Entdeckung, daß auch die Fremde „Gottes Land ist und daß auch die Völker Gott suchen." Israel findet, zumal in der Erfahrung der Diaspora, zu einem neuen Verhältnis zu den Völkern: „Es wird zu ihrem Fürsprecher vor Gott"[42]. Diese Universalität bleibt freilich gebunden an die Identität Israels als Volk Gottes.

IV. Elemente einer „exilischen Mystagogie"

Wenn mit dieser theologischen Situationsanalyse im Rückgriff auf die biblische Exils- und Diasporaerfahrung etwas Wesentliches für uns benannt ist, bleibt zu fragen, was dies für eine Mystagogie heute bedeutet. Einige Elemente sollen abschließend dazu beigetragen werden[43].

1. „Exilische Mystagogie" ist Einweisung in das Vermissen Gottes. Bei aller Religionsfreundlichkeit in unserer Gesellschaft muß doch „die fortschreitende Erosion einer christlichen Gottesvorstellung"[44] nüchtern zur Kenntnis genommen werden. Religiosität ist nicht mit Gottesglaube zu verwechseln. Das Suchen und Finden Gottes in einer Zeit der Gotteskrise muß darum vermutlich mit dem Eingeständnis beginnen, daß wir in unserer Gesellschaft und vielleicht sogar in unserer Kirche (!) nicht einmal sicher sind, ob wir Gott überhaupt vermissen. „Gott zeigt sich denen, die ihn vermissen", sagt Johann Baptist Metz in einer Ostermeditation. Doch: „Wollen wir ihn wirklich sehen, wollen wir ihm wirklich begegnen? Brauchen wir ihn? Sind wir arm ohne ihn? Gibt es für uns nur noch Verzweiflung, wenn er nicht ist? Oder sind wir nicht längst viel zu reich, zu 'reich

---

[39]   R. ZERFASS: Das Volk Gottes, S. 45 (vgl. Volk Gottes unterwegs, S. 171).

[40]   R. ZERFASS, Volk Gottes unterwegs, S. 173; vgl. Das Volk Gottes, S. 47; vgl. G. STEMBERGER, Synagoge I.-IV. In: LThK³ 9, Sp. 1169-1171, 1170f. – Damals, so könnte man nach Zerfaß sagen, „entstanden die ersten Basisgemeinschaften" (zit. in: W. LUDIN: Die Kirche in der Verbannung. In: Schweizerische Kirchenzeitung 165 (1999), H. 37, S. 498-499, 499).

[41]   Vgl. G. STEMBERGER, a.a.O., Sp. 1171.

[42]   R. ZERFASS: Das Volk Gottes, S. 46 (vgl. Volk Gottes unterwegs, S. 171f.)

[43]   Die folgenden Überlegungen verdanken sich zu einem guten Teil dem Gespräch mit Diakon Jens LÜPKE, Hildesheim.

[44]   M. EBERTZ: Was die Deutschen heute glauben, S. 206.

im Geiste'?"[45] Mystagogie heißt in solcher Situation – wie Israel im Exil – miteinander zu lernen, die Trauer über das eigene Versagen in der Gegenwart und unsere Verstrickung in die Schuldgeschichte der Kirche zuzulassen und uns dem Dunkel Gottes auszusetzen[46]. Dieses Dunkel läßt offen, ob es mehr daran liegt, daß wir den Blick auf Gott verloren haben, oder ob Gott selbst sein Angesicht vor uns verborgen hat. Entscheidend ist das Einüben in die Erwartung dessen, der nicht der Gott einer nützlichen, gesellschaftlich eingeordneten Zivilreligion, sondern der überraschende, unkalkulierbare, fordernde Gott der Bibel ist[47].

Gott zeigt sich denen, die ihn vermissen. Das ist die untergründige Hoffnung, die sich noch in der biblischen Klage durchträgt; das ist die Verheißung, die sich trotz allem durch die Bibel durchzieht. Wer aber vermißt Gott wirklich? Vielleicht darf Mystagogie auch heute in behutsamer Aufmerksamkeit damit rechnen: „Am Ende sind es weit mehr, als wir meinen: jene, die immer eine Frage zu viel haben für alle Antworten, die ihnen ihre Lebenswelt gibt; jene, die auch daheim noch Heimweh haben; die lieber mit großen Hoffnungen unglücklich als mit kleinen zufrieden sind; und vielleicht viele von denen, die das Leben irgendwann unversehens hinter die Kulissen ihres Alltags geschleudert hat und die nun nur noch hinkend, wie einst Jakob, die ausgetretenen Straßen ihrer Welt ziehen"[48].

2. *„Exilische Mystagogie" weist in die Unterscheidung zwischen Gott und Götzen ein.* Die zentrale Frage unter den Bedingungen einer individualisierten Lebensplanung und -gestaltung lautet heute nicht, ob etwas „wahr" ist, sondern was es „bewirkt"[49]. Ausschlaggebend, um die eigenen Präferenzen festzulegen, wird dann das, „was *mir guttut,* was für mich in meiner augenblicklichen Lebenssituation hilfreich und heilsam ist. [...] Das heißt aber: Der Glaube und seine Inhalte sind genau so weit plausibel, wie sie mit entsprechenden Erfahrungen der Selbstfindung, des Angenommenseins, des Trostes usw. korrespondieren bzw. solche Erfahrungen in Aussicht stellen und ermöglichen"[50]. Mystagogie gewinnt demgegenüber eine „prophetische" Dimension und hilft, fremden Göttern zu widerstehen und zwischen Gott und Götzen zu unterscheiden lernen.

---

[45] J. B. METZ: Ostern als Erfahrung. Beobachtungen zu neutestamentlichen Texten. In: *Christ in der Gegenwart* 39 (1987), S. 133-134, 133.

[46] Vgl. R. ZERFASS: Volk Gottes unterwegs, S. 175 (vgl. Das Volk Gottes, S. 50). Siehe dazu auch B. ROOTMENSEN: *Vierzig Worte in der Wüste. Werkbuch für Gemeinden zur Krise von Kirche, Glauben und Kultur.* Düsseldorf 1991, bes. S. 23-36.

[47] Vgl. G. STEINS: Gottesverwechslung, Gottvergessenheit und Religionsfreudigkeit. Oder: Wenn doch die Propheten einbrächen... In: J. HOMEYER – G. STEINS (Hrsg.): *Kirche – postmodern „überholt"?* S. 57-74, 69.

[48] J. B. METZ: Ostern als Erfahrung, S. 133. Vgl. in diesem Zusammenhang auch H.-J. HÖHN, der auf den „Wunsch vieler Menschen" aufmerksam macht, „an den Übergängen und Bruchstellen des Lebenslaufes, angesichts der Erfahrungen der Inkonsistenz und der Irritation, der Durchbrechung des Üblichen und Gewöhnlichen sich dessen vergewissern zu können, was das Leben 'ausmacht', das heißt begründet, erfüllt und vollendet. Die Moderne setzt in weitaus höherem Maße solche Nach-Fragen frei, als professionelle Glaubensdeuter, die nur auf den kirchlichen Binnenraum fixiert sind, wahrhaben wollen." (a.a.O., S. 14).

[49] Vgl. H.-J. HÖHN, a.a.O., S. 9.

[50] M. KNAPP, a.a.O., S. 339.

Diese kritische Funktion der Mystagogie setzt nicht bei der Frage an, ob christlicher Glaube auf Erfahrung bezogen ist[51]. Wenn nach christlichem Verständnis Gott selbst in die Geschichte eingetreten ist, gehört Erfahrung wesentlich und unabdingbar zum Glauben. Allerdings liegt dieser Erfahrungsbezug des christlichen Glaubens quer zu dem, was in der heutigen Suche nach religiöser Erfahrung akzeptiert wird; denn er verweist auf Ereignisse in der Vergangenheit. Gerade dies aber erscheint „unmodern" und wenig plausibel[52]. Dennoch ist christlich auf der entschiedenen Rückbindung an die Geschichte, und das heißt an den Gott Jesu Christi zu bestehen. Nur in dieser Tradition ist eine Unterscheidung zwischen Gott und Götzen möglich. „Es gibt kein Christentum, das an Jesus vorbei den unbegreiflichen Gott finden könnte"[53].

Wenn Mystagogie sich auf diese Geschichte bezieht und deshalb die Geschichten der Bibel einbringt, dann geschieht das freilich immer auch im Raum der persönlichen Erfahrungen, die der einzelne heute macht (und die ja selbst schon im Licht der zumindest angebotenen Gnade Gottes geschehen). Die Erinnerung der biblischen Erfahrungen und Verheißungen lädt dann dazu ein, die eigenen Erfahrungen aus einer anderen Perspektive zu sehen und sie womöglich sogar ganz neu zu verstehen, so daß sie sich in diesem Begegnungsgeschehen selbst verändern. Der christliche Glaube, so kann man mit Eberhard Jüngel sagen, ist „nicht einfach eine fixierbare Erfahrung unter anderen, sondern die verwirklichte Bereitschaft, mit der Erfahrung selber neue Erfahrungen zu machen, so daß man ihn regelrecht als *eine Erfahrung mit der Erfahrung* zu definieren hat"[54].

Indem Mystagogie nicht einfach nur bei den persönlichen Erfahrungen ansetzt,

---

[51]   Vgl. zum Folgenden: M. Knapp, a.a.O., S. 339-343, sowie G. Steins: Gottesverwechslung, bes. S. 60-71.

[52]   Vgl. F.-X. Kaufmann: „Wenn es zutrifft, daß die Modernisierung des Bewußtseins sich in spezifischer Weise als Wandel von Traditionsorientierung zu Zukunftsorientierung manifestiert, so ist damit ein Sinnzusammenhang, der seine Verbindlichkeit aus einem zurückliegenden Ursprung und einer die Verbindung zur Gegenwart herstellenden Tradition herleitet, im Kern 'unmodern' und damit für ein zeitgenössisches Bewußtsein zumindest zwiespältig, wenn nicht unplausibel" (*Religion und Modernität. Sozialwissenschaftliche Perspektiven.* Tübingen 1989, S. 28, zit. nach M. Knapp, a.a.O., S. 340, Anm. 9).

[53]   K. Rahner: Rede des Ignatius, S. 19. Rahner fügt eine notwendige Ergänzung hinzu: „Gott hat gewollt, daß viele, unsagbar viele ihn finden, da sie Jesus nur *suchen* und, wenn sie in den Tod stürzen, eben doch mit Jesus in seiner Gottverlassenheit sterben, auch wenn sie dieses ihr Geschick nicht nach diesem gebenedeiten Namen nennen können, da Gott diese Finsternis der Endlichkeit und Schuld nur in seine Welt hineingelassen hat, weil er sie in Jesus zu seiner eigenen machte." (ebd.) Zur „suchenden Christologie" vgl. K. Rahner: Grundkurs des Glaubens. In: SW 26, S. 281-283.

[54]   E. Jüngel: *Gott als Geheimnis der Welt. Zur Begründung der Theologie des Gekreuzigten im Streit zwischen Theismus und Atheismus.* Tübingen ³1978, S. 225, zit. nach M. Knapp, a.a.O., S. 340f.; vgl. auch J. Sudbrack: *Geistliche Führung.* Freiburg i.Br. 1981, S. 90-97. – Mystagogie kann so einen „initiatischen" Charakter gewinnen und ist nicht nur rückwärtsgewandte Deutung der bisherigen Biographie: vgl. K. Armbruster, a.a.O., bes. S. 74-77.

sondern zugleich die grundlegenden Ereignisse des christlichen Glaubens in Erinnerung ruft und bezeugt, verhindert sie, daß die eigene religiöse Erfahrung doch nur introvertiert bleibt. Sie öffnet sie damit auf den authentischen Gottesglauben hin und rückt so die Liebe Gottes in den Erfahrungsraum des Menschen hinein „*als* Liebe, die der Mensch erwidern kann"[55].

3. „*Exilische Mystagogie*" ist Einweisung in Bewährung und Gebet. So sehr der Glaube an die Erfahrung verwiesen ist und bleibt, gibt es doch eine prinzipielle Nichteinholbarkeit des Geglaubten durch Erfahrung. Gerade der Bezug auf das Exil und erst recht auf das Kreuz Jesu Christi ermöglicht es zu sehen, daß der Glaube „immer wieder auch *gegen* die Erfahrung [steht], die die Menschen mit sich selbst und der Welt machen, so daß diese Erfahrungen zur Anfechtung des Glaubens werden"[56]. Doch solche Anfechtung trägt die Chance in sich, den Menschen über sich hinauszuweisen.

Die biblische Perspektive der souveränen Freiheit Gottes, der von sich aus auf den Menschen zukommt, bringt eine bedeutsame innere Umwandlung des Begriffs der Gotteserfahrung mit sich. Biblisch gesehen steht nicht die suchend-transzendierende Bewegung des Menschen im Vordergrund; die Initiative liegt vielmehr bei Gott. Dementsprechend geht es primär nicht darum, so betont Hans Urs von Balthasar, daß der Mensch Gott erfährt, „sondern Gott will erfahren, will durch *Erprobung* erfahrungshaft feststellen [...], ob der beauftragte Mensch auf dem von Gott gewiesenen Weg wandelt"[57]. Wo aber der Mensch die Erprobung Gottes aushält, kommt es zur Bewährung, die wiederum Hoffnung bewirkt (vgl. Röm 5,3-5). An diesem Punkt wird die Erfahrung, die Gott mit dem Menschen macht, gewissermaßen indirekt zur Erfahrung, die der Mensch mit Gott macht. Solche Hoffnung ist nämlich „wie das von Gottes Freude über die gelungene Erprobung auf den Menschen zurückgeworfene Licht"[58]. Im Unterschied zur herr-

---

[55] K. RAHNER: *Schriften zur Theologie*. Bd. 3, S. 361. – Von dieser Überlegung her wäre auch die Bedeutung der Dogmen für den Glauben zu erschließen: vgl. M. KNAPP, a.a.O., bes. S. 343-346. Es könnte dann auch gezeigt werden, daß Dogmen nicht auf einen Aspekt der Wahrheit eingrenzen, sondern auf die ganze Wahrheit hin entgrenzen: vgl. W. SCHREER: Kirche. Aus alter Erfahrung zu neuem Aufbruch. In: J. HOMEYER – G. STEINS (Hrsg.): *Kirche – postmodern „überholt"?* S. 36-56, 46-49.

[56] M. KNAPP, a.a.O., S. 342. – Vgl. dazu auch THERESE VON LISIEUX, die gegen Ende ihres Lebens an ihre Priorin schreibt: „wenn Sie nach den Gefühlen urteilen, die ich in den kleinen heuer verfaßten Gedichten ausdrücke, so muß ich Ihnen als eine mit Tröstungen erfüllte Seele vorkommen, für die der Schleier des Glaubens beinahe schon zerriß, und dennoch ... es ist kein Schleier mehr für mich, es ist eine bis zum Himmel ragende Mauer, die das gestirnte Firmament verdeckt... Wenn ich das Glück des Himmels, den ewigen Besitz Gottes besinge, so empfinde ich dabei keinerlei Freude, denn ich besinge einfach, was *ich glauben will*." (THERESE VOM KINDE JESUS: *Selbstbiographische Schriften. Authentischer Text*. Einsiedeln [8]1978, S. 222f.) Vgl. zur Thematik von Erfahrung und Nichterfahrung auch: G. FUCHS: Mitte, die sich entzieht. Die theologische Biographie Dietrich Bonhoeffers. In: *Christ in der Gegenwart* 51 (1999), S. 253f.

[57] H. U. VON BALTHASAR: Gott erfahren? In: DERS.: *Neue Klarstellungen*. Einsiedeln 1979 (Kriterien. 49), S. 13-28, 15.

[58] H. U. VON BALTHASAR, a.a.O., S. 16.

schenden Erwartung kommt im Verständnis der Bibel (menschliche) Gotteserfahrung „gerade durch die 'Bedrängnisse' zustande; diese 'Bedrängnisse' verhindern die christliche Erfahrung und ihr 'rühmendes' Aussagen keineswegs,
sondern ermöglichen sie"[59].

Dabei hat diese Gotteserfahrung ein unverkennbares Merkmal: Sie ist Frucht
eines Glaubens, dessen Urakt das Gebet ist. Sie verlangt eine Existenz, in dem
der Mensch auf den zuvorkommenden Gott hin offensteht, auf sein Wort zu hören und daraus zu leben sucht, notfalls auch im Ringen mit ihm – und darin besteht der eigentliche Kern des Gebetes[60]. „Mit Gewißheit kann gesagt werden,
daß es keine christliche Gotteserfahrung gibt, die nicht Frucht einer Überwindung des Eigenwillens oder zumindest des Entschlusses zu einer solchen Überwindung wäre"[61]. Glaube braucht Erfahrung, aber Glaube ist doch mehr als Erfahrung. Er weiß auch um die Fremdheit Gottes, um seine „unverbrauchbare
Transzendenz"[62]. Er ist christlich verstanden das beharrliche Gehen des Chri-
stusweges und führt – wenn Gott will – zu einer inneren Gewißheit, die der „Bewährung" verheißen ist.

4. „Exilische Mystagogie" weist in das Geheimnis der Kirche ein. Die Vereinzelung ist gerade in der Fremde für den Glauben lebensbedrohlich. „Exilische
Mystagogie" muß darum Einweisung in die Gemeinschaft, muß „synagogisch"
sein[63]. Dazu kommt, daß erst in der Gemeinschaft der Kirche der Glaube seine

---

[59] W. THÜSING: Neutestamentliche Zugangswege zu einer transzendental-
dialogischen Christologie. In: K. RAHNER – W. THÜSING: *Christologie – systematisch und exegetisch. Arbeitsgrundlagen für eine interdisziplinäre Vorlesung.* Freiburg i.Br. 1972 (QD 55), S. 79-315, 154.

[60] Den inneren Zusammenhang von Gottesbild, Glaubensvollzug und Gebet zeigt im
Blick auf eine neuere Theologie des Gebetes auf: J. IMBACH: Gebet – ein vernach-
lässigtes Thema der Theologie? In: *Geist und Leben* 51 (1978), S. 118-132.

[61] H. U. VON BALTHASAR, a.a.O., S. 16f.

[62] K. RAHNER: *Schriften zur Theologie* . Bd. 14, S. 405-421; darin heißt es auch: „Das
Christentum weiß, daß es einen legitimen Willen zur eigenen Wirklichkeit, zur
Selbstentfaltung und zum Glück gibt [..]. Aber das Christentum besteht unerbittlich
darauf, daß die Liebe zu Gott um seiner selbst willen das letztlich allein Rettende
ist" (410).

[63] Vgl. dazu H. STENGER: „Die Synagogie ist der Weg zum Wir." Sie hebt „die Bedeutung der Gemeinsamkeit als starker Quelle der Glaubenserfahrung" hervor. „Es
berührt eigenartig, daß die jüdische Synagoge, diese lebens- und glaubensrettende
Institution des jüdischen Volkes, einen griechischen Namen hat. Die Synagoge ist
der Ort des 'syn', des Miteinander, der Versammlung zum Gebet, zur Lehre und zu
kommunalen Vorgängen. Ekklesia, Kirche, ist ebenfalls griechisch und nahezu bedeutungsgleich mit Synagoge. Beide sind Orte der vom Bundesgott Jahwe berufenen Versammlung, die Ausschau hält nach dem Messias, sei es nach seiner Ankunft
oder nach seiner Wiederkunft." (*Für eine Kirche, die sich sehen lassen kann.* Innsbruck 1995, S. 37f.; vgl. ebd., 29f.; 33f.)
Es ist hier wichtig zu sehen, daß Synagoge wie Kirche sich nicht sozusagen 'von
unten' bildet, so daß Kirche kongregationalistisch aufgefaßt und auf die Gemeinde
vor Ort reduziert wird. Wenn in LG 26 gesagt wird, daß die „Kirche Christi [..]
wahrhaft in allen rechtmäßigen Ortsgemeinschaften der Gläubigen anwesend ist",
dann ist diese konziliare Rede ausschließlich eucharistie-theologisch zu verstehen
(vgl. G. LOHAUS: „Dann machen wir eben alles selber!" Ekklesiologische Überle-

eigentliche Gestalt findet. Denn der Inhalt dieses Glaubens an Gott ist der Bund, den Gott mit seinem Volk geschlossen hat und den er trotz der menschlichen Treulosigkeit durchhält und erneuert (vgl. Jer 31,31-34); der Inhalt ist die „communio", die der Vater durch Jesus Christus im Heiligen Geist den Menschen erschlossen hat und deren „Zeichen und Werkzeug" (LG 1) die Kirche ist. Mystagogie in das Geheimnis Gottes bedeutet darum Mystagogie in eine Glaubensgemeinschaft als Stätte gemeinsamer Erfahrung Gottes. Allein „im Einleben in die Lebensgemeinschaft des Glaubens [kann sich] das Wort des Glaubens eröffnen"[64].

Die innere Entsprechung von Gehalt und Gestalt des Glaubens und damit seine ekklesiale Dimension hat gerade das Zweite Vatikanische Konzil herausgestellt und die Grundsakramentalität der Kirche neu zu sehen gelehrt. Offenbar ist dieser Gedanke aber in der Praxis wenig rezipiert worden. Statt dessen ist anscheinend als Reflex der gesellschaftlichen Individualisierung eher ein Auseinanderfallen von Inhalt und Form des Glaubens wahrzunehmen. Gewiß können wir das Wort *Gott* nur nachsprechen, wenn wir es in seiner lebensgeschichtlichen Bedeutung entdecken. Doch dieses Wort verdankt sich selbst der Glaubensgeschichte einer Gemeinschaft, die dem einzelnen vorausgeht; in der Geschichtsbezogenheit des Glaubens liegt schon seine Gemeinschaftlichkeit.

In der grundlegenden Einordnung des Glaubens in die kirchliche Gemeinschaft trifft sich im übrigen eine „exilische Mystagogie" mit der Mystagogie der alten Kirche, vor allem des Cyrill von Jerusalem[65]. Dort wurde erst nach dem sakramentalen Vollzug der christlichen Initiation in der Osternacht, also erst nach Taufe, Firmung und Eucharistie, den Neugetauften eine genauere Erschließung der Bedeutung dieser Sakramente zuteil. Das Hineinleben in das Geheimnis der Kirche ermöglichte somit erst die Mystagogie, und die Mystagogie formte das Leben[66].

Die Vermittlung von Gehalt und Gestalt des Glaubens hängt freilich entscheidend davon ab, „ob es gelingt, neue Sozialformen explizit christlichen Lebens zu entwickeln." Denn nur unter dieser Voraussetzung können heute in einer Zeit, in der die prägende Kraft des Christlichen auf Gesellschaft und Kultur zurückgedrängt ist, „Inhalte vom Typus christlicher Gottesvorstellungen, von Mitmenschlichkeit oder Gerechtigkeit tatsächlich in einer existentiell relevanten Weise erfahrbar werden. Zumindest bedürfte es hierzu der Einsicht, daß die Bedingungen für derartige soziale Erfahrungen heute zunehmend bewußt gefordert und hergestellt werden müssen, da sie aus der Perspektive dessen, was als 'moderner' Lebenserfolg gilt, an den Rand gedrängt werden"[67].

gungen zur Selbständigkeit der Gemeinden. In: *Pastoralblatt* 49 (1997), S. 202-209, 205f.)
[64] J. RATZINGER: *Theologische Prinzipienlehre. Bausteine zur Fundamentaltheologie.* München 1982, S. 26.
[65] CYRILL VON JERUSALEM: *Mystagogicae catecheses = Mystagogische Katechesen.* Übersetzt und eingeleitet von G. RÖWEKAMP. Freiburg i. Br. 1992 (Fontes Christiani. 7).
[66] Vgl. auch J. RATZINGER, a.a.O., S. 36ff. (zur Deutung der Taufe).
[67] F.-X. KAUFMANN: *Religion und Modernität*, S. 272, zit. nach M. KNAPP, a.a.O., S. 346. diese Forderung ergibt sich nicht bloß aus soziologischen, sondern auch aus

5. „Exilische Mystagogie" weist in die Sendung zu den Schwächsten hinein.
Mit der Grundsakramentalität der Kirche verbindet sich ihr universaler Zug. Sie
ist nicht nur Grundsakrament „für die innigste Vereinigung mit Gott", sondern
auch „für die Einheit der ganzen Menschheit" (LG 1). Gott hat sich mit dem
Menschen identifiziert, und „jede Communio, die dahinter zurückbleibt, gibt zu
wenig"[68]. Dementsprechend ist die Gotteserfahrung, die im Raum dieser Gemeinschaft gemacht wird, Ausgangspunkt für die Sendung zu den anderen. Dabei
erinnern das Exil wie das Kreuz Jesu Christi daran, daß sich die Kraft der Gnade
gerade in der Schwachheit und in den Schwachen erweist (vgl. 1 Kor 1,26-31; 2
Kor 12, 9-10)[69]. Das Konzil wiederum hat in einem Text von hoher dogmatischer
Dignität deutlich gemacht, daß die Wirklichkeit der Armen in das Geheimnis der
Kirche selbst hineingehört (vgl. LG 8). Einweisung in das Geheimnis der Kirche
und ihrer Sendung heißt darum inhaltlich-christologisch Einweisung in die Präsenz unter den Armen, den Leidenden und den Sündern[70]. „Exilische Mystagogie" ist somit Einweisung in die Sendung zu den Menschen und dabei vor allem
hin zu den Schwächsten. Das führt in eine doppelte Richtung. Auf der einen Seite
bestimmt diese Aussage die diakonische Grundstellung aller Mystagogie. „Die
'Erfahrung Jesu' im Antlitz des anderen, besonders im Gesicht des Leidenden,
durchkreuzt ein herrschaftliches Verständnis einer einsamen Subjektivität. [...]
Diese Weise der Gotteserfahrung im anderen kann durchaus enttäuschend
sein"[71]. Doch im Antlitz des 'anderen' erscheint die Unendlichkeit – wie im Anschluß an Emmanuel Lévinas entfaltet werden könnte. Im Blick eines Menschen
leuchtet etwas Inkommensurables auf, das zur Verantwortung für ihn ruft und
wodurch Gott selbst in diese Begegnung einfällt[72].

theologischen Gründen: vgl. N. LOHFINK: „Nach der Bibel [..] ist Glaube selbst
Stiftung von Gesellschaft. Er ist originär selber schon Drang, Materie zu formen
und Welt zu verwandeln. Er fordert dies nicht erst sekundär als notwendige Verpflichtung nach außen. Wo er lebt, muß, damit er selber sei, neue Welt entstehen.
Kirche, wenn wirklich aus dem Glauben, hat selbst die Gestalt von Welt. Sie dient
nicht einem Volk, sie ist Volk. Sie fördert nicht die Gerechtigkeit, sie lebt Gerechtigkeit. Sie kämpft nicht um Freiheit, sie ist Ort der Freiheit. Die Zuwendung zu einer schon vorhandenen und nicht aus dem Glauben gewachsenen Welt ist nicht der
eigentliche Weltbezug des Glaubens, sondern frühestens ein sekundärer – so notwendig und unvermeidlich er als solcher dann ist." (*Das Jüdische am Christentum.
Die verlorene Dimension.* Freiburg i. Br. 1987, 12, zit. nach G. STEINS, Gottesverwechslung, S. 74, Anm. 35).
Für Ansätze zur Bildung neuer christlicher Sozialformen vgl. M. KEHL: *Die Kirche.
Eine katholische Ekklesiologie.* Würzburg ²1993, S. 199-210; M. HEIMBACH-
STEINS: Ein Original sein, 105-112; P. ABEL: Seht, wie das Land beschaffen ist. –
Ein Versuch zu künftigen Sozialgestalten christlichen Glaubens. In: J. HOMEYER –
G. STEINS (Hrsg.): *Kirche – postmodern „überholt"?* S. 115-138.

[68] J. RATZINGER, a.a.O., S. 55. – Zum inneren Zusammenhang von Martyria und Diakonia vgl. O. FUCHS: Solidarität und Glaube. In: *caritas '99. Jahrbuch des Deutschen Caritasverbandes* (1998), S. 19-35.
[69] Vgl. R. ZERFASS: Volk Gottes unterwegs, S. 175; Das Volk Gottes, S. 48.
[70] Vgl. M. KEHL: *Die Kirche*, S. 241f.
[71] M. SCHEUER: Gotteserfahrung und Krise, S. 73.
[72] Vgl. M. SCHEUER: Gotteserfahrung und Krise, S. 72f.; B. CASPER: Andere, der. In:
LThK³ 1, Sp. 618f.; DERS.: Lévinas, Emmanuel. In: LThK³ 6 (1997), Sp. 863f.

Auf der anderen Seite läßt Mystagogie so sich selbst einweisen in das Gottes-verhältnis, das die anderen unter den Bedingungen der Armut und der Kleinheit leben. Eine Mystagogie mit den Armen „wird dann auch immer mehr das 'evan-gelisatorische Potential der Armen' (Puebla Nr. 1174)[73] entdecken: daß sie also nicht nur die bevorzugten Adressaten des Evangeliums, sondern auch seine Trä-ger und Künder sind; daß wir, die vermeintlich Klugen und Weisen in ihre Schu-le gehen müssen, um von ihnen in das Geheimnis des Reiches Gottes eingeführt zu werden (vgl. Mt 11,25 ff.)"[74]. Das wirft in unserem kirchlichen Kontext auch die Frage auf, welche Traditionen es neu nachzusprechen gilt, damit die Schwächsten mitkommen und sie uns ihrerseits mit ihrer „Volksfrömmigkeit" selbst auf den Gott hinweisen können, der arm wurde, damit wir reich würden (2 Kor 8,9). Zugleich führt eine solche Mystagogie, die sich von den Armen an die Hand nehmen läßt, dazu, sich einzumischen und auf diese Weise Erfahrungen zu machen, die die Gestalt des Kreuzes annehmen, so aber auch zum Gott des Le-bens führen können. „Die Armen rufen zur Entscheidung. Wenn einer mit ihnen lebt, dann wird er entweder den Glauben verlieren und ein Revolutionär, viel-leicht noch eher ein Zyniker werden, oder aber er wird still werden vor Christus und 'mit Ihm mit ihnen' gehen."[75]

Nur einige Anmerkungen zu einer Aufgabe, die uns Karl Rahner vor mehr als drei Jahrzehnten gestellt hat, wollte ich machen. Die Prognose Karl Lehmanns, daß das Suchen und Finden Gottes der zentrale Schlüssel für die Zukunft von Religion und Kirche im 21. Jahrhundert ist, macht deutlich, daß diese Aufgabe keineswegs erledigt ist. Eine ausgearbeitete und in der Praxis erprobte Mystago-gie bleibt nach wie vor notwendig. Sie hat heute unverzichtbar und unumkehrbar den Einzelnen in seiner Individualität anzuerkennen, und zwar vor allem aus theologischen Gründen. Zugleich aber hat sie die Individualisierung auf die Ge-meinschaft hin zu überschreiten, ohne damit die Individualität zu desavouieren. Eine existentiale Mystagogie sagt: Der Dornbusch ist nicht verbrannt, wie für Mose brennt er auch für uns – „Der Herr ist in unserer Mitte." Eine exilische Mystagogie aber reiht sich von daher in den großen Zug durch die Wüste ins Ge-lobte Land, von Jerusalem nach Babylon und schließlich wieder hin zum Zion, der einmal das Ziel aller Völker sein wird (vgl. Jes 2,2f.). Beide Erinnerungen sind durch das Geheimnis des Gottes Jesu Christi untrennbar miteinander ver-bunden. Wer dieses Geheimnis nicht vergessen will, braucht eine communial bestimmte Mystagogie.

---

[73] *Die Evangelisierung in der Gegenwart und in der Zukunft Lateinamerikas.* Bonn 1979 (Stimmen der Weltkirche. 8).
[74] M. KEHL: *Die Kirche*, S. 245.
[75] L. SCHULTE, a.a.O., S. 188. Vgl. auch G. STEINS: Gottesverwechslung, a.a.O., S. 69: „Die Identität des Glaubens ist nur im Zusammenhang und in der Gestalt des konkreten gesellschaftlichen Lebens auszumachen."

Wie nicht schweigen? Jüdische Aufklärung und ihre Darstellungsprobleme

VON ECKHARD NORDHOFEN

I

Spätestens mit Horkheimers und Adornos „Dialektik der Aufklärung" von 1947 ist der Begriff der Aufklärung in die Krise geraten. Wer auf sich hält, benutzt ihn mindestens mit obliquen Obertönen. „Aufklärung" war kaum je ein philosophischer Systembegriff der Weltdeutung, sondern markierte immer ein ideen- oder sogar realpolitisches Programm. Es sollte beides geklärt werden: Was Vernunft ist und wie diese sich im Leben des einzelnen und in der Gesellschaft auszuwirken hätte.

„Aufklärung" war zunächst und ist je nach Kontext noch immer ein epochenbezogener Begriff. Er bezeichnet ein Zeitalter, das Siècle des Lumières, das Age of enlightenment. Die große Gestalten des 18. Jahrhunderts, Voltaire, Diderot und D'Alembert, Helvetius und Rousseau heißen Philosophen, sind aber auch Hommes de lettres, auch öffentliche und politische personnage. Dass zu den Aufklärern auch Machthaber wie Friedrich II. von Preussen und Kaiser Josef II. gezählt werden, ist charakteristisch für die ideenpolitische Bewegung, die mit philosophischen Mitteln auf politische Veränderung zielte.

Bei aller semantischen Unschärfe, welche ideenpolitischen Programmvokabeln nun einmal eigen ist, muss aber Aufklärung auch einen systematischen Sinn haben. Er erschließt sich nicht durch den Erlass von Definitionen, am ehesten noch über die Metaphorologie. Dieser von Erich Rothacker vorgeschlagene und von Hans Blumenberg kultivierte Umgang mit Begriffen[1] ist in der Tat das Mittel der Wahl bei semantischen Undeutlichkeiten.

In dem italienischen „Illuminismo", dem französischen „Siècle des Lumières" und dem englischen „Enlightenment" ist die Lichtmetaphorik, der sich unser Begriffsfeld verdankt, deutlicher zu merken, als in der deutschen Ausbildung des Begriffs. Dieser lebt vom Gegensatz klar – unklar. Etwas Undurchsichtiges und Trübes soll transparent und deutlich sichtbar gemacht werden. Jedes mal aber geht es weniger um ein sichtbar Werden der Verhältnisse und Dinge, als um ein sichtbar Machen. In der Beschreibung von Wetterlagen, die ja (in der Regel) nicht vom Menschen gemacht werden, sprechen wir vom „Aufklaren". Von selbst klart das Wetter auf, soviel ist klar. Die Semantik von „Aufklärung" hat dagegen immer schon ein Subjekt mitgedacht. Da ist jemand, der demaskiert, den Schleier wegzieht. Sodann ist sichtbar, was vordem undurchsichtig und „opak" war. Dünn geschliffener Alabaster oder Milchglas sind opak. Dieses Adjektiv hat

---

[1] Vgl. Hans BLUMENBERG: *Die Lesbarkeit der Welt*. Frankfurt 1981, S. 11-16.

bei Habermas, einem Aufklärungstraditionalisten und seinen Schülern neuerdings Karriere gemacht. Es liegt ganz in der deutschen semantischen Tradition,
von „klar" – „unklar". In jedem Fall aber wird Verdecktes offenbar. Hier gibt uns
die Semantik einen erregenden ersten Hinweis: „Offenbarung" und „Aufklärung"
gehören zur gleichen Wortfamilie.

Für das politische 18. Jahrhundert ist selbstverständlich, dass Aufklärung
Agenten hat. Der Begriff enthält sogar einen leisen aber unüberhörbaren Impera-
tiv. Er ist eine Folge seiner Subjekthaltigkeit. Nicht von selbst lichten sich die
Nebel, es klart nicht auf. Wenn etwas geklärt werden soll, kommt es auf den
Aufklärer an. Er ist es, der aktiv werden muss, das Dunkel ausleuchten, Klarheit
in die Verhältnisse bringen.

Wenn es Agenten des Lichts gibt, dann haben sie auch Gegenspieler. Die Ak-
tivisten auf der ideen- und geistespolitischen Szene sortieren sich wie von selbst
in zwei Lager, in Aufklärer und Dunkelmänner. Diese sind „Obskuranten". Sie
sind Feinde des Lichts oder die böse Königin der Nacht. Sie vereiteln bewusst
alles, was Licht ins Dunkel bringen könnte. Auf der Bühne wird ein passageres
Ritual aufgeführt, die Oper des Übergangs vom „finsteren Mittelalter" zur licht-
vollen Gegenwart. Wenn das Drama der Aufklärung also Helden und Schurken
kennt, ist damit auch die dritte und entscheidende Größe im Spiel, das Publikum.
In der Selbstentdeckung des Publikums als Nation, einer überindividuellen Instanz mit Gefühl und Willen, einer Art Subjekt also, liegt der Qualitätssprung
von 1789. Die Seele der Nation ist die eigentliche umkämpfte Materie. Wer sich
auf den großen Wechselgesang versteht, welcher der Summe von Köpfen das
Gefühl gibt, er sei ihr Mund, hat die Macht. Wer mitreißen kann, ist hinreißend.
Dass es so etwas gibt, wie ein mobilisierbares öffentliches Bewusstsein, kann
schon daran abgelesen werden, dass es in Frankreich, dem diesmal maßgeblichen
Land, in dem die Bühne des Dramas aufgeschlagen ist, unter dem Titel „Nation"
zum Souverän erklärt wird. In den großen Fêtes de la Fédération kann sich der
neue Souverän selbst erleben und so etwas Rätselhaftes wie ein überindividuelles
Selbstbewusstsein entwickeln. Eine Größe, die uns noch bis in die Rhetorik des
späten Marxismus unter dem Titel „revolutionäres Subjekt" verfolgt hat.

II

Bei aller Metaphorologie, die wir mit dem Blick auf das Zeitalter und das Hei-
matland der Aufklärung betreiben können, müssen wir dem Aufklärungsbegriff
doch zwei systematische Bestimmungen zuerkennen: Die erste betrifft das Verhältnis zwischen Mensch und Natur. Es ist zunächst ein Herrschaftsverhältnis,
dessen Legitimität niemand bestreitet. Die *Encyclopédie*, das große Gemein-
schaftswerk von Diderot und D'Alembert, präsentiert in eindrucksvollen Kupfer-
tafeln den neuesten Stand der Technik, des Maschinen- und Instrumentenwesens.
Mechanische Apparaturen, Eisenhämmer, Mühlen und Uhrwerke, neue Formen
der Kraftübertragung, die den Einsatz von Naturkräften zum Nutzen des Menschen perfektionieren. Sie zielen allesamt auf Naturbeherrschung. Um die Natur
beherrschen zu können, die Kräfte, die in ihr walten, für menschliche Zwecke zu

lenken und nutzbar zu machen, dazu müssen die Zusammenhänge der Natur erst einmal durchschaut und erkannt werden. Es geht also nicht um zweckfreie Naturerkenntnis, um ein kontemplativ betrachtendes Gegenüber zur Natur, sondern um die Eroberung einer Steuerungskompetenz, die den Menschen zum Herrn über die Kräfte macht, die sonst an ihm vorbeifließen oder ihm feindlich entgegentreten.

Kants berühmte Formulierung, nach welcher Aufklärung der „Ausgang des Menschen aus seiner selbstverschuldeten Unmündigkeit" ist, setzt eine herrschaftsbestimmte Ausgangslage voraus. Wer von Mündigkeit spricht, hat ein logisch binäres Verhältnis von Vormund und Mündel vorausgesetzt. Die Wirkungsgeschichte der Kantischen Formulierung reicht bis in unsere Tage, in der die politische Rhetorik auf die Rede vom „mündigen Bürger" nicht verzichten will.

Neben der Naturbeherrschung, um die es der Aufklärungsbewegung zu tun ist, tritt also der Aspekt der Herrschaft des Menschen über andere Menschen, das Verhältnis von Vormund und Mündel, oder wie es dann bei Hegel betrachtet wird, das Verhältnis von Herr und Knecht. Während das Erstere als ein durchaus erstrebenswertes Ziel gilt, ist das Letztere etwas, was bekämpft und beseitigt werden muss. Egalité ist eine Konsequenz der fraternité.

Dass das Motiv der Naturbeherrschung zunächst unbesehen akklamiert wird, scheint in einem Zeitalter, in dem in Mitteleuropa die letzten Wölfe erlegt werden, in dem es noch Hungersnöte gibt, in dem eine Alpenüberquerung der Schrecken der Reisenden ist, ohne weiteres plausibel. Das sollte sich im zwanzigsten Jahrhundert ändern.

Naturbeherrschung wird gern auf eine biblische Wurzel zurückgeführt. Der sogenannte „Kulturbefehl" von Gen. 1,28 lautet in der Luther-Übersetzung „...und machet sie [sc. die Erde] euch untertan". Er kann als Hintergrundmotiv auch der kantischen Definition von Aufklärung angesehen werden. Neben der kleinen Schrift *Was ist Aufklärung?* von 1784 hat sich Kant ausführlich mit den ersten beiden Kapiteln des Buches Genesis beschäftigt. Ihnen ist die andere kleine Schrift *Mutmaßlicher Anfang der Menschengeschichte* gewidmet.

Dass der Mensch Herr der Natur sein darf und soll, ist ein für das Naturverständnis und Naturverhältnis des bibellesenden Teils der Menschheit folgenreicher Satz gewesen. An seiner Wirkungsgeschichte lässt sich sehr gut das studieren, was Horkheimer und Adorno „Dialektik der Aufklärung" genannt haben. Die Väter der Kritischen Theorie wollten zeigen, dass der technische Fortschritt, dem der zivilisierte Westen Weltausstellungen ausgerichtet und Eiffeltürme gebaut hatte, im Zweifelsfall ein Fortschritt auf das schwarze Loch des Bösen hin, auf Auschwitz, den industrialisierten und rationalistisch-perfektionierten Völkermord gewesen war, dass Industrialisierungsprozesse – dies ein Gedanke aus marxistischem Erbe – sich verselbständigen können und der steuernden Hand des Menschen entgleiten, so dass selbst, wenn dieser gut sein wollte, er es nicht mehr könnte. Adam Smiths „unsichtbare Hand" konnte nun einmal für Materialisten nicht die Hand Gottes sein. Subjektivität war dem Menschengeschlecht vorbehalten. So wurde sie und ist bis heute ein potentieller Feind. Allen Gymnasiasten ist dieser Gedanke vertraut, seitdem sie Goethes „Zauberlehrling" auswendig lernen durften. Immerhin hat der wassertragende Besengeist Goethes noch einen gewissen Unterhaltungswert, während der einmal gerufene Geist der Atombombe, das Produkt der Leitwissenschaft von Naturbeherrschung und der physikalischen Technik, ein selbsterzeugter Schrecken ist, über den niemand lacht.

Spätestens seit der Ölkrise und der in ihrem Gefolge entstehenden ökologischen Bewegung wurden Fortschrittsskepsis und das Misstrauen in technische Naturbeherrschung durch den Menschen zu einem bestimmenden Lebensgefühl für alle, auch für die, welche von einer Dialektik der Aufklärung nichts wussten. In den Begriff „Naturbeherrschung" schießt quer das Moment von Illegitimität ein, das der Herrschaft von Menschen über Menschen schon lange eigen war. Naturbeherrschung wird zum Gewaltverhältnis mit einem bedrohlich zerstörerischen Hintergrund.

Wie wirkte sich dieser Umschwung für die Bewertung der biblischen Tradition aus? Dass der Mensch nach Gen 2,15 der Gärtner des Gartens Eden sein sollte „...damit er ihn bebaue und behüte" und dass Gott und nicht der Mensch der Herr des Gartens ist, sollte eigentlich verhindern, dass die biblische Tradition für den ausbeuterischen und zerstörerischen Umgang mit der Natur verantwortlich gemacht wird. Bevor der technische Fortschritt janusköpfig wurde, war er für das 18., aber vor allem für das 19. Jh. und die erste Hälfte des 20. etwas Gutes.

So sehr biblische Topoi das Denken der Menschen im 18. Jahrhundert und in den folgenden bestimmten, so wenig wurde doch der technische und naturwissenschaftliche Fortschritt dieser Tradition zugerechnet. In den politischen Kampfzonen waren die Lager der Combattanten und Gegner bald sortiert. Die Kirche, die den Galileo zum Abschwören gezwungen und die darwinistische Evolutionslehre bekämpft hatte, galt als Hort der Reaktion und des Obskurantismus. Voltaires „Ecrasez l'infâme" konnte sich schon zu seiner Zeit auf fortschrittsfeindliche Tatbestände berufen, welche ihm die Kirche zur Feindin machten, das 19. Jahrhundert fügte noch einige hinzu. Ihm wäre der Gedanke, das Christentum und seine Kirche seien Motor des Fortschritts, eine steile Absurdität gewesen.

War das christliche Erbe also für die Freunde des Fortschritts ein Ballast, der abgeworfen werden musste und die Kirche die Bremskraft des Geschichtsverlaufs schlechthin, so hätte die Neubewertung des technisch-zivilisatorischen Entwicklungsprozesses im Sinne der Dialektik der Aufklärung logischerweise das Urteil über das jüdisch-christliche Erbe abändern müssen. Wenn der Fortschritt bedrohlich wird, müsste der, der ihn bremst, eigentlich als Retter begrüßt oder doch mild und positiv gesehen werden. Als schwer bewegliche Kraft etwa, die stets das Gute will, und manchmal es auch schafft. Der Fortschritt ist seinem Wesen nach auf Schnelligkeit aus. Doch es kommt vor, so Odo Marquard, dass die Langsamsten für Sekunden zur Avantgarde werden, dann nämlich, wenn sie in der Rennbahn im Begriff sind, wieder einmal überrundet zu werden.

Doch das Zensurenwesen im intellektuellen juste-milieu funktioniert nicht nach einer simplen Logik. Nachdem der Fortschritt etwas Böses oder doch mindestens etwas janusköpfig Verdächtiges geworden war, wurde der „biblische Kulturbefehl" und das christliche Verhältnis zur Natur etwa bei Carl Amery als Quelle des bösen Fortschrittsdenkens und damit allen Übels ausgemacht.

Gegen das offensichtlich niemals neutrale ideenpolitische Ressentiment einer leyenda nera des Christentums hilft freilich keine Apologie. Während Hans Blumenberg die Neuzeit als legitime Supernova der Geistes- und Politikgeschichte oder doch – dem Aufklärungs-Obskuratismus-Topos gehorsam – als Gegenkraft zur theologischen Weltsicht rekonstruiert[2], legt Franz Xaver Kaufmann, detailreich und plausibel die christlichen Wurzeln der neuzeitlichen Freiheitsgeschichte frei und verfolgt wichtige Stationen der monotheistischen Trennung der Gewalten vom Wormser Konkordat über die spätscholastische Staatskritik und die calvinistischen Wurzeln der Verfassung der Vereinigten Staaten von Amerika[3]. Auch die Aufklärung der Moderne hat bei mancher Gegnerschaft zu kirchlichen Institutionen eine eindeutig christliche Vorgeschichte.

So dürfen wir, die wir dem mainstream nichts geschworen haben, in metakritischer Unbefangenheit die Frage stellen, ob nicht am Ende, trotz des Falles Galilei, trotz der anderen großen Retardierungen und trotz der Langsamkeit einer Theologie, die sehr lange mit dem Selbstbewusstsein lebte, über den Zeitläuften zu schweben, ob nicht das christlich-jüdische Erbe tatsächlich eine Quelle aufklärerischer Naturbeherrschung sein kann. Und wenn wir nach Spuren einer Aufklärung suchen, welche die Herrschaft des Menschen über seinesgleichen zum Thema hat, werden wir nicht wieder zurückgeführt ins alte Israel und Neue Testament?

III

Jan Assmann hat gerade – und dies gewiss nicht in verherrlichender Absicht, bestätigt: Die monotheistische Revolution der Sattelzeit war ein religionsgeschichtlicher Qualitätssprung[4]. Dass Gott kein mögliches Ding in der Welt, weder Sonne noch Stern, noch auch auf Bergspitzen und Bäumen wohnhaft, nicht in Kultbildern greifbar, dass er vielmehr der Schöpfer der Welt war, erzeugte eine eschatologische Spannung, die alles was ist, relativiert. Und dies im wörtlichen Sinn, d.h. in eine Relation setzt. Die Relation zwischen einem Gott, der die Welt erschaffen hat, in ihr aber nicht aufgeht, lehrt, das, was ist, mit anderen Augen zu betrachten. Aus dieser eschatologischen Spannung wird die Energie gespeist, mit der sich der Monotheist von jedem Ist-Zustand abstößt. Nur so kann es zu kontrafaktischen Visionen kommen. Dies studieren wir heute in den großen Befreiungsgeschichten des Exodus-Erzählkreises. Das Sklavenhaus Ägypten wird als

---

[2] Vgl. Hans BLUMENBERG: *Die Legitimität der Neuzeit*. Frankfurt a.M. 1966.

[3] Vgl. Franz Xaver KAUFMANN: *Wie überlebt das Christentum?* Freiburg i.Br. 2000. Für die theologischen Wurzeln der eschatologischen Gewaltenteilung vgl. auch E. NORDHOFEN: Die Farbe bunt. In: *Die Zeit* (11. 7. 1997), S. 21f.

[4] Vgl. Jan ASSMANN: *Moses der Ägypter : Entzifferung einer Gedächtnisspur*. München 1998. Für Assmann kam nach einem Zeitalter eines vielsprachigen toleranten Polytheismus durch die Mosaische Gegenbesetzung das Böse, nämlich der Wahrheitsanspruch des Monotheismus in die Welt. Auch wenn man diese Bewertung nicht teilt, kann Assman zugestimmt werden, was die Deskription des religionsgeschichtlichen Befunds angeht. Zur Kritik Vgl. Willi OELMÜLLER: *Negative Theologie heute. Die Lage des Menschen vor Gott*. München 1999, S. 14-20.

Ist-Zustand transzendabel. – Die visionäre Kraft der Propheten bleibt aber nicht bei dem Problem der Herrschaft von Menschen über Menschen stehen, sie erstreckt sich bis weit in das Reich der Naturbeherrschung. Der prophetische Paradiesesblick mit seinen unwirklichen Unsterblichkeiten und die seltsamen Tableaus, auf denen der Löwe neben dem Lamm liegt, evozieren das Bild einer Natur, in der von Herrschaft keine Rede mehr sein muss, weil sie ein Mensch vollkommen beherrscht, der allerdings vollkommen eingetreten ist in die Spur des guten Schöpfers.

Das Weltbild dessen, der von kontrafaktischen Wirklichkeitskoordinaten bestimmt wird, wird niemals alles so lassen wie es ist. Die kontrafaktische Energie des eschatologisch aufgespannten Verhältnisses zwischen Gott und Welt setzt sich in Arbeit um. Zwar lernt der Fromme, dass er sich nicht selbst erlösen kann, auch dass er nicht der Besitzer der Talente sondern nur ihr Mehrer und Verwalter ist, er bleibt aber kein Fatalist, der alle Werke von Gott erwartet. Es ist die Arbeit am Reich Gottes, welche als Nebenfolge der Frömmigkeit die Menschen des jüdisch-christlichen Kulturkreises zu Innovatoren, Erfindern, zu Fortschrittsmenschen macht. Max Webers berühmter Hinweis auf den Zusammenhang von protestantischer Ethik und kapitalistischer Moderne zielt auf die Säkularisierung eines theologischen Hintergrunds. Am Ende ist die Arbeit am Geld doch etwas anderes als Gottesdienst. Webers Theorie hat mit der kontrafaktischen Arbeit des Christen am Reich Gottes, die als Arbeit unter der Schwerkraft des Erdendaseins getan werden muss von Menschen, die vertrieben sind aus dem Garten Eden, soviel Familienähnlichkeit wie Dagobert Duck, der im Geldsilo badet, mit dem Puritaner Uncle Sam.

Betrachtet man die Gleichnisse und die mit ihnen isomorphen Handlungen Jesu, also die Geschichten *von* und die Geschichten *über* Jesus einmal morphologisch, so fällt auf, dass sie alle die Eigenart haben, *Schemata zu transzendieren*.

Nur die zu grüßen, die auch mich grüßen, (Mt 547) entspricht dem üblichen Reiz-Reaktionsschema. Ebenso ist es normal, zurückzuschlagen, wenn jemand mich auf die Wange schlägt. (Mt 5,39) Selbst positive Schemata, die das Gesetz der Tora vorschreibt, wie das Halten des Sabbats, werden transzendiert, wenn es denn dem Reich Gottes dient. Was aber dient dem Reich Gottes? Dies in jeder Situation neu herauszufinden, lernt der, der das tägliche Gebet spricht: „Dein Reich komme, dein Wille geschehe."

Christen müssen Weltverbesserer sein und dies sich so weit verinnerlichen, dass sie auch die kleinen Verbesserungen im täglichen Leben als Approximation des Reiches Gottes, als christliche Orthopraxie deuten. Wer das Schemata-Transzendieren in dieser Weise zu seiner Natur macht, wird zum Innovator und Erfinder. Die Reich-Gottes-Idee ist der Stern, dem der Christ folgt. Das Transzendieren der Schemata wird habituell zu seiner „zweiten Natur". So hat die These sehr viel für sich, dass es kein Zufall ist, dass die Innovationskraft und der Erfindergeist, der sich schließlich auch technisch und wissenschaftlich durchsetzt, just in dem Kulturkreis zum Blühen gekommen ist, der ein ungesättigtes Wirklichkeitsverhältnis hat, für dessen Menschen es sich von selbst versteht, sich vom Ist-Zustand abzustoßen, zu neuen Ufern aufzubrechen, etc. Wenn Naturbeherrschung ein zentrales Motiv der Aufklärung ist, dann hat auch Aufklärung offenbar tatsächlich etwas mit dem jüdisch-christlichen Erbe, mit der religionsge-schichtlichen Wende des Monotheismus zu tun.

IV

Der erste Grund aber, warum wir seit einiger Zeit[5] sehr bewusst von einer „jüdi-schen Aufklärung" sprechen, ist ein religionskritischer. Religionskritik, also das Programm, religiöse Phänomene ins Licht der Vernunft zu rücken, ist ein zentra-les Motiv von Aufklärung. Das Motiv der Religionskritik bei Anaximenes, Ana-ximander und Xenophanes ist neben der Naturphilosophie auch der Grund für die frühere Wortprägung der Philosophiehistoriker, das Nebeneinander von Natur-philosophie und Religionskritik in Griechenland als „vorsokratische Aufklärung" zu bezeichnen. Wenn man vom Begriff der Aufklärung im strengen engen Sinn einer Epochenbezeichnung (Siècle des Lumières) ausgeht, legt sich in der Tat diese Analogie nahe: So wie die Aufklärung des 18. Jahrhunderts, das mit seiner These vom Priesterbetrug und seiner Kritik an Priesterherrschaft deutliche religi-onskritische Züge trägt, so haben Philosophen wie Xenophanes und andere auf unfromme und kritische Weise das Zustandekommen von Göttervorstellungen rekonstruiert: „Die Äthiopier behaupten, ihre Götter seien stumpfnasig und schwarz, die Thraker, blauäugig und blond...Wenn aber die Rinder und Pferde und Löwen Hände hätten und mit diesen Händen malen könnten, und Bildwerke schaffen wie Menschen, so würden die Pferde die Götter malen und abbilden in der Gestalt von Pferden, die Rinder in der von Rindern, und sie würden sich Sta-tuen meißeln, ihrer eigenen Gestalt entsprechend"[6].

Ist dies der Anlass gewesen, von „vorsokratischer Aufklärung" zu sprechen, so muss zuerst einmal registriert werden, dass der Begriff nunmehr systematisch und nicht mehr epochenbezogen verwendet wird. Zur Analogie konnte es ja nur kommen, weil es ein systematisches tertium comparationis gegeben hatte. Im Deutschen hat sich diese epochenunabhängige Bedeutung auch für moderne Qua-lifizierungen durchgesetzt. Momente von Aufklärung können nun überall, ge-sucht und gefunden werden und nicht mehr nur im „Jahrhundert des Lichts".

So legt es sich nahe, den Sprachgebrauch zu befestigen und von einer *„jüdi-schen Aufklärung"* des Alten Testaments zu sprechen. Eine Parallele, die zu-gleich ein geistesgeschichtliches Kuriosum ersten Ranges ans Licht befördert. Die Spottverse von Deuterojesaja, Jeremia, des Buchs der Weisheit und vieler anderer Propheten gegenüber den selbstgemachten Göttern, die sich in einer de-tailgenauen Beschreibung des Göttermachens ergehen, haben zwar nicht das ge-nus litterarium einer theoretischen wissenschaftlichen Abhandlung, aber der Ge-dankengang ähnelt doch so sehr den bekannten Projektionstheorien des 19. Jahr-

---

[5] Genauer seit 1993. Der Begriff „Jüdische Aufklärung" wurde meines Wissens zum ersten Mal lanciert in Eckhard NORDHOFEN: Bilderverbot und jüdische Aufklärung. In: *Zeitschrift für Didaktik der Philosophie* 1 (1993), S. 44-54. Er wurde von Willi Oelmüller, Gerd Neuhaus u.a. akzeptiert.

[6] XENOPHANES: Fragment 27,29 in: *Die Vorsokratiker.* Hrsg. von Jaap MANSFELD. Stuttgart 1987.

hunderts, dass man sich sehr wundern muss, dass erstens Feuerbach, Marx und Freud sich auf diese Texte nicht beziehen, und zweitens, dass sie mit ihren reduktionistischen Erklärungen eben diese jüdisch-christliche Tradition treffen wollen.

Die jüdische Aufklärung hat Texte hervorgebracht, die den Fragmenten der vorsokratischen Religionskritiker durchaus vergleichbar sind. Nicht nur in den genannten prophetischen und weisheitlichen Schriften, sondern auch im Pentateuch (z.B. Ex 32) findet sich eine zum Teil schneidend ironische Darstellung des Göttermachens, die bis ins handwerkliche Detail geht: „Der Schmied facht die Kohlenglut an, er formt das Götterbild mit seinem Hammer und bearbeitet es mit kräftigem Arm. Dabei wird er hungrig und hat keine Kraft mehr. Trinkt er kein Wasser, so wird er ermatten. Der Schnitzer misst das Holz mit der Messschnur, er entwirft das Bild mit dem Stift und schnitzt es mit seinem Messer; er umreißt es mit seinem Zirkel und formt die Gestalt eines Mannes, das prächtige Bild eines Menschen; in einem Haus soll es wohnen. Man fällt eine Zeder, wählt eine Eiche oder sonst einen mächtigen Baum, den man stärker werden ließ, als die übrigen Bäume im Wald. Oder man pflanzt einen Lorbeerbaum, den der Regen groß werden lässt. Das Holz nehmen die Menschen zum Heizen; man macht ein Feuer und wärmt sich daran. Auch schürt man das Feuer und bäckt damit Brot. Oder man schnitzt daraus einen Gott und wirft sich nieder vor ihm; man macht ein Götterbild und fällt vor ihm auf die Knie. Den einen Teil des Holzes wirft man ins Feuer und röstet Fleisch in der Glut und sättigt sich an dem Braten. Oder man wärmt sich am Feuer und sagt: Oh, wie ist mir warm! Ich spüre die Glut. Aus dem Rest des Holzes aber macht man sich einen Gott, ein Götterbild, vor das man sich hinkniet, zu dem betet und sagt: Rette mich, du bist doch mein Gott!" (Jes 44, 12-17)

Ich fasse die Grunderkenntnis der religionskritischen jüdischen Aufklärung in dem Satz zusammen: *Ein selbstgemachter Gott ist kein Gott sondern ein Selbstbetrug.*

Die Historiker diskutieren für die vorsokratische Aufklärung, ob sie zum Atheismus geführt habe. Hier gibt es keinen eindeutigen Befund. Die sokratische Aufklärung zumindest ist nicht atheistisch. Sokrates war, wie wir wissen, ein frommer Mann. Er folgte seinem „Daimonion". Auch die jüdische Aufklärung beseitigt nicht den Transzendenzbezug, sie kritisiert freilich ebenso, wie die vorsokratische Aufklärung das naive, projektive Göttermachen. Wenn aber – so lautet Ihre nächste Frage – Gott nicht das Produkt menschlicher Bedürfnisse und Interessen sein kann, wenn ein selbstgemachter Gott kein Gott sein kann, wer und was ist Gott dann?

Die eindrucksvollste Gründungsgeschichte des jüdisch-christlichen Monotheismus lesen wir zweifellos bei der Einführung des Tetragramms in Exodus 3. Der Text konfrontiert uns zunächst mit der Installation eines bewussten Widerspruchs. Es ist der Widerspruch, der an der Grenze der Vernunft auftritt, man könnte auch sagen, der Widerspruch *ist* die Grenzmarke der Vernunft. Er wird uns narrativ geboten in der schönen Szene vom Dornbusch, der brennt und nicht verbrennt (Ex 3,2). Brennen und nicht verbrennen, das ist nach dem zweiten Hauptsatz der Thermodynamik nicht gut möglich. Aber man muss nicht den zweiten Hauptsatz zur Thermodynamik kennen, um den Widerspruch zu bemerken. Der Text will offensichtlich gezielt auf diesen Widerspruch hinaus. Wie sollte es sonst zu den Verwunderungsreaktionen kommen? Wie sonst stünden wir vor einem Wunder? Wir finden hier die Grundfigur aller echten Wundergeschichten, die wir nicht unbedingt als historisch reale Ereignisse lesen müssen, sondern als *bewusste Installationen des Widerspruches,* als den adäquaten Ausdruck für die Anwesenheit des ganz Anderen, dessen Einführung sich an dieses Widerspruchsereignis anschließt. Darum geht es denn auch bei dem Tetragramm.

Der Widerspruch ist inkommensurabel. Unsere Sprache ist nicht für Widersprüche gemacht. Sie steht, bei Strafe des Unsinns, unter dem Gesetz des zu vermeidenden Widerspruchs, wie es Aristoteles klassisch formuliert hat: „Man darf derselben Sache nicht zugleich und in gleicher Hinsicht etwas ab- und zusprechen."

In der Geschichte des Exodus, der Befreiung aus dem Sklavenhaus Ägypten, muss Mose aber das Andere des Sklavenhauses, die Befreiung, das, was als Wille Gottes auftritt, kommensurabel machen. Er hat das Kernproblem aller Religionspädagogik: Wie kann ich von diesem ganz Anderen sprechen, da doch unser Sprechen normalerweise nur ein Sprechen innerhalb der Grenzen der Vernunft sein kann: „Was soll ich den Israeliten sagen, wenn sie mich fragen, wer mich gesandt hat?" (Ex 3.13) Es ist die Frage nach dem Namen des ganz Anderen, nach dem Namen Gottes. Wer ist dieser Gott? Mose fragt nach dem Namen.

Ein kleiner Exkurs: Was bedeuten Namen im Alten Testament? Da gibt es die traurige Geschichte von Rahel, der Lieblingsfrau des Erzvaters Jakob (Gen 29,32ff.). Sie liegt in Wehen und merkt, dass diese Geburt nicht gut ausgehen wird. Sie fühlt, dass sie sterben wird, dass diese Geburt ihr Unglück sein wird. Schließlich ist das Kind geboren und mit letzter Kraft macht sie von dem Recht der Frau Gebrauch, dem Kind einen Namen zu geben. Dieses Recht haben wir bei den anderen elf Brüdern schon mehrfach kennengelernt. Alle die Namen werden mit einer kleinen Aitiologie versehen, d.h. sie ergeben einen Sinn. Es sind sprechende Namen: „Lea wurde schwanger und gebar einen Sohn. Sie nannte ihn Ruben (Seht, ein Sohn!); denn sie sagte: Der Herr hat mein Elend gesehen. Jetzt wird mein Mann mich lieben." Simeon heißt" „Hörer", Levi „Anhang", Juda „Dank" usw.

In der Stunde ihres Todes nennt Rahel das Kind, dessen Geburt ihr den Tod bringen wird, „Ben Oni", d.h. „Unglückskind". Nun greift aber Jakob, der Vater, ein: so kann kein Kind ein Leben lang gerufen werden, denn der Name hat eine pragmatische, handlungssprachliche Bedeutung. Er ruft das herbei, was er bezeichnet. Er steht für seinen Träger wie die Wachspuppe in der schwarzen Magie für den Menschen, den sie darstellt. Der Namenszauber soll das, was der Name ausdrückt, herbeiführen oder doch wenigstens fördern. So nennt Jakob dann schließlich seinen jüngsten Sohn Ben Jamin, d.h. „Erfolgskind".

Mit dem Namen ist also die Vorstellung verbunden, dass ein gewisser magischer Zauber von ihm ausgeht. Außerdem hat derjenige, der den Namen gibt, Macht über den, der den Namen trägt. Noch deutlicher wird dies in der Szene, in der Adam den neugeschaffenen Lebewesen Namen geben darf: „Gott, der Herr, formte aus dem Ackerboden alle Tiere des Feldes und alle Vögel des Himmels und führte sie dem Menschen zu, um zu sehen, wie er sie benennen würde. Und wie der Mensch jedes lebendige benannte, so sollte es heißen. Der Mensch gab Namen allem Vieh, den Vögeln des Himmels und allen Tieren des Feldes." (Gen 2,19 f.)

Adam steht gleichsam als Gehilfe an der Seite des Schöpfers und darf den Lebewesen Namen geben. Dadurch kommt die Sonderstellung des Menschen gegenüber den anderen Lebewesen zum Ausdruck. Namen geben bedeutet Wirkmacht, und Namen tragen nur Personen oder Dinge in der Welt. Dies muss man wissen, um zu verstehen, was es bedeutet, wenn Mose nach dem Namen Gottes fragt und vor allen Dingen, um zu verstehen, was es bedeutet, dass Mose schließlich ein Name verweigert wird.

In der homiletischen Tradition wird das Tetragramm JHWH meistens als umstandslos positive Antwort gedeutet: Ich bin da, ich bin der „Ich bin da", soll heißen: „Ich bleibe bei euch, leiste euch Beistand" etc. Hinzukommt, dass nach der hebräischen Grammatik diese Formulierung in drei Zeiten übersetzt werden muss, also als „Ich war da", „Ich bin da" und „Ich werde da sein". Es geht also um eine temporal entgrenzte Präsenz, die da zugesagt wird. Das Tetragramm JHWH ist aber, wenn man den sprachpragmatischen Kontext beachtet, nicht nur eine positive Antwort. Mose fragt nach einem Namen. Aber, was er hört, ist kein Name. Der geniale Sprechakt JHWH ist, das muss aus dem Kontext erhoben werden, eine Namensverweigerung bei gleichzeitiger Ausrufung einer temporal entgrenzten Gottespräsenz. Gott hat keinen Namen, wie ihn andere Personen oder Dinge haben müssen. Gott hat keinen Namen, aber er ist da, er ist präsent.

V

Sprachlogischer Exkurs: An dieser zentralen Stelle, von deren richtigem Verständnis sehr viel abhängt, ist eine kleine sprachlogische Betrachtung nötig. Die moderne Sprachlogik ermöglicht uns eine wichtige Unterscheidung, die uns schließlich erlauben wird, das wirklich Neue des Monotheismus, den religionsgeschichtlichen Qualitätssprung schärfer zu fassen. Gott ist kein Ding in der Welt. Das will die Formel JHWH mit ihrem namensbestreitenden Element klarmachen. Aber er ist nicht nichts. Gott ist die Grenzmarke unserer Vernunft. Er ist dort anwesend, wo unser rationaler Kalkül aufhört, und weil er dort anwesend ist, kann auch das Spielfeld der Vernunft nicht richtig verstanden werden, wenn seine Grenzen nicht mit thematisiert werden.

Aber nun zu der sprachlogischen Unterscheidung:[7] Zunächst wird zwischen dem Begriffsumfang, der *Extension* eines Begriffes und dem Begriffsinhalt, der *Intension*, unterschieden. Mit Hilfe dieser Unterscheidung können dann zwei Versionen der Negation eines Begriffs unterschieden werden, die *limitative* und die *privative*.

Hier ein Beispiel, das aus der neuplatonischen Tradition stammt, genauer von Porphyrius. Porphyrius (gestorben um 305 in Rom) hat den sogenannten Defini-

---

[7]   Für das Folgende vgl. auch Hermann SCHROEDTER: *Erfahrung und Transzendenz.* Altenberge 1987.

tionsbaum vorgeschlagen: Die arbor Porphyriana. Er systematisiert nur das, was wir schon aus den platonischen Dialogen kennen. Auch dort war es dem Sokrates immer um Definitionen zu tun gewesen, es ging um „Was-ist-Fragen": Ti esti; Was ist zum Beispiel die Tapferkeit, die Schönheit, die Tüchtigkeit etc. Bei Definitionen ist der Begriffsumfang, seine Extension, wichtig. Was alles fällt unter einen Begriff? Wovon ist die Rede?

Im Vergleich von größeren und kleineren Begriffsumfängen kann man nun vom Besonderen zum Allgemeinen gehen. Das Individuum, wörtlich das „Unteilbare", kann definitorisch nicht weiter verkleinert werden. Daher ist es ineffabile, d.h. im Sinne einer Definition, die ja auf Verallgemeinerung zielt, unaussprechlich. Es wird durch einen Namen bezeichnet. So wäre der Name der eine Pol, von dem ausgehend man dann zu größeren Begriffsumfängen, zu immer allgemeineren Bestimmungen und schließlich zum allgemeinsten aller Begriffe, zum Sein kommt. Sokrates ist ein Mann, ein Athener, ein Grieche, Mensch, Lebewesen, Materie, ein Seiendes, Sein.

Wenn man vom Allgemeinsten zum Besonderen geht, dann muss man den Begriffsumfang durch positive Bestimmungen eingrenzen und kleiner machen. Was ist kein Pferd? Ist ein Maultier ein Pferd? Nein. Was ist keine Pflanze? Durch solche Negationen lernt man die Distinktion und Definition der Begriffe. Diese Negationen, welche die Grenze (limes) des Begriffs enger ziehen, heißen limitative Negationen.

Nehmen wir als Beispiel den Satz: „X ist nicht männlich." Da die Unterscheidung „männlich" eine von zwei möglichen Bestimmungen beim Menschen ist, es gibt daneben eben nur noch „weiblich", muss diese Negation, insofern es sich um einen Menschen handelt, zu dem Ergebnis führen: „X ist weiblich". Wenn also klar war, dass X ein Mensch und X nicht männlich ist, dann folgt daraus: X ist weiblich. Dies ist die eine mögliche Betrachtung des Satzes unter dem Aspekt des Begriffsumfangs, der Extension von „männlich".

Betrachten wir nun denselben Satz in einem zweiten Angang im Hinblick auf seine Intension. Die Intension ist der Begriffsinhalt. Wenn ich also den Begriffsinhalt negiere und sage: „X ist nicht männlich", dann lande ich – wenn ich mich in einer Definitionssituation befinde, in der ich vom Besonderen zum Allgemeinen oder vom Allgemeinen zum Besonderen auf der arbor Porphyriana auf- oder absteige – bei der nächst allgemeineren Bestimmung, d.h. dann ist X kein Mann sondern ein Mensch. Ich nehme also von der Begriffsgenauigkeit, dem Begriffsinhalt etwas weg und lande beim nächsthöheren Allgemeinen.

Ich kann normalerweise jeden Begriff unter diesen beiden Aspekten betrachten und ich werde feststellen, es gibt niemals einen Begriff, der zwingend nur extensional oder zwingend nur intensional gedeutet werden muss. Ich kann also zwei Typen von Negation unterscheiden, die limitative, die auf die Extension, den Begriffsumfang, die Begriffsgrenzen bezogene und die privative. Von privativer Negation spricht man, wenn eine inhaltliche, intensionale Bestimmung weggenommen wird. Dann lande ich beim nächsthöheren Allgemeinen.

Diese privative oder „beraubende" Negation wird nun für unsere Deutung des Tetragramms JHWH wichtig. Die Bestreitung des Namens, konnten wir in der handlungssprachlichen Deutung aus dem Kontext erheben. Mose fragt nach einem Namen, aber was er hört, ist allenfalls der Platzhalter eines Namens. Die Stimme aus dem Dornbusch bestreitet die Intension, die Intension, die bestimmt, was ein Ding ist oder was eine Person ist, denn es soll klargemacht werden: Gott ist überhaupt kein Ding wie andere Dinge, kein Ding in der Welt. Dem genialen Erzähler dieser Geschichte war es genau darum zu tun, die Anwesenheit einer Person darzustellen, die kein Ding in der Welt und doch anwesend ist. JHWH ist also die reine Extension. Wir halten fest: *Privative Negation ist die sprachliche Grundfigur, die für den Monotheismus konstitutiv ist.*

Die privative Negation ist die genauere Fassung dessen, was wir traditionell auch als theologia negativa kennen. Sie spielt nicht nur an dieser Stelle, sondern überall, in allen Offenbarungsgeschichten eine entscheidende Rolle. Die Anwesenheit Gottes wird nämlich immer im modus der Bestreitung ausgerufen, und zwar in Konkurrenz zur Behauptung einer göttlichen Anwesenheit im extensional-intensionalen Normalsinn, wie ihn der Polytheismus kennt. Bestreitungen überall in der Bibel, von Anfang an. Die Bestimmung des menschlichen Wesens in der Geschichte von Adam und Eva wird durch die großartige Inszenierung einer privativen Negation geleistet. Die Frucht vom Baum der Erkenntnis ist *nicht* für den Menschen bestimmt. Sie wird ihm weggenommen, eine Privatio, eine Beraubung. Die universale Sprache wird in der Geschichte vom babylonischen Turmbau weggenommen: eine Bestreitung. In der Theologie wird diese Figur seit Peterson unter dem Terminus *eschatologischer Vorbehalt* verhandelt.

Da von Gott aber dennoch die Rede sein muss, steht Mose vor einem Dilemma. Er muss sich auf den Auftrag einer Person berufen, die keinen Namen hat.

Das Dilemma besteht darin, dass Mose nicht schweigen kann. Die Anwesenheit des ganz Anderen, des Namenlosen, fordert ein Zeichensystem besonderer Art, ein andersartiges oder alteritäres Zeichensystem. Ein gutes Beispiel ist der Sabbat: Im Arbeitsverbot wird die Verabsolutierung des Funktionalismus bestritten. Aus dem Kontinuum von Arbeit und Zweck wird ein Zeitraum gleichsam herausgesprengt und der Unverfügbarkeit überwiesen. „An diesem Tag sollst du keinerlei Arbeit tun." (Ex 20,10) Arbeit heißt ja nichts anderes, als Zwecke verfolgen. Das heißt, der Mensch lernt an diesem Tag ohne Arbeit, dass die Zwecke, die er sonst in der normalen Zeit verfolgt, nunmehr suspendiert sind, dass diese Zeit dem gehört, der von sich sagt: „Meine Gedanken sind nicht eure Gedanken, und eure Wege sind nicht meine Wege." (Jes 55,8)

Der Gotteskalkül des Polytheismus ist suspendiert. Eine neue Religion ist entstanden, eine Religion, die aus der Kritik am funktionalistischen Konzept der selbstgemachten Götter entstanden ist. Gott ist also – um es noch einmal in der Begrifflichkeit von Rudolf Otto und Paul Tillich zu sagen: „Der ganz Andere". Auch diese Prägung erkennen wir nun als eine privative. Die Logik des Begriffs „Der Andere" ist zweistellig, enthält also die Frage: „... anders als wer oder was?"

Die gegenwärtige Konjunktur der Begriffe „Andersheit", „Otherness", „Alterität" hat gewiss modische Züge und verkommt gelegentlich, vor allem in ästhetischer Rhetorik, zum Jargon. An Ort und Stelle, also etwa bei Emmanuel Levinas, ist aber deutlich seine theologische Herkunft rekonstruierbar.

Die Antwort kann religionsgeschichtlich zunächst einmal lauten: „Anders als die selbstgemachten Gottheiten des Polytheismus." Kann es ein Etwas geben, von dem gesagt wird, es sei anders als P, ohne dass an die Stelle von P ein Ersatz tritt? Bei jeder Betrachtung der Grenzbegriffe von Nichts und Etwas rennen wir gegen den sprachlogischen Horizont. Wir hatten gesehen, dass die Formel „Ich bin 'Ich bin da'" die äußerste, grenzwertige Zurückführung eines Begriffs auf reine Extension bedeutet. Das ist schon rein sprachlogisch eine Singularität. Wir haben es also mit einer Realität zu tun die ohne weitere Bestimmung (Intension) da oder anwesend ist. Unsere semantische Singularität wurde in der mittelalterlichen Philosophie die „omnitudo realitatis" genannt. Über pantheistische oder kosmotheistische Vorstellungen, die sich hier eindrängen könnten, führt die Überlegung hinaus, dass es sich, wenn der begrenzte Mensch sich schon als Person erlebt, bei dem Gegenüber, um das es hier geht, um mehr, also mindestens um eine Person handeln muss, auf keinen Fall aber um weniger.

Eine Möglichkeit bietet die metasprachliche Konstruktion, in der die Singularität des Einen Anderen dadurch ausgezeichnet ist, dass die Abwesenheit intensionaler Bestimmungen als Aussage genommen wird und gleichsam als Meta-Intension in die reine Extension eingetragen wird. So könnte jedenfalls der Vers Ex 3, 15 gelesen werden: „Weiter sprach Gott zu Mose: So sag zu den Israeliten: Jahwe, der Gott eurer Väter, der Gott Abrahams, Isaaks und Jakobs, hat mich zu euch gesandt. Das ist mein Name für immer."

Zunächst könnte man versucht sein, die Autoren der Einheitsübersetzung, aus der hier zitiert wird, zu kritisieren, weil sie das heilige Tetragramm JHWH wie einen gewöhnlichen Namen behandeln und Jahwe unübersetzt stehen lassen. Die Ausrufung reiner Anwesenheit, die im Kontext von Frage und Antwort als Namensbestreitung zu verstehen war, ist nun zum (Meta)Namen geworden.

In der jüdischen Tradition wird er tabuisiert und damit sakralisiert, im Zehngebot wird sein Missbrauch verboten (Ex 20,7). Der Fromme nimmt ihn nicht in den Mund. Er umschreibt ihn. Wo er im Text auftaucht, wird er bei der Rezitation durch „Adonai" ersetzt. Diese Sprachpragmatik ist alteritär und dient dazu, die Singularität des Tetragramms zu markieren und es vor Verwechslung zu sichern. Die Gottesrede Israels ist kontrovers. Sie besteht aus Rede und Gegenrede. Ihre Theologie ist Religionskritik. Ohne die Hintergrundfolie des Polytheismus ist sie nicht zu verstehen. Nur im Kontrast und im modus der Bestreitung kann sich der neue Monotheismus verständlich machen. Die Möglichkeit, das Tetragramm mit anderen (Götter)Namen zu verwechseln, musste ausgeschlossen werden. Die Realität auf welche es dem neuen Monotheismus ankommt, ist, wie der Begriff schon sagt, einzig. Diese Singularität schließt Partikularismen aus.

Die Verwechslungsproblematik ist, so gesehen, das Schlüsselproblem, an dem sich die Neu- und Andersartigkeit JHWHs darstellen lässt. Nur Partikulares kann verwechselt werden. Daher bringt der, welcher den unverfügbar Anderen partikular darstellt, ihn in Gefahr, mit einem Ding in der Welt verwechselt zu werden.

Die Geschichte von der Verfertigung und Zermalmung des goldenen Jungstiers ist in gewisser Weise eine Parallele zum Lehrstück über den Gottesnamen. Zunächst erinnert uns die genaue Schilderung des Herstellungsprozesses an die Spottverse von Jes 44: „Da nahm das ganze Volk die goldenen Ohrringe ab und brachte sie zu Aaron. Er nahm sie von ihnen entgegen, zeichnete mit dem Griffel eine Skizze und goß danach ein Kalb." Ex 32,3f. Im Grunde geht es wieder um das religionspädagogische Problem vor dem Mose am Dornbusch stand: Wie kann die Präsenz dessen, der kein Ding in der Welt ist und nicht selbstgemacht wie die Götzen, gezeigt werden? Von Gott zu schweigen, wie es Ludwig Wittgenstein im berühmten Satz Nr. 7 seines „Tractatus" in unseren Zeiten vorschlug, war allein schon deshalb keine realistische Möglichkeit, weil ein Schweigen über die singuläre Realität des ganz Anderen mit einem Schweigen über nichts verwechselt werden muss.

Wie nicht schweigen? Das ist das zeichentheoretische Pensum des Monotheismus bis in unsere Tage. Das Verfertigen eines Kultbilds wird in unserer Aitiologie des Bilderverbots, als welche wir die Geschichte von der Zermalmung des goldenen Kalbs nun lesen, deshalb als Möglichkeit ausgeschlossen, weil Kultbilder das spezielle Risiko unvermeidlich mit sich führen, dass das Bild, das vielleicht als Symbol oder schwächeres Abbild eines Urbilds gemeint war, sich verselbständigt. Dann werden Zeichen und Bezeichnetes verwechselt. Die binäre Struktur wird auf einen Punkt der Präsenz zusammengeschmolzen. Magie wird möglich. In Arnold Schönbergs Oper „Moses und Aaron" steht dieses Problem im Mittelpunkt intelligenter Streitreden. Hier sehen wir auch die zeichentheoretische Parallele zum Namen. So wie in der Namensmagie das stellvertretende Zeichenwort den Namensträger vertritt, so wird im Tanz um das goldene Kalb vergessen, dass dieses Gebilde nicht ein wirkliches Gegenüber ist, sondern aus den eigenen Ohrringen gefertigt war. Dass Mose, diese Materie wieder pulverisiert, den Staub in Wasser streut und ihn den Isaeliten zu trinken gibt, (Ex 32,20) ist eine Art Lehr-performance, die Inversion des Göttermachens: „Aus euch ist das gekommen; in euch soll es wieder zurück!" So etwa müsste dieses Handlungssprechen in Wörtersprache übersetzt werden.

An die Stelle des Konzepts der Gottespräsenz im Kultbild tritt nun das Konzept einer Gottespräsenz im Text. Text hat den entscheidenden zeichentheoretischen Vorteil, dass seine binäre Struktur nicht leicht zum Verschwinden gebracht werden kann. Dass Text immer auf etwas ihm anderes verweist, schützt ihn vor der Verwechslung von Zeichen und Bezeichnetem. Text kann nicht sein, was er bedeutet[8]. Diesen Vorteil macht sich die jüdische Aufklärung zunutze, der es um den anderen, den nicht selbstgemachten Gott zu tun ist.

Die Zermalmung des Kalbes ist ein Akt privativer Beseitigung von Partikularität. Mose hat offenbar verstanden, was ihm das Tetragramm, die Ausrufung bestimmungsfreier Anwesenheit, vorenthalten hatte. Und er hatte verstanden, dass diese Vorenthaltung der entscheidende Punkt war. Nun kam es darauf an, wie dieser Punkt sichtbar gemacht werden kann. Kann eine Vorenthaltung sichtbar werden wie etwas Positives, wie ein Ding in der Welt? Das ist die Initialfrage des neuen Monotheismus und das ist bis heute eine entscheidende Frage. Offenbarung ist Bestreitung. Das proprium des neuen Monotheismus ist die Verhinderung falscher Götter. Insofern ist Offenbarung Aufklärung!

Selbst wenn wir festhalten, dass das Konzept einer Gottespräsenz im Text ei-

---

[8] Von den sog. performativen Verben („Ich gratuliere", „ich befehle" etc.) wird genau das behauptet. Hier hilft ein Hinweis auf die Möglichkeit der Lüge, des Zitats, der Ironie etc. Text bleibt Text.

nen Qualitätssprung in einer Evolution des Monotheismus darstellt, können wir die Parallelen der beiden Geschichten nicht übersehen. Sowohl in der Vorenthaltung des Gottesnamens als auch in der Vorenthaltung bzw. Zermalmung des Jungstiers ist die Bestreitung das, worauf es ankommt. Die privative Negation, ist die Grundfigur von Offenbarung. Der zeichentheoretische Vorteil des Textes gegenüber dem Bild gibt ihm keine Garantie, dass er sich nicht auch verselbständigt und sich von dem entfernt, was ursprünglich intendiert war.

VI

Dieses privative Verständnis von Offenbarung ist abzusetzen von einem Zwei-Welten-Modell von Offenbarung, wie es vorliegt, wenn ein Geheimnis in der Welt gelüftet wird. Der metaphorische Kern von revelatio stellt uns vor das Bild eines Vorhanges (velum) der etwas verbirgt und der, ist er erst weggezogen, das vordem Verborgene sichtbar werden lässt. Dies hat der Evangelist Johannes verstanden, der in seinem Prolog (Joh 1,18) lapidar feststellt: „Keiner hat Gott je gesehen". Die Versuchung, Gott und seine Sphäre lokal aufzufassen, hat ihre Tradition im Polytheismus, der seine Götter in Tempeln, auf Bergspitzen und in Quellen wohnen lässt. Die Hilfskonstruktion, den Himmel über den Wolken als Sphäre Gottes auszuweisen lebte von einer privativen Bedingung, der Bedingung nämlich, dass diese Sphäre ein Ort war, wo man nicht hingelangte, die also den Menschen privativ vorenthalten war. Juri Gagarin, der erste Mensch im All, war ein Aufklärer, denn er teilte der staunenden Menschheit mit, vom Sputnik aus sei keinerlei himmlisches Personal wie Engel oder Heilige auszumachen.

Es fällt schwer, den Offenbarungsbegriff rein privativ zu fassen. Wo bleibt das Positive? Wenn ihm etwas Positives zukommt, dann vor allem deshalb, weil der sich offenbarende Gott das Gegenkonzept zum selbstgemachten Götzen ist. Zunächst schrumpft dieses Positive auf das Dass der Vorenthaltung. Dieser in seiner Negativität positive Offenbarungsbegriff ist abzusetzen von einem Offenbarungsverständnis im Sinne von revelatio. Er ist andersartig, alteritär. Ein scharfsinniger Vorwurf im Stil Kierkegaards könnte lauten: Wer der unumgänglichen Einsicht der jüdischen Aufklärung folgt, nach der ein selbstgemachter Gott kein Gott, sondern ein Selbstbetrug ist, der macht sich (selbst) den Gottesbegriff vom nicht selbstgemachten Gott und erzählt eine Geschichte, in der Gott es ist, der sich offenbart. Das Problem wäre auf die Meta-Ebene verschoben. Aber auch ein höherer Selbstbetrug ist ein Betrug. Diese Paradoxie gibt uns einen Hinweis auf die Struktur von Offenbarungsgeschichten, die als Wundergeschichten eine paradoxe oder antinomische Struktur haben.

Überhaupt ist es ein Indiz für die Wahrheit des Monotheismus, dass er keine theoretische kosmische Versöhnungsspekulation zulässt, sondern uns mit dem Mysterium konfrontiert. Im Polytheismus ist die Welt, der Kosmos von Göttern und Menschen, spekulativ wohlgeordnet und theoretisch versöhnt. Der Polytheismus ermöglich eine weitaus befriedigendere Kosmologie unter Einschluss des Menschen als der Monotheismus. Er ist allerdings kosmisch zu schön um wahr zu sein. Hinter dem Verdacht, diese Götter seien nichts als die Verlängerung unserer Bedürfnisse, kann die jüdische Aufklärung nicht zurück. Die Welt der jüdischen Aufklärung ist ungesättigt. Es handelt sich – um einen Ausdruck Willi Oelmüllers zu benutzen – um eine bis heute „unbefriedigte Aufklärung". Dagegen steht die griechische Kosmos-Vorstellung. Der Mythos erzeugt Wohlordnung, indem er das, was als Leid, Schmerz und Endlichkeit erfahren werden muss, durch himmlische Gegengewichte ponderiert und spekulativ ausgleicht. Ein Polytheist wie Homer lebt in einer wohlgeordneten Welt. Alle Unbill die Odysseus zustößt, kann er Gottheiten zuordnen, die diesem zürnen. Widerfährt ihm Gutes, war es die Beschützerin Pallas Athene, die ihm half, während Poseidon dafür sorgte, dass er nicht nach Hause kommt. In dieser entspannenden Theologie liegt auch der Reiz aller dualistischen Religionen, der Gnosis und der Lehre der Katharer, die gewissermaßen Schwundstufen des Polytheismus sind, weil sie auf eine auch theoretisch befriedigende und insofern entspannende Weise ihr Schicksal, sortiert nach Freud und Leid, entweder einem guten Gott oder seinem bösen Gegenspieler zuordnen können. Der Monotheist aber kann nicht die Freuden einer aufgehenden Rechnung genießen er muss alles, auch das Leid einem und nur einem Gott zuschreiben. Die Teufelskonstruktion geht nie so weit, den Widersacher zum gleichmächtigen Gegengott zu machen. Er kann insofern übergangen werden als wir fragen können: Warum schließt ein guter Gott mit Satan jene Wette ab, die den gerechten Hiob leiden lässt?

Genau vor diesem Problem, dem Rätsel Gottes aber steht schon Abraham und auch wir, die wir die Geschichte von der Bindung Isaaks immer noch mit Entsetzen lesen [9]. Zu innerer Empörung bringt uns auch die Geschichte von Hiob, in dessen Klagen wir einstimmen, weil wir uns in seinem Schicksal wiedererkennen. Sie wird uns erzählt, damit wir uns von der befriedigenden und entspannenden moralischen Weltformel „Wohlverhalten gegen Wohlergehen" verabschieden.

Überall mutet der Gott der jüdischen Aufklärung uns zu, dass wir über Antinomien dieser Art stolpern. Er erlaubt uns keine Theologie der aufgehenden Rechnungen. Das größte Zeichen des Widerspruchs ist das Kreuz Jesu.

Die Reaktion der Monotheisten ist konsequenterweise paradox. Sie sind dankbar, dass ihnen der Schwindel der aufgehenden Rechnung vorenthalten wird. Sie heiligen die Zeichen des Widerspruchs und bedienen sich einer Zeichensprache, die alteritär ist. Das heißt, sie geben ihren heiligen Zeichen den Index „anders" und sorgen so dafür, dass eine Verwechslung zwischen „heilig" und „profan" nicht stattfindet. (Pseudo)Dionysius Areopagita, der große Theologe und Philosoph des sechsten Jahrhunderts, dessen Schrift „De divinis nominibus" zu den

---

[9] Jürgen Ebach zeigt überzeugend, dass die redaktionsgeschichtliche Entschärfung der Geschichte keinen Anhalt im Text hat. Nach dieser Aufassung beschreibt sie eine religionsgeschichtliche Schwelle. Der Plural Elohim, der in seiner Grammatik noch an polytheistische Vorstufen erinnere, gebe den bösen Befehl zum Schlachten des einzigen Sohnes, woraufhin der gute JHWH, bzw. sein Engel dem Abraham in den Arm falle. Im Vers Gen 22, 12 aber wird der Elohim mit JHWH identifiziert. Vgl. Jürgen EBACH: Theodizee. Fragen gegen die Antworten. In: Willi OELMÜLLER: *Worüber man nicht schweigen kann. Neue Diskussionen zur Theodizeefrage.* München 1994.

bedeutendsten Texten der theologia negativa gehört und der großen Einfluss auf Nikolaus von Kues gehabt hat, ist nicht umsonst der bedeutendste Theoretiker der Hierarchie gewesen.(De coelesti hierarchia, De ecclesiastica hierarchia). „Heilige Herrschaft" steht unter dem jesuanischen dictum: „Mein Reich ist nicht von dieser Welt" (Jo 18,36). Die Geschichte der Kirche als Institution musste von dem paradoxen Begriff einer alteritären Institution geprägt sein. Sie wäre anders verlaufen, wenn die Kunst jener Unterscheidung immer gekonnt worden wäre.

Dass die erste Antwort des Menschen, der sich um Gottesnähe bemüht, darin besteht, dem zu helfen, der unter die Räuber gefallen ist, ist leichter zu verstehen als alles andere, die dazugehörige Praxis zu praktizieren ist dagegen weniger leicht. Für das Christentum wird viel, wenn nicht alles davon abhängen, dass es seine „Andersheit", seine Alterität gegenüber den religionsfreundlichen Gottlosigkeiten (Johann Baptist Metz) einer neuen Spiritualität der Bedürfnisbefriedigung herausstellt. Seine Sakralität und seine kultische Praxis dürfen nicht, wie noch bei Habermas in die Tradition der Polemik gegen den Obskurantismus gestellt werden. Sakralität als Grenzmarke der Rationalität verhindert deren Totalität und schlägt um in Aufklärung eines grenzenlosen Rationalismus.

Die globalisierte Weltwirtschaft gewinnt vor allem wegen ihrer Verstärkung durch die neuen Komunikationstechnologien totalitäre Züge. Übersprungeffekte bewirken, dass wir marktförmiges Denken und Handeln im Wettbewerb nicht mehr nur in den klassischen Revieren der Dienstleistung, der Warenproduktion und Distribution antreffen, sondern in der Welt des Sports, der Kunst, der Freizeit, der Bildung. Der computergestützte Funktionalismus erobert die letzten weißen Flecken. Wenn aber der Funktionalismus total wird, naht der Kairos seines Gegenteils. Womöglich liegt hier die historische Chance zu einer neuen Vitalisierung der biblischen Tradition. Die Berufung auf Gott als das schlechthin andere dieses Funktionalismus ist eine singuläre Hoffnung.

Sinnsuche in einer gottfernen Welt

VON HANS JOACHIM MEYER

Die folgenden Überlegungen erheben keinerlei fachlichen Anspruch. Zwar ist die Sinnfrage ein philosophisches Problem; sie kann auch als eine theologische Fragestellung angesehen werden. Für beides besitzt der Verfasser jedoch nicht mehr Kompetenz als jeder andere Gebildete auch. Ausdrücklich will ich mich auch nicht auf meine philologische Herkunft berufen. Zwar werde ich poetische Texte heranziehen. Aber diese dienen mir als Ausdruck von Erinnerungen und Erfahrungen und nicht als Gegenstände einer literarischen oder etwa nur ästhetischen Analyse. Schon gar nicht geht es mir, wie es bei einem Linguisten eigentlich nahe liegen würde, um die Begrifflichkeit von Sinn in einem semantischen Bedeutungsmodell.

Vielmehr will ich über Erinnerungen und Erfahrungen in zwei in vielem diametral entgegengesetzten gesellschaftlichen Ordnungen berichten und nachdenken. In ihrem Nebeneinander und Nacheinander bildeten sie einen Gegensatz, der diese Erinnerungen und Erfahrungen prägt. Die zeitliche Abfolge dieser Ordnungen in Ostdeutschland ergab zugleich eine Zäsur, die mein Leben in zwei zeitlich sehr ungleiche Teile zerlegt. Freilich geht es mir dabei nicht um persönliche Bekenntnisse, also etwa um einen Bericht über meine persönliche Sinnsuche in zwei unterschiedlichen Welten. Wenn es in meinem geistigen Leben, trotz aller Zweifel und Irrungen, eine Konstante gibt, dann ist es die Gewissheit, dass mein Leben seinen Sinn im Glauben an einen sich den Menschen mitteilenden und an ihnen Anteil nehmenden Gott findet, der uns in Jesus Christus begegnet. Was ich statt dessen versuchen will, ist, Beobachtungen über den Umgang von Menschen mit der Sinnfrage unter unterschiedlichen gesellschaftlichen Bedingungen zu berichten und zu reflektieren – und dies in einer Weise, die sich ganz ausdrücklich als Gesprächsbeitrag versteht.

Bisher war von unterschiedlichen Bedingungen und gegensätzlichen Gesellschaftsordnungen die Rede. Das Thema kennt jedoch keine Differenzierung, sondern spricht nur von der „gottfernen Welt". In der Tat ist dies die Invariante: Welches Verhältnis haben Menschen zur Sinnfrage, wenn sie diese nicht auf Gott beziehen und schon gar nicht den Sinn ihres Lebens aus dem Gespräch des Glaubenden mit Gott gewinnen. Es geht also nicht um irgendeinen Gott, sondern um einen für das Leben des konkreten Menschen bedeutsamen Gott. In einer gewissen Beziehung wäre es daher genauer, nicht von einer gottfernen Welt, sondern von einer entchristlichten Gesellschaft bzw. von entchristlichten Gesellschaften zu sprechen. Freilich würde dies negieren, dass der Mensch auf Grund seiner Lebenserfahrung zur Frage und Suche nach einem Gott gelangen kann. Die Einsicht oder doch zumindest die Frage, ob sich der Sinn des Lebens aus diesem selbst oder aus der Gesellschaft, in der wir leben, ergibt oder ob die Sinnsuche uns dazu führen muss, über unsere eigenen Grenzen wie über die der menschlichen Gesellschaft hinaus zu suchen, ist jedoch eine wesentliche Voraussetzung, wenn nicht die wesentliche Voraussetzung für die Bereitschaft, die Botschaft Jesu Christi als eine Antwort auf diese Frage überhaupt zu hören. Wenn also hier gottferne Welt und entchristlichte Gesellschaft in eins gesetzt wird, so leugnet dies nicht die Einzigartigkeit der Glaubensentscheidung für die Offenbarung Gottes und für die Frohe Botschaft Jesu Christi.

Überdies gibt es die gottferne Welt in der Geschichte nur als je konkrete Gesellschaft. So unterschiedlich und gegensätzlich Gesellschaftsordnungen auch sein mögen, so können sich die Menschen in ihnen gleichwohl, wenn auch aus unterschiedlichen Gründen, von Gott abwenden. Sie wenden sich von Gott ab, wie sie ihn in einer konkreten Religion kennen gelernt haben oder zu kennen meinen. Zwar enthält das plurale Sinnstiftungsangebot der westlichen Gesellschaft auch andere Religionen als das Christentum. Und es gibt Menschen, die sich für eine nichtchristliche Religion entscheiden. Für die ostdeutsche Gesellschaft ist dies jedoch bis heute faktisch ohne Belang. Bisher jedenfalls hat der Prozess der Entchristlichung, der durch die Jahre von 1945 bis 1989 mit staatlichem Nachdruck verstärkt wurde, nachdem bereits von 1933 bis 1945 das Christentum von der nationalsozialistischen Diktatur als eine zu überwindende Erscheinung behandelt wurde, zu einer Areligiösität geführt, die auch außereuropäischen Religionen und Sekten so gut wie keine Chance gibt.

Nach dem Sinn fragen heißt, eine Sache, ein Erlebnis oder eine Erscheinung in bezug auf ein Anderes und – zumindest in diesem Zusammenhang – Übergeordnetes zu bewerten. So lautet die Frage meist: Welchen Sinn hat dies für mich und mein Leben, entweder generell oder in einem konkreten Zusammenhang. Die gleiche Frage können gesellschaftliche Gruppen oder die Gesellschaft als Ganzes stellen. In beiden Fällen ist das Leben oder die Existenz des Fragenden der Bezugspunkt der Frage und stehen mithin nicht selbst in Frage. Wird jedoch darüber hinausgehend und mithin ganz grundsätzlich die Frage nach dem Sinn des Lebens gestellt, so weist dies denknotwendig auf einen Zusammenhang, der mehr sein muss als die individuelle Existenz. Mithin ist in dieser generellen Sinnfrage die Grenzüberschreitung und damit ein transzendentales Moment zumindest angelegt. Tatsächlich wird man die Behauptung wagen können, dass eine so verstandene Sinnfrage erst dann zu einem für das menschliche Selbstverständnis und für die Deutung der Welt relevanten Thema wurde, als sich die Antwort nicht mehr wie selbstverständlich aus einem religiös geprägten Sinnzusammenhang von menschlichem Leben und kosmologischer Ordnung ergab und darum als offene Frage gar nicht erst gestellt wurde, sondern allenfalls – wie im Katechismus – Ausdruck einer dialogischen Didaktik war. Dass die Sinnfrage als eigenständiges Problem erst durch das zwanzigste Jahrhundert auf die Agenda der geistigen Debatte gesetzt wurde, könnte auch durch den Verweis auf die philosophische Literatur gestützt werden.

Im Einklang mit meiner Eingangsbemerkung will ich jedoch zwei eher vordergründige Belege heranziehen, nämlich die Angaben zum Schlagwort „Sinn" in *Meyers Lexikon* im Abstand von knapp 100 Jahren. *Meyers Großes Konversa-*

tionslexikon von 1909 kennt „Sinne (sensus)" nur als die verschiedenen Arten der Wahrnehmung in der weitesten Bedeutung, die in aller Ausführlichkeit beschrieben werden. Unter „Sinn" findet sich dagegen nur ein rechtsseitiger Nebenfluss des Mains und ein Dorf an der Dill. *Meyers Neues Lexikon* von 1993 widmet dagegen „Sinn" im allgemeinen und philosophischen Sprachgebrauch als „die Bedeutung bzw. der Wert einer Sache, eines Vorganges, eines Erlebnisses für jemanden oder etwas" einen vergleichsweise langen Abschnitt, während sich die physiologischen „Sinne" mit einer etwa ein Drittel so langen Eintragung bescheiden müssen. Der vordergründige Unterschied offenbart einen tiefgehenden Wandel, der selbst in der lapidaren Diktion eines Lexikons seinen Ausdruck findet. „Die Frage nach dem Sinn des Lebens gewinnt in der europäischen Geschichte erst mit dem zunehmenden Zerfall religiöser Bindungen und den damit einhergehenden, als Sinnverlust wahrgenommenen Veränderungen der Lebenswelten an Bedeutung," heißt es dort.

Für den gleichsam offiziellen Umgang mit der Sinnfrage unter den Bedingungen des zur Staatsideologie erhobenen Marxismus-Leninismus in den Ländern des sogenannten real existierenden Sozialismus vor 1989 ergab sich aus diesem Wandel eine ernste Schwierigkeit. Denn der Marxismus war – jedenfalls in seiner parteioffiziellen leninistischen Kanonisierung – eine Philosophie des 19. Jahrhunderts. In dem letzten der für seine philosophische Grundlegung als klassisch angesehenen Werke, nämlich in der polemischen Auseinandersetzung „Materialismus und Empiriokritizismus" von 1908, hatte sich Lenin mit dem für das traditionelle Materieverständnis des Marxismus gefährlichen philosophischen Konsequenzen neuerer naturwissenschaftlicher Erkenntnisse auseinandergesetzt und den marxistischen Materiebegriff durch die Reduktion auf die Eigenschaften der Einheit, der Existenz in Unabhängigkeit von jedem Bewusstsein, der Bewegung als Daseinsweise der Materie und der Veränderlichkeit aller ihrer Formen, mithin also durch die Entleerung von allen stofflichen Elementen, zu stabilisieren gesucht. Naturgemäß konzentrierte sich dabei seine Aufmerksamkeit – neben der Materie-Energie-Problematik – auf die Rolle der Sinneswahrnehmungen und deshalb auf jene philosophischen Richtungen, die nach dem von Friedrich Engels 1886/88 in seiner Schrift *Ludwig Feuerbach und der Ausgang der klassischen deutschen Philosophie* etablierten groben Ordnungsmuster unter dem Begriff des subjektiven Idealismus subsumiert wurden. Eine wie immer geartete Suche nach dem Sinn des Lebens hätte Lenin wahrscheinlich verächtlich als „Mystizismus" abgetan.

Die Tatsache, dass ein für die Haltung zum Leben und zur Welt relevanter Sinnbegriff im Marxismus nicht vorhanden war, bestimmte den offiziellen Umgang mit der Sinnfrage in jenen Ländern, in denen dieses weltanschauliche System staatlich privilegiert war und so das öffentliche Gespräch monopolisierte. Da das Gedankengebäude einen solchen Begriff nicht vorsah und einem solchen Ansatz auch keinen Raum geboten hätte, fand sich Entsprechendes fast ausschließlich im Bereich einer eher pragmatisch aufgefassten Ethik. Der Sinn des Lebens, so war wenig variiert zu lesen und zu hören, bestünde darin, sich im Einklang mit den – vom Marxismus entdeckten – objektiven Gesetzmäßigkeiten für den Fortschritt der Menschheit einzusetzen und sich deshalb der Arbeiterklasse und ihrer Partei anzuschließen. In etwas diskreteren Rahmen machten marxistisch-leninistische Philosophen aus ihrer Verachtung für eine solche Fragestellung denn oft auch keinen Hehl. Dies war ja auch nur konsequent. Denn wenn man als Grundgesetz jedes menschlichen und gesellschaftlichen Handelns die marxistisch interpretierte Definition Hegels von der Freiheit als der Einsicht in die Notwendigkeit akzeptiert, diese – unter ausdrücklicher Hintanstellung individueller Interessen – konsequent auf den als unendlichen Fortschritt gedeuteten geschichtlichen Prozess bezieht und ernsthaft meint, die der gesellschaftlichen Entwicklung zugrunde liegenden Gesetzmäßigkeiten – jedenfalls in ihren wesentlichen Grundzügen – erkannt und fest in der Tasche zu haben und wenn man last but not least akzeptiert, dass die Umsetzung und Weiterentwicklung dieser objektiven Notwendigkeiten authentisch und vor allem bindend von einer zentralen Instanz, nämlich der (jeweiligen) Parteiführung vorgenommen wird, dann ist es in der Tat absurd, noch weiter nach einem Sinn des Lebens zu fragen. Wo alles Wesentliche klar ist, gibt es nicht viel zu suchen. Ein gesellschaftliches System, das seine Existenz nicht zuletzt auf den für alle gemeinsamen und allem Individuellen übergeordneten geschichtlichen Fortschritt gründet und behauptet, dessen derzeit höchste Stufe zu verkörpern und alle weitere Entwicklung von einem zentralen Punkt aus für die gesamte Gesellschaft zu planen, muss jede Sinnsuche als gefährlich, weil potentiell zerstörerisch empfinden. Also gilt es, die Sinnfrage zu tabuisieren oder, wenn dies nicht gelingt, sie zu kanalisieren, indem man deren Antwort deklamatorisch vorgibt.

In durchaus typischer Weise wird dieses Verständnis von Lebenssinn von dem 1975 in Leipzig und also unter marxistisch-leninistischem Vorzeichen erschienenen *Neuen Meyer* formuliert:

„Sinn des Lebens: Gesamtheit von Vorstellungen, durch die die Menschen Ziel und Inhalt ihres Handelns, die Bedeutung ihrer Arbeitstätigkeit, ihrer sozialen und politischen Kämpfe, ihres geistig-kulturellen Schöpfertums für die Gesellschaft und für ihr persönliches Leben zum Ausdruck bringen. Die Vorstellungen der Menschen über den Sinn des Lebens sind vor allem bestimmt durch die sozialökonomischen Verhältnisse, in denen sie leben, durch ihre Zugehörigkeit zu bestimmten Klassen, Schichten u.a. sozialen Gruppen sowie durch deren Interessen. Mit der Herausbildung der Fähigkeit der Menschen, die Ergebnisse ihrer Tätigkeit gedanklich vorwegzunehmen, entwickelt sich auch die Fähigkeit, ihr eigenes Leben zum Gegenstand ihres Nachdenkens und ihres Wollens zu machen. Die Vorstellungen über den Sinn des Lebens spiegelten stets wider, welche realen Möglichkeiten die Menschen abhängig von den Lebensbedingungen ihrer Klasse hatten, um aktiv gesellschaftlich wirksam zu werden und das persönliche Leben zu gestalten. Diese Vorstellungen bilden einen wichtigen Bestandteil der Weltanschauung der Menschen. Sie wirken als aktive Kraft bei der Gestaltung des individuellen Lebens. Im Gegensatz zu allen idealistischen Weltanschauungen, die den Sinn des Lebens aus irrationalen Quellen erklären, geht die marxistisch-leninistische Weltanschauung davon aus, dass es allein der Mensch ist, der seinem Leben Sinn und Inhalt gibt. Der Kampf der Arbeiterklasse um den Aufbau der sozialistischen und kommunistischen Gesellschaft, in den die Hoffnungen und Bestrebungen auch aller anderen Werktätigen nach einem menschenwürdigen Leben eingehen, gibt dem Leben der Menschen einen historisch neuen, tiefen humanistischen Sinn. Alle Kräfte einzusetzen für die Befreiung der Menschheit von jedweder Ausbeutung und Unterdrückung, alle seine Fähigkeiten in der schöpferischen Arbeit für das Wohl des Volkes zu entfalten und dessen materiellen und kulturellen Reichtum zu mehren, tief einzudringen in die Gesetzmäßigkeiten von Natur und Gesellschaft und auf dieser Grundlage das eigene und das gesellschaftliche Leben bewusst zu gestalten – darin erfüllen sich Inhalt und Zweck des persönlichen und gesellschaftlichen Lebens in unserer Epoche. Diese optimistische, von individualistischen und religiösen Vorstellungen freie Auffassung vom Sinn des Lebens orientiert auf eine sinnvolle Lebensgestaltung, auf die Entfaltung aller schöpferischen Kräfte und Fähigkeiten der Menschen. Sie gründet sich auf die Kenntnis der gesellschaftlichen Entwicklungsgesetze und fördert die Fähigkeit, sich reale Ziele zu stellen, sie mit Energie, Leidenschaft und Ausdauer zu verwirklichen."

Ganz unabhängig davon, ob die Sinnfrage zum Themenrepertoire der geistigen Auseinandersetzung gehört, ist zweifellos das Bedürfnis des Menschen, das, was er tut, insbesondere das, wofür er sich mit all seinen Kräften einsetzt, als bedeutungsvoll zu empfinden, unaufhebbar. Obwohl diese Sinngebung auf einer individuellen Entscheidung beruht, geschieht sie doch im Zusammenhang mit Idealen und Vorstellungen, die überindividueller Natur sind. Stellt der Einzelne sein Denken und Handeln in einen festen geistigen Orientierungsrahmen, so ergibt sich für ihn daraus auch die Bewertung seines Tuns und Lassens als bedeutungsvoll. Jede Anstrengung, jedes Opfer, jede Selbstbeherrschung und Zurücknahme eigener Wünsche erhält Sinn und Würde aus dem religiösen oder weltanschaulichen Fundament, aus dem das ethische Motiv solcher Haltung erwächst. Ohne die Anerkennung eines solchen Fundaments als bedeutungtragend kann auch die Tat, die das Leben fordert, sinnlos erscheinen. In Hermann Kants *Aula* ist der Vater der ersten Freundin seines Helden Robert Iswall, der Domprediger Bjerrelund, ein Narr, weil er in Königsberg an der Schwelle seiner Kirche den sowjetischen Soldaten entgegentrat:

„... jedenfalls war der Domprediger Bjerrelund eines wenn auch nicht natürlichen, so doch verständlichen Todes gestorben; wie kann der Mann sich da hinstellen, und die Tochter muss sich nun damit herumschleppen und sieht in jedem Sowjetsoldaten den, der's getan hat."

Auch wenn es sich so lesen mag wie Falstaffs Frage in Shakespeares *Heinrich IV.*, was die Ehre dem am Donnerstag nützt, der am Mittwoch gefallen ist, so stellt doch Hermann Kant hier keineswegs prinzipiell den Wert von Heroismus in Frage. Denn wer – wie er und sein Held – will, dass die Gesellschaft von sozialistischen Ziel- und Wertvorstellungen geprägt wird, der muss jenem menschlichen Verhalten Achtung erweisen, das nach seiner Überzeugung dafür sinnvoll und bedeutungtragend ist.

Ganz generell ist jede neue Gesellschaftsordnung, die aus Krise und Konflikt hervorgeht und die Schäden und Zerstörungen des überwundenen Systems erbt, darauf angewiesen, auf die Versprechungen der Zukunft zu verweisen und mit dem Ausblick auf den besseren Morgen zum Ausharren in der unvollkommenen Gegenwart und zu deren tätiger Überwindung zu ermuntern. Für den Sozialismus, der in marxistisch-leninistischer Sicht erst nach der Niederlage der bisher herrschenden Klasse in einer längeren Aufbauperiode zu erreichen war, galt dies im besonderen Maße. Also war es jenseits aller philosophischen Überlegungen und Bedenken notwendig, den Sinnbegriff zu nutzen und mit sozialistischem Inhalt zu füllen. Ohnehin war der Frage nach dem Sinn des Lebens seit den ersten Jahrzehnten des zwanzigsten Jahrhunderts nicht mehr auszuweichen. Also setzte die Politik der Partei auf die mobilisierende Wirkung eines ausschließlich gesellschaftlich verstandenen Sinnbegriffs. Zum wichtigsten Verbündeten wurde ihr die den Idealen des Sozialismus verpflichtete Literatur. Einen in seiner hymnischen Überdrehung geradezu grotesken Ausdruck findet dieses Verständnis von Literatur in dem 1971 entstandenen Gedicht von Helmut Baierl:

> DIE ZUKUNFT TRÄGT
> Ein rotes Tuch im Haar.
> Ich seh sie schon
> In unsern raschen Tagen.
> Ich spür ihr Herz,
> Es hört nicht auf zu schlagen.

Und nachdem uns Baierl mitgeteilt hat, wo dieses Herz überall schlägt, nämlich auf Versammlungen, in Forschungsstuben, Hallen, Bergwerksgruben, Schulen, Dörfern, Städten, Wäldern und auf hoher See, und dass es daselbst Traktoren „treibt" und Transmissionen „wuchtet", „in Häuser, wo wir wohnen," geht (!) und gleichermaßen Kinder, Frauen, Männer, Greise „geleitet", endet sein Gedicht mit der Frage, wer denn dieses Herz sei:

> Es ist dem Volk
> So ganz und gar ergeben
> Es singt und lacht mit uns
> Es liebt und hasst mit uns
> Ist überall
> In unserm ganzen Leben.
> Ihr fragt,
> Wer dieses Herz des Volkes sei?
> Das Herz des Volkes ist
> unsere Partei.

Damit ist die Sinnfrage für Baierl schlüssig beantwortet: Das Individuum findet seinen Lebenssinn darin, dass es in der Gesellschaft aufgeht und sich völlig dem (mehr oder weniger) kollektiven Führungskern dieser Gesellschaft, nämlich der Partei überantwortet. Freilich stellt das Baierlsche Gedicht nur eine Facette von Literatur dar, die sich dem Sozialismus als Erfüllung menschlicher Hoffnungen verpflichtet fühlt. Auch wäre es unredlich und oberflächlich nicht zu sehen, dass es uralte Menschheitssehnsüchte sind, die die Ideale einer zentral geordneten gesellschaftlichen Glückseligkeit aufzunehmen versprachen. Nicht zuletzt verdankt die sozialistische Idee ihre lang wirkende geschichtliche Kraft diesem geistigen

Erbe. Louis Fürnberg, der in seinem berühmt-berüchtigten Lied die Partei mit Zeilen wie

Die Partei, die Partei, sie hat immer recht

und

Sie hat uns alles gegeben
Sonne und Wind und sie geizte nie

in den Rang religiöser Verherrlichung erhob, hat in den folgenden Versen für diese Sehnsucht nach erwartbarer geschichtlicher Erfüllung einen Ausdruck gefunden, der – so viel auch inzwischen an Schrecken und Enttäuschung dagegen steht – seine Wirkung nicht ganz verfehlt:

Alt möchte ich werden wie ein alter Baum
Mit Jahresringen, längst nicht mehr zu zählen,
mit Rinden, die sich immer wieder schälen,
mit Wurzeln tief, dass sie kein Spaten sticht
...
Aus sagenhaften Zeiten möchte ich ragen,
durch die der Schmerz hinging, ein böser Traum,
in eine Zeit, von der die Menschen sagen:
Wie ist sie schön! O wie wir glücklich sind!

Allerdings konnte ein solcher Gleichklang von Politik und Literatur nur zeitweise bestehen. Und er wurde zunehmend durch Disharmonien gestört, als immer mehr offenbar wurde, wie weit die Wirklichkeit von den Idealen entfernt blieb und wie hoffnungslos sich der Traum von der endgültigen Erfüllung der Menschheitsträume in einen trüben Alltag ausgloser Misere und verletzender Machtarroganz verkehrte. Zerbricht jedoch die Harmonie von individueller Erwartung und gesellschaftlichem Horizont, so verliert auch die Antwort auf die Sinnfrage ihre sichere Selbstverständlichkeit. Denn ob der Mensch die allgemeine oder ihm vorgegebene Antwort in seinem Innern als überzeugend akzeptiert, entscheidet sich nicht in einer öffentlichen Debatte und schon gar nicht durch die Dramaturgie von Schulungen. Das Drama zwischen Frage und Antwort spielt allein im Denken und Fühlen des Menschen, und nur der Einzelne weiß, ob er weiter auf der Suche ist.

So steht die Sinnfrage in der Literatur aus der Zeit der DDR in einem doppelten Spannungsfeld: In der Hoffnung auf eine bessere gemeinsame Zukunft jenseits der unerfreulichen gesellschaftlichen Gegenwart oder in der Hinwendung zum individuellen Anspruch der Sinnfrage und der Suche nach einer Antwort jenseits jeder Gesellschaft. In *Revolutionslied* von 1974 hält Volker Braun am Traum einer klassenlosen Gesellschaft der Freien fest und zieht eine Grenze nach zwei Seiten: Gegen den christlichen Glauben und gegen die ungenügende sozialistische Realität:

Freie, wie sehr sind wir frei
von Gott und Jesu Christ?
Könnt endlich selbst euch euern Weg befehln
Und lasst euch nicht erzähln
Dass es schon alles ist.
...
Freie, wie sehr sind wir frei
Zu fragen: wo hinaus?
Wollt ihr euch hörn, braucht ihr nicht mehr zu schrein.
Rollt nicht die Fahne ein:
Es reicht uns noch nicht aus.
...
Freie, wie sehr sind wir frei?
Von Willkür und Betrug?
Seid Knechte nie auf euerm freien Land
Es liegt in unsrer Hand:
Es ist niemals genug.

Für Volker Braun richtet sich trotz kritischer Distanz die Sinnfrage weiterhin ausschließlich auf die gemeinsame Zukunft, die – trotz aller offiziellen Behauptungen – in ihrem wesentlichen Anspruch für ihn nicht erfüllt ist. So steht sein Werk im Spannungsfeld zwischen Mut zur Kritik und Treue zum Bekenntnis. Noch 1990 schloss er sein bitteres Gedicht *Das Eigentum* im Blick auf die Wende mit den resignativ fragenden Zeilen:

Die Hoffnung lag im Weg wie eine Falle.
Mein Eigentum, jetzt habt ihrs auf der Kralle
Wann sag ich wieder „mein" und meine alle.

Heinz Czechowski dagegen wählte schon in seinem Gedicht *Der 12. April 1961* einen individuellen Ausgangspunkt. Zwar teilt er trotz eines eher skeptischen Blicks auf die Welt den Optimismus der frühen Chrustschow-Jahre, als das sozialistische System noch einmal einen neuen ideellen Impuls zu haben schien und die schrecklichen Jahre der Stalinzeit als überwunden galten. Aber seine Zuwendung gilt seinem Sohn und dessen Zukunft:

Und Schlamm bespuckts: Ein Babylon
Ist diese Welt, das Fleisch verhurt,
Mann, Weib, Kind sündig von Geburt.
Im Nebenzimmer schreit mein Sohn:
Von uns erwartet mit Geduld,
Mit Liebe aufgezogen, ohne Schuld
In diese Welt, die er sich nicht bestellt,
Geboren.
Und schreie, Sohn, die Frühlingsnachrichten sind gut:
Die Menschenwelt, die längst gegründete, war nie verloren,

Und hat sich, um den Himmel zu erobern, keinen Gottessohn erkoren:
Dein Bruder Mensch Gagarin stieg in unbekannte Fernen.
Er sah die Erde im azurnen Kleid und über sich
Die Nacht mit ihren Augen, ungezählten Sternen.

Auch bei dem 1977 entstandenen *Lied vom Vaterland* von Reinhold Andert scheint der Bezugspunkt das eigene Leben. Aber mehr als fünfzehn Jahre später geht für den Sozialismus „die Zeit der Erfolge" zu Ende. Und Andert, der agile Troubadour der DDR weiß, wie man's trotzdem macht:

Hier schaff ich selber, was ich einmal werde
Hier geb ich meinem Leben einen Sinn
Hier hab ich meinen Teil von unsrer Erde
Der kann so werden, wie ich selber bin.

Diese glatte Proklamation angeblicher Selbstzufriedenheit als hohle Antwort auf die Sinnfrage, die im stagnierenden Sozialismus und in der bleiernen Atmosphäre der Resignation zunehmend Menschen erfasste und umtrieb, sollte in Wahrheit die Tatsache verdecken, dass die Antwort eines sozialistischen Lebenssinns am Ende war. In Eva Strittmatters 1980 veröffentlichtem Gedicht „Glaube" bleibt nur noch der Entschluss zu selbstverantworteter Mitmenschlichkeit:

Mein Freund sagt, da ist keine Tür in der Mauer:
Nach dem Leben kommt nichts. Nichts führt nach nirgend hinaus.
Er spricht zu uns mit spöttischer Trauer:
Wir leben. Nichts weiter. Salut. Und aus.

Er hat uns auch die Mauer genommen.
Es gibt keine Mauer. Es gibt keinen Sinn.
Sinnlos sind wir zu leben gekommen.
Von nirgendwoher nach nirgendwohin.

Der einzige Sinn ist: entschlossen zu leben,
Einander so hilfreich wie möglich zu sein,
Gemeinsam die irdischen Lasten zu heben
Und uns von der Furcht vor dem Tod zu befrein.

Das Gedicht ist nach meiner Erinnerung durchaus repräsentativ für die resignative Grundstimmung der achtziger Jahre in der DDR, die sich von der, wenn auch begrenzt, hoffnungsvollen Erwartung Anfang der siebziger Jahre deutlich unterschied. Die Perestrojka Gorbatschows verhieß allenfalls eine Änderung, vielleicht sogar ein Nachlassen in der Rigidität der äußeren Bedingungen, aber keine Aussicht auf innere Erneuerung. Dafür war die Politik des Honeckerschen Politbüros schon zu starr auf Krisenüberwinterung und reinen Machterhalt fixiert. Tatsächlich waren gelegentliches Lockern und Nachgeben allesamt nur taktische Elemente in einer Strategie zur Bewahrung des Machtmonopols. Das gilt auch für Zugeständnisse an Kunst und Literatur. Freilich darf daraus nicht der Schluss gezogen werden, Äußerungen und Werke von Kunst und Literatur aus der DDR dieser Jahre wären darum Bestandteil dieser Strategie. Vielmehr bewahrheitete sich in der DDR seit der Mitte der siebziger Jahre, was für jedes System gilt, das in eine tödliche Krise gerät: Ob eine solche Macht zuschlägt oder ob sie zurückweicht – es trägt beides zu ihrem Untergang bei. Als Christoph Hein 1987 / 1988 in einem Essayband das Individuelle als Motiv und Material von Literatur bezeichnete, und das ausgerechnet unter der Überschrift „Öffentlich arbeiten", da konnte man dies als einen Schlussstrich unter den Versuch betrachten, die Sinnfrage durch Verweis auf die Gesellschaft und ihre tatsächlichen oder angeblichen Notwendigkeiten zu beantworten. Abwegig wäre es freilich, dies auf die simple Gegenüberstellung von Kollektivismus und Individualismus zu reduzieren. Auch das Individuum ist für Hein Glied der Gesellschaft und Literatur bleibt ihm eine öffentliche Angelegenheit :

„Die Frage nach dem Material und der Wirklichkeit, die einem Schriftsteller zur Verfügung steht, ist die Frage nach dem Material und der Wirklichkeit, die der Schriftsteller selbst ist. ... Mit Herzblut schreiben, lautete die Antwort eines vergangenen Jahrhunderts auf diese Frage. Wir, durch die vergangenen siebzig Jahre heilsam und hoffentlich anhaltend verunsichert ... wir gebrauchen ein anderes, zurückhaltenderes Vokabular, das doch nichts anderes zu benennen sucht. Meinen Stoff habe ich in meinen Augen und Ohren, er sitzt unter meiner Haut, da er mir tief unter die Haut ging. Wie immer ist es der Balken im eigenen Auge, der Pfahl im eigenen Fleisch. Auch die künftige Literatur wird von dem reden, was Individuen betraf, betroffen machte. Sie wird Autobiographie sein, keine private, aber doch persönliche, keine repräsentative, aber doch gesellschaftliche Autobiographie. Mitteilungen von Individuen über diese Individuen in der Welt, einer Welt, die ich nach meinen Kenntnissen, Fähigkeiten, Haltungen mir aneignete, die ich bin. Der Stoff ist der Autor selbst."

Als die DDR im revolutionären Herbst des Jahres 89 zusammenbrach, öffnete sich eine Perspektive von Freiheit, die viele nicht mehr gehofft hatten zu erleben. Was dies nicht aufhebt und dennoch nicht vergessen werden darf, ist, dass zugleich vielen ihr bisheriges Leben als sinnlos erschien. Und zwar nicht nur, weil ihnen Chancen verwehrt worden waren, die jetzt zu spät kamen oder weil ihnen jetzt ihre Zugeständnisse während der vergangenen Jahre sinnlos und darum beschämend erschienen, sondern auch, weil ihnen mit dem Zerfall einer gesellschaftlichen Entwicklungsperspektive, so wenig überzeugend diese auch inzwischen geworden war, Lebenssinn und Lebensorientierung aus den Fugen gerieten. Es ist ja ebenso töricht wie arrogant zu meinen, die Mehrheit der Menschen in der DDR hätte unter der Unterdrückung weniger Gefolgsleute der Parteiführung und der jeweiligen Parteilinie vierzig Jahre lang der Bundesrepublik entgegengeseufzt, um nach dem Fall der Mauer ihr bisheriges Leben als wertlos wegzuwerfen und so rasch wie möglich zu waschechten Bundesrepublikanern zu werden. Wahr ist vielmehr, dass es zunächst die uneingelösten Versprechungen des sozialistischen Ideals einer besseren Gesellschaft waren, die die Argumente gegen die miserable Wirklichkeit des real existierenden Sozialismus lieferten. Erst in einem weiteren gedanklichen Schritt wurde von einer Mehrheit akzeptiert, dass mit der erfolgreichen Bundesrepublik ein erprobtes Modell zur Verfügung stand, dem keine überzeugende Alternative entgegengesetzt werden konnte. Das macht die bundesdeutsche Gesellschaft aber nicht zur Besten aller möglichen Welt und gewiss nicht sakrosankt gegenüber kritischen Anfragen und Erwartungen. Auch wurde für die Menschen aus der DDR, die nun zu neuen Bundesbürgern wurden, ihre bisherige Lebenssicht nicht einfach wertlos. Auch die Tatsache, dass die SED ihre ganze Kraft daran gesetzt hatte, jeden Sinn für gesellschaftliche Verantwortung auf die von ihr vertretene Version von Sozialismus zu beziehen, entzog gemeinschaftsbezogenen Haltungen nicht ihre Berechtigung.

Wahr ist, dass in den wenigen Monaten vom Herbst 1989 bis in den Sommer 1990 hinein nicht wenige Menschen in der sich aufgebenden DDR in einem ungewöhnlich hohen Maße für die Frage nach dem Sinn ihres Lebens im Kontext von Geschichte und Gesellschaft offen waren. Die Sinnfrage ist ja für die meisten Menschen, wenn nicht für alle, kein Thema abstrakter Spekulation, sondern diese Frage bricht auf, wenn der gewohnte konkrete Zusammenhang zwischen eigenem Leben und unmittelbar erfahrener Umwelt zerstört ist. Daher stellt sich die grundsätzliche Frage nach dem Sinn des Lebens in aller Regel als Folge historischer oder biographischer Katastrophen, wobei geschichtliche Umbrüche immer auch viele individuelle Lebensplanungen über den Haufen werfen. Nie habe ich bei so viel Menschen eine Bereitschaft erfahren, über den Sinn ihres Lebens zu sprechen und über das Verhältnis des Einzelnen zur Gesellschaft neu nachzudenken, wie in jenen bewegenden Wochen. Es war ein Moment, an den wir gedacht hatten, als wir Mitte der siebziger Jahre bei der Dresdner Pastoralsynode der Katholischen Kirche in der DDR darüber berieten, wie Glaube dialogisch verkündigt werden könnte. Denn die Antwort auf die Sinnfrage kann nicht aus einem – selbstverständlich immer nur minimalen – Wertekonsens einer freiheitlichen Gesellschaft folgen, sondern nur aus einer durchdachten und bekannten Überzeugung. Für Christen kann dies nur ihr Glaube und ein davon geprägtes Leben sein, das sich nicht auf sich selbst zurückzieht, sondern sich den Herausforderungen der Gesellschaft und der Geschichte stellen will. Dessen waren wir uns bei der Pastoralsynode durchaus bewusst. Aber wir hatten trotzdem nicht gründlich genug bedacht, was wir in einer solchen Situation sagen sollten und wie wir es sagen sollten. Der Zusammenbruch des Sozialismus war eine völlig neue Herausforderung, und wir waren überfordert. So ging die Chance trotz guten Willens und erheblichen Einsatzes fast ungenutzt vorüber. Denn bald forderte die gesellschaftliche Umwandlung, die so gut wie jedes Leben bis ins Mark betraf, alle Energien, um in der neuen Ordnung seinen Ort und, wenn möglich, auch seine Chance zu finden. Bis zu einem gewissen Grade galt dies auch für die Kirchen. Wenn Erwachsene plötzlich zu Lehrlingen werden, diskutieren sie nicht über die Sinnfrage, sondern suchen so bald wie möglich wieder Erwachsene zu werden.

Dazu kam, dass die Deutschen aus der DDR auf ein Stadium bundesdeutscher Entwicklung stießen, in der Gemeinwohl wenig und Individualismus sehr viel gilt. Das ist zwar, wie ein Blick in die Geschichte oder in andere Länder zeigt, nicht notwendigerweise das Selbstverständnis einer freiheitlichen Gesellschaft. Für die geistige Situation der alten Bundesrepublik entspricht dies jedoch der inneren Konsequenz ihrer Entwicklung seit den späten sechziger Jahren. Als Illustration mag das schon erwähnte *Meyers Neues Lexikon* von 1993 dienen, das im schon zitierten Abschnitt über „Sinn" meint, die Frage nach dem Sinn des Lebens „beinhaltet heute meist die Ablehnung als willkürlich und einengend empfundener sozialer Gesetzmäßigkeiten sowie die Forderung nach Glück durch eine von der Selbstverwirklichung geprägte Identität der Person."

Einmal abgesehen davon, ob dies eine sachgemäße Lexikonauskunft ist, wage ich hier die Behauptung, dass jedenfalls 1989/90 so gut wie jeder in der DDR, unabhängig von seinem geistigen und politischen Standpunkt, die Aussage, der Sinn des Lebens bestehe darin, „soziale Gesetzmäßigkeiten" (was immer das sein mag) abzulehnen und sich der Illusion hinzugeben, man könne dadurch glücklich werden, dass man sich außerhalb jedes sozialen Kontextes selbst verwirklicht, mit Kopfschütteln zur Kenntnis genommen hätte. Heute, da Individualismus als geschichtliches Allheilmittel gepriesen und die Gesellschaft nur noch als Ort je eigener Selbstverwirklichung charakterisiert wird, mag das anders sein. Denn gemeinschaftliche Wertbindungen, die durch die sozialistische Instrumentalisierung beschädigt sind und heute im öffentlichen Diskurs unter effektvollem Beschuss stehen, leiden unter permanenter Erosion. Auch das ist ein Teil der ostdeutschen Problematik.

Das ändert aber nichts daran, dass die Behauptung, die Antwort auf die Sinnfrage würde in der Selbstverwirklichung gefunden, ein gedanklicher Widerspruch ist. Denn jede ernst gemeinte Sinnsuche muss Grenzen überschreiten wollen – sei es die Grenzen des Ichs und der eigenen Interessen, sei es die Grenzen von menschlicher Existenz überhaupt und der von Menschen beherrschten Welt. Wer nur auf sich selbst zu setzen glaubt, ist für die Rede von Gott und für die Botschaft Jesu Christi genau so unzugänglich wie jener, der die Menschheitsgeschichte durch ein vorgeblich wissenschaftlich begründetes Gesellschaftssystem vollenden will. Und die Gottesfrage wird nicht nur in einer total durchherrschten Gesellschaft verschwiegen, sondern sie verstummt – jedenfalls als öffentliches Thema – auch in einer atomisierten Gesellschaft. Der Versuch eines unter katholischem Vorzeichen vertretenen manichäischen Fundamentalismus, den Eigenwert von Gesellschaft zu leugnen, das Engagement von Christen für gesellschaftliche Mitmenschlichkeit zu diskreditieren und gemeinschaftliche Wertebindungen als „Kitt" zu verleumden, leugnet den dialogischen Charakter christlicher Glaubensverkündigung und ihre gemeinschaftsstiftende Wirkung. Mit Katholizität hat eine solche Haltung nichts zu tun, auch wenn sie sich erzkatholisch gibt. Eher lässt sie an religiösen Flankenschutz für die neoliberale Rückkehr ins 19. Jahrhundert des kapitalistischen laisser-faire denken.

Gottferne ist das notwendige Ergebnis, wenn sich die Gesellschaft oder das Individuum absolut setzen. Sich selbst keine Grenzen zu ziehen und keine Grenzen mehr überschreiten zu wollen, sind zwei Seiten der gleichen Haltung. Nur wer anerkennt oder erfahren hat, dass er sich nicht selbst erlösen kann, sei es individuell oder kollektiv, wird nach einem Sinn des Lebens suchen, den nur einer geben kann, der größer ist als wir. Nur ein so nach dem Sinn seines Lebens Suchender wird auch die Botschaft der Befreiung durch Jesus Christus hören können und bereit sein, darüber nachzusinnen. Nur, wer offen fragt, kann von der Frohen Botschaft erreicht und getroffen werden.

Maria, die Tochter Zion

VON WERNER LÖSER

Als Papst Johannes Paul II. am ersten Fastensonntag 2000 für die Schuld, die die Kirche im Laufe ihrer Geschichte auf sich geladen hat, um Vergebung bat, ewähnte er auch die Unterdrückung und Verfolgung der Juden, die es im Namen der Kirche gegeben hat. Und als er wenige Wochen später im Rahmen eines Israelbesuches auch die Jerusalemer Holocaust-Gedenkstätte Yad Vashem aufsuchte, tat er in bewegenden Worten und Gesten Gleiches. Nun kann es eine Versöhnung der Christen mit den Juden nur geben, wenn die Kirche ernsthafte Schritte zur Überwindung des Jahrhunderte alten christlichen Antijudaismus wagt. Ein Verständnis des Christlichen zu entfalten, das von allen antijudaistischen Elementen frei ist, ist eine dringliche, freilich auch anspruchsvolle Aufgabe. Dankbar darf vermerkt werden, daß eine Reihe von Weichen schon in zukunftsweisender Richtung gestellt sind. Die entscheidende Einsicht, die dabei leitend war, lautet: Auch wenn Israel als Volk Jesus und sein Evangelium nicht angenommen hat, hat Gott seinen Bund mit Israel nicht gekündigt. Paulus sagt es im 11. Kapitel des Römerbriefes ganz deutlich. In den Versen 1 und 2 heißt es: „Ich frage: Hat Gott sein Volk verstoßen? Keineswegs... Gott hat sein Volk nicht verstoßen, das er einst erwählt hat." Und in den Versen 28 und 29 sagt Paulus: „...von ihrer Erwählung her gesehen, sind sie von Gott geliebt, und das um der Väter willen. Denn unwiderruflich sind Gnade und Berufung, die Gott gewährt." Das aber heißt: Die Kirche hat Israel nicht abgelöst, ist nicht an seine Stelle getreten. Sie ist und bleibt auf ihrem Weg durch die Geschichte vielmehr in dramatischer Weise mit Israel verbunden. Deshalb können auch die Berufung und die Sendung der Kirche, ihre Geschichte und ihre Gestalt nicht begriffen werden, wenn mit dieser bleibenden Verwiesenheit auf Israel, die freilich durch die Selbstverschließung Israels seinem Sohn Jesus gegenüber eine entscheidend neue Färbung erhalten hat, nicht gerechnet wird. Umgekehrt entdeckt derjenige, der sie in den Blick nimmt, daß die Kirche in vielem Israel verwandt ist. Vieles öffnet sich einer neuen Verständlichkeit[1]. Im folgenden geht es um den Versuch, für den Bereich der Mariologie anzudeuten, in welche Richtung die anstehenden Bewegungen weisen könnten.

[1] Das Wort von der „dramatischen Beziehung" der Kirche zu Israel geht zurück auf N. LOHFINK: *Der niemals gekündigte Bund. Exegetische Gedanken zum christlich-jüdischen Gespräch.* Freiburg 1989, S. 104 -107.

I. Die Suche nach einem „Fundamentalprinzip" der Mariologie

Vor nahezu einem halben Jahrhundert hat Karl Rahner die Frage nach einem „Fundamentalprinzip" der Mariologie gestellt[2]. Andere haben es ebenso getan[3]. Wie kommt es zu solch einer Fragestellung?

Die neutestamentlichen Aussagen über Maria, die Mutter Jesu, sind nicht sehr zahlreich. Sie stehen im allgemeinen auch nicht im Zentrum der sie umgebenden Perikopen. Meistens gilt die vorrangige Aussageabsicht der Person und dem Werk Jesu. Mit dem biblischen Befund verglichen erscheinen die Maria betreffenden Aussagen, die bis in unsere Zeit hinein in der Liturgie und in der Theologie der Kirche formuliert worden sind, als stark ausgeweitet. Ihr Rückbezug auf die biblische Basis ist nicht immer leicht erkennbar. Von daher stellt sich die Frage nach der Berechtigung mancher mariologischer Aussagen. Diese Frage führt zu einer anderen Frage: läßt sich wenigstens zeigen, daß die vielen in der Geschichte der Kirche entfalteten Aussagen über Maria auf ein „Fundamentalprinzip" hin durchsichtig sind? Von diesem Fundamentalprinzip seinerseits wäre nun allerdings zu verlangen, daß es biblisch gut begründet und theologisch verläßlich ist. In dem Maße, als die späteren mariologischen Aussagen tatsächlich auf das gesuchte, seinerseits gut begründete Fundamentalprinzip hin offen sind, können sie als begründet und berechtigt gelten.

Lange Zeit hindurch sahen die Theologen in der Lehre von der Gottesmutterschaft Marias den Schlüssel zur gesamten Mariologie[4]. Das II. Vatikanum griff den Gedanken auf, das Fundamentalprinzip der Mariologie sei die Lehre von der Urbildlichkeit Marias für die Kirche[5]. Er hat sich bei den zahlreichen Neubearbeitungen der Mariologie als fruchtbar erwiesen. Daneben gibt es aber dann noch eine weitere Weise, das Fundamentalprinzip der Mariologie zu bestimmen: Maria sei die „Tochter Zion", das heißt: in ihr trete Israel in ganz besonderer Weise hervor.

II. Maria - Tochter Zion:
eine fruchtbare Bestimmung des Fundamentalprinzips der Mariologie

Diese Bestimmung des Fundamentalprinzips der Mariologie ist nicht ganz neu. Doch läßt es sich noch einmal neu fassen, wenn man es mit den schon greifbaren Erträgen des neueren jüdisch-christlichen Dialogs ausdrücklich vermittelt. Dies sei hier versucht. In dem Maße, als es gelingt, erhalten alle Aussagen der überlie-

---

[2]   K. RAHNER: Le principe fondamental de la théologie mariale. In: *Recherches des Sciences religieuses* 42 (1954), S. 481-522. Vgl. z.usammenfassend DERS.: Mariologie. In: LThK[2] 7 (1962), Sp. 84-87, bes. IV.: Das Grundprinzip der M., 86f.

[3]   Z.B. A. MÜLLER: Marias Stellung und Mitwirkung im Christusereignis. In: *Mysterium Salutis*. Bd. 3/2. Einsiedeln 1969, S. 393-510, hier: 407-421.

[4]   Man vgl. beispielsweise die Lehrbücher der neuscholastischen Dogmatik.

[5]   Dieser Gedanke war zuvor schon von O. SEMMELROTH: *Maria, Urbild der Kirche.* Würzburg 1954, entfaltet worden. Vor wenigen Jahren hat J. NEUNER: Maria, Urbild der Kirche. In: *Geist und Leben* 69 (1996), 442 - 450 ihn noch einmal bestätigt.

ferten Mariologie eine neue Prägung. Zunächst jedoch sei noch einmal an einige schon vorliegende „Maria-Tochter Zion"-Entwürfe erinnert.

1. Das Marienbild des Lukasevangeliums

Die grundlegende Aussageabsicht von Lk 1-2 geht ohne Zweifel nicht auf Maria, sondern auf Jesus, der als der Messias auch schon in seiner Herkunftsgeschichte dargestellt wird. Ein deutlicher Hinweis darauf ist der Hymnus des greisen Simeon in Lk 2,29-33, eine andere die Ankündigung der Geburt des Messias durch die Engel in Lk 2,8-14. Die Gegenüberstellung von Johannes und Jesus und darin die Herausstellung des Neuen, das Jesus über Johannes hinaus bedeutet, ist ein weiterer Hinweis auf die christologische Prägung der beiden ersten Lk-Kapitel. Sofern in diesen Kapiteln gleichwohl ein eigenständiges Marienbild erkennbar wird, kreist es um das Motiv der „Tochter Zion".

An einigen Stellen hat Lukas bewußt alttestamentliche, auf den Zion als Mittelpunkt Israels sich beziehende Texte auf Maria hin aktualisiert; sie ist die „wahre Tochter Zion":
– der Bericht von der Ankündigung der Geburt Jesu in Lk 1,26-33 greift Motive aus Zephania 3,14-17 auf. Aus „Freue dich, Tochter Zion!" wird „Freue dich, du Begnadete!"; aus „Fürchte dich nicht, Zion!" Wird „Fürchte dich nicht, Maria!".
– ein erheblicher Teil der Motive, die im Magnifikat auf Maria bezogen sind, meinten im AltenTestament ganz Israel (was leider in der deutschen Übersetzung nicht deutlich hervortritt, weil sie im Unterschied zum Urtext und zur lateinischen Fassung präsentisch übersetzt.) Maria ist im Neuen Testament die Personifikation, die Repräsentantin ganz Israels: die Tochter Zion.
– in der Geburtserzählung in Lk 2,1-14 erscheint Maria wiederum als die wahre Tochter Zion. Die Verwandtschaft zwischen Micha 4,7- 5,5 und der lukanischen Geburtserzählung ist unübersehbar. In Micha ist von der „Tochter Zion" die Rede, in Lk 2 von Maria, die nun die wahre „Tochter Zion" ist[6].

2. „Mutter Mirjam" nach Schalom Ben Chorin

Schalom Ben Chorin hat eine Trilogie verfaßt, die als ganze den Titel „Die Heimkehr" trägt, „denn darum geht es letztlich: um die Heimkehr dieser jüdischen Gestalten in ihr eigenes Volk"[7]. „...dieser Gestalten" - das heißt: des Paulus[8], des Jesus von Nazareth[9] und der Maria. Nach Ben Chorin hat sich die Chri-

[6] Auf diese Sachverhalte hat besonders aufmerksam gemacht R. LAURENTIN: Struktur und Theologie der Lukanischen Kindheitsgeschichte. Stuttgart 1967.
[7] SCHALOM BEN CHORIN: Mutter Mirjam. Maria in jüdischer Sicht. München 1971 S. 202.
[8] S. BEN CHORIN: Paulus. Der Völkerapostel in jüdischer Sicht. München 1970.
[9] S. BEN CHORIN: Bruder Jesus. Der Nazarener in jüdischer Sicht. München 1969. Die folgenden Seitenzahlen aus diesem Band.

stenheit unberechtigterweise dieser Gestalten bemächtigt und sie in ihren Bereich herübergezogen. Dieser Bereich aber ist die Fremde, aus der sie nun in ihre Heimat, das Judentum, zurückkehren. Für Ben Chorin ist Maria die fast ganz unbekannte, die Maße des Jüdischen auch in keiner Weise sprengende Mutter Mirjam. Die Christen haben ihr Attribute zugelegt, die sie zu einer mythischen, schließlich göttlichen Gestalt werden ließen. Dieser letztlich aus psychologischen Gesetzmäßigkeiten sich ergebende Vorgang setzte nach Ben Chorin schon in der frühesten Zeit ein. Als man nicht mehr wahrhaben wollte, daß Jesus, der mehrere Brüder und Schwestern hatte, ein uneheliches Kind der Maria war. Statt dessen begann man davon zu sprechen, daß Jesus vom heiligen Geist gezeugt worden sei. Diese Entwicklung führte schließlich in Ephesus (431) zur Behauptung, Maria sei in Wahrheit eine Gottesmutter. Nach Ben Chorin bedeutete das die Übertragung der Eigenschaften der heidnischen Göttin Artemis auf Maria. Der Höhepunkt des Prozesses, der Maria im fremden Land des Christentums gemacht wurde, war nach Ben Chorin ihre „Vergöttlichung", die durch das Dogma von der Aufnahme Marias in den Himmel (1950) besiegelt wurde. Nachdem all dies geschehen ist, geht Ben Chorin daran, sie nun endlich aus der Fremde heimzuholen, zurück auf die Erde, heim ins Judentum. „Nur eine Eigenschaft dieser Frau ... ist von Wichtigkeit: daß sie eine Jüdin war....Die Funktion der Mutter war es, Jesus als Menschen zu gebären und als Juden..." (S. 189.). Ben Chorin wendet auf Maria an, was er jeder jüdischen Frau ansinnen könnte: „Wenn Mutter Mirjam gebetet hat, dann wird sie wie ihr Sohn ohne jede Vermittlung sich an Gott selbst gewandt haben, an ihn allein, mit der Anrede, die ihr Sohn seine Jünger lehrte, nicht anders als viele Rabbinen: 'Avinu schebaschamajim', 'Unser Vater im Himmel!' Er allein wurde dort gedacht und geglaubt, in den Himmeln der Himmel, die erst ein späteres griechisches Glaubensdenken mit Mutter Mirjam und ihrem Sohn Jeschua bevölkerte. Sie wußte nichts von all dem, sie ahnte es nicht, hoffte es nicht, träumte es nicht. Es lag außerhalb ihrer Welt und Glaubenswelt, die theozentrisch war, ohne Erweiterungen und ohne Zusätze. Sie empfand sich wie jede jüdische Frau in dienender Funktion am Rande der Schöpfung. Wenn die Männer stolz den Segensspruch beteten: 'Gelobt seist du, Herr unser Gott, König der Welt, der mich nicht zum Weibe gemacht hast', betete sie: 'Gelobt seist du, Herr unser Gott, König der Welt, der du mich nach deinem Willen geschaffen hast'" (S.190). Maria, die Mutter Mirjam, die Tochter Zion, gehörte uneingeschränkt zur Menschenwelt und zum jüdischen Volk. Das macht Schalom Ben Chorin deutlich. Dennoch muß dies nicht ohne weiteres besagen, daß Maria nicht eine besondere Sendung im Heilsgeschehen spielen konnte; dies nicht aus eigener Machtvollkommenheit, sondern weil Gott sie, die „niedrige Magd", dazu erwählt und ermächtigt hat. Dies wäre christlicherseits Ben Chorin gegenüber zur Sprache zu bringen.

3. Joseph Ratzingers Kennzeichnung Marias als „Tochter Zion"

Joseph Ratzinger hat in seinem wichtigen Büchlein *Die Tochter Zion*[10] Maria in einen biblisch ausgerichteten bundestheologischen Zusammenhang hineingestellt. Er stellt heraus, daß das Alte Testament eine auf das Motiv der „Tochter Zion" zulaufende Theologie der Frau kennt. Diesen Gedanken entfaltet er in fünf Hinweisen.

Zunächst wird an die Gestalt Evas erinnert, „die als das notwendige Gegenüber des Mannes, Adams, gezeichnet wird, dessen Sein ohne sie 'nicht gut' wäre (Gen 1,28)" (S. 15f.). Das Menschsein erfüllt sich im Einssein von Mann und Frau. Es macht ein Element der Gottebenbildlichkeit aus. Zwar sagt der Genesisbericht, Eva habe Adam zum Ungehorsam verleitet; dennoch gilt sie als die Mutter des Lebens. „Sie verwahrt das Geheimnis des Lebens, der Gegenmacht zum Tode, der seinerseits als die Macht des Nichts die Antithese zu Jahwe, dem Schöpfer des Lebens und dem Gott der Lebendigkeit ist. Sie, die die Frucht zum Tode reicht, deren Auftrag geheimnisvoll dem Tod verschwistert ist, sie ist doch weiterhin die Siegelbewahrerin des Lebens und die Antithese des Todes" (S. 16). Ratzinger spricht dann über die alttestamentlichen Frauengestalten, die in der Geschichte der Verheißung eine bemerkenswerte Rolle spielen. Es handelt sich um mehrere Paare von Frauen: Sarah und Hagar, Rachel und Lea, Anna und Pennina. „Jedesmal stehen sich die Fruchtbare und die Unfruchtbare gegenüber, wobei es zu einer merkwürdigen Überquerung der Wertungen kommt. Fruchtbarkeit ist für archaisches Denken Segen, Unfruchtbarkeit ist Fluch. Aber hier kehren sich die Dinge um. Zuletzt erweist sich je die Unfruchtbare als die wahrhaft Gesegnete, während die Fruchtbare ins Gewöhnliche zurücktritt oder gar gegen den Fluch der Verstoßung, des Ungeliebtseins zu kämpfen hat" (S. 17). Hier wird bereits ansichtig, was Paulus später sagen wird: Gott sieht voll Zuneigung auf die Schwachen, die Starken verschmäht er. Maria preist im Magnifikat den Gott, der auf die Niedrigkeit seiner Magd schaut und die Mächtigen vom Throne stößt. Einige alttestamentliche Spätschriften liefern noch ein neues Motiv für eine alttestamentliche Theologie der Frau: in den Rettergestalten Ester und Judit. Ratzinger betont, daß sie Verkörperungen ganz Israels sind. „Beide Frauen haben einen wesentlichen Zug mit den großen Müttern gemeinsam: Die eine ist Witwe, die andere Haremsdame am persische Königshof; beide finden sich – obgleich unterschiedlich – in einer bedrückten Stellung; beide verkörpern das geschlagene Israel: Israel, das Witwe geworden ist und in Trauer verkümmert; Israel, das verschleppt und geschändet ist unter den Völkern und in ihre Willkür hinein versklavt. Aber beide verkörpern zugleich die unzerstörbare seelische Kraft Israels, das nicht nach Art der Weltmächte auftrumpfen kann und gerade so die Mächtigen zu verspotten und zu besiegen weiß. Die Frau als Retterin, als Verkörperung der Hoffnung Israels, tritt damit neben die gesegnet-ungesegneten Mütter" (S. 19). Die alttestamentliche Theologie der Frau kommt darin zu ihrem Höhepunkt, daß sie ganz Israel als „Tochter Zion", der JHWH in Liebe

---

[10] J. RATZINGER: *Die Tochter Zion.* Einsiedeln 1977. Hieraus die Seitenzahlen im folgenden Abschnitt.

zugewandt ist, versteht. „Israel selbst, das erwählte Volk, wird als Frau, als Jung-frau, als Geliebte, als Gattin, als Mutter zugleich ausgelegt. Die großen Frauen Israels repräsentieren, was dieses Volk selber ist. Die Geschichte dieser Frauen wird zu Theologie des Gottesvolkes und darin zur Theologie des Bundes. Indem aber sie die Kategorie des Bundes faßlich machen, ihr ihren Inhalt und ihre seeli-sche Richtung geben, rückt die Gestalt der Frau ins Innerste alttestamentlicher Frömmigkeit, alttestamentlicher Gottesbeziehung ein" (S. 20). „Das Bundesver-hältnis Jahwes zu Israel ist ein Bund ehelicher Liebe, die Jahwe selbst (wie Ho-sea es großartig darstellt) im Innersten aufwühlt und erschüttert: Er hat das junge Mädchen Israel mit einer Liebe geliebt, die sich als unzerstörbar, als ewig er-weist" (S. 21).

In all dem wird das Fundamentalprinzip der Mariologie, wie Joseph Ratzinger es ansetzt, bereits erkennbar. Er entfaltet es im Rahmen einer alttestamentlichen, über sich ins Neue Testament hinausweisenden Bundestheologie. Er formuliert: „Zu Gott, dem Einen, gehört zwar nicht eine Göttin, aber zu ihm, so wie er sich geschichtlich offenbart, gehört das erwählte Geschöpf, gehört Israel, die Tochter Zion, die Frau" (S. 22).

Maria ist auf diesem Hintergrund die konkrete Personalisierung der alttesta-mentlich unvollendet bleibenden Bilder und Ahnungen. Die alttestamentliche Bundestheologie vollendet sich bezüglich des geschöpflichen Partners „in der Frau, die selbst als der wahre Rest, als die wirkliche Tochter Zion bezeichnet wird und die darin Mutter des Erlösers, ja Mutter Gottes wird" (S. 23). Schließ-lich sieht Ratzinger in der spätalttestamentlichen „Weisheit" („Sophia") eine auf Maria vorausweisende Spur.

Als Zusammenfassung seiner Überlegungen formuliert Ratzinger schließlich seinen mariologischen Grundgedanken: „Die Figur der Frau ist für das Gefüge des biblischen Glaubens unentbehrlich. Sie drückt die Realität der Schöpfung, sie drückt die Fruchtbarkeit der Gnade aus. In dem Augenblick, in dem im Neuen Testament die abstrakten Hoffnungsschemata auf Gottes Zuwendung zum Volk in der Gestalt Jesu Christi einen konkreten, personhaften Namen empfangen, tritt auch die Gestalt der Frau, bisher nur typologisch in Israel gesehen und freilich in den großen Frauen Israels vorläufig personalisiert, mit Namen und als personale Zusammenfassung des Prinzips Frau hervor, so daß das Prinzip nur in der Person wirklich ist, aber die Person gerade als Einzelne immer über sich auf das Umfas-sende hinaussieht, das sie trägt und darstellt: Maria. Das Frauliche im Glauben – konkret also: das Marianische – leugnen oder ablehnen läuft letztlich auf die Ne-gation der Schöpfung und auf die Entwirklichung der Gnade hinaus, auf eine Vorstellung von der Alleinwirksamkeit Gottes, die die Kreatur zum Mummen-schanz macht und damit gerade auch den Gott der Bibel verkennt, den dies kenn-zeichnet, daß er der Schöpfer und der Gott des Bundes ist..." (S. 26f.).

Nach Ratzinger ist Maria also als Tochter Zion die Repräsentantin Israels, der wahre „heilige Rest" des Volkes. In ihr wird der Bundespartner Gottes voll kon-kret und personal – und dies in dem Moment, da auch Gottes Wort voll konkret und personal wird, d.h. ein bestimmter Mensch: Jesus von Nazareth.

Mariologien im Zeichen des „Tochter-Zion"-Motivs sind bislang nicht zahl-reich. Immerhin haben sie einen Rückhalt im Lukasevangelium und sind sie, wenngleich sich nicht wenig voneinander unterscheidend, sowohl jüdisch als auch christlich möglich. Sie kommen darin überein, daß in ihnen die Verwurzelung Marias in ihrem Volk theologisch möglichst ernstgenommen und ausgewertet wird.

Neue Akzente in einer christlichen „Tochter-Zion"-Mariologie sind heute möglich. Sie zeigen sich, wenn man versucht, die Linien in den Bereich der Mariologie hinein auszuziehen, die den derzeitigen jüdisch-christlichen Dialog schon kennzeichnen und auch bereits das kirchliche Sprechen und Handeln zu bestimmen beginnen. Im folgenden geht es darum, anzudeuten, in welcher Hinsicht einige Akzente in der Mariologie aufgrund der Anregungen, die von solchen Einsichten ausgehen, neu gesetzt werden könnten. Dies wird freilich nur gelingen, wenn die Mariologie nicht isoliert durchgeführt wird, sondern in ihrem gesamttheologischen Kontext, zu dem auch die Christologie und die Ekklesiologie gehören, belassen wird.

III. Der Kontext einer Tochter-Zion-Mariologie: Israel und Jesus

Inmitten der Völker begannen Abraham und das große Volk, das aus ihm hervorgehen sollte, ihren Weg durch die Geschichte. Abraham war von Gott dazu gerufen worden (Gen 12,1-4). Das Volk, das in Abraham aufbrach, sollte groß werden und zahlreich wie die Sterne am Himmel und die Sandkörner am Meeresstrand (Gen 22, 15 ff). Aber nicht nur die Nachkommenschaft Abrahams sollte so gesegnet sein, sondern alle Geschlechter der Erde sollten durch ihn Segen erlangen (Gen 4,4). „Segnen sollen sich mit deinen Nachkommen alle Völker der Erde..." (Gen 22,18). Israel – erwählt zu Gottes Volk auf der einen Seite, sowie die Völker – bestimmt zur Teilhabe am Segen Israels auf der anderen Seite. Dieses spannungsreiche Miteinander kennzeichnet nach Gottes Willen und von Anfang an die Geschichte Gottes mit seiner Welt. In der abstrakten Sprache der Fachtheologie spricht man hier gewöhnlich vom Miteinander von Heilspartikularismus und Heilsuniversalismus. Deutliche Zeugnisse solchen Glaubens und Hoffens finden sich in den Psalmen und dann auch bei den Propheten, insbesondere beim Propheten Jesaja. Er spricht über das Miteinander des Volkes Gottes und der Völker zum einen im Bild der Völkerwallfahrt und zum anderen mit dem Begriff der Stellvertretung. Das Bild von der Völkerwallfahrt findet sich beispielsweise in Jes 2,1-5: „Wort, das Jesaja, der Sohn des Amoz, über Juda und Jerusalem schaute. In der Folge der Tage wird es geschehen: Da wird der Berg des Hauses Jahwes festgegründet stehen an der Spitze der Berge und erhaben sein über die Hügel. Zu ihm strömen alle Völker. Dorthin pilgern viele Nationen und sprechen: 'Auf, laßt uns hinaufziehen zum Berge Jahwes, zum Hause des Gottes Jakobs! Denn von Zion wird ausgehen das Gesetz und das Wort Jahwes von Jerusalem'." Vom leidenden Gottesknecht, der sein Leben hingibt für die Vielen, ist in Jes 53-54 die Rede. Der leidende Gottesknecht ist nach verbreiteter Auffassung das Volk Israel (Jes 41, 8 f.; 44,1.21; 49,3.5).

Aus diesem Volk, das sich als Gottes eigenes Volk zugunsten aller Völker bekannte, ging Jesus von Nazareth hervor bzw. in dieses Volk wurde Jesus gesandt.

Im Zentrum des Wirkens Jesu – in Wort und Tat – stand die Ankündigung der Gottesherrschaft in Israel: „Die Gottesherrschaft ist nahegekommen". In seinen Wundern und in seinen Gleichnissen trat Jesus mit seiner Botschaft auf das Volk zu, dem er selbst angehörte. Die auffallende Tatsache, daß Jesus die Gottesherrschaft als nahe bevorstehend bezeichnen konnte, hatte ihren Grund darin, daß das Kommen der Gottesherrschaft mit seinem Wirken gegeben war. Indem er in Wort und Tat wirkte und seinen Weg im Gehorsam dem Willen Gottes gegenüber ging, kam die Gottesherrschaft. Wenn die Gottesherrschaft kommt, bricht die letzte Zeit an. Dies ist ein endzeitliches Ereignis. Nun gehört zu den Ereignissen am Ende auch die Wallfahrt der Völker zum Zion, das Hinzutreten der Heiden zu den Juden, damit sie durch die Juden und mit ihnen Anteil an den Gaben Gottes hätten. Wenn das Kommen der Gottesherrschaft im Auftreten und Wirken Jesu der Anbruch der letzten Zeit ist, so ereignete sich eben darin auch die Öffnung Israels für die Völker. So wie in Jesu Gleichnissen und Wundern, in seinen Worten und in seinen Taten die Gottesherrschaft schon anfänglich gegenwärtig wurde, so deutete sich die Öffnung Israels für die Völker ebenfalls schon in Zeichen und Ereignissen und in Worten an. Hier zeigt sich, daß sich in Jesu Wirken das Miteinander von Heilspartikularismus und Heilsuniversalismus fortsetzt, auch wenn es zutreffend ist und bleibt, daß Jesu Sendung sich unmittelbar auf Israel bezog. Gottesherrschaft und Völkerwallfahrt gehören zusammen. „Viele werden kommen von Osten und Westen und mit Abraham, Isaak und Jakob zu Tische sitzen in der Gottesherrschaft", sagte Jesus (Mt 8.11f. par.)

Als sich Israel in zahlreichen und bedeutenden Vertretern der Botschaft Jesu von der Nähe der Gottesherrschaft verschloß und als Israel Jesus als den Verkünder dieser Botschaft verwarf, ließ Jesus sein Leiden und Sterben „sühnend" Israel zugutekommen und verschaffte ihm nun leidend und sterbend den Zugang zu der Gottesherrschaft, an der auch die Völker Anteil haben. In Jesu Kreuz ist angesichts der gegebenen Situation zweierlei begründet: zum einen für das sich Jesus verweigernde Israel, daß es seinerseits nicht der Verwerfung preisgegeben wurde, sondern in Gottes ungekündigtem Bund weiterlebt; zum anderen, daß nun die Juden, die sich Jesus und seiner Botschaft geöffnet haben, zusammen mit den bekehrten Heiden die Kirche Gottes bilden. Doch war all dies noch verborgen, bevor es im Ereignis der Auferweckung des gekreuzigten Jesus offenbar wurde. Dem auferweckten und zur Rechten erhöhten Herrn ist aufgrund seines Todes am Kreuz, das eine zunächst Israel, dann aber auch den Völkern zugutekommende sühnende Kraft hatte, die Kirche aus Juden und Heiden zugeordnet. Nicht mehr über die Zugehörigkeit zu einer jüdischen Familie, sondern durch den Glauben an das Evangelium und durch die Taufe gewinnen beide, der Jude und der Heide, Zugang zur Kirche. Die Mission des Paulus und der Urkirche unter den Heiden ist die Einleitung der Völkerwallfahrt, deren Sinn es ist, die Heiden mit den Juden zusammenzufügen, damit sie gemeinsam Gottes Gaben entgegennehmen und Gottes Willen erfüllen.

IV. Konturen einer erneuerten Mariologie: Maria, die Tochter Zion

1. Maria, die Mutter Jesu

Wenn in den biblischen Texten Maria erwähnt wird, wird sie gewöhnlich als die „Mutter Jesu" bezeichnet – so vor allem im Matthäusevangelium und auch im Johannesevangelium. Dieser Jesus ist derjenige, der gesandt ist, Israel neu zu sammeln und den Heiden zu ermöglichen, Kinder Abrahams zu werden. So läßt er die Gottesherrschaft in Israel gegenwärtig werden. In all dem ist Jesus zuhöchst und zutiefst eine zusammenfassende Verkörperung des Volkes, dem er entstammt. Dies zu verdeutlichen, ist der Sinn des Stammbaums Jesu im ersten Kapitel des Matthäus-Evangeliums. Maria, die selbst Jüdin war und somit eine Tochter Zions, wurde die Mutter Jesu. Man kann nun so formulieren: In Maria brachte Israel den hervor, der es zusammenfassend verkörperte und genau darin auch über sich hinausführte. Marias Tochter-Zion-Sein verdichtete und vollendete sich in ihrem Mutter-Jesu-Sein, denn sie gebar und umsorgte Jesus, den Sohn Davids und den Sohn Abrahams. In ihr bewahrheitete sich die in Micha 5,1-3 aufbewahrte Verheißung: „Aber du, Bethlehem-Efrata, so klein unter den Gauen Judas, aus dir wird mir einer hervorgehen, der über Israel herrschen soll. Sein Ursprung liegt in ferner Vorzeit, in längst vergangenen Tagen. Darum gibt der Herr sie preis, bis die Gebärende einen Sohn geboren hat.... Er wird auftreten und ihr Hirt sein in der Kraft des Herrn, im hohen Namen Jahwes, seines Gottes."

2. Maria – die Urzelle der Kirche

Die Mutter Jesu verkörpert in ihrer bleibenden Zuwendung und Zustimmung zu Jesus, dem Messias und Davidssohn und Abrahamssohn, die Kirche in ihrem Ursprung. „Aus den vielen, die Jesus umgaben und die er in seine Sendung einbezog, ragte Maria dadurch heraus, dass sie Jesus nicht nur folgte, sondern als seine Mutter ihm auch vorausging. Dadurch, dass sie ihn empfangen, geboren, unterwiesen und bis zu seinem Lebensende begleitet hat, gehörte sie ihm wie niemand sonst zu. ... Dass Maria nicht nur die Mutter Jesu, sondern auch das Urbild der Kirche war und ist, kommt in besonders eindringlicher Weise in Joh 19,25-29 zur Sprache. ... In dem Augenblick, da Jesu 'Stunde' gekommen ist und sein Werk sich vollendet, wendet sich Jesus an Maria und an Johannes. Maria steht beim Kreuz und bringt so ihren Glauben an das dort geheimnisvoll Geschehende zum Ausdruck und nimmt es in seinen Früchten entgegen. So repräsentiert sie in der Stunde des Sterbens Jesu ebenso wie in den vorhergehenden Phasen und Situationen des Lebens Jesu die Kirche in dem, was sie zutiefst kennzeichnet: Das leibhaftige Bei-Jesus-Sein in der gläubigen Zustimmung zu dem, was er vollbringt, und in der demütigen Entgegennahme dessen, was er darreicht"[11].

Als sich die Führer des jüdischen Volkes und viele seiner Glieder dem Wort

---

[11] W. LÖSER: Maria – mit uns auf dem Pilgerweg des Glaubens. In: K. HILLENBRAND – M. KEHL (Hrsg.): *Du führst mich hinaus ins Weite.* Würzburg 1991, S. 81-92, hier 82.

und dem Werk des Sohnes Abrahams und Davids, Jesus, verweigerten, ja sogar die römische Besatzungsmacht in Anspruch nahmen, ihn ans Kreuz zu bringen, da wurde Maria, die Mutter Jesu und die Tochter Zion, in einer ganz eigenen und durch ihr Mutter-Jesu-Sein mitbestimmten Weise zum „heiligen Rest" Israels. Zusammen mit den Jüngern, die nach Ostern im Jerusalemer Abendmahlssaal „mit Maria, der Mutter Jesu" beteten (Apg 1,14), bildete sie nun diesen „heiligen Rest" und zugleich die erste christliche und zwar judenchristliche Gemeinschaft oder Gemeinde. Schon bald schlossen sich ihnen viele, die die Predigt des Petrus und der anderen hörten und sich dann taufen ließen, an.

Paulus und seine Gefährten und Schüler und schließlich andere setzten durch ihr missionarisches Wirken unter den Heiden die von Israel erwartete und durch Jesus und sein Kreuz geschichtlich möglich gewordene Völkerwallfahrt in Gang. So bildete sich die Heidenkirche. So wie nach den Propheten die Heiden an den Gaben Gottes dadurch Anteil bekommen, dass sie sich Israel anschließen, das sie in ihrer Völkerwallfahrt auf den Berg Zion aufsuchen, so kann es die Heidenkirche nur so geben, dass sie auf den „Ölbaum Israel" aufgepfropft wird, wie Paulus im 11. Kapitel des Römerbriefes ausführt. Nachdem Israel sich dem Wort und Werk Jesu nicht geöffnet und seinen eigenen Weg durch die Geschichte fortgesetzt hat, – was, wie wir heute nachdrücklich und auf der Grundlage der Kapitel 9 bis 11 des Römerbriefes sagen, nicht seine eschatologische Verwerfung bedeutet; denn Gottes Bund bleibt ungekündigt – ging es an den „heiligen Rest Israels", Maria und die judenchristlichen (Ur-)Gemeinde über, der „edle Ölbaum" zu sein, auf den die Heidenkirche aufgesetzt wird und von dem sie abhängig bleibt.

Der Bezug zu Maria, der Tochter Zion und damit der Mutter Jesu und der Urzelle der Kirche, (und zu den Aposteln und den anderen Instanzen jüdischer Prägung), die sämtlich das Judenchristliche verkörpern und das jüdische Erbe wachhalten, auf das die zur Kirche hinzutretenden Heiden angewiesen sind und bleiben, ist für die Kirche aus Juden und Heiden grundlegend.

V. Die „defiziente Katholizität" der Kirche

Die Tatsache, dass die Beziehung zwischen Israel und der Kirche in der Geschichte nicht ein dramatisches Miteinander, sondern ein desinteressiertes Nebeneinander oder ein aggressives Gegeneinander war, hatte im Innern der Kirche eine gewisse Entsprechung: Die Kirche ist von ihrem Ursprung her die Kirche aus Juden und Heiden. In Wirklichkeit war sie dies nur in der ersten Phase ihrer Geschichte. Dann schmolz die Gruppe der Judenchristen zu einer kleinen Minderheit zusammen und kam schließlich mehr oder weniger zum Verschwinden. Wir wissen nicht, wie sich die Kirche auf ihrem Weg durch die Zeiten und Räume entfaltet hätte, wenn sie im spannungsvollen Miteinander von Judenchristen und Heidenchristen verblieben wäre. Von Jesus Christus her und auch von der von Maria, der Tochter Zion, gegebenen „makellosen" Antwort auf den in Jesus ergehenden Ruf her ist die Kirche die 'katholische'. Diese Katholizität müßte 'an sich' in ihrem spannungsvollen Miteinander von Judenchristen und Heidenchristen erfahrbar werden. Aber dies trifft de facto nicht zu. Damit ist die Kirche in einem tiefen Sinn 'halbiert' und von daher in spezifischer Weise gefährdet. Sie ist die 'katholische', aber ihre Katholizität ist ein gebrochene. Hans Urs von Balthasar spricht von einer 'defizienten Katholizität'[12]. In dieser Defizienz liegt es begründet, dass die Kirche für Israel kein Anlaß zur Bekehrung ist, weil sie so wie sie ist Israel nicht „eifersüchtig" zu machen vermag. Und nach von Balthasar setzt sich diese Defizienz in immer neuen Entzweiungen fort. An dieser Stelle legt sich die Frage nahe, ob nicht wenigstens die Betrachtung, die Anrufung und die Verehrung Marias, der Tocher Zion und der Urzelle der Kirche, als Gegenpol zum Heidenchristlichen umso wichtiger sind und bleiben. Ähnliches könnte man im Blick auf die zwölf Jünger Jesu und das aus ihnen nach Ostern hervorgegangene apostolische Amt in der Kirche erwägen; denn sie sind die Verkörperungen der 12 Stämme Israels, die neu zu sammeln Jesus als seine Aufgabe angesehen hatte. Was bedeutet es im Licht solch einer Erwägung, dass die Kirchen der Reformation immer wieder Vorbehalte dem Marianischen ebenso wie dem Apostolischen (Amt) gegenüber hegen? Erweisen sie sich darin nicht als solche Kirchen, die zu dem Ölbaum, auf den aufgepfropft doch auch sie nur leben und wirken können, nicht ernsthaft zu stehen bereit sind und so mehr als die katholischen Kirchen zu heidenchristlichen Kirchen geworden sind, die aus ihren eigenen Kräften leben zu können meinen[13]? Die Frage mag auf jeden Fall erlaubt sein, ob die reformatorischen Kirchen mit ihren Vorbehalten gegenüber den marianischen und den apostolischen Dimensionen der Kirche nicht mehr von sich fernhalten als einige vermeintlich spezifisch katholische Sonderformen des Christlichen. Gemeint ist all das, was Norbert Lohfink „das Jüdische am Christentum" genannt und als „die verlorene Dimension" bezeichnet hat[14]. Dazu gehören vor allem die gemeinschaftlichen und leibhaftigen, man könnte auch sagen: sakramentalen Aspekte der Kirche und der geistlichen Vollzüge ihrer Glieder. Wenn dies alles in etwa zutreffen sollte, so stellte sich die Frage, in welcher Richtung die katholische Kirche ökumenisch tätig zu sein hätte. Was würde es bedeuten, wenn sie die Optionen der reformatorischen Kirchen Schritt für Schritt übernehmen oder sie doch als genügende Ausprägungen des Christlichen anerkennen würde?

VI. Die Privilegien Marias: mater dei, semper virgo, immaculata, assumpta

Lassen sich die sogenannten Privilegien Marias von dem Fundamentalprinzip „Maria – Tochter Zion" aus erschließen? Bevor dazu die eine oder andere Andeutung gemacht wird, sei daran erinnert, dass sich auch die bisher eingespielten Bestimmungen des Fundamentalprinzips der Mariologie – Maria sei die Mutter

---

[12]   H. U. VON BALTHASAR: Absolutheit des Christentums und Katholizität der Kirche. In: DERS.: *Homo creatus est*. Einsiedeln 1986, S. 330-356, hier: 345-351.

[13]   K. KOCH: Was bedeutet die Hinwendung der Kirchen zu ihren jüdischene Quellen für die Ökumene heute? In: *Internationale katholische Zeitschrift* 29 (2000), S. 160-174.

[14]   N. LOHFINK: *Das Jüdische im Christentum. Die verlorene Dimension*. Freiburg 1987.

Gottes beziehungsweise Maria sei das Urbild der Kirche – darin zu bewähren hatten, dass sich die Privilegien Marias von ihnen her verständlich machen ließen. Und jedesmal zeigten sich die Privilegien in einer eigenen Färbung. Und auch dies sei eigens betont, dass die unterschiedlichen Fassungen des Fundamentalprinzips sich nicht ausschließen. Es waltet freilich zwischen ihnen ein Gefälle, das sich aus der Fortentwicklung der Theologie und ihrer Themen ergibt.

1. Maria – mater dei

Das Attribut beziehungsweise Privileg Marias, die Mutter Gottes zu sein, wurde zur Lösung christologischer Auseinandersetzungen auf dem Konzil von Ephesus (431) dogmatisch zur Sprache gebracht. In dessen Lehrtexten ist – ähnlich wie zwei Jahrzehnte später im Konzil von Chalkedon (451) – ebenso vom „vere homo" wie vom „vere deus" die Rede. Es gilt nun, das „vere homo" so zu verstehen, dass Jesus nicht ein Mensch überhaupt, sondern im früher dargelegten Sinn ein „Sohn Davids und Abrahams" und dies mit einer bestimmten Sendung gewesen ist. Und gerade so war er das menschgewordene Wort Gottes und in diesem Sinne dann auch Gott. Sofern dies auf der Grundlage des biblischen Zeugnisses und im Sinne der kirchlichen Tradition festzuhalten ist, bleibt auch die Aussage, Maria sei die „Mutter Gottes" zutreffend und bindend.

2. Maria semper virgo

Die kirchliche Lehrtradition war bei der Bestimmung der Jungfrauschaft Mariens vor allem an ihrer virginitas ante partum, weniger an der virginitas in partu und post partum interessiert. Man bemühte sich um ein gleicherweise geistliches und leibliches Verständnis dieses Attributs Mariens. Am überzeugendsten erwies sich dabei die Einbettung der entsprechenden Erörterungen in eine trinitarisch profilierte Inkarnationstheologie. Dies bleibt richtig und gültig. Gleichzeitig könnte das virgo-Privileg einen neuen Glanz dadurch gewinnen, dass man es an das Motiv der Tochter Zion rückbindet. Israel ist die geliebte Braut JHWHs, wie vor allem die Propheten ausgeführt haben. Dieses Israel tritt in der virgo Maria, der Tochter Zion, hervor.

3. Maria immaculata

Es dürfte wohl möglich und sinnvoll sein, das immaculata-Sein Marias dahingehend zu deuten, dass Gott sich Maria als die Tochter Zion so bereitet hat, dass sie dann zur Mutter Jesu und in der Vorbehaltlosigkeit ihres Mitgehens mit Jesus zum heiligen Rest Israels und so zur Urzelle der Kirche wurde.

4. Maria assumpta

Die Gnade und die Berufung, die Gott gewährt, sind unwiderruflich, wie Paulus in Röm 11,29 schreibt. Und so wird Gott nur ihm bekannte Wege finden und bahnen, „ganz Israel zu retten" (Röm 11,26). Wenn die Kirche über Maria aussagt, sie sei mit Leib und Seele in den Himmel aufgenommen worden, so darf auch diese Aussage mit der Bestimmung, Maria sei die Tochter Zion, zusammengefügt werden. Das heißt dann: in der Aufnahme Marias in den Himmel kommt zum Zuge, dass die Hoffnung, dass Israel zu seinem letzten Ziel in Gott kommen wird, keine unbegründete Erwartung ist, sondern auf einer Zuversicht weckenden Zusage ruht. In Maria, der Tochter Zion, hat Israel sein Ziel erreicht: die ewige Gemeinschaft mit Gott im Himmel.

Der Geist der Liebe als Gemeinschaftsgeist

Zur pneumatologischen Begründung der christlichen Kirche[1]

VON EBERHARD JÜNGEL

1. Der heilige Geist, der sich durch Wort und Glaube *zum Menschen kommend* als *Geist der befreienden Wahrheit* betätigt, wirkt *im befreiten Menschen* als *Geist der Liebe*. Die Wirksamkeit des Geistes der Liebe in dem durch den Geist der Wahrheit *gerechtfertigten* und befreiten Menschen ist dessen *Heiligung*.

1.1 Im Lehrstück vom heiligen Geist als dem Geist der Liebe verlagert sich das dogmatische Gewicht von den Aussagen über den befreienden Gott zu den Aussagen über den befreiten Menschen, ohne die zuvor gemachten Aussagen aus dem Blick zu verlieren. Die Heiligung durch den Geist der Liebe bestimmt das *ganze Leben* des durch Glauben gerechtfertigten Sünders und umfaßt insofern, was in den biblischen Schriften mit verschiedenen Begriffen wie Wiedergeburt, Erneuerung, Bekehrung, Buße, Nachfolge usw. ausgedrückt wird.

1.2 Die Betätigung des heiligen Geistes als des Geistes der Liebe verhält sich zu seiner Betätigung als Geist der Wahrheit wie des Menschen Heiligung zu seiner Rechtfertigung und wie des Menschen Freiheit zu seiner Befreiung.

1.21 Während des Menschen Rechtfertigung *die Gegenwart* des Sünders auf das die Macht der Sünde brechende und zum Vergehen verurteilende *geschehene Ereignis* des Todes und der Auferstehung Jesu Christi bezieht, bezieht die Heiligung des Menschen dessen dermaßen qualifizierte Gegenwart auf sich selbst, so daß in der Heiligung *die Gegenwart* des befreiten Menschen *sich selber gegenwärtig* wird.

1.211 So wie der *Geist der Wahrheit* die jeweilige Gegenwart auf die historisch identifizierbare Geschichte Jesu Christi zurückbezieht und der *Geist der Hoffnung und des Trostes* die jeweilige Gegenwart auf die Zukunft des wiederkommenden Christus und des Reiches Gottes bezieht, so bezieht der *Geist der Liebe* die jeweilige Gegenwart auf sich selbst.

---

[1] Die folgenden Thesen setzen die in der Festschrift für Eduard Schweizer (*Die Mitte des Neuen Testaments. Einheit und Vielfalt neutestamentlicher Theologie.* Hrsg. von U. LUZ und H. WEDER. Göttingen 1983, S. 97-118) veröffentlichten Thesen zum *Geist der Wahrheit* voraus.

1.22   Die Macht, die die eigene Gegenwart so auf sich selbst bezieht, daß sie als Gegenwart erfahren und so sich selber gegenwärtig wird, ist die Liebe.

1.221   Die eigene Gegenwart wird in der Regel gerade nicht als Gegenwart erfahren. Sie ist und vergeht im Nu.

1.222   Soll die eigene Gegenwart *überhaupt erfahrbar* werden, muß sie in Beziehung gesetzt werden: entweder auf etwas schon Geschehenes oder auf etwas noch nicht Geschehenes oder auf etwas Gleichzeitiges oder auf sich selbst. In jedem Fall muß Gegenwart *von etwas anderem* – sei es als Abwesendem, sei es als Anwesendem – *erfüllt* werden, um als Gegenwart erfahrbar zu werden.

1.223   Auch die zu sich selbst in Beziehung gesetzte eigene Gegenwart ist durch ein anderes mit sich selbst vermittelt.

1.23   Die die eigene Gegenwart auf sich selbst beziehende Macht der Liebe kann die Gestalt des Eros (libido und φιλία) und die Gestalt der Agape haben. Eros und Agape sind enger aufeinander bezogen, als dem Eros – zuweilen – lieb ist.

1.231   In ihrer erotischen Gestalt macht die Liebe die eigene Gegenwart erfahrbar als psychische, leibliche und intellektuelle Vergegenwärtigung des eigenen Seins an anderem Sein.

1.232   In ihrer Gestalt als Agape macht die Liebe die eigene Gegenwart erfahrbar als die Vergegenwärtigung des heiligen Geistes an unserem eigenen Sein: Geistes-Gegenwart.

1.24   Durch den uns gegebenen heiligen Geist ist die Liebe Gottes in unsere Herzen ausgegossen (Röm 5,5).

1.3   Gegenüber den verschiedenen überlieferten Auffassungen von der Heiligung des Menschen und ihrem Verhältnis zu seiner Rechtfertigung ist der biblische Gesichtspunkt herauszustellen, daß Gottes eigenes Leben heilig und als solches von der Welt qualitativ unendlich unterschieden ist, an dieser seiner Unterschiedenheit aber Menschen auf menschliche Weise teilgibt, so daß auch innerhalb der von dem heiligen Gott unterschiedenen Welt geheiligtes und also heiliges Leben möglich ist: „Ihr sollt heilig sein, denn ich bin heilig, Jahwe, Euer Gott" (Lev 19,2; 11,44; 20,7; 1 Petr 1,16). Gottes Leben aber ist durch seine Liebe heilig.

1.4   Die überlieferten Auffassungen von der Heiligung des Menschen und ihrem Verhältnis zu seiner Rechtfertigung sind nur schwer miteinander vergleichbar, weil sie sich nicht erst in ihren dogmatischen Antworten, sondern schon in ihren dogmatischen Fragestellungen unterschiedlich oder gar kontrovers zueinander verhalten.

1.41   So konnte man die Rechtfertigung mit der Heiligung weitgehend identifizieren, indem man unter der den Menschen rechtfertigenden Gnade Gottes (gratia iustificans) mit der (älteren) katholischen Theologie primär die den Menschen heilig machende Gnade (gratia sanctificans, gratum faciens) verstand, die dem Menschen sakramental mitgeteilt wird und als gratia habitualis *in nobis* in Gestalt der theologischen virtutes fides, spes und caritas die grundlegende Veränderung bewirkt, die den Menschen allererst zum homo iustus macht: Gnade als gratia infusa (= applicata).

1.42   Umgekehrt konnte man die Heiligung weitgehend mit der Rechtfertigung identifizieren, indem man sie mit Luther als ein magis et magis *iustificari* und die Gnade Gottes prinzipiell als die *gnädige Zuwendung* Gottes zum Menschen verstand, in der Gott den Sünder dadurch gerecht *macht*, daß er ihn gerecht *spricht*. Die Gerechtmachung (Heiligung) geschieht dann nicht als eine (durch eine Gnadenausstattung des inneren Menschen bewirkte) Veränderung in nobis, sondern als Ereignis extra nos, auf das der Mensch so angesprochen wird, daß ihm der Skopus dieses Ereignisses näher kommt, als er sich selber nahe zu sein vermag: Gnade als gratia Spiritus Sancti applicatrix.

1.43   Man konnte die Heiligung aber auch mit Calvin als die *tätige* Teilhabe der Glaubenden an Christus von der Rechtfertigung sachlich (aber nicht zeitlich) abheben oder sie gar mit der späten altprotestantischen Orthodoxie als eine besondere, auf die Rechtfertigung erst folgende Stufe im sog. ordo salutis verstehen, die

1.431   entweder unmittelbar aus der Rechtfertigung, *diese im Leben der Christen gestaltend*, hervorgeht;

1.432   oder auf die nur negativ als Sündenbeseitigung verstandene Rechtfertigung folgt und als die positiv verstandene *Erneuerung* des Menschen im *tätigen* Glauben gegenüber der Rechtfertigung einen Mehrwert an Bedeutung gewinnt.

1.44   Die überlieferten Auffassungen von der Heiligung des Menschen und ihrem Verhältnis zu seiner Rechtfertigung leiden darunter, daß

1.441   der Begriff der *Rechtfertigung vielfältig* gebraucht werden konnte: einerseits bloß *negativ* zur Bezeichnung der *Beendigung* des gottlosen Lebens des Sünders, andererseits aber auch *positiv* zur Bezeichnung des neu eröffneten Gottes- und Selbstverhältnisses („denn wo Vergebung der Sünde ist, da ist auch Leben und Seligkeit" – M. LUTHER: Kleiner Katechismus. In: BSLK S. 520,29f.);

1.442 der Begriff der *Heiligung* ebenfalls *vielfältig*, nämlich einerseits zur Bezeichnung des *ganzen Werkes* des heiligen Geistes am Menschen als ungläubigem Sünder *und* als gerechtfertigtem Sünder gebraucht werden konnte, andererseits aber ausschließlich zur Bezeichnung *einer bestimmten* auf die Rechtfertigung folgenden *höheren Stufe* in der „inneren Biographie" des christlichen Lebens verwendet werden konnte.

1.45 Die überlieferten Auffassungen von der Heiligung des Menschen und ihrem Verhältnis zu seiner Rechtfertigung sind insoweit und insofern im Recht, als sie Rechtfertigung und Heiligung, ohne sie zu identifizieren, so eng wie möglich aufeinander beziehen: so sehr, daß sie „in einem mathematischen Punkt verbunden weder getrennt werden noch einander folgen können" (Vgl. J. A. QUENSTEDT: *Theologia didactico-polemica.* Vitebergae 1691, p. III c. 10 sect. 1 th. 16, S. 621).

1.451 Die Gemeinsamkeit von Rechtfertigung und Heiligung besteht formaliter darin, daß beide allein in Gottes Gnade ihren Ursprung haben, die in Jesus Christus ein für allemal geschichtliche Wirklichkeit geworden ist und durch den heiligen Geist auch uns bestimmen soll.

1.452 Der Unterschied zwischen Rechtfertigung und Heiligung besteht formaliter darin, daß die Rechtfertigung des Menschen allein Gottes Werk und deshalb ein Geschehen ohne jede tätige Beteiligung des Menschen ist, während die Heiligung des Menschen durch Gott den geheiligten Menschen zu heiligen Handlungen bzw. zu einem heiligen Leben qualifiziert, damit der Mensch selbst die ihm bereits widerfahrene „Heiligung in der Furcht Gottes vollende" (2 Kor 7,1; vgl. 2 Tim 2,15; Hebr 12,10.14).

1.46 Das rechte Verständnis der Heiligung des Menschen und ihres Verhältnisses zu seiner Rechtfertigung hängt von der *materialen* Bestimmung der Heiligung und der heiligen Handlungen bzw. des heiligen Lebens des Menschen ab.

1.5 Die materiale Bestimmung der Heiligung hat davon auszugehen, daß Gottes Leben durch seine Liebe heilig ist und alles lieblose Leben durch seine Lieblosigkeit unheilig ist.

1.51 Die Heiligkeit der Liebe Gottes besteht in der lebendigen Hoheit Gottes, die gerade in der Fähigkeit zur Erniedrigung und Demut hoheitsvoll ist.

1.52 Weil Gottes Leben durch seine Liebe heilig ist, hat „die Heiligkeit Gottes letztlich gerade darin ihre sie auszeichnende Qualität ..., daß er die Distanz, die ihn von dem, was er nicht, was insofern unheilig ist, scheidet, ... *überschreiten* kann und tatsächlich überschreitet" (K. BARTH: *Die kirchliche Dogmatik.* Bd. 4/2. Zürich [1955] ²1964, S. 581.): als der Heilige ist Gott der sein Volk Liebende (Hos 11,8f.).

1.53 Als der sein Volk Liebende heiligt der Gott Israels dieses Volk zur Begegnung mit ihm und macht es damit zu einem *kultfähigen, priesterlichen Volk* (Ex 19,6; Lev 10,3). „Der Grundgedanke des nachexilischen Kultes ist, daß Israel zum Heiligen hinzugebracht wird" (H. GESE: Die Sühne. In: DERS.: *Zur biblischen Theologie. Alttestamentliche Vorträge.* Tübingen ³1989, S. 85-106, hier 99). Als heiliges Volk bezeugt Israel durch seinen priesterlichen Opferdienst den heiligen Gott in der Welt.

1.54 Die neutestamentliche Rede von der Heiligung zeichnet sich durch die Definitivität des im Tod Jesu Christi ein für allemal vollzogenen Sühnopfers aus, durch das alle Glaubenden „ein für allemal geheiligt" (Hebr 10,10) und damit für den priesterlichen Zugang zur Heiligkeit Gottes qualifiziert sind (Hebr 4,16; Eph 3,12; vgl. Röm 5,2).

1.55 Das Leben des gerechtfertigten Sünders wird *zum gottesdienstlichen Handeln* geheiligt und durch diese Heiligung der *Gemeinschaft der Heiligen* integriert. Heiligung ist Qualifikation des gerechtfertigten Lebens zu und seine Betätigung in der gottesdienstlichen Gemeinschaft mit Gott und untereinander (Röm 12,1; 15,16; Phil 2,17; 4,19; 1 Petr 1,15; 2,5f.; Hebr 13,12-16; vgl. 1 Kor 3,17; 6,19; 2 Kor 6,16).

1.551 Heiligung ist post Christum mortuum prinzipiell Heiligung zum Priestertum aller Gläubigen.

1.6 Als gottesdienstliches Volk hat die Gemeinschaft der Heiligen in der Welt keine bleibende Polis, sondern sie ist vielmehr, den Lebenszusammenhang der Welt unterbrechend, als wanderndes Gottesvolk unterwegs zur kommenden Polis Gottes (Hebr 13,12-14; Phil 3,20). Indem die Gemeinschaft der Heiligen durch ihre gottesdienstliche Existenz den Lebenszusammenhang der Welt unterbricht, dient sie der Welt und sucht sie „der Stadt Bestes" (vgl. Jer 29,7).

1.6 Indem der Geist der Liebe das Leben gerechtfertigter Sünder zu einem gottesdienstlichen Leben heiligt, vollzieht er den Aufbau der Kirche.

2. Der heilige Geist der Liebe ist wesentlich Gemeinschaftsgeist. Als solcher gibt er den gerechtfertigten Sündern Anteil an der Geschichte Jesu Christi und damit an der trinitarischen Gemeinschaft Gottes, indem er sie heiligt zur Gemeinschaft der Heiligen. Die Heiligung zur Gemeinschaft der Heiligen geschieht als Berufung (Erweckung) und Bekehrung (Umkehr und Buße) des Menschen zur die Geschichte Jesu Christi und so die trinitarische Gemeinschaft Gottes bezeugenden gottesdienstlichen Versammlung und „Reich-Gottes-Arbeit".

2.1 Als Lehrstück von der Heiligung des Menschen zur Gemeinschaft der

Heiligen ist die Soteriologie nicht zuerst am geheiligten Individuum, sondern an der heiligen Gemeinschaft interessiert, innerhalb deren allein Menschen als Heilige ansprechbar sind: der heilige Mensch ist – entsprechend dem neutestamentlichen Sprachgebrauch – ein Pluraletantum.

2.11   Heiligung durch den Geist der Liebe ist ein beziehungsreiches Kommunikationsgeschehen.

2.111   „Nicht der Einzelne für sich ist ein Heiliger, sondern die zur eschatologischen *ekklesia* Gehörenden" sind heilig (G. EBELING: *Dogmatik des christlichen Glaubens*. Bd. 3. Tübingen ²1982, S. 339).

2.12   Heiligung ist weder ein die Rechtfertigung überbietendes Geschehen noch ein einzelnes, besonderes Ereignis im Leben eines Glaubenden, dem andere besondere Ereignisse derart vorausgehen und folgen, daß sich eine soteriologische Hierarchie von aufeinander aufbauenden und einander überbietenden biographischen Stufen im geistlichen Lebenslauf eines Christen ergibt. Heiligung ist vielmehr der Titel für das ganze den gerechtfertigten Sünder als Gemeinschaftswesen identifizierende und zur tätigen Beteiligung an dieser Gemeinschaft instand setzende Geschehen, dessen verschiedene Aspekte durch jeweils andere, einander ergänzende, aber nicht überbietende Begriffe wie die der Berufung, Wiedergeburt, Erweckung, Erleuchtung, Bekehrung etc. zur Geltung gebracht werden.

2.13   Sosehr die Theologen der altprotestantischen Spätorthodoxie mit ihrem Lehrstück vom – später (erstmals wohl bei J. F. BUDDEUS: *Institutiones theologiae dogmaticae*. Lipsiae 1723, S. 56) terminologisch so genannten – ordo salutis das legitime, an die Apologie der Confessio Augustana (BSLK 172,26: „quomodo contingat fides") anknüpfende Interesse an der *Wirklichkeit und Erfahrbarkeit* des Glaubens zum Ausdruck bringen (vgl. E. HERMS: Die Wirklichkeit des Glaubens. Beobachtungen und Erwägungen zur Lehre vom ordo salutis. In: *Evangelische Theologie* 42 (1982), S. 541-566, hier 560), sowenig kann ihre hierarchische, im Sinne einer geistlichen Stufenfolge oder eines spirituellen Fortschrittsprozesses gemeinte Konzeption dieses sog. ordo salutis überzeugen, der gemäß etwa (nach J. A. QUENSTEDT: *Theologia didactico-polemica*. 1691, p. III c. 5-11, S. 461-640) aufeinander aufbauen und einander überbieten: vocatio, regeneratio, conversio, iustificatio, poenitentia, unio mystica cum Christo, renovatio und sanctificatio.

2.14   Im Kommunikationsgeschehen der Heiligung kommt des Menschen ursprüngliche Bestimmung zur Gemeinschaft (soteriologisch) neu zur Geltung, die der Sünder durch seinen Drang in die Beziehungs- und Verhältnislosigkeit verfehlt.

2.2   Das Kommunikationsgeschehen der Heiligung ist grundlegend Berufung zur sanctorum communio im Sinne einer Gemeinschaft mit dem Heiligen Gottes, Jesus Christus, und deshalb zur Gemeinschaft der Heiligen untereinander.

2.21 „Sanctorum communio" dürfte als Übersetzung von ἁγίων κοινωνία ursprünglich (Gen. plur. *neutr.*) nur die Teilhabe an den *sancta* (sei es im Sinne aller Sakramente, sei es ausschließlich im Sinne der konsekrierten Abendmahlselemente) bezeichnet haben und erst durch die lateinische Wiedergabe von κοινωνία (im Sinne von Anteilhaben) durch communio (im Sinne von societas und congregatio) zur Bezeichnung der Kirche als Gemeinschaft oder Versammlung brauchbar geworden sein, so daß die Wendung „sanctorum communio" im Credo nun als Apposition zu „sancta ecclesia" verstanden werden konnte und – wie in der Confessio Augustana VII, BSLK 61 – als Auslegung dessen, was Kirche ist, die „Versammlung aller Gläubigen" bezeichnet: „congregatio sanctorum et vere credentium" (Confessio Augustana VIII, BSLK 62,2f).

2.3 Was die „Gemeinschaft der Heiligen" ist, wird am besten durch die nähere Bestimmung des diese Gemeinschaft konstituierenden Geschehens der Heiligung als des Menschen Berufung und Bekehrung zur gottesdienstlichen Versammlung und „Reich-Gottes-Arbeit" erkennbar.

2.4 *Berufung* ist das Ergehen des schöpferischen Rufes Gottes, der in der Person Jesu Christi ergangen ist und jeweils gegenwärtig ergeht, indem der heilige Geist Jesus Christus als den lebendigen und ins Leben rufenden, vor der Tür stehenden und anklopfenden (Offb 3,20) Herrn der Welt bezeugt und so den gerechtfertigten Sünder *erweckt*.

2.41 Als schöpferischer Ruf des dreieinigen Gottes, der in der Person Jesu Christi ergeht und den einzelnen Menschen in der Kraft des heiligen Geistes erreicht, ist Berufung eine die Person des Berufenen erweckende, intim betreffende, unmittelbare und direkte Heimsuchung durch Gott, die den Menschen seinerseits zum Verkehr mit Gott ermächtigt.

2.42 Als konkret ergehender Ruf ist jede Berufung eine vocatio unica, die aber, weil Jesus Christus nicht aufhört, den wiedergeborenen Menschen zu erwecken, zur vocatio continua wird.

2.43 Die übrigen altprotestantischen Distinktionen zwischen

2.431 einer von Gott unmittelbar an Propheten und Apostel ergehenden *vocatio extraordinaria und immediata* und einer durch das ministerium verbi an die gegenwärtigen Menschen ergehenden *vocatio ordinaria und mediata,*

2.432 einer in Gestalt natürlicher Gotteserkenntnis und des Gewissensrufes durch das Mittel des Gesetzes „dunkel und wie von weither" ergehenden, nur ad januam ecclesiae führenden (vgl. D. HOLLATZ: *Examen theologicum acroamaticum.* Stargard 1707, p. III sect. I c. 4, De gratia vocante, seu vocatione ad regnum Christi, q. 2-7. Nachdruck Darmstadt 1971. Bd. 2, S. 324-332) *vocatio indirecta und generalis* und einer durch das Mittel des Evangeliums ergehenden *vocatio directa und specialis* ad ecclesiam,

2.433 einer nach reformierter Lehre durch das ministerium verbi zwar an alle Menschen ergehenden, aber nicht bei allen Menschen wirksam sein sollenden *vocatio externa* und einer nur bei den zum ewigen Leben Prädestinierten wirksam werdenden *vocatio interna*

sind insgesamt mehr oder weniger problematisch.

2.44 Gegen die altprotestantischen Distinktionen ist einzuwenden, daß

2.441 auch der in Gestalt menschlicher Verkündigung ergehende Ruf Jesu Christi eine *unmittelbare Berufung* ist, insofern der verbi divini minister, statt den göttlichen Ruf zu „vermitteln" und also selber als „berufende Instanz" in Betracht zu kommen, den göttlichen Ruf nur *bezeugt*;

2.442 eine nur „dunkel und wie von weither" ergehende generelle und indirekte Berufung nicht nur eine contradictio in adjecto ist, sondern auch den biblischen Begriff der Berufung zu seiner illegitimen Beerbung durch das Bildungsbürgertum geradezu anbietet. Berufung im biblischen Sinne ist immer spezielle und direkte Berufung, die als solche nicht nur ad januam ecclesiae, sondern zur Gemeinschaft der Heiligen beruft;

2.443 die an sich sinnvolle Distinktion zwischen einer das Ohr erreichenden vocatio externa und einer das Herz erreichenden vocatio interna dann das ganze Berufungsgeschehen unseriös erscheinen läßt, wenn bei der vocatio externa Gott selbst als mit dem Vorbehalt der Ineffizienz Berufender gedacht wird. Von seiten Gottes muß jede Berufung, wie bereits die lutherische Orthodoxie gegen die Reformierten einwendete, als *vocatio seria et efficax* gedacht werden.

2.45 Es gehört zum Wesen der durch den Geist der *Liebe* effizienten Berufung, daß ihre Wirksamkeit kein göttlicher Gewaltakt sein kann, sondern daß die Berufung den Menschen nur dadurch überwinden kann, daß sie um ihn wirbt. Zur Effizienz der Liebe gehört die Entstehung von Freiheit.

2.5 Die sich ex parte Dei als Berufung ereignende Heiligung ist ex parte hominis dessen *Bekehrung* zur unio cum Christo und damit zur Gemeinschaft mit dem dreieinigen Gott und mit allen Bekehrten.

2.51 Berufung zielt als Ruf der schöpferischen Liebe Gottes auf des Menschen spontane und tätige Bejahung der ihm in seiner Berufung kundgetanen Wende seiner Existenz und insofern auf des Menschen Bekehrung.

2.52 Im Ereignis seiner Bekehrung erweist sich der gerechtfertigte Sünder als zur Gemeinschaft mit Christus (unio cum Christo) und insofern mit dem dreieinigen Gott und mit allen gerechtfertigten Sündern *befreites Subjekt seiner Entscheidungen* und damit als zu verantwortlichem Handeln *freigesetzter Bundespartner Gottes*.

2.53 Die Berufung eines Menschen durch Gott zielt darauf, durch den Berufenen *gehört, verstanden* und *befolgt* zu werden. Hören, Verstehen und Befolgen der Berufung sind die Elemente der Bekehrung.

2.54 Insofern sich die göttliche Berufung unmittelbar *Gehör* verschafft (Erweckung), ist auch des Menschen Bekehrung ganz und gar in Gottes eigenem Handeln begründet. Insofern *Hören* ein Rezeptivität und Spontaneität, Passivität und Aktivität ursprünglich vereinendes Verhalten ist, ist des Menschen Bekehrung zugleich des Menschen eigenes Werk.

2.541 Die den Menschen unmittelbar anredende und sich so Gehör verschaffende Berufung hat allein als *Ruf der Liebe* eine den Sünder derart *überwindende* Kraft, daß sich dieser *gern überwinden* und zum Subjekt seiner Entscheidungen erwecken läßt.

2.542 Als Überwindung ist die Bekehrung zugleich des Menschen *Überführung*, die ihn seiner sündigen Vergangenheit und Gegenwart überführt und zur *Buße* ruft.

2.543 Es ist „die Güte Gottes, die zur Buße treibt" (Röm 2,4). Nicht das Mißfallen am alten Aeon, sondern die Attraktivität des neuen Aeons, nicht das abstrakte Gesetz, sondern das Gesetz im Lichte des Evangeliums ist das Motiv der Bekehrung.

2.544 Das Gehör, das sich die Berufung des Menschen bei diesem verschafft, führt den Menschen über seine faktische Situation hinaus und weist ihn – schöpferisch! – in diejenige *Situation extra se* ein, in die er kraft seiner Berufung gehört: in die existentiale Situation ἐν Χριστῷ. Im Ereignis seiner Bekehrung beginnt, und zwar bereits im Akt des Hörens, *die Ekzentrik* christlicher Existenz.

2.55 Insofern die Berufung eines Menschen ein *sich selbst verständlich machender* und *neues Verstehen auslösender* Ruf ist (Erleuchtung), ist des Menschen Bekehrung wiederum ganz und gar in Gottes eigenem Handeln begründet:
Bekehrung ist Aufklärung im Lichte des Evangeliums und das genaue Gegenteil eines sacrificium intellectus. Insofern die Berufung ein neues

Selbstverständnis konstituiert, ist des Menschen Bekehrung zugleich dessen eigenes Werk.

2.551 Im Verstehen seiner Berufung ereignet sich eine Erneuerung auch und gerade des Verstehens, eine ἀνακαίνωσις τοῦ νοός (Röm 12,2), die als solche μετάνοια ist.

2.552 Aufgrund der Erneuerung seines Verstehens kommt es im Berufenen zu einem neuen Verstehen Gottes, der Welt und seiner selbst.

2.553 Das neue Selbstverständnis des Menschen ist als Ausrichtung des Verstehens auf Jesus Christus ein ek-zentrisches Sich-selbst-Verstehen und eben darin Bekehrung: in Jesus Christus weiß er sich verstanden.

2.554 Im Horizont des Verstehens ist Bekehrung diejenige *Buße*, in der der Mensch dem Selbstruhm absagt (vgl. J. CALVIN: *Institutio christianae religionis.* Genevae 1559, l. III c. 13,2. *Opera selecta.* Bd. 4. Hrsg. von P. BARTH und W. NIESEL. München [2]1959, S. 216,18-20.), weil er sich Gottes zu rühmen Grund hat.

2.5541 Rühmen kann man nur, was man versteht.

2.56   Der von Gott berufene Mensch ist als Hörer des Wortes zugleich dazu berufen, „Täter des Wortes" (Jak 1,22-24) zu werden. Er wird es, indem er seiner Berufung *folgt*, also den ihn bekehrenden Ruf der schöpferischen Liebe Gottes so *befolgt*, daß es zur *Umkehr* und *Nachfolge* des ganzen Menschen kommt.

2.561 Des Menschen Umkehr und Nachfolge und also seine Betätigung als Hörer des Wortes Gottes beginnt bereits in den spontanen Akten des Hörens und Verstehens seiner Berufung.

2.562 Des Menschen Umkehr vollzieht sich als *Nachfolge* Jesu Christi und führt in die vorbehaltlose *Gemeinschaft mit Christus*.

2.563 Als Ruf zur Umkehr (*šûb*) gilt des Menschen Berufung dem ganzen Menschen, der sich in seinem Tun und Lassen und mit allen seinen Gedanken, Worten und Werken an Gott wenden und zu ihm kehren darf und soll: daß „ich mit Leib und Seel, beyde in leben und in sterben nicht mein, sonder meines getreuen Heilands Jesu Christi eigen bin" (Heidelberger Katechismus, Frage 1. BSRK 682,22f.).

2.564 In seiner Bekehrung *betätigt* der Mensch die ihm ohne seine Mitwirkung neu gewährte *Ganzheit* seines Menschseins, indem er als Täter des Wortes den *Beziehungsreichtum* seines Wesens seinerseits ins Werk setzt. Die Bekehrung eines Menschen bezieht sich dementsprechend nicht nur auf sein Gottesverhältnis, sondern ebenso auf sein Selbst- und Weltverhältnis. So, wie er *in jeder Beziehung geheiligt* ist, soll er *in jeder Beziehung heilig sein* und also *in jeder Beziehung* ein Täter des Wortes werden. Insofern führt die Bekehrung notwendig auch zur geistlichen „Hygiene" im Umgang mit sich selbst und zur politischen Verantwortung des Christenmenschen. Dabei entsteht das Problem, ob und wie die für die Heiligkeit eines Menschen konstitutive Gemeinschaft der Heiligen gemeinsam im Blick auf den Umgang eines Menschen mit sich selbst und gemeinsam politisch tätig werden kann.

2.6   Die Bekehrung berufener Menschen *zur Gemeinschaft mit Jesus Christus (unio cum Christo)* und in ihm mit dem dreieinigen Gott und untereinander führt in ein *durch Freiheit* gekennzeichnetes *Eigentumsverhältnis* (vgl. 1 Kor 1,9; 3,23; 2 Kor 5,8f., Röm 14,7 mit 2 Kor 3,17), in dem der *Herr* Jesus Christus des Menschen *Freund* ist (Joh 15,14f.) und seine Freunde *Gottes Kinder* sind (Röm 8,14ff.; Gal 4,6). Des Christen unio cum Christo ist die Gemeinschaft gegenseitiger Hingabe: wir in Christo, Christus in uns.

2.61   Die Gemeinschaft der Bekehrten mit Jesus Christus ist als durch Freiheit gekennzeichnetes Eigentumsverhältnis eine Art ἐθελοδουλεία (vgl. *Platon*: Symposion 184b 6 - 184c 7), insofern der Bekehrte kraft der ihm widerfahrenden Befreiung vom Zwang zum Drang in die Beziehungs- und Verhältnislosigkeit die Gemeinschaft mit Christus als Gemeinschaft „einer bei aller Unterschiedenheit völligen *Hingabe* von beiden Seiten" (K. BARTH: *Die kirchliche Dogmatik*. Bd. 4/3. Zürich [1959] [4]1989, S. 621) erfährt und sich ihrer freut.

2.611   Ohne *Freude* an Jesus Christus und in ihm an Gott keine Gemeinschaft der Heiligen.

2.62   Die dem Menschen in seiner Heiligung erfahrbar werdende *Freiheit* ereignet sich als *Umkehr zur Gemeinschaft der Liebe*, in der die Heiligen einander *dienen* (Gal 5,13) und so ihrerseits in gegenseitiger Hingabe verbunden sind und sich dessen freuen.

2.621   Ohne *Freude* aneinander keine Gemeinschaft der Heiligen.

2.63   Als mit Jesus Christus und in ihm mit dem dreieinigen Gott und untereinander zu gegenseitiger Hingabe verbundene Menschen sind die Bekehrten zur *Gemeinschaft der Heiligen* geheiligt, um als *Kirche* zu existieren und zur *gottesdienstlichen Gemeinschaft* versammelt zu werden.

3.   Die sich als gottesdienstliches Leben in liturgischer und alltäglicher Gestalt ereignende, ihre Sünden bekennende, in ihren Bekenntniszeichen

sichtbar werdende, Jesus Christus als ihre Herkunft und Zukunft sakramental vergegenwärtigende und so glaubend, liebend und hoffend die Geschichte Jesu Christi vor der Welt darstellende Kirche ist eine einzige, auch Lebende und Tote umfassende, von der noch unbekehrten Welt durch das Amt geistlicher und politischer Diakonie unterschiedene, heilige, in alle Welt gesandte Gemeinschaft der Heiligen, die ihrer apostolischen Sendung nur dann treu bleibt, wenn sie den Skandal der konfessionellen Spaltung durch eine neue Reformation zugunsten wahrer ökumenischer Gemeinschaft gegenseitigen Andersseins überwindet.

3.1 Das römisch-katholische Verständnis der Wesensattribute als Zeichen der Kirche führt notwendig zum Mißverständnis der Einheit, Heiligkeit, Katholizität und Apostolizität der Kirche als institutioneller und juridifizierbarer Merkmale.

3.2 Die *Einheit* der Kirche ist die durch das sakramentale Wort Jesu Christi konstituierte Einzigkeit der Gemeinschaft der Heiligen, die der Einzigkeit des himmlischen Vaters, des heiligen Geistes und des unicus dominus Jesus Christus und so der Einzigkeit des dreieinigen Gottes entspricht.

3.21 Die Einzigkeit der Kirche ist deren Identität in der Differenz der

3.211 vielen Glieder des einen Leibes Christi;

3.212 sichtbaren und unsichtbaren Kirche;

3.213 Gemeinschaft der Lebenden und der Toten (ecclesia militans und ecclesia triumphans);

3.214 lokal getrennten Gemeinden;

3.215 Christen und Juden.

3.22 „Die Existenz eines besonderen ... die Einigkeit der lokal getrennten Gemeinden fördernden und erhaltenden *Institutes* ist ... nicht unmöglich", bildet aber „keinen integrierenden Bestandteil des *Wesens* der Kirche" (K. BARTH: *Die kirchliche Dogmatik*. Bd. 4/1. Zürich [1953] ⁵1986, S. 751.): der Papst kann in Liebe ertragen werden.

3.23 „Die Zerspaltung der Kirche *ist* ein Skandal" (K. BARTH: a.a.O., S. 756), den es zu überwinden gilt, damit die Einheit der Kirche in deren Katholizität Ereignis werden kann.

3.24 Die Trennung des Volkes Gottes in Christen und Juden ist ein schmerzliches Geheimnis des Wirkens Gottes, das es zu respektieren, und zwar durch hoffnungsvolle Bezeugung des Werkes Gottes auch und gerade vor den Kindern Israels zu respektieren gilt.

3.25   Die Einheit der Kirche wird in den sakramentalen Feiern der Taufe und des Herrenmahles erfahrbar.

3.26   Der Einheit der Kirche hat sowohl deren synodale Verfassung als auch deren leitendes Amt zu dienen.

3.3   Die *Heiligkeit* der Kirche ist deren Unterschiedenheit von der noch unbekehrten Welt, der sie durch geistliche, karitative und politische Diakonie prophetisch zu dienen hat, um so der Heiligkeit des die Sünde der Welt tragenden Lammes Gottes zu entsprechen.

3.31   Die Kirche ist heilig, weil und insofern ihr die Sünden vergeben werden, „non sua sed aliena, non activa sed passiva sanctitate" (M. LUTHER: Großer Galaterkommentar. 1535. WA 40/I, S. 70,20).

3.32   Die Kirche ist heilig, weil und insofern sie im Reflex zur Heiligkeit Christi das Gewicht der Sünde ermißt und die Schuld der Menschen und der Menschheit beim Namen nennt: Diakonat der Wahrheit.

3.33   Die Kirche ist heilig, weil und insofern sie im Reflex zur Heiligkeit Jesu Christi dem Unrecht in allen seinen Gestalten widersteht und seiner Wiederholung durch Taten der Liebe zuvorzukommen sucht: Diakonat der Liebe.

3.34   Die Kirche ist heilig, weil und insofern sie im Reflex zur Heiligkeit Jesu Christi die Übermacht der Gnade Gottes über die Sünde bezeugt und so zur Arbeit für das kommende Reich Gottes ermutigt: Diakonat der Hoffnung.

3.4   Die *Katholizität* der Kirche ist die universale Extensität ihrer Einheit (Vgl. O. WEBER: *Grundlagen der Dogmatik.* Bd. 2. Neukirchen-Vluyn 1962, S. 619), kraft deren die eine und einzige Kirche in aller Welt existiert und so, als wahre Ökumene, dem Erdkreis die gnädige Herrschaft Jesu Christi über die ganze Welt bezeugt (Mt 28,20; Apg 1,8).

3.41   Die Kirche ist katholisch, weil und insofern sie in ihrem die ganze Welt durchdringenden Dienst das geistliche Gleichnis des kommenden Reiches Gottes ist: die Kirche ist für alle da.

3.42   Als geistliches Gleichnis des kommenden Reiches Gottes ist die Kirche in ihrer Katholizität die evangelische Zumutung an den Staat, auf dem Wege der Gesetzgebung ein weltliches Gleichnis des kommenden Reiches Gottes zu werden.

3.43   Als geistliches Gleichnis des kommenden Reiches Gottes ist die Kirche in ihrer Katholizität die evangelische Zumutung an die politische Welt, *eine* Welt zu werden und ihrer Einheit eine diese Einheit in universaler Extensität zur Geltung bringende Gestalt zu geben.

3.5   Die *Apostolizität* der Kirche ist deren Treue zu ihrer im urchristlichen Apostolat sich ursprünglich ausdrückenden Sendung und Aufgabe, das Evangelium mit Gedanken, Worten und Werken zu verkündigen.

3.51   Die Kirche existiert in apostolischer Sukzession, weil und insofern sie schriftgemäß denkt, redet und handelt. Der Nachfolger des Apostels ist der neutestamentliche Kanon, der als solcher das Alte Testament (sich) voraussetzt.

3.52   Die in apostolischer Sukzession existierende Kirche ist die in der Kraft des heiligen Geistes existierende und insofern in alle Wahrheit geleitete Kirche.

3.53   Die Infallibilität der Kirche ist die ihr zugesprochene Verheißung, die allerdings nicht durch Handauflegung realisiert werden kann, sondern durch Theologie kritisch zur Geltung zu bringen ist.

3.531 Die apostolische Sukzession der Kirche ist in besonderer Weise in Gestalt theologischer Selbstkritik Ereignis.

Ikonen der Trinität?

Streifzüge zwischen Gott, Kirche und Gesellschaft im Kontext der Trinitätstheologie

VON BARBARA NICHTWEISS

I. Wiederentdeckung der Trinitätstheologie

1. Trinitarische Einheit als Urbild

Die Theologie der vergangenen Jahrzehnte hat die Trinitätslehre aus dem „Exil" eines weithin isolierten Traktats befreit und wieder als ursprüngliche „Heimat" entdeckt[1]. Begleitet und befruchtet von einer umfassenden Relecture der gesamten theologischen Tradition wird sie heute wieder in ihrer grundlegenden Bedeutung für alle anderen klassischen Traktate entfaltet. Besonders spürbar wird dieser Prozess innerhalb der Ekklesiologie in einer trinitarischen Auslegung des Communio-Begriffs, die sich unter Berufung auf ein Wort Cyprians von Karthago auch schon in der Kirchenkonstitution des Zweiten Vatikanischen Konzils (LG 4) sowie im Ökumenismusdekret abzeichnete: „Höchstes Vorbild und Urbild dieses Geheimnisses ist die Einheit des einen Gottes, des Vaters und des Sohnes im Heiligen Geist in der Dreiheit der Personen" (UR 2). Diese Sicht der Kirche als „Widerschein", „Abbild" oder „Gegenwärtigkeit", „lebendiger Ausdruck" der Trinität bzw. der Trinität als „Urbild" oder „Quelle" kirchlicher Gemeinschaft durchzieht seither bis in die Gegenwart etliche kirchenamtliche Dokumente, die sich mit dem Begriff der Communio als solchem, aber auch mit dem Stellenwert verschiedener Ämter und Lebensformen in dieser Communio sowie der Ökumene beschäftigen[2].

Ein ähnlicher Befund zeichnet sich auch in diversen ökumenischen Diskussions- bzw. Konsensdokumenten der vergangenen Jahre ab: „Die Kirche hier auf Erden ist eine sichtbare Manifestation der heiligen Gemeinschaft der drei Personen der Trinität", heißt es 1988 in einem Studiendokument[3]. Ähnliche Formulie-

---

[1] Vgl. B. FORTE: *Trinität als Geschichte.* Mainz 1989, S. 12.

[2] JOHANNES PAUL II.: *Nachsynodales Apostolisches Schreiben „Pastores dabo vobis" über die Priesterbildung im Kontext der Gegenwart, 25. März 1992.* Bonn 1992 (Verlautbarungen des Apostolischen Stuhls. 105), Nr. 12, Nr. 62f. KONGREGATION FÜR DIE INSTITUTE DES GEWEIHTEN LEBENS UND DIE GESELLSCHAFTEN DES APOSTOLISCHEN LEBENS: *Das brüderliche und schwesterliche Leben in Gemeinschaft „Congregavit nos in unum Christi amor", 2. Februar 1994.* Bonn 1994 (Verlautbarungen des Apostolischen Stuhls. 116), Nr. 9; JOHANNES PAUL II.: *Enzyklika Ut unum sint über den Einsatz für die Ökumene. 25. Mai 1995.* Bonn 1995 (Verlautbarungen des Apostolischen Stuhls. 121), Nr. 8.

[3] Studiendokument der Kommission für Glauben und Kirchenverfassung „Confessing one Faith" 1988, in der Textsammlung von H. SCHÜTTE: *Kirche im ökumeni-*

rungen erbrachten die Vollversammlungen des Ökumenischen Rats der Kirchen 1991 in Canberra sowie die Studienkommission „Glaube und Kirchenverfassung" 1993 in Santiago de Compostela[4]: In der begleitenden theologischen Literatur taucht immer häufiger die ostkirchlich inspirierte Bezeichnung der Kirche als „Ikone" der Trinität auf[5].

Wenn sich so „fast alle gegenwärtigen Theologien" darin einig sind, „daß die Kirche eine Schöpfung der Heiligen Dreifaltigkeit und diese ihr Vorbild ist", gehen allerdings im einzelnen „die Meinungen darüber oft schon beim Verständnis der Trinität auseinander"[6]. Doch auch hier deutet sich in der kirchenübergreifenden theologischen Diskussion der vergangenen Jahre eine Konvergenz in der Bevorzugung des Verstehensmodells der Perichorese an (Intercessio, wechselseitige Durchdringung). In der trinitätstheologischen Tradition geht es auf Gregor von Nazianz zurück. Es besagt in seiner heutigen Form, dass die Dreipersonalität Gottes nicht aus einer vorgeordneten Einheit der göttlichen Natur zu entfalten sei, sondern verstanden werden sollte als „Gleichursprünglichkeit der Beziehungen der drei Personen", die sich in einem gegenseitigen Innewohnen das göttliche Leben vermitteln[7]. Dieses Modell hat seine heutige Breitenwirkung vor allem den Vorstößen von Jürgen Moltmann und Leonardo Boff zu verdanken.

Nicht nur die ekklesiologischen Bemühungen schöpften in den vergangenen Jahrzehnten aus der Quelle innertrinitarischen Lebens, sondern ebenso Schöpfungslehre, Anthropologie, Geschichtstheologie, feministische Theologie und politische Theologie. Auch in dieser universalen Anwendung werden vor allem dem perichoretischen Verständnis der Trinität am meisten Chancen eingeräumt, überkommene monistische, dualistische oder einseitig hierarchische Formen des Denkens und ihre Gefahren zu überwinden. „Mit dem Begriff der wechselseitigen Durchdringung können Einheit und Differenz von Verschiedenartigem festgehalten werden: Gott und Mensch, Himmel und Erde, Person und Natur, Geistigkeit und Sinnlichkeit"[8].

2. Trinitarische Einheit und Differenz

Die Art und Weise, wie sich im trinitarischen Gott Einheit vollzieht, „ist bei einer geschaffenen Natur unmöglich". Mit dem Rekurs auf dieses Diktum Gregors von Nazianz (Theologische Reden 3,2) begründete Erik Peterson 1935 im Traktat

---

[4] schen Verständnis. *Kirche des dreieinigen Gottes*. Paderborn; Frankfurt 1991 (Ökumenischer Katechismus. 1), S. 45.

[4] Vgl. P. NEUNER: *Ökumenische Theologie. Die Suche nach der Einheit der christlichen Kirchen*. Darmstadt 1997, S. 293.

[5] Vgl. z.B. FORTE: *Trinität als Geschichte*, S. 6; G. GRESHAKE: *An den drei-einen Gott glauben*. Freiburg 1996, S. 89ff.; J. F. NAVONE: *Self-giving and sharing*. Collegeville/Minnesota, S. 120ff.

[6] C. SORČ, Die perichoretischen Beziehungen im Leben der Trinität und in der Gemeinschaft der Menschen: In: *Evangelische Theologie* 58 (1998), S. 100-119 (118).

[7] Vgl. G. GRESHAKE: Perichorese. In: LThK[3] 8 (1999), Sp. 31ff.

[8] J. MOLTMANN: *Das Kommen Gottes. Christliche Eschatologie*. Gütersloh 1995, S. 306.

„Monotheismus als politisches Problem" sein Urteil, dass es das „Geheimnis der Dreieinigkeit nur in der Gottheit selber, nicht aber in der Kreatur" gebe[9]. Es handelte sich dabei freilich nicht um eine ekklesiologische, sondern eine politisch-theologische Abhandlung über die christliche Antike. Peterson beschreibt darin die theologische Assimilierung eines monotheistischen Gottesbildes, das aus der Verschmelzung jüdischer und hellenistischer Elemente hervorgegangen war und schließlich in eine eschatologisch gefärbte Rechtfertigung der Einheit des konstantinischen Reiches unter der Monarchie Kaiser Konstantins mündete. Doch diese Form der Lehre von der göttlichen Monarchie habe sich mit der orthodoxen Ausformulierung des trinitarischen Einheitsbegriffes „erledigt" und damit grundsätzlich jede Form „politischer Theologie", „die die christliche Verkündigung zur Rechtfertigung einer politischen Situation mißbraucht"[10]. Dass Peterson damit jedoch das Trinitätsdogma nicht grundsätzlich in das Abseits politischer Irrelevanz verbannen wollte, deutete er in einer Vorbemerkung zu seinem Traktat an: „Für den Christen kann es politisches Handeln immer nur unter der Voraussetzung des Glaubens an den dreieinigen Gott geben"[11].

Die Einsicht, dass sich die Formulierung der Trinitätslehre ab einem gewissen Punkt von irdischen Erfahrungsmustern lösen und zu einer eigenen Begriffsentwicklung kommen müsse, war für Peterson ein Anhaltspunkt dafür, dass der Theologe es tatsächlich mit Gott selbst zu tun bekommt und nicht mit einem Götzen, der nur eine Verlängerung menschlicher Wünsche ist. Es ist die Erfahrung einer entbindenden Begegnung, die beide Seiten – Gott wie Mensch – zu sich selbst befreit. Peterson sagte 1923/24 in einer (unveröffentlichten) Vorlesung über Thomas von Aquin, die Trinitätslehre als zentraler Inhalt der Selbstoffenbarung Gottes sprenge den „Ring des menschlichen Bewußtseins" und mache es unmöglich, dass sich der Mensch in einem direkten Verhältnis mit Gott in Deckung bringe. In seinem trinitarischen Wesen selbst – und nicht durch dessen nochmalige Übersteigerung in eine transzendente monistische Einheit – erweist sich Gott als frei und damit auch als Grund der Befreiung des Menschen aus dem Gefängnis seiner Immanenz. Darum ist auch die direkte Reversibilität politischer und göttlich-transzendenter Strukturen im Kontext des Trinitätsglaubens unmöglich.

Petersons trinitätstheologisch-politische These hat bis in die Gegenwart eine kontroverse Rezeption erfahren. Als Einwand wurde ihr entgegengehalten, dass auch nach der dogmatischen Ausformulierung des orthodoxen Trinitätsverständnisses immer wieder wechselseitige Entsprechungen zwischen politisch-sozialer und trinitarischer Gemeinschaft konstatiert wurden und dass dies auch gar nicht anders sein könne, wenn die Selbstoffenbarung Gottes zugleich eine Selbstmitteilung und damit ganzheitliche Einbeziehung des Menschen in das trinitarische Leben bedeute.

Anhand einiger Beispiele sollen im folgenden historische und gegenwärtige Wechselwirkungen zwischen Trinitätsglauben, ekklesiologisch-sozialer und poli-

---

[9] Vgl. *Theologische Traktate* [1951]. Würzburg 1994 (Ausgewählte Schriften. 1), S. 25-81 (58f).

[10] Ebd., S. 59.

[11] Ebd., S. 24.

tischer Welt skizziert werden. Sodann gilt es der Frage nachzugehen, wie sich die
eingangs erwähnten trinitarischen Begründungen kirchlicher, gesellschaftlicher
wie universal-kreatürlicher Gemeinschaft zur These verhalten, dass die innergöttliche Einheit in der geschaffenen Natur keine Entsprechung habe.

II. Trinitarische Wechselwirkungen

1. Trinitätsdogma und Häresie

Was das trinitarische Dogma, etwa in Gestalt des Nicäno-Constantinopolitanums,
in geraffter Form zu glauben vorstellt, ist hervorgegangen aus dem Jahrhunderte
währenden Bemühen „der besten Köpfe einer großen geistigen Epoche, alle Implikationen dieser Offenbarung zu entfalten"[12]. Sein begriffliches und bildliches
Arsenal entstammt unterschiedlichen Quellen: dem in der Schrift beurkundeten
differenzierten Heilshandeln Gottes als Vater, Sohn und Geist, den philosophischen Kategorien des Hellenismus, der politischen Metaphorik wie auch der Na-
tursymbolik. Die Bilder und Begriffe ergänzen und begrenzen sich gegenseitig in
ihrer Geltung, sind aber auch in sich – verglichen mit ihrer Bedeutung im ursprünglichen semantischen Feld – gebrochen.

Ein systematischer Ausgleich, der alle diese Begrenzungen und gegensätzlichen Fügungen überwindet, ist der Theologie offenbar nicht möglich. Eine orthodoxe Ausformulierung des christlichen Glaubens ist durchaus kompliziert,
sowohl in seinem für die Logik geradezu paradoxen trinitarischen Gottesbild als
auch in seinem komplexen ekklesialen Gehalt. Er läßt sich nicht reduzieren auf
ein schlichtes Entweder-Oder von (dualistischer) Weltverneinung oder (monisti-
scher) Weltbejahung, Transzendenz oder Immanenz, wie es Vereinfachungen
unzulänglicher oder als häretisch abgelehnter Interpretationen immer wieder versucht haben: „Die christliche Offenbarung ist weit schwerer in eine einfache
Sprache zu bringen; der Raum für den Irrtum ist unendlich groß"[13]. Jeder in sich
kohärente Zugang ist perspektivisch und darum auch angreifbar. Dies zeigt sich
schon am innertheologischen Häresieverdacht, der auch die größten trinitätstheologischen Entwürfe bis in die Gegenwart stets begleitet und der immer wieder
z.B. hier Modalismus, dort Tritheismus wittert. Diese letzte Uneinholbarkeit des
Trinitätsgeheimnisses führt offenbar immer wieder auch zu seiner generellen Ablehnung, wie etwa der bis heute lebendige Unitarismus belegt. Die trinitarisch
begründete Verteidigung der Einheit von Schöpfer- und Erlösergott vermochte
auch nicht zu verhindern, dass gnostische Dualismen immer wieder in die Weltdeutung auch der Kirchen in verschiedener Form eindrangen[14].

---

[12]   S. RUNCIMAN: *Häresie und Christentum. Der mittelalterliche Manichäismus.* Mün-
       chen 1988, S. 16.
[13]   Ebd.
[14]   H. BLUMENBERG: *Säkularisierung und Selbstbehauptung.* Frankfurt 1974, S. 155f.

2. Trinitarische Engführungen und Erweiterungen

a. Patriarchalische Engführungen

Die aus der natürlichen Erfahrungswelt entnommenen und auf die Trinität übertragenen Beziehungsbilder aus der sozialen Welt bergen immer eine gewisse Gefahr in sich. Orthodox interpretiert werden können sie nur, wenn man sie im Kontext der Selbstoffenbarung des beziehungsreichen Gottes betrachtet, wie sie im Neuen Testament beurkundet ist. Wenn man sie hingegen unmittelbar aus den soziologisch-politischen Gegenbenheiten der Welt heraus versteht, ergibt sich ein problematisches gegenseitiges Legitimationsverhältnis kontingenter, unvollkommener menschlicher Institutionen und angeblich innergöttlicher Gegebenheiten. Yves Congar hat als einer der ersten in der Weiterführung der These Petersons die Übertragung patriarchaler Vorstellungen auf die Trinitätslehre aufgezeigt, die sowohl im politischen Kontext wie im Selbstverständnis der kirchlichen Autorität verheerende Folgen hatte: „Au monothéisme politique [...] a succédé, plus diffus mais réel, un patriarcalisme, voire un paternalisme, à arrièrefond de monothéisme a-trinitaire, ou insuffisamment trinitaire"[15]. Die politischen wie ekklesiologischen Folgen bestanden in einer Aufspaltung von Gesellschaft wie kirchlicher Gemeinschaft in den aktiv handelnden, gebenden Autoritätsträger und das bloß passive, empfangende Volk.

Die Selbstkritik aus der theologischen Tradition selbst heraus erfolgte in diesem Falle zu spät. Dass das christliche Gottesbild Züge einer Projektion menschlicher Sozialverhältnisse aufweist, hat bekanntlich Feuerbach kritisiert; Marx und der Kommunismus haben dann mit der Zerstörung dieser Sozialverhältnisse selbst auch die Entstehungsbedingungen jener Projektion und damit den Gottesglauben überhaupt zu vernichten versucht.

b. Befreiungen des Weiblichen

Dieses patriarchalische Gottesbild hatte auch eine Zurücksetzung der Frau zur Folge. In der gegenwärtigen feministischen Theologie hat man ein Beispiel dafür, wie gesellschaftliche Veränderungen, die historisch gesehen nicht aus dem Inneren der Kirche selbst gekommen sind, sondern ihr von außen zugewachsen sind – die zunehmende Gleichberechtigung und Selbstwahrnehmung der Frau – auch die Revision von einseitigen Explikationen des Trinitätsgeheimnisses verlangen. Die Theologinnen versuchen heute eine subtile Verhaftung der Theologie in traditionalistisch-biologistische Polaritäten von vornherein zu vermeiden[16]. Die neutestamentlichen Ausdrucksformen für trinitarische Relationen werden als Möglichkeit zur Formulierung eines Mann-Frau-Verhältnisses ohne einseitige

---

[15] Le Monothéisme politique et le Dieu Trinité. In: *Nouvelle Revue Theologique* 113 (1981), S. 3-17 (11).

[16] Vgl. V. WODKE-WERNER: Trinitätstheologie in der feministischen Theologie. In: Hans-Ludwig OLLIG – Oliver J. WIERTZ (Hrsg.): *Reflektierter Glaube. Festschrift für Erhard Kunz SJ zum 65. Geburtstag*. Egelsbach 1999, S. 151-179.

Dominanzen entdeckt: „Insofern die Trinitätslehre den Gedanken ermöglicht, dass der Vater eben nicht – stoisch sich selbst gleich – der unmittelbaren Selbstdurchsetzung seiner Macht harrt, vermag die Vorstellung vom trinitarischen Gott alle endlichen Verhältnisse männlicher und auch weiblicher Selbstverabsolutierung auszuhebeln. Sie kann darum recht verstanden zur Legitimation von Strukturen unmittelbarer Selbstdurchsetzung schlechterdings nicht gebraucht werden"[17]. Insofern die Unterdrückung der Frau als soziale Variante einer generellen Verleugnung, Unterdrückung und Ausbeutung der Natur durch die männlichdominante Rationalität verstanden wird, greifen solche Neuinterpretationen der Trinitätslehre – mit Berufung auf die alles durchwaltende Kraft des Geistes – aus auf den Horizont kosmischer Gemeinschaft: „Die christlich trinitarische Haltung, befreit von ihren götzendienerischen Objektivierungen Gottes, kann dann die spirituelle Dynamik klären, durch die wir inmitten überwältigenden Leides und der Komplexität kosmischen und historischen Lebens um die Jahrtausendwende versuchen, weise Entscheidungen zu treffen"[18]. In einer Verbindung von trinitarischer Prozesstheologie und Perichorese-Modell wird die Macht des Geistes als Apeiron entdeckt als Überwindung dualistischer Implikationen im Gottesbild, „um das Göttliche seiner einseitigen Transzendenz zu entgrenzen"[19].

c. Mythologische Erweiterungen

Laut Blumenberg liegt das „Dilemma der christlichen Dogmengeschichte [...] darin, einen trinitarischen Gott zu definieren, aus dessen Pluralität keine mythische Lizenz folgen darf"[20]. Von dieser „mythischen Lizenz" wird heute mitunter jedoch bewusst ein großzügiger Gebrauch gemacht, wie z.B. an den trinitätstheologischen Konzeptionen Eugen Drewermanns zu studieren ist. Von einem tiefenpsychologischen Ansatz aus führt er die ganze mythische (auch mit der Politik in einem engen Begründungszusammenhang stehende) Archetypik triadischer Götter- und Göttinnenformationen etwa des Alten Ägyptens wieder in die Trinitätslehre ein[21]. Er legitimiert seinen Ansatz durch den Bezug auf jene mythischen Restvorstellungen, die im orthodoxen Trinitätsdogma aufgehoben, damit aber auch bewahrt worden seien, nämlich in der „Zeugung des Sohnes aus dem Vater". Drewermann setzt an diesen Rudimenten jedoch aus, dass hier dogmatisch nur „die vom Mythos relativ entfernteste Vorstellung"[22] aufgegriffen worden sei. Was Peterson und andere also gerade als die originäre Leistung des Trinitätsdogmas verstanden haben – die Herauslösung des trinitarischen Gottesbegriffs

---

[17] Ch. AXT-PISCALAR: Trinitarische Entzauberung des patriarchalen Vatergottes. In: *Zeitschrift für Theologie und Kirche* 91 (1994), S. 476-486 (480).
[18] C. KELLER: Brennende Zungen. Eine feministisch trinitarische Erkenntnistheorie. In: *Verkündigung und Forschung* 41 (1996), S. 70-84 (84).
[19] WODTKE-WERNER, Trinitätstheologie in der feministischen Theologie, S. 179.
[20] H. BLUMENBERG: *Arbeit am Mythos*. Frankfurt 1979, S. 290.
[21] E. DREWERMANN, Religionsgeschichtliche und tiefenpsychologische Bemerkungen zur Trinitätslehre. In: W. BREUNING (Hrsg.), *Trinität. Aktuelle Perspektiven der Theologie*. Freiburg 1984 (QD 101), S. 115-142.
[22] Ebd., S. 140.

aus allen naturhaften, sozialen und politischen Unmittelbarkeiten –, wird hier als charakteristische Schwäche revidiert. Auch dieses Unterfangen dient einem anthropologisch-sozialen Zweck: Es gelte nämlich, „den Menschen wieder zu verbinden mit sich selber, mit der Natur ringsum und mit dem Ursprung und Ziel allen Lebens"[23]. Leonardo Boff hat die „Lizenz" zum Mythischen – in reicher Anknüpfung an matriarchalische Muster der Religionsgeschichte sowie an C. G. Jung – in seinen trinitätstheologischen Entwürfen an die Gestalt Marias geknüpft und parallelisiert die Vergöttlichung des Männlichen durch die Inkarnation des Sohnes mit der Vergöttlichung des Weiblichen in Maria als Wohnung des Heiligen Geistes[24].

d. Politische Legitimierungen

Die politische Begrifflichkeit in der Trinitätslehre, vor allem der Monarchie-Begriff, bot ebenfalls immer wieder Ansatzpunkte zu Parallelbildungen zwischen göttlicher und politischer Welt, und zwar durchaus nicht nur in einer monotheistischen Form. Gegen den Paulikianismus im 9. Jahrhundert (eine aus Armenien stammende häretische Bewegung, die dem Bogomilismus gnostisches Gedankengut überliefert haben könnte) konnte Abt Petros Sikeliotes in einer Auftragsarbeit für den Kaiser ausrufen: „Diese Dreiheit unserer heiligen Kaiser [Basileios I. und seine beiden Söhne], zahlengleich der lebenspendenden göttlichen Trinität, hat den hellen Strahl der Gotteserkenntnis auf die ganze Erde ausgesandt und hört nicht auf, der Welt ihre Wohltaten zu erweisen"[25].

Solche Analogiebildungen mögen oberflächlich und akzidentiell sein, doch es finden sich auch tieferreichende Wechselwirkungen zwischen aktuell politischen Konstellationen europäischer Königshäuser und begleitenden trinitätstheologischen Reflexionen[26]. Man kann solche politischen Analogiebildungen gewiss nicht generell unter Ideologieverdacht stellen, müsste vielmehr im einzelnen untersuchen, welche konkreten politisch-sozialen, theologischen oder auch ethischen Ziele und Werte damit verfolgt oder legitimiert wurden.

Auch in der Neuzeit fanden trinitarische Analogiebildungen zwischen Theologie und Politik statt: „was für die Theologie die Trinität, wird politisch so mancherlei; die triadische Sozialordnung bei de Bonald, der sich selbst beschränken-

---

[23] Ebd., S. 139.

[24] Vgl. L. BOFF: *Das mütterliche Antlitz Gottes.* Düsseldorf 1985; DERS.: *Kleine Trinitätslehre.* Düsseldorf 1990, S. 124ff. Im neueren Buch von BOFF: *Die Stunde des Adlers.* Düsseldorf 1998, wird die fortschreitende Sogwirkung jener „mythischen Lizenz" ersichtlich.

[25] Text im Quellenanhang von Hans-Georg BECK: *Vom Umgang mit Ketzern.* München 1993, S. 138. Gegen Erik Petersons trinitätstheologische „Erledigungsthese" sind noch viele andere solcher politischer Indienstnahmen der trinitarischen Monarchie zusammengetragen worden.

[26] Vgl. J. ARNOLD: Zur Geschichtlichkeit der Rede von Gott. Einflüsse zeitgenössischer Königsideologie auf die Trinitätslehre Wilhelms von Auxerre. In: *Theologie und Philosophie* 69 (1994), S. 342-372.

de Rechtsstaat bei Kelsen, die Gewaltenteilung bei Marquard"[27]. Zwingli hatte das trinitarische Mysterium auf die Einigkeit der schweizerischen Eidgenossenschaft bezogen[28]. Der Schlachtruf des orthodoxen Theologen Nicolaj Fedorov „Die Trinität ist unser soziales Programm" im 19. Jahrhundert fand seine Entsprechung nicht nur in der anglikanischen und lutherischen Theologie. Er wurde von Jürgen Moltmann und dann auch von Leonardo Boff aufgegriffen, um den theologischen Impuls einer Theologie der Befreiung zu verdeutlichen[29]. Moltmann leitet aus der „einladenden Liebe des trinitarischen Gottes" weitreichende politisch-ökonomische Optionen ab: statt unterwerfender Herrschaft Gemeinschaftsformen freier Übereinstimmung, statt Monopolisierung der Macht Demokratisierung und Dezentralisierung durch den Aufbau vernetzender Kommunikationssysteme[30].

e. Geschichtstheologische Anwendungen

Eine weitere Variante von „Anwendungen" des Trinitätsdogmas liegt in den verschiedenen Formen seiner Vergeschichtlichung. Nun ist das Heilshandeln Gottes im christlichen Verständnis gewiss zutiefst geschichtlich verankert: durch den Bundesschluss mit einem erwählten Volk, die Erneuerung des Bundes im menschgewordenen Sohn und die geistgewirkete Zusammenführung der Völker in der Kirche. „Bei jeder Bindung der Offenbarung an heilsgeschichtliche Akte liegt das Schwergewicht auf dem letzten Glied"[31]. Wird dieses letzte Stadium des Geistes für eine bestimmte historischen Epoche verabsolutiert, sind damit einschneidende politisch-soziale Konsequenzen vom revolutionären Sektierertum bis zu totalitären Absolutsetzungen des (politischen) status quo verbunden. Die Linie reicht hier von den Simonianern, für die ihr Prophet Simon Magus zur Erscheinung des trinitarischen Gottes selbst wurde, dem prophetischen Chiliasmus der Gemeinden von „Spirituales" im Montanismus bis zur revoltierenden Naherwartung eines mönchisch geprägten Reiches der Ecclesia Spiritualis bei den Joachimiten. Hegels trinitätstheologische Geschichtskonzeption zielte ebenfalls auf ein „Reich des Geistes", in dem die Gemeinde das Selbstbewusstsein des absoluten Geistes realisiert, und endete in seiner Rechtsphilosophie in einer kritiklosen Sanktionierung des „vernünftigen" Staates und einer geradezu christologischen Apotheose des Monarchen[32]. Auch die in der Unmittelbarkeit des Geistes leben-

---

[27] H. OTTMANN: Politische Theologie als Begriffsgeschichte. In: V. GERHARDT: *Der Begriff der Politik*. Stuttgart 1990, S. 169-188 (174).

[28] Vgl. G. GRESHAKE: Trinität und Politik. In: *Geist und Leben* 70 (1997), S. 183-198 (191).

[29] Vgl. J. THOMPSON: *Modern Trinitarian Perspectives*. Oxford 1994, S. 106.

[30] J. MOLTMANN: Die einladende Einheit des dreieinigen Gottes. In: *Concilium* 21 (1985), S. 35-41 (40). Boff sieht die in der Fundamentaldemokratie beschlossenen Werte als „die besten Anzeichen für das ehrfuchtsvolle Geltenlassen der dreifaltigen Gemeinschaft", vgl. L. BOFF: *Der dreieinige Gott*. Düsseldorf 1987, S. 176.

[31] G. KRETSCHMAR: *Studien zur frühchristlichen Trinitätstheologie*. Tübingen 1956, S. 25.

[32] Vgl. dazu M. THEUNISSEN: *Hegels Lehre vom absoluten Geist als theologisch-*

den evangelikalen charismatischen Gemeinden der Gegenwart weisen nicht selten autokratische Herrschaftsstrukturen auf, die sich mit ihrer Vorstellung von einer hierarchisch aufgebauten, unsichtbaren Wirklichkeit decken[33].

f. Ekklesiologische Ableitungen

Auseinandersetzungen um die Trinitätslehre stehen oft auch sehr direkt in einem kontroversen kirchenpolitischem Kontext. Ein Paradebeispiel dafür liefern die Jahrhunderte während Konflikte um die Einfügung des „Filioque" in das Credo des Westens. In diesem Zusammenhang entzündete sich nicht nur ein tiefreichender Methodenstreit über verschiedene theologische Zugänge zum innertrinitarischen Glaubensgeheimnis bzw. die Frage, ob dieses Geheimnis überhaupt Gegenstand rationaler Erwägungen sein dürfe. Insofern die innertrinitarische „Hauchung" des Geistes durch den Sohn in den Augen der Ostkirche als eine den Kern des christlichen Glaubens affizierende „Häresie" betrachtet wurde, konnten z.B. Vertreter der neopalamitischen Schule wie Vladimir Lossky die gesamte westliche Kirchenstruktur als Konsequenz dieses Irrtums klassifizieren: Unterordnung des Charismas unter das Amt, der Freiheit unter die Macht, des Prophetischen unter das Gesetz, des Mystischen unter das Scholastische, der Laien unter den Klerus und als letzte Frucht dieses ekklesiologischen Christomonismus die Unterwerfung der synodalen Gemeinschaft unter den Primat der päpstlichen Jurisdiktion[34]. Dass diese Ableitung nicht ganz von der Hand zu weisen ist, kann man an Argumentationsfiguren sehen, wie sie sich auch bei Thomas von Aquin finden: „similis autem error est dicentium Christi vicarium, Romanae ecclesiae pontificem, non habere universalis Ecclesiae primatum, errori dicentium Spiritum Sanctum a Filio non procedere"[35]. Das trinitarische Perichoresemodell wird heute auch gerade darum so geschätzt, weil es derart direkte Parallelsetzungen relativiert.

III. Einheits- und Differenzerfahrungen im Spiegel des trinitarischen Geheimnisses

1. Trinitarisierung als neue Ideologie der Einheit?

Historisch gesehen lassen sich also auch nach der orthodoxen Formulierung des Trinitätsgeheimnisses vielfältige Formen der „Anwendung" bzw. der Wechselwirkung zwischen Trinitätsglauben und sozial-politischen Strukturen finden. Al-

---

politischer Traktat. Berlin 1970.

[33] Vgl. Th. KERN: *Schwärmer, Träumer und Propheten? Charismatische Gemeinschaften unter der Lupe.* Frankfurt 1998, bes. S. 184ff.

[34] Vgl. A. de HALLEUX: Für einen ökumenischen Konsensus über das Hervorgehen des Heiligen Geistes und die Zufügung des Filioque ins Glaubensbekenntnis. In: L. VISCHER (Hrsg.): *Geist Gottes – Geist Christi*, Frankfurt 1981 (Beiheft zur Ökumenischen Rundschau. 39), S. 65-78 (67).

[35] *Contra Errores Graecorum* II, 32.

lerdings erwies der im Dogma formulierte Glaube dabei eine ihm selbst inne-
wohnende regulative Kraft. Insofern der menschliche Geist das trinitarische Le-
ben immer nur perspektivisch und damit einseitig erfasst, führte keine dieser
Wechselwirkungen zu einem systematisch oder historisch endgültigen Ergebnis.
Die sozialen Interpretationen der Trinitätslehre korrigierten sich im Laufe der
Zeit gegenseitig oder entlarvten einander sogar als gefährliche Vereinseitigung.

Die systematische Wiederentdeckung und Ausgestaltung der Trinitätslehre seit
Hegel und anderen programmatischen Ansätzen im 19. Jahrhundert hat dabei zu
vielen fruchtbaren Ergebnissen geführt. Mit ihr konnte es gelingen, den Emanzi-
pationsprozess des modernen Menschen auch theologisch wieder im Herzen des
christlichen Glaubens zu beheimaten. Von ihr aus gelangt man heute zu einem
tieferen Verständnis der relationalen Konstitution der menschlichen Person als
auch ihrer natürlichen (Mann-Frau, Familie) wie gesellschaftlich-politischen
Verwiesenheit, der Interdependenz von Mensch und Schöpfung, der Ethik von
Gottes- und Nächstenliebe, aber auch der Communio innerhalb der Kirche wie
einer angestrebten ökumenischen Gemeinschaft verschiedener Kirchen und
kirchlicher Gemeinschaften. Insbesondere das perichoretische Modell hat den
Vorteil, den Zwang zur Konstruktion einseitiger Abhängigkeitsverhältnisse zu
revidieren. In der Rückbindung an die Trinitätslehre – vor allem im perichoretischen Verständnis der innergöttlich-immanenten wie der weltbezogen-
ökonomischen Gemeinschaftsgestalt Gottes – konvergieren zudem eine ganze
Reihe von theologischen Entwürfen unterschiedlicher Herkunft. Der Gedanke der
Gleichursprünglichkeit befreit von der Notwendigkeit, die pluralen Gegebenheiten dieser Welt in jedem Falle aufeinander oder auf ein einheitliches Prinzip zurückführen zu müssen.

Insofern kommt der Rekurs auf ein perichoretisches Verständnis des trinitarischen Gottes und seiner Weltbeziehung auch der Sehnsucht nach Ausgleich und
Harmonisierung entgegen, die eine Signatur der pluralistischen, postmodernen
Gegenwart ist, freilich auch ihre Schwächen hat. Sie kann beschrieben werden
als „eine Situation, die sich vom Wahrheits- und Universalitätsanspruch der sog.
Moderne entlastet und befreit, eine Situation, in der die Vielfalt logische und
praktische Priorität gegenüber der Ein-falt gewinnt, eine Situation, in der der Monotheismus unter Totalitätsverdacht gerät und in der entsprechend der mythische
Polytheismus neue Jünger und Jüngerinnen findet; eine Situation in der alles
möglich und zugelassen ist, in der aber auch alles der Unverbindlichkeit ausgeliefert scheint"[36].

Diese sachlichen wie formalen Konvergenzen zwischen „Zeitgeist" und trinitarischer Theologie geben somit zu denken.

In einer oberflächlichen Zusammenschau könnte man fragen, ob sich hier
nicht ein ähnlicher struktureller, chiliastischer Zusammenfall von Gott und Welt
abzeichnet oder zumindest angestrebt wird wie in der von Peterson kritisierten
Harmonisierung von Glauben und Politik in der konstantinischen Ära – nun aber
nicht unter monotheistischem, sondern trinitarischem Vorzeichen[37], und darum

---

[36] J. B. METZ – E. SCHILLEBEECKX: Orthodoxie heute. In: *Concilium* 23 (1987), S.
     267-168 (267).

[37] Eine ähnliche Frage richtet GRESHAKE an die Adresse der neueren politischen

zum einen deutlich ausgreifender im Geltungsanspruch als auch theologisch un-
angreifbarer, da vom orthodoxen Kern christlichen Glaubens bestimmt. Findet
die trinitarische Einheit der göttlichen Personen – gegen Peterson bzw. Gregor
von Nazianz – in der geschaffenen Kreatur also doch nicht nur ihre Entsprechung, sondern auch ihre weltimmanente Verwirklichung?

Wäre dies der Fall, müsste man die neueren Tendenzen der Trinitätslehre unter
Ideologieverdacht stellen, denn – um mit Henri de Lubac zu reden – es wäre
vermessen, „einfach und unverändert auf die natürliche Ebene zu übertragen, was
der Glaube uns von der übernatürlichen Welt lehrt: das hieße, eine göttliche Realität, die im Mysterium – *mysterium unitatis!* – geglaubt und gelebt sein will, in
eine leere Ideologie verwandeln: eine vermessene Verweltlichung, bei Gelegenheit derer man wieder einmal von 'tollgewordenen' christlichen Wahrheiten reden könnte"[38].

Ein vorschneller, genereller Ideologieverdacht verbietet sich gleichwohl aus
mehreren Gründen. Zum einen erwächst das Bestreben, im trinitarischen Leben
Gottes eine neue, vertiefte Begründung von Einheit zu finden, kaum jenem Triumph einer scheinbar schon verwirklichten Einheit, wie das in den Elogen über
das konstantinische christliche Imperium der Fall gewesen ist. Im Gegenteil erwächst es heute der Erfahrung sowohl der pluriformen Gestalt der heutigen Welt
als auch ihrer tiefen und bedrohenden Zerspaltenheit und Zerissenheit in ihren
humanen, kirchlichen, weltanschaulichen, gesellschaftlich-politischen, kirchlichen wie ökologischen Dimensionen. Diese Vielfalt wie Zerspaltenheit war freilich schon immer gegeben, ist aber in ihren globalen Auswirkungen erst in der
Moderne zu überblicken und leidvoll zu erfahren. Man kann es als Reflex auf
diese negative Universalität verstehen, wenn im Gegenzug das Heil im wahrsten
Wortsinne in der Rückbergung auf der höchsten und universalsten Ebene gesucht
wird, die der christliche Glaube zu bieten hat, nämlich im innertrinitarischen Leben Gottes selbst.

Das trinitarische Verständnis Gottes in seiner perichoretischen Form ist zugleich der größte gemeinsamer Nenner, da er die Totalität alles Seienden umfasst, als auch der kleinste, da sich hier alles, was sich christlich nennt, ungeachtet aller Unterschiede zunächst einmal einigen kann. Doch die Differenzen ziehen
sofort in dem Maße ein, als die Implikationen dieser wechselseitigen Durchdringung, in der Einheit und Differenz von Verschiedenartigem festgehalten werden
können, konkretisiert und dann auch umgesetzt werden müssen. Denn die an der
Trinität abgelesene „Gleichursprünglichkeit" kann kaum auf alles und jedes, was
in dieser Welt vorfindlich ist, mit gleicher Valenz ausgelegt werden. Dies würde
zu Indifferenz und Handlungsunfähigkeit führen. Tatsächlich sind die im Licht
innertrinitarischen Lebens vorgenommenen Analysen und Urteile sehr wohl von
Wertungen und Präferenzen begleitet, was – wenn man so sagen darf – „pericho-
resefähig" ist und was abgelehnt oder gar bekämpft werden muss.

Theologie hinsichtlich der Strukturgleichheit zwischen Gottesbild und politischer
Ableitung, vgl. Trinität und Politik (s. Anm. 28), S. 189.
[38] H. de LUBAC: *Glauben aus der Liebe* [*Catholicisme*, 1938]. Einsiedeln 1970, S.
325.

574 BARBARA NICHTWEISS

2. Trinitarische Einigung von Mensch und Welt?

Je weiter durchdacht die verschiedenen trinitarischen Theologien sind, desto stärker unterscheiden sie sich oft voneinander, desto mehr verflüchtigt sich der Anschein einfacher, in der Trinitätslehre bereit liegender „Lösungen" von Differenzen, Gegensätzen und Entfremdungserfahrungen. Die alten Dualismen zwischen Gott und Welt bzw. zwischen Mensch und Welt, die etwa von der Gnosis auf die Spitze getrieben wurden, lassen sich auch trinitätstheologisch nicht einfach überspringen. „Die Anfechtungen des Glaubens und die theologischen Schwierigkeiten entstehen dadurch, dass man das allmächtige und allgegenwärtige Reich, in dem Gott ‚alles so herrlich regiert ... ', als jetzt schon gegenwärtig glaubt. Das ist ein Irrglaube, der an der Kreuzesgestalt der geschichtlichen Gegenwart Gottes vorbeigeht"[39]. Die Erfahrung, dass Mensch und Welt bzw. Natur im status quo nicht einfach harmonisch aufeinander zugeordnet sind, bleibt ein Stachel auch im Fleisch einer trinitarisch angelegten Schöpfungs- und Geschichtstheologie, nicht nur angesichts einer „humanen" Welt, die zu allen Exzessen boshaftester Gewalt und Vernichtung in der Lage ist, sondern auch angesichts des zutiefst ambivalenten Charakters der Natur als einem evolutionär ausgetüftelten Gleichgewicht des Fressens und Gefressenwerdens[40]. Theologie darf sich darum nicht nur in das „mysterium trinitatis" versenken, sondern muss sich – zumindest „aus den Augenwinkeln" (Karl Barth) – auch mit dem „mysterium iniquitatis" (2 Thess 2,7) auseinandersetzen[41]. Der Christ hat es in seinem Bemühen um eine Rückbindung seiner selbst und der Welt in das Lebensgeheimnis der innergöttlicher Relationen nicht nur mit den Widernissen allein menschlicher Unvollkommenheiten und Verfehlungen zu tun.

Die Hoffnung auf eine Allversöhnung der Menschen untereinander wie auch des Geistes mit der Natur steht gerade für den Christen unter einem eschatologischen Vorbehalt, der den naiven Optimismus eines „happy ends" der Weltgeschichte in Frage stellt: „Leichtfertiger Trost ist in unserer gegenwärtigen Weltsituation ebenso verhängnisvoll wie tiefsinnige Trostlosigkeit. Niemand kann uns versichern: Das Schlimmste wird nicht eintreten. Es wird nach allen Gesetzen der Erfahrung eintreten. Man kann nur darauf vertrauen, dass auch im Weltende ein neuer Anfang verborgen liegt, wenn man dem Gott vertraut, der aus dem Nichts ins Dasein ruft und aus dem Tod neues Leben schafft"[42].

---

[39] J. MOLTMANN: *Gott im Projekt der modernen Welt. Beiträge zur öffentlichen Relevanz der Theologie.* Gütersloh 1997, S. 169.

[40] Carl Friedrich von WEIZSÄCKER meint, wer Gott für die Zwecke der Evolution „direkt verantwortlich macht, muss einen Gegengott für die unendliche Fülle des Scheiterns, des Leidens, des Mißratens verantwortlich machen; er ist, denkt er konsequent, zum theologischen Dualismus gezwungen" (*Der Garten des Menschlichen.* Frankfurt 1980, S. 114).

[41] Vgl. dazu B. J. CLARET: *Geheimnis des Bösen. Zur Diskussion um den Teufel.* Innsbruck 1997, bes. S. 316ff., sowie 348ff. die Ausführungen über den Ansatz, dieses „*mysterion tes anomias*" als radikale „Un-Einheit" bzw. Negation des trinitarischen Mysteriums der Communio zu sehen.

[42] MOLTMANN: *Das Kommen Gottes,* S. 261.

3. Trinitarische Einigung der Kirchen und Religionen?

Auch wenn sich im ökumenischen Gespräch eine große Einmütigkeit im Verständnis kirchlicher Koinonia als Abbild trinitarischer Einheit in Verschiedenheit abzuzeichnen scheint, äußern sich schon gewisse Zweifel an deren Tragweite. Wie eingangs gezeigt, taucht der Rede von trinitarischer Abbildhaftigkeit in neueren römischen Dokumenten in Kontexten auf, in denen die verschiedenen Stände der katholischen Kirche (besonders Priestertum, Ordensstand) in die gesamtekklesiale Gemeinschaft eingebunden werden, ohne sie deshalb in ihrer Besonderheit aufzuheben. Welches konkrete trinitarische Modell dabei im Hintergrund steht, bleibt in diesen Dokumenten unausgesprochen. Doch auch, wo im expliziten Rückgriff auf die innergöttliche Perichorese ein- und dasselbe Modell als Ausgangspunkt dient, sind die Ableitungen durchaus verschieden: Sie bestätigen oft gerade die jeweils besondere ekklesiale Struktur der Kirche, in der ein Theologe oder eine Theologin beheimatet ist.

Der katholische Theologe Bruno Forte beschreibt die Kirche als „Bild der Dreifaltigkeit" folgendermaßen: „In ihrer Verschiedenheit, der Gemeinschaft der Charismen und von dem einen Geist ausgehenden verschiedenen Ämter, lebt die Kirche von jenem Kreislauf der Liebe, für den das trinitarische Leben nicht nur Ursprung sondern unvergleichliches Vorbild ist"[43]. In der östlich-orthodoxen Theologie mündet die Übertragung des perichoretischen Modells im komplementären, versöhnten „et – et" von hierarchischer und demokratischer Komponente[44] bzw. in der Bestätigung der beiden Prinzipien von Kollegialität und Autokephalie[45]. Beim reformierten Theologen Jürgen Moltmann konzentriert sich das Interesse auf ein Verständnis der Kirche als „Gemeindekirche", die aus „mündigen", charismatischen Einzelgemeinden besteht, aus Gemeinschaften „von Menschen ohne Über- und Unterordnung"[46]. In dieser Gemeinde sollte alle Differenzierung und Delegation von Spezialaufgaben (Amt, Diakonie, Mission, Ökumene, selbst die Theologie) revidiert werden: „In ihr gibt es keine Scheidung von Klerus und Laien, denn sie besteht aus lauter Spezialisten, jede und jeder in ihren Lebensbereichen und Berufen"[47].

---

[43] FORTE: *Trinität als Geschichte*, S. 200. In der katholischen Theologie wird in diesem Zusammenhang der im Anschluss an das II. Vaticanum (CD 4) von Oskar Saier, Wilhelm Aymans und Walter Kasper entwickelte Begriff einer „communio hierarchica" diskutiert, vgl. kritisch dazu B. J. HILBERATH, Communio hierarchica: Historischer Kompromiß oder hölzernes Eisen? In: *Theologische Quartalschrift* 177 (1997), S. 202-219, die Kritik kommt aber auch unisono aus der protestantischen Welt: W. PANNENBERG: *Systematische Theologie* Bd. III. Göttingen 1993, S. 124; MOLTMANN: *Das Kommen Gottes*, S. 208: „Nicht die monarchische Kirche, auch nicht die *communio hierarchica*, sondern die Gemeinschaft der Freien und Gleichen kann als Ebenbild und Ikone des dreieinigen Gottes gelten."

[44] SORČ: Die perichoretischen Beziehungen (s. Anm. 6), S. 118.

[45] Vgl. G. LARENTZAKIS: Trinitarisches Kirchenverständnis. In: W. BREUNING (Hrsg.): *Trinität*, S. 73-96 (90).

[46] Vgl. J. MOLTMANN: *In der Geschichte des dreieinigen Gottes*. München 1991, S. 98.

[47] MOLTMANN: *Gott im Projekt der modernen Welt* (s. Anm. 39), S. 198f.

Der Rekurs auf den gemeinsamen Glauben einer trinitarischen Prägung kirchlicher Gemeinschaft ist gewiss eine wichtige Etappe: An die Stelle einer Kontroverstheologie, die die eigene Identität nur in der Abweisung des jeweils Anderen und Fremden zu definieren vermag, tritt die Suche nach einer Einheit, die weitmögliche Verschiedenheit nicht nur zulässt, sondern auch als gegenseitige Bereicherung empfindet. Doch diese Orientierung am gemeinsamen „Vorbild" innertrinitarischer Gemeinschaft erledigt offenbar nicht die schwierigen Fragen nach den konkreten Konstitutionsprinzipien kirchlicher Gemeinschaft, sondern fordert, sich ihnen unter diesem neuen Vorzeichen erneut und vertieft zu stellen.

Ein ähnlicher Befund ergibt sich hinsichtlich der Rolle des Trinitätsglaubens im interreligiösen Gespräch. Während auf der einen Seite – besonders im Blick auf soziale und politische Implikationen – vielfach einer strikten Entgegensetzung von trinitarisch-(perichoretischem) und monotheistischem Gottesbild das Wort geredet wird, sieht Gisbert Greshake gerade in der trinitarischen Perichorese die „Basistheorie" einer differenzierten, gegenseitigen Anerkennung der Weltreligionen: Die dreipersonale perichoretische Gegebenheitsweise Gottes finde ihre Entsprechung in den drei Typen der großen Weltreligionen und lade ein, sich diesen „religiösen Erfahrungen der Menschheit in drei unterschiedlichen Dimensionen zu öffnen". Ziel dieser Öffnung sei, dass jeder Teil die „gegenseitige 'Perichorese' der drei 'Gottesbilder' zu entdecken und in seinem eigenen religiösen Verhältnis zu realisieren" habe[48].

4. Trinitarische Einigung in kirchlicher Gemeinschaft?

Zwiespältig ist der Befund auch hinsichtlich des Verhältnisses von trinitarischem Ideal und konkreter Wirklichkeit innerhalb der Communio die katholischen Kirche. Die Zeit nach dem 2. Vatikanischen Konzil war und ist bis heute davon gekennzeichnet, dass sich die Kirche ihrer historischen Verfehlungen stärker bewusst geworden ist und ihre Bedeutung als sichtbare Repräsentantin des nahe gekommenen Reiches Gottes mit größerer Demut formuliert: „Man muß [...] eingestehen, dass die Geschichte [der Kirche] auch viele Ereignisse verzeichnet, die ein Antizeugnis gegenüber dem Christentum darstellen"[49]. Wie verhält sich demgegenüber die Beobachtung, dass mit der Rede von der kirchlichen Communio als „Abbild", „Widerschein" oder gar „Vergegenwärtigung" der (gelegentlich sogar „innergöttlichen"!) Trinität ein Kirchenbild Konjunktur hat, das sogar das Verständnis der Kirche als Leib Christi noch einmal theologisch überhöht bzw. vertieft? Besteht hier nicht die Gefahr, dass die alte Vorstellung von der Kirche als „societas perfecta" unter neuem Vorzeichen wieder auflebt?

Gerade heute sind die Menschen innerhalb und außerhalb der Kirche besonders sensibel geworden gegenüber Brüchen zwischen verkündetem Anspruch und gelebter Wirklichkeit. Der Druck einer Überführung des Ideals in die soziale

[48] GRESHAKE: *An den drei-einen Gott glauben* (s. Anm. 5.), S. 112.
[49] PAPST JOHANNES PAUL II.: *Incarnationis mysterium. Verkündigungsbulle des Großen Jubiläums des Jahres 2000. 29. November 1998.* Bonn 1998 (Verlautbarungen des Apostolischen Stuhls. 136), Nr. 11.

Erfahrung ist außerordentlich stark: „Denn nur solange und insoweit diese Einheit überzeugend gelebt wird, ist in der Kirche Gott erfahrbar"[50]. Es ist jedoch keine neue Einsicht, dass das Erscheinungsbild der Kirche gerade heute auf allen Ebenen – trotz vieler sichtbarer Ansätze lebendigen Miteinanders z.b. in den Gemeinden und Orden – mitunter äußerst konfliktreich ist: die Einheit von Gemeinden zerbricht oft schon an Nichtigkeiten, manche theologische Fakultäten sind in tiefem Streit gespalten, und auch Auseinandersetzungen auf der Ebene der „Hirten" werden in der heutigen Medienwelt in aller Öffentlichkeit sichtbar. Das Communio-Ideal eines gemeinsamen aktiven Zusammenwirkens der verschiedenen Ämter, Kräfte und Charismen macht das Kirchesein nicht leichter, sondern stellt an jeden einzelnen umso größere Ansprüche.

Spannungen sind unausweichlich in einer Gemeinschaft unterschiedlicher Menschen mit unterschiedlichen Gaben und einem heute sehr differenzierten Erfahrungs- und Persönlichkeitsprofil, gerade auch dann, wenn sich diese Gemeinschaft auf das schwierige Geschäft der Gestaltung einer pluralen, nachchristlichen Welt einlassen muss und davon auch in ihren eigenen Strukturen geprägt wird. Die Beschwörung der Einheit war seit der Zeit der ersten Gemeinden immer auch die Reaktion auf praktische wie theologische Differenzierungen oder sogar massive Differenzen. Vor allem die Spannung, gegenseitige Begrenzung wie auch Bereicherung von Institution und Charisma, von Recht und Prophetie gehört fundamental ins Bild der Kirche und ist selbst in dem differenzierten, gleichwohl zusammenführenden Handeln Gottes in Sohn und Geist begründet. Eine von der Communio-Ekklesiologie inspirierte Theologie, Katechese und Verkündigung darf dieses in der Kirche zu allen Zeiten mitwandernde Konfliktpotential nicht einfach schwärmerisch übergehen. Spannungspole müssen vielmehr nüchtern in die Ausformung einer koinonalen Ekklesiologie von vornherein einbezogen werden[51]. Das heute gelegentlich wenig anziehende Erscheinungsbild der Kirche wird sonst weiter dazu führen, dass Christen sich enttäuscht von der Kirche abwenden oder sich in homogene Gruppen Gleichgesinnter zurückziehen, die oft gegeneinander völlig konträre Positionen vertreten.

Die Praxis kirchlicher Communio verlangt darum nicht nur nach einer angemessenen Ekklesiologie. Sie ist auch eine Herausforderung für die Spiritualität des einzelnen. „Mündige" Christen bedürfen einer spirituellen Festigung wie einer soliden Kenntnis ihres Glaubens, einer nüchternen Liebe zu ihrer Kirche, eines gehörigen Maßes an Frustrationstoleranz und besonders der Gabe der Unterscheidung der Geister (auch der je eigenen Geister!). Denn die christliche „Johannesnatur" – der in der Perichorese von Gottes- und Nächstenliebe durchlichtete Charakter – ist in den seltensten Fällen angeboren und bleibt eher eine Ausnahmeerscheinung, wie Franz Rosenzweig zurecht bemerkt hat[52]. Jesus Christus

---

[50] H. HEINZ: Variationen zum Thema: „Trinitarische Einheit". In: M. BÖHNKE / H. HEINZ (Hrsg.): *Im Gespräch mit dem dreieinen Gott. Festschrift zum 65. Geburtstag von Wilhelm Breuning.* Düsseldorf 1985, S. 361-375 (339).

[51] Ein Beispiel in diese Richtung bietet M. KEHL: *Die Kirche. Eine katholische Ekklesiologie.* Würzburg 1992, ³1994.

[52] Vgl. *Der Stern der Erlösung.* Frankfurt 1988, S. 441, bzw. in der Gesamtausgabe: F. ROSENZWEIG: *Der Mensch und sein Werk.* Bd. 2. The Hague 1976, S. 441.

ist in seiner göttlich-menschlichen Natur der einzige Sterbliche, der ganz aus der Fülle der im Geist vermittelten Perichorese mit dem himmlischem Vater heraus lebte. Gewiss, seine aus dem Geist wiedergeborenen Brüder und Schwestern haben an dieser Gemeinschaft teil, schon jetzt. Doch gerade die johanneischen Schriften, die die Teilhabe an diesem beziehungsreichen „Leben in Fülle" besonders deutlich formulieren, benennen auch mit aller Schärfe die Differenzerfahrungen, die dieses Einbezogensein in die Mitteilhaftigkeit der göttlichen Liebe begleiten, ja geradezu erst hervortreiben – und zwar nicht nur gegenüber der „Welt", sondern auch innerhalb der Reihen der Nachfolgenden selbst. Zur „Perichorese" gehört in vielfältiger Weise auch das Kreuz.

Das Bild innergöttlicher perichoretischer Durchdringung von Personen kann also auch auf die Ebene des (ekklesiologisch)-sozialen Miteinanders nicht ohne Modifikation und Einschränkung übertragen werden: „Im strengen Sinn kann auf der menschlichen Ebene keine Entsprechung zur Interiorität der göttlichen Personen geben"[53].

Henri de Lubac war vermutlich einer der ersten, der 1938 in seinem epochemachenden Werk „Catholicisme" die perichoretische Einheit des dreipersonalen Gottes zum Vorbild kirchlicher Katholizität nahm: „Zwischen den einzelnen Personen, wie verschieden ihre Gnadengaben und Ämter, wie ungleich ihre 'Verdienste' auch sein mögen, herrscht keine Abstufung nach Seinsgraden, sondern, gemäß dem Bild der Dreifaltigkeit – und, durch die Vermittlung Christi, die alle einschließt: sogar im Innern der Dreifaltigkeit selbst – eine Einheit der *circumincessio*. Keine Person bildet also in sich selber betrachtet ein letztes Ziel"[54]. De Lubac war jedoch nüchtern genug, die Grenzen einer direkten Übertragbarkeit zu konstatieren, die in der Unvergleichbarkeit von trinitarisch-göttlicher und menschlicher Person liegen: „Die Idee der Einheit ist noch nicht die Einheit selbst. [...] Ein doppeltes Hindernis, das auf natürliche Weise nicht zu überwinden ist, stellt sich uns entgegen und versperrt den Zugang zum Gelobten Lande: unsere Ichsucht und unsere Ichheit. Ein moralisches und ein metaphysisches Hindernis, das eine der verstärkte Ausdruck des andern. Weder können noch wollen wir uns von Natur, trotz der Sehnsucht unseres Wesens, in voller Selbsthingabe mit allen vereinigen und dieses Wunder einer wahllosen Wahl, in der die Agape besteht, verwirklichen"[55]. Vollkommen persönlich werden wir „nur innerhalb der Person des Sohnes [...], durch die und in der wir teilhaben am Austausch des trinitarischen Lebens"[56]. Doch diese Einbindung entzieht sich laut de Lubac der direkten Erfahrbarkeit im sozialen Leben, fordert sogar als „erste Bedingungen" Loslösung, Absonderung und Einsamkeit[57]: „Denn wirkliche Kommunion findet in dem statt, worin keine äußere Kommunion möglich ist"[58].

---

[53]   M. VOLF: *Trinität und Gemeinschaft. Eine ökumenische Ekklesiologie*. Mainz – Neukirchen-Vluyn 1996, S. 201. Das gelte umso mehr für die Kirchen als Gemeinschaften der Personen (vgl. S. 202).

[54]   *Glauben aus der Liebe*, S. 297.

[55]   Ebd., S. 303f.

[56]   Ebd., S. 304.

[57]   Ebd., S. 305.

[58]   Ebd., S. 307. Ähnliche Vorbehalte hinsichtlich einer direkten Übertragbarkeit des

Diese Einsicht darf keine Entschuldigung dafür sein, sich der Sorge um eine gelebte, erfahrbare Communio zu entledigen. Auch wenn die „geistige Kommunion", nach der der Mensch sich sehnt, „nicht diesseits, sondern jenseits der sozialen Harmonie" liegt, so kann er doch auf diese soziale Harmonie nicht einfach verzichten[59]. Eine Kirche, in der der Eindruck unversöhnlichen Streites und zwischenmenschlicher Gleichgültigkeit überwiegt, wird nicht nur selbst als „Ikone der Trinität" unglaubwürdig. Das verzerrte, verdunkelte Abbild diskreditiert auch sein Urbild.

IV. Trinitarische Annäherung in der Spannung der Analogie

„Das dogmatische Paradox lenkt die Aufmerksamkeit auf jenes natürliche Paradox, dessen höheren und verstärkten Ausdruck es bildet: dass nämlich der Unterschied zwischen den Teilen eines Seienden um so deutlicher hervortritt, je enger ihre Einigung wird"[60]. In diesem Paradox entsprechen sich trinitarisches Urbild und geschöpfliches Abbild. Doch im innergöttlichen Mysterium der Perichorese vollziehen sich Unterscheidung und Einigung in der vorbehaltlosen, durchlichteten Transparenz gegenseitigen, ekstatischen Durchdringens. Die Differenziertheit der (Menschen-)Welt in Raum und Zeit ist hingegen vielfach widerständig, rätselhaft und ambivalent, in ihrer Schönheit wie ihrer Grausamkeit, ihren Verheißungen wie Gefährdungen. Nur eine Theologie, die sich der grundsätzlichen Analogizität ihrer Aussagen von Gott nicht nur in einer isolierten Methodenlehre formal bewusst ist, sondern diese auch als durchgängige Haltung und Form der Rede verwirklicht – wie es Karl Rahner gefordert hat – [61], kann diese Spannung zwischen Entsprechung und Verschiedenheit auffangen, die immer wieder bei vertieftem Nachdenken, aber vor allem auch in existenziellen Erfahrungen unvermeidlich durchschlagen wird.

Es wäre eine eigene Aufgabe, das Wirken Karl Lehmanns als Theologe und als Bischof von dieser zentralen Herausforderung aus zu verstehen: Treue zur Kirche und Freude an gelungener Gemeinschaft, die einhergehen mit großer Belastbarkeit bei Erfahrungen von Mißlingen; Offenheit und Neugier für Vielfalt, doch mit Mut zur Stellungnahme gegenüber illusionären Kompromissen; bodenständiges Misstrauen gegenüber allen Äußerungen von Schwärmertum, gefühli-

trinitarischen Personenbegriffs auf den menschlichen äußert W. PANNENBERG, *Systematische Theologie*. Bd. 1. Göttingen 1988, S. 465f. Es ist darum kein Zufall, dass er die vollendete Gestalt der Kirche weniger in direkten sozialen Beziehungen als in der liturgischen Darstellung ihrer sakramentalen Einheit zeichenhaft verwirklicht sieht, vgl. *Systematische Theologie*. Bd. 3. Göttingen 1993, S. 65f.

[59] Vgl. de LUBAC: *Glauben aus der Liebe*, S. 326.
[60] Ebd., S. 290.
[61] Karl RAHNER formulierte diese Aufgabe für Theologie, Verkündigung und Lehramt als vorrangigste Erfahrung seines Lebens als Theologe, vgl. Erfahrungen eines katholischen Theologen. In: Karl LEHMANN (Hrsg.): *Vor dem Geheimnis Gottes den Menschen verstehen. Karl Rahner zum 80. Geburtstag*. Freiburg 1984, S. 105-135, auch in A. RAFFELT (Hrsg.): *Karl Rahner in Erinnerung*. Düsseldorf 1994 (Freiburger Akademieschriften. 8), S. 134-148.

ger Unmittelbarkeit und kurzschlüssiger Ungeduld, doch zugleich – in und durch alle Bemühungen um Differenziertheit hindurch – immer wieder die Rückführung auf die „radikale Mitte", den letzten tragenden Grund aller Hoffnung und Einsatzfreude, der doch gerade darum nie zum verrechenbaren Besitz werden darf: „Wie unbedacht reden wir oft von Gott, wie flach denken wir von ihm, mit welchen Krämerseelen nähern wir uns ihm, welch plumpe Vertraulichkeit legen wir im Umgang mit ihm oft an den Tag! In Gott ist uns das *heilige Geheimnis* gegeben. [...] Je tiefer wir Gott verstehen, um so mehr wissen wir, dass wir ihn im Nichtbegreifen mehr verstehen als im Begreifen. [...] Das Geheimnis hütet das Gottsein Gottes. Gott bleibt er selbst nur im Geheimnis."[62]

[62] K. LEHMANN, Gott – das bleibende Geheimnis. In: P. REIFENBERG (Hrsg.), *Gott – das bleibende Geheimnis*. Würzburg 1996, S. 103-114 (112f).

Ekklesiologische und ökumenische Implikationen der Taufe

VON WALTER KARDINAL KASPER

I. Gegenwärtige ökumenische Problemstellung

Kirche und Taufe gehören von allem Anfang an zusammen. Im Neuen Testament geht der Bericht vom Pfingstereignis, durch welches die Kirche endgültig konstituiert wurde, unmittelbar über in den Bericht von der Taufe der ersten Christen (Apg 2,41). Seither ist die Taufe in allen Kirchen das Eintrittstor in die Kirche. In allen Kirchen und in fast allen kirchlichen Gemeinschaften findet sich die Praxis der Taufe auf den Namen des dreifaltigen Gottes. Lediglich die Quäker und die Heilsarmee bilden eine Ausnahme. Deshalb war es von Anfang an das Bestreben der ökumenischen Bewegung, die allen gemeinsame Taufe zum Ausgangspunkt und zur Grundlage der ökumenischen Bemühungen zu machen. Auch das II. Vatikanische Konzil hat diesen Weg beschritten (UR 3). Es besteht also bei allen noch bestehenden Trennungen schon jetzt eine fundamentale Gemeinsamkeit, welche zeigt, daß die Spaltungen nicht bis in die letzte Wurzel gegangen sind und nicht bis zum Himmel reichen.

Nach vielen vorausgehenden Bemühungen[1] und nach einem jahrelangen Konsultationsprozess hat die Lima-Erklärung von 1982, dieses Anliegen aufgegriffen und einen weitgehenden Konsens wie weitgehende Konvergenzen im Taufverständnis erreicht[2]. Seither ist es in vielen Ländern zwischen den Kirchen zu einer formellen gegenseitigen Anerkennung der Taufe gekommen. Die Lima-Erklärung bedeutet unbestreitbar einen großen Schritt nach vorne. Dabei ist der Teil über die Taufe derjenige, der am meisten Zustimmung gefunden hat. Vor allem werden die ekklesiologischen Konsequenzen begrüßt, die sich aus einem gemeinsamen Verständnis der Taufe für die getrennten Kirchen ergeben.

Aber die Reaktionen der Kirchen[3] zeigen auch, daß noch viele Fragen offen sind, und daß die Differenzen tiefer reichen als die Lima-Erklärung vorausgesetzt

[1] Vgl. etwa die noch immer instruktive Schrift von E. SCHLINK: *Die Lehre von der Taufe*. Kassel 1969.
[2] *Taufe, Eucharistie und Amt. Konvergenzerklärungen der Kommission für Glauben und Kirchenverfassung des Ökumenischen Rates der Kirchen.* Frankfurt a.M. – Paderborn 1982. Dazu M. THURIAN (Hrsg.): *Ökumenische Perspektiven von Taufe, Eucharistie und Amt.* Frankfurt a.M. – Paderborn 1983; DERS.: Baptisme, eucharist and ministry. In: *Dictionary of the Ecumnenical Movement.* Genf – London 1991, S. 80-83; G. WAINWRIGHT: Taufe 2.3. In: EKL[3] 4 (1996), Sp. 670-672.
[3] M. THURIAN (Hrsg.): *Churches Respond to BEM. official responses to the „Baptism, Eucharist and Ministry".* 6 Bde. Genf 1986-1988; *Baptême, Eucharistie et Ministère 1982-1990. Rapport sur le processus „BEM" et les réactions des Églises.* Paris 1993 (Document Foi et Constitution. 149).

hat. Die seither geführten bilateralen Dialoge[4] und die Tatsache, daß nach wie vor nicht alle Kirchen die Taufe der anderen Kirchen anerkennen, bestätigen diese Feststellung. Neben den kulturellen Fragen und Herausforderungen, die vor allen von den Kirchen in Asien und Afrika benannt werden, bestehen grundsätzliche theologische Fragen, die zeigen, daß die traditionellen Kontroversfragen teilweise weiterbestehen. Deshalb ist es bedauerlich, daß trotz mancher bedeutender Arbeiten die Theologie der Taufe in den letzten Jahrzehnten eher am Rande geblieben ist[5]. Das gilt auch von der „Gemeinsamen Erklärung zur Rechtfertigungslehre" (1999), welche die Taufe nur fast beiläufig erwähnt (Nr. 25).

Die Unterschiede im Verständnis der Taufe bestehen vor allem zwischen den „historischen" Kirchen einerseits und den baptistischen, evangelikalen und pentekostalen Gemeinschaften andererseits. Dabei geht es nicht nur um die Frage der Säuglingstaufe und um die Praxis der Erwachsenentaufe sondern um die viel grundlegendere Frage des Verständnisses, näherhin des sakramentalen Verständnisses der Taufe. Bei dem raschen Wachstum und der zunehmenden Bedeutung der pentekostalen und charismatischen Gemeinschaften stellt sich diese Frage inzwischen mit großer Dringlichkeit[6].

Probleme anderer Art ergeben sich im Verhältnis zu manchen orthodoxen und altorientalischen Kirchen. Sie anerkennen beim Übertritt von Christen anderer Kirchen oder vor der kirchlichen Eheschließung von konfessionsverschiedenen Ehen deren Taufe in einer anderen Kirche nicht an und verlangen entsprechend eine von den anderen Kirchen so bezeichnete Wiedertaufe[7]. Im Hintergrund stehen Unterschiede im Verständnis der ekklesiologischen Voraussetzungen und Konsequenzen der Taufe, über die meist wenig Klarheit und auch unter den orthodoxen Kirchen kein Konsens besteht.

Schließlich ist noch ein dritter Problemkomplex zu nennen. Auch dort, wo Kirchen die Taufe gegenseitig anerkennen, besteht nicht immer Konsens über die ekklesiologischen Voraussetzungen und Konsequenzen dieser Anerkennung. Dies gilt für das Verhältnis von Taufe und Firmung bzw. sakramentaler Chrisamsalbung und vor allem für das Verhältnis von Taufe und Eucharistie. Denn für die katholische Kirche und für die orthodoxen Kirchen bedeutet die Anerkennung der Taufe einer anderen Kirche nicht auch schon die Zulassung der so Getauften zur Eucharistie. So werden beide Kirchen von den Kirchen, die aus der Reformation hervorgegangen sind, oft gefragt: Weshalb dürfen diejenigen, welche durch die eine Taufe Glieder an dem einen ekklesialen Leib des Herrn sind, dennoch nicht gemeinsam den eucharistischen Leib des Herrn am Tisch des

---

[4]　　H. MEYER – H. J. URBAN – L. VISCHER (Hrsg.): *Dokumente wachsender Übereinstimmung. Sämtliche Berichte und Konsenstexte interkonfessioneller Gespräche auf Weltebene.* Paderborn – Frankfurt a.M., Bd. 1. 1983, S. 108ff.; 480ff.; Bd. 2. 1992, S. 195ff.; 387f.; 607ff.

[5]　　So J. RATZINGER: Taufe, Glaube und Zugehörigkeit zur Kirche. In: *Internationale katholische Zetischrift* 5 (1976), S. 218.

[6]　　Überraschende Zahlen aufgrund einer Gallup-Umfrage von 1980 bei K. MACDONNEL – G. T. MONTAGUE: *Christian Initiation and Baptisme in the Holy Spirit.* Collegeville Minnes. 1991, S. XIf.

[7]　　Dies gilt etwa von der griechisch-orthodoxen Kirche in Griechenland und von der koptisch-orthodoxen Kirche in Ägypten.

Herrn empfangen[8]? Die Lima-Erklärung sieht die verbleibenden Unterschiede vor allem in der unterschiedlichen Praxis im Verhältnis von Glaube und Taufe sowie von Taufe – Firmung – Eucharistie. Sie versteht diese Unterschiede als komplementäre Ansätze. Damit unterschätzt sie den tieferen Unterschied im Tauf- und Kirchenverständnis. Die Probleme der orthodoxen und altorientalischen Kirchen wie die Herausforderungen durch die pentekostalen Gemeinschaften kommen so kaum in den Blick.

Deshalb ist eine nochmalige Befassung mit dem Thema Taufe dringend nötig. Denn ohne gegenseitige Anerkennung der Taufe hängen alle anderen ökumenischen Bemühungen buchstäblich in der Luft; sie erschöpfen sich dann in freundlichen Gesten und zwischenkirchlicher Diplomatie, der es jedoch an theologischer Substanz, an Verbindlichkeit und Konsequenz mangelt. Aber auch die gegenseitige Anerkennung der Taufe macht nur dann wirklich Sinn, wenn dem ein wenigstens fundamentales gemeinsames Verständnis der Taufe und ihrer ekklesiologischen Konsequenzen zu Grunde liegt.

Im Folgenden möchte ich nicht die Antworten der Kirchen auf die Lima-Erklärung analysieren. Diese Arbeit ist weitgehend schon getan worden[9]. Ich möchte die theologischen Grundfragen herausarbeiten. Dieser Versuch mag die Dinge auf den ersten Blick komplizieren und den ökumenischen Konsensoptimismus stören; er erscheint mir aber weiterführender zu sein, als immerzu nur ein Konsenspapier auf das vorhergehende zu bauen und so einer sterilen innerökumenischen Konsenspapier-Scholastik zu verfallen. Auf lange Sicht führt allein der Weg zurück zu den Quellen weiter. Deshalb ist es notwendig, zunächst die gemeinsame Grundlage im Zeugnis des Neuen Testaments kurz in Erinnerung zu rufen.

II. Biblische Grundlagen

1. Die Taufe im Zusammenhang von Bekenntnis und Sendung der Kirche

Die Kirche beruft sich für ihre von Anfang an geübte Taufpraxis auf den Auftrag des erhöhten Herrn: „Geht zu allen Völkern, und macht alle Menschen zu meinen Jüngern; tauft sie auf den Namen des Vaters und des Sohnes und des Heiligen Geistes, und lehrt sie, alles zu befolgen, was ich euch geboten habe" (Mt 28,19f.;

---

[8]   Vgl. D. HELLER: Eucharistic Fellowship in the Third Millenium? In: *The Ecumenical Review* 51 (1999), S. 202-208. Dazu die orthodoxe Antwort von P. C. BOUTENEFF: Koinonia and Eucharistic Unity. An Orthodox Response. In: *The Ecumenical Review* 52 (2000), S. 72-80.

[9]   G. WAINWRIGHT: Word and Sacraments in the Churches' Responses to the Lima Text. In: *One in Christ* 24 (1988), S. 304-327; *Baptism, Eucharist and Ministry 1982-1990. Report on the Process and Responses*. Genf 1990 (Faith an Order Paper 149). Außerdem die vorzügliche Analyse von D. HELLER: Le baptême – fondement de l'unité des Èglises? Foi et Constitution et la question du baptême. In: *Irénikon* 72 (1999), S. 73-93; A. BIRMELÉ: Baptism and the Unity of the Church in Ecumenical Dialogues. In: M. ROOT – R. SAARINEN (Hrsg.): *Baptism and the Unity of the Church*. Geneva 1998, S. 104-129.

vgl. Mk 16,15f.)[10]. Die Begründung der Taufe ist freilich nicht auf den Taufbefehl beschränkt. Eine solche rein formale und positivistische Begründung in einer
Anordnung Gottes reicht nicht aus. Die frühe Kirche sieht die Taufe bereits in
der Taufe Jesu am Jordan begründet (Mk 1,9-11 par). Der Taufbefehl selbst steht
in unlösbarem Zusammenhang mit Kreuz, Auferstehung, Erhöhung Jesu Christi;
die Apostelgeschichte verbindet die Taufpraxis mit der Ausgiessung des Heiligen
Geistes (Apg 2,38-41). So kann die Taufe von Geschichte und vom Geschick
Jesu und vom Bekenntnis zu Jesus Christus ebensowenig abgelöst werden wie
vom Wirken des Heiligen Geistes. Sie steht in dem großen heilsgeschichtlichen
Kontext, daß der Vater den Sohn in die Welt sendet, ihn durch Kreuz und Auferstehung zum Kosmokrator erhöht, dem alle Gewalt gegeben ist im Himmel und
auf Erden, und daß der Heilige Geist Person und Werk Jesu Christi gegenwärtig
macht (2 Kor 3,17) und als eschatologische Gabe „über alles Fleisch" ausgegossen ist (Apg 2,17).

Der Taufbefehl ist darum nicht die nachträgliche Legitimation einer vorhergehenden zunächst anderswie begründeten Praxis, sondern deren innerer Grund. Er
besagt, daß die Kirche nicht aus eigener Initiative und Vollmacht tauft, sondern
im Gehorsam gegenüber ihrem Herrn. Der Taufbefehl ist jedoch mehr als formaler Akt der Einsetzung der Taufe, er ist zugleich deren Deutung. Das trinitarische
Bekenntnis ist ja Summe und Kompendium des ganzen christlichen Glaubens[11].
Die Taufe auf den Namen des dreifaltigen Gottes ist deshalb auch mehr als eine
letztlich austauschbare Spendeformel[12]. Die Taufformel ist Bekenntnis zu dem
historischen und theologischen Grund wie zum inneren Gehalt der Taufe. Sie ist
darüber hinaus Anrufung (Epiklese) und Zuspruch des Heils. Nicht als bloßer
Ritus, schon gar nicht als magisch wirkender Ritus, sondern in der Kraft dieses
vollmächtigen Zuspruchs erhält die Taufe ihre heilswirksame Kraft. „Accedit
verbum ad elementum et fit sacramentum, etiam ipsum tamquam visibile verbum"[13].

In diesem Sinn war die Taufe für die alte Kirche „Sakrament des Glaubens"[14],
und die Taufliturgie ein wichtiger „Sitz im Leben" für die Bekenntnisbildung[15].

---

[10]   Die Literatur zur biblischen Lehre von der Taufe ist unübersehbar. Deshalb hier nur
       einige wenige Hinweise: ThWNT 1, 527-544; R. SCHNACKENBURG: *Das Heilgeschehen bei der Taufe nach dem Apostel Paulus*. München 1950; L. HARTMANN:
       Auf den Namen des Herrn Jesus. Die Taufe in den neutestamentlichen Schriften.
       Stuttgart 1992.

[11]   Vgl. W. KASPER: *Der Gott Jesu Christi*. Mainz 1982, S. 378; G. GRESHAKE: *Der
       dreieine Gott. Eine trinitarische Theologie*. Freiburg i. Br. 1997.

[12]   Vgl. J. RATZINGER: Taufe und Formulierung des Glaubens – Traditionsbildung und
       Liturgie. In: DERS.: *Theologische Prinzipienlehre*. München 1982, S. 106-116; K.
       LEHMANN: Das Verhältnis von Glaube und Sakrament in der katholischen Tauftheologie. In: DERS.: *Gegenwart des Glaubens*. Mainz 1974, S. 201-228.

[13]   AUGUSTINUS: In Joh. 80, 3.

[14]   So besonders TERTULLIAN: fidei sacramentum (Adv. Marcionem 1, 28, 2), obsignatio fidei (De poenitentia 6, 16). Auch AUGUSTINUS bezeichnet die Taufe oft als
       sacramentum fidei (Ep. 98, 9. 10; 157, 4, 34).

[15]   Vgl. A. STENZEL, *Die Taufe. Eine genetische Erklärung der Taufliturgie*. Innsbruck
       1958; W. KASPER: *Der Gott Jesu Christi*, S. 304f.

Entsprechend war die Taufe ansatzhaft bereits im Neuen Testament und ausdrücklich in der alten Kirche mit dem Katechumenat als einer Einführung in den Glauben und in das Leben der Kirche verbunden. Die Missionskirchen haben diesen Zusammenhang wieder neu entdeckt. Für die Freikirchen ist er in anderer Weise wichtig geworden. Angesichts der Entkirchlichung in den westlichen Gesellschaften steht die Erneuerung des Katechumenats inzwischen auch für die historischen Kirchen eine Lebens- und Überlebensnotwendigkeit dar.

2. Die Heilsbedeutung der Taufe

Die Aussagen im NT über die Heilsbedeutung der Taufe sind überaus reich und vielfältig. Sie umfassen die ganze Heilsbotschaft: Sündenvergebung und Befreiung von den Mächten des Bösen, neues Leben, Rechtfertigung, Versöhnung und Heiligung, Wiedergeburt und Erneuerung, Erleuchtung und Versiegelung, Übereignung an Jesus Christus, Vergegenwärtigung von Tod und Auferstehung Christi, Ermahnung zu einem neuen Leben. Neuerdings wird neben dem christologischen Aspekt wieder deutlicher die Gabe des Heiligen Geistes betont.

Die eine und selbe Wirklichkeit des Heils wird in der Schrift also unter den verschiedensten Aspekten beschrieben. Diese Vielfalt zeigt das Überschwengliche und das Überfließende des Handelns Gottes. Sie läßt in den unterschiedlichen kirchlichen Traditionen legitime unterschiedliche Akzentuierungen zu. Daß trotz dieser unterschiedlichen Akzente ein breiter grundsätzlicher Konsens über die Heilsbedeutung der Taufe besteht, das herausgestellt zu haben ist das besondere Verdienst der Lima-Erklärung. Dieser Konsens ist durch die „Gemeinsame Erklärung zur Rechtfertigungslehre" inzwischen noch ein gutes Stück erweitert und vertieft worden.

Der Unterschied zwischen den unterschiedlichen kirchlichen Traditionen liegt heute nicht mehr in der inhaltlichen Bestimmung der Heilsbedeutung der Taufe, sondern in der Verhältnisbestimmung von Taufe und Heil. Die Frage lautet: Ist die Taufe nur vorausgehendes oder nachfolgendes Zeichen des Heils, oder ist sie auch Mittel des Heils? Folgt man den Aussagen der Schrift, so genügt es nicht, die Taufe nur als ein Zeichen zu verstehen; sie ist nach der Schrift vielmehr ein wirksames Zeichen des Heils. Dies hat vor allem Heinrich Schlier gegenüber Karl Barth herausgestellt[16]. Nach dem Neuen Testament ist es die Taufe, welche von der Sünde reinigt (1 Kor 6,11; Hebr 10,22, 1 Petr 3,21). Besonders deutlich ist die Aussage von Eph 5,26: „um sie im Wasser und durch das Wort rein und heilig zu machen". In gleichem Sinn spricht Tit 3,5: „durch das Bad der Wiedergeburt und der Erneuerung". Die Taufe wird im Neuen Testament demnach klar als Mittel des Heils und das heißt, als Sakrament des Heils verstanden.

Die Heilsbedeutung der Taufe bedeutet zugleich deren Heilsnotwendigkeit. „Wer glaubt und sich taufen läßt, wird gerettet werden" (Mk 16,16). „Wenn jemand nicht aus Wasser und Geist geboren wird, kann er nicht in das Reich Gottes

---

[16] H. SCHLIER: Die Taufe nach dem 6. Kapitel des Römerbriefes. In: *Die Zeit der Kirche. Exegetische Aufsätze und Vorträge.* Freiburg i. Br. [2]1958, S. 47-74; DERS.: Zur kirchlichen Lehre von der Taufe. Ebd., S. 107-129.

kommen" (Joh 3, 5). Doch auch die Lehre von der Heilsnotwendigkeit der Taufe darf nicht losgelöst werden vom Gesamtzusammenhang von Evangeliumsverkündigung und Glaube. Dies ist vor allem von Bedeutung wenn es um das Heil von Nichtgetauften geht, die niemals mit der Botschaft des Evangeliums konfrontiert worden sind und die diese Botschaft deshalb auch nie schuldhaft ablehnen konnten. Muß man annehmen, daß sie alle verloren und verdammt sind? Das Neue Testament stellt diese Frage nirgends ausdrücklich. Sie stellt sich uns heute um so unausweichlicher. Wir kommen deshalb nicht umhin, sie auf der Grundlage des Neuen Testaments zu beantworten.

Die Antworten fallen in den Kirchen unterschiedlich aus. Das II. Vaticanum verwies – bei aller Anerkennung der Heilsnotwendigkeit der Taufe (LG 14; AG 7) – auf den allgemeinen Heilswillen Gottes (1 Tim 2,4) und folgerte, daß derjenige, der das Evangelium Christi und seine Kirche ohne Schuld nicht kennt, Gott aber aus ehrlichem Herzen sucht, seinen im Anruf des Gewissens erkannten Willen unter dem Einfluß der Gnade in der Tat zu erfüllen trachtet, das Heil erlangen kann (LG 16; vgl. AG 7; GS 22). Als Begründung für diese These kann man auf die Aussage des Johannesprologs verweisen, daß alles in dem Logos, der in Jesus Christus Mensch geworden ist, erschaffen wurde und daß dieser Logos insbesondere jeden Menschen erleuchtet, der in diese Welt kommt (Joh 1,2.9).

Deshalb spricht die katholische Theologie von einer konditionalen bzw. hypothetischen Notwendigkeit der Taufe für diejenigen, denen das Evangelium verkündet worden ist und die sich infolgedessen für oder gegen den Glauben entscheiden können. Auf diese Weise wird der Zusammenhang von Glaube und Taufe deutlich. Deutlich ist außerdem, daß die Heilsmöglichkeit der Nichtgetauften nicht in deren Leistung, sondern in Jesus Christus begründet ist, dessen Geist in der gesamten Schöpfung am Werk ist.

Das Verständnis der Taufe aus dem Ganzen der Heilswirklichkeit erklärt schließlich, weshalb die Taufe für das Neue Testament wie für die gesamte Überlieferung nicht wiederholbar ist und nur einmal empfangen werden kann. Die Einmaligkeit der Taufe entspricht dem Ein für alle Mal der Heilstat Gottes in Jesus Christus (Hebr 7,27; 9,12; 10,10). So wie Jesus Christus ein für alle Mal gekreuzigt und auferweckt wurde, so kann auch der Christ nur einmal mit ihm sterben und zum neuen Leben erweckt werden. Der Getaufte ist der Sünde ein für alle Mal gestorben (Röm 6,10). „Wenn jemand in Christus ist, dann ist er eine neue Schöpfung: Das Alte ist vergangen, Neues ist geworden" (2 Kor 5,17). Entsprechend spricht der Epheserbrief von der *einen* Taufe, welche dem *einen* Gott, dem *einen* Herrn und *dem* einen Glauben entspricht und die in den *einen* Leib Christi einfügt (Eph 4,4).

Auf diesem biblischen Hintergrund kann eine Wiedertaufe nur als Skandal und als Sakrileg bezeichnet werden. Kirchen, welche die Taufe in einer anderen Kirche nicht anerkennen, sprechen darum auch nicht von Wiedertaufe, sondern von der Ungültigkeit der vorhergehenden Taufhandlung; entsprechend verstehen sie die erneute Taufhandlung nicht als Wiedertaufe sondern als Ersttaufe. Doch für die anderen Kirchen handelt es sich um nichts anderes als um eine Wiedertaufe. Im Hintergrund dieser befremdlichen Praxis steht ein unterschiedliches Verständnis der ekklesiologischen Bedeutung der Taufe.

3. Ekklesiologische Bedeutung der Taufe

Nach der Apostelgeschichte bedeutet die Taufe das Hinzugefügtwerden zur Gemeinde (Apg 2,41). Paulus sagt ausdrücklich, daß wir durch den einen Geist in den einen einzigen Leib Christi aufgenommen werden (1 Kor 12,13). Es geht bei der Taufe demnach nicht nur um das individuelle Heil des einzelnen. Die Taufe hat eine ekklesiale Dimension; sie fügt den Getauften durch den Geist in die Kirche als dem Leib Christi ein[17]. Nicht umsonst stehen die neutestamentlichen Aussagen über die Taufe, häufig in einem liturgischen Zusammenhang (1 Petr 1,3 ff; Tit 3,5-7; Eph 5,14). Es ist die Kirche, welche die Taufe feiert; dabei kommt das Glaubensbekenntnis der Kirche und nicht nur der individuelle Glaube des Täuflings zum Ausdruck. Die Kirche entsteht demnach nicht dadurch, daß Menschen sich zur Kirche zusammenschließen. Man tritt durch die Taufe nicht in die Kirche ein, man wird vielmehr in die Kirche als in eine vorgegebenen Heilswirklichkeit hineingenommen.

Mit der liturgischen Feier der Taufe ist es freilich nicht getan. Dem Neuen Testament geht es nicht um eine abstrakte Tauflehre, sondern um Paraklese, um die Mahnung, aus der Taufwirklichkeit zu leben (Röm 6,3-14; Kol 3,1-17; 1 Petr 1,3-25). Viele Taufaussagen des Neuen Testaments haben darum die Funktion einer Erinnerung an die Taufe; sie machen deutlich, daß die ein für alle Mal vollzogene Taufe immer wieder neu im Leben des Christen realisiert werden muß. Dabei ergeben sich nicht nur individuelle Folgen, sondern auch wichtige soziale Konsequenzen. Vor allem darf es unter den Getauften keinen Ungleichheit aufgrund von Rasse, Volkszugehörigkeit, sozialer Stellung oder Geschlecht geben (Gal 3,28; Kol 3,11).

Schließlich wird keiner nur für sich und nur für das eigene individuelle Heil getauft. Die Taufe steht im Zusammenhang der Sendung der Kirche hinaus in alle Welt (Mt 28,19). Sie macht den Getauften zum Zeugen Christi in der Welt, und sie begründet das Priestertum des ganzen Gottesvolkes, das als ganzes gesandt ist, die großen Taten Gottes zu verkünden (1 Petr 2, 5.9). Die Taufe ist Initiations- und Missionssakrament in einem.

Konkret geschieht die Taufe und das Leben aus der Taufe in einer konkreten Gemeinde; sie ist normalerweise der Lebens- und Wirkraum des Getauften. Die Taufe ist jedoch mehr als die Aufnahme in eine Ortsgemeinde, mehr auch als die Aufnahme in eine bestimmte Konfessionskirche. Die Taufe fügt in den einen und einzigen Leib Christi ein (1 Kor 12,13), und dieser kann nicht geteilt werden (1 Kor 1,13). So ist nach dem Neuen Testament die eine Kirche Jesu Christi in jeder Ortsgemeinde gegenwärtig (1 Kor 1,2; 2 Kor 1,1). Kirche ist im NT Ortskirche und Universalkirche in einem. Entsprechend macht die Taufe nicht nur zum Mitglied einer Gemeinde, sondern zum Glied der una sancta, catholica et apostolica ecclesia[18]. Sie hat von ihrem innersten Wesen her eine die jeweilige Orts- wie Konfessionskirche überschreitende Bedeutung. Sie hat ekklesiologische und

---

[17] Vgl. R. BULTMANN: *Theologie des Neuen Testaments.* Tübingen ⁹1984, S. 311f.

[18] Dieser universalkirche und ökumenische Aspekt ist in der nachkonziliaren Taufliturgie leider verdunkelt worden, wenn es heißt: „die christliche Gemeinde (oder: unsere Pfarrgemeinde) nimmt dich auf".

ökumenische Implikationen. Genau an dieser Stelle werden nun freilich die Bruchstellen zwischen den verschiedenen kirchlichen Traditionen deutlich.

II. Unterschiedliche Ausgestaltungen in Ost und West

Auf der Grundlage des gemeinsamen biblischen Zeugnisses hat die Lehre von der Taufe unterschiedliche Ausgestaltungen gefunden[19]. Die Ostkirchen haben keine abstrakte Tauftheologie entwickelt. Vor allem seit sie sich wieder von dem zeitweiligen westlichen scholastischen Einfluß befreit haben und sich auf ihre Vätertradition besinnen, bezeichnen sie die Taufe als mysterion, d.h. als symbolische Vergegenwärtigung des Heilshandelns des dreifaltigen Gottes. Das ostkirchliche Verständnis des Mysterions sperrt sich letztlich jedem Definitionsversuch. Der liturgische Vollzug der Mysterien ist jeder Reflexion über sie vorgeordnet. In der Sache handelt es sich um heilige Handlungen, bei denen der Heilige Geist unter sichtbaren Zeichen wirkt und seine Gaben mitteilt. Ihre Taufformel lautet entsprechend: „Es wird getauft N.N. ...". Dieses passivum divinum hebt das geheimnishafte Tun Gottes im Tun der Kirche hervor[20].

Die westliche Sakramentenlehre bei Tertullian, Ambrosius, Augustinus u.a. stimmt damit in der Sache überein. Thomas von Aquin hat sie mit Hilfe der aristotelischen Ursachenlehre weiterentwickelt. Nach ihm ist die eigentliche Wirkursache der Taufe (causa efficiens) der dreifaltige Gott, das Tun der Kirche fällt demgegenüber unter die Kategorie der Instrumentalkausalität (*Summa theologiae* III q. 66 a.5). Die Taufe wird also als Mittel des Heils verstanden. Dies ist auch die Lehre des Konzils von Trient (DH 1529).

Grundsätzlich ist das sakramentale Verständnis der Taufe Ost und West gemeinsam[21]. Es gab aber auch unterschiedliche Entwicklungen. Anders als die westlichen Kirchen haben die orthodoxen Kirchen an der Einheit von Taufe und Chrisamsalbung (Firmung) festgehalten. Sie betonen deutlicher als die westlichen Kirchen die pneumatologische Dimension der Taufe und der Kirche[22].

---

[19] Aus der zahlreichen Literatur: A. STENZEL: *Die Taufe. Eine genetische Erklärung der Taufliturgie*. Innsbruck 1958; B. NEUNHEUSER: *Taufe und Firmung*. Freiburg i.Br. [2]1983 (Handbuch der Dogmengeschichte 4,2); B. KLEINHEYER: *Sakramentale Feiern*. Bd. 1: *Die Feiern der Eingliederung in die Kirche*. Regensburg 1989 (Gottesdienst der Kirche. Handbuch der Liturgiewissenschaft. 7,1).

[20] Vgl. R. HOTZ: *Sakramente – im Wechselspiel zwischen Ost und West*. Zürich – Gütersloh 1979 (Ökumenische Theologie. 2), S. 188 ff.; K. Ch. FELMY: *Die orthodoxe Theologie der Gegenwart. Eine Einführung*. Darmstadt 1990, S. 169f.

[21] Wichtig die beiden Dialogergebnisse von München (1982) „Das Geheimnis der Kirche und der Eucharistie im Licht des Geheimnisses der heiligen Dreifaltigkeit" und von Bari (1987) „Glaube, Sakramente und Einheit der Kirche", in: *Dokumente wachsender Übereinstimmung*. Bd. 2, S. 531-539 und 542-551.

[22] Zur Gefahr des Christomonismus in der westlichen Theologie Y. CONGAR: Pneumatologie ou „Christomonisme" dans la tradition latine? In: *Ecclesia a Spiritu sancto edocta*. Gembloux 1970, S. 41-63; W. KASPER: Die Kirche als Sakrament des Geistes. In: DERS.: *Kirche – Ort des Geistes*. Freiburg i. Br. 1976, S. 13-55; J. D. ZIZIOULAS: *Being as Communion*. New York 1985, S. 123-142.

Wichtig ist vor allem, daß das Taufverständnis vor allem im Westen im soge-nannten Ketzertaufstreit im 3. Jahrhundert weiterentwickelt wurde. Die Ausein-andersetzung betraf die Frage, wie mit Christen zu verfahren sei, die in einer hä-retischen oder schismatischen Gemeinschaft die Taufe empfangen hatten und in die Gemeinschaft der katholischen Kirche aufgenommen werden wollen. Gegen die Gültigkeit der Ketzertaufe sprach sich vor allem Cyprian von Kar-thago aus. Er berief sich auf die ältere nordafrikanische Tradition, die unter ihm durch verschiedene Synoden (220, 255 und 256) bestätigt wurde. Die Argumen-tation Cyprians lautete: Es gibt nur eine wahre Kirche, nur einen Geist und eine Taufe (Ep.71,1; 74,4). Außerhalb der Kirche kein Heil (Ep. 73,21). Weil Häreti-ker und Schismatiker außerhalb der einen Kirche stehen, besitzen sie den Geist nicht. Sie können daher den Geist auch nicht mitteilen. Ihre Taufe ist ohne Wir-kung; sie ist keine Taufe. Deshalb will Cyprian nicht von Wiedertaufe, sondern einfach von Taufe sprechen (Ep. 74,7). Trotzdem möchte er einer anderen Kirche seine Auffassung und Praxis nicht aufzwingen; er anerkennt vielmehr deren Freiheit (Ep. 72,3; 73,26). Ebenso dachten Firmilian von Caesarea und große Teile Kleinasiens.

Anders Papst Stephan I. von Rom. Er anerkannte ebenso wie die Kirche von Alexandrien die Gültigkeit der Taufe außerhalb der Kirche. Für Stephan war vor allem die Anrufung des Namens des dreifaltigen Gottes maßgebend (Ep. 74,5; 75,9). So verlangte er bei der Aufnahme von Häretikern lediglich die Handaufle-gung als Bußakt (DH 110). Dieser Position schloß sich der Westen auf der Syn-ode von Arles (314) allgemein an; maßgebend dafür war das trinitarische Be-kenntnis (DH 123).

Entscheidend für die gesamte weitere Entwicklung des Westens, auch noch für die Reformatoren des 16. Jahrhunderts, wurde die Auseinandersetzung Augustins mit den Donatisten. Die Gültigkeit der Taufe außerhalb der katholischen Kirche war für ihn darin begründet, daß der eigentliche Taufspender Jesus Christus selbst ist (De bapt. IV, 12,18; In Joh VI,7; Ep. 93,47). Eigentlich gibt es für Au-gustinus gar keine Sakramente außerhalb der Kirche. Auch dort, wo die Sakra-mente von den Häretikern usurpiert werden, bleiben sie Sakramente der Kirche. Man muß also die Lehre der Häretiker unterscheiden von dem Gebrauch der Sa-kramente, die Christus und der Kirche gehören (De bapt. I,12,19). Mit der Gül-tigkeit ihrer Taufe ist für Augustinus jedoch noch nicht ihre Fruchtbarkeit gege-ben. Die Position Augustins wurde für die lateinische Kirche maßgebend. Das IV. Laterankonzil (1215) (DH 793; 810) wie das Trienter Konzil (DH 1617) ver-teidigte die Gültigkeit der Ketzertaufe, wenn dabei die richtige trinitarische Tauf-formel gesprochen und die Taufe in der Intention gespendet wurde das zu tun, was die Kirche tut. Trotzdem gab es auch in der katholischen Kirche beim Über-tritt von nichtkatholischen Christen Fälle von Wiedertaufe. Bis zum II. Vatica-num wurde in solchen Fällen – häufig gedankenlos – die bedingungsweise Taufe praktiziert. Erst das II. Vatikanische Konzil führte dazu, daß diese Praxis inzwi-schen aufgegeben wurde[23].

---

[23] Vgl. PÄPSTLICHER RAT ZUR FÖRDERUNG DER EINHEIT DER CHRISTEN: *Direktorium zur Ausführung der Prinzipien und Normen über den Ökumenismus. 25. März 1993.* Bonn 1993 (Verlautbarungen des Apostolischen Stuhls. 110), Nr. 99.

Das Konzil geht sogar einen Schritt über die augustinische Position hinaus. Es anerkennt nicht nur die Gültigkeit, sondern auch die Fruchtbarkeit der Taufe bei Nichtkatholiken (LG 15). „Denn wer an Christus glaubt und in der rechten Weise die Taufe empfangen hat, steht dadurch in einer gewissen, wenn auch nicht vollkommenen Gemeinschaft mit der katholischen Kirche". Gottes Geist bedient sich auch der nichtkatholischen Kirchen als Mittel des Heils (UR 3; vgl. 22). So ist die Taufe für das Konzil die Grundlage für die Anerkennung einer ekklesialen Qualität der nichtkatholischen Kirchen und kirchlichen Gemeinschaften; sie ist die Grundlage dafür, daß sich die katholische Kirche in einer realen, aber nicht vollen Gemeinschaft mit den nichtkatholischen Kirchen und kirchlichen Gemeinschaften weiß.

Die östliche Tradition ist nicht so einheitlich. Im Osten gibt es einerseits die sogenannten Apostolischen Canones, welche die syrische Tradition des 4. Jahrhunderts wiedergeben. Sie vertreten den harten Standpunkt von Cyprian und Firmilian und verwerfen die Taufe der Häretiker (can. 46 und 47)[24]. Auf der anderen Seite gibt es den differenzierten Standpunkt des Basilius von Caesarea. Er verwarf die Taufe der Häretiker, welche – wie die Manichäer, Valentianer, Marcioniten – einen anderen Glauben an Gott bzw. die Trinität vertreten, nicht dagegen die Taufe der Schismatiker – wozu er offensichtlich auch die Novatianer rechnet – oder derer, welche eine rebellische Parasynagoge bilden. Basilius wollte sogar auch die großzügigere Auffassung des Westens gelten lassen. Er wollte nur, daß die, welche aus einer anderen Kirche kommen, in jedem Fall gesalbt werden (Ep. 174; 199). Diese differenzierte Position lag wohl auch dem Konzil von Nikaia (325) zu Grunde[25], und er findet sich auch in Kanon 7 des Konzils von Konstantinopel (381)[26].

Maßgebend für die weitere ostkirchliche Disziplin wurde das Trullanum II (Quinsextum) (692). Es nahm einerseits die harten Bestimmungen des Apostolischen Canones in seine Sammlung auf; andererseits bestimmte es in Canon 95 im Sinn des Basilius, daß Irrlehrer, die eine falsche Gotteslehre vertreten, bei ihrer Rückkehr in die Kirche getauft werden müssen, nicht dagegen die Severianer, d.h. die Nicht-Chalcedonier und die Nestorianer[27]. Offensichtlich führt also nicht jedwede Abweichung vom eigenen Glauben zur Ungültigkeit der Taufe, sondern nur solche Häresien, welche – wie bei den Gnostikern – die Grundlagen des biblischen Gottesglaubens betreffen.

Selbstverständlich konnte das Trullanum noch nicht die erst spätere Trennung zwischen Ost und West berücksichtigen. Dazu äußern sich spätere synodale Be-

---

[24]   P.-P. JOANNOU (Hrsg.): *Les canons des Synodes particuliers.* Grottaferrata (Roma) 1962 (Discipline général antique. 1,2) (PONTIFICIA COMMISSIONE PER LA REDAZIONE DEL CODICE DI DIRITTO CANONICO ORIENTALE: Fontes. 9,1,2), S. 81. Canon 45 verbietet Bischöfen, Presbytern und Diakonen auch das Gebet mit den Häretikern.

[25]   Das geht aus einem Vergleich der Canones 8 und 19 hervor. Vgl. *Conciliorum oecumenicorum Decreta.* Freiburg i. Br. 1962, S. 8f.; 14.

[26]   Vgl. ebd., S. 31.

[27]   G. NEDUNGATT – M. FEATHERSTONE (ed.): *The Council in Trullo revisited.* Rom 1995 (Kanonika. 6), S. 174-177.

stimmungen[28]. In der russisch-orthodoxen Kirche wurden bis 1667 alle zur orthodoxen Kirche Konvertierenden wiedergetauft; seither wird dagegen deren
Taufe anerkannt. Dies ist bis heute die Praxis der slawisch-orthodoxen Kirchen.
Anders im Bereich des Patriarchats von Konstantinopel. Zunächst verwarf eine
Synode von Konstantinopel (1484) zwar die Union von Ferrara-Florenz (1439),
sah jedoch für die Aufnahme von Katholiken lediglich eine Salbung vor. Später
wich die griechische Kirche von dieser großzügigen Praxis ab. Patriarch Kyrill
von Konstantinopel verordnete 1755 die Wiedertaufe aller Häretiker und damit
aller abendländischer Christen. Dies geschah als Reaktion gegen den aggressiven
Proselytismus lateinischer Missionare und die Gründung eines unierten melkiti-
schen Patriarchats (1724). So kam es im Verhältnis zur griechisch-orthodoxen
Kirche im 17./18. Jahrhundert auf beiden Seiten zu bisher nicht dagewesenen
Verhärtungen. Beide Seiten vertraten jetzt einen ekklesiologischen Exklusivis-
mus und bestritten sich gegenseitig Mittel des Heils zu sein. Später kehrte Konstantinopel auf verschiedenen Konzilien, etwa im Jahr 1756, wieder zu den Canones von 1484 zurück.

Die einflußreiche Philokalia des Nikodomos Hagioreites (1782), welche die
spirituelle Weisheit der Väter zusammenstellte und wesentlich zur Erneuerung
der patristischen Theologie in der Orthodoxie beitrug, versuchte die widersprüchlichen altkirchlichen Canones zu harmonisieren. Sie gab den strengeren Aussagen insofern Recht, als sie die Taufe außerhalb der orthodoxen Kirche grundsätzlich nicht als gültig ansah, den milderen Aussagen aber dadurch Rechnung trug,
daß sie es für möglich hielt, solche Taufen im Einzelfall gemäß der Oikonomia
anzuerkennen, das heißt gemäß der Klugheit, Weisheit, Milde und der pastoralen
Beurteilung der Umstände, auch der ökumenischen Situation[29].

Doch diese heute oft vertretene Oikonomia-Lösung findet auch in der Orthodoxie keineswegs allgemeine Zustimmung[30]. Zurecht sagt sie einerseits, daß der
Geist Gottes nicht an die Grenzen kirchlicher Institutionen gebunden ist, sie erweckt aber andererseits den Eindruck, als habe die Hierarchie die Vollmacht,
eine an sich ungültige und deshalb nicht heilswirksame sakramentale Handlung
nachträglich heilswirksam zu „machen". Die Konfusion in dieser Frage kann

---

[28] Dazu J. MEYENDORFF: *The Orthodox Church.* New York ³1981, S. 91; 97-99; K.
Ch. FELMY: *Die orthodoxe Theologie der Gegenwart,* S. 180f.; Damaskinos
PAPANDREOU: Zur Anerkennung der Taufe seitens der Orthodoxen Kirche. In: *Una
Sancta* 48 (1993), S. 48-53.

[29] In diesem Sinn hat der griechisch-orthodoxe Metropolit von Deutschland und Exarch von Zentraleuropa Augoustinos LAMBARDAKIS die in der katholischen Kirche
wie die in den evangelischen Kirchen gespendete Taufe unter Berufung auf die
Entscheidung von 1756 „kat'oikonomian" anerkannt, in: *Una Sancta* 52 (1997), S.
120.

[30] Der Schlüsseltext ist nach wie vor G. FLOROVSKY: The Limits of the Church. In:
Church Quarterly Review 117 (1933), S. 117-131, neuerdings J. D. ZIZIOULAS:
Being as Communion, S. 245 f. Zum Gesamtproblem: Y. CONGAR: *Diversités et
communion.* Paris 1982, S. 80-102; D. WENDEBOURG: Taufe und Oikonomia. Zur
Frage der Wiedertaufe in der Orthodoxen Kirche. In: *Kirchengemeinschaft – Anspruch und Wirklichkeit. Festschrift für G. Kretschmar zum 60. Geburtstag.* Stuttgart 1986, S. 93-116.

nach der Meinung der orthodoxen Kirchen erst auf dem geplanten panorthodoxen Konzil oder auf einem künftigen ökumenischen Konzil geklärt werden.

Wegen der divergierenden Meinungen unter den orthodoxen Kirchen mußte die internationale theologische Kommission in dem Dokument von Bari (1987)[31] eine ausdrückliche Behandlung dieser Frage ausklammern. Es werden die Sakramente lediglich als „Sakramente des Glaubens" bezeichnet (15), das Glaubensbekenntnis von Nikaia-Konstantinopel oder das Apostolische Glaubensbekenntnis als für die Taufe (20) und für die Kirchengemeinschaft (21) maßgebend bezeichnet und Übereinstimmungen wie Unterschiede der Initiationspraxis in den beiden Kirchen beschrieben. Das Dokument von Balamand (1993)[32] bringt insofern einen Fortschritt, als es die Wiedertaufe ausdrücklich zurückweist und in indirekter Weise die in der katholischen Kirche empfangene Taufe anerkennt (10; 13). Der nationale Dialog in Nordamerika zwischen der orthodoxen und der katholischen Kirche hat in einer beachtlichen Erklärung (1999) darüber hinaus einen erfreulichen Schritt getan und kommt er zu einer ausdrücklichen vollen gegenseitigen Anerkennung der Taufe[33].

Bei allem Bedauern und aller Kritik an der Praxis mancher orthodoxer und auch koptischer Kirchen muß man dennoch ihrem Anliegen im Sinn des flexiblen Standpunkts des Basilius von Caesarea gerecht werden. Diese Kirchen machen die Anerkennung der Taufe von der Gottes- bzw. Trinitätslehre abhängig. Ihre Praxis steht also auf einem völlig anderen Hintergrund als die der Baptisten. Während es diesen – wie gleich zu zeigen sein wird – um die subjektive und individuelle Glaubensentscheidung des Empfängers (fides qua creditur) geht, steht bei den Orthodoxen die Sorge um den rechten objektiven Glauben des Spenders bzw. der taufenden Kirche (fides quae creditur) im Vordergrund. Sie wollen damit ein wichtiges biblisches Anliegen, den Zusammenhang zwischen der Taufe und dem Glauben, genauer: dem Glauben der Kirche, wahren. Sie tun dies freilich manchmal auf einer heilsexklusivistischen ekklesiologischen Grundlage, die man kaum als biblisch gerechtfertigt und nicht als von der eigenen orthodoxen Tradition zwingend gefordert ansehen kann.

Dennoch ist dieser Standpunkt nicht einfach als obsolet zu bezeichnen. Der maßgebende Gesichtspunkt bleibt aktuell, wenn das christliche und trinitarische Gottesverständnis in grundlegender Weise verfehlt wird. Das ist etwa der Fall, wenn im Namen einer radikalen feministischen Kritik an der vermeintlich maskulinen Sprache der trinitarischen Taufformel, inklusive Taufformeln in Anwendung kommen (etwa Taufe im Namen des Schöpfers, des Erlösers und des Heiligmachers). Wo dies geschieht, wird mit der biblischen Grundlage das christliche Gottes- und Trinitätsverständnis verlassen; es wird die ökumenische Gemeinsamkeit nicht nur mit den orthodoxen Kirchen sondern mit allen „histori-

---

[31] *Dokumente wachsender Übereinstimmung.* Bd. 2. S. 542-565.

[32] L'uniatisme, méthode d'union du passé, et la recherche actuelle de la pleine communion (Commission mixte internationale de dialogue entre l'Église catholique e l'Église orthodoxe: Bari [1987], Valamo [1988], Balamand [1993]).

[33] Baptême et „économie sacramentelle". Déclaration commune de la Consultation théologique nord-américaine orthodoxe-catholique. In: *Irénikon* 72 (1999), S. 114-130.

schen" Kirchen aufgekündigt. Von einer gültigen Taufe kommt kann dann nicht die Rede sein.

IV. Brüche innerhalb der westlichen Christenheit

Die von Martin Luther ausgelöste Reformation des 16. Jahrhunderts verblieb in der Lehre von der Taufe innerhalb der westlichen Tradition. Luther und die lutherische Reformation halten klar am sakramentalen Verständnis der Taufe fest. Das Augsburger Bekenntnis sagt von Wort und Sakrament, daß durch sie, gleichsam wie durch Instrumente, der heilige Geist gegeben wird. Es verwirft deshalb die Wiedertäufer und andere (gemeint sind die Schwärmer) welche lehren, daß wir ohne äußeres Wort durch eigene Bereitung und Werke den heiligen Geist erlangen (Art. 5). So wird von der Taufe gelehrt, daß sie zum Heil notwendig sei und daß uns durch die Taufe die Gnade angeboten wird. Gegen die Wiedertäufer wird auch die Rechtmäßigkeit der Kindertaufe verteidigt (Art. 9).

Doch im Augsburger Bekenntnis wird auch deutlich, daß diese Lehre bei Luther in einem neuartigen Kontext steht. Bei ihm ist alles auf das verheißende und rechtfertigende Wortgeschehen ausgerichtet. Darum sind für das Augsburger Bekenntnis die Taufe, wie alle Sakramente, Zeichen und Zeugnis des Willens Gottes gegenüber uns; sie sollen den Glauben erwecken und bestärken. Ihr rechter Gebrauch besteht darin, daß man sie im Glauben an die durch die Sakramente bezeugten und bezeichneten Verheißungen Gottes empfängt (Art. 13).

Verheißendes Wort und sakramentales Zeichen stehen freilich nicht nebeneinander. Nach den beiden Katechismen Luthers ist die Taufe nicht blosses Wasser, sondern „das Wasser in Gottes Gebot gefasst und mit Gottes Wort verbunden" (BSELK, 516 f; vgl. 449; 693) „Sie wirkt Vergebung der Sünden, erlöset vom Tod und Teufel und gibt die ewige Seligkeit allen, die glauben, wie Wort und Verheißung Gottes lauten" (ebd. 517; vgl. 695 f). „Denn in Gottes Namen getauft werden, ist nicht von Menschen, sondern von Gott selbst getauft werden; darum ob es gleich durch des Menschen Hand geschieht, so ist es doch wahrhaftig Gottes eigen Werk" (ebd. 692 f).

So tun sich bereits bei Luther Neuakzentuierungen im Verhältnis zur Tradition auf. Dies wird besonders bei seiner Kritik der thomistischen Position (BSELK 450) und vor allem bei der Ablehnung der Lehre von der Wirksamkeit der Sakramente ex opere operato deutlich. Diese Lehre wird in den Bekenntnisschriften als Wirksamkeit ohne Glaube und ohne Christus mißverstanden (199; 255 u.a.). So führen die unterschiedlichen Ansätze und „Systeme" zu unterschiedlichen Folgerungen; gleiche Aussagen nehmen eine unterschiedliche Bedeutung an. Der Zusammenhang Wort Gottes – Sakrament – Kirche bedarf deshalb noch gründlicher Erörterung[34].

Dies gilt in anderer Weise auch von Calvin; bei ihm wird der unterschiedliche Ansatz noch deutlicher. In der „Institutio christianae religionis" versteht Calvin

---

[34] K. LEHMANN – W. PANNENBERG (Hrsg.): Lehrverurteilungen – kirchentrennend? Freiburg i. Br. – Göttingen 1986, S. 88.

die Taufe als Verheißung und als Bekenntnis- und Merkzeichen des Glaubens (IV, 15,1-2.13-15). Nach dem Heidelberger Katechismus dient die Taufe der Erinnerung und Versicherung des Heils, sie ist Verheißung, Pfand und Wahrzeichen (ed. W. Niesel, S. 165f.). Wie jedoch Calvins entschiedenes Festhalten an der Kindertaufe zeigt (IV, 16,1-32), will er den objektiven Charakter der Taufe nicht bestreiten. Auch Calvin kann sagen, die Taufe sei nicht Sache eines Menschen, sondern Gottes Sache (IV, 15,16). Letztlich kann Calvins Position nur im Zusammenhang seiner Verhältnisbestimmung von Sakrament und Wirken des Heiligen Geistes verstanden werden (IV, 14,8-12). Für ihn gehören Geist- und Wassertaufe zusammen; sie wirken aber eher nebeneinander und miteinander als ineinander (IV, 16, 25).

Zum Bruch mit der Tradition kommt es bei Zwingli. Er versteht die Taufe als Akt des Gläubigen; sie ist ihm Verpflichtungs-, Erkenntnis- und Bekenntniszeichen, ein Anschauungsmittel, das auf die Gnade hinweist, aber nicht Darreichung des Heils. So fängt bei Zwingli eine Entwicklung an, die vom sakramentalen Verständnis der Taufe weg- und zu einem rein zeichenhaften Verständnis hinführt. Die Sakramente sind jetzt nicht mehr wirksame Zeichen der Gnade sondern Zeichen des Glaubens.[35].

Die Radikalisierung der Position Zwinglis führte schon im 16. Jh. zur Täuferbewegung, dann im 17. Jh. zu den Mennoniten und zu den Baptisten. Sie ziehen aus der neuen Position radikale Folgerungen[36]. Denn wird die Taufe als äußeres Bekenntniszeichen verstanden, dann muß aufgrund dieses veränderten Taufverständnisses die Kinder- bzw. die Säuglingstaufe zum Problem werden.

Die Ablehnung der Kindertaufe und die Forderung nach der Erwachsenentaufe blieb jedoch nicht die einzige Konsequenz. Mindestens ebenso schwerwiegend sind die ekklesiologischen Konsequenzen. Wird nämlich die Taufe nicht mehr sakramental, sondern als Bekenntnis- und Verpflichtungsakt des Täuflings verstanden, dann ist die Kirche nicht mehr das Organ, durch das Gott das neue Leben schenkt; sie ist auch nicht mehr der vorgegebene Raum des Heils, in den der Getaufte aufgenommen wird. An die Stelle des Eingegliedertwerdens in die Kirche tritt das frei gewählte Eintreten in die Kirche. Die Kirche ist so Ergebnis des Sich-Sammelns und Versammelns. Sie ist der freie Zusammenschluß der Glaubenden. Als Freiwilligkeitskirche verwirklicht sie sich in der Ortsgemeinde; sie wird demzufolge kongregationalistisch verstanden. Folgerichtig führt das Konzept der Freiwilligkeitskirche dann nochmals einen Schritt weiter, nämlich zur Betonung der Freiheit und der Unabhängigkeit vom Staat. Dies bedeutet die Auflösung der mittelalterlichen Corpus-christianum-Idee. Entsprechend gilt die Kontinuität der etablierten Kirchen mit der frühen Kirche durch die Einführung der Kindertaufe und durch die konstantinische Wende als abgebrochen. Die freikirchliche Gemeinde versteht sich damit nicht mehr aus der Kontinuität mit der einen, heiligen, katholischen und apostolischen Kirche aller Orten und aller Zeiten. Das führte zu einem neuen Typ von kirchlichen Gemeinschaften, die man nicht mehr den „historischen" Kirchen aus der Reformation zuordnen kann.

---

[35] Vgl. TRE 29 (1998), S. 673 f
[36] Vgl. TRE 5 (1980), S. 190-197; H. J. URBAN, in: *Kleine Konfessionskunde*. Hrsg. vom JOHANN-ADAM-MÖHLER-INSTITUT. Paderborn ³1999, S. 245- 263.

Dasselbe Phänomen findet sich bei den inzwischen zahlreichen evangelikalen Gemeinschaften und bei den Pfingstkirchen[37]. Sie nehmen Anliegen der älteren freikirchlichen Erweckungsbewegungen (Methodisten, Quäker, Pietisten u.a.) auf. Da auch für sie die Taufe nicht objektives Heilsmittel ist, fällt um so mehr Gewicht auf das subjektive Erlebnis der inneren Wiedergeburt, der Geisttaufe und der Geistcharismen. Mit diesem enthusiastischen Christentum haben sie gegenwärtig enormen missionarischen Erfolg. Unbestreitbar kommen bei ihnen – wenngleich in einseitiger Weise – biblische Motive zur Geltung, welche in den historischen Kirchen und ihrem sakramentalen Taufverständnis oft in Vergessenheit geraten sind. Die historischen Kirchen werden die Herausforderung durch diese neuen und äußerst vielgestaltigen kirchlichen Gemeinschaften deshalb in konstruktiver Weise aufgreifen müssen.

Neuerdings entdecken einzelne baptistische Autoren, wie etwa G. Beasley-Murray[38], aufgrund des Zeugnisses der Schrift wieder das Wirken Gottes durch die Taufe und damit die geistliche Wirkung der Taufe.

Auch in den evangelikalen und pentekostale Gemeinschaften wird zwar nicht bei der großen Mehrheit, aber doch bei einzelnen Vertretern die Frage nach dem sakramentalen Charakter der Taufe wieder laut[39]. Es sind also einzelne zaghafte Annäherungen in Gang.

Das alles macht deutlich, daß es in der nachreformatorischen Entwicklung und in der Frage der Säuglingstaufe nicht nur um die rechte Reihenfolge von Taufe und persönlicher Glaubensentscheidung geht, sondern um grundsätzliche Fragen des Tauf- und des Kirchenverständnisses. Es bedurfte eines Theologen von der Statur eines Karl Barth um diese Diskussion auf ein adäquates theologisches Niveau zu heben. K. Barths Lehre von der Taufe[40] hat das große Verdienst, die sonst in Theologenkreisen eher als schwach abgetane freikirchliche Tauflehre in den seriösen theologischen Diskurs eingeführt und damit die theologische Dis-

---

[37] Grundlegend ist nach wie vor J. HOLLENWEGER: *Enthusiastisches Christentum. Die Pfingstbewegung in Geschichte und Gegenwart.* Zürich 1969. Zum gegenwärtigen Stand H. J. URBAN, a.a.O., S. 263-305. Auf die Notwendigkeit einer ernsthaften theologischen Auseinandersetzung hat bereits Y. CONGAR: *Je crois en l'Esprit saint.* Bd. 2. Paris 1979, S. 187-269 hingewiesen. Eine gründliche bibeltheologische und patristische Untersuchung bietet K. MACDONNEL – G. T. MONTAGUE: *Christian Initiation and Baptisme in the Holy Spirit* (Anm.6).

[38] G. BEASLEY-MURRAY: *Baptism in the New Testament.* London 1962 (dt.: *Die christliche Taufe.* Kassel 1968).

[39] Vgl. die Konsultation von Louisville: Consultation on Baptisme (Faith and Order Paper, 97) in: *Review and Expositor* 57 (1980), Heft 1 sowie das jüngste Dokument des Dialogs zwischen der römisch- katholischen Kirche und klassischen pentekostalen Kirchen „Perspectives on Koinonia". In: *Information Service* Nr. 75 (1990), Heft 4, S. 179-196.

[40] Ich übergehe hier die frühere Schrift von K. BARTH: *Die kirchliche Lehre von der Taufe.* Zürich-Zollikon ³1947 und beschränke mich auf die *Kirchliche Dogmatik* Bd. 4,4. Zürich 1967. Dazu: *Zu Karl Barths Lehre von der Taufe.* Mit Beiträgen von J. BECKMANN u.a. Gütersloh 1971; R. SCHLÜTER: *Karl Barths Tauflehre. Ein interkonfessionelles Gespräch.* Paderborn 1973. Eine kognitive Bedeutung der Taufe wird auch vertreten von J. MOLTMANN: *Kirche in der Kraft des Geistes. Ein Beitrag zur messianischen Ekklesiologie.* München 1975, S. 253-268.

kussion neu entfacht zu haben. Bei aller Kritik, die man an Barths Position und seiner Destruktion des sakramentalen Taufverständnisses exegetisch wie systematisch üben kann und muß, darf man seine Wirkung auf viele gegenwärtige Theologen keinesfalls unterschätzen. Sie ist ökumenisch um vieles bedeutender als manches ökumenische Dialog- und Konsenspapier.

Barth unterscheidet zwischen der Geisttaufe und der Wassertaufe. Die Geisttaufe ist ihm „effektives, kausatives, ja kreatives, göttlich wirksames, göttlich verursachendes, göttlich schöpferisches Handeln am und im Menschen" (37). Die Wassertaufe dagegen ist gehorsame Antwort auf die Taufe im Heiligen Geist. Damit wendet sich Barth gegen den Konsens aller „historischen" Kirchen, welche die Taufe sakramental verstehen. Die Wassertaufe hat für ihn eine kognitive, aber keine kausative Bedeutung. Sie ist kein Gnadenmnittel (112 ff.).

So ist es nicht verwunderlich, daß Barth – bei aller Kritik auch an deren Position – eine gewisse Sympathie für die Linie Zwinglis, der Täufer- wie der spiritualistischen Bewegungen empfindet. Die Kindertaufe ist für ihn zwar nicht einfach ungültig (208), aber sie ist doch „eine tief unordentliche Taufpraxis", „eine Wunde an der die Kirche an diesem wahrhaft vitalen Punkt folgenschwer nach allen Seiten leidet". Sie hat den Gehorsams- wie den Antwortcharakter des Taufgeschehens „bis zur Unkenntlichkeit verdunkelt" (213f.). Darüber hinaus sieht auch Barth den inneren Zusammenhang, in dem die Praxis der Säuglingstaufe mit der konstantinischen Staatskirche und dem mittelalterlichen Corpus Christianum steht. Er möchte die Kirche wieder als weltlich unansehliche Fremdlingschaft und mobile Bruderschaft verstehen (185).

Der Verlust des sakramentalen Verständnisses der Taufe ist freilich nicht auf die baptistischen, pietistischen, evangelikalen und pentekostalen Bewegungen und auf die von Karl Barth beeinflußte Theologie beschränkt. Mit ganz anderem Hintergrund ist in „liberalen" Kreisen auch innerhalb der „historischen" Kirchen ein „rein" symbolisches Verständnis weit verbreitet. Damit wird nochmals die Scheidelinie deutlich zwischen einem „nur" symbolischen Verständnis, bei dem die Taufe „nur" eine menschliche oder kirchliche Symbol- und Bekenntnishandlung ist, und einem sakramentalen Verständnis, welches die Taufe im Sinn des altkirchlichen mysterion als Realsymbol, d.h ein Symbol versteht, welches durch das Wirken des Geistes Gottes das schenkt, was es bezeichnet.

So tun sich bei allen erfreulichen ökumenischen Konsensen und Konvergenzen im Taufverständnis noch immer tiefreichende Differenzen auf, welche Konsequenzen für das Verständnis der Kirche wie für das Verhältnis von Kirche und Staat bzw. Gesellschaft haben. Es zeichnen sich aber in vorsichtiger Weise auch Möglichkeiten ab, auf dem Boden der Heiligen Schrift und der altkirchlichen Tradition, in vielen geduldigen Schritten diese Differenzen zu überwinden.

V. Ökumenische Diskussion um Taufe und Herrenmahl

Die Taufe kann nicht isoliert betrachtet werden: Sie steht im Zusammenhang der übrigen Initiationssakramente Firmung bzw. Chrisamsalbung und Eucharistie. Dieser Zusammenhang wird in den kirchlichen Traditionen verschieden gesehen und praktiziert. Auch dabei geht es nicht nur um die Reihenfolge und die zeitliche Streckung des Initiationsprozesses, sondern um grundlegende Fragen des Tauf- und Kirchenverständnisses. Zwischen allen Kirchen besteht Übereinstimmung darüber, daß die Taufe mit der Eingliederung in die Kirche zugleich den Geist schenkt und daß die Eingliederung in den ekklesialen Leib Christi durch die Tauf auf die Teilhabe am eucharistische Leib Christi am einen Tisch des Herrn hingeordnet ist. Die Zusammengehörigkeit wird in den orthodoxen Kirchen von jeher dadurch gewahrt, daß mit Taufe zugleich die Chrisamsalbung gespendet und dem Neugetauften die Eucharistie gereicht wird. Damit wird an der Einheit der drei Initiationssakramente festgehalten. Grundsätzlich wird dies heute so auch von der katholischen Kirche gesehen und bei der Erwachsenentaufe auch praktiziert[41]. Bei der Kindertaufe dagegen werden Firmung und Eucharistie erst zu einem späteren Zeitpunkt gespendet. Auch die aus der Reformation hervorgegangene Kirchen unterscheiden bei der Säuglingstaufe zwischen dem Zeitpunkt Taufe und dem der Zulassung zum Abendmahl. Die der Zulassung zum Abendmahl vorausgehende Konfirmation wird jedoch nicht sakramental verstanden[42].

Die liturgische Einheit von Taufe und Firmung[43] betont stärker die pneumatologische Dimension der Taufe und des Christseins, während die liturgische Unterscheidung mehr das Moment des Wachstums zur Reife des Mannesalters und zum Vollmaß der Fülle Christi (Eph 4,13) zur Geltung bringt. Ähnlich verhält es sich bei der zeitlichen Unterscheidung von Taufe und erster Kommunion. Auch hier gilt das Gesetz des Wachstums und der Reife. Die Taufe ist nur Anfang und Ausgangspunkt, die Eucharistie Fülle und Höhepunkt (UR 22; vgl. LG 11). Ein weiterer Gesichtspunkt kommt hinzu. Nach 1 Kor 11,26 ist die Eucharistie eine intensive und qualifizierte Form der Verkündigung von Tod und Auferstehung Christi. Das eucharistische Essen und Trinken setzt darum voraus, daß jeder, der hinzutritt, sich selbst prüft (1 Kor 11,28). Diese Pflicht, sich selbst zu prüfen, macht es sinnvoll, die Eucharistie nur denen zu reichen, welche dieser Unterscheidung fähig sind. Doch hier handelt es sich um unterschiedliche Akzente, nicht um kirchentrennende Unterschiede.

Ökumenisch schwerwiegender ist der Umstand, daß die orthodoxen Kirchen

---

[41] Die Einheit der Initiationssakramente ist durch das II. Vatikanische Konzil wieder deutlich herausgestellt worden: SC 64 -71; AG 14; PO 5. Vgl. auch CIC 1983 can. 842 § 2.

[42] Zur Frage ob und inwiefern hier ein kirchentrennender Unterschied vorliegt die m. E. etwas zu optimistische Beurteilung in: *Lehrverurteilungen – kirchentrennend?* S. 125-132.

[43] Zum historischen Problem: B. NEUNHEUSER: *Taufe und Firmung*, S. 29-33; 34-52; 70-73; 73-96; G. KRETSCHMAR: Firmung. In: TRE 11 (1983), S. 192-204; KLEINHEYER: *Sakramentale Feiern*, Bd. 1 (Anm. 19).

wie die katholische Kirche, auch wenn sie die Taufe in einer anderen Kirche anerkennen, dennoch die so Getauften nicht zur Teilnahme an der Eucharistie zulassen. Diese Praxis ist evangelischen Christen schwer verständlich, und sie
macht unter pastoralen Gesichtspunkten auch innerkatholisch Beschwer. Wir haben es hier mit einem der gegenwärtig dornigsten ökumenischen Probleme zu
tun, unter dem viele Christen und viele Seelsorger leiden.

Für die katholische Kirche und für die orthodoxen Kirchen gehören Kirchen-
und Eucharistiegemeinschaft zusammen. Sie können sich dafür auf 1 Kor 10,17
berufen: „Ein Brot ist es. Darum sind wir viele ein Leib; denn wir alle haben teil
an dem einen Brot." Die Zusammengehörigkeit von Eucharistie- und Kirchengemeinschaft war für die Tradition der alten Kirche grundlegend, und sie war bis
in die Mitte des 20. Jahrhunderts auch die Position der reformatorischen Kirchen[44]. Bis dahin gab es zwischen den lutherischen und den reformierten Kirchen
trotz prinzipieller Einheit in der Rechtfertigungs- und Tauflehre keine Abendmahlsgemeinschaft. Es handelt sich also um einen universalkirchlichen Konsens.

Aus diesem Konsens ist die reformatorische Christenheit inzwischen ausge-
stiegen. Sie argumentiert heute kurzgefasst meist folgendermaßen: Jesus Christus
lädt ein, also ist die Kirche nicht berechtigt auszuschliessen; Jesus Christus ist bei
der Eucharistie Geber und Gabe, also ist nicht die Kirche Herr der Eucharistie.

Diese Argumentation ist nur auf den ersten Blick einleuchtend. Sie setzt nämlich eine Verhältnisbestimmung von Jesus Christus und Kirche voraus, welche
die sakramentale Sicht der Kirche von vorne herein außer Betracht läßt. Sobald
man aber mit dem Neuen Testament und der altkirchlichen Tradition damit ernst
macht, daß das Geheimnis Jesu Christi in und durch die Kirche offenbar und gegenwärtig wird (Röm 16,25f.; Eph 3,4-6.9-11; Kol 1,26f.) und sobald man die
Kirche gleichsam als sakramentales Zeichen und Werkzeug Jesu Christi versteht[45], wird es unmöglich, Christusgemeinschaft und Kirchengemeinschaft voneinander zu trennen. Das Verhältnis von Christus und Kirche muß dann im Sinn
des augustinischen „Christus totus", des ganzen Christus nach Haupt und Gliedern verstanden werden[46].

In einem solchen sakramentalen Kirchenverständnis kann man gar nicht an-

---

[44] W. ELERT: *Abendmahlsgemeinschaft und Kirchengemeinschaft in der alten Kirche.*
Berlin 1954. Grundlegend für die Neubesinnung auf katholischer Seite war vor al-
lem H. DE LUBAC: *Corpus mysticum. L'Eucharistie et l' Église au Moyen Age.*
Paris 1949 (dt.: *Corpus mysticum.* Einsiedeln 1969). Zu entsprechenden Lehre
Augustins vgl. F. HOFMANN: *Der Kirchenbegriff des hl. Augustinus.* München
1933, S. 390-413; J. RATZINGER: *Volk und Haus Gottes in Augustins Lehre von der
Kirche.* München 1954 (Münchner Theologische Studien. II,7); St. Ottilien ²1992,
S. 211-215.

[45] So das II. Vatikanische Konzil an vielen Stellen: LG 1; 9; 48; 59; GS 42; 45; AG 1;
5. Auf evangelischer Seite deuten sich Öffnungen in dieser Richtung an, vgl. E.
JÜNGEL: Die Kirche als Sakrament? In: *Zeitschrift für Theologie und Kirche* 80
(1983), S. 432-457. Wichtig ist in diesem Zusammenhang das letzte Dialog-
Dokument zwischen der evanglisch-lutherischen und römisch-katholischen Kirche
„Kirche und Rechtfertigung" (1994) Nr. 4.2.

[46] Vgl. F. HOFMANN: *Der Kirchenbegriff des hl. Augustinus,* S. 152ff.; J. RATZINGER:
Volk und Haus Gottes..., S. 206-209; 216-218.

ders als Christus-, Eucharistie- und Kirchengemeinschaft in ihrer inneren Einheit zu sehen. In dieser Perspektive muß die Eucharistie immer beides zugleich sein: Zeichen schon gegebener Einheit der Kirche und Mittel diese schon gegebene Einheit zu vertiefen, in ihr zu wachsen und zu reifen (vgl. UR 2; 8)[47].

Damit werden zum Schluß in neuer Gestalt nochmals die Bruchlinien deutlich, die bereits in der Tauflehre zu Tage getreten sind. Es geht sowohl um das sakramentale Taufverständnis wie um das sakramentale Kirchenverständnis. So stehen nach der Einigung über Grundfragen der Rechtfertigungslehre und nach dem Grundkonsens in der Lehre von der Taufe nun die ekklesiologischen Implikationen der Tauflehre auf der Tagesordnung des ökumenischen Dialogs. Dabei könnte sich die pneumatologische Profilierung der Sakramente und der Kirche, wie wir sie in der orthodoxen Theologie finden, ökumenisch fruchtbar erweisen um institutionelle Verhärtungen aufzubrechen.

Es gibt also gute und hoffnungsvolle Vorzeichen, für den neuen Konsultationsprozess, den die Kommission „Glaube und Kirchenverfassung" über „Nature and Purpose of the Church" eingeleitet hat[48]. Man kann nur wünschen, daß dieser Prozess eine ähnliche positive Aufnahme findet wie dies bei „Taufe, Eucharistie und Amt" der Fall war. Wirkliche Fortschritte werden freilich nur möglich sein, wenn wir den Mut haben, die Probleme an der Wurzel zu fassen und wenn wir die Kraft haben, im ursprünglichen Sinn des Wortes radikal zu denken. Die Ökumene braucht solchen neuen Mut zu ernsthafter theologischer Arbeit. Karl Lehmann, dem diese Zeilen gewidmet sind, hat diesen Mut vorbildlich bewiesen.

---

[47] Die sich daraus ergebenden konkreten Regelungen finden sich im *Direktorium zur Ausführung der Prinzipien und Normen über den Ökumenismus*, Nr. 122-132.

[48] *The Nature and Purpose of the Church. A Stage on the Way to a Common Statement*. Genf 1998 (Faith and Order Paper. 181).

Christi Missionsbefehl und die Toleranz der Christen

VON GERHARD LUDWIG MÜLLER

1. Gebietet die Toleranz die Annullierung des Missionsbefehls?

Im westlichen Europa weht dem Christentum ein scharfer Wind ins Gesicht. Nachdem die Kirche im Kampf gegen die totalitäre Ideologie des Kommunismus nicht mehr gebraucht wird, treten die alten Muster der Fundamentalkritik am Christentum wieder auf den Plan. Im Namen der Ideale der Menschlichkeit und der Freiheit soll die Kirche in ihrem Einfluß eingeschränkt, ja überhaupt zum Verschwinden gebracht werden.

Ein Beispiel für einen neuen jakobinischen Eifer gegen die Christen sind die kulturkämpferischen Töne, die der Berliner Philosoph Herbert Schnädelbach in einem Artikel der Hamburger Wochenzeitung *Die Zeit* angeschlagen hat (Der Fluch des Christentums, Nr. 20 [11. 5. 2000], S. 41-42). Er knüpft an das Schuldbekenntnis der Kirche an, das Papst Johannes Paul II. am ersten Fastensonntag formuliert hatte, in dem er um Vergebung bat für all das, was im Laufe von zweitausend Jahren Kirchengeschichte an Sünden, Fehlern und Verfehlungen von Christen und der Kirche als gesellschaftlicher Gruppe geschehen ist, und was mit dem Geist des christlichen Glaubens nicht vereinbar sein kann. Schnädelbach ist ein solches Bekenntnis viel zu wenig. Er meint, daß die Untaten der Christen nicht aus einem Verstoß gegen die eigenen Prinzipien entstanden sind, sondern sich gerade als Konsequenz der Grundprinzipien des Christentums erweisen. Er spricht von sieben Geburtsfehlern des Christentums, „die es gar nicht beheben kann, weil dies bedeutet, sich selbst aufzuheben". Da er alle Untaten in der Menschheit seit zweitausend Jahren prinzipiell und pauschal dem Christentum anlastet, muß er die Christen aufrufen, sich selbst aufzugeben. Damit würden sie der Menschheit einen letzten segensreichen Dienst erweisen und damit den Fluch des Christentums, der über der Menschheit lastet, beseitigen. Erst dann könne der weitere Weg der Geschichte von wirklicher Humanität, Freiheit und Lebensgenuß eingeschlagen werden.

Unter den sieben Geburtsfehlern des Christentums nennt er an zentraler Stelle den Missionsbefehl Jesu an die Apostel. Der Missionsauftrag, wie er im Matthäusevangelium formuliert ist (Mt 28,19f.), zeige, daß dem Christentum von Anfang an „der humanistische Respekt vor dem natürlichen Menschen" gefehlt hat. Die Völker, zu denen die Apostel gesandt werden, müßten gar nicht gefragt werden, ob sie überhaupt Jünger werden wollen, da die Taufenden sich ja als die Vollstrecker aller „Gewalt" im Himmel und auf Erden verstehen. Wenn dieser Zusammenhang von Missionsbefehl und der Bedenkenlosigkeit der Mittel seiner Durchsetzung auch am Anfang in der Minderheitensituation noch verdeckt war, so sei er spätestens seit der „Konstantinischen Wende" in aller Deutlichkeit ans Licht getreten. Beleg dafür seien die Zwangstaufen. Das Missionsgebot wurde dann verstanden als ein Auftrag zur blutigen Ausrottung des Heidentums und als eine „Ermächtigung zum christlichen Kulturimperialismus". Nach Meinung Schnädelbachs schließen sich Missionsauftrag und Toleranz gegenüber Andersdenkenen und Andersgläubigen prinzipiell aus. In der modernen pluralistischen Gesellschaft, die auf dem Prinzip der Anerkennung des Anderen beruhe, habe konsequenterweise ein sich nach seinen eigenen Prinzipien verstehendes Christentum keinen Platz.

Von den gleichen Voraussetzungen her kommt die pluralistische Religionstheologie, die sich immerhin noch als christliche Theologie versteht, zum entgegengesetzten Ergebnis. Auch hier sieht man einen Widerspruch zwischen Missionsauftrag und der Anerkennung der Alterität, des Andersseins der Anderen und deren Recht auf eine eigene Religion und Kultur. Der Missionsbefehl bedeute, zu wollen, daß alle Menschen Christen und Katholiken werden, was notwendigerweise zur Zerstörung anderer Religionen und Kulturen führen müsse. Um das Christentum pluralismusfähig zu machen, müsse es nicht selbst, aber dafür konsequenterweise die Mission aufgegeben werden. Die Mission kann dann nicht mehr verstanden werden als ein Mittel zur Umsetzung des universalen Heilswillens Gottes in die Lebensgeschichte des einzelnen Menschen und in die Geschichte der Völker. Der allgemeine Heilswille, an dem die pluralistische Religionstheologie festhält, vollzieht sich in der Anerkennung, daß Gott ihn polyzentrisch und parallel in den großen Weltreligionen ja schon geoffenbart und realisiert hat. So wird das Christentum als eine unter mehreren kulturellen Ausdrucksformen des allgemeinen Heilswillens in ein pluralistisches Offenbarungskonzept eingereiht. Der Preis, den das Christentum für den Eintritt in das Pluralismusparadigma zu zahlen hat, besteht in der Beschränkung seiner Wirksamkeit auf den geschichtlichen Kulturraum des bisherigen Christentums und in der Negation der universalen Heilsmittlerschaft Jesu Christi. Man wird Christ nicht mehr durch die persönliche Glaubensentscheidung und das Gnadenhandeln Gottes in der Taufe, sondern durch das Hineingeborenwerden in einen geschichtlichen Kulturraum und die Ratifizierung seiner gewachsenen Wertvorstellungen. Dies kann sich ausdrücken, indem man sich dem Taufritus unterzieht, der dann aber eher ein standesamtliches Kriterium der Zugehörigkeit zu einer religiösen Vereinigung wird.

Sowohl der fundamentalistischen wie auch der relativistischen Auslegung des missionarischen Charakters des Christentums gegenüber ist durchaus zu betonen, daß mit dem Missionsauftrag der Wunsch verbunden ist, daß alle Menschen zur Erkenntnis der Wahrheit und zur Seligkeit kommen, die der universale Heilswille Gottes an die einzige Mittlerschaft Christi geknüpft hat (vgl. 1 Tim 2,4f.). Zu bestreiten ist aber der Vorwurf von Seiten der fundamentalistischen und der relativistischen Kritik, aus dem Missionsauftrag folge, daß alle Mittel, von der propagandistischen Überwältigung der Freiheit bis zur Bedrohung des Lebens, legitimiert seien. Im Gegenteil erweist sich gerade die Korrelation von Verkündigungswort und freier Annahme des Glaubens als die Ermöglichung von Alterität, insofern der Adressat der Botschaft als Person in seiner Wahrheitssuche und in seiner Heilssehnsucht von Gott selbst ernstgenommen wird und sich damit selber im geistigen Akt seiner Freiheit auf Gottes Wahrheit und Gnade bezogen sieht, die er durch die von Gott angebotenen Mittel des Glaubens und der Taufe annimmt. Dadurch tritt der Mensch in eine relationale Identität ein im Hinblick nicht auf die Partikularität anderer Menschen und der Begrenztheit einzelner Kulturen, sondern im Hinblick auf Gott, der als Schöpfer und Erlöser allein Ursprung und Ziel des Menschen sein kann. Weil die Annahme des Evangeliums konstitutiv an das Wahrheitsgewissen und die Entscheidungsfreiheit jedes einzelnen Menschen gebunden ist und die sakramentale Gnade und die Heilsbedeutung der Kirchengliedschaft nur durch das Medium der Freiheit im Personvollzug des Menschen wirksam werden können, besteht zwischen Missionsauftrag und Toleranzgebot keineswegs ein Widerspruch, sondern gerade im Gegenteil ein inneres Bedingungsverhältnis.

Für das Verhältnis der Christen zu nicht- oder andersgläubigen Menschen kommt über die bloß gesellschaftliche Toleranz hinaus noch ein entscheidenderes Moment ins Spiel, das sich unmittelbar aus dem Missionsauftrag Jesu ergibt. In der großen Missionsrede an die zwölf Apostel und zweiundsiebzig Jünger demonstriert Jesus den Sinn der Sendung als einen Dienst am Heil und am leiblichen Wohl der Menschen. Die Jünger nehmen teil an der Sendung Jesu, der nicht gekommen war, um zu herrschen, sondern um zu dienen und sein Leben als Lösegeld hinzugeben für die vielen (Mk 10,45). Sie werden in die Welt gesandt, aber nicht ausgerüstet wie die Soldaten einer irdischen Herrschaft, die mit dem Schwert, Rüstung und in Soldatenstiefeln kämpfen. Sie werden in die Welt hinausgesandt nur mit einem Wanderstab, einem Hemd und mit Sandalen. Sie verhalten sich nicht wie Wölfe unter den Schafen, sondern wie Schafe, die mitten unter die Wölfe gesandt werden. In der Nachfolge Jesu erleiden sie lieber Verfolgung und Verleumdung, als daß sie selber verfolgen und Böses über andere sagen.

In der markinischen Version des Missionsauftrages werden die Zeichen genannt, die dem Zeugnis der Jünger für die Wahrheit und dem Angebot des Glaubens und der Taufe folgen werden. Es ist der Dienst an der Kranken und die Überwindung der destruktiven Kräfte des Bösen, die jedes menschlichen Zusammenleben zerstören. Es ist die Sorge für die Kranken und Leidenden. Der Missionsauftrag enthält in sich darum eine kerygmatisch verkündigende Dimension, das Zeugnis Christi in Wort und Tat und schließlich auch den Dienst an den Menschen, auch dort, wo sie das Evangelium nicht angenommen haben oder auch nicht annehmen.

Darum hat die Kirche von Anfang an bis zum heutigen Tag ihre Mission immer so verstanden, daß sie im pädagogischen, diakonischen und politischen Bereich am Aufbau einer humanen Welt und eines friedlichen Zusammenlebens der Menschen mitwirkt. Der Dienst an den Kranken etwa hat sich niemals nur auf die eigenen Glaubensgenossen beschränkt. Er ist eine eigenständige Dimension im missionarischen Wirken der Kirche und keineswegs bloß ein Propagandainstrument, um Außenstehende als Mitglieder für die Kirche gleichsam moralisch zu nötigen. Der Missionsauftrag, den Jesus seiner Kirche eingestiftet hat, richtet sich in der Perspektive der gesamten in der Heiligen Schrift bezeugten Offenbarungsgeschichte an die Glieder des erwählten Gottesvolkes Israel und, da in Jesus Christus die Sendung Israels geschichtlich konkretisiert wurde, auch an alle Völker und Menschen, die Geschöpfe, die den Schöpfer des Himmels und der Erde als den Garanten ihrer Würde, ihres Menschseins und ihres Personseins anerkennen.

Wenn die Kirche sich in Christus als das neue Gottesvolk aus Juden und Heiden versteht, dann dient sie der von Gott gewollten Einheit der Menschen untereinander, indem sie sich von Gott in den Dienst seines universalen Heilwillens nehmen läßt. Hier muß sich zeigen, daß Kirche sich nicht selbst genügt und allenfalls gegenüber denen, die das Evangelium nicht annehmen, bereit ist, tolerant zu sein, sondern daß die Kirche, die in ihrer Einheit durch den Glauben an Jesus Christus bestimmt ist, über ein bloßes Tolerieren anderer hinaus sich zu einem Dienst an den Menschen und zum Aufbau zu einem Zusammenleben der Völker gesandt weiß auf der Grundlage der jedem Menschen von der Vernunft her einsehbaren Ideale der Freiheit, der Gerechtigkeit und des Friedens.

Damit wird auch deutlich, daß Toleranz, verstanden als ein Prinzip, die anderen sich selbst zu überlassen und sich auf den eigenen Raum zu beschränken, für eine Verhältnisbestimmung der Christen zur Welt nicht ausreicht und auch eine pluralistische Gesellschaft verschiedener Religionen, Kulturen und Lebensstile nicht zusammenhalten kann. Der Begriff der Toleranz stammt ursprünglich aus dem politischen Bereich. Nach dem Prinzip der Konfessionalität wurde er als politisches Prinzip akzeptiert, indem Angehörige anderer Konfessionen als die des Landesherren in ihrer Religionsausübung geduldet wurden. Dieses politische Prinzip der Toleranz hat nach der Auflösung der konfessionellen Staaten Europas nur noch historische Bedeutung. Der moderne Verfassungsstaat dagegen baut auf dem Prinzip der weltanschaulichen Neutralität auf. Weltanschauliche Neutralität des Staates bedeutet jedoch keineswegs, daß der Staat selber eine laizistische und antireligiöse Grundhaltung als den Normalfall ansieht, wobei dann noch einzelne religiöse Bekenntnisse geduldet würden. Weltanschauliche Neutralität des Staates bedeutet vielmehr, daß der Staat den Rahmen des Zusammenlebens auf der Basis einer der menschlichen Vernunft allgemein zugänglichen Erkenntnis der Prinzipien der Freiheit, des Rechtes, der Gerechtigkeit und des Friedens formuliert. Aber gerade dieser Staat erkennt damit auch die Freiheit zur religiösen Selbstbestimmung eines jeden Menschen an und er ist prinzipiell offen auch für die öffentliche Ausübung des religiösen Bekenntnisses in ihrer Verkündigung und in ihrer liturgischen Praxis. Nichts widerspricht prinzipieller der weltanschaulichen Neutralität des Staates als die liberale Maxime „Religion ist Privatsache", da zur Freiheit des Glaubens gerade die Freiheit zum Zusammenschluß der Religionsgemeinschaft oder Kirche gehört. Davon unablösbar ist auch die Freiheit, mit den Mitteln, die dem natürlichen Recht nicht widersprechen und die freie Selbstbestimmung der Bürger im sittlichen und im religiösen Bereich nicht unterlaufen, das eigene religiöse Bekenntnis öffentlich zu bezeugen und auch öffentlich zu praktizieren.

Im folgenden soll der Zusammenhang von Missionsauftrag, Toleranz und christlichem Liebesgebot an den zwei grundlegenden Dimensionen des Verhältnisses der Kirche zur Menschheit dargestellt werden. Es geht erstens um das Verhältnis der Kirche zu den Juden und zweitens zu den Heiden, die im biblischen Sinn nicht unterlegene Gruppen sind, sondern ein Synonym darstellen für die Völker, denen Gott sein Heil durch die Vermittlung der kirchlichen Verkündigung zukommen lassen will, so daß aus „Juden und Griechen" das eine Gottesvolk in den vielen Völkern entsteht.

2. Mission als ein Dialog der Liebe zwischen Juden und Christen

Der Dialog zwischen Juden und Christen ist durch den Völkermord an den Juden im Dritten Reich überschattet. Das ganz und gar Undenkbare, nämlich die von Hitler und dem Nationalsozialismus versuchte Auslöschung des jüdischen Volkes, verlangt nach Erklärungen. Aus der Sicht der Betroffenen stellt sich verständlicherweise eine Verbindungslinie dar zwischen den Judenverfolgungen, die es in den Zeiten der christlichen Gesellschaften im Mittelalter gegeben hat, und dem Holocaust, der allerdings in einem kulturellen Milieu stattgefunden hat, das trotz Säkularisierung und religionskritischer Abwendung vom Christentum immer noch von christlichen Grundidealen geprägt gewesen war. Schnädelbach kommt in dem zitierten Artikel in *Der Zeit* sogar zu der These, daß Hitler in Auschwitz nur das vollstreckt habe, was sich die Christen bei ihrem eingefleischten Antijudaismus von Anfang an gewünscht haben. In der mit großer Leidenschaft geführten Diskussion sind auch die Thesen zu hören, daß etwa die christliche Lehre von der Erbsünde und von Christus als dem einzigen Mittler kausalursächlich für Auschwitz und damit verantwortlich seien für den Tod von Millionen Menschen jüdischer Herkunft und jüdischen Glaubens.

Auch innerchristlich hat das Entsetzen darüber, daß Auschwitz möglich war, zu einer tiefen Neubesinnung über die wesentliche und konstitutive innere Verwandtschaft des Judentums und des Christentums geführt. Als Konsequenz ihrer These, daß es einen linearen Zusammenhang gebe zwischen den Judenverfolgungen in den christlichen Staaten des Mittelalters wie auch dem Volksaberglauben von Ritualmorden und Hostienschändern, die oft zu einer Art Lynchjustiz an unschuldigen jüdischen Menschen geführt haben, zu dem Holocaust des 20. Jahrhunderts, haben christliche Theologen die Folgerung gezogen, daß sich von nun an jede sogenannte Judenmission verbiete. In der Diskussion erweist es sich oft sehr schwierig, ja manchmal unmöglich, die theologische, die historische und die politische Dimension des Verhältnisses von Juden und Christen zu unterscheiden. In einer so sensiblen Debatte geht gelegentlich das Gerechtigkeitsgefühl gegenüber denen verloren, die eine vom Trend abweichende theologische Verhältnisbestimmung aus der Sicht des Christentums vornehmen. In einer unvoreingenommenen Sicht und historisch real betrachtet ist es offensichtlich, daß der Hitlersche Rassismus auf ganz andere Quellen zurückgreift, die dem Christentum und seinem Geist geradezu entgegengesetzt sind. Hitlers sozialdarwinistischer und biologistischer Ansatz bestritt das physische Existenzrecht der Juden wie auch anderer Rassen, die er für minderwertig hielt und die er der Vernichtung oder Versklavung anheimgeben wollte. Zuletzt richtete sich sein zerstörerischer Wahn auch gegen das eigene Volk, dessen Kinder und Jugendliche er im aussichtslosen Kampf geradezu buchstäblich verheizte.

Ganz anders beurteilt werden müssen die schlimmen Exzesse gegen die jüdische Minderheit ·in christlichen Gesellschaften des Mittelalters, die sich in der Vertreibung und Beraubung, ja sogar Ermordung vieler jüdischer Mitmenschen ausgedrückt hat. Aus theologischer Sicht ist dem aber hinzuzufügen, daß hier Christen gegen die Überzeugungen des christlichen Glaubens gehandelt haben. Das kirchliche Lehramt hat dies in wiederholter Weise auch öffentlich zum Ausdruck gebracht. Mit Rückgriff auf Papst Gregor den Großen und weitere seiner Vorgänger hat Papst Innozenz III. – der Papst, der außer seiner geistlichen Vollmacht am meisten weltliche Macht innegehabt hat – ausdrücklich jede Form von Zwangsbekehrung und Zwangstaufe von Juden verboten. Jeder, der dies versucht, wird mit der Strafe der Exkommunikation belegt. Der Ausschluß aus der Kirchengemeinschaft betrifft die, die jüdische Gottesdienste stören oder in sonstiger Form gewalttätig gegen Juden und jüdische Einrichtungen vorgehen (DH 772f.). Schon eineinhalb Jahrhunderte vorher hat Papst Alexander II. einen christlichen Fürsten zurechtgewiesen, der im falschen Eifer meinte, die Juden mit unerlaubten Mitteln zum christlichen Glauben führen zu können. Der Papst verwies auf das Beispiel Christi, der nicht das Blut anderer vergossen hatte, sondern sein eigenes Leben für andere dahingegeben hat: „Unser Herr Jesus Christus hat nämlich, wie man liest, keinen gewaltsam zu seinem Dienst gezwungen, sondern durch demütige Ermahnung – wobei einem jeden die Freiheit der eigenen Entscheidung vorbehalten blieb – alle, die er zum ewigen Leben vorausbestimmte, nicht durch Richten, sondern durch Vergießen seines eigenen Blutes vom Irrtum zurückgerufen" (DH 698). Diese Aussagen der Päpste sind auch in späterer Zeit von ihren Nachfolgern und auch von Bischöfen vielerorts wiederholt und betont worden. Dabei ist natürlich das, was als theologisches Prinzip formuliert worden ist, vielfach angesichts der gesellschaftlichen Verzahnung von Kirche und christlicher Mehrheitsbevölkerung nicht durchgehalten worden. Aber von einem theologisch begründeten Antijudaismus in der mittelalterlichen Kirche wie auch im Neuen Testament und der Zeit der Kirchenväter kann keine Rede sein.

Gerade das Neue Testament bietet keinen Ansatz zum Vorwurf von Antijudaismus, wenn man es aus dem Kontext der damaligen Gegebenheiten und Auseinandersetzungen liest, und wenn man nicht spätere historische Vorgänge in die Texte der Heiligen Schrift zurückprojiziert. Wenn auch Stellen der Heiligen Schrift wie Mt 27,25 („Sein Blut komme über uns und unsere Kinder") oder Joh 8,44 („Ihr habt den Teufel zum Vater") zur Rechtfertigung von Gewalttaten gegen Juden oder zur Verächtlichmachung ihres Glaubens herangezogen worden sind, so geben die Texte in keiner Weise einen Grund für diese schreckliche Fehlinterpretation.

Im Kontext des Matthäusevangeliums ist oft die Rede von der Liebe zu den Feinden, von der Erfüllung von Gesetz und Propheten, so daß hier von vornherein dem gewaltsamen Vorgehen gegenüber den Juden, die nicht zum Christusglauben gekommen sind, der Boden entzogen ist. Juristisch gesehen waren für den Tod Jesu römische und jüdische Autoritäten verantwortlich, aber der Evangelist sieht die Bedeutung Jesu über die juristisch-politische Ebene hinaus in seiner Sendung vom Vater her und in der Durchsetzung und Aufrichtung der Gottesherrschaft, für die Jesus sogar sein eigenes Leben einsetzt. In den Vorgang der Ablehnung Jesu durch sein eigenes Volk sind alle Angehörigen des Eigentumsvolkes Gottes einbezogen und letztlich auch alle Menschen. Aber das Blut, das Christus hingegeben hat, zur Vergebung der Sünden, eröffnet auch allen den Glauben an ihn, die neue Gerechtigkeit, die Teilhabe am Bund, den Gott mit allen Völkern schließt. Dieser soteriologischen Sicht widerspricht es kontradiktorisch, Menschen im juristischen Sinn haftbar zu machen für den Tod Jesu, oder das Unglück und das Unrecht, das die Juden späterer Generationen in der Geschichte so furchtbar getroffen hat, als eine Art Rache Gottes zu sehen, die die Juden zu Recht getroffen habe.

Auch die Stelle im Johannesevangelium, die oft als Beweis für eine antijudaistische Tendenz in diesem Evangelium herangezogen wird, ist nicht anti-, sondern im Gegenteil projüdisch auszulegen. Es geht um ein Streitgespräch zwischen Jesus und denen, die ihm nach dem Leben trachten und die seine Sendung als Lüge darstellen wollen. In diesen beiden Punkten berufen sie sich zu Unrecht auf Abraham, der der Vater des Glaubens ist. Die Absicht, Jesus zu töten und ihn als Lügner zu überführen, kann nicht Abraham zum Vater haben, sondern hat vielmehr umgekehrt den Teufel zum Vater, der der Feind des Lebens der Menschen und der Wahrheit Gottes von Anfang an ist. „Die Juden", die im Johannesevangelium als die Adressaten der Botschaft Jesu erwähnt werden, sind nicht die den Christen entgegengesetzte Glaubensgemeinschaft der Juden, sondern ist nur ein anderer Ausdruck für das Volk, von denen die einen zum Glauben an Jesus kommen und dadurch die Jünger heißen, während andere nicht zu seinen Jüngern gehören, weil sie nicht an ihn glauben. Erst nachdem sich der Unterschied zwischen einer Glaubensgemeinschaft aus Juden und Heiden, die an Christus glauben, und den Juden, die nicht an ihn glauben, herausgebildet hat, kann man ab dem 2. Jahrhundert Christen und Juden im Sinne des Religionsunterschiedes voneinander abheben.

In einem wichtigen Dokument aus dem 2. Jh., dem Brief an Diognet, heißt es, daß die Christen mit den Juden durch den Glauben an den einen Gott verbunden sind, sich aber dadurch von ihnen unterscheiden, daß die Juden Gott in ihrem Gottesdienst noch blutige Opfer darbringen und nicht wie die Christen ihren Gottesdienst in dem einen Opfer Christi in die endgültige Form des Gott-Mensch-Verhältnisses überführt ansehen wollen (Diognet-Brief, Nr. 3). Der Briefverfasser leitet daraus keinen Haß gegenüber den Juden ab, er ruft im Gegenteil zu einer vertieften Liebe gegenüber Juden und Griechen (Heiden) auf: Obwohl die Christen von den Juden angefeindet werden wie Fremde und von den Griechen verfolgt werden, schlagen sie nicht mit den gleichen Waffen zurück, sondern tun Gutes ihrem Nächsten und sogar ihren Feinden. „Sie sind arm und machen viele reich; sie leiden Mangel an allem und haben doch auch wieder an allem Überfluß. Sie werden mißachtet und in der Mißachtung verherrlicht; sie werden geschmäht, und doch als gerecht befunden. Sie werden gekränkt und segnen, werden verspottet und erweisen Ehre. Sie tun Gutes und werden wie Übeltäter gestraft; mit dem Tod bestraft, freuen sie sich, als würden sie zum Leben erweckt" (Diognet-Brief Nr. 5).

Ist heute nach Auschwitz Judenmission noch möglich und angesichts der Wiederentdeckung der Verwurzelung des christlichen Glaubens in der mit den Juden gemeinsamen alttestamentlichen Heilsgeschichte noch nötig? Diese provokante Frage kann nicht beantwortet werden, ohne zu reflektieren, was

Mission überhaupt ist. Der Ausdruck *missionieren* und *missioniert werden* hat sich eingebürgert. Es scheint, daß die einen, die sich im Besitz der Wahrheit wähnen, andere zum Objekt ihrer Propaganda machen, und das Heil der Missionsobjekte scheint abhängig davon zu sein, ob sie die religiöse Konzeption ihrer Propagandisten annehmen. Ursprünglich bezeichnet Mission jedoch nicht das Verhältnis von den Trägern der Verkündigung und ihren Adressaten, sondern von den Gesandten zum Sendenden. Der erste Missionar Israels war Moses, der von Gott gesandt war, sein Volk aus der Knechtschaft herauszurufen und ihm zu dienen als der Mittler des Gesetzes, das Anteil an der Heiligkeit Gottes gibt und das zum Leben hinführt. Nach christlichem Glauben ist der letzte Missionar Israels, in dem sich die ganze Mission des Gottesvolkes erfüllt und universalisiert, Jesus von Nazaret, der dem Fleisch nach geboren ist aus Israel, und der die Sohnschaft Israels in das innergöttliche Verhältnis von Vater und Sohn im Geist überführt und umgekehrt die Gemeinschaft mit ihm in Glaube und Nachfolge zur Darstellung und Einladung seiner Gemeinschaft mit dem Vater im Heiligen Geist gemacht hat. Jesus hat die Apostel in seine Sendung vom Vater hineingenommen: „Wie mich der Vater gesandt hat, so sende ich Euch", damit durch das Verkündigungshandeln der Jünger die von ihm gewirkte Sündenvergebung allen Menschen zuteil werden soll.

Wenn Jesus in der Formulierung des Matthäusevangeliums sagt, „macht alle Völker zu Jüngern", werden hier nicht die Völker das Objekt eines „Machens" und Manipulierens. Es heißt vielmehr, daß die Jünger das Wort Gottes verkünden und in Zeichenhandlungen Sündenvergebung und Gemeinschaft mit Christus zusprechen durch die Teilnahme an der *Exousia*, die Christus im Namen Gottes ausgeübt hat. Es geht um das wirkmächtige Wort und das wirksame Zeichen, die bewirken, was sie bezeichnen, nämlich Sündenvergebung und Heiligung, die Einbeziehung in den Neuen Bund durch die Liebe Christi. Diese Liebe kommt zu ihrem Höhepunkt in der Hingabe seines Lebens am Kreuz zum Heil aller Menschen. In dieser Liebe offenbart sich zugleich die Freiheit und Leben schaffende Liebe Gottes. Die Jünger Jesu vor und nach Ostern kommen alle aus dem jüdischen Volk. Sie waren nicht der Meinung, ihren Glauben aufzugeben oder gar zu verraten. Sie haben ihren Glauben an Christus als die von Gott selber bewirkte geschichtliche Konkretheit des Glaubens an Jahwe, des Gottes Abrahams, Isaaks und Jakobs und des Schöpfers aller Menschen verstanden. Es ist immer die Kirche aus Juden und Heiden, die auch gegenüber den Juden (als Volk und als Glaubensgemeinschaft) diesen untrennbaren Zusammenhang des Glaubens an Jahwe und an Jesus als den Messias und das fleischgewordene Wort bezeugt. Dieses Zeugnis ist das Zeugnis der Predigt von Jesus für die, die sich diesem Wort öffnen. Zugleich ist dieses Zeugnis auch ein Zeugnis der Tat, in dem Christen, Juden und Heiden, allen Menschen in ihrer Not beistehen und mit ihnen zusammen sich verständigen auf eine vernunftgemäße Grundlegung eines Zusammenlebens in einer Gesellschaft mit verschiedenen religiösen Überzeugungen und Gemeinschaften.

Um einen neuen Völkermord nach Auschwitz oder auch um jede Gehässigkeit zwischen verschiedenen religiösen Gemeinschaften zu verhindern, bedarf es nicht etwa im Verhältnis von Juden und Christen des Hinweises, daß Jesus und die Apostel Juden waren und daß die biblischen Schriftstellen, die in ihrer Wirkungsgeschichte auf eine klare Fehlinterpretation zurückgehen, einen ganz anderen Sinn haben, als diejenigen, die sich darauf berufen, um Unrecht zu üben. Das Zusammenleben in einer pluralistischen Gesellschaft setzt einen Konsens in natürlichen Wahrheiten voraus, die aus der Vernunft des Menschen abgeleitet werden können.

Daß aber die Verkündigung des Evangeliums und der Dienst am Heil der Menschen darüber hinaus nicht auf Unrecht und Gewalttätigkeit zurückgreifen darf, ergibt sich nicht nur aus dem natürlichen Sittengesetz, sondern auch unmittelbar aus dem Wesen der Mission, die Teilhabe ist an der Sendung Jesu, der gekommen ist, nicht um zu herrschen, sondern um zu dienen, der nicht die freie Zustimmung des Menschen ausschaltet, sondern gerade durch die Offenbarung der freien Zuwendung Gottes erst in vollem Sinne möglich macht.

Ist heute Judenmission noch möglich und notwendig? Die Antwort darauf kann nicht von uns formuliert werden. Wir müssen sie von Gott her neu hören lernen, der Mose zu seinem Volk gesandt und der gesprochen hat durch die Propheten, der aber „in dieser Endzeit zu uns gesprochen hat durch den Sohn, den er zum Erben des Alls eingesetzt hat und durch den er auch die Welt erschaffen hat" (Hebr 1,2). Wer an diesen Jesus glaubt, der wird nicht zum Christwerden genötigt, sondern durch Gottes Wort angesprochen und mit seinem freien Gewissen zur Entscheidung gerufen. Unter dem Eindruck der pfingstlichen Ausgießung des Heiligen Geistes über die vielen Völker stellvertretend für alle Völker in Jerusalem sagt Petrus den Brüdern auf die Frage, was sie nun tun sollen: „Kehrt um und jeder von euch lasse sich auf den Namen Jesu Christi taufen zur Vergebung seiner Sünden; dann werdet ihr die Gabe des Heiligen Geistes empfangen" (Apg 2,38). Von denen, sie sein Wort annahmen, heißt es, daß sie sich taufen ließen (vgl. Apg 2,41). Teilhabe an der Missio Christi vom Vater her zu seinem Volke hin respektiert die Angehörigen des Gottesvolkes der Juden. Dies bedeutet auch, sich im Hinblick auf den Gott Abrahams, Isaaks und Jakobs und des Vaters Jesu Christi unbedingt verpflichtet zu wissen „zur Annahme der Gerechtigkeit Gottes aus dem Glauben an Jesus Christus, offenbar für alle, die glauben" (Röm 3,22).

3. Christliche Mission und Anerkennung der Alterität der Völker

Die christliche Mission unter den Heidenvölkern stellt die Menschen nicht vor die Alternative: entweder Glauben an Christus *oder* Aufgabe der eigenen kulturellen und religiösen Herkunft. Das Christentum im römischen Reich traf auf die hochentwickelte hellenistische Kultur. Auf eine Hochkultur traf die christliche Verkündigung auch in den Reichen des mittleren Asien bis hin nach Indien, wo in früher Zeit in einem ganz anderen kulturellen Umfeld ein eigenständiges Christentum entstanden ist. Nach christlichem Glauben beginnt das Menschsein nicht mit der Taufe, sondern mit Zeugung und Geburt. Dadurch wird ein Verhältnis des Menschen zum Schöpfergott hergestellt, das die Würde des Menschen begründet und die Unverletzbarkeit seiner menschlichen Grundrechte auf Leben, leibliche Unversehrtheit, Selbstbestimmung des eigenen Glaubens, des Erziehungsrechtes für die eigenen Kinder u.a. mehr garantiert als jede von Menschen formulierte Verfassung es tun kann. Schon auf der natürlichen Ebene des Menschseins erkennen Christen alle Menschen als ihre Brüder und Schwestern an.

In der Glaubensverkündigung werden die Menschen aber mit der Tatsache konfrontiert, daß wir alle durch die Ursprungssünde einbezogen sind in den Verlust der ursprünglichen Gottesgemeinschaft und daß wir alle eingeladen sind, am Sohnesverhältnis zum Vater in Jesus Christus teilzuhaben und daß wir dadurch in einem von Gott her radikalisierten Sinn untereinander Brüder und Schwestern in Christus sind. Der christliche Glaube verbindet Menschen unterschiedlicher Herkunft und Kultur wie auch staatlicher Zugehörigkeit zu einer die Welt umspannenden geistlichen und geistigen Gemeinschaft. Schon im Brief an Diognet wird herausgestellt, daß sich Christen nicht wie eine in sich zurückgezogene Kultur oder ein einzelnes isoliertes Volk von den anderen unterscheiden. Es gibt die Christen in allen Kulturen. Sie unterscheiden sich nicht von der Landessitte in Kleidung und Nahrung, in der sonstigen Lebensart, d.h. in ihrem bürgerlichen und kulturellen Verhalten. „Denn die Christen sind weder durch Heimat noch durch Sprache und Sitten von den übrigen Menschen verschieden. Sie bewohnen nirgendwo eigene Städte, bedienen sich keiner abweichenden Sprache und führen auch kein absonderliches Leben" (Diognet-Brief, Nr. 5). Sie ziehen sich nicht in eigene Lebensbereiche zurück und verachten nicht die Kultur der Menschen, zu denen sie gesandt sind. Sie behindern nicht eine sich jeweils neu herausbildende Synthese von christlichem Glauben und dem Ausdruck seiner sprachlichen und kulturellen Prägung bei denen, die in Freiheit den Glauben angenommen haben und durch die Taufe zu Gliedern der universalen Kirche geworden sind.

Die Legitimität ihres Dienstes an der Einheit der Menschheit und am Zusammenhalt der Menschen verschiedenster Kulturen ziehen die Christen nicht daraus, daß sie allen anderen Menschen ein von ihnen selbst ausgedachtes religiöses Konzept aufdrängen. Es geht also nicht um die Verdrängung einer Religion durch eine andere. Es ist das Wesen des christlichen Glaubens, seine Legitimität unmittelbar aus der Sendung von Gott und seinem Wort her zu beziehen. Aber von einer fundamentalistischen Berufung auf das Wort Gottes unterscheidet sich die christliche Offenbarung insofern, als die unmittelbar im Gewissen verpflichtende Instanz nicht die Autorität des gesandten Verkünders des Evangeliums darstellt, sondern das Licht des Geistes Gottes, der die Menschen zur freien Einsicht und zur selbstgewählten Nachfolge Christi hinführt. Der Verfasser des Briefes an Diognet schreibt: „Denn, wie ich schon sagte (Kapitel 5), nicht als irdische Erfindung wurde den Aposteln dieses anvertraut und nicht als einen sterblichen Gedanken wollen sie dieses so sorgfältig hüten, auch nicht mit der Verwaltung menschlicher Geheimnisse sind sie betraut; sondern der allmächtige Schöpfer und unsichtbare Gott selbst, er hat wahrhaftig die Lehre und sein heiliges und unfassbares Wort vom Himmel her unter den Menschen Wohnung nehmen lassen und ihren Herzen eingegründet, indem er nicht, wie man erwarten sollte, den Menschen einen Diener schickte, etwa einen Engel oder einen Fürsten oder einen von denen, die mit der Verwaltung im Himmel betraut sind, sondern den Schöpfer und Bildner des Alls selbst, durch den er die Himmel geschaffen, das Meer in seine Grenzen eingeschlossen hat, dessen Geheimnisse alle Himmelskörper treu bewahren, von dem die Sonne die Maße ihrer Tagesumläufe vorgezeichnet erhielt, nach dessen Befehl der Mond in der Nacht scheint, dem die Sterne gehorchen, welche der Bahn des Mondes folgen, vom dem alles geordnet und bestimmt und von dem alles unterworfen ist, die Himmel und was im Himmel, die Erde und was auf Erden, das Meer und was im Meere ist, Feuer, Luft, Abgrund, was in den Höhen, was in den Tiefen und was dazwischen ist. Diesen hat er zu ihnen gesandt. Etwa, wie ein Mensch denken könnte, zur Gewaltherrschaft, um Furcht und Schrecken zu verbreiten? Keineswegs, sondern in Milde und Sanftmut schickte er ihn, wie ein König einen Königssohn sendet, als einen Gott sandte er ihn, wie einen Menschen zu den Menschen sandte er ihn, zur Erlösung schickte er ihn, zur Überzeugung, nicht zum Zwang; denn Zwang liegt Gott ferne. Er sandte ihn, um zu rufen, nicht zum Verfolgen; er sandte ihn in Liebe, nicht zum Gerichte" (Diognet-Brief, Nr. 7).

Gegenüber Gott können sich menschlich gewachsene Kulturformen und religiöse Überzeugungen nicht verabsolutieren. Es ist das Wesen jeder religiösen Überzeugung, in welcher inhaltlichen Prägung sie sich auch darstellen mag, daß der Mensch ein zu Gott hin offenes Wesen ist. Wenn der Mensch in seiner religiösen Überzeugung geschichtlich in Kontakt kommt mit Gott, der geschichtlich durch Jesus Christus zu allen Menschen gesprochen hat, dann gibt er seine religiöse Überzeugung gerade nicht auf, sondern er vollzieht ihre innere Tendenz auf die Selbstüberschreitung zu Gott, der in Jesus Christus in einer geschichtlich unüberbietbaren Präsenz auf menschliche Weise zu uns Menschen spricht. Wenn in der pluralistischen Religionstheologie alle Religionen als das Ergebnis einer Offenbarung Gottes angesehen werden, dann ist nach ihren eigenen Voraussetzungen her gerade nicht a priori auszuschließen, daß Gott die in den Religionen durch sein Gnadenwirken sich ereignende Offenheit auf ihn selber hin ganz neu aufgreift und an den Mittler, den er selbst bestimmt, und der er selber ist, bindet: „Als aber die Zeit erfüllt war, sandte Gott seinen Sohn, geboren von einer Frau und dem Gesetz unterstellt, damit er die freikaufe, die unter dem Gesetz stehen, und damit wir die Sohnschaft erlangen. Weil ihr aber Söhne seid, sandte Gott den Geist seines Sohnes in unser Herz, den Geist, der ruft Abba, Vater ... einst, als ihr Gott noch nicht kanntet, wart Ihr Sklaven der Götter, die in Wirklichkeit keine sind. Wie aber könnt Ihr jetzt, da Ihr Gott erkannt habt, vielmehr von Gott erkannt worden seid, wieder zu den schwachen und armseligen Elementarmächten zurückkehren? Warum wollt Ihr von neuem Ihre Sklaven werden? Warum achtet Ihr so ängstlich auf Tage, Monate, bestimmte Zeiten und Jahre?" (Gal 4,4–10).

In den historisch existierenden Religionen ist aus christlicher Sicht diese doppelte Bestimmung wahrzunehmen, daß sie einmal die Selbsttranszendenz des Menschen auf Gott hin als eine mit der Geistnatur des Menschen gegebene Realität bezeugen und zugleich in ihrer Ausdrucksgestalt inhaltlich defiziente Formen ausweisen, d.h. statt Gott Götter verehren, weil ihnen der transzendente Gott in seinem Wort und Geist nicht der unmittelbare Bezugspunkt und Inhalt ist. Die Struktur eines defizienten Gottesverständnisses zeigt sich auch in einer pantheistischen Sicht des Absoluten, die sich in einer monistischen Weltkonzeption zum

Ausdruck bringt, ebenso natürlich in einem metaphysischen Dualismus gnosti-
scher Provenienz.

Das mit der konfessionellen Pluralisierung Europas im 16. Jahrhundert und
mit der weltanschaulichen Neutralität des modernen Staates verknüpfte Problem
religiöser und weltanschaulicher Pluralität der Gesellschaft kann theoretisch und
praktisch kaum bewältigt werden durch die Berufung auf eine allgemeine Toleranz, wie sie in Lessings Ringparabel modellartig dargestellt wird. Die hermeneutische Grundvoraussetzung der Stimmigkeit dieser Parabel liegt darin, daß ein
Agnostizismus hinsichtlich der geschichtlichen Offenbarung für ein friedliches
Zusammenleben Menschen unterschiedlichen Glaubens in der gleichen Gesellschaft als erkenntnistheoretische Bedingung vorausgesetzt wird. Die Parabel
suggeriert dem naiven Hörer, daß er gleichsam aus der Perspektive Gottes heraus
auf Christentum, Islam und Judentum herabschauen könnte. In Wirklichkeit steht
das Wort „Gott" nur für die Metaebene, die der agnostische und skeptische Be-
trachter gegenüber dem Wahrheitsanspruch der historischen Religionen einnimmt. Denn den Menschen ist es überhaupt verwehrt, unter den drei Ringen die
zwei imitierten vom echten zu unterscheiden, sondern auch überhaupt den Imi-
tatscharakter der Ringe, d.h. die historischen Religionen, überhaupt zu beurteilen
(„Vielleicht ist auch der echte verloren gegangen"). Die Parabel arbeitet mit einem doppelten Apriori: Gott, wenn es ihn überhaupt gibt, als Person, kann und
will sich dem Menschen gegenüber nicht offenbaren. Und der Mensch ist, selbst
wenn er es wollte, a priori gar nicht in der Lage, ein mögliches geschichtlich an
ihn ergangenes Wort Gottes zu erkennen.

In der Tat kann ein Wahrheitskriterium, das sich auf die menschliche Welter-
kenntnis bezieht, nicht univok auf die Gotteserkenntnis bezogen werden. Darum
kann kein Mensch gleichsam außerhalb des Anspruchs Gottes stehend erkennen,
welche von den drei Religionen die richtige, unmittelbar von Gott gewollte ist.
Es kann aber nicht ausgeschlossen werden, daß Gott selbst über die Möglichkeit
verfügt, sich in einem Selbsterweis seines heilschaffenden Wortes den Glauben
hervorzubringen und sich dem Glaubenden zu bezeugen und somit die Glaubensgemeinschaft zu konstituieren, die sich als unmittelbare Resonanz des Wortes Gottes erweist. Zudem stehen sich Judentum und Christentum nicht nach dem
Konzept einer wahren und falschen Religion gegenüber. Es handelt sich ja um
die identisch eine Offenbarungsgeschichte, bei der nur der geschichtliche Kon-
kretionspunkt im *Daß* seines Gekommenseins, d.h. die Messianität Jesu, strittig
ist. In gewisser Weise kann auch auf das Verhältnis von Christentum und Islam
nicht einfach das Paradigma von dem echten und dem vertauschten Ring bezogen
werden. Zwischen Judentum, Christentum und Islam besteht insofern eine Einheit in ihrer dogmatischen Grundlegung, als sie a priori davon ausgehen, daß
Gott sich offenbaren kann und will und daß er auch über die Mittel verfügt, sich
beim Menschen verständlich zu machen. Die pluralistische Religionstheologie
bringt gegenüber der Toleranzkonzeption von Lessing, einem dem Wahrheitsanspruch des Glaubensinhalts gegenüber skeptischen Reduktionismus des Christentums auf Sittlichkeit bei Kant und auch der Ableitung der Religion von einem
Gefühl schlechthinniger Abhängigkeit bei Schleiermacher nichts wesentlich
Neues. Für das Verhältnis des Christentums als einer dogmatischen Konzeption,

d.h. auf der Autorität des Wortes Gottes beruhenden eindeutigen Bekenntnisses, zu der Pluralität der religiösen und nichtreligiösen Weltdeutungen kann die pluralistische Religionstheorie nichts Wesentliches beitragen. Sie beruht erkenntnistheoretisch ebenfalls auf dem doppelten a priori der Nichtoffenbarungsfähigkeit Gottes und der Gott gegenüber nicht wahrheitsfähigen menschlichen Vernunft.

In der Eindeutigkeit ihres Bekenntnisses wehrt die Kirche in ihrer Standortbestimmung in der modernen pluralistischen Welt zwei Gefahren ab, nämlich einmal sich in die Partikularität einer religiösen Tradition einzuschließen und zum anderen durch die Mißachtung der freien geschichtlich situierten Entscheidung der Hörer des Wortes mit dem Evangelium fremden Mitteln eine christliche Einheitsgesellschaft herbeizumanipulieren. Die Freiheit eines jeden Menschen wird dadurch gewährleistet, daß das Christentum nicht das System einer totalitären Ideologie ist, sondern das Bekenntnis, das sich im freien Dialog mit dem einen und dreifaltigen Gott ergibt. Die Polarität von Einheit und Vielheit bleibt aufrechterhalten, weil sich der Mensch gerade in seiner geschichtlich-konkreten Verfassung als Person auf Gott hin transzendiert, der den Menschen nicht als ein fertiges ideologisches System vereinnahmt, sondern ihn gerade in der Begegnung der Liebe auf seine Freiheit hinweist und ihm den freien Selbstvollzug in seiner Gewissensentscheidung und in seinem Bekenntnis in Wort und Tat ermöglicht. Zwangsweise Hinführung von Menschen zur Taufe und zum Bekenntnis des christlichen Glaubens widerspricht diesem dialogischen Charakter der Offenbarung. Nach klassischer Lehre bringt auch eine erzwungene Taufe nicht den geistlichen Effekt der Taufe, nämlich die heilshafte Beziehung zu Gott und die Mitgliedschaft in der Kirche als Leib Christi, weil in einer solchen Zwangstaufe sowohl von seiten des Spendenden wie des Empfangenden nicht die Intention gegeben wäre, das zu tun, was die Kirche unter Taufe versteht und mit der Taufe vollziehen will.

Christentum bedeutet nicht die Leugnung der Alterität und die Überspielung der Alterität von Menschen, die einem anderen Kulturkreis angehören, sondern gerade der Respekt vor der Alterität. Diese Identität des Menschen wird nicht totalitär von den Gesamtbedingungen der Kultur festgelegt, in der er sich vorfindet. Eine Kultur und die Religiosität, die sich in religiösen Überzeugungen und Akten ausdrückt, können den Menschen zur Identität nur verhelfen, wenn der Mensch als ein auf Gott selbst verwiesenes Wesen freier geistiger Personalität die freie theologische Begegnung mit dem Gott der Liebe und der Wahrheit nicht a priori abgesprochen oder unmöglich gemacht wird.

Der Christ, der den Missionsauftrag ernst nimmt, ringt sich nicht lediglich gegen diesen inneren Sinn zur Toleranz durch, sondern er kommt darüber hinaus zur Liebe für alle Menschen, seien sie seine Glaubensgenossen oder nicht. In der Erklärung des Zweiten Vatikanischen Konzils über die Religionsfreiheit wird der *Missionsauftrag Christi* unterstrichen, in die ganze Welt zu gehen und das Evangelium allen Geschöpfen zu verkünden. Zugleich formuliert die Kirche: „Es ist ein Hauptbestandteil der katholischen Lehre, in Gottes Wort enthalten und von den Vätern ständig verkündet, daß der Mensch freiwillig durch seinen Glauben Gott antworten soll, daß dementsprechend niemand gegen seinen Willen zur Annahme des Glaubens gezwungen werden darf. Denn der Glaubensakt ist seiner

Natur nach ein freier Akt, da der Mensch, von seinem Erlöser Christus losgekauft und zur Annahme an Sohnes Statt durch Jesus Christus berufen, dem sich offenbarenden Gott nicht anhangen könnte, wenn er nicht, indem der Vater ihn zieht, Gott einen vernunftgemäßen und freien Glaubensgehorsam leisten würde. Es entspricht also völlig der Wesensart des Glaubens, daß in religiösen Dingen jede Art von Zwang von seiten der Menschen ausgeschlossen ist. Und deshalb trägt der Grundsatz der Religionsfreiheit nicht wenig bei zur Begünstigung solcher Verhältnisse, unter denen die Menschen ungehindert die Einladung zum christlichen Glauben vernehmen, ihn freiwillig annehmen und in ihrer ganzen Lebensführung tatkräftig bekennen können" (Dignitatis humanae 10).

Wahrheit der Kirche

Ein Essay

VON PETER HÜNERMANN

Zu Beginn des „heiligen Jahres" 2000 hat der Präfekt der Glaubenskongregation in einer Reihe von führenden Tageszeitungen eine Grundsatz-Reflexion über die Wahrheit veröffentlicht[1]. An eine geschichtliche Skizze schließt sich ein Bekenntnis zur Wahrheit in ihrer metaphysischen Gestalt an. Christentum als religio vera sei heute von der Kirche und den Gläubigen gegen moderne Relativismen und eine postmoderne Beliebigkeit zu setzen. Eigenartigerweise wird die Frage nach der Wahrheit der Kirche in diesem Kontext überhaupt nicht thematisiert. Der Kardinal betont ausdrücklich: „Alle Krisen im Inneren des Christentums, die wir gegenwärtig beobachten, beruhen nur ganz sekundär auf institutionellen Problemen". Aber ist die Frage nach der Wahrheit der Institutionen nicht unlöslich mit der Frage nach der Wahrheit überhaupt verknüpft? Oder gibt es eine Wahrheit von Institutionen überhaupt nicht? Ist dies überhaupt keine Frage?

1. Ein Problemaufriss

Manchem Advokaten der „objektiven", „unbedingten Wahrheit" scheint dies so zu sein. Man halte sich an die unbedingte Wahrheit, an die Wahrheit in ihrer Objektivität und dann ist „die Welt in Ordnung". Karl Jaspers charakterisiert in seinem Werk „Von der Wahrheit"[2] diese Haltung, wie folgt: „Im denkenden Betrachten habe ich einen Gegenstand vor mir, in Bezug auf den ich denke, während ich selbst gleichgültig bin. Der Gegenstand besteht ohne mich. Ich gewinne ein Wissen von ihm, ohne dass ich selbst anders werde. Ich kann dieses Wissen ins Endlose häufen und bleibe doch immer derselbe Spiegel. Der Spiegel kann zeigen, was objektiv richtig ist, was Charaktere der Anschaulichkeit, des Schönseins hat, aber ich brauche mich nicht zu verwandeln, um immer anderes spiegeln zu können. Vielleicht entstehen im denkenden Zusehen Gefühle und Stimmungen in mir: Ich halte sie als für die Sache gleichgültig, aber ich darf sie genießen, und im unverbindlichen ästhetischen Anschauen kann ich schwärmen, ohne mich zu ändern. Ich selbst bin nie eigentlich dabei, sondern bin nur ein Ort des Stattfindens abstrakter oder anschaulicher Wahrnehmungen, beliebiger Gefühle und ästhetischer Rauschzustände."

[1] Vgl. J. RATZINGER: Der angezweifelte Wahrheitsanspruch. Die Krise des Christentums am Beginn des dritten Jahrtausends. In: *Frankfurter Allgemeine Zeitung* (8. Januar 2000).

[2] München 1957, S. 311.

Der Mensch erscheint hier als jener, der – in sich unberührt die Wahrheit lediglich entgegenzunehmen hat. Die Wahrheit wird dabei als vorliegend gedacht. Der Mensch verhält sich „rein ästhetisch"[3].

Eine solche ästhetische Verhaltensweise zur Wahrheit verbindet sich leicht mit religiösen Überzeugungen und mit dem Glauben. Die religiöse Wahrheit ist endgültig. Sie ist absolut. So ergibt sich nur noch die Frage, wie sie zu vermitteln ist. Die religiöse Wahrheit selbst ist objektiv, Zeit überhoben, rund und vollkommen. Sie ist allen mitzuteilen, aber das berührt die Boten nicht. Die Kommunikation, die Mitteilung ist ja äußerlich. Die Wahrheit des Glaubens ist damit ästhetisiert. Das Glauben selbst wird zur ästhetischen Spiegelung, die den Menschen unverändert lässt.

Die von Jaspers thematisierte Frage nach dem abstrakten, ästhetischen Verhalten des Menschen zur Wahrheit, betrifft sie nicht auch die Gemeinschaft der Glaubenden, die Kirche? Gilt eine solche Frage nicht auch der Kirche als Institution?

Solche Fragen zu stellen, meint nicht, die Rede von den „objektiven Wahrheiten" könne nicht auch in einem guten Sinn gebraucht werden. Es gibt Wissenschaften, die den Menschen nur in einer ganz bestimmten Hinsicht, in relativer Allgemeinheit einbeziehen. Aber auch von ihnen gilt noch einmal, dass sich der Mensch mit ihnen, mit der Entdeckung objektiver Wahrheiten verwandelt. Indem der moderne Mensch die naturwissenschaftliche Forschung vorantreibt, entdeckt er in solchem Tun zugleich sich selbst in anderer Weise, ergeben sich – vermittelt durch sein freiheitliches Tun und in diesem Tun – neue Einsichten und neue freiheitliche Herausforderungen.

Darüber hinaus aber gibt es andere Wahrheiten. Es sind Wahrheiten, die den Menschen nicht nur in allgemeiner Weise einbeziehen, wie die Naturwissenschaften, sondern in einer großen Intensität. Franz Rosenzweig spricht dies an in dem denkwürdigen, ironisch klingenden Wort: „Von jenen unwichtigsten Wahrheiten des Schlages „2 × 2 = 4", in denen die Menschen leicht übereinstimmen, ohne einen anderen Aufwand als ein bisschen Gehirnschmalz – beim kleinen Einmaleins etwas weniger, bei der Relativitätstheorie etwas mehr –, führt der Weg über die Wahrheiten, die sich der Mensch etwas kosten lässt, hin zu denen, die er nicht anders bewähren kann als mit dem Opfer seines Lebens, und schließlich zu denen, deren Wahrheit erst der Lebenseinsatz aller Geschlechter bewähren kann." Franz Rosenzweig, der große jüdische Denker, spricht in diesem Zusammenhang von der „messianischen Erkenntnistheorie", „die die Wahrheiten wertet nach dem Preis ihrer Bewährung und dem Band, das sie unter den Menschen stiften"[4].

Was meint die Auskunft Rosenzweigs, dass zur Wahrheit unlöslich die Be-

---

[3]   Sören Kierkegaard hat der ästhetischen Verhaltensweise eine eindringliche Analyse in „Entweder/Oder" gewidmet. Vgl. Sören KIERKEGAARD: *Entweder/Oder*. Zweiter Teil. Düsseldorf 1957 (Gesammelte Werke. 2/3). Sie ist für ihn eine verdeckte Form der Verzweiflung des Menschen an der Endlichkeit.

[4]   Franz ROSENZWEIG: Das neue Denken. In: DERS.: *Kleinere Schriften*. Berlin, 1937, S. 396 sowie in der Gesamtausgabe F. ROSENZWEIG: *Der Mensch und sein Werk*. Bd. 3: *Zweistromland*. Den Haag – Dordrecht 1984, , S. 139-161, hier 159.

währung gehöre? Bewähren meint das Zustimmen zur Wahrheit. Zustimmen aber bedeutet hier nicht ein leeres „Ja, Ja." Es meint, dass der Mensch in der Zustimmung mit der Wahrheit zusammen zu stimmen beginnt. Die Stimmigkeit der Wahrheit tritt in ihm, in seinem „Zu-Stimmen" zutage. Ein solches Zustimmen fällt dem Menschen nicht leicht. Insbesondere bei Wahrheiten, die in sich so gewichtig sind, dass sie das ganze Lebenszeugnis des Menschen, ja das Lebenszeugnis aller Menschen, aller Generationen einfordern. Wahrheit ist damit charakterisiert als jene, die nicht nur „an sich" ist, die viel mehr die menschliche Freiheit und das menschliche Verhalten als jenen Ort braucht, an dem sie aufgehen kann und soll. Rosenzweig spricht deswegen davon, dass er an die „Stelle des statischen Objektivitätsbegriffs" einen „dynamischen" setzt[5]. Die „hoffnungslos statischen Wahrheiten, wie die der Mathematik, die von der alten Erkenntnistheorie zum Ausgangspunkt gemacht wurden" bilden für ihn lediglich den „Grenzfall" von Wahrheit, die von den höheren und höchsten Wahrheiten zu unterscheiden sind. Die „leichtgewichtigen Wahrheiten" sind für ihn jene Wahrheiten, in denen der Mensch von sich selbst als Ort der Wahrheit weitgehend absehen kann, weil er nur in einer allgemeinen Weise mit eingefordert ist. Schwergewichtige Wahrheiten hingegen sind jene, in die der Mensch ganz und gar, mit allem, was er ist, ja mit seiner ganzen Vergangenheit und Zukunft, mit allen Menschen eingefordert ist.

Rosenzweig ist mit seiner „messianischen Wahrheitstheorie" der „klassischen", metaphysischen Wahrheitstheorie, wie sie etwa Thomas von Aquin in seinen *Quaestiones disputatae de veritate* entfaltet, sehr, sehr nahe. Er denkt die dort aufgezeigten Beziehungen aber um eine entscheidende Winzigkeit weiter. Nach Thomas von Aquin ist der Mensch in seiner natura spiritualis Ort der Wahrheit. Thomas sagt – mit Aristoteles –, dass die menschliche Seele dazu geboren sei, „convenire cum omni ente"[6]. Die menschliche Seele ist – ihrer Natur nach – Ort des Aufgangs der Wahrheit. Als solche geistige Natur aber, d.h. entsprechend seinem Wesen, existiert der Mensch jeweils als sich frei und im Miteinander mit anderen Menschen *Vollziehender*. Ort des Aufgehens von Wahrheit ist folglich der Mensch in seiner Freiheitsgeschichte. Gerade dies aber eröffnet Fragen, denen sich die metaphysische Erkenntnistheorie so noch nicht gestellt hat. Rosenzweig würde mit Thomas durchaus sagen, der menschliche Geist sei – im Gegensatz zum intellectus divinus – „mensuratus, non mensurans"[7], maßnehmend, nicht maßgebend! Aber die Erläuterung, die Thomas gibt, könnte Rosenzweig nicht ohne Weiteres akzeptieren. Thomas bezieht das mensurari des menschlichen Intellektes auf die res naturales, bei den artifiziellen Dingen hingegen sei der Mensch der „messende", der maß-gebliche. Diese kategoriale Trennung von natürlichen und künstlichen Dingen ist für Rosenzweig wie für uns zusammengerückt, und der Anspruch, der sich erhebenden, ins Licht tretenden Wahrheit und das freiheitliche Zulassen der Wahrheit, das „mensurari", wie der freiheitlich-gestalterische Umgang damit, das „mensurare", sind wesentlich dichter verknüpft: Sie gehören zu jedem Aufgang von Wahrheit.

[5] A.a.O., S. 395.
[6] *De veritate*, q. 1, a. 1, c.
[7] *De veritate*, q. 1, a. 2.

Und deswegen spricht Rosenzweig von einer messianischen Wahrheitstheorie, weil der Messias, der Gesalbte, jener Knecht Gottes ist, der der Wahrheit die Ehre gibt, die ihr gebührt. Er bringt den ganzen Willen Gottes zum Austrag und erst so leuchtet die Wahrheit wahrhaft auf.

Diesen Zusammenhang von Wahrheit und Freiheit – wie der jüdische Denker ihn thematisiert – bezeugt auch das Neue Testament. Verwiesen sei exemplarisch auf Röm 1,18: „Der Zorn Gottes wird vom Himmel her offenbart wider alle Gottlosigkeit und Ungerechtigkeit der Menschen, die die Wahrheit durch Ungerechtigkeit niederhalten". Der Charakteristik des sündhaften Menschen und seiner Beziehung zur Wahrheit wird Jesus Christus entgegengesetzt: „Denn das Gesetz wurde durch Mose gegeben, die Gnade und die Wahrheit kamen durch Jesus Christus"[8].

Gehören Wahrheit und Bewährung zusammen, geht Wahrheit nur in der Freiheitsgeschichte der Menschen auf, dann ergibt sich die Dringlichkeit, nach dem Verhältnis von Kirche und Wahrheit zu fragen. Diese Frage ist dann zugleich die Frage nach der Wahrheit der Kirche und nach der Wahrheit in der Kirche. Will man sich der Erörterung dieser Fragen nähern, dann geht dies nicht ab, ohne dass eine Reihe von Klärungen vorab erfolgen.

Die erste zu klärende Frage bezieht sich auf Gott und seinen Aufgang als prima veritas im Kontext der oben skizzierten Auffassung von der Wahrheit. Eng damit verbunden ist die zweite Frage. Sie bezieht sich auf Jesus Christus als Offenbarer der Wahrheit Gottes. Erst die Antwort auf diese Frage führt uns dann zur Kirche als geschichtlichem Ort der Wahrheit Gottes.

2. Die Wahrheit Gottes und Jesus Christus – ihr Aufgang im Glauben

Die folgende Skizze kann – wegen der Komplexität der angesprochenen Probleme – lediglich Grundzüge des im Problemaufriss angedeuteten Wahrheitsverständnisses hervorheben. Diese Grundzüge liegen in der traditionellen Lehre vom Glauben, wie Thomas von Aquin sie entfaltet, bereits vor. Es gilt, sie ans Licht zu heben und um jene entscheidende Winzigkeit weiter zu denken, die Rosenzweigs Lehre von der des Thomas unterscheidet. Gott wird im Glauben als die *erste Wahrheit* bejaht, welche nach Thomas die Lichtung von Wahrheiten überhaupt ist und alle Wahrheiten manifest macht[9]. Die „obiecta materialia" des Glaubens, die Ereignisse der Heilsgeschichte, ihr Niederschlag in den Heiligen Schriften usw. sind jene Zeichen, in denen Gott als erste Wahrheit aufgeht. Zugleich gilt: Nur im Lichte Gottes als der ersten Wahrheit werden sie als materielle Gegenstände des Glaubens erkennbar.

Weil Gott die veritas prima ist, die alle Wahrheiten manifest macht und aufgehen lässt, so, wie sie selbst ursprünglich das Lichtende, sich Manifestierende ist, ist der Mensch als Ort der Wahrheit mit seiner ganzen Freiheitsgeschichte und nach allen Dimensionen seiner Freiheitsgeschichte in Gott als erste Wahrheit

[8]   Joh 1,17.
[9]   Vgl. den Johannes-Kommentar des Thomas zu Joh. 1,1f.

einbezogen. Dieses Gesamt der Freiheitsgeschichte, welches ebenso von der individuellen Freiheitsgeschichte eines jeden als den mannigfachen Formen sozialer, kultureller Freiheitsgeschichten geprägt ist, aber ist Sündengeschichte, d.h. Geschichte der Verstellung, Unterdrückung, Verschleierung der Wahrheit Gottes, der prima veritas. Gott als prima veritas geht in dieser menschlichen Freiheitsgeschichte nicht als solcher auf. „Das Licht leuchtet in der Finsternis, aber die Finsternis hat es nicht erfasst"[10]. Dies bedeutet nicht, dass es in der Freiheitsgeschichte des Menschen nicht einen „Vorschein" Gottes gibt[11]. Dieser Vorschein als Anbruch des noch unbestimmten Anspruchs an die Freiheit, ist konstitutiv für das Menschsein des Menschen, konstituiert seine geistige Offenheit[12]. Dieser Vorschein Gottes findet seine Artikulation im vernünftigen Gottesgedanken[13]. Das Geheimnis Gottes meldet sich unter dem Gedanken des „ersten unbewegten Bewegers" oder der „ersten Wirkursache". Gerade weil Gott in der Geschichte der Menschen und der Völker lediglich in seinem Vorschein aufgeht, ist die Religionengeschichte zugleich auch ein Spiegelbild der Macht und Sündengeschichte, sind die Gottesbilder ebenso Verstellung, Verzerrung und Verschleierung Gottes, wie Einweisungen in sein gänzlich entzogenes Mysterium.

Der Religionengeschichte gegenüber kann der philosophische Gottesgedanke durchaus als kritische Sonde fungieren, ohne dass er aus sich eine religiöse Geschichte als Geschichte des lebendigen Gottes freizusetzen vermöchte. Die abstrakte, theoretische Zugangsweise belässt den denkenden Menschen notwendigerweise in reflektierender Distanz. Es ergibt sich keine Einbeziehung der Freiheitsgeschichte: Aus dieser geschichtlichen Verhältnisbestimmung des Aufgangs der Wahrheit Gottes und der menschlichen Freiheitsgeschichte resultiert die Unableitbarkeit der Offenbarung Gottes in Jesus Christus, dessen Leben und Sterben nach dem Markus-Evangelium in dem Satz zusammenzufassen ist: „Wahrhaftig, dieser Mensch war Gottes Sohn!"[14] So der Hauptmann, welcher die Hinrichtung Jesu überwachte. Nach Lukas ist Jesus Christus jener, der nicht nur hier und da, sondern in allem, in seiner Herkunft wie in seinem Leben und Sterben, vom Geist Gottes geleitet und getragen ist und so zum Vater erhöht wird. Nach Paulus ist in Jesus Christus, zuhöchst in seiner Hingabe für die Sünder, Gott in seiner Gerechtigkeit und Bundestreue zum Heil aller Menschen erschienen[15].

Diese Offenbarung Gottes in Jesus Christus ist nur verständlich als eschatologische „Verdichtung" der hoffnungsstiftenden Heilstaten und Verheißungen für und in Israel. Dabei tragen die Heilstaten Gottes den Charakter von Antizipationen des messianischen Handelns und seine Verheißungen sind theologisch gesehen Vorwegnahmen jenes Ineinsfalls des Wortes Gottes und des „Ich aber sage

---

[10] Joh 1,5.
[11] Vgl. THOMAS VON AQUIN: Summa theologiae, I, q. 2, a.1 ad 1: „... Deum esse in aliquo communi sub puadam confusione, est nobis naturaliter insertum."
[12] Vgl. Röm 1,18.
[13] Vgl. die Aussagen des I. Vatikanischen Konzils DH 3004 und die korrespondierenden Aussagen des II. Vatikanischen Konzils DH 4206.
[14] Mk 15,39.
[15] Vgl. Röm 1,16f.

Euch" des Messias[16]. – Was bedeutet das Christus-Ereignis im Rahmen der Beziehung der Wahrheit auf die menschliche Freiheitsgeschichte? Wir kommen damit zur Frage nach der Bedeutung des Glaubens und nach dem Weg des Glaubens an Gott, der sich in Jesus Christus, in seinem Leben und Sterben und in seiner Verherrlichung in eschatologischer Weise geoffenbart hat.

In Jesus Christus begegnet dem Menschen die Möglichkeit, Gott als die prima veritas zu bejahen. Wie? Indem Jesus Christus – nach den Worten des Johannes-Evangeliums – als Sohn gesehen (Joh 6,40) und als Sohn geehrt wird (Joh 5,23). Hier begegnet dem Menschen in der sündhaften Geschichte jenes „extra nos", in das er hineingerufen ist und in dem ihm zugleich seine Vollendung winkt. Insofern hat der Glaube immer den Charakter eines grundlosen Geschenkes. Er geht hervor aus der den sündhaften Menschen rechtfertigenden Liebe des Vaters, die in Jesus Christus begegnet. Zugleich ist der Glaube, nach der mittelalterlichen Glaubenslehre, als actus intellectus zu kennzeichnen, der nicht durch die Einsicht bestimmt ist. Darin unterscheidet er sich vom Wissen. Er ist aber auch nicht einfach ein Meinen, weil der Meinung immer die Furcht beiwohnt, dass es auch anders sein könnte. Es ist ein actus intellectus, der durch den Willen zu einer festen Zustimmung bestimmt ist. Diese feste Zustimmung wird ausgelöst durch die in Jesus Christus, in seinem Leiden und Tod, begegnende Liebe und Güte Gottes und die Glaubwürdigkeit des Christusereignisses.

Ausgehend von dieser Bestimmung des Glaubens an Jesus Christus kann und muß im Rückblick auf die Geschichte gesagt werden: Gott als prima veritas ist unter vielen Verschleierungen in der Geschichte gegenwärtig und jedem Menschen nahe. Umgekehrt kann jeder Mensch, wenn er der Spur der prima veritas aufrichtigen Herzens suchend folgt, gerettet werden: nicht aus sich selbst, nicht aufgrund seines Suchens, sondern aufgrund der Gnade Gottes, die in Jesus Christus offenbar geworden ist. Sie ist offenbar geworden als jene Zuwendung Gottes, die in der ganzen Geschichte der Menschen am Werk ist.

Im Hinblick auf den glaubenden Menschen ist zu sagen, dass der Glaubende seinen Glauben in jeder Situation je neu zu ergreifen und zu bejahen hat. Damit aber ergibt sich immerfort die Möglichkeit, dass er die in der Bekehrung zum Glauben grundsätzlich vollzogene und habituell nicht revozierte Glaubensbejahung aktuell mehr oder weniger leugnen bzw. minimieren kann. Der Mensch kann sich im Glauben dem Glauben entziehen. Damit wirkt sich die Unwahrheit,

---

[16]   Vgl. Peter HÜNERMANN: *Jesus Christus – Gottes Wort in der Zeit.* Münster 1997, S. 40: „Die Gestalten der Heiligen in der heidnischen Antike unterscheiden sich voneinander durch unterschiedliche Grade an Komplexität. Sie kommen darin überein, dass die Göttergestalten Konkretionen und Erscheinungen des Heiligen sind und ein je spezifisches Menschen – und Weltantlitz tragen. Gegenüber den 'menschlichen' bzw. 'weltlichen' Göttern der Heiden bekennt Israel den göttlichen Gott und den sündigen Menschen. Die heidnische Erfahrung wird als Niederhalten der Wahrheit Gottes im Unwesen denunziert. Gegenüber der alttestamentlichen Gotteserfahrung wird im christlichen Glauben der göttliche Gott bekannt, der sich zum Gott der Sünder macht. Die alttestamentliche Erfahrung wird damit als An-weg zur Aufdeckung des wahren Wesens Gottes und des Wesens des Menschen, des Wesens der Welt und der Geschichte eingestuft." Mit dieser These werden die dort folgenden Ausführungen S. 52–127 begrifflich zusammengefasst.

die Verstellung und Entstellung in Bezug auf den Glauben aus. Glaube ist Weg in die Wahrheit. Es ist ein Weg, der seinen Fixpunkt und sein Unterpfand an Jesus Christus hat. Aber es ist ein Weg, der gegangen werden muß. Aufgrund dessen steht der Glaubende unter der beständigen Anforderung einer Reinigung des Glaubens. Glaube wird in diesem Sinne nie zum Besitz des Menschen. Es gilt vielmehr umgekehrt, dass der Mensch sich dem Glauben anheim zu geben, sich in seine Bewegung mehr und mehr freizugeben hat. Glaube ist ein Weg ins radikale Sich-Selbst-Lassen, in die los-lassende Anheimgabe an Gott, damit Gott mit seinem Geist und seiner Wahrheit die Führung übernimmt.

Die Wahrheit des Glaubens bewährt sich in der Zeit folglich nur so, dass in ihr den Mächten und Gewalten der Finsternis Widerstand entgegengesetzt und damit ihre Überwältigung durch Christus bezeugt wird. Glaube bezeugt sich selbst im Scheitern, wenn angesichts der erneuten Sünde an der Barmherzigkeit Gottes festgehalten wird. Im Glauben ist die Dynamik Gottes wirksam[17].

Glaube als solchermaßen von Christus her ermächtigter Weg in die Wahrheit, der im Lichte der Wahrheit Gottes geschieht, umfasst selbstverständlich das Geltenlassen und die Anerkennung aller Wahrheiten, wo immer und wie immer sie auftauchen mögen. Johannes vom Kreuz hat folgerichtig den Glauben als die „forma espiritual del espirito" bezeichnet[18]. Der Geist des Menschen, seine natura spiritualis mit ihrem Vermögen ist ein Ausgangspunkt; im Leben ist diese Anlage des Menschen auszubilden. Die Form dieser Bildung ist der Glaube, der sich auf Gott als erste Wahrheit bezieht, die in Jesus Christus, dem Gekreuzigten und Erhöhten eröffnet ist.

Welche Konsequenzen haben die hier lediglich angedeuteten Grundzüge des Glaubens für das Verständnis der communio fidelium, welche die Kirche bilden?

3. Kirche – Säule und Fundament der Wahrheit[19]

Geschieht in der Offenbarung Gottes durch Jesus Christus die Selbstmitteilung Gottes als der ersten Wahrheit, so ist die Gemeinschaft der Glaubenden dadurch geprägt. Wahrheit und Kirche gehören zusammen. Aber wie? Bei der Antwort ist eine wichtige, traditionelle Unterscheidung zu beachten. Kirche ist als Volk Gottes „Säule und Fundament der Wahrheit". Kirche im fundierenden, im grundlegenden Sinne ist hier gemeint.

Augustinus spricht von der ecclesia ab Abel, die bis zum letzten Gerechtfertigten der letzten Tage der Geschichte reicht. Das II. Vatikanische Konzil zählt zu diesem Volk Gottes die glaubenden Christen ebenso wie jene, die unverschuldet nicht an Christus glauben, aber an Gott festhalten. Es zählt selbst jene hinzu, die – Gott unverschuldet nicht kennend – ihrem Gewissen aufrichtig zu folgen suchen. Dies ist die wahre una sancta catholica, die „apostolisch" genannt werden kann, insofern sie vom Christusereignis, das die Apostel bezeugt haben, als ihrer

---

17 Vgl. Röm 1,16.
18 Vgl. San JUAN DE LA CRUZ: *Obras Completas*. Madrid ³1988; Noche oscura, II, 3, 3; S. 571.
19 Vgl. 1 Tim 3,15.

verborgenen Mitte und ihrer verborgenen Vermittlung her lebt. Diese reale und doch unsichtbare Kirche ist erkenntlich an den Früchten des Geistes. Dieses Volk Gottes lebt in, unter und mit der sündigen, kulturell höchst pluralen Menschheitsgeschichte. Es ist dieses Volk Gottes von dieser Menschheit so wenig „vor der Ernte" zu trennen wie das Unkraut vom Weizen im Gleichnis Jesu[20].

Diese Kirche ist im eigentlichen Sinne „Säule und Fundament der Wahrheit", insofern sie jene Menschen umfasst, die wirklich – actu – in der Grundoption ihres Lebens von Gott als der ersten lichtenden Wahrheit bewegt sind und sich in ihrer Freiheitsgeschichte von ihr bestimmen lassen. Sie sind von dieser Wahrheit her miteinander verbunden. Dieses verborgene und zugleich geschichtlich wirksam werdende Volk Gottes ist Säule und Fundament der Wahrheit in der Geschichte der Menschheit.

Von Kirche in diesem fundamentalen primären Sinn is ist die sichtbare Kirche, Kirche im zeichenhaften, im sakramentalen Sinn zu unterscheiden.

Fasst man das Wort Institution weit, so kann man auch von institutioneller Kirche sprechen[21], welche die einzelnen und Gruppen umspannt. Kirche wäre in jenem Sinn die historische Vermittlungsinstanz, die sich aus dem Christusereignis herleitet und den Glauben an Jesus Christus geschichtlich vermittelt.

Als vermittelnde Instanz, die durch eine Fülle von kommunikativen Beziehungen geprägt ist, ist Kirche aber nicht nur jeweils verflochten in ihren kulturellen und geschichtlichen Kontext, sondern als Institution ebenso geprägt durch die Unwahrheit, die Verschleierung der Wahrheit, die Sünde. Institutionen sind ebenso ermöglichende und orientierende Vorgabe für die Vollzüge der Einzelnen, wie sie ständig in den Interaktionen der Einzelnen und der zugehörigen Gruppen hervorgebracht und vollzogen werden. Kirche ist Resultat des Christusereignisses. Sie ist aber zugleich auch immerfort historisches Gebilde und von dort her in ihren Strukturen sündhaft geprägt. Gehört sie deshalb ganz auf die Seite der Unwahrheit? Wohl kaum. Aber: Wie ist hier zu unterscheiden?

Die Antwort der Reformatoren besteht in einer materialen Abgrenzung. Das Evangelium, wie es in der Schrift bezeugt ist, und die Sakramente, die von Jesus Christus eingesetzt sind, bilden die göttlich sanktionierten und institutionalisierten Autoritäten. Alles übrige sind Menschensatzungen, die variabel und von Sünde durchzogen sind, mehr oder weniger vernünftig oder widersinnig, dem Glauben angemessen oder unangemessen. In diesem Sinn braucht die Augsburgische Konfession das Wort Insitution, instituere[22].

Dass mit dieser Antwort nicht das letzte Wort gesprochen sein kann, dürfte daraus hervorgehen, dass Luther selbst die Frage nach dem menschlichen Wort,

---

[20] Mt 13,24-30.
[21] H. DUBIEL definiert Institution wie folgt: „Im sozialwissenschaftlichen Sprachgebrauch sind Institutionen, die der unmittelbaren Disposition des individuellen Subjekts weitgehend entzogenen, dieses als solches vielmehr erst konstituierenden (Sozialisation) durch rechtliche Fixierung auf Dauer gestellten und doch historisch beschränkten Beziehungsformen einer Gesellschaft." Vgl. DERS.: Institution. In: *Historisches Wörterbuch der Philosophie*. Bd. 4. Basel 1976, Sp. 420.
[22] Vgl. Trutz RENDTORFF: Das Problem der Institution in der neueren Christentumsgeschichte. Ein Diskussionsbeitrag. In: H. SCHELSKY (Hrsg.): *Zur Theorie der Institution*. Düsseldorf 1970.

das selbstverständlich auch ein sündiges Wort sein kann, in der Predigt stellt. Ist der Ort der Wahrheit, auch der Wahrheit des Christusereignisses, grundsätzlich die menschliche Freiheit und die Freiheitsgeschichte, dann gilt, dass eine materiale Ausgrenzung der göttlichen Institute eine unzureichende Antwort bildet. Unzureichend wäre aber auch ein bloßer Verweis auf die Notwendigkeit der Freiheitsgeschichte, und darauf, dass der Geist in der Kirche wirksam sei. Die sichtbare, sakramentale Kirche bildet keine Insel der Seligen im Meer der Geschichte. Es geht vielmehr um die Möglichkeit des Unterscheidens. Damit steht und fällt die Möglichkeit von einem eschatologischen Charakter des Christusereignisses zu sprechen. Es muss eine Möglichkeit der Bewährung dieser Wahrheit geben und zwar nicht durch den Verweis auf die Kirche als Gemeinschaft der Gerechtfertigten. Es muss eine Bewährung auch in Bezug auf die sichtbare, sakramentale Kirche, die Kirche als Institution geben, wenn anders in der Kirche die Bezeugung des Evangeliums als der für alle Geschichte maßgeblichen, eschatologischen Offenbarung möglich sein soll.

Wie sieht diese Bewährung aus? Es geht uns hier nicht um die Bewährung der Glaubenswahrheit durch die Einzelnen. Es geht um die institutionelle Bewährung durch die Kirche in ihrer Sichtbarkeit und Sakramentalität. Diese Bewährung kann nur darin bestehen, dass die Kirche sich institutionell vom Christusereignis her definiert und darin ihre Wahrheit affirmiert. Dies geschieht zum einen dadurch, dass die sichtbare, sakramentale Kirche sich als „Kirche unter dem Wort" versteht. Das ursprüngliche und damit maßgebliche Zeugnis des Christusereignisses, die apostolische Verkündigung, wie sie sich wesentlich auf das Alte Testament stützt und ihren Niederschlag im Neuen Testament gefunden hat und damit norma normans ist, akzeptiert die Kirche für sich. Im Christusereignis ist der Gemeinschaft der Gläubigen der Glaube aufgegangen. Indem sie das Zeugnis und zwar das konstitutive, maßgebliche Zeugnis des Christusereignisses kanonisiert und zur alles bestimmenden Norm macht, ist die Kirche als Institution „in der Wahrheit" und – trotz eigener Sündhaftigkeit und institutioneller, d.h. stukureller Sünde Zeugin der Wahrheit. Sie hat an dieser norma normans ein ständiges Korrektiv.

Insofern die Kirche als Institution zugleich ein kommunikatives Handlungsgefüge ist und sie Taufe und Eucharistie als die wesentlichen sakramentalen Handlungen ansieht, in denen das erlösende Tun Jesu Christi den Menschen in und durch kirchliches Tun vermittelt wird, bleibt die sichtbare Kirche – trotz ihrer von Sündhaftigkeit mitgeprägten Praxis – institutionell gesehen im gläubigen Wahrheitsgeschehen.

Dabei gilt, dass dieses sakramentale Tun den kritischen Maßstab für alle kirchlichen Aktivitäten bildet, ihren Sinn vorgibt und zugleich die Kriterien bietet, an denen kirchliche Praxis jeweils zu überprüfen und zu korrigieren ist.

Die genannten beiden Auskünfte sind fundamental, aber sie genügen nicht. Es wurde oben bereits – durch den Verweis auf die Reformatoren und ihre Antworten – auf das Ungenügen hingewiesen.

In Bezug auf das Wort, welches die Kirche als norma normans akzeptiert und unter das sie sich gestellt weiß, ergibt sich die Frage nach der angemessenen Bewahrung und Auslegung dieses Wortes, das seinen Ausdruck in der apostolischen

Verkündigung und deren Niederschlag, dem Neuen Testament, gefunden hat. Die apostolische Botschaft, wie sie in der Schrift ihren Niederschlag gefunden hat, ist ja in den unterschiedlichen geschichtlichen Epochen, in den differenten Kulturen jeweils zu bewahren und auszulegen. In unterschiedlichen Zeiten, in unterschiedlichen Kulturen aber ergeben sich jeweils andere und andere Verstehensmöglichkeiten. Wie kann hier die Selbigkeit des Glaubens in der Differenz der Zeiten gewahrt bleiben? Die Antwort ergibt sich aus der recht verstandenen Lehre des Ersten und des Zweiten Vatikanischen Konzils über das magisterium ecclesiae.

Dort, wo jene, die institutionell damit beauftragt und dazu ermächtigt sind, das Evangelium, unter dem die Kirche steht, zu verkünden, dieses Evangelium formal im Konsens verkünden und zugleich in ihrer Verkündigung die Kohärenz ihrer Verkündigung mit dem maßgeblichen Zeugnis und den nachgeordnet geschichtlichen Zeugnissen gegeben ist, da weist ihre Verkündigung ein in den wahren Glauben. Diese Aussage bedarf – um plausibel zu sein – einer Erläuterung: Im Christusereignis, d.h. in der Bezeugung der objecta materialia fidei ist formal der Glaube an Gott als die erste, heilbringende Wahrheit, d.h. an Gott in seiner Selbsterschließung entsprungen. Dieses konkrete, geschichtliche Wortgeschehen ist konstitutiv für die Kirche. Von ihm her definiert sich die Kirche in ihrer geschichtlichen Greifbarkeit, Sichtbarkeit. Dies ist ihre Grunderfahrung.

Wo Fragen bzw. Probleme in Bezug auf dieses Wortgeschehen und seine Wahrung bzw. seine Bezeugung auftauchen, und diese Fragen im Konsens der Amtsträger und in der Kohärenz mit der Normativität des ursprünglichen Wortgeschehens und den nachgeordneten Bezeugungsinstanzen gelöst werden, da partizipiert die Antwort an diesem Wortgeschehen selbst, an dem Sprachcharakter der objecta materialia fidei. Da ist diese Antwort anzunehmen als ein Wort, in dem das ursprüngliche Wortgeschehen mit seiner erschließenden Kraft für die Einweisung in den Glauben an Gott als die erste und heilbringende Wahrheit gewahrt ist. Warum gilt dies? Mit dem Konsens und der Kohärenz werden jene zwei wesentlichen Bedingungen erfüllt, die bei der wahrheitsgemäßen Erfassung eines Sachverhaltes jeweils in Anschlag kommen: Mit jedem Urteil ist der transzendentale Anspruch verbunden, dass jeder, der sich auf die Begründung des Urteils einlässt, diesem Urteil zustimmt. Umgekehrt ergibt sich aus dem consensus eine Bewährung der jeweiligen Wahrheit. Wird folglich in Bezug auf eine Frage des Glaubens, die sich auf das „depositum fidei" bezieht, der Konsens jener erzielt, die im Namen Jesu Christi und im Namen der Kirche mit der Wahrung der Botschaft beauftragt sind und zugleich die Repräsentanten der Gemeinden sind, so ist in ihrem Konsens jene Bewährung der Wahrheit gegeben, die von der Gemeinschaft der Gläubigen zu erbringen ist.

Die zweite Bedingung, die Kohärenz, ist gleichfalls in einer transzendentalen Weise in jeder Wahrheitsbehauptung impliziert. Zur Behauptung von irgendetwas als etwas Wahrem gehört, dass diese Wahrheit in einer Kohärenz steht mit den übrigen, in diesem Kontext gehörigen Wahrheiten.

In Bezug auf die ursprüngliche Bezeugung des Glaubens gilt, dass sich hier eine Kohärenz zeigen muss mit den unterschiedlichen Aussagen, die zu diesem Wortgeschehen gehören. Zugleich sind einzubeziehen wesentliche Urteile über Fragen, die im Verlauf der Geschichte hinsichtlich des depositum fidei aufgetaucht sind und mit dem entsprechenden Wahrheitsanspruch entschieden worden sind. Diese Kohärenzen, welche sich auf das unmittelbare Umfeld beziehen, müssen transparent und einsichtig sein.

Sind diese beiden Formen der Bewährung – der Konsens und die Kohärenz – gegeben und von der entsprechenden Autorität festgestellt, so gilt von solchen Entscheidungen, dass sie nicht in die Irre führen, d.h. vom Glauben an Gott wegführen, sondern authentisch, wenngleich in neuer Weise, den Glauben bezeugen und als Wortgeschehen in den Glauben an Gott als die erste heilbringende Wahrheit einweisen.

Damit stehen allerdings solche Worte – das I. Vaticanum spricht von Dogmen – nicht auf einer Stufe mit dem ursprünglichen Wortgeschehen der Bezeugung des Glaubens. Die Dogmen verraten selbstverständlich die geschichtliche und kulturelle Distanz zum ursprünglichen Wortgeschehen, in dem sich der Glaube bezeugt hat. Die Dogmen implizieren die damit gegebenen spezifischen, historischen Sichtweisen, kurz die historische Rationalität ihrer Zeit. Gleichwohl können sie als authentische, als unfehlbare Bezeugungen und Auslegungen der Glaubensbotschaft gelten, weil in ihnen die Regeln zu Bewährung der Wahrheit geschichtlich wahrgenommen sind.

Es handelt sich bei den Dogmen um ein authentisch in den Glauben einweisendes Wort- und Zeichengeschehen, das gegenüber der ursprünglichen Bezeugung sekundär ist. D.h., diese sekundäre Auslegung ist auf der einen Seite eine Hilfe und Anweisung für das rechte Verstehen des primären Wortgeschehens. Es bleibt zugleich innerlich auf dieses primäre Wortgeschehen bezogen und empfängt von dort her und von der Ausrichtung auf es seine ganze Signifikanz.

Wo die Bewährung durch einen moralischen Konsens der Autoritäten und damit der gesamten Gemeinschaft der Glaubenden und die entsprechende Kohärenz – welche nicht einfach systematische Deduzierbarkeit meint! – hingegen nicht gegeben sind, da kann man infolgedessen auch nicht von einem authentischen, infalliblen Urteil, einem Dogma sprechen. Beide Momente, der Konsens und die Kohärenz müssen durch die Autoritäten öffentlich festgestellt werden. Nur so kommt ein Dogma formell zustande.

Infallibles Lehren ist so ein geschichtlicher Vorgang in der Kirche, der begründet ist im Entspringen der Kirche aus der Offenbarung Gottes. Es ist die Weise, wie sich die Kirche durch Konsens und Kohärenz in ihrem jeweiligen geschichtlichen Weg auf die maßgeblichen Anfänge zurückbezieht. Gerade darin bleibt sie im Geist, bleibt sie in der Wahrheit trotz aller Sündhaftigkeit. Die kirchlichen Autoritäten nehmen – indem sie mit Hilfe theologischer Reflexionen den Konsens formulieren und zugleich als Konsens erheben und die Kohärenz mit der Glaubensüberlieferung in transparenter Weise aufdecken – eine wichtige, dienende Funktion in diesem Geschehen wahr. Ihnen ist allerdings keine neue Offenbarung anvertraut. Sie verfügen nicht über den Geist, sondern stellen sich in seinen Dienst, indem sie die Bewährung der Wahrheit in Konsens und Kohärenz aufdecken und proklamieren.

Mit dieser Bestimmung ist der Wahrheitsbezug der Kirche als einer geschichtlichen, sozialen Größe, als Institution, aber lediglich in einer Hinsicht bestimmt. Die Wahrheit des Glaubens, deren Ausdruck und Niederschlag im Christusereig-

nis und seiner Bezeugung sowie in der bewahrenden Auslegung besitzt, führt die
Kirche notwendigerweise über sich selbst hinaus. Die Kirche als Institution, welche sich durch den Bezug auf die Wahrheit des Glaubens definiert, kann als Institution diese Wahrheit nur bezeugen, indem sie dies im offenen geschichtlichen
Kontext der menschlichen Gesellschaft, das bedeutet zugleich im Kosmos der
vielgestaltigen Wahrheiten, vollzieht, die Menschen in ihrem Umgang mit der
Welt und miteinander entdecken und ständig bezeugen. Überall, wo eine Wahrheit bezeugt wird, wird der Anspruch auf Konsens und Kohärenz erhoben: Jeder,
der im Ernst irgendeinen Sachverhalt als wahr vertritt, erhebt den Anspruch, dass
die anderen ihm zustimmen. Er unterstellt gleichfalls, dass das, was ihm als wahr
aufgegangen ist, in Kohärenz steht mit anderen Wahrheiten. Die Kirche kann
auch als Institution die Glaubenswahrheit nicht anders bezeugen, als dass sie ihr
eigenes Zeugnis in dieser Weise in die Kommunikationsstrukturen der Menschen
hineinstellt. Dies ist nicht einfach eine menschliche Notwendigkeit. Erst so entfaltet sich zugleich auch die ganze Bedeutung der Glaubenswahrheit. Erst so
wird die Gemeinschaft der Glaubenden zum Licht auf dem Leuchter und zum
Salz der Erde. Was bedeutet diese Relation aber – abgesehen vom Sendungsauf-
trag der Kirche als solche – für die Frage der Wahrheitsbeziehung der institutionellen Kirche?

Es ist selbstverständlich, dass die vielen behaupteten Wahrheiten, welche es
gibt, in bunter Mischung Wahres, Falsches, Lügnerisches, verschrobene Meinungen, Angstvisionen und wahre Worte umfassen. Trends, Gewohnheiten, Klischees, Stimmungs- und Meinungsmache bestimmen das öffentliche Leben ebenso mit wie herausragende Werke der Kunst oder der Literatur, persönliche Zeugnisse von Menschen, in denen die Wahrheit des Menschen wie in einem Brennpunkt aufzuleuchten vermag. Die Kirche als Institution ist mit der großen Zahl
ihrer Mitglieder dieser schillernden Welt von Wahrheit und Unwahrheit ausgesetzt. Sie ist davon angefochten und versucht. Und sie fällt solchen Versuchungen tausendfach anheim. Sie ist ja keine Kirche der Heiligen. Das bedeutet aber
auch, dass ihre Strukturen und Lebensformen, ihre institutionellen Züge davon
mitgeprägt sein werden. Ist dies alles, was zu sagen ist? Bedeutet ihre Konstitution durch die Offenbarung Gottes in Jesus Christus nichts? Kommt die Identität
der Kirche, die sich gerade aus ihrem Vertrauen auf Gott als die erste Wahrheit
und das Festhalten an den objecta materialia des Glaubens ergibt, hier nicht zur
Geltung?

Eine Antwort in Bezug auf die Kirche als Volk Gottes, das aus der Rechtfertigung des Glaubens lebt, ist relativ einfach. Wer aus dem Vertrauen auf den lebendigen Gott lebt, wer sich in seinem Leben ganz grundsätzlich auf Gott als die
erste und heilbringende Wahrheit bezieht – es wurden oben die verschiedenen
geschichtlichen Spielarten eines solchen Verhältnisses charakterisiert, der erfährt
aus solcher je tiefer zu gründenden Bekehrung zu Gott die Kraft seines Geistes.
Und diese Kraft des Geistes Gottes ermächtigt ihn immer wieder zur Unterscheidung und Prüfung, der Geist verleiht ihm die Mächtigkeit, sich gegenüber Moden
und Trends, Verstrickungen zu distanzieren. Der Glaube schenkt ihm die Zuversicht, dass Gott ihn auch aus der Sünde und der Schuld immer wieder aufrichten
wird. Der unausweichliche Kampf der Glaubenden in der Zeit ist ein Ringen um

die Wahrheit. Theologisch ist dieser Weg des Einzelnen durchreflektiert in der Moraltheologie, der theologischen Anthropologie und in der geistlichen Theologie. Man denke etwa an das klassische Werk der Teresa von Ávila *Castillio interior*. Die Antwort auf dieselbe Frage in Bezug auf die Kirche als Institution ist schwieriger und bislang weit weniger theologisch reflektiert und aufgearbeitet.

Man nähert sich der Frage, wenn man zunächst bedenkt, worum es geht. Hier stehen nicht einfach theoretische Fragen an. In Bezug auf die Kirche als Institution geht es in diesem Feld um die Herausbildung von gemeindlichen und kirchlichen Lebensformen, Modellen, Handlungsmustern, Leitbildern allgemeiner Art, die aus dem Geist des Glaubens geboren sind und zugleich Lebensmöglichkeiten und Orientierung vermitteln in Bezug auf konkrete Lebensdimensionen. Jede Kommunikation über den Glauben und im Glauben setzt solche Lebensformen voraus. Sie korrespondieren in gewisser Weise dem, was im Leben des Einzelnen die Tugenden oder Habitus sind: Dispositionen und Ermöglichungen des individuellen und kollektiven verantwortlichen Handelns. Weder den Einzelnen noch den Gruppen wird dadurch die Verantwortung im einzelnen Fall abgenommen. Solche Entscheidungen werden vielmehr allererst ermöglicht und es werden Perspektiven für eine Orientierung eröffnet und vorbereitet. Man wird hier zurecht von Formen eines christlichen Ethos sprechen können, wenn man unter Ethos im ursprünglichen Sinn die Sitte und den Gebrauch, das „Wohnen" im Gewohnten versteht.

Die Herausbildung solcher Formen ist die Aufgabe jeder Gruppe von Gläubigen, der Familien, der Jugendgruppen, der christlichen Nachbarschaften ebenso wie der Gemeinden, der Diözesen oder der Gesamtkirche. Hier liegt eine ganz wesentliche Aufgabe der jeweiligen kirchlichen Autoritäten. Sie sind dafür verantwortlich, dass dieser Prozess der „Institutionenbildung" in Fluss bleibt und ständig fortschreitet.

Es ist evident, dass es im Bereich dieser poetischen, d.h. bildnerischen Arbeit im Geist des Glaubens keine unfehlbaren, glatten, vollkommenen Formen gibt. Es gibt wohl zwei Pole der Kritik, die zur ständigen Weiterarbeit antreiben: Das Maßnehmen am Geist des Evangeliums und die kritische Frage, ob sich in den jeweiligen Lebensformen dieser Geist des Evangeliums niederschlägt und in welchem Ausmaß. Hier ist der ständige Rückbezug auf die maßgeblichen Glaubenszeugnisse und Wahrheiten unerlässlich. Die andere Pol der Kritik ist der Rückbezug auf die Vernunft: Die kritische Sichtung von sittlichen Beurteilungen, von einschlägigen Sachverhalten, die kritische Reflexion der juristischen, sozialen, politischen Aspekte solcher Lebensformen; die Berücksichtigung psychologischer und anthropologischer Kriterien etc.

Kompetenzen, Pflichten und Aufgaben der kirchlichen Autorität bestehen in diesem Bereich darin, zum einen jeweils Maß und Geist des Glaubens in die Erinnerung zu rufen und zur Geltung zu bringen. Zum anderen die vernünftige Kritik und Weiterbildung solcher Formen durch die entsprechende Einbeziehung von jeweiliger Fachkompetenz und charismatischer Begabungen zu fördern. Dazu gehört dann ferner die entsprechende öffentlich-rechtliche Strukturierung solcher Formen und ihre Anerkennung und Einbindung ins kirchliche und gemeindliche Gesamtleben.

Die Entscheidungen der kirchlichen Autoritäten beziehen sich weitgehend auf Ermessensfragen und können insofern gelungener oder weniger gelungen sein. Sie bedürfen – bei allem Respekt, der ihnen entgegenzubringen ist von Seiten des Kirchenvolkes – durchaus der Kritik.

Im Kontext der Ausbildung solcher aus dem Glauben gespeisten Lebensformen und deren Anerkennung und Stukturierung durch die Autorität spielen sittliche Prinzipien als leitende Gesichtspunkte bei der Beurteilung eine erhebliche Rolle. In Bezug auf sittliche Prinzipien gilt, dass sie – je allgemeiner und grundsätzlicher sie sind – desto intensiver mit der Grundstruktur des menschlichen Geistes, der menschlichen Freiheit verknüpft sind und sich jeweils daraus ergeben. Gerade auf Grund dieser Einheit mit den Grundzügen des menschlichen Geistes und der menschlichen Freiheit und der damit gegebenen fundamentalen Widersprüchlichkeit, welche aus ihrer Leugnung unmittelbar entspringt, erfreuen sie sich zugleich eines weitgehenden Konsenses rechtschaffen lebender und denkender Menschen. Ihnen kommt von daher eine eigene Form rationaler Unbedingtheit zu. Diese rationale Unbedingtheit gestattet es, sie in religiöser Sprache als schöpfungsmäßig gegebene Grundlagen sittlicher Orientierung zu bezeichnen. Dies ändert nichts an ihrem rationalen Charakter.

Auch in Bezug auf solche sittlichen Prinzipien gibt es geschichtliche Entwicklungen. Man wird die Menschenrechte etwa heute zu solchen Prinzipien hinzuzählen dürfen. Einer modernen Reflexion stellen sich sich dar als wurzelnd in der rationalen und freiheitlichen Natur des Menschen, so verknüpft mit dieser, dass ihre Leugnung zugleich eine Infragestellung dieser rationalen und freiheitlichen Natur des Menschen selbst ist. Die Unbedingtheit ihres sittlichen Anspruches ist demzufolge nicht einfach eine zeitenthobene Unbedingtheit, sondern eine geltungstheoretiche Unbedingtheit geschichtlicher Art. Die Bewährung dieser rationalen Unbedingtheit aber liegt jeweils im allgemeinen, rationalen Konsens und im Aufweis der allgemeinen, rationalen Kohärenz.

Gerade weil diese rationalen, sittlichen Prinzipien nicht schlechthin geschichtsenthoben sind, sondern sich mit ihrem Unbedingtheitsanspruch ein zeitgeschichtlicher Index verbindet, gibt es hier in der Kirche wie in der Menschheit notwendigerweise Lernprozesse, die Möglichkeit von Verstellungen, Irrtum, sündhafter Verschließung. Man kann diese Momente an der langwierigen und schwierigen Rezeptionsgeschichte der Lehre von den Menschenrechten in der Katholischen Kirche und durch die kirchlichen Amtsträger studieren.

Ein infallibles Entscheiden im Sinne der Entscheidungen über Glaubensfragen gibt es in diesem Bereich nicht, wenngleich eine Lehre als definitiv vorgelegt werden kann. Die Definitivität, die ihr zukommt, ist aber qualitativ anderer Art als die einer inffalliblen Entscheidung: Hier ist die Definitivität geltungstheoretischer Art, wie sie sich aus der Ratio ergibt.

Andere Fragen, die bei der Ausbildung von Lebensformen des Glaubens auftauchen können, betreffen die logische oder historische Verknüpfung von formalen Glaubenslehren und anderen Wahrheiten. Hier gilt ebenso, daß ein infallibles Entscheiden nicht infrage kommt. Warum? Jede Verknüpfung bezeichnet eine relatio, der ein fundamentum relationis zu Grunde liegt. Bei Relationen logischer Art ist dies eine sachlogische Basis. Es geht ja hier nicht um formallogische Beziehungen. Solche sachlogischen Fundamente sind meist extrem zeitgebunden. Sie verändern sich zumeist mit jeder Aufdeckung neuer Züge der entsprechenden Realität. Nur bei sehr allgemeinen sachlogischen Einsichten kommt man zu höheren Beständigkeiten. Solche sachlogischen Zusammenhänge sind rationaler Art. Wird aufgrund eines solchen Zusammenhanges die Verküpfung einer Glaubenslehre mit irgendeiner anderen Wahrheit festgestellt, dann ist die Verknüpfung als solche nur rational zu bejahen, wenn sie mit dem nötigen Zeitindex und den sich daraus ergebenden Vorbehalten versehen ist. De facto finden sich in der Geschichte des Magisteriums und der Theologie eine Menge an Fehlurteilen, die aus der Vernachlässigung oder dem Übersehen dieser Differenz hervorgegangen sind. Es handelt sich um die Verwechslung von Glaubenslehren mit geschichtlich überlieferten Selbstverständlichkeiten, die aus einer unbedachten Verknüpfung von Glaubenssätzen und rationalen, historisch bedingten Einsichten bestanden. „Possibile est enim hominem fidelem ex coniectura humana falsum aliquid aestimare. Sed quod ex fide falsum aestimet, hoc est impossibile"[23].

Ein Gleiches gilt für alle sonstigen rationalen Zusammenhänge.

In diesem ganzen Bereich der Auseinandersetzung um die Realisierung und das Leben des Glaubens in der Welt vertraut die Kirche zurecht darauf, dass sie durch die Dynamik des Geistes und seinen Beistand etwaige Entstellungen und Verzerrungen immer wieder aufklären kann und den Mut dazu gewinnt. Sie ist dazu aber immer auch auf die rationale Arbeit und die Hilfen angewiesen, die solche rationale Arbeit fordern. Zugleich hat sie an ihrer eigenen Lehrtradition eine gewisse orientierende Hilfe.

Nachwort

Vorstehender Essay ist im Zusammenhang der Beschäftigung des Verfassers mit den theologischen Fragen entstanden, die durch die Enzyklika Johannes Pauls II. *Ut unum sint* und durch das Motu proprio *Ad tuendam fidem* aufgeworfen wurden[24]. Im Rahmen dieser Fragen geht es um die Konturen des Dienstes der kirchlichen Autorität an der Gemeinschaft der Gläubigen. Die Problematik der institutionellen Wahrheitsbeziehung bildet in diesem Kontext ein wesentliches Moment. Sie ist ebenso gewichtig für die anstehenden innerkatholischen wie die ökumenischen Fragen[25].

---

[23] THOMAS VON AQUIN: *Summa Theologiae*, II-II, q. 1, a. 3, ad 3.

[24] Vgl. die Beiträge des Verfassers zu diesen Fragen: Gesucht: Ein neues Paradigma des Petrusdienstes. In: Heinz SCHÜTTE (Hrsg.): *Im Dienst der einen Kirche. Ökumenische Überlegungen zur Reform des Papstamts.* Paderborn 2000, S. 189–218; Die Herausbildung der Lehre von den definitiv zu haltenden Wahrheiten seit dem Zweiten Vatikanischen Konzil. In: *Cristianesimo nella storia* 21 (2000), S.71-101; „Una cum". Zu den Funktionen des Petrusdienstes aus katholischer Sicht. In: Peter HÜNERMANN (Hrsg.): *Papstamt und Ökumene. Zum Petrusdienst an der Einheit aller Getauften.* Regensburg 1997.

[25] Vgl. Peter HÜNERMANN: Kirche und Rechtfertigung. Eine kritische Consideratio zur „Umkehr" und „Busse" von Kirche als Institution. In: *Theologische Quartalschrift* 176 (1996), S. 355-357.

Die Diskussionen auf dem I. Vatikanischen Konzil, dem II. Vatikanischen Konzil und in der Theologie gehen – bis in die Gegenwart jeweils von der Fragestellung aus: Welche Kompetenz muß dem Magisterium zukommen, damit der Glaube in der Geschichte gewahrt bleiben kann.

Man formt bei dieser Fragestellung eine positive Aussage des Thomas um: Ex quibus negatis sequitur corruptio articuli fidei?[26] Eine solche negative Fragestellung kann logisch zu keiner eindeutigen Abgrenzung der Kompetenz institutioneller Autoritäten führen, denn es gilt: bonum ex integra causa, malum ex quolibet defectu. Der Streit um die Ausdehnung des Objektes infapliblen Lehrens ist so nicht eindeutig zu entscheiden. Man kann sich im Grunde nur auf die Praxis berufen und fällt damit leicht einem Zirkelschluß in der Legitimation anheim. Tendenzen zur Ausweitung der Komeptenzen können nicht begründet zurückgewiesen werden.

In vorliegendem Artikel wird der Versuch einer positiven Argumentation vorgestellt. Die leitende Frage ist: Wie sieht die „integra causa" für die institutionelle Wahrheitsbezeugung der Glaubensartikel aus? Wie funktioniert sie – so dass daraus die incorrupta traditio articulorum fidei plausibel wird? Wichtigste Voraussetzungen des hier vorgelegten Versuches sind die von Thomas vorgelegte Differenzierung des objectum formale fidei und der obiecta materialia fidei, die Rechtfertiungslehre sowie die allgemeinsten Prinzipien der Bewährung von Wahrheiten durch Konsens und Kohaerenz.

---

[26] Vgl. hingegen den anderen Gebrauch dieser Worte bei THOMAS VON AQUIN: *Summa theologiae*, II-II, q. 11, a. 2; I, q. 32, a. 4.

Wahrheit des Christentums?

VON JOSEPH CARDINAL RATZINGER

Am Ende des zweiten christlichen Jahrtausends befindet sich das Christentum gerade im Raum seiner ursprünglicher Ausdehnung, in Europa, in einer tiefgehenden Krise die auf der Krise seines Wahrheitsanspruches beruht. Diese Krise hat eine doppelte Dimension: Zunächst stellt sich immer mehr die Frage, ob der Begriff Wahrheit sinnvollerweise überhaupt auf die Religion angewandt werden könne, mit anderen Worten, ob es dem Menschen gegeben ist, die eigentliche Wahrheit über Gott und die göttlichen Dinge zu erkennen. Der Mensch von heute findet sich viel eher in dem buddhistischen Gleichnis vom Elefanten und den Blinden wieder: Ein König in Nordindien habe einmal alle blinden Bewohner der Stadt an einem Ort versammelt. Darauf ließ er den Versammelten einen Elefanten vorführen. Die einen ließ er den Kopf betasten. Er sagte dabei: So ist ein Elefant. Andere durften das Ohr betasten oder den Stoßzahn, den Rüssel, den Rumpf, den Fuß, das Hinterteil, die Schwanzhaare. Darauf fragte der König die einzelnen: Wie ist ein Elefant? Und je nachdem welchen Teil sie betastet hatten, antworteten sie: Er ist wie ein geflochtener Korb... Er ist wie ein Topf... Er ist wie eine Pflugstange... Er ist wie ein Speicher... Er ist wie ein Pfeiler... Er ist wie ein Mörser... Er ist wie ein Besen. Daraufhin – so sagt das Gleichnis – kamen sie in Streit, und mit dem Ruf „Der Elefant ist so und so" stürzten sie aufeinander und schlugen sich mit den Fäusten zum Ergötzen des Königs[1]. Der Streit der Religionen erscheint den Menschen von heute wie dieser Streit der Blindgeborenen. Denn blindgeboren sind wir den Geheimnissen des Göttlichen gegenüber, so scheint es. Das Christentum befindet sich für das heutige Denken keineswegs in einer positiveren Perspektive als die anderen – im Gegenteil: Mit seinem Wahrheitsanspruch scheint es besonders blind zu sein gegenüber der Grenze all unserer Erkenntnis des Göttlichen, durch einen besonders törichten Fanatismus gekennzeichnet, der das in eigener Erfahrung betastete Stück unbelehrbar für das Ganze erklärt.

Diese ganz generelle Skepsis gegenüber dem Wahrheitsanspruch in Sachen Religion ist dann zusätzlich untermauert durch die Fragen, die die moderne Wissenschaft den Ursprüngen und Inhalten des Christlichen gegenüber aufgerichtet hat: Durch die Evolutionstheorie scheint die Schöpfungslehre überholt, durch die Erkenntnisse über den Ursprung des Menschen die Erbsündenlehre; die kritische Exegese relativiert die Gestalt Jesu und setzt Fragezeichen gegenüber seinem Sohnesbewußtsein; der Ursprung der Kirche in Jesus erscheint zweifelhaft und so

[1] Vgl. H. VON GLASENAPP: *Die fünf großen Religionen*. Bd. 2. Düsseldorf 1957, S. 505; dort auch Quellenangabe (Udāna 6,4) und Literaturhinweise.

fort. Die philosophische Grundlage des Christentums ist durch das „Ende der Metaphysik" problematisch geworden, seine historischen Grundlagen stehen in Folge der modernen historischen Methoden im Zwielicht. So liegt es auch von daher nahe, die christlichen Inhalte ins Symbolische zurückzunehmen, ihnen keine höhere Wahrheit zuzusprechen als den Mythen der Religionsgeschichte – sie als Weise der religiösen Erfahrung anzusehen, die sich demütig neben andere zu stellen hätte. In diesem Sinn kann man dann – wie es scheint – fortfahren, ein Christ zu bleiben; man bedient sich weiterhin der Ausdrucksformen des Christentums, deren Anspruch freilich von Grund auf verändert ist: Was als Wahrheit verpflichtende Kraft und verlässige Verheißung für den Menschen gewesen war, wird nun zu einer kulturellen Ausdrucksform des allgemeinen religiösen Empfindens, die uns durch die Zufälle unserer europäischen Herkunft nahegelegt ist.

Ernst Troeltsch hat zu Beginn dieses Jahrhunderts diesen inneren Rückzug des Christentums aus seinem ursprünglich universalen Anspruch, der nur auf dem Anspruch der Wahrheit gründen konnte, philosophisch und theologisch formuliert. Er war zur Überzeugung von der Unübersteiglichkeit der Kulturen und von der Bindung der Religion an die Kulturen gekommen. Das Christentum ist dann nur die Europa zugewandte Seite des Antlitzes Gottes. Die „individuellen Besonderheiten der Kultur- und Rassenkreise" und die „Besonderheiten ihrer großen zusammenfassenden Religionsbildungen" bekommen den Rang einer letzten Instanz: „Wer also will hier wagen, wirklich entscheidende Wertvergleichungen zu machen. Das könnte nur Gott selbst, der diese Verschiedenheiten aus sich entlassen hat"[2]. Ein Blindgeborener weiß, daß er nicht zum Blindsein geboren ist und wird daher nicht aufhören, nach dem Warum seiner Blindheit und nach einem Weg aus ihr heraus zu fragen. Nur scheinbar hat sich der Mensch mit dem Verdikt abgefunden, dem Eigentlichen gegenüber, auf das es letztlich in unserem Leben ankommt, blindgeboren zu sein. Der titanische Versuch, die ganze Welt in Besitz zu nehmen, aus unserem Leben und für unser Leben herauszuholen, was nur möglich ist, zeigt ebenso wie die Ausbrüche eines Kultes der Ekstase, der Selbstüberschreitung und der Selbstzerstörung, daß der Mensch sich bei diesem Urteil nicht bescheidet. Denn wenn er nicht weiß, woher er kommt und wozu er da ist, ist er dann nicht in seinem ganzen Sein ein fehlgeschlagenes Geschöpf? Der scheinbar gleichgültige Abschied von der Wahrheit über Gott und über das Wesentliche unseres Selbst, die scheinbare Zufriedenheit, sich damit nicht mehr befassen zu müssen, täuscht. Der Mensch kann sich nicht damit abfinden, für das Wesentliche ein Blindgeborener zu sein und zu bleiben. Der Abschied von der Wahrheit kann nie endgültig sein.

Weil es so steht, muß die altmodische Frage nach der Wahrheit des Christentums neu gestellt werden, so überflüssig und unbeantwortbar sie vielen erscheinen mag. Aber wie? Zweifellos wird die christliche Theologie die einzelnen Instanzen, die gegen den Wahrheitsanspruch des Christentums im Bereich der Philosophie, der Naturwissenschaften, der Geschichte aufgerichtet worden sind, sorgsam überprüfen, sich ihnen aussetzen müssen. Zum anderen aber muß sie

---

[2] Vgl. H. BÜRKLE: *Der Mensch auf der Suche nach Gott - die Frage der Religionen.* Paderborn 1996 (Amateca. 3), S. 64-67. Das Zitat bei E. TROELTSCH: *Die Absolutheit des Christentums und die Religionsgeschichte.* Tübingen ³1929, S. 79.

auch versuchen, eine Gesamtvision der Frage nach dem wahren Wesen des Christentums, nach seiner Stellung in der Geschichte der Religionen und nach seinem Ort in der menschlichen Existenz zu gewinnen. Ich möchte einen Schritt in diese Richtung tun, indem ich die Frage beleuchte, wie in den Ursprungszeiten des Christentums dieses selbst seinen Anspruch im Kosmos der Religionen gesehen hat.

Mir ist kein Text der alten Christenheit bekannt, der für diese Frage ähnlich erhellend wäre, wie Augustins Auseinandersetzung mit der Religionsphilosophie des „gelehrtesten der Römer" Marcus Terrentius Varro (116-27 v. Chr.)[3]. Varro teilte das stoische Bild von Gott und Welt; er definiert Gott als „animam motu ac ratione mundum gubernantem" (als „Seele, die durch Bewegung und Vernunft die Welt lenkt")[4], anders gesagt: als Weltseele, die die Griechen Kosmos nennen: hunc ipsem mundum esse deum[5]. Diese Weltseele freilich empfängt keinen Kult. Sie ist nicht Gegenstand von religio. Anders gesagt: Wahrheit und Religion, vernünftige Einsicht und kultische Ordnung liegen auf zwei völlig verschiedenen Ebenen. Die kultische Ordnung, die konkrete Welt der Religion gehört nicht der Ordnung der „res", der Wirklichkeit als solcher, sondern derjenigen der mores – der Gewohnheiten zu. Nicht die Götter haben den Staat geschaffen, sondern der Staat hat die Götter eingerichtet, deren Verehrung für die Ordnung des Staates und das rechte Verhalten der Bürger wesentlich ist. Religion ist ihrem Wesen nach ein politisches Phänomen. Varro unterscheidet demgemäß drei Arten von „Theologie", wobei er unter Theologie die ratio versteht, quae de diis explicatur – das Verstehen und Erklären des Göttlichen, könnten wir übersetzen. Es sind dies die theologia mythica, die theologia civilis (πολιτική) und die theologia naturalis (φυσική)[6]. Mit vier Bestimmungen klärt er dann näher, was unter diesen „Theologien" zu verstehen sei. Die erste Bestimmung bezieht sich auf die den drei Theologien zugeordneten Theologen: Die Theologen der mythischen Theologie sind die Dichter, weil sie Gesänge über die Götter verfaßt haben und so Gottessänger sind. Die Theologen der physischen (natürlichen) Theologie sind die Philosophen, das heißt die Gelehrten, die Denker, die über die Gewohnheit hinaus nach der Wirklichkeit, der Wahrheit fragen; die Theologen der Ziviltheologie sind die „Völker", die sich bei ihrer Wahl nicht den Philosophen (nicht der Wahrheit), sondern den Dichtern angeschlossen hatten, ihren poetischen Visionen, ihren Bildern und Gestalten. Die zweite Bestimmung gilt dem Ort in der

---

[3] „Doctissimus Romanorum" heißt er bei SENECA (Helv. 8,1); vgl. AUGUSTINUS: *De civitate Dei*, VI, 2 (CChr.SL 47, S. 167), der CICERO, Acad III zitiert, der über Varro als „... homine omnium facile acutissimo et sine ullo dubio doctissimo" spricht. Zu Varro P.L. SCHMIDT: Varro. In: *Der kleine Pauly. Lexikon der Antike*. Bd. 5. München 1979 (dtv 5963), Sp. 1131-1140. Mit den folgenden Ausführungen greife ich die Analyse von Augustins Auseinandersetzung mit Varro wieder auf, die ich vor fast fünfzig Jahren in meiner Dissertation *Volk und Haus Gottes in Augustins Lehre von der Kirche*. München 1954 (Münchner Theologische Studien II,7), St. Ottilien[2]1992, versucht hatte.

[4] *De civitate Dei*,IV, 31,2, a.a.O., S. 125,24ff.; RATZINGER: *Volk und Haus Gottes...*, S.267, Anmerkung 5.

[5] *De civitate Dei*, VII, 6, a.a.O., S. 191 4f.

[6] *De civitate Dei*, VI, 5, a.a.O., S. 170f.

Wirklichkeit, dem die betreffende Theologie zugeordnet ist. Da entspricht der mythischen Theologie das Theater, das durchaus einen religiösen, kultischen Rang hatte; die Schauspiele sind nach der herrschenden Meinung auf Weisung der Götter in Rom eingerichtet worden[7]. Der politischen Theologie entspricht die urbs, der Raum der natürlichen Theologie aber sei der Kosmos. Die dritte Bestimmung nennt den Inhalt der drei Theologien: Die mythische Theologie habe als Inhalt die von den Poeten geschaffenen Götterfabeln; die staatliche Theologie den Kult; die natürliche Theologie antworte auf die Frage, wer die Götter seien. Hier lohnt es sich, genauer zuzuhören: „Ob sie – mit Heraklit – aus Feuer sind oder – mit Pythagoras – aus Zahlen oder – mit Epikur – aus Atomen, und so noch anderes, was die Ohren leichter innerhalb der Schulwände ertragen können als draußen auf dem Marktplatz"[8]. Hier wird ganz deutlich sichtbar, daß diese natürliche Theologie Entmythologisierung, oder besser gesagt: Aufklärung ist, die kritisch hinter den mythischen Schein blickt und ihn naturwissenschaftlich auflöst. Kult und Erkenntnis fallen auseinander. Der Kult bleibt als Sache der politischen Zweckmäßigkeit notwendig; die Erkenntnis wirkt religionszerstörend und sollte daher nicht auf den Marktplatz getragen werden. Schließlich ist da noch die vierte Bestimmung: Welche Art von Wirklichkeit ist Inhalt der einzelnen Theologien? Varros Antwort lautet: Die natürliche Theologie hat es mit der „Natur der Götter" zu tun (die es gar nicht gibt), die beiden anderen Theologien handeln von den divina instituta hominum – von den göttlichen Einrichtungen der Menschen[9]. Damit aber ist letztlich der ganze Unterschied reduziert auf den von Physik im antiken Sinn und von Kultreligion andererseits. „Die civilische Theologie hat letztlich keinen Gott, nur 'Religion'; die 'natürliche Theologie' hat keine Religion, sondern nur eine Gottheit"[10]. Ja, sie kann gar keine Religion haben, denn ihr Gott ist religiös nicht ansprechbar: Feuer, Zahlen, Atome. So stehen religio (womit wesentlich Kult gemeint ist) und Wirklichkeit, die rationale Erkenntnis der Realität als zwei getrennte Sphären nebeneinander. Die religio empfängt ihre Rechtfertigung nicht aus der Realität des Göttlichen, sondern aus ihrer politischen Funktion. Sie ist eine Einrichtung, deren der Staat für seine Existenz bedarf. Zweifellos stehen wir hier vor einer Spätphase von Religion, in der die Naivität des Religiösen zerbrochen und damit seine Auflösung eingeleitet ist. Aber die wesentliche Bindung der Religion an die staatliche Gemeinschaft reicht doch viel tiefer. Der Kult ist letztlich eine positive Ordnung, die nicht als solche an der Wahrheitsfrage gemessen werden darf. Während Varro in seiner Zeit, in der der politische Zweck der Religion noch stark genug war, um sie als solche zu rechtfertigen, noch eine eher krude Auffassung von Aufklärung und von Wahrheitslosigkeit des politisch motivierten Kultes vertreten konnte, wird recht bald der Neuplatonismus einen anderen Ausweg aus der Krise suchen, auf den dann Kaiser Julian bei seinem Versuch der Wiederherstellung der römischen Staatsreligion aufbaute: Was die Dichter sagen, sind Bilder, die man nicht physikalisch fassen darf; aber es sind doch Bilder, die das Unaussprechliche für alle jene Men-

[7] Vgl. RATZINGER: *Volk und Haus Gottes...*, S. 269, Anmerkung 12.
[8] *De civitate Dei*, VI 5, a.a.O., S. 171, 23-29.
[9] *De civitate Dei*, VI 5, a.a.O., S. 172, 55f.
[10] RATZINGER: *Volk und Haus Gottes...*, S. 270.

schen ausdrücken, denen der Königsweg der mystischen Einung versagt ist. Obwohl die Bilder als solche nicht wahr sind, werden sie nun doch gerechtfertigt als Annäherungen an das, was immer unaussprechlich bleiben muß[11]. Damit haben wir vorgegriffen. Denn die neuplatonische Position ist ihrerseits schon eine Reaktion auf die christliche Stellungnahme zur Frage nach der christlichen Kultbegründung und der ihr zugrunde liegenden Ortsbestimmung des Glaubens in der Typologie der Religionen. Kehren wir also zu Augustinus zurück. Wo siedelt er das Christentum in der varronischen Trias der Religionen an? Das Erstaunliche ist, daß er ohne jedes Zögern dem Christentum seinen Platz im Bereich der „physischen Theologie", im Bereich der philosophischen Aufklärung zuweist[12]. Er steht damit in vollkommener Kontinuität mit den frühesten Theologen des Christentums, den Apologeten des zweiten Jahrhunderts, ja, mit der Ortsbestimmung des Christlichen durch Paulus im ersten Kapitel des Römerbriefs, die ihrerseits auf der alttestamentlichen Weisheitstheologie beruht und über sie zurückreicht bis in die Verspottung der Götter in den Psalmen. Das Christentum hat nach dieser Sicht seine Vorläufer und seine innere Vorbereitung in der philosophischen Aufklärung, nicht in den Religionen. Das Christentum beruht nach Augustin und nach der für ihn maßgebenden biblischen Tradition nicht auf mythischen Bildern und Ahnungen, deren Rechtfertigung schließlich in ihrer politischen Nützlichkeit liegt, sondern es bezieht sich auf jenes Göttliche, das die vernünftige Analyse der Wirklichkeit wahrnehmen kann. Anders gesagt: Augustinus identifiziert den biblischen Monotheismus mit den philosophischen Einsichten über den Grund der Welt, die sich in verschiedenen Variationen in der antiken Philosophie herausgebildet haben. Dies ist gemeint, wenn das Christentum seit der Areopagrede des heiligen Paulus mit dem Anspruch auftritt, die religio vera zu sein. Das will sagen: Der christliche Glaube beruht nicht auf Poesie und Politik, diesen beiden großen Quellen der Religion; er beruht auf Erkenntnis. Er verehrt jenes Sein, das allem Existierenden zugrunde liegt, den „wirklichen Gott". Im Christentum ist Aufklärung Religion geworden und nicht mehr ihr Gegenspieler. Weil es so ist, weil das Christentum sich als Sieg der Entmythologisierung, als Sieg der Erkenntnis und mit ihr der Wahrheit verstand, deswegen mußte es sich als universal ansehen und zu allen Völkern gebracht werden: nicht als eine spezifische Religion, die andere verdrängt, nicht aus einer Art von religiösem Imperialismus heraus, sondern als Wahrheit, die den Schein überflüssig macht. Und eben deshalb muß es in der weiträumigen Toleranz der Polytheismen als unverträglich, ja als religionsfeindlich, als „Atheismus" erscheinen: Es hielt sich nicht an die Relativität und Austauschbarkeit der Bilder, es störte damit vor allem den politischen Nutzen der Religionen und gefährdete so die Grundlagen des Staates, indem es nicht Religion unter Religionen, sondern Sieg der Einsicht über die Welt der Religionen sein wollte.

Andererseits hängt mit dieser Ortsbestimmung des Christlichen im Kosmos von Religion und Philosophie auch die Durchschlagskraft des Christentums zu-

---

[11] Kurzer Überblick über die Entwicklung des Platonismus bei Plotin und in seinen Schulen bei C. REALE - D. ANTISERI: *Il pensiero occidentale dalle origini ad oggi I. Antichità e Medioevo*. Brescia 1985, S. 242-268.

[12] RATZINGER: *Volk und Haus Gottes...*, S. 271-276.

sammen. Schon vor dem Auftreten der christlichen Mission hatten gebildete Kreise der Antike in der Figur der „Gottesfürchtigen" den Anschluß an den jüdischen Glauben gesucht, der ihnen als religiöse Gestalt des philosophischen Monotheismus erschien und so zugleich den Forderungen der Vernunft wie dem religiösen Bedürfnis des Menschen entsprach, auf das die Philosophie allein nicht antworten konnte: Zu einem bloß gedachten Gott betet man nicht. Wenn aber der Gott, den das Denken findet, nun im Innern einer Religion als sprechender und handelnder Gott begegnet, dann sind Denken und Glauben versöhnt[13]. Bei diesem Anschluß an die Synagoge blieb ein unbefriedigender Rest: Der Nichtjude konnte doch immer nur ein Außenstehender sein und nie ganz zugehörig werden. Diese Fessel war im Christentum durch die Gestalt Christi, wie Paulus sie auslegte, gesprengt. Nun erst war der religiöse Monotheismus des Judentums universal geworden und damit die Einheit von Denken und Glauben, die religio vera, allen zugänglich. Justin der Philosoph, Justin der Märtyrer († 167) kann als symptomatische Figur für diesen Zugang zum Christentum gelten: Er hatte alle Philosophien studiert und schließlich im Christentum die vera philosophia erkannt. Mit seiner Christwerdung hatte er seiner eigenen Überzeugung nach die Philosophie nicht abgelegt, sondern war erst ganz Philosoph geworden[14]. Die Überzeugung, daß das Christentum Philosophie sei, die vollkommene, das heißt zur Wahrheit durchgestoßene Philosophie, blieb noch weit über die Väterzeit hinaus in Geltung. Sie ist im 14. Jahrhundert in der byzantinischen Theologie bei Nikolaus Kabasilas noch ganz selbstverständlich gegenwärtig[15]. Freilich war Philosophie dabei nicht als akademische Disziplin rein theoretischer Natur verstanden, sondern vor allem auch praktisch als die Kunst des rechten Lebens und Sterbens, die jedoch nur im Licht der Wahrheit gelingen kann.

Die Verschmelzung von Aufklärung und Glaube, die sich in der Entwicklung der christlichen Mission und im Aufbau der christlichen Theologie vollzog, brachte freilich auch einschneidende Korrekturen am philosophischen Gottesbild hervor, deren vor allem zwei zu nennen sind. Die erste besteht darin, daß der Gott, dem die Christen glauben und den sie verehren, im Unterschied zu den mythischen und politischen Göttern wirklich natura Deus ist; darin liegt die Deckung mit der philosophischen Aufklärung. Aber gleichzeitig gilt nun: non tamen omnis natura est Deus – nicht alles, was Natur ist, ist Gott[16]. Gott ist seiner Natur nach Gott, aber nicht die Natur als solche ist Gott. Es geschieht eine Trennung zwischen der allumfassenden Natur und dem sie begründenden, ihr Ursprung gebenden Sein. So erst treten nun Physik und Metaphysik deutlich auseinander.

---

[13]   Zum Phänomen der „Gottesfürchtigen" vgl. M. SIMON: Gottesfürchtiger. In: RAC XI 1060-1070. L. H. FELDMAN: *Jew and Gentile in the Ancient World.* Princeton 1993, S. 342-382.

[14]   Zu Justin H. BÜRKLE: *Der Mensch auf der Suche nach Gott* (Anm. 2) S. 45f.; C.P. VETTEN: Justin der Märtyrer. In: S. DÖPP – W. GEERLINGS: *Lexikon der antiken christlichen Literatur.* Freiburg 1998, S. 365-369; JUSTIN MARTYR: *Oeuvres complètes.* Paris 1994 (Bibliothèque Migne 1).

[15]   In dem „Buch vom Leben in Christus" ist das Verständnis des Christentums als wahre Philosophie ein durchgängiges Motiv.

[16]   *De civitate Dei,* VI, 8, a.a.O., S. 176,6; RATZINGER: *Volk und Haus Gottes...,* S. 272.

Nur der wirkliche Gott, den wir denkend in der Natur erkennen können, wird angebetet. Aber er ist mehr als Natur. Er geht ihr voraus, und sie ist sein Geschöpf. Dieser Trennung von Natur und Gott tritt eine zweite, noch einschneidendere Erkenntnis zur Seite: Zu dem Gott, der Natur, Weltseele oder was auch immer war, hatte man nicht beten können; er war kein „religiöser Gott", hatten wir festgestellt. Nun aber, so sagt schon der Glaube des Alten Testaments und erst recht der des Neuen Testaments, hat dieser Gott, der der Natur vorausgeht, sich den Menschen zugewandt. Eben weil er nicht bloß Natur ist, ist er kein schweigender Gott. Er ist in die Geschichte eingetreten, dem Menschen entgegengegangen, und so kann der Mensch nun ihm entgegengehen. Er kann sich Gott verbinden, weil Gott sich dem Menschen verbunden hat. Die beiden immer auseinanderfallenden Seiten der Religion, die ewig waltende Natur und die Heilsbedürftigkeit des leidenden und ringenden Menschen sind einander verbunden. Die Aufklärung kann Religion werden, weil der Gott der Aufklärung selbst in die Religion eingetreten ist. Das eigentlich Glauben heischende Element, das geschichtliche Reden Gottes, ist doch die Voraussetzung dafür, daß die Religion sich nun dem philosophischen Gott zuwenden kann, der kein bloß philosophischer Gott mehr ist und doch die Erkenntnis der Philosophie nicht abstößt, sondern aufnimmt. Hier zeigt sich etwas Erstaunliches: Die beiden scheinbar konträren Grundprinzipien des Christentums: Bindung an die Metaphysik und Bindung an die Geschichte bedingen sich gegenseitig und gehören zusammen; sie bilden zusammen die Apologie des Christentums als religio vera[17].

Wenn man demgemäß sagen darf, daß der Sieg des Christentums über die heidnischen Religionen nicht zuletzt durch den Anspruch seiner Vernünftigkeit ermöglicht wurde, so ist dem hinzuzufügen, daß ein zweites Motiv gleichbedeutend damit verbunden ist. Es besteht zunächst, ganz allgemein gesagt, im moralischen Ernst des Christentums, den freilich wiederum schon Paulus in Zusammenhang gebracht hatte mit der Vernünftigkeit des christlichen Glaubens: Das, was das Gesetz eigentlich meint, die vom christlichen Glauben ins Licht gestellten wesentlichen Forderungen des einen Gottes an das Leben des Menschen, deckt sich mit dem, was dem Menschen, jedem Menschen, ins Herz eingeschrieben ist, so daß er es als das Gute einsieht, wenn es vor ihn hintritt. Es deckt sich mit dem, was „von Natur gut ist" (Röm 2,14f.). Die Anspielung auf die stoische Moral, auf ihre ethische Interpretation der Natur, ist hier ebenso offenkundig wie in anderen paulinischen Texten, etwa im Philipperbrief: „Was immer wahrhaft, edel, recht, was lauter, liebenswert, ansprechend ist, was Tugend heißt und lobenswert ist, darauf seid bedacht!" (4,8) Die grundsätzliche (wenngleich kritische) Einheit mit der philosophischen Aufklärung im Gottesbegriff bestätigt und konkretisiert sich nun in der gleichfalls kritischen Einheit mit der philosophischen Moral. Wie im Bereich des Religiösen das Christentum gerade dadurch die Grenzen philosophischer Schulweisheit überschritt, daß der gedachte Gott als lebendiger Gott begegnete, so gab es auch hier den Überschritt über die ethische Theorie zu gemeinschaftlich gelebter und konkretisierter moralischer Praxis, in der die philosophische Sicht vor allem durch die Konzentrierung aller Moral auf

---

[17] Näher ausgeführt in RATZINGER: *Volk und Haus Gottes...*, S. 274f.

das Doppelgebot von Gottes- und Nächstenliebe überboten und in reales Handeln übersetzt wurde. Das Christentum, könnten wir vereinfachend sagen, überzeugte durch die Verbindung des Glaubens mit der Vernunft und durch die Ausrichtung des Handelns auf die Caritas, auf die liebende Fürsorge für die Leidenden, Armen und Schwachen, über alle Standesgrenzen hinweg. Daß dies die innere Kraft des Christentums war, kann man wohl am deutlichsten an der Art und Weise sehen, wie Kaiser Julian das Heidentum in erneuerter Form wiederherzustellen versuchte. Er, der Pontifex maximus der wiederhergestellten Religion der alten Götter, richtete nun, was es bisher nicht gegeben hatte, eine heidnische Hierarchie mit Priestern und Metropoliten ein. Die Priester mußten moralische Vorbilder sein; sie sollten Liebe zu Gott (der höchsten Gottheit über den Göttern) und den Nächsten pflegen. Sie waren verpflichtet, Taten der Liebe gegenüber den Armen zu setzen, durften die lasziven Komödien und die erotischen Romane nicht mehr lesen und sollten an den Festtagen über ein philosophisches Argument predigen, um das Volk zu belehren und zu bilden. Teresio Bosco sagt dazu mit Recht, daß der Kaiser auf diese Weise in Wirklichkeit nicht das Heidentum wiederherzustellen, sondern es zu verchristlichen suchte – in einer nun auf den Götterkult umgebogenen Synthese von Aufklärung und Religion[18].

Rückschauend können wir sagen, daß die Kraft des Christentums, die es zur Weltreligion werden ließ, in seiner Synthese von Vernunft, Glaube und Leben bestand; genau diese Synthese ist in dem Wort von der religio vera zusammenfassend ausgedrückt. Um so mehr drängt sich die Frage auf: Warum überzeugt diese Synthese heute nicht mehr? Warum gelten heute im Gegenteil Aufklärung und Christentum als einander widersprechend, ja, ausschließend? Was hat sich an der Aufklärung, was am Christentum geändert, daß es so ist? Damals hatte der Neuplatonismus, besonders Porphyrius, der christlichen Synthese eine andere Interpretation des Verhältnisses von Philosophie und Religion entgegengestellt, die sich als philosophische Neubegründung der Religion der Götter verstand. Auf ihr hatte Julian aufgebaut und war gescheitert. Aber heute scheint sich gerade diese andere Form, Religion und Aufklärung in Ausgleich zu bringen, als die dem modernen Bewußtsein angemessenere Weise von Religiosität durchzusetzen. Ihr erster Grundgedanke ist bei Porphyrius so formuliert: Latet omne verum – die Wahrheit ist verborgen[19]. Erinnern wir uns an das Elephantengleichnis, das genau von diesem Gedanken bestimmt ist, in dem sich Buddhismus und Neuplatonismus begegnen. Demgemäß gibt es über die Wahrheit, über Gott nur Meinungen, keine Gewißheit. In der Krise Roms im späten vierten Jahrhundert hat der Senator Symmachus – Gegenbild nun zu Varros Religionstheorie – die neuplatonische Auffassung auf einfache und pragmatische Formeln gebracht, die wir in seiner 384 vor Kaiser Valentinian II. gehaltenen Rede zur Verteidigung des Heidentums und für die Wiederaufstellung der Göttin Victoria im römischen Senat finden können. Ich zitiere nur den entscheidenden und berühmt gewordenen Satz: „Das

---

[18] T. BOSCO: *Eusebio di Vercelli nel suo tempo pagano e cristiano.* Torino 1995, S. 206ff.

[19] Zitiert bei Macrobius, somn. 1,3,18; 1,12,9. Vgl. Ch. GNILKA: *Chrêsis. Die Methode der Kirchenväter im Umgang mit der antiken Kultur II. Kultur und Conversion.* Basel 1993, S. 23.

Gleiche ist es, was alle verehren, eines, das wir denken, dieselben Sterne schauen wir, der Himmel über uns ist eins, dieselbe Welt umfängt uns; was macht es aus, auf welche Art von Klugheit der einzelne die Wahrheit sucht? Man kann nicht auf einem einzigen Weg zu einem so großen Geheimnis gelangen"[20]. Genau dies sagt heute die Aufklärung: Die Wahrheit als solche kennen wir nicht; in unterschiedlichen Bildern meinen wir doch dasselbe. Ein so großes Geheimnis, das Göttliche kann nicht auf *eine* Gestalt festgelegt werden, die alle anderen ausschlösse – auf *einen* Weg, der alle verpflichtete. Der Wege sind viele, der Bilder viele, alle spiegeln etwas vom Ganzen, und keines ist selbst das Ganze. Dem gehört das Ethos der Toleranz zu, das in jedem ein Stück Wahrheit erkennt, das Eigene nicht höher stellt als das Fremde und sich friedvoll in die vielgestaltige Symphonie des ewig Unzugänglichen einfügt, das sich in Symbolen verhüllt, die doch unsere einzige Möglichkeit zu sein scheinen, irgendwie nach dem Göttlichen zu greifen.

Ist demnach der Anspruch des Christentums, religio vera zu sein, durch den Fortgang der Aufklärung überholt? Muß es von seinem Anspruch heruntersteigen und sich in die neuplatonische oder buddhistische oder hinduistische Sicht von Wahrheit und Symbol einfügen, sich – wie Troeltsch es vorgeschlagen hatte – damit bescheiden, die den Europäern zugewandte Seite des Antlitzes Gottes zu zeigen? Muß es vielleicht sogar einen Schritt weitergehen als Troeltsch, der noch meinte, das Christentum sei die für Europa angemessene Religion, während doch heute gerade Europa an dieser Angemessenheit zweifelt? Dies ist die eigentliche Frage, der sich heute Kirche und Theologie zu stellen haben. Alle Krisen im Inneren des Christentums, die wir gegenwärtig beobachten, beruhen nur ganz sekundär auf institutionellen Problemen. Die Probleme der Institutionen wie der Personen in der Kirche rühren letztlich von der gewaltigen Wucht dieser Frage her. Niemand wird erwarten, daß diese grundsätzliche Herausforderung am Ende des zweiten christlichen Jahrtausends in einem Referat auch nur von ferne abschließend beantwortet wird. Sie kann überhaupt nicht rein theoretisch beantwortet werden, wie denn Religion als das Letztverhalten des Menschen nie nur Theorie ist. Sie verlangt jenes Zusammenspiel von Einsicht und Tun, das die Überzeugungskraft des Christentums der Väter begründete.

Dies bedeutet beileibe nicht, daß man sich dem intellektuellen Anspruch des Problems mit dem Verweis auf den notwendigen Praxisbezug entziehen dürfte. Ich versuche zum Schluß nur einen Ausblick, der die Richtung zeigen könnte. Wir hatten gesehen, daß die ursprüngliche, freilich nie ganz unbestrittene Beziehungseinheit zwischen Aufklärung und Glaube, die schließlich bei Thomas von Aquin auf eine systematische Form gebracht worden war, weniger durch die Entwicklung des Glaubens als vielmehr durch die neuen Schritte der Aufklärung zerrissen worden ist. Als Stationen dieses Auseinandertretens könnte man Descartes, Spinoza, Kant nennen. Der Versuch einer umfassenden neuen Synthese bei Hegel gibt nicht dem Glauben seinen philosophischen Ort zurück, sondern versucht, ihn ganz in Vernunft umzusetzen und als Glauben aufzuheben. Dieser

---

[20] Zitiert nach Ch. GNILKA, a.a.O. Ch. Gnilka bietet S. 19-26 eine gründliche Analyse des Textes.

Absolutheit des Geistes stellt Marx die Einzigkeit der Materie entgegen; Philosophie soll nun ganz auf exakte Wissenschaft zurückgeführt werden. Nur noch exakte wissenschaftliche Erkenntnis ist überhaupt Erkenntnis. Der Gedanke an das Göttliche ist damit abgedankt. Die Ankündigung von Auguste Comte, eines Tages werde es eine Physik des Menschen geben und die bisher der Metaphysik überlassenen großen Fragen würden in Zukunft genauso „positiv" zu behandeln sein wie alles, was jetzt schon positive Wissenschaft ist, hat in unserem Jahrhundert in den Humanwissenschaften ein beeindruckendes Echo hinterlassen. Die durch das christliche Denken vollzogene Trennung von Physik und Metaphysik wird immer mehr zurückgenommen. Alles soll wieder „Physik" werden[21]. Immer mehr hat sich die Evolutionstheorie als der Weg herauskristallisiert, um Metaphysik endlich verschwinden, die „Hypothese Gott" (Laplace) überflüssig werden zu lassen und eine streng „wissenschaftliche" Erklärung der Welt zu formulieren. Eine umfassend das Ganze alles Wirklichen erklärende Evolutionstheorie ist zu einer Art „erster Philosophie" geworden, die sozusagen die eigentliche Grundlage für das aufgeklärte Verständnis der Welt darstellt[22]. Jeder Versuch, andere als die in einer solchen „positiven" Theorie erarbeiteten Ursachen ins Spiel zu bringen, jeder Versuch von „Metaphysik" muß als Rückfall hinter die Aufklärung, als Ausstieg aus dem Universalanspruch der Wissenschaft erscheinen. Damit muß der christliche Gottesgedanke als unwissenschaftlich gelten. Ihm entspricht keine theologia physica (θεολογία φυσική) mehr: die einzige theologia naturalis ist in solcher Sicht die Evolutionslehre, und die kennt eben keinen Gott, weder einen Schöpfer im Sinn des Christentums (des Judentums und des Islam), noch auch eine Weltseele oder innere Triebkraft im Sinn der Stoa. Allenfalls könnte man im Sinn des Buddhismus diese ganze Welt als Schein und das Nichts als das eigentlich Wirkliche betrachten und in diesem Sinn mystische Religionsformen rechtfertigen, die wenigstens mit der Aufklärung nicht direkt konkurrieren.

Ist damit das letzte Wort gesprochen, sind Vernunft und Christentum demnach definitiv voneinander getrennt? Jedenfalls führt an dem Disput über die Reichweite der Evolutionslehre als erster Philosophie und über die Ausschließlichkeit positiver Methode als einziger Weise von Wissenschaft und von Rationalität kein Weg vorbei. Dieser Disput muß daher von beiden Seiten sachlich und hörbereit in Angriff genommen werden, was bisher nur in geringem Maß geschehen ist. Niemand wird die wissenschaftlichen Beweise für die mikroevolutiven Prozesse ernstlich in Zweifel ziehen können. R. Junker und S. Scherer sagen dazu in ihrem „kritischen Lehrbuch" über die Evolution: „Solche Vorgänge [mikroevolutive Prozesse] sind vielfach aus natürlichen Variations- und Ausbildungsprozessen bekannt. Ihre Erforschung durch die Evolutionsbiologie ergab bedeutende Ein-

---

[21]   Zu Comte vgl. H. DE LUBAC: *Le drame de l'humanisme athée*. Paris [7]1983 bzw. DERS.: *Oeuvres complètes*. Bd. 2. Paris 1998; deutsch: *Über Gott hinaus. Tragödie des humanistischen Atheismus*. Einsiedeln 1984.

[22]   Klassisch für diesen Versuch bleibt J. MONOD: *Le hasard et la nécessité*. Paris [5]1970; deutsch: *Zufall und Notwendigkeit*. München 1971. Zur Auseinandersetzung mit dem ganzen Fragenkreis R. CHANDEBOIS: *Pour en finir avec le Darwinisme. Une nouvelle logique du vivant*. Montpellier 1993.

sichten in die genial erscheinende Anpassungsfähigkeit lebender Systeme"[23]. Sie sagen dementsprechend, man könne Ursprungsforschung mit Fug und Recht als die Königsdisziplin der Biologie bezeichnen. Nicht darauf bezieht sich daher die Frage, die ein Gläubiger der modernen Vernunft gegenüber stellen wird, sondern auf die Ausdehnung zu einer philosophia universalis, die zur Gesamterklärung des Wirklichen werden will und keine andere Ebene des Denkens mehr übriglassen möchte. Innerhalb der Evolutionslehre selbst deutet sich das Problem an beim Übergang von der Mikro- zur Makroevolution, zu dem Szathmary und Maynard Smith, beide überzeugte Anhänger einer umfassenden Evolutionstheorie, immerhin erklären: „Es gibt keinen theoretischen Grund, der erwarten lassen würde, daß evolutionäre Linien mit der Zeit an Komplexität zunehmen; es gibt auch keine empirischen Belege, daß dies geschieht"[24].

Die Frage, die hier zu stellen ist, reicht freilich tiefer: Es geht darum, ob die Evolutionslehre als Universaltheorie alles Wirklichen auftreten darf, über die hinaus weitere Fragen nach Ursprung und Wesen der Dinge nicht mehr zulässig und auch nicht mehr nötig sind oder ob solche Letztfragen nicht doch den Bereich des rein naturwissenschaftlich Erforschbaren überschreiten. Ich möchte die Frage noch konkreter stellen. Ist alles gesagt mit einem Typus von Antworten, wie wir ihn etwa bei Popper in folgender Formulierung finden: „Das Leben, so wie wir es kennen, besteht aus physikalischen 'Körpern' (besser aus Prozessen und Strukturen), die Probleme lösen. Das haben die verschiedenen Arten durch die natürliche Auslese 'gelernt', das heißt, durch die Methode von Reproduktion plus Variation; eine Methode, die ihrerseits nach der gleichen Methode erlernt wurde. Das ist ein Regreß, aber er ist nicht unendlich..."[25]? Ich glaube nicht. Letzten Endes geht es um eine Alternative, die sich bloß naturwissenschaftlich und im Grunde auch philosophisch nicht mehr auflösen läßt. Es geht um die Frage, ob die Vernunft bzw. das Vernünftige am Anfang aller Dinge und auf ihrem Grunde steht oder nicht. Es geht um die Frage, ob das Wirkliche aufgrund von Zufall und Notwendigkeit (oder mit Popper im Anschluß an Samuel Butler aus *luck* und *cunning*[26] [glücklicher Zufall und Voraussicht]), also aus dem Vernunftlosen entstanden ist, ob also die Vernunft ein zufälliges Nebenprodukt des Unvernünftigen und im Ozean des Unvernünftigen letztlich auch bedeutungslos ist oder ob wahr bleibt, was die Grundüberzeugung des christlichen Glaubens und seiner Philosophie bildet: In principio erat Verbum – am Anfang aller Dinge steht die schöpferische Kraft der Vernunft. Der christliche Glaube ist heute wie damals die Option für die Priorität der Vernunft und des Vernünftigen. Diese Letztfrage kann nicht mehr, wie schon gesagt, durch naturwissenschaftliche Argumente entschieden werden, und auch das philosophische Denken stößt hier an seine Grenzen. In diesem Sinn gibt es eine letzte Beweisbarkeit der christlichen Grundoption nicht. Aber kann eigentlich die Vernunft auf die Priorität des Ver-

[23] R. JUNKER – S. SCHERER: *Evolution. Ein kritisches Lehrbuch.* Gießen [4]1998, S. 5.
[24] E. SZATHMÁRY – J. M. SMITH: The major evolutionary transitions. In: *Nature* 374 (1995), S. 227-232; zitiert nach R. JUNKER – S. SCHERER: *Evolution*, S. 5.
[25] K. POPPER: *Ausgangspunkte. Meine intellektuelle Entwicklung.* Hamburg 1979, S. 260.
[26] Vgl. POPPER: *Ausgangspunkte*, S. 262.

nünftigen vor dem Unvernünftigen, auf die Uranfänglichkeit des Logos verzichten, ohne sich selbst aufzuheben? Das von Popper vorgeführte Erklärungsmodell, das in anderen Darstellungen der „ersten Philosophie" in verschiedenen Variationen wiederkehrt, zeigt, daß die Vernunft gar nicht anders kann, als auch das Unvernünftige nach ihrem Maß, also vernünftig zu denken (Probleme lösen, Methode erlernen!), womit sie implizit doch wieder den eben geleugneten Primat der Vernunft aufrichtet. Durch seine Option für den Primat der Vernunft bleibt das Christentum auch heute „Aufklärung", und ich denke, daß eine Aufklärung, die diese Option abstreift, allem Anschein zuwider nicht eine Evolution, sondern eine Involution der Aufklärung bedeuten müßte.

Wir hatten vorhin gesehen, daß in der Konzeption der frühen Christenheit die Begriffe von Natur, Mensch, Gott, Ethos und Religion unlösbar ineinander verknotet waren und daß zur Einsichtigkeit des Christentums in der Krise der Götter und in der Krise der antiken Aufklärung gerade diese Verknüpfung beigetragen hatte. Die Orientierung der Religion an einer vernünftigen Sicht der Wirklichkeit überhaupt, das Ethos als Teil dieser Vision und seine konkrete Anwendung unter dem Primat der Liebe verbanden sich miteinander. Primat des Logos und Primat der Liebe erwiesen sich als identisch. Der Logos erschien nicht nur als mathematische Vernunft auf dem Grund aller Dinge, sondern als schöpferische Liebe bis zu dem Punkt hin, daß er Mit-Leiden mit dem Geschöpf wird. Der kosmische Aspekt der Religion, die den Schöpfer in der Macht des Seins verehrt und ihr existenzieller Aspekt, die Erlösungsfrage, traten ineinander und wurden ein einziges. Tatsächlich muß jede Erklärung des Wirklichen ungenügend bleiben, die nicht auch ein Ethos sinnvoll und einsichtig begründen kann. Nun hat in der Tat die Evolutionstheorie, wo sie sich zur philosophia universalis auszuweiten anschickt, auch das Ethos evolutionär neu zu begründen versucht. Aber dieses evolutionäre Ethos, das seinen Schlüsselbegriff unausweichlich im Modell der Selektion, also im Kampf ums Überleben, im Sieg des Stärkeren, in der erfolgreichen Anpassung findet, hat wenig Tröstliches zu bieten. Auch wo man es auf mancherlei Weise zu verschönern strebt, bleibt es letztlich ein grausames Ethos. Das Bemühen, aus dem an sich Vernunftlosen das Vernünftige zu destillieren, scheitert hier recht augenfällig. Zu einer Ethik des universalen Friedens, der praktischen Nächstenliebe und der nötigen Überwindung des Eigenen, die wir brauchen, ist dies alles wenig tauglich.

Der Versuch, in dieser Krise der Menschheit dem Begriff des Christentums als religio vera wieder einen einsichtigen Sinn zu geben, muß sozusagen auf Orthopraxie und Orthodoxie gleichermaßen setzen. Sein Inhalt wird heute – letztlich wie damals – im Tiefsten darin bestehen müssen, daß Liebe und Vernunft als die eigentlichen Grundpfeiler des Wirklichen zusammenfallen: Die wahre Vernunft ist die Liebe, und die Liebe ist die wahre Vernunft. In ihrer Einheit sind sie der wahre Grund und das Ziel alles Wirklichen.

Konkretionen

Der Kulturauftrag von Staat und Kirche

VON PAUL KIRCHHOF

I.

Wenn der Mensch über seine aktuellen Anliegen und Bedürfnisse hinausblickt und seine Existenz, seine Lebensbedingungen in dieser Welt zu verstehen und zu deuten sucht, entsteht Kultur. Der Mensch beobachtet nicht nur seine eigene Entwicklung, sondern entdeckt die Geschichte der Menschen. Er erlebt nicht nur seine Gebundenheit in der Natur, sondern fragt wissenschaftlich nach deren Gesetzmäßigkeiten und ihrer Nutzbarkeit. Er sucht einen Verhaltensmaßstab nicht nur für eigene Bedürfnisse, sondern entwickelt Verhaltensregeln für jedermann und trägt damit zum Entstehen von Recht bei. Er bildet die Wirklichkeit in allgemein verständlichen Begriffen, Gesten und Bildern ab, deutet und bewertet sie auch in der Formensprache der Kunst. Er sucht seinem eigenen Leben einen gemeinschaftserheblichen Sinn zu geben, fragt als religiöser Mensch nach dem Ursprung und Ziel der Welt, dem Sinn menschlichen Lebens, den Grenzen der Erkenntnis und dem Unerforschlichen.

Kultur greift somit stets über den einzelnen Menschen, seine Erfahrungen, Bedürfnisse und Sichtweisen hinaus, ist auf die Begegnung mit dem Anderen, die Gemeinschaft angelegt, weiß sich der Allgemeinheit und der Zukunft verantwortlich. Träger der Kultur sind deshalb insbesondere Kirche und Staat. Die Kirche hat als Religionsgemeinschaft einen kulturellen Auftrag, bestimmte aber für viele Jahrhunderte in ihrem Anspruch, als Gottes Stellvertreter zu sprechen, und in ihrer moralischen Regelsetzung auch das politisch-soziale Zusammenleben der Menschen. Im Wettstreit zwischen Kaiser und Papst wurde der Kampf um die Macht zu einem Kampf um die Nähe zu Gott, um die Autorität, Gottes Willen verbindlich zu interpretieren[1]. Als sich dann kirchliche Autorität und politische Herrschaft zu Ende des Mittelalters trennten, tritt das gesetzte Recht an die Stelle der Bibel und der kirchlichen Überlieferung, das selbstbestimmte Individuum an die Stelle des gemeinschaftsgebundenen Kirchenmitglieds, das individuelle Begreifen der Welt an die Stelle religiös-ganzheitlicher Weltdeutung. Dies ist der Ursprung für das Entstehen moderner Staaten. Wie ehedem die Kirche im Namen Gottes die Welt ordnete, so beanspruchen nunmehr die weltlichen Herrscher, im Namen der Vernunft die Menschen zu regieren. Die Berufung auf die hergebrachten leges imperii, auf das in der Natur angelegte Recht, auf einen unterstellten Gesellschaftsvertrag, auf die Legitimation durch das demokratische Staatsvolk oder auf ein Diskursverfahren unter den redlichen, herrschaftsbetroffenen Menschen weist einem weltlichen Maßstabgeber Rechtsetzungsautorität zu. Eine

---

[1] Udo DI FABIO: Recht ohne letzte Instanz? Das moderne Recht und sein Verhältnis zu Gott. In: Axel SCHENZLE (Hrsg.): *Welt ohne Gott? Theoretischer und praktischer Atheismus.* St. Ottilien 2000, S. 247 (248f.).

in der Welt vorgefundene Kultur soll eine Kultur für die zukünftige Welt hervorbringen: Eine Kultur des Rechts, des Gewissens und des Wissens, des wissenschaftlichen Verstehens und künstlerischen Deutens, der Traditionsgebundenheit und des Geschichtsbewusstseins, vor allem aber auch der Neugierde, der Zukunftsoffenheit und Erneuerungsbereitschaft.

In dieser weltimmanenten Kultur scheint die Religion von einer anderen Welt. Dennoch begegnen sich Staat und Kirche im gemeinsamen Ursprung ihres Selbstverständnisses wie auch in vielen ihrer Aufgaben: Ursprung kirchlichen wie staatlichen Denkens ist das Verständnis des Menschen in einer eigenen, vom Recht vorgefundenen und unveräußerlichen Würde und Personalität. Der christliche Gedanke, dass jeder Mensch „Ebenbild Gottes" ist, enthält einen radikalen Gleichheitssatz, wonach es keine unterschiedliche Berufung zum Heil, keine Verachteten, Ausgestoßenen und Ehrlosen gibt, jeder Mensch Verantwortlichkeit, Schuldfähigkeit, Freiheit besitzt, in dem Gebot „liebe deinen Nächsten wie dich selbst" in der rechtserheblichen Begegnung für den anderen dessen Würde, Freiheit und Gleichheit anerkennt, für die Herrschaftsausübung eine Entscheidung „ohne Ansehen der Person" fordert, in der Verantwortlichkeit vor Gott eine Existenz ohne Menschenfurcht auch im Rahmen weltlicher Herrschaftsverhältnisse erlaubt. Der Verfassungsstaat gründet sich auf gleiche Grundprinzipien: Die Garantie von Menschenwürde, daraus folgender Freiheit und Gleichheit, das Prinzip des unbefangenen Verwaltens und Richtens, die Fähigkeit zu selbstbewusster, staatliche Macht in ihre Schranken weisender Freiheit.

II.

Karl Lehmann ist der Mittler zwischen Kirche und Staat, der als Repräsentant der Kirche das Verständnis für Glaube und Kirchlichkeit im Staat weckt, das Zusammenwirken von kirchlichen und staatlichen Organen fördert, die Verantwortlichkeit beider Institutionen für den ihnen anvertrauten Menschen zu stärken und immer wieder zu erneuern sucht. Zugleich wirbt Karl Lehmann in der Kirche um Offenheit für die Eigenart eines freiheitlich demokratischen Staates, für die Begegnung zwischen Kirche und saekularisierter Staatsorganisation, für die wechselseitige Ergänzung kirchlichen und staatlichen Handelns. Daneben sucht Karl Lehmann den Zusammenhalt unter den christlichen Kirchen zu erhalten oder neu zu knüpfen, das Gemeinsame unter den großen Weltkirchen zu entdecken und bewusst zu machen, in der Sicherheit des eigenen Glaubens auch die Toleranz zwischen religiösen und areligiösen Menschen zu pflegen.

Wer derart Unterschiedliches zusammenführen und zusammenhalten will, braucht ein besonderes Rüstzeug. Der Professor der Theologie stützt sein Denken und Handeln auf die Lehre der modernen Wissenschaften, weiß auch ihre unterschiedlichen Aussagen zu bewerten, zu gewichten und zu beurteilen. Der Bischof von Mainz erlebt in der Verantwortung für das ihm anvertraute Bistum das Erfordernis, den Glauben in der Sprache der Gegenwart zu überbringen, für die heutigen Lebensweisen zu erschließen, in der Wirklichkeit einer stark ökonomisch geprägten Welt zu verankern. Der Vorsitzende der Deutschen Bischofskonferenz repräsentiert die Katholiken in Deutschland, wahrt die Eigenständigkeit der katholischen Kirche gegenüber dem deutschen Staat, ist Sprecher gegenüber Rom, anderen Bischofskonferenzen und anderen Kirchen.

In seinen Predigten im Advent und zum Jahresende 1999 im Mainzer Dom unter dem Gesamttitel „Seht, ich mache alles neu"[2] wählt er immer wieder das Thema der Neuheit des christlichen Glaubens, dessen notwendiger Traditionsbezug den Blick auf seine bleibende Neuheit für Gegenwart und Zukunft nicht verstellen dürfe. Wer den Kampf Karl Lehmanns um das Zusammenwirken von Staat und Kirche zum Schutz des ungeborenen Lebens erlebt hat, bei dem der Staat der Kirche sein Instrumentarium des Rechts leiht, um kirchlichen Rat in existenziellen Lebensfragen zur Wirkung zu bringen, andererseits aber den Schwangerschaftsabbruch für die ganze Dauer der Schwangerschaft als Unrecht qualifiziert und demgemäß rechtlich verbietet[3], versteht diese Überlegungen[4] als Mahnung und Ermunterung, in der Kontinuität kirchlicher Lehren nicht den Mut zur gegenwartsgerechten Antwort und zukunftsoffenen Sichtweise zu verlieren. In seinem Hirtenwort zur österlichen Bußzeit 2000[5] würdigt Karl Lehmann die zum 31. Oktober 1999 in Augsburg unterzeichnete Gemeinsame Erklärung zur Rechtfertigungslehre der katholischen Kirche und des lutherischen Weltbundes als einen entscheidenden Schritt zur Überwindung der Kirchenspaltung, der an diesem Angelpunkt der Reformation Annäherung und Verständigung gebracht hat. Die beiden christlichen Kirchen hätten nach langen Vorbereitungen durch die Theologie und die ökumenischen Gespräche der letzten Jahrzehnte ein gemeinsames Fundament vor allem der Heiligen Schrift wiedergefunden, wonach es nur durch die Gerechtigkeit Gottes eine Rechtfertigung des Menschen gebe, es also (1.) um die alleinige Initiative Gottes und nicht um unser Tun gehe, (2.) Gottes Zuwendung an keine Voraussetzung gebunden, sie vielmehr bedingungslos und reine Gnade sei, (3.) der gottferne Mensch diese neue Gerechtigkeit allein im Glauben empfangen könne. Hier spricht der Bischof, der selbst seit mehr als 30 Jahren ökumenische Theologie betrieben hat, der in konkreten Schritten die Kirchlichkeit konfessionsverschiedener Paare ermöglicht und erneuert, der die Gemeinschaft in der Eucharistie weiterhin als das noch nicht erreichte Ziel ansieht.

III.

Staat und Kirche stehen sich in geistigen Wurzeln sehr nahe. Die Kirche versteht den Menschen als Ebenbild Gottes und baut auf diesen Ausgangsgedanken eine

---

[2] KARL LEHMANN: *Hat das Christentum Zukunft? Glaube und Kirche an der Jahrtausendwende.* Mainz 2000 (Mainzer Perspektiven. 2)

[3] BVerfGE 88, 203 (mit Leitsatz 4 und 15); 39, 1 (44).

[4] Die vier Titel der Predigten: „Eine ganz neue Lehre mit Vollmacht" (Mk 1,27), „Warum könnt Ihr die Zeichen der Zeit nicht deuten?" (Lk 12,56), „Neuen Wein füllt man in neue Schläuche" (Mt 9,17), „Seht, ich mache alles neu" (Offb 21,5).

[5] KARL LEHMANN: *Frei aus Gnade. Brief an die Gemeinden zur ökumenischen Vereinbarung über die Rechtfertigungslehre.* Mainz 2000.

vernünftige Ordnung, an deren Anfang der logos, das verbum steht. Der Staat garantiert die Menschenwürde und leitet aus dieser Grundnorm eine ökonomische, wissenschaftliche und technische Rationalität des Geimeinschaftslebens ab. Aus diesem gemeinsamen Grundverständnis von Mensch und Gemeinschaft unter Menschen folgt eine Ähnlichkeit der Aufgaben: Staat und Kirche suchen eine von Menschenwürde und Freiheit geprägte Friedensordnung zu schaffen und zu festigen, eine Statusgleichheit für jeden Menschen in der Existenzsicherung, in der Teilhabe am Gemeinschaftsleben, in den Grundbedingungen persönlicher Entfaltung zu garantieren, bauen darauf eine Freiheit von jedermann auf, sich von anderen zu unterscheiden, ergänzen diese aber durch eine sozial-caritative Fürsorge für die Bedürftigen und Erfolglosen. In den konkreten Institutionen des Krankenhauswesens, der Armenfürsorge, der Altenhilfe, der Jugendarbeit, der Bildung und Ausbildung ergänzen sich Staat und Kirche wechselseitig. Bei der Seelsorge in staatlichen Einrichtungen, insbesondere der Bundeswehr und staatlichen Krankeneinrichtungen, beim Religionsunterricht in staatlichen Schulen, bei den theologischen Fakultäten in staatlichen Universitäten oder bei der Sinngebung für die staatlich geschützten Sonn- und Feiertage erwartet die Verfassung kirchliche Mitwirkung in staatlichen Einrichtungen.

Vor allem der freiheitliche Staat ist auf die innere Sinngebung durch die Kirche angelegt. Staatlich gewährte Freiheitsrechte sind Angebote, die der Berechtigte annehmen, aber auch ausschlagen kann. Allerdings ist der Staat darauf angewiesen, dass die Menschen das Freiheitsangebot annehmen: Erst die Bereitschaft zur Ehe und zu dem in der Ehe geborenen Kind, also zur Familie, sichern dem Staat in einer freiheitsfähigen Jugend seine eigene Zukunft. Die Bereitschaft zur wissenschaftlichen Suche nach der Wahrheit und zum künstlerischen Ausdruck des Schönen macht den Staat erkenntnis- und gestaltungsfähig. Die Entscheidung zur Erwerbsanstrengung und zur wirtschaftlichen Verantwortlichkeit für die eigene Familie ist Grundlage des Finanz- und Sozialstaates. Die Demokratie baut darauf, dass die Bürger sich die Anliegen der Rechtsgemeinschaft zu eigen machen, die personellen und programmatischen Alternativen der Politik kennen, gegeneinander abwägen und beurteilen, sich auf dieser Grundlage an Wahlen beteiligen. Der Staat überläßt diese Wahrnehmung der Freiheitsangebote um der Freiheit willen den Berechtigten, ist deshalb auf Institutionen angewiesen, die dem Menschen eine innere Gebundenheit vermitteln. Das kirchliche Werben um die Selbstlosigkeit des Eigentümers, die Rechtschaffenheit des Berufstätigen, die Redlichkeit des Nachbarn, das Schöpfungsbewusstsein des Umweltnutzers, die Generationenverantwortlichkeit von Eltern und Kindern, die Zugehörigkeit des demokratischen Bürgers und die einladende Solidarität gegenüber den Nichtstaatsangehörigen sind Wirkungsbedingungen des freiheitlichen Rechtsstaates und der Demokratie.

Dies gilt insbesondere für die Religionsfreiheit. Der freiheitliche Staat weiß, dass kein denkender Mensch der religiösen Frage nach dem Sinn der individuellen Existenz, dem Ursprung und Ziel der Welt ausweichen kann und will, darf aber als religiös-weltanschaulich neutraler Staat diese Frage selbst nicht beantworten. Der Verfassungsstaat ist auf eine Aufgabenteilung zwischen freiheitsverpflichtetem Staat und freiheitsberechtigter Gesellschaft angelegt: Glauben und

Religion sind Bedingungen menschlichen Lebens, werden von der Verfassung aber gänzlich der Handlungsmacht des Staates entzogen und der Gesellschaft überantwortet. Der Staat ist die politische Macht, die Kirche die religiöse Autorität.

IV.

Das gegenwärtige Verfassungsrecht weist deshalb dem Staat die Aufgabe zu, die politische Ordnung zu gewährleisten, den Kirchen hingegen die Aufgabe, das Religiöse in der Gemeinschaft zu entfalten, eine mitgliedschaftliche Organisation zur Pflege von Glauben und Gewissen zu bieten, als moralische Instanz auf den Menschen und das Gemeinwesen einzuwirken. Der Staat hat die Aufgabe, Recht zu setzen und durchzusetzen, den inneren und äußeren Frieden zu wahren, den Zusammenhalt des demokratischen Staatsvolkes zu festigen und als Legitimationsgrundlage für staatliche Gewalt aufzunehmen, die Bürgerfreiheit und die darüber hinausgreifende menschenrechtliche Freiheit als Individualrecht wie als Grundlage des demokratisch legitimierten Staates zu gewährleisten. Für diesen Staat und dieses Recht ist Religion immer mitbestimmend gewesen. Insbesondere die Begriffe, die der Mensch sich von sich selber macht, wirken auf die Organisation der Gemeinschaft zurück[6]. Fragt der Mensch nach seiner Würde – damit auch nach seiner Humanität –, wird er auf metaphysische Letztdeutungen treffen[7]. Sucht der Staat allein im positiven Recht die Erkenntnisquelle für das geltende Recht, so braucht er den Vorbehalt, dass das geschriebene Recht „unrichtiges Recht" sein könne und bei einem unerträglichen Widerspruch zur Gerechtigkeit dieser zu weichen habe[8], hält in der Entgegensetzung von „Gesetz und Recht" (Art. 20 Abs. 3 GG) den möglichen Widerspruch zwischen parlamentarisch beschlossenem Gesetz und objektiver Gerechtigkeit im Bewußtsein, anerkennt im Gewissen ein subjektives Richtmaß individuellen Handelns, das sogar das rechtlich gebotene Handeln in seinem Verbindlichkeitsanspruch oder zumindest in seinen Rechtsfolgen begrenzen kann (Art. 4 Abs. 1, Art. 38 Abs. 1 GG), sucht in einem Widerstandsrecht (Art. 20 Abs. 4 GG) eine individuelle Legalitätsreserve für den Fall eines Scheiterns von Staat und Recht. Vor allem aber bauen die identitätsbestimmenden, unabänderlichen Grundwerte einer Staatsverfassung (Art. 79 Abs. 3 GG) auf eine Werteordnung, die staatenübergreifend von nicht staatlichen Instanzen für alle Zukunft gewährleistet werden.

Umgekehrt anerkennt die Kirche eine ordnungstiftende Herrschaft, eine Gebundenheit aller Menschen in ihrer jeweiligen politischen und sozialen Zugehörigkeit. Thomas von Aquin unterscheidet die aequalitas (die Standesgleichheit) als Maßstab für den persönlichen Rechtsverkehr in Gemeinsamkeit von Stand

---

[6] GOLO MANN: *Deutsche Geschichte des 19. und 20. Jahrhunderts.* Frankfurt 1979 [u.ö.], S. 31.

[7] Klaus STERN: Idee der Menschenrechte und Positivität der Grundrechte. In: J. ISENSEE – P. KIRCHHOF (Hrsg.): *Handbuch des Staatsrechts.* Bd. 5. Heidelberg 1992, § 108 Rn. 13f.

[8] Gustav RADBRUCH: *Rechtsphilosophie.* 1973, S. 345.

oder Beruf sowie die aequitas als Ordnungsprinzip für eine hierarchische Struktur von Schöpfungsordnung und gesellschaftlichem Leben[9]. Martin Luther sucht zwar mit seiner These vom Priestertum aller Gläubigen die Unterscheidung zwischen geistlichem und weltlichem Stand zu überwinden, unterscheidet aber in seiner Zwei-Reiche-Lehre zwischen der unbedingten Gleichheit des Christen in seinem inneren Wesen und der Ungleichheit des Weltbürgers in seinem äußeren Sein, seinem Status in der bürgerlichen Gesellschaft[10]. Die christlichen Gleichheitsforderungen verlieren einen Teil ihrer Radikalität, wenn sie in eine Weltordnung eingebettet werden, die Unterschiede begründet und rechtfertigt. Ist in der Natur des Menschen der Trieb, der Wille und die Freiheit angelegt, die objektive Vernunft hingegen letztlich nur im Staat zu verwirklichen (Rousseau), so wird Sein und Sollen zu einem grundsätzlichen Gegensatz. Wird der Naturzustand des Menschen eher in der Vereinzelung empfunden, in der sich jeder selbst die Maßstäbe seines Handelns gibt, die Einordnung des Individuums in ein übergeordnetes Ganzes hingegen staatliche Herrschaft voraussetzt (Hobbes), weist die natürliche Gleichheit auf den Egoismus der Einzelnen, um in diesem Grundverständnis den Gegenpol begrenzter rechtlicher Freiheit zu finden[11].

Solange die Menschen nur Werke herstellen, die einer allein erzeugen kann, und Künste pflegen, die nicht die Zusammenarbeit mehrerer Hände erfordern, sind sie voneinander unabhängig; sobald sie aber arbeitsteilig zu produzieren beginnen, ist einer auf die Hilfe des anderen angewiesen und benötigt eine gemeinsame Rechtsordnung, einen Gesellschaftsvertrag[12]. Schließlich versteht sich der Mensch als der eigentliche Zweck der Natur, sieht den anderen Menschen aber als gleichen Teilnehmer an den Geschenken der Natur an und begründet so die unbeschränkte Gleichheit der Menschen[13]. Am Ende dieser Entwicklung entlastet der Staat die Kirche vor allem in ihrer Verantwortung für die konkrete politische Ordnung und die ökonomisch-soziale Sicherung des einzelnen Menschen; die Kirche anerkennt ihrerseits die freiheitlichen Demokratien als Entfaltungsbedingungen für religiöse Selbstbestimmung und kirchliche Selbstverwaltung.

V.

Staat und Kirche können sich heute vor allem auch deshalb ihrem besonderen – politischen oder religiösen – Auftrag widmen, weil das Wirtschaftswesen sich in einem weltoffenen Markt des Anbietens und Nachfragens zu einem eigenen,

---

[9] THOMAS VON AQUIN: *Summa theologiae*, I, q. 65, a. 2.

[10] Martin LUTHER: Deuteronomion Mosi cum annotationibus, 1525. In: WA 14, 1895, S. 649 (655).

[11] Horst DENZER: *Moralphilosophie und Naturrecht bei Samuel von Pufendorf.* 1972, S. 120f m.N.

[12] Jean Jaques ROUSSEAU: Abhandlung über den Ursprung und die Grundlagen der Ungleichheit unter den Menschen (1775). In: Jean Jaques ROUSSEAU: *Schriften.* Hrsg. von Henning RITTER. Bd. 1. 1978, S. 191 ff.

[13] Immanuel KANT: Muthmaßlicher Anfang der Menschengeschichte (1786). In: I. KANT: WERKE. Hrsg. von der Königlich-Preußischen Akademie der Wissenschaften. Bd. 8. Berlin 1923, S. 114.

nach besonderen Gesetzmäßigkeiten handelnden Lebensbereich verselbständigt hat. Das „Entdeckungsverfahren" eines freiheitlichen, wirtschaftlichen Wettbewerbs[14] organisiert ein die Staaten übergreifendes, allein einer ökonomischen Rationalität folgendes System von Informationen, Leistungsangeboten, Preisbildung und bedarfsgerechter Lastenzuteilung, die einen allgemeinen Antrieb für die Erwerbsanstrengungen zur Folge hat und damit auch die wirtschaftliche Prosperität des Gemeinwesens nachhaltig fördert[15]. Dieses globale Wirtschaftsleben vereinfacht allerdings die Tauschgerechtigkeit auf den Konsens von Anbietern und Nachfragern, schließt damit die Mehrheit der Menschenrechtsberechtigten, die nicht über Kaufkraft verfügen, von dem Marktgeschehen weitgehend aus, sucht auch durch die industrielle Werbung die Bedürfnisse der Menschen zu wecken und zu lenken, gefährdet damit den Anspruch des Staates, das Gemeinwohl zu definieren, und den Anspruch der Kirche, die moralischen Kategorien des Verzichts, der Bescheidenheit, der selbstlosen Zuwendung, der Freigebigkeit als Handlungsmaßstab der Menschen zu erhalten. Der demokratische Bürger droht sich in der Rolle des Konsumenten zu verlieren, der gläubige Christ seine moralischen und ethischen Maßstäbe gegenüber dem Faszinosum des Wirtschaftswettbewerbs zu verdrängen.

Dennoch werden Staat und Kirche durch die Wirtschaft wesentlich entlastet. Soweit die Privatwirtschaft die ökonomischen Grundlagen individueller Existenz und freiheitlicher Entfaltung sichern, kann sich der Staat vorrangig der Entwicklung einer politisch-rechtlichen Kultur, einer sozialstaatlichen Ergänzung des Marktgeschehens, einer Förderung von Kunst, Wissenschaft und Religion widmen. Der „Kulturstaat"[16] ist von der wirtschaftlichen Daseinsvorsorge im Regelfall befreit und durch die Wirtschaft steuerfinanziert, kann deshalb Kunst und Wissenschaft fördern[17], kann gerade als säkularisierter Staat die religiöse Erziehung zur sittlichen Verantwortung und die ethischen Grundlagen freiheitlicher Staatlichkeit organisieren und pflegen[18], die Religion als ein „Medium der Immunisierung der politischen Kultur gegen politische Totalitätsansprüche" festigen[19], kann in dem Kulturauftrag von öffentlichem Rundfunk und öffentlicher Universität Entfaltungshilfen zur Freiheit anbieten, in der öffentlichen Kultur-

[14] Friedrich A. von HAYEK: *Gesetzgebung und Freiheit*. Bd. 3: Die Verfassung einer Gesellschaft freier Menschen. 1981.

[15] Franz BÖHM: Wettbewerbsfreiheit und Kartellfreiheit. in: *ORDO* 10 (1958), S. 167 (172); Hans F. ZACHER: Aufgaben einer Theorie der Wirtschaftsverfassung. In: Ulrich SCHEUNER (Hrsg.): *Die staatliche Einwirkung auf die Wirtschaft*. 1971, S. 549 (563).

[16] BVerfGE 35, 79 (114) – für die Wissenschaft; 36, 321 (331) – für die Kunst; Thomas OPPERMANN: Freiheit von Forschung und Lehre. In: J. ISENSEE – P. KIRCHHOF: *Handbuch des Staatsrechts*. Bd. 6. 1989, § 145 Rdn. 23; Udo STEINER: Kulturpflege, daselbst, Bd. 3, 1988, § 86 Rn. 28 ff.

[17] Th. OPPERMANN: Freiheit von Forschung und Lehre, a.a.O.

[18] Alexander HOLLERBACH: Freiheit kirchlichen Wirkens. In: J. ISENSEE – P. KIRCHHOF: *Handbuch des Staatsrechts*. Bd. 6. 1989, § 140 Rn. 43.

[19] Hermann LÜBBE: Staat und Zivilreligion. Ein Aspekt politischer Legitimität. In: Norbert ACHTERBERG – Werner KRAWIETZ (Hrsg.): *Legitimation des modernen Staats*. 1981, S. 40-64, hier 60f.

und Denkmalpflege Kunstgüter erhalten, historisches Bewußtsein vertiefen, Brauchtum und kontinuierliche Lebensgewohnheiten fördern und entfalten, den Sport in den Bereich der kulturellen Betätigung einbeziehen[20].

Ein besonders freiheitskonformes Instrument staatlicher Kulturförderung ist das Gemeinnützigkeitsrecht. Es gewährt eine Steuerbefreiung ursprünglich als Gemeinnutzausgleich, dann aber als fördernde und anregende Entlastung kirchlicher, mildtätiger und gemeinnütziger Zwecke[21]. Während anfangs die Förderung des Gemeinwohls auf verschiedene Herrscher aufgeteilt war – den Kaiser, die Kirche, die Gutsherren, die Städte und Stände –, die steuerliche Verschonung von Krongut und Kirchengut deshalb dem Gedanken der Immunität folgte, traten daneben sehr bald Steuerfreiheiten bestimmter Gruppen und Einzelpersonen, die dem gemeinen Nutzen dienen und die Steuerentlastung deshalb als Ausgleich dieser Gemeinwohlförderung zugesprochen erhielten: für Unterhalt und Befestigung von Stadtmauern, das Amt des Stadtschreibers und das damit verknüpfte Schulwesen, das Archiv-, Urkunden- und Kanzleiwesen, später insbesondere auch für das Spitalwesen, für Apotheker, für das städtische Wach- und Verteidigungspersonal sowie bestimmte Spezialhandwerker[22]. Im Wohlfahrtsstaat des 18. Jahrhunderts wurden dann nichtstaatliche Einrichtungen, die gemeinschaftsbezogener Wohltätigkeit dienten, insbesondere die piae causae, dem Staate zugerechnet und deshalb von der Steuer freigestellt; sie hatten zum Zweck „die Beförderung der Religion oder die Unterstützung und Verpflegung armer und hilfsbedürftiger Personen oder auch die Erreichung anderer aus Frömmigkeit und Menschenliebe herrührender wohltätiger Absichten"[23]. Schließlich verwirklicht der moderne Verfassungsstaat seine kulturelle Neutralität im Gemeinnützigkeitsrecht, in dem er durch Steuerentlastung blind der kulturellen Initiative des privaten Spenders folgt und diese steuerlich fördert.

Die Kirchen nehmen ihrerseits ihren Kulturauftrag staatswirksam wahr, wenn sie mit ihren Lehren das Fundament einer freiheitlichen Verfassung schaffen, das dritte, oft verschwiegene Ideal der modernen Demokratien, die Brüderlichkeit, mit dem Postulat der Nächstenliebe wieder zum Leben erwecken, in Religionsausübung und Gottesdienst die Frage nach dem Religiösen beantworten, in ihrem caritativ-diakonischen Wirken religiöses Denken auch in der Welt wirksam werden lassen[24]. Die Kirchen sind im Bereich der vorschulischen Erziehung, der Jugendhilfe, der Privatschule, bestimmter Hochschulen und der Erwachsenenbildung Träger eigener Einrichtungen[25], die insoweit nach dem Subsidiaritätsprinzip vielfach staatliche Einrichtungen verdrängen. Sie wirken auch im staatlichen Schul- und Hochschulsystem als Kulturträger, wenn sie die Grundsätze für den

---

[20] U. STEINER: Kulturpflege, § 86, Rn. 15 ff., zur Sportförderung Rn. 26 f.
[21] Paul KIRCHHOF in: P. KIRCHHOF – H. SÖHN: *Einkommensteuergesetz. Kommentar.* § 10b (Heidelberg 1977), Rn. A 177.
[22] P. KIRCHHOF, a.a.O., Rn. A 170 ff. m.N.
[23] Carl Friedrich CURTIUS: *Handbuch des in Chursachsen geltenden Civilrechts.* 2. Teil, 2. Aufl. Leipzig 1807, § 429.
[24] Zum Grundrechtschutz für dieses Wirken, BVerfGE 24, 236 (248).
[25] A. HOLLERBACH: Freiheit kirchlichen Wirkens, § 140, Rn. 24ff.

Religionsunterricht in öffentlichen Schulen bestimmen (Art. 7 Abs. 3 GG)[26] oder in den theologischen Fakultäten das geistlich-kirchliche Denken zur Geltung bringen. Auch die tägliche kirchliche Seelsorge, die Seelsorge in öffentlichen Einrichtungen – in Krankenhäusern und Heimen, in Polizei- und Militäreinrichtungen, im Strafvollzug – vermittelt demokratische Tugenden, die Bereitschaft und Fähigkeit zur Freiheit, Zugehörigkeit und Verantwortlichkeit gegenüber der Gemeinschaft, gedankliche und soziale Offenheit für den anderen, den Fremden, den Nichtkonformen.

VI.

In einer freiheitlichen Demokratie gibt es somit verschiedene Träger politischen Handelns und kultureller Verantwortlichkeit. Die Kirche wirkt als ein Träger politischen Einflusses[27], im Staat lebend und zugleich dem Staat gegenübertretend, auf die geistige Ausrichtung der Staatsorgane und damit staatlichen Handelns ein. Daneben lenkt sie durch Lehre und Verkündigung das Denken ihrer Mitglieder, damit aber auch die Wahrnehmung der Freiheitsrechte und die demokratische Mitbestimmung der Bürger in ihrem Staat.

Besonderes Gewicht gewinnt die Stimme der Kirche, wenn ihr religiöswertphilosophisches Verständnis von Recht und Gerechtigkeit auf den Optimismus des modernen Verfassungsstaates trifft, in der Vernunft parlamentarischer Mehrheitsentscheidungen das richtige Recht zu finden oder zumindest in der verfassungsrechtlichen Bindung von Parlamentsentscheidungen einen verbindlichen Gerechtigkeitsrahmen vorzugeben. Wenn die allgemeine Erklärung der Menschenrechte nach Aussage eines Mitglieds der diese Erklärung erarbeitenden Kommission nur eine Einigung erreichen konnte „über diese Rechte unter der Bedingung, dass man nicht fragt warum"[28], so hat dieses Recht unter der Bedingung der Unbegründetheit oder gar Unbegründbarkeit eine brüchige Grundlage. Die bloße Einigkeit verfällt, wenn sie nicht von einem einigenden Rechtsgedanken, einer rechtfertigenden Idee getragen wird. Deshalb ist und bleibt das Christentum mit seiner Kernidee von der Würde jedes Menschen in seiner nunmehr 2000 Jahre alten Entwicklung und Tradition das Fundament unseres Verfassungsrechts, das die Verfassungsordnung nicht allein zu tragen hat, aber eine wesentliche, alternative Verfassungsstütze bietet. Die verfassungsrechtliche Garantie der Menschenwürde nimmt ein universales Menschenrecht auf (Art. 1 Abs. 2 GG), das jedem Verfassunggeber unabhängig von seinem konkreten historischen Willen als unverzichtbarer Bestandteil jeder Verfassung vorgegeben ist.

---

[26] Vgl. A. HOLLERBACH: Freiheit kirchlichen Wirkens, § 140, Rn. 32 ff..

[27] Ernst-Wolfgang BÖCKENFÖRDE: Der Beitrag politischen Handelns zur Verwirklichung von Gerechtigkeit. In: Wilhelm ERNST (Hrsg.): *Gerechtigkeit in Gesellschaft, Wirtschaft und Politik*. Freiburg i.Br. – Fribourg 1992 (Studien zur politischen Ethik. 34), S. 149 (162).

[28] Zitiert nach Walter KASPER: Die theologische Begründung der Menschenrechte. In: D. SCHWAB (Hrsg.): *Staat, Kirche, Wissenschaft in einer pluralistischen Gesellschaft. Festschrift zum 65. Geburtstag von Paul Mikat*. Berlin 1989, S. 99 (100).

Allerdings braucht jede rechtliche Gewährleistung eine gewährleistende Institution. Die universalen Menschenrechte bauen deshalb auf internationale Institutionen wie eine weltumspannende Kirche und die Vereinten Nationen, gewinnen aber ihren konkreten Gehalt aus den staatlichen Gewährleistungen[29]. Der in der Menschenwürdegarantie angelegte Anspruch auf Sicherung individueller Existenz[30] mag in einigen Regionen der Welt durch die tägliche Handvoll Reis erfüllt werden, betrifft in Deutschland aber die Frage, ob zum Existenzminimum auch das Telefon, der Kühlschrank und das Fernsehgerät gehören. Die Würde des Angeklagten mag in manchen Straf- und Strafprozeßrechtsordnungen der Welt schon mit der Gewährung elementaren rechtlichen Gehörs erfüllt sein, findet im deutschen Prozeßrecht hingegen im Schweigerecht des Beschuldigten[31], des Zeugen im Falle der Selbstbezichtigung[32] und in Beweisverwertungsverboten[33] seine konkrete Ausprägung. Der aus der Menschenwürde folgende Anspruch auf schuldangemessenes Strafen[34] scheint in einigen Kulturen grausamen Körperstrafen nicht entgegenzustehen, in diesen und anderen die Todesstrafe nicht auszuschließen, steht in unserem Rechtskreis aber sowohl der Todesstrafe als auch grundsätzlich einer faktisch lebenslänglichen Freiheitsstrafe entgegen[35].

Das in die staatliche Verfassung eingebettete Grundrecht auf Menschenwürde gibt jedem Einzelnen ein Individualrecht, das sich auch gegenüber dem mehrheitlichen und dem einstimmigen Willen des demokratischen Staatsvolkes und des Parlamentes durchsetzen kann. Selbst der verfassungsändernde Gesetzgeber könnte dieses Recht auf Würde nicht abändern. Nach Art. 79 Abs. 3 GG gehört die Garantie der Menschenwürde zu den unabänderlichen, identitätswahrenden Vorschriften des Grundgesetzes, die Geltungsbedingung für diese Verfassung ist. Damit ist allen prozeduralen[36] und konsensualen Erklärungen der verfassungsrechtlichen Elementarrechte eine Absage erteilt. Ein faires Verfahren ist eine notwendige, jedoch nicht eine hinreichende Voraussetzung für Rechtsgewähr und Rechtsfindung. Dies lehrt insbesondere die richterliche Praxis, die sich auf ein besonders sorgfältig ausgestaltetes Verfahren stützt, in ihrem Bemühen um Gerechtigkeit allerdings scheitern würde, wenn nicht materielle Maßstäbe die Rechtsfindung anleiten würden.

Die Grundprinzipien von Menschenwürde und den daraus folgenden Elementarrechten auf Leben, existenzielle Sicherung, rechtliche und soziale Zugehörig-

---

[29] Zur kultur- und staatsgebundenen Ausprägung universaler Rechte vgl. Klaus STERN: Idee der Menschenrechte und Positivität der Grundrechte. In: J. ISENSEE – P. KIRCHHOF (Hrsg.): *Handbuch des Staatsrechts.* Bd. 5. 1992, § 108 Rn.13f.; Paul KIRCHHOF: Der demokratische Rechtsstaat – die Staatsform der Zugehörigen, daselbst, Bd. 9, 1997, § 221 Rn. 62ff.

[30] Vgl. BVerfGE 40, 121 (133); 82, 60 (80).

[31] BVerfGE 56, 37 (43).

[32] BVerfGE 38, 105 (114f.); 56, 37 (44f.).

[33] BVerfGE 34, 238 (245ff.); vgl. insbesondere auch BVerfGE 80, 267.

[34] BVerfGE 45, 187 (227ff.).

[35] BVerfGE 45, 187 (227ff.).

[36] Vgl. dazu Reinhold ZIPPELIUS: *Im Irrgarten der Gerechtigkeit.* Stuttgart 1994 (Mainzer Akademie der Wissenschaften und der Literatur. Abhandlungen der Geistes- und Sozialwissenschaftlichen Klasse. 1994/2), S.17, 21.

keit, Freiheit und Gleichheit sind Grundsatzwertungen, die elementares Unrecht vermeiden, nicht aber die Ausgestaltung des Rechts und seine Handhabung im einzelnen anleiten. Die weltumspannende Kirche kennt viele Formen und Inhalte staatlicher Gerechtigkeitsbemühungen, würdigt zudem die Verschiedenheit der einzelnen Kulturen und Traditionen als Grundlage einer stetigen und vertrauten regionalen Friedensordnung. Schon die zehn Gebote lehren mit ihrem „Du sollst nicht ...", dass die Negation der Gerechtigkeit in grobem Unrecht greifbarer ist als die positive Aussage über eine elementare Gerechtigkeit[37]. Wie der Arzt eher im Einzelfall die Krankheit feststellen als die Gesundheit definieren kann, so lassen sich auch elementare Forderungen des Rechts am ehesten in der Abwehr von Unrecht verwirklichen. Diese Gerechtigkeitsgewähr in der Negation hat ihren Grund logisch in der erschwerten Erkennbarkeit der allgemeinen Gerechtigkeit, rechtlich aber auch in dem instrumentalen Charakter der Staatsverfassungen, die eine finale Ausrichtung des Gemeinwesens durch das Recht vermeiden und die jeweilige Zielsetzung Regierung und Parlament sowie dem freiheitsberechtigten Bürger überlassen, das Recht hingegen in der Garantie individueller Grundrechte, also vorrangig in Abwehrrechten und Machtbegrenzung gewährleisten.

Kirchliche Verantwortlichkeit für die Prinzipien des Rechts und staatliche Verantwortlichkeit auch für jede Detailregelung und jeden einzelnen Rechtsakt wirken also bei der Bewahrung und Entwicklung des Rechts zusammen. Der Verfassungsstaat glaubt sich in seiner geschriebenen Verfassung seiner Rechtsfundamente sicher und sucht deren verlässliche Handhabung durch eine rechtswissenschaftliche Ausbildung seiner Juristen sicherzustellen. Allerdings bleibt dabei bewusst, dass die Rechtserkenntnisquelle des geschriebenen Rechts die Rechtsentstehensquelle einer zu Würdegarantie, Freiheit und Demokratie fähigen und bereiten Kulturgemeinschaft voraussetzt, diese sich wiederum auf die Rechtswertungsquellen von kirchlicher Lehre und religiöser Praxis stützt. Umgekehrt setzt die Kirche darauf, dass die elementaren Gebote in der staatlichen Rechtsordnung verdeutlicht, ausgestaltet und auch ergänzt werden: Das Gebot „Du sollst nicht töten" bedarf etwa im Straßenverkehrsrecht einer detaillierten Präventionsordnung, im Polizeirecht einer erweiternden Verpflichtung auch bisher Unbeteiligter, im Recht der Gefahrenvorsorge vorgelagerter Verbote mit Erlaubnisvorbehalt. Das Gebot „Du sollst nicht stehlen" setzt eine Unterscheidung von Mein und Dein voraus, die an der Entwicklung des staatlich gesetzten Eigentumsrechts – von der liberalen, auf den Grundbesitz gestützten Eigentumsordnung über die vor allem den Lohn- und Versicherungsanspruch zur Grundlage individueller Freiheit machenden Geldeigentum bis hin zu dem Urheberschaft und Erfindungen schützenden geistigen Eigentum – teilnimmt.

Der Schutz im Grundsätzlichen verbleibt jedoch nicht im Abstrakt-Theoretischen, sondern verlangt von der Kirche ein klares Wort, insbesondere zum Schutz des Lebens bei Beginn und Ende der menschlichen Existenz, zum Schutz von Ehe als Gemeinschaft von Mann und Frau und potentieller Elternschaft sowie von Familie als Gemeinschaft der Eltern mit ihren Kindern, zum Schutz der Menschenwürde im Arbeitsrecht, der Privatheit im Presserecht, der

---

[37] Vgl. auch Peter NOLL: *Diktate über Sterben und Tod.* 1984, S. 23f.

Identität des Menschen im Recht der Medizin und Gentechnik. Thema der kirchlich zu stützenden Rechtskultur ist aber eher der Mensch, weniger der Bürger, eher die individuelle Würde und weniger die politische und ökonomische Machtsphäre des Einzelnen, eher die Geborgenheit des Einzelnen in Ehe und Familie und weniger seine Mitgliedschaft in Vereinen, Verbänden und Erwerbsgemeinschaften, eher die Brüderlichkeit und weniger das jeweilige soziale Sicherungssystem.

Der Staat der Gegenwart braucht die Kirche, um sein eigenes Rechtsfundament zu festigen. Er ist in der globalen Welt vor allem wirtschaftlichen Mächtigkeiten ausgeliefert, denen er allein nicht gewachsen ist. Vor wenigen Jahren entstand eine Diskussion, ob jedem Menschen allein wegen seines Daseins und in seinem Sosein Würde zukommt[38], oder ob Würde eine Leistung ist, mit der ein Mensch nicht kraft seiner Natur ausgestattet ist, die er vielmehr erringen muß oder auch verfehlen kann[39]. Diese Frage ist heute im Sinne einer Würdegarantie für jeden Menschen allein dank seiner Existenz beantwortet[40], der Übergang von der Wurzel aller Jedermannsrechte zu einem Privileg der Leistungsbereiten und Leistungsfähigen in bewusster und gefestigter Kulturtradition vermieden. Insoweit wirkt Religionsmut vielfach auch als Verfassungsmut, Religionsängstlichkeit auch als Verfassungsängstlichkeit.

VII.

In einem freiheitlichen Staat tragen die Kirchen zur Kultur aber vor allem dadurch bei, dass sie den Freiheitsberechtigten einen Maßstab zur Wahrnehmung ihrer Freiheiten geben. Verfassungsrechtliche Freiheit garantiert, dass der Staat die Freiheit beanspruchenden Entscheidungen und Verhaltensweisen nicht vorschreibt und nicht erzwingt. Freiheit bedeutet hingegen nicht, dass die Freiheitsrechte ohne jeden Maßstab und außerhalb jeder Verantwortlichkeit wahrgenommen werden. Schon bei den kleinen Gegenwartsfreiheiten, die zu beliebigem Handeln berechtigen, wird die Maßstabgebung von Moral und Ethos wirksam: Wenn das Recht dem Einzelnen erlaubt, nach persönlichem Belieben heute einen Kaffee und morgen einen Tee zu trinken, heute allein zu sein und morgen die Begegnung mit einem anderen zu suchen, heute ein Buch zu lesen und morgen eine Fernsehunterhaltung zu genießen, so bleibt dem Freiheitsberechtigten dennoch die Auseinandersetzung mit Regeln von Askese und Verzicht, von Zuwendung und Nächstenliebe, von Gewissensanspannung und Selbstverantwortlichkeit aufgegeben.

Deutlicher noch sucht der Freiheitsberechtigte nach Maßstäben, wenn er seine großen Zukunftsfreiheiten ausübt und sich langfristig bindet. Wer von seiner Berufsfreiheit Gebrauch macht und deshalb ein langjähriges Studium wählt und darauf oft einen Lebensberuf aufbaut, bestimmt den Sinn seiner Arbeit, seiner Begabung und Leistungsfähigkeit, seiner Erwerbsmöglichkeiten auf Dauer und

---

[38]   So BVerfGE 88, 203 (251ff.).
[39]   Niklas LUHMANN: *Grundrechte als Institution.* Berlin 1965, 2. Aufl. 1974, S. 64ff.
[40]   BVerfGE 87, 209 (228); vgl. auch BVerfGE 88, 203 (251ff.).

benötigt deshalb Rat und Erfahrungshilfe. Wer eine Ehe und Familie gründet, gibt seinem privaten Leben eine Mitte in einer Lebens-, Begegnungs-, Haus-, Beistands- und Erwerbsgemeinschaft und stützt sich zu deren Begründung wie zu deren Erhaltung auf Erfahrungstraditionen und moralische Grundsätze. Der Künstler wirkt nur bei langfristiger Themenwahl und Formenbindung stilbildend, benötigt die Kontinuität von Schulen und Stilrichtungen, findet in der Kirche seit jeher einen Anreger, Förderer, Impuls- und Auftraggeber. Auch der Wissenschaftler baut gerade in den modernen Naturwissenschaften auf langfristige Kooperation, setzt seine Erkenntnisse und Sichtweisen oft erst nach beharrlichem Verteidigen seiner Thesen durch, entfaltet sich in der stetigen Entwicklung seiner Fachdisziplin, stößt aber in diesem Erkenntnisprozeß immer wieder auf Bedingtheiten und Axiome seines Denkens, die das Zusammenwirken eines Erkennens und Bekennens notwendig machen und in diesem Erfordernis den deutschen Universitäten mit ihren theologischen Fakultäten seit langem bewusst sind. Für die auf die Menschenwürde aufbauenden Kulturwissenschaften beginnt das deutsche Grundgesetz folgerichtig mit einem Bekenntnis zu unverletzlichen und unveräußerlichen Menschenrechten als Grundlage jeder menschlichen Gemeinschaft und entwickelt aus diesem Bekenntnis eine Logik der Entstehensquellen für Recht und deren Inhalte. Selbst bei der Wahrnehmung langfristig bindenden ökonomischen Freiheiten, dem Bau eines Hauses, der Gründung einer Firma, der Erschließung eines Marktes sind vielfach Kulturgüter Gegenstand der Handlung und fordern deshalb eine Abstimmung zwischen Ökonomie und Kultur. Wenn der Freiheitsberechtigte schließlich einen langfristigen persönlichen Status begründet, er Bürger eines Staates oder Mitglied einer Kirche wird, ist dies eine Entscheidung für eine kulturelle Zugehörigkeit. Eine freiheitliche Rechtsordnung erweist sich damit stets als ein Stück staatlich offen gelassener Entscheidungsbefugnis, damit aber auch als eine Freiheit zu moralisch und ethisch verantwortetem Handeln.

Dieses Zusammenwirken von Recht und Moral, Staat und Kirche bewährt sich insbesondere bei der gemeinschaftserheblichen Ausübung individueller Freiheit. Wenn das freiheitliche Handeln nicht nur den selbstbestimmten Lebensbereich des Freiheitsberechtigten sondern auch die Rechtsgemeinschaft betrifft, wenn das Handeln nicht nur einen individuellen Gegenwartsbedarf befriedigt sondern ein die Gemeinschaft auf Dauer bestimmendes Gut hervorbringt, so ist diese begegnende und kreative Freiheit auf gemeinschaftserhebliche Maßstäbe angewiesen, die das Recht um der Freiheit willen nicht vorgeben darf, die Rechtsgemeinschaft aber um der inneren Bindung willen zur Wirkung bringen muß. Die Rechtschaffenheit auch im unbeobachteten Arbeitsleben, die Rücksichtnahme auf den Schwachen und Ängstlichen, die Redlichkeit bei der unkontrollierten Wahrnehmmung von Ehrenamt und politischer Verantwortung, die guten Gepflogenheiten von gesellschaftlicher Praxis, Handelsbrauch, Ortsüblichkeit und öffentlicher, ungeschriebener Ordnung begründen Verhaltensmaximen, die das Recht als Normen ohne rechtliche Verbindlichkeit anerkennt und aufnimmt, selbst aber in der Vielfalt der Lebensverhältnisse, Kulturtraditionen und Sachgerechtigkeiten nicht regeln könnte, um nicht im Übermaß des Regelns die Freiheit zu gefährden.

Vor allem aber ist die Bereitschaft zur wissenschaftlichen Anstrengung, die

Entfaltung des künstlerischen Talents, die religiöse Frage nach dem Unerforschlichen, die innere Gebundenheit in Ehe und Familie, die persönliche Anerkennung der Autorität des Rechts, die Handhabung des Wahlrechts als innere Verpflichtung zur demokratischen Mitgestaltung auf einen inneren Antrieb der Freiheitsberechtigten angelegt, die in einer moralischen und ethischen Gewissensbildung wurzelt. Eine freiheitliche Verfassung ist die Rechtsform der moralisch gefestigten Hochkulturen und könnte in einer vom Kampf aller gegen alle geprägten Gemeinschaftsordnung nie gelingen. Dies gilt es gerade in unserer Kultur zu betonen, die einzelne Freiheitsbereiche in Kampfesszenarien aufzulösen scheint – den Kampf um den Marktanteil, den Wahlkampf, den Arbeitskampf und für die Freizeit schließlich den sportlichen Wettkampf. Der Kampf muß deshalb durch Fairneß im sportlichen Wettstreit, durch soziale Treuepflichten im Arbeitskampf, durch einen politischen Ehrenkodex im Parteienwettstreit und durch Lauterkeit im wirtschaftlichen Wettbewerb begrenzt werden. Kollidierende Freiheitswahrnehmung braucht klare Schranken des Freiheitsrechts, aber auch eine innere Bindung des Freiheitsberechtigten. Freiheit heißt auch, dass die konkrete Ausgestaltung des freiheitlich erschlossenen Lebensbereichs zu einer harmonierenden Gemeinschafts- und Friedensordnung in die Verantwortlichkeit der Freiheitsberechtigten gewiesen ist.

Der kirchliche Einsatz für die individuelle Würde jedes einzelnen Menschen gewinnt auch in der wachsenden Anonymität eines globalen Wirtschaftslebens Gewicht. Wenn die individuelle Leistungskraft und die persönliche Anstrengung nur noch in Mannjahren gemessen, die persönlichen Bedürfnisse und Hoffnungen nur noch in der Kaufkraft erfasst, der „König Kunde" nur noch als werbebestimmter Konsument gesehen, der kranke und leidende Mensch nur noch als Patientengut begriffen wird, so droht die einzelne Person im Kollektiv unterzugehen. Hinzu tritt eine Wirtschaftsorganisation, in der ein Unternehmer nur noch selten mit seinem Namen und seinem Privatvermögen für die Qualität seines Produktes einsteht und die Bedingungen der Berufsfreiheit seiner Arbeitnehmer verantwortet. Das vorherrschende – und durch die Entwicklung des gegenwärtigen Steuerrechts weiter beförderte – Organisationsprinzip ist die anonyme Publikumsgesellschaft, an der sich wechselnde Anteilseigner je nach aktueller Renditeerwartung beteiligen, die von wechselnden Managern je nach Höhe des angebotenen Honorars geführt werden, die zudem in einer ständigen Abwehr von im Dunkel des anonymen Börsenwesens betriebenen Übernahmeversuchen durch den Konkurrenten stehen. Diese Wirtschaftsunternehmen lösen sich aus dem Dienst für ihre Arbeitskräfte und ihre Kunden und verselbständigen sich zu einem Organismus, der nahezu ausschließlich der anonymen, fast schon virtuellen Welt von Kapitalanlegern dient, die sich nicht für das Produkt – seien es militärische oder medizinische Geräte – interessieren, sich vielmehr allein von der Wertentwicklung ihrer Kapitalbeteiligung und den jeweiligen Gewinnausschüttungen bestimmen lassen.

Der beharrliche Einsatz für die individuelle Menschenwürde und die daraus folgenden Freiheiten muß sich zunehmend auch mit einem Wirtschaftsmarkt auseinandersetzen, in dem weniger Waren und mehr Berechtigungen verkauft werden. Wenn ein Unternehmer seinen Markterfolg nicht durch die Veräußerung von

Gütern erzielt, er sich vielmehr die Einräumung von Berechtigungen – zur Nutzung eines Patents, zur Verwertung einer Information, zur Kopie eines Filmes – bezahlen läßt, so dominiert die geistige Herrschaft den Markt. Dieses begründet für den Inhaber der Rechte neuartige Machtpositionen, weil er seinen Markterfolg ohne Verlust eines Gutes, also ohne Entreicherung erzielt, bietet aber auch eine bisher noch ungenutzte Chance, durch das altruistische, nicht erwerbswirtschaftliche Bereitstellen von Wissen, Berechtigungen und Visionen das Denken und Handeln der Menschen vermehrt in Wert und Würde zu prägen. Die Macht des Geistes ist immer Anspruch und Gestaltungsmittel der Kirche gewesen.

VIII.

Religion ist für Staat und Recht somit seit jeher mitbestimmend. Insbesondere die Vorstellungen, die der Einzelne und die Rechtsgemeinschaft sich vom Menschen, seinem Auftrag, dem Ziel menschlichen Zusammenlebens machen, bestimmen die kulturellen Grundlagen von Freiheit- und Demokratiefähigkeit. Je mehr das Verfassungsrecht die Prinzipien von Menschenwürde, Selbstverantwortung und Humanität aufnimmt, desto mehr prägt der staatliche Geltungsgrund dieser Prinzipien das öffentliche und individuelle Bewußtsein. Dennoch bleibt dieses Verfassungsrecht Teil und Ausdruck der das Recht tragenden Kultur, muß in dieser Sinngebung verstanden und immer wieder erneuert werden.

Dementsprechend wird das Angebot der Religionsfreiheit als Teil des Verfassungsrechts – der Ordnung des öffentlichen Lebens – gewährleistet. Religion ist Gegenstand rechtlicher, also auf Begegnung angelegter Gewährleistung: Religion ist nicht Freizeithobby, sondern Teil individueller Persönlichkeitsentfaltung mit Auswirkungen auf die öffentliche Meinung, die öffentliche Kultur und das staatliche Leben. Müßte der einzelne Grundrechtsberechtigte seine Religiosität in der Öffentlichkeit verbergen oder dürfte er sein Leben dann nicht mehr religiös gestalten, wenn es auch die Sphäre des Öffentlichen und des Staates berührt, so wäre seine Religionsfreiheit wesentlich beschränkt, die unreligiöse vor der religiösen Weltanschauung privilegiert.

Die modernen Verfassungen gewähren somit Religionsfreiheit selbstverständlich ohne eine Vorbehalt öffentlicher Unerheblichkeit. Das deutsche Grundgesetz verdeutlicht die Gemeinschaftserheblichkeit des Religiösen, wenn es den Religionsunterricht in öffentlichen Schulen als ordentliches Lehrfach gewährleistet (Art. 7 Abs. 3 GG), bestimmten Religionsgesellschaften nicht nur die Rechtsfähigkeit nach den allgemeinen Vorschriften des Bürgerlichen Rechts (Art. 140 GG i.V.m. Art. 137 Abs. 4 WRV) sondern den Status einer Körperschaft des öffentlichen Rechts zuweist, der die öffentliche Aufgabe und öffentlich-rechtliche Handlungsmittel dieser Religionsgesellschaften anerkennt (Art. 41 GG i.V.m. Art. 137 Abs. 5 WRV), den Sonntag als Tag der seelischen Erhebung gesetzlich schützt (Art. 140 GG i.V.m. Art. 139 WRV), die Religionsgesellschaften zur Vornahme religiöser Handlungen im Heer, in Krankenhäusern, in Strafanstalten oder sonstigen öffentlichen Anstalten zuläßt (Art. 140 GG i.V.m. Art. 141 WRV), die theologischen Fakultäten an den staatliche Universitäten einrichtet, die Sichtbarkeit religiöser Bilder und Vorbilder, die Hörbarkeit religiöser Aussage, die Erfahrbarkeit von Liturgie und religiöser Kunst gewährleistet.

Einer der Gründungsväter der amerikanischen Verfassung hat festgestellt, dass diese Verfassung nur für ein moralisch und religiös gebundenes Staatsvolk gemacht worden sei, nach der prinzipiellen Trennung von Staat und Kirche gegenwärtig aber zumindest auch eine religiöse Fundierung der öffentlich geltenden Werte benötige[41]. Dieses gilt insbesondere für die gegenwärtige multikulturelle Gesellschaft[42], die eine Freiheit für ein Leben in verschiedenen Kulturen eröffnet, sich auch Anregung, Erneuerung und gedankliche Weite von dem Anderen, dem Fremden, dem Ungewohnten erhofft, in ihren Grundsatzwertungen aber unverbrüchlich an ihrer Verfassung festhält. Multikulturalität ist Kulturoffenheit in der Sicherheit seiner eigenen Werte und Ordnungsprinzipien, ist Toleranz in der Festigkeit der freiheitlichen und demokratischen Toleranzgrundlage. Deshalb könnte das demokratische Prinzip der Macht auf Zeit nicht durch eine lebenslängliche Herrschaft ersetzt, die Würdegarantie jedes Menschen nicht durch ein Recht zur Verachtung oder gar zur Vernichtung des politischen Gegners abgelöst, die Religionsfreiheit nicht durch eine Staatsreligion verdrängt, die Gleichberechtigung der Frau nicht durch eine Pflicht zum stetigen Dienen in ihr Gegenteil verkehrt, das Privateigentum nicht unter dem Stichwort des Volkseigentums aufgehoben werden. In ihrer kulturellen Werteprägung ist eine freiheitliche Demokratie streitbar, in dieser ihrer Selbstgewißheit aber offen für die Ausübung und Entfaltung fremder Kulturen.

Religiöse Rechtswertungsquelle und positive Rechtserkenntnisquelle der Verfassung treffen sich in der Vorstellung eines kraft Existenz würdebegabten, deshalb in der Rechtsgemeinschaft willkommenen, freiheitsberechtigten, im Freiheitsanspruch wie in den realen Elementarvoraussetzungen gleichen Menschen. Der Ursprung des Verfassungsstaates ist religiös fundiert, dann aber im positiven Verfassungsrecht verselbständigt worden.

Im Bild des Verfassungsbaumes gründet die Verfassung in einer unsichtbaren, in keinem Text geschriebenen Wurzel, der christlich-abendländischen Idee von dem würdebegabten, mit Personalität ausgestatteten, zur Freiheit fähigen Menschen. Die erleichterte Begreifbarkeit und rechtliche Verlässlichkeit des positiven Rechts beginnt erst in dem Stamm dieses Verfassungsbaumes, der rechtlichen Gewährleistung der unantastbaren Menschenwürde, der Garantie von Freiheit und Gleichheit als judiziell durchsetzbaren Grundrechten, findet in den aus diesem Stamm erwachsenden Ästen eine bewegliche, nähere Ausformung durch die Gesetze des parlamentarischen Gesetzgebers, die sich den Stürmen der Zeit anpassen, dabei aber die Bindung zu Stamm und Wurzel als Ursprung ihrer Lebenskraft stets bewahren. Schliesslich bilden sich an den Ästen Blätter, die – wie insbesondere das Jahresbudget des Staates – im Jahresverlauf abfallen und in ihrer Substanz verloren gehen, sich aber im nächsten Jahr aus der Kraft von

---

[41] Vgl. Supreme Court, Lee v. WEISMAN, 112 S.Ct. 2649, 2661.
[42] Vgl. zu diesem Begriff Paul Michael LÜTZELER: Europäische Identität heute: Vom Ethnozentrismus zur Multikultur. In: DERS.: *Europäische Identität und Multikultur.* Tübingen 1997, S.11ff.

Wurzeln, Stamm und Blättern so erneuern, dass das Gesamtbild des Rechts – und Sozialstaates wieder hergestellt wird.

Dieser Verfassungsbaum lebt im Humus der ihn tragenden Kultur, insbesondere in den Rechtsentstehensquellen von Religion und Philosophie, pflegt aber zugleich diesen seinen Humus in den kulturellen Gewährleistungen der Religions-, Kunst- und Wissenschaftsfreiheit. Das Verfassungsrecht und seine kulturellen Grundlagen fördern sich gegenseitig: Ein einmal erreichter kultureller Standard kann durch rechtliche Verbindlichkeitserklärung gefestigt werden, bleibt andererseits darauf angelegt, als Entstehens- und Bestandsquelle für eine rechtliche Regelung zu wirken. Es gibt keine von der Würdegarantie geprägte Rechtsordnung, die ohne Religion entstanden wäre; aber auch keine Religion, deren Grundsatzwerte in moderner Staatlichkeit nicht in das Normative drängten.

Der Verfassungsstaat braucht deshalb wertungssichere Repräsentanten der Kirche, wertbewußte Repräsentanten des Staates, vor allem aber auch Verstehensmittler zwischen Staat und Kirche. Karl Lehmann steht als Bischof von Mainz, als Repräsentant der katholischen Kirche in Deutschland, als Wissenschaftler und als Partner immer wieder sich erneuernder, suchender und vorwärtsdrängender Gespräche auf der Brücke zwischen Staat und Kirche, festverwurzelt in seiner Religion, zugleich aber als Bürger unserem freiheitlichen Rechtsstaat zugehörig. Dafür gebührt ihm Dank.

„Verantwortung vor Gott und den Menschen ..."?

VON HEINHARD STEIGER

Vor einigen Jahren hat Karl Lehmann zu einer „weiteren Reflexion" über die ersten Worte der Präambel des Grundgesetzes „Im Bewußtsein seiner Verantwortung vor Gott und den Menschen ..." aufgefordert[1]. Da die von ihm konstatierte Minimalisierung und negative Reduktion des Textes in der juristischen Literatur fortgeschritten ist, soll im Folgenden erörtert werden, ob dies zwingend, Lehmanns Appell also vergeblich ist, oder ob und wie eine positive Rückgewinnung der Formel für das Gemeinwesen gemäß den Intentionen von 1949 und 1994 möglich sein könnte[2].

I. Gott im Grundgesetz?

a) Wohl keine andere Aussage des Grundgesetzes erweist sich als so sperrig, irritierend, ja anstößig, wie die Eingangsworte seiner Präambel. Vielen erscheinen sie bestenfalls als Anachronismus, schlimmstenfalls als Ärgernis. Denn der Tod Gottes ist schon seit langem proklamiert.

Aber auch wenn man die Proklamation des Todes Gottes für verfrüht hält, bleibt für viele das Anstößige der Bezugnahme auf Gott. Denn man befürchtet eine christliche Ausrichtung und Bindung des deutschen Gemeinwesens. Diese aber entspräche nach allgemeiner Auffassung nicht dem heutigen Verständnis des demokratischen, freiheitlichen, neutralen, säkularen Staates, dem sich die Bundesrepublik gesellschaftlich, politisch und verfassungsrechtlich durch das Grundgesetz verpflichtet fühlt. Dieser Staat hat gegenüber allen Glaubensrichtungen, Religionen und Weltanschauungen prinzipiell neutral zu sein; bestimmte Glaubensinhalte dürfen für die Gestaltung des staatlichen gemeinschaftlichen Lebens nicht verbindlich maßgebend sein. Er beruht auf dem Prinzip der Nicht-Identifikation, ist „ein Gemeinwesen ohne besondere Eigenschaften"[3].

---

[1] Karl LEHMANN: Im Bewußtsein seiner Verantwortung vor Gott und den Menschen – Demokratie und Menschenbild. In: *Politik – Bildung – Religion. Hans Maier zum 65. Geburtstag.* Hrsg. von Theo STAMMEN u.a. Paderborn 1996, S. 571-580, S. 574.

[2] *Jahrbuch des öffentlichen Rechts der Gegenwart,* Neue Folge 1 (1951), S. 29ff.; dazu auch Carlo SCHMID: *Erinnerungen.* Bern 1979, S. 371f.; Debatte in der Gemeinsamen Verfassungskommission, in: *Verhandlungen des Deutschen Bundestages. Stenographische Berichte* Bd. 166, 4. März, und Bd. 167, 22. April 1993; 12. DEUTSCHER BUNDESTAG: *Materialien zur Verfassungsdiskussion und zur Grundgesetzänderung in der Folge der deutschen Einigung.* 3 Bde. Bonn 1996 (Zur Sache. 2/96), Bd. 1.

[3] Herbert KRÜGER: *Allgemeine Staatslehre.* Stuttgart 1964, S. 178.

b) So ist es nicht verwunderlich, daß immer wieder Forderungen erhoben werden, diesen Bezug auf „Gott" aus der Präambel des Grundgesetzes zu streichen[4]. Ein konkreter Versuch, dies 1993 anläßlich der großen Revision des Grundgesetzes in der Folge der deutschen Einigung durchzusetzen, scheiterte allerdings schon im Ansatz.

Der Vorstoß dazu ging nicht von nichtchristlicher Seite aus, sondern von dem evangelischen Pfarrer und Abgeordneten Ullmann[5]. Er wandte sich zunächst aus theologischen Gründen gegen „eine unspezifische Rede von Gott"; die Nennung Gottes sei aber auch aus historischen Gründen abzulehnen, weil auch Hitler sich immer auf Gott berufen habe; außerdem habe eine solche Ausdrucksweise „in dem gesellschaftlichen Kontext heute den bösen Schein des Phrasenhaften gegen sich"; schließlich müsse „das Verfassungsrecht endlich der modernen polyreligiösen Gesellschaft, in der wir leben, angepaßt" werden. Der Abgeordnete Heuer wandte sich gegen einen in der Formel sichtbar werdenden „Alleinvertretungsanspruch der Christen oder im weiteren Sinn derjenigen, die an Gott glauben, wenn sie meinen, daß nur sie ein Gewissen hätten und nur auf dieser Grundlage ein moralisches Verhalten möglich sei. Ungeheuer viel an Verbrechen ist in der Menschheitsgeschichte unter Berufung auf Gott und von Leuten, die an Gott geglaubt haben, begangen worden – auch von Leuten, die nicht an Gott geglaubt haben"[6].

Die Befürworter der Beibehaltung der Formel sahen in ihr zum einen ein beizubehaltendes Traditionsgut der Bundesrepublik[7]. Inhaltlich werde darin eine Abkehr vom atheistischen Regime des Nationalsozialismus deutlich[8]. Sie bringe die Bindung an unverfügbare überstaatliche Normen und Werte zum Ausdruck[9]. Es sei auch 1993 richtig, sich daran zu erinnern, daß der Mensch nicht letzte Instanz sei[10]. Auch gegenüber der DDR sei die Verpflichtung auf Recht und Gerechtigkeit „transzendente Kategorie" und „Verpflichtung gegenüber einem Größeren", das mit „Gott" bezeichnet werde, geboten[11]. Die Bezugnahme auf Gott bedeute weder eine Verpflichtung des einzelnen auf das Christentum, noch charakterisiere sie die Bundesrepublik als einen christlichen Staat"[12].

---

[4]   Zuletzt Gerhard CZERMAK: „Gott" im Grundgesetz? In: *Neue Juristische Wochenschrift* 52 (1999), S. 1300-1303, S. 1302.

[5]   Antrag vom 21. 4. 1991 Kommissionsdrucksache Nr. 72; Zur Sache 2/96 (s. Anm. 2), Sitzung vom 4. März 1993, S. 10 (798) ff.; 22. 4. 1993, S. 9 (881) ff.; dazu u.a. Steffen HEITMANN: Die Verantwortung vor Gott als Gegenstand der Verfassungspolitik. In: *Festschrift für Walter Remmers*. Hrsg. von Jürgen GOYDKE u.a. Köln 1995, S. 127-134; Hans-Peter SCHNEIDER: „Gott im Grundgesetz?" Muß ein zukünftiges Religionsverfassungsrecht auf „Gottestexte" verzichten? In: *Gott im Grundgesetz*. Hrsg. von Wolfgang GREIVE. Rehburg-Loccum 1994 (Loccumer Protokolle 14/1993), S. 10-19, insbes. S. 18ff.

[6]   A.a.O., Sitzung vom 22. 4. 1993, S. 13 (885).

[7]   Ebd., Abg. Dr. Burkhard HIRSCH, Sitzung vom 22. 4. 1993, S. 14 (886).

[8]   Ebd., Abg. Dr. EYLMANN, Sitzung vom 22. April, S. 10 (882).

[9]   Ebd., Abg. Dr. Friedrich Adolf JAHN, Sitzung vom 22. 4. 1993, S. 21 (893).

[10]   Ebd., Abg. Dr. Hans Jochen VOGEL, Sitzung vom 22. 4. 1993, S. 17 (889).

[11]   Ebd., St. Min. Steffen HEITMANN, Sitzung vom 22. 4. 1993, S. 16 (888).

[12]   Ebd., Abg. JAHN (s. Anm. 9).

Im Ergebnis blieb es bei der Formel. Aber ihre Bedeutung wurde nicht wesentlich erhellt. Soweit überhaupt inhaltlich argumentiert wurde, blieb es bei einer Ersetzung „Gottes" durch nicht näher bestimmte Normen oder Werte, bestenfalls durch „Gerechtigkeit"[13].

II. Negative Reduktion

a) Gegenstand besonderer eigener Ausführungen waren die Eingangsworte der Präambel zunächst nur selten[14]. Inzwischen finden sich ausführlichere Erörterungen in den Kommentaren[15]. Außerdem sind einige Einzelstudien erschienen[16]. Angeregt wurden sie durch die Verfassungsdiskussionen in einigen Bundesländern nach 1990[17] und die genannte Reform des Grundgesetzes.

b) Eingehend hat sich Peter Häberle mit den verfassungstheoretischen wie den verfassungsinterpretatorischen Schwierigkeiten des Gottes-Bezuges in einem modernen Verfassungstext auseinandergesetzt[18]. Über Gottes-Klauseln dürften

---

[13]   In den Bundesländern Niedersachsen, Sachsen,   Sachsen-Anhalt und Thüringen wurden in den gleichen Jahren ebenfalls ausführliche, kontroverse Debatten um eine entsprechende Formulierung geführt. Mit Ausnahme Sachsens wurde sie in die jeweilige Präambel aufgenommen, in die Verfassung von Niedersachsen von 1993 jedoch erst nachträglich 1994 auf ausdrückliches Volksbegehren.

[14]   In den Lehrbüchern zum Staatsrecht lediglich knapp Peter BADURA: *Staatsrecht.* München 1986, S. 53; ausführlicher Hartmut MAURER: *Staatsrecht.* München 1999, § 5, Rdz. 4-6, S. 137ff.; im staatskirchenrechtlichen Schrifttum geht nur Alexander HOLLERBACH: Grundlagen des Staatskirchenrechts. In: *Handbuch des Staatsrechts.* Hrsg. von Josef ISENSEE – Paul KIRCHHOFF. Bd. 6. Heidelberg 1989, § 138 Rdz. 81ff., S. 517ff., näher darauf ein.

[15]   Philip KUNIG, in: *Grundgesetz-Kommentar.* Hrsg. von Ingo VON MÜNCH – Philip KUNIG. 1. Bd. 5. Aufl. München 2000, Präambel, Rdz. 14ff.; Christian STARCK, in: *Das Bonner Grundgesetz. Kommentar.* 4. Aufl. Hrsg. von Hermann von MANGOLDT – Friedrich KLEIN – Christian STARCK. Bd. 1. München 1999, Präambel, Rdz. 31 und 36ff.; Manfred ZULEEG, in: *Kommentar zum Grundgesetz für die Bundesrepublik Deutschland.* 2. Aufl. Bd. 1. Neuwied und Darmstadt 1989 (Alternativkommentar), Präambel, Rdz. 14f.; Horst DREIER, in: *Grundgesetzkommentar.* Hrsg. von Horst DREIER. Bd. 1. Tübingen 1996, Präambel, Rdz. 14ff.; Peter M. HUBER, in: *Grundgesetz-Kommentar.* Hrsg. von Michael SACHS. München 1996, Präambel, Rdz. 35ff.

[16]   U.a. Hans HOFMANN: Das Grundgesetz ohne Gott – aber mit Mitmenschlichkeit? In: *Zeitschrift für Rechtspolitik* 27 (1994), S. 215-219; Markus H. MÜLLER: Der Gottesbezug in der Präambel der Verfassung des Freistaates Thüringen. In: *Thüringer Verwaltungsblätter* 3 (1994), S. 176-188; *Gott im Grundgesetz.* Hrsg. von Wolfgang GREIVE (s. Anm. 5), mit Beiträgen von Wolfgang GREIVE und Hans-Peter SCHNEIDER; Eilert HERMS; S. HEITMANN: Die Verantwortung vor Gott... (s. Anm. 5); Rolf-Oliver SCHWEMER: Der Gottesbezug in Verfassungspräambeln. In: *Recht und Politik* 32 (1996), S. 7-17; Jörg ENNUSCHAT: „Gott" und Grundgesetz. In: *Neue Juristische Wochenschrift* 51 (1998), S. 953-957; Gerhard CZERMAK: „Gott" im Grundgesetz? (s. Anm. 4).

[17]   Oben Anmerkung 13.

[18]   Peter HÄBERLE: „Gott" im Verfassungsstaat? In: *Festschrift für Wolfgang Zeidler.* Hrsg. von Walther FÜRST u.a., Bd. 1, Berlin 1987, S. 3-17.

„nicht bestimmte Inhalte und Zwänge ins Spiel kommen, die der Verfassungsstaat der heutigen Entwicklungsstufe gerade überwunden hat: indem er die offene
Gesellschaft konstituiert und Toleranz garantiert." Es dürften dadurch keine Wege geöffnet werden „für erklärte oder versteckte Restaurationen" von Variationen
des „christlichen Staates", von „Staatsreligionen", von Staatskirchentum[19]. Zur
Interpretation will Häberle seinen kulturwissenschaftlichen Ansatz heranziehen.
Es könne zwar von einem historischen Verständnis der Gottesvorstellung, konkret eines monotheistischen Gottesbildes christlicher Prägung ausgegangen werden, das sich aber entsprechend der gesellschaftlichen Entwicklung „einer Vielfalt zu öffnen" habe. Allerdings finde die „Offenheit" ihre Grenze, wenn u.a. in
einer „Theologie ohne Gott", der Gottesbegriff entleert werde[20]. Die „Gottestexte" seien in die als Einheit verstandene Verfassung zu integrieren[21]. Hinzuzufügen wäre, daß es sich um eine Wechselbeziehung handelt, also auch die Einheit
der Verfassung auf den Gottestext zu beziehen ist.

Dieser Ansatz macht bereits die grundsätzliche Schwierigkeit der Interpretation von Gottesklauseln im modernen Verfassungsstaat deutlich: ihre Vereinbarkeit mit der religiösen und weltanschaulichen Neutralität des sich nicht-
identifizierenden Staates, der keine besonderen Eigenschaften haben darf, und
der Religions- und Weltanschauungsfreiheit der einzelnen. Es wird auch bereits
die methodische Folge sichtbar. Zunächst wird dargelegt, was eine Gottesklausel
nicht bedeuten darf, was nicht aus ihr hergeleitet werden darf, also eine abwehrende, abgrenzende, negative Methode. Erst danach werden zaghaft und vorsichtig positive Dimensionen eröffnet, aber nicht näher für ihre Bedeutung erörtert.
Dieser Methode folgt der größere Teil der Literatur.

c) Die Aussagen zur Eingangsformel zerfallen prinzipiell in zwei Lager. Das
kleinere Lager verneint ihre rechtliche Bedeutung im Sinne einer rechtlichen
Bindung[22]. Das größere Lager bejaht eine rechtliche Bedeutung, deren genaue
Richtung und normative Dichte aber verschieden gedeutet wird.

d) Im Zentrum der Erörterungen steht die Frage nach dem Gottesbegriff. Mit wenigen Ausnahmen[23] wird übereinstimmend die Festlegung auf den christlichen
Gottesbegriff und schon gar auf dessen theologische, kirchenamtliche, dogmati-

---

[19]   Ebd. S. 9f.
[20]   Ebd. S. 14f.
[21]   Ebd. S. 16.
[22]   Manfred ZULEEG, in: *Kommentar zum Grundgesetz...* (s. Anm. 15) Präambel, Rdz.
       14 mit Verweisen; Dietrich MURSWIECK: *Die verfassunggebende Gewalt nach dem
       Grundgesetz für die Bundesrepublik Deutschland.* Berlin 1978, S. 36ff., 76ff.;
       Ludwig RENCK: Zum rechtlichen Gehalt der Kruzifix-Debatte. In: *Zeitschrift für
       Rechtspolitik* 29 (1996), S. 16-20, hier 19.
[23]   Ethel L. BERENDT: Rechtsstaat und Christenbekenntnis: Gott im Grundgesetz. In:
       DIES. (Hrsg.): *Rechtsstaat und Christentum.* Bd. 1. München 1982, S. 163-186, hier
       163, 165 (zitiert nach Gerhard CZERMAK: „Gott" im Grundgesetz? [s. Anm. 4], S.
       1301, Anm. 14); Fabian VON SCHLABRENDORFF: Abweichende Meinung. In: *Ent-
       scheidungen des Bundesverfassungsgerichts* 33 (1973), S. 35-42, hier 40.

sche Ausformungen abgelehnt[24]. – Möge auch entstehungsgeschichtlich der Parlamentarische Rat an diesen angeknüpft haben, so sei der Gottesbegriff auch wegen der gesellschaftlichen Entwicklungen im Hinblick auf Neutralität und Religionsfreiheit „offen“ zu verstehen[25]. Der „offene Gottesbegriff“ soll funktional alle monotheistischen Gottesvorstellungen, sonstige Gottesvorstellungen und jede Vorstellung mit „transzendenzbezogener Verantwortung“ fassen[26]. Die meisten Autoren belassen es bei diesem offenen, gewissermaßen polytheistischen Gottesbegriff. Einige allerdings versuchen darüber hinaus eine wenn auch abstrakte Begriffsbildung als „bloße Chiffre für eine transzendentale Institution“, eine „freiheitsnotwendige Leerstelle“[27], „gegenüber Volk und Staat jenseitige, sie transzendierende Instanz“[28]. Das erscheint auf den ersten Blick als „juristische Minimalisierung“ des Gottesbegriffes[29], als seine Entleerung und Entärgerlichung. Aber diese Öffnung des Gottesbegriffes ist für den neutralen Staat und den Nicht-Christen gebotene Voraussetzung, sich überhaupt positiv auf diesen Satz einlassen zu können. Christen hingegen sind nicht gehindert, für sich auch öffentlich, auch als Staatsbürger darin weiterhin eine Bezugnahme auf den christlichen Gott zu sehen[30]. Neutralität gilt nur für den Staat. Denn auch ein „offener Gottesbegriff“ darf nicht als ein eigener oder besonderer verbindlich gemacht werden.

e) Die meisten Autoren suchen aber nach weiterreichenden rechtlichen Bedeutungen der Formel. Sie wird in drei Dimensionen gesehen. Auch dabei geht es zuerst wiederum um Abgrenzung, aber in positiver Intention. Sie bringe die „Endlichkeit und Zeitlichkeit des Menschen zum Ausdruck und somit gleichzeitig auch die Vorläufigkeit aller menschlichen Verfassung“[31]. Der Verfassunggeber betrachte „sich nicht als Träger einer absoluten Volkssouveränität“[32]. Die

---

[24] Ch. STARCK, in: *Das Bonner Grundgesetz...* (s. Anm. 15), Präambel, Rdz. 36; H.-P. SCHNEIDER: „Gott im Grundgesetz?“ (s. Anm. 5), S. 16; H. DREIER, in: *Grundgesetzkommentar* (s. Anm. 15), Präambel, Rdz. 20; H. MAURER: *Staatsrecht* (s. Anm. 14), § 5 Rdz. 4 u. 5, S. 138.

[25] A. HOLLERBACH: Grundlagen des Staatskirchenrechts (s. Anm. 14), § 138, Rdz. 83; Ph. KUNIG, in: *Grundgesetz-Kommentar* (s. Anm. 15), Präambel, Rdz. 16; P. HÄBERLE: „Gott“ im Verfassungsstaat? (s. Anm. 18), S. 16; differenziert K. LEHMANN: Im Bewußtsein seiner Verantwortung... (s. Anm. 1), S. 574, zwar keine Identifizierung mit, aber auch kein Ausschluß des jüdisch-christlichen Gottesverständnisses.

[26] A. HOLLERBACH: Grundlagen des Staatskirchenrechts (s. Anm. 14), § 138, Rdz. 83.

[27] Beides H. DREIER, in: *Grundgesetzkommentar* (s. Anm. 15), Präambel, Rdz. 20, 21.

[28] H. MAURER: *Staatsrecht* (s. Anm. 14), § 5, Rdz. 4.

[29] A. HOLLERBACH: Grundlagen des Staatskirchenrechts (s. Anm. 14), § 138, Rdz. 82.

[30] Anders wohl eine liberale Theorie, die auch den Menschen in seiner „politischen Rolle als Staatsbürger“ auf Neutralität verpflichten will, Stefan HUSTER: Die religiös-weltanschauliche Neutralität des Staates – Das Kreuz in der Schule aus liberaler Sicht. In: ZENTRUM FÜR INTERDISZIPLINÄRE FORSCHUNG (Bielefeld): *ZiF Mitteilungen* 3 (1997), S. 4-8, S. 5.

[31] H.-P. SCHNEIDER: „Gott im Grundgesetz?“ (s. Anm. 5), S. 17.

[32] Friedrich KLEIN in der 2. Aufl. des Anm. 15 genannten Kommentars, München 1955, S. 42; Theodor MAUNZ: *Grundgesetz-Kommentar*. München, Loseblatt-

Formel sei eine „Absage an jeden prometheischen Größenwahn und Mahnung
zur Bescheidenheit". Sie verböte „z.b. eine Politik, die den Menschen kulturre-
volutionär verändern" wolle[33]. Die Formel stelle eine „Absage an den Totalita-
rismus" oder „totalitäre Ideologien" nicht nur in der Vergangenheit, sondern auch
für die Zukunft dar[34].

Vielmehr erkenne der Verfassunggeber an, daß er und die Staatsgewalt an
„Werte" und „überstaatliche" oder „überpositive Normen" gebunden seien[35].
Ausführlichere inhaltliche Konkretisierungen fehlen. Z.T. werden die Werte allgemein als „christliche Werte" bestimmt. Die überpositiven Normen werden von
einigen mit dem Naturrecht verknüpft[36]. Es wird vereinzelt auf „Menschenrechte" verwiesen. Über Grenzen müßte „im einzelnen eine Verständigung und Entscheidung herbeigeführt werden"[37].

Vor allem aber wird die Nennung Gottes auf die Religionsverfassung der
Bundesrepublik bezogen[38]. Sowohl eine Festlegung auf das Christentum als auch
seine Inhalte oder einen „christlichen Staat"[39], die staatliche Propaganda für
„Atheismus als Staatsreligion" oder ein „strikter Laizismus" werden abgewiesen[40]. Zum anderen wird – positiv – darin die Absicherung des religiös und welt-

Ausgabe, Präambel, Rdz. 17 (1991); Ilona RIEDEL-SPANGENBERGER: Europäische
Staaten im Bewußtsein vor Gott. Überlegungen zur Geschichte und Geltung der
Erwähnung Gottes in staatlichen Verfassungen Europas. In: *Gott – ein Fremder in
unserem Haus?* Hrsg. von Peter HÜNERMANN. Freiburg/Br. 1996 (QD 165), S. 171-
184, S. 180f., R.-O. SCHWEMER: Der Gottesbezug in Verfassungspräambeln (s.
Anm. 16), S. 12f.; D. MURSWIECK: *Die verfassunggebende Gewalt...* (s. Anm. 22),
S. 77f.

[33]   Ch. STARCK, in: *Das Bonner Grundgesetz...* (s. Anm. 15), Präambel, Rdz. 37.
[34]   Ph. KUNIG, in: *Grundgesetz-Kommentar* (s. Anm. 15), Präambel, Rdz. 15; P. M.
HUBER, in: *Grundgesetz-Kommentar* (s. Anm. 15), Präambel, Rdz. 36; Zur Begrün-
dung wird stets auf die Entstehungszeit 1948, aber auch die Bestätigungszeit 1993
hingewiesen.
[35]   Th. MAUNZ: *Grundgesetz-Kommentar* (s. Anm. 32) Präambel, Rdz. 17; § 5, Rdz. 5;
H. HOFMANN: Das Grundgesetz ohne Gott... (s. Anm. 16),S. 217; H. MAURER:
Staatsrecht (s. Anm. 14), S. 955; S. HEITMANN: Die Verantwortung vor Gott... (s.
Anm. 5), S. 132; R.-O. SCHWEMER: Der Gottesbezug in Verfassungspräambeln (s.
Anm. 16), S. 13f.; D. MURSWIECK: *Die verfassunggebende Gewalt...* (s. Anm. 22),
S. 137f. meint, ein solches „lasse sich nicht beweisen, sondern nur glauben", und
lehnt daher eine strikte Bindung an, aber auch S. 78.
[36]   H. HOFMANN: Das Grundgesetz ohne Gott... (s. Anm. 16), S. 217; nachdrücklich
gegen eine Bindung an das Naturrecht D. MURSWIECK: *Die verfassunggebende
Gewalt...* (s. Anm. 22), S. 38 und 137.
[37]   Th. MAUNZ: *Grundgesetz-Kommentar* (s. Anm. 32) Präambel, Rdz. 17.
[38]   P. HÄBERLE: „Gott" im Verfassungsstaat? (s. Anm. 18), S. 10ff.; H.-P. SCHNEIDER:
„Gott im Grundgesetz?" (s. Anm. 5), S. 14ff.; A. HOLLERBACH: Grundlagen des
Staatskirchenrechts (s. Anm. 14), § 138, Rdz. 84; Ph. KUNIG, in: *Grundgesetz-
Kommentar* (s. Anm. 15), Präambel, Rdz. 15.
[39]   H. DREIER, in: *Grundgesetzkommentar* (s. Anm. 15), Präambel, Rdz. 19; A.
HOLLERBACH: Grundlagen des Staatskirchenrechts (s. Anm. 14), § 138 Rdz. 85;
Ch. STARCK, in: *Das Bonner Grundgesetz...* (s. Anm. 15), Präambel, Rdz. 25, R.-O.
SCHWEMER: Der Gottesbezug in Verfassungspräambeln (s. Anm. 16), S. 10f.
[40]   Ph. KUNIG, in: *Grundgesetz-Kommentar* (s. Anm. 15), Präambel, Rdz. 15aber wohl
nicht nur als „Staatsreligion", sondern generell; A. HOLLERBACH: Grundlagen des

anschaulich offenen Staates und der Religionsfreiheit gesehen[41]. Sie indiziere „gewisse Unbefangenheit des Staates gegenüber Religion und Religionsgemein- schaften", begründe „Respekt vor privater Religiosität" und „Toleranz gegenüber Religionsausübung"[42]. Aber es wird auch zugleich darauf verwiesen, daß die Re- ligionsverfassung in Art. 4 und 140 GG das alles eigentlich schon regele[43].

f) Zuzugeben ist der herrschenden Auslegung, daß mit der Einleitungsformel nicht eine rechtliche Bindung an das christliche Gottesbild, einen christlichen Staat, ein christliches Naturrecht oder dergleichen behauptet und für die Zukunft der Bundesrepublik festgelegt werden sollte.

Das erwähnte Dilemma der herrschenden Interpretation wird aber überdeut- lich. Sie kann im Grunde über abwehrende, abgrenzende, entleerende, negative Interpretation nicht hinauskommen. Wo sie es tut, Bekräftigung der Religions- freiheit, vermag sie eigentlich nur eine Art Schlußstein für das im operativen Text des Grundgesetzes niedergelegte System zu sehen, dem nur schwer direkti- ve Kraft zur Lösung von Konflikten innerhalb dieses Systems abzugewinnen ist[44].

Der Verweis auf „Werte" oder „überpositive Normen" steht unter Zweifeln und Kritik. Vor allem Werte, auf die man sich in Philosophie, Politik, selbst Theologie und Rechtswissenschaft so gerne beruft, bilden wegen ihrer offenen Unbestimmtheit keine solide Grundlage staatlicher Ordnung. Im Gegenteil, die heute so kommode Berufung auf „Werte" hat in eben dieser ihren Grund, aber auch ihre Gefährlichkeit[45].

Das Ergebnis befriedigt aber auch inhaltlich nicht. Es verkehrt mit der z.T. ausdrücklichen negativen Reduktion[46] zunächst die Absichten der Verfassungsel- tern von 1949 und der Verfassungsadoptiveltern von 1994 in ihr Gegenteil. Mit

Staatskirchenrechts (s. Anm. 14), § 138, Rdz. 84; anders aber wohl Hans D. JARASS, in: *Grundgesetz für die Bundesrepublik Deutschland.* 5. Aufl. Hrsg. von Hans D. JARASS – Bodo PIEROTH. München 2000, Präambel, Rdz. 3.

[41]   Ph. KUNIG, in: *Grundgesetz-Kommentar* (s. Anm. 15), Präambel, Rdz. 15.

[42]   J. ENNUSCHAT: „Gott" und Grundgesetz (s. Anm. 16), S. 655f.

[43]   Ph. KUNIG, in: *Grundgesetz-Kommentar* (s. Anm. 15), Präambel, Rdz. 15; A. HOLLERBACH: Grundlagen des Staatskirchenrechts (s. Anm. 14), §. 138, Rdz. 84; R.-O. SCHWEMER: Der Gottesbezug in Verfassungspräambeln (s. Anm. 16), S. 11f.

[44]   Versuche bei J. ENNUSCHAT: „Gott" und Grundgesetz (s. Anm. 16), S. 956f.; Be- denken bei L. RENCK: Zum rechtlichen Gehalt der Kruzifix-Debatte (s. Anm. 22), S. 19; Ph. KUNIG, in: *Grundgesetz-Kommentar* (s. Anm. 15), Präambel, Rdz. 17; P. M. HUBER, in: *Grundgesetz-Kommentar* (s. Anm. 15), Präambel, Rdz. 37.

[45]   Dazu u.a. Carl SCHMITT – Eberhard JÜNGEL – Sepp SCHELZ: *Die Tyrannei der Wer- te.* Hamburg 1979; Walter GOERLICH: *Wertordnung und Grundgesetz.* Baden- Baden 1973; Ernst-Wolfgang BÖCKENFÖRDE: Zur Kritik der Wertbegründung des Rechts. In: DERS.: *Recht, Staat, Freiheit.* 2. Aufl. Frankfurt/M. 1992 (stw 914), S. 67; dazu aber auch, unter Aufnahme der Kritik, Gerhard SPRENGER: Recht und Werte. In: *Der Staat* 39 (2000), S. 1-22.

[46]   Ch. STARCK, in: *Das Bonner Grundgesetz...* (s. Anm. 15), Präambel, Rdz. 23; ähn- lich H. DREIER, in: *Grundgesetzkommentar* (s. Anm. 15), Präambel, Rdz. 17ff. Aber auch die Interpretation der meisten anderen Autoren wird vom Prinzip der Begrenzung getragen.

der Klausel wollten diese nach vorne weisen, einen gestaltenden positiven Akzent setzen. Sie wollten für die Bundesrepublik und ihre Gesellschaft eine Richtung zeigen. Zum anderen wird in der Fixierung auf die Frage nach „Gott" nicht deutlich, was „Verantwortung" heißen könnte und läßt daher den wesentlichen Inhalt der Formel außer sich. Nur wenige Autoren nehmen diesen zentralen Begriff der Formel überhaupt ausdrücklich auf[47]. Aber eine nähere Ausdeutung fehlt auch bei ihnen, wenn auch auf eine Rechenschaftspflicht gegenüber einer „transzendierenden" oder „höheren Instanz" hingewiesen wird.

g) Die Verantwortung besteht zwar „vor Gott und den Menschen", aber sie besteht für die Menschen; denn ihr Gemeinwesen soll durch das Grundgesetz und dessen Befolgung und Anwendung geordnet, gestaltet, lebenswert für alle entwickelt werden. Diese positive, zukunftsorientierte Richtung der Präambel, die auch für deren Staatsziele gilt, ist auch für die Eingangsformel wiederzugewinnen.

III. Gott – „freiheitsnotwendige Leerstelle"?

a) Angesichts des vollständigen religiösen und weltanschaulichen Pluralismus, in dem eine auch nur vorherrschende, geschweige denn homogene inhaltliche Grundüberzeugung als Grundlage des Gemeinwesens nicht mehr zu erkennen ist, scheint jedoch die negative Reduktion der Einleitungsworte der Präambel die Wirklichkeit zutreffend abzuspiegeln. Nicht wenige Autoren berufen sich auch auf diese tatsächliche Heterogenität und Pluralität zur Begründung ihrer Auffassung. Muß daher diese „freiheitsnotwendige Leerstelle"[48] nicht ausgehalten und auf jeden Versuch, sie zu füllen, verzichtet werden? Liegt nicht gerade in dieser Leere ihre direktive rechtliche Kraft, während jede Art von Ausfüllung des Begriffes „Gott" sie schmälern, ja zunichte machen müßte, weil sie an die Mauern der stattlichen Nicht-Identifikation und der Religionsfreiheit stößt? Gilt das nicht um so mehr, als viele diese Leerstelle schon gar nicht mehr wahrnehmen, die Eingangsworte als pathetische, aber nichtssagende Rhetorik, allenfalls als interessantes Traditionsgut betrachten? Ist eine Ausfüllung der Leerstelle überhaupt nötig? Ist es nicht zutreffend, wie viele Autoren andeuten, daß das Grundgesetz, das gerade als grundlegender Akt der Erfüllung der „Verantwortung vor Gott und den Menschen" erlassen wurde, hinreichend deutliche Bestimmungen zur Würde der Menschen, zu ihren Grundrechten, zum Frieden, zur Sorge um die Bedürftigen, zur Sorge um die Umwelt, zu Demokratie und Rechtsstaatlichkeit etc. ent-

---

[47] H. MAURER: *Staatsrecht* (s. Anm. 14), § 5, Rdz. 4, S. 138; A. HOLLERBACH: Grundlagen des Staatskirchenrechts (s. Anm. 14), § 138, Rdz. 82; insbesondere H.-P. SCHNEIDER: „Gott im Grundgesetz?" (s. Anm. 5), S. 17. Kritisch hat der Abg. Hirsch 1994 nachgefragt, wofür, wemgegenüber und womit die Verantwortung wahrgenommen werden solle, Verfassungskommission, Sitzung von 22. 4. 1993 (s. Anm. 7).

[48] H. DREIER, in: *Grundgesetzkommentar* (s. Anm. 15), Präambel, Rdz. 21 mit Verweisen.

hält, so daß ein Rückgriff auf die allgemeine Formel dem Grunde nach überflüssig ist und im Detail gar nicht weiterhilft?

b) Aber auch die offene, liberale, säkulare Gesellschaft und ihr neutraler, sich nicht identifizierender Staat ohne besondere Eigenschaften kann offenbar nicht völlig ohne inhaltliche Grundlagen, Grundsätze, Prinzipien, Verbindlichkeiten auskommen. Auch sie suchen nach Identität, versuchen Integration herzustellen, grundlegende Homogenität zu erreichen. Das zeigt die seit einiger Zeit mit wachsendem Nachdruck wieder aufgeflammte Wertedebatte gerade in der Bundesrepublik. Man sucht allenthalben nach einer neuen Verständigung und Vergewisserung über die Grundlagen von Staat, Gesellschaft und selbst Europa, die man u.a. in einer sogenannten „Wertegemeinschaft" zu finden hofft. Andere Versuche, Grundlagen für eine grundlegende gesellschaftliche Homogenität auch für den Staat zu legen, stellen die Suche nach einer „Zivilreligion" oder der „Kommunitarismus" dar.

Schwächer hingegen geworden ist der Ruf der siebziger und achtziger Jahre des 20. Jahrhunderts in der damaligen Grundwerte-Debatte, die Kirchen oder doch die Religionen sollten für die Sicherung und Festigung der inhaltlichen Grundlagen und Voraussetzungen sorgen, die der Staat brauche, auf denen seine Existenz beruhe, die er aber selber nicht schaffen könne, ohne seine Neutralität und damit eines seiner Grundprinzipien zur Sicherung des inneren Friedens aufzugeben. Die Gründe dafür, daß dieser Ruf leiser geworden ist, schon fast zu verstummen scheint, werden vielfältig sein. In vielen Debatten sind die Aussagen und Anforderungen der Kirchen nicht mit dem gesellschaftlichen *main-stream* zu vereinbaren und stören daher mehr oder weniger nachdrücklich. Aber auch interne, jedoch öffentlich ausgetragene Diskussionen über das Verhältnis der Kirche zur Welt einerseits und zu inneren Problemen, insbesondere in der katholischen Kirche, andererseits, nehmen ihr Reputation und Deutungskompetenz. Sie scheinen nach außen als zurückgeblieben, veraltet. Zudem wächst die Kirchenferne in der Bevölkerung. Die Zugehörigkeit zu den christlichen Großkirchen ist regional sehr verschieden. Aber auch Kirchenzugehörigkeit heißt nicht notwendigerweise, daß die Aussagen der Kirchen zu Problemen des gesellschaftlich-staatlichen Lebens immer aufgenommen werden. Dies geschieht auch von Gläubigen sehr selektiv.

Versuche, über die Wertegemeinschaft oder die anderen genannten Wege zu einer Verständigung und Vergewisserung, einer grundsätzlichen Homogenität der inhaltlichen Auffassungen und Vorstellungen über die Grundlagen von Gesellschaft und Staat zu gelangen, stehen aber im Verhältnis zum Staat und seinen Organen ebenso wie die überlieferten Aussagen, Gehalte, Religionen, unter den Grenzen von Religions- und Weltanschauungsfreiheit und Nicht-Identifikation. Sie überwinden Pluralität daher nicht, sondern reichern sie an. Selbst wenn es gelingen sollte, klare Vorstellungen über eine Zivilreligion oder über die „Werte" zu entwickeln, wäre des weiteren nach ihrer dirigierenden Kraft in konkreten Konfliktsituationen und Problemlagen, z.B. der Entscheidung über Zulassung oder Verbot der Genomforschung oder Embryonenforschung zu fragen. So gibt die Berufung auf eine allgemeine Wertegemeinschaft in dem Streit über die friedliche Nutzung der Kernenergie keine eindeutige Entscheidungsgrundlage. Die Berufung auf eine „Wertegemeinschaft" ist außerdem gefährlich. Denn die Begründung staatlicher Politik nach innen wie nach außen durch Berufung auf eine „Wertegemeinschaft" impliziert zumindest die Gefahr der Ausschließung oder Ausgrenzung der Kontrahenten nicht weniger als eine Berufung auf religiöse Wahrheiten. Das ändert sich strukturell auch nicht, wenn Toleranz, Offenheit, Menschenrechte als tragende Elemente der „Wertegemeinschaft" angesehen werden. Denn mit dem Begriff der durch die Anerkennung der Werte begründeten „Gemeinschaft" wird eine Grenze zwischen den Zugehörigen und den Nicht-Zugehörigen markiert. Wer die „Werte" nicht anerkennt, ist automatisch draußen; noch schlimmer, es genügt, um den Gegner auszuschließen, oder doch zu diskriminieren, zu behaupten, er erkenne die Werte nicht an oder gefährde sie. Das ist bei der Unbestimmtheit der Werte nicht schwierig[49].

Aber diese Bemühungen zeigen, daß die „freiheitsnotwendige Leerstelle" nicht leer bleibt. Der *horror vacui* drängt auch hier nach einer Füllung, nach einem „Gott".

c) Auch die Beschränkung nur auf das Grundgesetz und seine Einzelbestimmungen scheint nicht stets zu genügen. Zwar ist, da das Grundgesetz die erste Verwirklichung der Verantwortung des verfassunggebenden Volkes vor Gott und den Menschen ist, grundsätzlich von seinen Normen auszugehen. Ein Bezug auf die Präambelformel darf nicht gegen seine Festlegungen ausgespielt werden. Aber zum einen muß der Staat immer wieder Entscheidungen treffen, die im Einzelfall einer auch religiösen, weltanschaulichen, wissenschaftlichen Auffassung vor einer anderen den Vorzug geben. Die Entscheidungen, ob Kruzifixe in den Schulen aufgehängt werden dürfen bzw. sollen oder nicht, muslimische Lehrerinnen in der Schule Kopftücher tragen dürfen oder nicht, verlangen eine Entscheidung für und gegen Religionsfreiheit des einen und des anderen, für aktive Toleranz oder für negative. Zum anderen stehen schwerwiegende Entscheidungen dem Gesetzgeber bevor. Regelungen zur Embryonenforschung, Genomforschung, Sterbehilfe, künstlichen Intelligenzforschung und die Verwendung ihrer jeweiligen Ergebnisse, über bewaffnete Aktionen zum Schutz von Menschenrechten sind nur einige solcher Problemfelder. Die Lösungen ergeben sich nicht nur nicht aus „Werten", sondern auch nicht ohne weiteres aus den Normen des Grundgesetzes. Denn das Grundgesetz ist keine Blaupause, dessen Vorzeichnung Stück für Stück umgesetzt werden könnte. Viele seiner Begriffe und Regelungen sind offen, vage, bedürfen des Verstehens und der Auslegung. Dabei muß von den staatlichen Organen immer wieder auf außer ihm liegende Deutungen der Welt, der *condition humaine* zurückgegriffen werden, auf deren Grundlage Richtungen, Ziele für die Gesellschaft, Staat, Menschen entwickelt werden, die dann zu Entscheidungen staatlicher Organe führen. Diese aber sind mit Menschen verschiedenster Herkunft, Vorprägungen, Einstellungen, Verhältnissen, Zielvorstellungen, Einflüssen von außen besetzt. Selbst wenn sie sich um äußerste Neutrali-

---

[49] Außenpolitisch war das Vorgehen der „Vierzehn" gegen Österreich im Jahr 2000 das Muster eines solchen Vorganges, da es nicht nur grundlos war, sondern außerdem das Recht verletzte.

tät bemühen, was häufig ganz offen nicht der Fall ist, können sie sich nicht völlig von diesen lösen. Zudem sind Grundlage der Regierungsprogramme, die insbesondere Regierung und Gesetzgeber umsetzen wollen, auf der Grundlage von Parteiprogrammen erstellt. Diese aber sind eindeutig von je eigenen inhaltlichen Vorentscheidungen getragen, die religiös, weltanschaulich, ideologisch, philosophisch begründet und geprägt sind. Es besteht daher tatsächlich nicht nur keine Wirkneutralität, sondern auch keine Begründungsneutralität, wie sie die liberale Theorie behauptet oder doch erhofft[50].

Ein zweites kommt hinzu. Viele meinen, nur eine religiös, weltanschaulich oder philosophisch bestimmte Begründung der Entscheidungen, Maßnahmen, Verhalten der staatlichen Organe sei nicht neutral, deren wissenschaftlich-rational getragene Begründung aber sei es sehr wohl. Das ist in mehreren Hinsichten ein Irrtum. Auch in einer Entscheidung für die moderne Wissenschaft steckt in Wahrheit die Entscheidung für die weltanschauliche Position, daß der modernen Wissenschaft der Vorrang einzuräumen sei. Diese Auffassung ist aber selbst wissenschaftlich letzten Endes nicht mehr begründbar, sondern ihr geht eine „Wertentscheidung“ voraus, nach der es u.a. für den Menschen und die Gesellschaft wertvoller sei, der Wissenschaft vollen Raum zu geben, als es nicht zu tun oder sie einzuschränken. Zum anderen implizieren wissenschaftliche Aussagen häufig offen oder versteckt ethische Positionen. Das ist vielen auch sehr deutlich bewußt. Die Diskussionen um die damit zusammenhängenden Fragen nehmen einen großen öffentlichen Stellenwert ein und werden z. T. mit großer Heftigkeit geführt. Dabei werden wissenschaftliche Argumente nicht nur wissenschaftlich sondern auch ethisch geprüft. Ethik und Wissenschaft sind aber zwei verschiedene Ebenen, selbst wenn es ethisch sein soll, der Wissenschaft zu folgen.

Jede Entscheidung der staatlichen Organe, jedenfalls in grundlegenden Ausgestaltungen, muß auch ethisch verantwortet werden. Das besagt die Formel dem Grunde nach. Da aber auch in der Ethik notwendig Pluralismus herrscht, kommt die Diskussion an kein Ende, weil ein Konsens nicht herstellbar ist, trotz aller Diskurstheorien. Es muß also staatlicherseits z.B. für oder gegen Embryonenforschung und -verwendung, für oder gegen militärische Intervention zum Schutz von Menschenrechten, etc. entschieden werden. Wissenschaftlich erarbeitete Fakten können dafür nur tatsächliche Grundlagen geben; sie sollten möglichst sicher sein; aber auch das vermag Wissenschaft häufig gerade nicht.

d) Als letzte grundsätzliche, positiv-rechtliche Basis bleibt die Berufung auf die Würde des Menschen in Art. 1 GG. Gerade für deren Verständnis werden jedoch auf den verschiedenen Ebenen der Politik, der Philosophie, der Theologie, des Rechts höchst unterschiedliche, ja gegensätzliche Konzepte und Argumente vorgetragen, so daß sich in konkreten Konflikt- und Entscheidungslagen alle Seiten auf sie stützen. Schon ihre Begründung ist umstritten. Eine religiöse Grundlegung darf wegen der Neutralität des Staates nicht sein[51]. Andere Begründungen

---

[50] So z.B. S. HUSTER: Die religiös-weltanschauliche Neutralität (s. Anm. 30), S. 6f.
[51] Klaus STERN: *Das Staatsrecht der Bundesrepublik Deutschland.* Bd. 3/1. München 1988, S. 9f. mit entsprechenden Verweisen S. 10, Anm. 28.

sind nicht tragfähiger. In den Auseinandersetzungen um Natur- und Tierschutz wird neustens nicht selten die Behauptung und Begründbarkeit einer besonderen Menschenwürde als ungerechtfertigter Anthropozentrismus und unmoralischer „menschlicher Speziesismus" auch dem Grunde nach in Frage gestellt[52]. Die Menschenwürde ist also nicht nur faktisch alltäglich und bis zur Zerstörung antastbar, sondern scheint es, was schwerer wiegt, theoretisch dem Grunde nach in ihrer alles bestimmenden Normativität zu werden[53]. Selbst wenn sich der Jurist darauf zurückziehen kann, daß die Achtung der Menschenwürde positiv-rechtlich verankert ist, daher rechtlich nicht in Frage gestellt werden darf, bleiben doch die Probleme ihrer Konkretisierung, z.B. in Fragen der Genomforschung.

IV. Verantwortung für die Menschen

a) Die Bedeutung der Eingangsworte des Grundgesetzes für Gegenwart und Zukunft kann nicht über einen Rückgriff auf das entstehungszeitliche Verständnis zurückgewonnen werden. Denn die gesellschaftlichen Wandlungen zwischen 1949 und 2001 sind so tief, daß eine Anknüpfung an die – vielleicht – homogeneren gesellschaftlichen Vorstellungen der späteren vierziger Jahre über die „Verantwortung vor Gott" heute keine Akzeptanz mehr fänden und damit ein solcher Deutungsversuch entweder auf Widerstand stieße oder ins Leere liefe.

b) Wird gefragt, was diese Formel für das Grundproblem einer jeden modernen Gesellschaft und ihres staatlichen Gemeinwesens, Wahrung von Identität und Zusammenhalt unter der Bedingung gesellschaftlicher Pluralität, beisteuern könnte, so tritt das Wort „Verantwortung" in den Vordergrund[54]. Der Erlaß des Grundgesetzes wird im Text selbst als der erste Akt dieser Verantwortung des verfassunggebenden Deutschen Volkes verstanden; denn es hat sich dieses „Im Bewußtsein ..." derselben „gegeben".

Es war zwar ein Akt der Verantwortung vor Gott und den Menschen, aber allein für die Menschen. Für sie und ihre Ordnung soll die Verantwortung nicht nur abstrakt, sondern ganz konkret, nicht nur 1949 und 1994, sondern auch in der Gegenwart und in der Zukunft wahrgenommen und verwirklicht werden. Also nicht „Gott" – wer immer darunter zu verstehen ist –, sondern die Menschen stehen im Blickpunkt der Präambel.

Adressat dieser Forderung, Verantwortung für die Menschen wahrzunehmen, ist der Staat, genauer seine Organe, letztlich die Menschen, die diese Organe besetzen. Für sie wird gesagt, daß sie Verantwortung haben und tragen. Sie handeln in den Ämtern nicht für sich, sondern für die Menschen. Das gilt unabhängig davon, ob sie einen Amtseid leisten, in dem sie diese Verantwortung ausdrücklich bestätigen, oder ob sie, wie z.B. die Abgeordneten, das nicht tun.

[52] Peter SINGER: *Praktische Ethik*. Stuttgart 1984 (RUB 8033), S. 73ff. Daher werden auch nicht-menschlichen Lebewesen subjektive Rechte zugesprochen.
[53] Diese grundsätzliche Befragung ist das Anliegen von Franz Josef WETZ: *Die Würde des Menschen ist antastbar – Eine Provokation*. Stuttgart 1998.
[54] Ähnlich auch H.-P. SCHNEIDER: „Gott im Grundgesetz?" (s. Anm. 5), S. 17.

Das alles ist zwar banal und selbstverständlich, wendet aber die in der Literatur auf „Gott" fixierte Perspektive auf die Menschen. Die Frage ist dann nicht mehr, ob der Staat oder die Menschen auf irgendein Gottesbild verpflichtet werden, sondern was der Verweis in der Präambel auf die Verantwortung für die Menschen für den Staat, seine Organe und Organwalter bedeutet.

c) Verantwortung ist spätestens seit dem Buch von Hans Jonas ein Schlüsselbegriff der gegenwärtigen Diskussion in Ethik, Politik und Rechtswissenschaft[55]. Allerdings zeigen die Präambel des Grundgesetzes, wie die seit Max Weber geführte Diskussion über Verantwortungsethik und Gesinnungsethik[56], daß das Problembewußtsein älter ist. Jonas hat allerdings dem Prinzip Verantwortung eine grundsätzliche, allumfassende Funktion für Gegenwart und Zukunft zugewiesen[57]. In der staatstheoretischen Literatur hat Peter Saladin der „Verantwortung als Staatsprinzip" eine ausführliche Studie gewidmet[58]. Das Grundgesetz weist seit 1994 noch an anderer Stelle den Begriff „Verantwortung" auf. Gem. Art. 20a GG schützt der Staat „auch in Verantwortung für die künftigen Generationen die natürlichen Lebensgrundlagen"[59]. In diesem neuen Staatsziel kann eine rechtliche Positivierung der Gedanken von Hans Jonas, zum anderen eine besondere Konkretisierung der allgemeinen Verantwortung nach der Präambel gesehen werden.

Die Präambel, wie auch Art. 20a GG, verstehen Verantwortung konkret. Sie bezieht sich auf die Wahrnehmung der Aufgaben des Staates. In Art. 20a GG ist diese bezeichnet. In der Präambel ist das nicht der Fall, da sie kraft ihrer Stellung für die Ordnung und ihre Gestaltung im allgemeinen gilt. Daher ist die Zuordnung zur Religionsverfassung und erst recht auf die bloße Bekräftigung der Religionsfreiheit eine Verengung. Denn diese bezieht sich auf den Menschen, seine Rechte in Staat und Gesellschaft[60]. Die Verantwortungsklausel aber richtet sich an den Staat und seine Aufgabenerfüllung. Da es eine spezifische Zuweisung von Staatsaufgaben unter dem Grundgesetz nicht gibt, sind diese prinzipiell allumfassend, soweit sie nicht inzwischen von anderen politischen Organisationen, insbesondere der Europäischen Union wahrgenommen werden[61]. Die Aufgaben wachsen mit den wachsenden Anforderungen und Problemen der sich beschleunigend

[55] Hans JONAS: *Das Prinzip Verantwortung*. Frankfurt a.M. 1979, nunmehr auch Frankfurt a.M. 1984 (suhrkamp taschenbuch. 1085), danach wird zitiert.

[56] Max WEBER: Politik als Beruf [1919]. In: *Gesammelte politische Schriften*. 2. Aufl. Hrsg. von Johannes WINCKELMANN. Tübingen 1958, S. 493-548, S. 537ff.

[57] H. JONAS: *Das Prinzip Verantwortung*, insbes. 4. Kap., S. 153ff.

[58] Peter SALADIN: *Verantwortung als Staatsprinzip*. Bern – Stuttgart 1984 (UTB 1298).

[59] Dazu u.a. Heinhard STEIGER: Verfassungsrechtliche Grundlagen (des Umweltrechts, der Verfass.). In: *Grundlagen des Umweltrechts*. Hrsg. von ARBEITSKREIS FÜR UMWELTRECHT. 2. Aufl. Berlin 1997, Kap. 02, S. 013ff.

[60] Dazu bereits Heinhard STEIGER: Religion und Religionsfreiheit im neutralen Staat. In: *Festschrift für Martin Kriele zum 65. Geburtstag*. Hrsg. von Burkhardt ZIEMSKE u.a. München 1997, S. 105-122.

[61] Zum Zusammenhang von Aufgaben und Verantwortung: P. SALADIN: *Verantwortung als Staatsprinzip* (s. Anm. 59) S. 112ff.

zu neuen Stufen entwickelnden modernen Wissenschaften, Forschungen, Technologien und deren Anwendungen im Hinblick auf die Bewältigung der Folgen, Zugriffe auf und Eingriffe in die Menschen, Natur, soziale Umwelt. Damit wächst notwendig auch die Verantwortung der staatlichen Organe weit über die herkömmlichen Aufgaben der Sicherung von Frieden, Sicherheit und Wohlfahrt hinaus national, regional und global.

Verantwortung wird in beiden Texten rechtlich verstanden. Auch das ist für Art. 20a GG, der als Staatszielbestimmung konzipiert ist, außer Zweifel. Aber auch für die Präambel gilt das, da diese ein Rechtstext und keine ethische oder auch nur politische Kundgebung ist. Die rechtliche Verbindlichkeit von Präambeln ist heute unbestritten[62]. Aber die normative Dichte variiert, ist vor allem geringer als bei den operativen Bestimmungen des Grundgesetzes. Das ergibt sich schon aus der wesentlich geringeren Konkretisierung der Verantwortung. Daher sollte dieser Satzteil nicht als Staatsziel angesprochen werden[63].

Die Präambel begründet die Verantwortung zwar zweifach, vor Gott und vor den Menschen; aber sie richtet sie aus auf die Menschen, für die die Verantwortung wahrzunehmen ist. Damit beantwortet sich das schwierige Problem der „Rechenschaft", das notwendig mit Verantwortung verbunden ist. Sie richtet sich danach, was für die Menschen geschieht. Sie wird daher auch von ihnen eingefordert. Auch die Verantwortung „vor Gott", wer immer darunter verstanden wird, wird von den Menschen eingefordert und auf vielfältige Weise durch öffentliche Kritik auf ethischen Grundlagen, Diskussionen, Vorschläge, öffentliche Meinung, mit politischen und letzten Endes u.U. mit strafrechtlichen Mitteln realisiert. Die demokratische Staatsgewalt ist nicht „von Gottes Gnaden". Die verfassunggebende Gewalt ist laut Präambel eine eigene, unmittelbare, unabgeleitete Gewalt des Deutschen Volkes. Das Grundgesetz geht unabhängig von staatstheoretischen Problemen davon aus[64]. Für die Staatsgewalt i. Ü. gilt gem. Art. 20 Abs. 2 S. 1 GG dasselbe.

Die zweipolige Verantwortungsbegründung[65] achtet beide, Gott und Menschen nebeneinander. Es gibt keine Überordnung der einen Größe über die andere. Die Begründungen treffen sich im Menschen. Was die Menschen angeht, so entspricht das der Verantwortung für sie. Mit der Verantwortung vor Gott wird hingegen auf einen Anderen, auf ein Gegenüber der Menschen verwiesen. Von diesem Anderen oder Gegenüber her kommen eigene, vom Menschen unabhängige, wenn auch auf ihn bezogene Kriterien der Verantwortung für ihn. Die Unterscheidung besagt ferner, daß der Mensch, die Menschen, die Menschheit nicht das Maß aller Dinge sind. Es gibt noch andere Maße und Maßstäbe. Offen bleibt,

---

[62] Statt vieler Ph. KUNIG, in: *Grundgesetz-Kommentar* (s. Anm. 15), Präambel, Rdz. 7, 14; Ch. STARCK, in: *Das Bonner Grundgesetz...* (s. Anm. 15), Präambel, Rdz. 31.

[63] So aber Ch. STARCK, in: *Das Bonner Grundgesetz...* (s. Anm. 15), Präambel, Rdz. 37.

[64] Dazu u.a. die Dissertation von Dietrich MURSWIECK: *Die verfassunggebende Gewalt...* (s. Anm. 22).

[65] A. HOLLERBACH: Grundlagen des Staatskirchenrechts (s. Anm. 14), § 138, Rdz. 81, S. 517 spricht von „zwei Größen" und einer „zweipoligen Verantwortungsbeziehung".

wie sich die beiden Maße zueinander verhalten. – Der Verfassunggeber begründet diese Unterscheidung und dieses zweifache Maß nicht. Er glaubt, darum zu wissen; denn er ist sich dessen „bewußt“. Dieses Bewußtsein wird entstehungsgeschichtlich wohl aus Erfahrung, aus Überlieferung gewonnen sein. Aber für die den Verfassungseltern nachfolgenden Generationen wirkt die Formulierung „im Bewußtsein“ als Hinweis, als Zumutung auch, als Herausforderung, sich der Verantwortung zu stellen.

d) Kann das Gegenüber, der Andere näher bestimmt und kann Näheres, Konkreteres über dessen Maße Kriterien, Maßstäbe gesagt werden?

Die theologischen Aussagen von „Gott als dem Ganz-Anderen“, dem Fremden, dem verborgenen Gott können nicht eingesetzt werden. Denn sie bezeichnen ein besonderes christliches Gottesverständnis. Auch das „An-Sich-Sein des Guten“, auf das Jonas das Prinzip der Verantwortung ausrichtet[66], kann, so allgemein überzeugend es zunächst klingt, die Stelle Gottes in der Präambel nicht ohne weiteres einnehmen, da es philosophische, ontologische Voraussetzungen hat, die nicht allgemein geteilt werden. Nicht nur der Tod Gottes ist verkündet worden, sondern auch das Ende der Metaphysik. Daher ist damit auch kein Numinosum, kein Mysterium gemeint. Es ist auch nicht notwendig, das Gegenüber der Menschen, den für sie Anderen näher zu bestimmen. Denn es genügt, die Unterscheidung zwischen dem Anderen und den Menschen zu konstatieren. Für den Staat und seine handelnden Organe als Träger der Verantwortung genügt es, um die Verschiedenheit zu wissen. Die Bestimmung als „ein Anderer“ oder „ein Gegenüber“ unterscheidet sich von den Begriffen „transzendentale Institution“ oder „transzendierende/höchste Instanz“ zwar nicht durch größere Bestimmtheit, wohl aber durch das Element der Beziehung zum Menschen. Ohne eine solche ist die Begründung der Verantwortung für den Menschen nicht möglich.

Die von dem Menschen her zu begründenden Maßstäbe der Verantwortung sind jedenfalls einigermaßen bestimmbar, weil sie sich prinzipiell an dem Menschen selbst orientieren, von dem man wenigstens etwas weiß. Allerdings gibt es auch darüber keine endgültige Klarheit, weil man nicht alles von ihm weiß. Die von dem Gegenüber, der anderen „Größe“, dem zweiten „Pol“ her begründeten Maßstäbe sind kaum sicher zu bestimmen, weil er selbst nicht näher bestimmbar ist. Die staatlichen Organe als Träger der Verantwortung bleiben also zunächst in dem Dilemma, zwar Verantwortung wahrnehmen zu müssen, aber die Maßstäbe nicht zu kennen, soweit sie nicht unmittelbar aus dem Grundgesetz entnommen werden können. Da eine weitere Konkretisierung des Anderen oder Gegenüber für diese Organe aber nicht möglich ist, ohne sich an den Mauern der Neutralität und der Religionsfreiheit blutige Köpfe oder doch Beulen zu holen, ist dieser Ausweg aus dem Dilemma verschlossen.

Vielleicht kann aber ein zweiter Perspektivenwechsel im Hinblick auf den rechtlichen Gehalt helfen. Die Präambel hat zwei rechtliche Dimensionen: die verpflichtende Bindung und die befähigende Öffnung. In der Regel wird nur die erste untersucht. Das führt zu den geschilderten negativen Reduktionen, weil jede

---

[66] H. JONAS: *Das Prinzip Verantwortung* (s. Anm.56), S. 153ff.

Bindung Einschränkung bedeutet. Eine positive, zukunftsweisende Deutung der Eingangsworte der Präambel läßt sich so nicht zurückgewinnen. Das gelingt nur, wenn der Begriff „Verantwortung vor Gott" mit positiven Gehalten gefüllt wird. Da das die staatlichen Organe aus sich heraus wegen der prinzipiellen Neutralität und Nicht-Identifikation, aber auch mangels einer spezifisch eigenen Substanz nicht können, bedarf es der Offenheit zur Gesellschaft und ihren Bildern und Vorstellungen von dem Anderen oder dem Gegenüber, um von daher inhaltliche Maßstäbe ihrer Verantwortung zu gewinnen. Die Eingangsworte der Präambel öffnen den Staat rechtlich für diese gesellschaftlichen Bilder und Vorstellungen, gleichgültig ob religiöser oder weltanschaulicher Grundlegung, traditioneller oder neuerer Art, europäischer oder außereuropäischer Herkunft. Versuche und Forderungen, sie ins Private, „Religion ist Privatsache", abzudrängen, sie zu „neutralisieren", sie durch negative Toleranz auszuklammern, sind damit nicht vereinbar. Vielmehr sind durch aktive Toleranz die verschiedenen Überlieferungen und Gottesbilder präsent zu halten, um sie für das Gemeinwesen fruchtbar werden zu lassen. Toleranz ist keine verdrängende, zurückweisende, sondern eine öffnende Grundhaltung im Umgang verschiedener Überzeugungen miteinander. Staatlich-grundgesetzliche Neutralität ist keine ausschließende, sondern eine einschließende. Sie ist, zumal sie insofern selbst Ausdruck der Verantwortung auch vor Gott ist, daher zu Recht als „übergreifende Neutralität" bestimmt worden[67].

Durch diese Öffnung wird keine neue Homogenität der Überzeugungen oder Vorstellungen über die gesellschaftlichen Grundhaltungen geschaffen; sie kann es und soll es auch nicht. Um diese Hoffnung oder Erwartung auf die Rückkehr ins Paradies, wenn es denn eines wäre, zu verwirklichen, müßten „wir wieder von dem Baum der Erkenntnis essen"[68]. Die Pluralität muß ausgehalten werden.

Das ist zwar kein „Lob des Polytheismus". Aber ein formaler oder funktionaler Polytheismus im Staat der Nicht-Identifikation ohne besondere Eigenschaften ist unvermeidbar[69]. Für den Staat ist alles gleich-gültig. Jedoch ist „Polytheismus" deswegen keine „Staatsreligion". Die gesellschaftlichen Gruppen bleiben

---

[67] Michael BRENNER: Staat und Religion. In: *Arbeitsmarkt und staatliche Lenkung*. Berlin 2000 (Veröffentlichungen der Vereinigung der Deutschen Staatsrechtslehrer. Heft 59), S. 264-300, S. 270ff.; zustimmend Ernst-Wolfgang BÖCKENFÖRDE, Diskussion, ebd. S. 316. Wenn es anders wäre, gälte das im übrigen auch für Weltanschauungen, Philosophien etc., selbst für Wissenschaften, einschl. der „Weltanschauung von der ausschließenden Neutralität".

[68] Heinrich VON KLEIST: Über das Marionettentheater. In: DERS.: *Sämtliche Werke und Briefe*. Bd. 2. München [6]1977, S. 338-345, hier 345 – „das ist", fährt Kleist fort, „das letzte Kapitel von der Geschichte der Welt".

[69] Odo MARQUARD: Lob des Polytheismus – Über Monomythie und Polymythie. In: DERS.: *Abschied vom Prinzipiellen*. Stuttgart 1981 (RUB 7724), S. 91-116; kritisch dagegen: Matthias LUTZ-BACHMANN: Der eine Gott und die vielen Götter. In: GOTTESNAMEN. Hrsg. von Matthias LUTZ-BACHMANN – Andreas HÖLSCHER. Berlin 1992, S. 193-205; dazu auch bereits Heinhard STEIGER: Religionsfreiheit – Prüfstein für die Wahrung der Menschenrechte. In: *Politik – Religion – Menschenwürde. Adolf Hampel zum 60. Geburtstag*. Hrsg. von Bernhard JENDORFF – Gerhard SCHMALENBERG. Gießen 1993, S. 363-382, S. 378ff. .

bei ihren Überzeugungen, Glaubensinhalten, Gottesvorstellungen, unverkürzt und ungebunden, so auch beim Monotheismus. Sie dürfen dafür auch den Wahrheitsanspruch erheben. Aber dieser ist nur intern gültig für die, die ihn anerkennen. Weder gegenüber dem Staat noch gegenüber den anderen kann ein solcher *per se* durchgesetzt werden. Die Rechte anderer, darunter gerade auch die Religionsfreiheit, der allgemeine Frieden und die allgemeinen Grundregeln des staatlichen und gesellschaftlichen Zusammenlebens müssen geachtet werden. Aber innerhalb dieses Rahmens bleibt es rechtens, auf die Wahrheit zu pochen.

V. Präsente Überlieferung

a) Die europäische Überlieferung der Gottesbilder ist vielfältig[70]. Blaise Pascal unterschied in seinem „Memorial" den Gott der Philosophen und den Gott Abrahams, Isaaks und Jacobs, der wohl auch der Gott Jesu ist[71]. Man kann den Gott der Mystiker, den Gott der Theologen hinzufügen. Das macht den Reichtum dieser Überlieferung aus, aber begründet auch manche Schwierigkeit der Verständigung. Aber die Gottesbilder haben ihren Ursprung und Kern in der biblischen Überlieferung und sie sind grundsätzlich christlich. Da sie über Jahrhunderte das menschliche Leben für einzelne wie die Gesellschaft, das öffentliche Gemeinwesen getragen und geprägt haben, erst im 20. Jahrhundert setzte sich eine sich beschleunigende Erosion dieser Prägekraft durch, nimmt diese Überlieferung tatsächlich eine Sonder- und Vorrangrolle in den Vorstellungen, Überzeugungen und Bezugspunkten der meisten Menschen in Deutschland ein. Allerdings sagt Kirchenzugehörigkeit allein dazu nicht viel aus. Rechtlich gibt es keine Vorrangrolle. Zudem sind andere religiöse Überlieferungen und Gottesbilder, verwandte jüdische und muslimische, und fremde aus anderen Kulturen sowie weltanschauliche Konzeptionen zwar zunehmend daneben, aber nicht deutlich an ihre Stelle getreten. Das gilt auch für atheistische oder agnostische Weltanschauungen, obwohl eine gewisse wachsende Gleichgültigkeit, ein Nichtinteresse oder ein Anden-Rand-Drängen bemerkbar sind. Das tägliche, normale Leben läuft ohne Gottesbezug genauso gut wie mit. Nur im Störfall bedarf es „Gottes" noch.

b) Trotzdem kommt der europäischen religiösen Überlieferung und ihrer Erinnerung aus dieser Tradition in der modernen Gesellschaft nach wie vor hohe Be-

---

[70] Dazu nur die Artikel „Gott" in: HWP 3 (1974), Sp. 721-814; LThK[2] 4 (1969), Sp. 1070-1087; LThK[3] 4 (1995), Sp. 851-871; TRE Bd. 13 (1984), S. 601-708; ferner aus der jüngsten Literatur folgende völlig zufällige Auswahl neben den in Anm. 32 und 69 bereits genannten Werken: Walter GROSS – Karl-Josef KUSCHEL: *„Ich schaffe Finsternis und Unheil" – Ist Gott verantwortlich für das Übel?* 2. Aufl. Mainz 1995; *Gott der Philosophen – Gott der Theologen.* Hrsg. von Christof GESTRICH. Berlin 1999 (Berliner Theologische Zeitschrift. Beiheft 1999); *Nach Gott fragen* = Merkur 53, H. 9/10 (1999), Nr. 605/606; *Gott, das bleibende Geheimnis.* Hrsg. von Peter REIFENBERG. Würzburg 1996; *Der dreieinige Gott.* Hrsg. von Gotthard FUCHS – Jürgen WERBICK. Donauwörth 1999; Thomas RUSTER. *Der verwechselbare Gott.* Freiburg i.Br. 2000 (QD 181).

[71] Zitiert nach Th. RUSTER, ebd., S. 75, der dies auch ausführlich kommentiert.

deutung zu. Sie bestimmt noch immer maßgebend und tragend die kulturellen Grundlagen der Gesellschaft und ihres Gemeinwesens. Sie bildet für die Mehrheit, auch sehr viele Nichtgläubige, einen wenn auch oft sehr vagen Referenzrahmen ihres Denkens und Verhaltens. Sie stellt gegenwärtig das reichste Reservoir an Aussagen über Gott und die Menschen dar, nicht in Theorien über Staat, Gesellschaft, Mensch, das auch, sondern vorzüglich in Geschichten über konkrete Ereignisse, über gelungene wie über mißlungene, über Großtaten wie über Katastrophen, über Heil wie über Unheil, in denen Einsichten in die Verhältnisse, ihr Maß und ihr Unmaß vermittelt werden. Insbesondere diese Konkretheit der Geschichten und Zeugnisse von und über Ereignisse unterscheidet sie von Werten und Normen. Man sollte sich hüten, solche umstandslos von ihnen abzuleiten.

Diese Geschichten haben alle ein Zentrum, ein zweipoliges: Gott und Menschen. Insofern entsprechen sie strukturell der Verantwortung nach der Präambel. Das ist natürlich kein Zufall; denn die Präambel ist an der europäischen Überlieferung orientiert. Daraus darf zwar trotzdem keine rechtliche Verbindlichkeit der Überlieferung für die staatlichen Organe gefolgert werden. Aber diese strukturelle Entsprechung ist für beide Seiten, Staat und Christen in der Gesellschaft, nicht ohne Bedeutung. Beide sollten sich zumindest bemühen, die Überlieferung, ihre Fülle der Erfahrungen und Weisheit, die in sehr verschiedenen Lagen gewonnen wurden, auch solchen tiefster Verzweiflung und Verlassenheit, präsent und lebendig zu halten. Eine gewisse wohlwollende Neutralität seitens des Staates, wie sie das Völkerrecht in engen Grenzen kennt, ist denkbar.

c) Präsenz der christlichen Gottesvorstellungen in Gesellschaft und Staat hat, bezogen auf den säkularen Staat, über anderes ist hier nicht zu reden, vor allem eine kritische Aufgabe. Es ist nicht Aufgabe oder Funktion der Christen und Kirchen im Staat, für die Sicherung der sogenannten Wertgrundlagen des Staates, die dieser selbst nicht schaffen könne, zu sorgen[72]. Aber die Welt ist ihnen nicht fremd, im Gegenteil. Gerade die christliche Überlieferung ist, anders als die mancher anderer Religionen, auf die Welt bezogen, aber mit einer gewissen Distanz und daher stets kritisch.

Die Fähigkeit und Bereitschaft zum Wagnis der Kritik steht vor erheblichen Herausforderungen. Die modernen Wissenschaften eröffnen Möglichkeiten für tiefgreifende Veränderungen an Menschen, Gesellschaft, Natur. Damit verbinden sich recht weitgehende neue Utopien, aber auch konkrete Erwartungen. Nicht wenige erhoffen z.B. von der Genomforschung Möglichkeiten genetischer Heileingriffe für Erbkrankheiten. Es wird aber außerdem für die Tötung von Föten mit genetischer Indikation schwerer Erbfehler als ethisch normale, selbstverständliche Konsequenz plädiert. Eine andere Entscheidung könnte „unverantwortlich" oder „unmoralisch" werden. Denn es gälte, unnötiges Leid, aber auch ein „erfolgloses Leben" zu verhindern[73]. Es wird zur Begründung nicht als na-

---

[72] STEIGER: Religion und Religionsfreiheit im neutralen Staat (s. Anm. 61), S. 115 mit weiteren Verweisen.

[73] So James D. WATSON: Die Ethik des Genoms. Warum wir Gott nicht mehr die Zukunft des Menschen überlassen dürfen. In: *Frankfurter Allgemeine Zeitung* Nr. 224 (26. September 2000), S. 55.

turwissenschaftliche, sondern als weltanschauliche Aussage ausdrücklich die Entstehung des Menschen aus der Evolution gegen die Erschaffung durch Gott gesetzt,. Ähnliche Probleme und Positionen werden sich in anderen Zusammenhängen auftun.

Es stehen also Grundvorstellungen des Verständnisses der Welt und der Stellung des Menschen zur Debatte, deren Entscheidung erhebliche praktische Konsequenzen haben werden. Die staatlichen Organe werden darüber in mehreren Hinsichten zu entscheiden haben. Das gehört zu ihrer Verantwortung für die Menschen. Ob sie sich in diese oder jene Richtung entscheiden, ist zwar von der aktuellen Mehrheit, nicht von der Wahrheit abhängig. Aber nicht nur die Grundrechte, sondern auch die „Verantwortung vor Gott" setzen Maßstäbe. Präsenz der christlichen Glaubensinhalte in der Gesellschaft und im Staat heißt daher notwendig Teilhabe an dem anhebenden und immer grundsätzlicher werdenden Dialog um diese Maßstäbe. Ihm müssen Christen und Kirchen sich nachdrücklich zuwenden. Die christlichen Glaubensinhalte müssen ihre öffentliche Deutungskraft wiedergewinnen, um im öffentlichen Diskurs gehört und zumindest ernstgenommen zu werden und nicht als bloß private „willkürliche religiöse Eingebungen" abgetan zu werden, deren moralische Verkündigungen „immer hohler klingen"[74]. Dafür ist eine Seriosität des Dialogs in Inhalt, Stil und gegenseitiger Achtung herzustellen, unabhängig von jeder Diskurstheorie, sondern praktisch, die Verständigung überhaupt möglich macht[75]. So ermöglichen Christen und Kirchen vielleicht doch im Dialog mit anderen den staatlichen Organen, ihre Verantwortung für die Menschen wahrzunehmen.

---

[74] D. WATSON, ebd.
[75] Beispielhaft für einen solchen Dialog der Briefwechsel Carlo Maria MARTINI – Umberto ECO: *Woran glaubt, wer nicht glaubt?* Wien 1998, inzwischen als Taschenbuch: München 1999 (dtv 1490).

Die Grundwertedebatte im Deutschland
der neunziger Jahre

VON HANS MAIER

I

Die Bundesrepublik Deutschland ist eine wehrhafte Demokratie. Bewußt setzten die Väter und Mütter des Grundgesetzes dem Wertrelativismus Weimars einen Ordnungs-, Verfahrens- und Wertkonsens entgegen; er sollte der Zweiten Republik das Schicksal der Ersten Republik ersparen. Diese wertgebundene Ordnung gründete nicht in der Idee einer vorgegebenen Homogenität von Staat und Bürgern. Sie wollte auch nicht den in einer pluralistischen Demokratie ganz unvermeidlichen (und legitimen!) politischen Streit unzulässig eingrenzen. Es galt vielmehr – auf der Basis fundamentaler Gemeinsamkeiten – Streitaustrag in geordneten Formen möglich zu machen, ohne daß die Konflikte sich verselbständigen und den Grundkonsens, wie in Weimar, gefährden und zerreißen konnten. Mit Recht wird heute in dieser sicheren, über viele Jahre erfolgreichen Balance von Konflikt und Konsens die eigentliche Leistung des nun schon mehr als fünfzig Jahre alten Grundgesetzes gesehen.

Eine solche Balance setzt jedoch zweierlei voraus: einmal daß Kämpfe und Konflikte tatsächlich artikuliert und ausgetragen werden. Das ist vor allem eine Frage an die Parteiendemokratie, die nicht zur Konkordanzdemokratie verkümmern darf. Auch Streit, der *nicht* ausgetragen wird, kann ein Gemeinwesen belasten. Meinungen, die nicht mehr offen ausgesprochen werden dürfen, werden giftig. Zum anderen ist das Wertfundament, auf dem die Verfassung beruht, nicht einfach voraussetzungslos und deutungsfrei gegeben. Es muß im ständigen Diskurs, in einer dauernden Reflexion der „Vernünftigen und Gerechtdenkenden" immer wieder geprüft, diskutiert, zeitgerecht erneuert werden. Es ist daher kein Krisensymptom, sondern eher ein Anzeichen für die Gesundheit und Normalität der Verhältnisse, daß das Halbjahrhundert der Geltung des Grundgesetzes stets von Grundsatzdebatten begleitet wurde, für die sich in den siebziger Jahren das Wort „Grundwertedebatte" einbürgerte. Das beginnt schon in den fünfziger Jahren, erreicht um 1968 eine besondere Schärfe, verbreitert sich in den siebziger Jahren zu einem prinzipiellen Diskurs über Werte, Rechte, Normen – und lebt unter den neuen Bedingungen des „Wertewandels", der Wiedervereinigung und der umfassenden „Globalisierung" in den neunziger Jahren wieder auf. Den vorläufig letzten Ausschnitt aus diesem langen und komplexen Diskussionsprozeß will ich hier herausgreifen: die „Grundwertedebatte" nach 1990.

II

Vergleicht man die Grundwertedebatte der neunziger Jahre mit der nach 1970[1], so zeigt sich ein deutlicher Unterschied: der Diskurs hat sich ausgeweitet; zu den Politikern, Juristen, Kirchenleuten kamen die Historiker, Sozialwissenschaftler, Volkswirte und Ethiker hinzu. Vier Stichworte mögen die veränderte Situation andeuten: 1. Wertewandel, 2. Globalisierung, 3. die neue Lage der Kirchen nach der Vereinigung, 4. der Ruf nach einer politischen Ethik.

1. Wertewandel

Was den Wertewandel angeht, so ist er ein Geschehen, das seit den sechziger Jahren in vielen Ländern zu beobachten ist. Er hat jedoch erst allmählich genauere Beachtung und wissenschaftliche Untersuchung erfahren. Nirgends stehen sich daher Vorurteile, pauschale Ansichten und empirisch geprüfte Tatbestände so unvermittelt gegenüber wie bei diesem Wort. Als Kern der Beobachtungen stellen sich zwei soziale Trends heraus: in den entwickelten Industriegesellschaften bewegen sich seit den sechziger Jahren die Generationen stärker auseinander als in früheren Jahren, ja Jahrzehnten – nirgends übrigens so stark wie in der Bundesrepublik Deutschland, wo die statistisch meßbaren Einstellungen zu erzieherischen, sozialen, politischen Fragen, zur Sexualethik und zur Religion deutliche, oft extreme Unterschiede zwischen Alt und Jung erkennen lassen (den Gegenpol relativ großer Homogenität der Generationen bilden die Vereinigten Staaten!).

Der zweite Trend ist ein Wandel in der Sache selbst: neben den alten Pflicht- und Akzeptanzwerten treten Werte der Persönlichkeitsentfaltung, die Selbstverwirklichung stärker hervor. Die früher vorherrschenden sozialen Einstellungen verschwinden zwar nicht; sie werden aber ergänzt und oft überlagert von dem, was man heute – oft mit vorwurfsvollem Ton – Individualismus, Individualisierung nennt. Der Vorgang hat viele Seiten, positive und negative; bei ganz jungen Menschen ist er vielfach begleitet von erhöhter Mobilität und Risikobereitschaft, von aktivem Realismus und unternehmerischem Sinn. Lust und Pflicht werden nicht mehr pathetisch gegeneinander gestellt. Man betont die Eigenverantwortung, die Selbständigkeit. Das geht freilich oft genug Hand in Hand mit der Unlust, sich in Organisationen und kollektiv bestimmte Handlungsmuster einzufügen. Mobile Ubiquität tritt an die Stelle regelhafter Verfügbarkeit „vor Ort", „Zeitsouveränität" – ein magisches Wort! – gilt höher als die pünktliche Verpflichtung zu Arbeit, Präsenz, Partizipation. Alle Organisationen, alle kollektiv organisierten Sicherungssysteme wissen davon ein Lied zu singen – von Kirchen und Parteien bis zu Gewerkschaften, Verbänden, Sportvereinen, Krankenkassen. Alle leiden unter Mitgliederschwund, alle müssen das früher selbstverständliche Dabeisein und Dazugehören neu begründen, alle müssen werben für etwas, in das man noch vor wenigen Jahren einfach hineinwuchs, ja hineingeboren wurde: ein

---

[1]   Die wichtigsten Dokumente in: *Grundwerte in Staat und Gesellschaft.* Hrsg. von Günter GORSCHENEK. München 1977.

neuer Tatbestand, auf den die Institutionen noch keine angemessene Antwort gefunden haben.

2. Globalisierung

Nicht minder stark verändert die Globalisierung unser Sozial- und Wertesystem. Auch sie hat positive und negative Züge und entzieht sich einem pauschalen Urteil. Man muß zwei verschiedene, freilich sich ergänzende Formen unterscheiden: die mediale Globalisierung und die Globalisierung des Kapitals. Ohne die mediale Überwindung der Grenzen (schon seit den sechziger Jahren!) hätten die totalitären Regime unseres Jahrhunderts möglicherweise wesentlich länger überlebt – der Aufstand auf der Danziger Werft 1980 wäre ohne das Fernsehen ein Ereignis ohne Folgen geblieben. Ohne die bildliche Allgegenwart des Elends und der Unterdrückung in der Welt hätten sich nie effektive Systeme kollektiver Sicherheit, Formen der Entwicklungshilfe und Entwicklungszusammenarbeit entwickelt. Die weltweite Wirtschafts- und Handelsfreiheit hat ohne Zweifel dazu beigetragen, daß in der zweiten Hälfte des 20. Jahrhunderts kollektive Hungerkatastrophen – trotz gewaltiger, immer noch ansteigender Bevölkerungsvermehrung – selten geworden sind. Auch eine weltweite Menschenrechtspolitik wäre schwerlich vorstellbar ohne den Areopag der Vereinten Nationen und ohne die Wirkungen einer globalen öffentlichen Meinung.

Doch ebenso unbestreitbar ist, daß die Globalisierung neben nützlichem Wettbewerb auch ruinöse Konkurrenz bewirkt hat, daß es rund um unseren Planeten Globalisierungsgewinner und Globalisierungsverlierer gibt. Zu den letzten gehören, sehr pauschal gerechnet: die nicht-angelsächsischen Sprachen und Kulturen; die nicht weltweit vernetzten nationalen Ökonomien; der Sozialstaat, der mit seinen Standards – bisher wenigstens – auf ein nationalstaatliches Gehäuse angewiesen ist, da es ein internationales Sozialrecht erst in Ansätzen gibt. Noch ist es keineswegs ausgemacht, ja eher unwahrscheinlich, daß der entwickelte Sozialstaat durch Formen einer aktiven Bürgergesellschaft abgelöst und ersetzt werden kann. Richard Münch hat Entwicklung und Zukunftsperspektiven der Globalisierung wie folgt gekennzeichnet: „Der globale Wettbewerb bricht den nationalen Wohlfahrtsverbund auf und reißt einen Graben auf zwischen denjenigen, die sich mehr und mehr als Ballast erweisen, weil sie mitgezogen werden müssen, ohne selbst einen aktiven Beitrag leisten zu können. In der Situation zerrissener Solidarität stemmen sich nationalistische Gegenbewegungen gegen den Trend zu europäischer und weltweiter Vergesellschaftung. Die Verlierer des Solidaritätswandels bilden ein breiter werdendes Rekrutierungspotential für diese Bewegungen... Die globale Arbeitsteilung ist die letzte Stufe dieses Entwicklungsprozesses, auf der die diffuse mechanische Solidarität der Nationalstaaten zum Anachronismus wird und von der vielschichtigeren und spezifischeren Solidarität weltweit vernetzter Individuen verdrängt wird. Die mechanische Solidarität der Nationalstaaten beruht auf einem starken Gefühl der Zusammengehörigkeit von relativ Gleichen, die organische Solidarität der Weltgesellschaft wird sich stattdessen auf das Bewußtsein der gegenseitigen Abhängigkeit zwischen Ungleichen, auf spezifische und punktuelle Vergemeinschaftung durch Zusammenarbeit an gemeinsamen Projekten und auf lose verknüpfte Netzwerke stützen... Die in der Umbruchphase auftretenden Krisen können nur in dem Maße überwunden werden, in dem es gelingt, die globalen Beziehungen auf neue rechtliche und moralische Grundlagen zu stellen. Es bedarf eines Wertewandels, der an die Stelle der konkreten, inhaltlich bestimmten Gerechtigkeit des Teilens zwischen Gleichen die abstrakte und formale Gerechtigkeit zwischen Ungleichen setzt. Diese Aufgabe übernimmt das Konzept der Gerechtigkeit als Fairness"[2].

3. Die neue Lage der Kirchen nach der Vereinigung

Wertewandel und Globalisierung wirken heute massiv auch auf die Kirchen ein. Insofern befinden sich diese gegenwärtig in einer anderen, schwierigeren Lage als in den siebziger Jahren, als sie die erste Grundwertdebatte in der Bundesrepublik Deutschland mit ihren Stellungnahmen noch weithin beherrschten. Sowohl in Ost- wie in Westdeutschland zeigt sich heute – verglichen mit den ersten beiden Jahrzehnten nach dem Krieg – ein deutlicher Vitalitätsverlust der Kirchen, eine Krise vor allem in der Tradierung des Glaubens und der religiösen Gewohnheiten. Verändert haben sich nicht so sehr die formalen Schemata der Kirchenzugehörigkeit, auch nicht die rechtliche Stellung der Kirchen, auch nicht die öffentlichen Erwartungen an sie (die vielfach höher sind als früher!) – verändert haben sich vielmehr Zahl, Entschiedenheit, Engagement und öffentliche Präsenz der Gläubigen. Die Gottesdienstgemeinden in der Bundesrepublik Deutschland sind durch erhebliche Überalterung gekennzeichnet. Lediglich 25 % der Jugendlichen erfahren den Glauben als vitale Kraft. Auch aus der Familie verschwinden die religiösen Traditionen, so das tägliche Tischgebet und das Kreuzzeichen. Immer weniger Eltern wirken positiv und aus eigener Überzeugung an der religiösen Erziehung ihrer Kinder mit. Nur 15 % aller befragten Bundesbürger sehen in der religiösen Erziehung der Kinder ein vorrangiges Erziehungsziel. Noch niedriger liegt die Zahl bei der erziehenden Elterngeneration: Nur 10 % der 25- bis 44jährigen sehen in der Hinführung zum Glauben eine Erziehungsaufgabe für sich selbst. So wundert es nicht, daß 41 % der heute unter 30jährigen angeben, in einem faktisch areligiösen Elternhaus aufgewachsen zu sein. Immer mehr junge Menschen wachsen ohne Berührung mit Werten des Glaubens, religiösen Traditionen und einem auch nur bescheidenen religiösen Grundwissen heran.

Die Tradierungskrise des Glaubens drückt sich besonders scharf im Verhältnis von Eltern und Kindern in der Bundesrepublik aus. Darauf hat schon die internationale Wertestudie von 1981 aufmerksam gemacht. Das überraschende Ergebnis war, daß in der (alten) Bundesrepublik Deutschland im Ländervergleich die Übereinstimmung der Jugendlichen mit den Eltern am geringsten ausfällt. Spätere Zahlen (1998) verschärfen noch das Bild. Übereinstimmung in der Einstellung zur Religion äußern 39 % der Jugendlichen der Bundesrepublik gegenüber 69 %

[2]   Richard MÜNCH: Wie verändert die Globalisierung unser Sozial- und Wertesystem? In: *Zeitschrift zur politischen Bildung – Eichholz Brief* 35 (1998), H. 3, S. 17-24 (21).

der Jugendlichen in den USA, bei der Einstellung zur Sexualität sinkt diese Zahl auf 14 % bei den Jugendlichen in der Bundesrepbulik gegenüber 43 % bei den Jugendlichen in den USA, in der Einstellung zur Moral insgesamt stimmten 77 % der Jugendlichen in den USA mit den Eltern überein gegenüber 38 % der Jugendlichen in der Bundesrepublik. Soziologisch ergibt sich mithin, daß in der Bundesrepublik Deutschland wesentlich stärker als in den USA die Generationen auseinanderstreben und sich nicht mehr in zentralen Wertvorstellungen treffen; dies gilt nicht allein, aber in hervorgehobenem Maß für die Religion[3].

Diese Tendenz dürfte sich in den nächsten Jahren noch verstärken. Das hat auch politische Gründe. Die Wiedervereinigung der getrennten Teile Deutschlands im Jahr 1990 hat ja nicht nur die politische Landkarte verändert. Auch die religiösen Verhältnisse sind nicht mehr die gleichen wie früher. Deutschland werde künftig protestantischer, nördlicher, östlicher sein – so prophezeite 1990 Volker Rühe, damals Generalsekretär der CDU. Auf den ersten Blick hatte er recht: War das Verhältnis von Katholiken und Protestanten in der alten Bundesrepublik nahezu ausgeglichen (26 zu 25 Millionen), so wies das wiedervereinigte Deutschland eine protestantische Mehrheit von rund drei Millionen auf. Doch viel wichtiger war, daß mit der Wiedervereinigung die Zahl der Konfessionslosen in Deutschland deutlich zunahm; in Ostdeutschland ist sie heute höher als die der christlichen Konfessionen. So veränderte der Einigungsprozeß die überlieferten Grundlagen des Staat-Kirche-Verhältnisses: zum ersten Mal in der deutschen Geschichte seit der Christianisierung sind in einem Drittel Deutschlands die Ungetauften gegenüber den Getauften in der Mehrheit. Die überlieferte christliche Kultur ist im Gebiet der einstigen DDR nur noch in Restbeständen vorhanden; christliche Erziehung und Bildung muß „vom Nullpunkt" her ansetzen. Das verbindet sich mit einer religiösen Lage im Westen, die gleichfalls seit mehr als zwanzig Jahren durch einen Säkularisierungsschub, durch Glaubensschwund und Kirchenferne gekennzeichnet ist.

4. Der Ruf nach einer politischen Ethik

Es wundert nicht, daß sich in den letzten Jahren in den Diskurs über Werte und Normen eine alt-neue Stimme eingemischt hat: die Ethik. Darin zeigt sich ein prinzipieller Wandel an. Waren die „Ethics" als philosophische Disziplin in nachkantischer Zeit nur in den angelsächsischen Ländern erhalten geblieben, so sind sie heute im Begriff, auf den Kontinent zurückzukehren. Ethik = praktische Philosophie ist heute wieder eine gesuchte und geschätzte philosophische Disziplin. Sie kann mit breitem öffentlichem Interesse rechnen. Ethikkommissionen überall; neue Lehrstühle für Wirtschafts-, Sozial-, Umwelt-, Bioethik in einer Zeit allgemeinen Stellenabbaus: die Nachfrage nach ethischer Orientierung

---

[3]   Der Trend wird durch die 13. Shell-Jugendstudie (*Jugend 2000*. Opladen 2000 [Shell-Jugendstudie. 13]), neuerlich bestätigt. Demnach besuchten nur 17 % der 4500 befragten Jugendlichen zwischen 15 und 24 Jahren in den letzten vier Wochen einen Gottesdienst; Bibel und religiöse Literatur werden nur noch von einer Minderheit (ca. 20 %) gelesen.

wächst, und sie wächst gerade dort, wo die geistige Bewältigung der Probleme mit der Dynamik technisch-ökonomischer Veränderung, mit Wertewandel und Globalisierung nicht Schritt gehalten hat. Welch ein Unterschied zu der Zeit, in der praktische Philosophie an den deutschen Universitäten kaum existierte (oder in die Wirtschafts- und Staatswissenschaften abgedrängt war)! Schelers Versuch der Neubegründung einer absoluten Ethik materialer Art blieb von begrenzter Wirkung. Wittgenstein und Heidegger verbannten die Ethik aus dem Zentrum der Philosophie. Heute dagegen sind Ethiker wie Ludger Honnefelder und Vittorio Hösle davon überzeugt, daß die praktische Philosophie in den nächsten Jahrzehnten Hochkonjunktur haben werde. Voraussetzung dafür wird freilich sein, daß sie über die Kasuistik der Ethikkommissionen hinauswächst und das Moralprinzip philosophisch neubegründet.

III

Wie könnte eine ins Ethische erweiterte Neuaufnahme der Grundwertedebatte aussehen? Sie müßte neben den alten Partnern – Staat, Gesellschaft, Kirchen – stärker die Wissenschaften ins Spiel bringen, und zwar in einem Spannungsbogen, der von den normativen Disziplinen (Theologie, praktische Philosophie, Recht) bis zu den empirischen Gegenpositionen (Geschichts- und Sozialwissenschaften) reicht. Die Überschneidungsbereiche von Wirklichkeit und Norm müßten thematisiert werden. Ethische Impulse und Momente in Recht und Wirtschaft bedürften einer verläßlichen wirklichkeitswissenschaftlichen Interpretation. Vor allem müßte ein neues Verständnis dafür geweckt werden, daß unsere Verfassung, das Grundgesetz, ein Stück allgemeiner Ethik einschließt: jene Wahrheiten und Maximen des vernünftigen Zusammenlebens, welche die amerikanische Verfassung „self-evident" nennt.

Hier liegen wesentliche Aufgaben für die nächsten Jahre[4]. Verfassungsethik kann sich nur aus konkretem Verfassungsverständnis entwickeln. Werden die ethischen Elemente der Verfassung nicht thematisiert und wie Verlegenheiten umgangen, so kann die Verfassung ihre Kraft zur Homogenisierung nicht entfalten. Sie kann der pluralistischen Gesellschaft keine Basis anbieten. Im Ernstfall verfällt sie. Denn „was nicht mehr begriffen werden kann, ist nicht mehr" (Hegel). Es kommt daher alles darauf an, die Verfassung als geschichtlichen Grundwillen unseres Volkes den Bürgern und besonders der Jugend begreiflich zu machen – jene „Entschlossenheit zur Freiheit", die den Wertkonsens begründet und in der alle sekundären Konflikte ihre Lösung finden können.

Zu Werten, Grundwerten können die konkreten Freiheiten des Bürgers jedoch nur dann werden, wenn sie sich an den Regeln des Zusammenlebens orientieren, wie sie in Verfassung und Rechtsordnung niedergelegt sind. Insofern ist die hier

---

[4]   Vgl. Ernst-Wolfgang BÖCKENFÖRDE: *Recht, Staat, Freiheit*. Frankfurt 1991; Erwin
      TEUFEL (Hrsg.): *Was hält die moderne Gesellschaft zusammen?* Frankfurt 1996;
      Peter L. BERGER (Hrsg.): *Die Grenzen der Gemeinschaft : Konflikt und Vermittlung
      in pluralistischen Gesellschaften*. Gütersloh 1997; Franz-Xaver KAUFMANN: *Wie
      überlebt das Christentum?* Freiburg 2000.

umrissene politische und soziale Ordnung ein Maßstab – zumindest ein Orientie-
rungsdatum – des Freiheitsgebrauchs. Aber auch das Umgekehrte gilt: ohne tägliche Umsetzung der Freiheit, ohne das Risiko glücklicher oder verfehlter Frei-
heitspraxis bleibt die Wertsubstanz der Verfassung ein abstrakter Besitz ohne
Wirkung für das Leben des einzelnen. Grundwerte sind nicht nur ein tradiertes
Gut, ein Erbe, von dem man zehrt – entscheidend ist, daß sie sich erneuern in
einem Kreislauf subjektiver Aneignung und objektiver Bestätigung. Nur dann
haben sie die Kraft, lebensgestaltend zu wirken.

Bleibt die Kirche Partnerin in politischer und gesellschaftlicher Verantwortung?

VON HANS LANGENDÖRFER SJ

Kirche, Gesellschaft und Staat unterliegen einem beständigen Wandel, gegenwärtig sogar einem besonders raschen, der nicht ohne Auswirkungen auf ihr Verhältnis zueinander bleiben kann. Zwei Beispiele aus der jüngeren Vergangenheit sollen dies verdeutlichen:

1. Die rot-grüne Koalition legte im Sommer 2000 einen Gesetzesentwurf[1] vor, der für gleichgeschlechtliche Lebensgemeinschaften das Rechtsinstitut der „eingetragenen Partnerschaft" einrichtete und dieses der Ehe nahezu gleichstellte (mit Ausnahme des Adoptionsrechts und einiger – eher kosmetischer – Abweichungen im Blick auf das Bundesverfassungsgericht). Die Erklärung der Deutschen Bischofskonferenz[2] zu dieser Materie betonte drei Aspekte: Erstens unterstreichen die Bischöfe den Standpunkt der kirchlichen Sexualmoral, wonach gleichgeschlechtliche sexuelle Intimität sittlich falsch ist. Zweitens betonen die Bischöfe, dass es sich nach kirchlicher Lehre verbietet, homosexuell veranlagte Männer und Frauen in irgendeiner Weise ungerecht zurückzusetzen und ihnen wegen ihrer Veranlagung mit Missachtung zu begegnen. Drittens stellen die Bischöfe fest, dass es kein Rechtsinstitut „gleichgeschlechtliche Partnerschaft" geben darf und Rechtsfiguren, Begriffe und Denkmuster des Ehe- und Familienrechts nicht auf gleichgeschlechtliche Partnerschaften übertragen werden können[3]. Dies würde die besondere Stellung von Ehe und Familie untergraben[4]. Die Argumentation

---

[1] Entwurf eines Gesetzes zur Beendigung der Diskriminierung gleichgeschlechtlicher Gemeinschaften: Lebenspartnerschaften (Lebenspartnerschaftsgesetz – LPartG); Deutscher Bundestag, Drucksache 14/3751, Berlin 4. 7. 2000.

[2] Stellungnahme zum „Rohentwurf eines Gesetzes über die eingetragene Lebenspartnerschaft – Lebenspartnerschaftsgesetz (LPartG)"; Pressemitteilungen der Deutschen Bischofskonferenz Nr. 014, Bonn 16. 3. 2000.

[3] Die Erklärung der Deutschen Bischofskonferenz schloss allerdings Regelungen zugunsten gleichgeschlechtlicher Partnerschaften in einzelnen Rechtsbereichen nicht grundsätzlich aus, sofern Rechtsunsicherheiten und Belastungen nicht durch privatrechtliche Vereinbarungen vermieden werden können.

[4] Vgl. z.B. auch Karl LEHMANN: Das Ehe- und Familienrecht wird regelrecht ausgeschlachtet. In: *Hannoversche Allgemeine* (7. 7. 2000). Zur verfassungsrechtlichen Vorrangstellung der Ehe nach Artikel 6 I GG vgl. auch: Uwe DIEDERICHSEN: Homosexuelle – von Gesetzes wegen? In: *Neue Juristische Wochenschrift* 53 (2000), S. 1841-1844 sowie Klaus SCHUMACHER: Zum gesetzlichen Regelungsbedarf für nicht-eheliche Lebensgemeinschaften. In: *Zeitschrift für das gesamte Familienrecht* 41 (1994), S. 857ff. und Wilfried SCHLÜTER – Jasmin HECKES – Sonja STOMMEL: Die gesetzliche Regelung von außerehelichen Partnerschaften gleichen und verschiedenen Geschlechts im Ausland und die deutschen Reformvorhaben. In: *Deut-*

der deutschen Bischöfe ähnelte in diesem Punkt der – im einzelnen freilich anders formulierten – Position der EKD[5] sowie z.B. auch der Französischen[6] und der Schweizer Bischofskonferenz[7].

2. Eine Presseerklärung der Bundesärztekammer vom Februar 2000 hat die Diskussion über die sogenannte „Präimplantationsdiagnostik" angeregt, also über die Untersuchung extrakorporal gezeugter Embryonen. Nachdem die Bundesärztekammer ihren „Diskussionsentwurf zu einer Richtlinie zur Präimplantationsdiagnostik"[8] veröffentlicht hatte, stand zur Debatte, ob der in vitro gezeugte Embryo untersucht und „im Falle des Nachweises einer schweren genetischen Schädigung unter Umständen nicht in die Gebärmutter transferiert" werden solle. In Deutschland ist ein solches Vorgehen durch das Embryonenschutzgesetz[9] verboten, das freilich nicht nur durch diesen Vorstoß, sondern auch durch weitere Entwicklungen im Bereich der Fortpflanzungsmedizin gefährdet ist. Der Vorsitzende der Bischofskonferenz, Bischof Lehmann, bewertete die Präimplantationsdiagnostik, die das Ziel hat, den Embryo nur bei genetischem „Normalbefund" weiterleben zu lassen, faktisch als eine eugenische Selektion und sagte voraus, dass sie zu weiterem Missbrauch führen werde[10]. Er gab zu bedenken, wie eine Gesellschaft die Menschenwürde noch ausreichend schützen könne, wenn sie die Anwendung der Präimplantationsdiagnostik erlaube und appellierte an die Ärzteschaft, „sich nicht auf alle denkbaren Ansprüche von Seiten der Gesellschaft einzulassen".

Die beiden genannten Beispiele geben zwei wichtige Hinweise:

– Die katholische Kirche nimmt unverändert an der politischen und gesellschaftlichen Debatte über die ethisch angemessene Lösung von Problemen teil, die dem Gesetzgeber (auch: dem Standesrecht) aufgelastet sind. Sie hält an ihrem Selbstverständnis fest, auch für das öffentliche Leben eine Mitverantwortung zu tragen und Partnerin in der Meinungsbildung zu sein.

– Die katholische Kirche steht dabei (immer häufiger) vor dem schmerzlichen Problem, sich zu etwas verhalten zu müssen, das sich grundsätzlich außerhalb

---

sches und europäisches Familienrecht 2 (2000), S. 1-18, hier 10.

[5]   Verlässlichkeit und Verantwortung stärken. Eine Stellungnahme des Kirchenamtes der Evangelischen Kirche in Deutschland zur Verbesserung des Rechtsschutzes für gleichgeschlechtliche Lebenspartnerschaften und zur besonderen Bedeutung und Stellung der Ehe. Hrsg. vom KIRCHENAMT DER EVANGELISCHEN KIRCHE IN DEUTSCHLAND. Hannover 22. 2. 2000.

[6]   Le Pacte civil de solidarité (PACS): „Une loi inutile et dangereuse". Déclaration du Conseil permanent de la Conférence des Évêques de France. Paris 17. 9. 1998.

[7]   Vgl. z.B. den (unveröffentlichten) Brief des Präsidenten und des Sekretärs der Schweizer Bischofskonferenz an Madame Metzler-Arnold, Bundesrätin des Eidgenössischen Justiz- und Polizeidepartements, vom 18. 12. 1999.

[8]   Diskussionsentwurf der Bundesärztekammer zu einer Richtlinie zur Präimplantationsdiagnostik vom 24. 2. 2000.

[9]   Gesetz zum Schutz von Embryonen (Embryonenschutzgesetz – ESchG) vom 13. 12. 1990.

[10]   Vgl. Pressebericht des Vorsitzenden der Deutschen Bischofskonferenz, Bischof Dr. Karl Lehmann; Pressemitteilungen der Deutschen Bischofskonferenz Nr. 014, Bonn 16. 3. 2000.

des für sie verbindlichen ethischen Rahmens bewegt: Extrakorporale Befruchtung und gleichgeschlechtliche Liebe sind nach kirchlicher Überzeugung abzulehnen, finden aber in der Gesellschaft beträchtliche Akzeptanz und schaffen politischen Regelungsbedarf. Das bekannteste Beispiel für diese Konstellation ist ja die Frage der kirchlichen Mitwirkung an der gesetzlichen Schwangerschaftskonfliktberatung, bei der die Kirche – wie es der Papst formuliert hat – der Gefahr ausgesetzt war, ihr Zeugnis für den Schutz des Lebens zu „verdunkeln". Infolge dessen steht die Kirche vor der Frage, wie weit sie sich – um ihres öffentlichen Auftrags willen – auf Bereiche einlassen will und darf, die sie „eigentlich" ablehnt.

Wer über die Kirche als Partnerin in politischer und gesellschaftlicher Verantwortung zukunftsweisende Aussagen treffen will, muss jedenfalls die tieferen Dimensionen jener Gegenwartsentwicklungen in Betracht ziehen, die das Aussehen von Staat, Gesellschaft und Kirche und damit deren Verhältnis zueinander verändern.

1. Die verfassungsrechtliche Situation:

Zu meiner Grundthese, dass sich das Verhältnis zwischen Staat und Kirche verändert, steht nur scheinbar im Widerspruch, dass die verfassungsrechtlich festgelegten Beziehungen zwischen Staat und Kirche relativ stabil sind, zumindest gegenwärtig. Deutschland kennt ja international einmalige Rechtsbeziehungen zwischen Kirche und Staat, welche die Freiheit voneinander mit Elementen des Zusammenwirkens verbinden. Das Grundgesetz gewährleistet infolge seiner Bindung an die Menschenwürde die „Freiheit des Glaubens" und die „ungestörte Religionsausübung"[11] (Artikel 4, Absatz 1 und 2 GG). Es versteht dieses Freiheitsrecht (unter Rezeption auch einiger Kirchenartikel der Weimarer Reichsverfassung) sogar im Sinne einer „Kirchenfreiheit" als korporatives Grundrecht. Die Kirche ist frei, der kirchliche und der staatliche Bereich sind in der Wurzel voneinander geschieden. Dennoch darf der Staat gegenüber der Kirche nicht indifferent oder gar ablehnend sein. Vielmehr muss er – im Rahmen der Grundsätze von Toleranz und Parität – dafür mitsorgen, dass die Gläubigen ihren Überzeugungen auch im öffentlichen Leben Geltung verschaffen können, was sich in positiven Ausformungen niederschlägt. Zu denen gehört z.B. die Stellung der Kirchen als Körperschaften des öffentlichen Rechtes, die den organisationsrechtlichen Rahmen des kirchlichen Gestaltungsrechts absteckt, wie es sich z.B. im Steuerrecht zeigt. Die Kirche hat ein Selbstbestimmungsrecht in „ihren eigenen" Angelegenheiten, die inhaltlich zu bestimmen nochmals ihr eigenes Vorrecht ist. Neben diesen „eigenen" gibt es eine Reihe „gemeinsamer Angelegenheiten", für die oft

---

[11] Zu den verfassungsrechtlichen Regelungen vgl. Peter BADURA: Das Staatskirchenrecht als Gegenstand des Verfassungsrechts. Die verfassungsrechtlichen Grundlagen des Staatskirchenrechts. In: *Handbuch des Staatskirchenrechts der Bundesrepublik Deutschland*. Hrsg. von Joseph LISTL und Dietrich PIRSON. Berlin 1994, S. 214-217. Vgl. grundlegend z.B. auch Joseph LISTL: Kirche und Staat In: LThK[3] 5 (1996), Sp. 1503f.

genannte Beispiele die Anstalts- und Militärseelsorge sind, aber auch der Religionsunterricht, der nach Artikel 7, Absatz 3 GG „ordentliches Unterrichtsfach" ist. In diesem Zusammenhang der Religionsfreiheit gehört auch der grundgesetzlich verbürgte Schutz des Sonntags als „Tag der Arbeitsruhe und der seelischen Erhebung" (Artikel 139 WRV i.V.m. Artikel 140 GG).

Gewiss sind solche Festlegungen in vielen Punkten unter teils starken Druck geraten. Die für Deutschland typische Stellung der Kirchen wird gerne generell als „Privilegierung" diskreditiert. Man ruft nach mehr „Trennung von Kirche und Staat". Die Kirchensteuer stößt auf Kritik; in Brandenburg weigert sich die Landesregierung, Religionsunterricht als ordentliches Fach einzuführen; der Sonntagsschutz wird ausgehöhlt, so dass in Mecklenburg-Vorpommern in der Auseinandersetzung mit der Landesregierung über die sog. „Bäderregelung"[12] bereits der Rechtsweg beschritten wurde – mit dem Ergebnis, dass die Regierung bislang zwar teilweise, aber nicht in hinreichendem Maße Konsequenzen aus den für sie ungünstigen Urteilen[13] gezogen hat.

All dies verlangt eine nähere Betrachtung und Erklärung aus dem Wandlungsprozess, dem Staat und Kirche, aber natürlich auch die Gesamtgesellschaft unterliegen. Eine wirkliche Bedrohung des verfassungsrechtlichen Status quo ist es dennoch nicht: Es gibt zur Zeit keine parlamentarisch mehrheitsfähige Infragestellung des staatskirchenrechtlichen Grundmusters, zumal ja Verfassungsänderungen einer Zweidrittelmehrheit bedürfen. Programmatische Vorschläge bei den Bündnisgrünen, bisweilen auch den Sozialdemokraten und Liberalen, werden sich auf absehbare Zeit nicht zu relevanten Initiativen verdichten, und die PDS ist diesbezüglich ebenfalls nicht zu fürchten. In dieser Hinsicht können die Kirchen also über alle Tagesdebatten hinaus recht beruhigt sein und die Grundrechtsordnung als stabil ansehen.

Mit einer aussagestarken Ausnahme allerdings: Die weit vorangeschrittene Verlagerung von Gesetzgebungskompetenzen in bestimmten Bereichen auf die Ebene der Europäischen Union hat zur Folge, dass auf Unionsebene immer wieder legislative Entscheidungen anstehen, die in Deutschland – vor allem auch indirekt – in die Rechte der Kirchen eingreifen oder eingreifen können. So sorgte lange Zeit ein EG-Richtlinienentwurf[14] für Unruhe, der in der Absicht, Diskriminierungstatbeständen entgegenzutreten, verfasst worden war. Man befürchtete, dass dieser Entwurf, der sich u.a. gegen religiöse Diskriminierung richtete, zu einer Beeinträchtigung der kirchlichen Freiheit im Personalwesen führen würde – ein besonders sensibler Bereich, weil ja kirchliche Beschäftigungsverhältnisse zu

---

[12] „Bäder- und Fremdenverkehrsregelung 1999-2003" des Wirtschaftsministeriums Mecklenburg-Vorpommern vom 22. 7. 1998. Siehe hierzu auch den aufschlussreichen Beitrag von Jochen ROZEK: Vorsprung durch Rechtsbruch? Zur Erosion des Ladenschlussrechts durch sogenannte „Fremdenverkehrsregelungen". In: *Neue Juristische Wochenschrift* 52 (1999), S. 2921-2929.

[13] Vgl. Urteil des OVG Greifswald – 2 M 5/00 – vom 4. 2. 2000 und das Urteil des VG Schwerin – 7 A 1884/99 – vom 9. 2. 2000.

[14] Vorschlag für eine Richtlinie des Rates zur Festlegung eines allgemeinen Rahmens für die Verwirklichung der Gleichbehandlung in Beschäftigung und Beruf vom 25. 11. 1999 der EG-Kommission [KOM (1999) 565].

Recht das religiöse Bekenntnis des Beschäftigten mit in Betracht ziehen. Die Europäische Union hat ihre aus den Anfängen im Bereich der wirtschaftlichen Integration gut verständliche „Kirchenblindheit" bislang nicht wirklich abgestreift. Sie hat als „Staatenverbund" politische und gesetzgeberische Kompetenzen an sich gezogen, ohne dass der Religionsfreiheit auf eine mit deutschem Recht kompatible Weise zwingend Rechnung getragen würde. Es wird viel darauf ankommen, ob die dem Vertrag von Maastricht bzw. Amsterdam unter hohem persönlichen Einsatz des damaligen deutschen Kanzlers beigefügte „Erklärung über die Religionsgemeinschaften"[15] eine praktische Wirkung wird entfalten können – oder ob sie folgenlos bleibt. Diese Erklärung sieht vor, dass die Rechtsstellung der Religionsgemeinschaften mitgliedstaatliche Materie bleibt.

Darüber hinaus ist die Europäische Union nicht nur „kirchenblind", sondern auch tendenziell „kurzsichtig" gegenüber ethischen Fragen und kulturellen Traditionen der Mitgliedsländer. Es besteht die Gefahr, dass im Zuge von Harmonisierungen zum Zwecke der Vermeidung von Wettbewerbsverzerrungen ethische Grenzen durch wirtschaftliche Interessen mehr und mehr verdrängt werden. So könnten durch eine zunehmende Europäisierung Bereiche der Ethik und Traditionen, die der Kirche bedeutsam sind, immer weiter untergraben werden.

2. Die gesamtkulturelle Entwicklung:

Damit ist bereits der Blick auf die fundamentalen Änderungen gelenkt, denen Staat und Gesellschaft gegenwärtig unterliegen. Solche Änderungen, wie auch Veränderungsprozesse in der Kirche, lassen es als Illusion erscheinen, das Verhältnis zwischen Gesellschaft, Staat und Kirche als gleichbleibend zu betrachten.

2.1 Wandlungen der Gesellschaft

Mit der Entwicklung der freiheitlichen modernen Gesellschaft ging ihre Strukturierung in der Form ausdifferenzierter, funktionsorientierter Teilsysteme wie Wirtschaft, Politik, Wissenschaft oder Religion einher. Die Religion hat ihre gesellschaftliche Integrationsfunktion zugunsten einer Autonomie der gesellschaftlichen Teilsysteme verloren, deren wechselseitige Indifferenz sich als strukturelle Rücksichtslosigkeit auswirken kann[16]. Dies führt heute zu der Tendenz, Religion in den privaten Bereich abzudrängen und ihre Relevanz nur noch im Bereich individueller Spiritualität anzuerkennen. Zusätzlich schwächen die modernen Plu-

---

[15] Siehe die von der Regierungskonferenz in Amsterdam am 2. 10. 1997 angenommene „Erklärung zum Status der Kirchen und weltanschaulichen Gemeinschaften": „Die Europäische Union achtet den Status, den Kirchen und religiöse Vereinigungen oder Gemeinschaften in den Mitgliedstaaten nach deren Rechtsvorschriften genießen, und beeinträchtigt ihn nicht. Die Europäische Union achtet den Status von weltanschaulichen Gemeinschaften in gleicher Weise."

[16] Vgl. Franz-Xaver KAUFMANN: *Wie überlebt das Christentum?* Freiburg i. Br. 2000, S. 89-91.

ralisierungsprozesse und die damit verbundene Multioptionalität die Geltung christlicher Sitten und Traditionen. Es gibt zahlreiche „Wettbewerber" in Gestalt religiös geprägter Orientierungsangebote vielfältiger Art. Vor allem tritt mehr und mehr der Islam in Erscheinung. Nicht zuletzt die sichtbare Anwesenheit vieler Muslime ist geeignet, die Pluralität von religiösen Wahrheitsansprüchen deutlich zu demonstrieren und deren Relativität zu suggerieren.

Hinzu kommen weit verbreitete Einstellungen und Verhaltensweisen, die gerne unter dem schillernden Begriff der „Postmoderne" zusammengefasst werden und mit dem christlichen Glauben wenig vermittelbar sind: das Bevorzugen des Fragmentarischen, Temporären und Episodischen gegenüber einem umfassenden, dauerhaften Entwurf, des Nichtfestgelegten gegenüber Bindungen, der subjektiven Interessenorientierung gegenüber einem Wahrheitsanspruch und der Selbstüberschätzung gegenüber der Bescheidung in vorgegebene Grenzen.

Dies alles führt dazu, dass die Vorstellung einer durch das Christentum geprägten „Leitkultur" immer mehr in Frage gestellt wird. „Christlichkeit, Kirchlichkeit und Konfessionalität – ja alle Formen von expliziter Religion und Religiosität – geraten damit unter Relativierungsdruck."[17]

2.2 Wandlungen des Staates

Für den staatlichen Bereich seien drei Entwicklungslinien genannt. Eine erste ist die schon angesprochene gewachsene europäische Integration mit den multilateralen bzw. supranationalen Bindungen, die Deutschland eingegangen ist. Für sie ist neben der Europäischen Union der Europarat mitsamt seiner Menschenrechtsfestlegung und -gerichtsbarkeit eine weitere wichtige Komponente.

Eine zweite Entwicklungslinie sind die gewandelten staatlichen Handlungsbedingungen und -erwartungen, zu denen der Globalisierungsprozess geführt hat. Im Aufkommen immer engerer weltwirtschaftlicher Verflechtungen verliert der Staat Regelungsmöglichkeiten, auch wenn er als Gewährleister von Demokratie und Rechtsstaatlichkeit unverändert wichtig ist. (Zuweilen scheint es freilich, als ob der Staat den Verlust an Regelungsmöglichkeiten in großen Bereichen durch eine wahre Regelungswut in anderen Bereichen kompensieren wolle.) Bestrebungen der Privatisierung und Föderalisierung schaffen zudem ein geändertes Staatsverständnis, wonach weniger die Schutzfunktion des Staates, als vielmehr die von ihm zu leistende „Befähigung" der Bürger und der Gesellschaft, vor allem der Wirtschaft erwartet werden. Sogenannte „zivilgesellschaftliche" Akteure sind stark gefragt und werden Partner des Staates.

Als Beispiel dafür, wie sich dieses neue Staatsverständnis in kirchlichem Denken spiegelt, kann folgende Entwicklung dienen: Das Wirtschafts- und Sozialwort der Kirchen[18] brachte wenig Sympathien für strukturelle Änderungen (vor

---

[17] Michael N. EBERTZ: *Kirche im Gegenwind. Zum Umbruch der religiösen Landschaft.* Freiburg i.Br. 1997, S. 100.

[18] *Für eine Zukunft in Solidarität und Gerechtigkeit. Wort des Rates der Evangelischen Kirche und der Deutschen Bischofskonferenz zur wirtschaftlichen und sozialen Lage in Deutschland.* Hannover – Bonn 1997 (Gemeinsame Texte. 9).

allem bei sozialstaatlichen Leistungen) auf, wurde aber später durch ein Arbeitspapier zum Thema „Beteiligungsgerechtigkeit"[19] ergänzt. Dieses Arbeitspapier thematisiert einen Staat, von dem erwartet wird, dass er Teilhabechancen fördert (durch Bildung und Qualifizierung, durch eine generationengerechte Alterssicherung, durch partizipationsorientierte Sozialpolitik, eine breitere Streuung des Produktivvermögens usw.). Gemalt wird das Bild einer „neuen" Politik und eines „neuen" Staates. Tatsächlich scheinen Wirtschafts- und Finanzwelt, Informationstechnologie und Medien für den Staat so folgenreich zu sein, dass er sich unter dem Dach des Grundgesetzes nicht unerheblich ändert. Wenn auch die Aufgaben des Staates nicht gering geworden sind – sie sind anders geworden und der starke Hoheitsstaat gehört der Vergangenheit an.

Eine dritte Entwicklungslinie ergibt sich aus den oben beschriebenen gesellschaftlichen Prozessen der Pluralisierung von Lebensstilen und Wertorientierungen. Diese schlagen sich auch in der „politischen Klasse" nieder, so dass der Kirche jede Illusion genommen ist, ihre Traditionen, ethischen Positionen und politischen Erwartungen könnten als allgemein bekannt oder gar im Großen und Ganzen geteilt gelten. Eher hat es den Anschein, als müssten beide Seiten – Staat und Kirche – einen anhaltenden Prozess der wechselseitigen Selbsterklärung und des Neuentdeckens durchlaufen. Wohlgemerkt: Beide Seiten sind betroffen, denn bisweilen sind auch auf kirchlicher Seite die Annahmen über den Staat, über seine Handlungsbedingungen und über gesellschaftliche Prozesse ziemlich veraltet. Hinzu kommt, dass der neutrale Staat in einer pluralistischen Gesellschaft stets im Verdacht steht, die Kirche, die nur noch ein religiöser „Anbieter" unter Vielen ist, ungerechtfertiger Weise zu privilegieren.

2.3 Wandlungen der Kirche:

Die Kirche bewahrt natürlich im theologischen Sinn immer und unveränderbar ihr Wesen als Zeichen und Werkzeug der innigen Verbindung Gottes mit dem Menschen, die im Leben und Tod und in der Auferweckung Jesu Christi gründet. Diese einzigartige Bestimmung kann ihr keiner nehmen. Es wäre sogar gut, wenn dieses glaubensgebundene Verständnis der Kirche allgemein stärker zur Geltung käme. Gerade in Deutschland bringt die große öffentliche Präsenz der Kirche – nicht zuletzt als Arbeitgeber – immer auch die Gefahr mit sich, dass sie einseitig als sozialer Akteur gesehen und in Bezug auf ihre theologische Stellung zu wenig wahrgenommen wird. Dies mag durchaus verständlich sein, weil ja glaubensgebundene Aspekte der Kirche nur schwerlich von allgemeinem Interesse sind. Es ist dennoch hochproblematisch.

Was das äußere Erscheinungsbild der Kirche einschließlich ihrer Pastoral anbelangt, so braucht hier nicht wiederholt werden, was ohnehin bekannt ist: Insgesamt hat der christliche Glaube in Deutschland in dem Sinn drastisch an Boden

---

[19] *Mehr Beteiligungsgerechtigkeit. Memorandum einer Expertengruppe.* Bonn 1998 (Die deutschen Bischöfe. 20 – Kommission für gesellschaftliche und soziale Fragen).

verloren, dass die Mitgliedschaft in den Kirchen und kirchlichen Gemeinschaften und die Teilnahme an ihrem Leben stark zurückgingen[20]. Dies wird sich fortsetzen – die demographische Entwicklung zeichnet ein klares Bild.

Die Kirche erscheint in der gegenwärtigen Phase allgemeiner Dezentralisierung, der Rücknahme staatlicher Aufgaben und der Multiplizierung von Möglichkeiten der persönlichen und kollektiven Orientierung und Lebensgestaltung nicht selten als fremdartig. Die eine Wahrheit des Glaubens und ihr Geltungsanspruch, der in besonderer Weise durch die eine Person des Nachfolgers Petri bewahrt und gelebt wird in einer weltumspannenden, zentralverfassten Weltkirche – das schafft einen Kontrast zur globalen Entwicklungsdynamik.

In der Realität ist das Kirchenverständnis zudem oft nicht primär theologisch geprägt. Die dominante Sozialgestalt von Kirche ist – allen kirchenamtlichen und theologischen Verbindlichkeits-, Gemeinschafts- und Gemeindebemühungen zum Trotz – nicht selten von einem Dienstleistungsverständnis gekennzeichnet, das sich auf „Riten" und Caritas konzentriert[21]. Diese Kluft zwischen theologischem Anspruch und sozialer Realität spiegelt sich in den Positionen, die der Staat und viele gesellschaftliche Gruppen zur Kirche einnehmen: So erweckt die Kirche oft nur dort noch politisches Interesse, wo sie „gesellschaftlich nützlich" ist. Bezüglich ihrer Geltungsansprüche und Organisationsprinzipien dagegen gerät sie in Distanz zur Gegenwart und ist in diesem Sinne, wie manche sagen, „alt" geworden[22].

Dass diese Distanz für alle Beteiligten auch produktiv sein und erwartungswidrig auch Lebendigkeit freisetzen kann, lässt sich nicht bestreiten: Die Kirche wird vielfach zum produktiven Ärgernis. Ob der Abstand zwischen theologischem Selbstverständnis und Realität jedoch insgesamt produktiv gelebt wird und damit letztlich auch aufgehoben wäre, bleibt näher zu prüfen.

3. Konsequenzen der Veränderungen in Staat, Gesellschaft und Kirche:

Jedenfalls ist eine gewisse Fremdheit zwischen Staat und Gesellschaft auf der einen Seite und der Kirche auf der anderen Seite gewachsen, wenn auch nicht so, dass Schuldzuweisungen oder moralische Bewertungen rasch möglich wären. Im Folgenden sollen einige Problemfälle benannt werden, die für das partnerschaftliche politische und gesellschaftliche Engagement der Kirche besonders kennzeichnend sind. Sie zeigen, dass es trotz gegenwärtig stabiler Verhältnisse auf der Ebene der Verfassung im einfachrechtlichen Bereich und dem ihm vorgelagerten Bereich der öffentlichen Meinungsbildung nicht wenige Verschiebungen gibt.

---

[20] Zum Bedeutungsverlust der christlichen Kirchen in den 90er Jahren vgl. Michael N. EBERTZ: *Erosion der Gnadenanstalt? Zum Wandel der Sozialgestalt der Kirche.* Frankfurt a.M. 1998, S. 101-129.

[21] A.a.O., S. 289.

[22] Zur Spaltung der Religion in deren „aufklärungskonforme Sozialpraktiken und das, was davon übrig bleibt" vgl. Daniel BOGNER: Zukunftsfähig oder Ortlos? Der religiös-politische Bruch als Ausgangsbedingungen für heutiges Christentum nach Michel de Certeau. In: *Orientierung* 64 (2000), S. 17.

Die *Bildungspolitik* ist weithin Angelegenheit der Länder. Betrachtet man neuere Entwicklungen auf dieser Ebene wie auch auf der Ebene des Bundes – als Beispiel sei auf das von der Bundesbildungsministerium und dem bayerischen Wissenschaftsminister initiierte sogenannte „Forum Bildung"[23] verwiesen –, so springt in die Augen, dass der Wissens- und Bildungsbegriff, der heute tonangebend ist, immer weniger in der Tradition des Deutungswissens steht und immer stärker auf wirtschaftliche Verwertungs- und Anschlussfähigkeit abhebt. Die Kirche kritisiert die ökonomistische Engführung der Bildungsdebatte und betont solche Bildungsinhalte, die für funktionalistische Verwertungsinteressen ungeeignet, aber darum für den Menschen noch lange nicht wert- und bedeutungslos sind. Sie hat ihre Kompetenz im Bereich der großen Menschheitsfragen nach dem Wohin und Woher und Warum des Lebens; dementsprechend verliert sie mit dem Zurücktreten dieser Fragen an Möglichkeiten der Mitwirkungen.

Auch wenn die Einführung von LER[24] in Brandenburg wohlgemerkt nicht als bösartige Attacke auf die Kirche missverstanden werden sollte, sondern als Versuch eines konstruktiven Vorgehens in einer „entchristlichten" Gesellschaft anerkannt werden darf, ist sie im Kern die (rechtswidrige) Verlagerung des Religiösen aus dem Bereich der persönlichen Entscheidung und ihrer intellektuellen Durchdringung in den Bereich der Information über Orientierungsmöglichkeiten; also wieder eine Änderung des Wissensverständnisses.

Es war richtig, gegen LER Verfassungsbeschwerde einzulegen. Gleichwohl bleibt unabhängig vom Ausgang des Prozesses das tieferliegende Problem erhalten, welches Wissen und welche Bildung der Staat anbieten will und muss – und ob dies längerfristig mit dem typisch kirchlichen Orientierungswissen vermittelbar ist.

Dabei schafft die geänderte Bevölkerungsstruktur – vor allem die breite Präsenz des Islam – zusätzliche Herausforderungen schulorganisatorischer und finanzieller Art. Das Urteil über das Kruzifix im Klassenraum[25] kann zudem als Indiz dafür gewertet werden, dass die negative Religionsfreiheit – also der Schutz vor Vereinnahmung durch andere – einen gewachsenen Stellenwert hat, wodurch sich die Beziehungen zwischen Staat und Kirche auf der praktischen Ebene durchaus ändern.

Genauso zeigt die *Sozialpolitik* im weitesten Sinn des Begriffs Anzeichen für

---

[23] Zur Einrichtung des „Forum Bildung" siehe die Pressemitteilung 9/1999 der Bund-Länderkommission, Bonn, 16. 3. 1999 und zum Arbeitsprogramm die Pressemitteilung des Arbeitsstabes Forum Bildung, Bonn, 25. 10. 2000.

[24] Zur Diskussion um die Einführung von LER siehe: *Wertorientierung im Wandel. Religionsunterricht und LER in der Diskussion.* Hrsg. von Michael LANGER und Armin LASCHET. Kevelaer 1998, sowie: *Gott – mehr als Ethik: Der Streit um LER und den Religionsunterricht.* Hrsg. von Albert BIESINGER und Joachim HÄNLE. Freiburg i.Br. 1997 (Quaestiones disputatae. 167).

[25] Beschluss des Ersten Senats des Bundesverfassungsgerichts vom 15. 5. 1995, 1 BvR 1087/91. Siehe dazu auch: *Das Kreuz im Widerspruch. Der Kruzifix-Beschluss des Bundesverfassungsgerichts in der Kontroverse.* Hrsg. von Hans MAIER. Freiburg i.Br. 1996 (Quaestiones disputatae. 162).

teils tiefgreifende Änderungen der Partnerschaft zwischen Kirche und Staat. Die Privatisierung sozialer Dienstleistungen und die wettbewerbliche Reorganisation beispielsweise des Gesundheitssektors bringen z.B. die kirchliche Caritas unter einen oft heilsamen, nicht selten aber hochproblematischen Rationalisierungsdruck[26]. Heilsam ist dieser Druck, weil er viele Träger sozialer Einrichtungen zwingt, sich gegenüber modernen Führungsmethoden zu öffnen und sich stärker auf die unterschiedlichen Bedürfnisse derjenigen einzustellen, die auf ihre Dienste angewiesen sind. Problematisch ist dieser Druck gleichzeitig, weil es für die Einrichtungen schwieriger wird, ihr spezifisches Profil zu bewahren, zumindest wenn damit Kosten verbunden sind, die die Kostenträger bei einer stärker wettbewerblichen Steuerung der Dienste häufig nicht mehr erstatten. Die europäische Integration wird dazu führen, dass sich die sozialen Dienste, für die auf gesetzlicher Grundlage eine Regelfinanzierung besteht, weiter dem Markt öffnen müssen. Die Caritas muss die Doppelaufgabe leisten, einerseits auf diesem härter werdenden Markt zu bestehen und andererseits für die da zu sein, die wirklich arm und in Not sind, von privatwirtschaftlich organisierten sozialen Dienstleistungen aber nicht erreicht werden können.

Bisweilen hat es sogar den Anschein, als sei die letztgenannte Beobachtung typisch für die Logik der gegenwärtigen Entwicklung: Dass es „Modernisierungsverlierer" oder auch „Opfer" gibt, mit denen verbunden und denen nahe zu bleiben für die Kirche wichtig ist, aber auch immer schwieriger wird.

Dies zeigt sich z.B. auch im *Lebensschutz*. Der Mensch scheint gerade in seiner frühesten Lebensphase nur schwer in den Genuss staatlich verbürgten Schutzes kommen zu können. Papst Johannes Paul II. hat in seiner Enzyklika „Evangelium vitae" gezeigt, wie in einer dialektischen Entwicklung gerade das historische Wachsen einer Bindung an die Menschenrechte aller dazu führte, dass „Autonomie" und „Stärke" Werte sind und Abhängige und Schwache an den Rand geraten[27].

Zwar stehen Politik, Gesellschaft und Kirche oft zusammen für restriktive Regelungen beim Lebensschutz ein, wofür bereits das (im Zuge der Wissenschafts- und Wirtschaftsentwicklung freilich problematisierte) Embryonenschutzgesetz als Beispiel gegeben wurde. Bisweilen gibt es aber auch Irritationen, wie z.B. die Frage der gesetzlichen Bewertung des Schwangerschaftsabbruchs zeigt. Beim Schutz des Menschen am Lebensende (vgl. das Stichwort: Sterbehilfe) widerstehen die staatliche Gesetzgebung in Deutschland und die standesrechtlichen Regelungen der Bundesärztekammer[28] der Versuchung zu Liberalisierungen, wie sie in Nachbarstaaten diskutiert und teilweise bereits gehandhabt werden. Richterli-

---

[26] Vgl. z.B. Adrian OTTNAD – Stefanie WAHL – Meinhard MIEGEL: *Zwischen Markt und Mildtätigkeit. Die Bedeutung der Freien Wohlfahrtspflege für Gesellschaft, Wirtschaft und Beschäftigung*. München 2000.

[27] JOHANNES PAUL II.: *Enzyklika Evangelium vitae ... über den Wert und die Unantastbarkeit des menschlichen Lebens. 25. 3. 1995*. Bonn 1995 (Verlautbarungen des Apostolischen Stuhls. 120), S. 24-27.

[28] Vgl. z.B. Grundsätze der Bundesärztekammer zur ärztlichen Sterbebegleitung vom 11. 9. 1998.

che Urteile in Einzelfällen[29] haben allerdings auch bei uns zu Diskussionen geführt.

Insgesamt ist also die Partnerschaft zwischen Kirche, Gesellschaft und Staat in diesem großen Feld eher „gespalten". (Genau dies zeigt auch der Bereich der Ehe- und Familienpolitik, der im eingangs erwähnten Beispiel der gleichgeschlechtlichen Partnerschaften besprochen ist.)

Schließlich sei noch der *Finanzbereich* genannt, weil das Wirken der Kirche stark mitbestimmt wird von ihren finanziellen Möglichkeiten. Ohne Kirchensteuereinnahmen sähe auch die Partnerschaft von Kirche und Staat erheblich anders aus als jetzt – und zwar auch zum Nachteil der staatlichen Seite, die davon profitiert, dass durch kirchliche Steuermittel ermöglichtes Engagement der Kirchen den Staat entlastet. Gewiss gibt es innerhalb und außerhalb der Kirche manche Kritik am kirchlichen Recht auf Mitgliederbesteuerung und es stimmt, dass die Kirche auch ohne Steuereinnahmen in ihrer Existenz und theologischen Bedeutung nicht bedroht wäre. Sie müsste jedoch den Umfang ihrer seelsorglichen und sozialen Präsenz zu Lasten der Gläubigen und zu Lasten der Gesellschaft erheblich einschränken und nicht zuletzt Arbeitskräfte freisetzen. Die deutschen Bischöfe halten deshalb am geltenden System der Kirchenfinanzierung fest.

Dieses System mit seiner Bindung an die Lohn- und Einkommensteuer kommt freilich dann unter Druck, wenn der Schwerpunkt staatlicher Einnahmen sich noch stärker von den direkten auf die indirekten Steuern verlagert oder Reformen im Bereich der direkten Steuern ohne Korrektur die Bemessungsgrundlage der Kirchensteuer schmälern.

Längerfristig ist die Gefahr nicht von der Hand zu weisen, dass finanz- und wirtschaftspolitische Reformerfordernisse – insbesondere die Entlastung der Wirtschaft – in einer Weise umgesetzt werden, die spürbar zu Lasten der Kirche gehen und deren Möglichkeiten schmälern könnte.

Alle Beispiele weisen darauf hin, dass das verfassungsrechtlich festgeschriebene und bewährte Staat-Kirchen-Verhältnis zwar nicht grundsätzlich überholt ist, dass aber Staat, Gesellschaft und Kirche im Zuge der Modernisierung eine Neubestimmung ihrer Zusammenarbeit und Partnerschaft erleben werden. Um es nochmals zu verdeutlichen: Es sind nicht in erster Linie Animositäten gegen Glaube und Kirche, sondern generelle Entwicklungsströmungen, die unterhalb des Verfassungsrechts zu Änderungen in den Beziehungen führen: die Pluralisierung der Gesellschaft, die Mehrung des wirtschaftlichen Wettbewerbs, die Verschiebung der Staatsfunktionen, die Stärkung der internationalen und supranationalen Bündnisse. Es gäbe viele weitere Beispiele – vor allem im Bereich der Medien, wo die Kirche ebenfalls vor neuen Herausforderungen steht.

In einer tieferen Dimension ist es wohl der immer wieder neue Streit um das angemessene Verständnis der menschlichen Freiheit, der dieser Gesamtentwicklung zugrunde liegt: Erschöpft sich Freiheit in Optionenvielfalt? Gibt es eine allgemein verbindliche Einheit von Freiheit und Wahrheit?

---

[29] Z.B. Beschluss des 20. Zivilsenates des OLG Frankfurt/Main vom 15. 7. 1998.

4. Wie kann die Kirche – auch angesichts
der neuen Situation – Partnerin in politischer und
gesellschaftlicher Verantwortung bleiben?

Ist eine infolge der gesamtkulturellen Entwicklung mitgliederärmere und gesellschaftspolitisch weniger prägende Kirche eine Partnerin stark geminderter Bedeutung, so dass schließlich auch der religionsfreiheitliche Kern der Verfassung
ins Wanken kommen könnte? Darüber soll hier nicht spekuliert werden. Vielleicht ist aber eine kirchliche Doppelstrategie hilfreich, die sowohl im kirchlichen
als auch im staatlichen Interesse zu liegen scheint.

Das *Erste* und Wichtigste ist wohl, dass sich die Kirche nicht im Übermaß von
der Sorge bestimmen lässt, ob sie für den Staat „Relevanz" hat und in seinem
Sinn „anschlussfähig" ist. Sie steht sonst in der Gefahr, sich durch ihre Anpas-
sungsbestrebungen selbst zu säkularisieren. Je stärker die Christen das Eigene der
Kirche zur Geltung bringen, d.h. den Glauben an die unverbrüchliche Treue Gottes zu den Menschen und zu seiner Schöpfung leben und die darauf gründende
Hoffnungskraft und Freiheit zur Liebe zur Geltung bringen, desto besser. Jeder
könnte eigene Geschichten erzählen, die zeigen, dass letztlich nur Glaube, Hoffnung und Liebe der Kirche das Aussehen verleihen, das sie ansehnlich macht,
Neugier und Interesse weckt und zu einer Zusammenarbeit mit ihr einlädt.

Solche Geschichten sprechen von örtlichen Versuchen, soziale Not zu lindern,
und reichen bis zum Engagement der Kirche in den Entwicklungs- und Trans-
formationsländern. Sie erzählen auch vom fairen und respektvollen Dialog mit
anders Denkenden sowie vom – wenn nötig – zeitgeistkritischen, konkreten Ge-
genzeugnis. Ebenso handeln sie von liturgischen Feiern und von der Gemeinschaft, in der sich Christen begegnen. Generell gilt: Die Kirche sollte sich nicht
als bloß nützliche Nicht-Regierungs-Organisation missverstehen!

Das *Zweite* ist – modern ausgedrückt – eine konsequente Qualitätssicherung,
die sich Maßstäbe und Wettbewerbsbedingungen durchaus auch von außerhalb
vorgeben lässt.[30] Eine schlampige Seelsorge, flacher Religionsunterricht, mittel-
mäßige Caritasarbeit, intellektuelle Anspruchslosigkeit in der geistigen Auseinandersetzung, vor allem auch im politischen Diskurs, wären der Kirche abträglich, ja nach innen und außen schädlich. Sie muss besonders – trotz der oben beschriebenen Distanz – die gesellschaftlichen Entwicklungen und Zusammenhänge möglichst gut wahrnehmen und verstehen. Nur dann hat sie eine Chance,
wach und zielsicher zu handeln und ihr Eigenes so zu sagen, dass die Menschen
es verstehen.

Angstfreie Profilierung des Eigenen und wettbewerbsfähige Qualitätssicherung: Diese Verbindung verschiedener Verhaltensweisen wird gewiss die
Fremdheit nicht überwinden und die Probleme nicht lösen, die die Partnerschaft
zwischen Staat und Kirche sowie zwischen Gesellschaft und Kirche aufgrund
tieferliegender Entwicklungstendenzen erschweren. Aber sie würde helfen, dass

---

[30] Als Beispiel für das Bemühen um solche Qualitätssicherung siehe: *Schulqualität.*
Beiträge zu einer öffentlichen Diskussion. Hrsg. vom Sekretariat der Deutschen Bischofskonferenz. Bonn 2000 (Arbeitshilfen. 154).

die Kirche als Ort eines lebendigen „Gedächtnisses an die Quelle von Werten, von kulturellen Entwicklungen, von Rechten und Sitten"[31] erfahren wird, ohne das menschliches Zusammenleben in Deutschland und Europa vermutlich sehr viel schlechter möglich wäre. Der Bezug auf das politisch nicht repräsentierbare Andere erinnert daran, dass auch die demokratische Republik die Macht des Volkes nicht verabsolutieren und auch nicht zur sanften Diktatur der Verwaltung und der Sachzwänge mutieren darf[32]. Der Gedächtnislosigkeit (Amnesie) durch das Gedächtnis Gottes entgegen zu treten, ist die ureigene Sendung der Kirche und ihrer Glieder – Laien und Klerus, Männer und Frauen –, die ein Engagement der Kirche auch als Partnerin in politischer und gesellschaftlicher Verantwortung bleibend begründet.

---

[31] Burkhard REICHERT: Wie das Christliche gesellschaftlich und politisch wirksam ist. In: *Christsein 2001. Erwartungen und Hoffnungen an der Schwelle zum neuen Jahrtausend.* Hrsg. vom Johannes RÖSER. Freiburg i.Br. 1998, S. 138.

[32] Vgl. Karl LEHMANN: Religionsunterricht und politische Bildung. In: *Kursiv. Journal für politische Bildung* 4 (2000), S. 47 .

Ermutigung zur Zivilcourage

VON HANS KÜNG

Was soll ich Karl Lehmann, dem theologischen Weggenossen seit der Konzilszeit, zu seinem 65. Geburtstag wünschen? Ihm, mit dem mich trotz der Verschiedenheit des Amtes, der Rolle, des Weges doch Entscheidendes – vor allem der Dienst an derselben kirchlichen Gemeinschaft nach der obersten Norm desselben Evangeliums – verbindet? Ihm, zu dem die persönlichen Beziehungen trotz aller unumgänglicher öffentlicher Kontroversen, in denen er meist den römisch-legalen und ich mehr den ökumenisch-pastoralen Standpunkt meinte vertreten zu müssen, nie abgebrochen wurden? Ich möchte ihm, der auch zu meiner Freude als Präsident der deutschen Bischofskonferenz trotz römischer Obstruktion zum dritten Mal gewählt wurde, statt den Kardinalshut von Herzen viel Christenmut wünschen.

Mut, Ermutigung braucht jeder Mensch im Leben, braucht auch der Theologe, braucht auch ein Bischof. Aber Ermutigung wozu? Da lassen sich viele und verschiedenartige Antworten geben, auch für den Raum der Kirche. Man bedenke:

- In einer Zeit, in der man nach argem Mißbrauch des Wortes nicht mehr gerne von „Tugenden" redet und ein „tugendhafter" Mensch oft eher als Karikatur eines freien Christenmenschen gilt;
- in einer Zeit, in der man trotzdem mehr denn je sittliche Lebenshaltungen braucht, die über den Tag oder die Tat hinaus wirksam sind (diesen Habitus meint ja das Wort „Tugend", „Tauglichkeit", „Tüchtigkeit");
- in einer Zeit, in der auch diese sittlichen Haltungen einem starken Wandel unterworfen sind und Tugenden wie Gehorsam und Demut in Mißkredit gerieten, andere aber umso wichtiger wurden:

da meinte ich im Raum der Kirche, ursprünglich Ort der Wahrheit und der Freiheit, auf *Wahrhaftigkeit* dringen zu müssen, und erst recht auf *Freiheit*. Auf jene Freiheit, wie sie von Jesus im Kampf, Leiden und Sterben vorgelebt und vom Apostel Paulus gegen alle Tendenzen zur Unfreiheit programmatisch eingefordert wurde „die Freiheit, zu der uns Christus befreit hat" (Gal 5,1). Die Freiheit eines Christenmenschen also, wie sie später gegenüber dem mittelalterlichen römischen Kirchensystem vor allem von Martin Luther wieder neu eingefordert worden war.

Heute freilich geht es nicht mehr wie zur Zeit Martin Luthers nur um die Freiheit eines Christenmenschen. Es geht um die Freiheit des Menschen überhaupt und besonders auch um die *freie Rede und Tat*. Es geht nicht nur um den apostolischen Freimut, sondern schlicht um *Zivilcourage*. Zivil-Courage, habe ich mich zunächst für mich selber gefragt, was besagt das gerade für einen Theologen, einen Mann der Wissenschaft, einen, wenn man will, „Intellektuellen"?

Die Frage kommt nicht von ungefähr. Denn *„Courage"* kommt ja nicht von „Intellekt", auch nicht von der „Raison", ist also gerade nicht ein Produkt des der Wissenschaft eigenen „Raisonnierens", Urteilens, Durchdenkens und Begründens. Vielleicht ist diese Ausrichtung auf das Rationale der Grund, weswegen man die Worte „courage" oder „Mut" in manchen dafür zuständigen Wörterbüchern der Psychologie, Pädagogik und Soziologie vergebens sucht, vergebens auch im Staatslexikon, vergebens auch in der großen *französischen Encyclopedia universalis* oder in der *Encyclopedia Britannica*, ja vergebens auch in den theologischen Enzyklopädien. Im katholischen *Lexikon für Theologie und Kirche* (2. Auflage) zum Beispiel findet man im Band 7 zwar den katholischen Publizisten Karl Muth (mit „th"), aber wie auch in der berühmten protestantischen Enzyklopädie *Die Religion in Geschichte und Gegenwart* keine Zeile über Mut ohne „th". Ja, die allerneueste protestantische *Theologische Realenzyklopädie* braucht nicht weniger als dreiundzwanzig Bände, um sich bis zur Silbe Mu- vorzuarbeiten. Aber auch dort wird man bitter enttäuscht: zwischen „Muße" und „Muttergottheiten", beide modisch breit behandelt, erneut keine einzige Zeile über den „Mut".

Man sieht: Mit „Courage" scheinen die Intellektuellen der verschiedenen Fachrichtungen und die Theologen beider Fakultäten wenig anfangen zu können. Dabei ist „Courage" schon seit dem 16. Jahrhundert auch im Deutschen üblich. Und seine Herkunft ist völlig eindeutig: „courage" kommt von *„coeur"*, „Herz". „Le coeur", lautet Pascals berühmtes und kaum übersetzbares Wortspiel, „le coeur a ses raisons que la raison ne connaît point!" Also: Das Herz hat „raisons", „Vernunftgründe", so könnte man übersetzen, „welche la raison, die Vernunft selber nicht kennt". Ja, wenn man nur (ich sage: nur) der Vernunft folgen will, wird man selten „courage" zeigen. Denn so meinen die Dreimalklugen: Die mutigsten Pferde seien die blinden. Als ob schon je ein blindes Pferd ein Rennen gewonnen hätte. Ja, wirklichen Mut, sagen sie, hätten nur die Narren. Als ob gescheite Leute nicht mutig, sondern vor allem vorsichtig, zurückhaltend, maßvoll zu sein hätten.

Doch Blaise Pascal, nicht nur ein Gescheiter, sondern ein wirkliches Genie in mathematischer, philosophischer, literarischer Hinsicht, hat gegen das einseitige Raisonnieren der Wissenschaft die *Logik des Herzens* gesetzt. Diese Logik des Herzens wüßte das „raisonnement" und das „sentiment", die ja beide ihre Grenzen haben, zu verbinden. Denn „Herz" meint für Pascal, wie für Luther, der das Herz im Wappen trägt, nicht etwa nur das Irrational-Emotionale, im Gegensatz zum Rational-Logischen. Nein, „Herz" meint die geistige Personmitte des Menschen, sein innerstes Wirkzentrum und den Ausgangspunkt seiner Beziehungen zum Anderen. Genau formuliert: „Herz" meint durchaus den menschlichen Geist: aber nicht insofern er rein theoretisch denkt, schlußfolgert, sondern insofern er spontan präsent ist, intuitiv erspürt und existentiell erkennt.

Also nicht einfach in der „reinen Vernunft" – der Moralist Kant würde hier zweifellos zustimmen mit seinem Verweis auf die „praktische Vernunft" und das Gewissen –, sondern im Herzen hat die „Courage" des Menschen ihren Sitz. Und ganz entsprechend gibt es in unserer Sprache dafür ein schönes Wort: „Beherzt-heit", was konkret meint, „mutig, entschlossen, unerschrocken" zu sein.

Und *„ Zivilcourage "*? Das Wort „Zivil" wurde schon im 16. Jahrhundert aus dem Französischen übernommen und geht auf das lateinische „civilis" gleich „bürgerlich", „gemeinnützig" zurück. Und wenn wir heute von Zivil- oder Bür-gergesellschaft sprechen, leuchtet diese Dimension wieder auf. Es lohnt sich, über dieses Wort nachzudenken.

Zivilcourage muß *abgesetzt* werden *vom* sprichwörtlichen, wenngleich in der Geschichte so oft mißbrauchten *Mut des Soldaten*. Denn Zivilcourage meint (frei nach Duden) ganz unmilitärisch den Mut, den man dadurch beweist, daß man seine Meinung offen äußert und ohne Rücksicht auf eventuelle Folgen in der Öf-fentlichkeit vertritt, auch gegenüber der Obrigkeit und Vorgesetzten, meint also in erster Linie das *unerschrockene Wort*. Wenn ich richtig orientiert bin, ist das Wort Zivilcourage zum ersten Mal von Bismarck, dem „eisernen Kanzler", 1864 geprägt worden, aber nicht etwa um seine Deutschen zu loben, sondern um ihnen den Mangel an dieser Tugend anzukreiden.

So konnte natürlich ein Kanzler reden, der selber unerschrocken war. So wür-de – darf ich das in der Festschrift für den Präsidenten der deutschen Bischofs-konferenz schreiben? – ein katholischer und vielleicht auch ein evangelischer Bischof heute kaum reden; Ausnahmen bestätigen die Regel. Ein Bischof – selbst in Deutschland, das zeigen die Reaktionen auf KirchenVolksBegehren und Schwangerenkonfliktberatung – hat normalerweise Angst vor Zivilcourage. Und auf die auch in dieser Hinsicht exemplarische Gestalt *Martin Luthers* berufen sich in diesem Zusammenhang auch lutherische Bischöfe nur selten – jedenfalls nicht dem Papst gegenüber, gegenüber dem man das Protestieren zumeist katho-lischen Reformern überläßt, und sich dafür mit ihm fotografieren läßt.

Da fragt man sich: Wo bleibt denn bei so viel Rede von Zivilcourage heutzu-tage die *„ Christencourage "*? Warum gibt es zwar die Courage des *Soldaten*, der weiß, daß nur wer wagt, gewinnt? Warum sogar die Courage der *Marketenderin*, die trotz Niederlagen sich durch ihre vitale, zupackende Art selbst im Krieg als „Mutter Courage" (Brechts Lehrstück) erweist? Warum auch die Courage des *Weltmenschen*, der vormacht, daß dem Mutigen die Welt gehört? Ja, warum gibt es da neben der Zivilcourage nicht auch eine sprichwörtliche Courage des *Chri-stenmenschen*? Wie es doch neben dem Zivil-Recht ein Kirchen-Recht gibt und Doctores utriusque iuris, beider Rechte? Warum hat die Sprache das Wort Zivil-Courage geprägt, aber weder das Wort Kirchen-Courage oder Christen-Courage, Worte, die einem ob ihrer Künstlichkeit reichlich fremd vorkommen?

Er muß ja einmal existiert haben, dieser Christenmut. Sonst hätte es ja gar nicht Leute wie den *couragierten heiligen Georg* geben können, unter dessen Patronat so viele Kirchen stehen, den heiligen Georg, der bekanntlich einen *Dra-chen* getötet hat. Aber die kirchliche Diskreditierung der Courage muß schon früh angefangen haben. Sonst hätte es in Schillers Ballade vom „Kampf mit dem Drachen" kaum heißen können: „Mut zeigt auch der Mameluck, Gehorsam ist des Christen Schmuck". *Gehorsam des Christen Schmuck?* Solche Sätze hören Bischöfe oder Päpste gern. Und in Schillers Ballade wird der Satz denn auch von einem hohen Kirchenmann gesprochen, und zwar einem einfachen Christenmenschen gegenüber, der nun wirklich einen Drachen getötet, aber dabei leider sein Gehorsamsgelübde verletzt hatte, das jeden Kampf verbietet.

Ja, wie weit sind wir doch weggekommen, wir Christen, von demjenigen, der immer so klar mit „ja, ja" und „nein, nein" gesprochen hat. Von ihm, der immer unerschrocken öffentlich geredet hat und von dem der Satz stammt: „Wer sein Leben gewinnen will, der wird es verlieren; und wer es verliert, der wird es gewinnen!"

Ja, wie weit sind wir doch weggekommen vom früher sprichwörtlichen „apostolischen Freimut", jener Parrhesia, mit dem die Apostel wie schon Jesus selber in aller Öffentlichkeit und auch angesichts einer feindlichen Öffentlichkeit geredet haben. Wie weit sind wir weggekommen vom Freimut eines Apostels Paulus, der dem Petrus, dem „Kephas", „dem Fels", wie er selber sagt, „in Gegenwart aller ins Angesicht widerstand". Und warum? Weil Kephas/Petrus, damals noch keineswegs unfehlbar, nicht „wandelte nach der Wahrheit des Evangeliums"! Ein hartes Wort gegenüber dem, wie man in Rom meint, ersten Papst! Nein, keine fromme Sage ist diese Erzählung wie die vom heiligen Georg, vielmehr ein durchaus historischer Bericht, aus dem zweiten Kapitel des Briefes des Apostels Paulus an die Gemeinden von Galatien, welchen die römische Kirche aber, an dieser Art von Courage nicht besonders interessiert, in ihrer Liturgie zumindest bis zum Zweiten Vatikanischen Konzil nie vorlesen ließ. Des Paulus Courage hätte ja bis in den Episkopat und den Vatikan hinein ansteckend wirken können...

Und doch gehörte die *Tapferkeit* (fortitudo) als Haltung, die ja viel mit dem (mehr auf den Augenblick gerichteten) Mut gemeinsam hat, zu den vier großen platonischen Kardinaltugenden. Eine Tugend *in der Mitte zwischen* zwei extremen Lastern – so sah Aristoteles jede Tugend –, *zwischen Feigheit und Verwegenheit*, man könnte auch sagen: in der Mitte zwischen Mißmut und Übermut. Schon Aristoteles hat indes erkannt, daß es neben der kriegerischen Tapferkeit, die Platon mit dem Kriegerstand verband, auch eine *bürgerliche Tapferkeit* gibt, die unerschrocken für die eigenen Überzeugungen eintritt auch angesichts der Gefahr, von anderen, und vor allem den Mächtigen, Widerspruch zu ernten.

Diese Tugend ist so wichtig, daß sie als Kardinaltugend klassifiziert wird und doch scheint sie gerade keine Tugend der Kardinäle zu sein: *Warum fehlt es* denn so oft auch im kirchlichen Bereich, und in den höheren Rängen besonders, *an Zivil-, an Christencourage*? Im Zweiten Vatikanum war mir dies eine ausgesprochene Anfechtung: Warum protestieren Bischöfe nicht in diesem oder jenem Fall? Warum erhebt ein Kardinal, der doch nicht mehr höher steigen kann, in einer entscheidenden Sitzung nicht seine Stimme?

Diese „Kardinalfrage" beschäftigte mich so sehr, daß ich andere kundige Zeitgenossen, berühmte Tübinger alle drei, befragte. Nur kurz:

• Antwort des marxistischen Philosophen *Ernst Bloch*: Man vertrete oft eine Sache nicht, weil sie schon jemand vertritt, mit dem man nichts gemein haben möchte; man habe also Angst vor Beifall von der falschen Seite!
• Antwort des liberalen Soziologen *Ralf Dahrendorf*: Auch Hochplazierte machten sich höchst ungern unbeliebt; frei herauszureden bedeute auch für einen Kardinal einen besonderen psychisch-moralischen Kraftaufwand.

- Antwort des Philosophen und Pädagogen *Otto Friedrich Bollnow* (der ein hervorragendes Buch über „Wesen und Wandel der Tugenden" geschrieben hat): Tapferkeit im bürgerlichen Leben scheine noch schwieriger zu sein als Tapferkeit im Krieg. Mit dem Herdentrieb des Menschen hänge es wohl zusammen, daß einer noch leichter gemeinsam mit anderen sein Leben im Krieg aufs Spiel setzt und seinen soldatischen Mut sogar für verwerfliche Ziele mißbrauchen läßt, als im bürgerlichen Leben als Einzelner gegen den großen Strom anzuschwimmen.

Alles bedeutende Worte, Auskünfte, die Teilaspekte des Problems berühren. Von den Klassikern der Philosophie scheint mir *Immanuel Kant* die elementarste und beste Antwort auf die Frage gegeben zu haben. In der Schrift „Was ist Aufklärung?" schreibt er: *„Faulheit und Feigheit sind die Ursachen,* warum ein so großer Teil der Menschen, nachdem sie die Natur längst von fremder Leitung frei gesprochen, dennoch gerne zeitlebens unmündig bleiben; und warum es anderen so leicht wird, sich zu deren Vormündern aufzuwerfen. Es ist so bequem, unmündig zu sein."

Und in der Tat: eine Anstrengung, eine Mühe, ein Risiko ist mit Zivilcourage allemal verbunden. Und manch einer, der sich in Zivilcourage geübt hat, kann es bezeugen: Es ist nicht leicht, in einer großen Auseinandersetzung selbst von früheren Freunden oder Kollegen verschmäht zu werden. Es ist nicht leicht, von denen, die meinen die Wahrheit zu besitzen, auch wenn sie nur die Macht besitzen, an die Wand gespielt zu werden. Es ist nicht leicht, in aller Öffentlichkeit und von bestimmten Medien als illusionärer Idealist und Phantast verhöhnt zu werden.

Gewiß, man kann vielen Pressionen widerstehen. Aber dieser Widerstand ist nicht selbstverständlich. Und Zivilcourage angesichts aller Schwierigkeiten immer wieder neu zu zeigen, ist erst recht nicht leicht. Es ist für niemanden einfach, immer wieder neu den Mut zu bewahren, der einem ja mit allen Mitteln abgekauft werden soll. Als glaubender Christ würde ich sagen: Auch dieser Mut muß einem wahrhaft geschenkt sein, er ist eine echte Gnade.

Nur mit diesem Vorbehalt könnte ich deshalb dem gängig gewordenen Wort der Gertrud Stauffacher an ihren Mann in Schillers „Wilhelm Tell" zustimmen: „Dem Mutigen hilft Gott!" Das erscheint oft so unsicher wie das Versprechen der Alten: „Dem Mutigen hilft das Glück", „Fortes fortuna adiuvat!" Wer möchte sich schon auf die Göttin Fortuna verlassen? Ja, welcher tapfere Mann, welche couragierte Frau kennt nicht bei allem Mut die manchmal aufkommende Mutlosigkeit, Lustlosigkeit, Müdigkeit, die in Zaghaftigkeit und völlige Verzagtheit überzugehen droht. In solchen Momenten sagt man dann besser umgekehrt: „Gott, mein Gott, gib mir Mut, mir selber zu helfen."

Mir ist natürlich klar, daß heute viele skeptisch sind im Hinblick auf einen Gottesglauben. Doch bin ich der Überzeugung, daß die Frage der Religion nach dem Zusammenbruch des Kommunismus und im Ringen um eine neue Weltordnung neu verhandelt zu werden verdient. Es mag in unserem Kontext zu denken geben, was der als Freigeist verschriene Georg Christoph Lichtenberg (bekannt durch seine kritischen „Aphorismen") schrieb über den gläubigen Mut und was zugleich mit dem „sapere aude" („Habe den Mut, dich deines Verstandes zu bedienen") seines Zeitgenossen Immanuel Kant zu bedenken ist: „Eine der schwersten Künste für den Menschen ist wohl die, sich Mut zu geben. Da es nun so viele Leiden in der Welt gibt, denen mit Mut entgegenzugehen, kein menschliches Wesen einen schwachen Trost genug geben kann, so ist die Religion vortrefflich. Sie ist eigentlich die Kunst, sich durch Gedanken an Gott ohne weitere andere Mittel Trost und Mut im Leiden zu verschaffen, und Kraft, demselben entgegenzuarbeiten. Ich habe Menschen gekannt, denen ihr Glück ihr Gott war. Sie glaubten an ein Glück, und der Glaube gab ihnen Mut. Mut gab ihnen Glück und Glück Mut. Es ist ein großer Verlust für den Menschen, wenn er die Überzeugung von einem weisen, die Welt lenkenden Wesen verloren hat."

Erfreulicherweise gibt es ja nun nicht nur in der Reformationszeit, sondern auch in den vergangenen Jahrzehnten viele Beispiele von Zivilcourage aus der Kraft des Gottesglaubens: der andere Martin Luther (King) und so viele in Nordamerika, in Zentral- und Südamerika, mir zum Teil persönlich bekannt! Aber auch auf den Philippinen, in Südafrika, Polen und gerade in der früheren DDR, wo man bei allem oft weit übertriebenen Versagen von Kirchenvertretern nicht vergessen sollte: Es waren die Kirchen, die schon längst vor der Wende die Freiräume boten für eine gewaltlose „Revolution der Kerzen", die aber jetzt Jahre nach der Wende sich nicht wieder abschließen sollten hinter den neu errichteten alten Strukturen, die vielmehr offen und gastfreundlich bleiben sollten für alle Menschen.

Mein Artikel ist auch eine Hommage für alle, die das unerschrockene Wort, die couragierte Tat gewagt haben. Sie wissen es: Schwieriger als die Zivilcourage des Moments, der kühnen Rede oder der mutigen Tat, ist wohl doch das *Durchhalten*. Schwieriger ist das mutige Festhalten an der als richtig erkannten Sache durch die Jahre und Jahrzehnte. „Courage ist gut", liest man in Theodor Fontanes Roman „Der Stechlin", „Courage ist gut, aber Ausdauer ist besser. Ausdauer, das ist die Hauptsache."

Mut zum unerschrockenen Wort, Mut zum Durchhalten möchte ich gerne auch Bischöfen machen: daß sie sich nicht erschrecken lassen, wenn ihnen einmal ein Gedanke einfällt, der dem Oberen nicht paßt; daß sie sich erst recht nicht abschrecken lassen, solche Gedanken auch öffentlich zu äußern - und zwar noch vor ihrer Emeritierung. Mut *nach* dem Amt ist gut; Mut *im* Amt ist besser - Rom hin oder her. Ich wünsche gerade Bischöfen den Mut, mehr auf die Menschen zu hören und weniger auf die Zentrale und das in die Tat umzusetzen, was sie als die Wahrheit des Evangeliums erkannt haben. Dies wünsche ich auch Bischof Karl Lehmann, dem theologischen Weggenossen seit der Konzilszeit.

Frauenordination und Ökumene

Erwägungen aus römisch-katholischer Sicht

VON THEODOR SCHNEIDER

Vorbemerkung

Seit Jahrzehnten ist Karl Lehmannn darum bemüht, zur Annäherung und Verständigung der christlichen Konfessionen beizutragen. Fast 20 Jahre lang war er – zusammen mit Edmund Schlink, danach mit Wolfhart Pannenberg – unter den Vorsitzenden Kardinal Hermann Volk und Bischof Hermann Kunst der (katholische) Wissenschaftliche Leiter des „Ökumenischen Arbeitskreises evangelischer und katholischer Theologen", unter Insidern auch als „Paderborner Kreis" oder als „Jäger-Stählin-Kreis" bekannt, weil dieser Arbeitskreis – bestehend aus je 20 Theologen (neuerdings auch Theologinnen) beider Konfessionen vom Paderborner Erzbischof Lorenz Jäger und dem Oldenburger Bischof Wilhelm Stählin 1946 in Paderborn ins Leben gerufen wurde.

Seit 1989 ist Bischof Karl katholischer Vorsitzender dieses Gremiums, zunächst zusammen mit dem ehemaligen Ratsvorsitzenden, Landesbischof i.R. Prof. Dr. Eduard Lohse, jetzt zusammen mit dem ehemaligen Bevollmächtigten der EKD bei der Bundesregierung, Militärbischof Dr. Hartmut Löwe.

Unter Karl Lehmanns Leitung wurden wichtige Projekte bearbeitet, vor allem auch die international rezipierte Studie *Lehrverurteilungen – kirchentrennend?*, die im Anschluß an den ersten Deutschlandbesuch von Papst Johannes Paul II. auf Bitten und im Auftrag der „Gemeinsamen Ökumenischen Kommission" des Rates der EKD und der Deutschen Bischofskonferenz in den Jahren 1983-1986 erstellt wurde[1].

Der folgende Vortrag – gehalten am 16. 10. 1999 vor der Michaelsbruderschaft im Kloster Kirchberg im Rahmen des Gesamtthemas: „Warum wir die anderen brauchen. Gegen die Selbstgenügsamkeit in unseren Kirchen" – fühlt sich Karl Lehmanns ökumenischem Bemühen verpflichtet und sei ihm dankbar als Festgabe zu seinem 65. Geburtstag „überreicht"!

---

[1] K. LEHMANN – W. PANNENBERG (Hrsg.): *Lehrverurteilungen – kirchentrennend?* Bd. 1: *Rechtfertigung, Sakramente und Amt im Zeitalter der Reformation und heute.* Freiburg – Göttingen 1986.

I. Zugang

1. Situation: Zum gegenwärtigen ökumenischen Klima

Die ökumenische Großwetterlage in unserem Land ist unserer hiesigen Unternehmung nicht sehr günstig: Neues Mißtrauen ist aufgebrochen, Unterstellungen geschehen, massive Abgrenzungen, konfessionalistische Verhärtungen. Ich muß gestehen, daß ich nach über dreißig Jahren Arbeit in ökumenischen Gremien und Projekten mich seit längerem ziemlich irritiert und frustriert fühle. Das hat natürlich nichts mit Ihnen zu tun, im Gegenteil, ich bin gerne gekommen, nicht zuletzt deshalb weil ich im Kreis Ihrer Bruderschaft einige Freunde habe. Überhaupt ist mein ganz großer persönlicher Gewinn aus aller ökumenischen Arbeit die Tatsache, daß die einzelnen Kirchen, die einzelnen Gruppierungen und Fakultäten, menschliche Gesichter bekommen haben und diese Menschen zum großen Teil zu Freunden geworden sind.

Aber das, was im Umfeld der Gemeinsamen Erklärung zur Rechtfertigungslehre geschehen ist, macht mir schon zu schaffen. Ich frage mich, ob die mangelnde Einigungsbereitschaft, die ich bisher eher bei römischen Instanzen vermutet habe, nun die Seiten gewechselt hat. Regieren plötzlich vor allem die Ängste um das eigene Profil? Und ich wundere mich, wie viele Fachgelehrte, auf ihren Gebieten anerkannte Spezialisten, lautstark über ein Thema reden, von dem sie offensichtlich wenig Ahnung haben, weil sie die Diskussion nicht verfolgt haben. Geht es wirklich noch um die Kernbotschaft des Evangeliums oder geht es nur noch darum Recht zu behalten?

Aber uns bleibt zunächst nichts anderes als beharrlich und solide weiterzuarbeiten und die Fehler, die wir anderen ankreiden, nicht selber zu begehen.

2. Kombination: Grundsätzliche Erwägungen und die Sachfrage

Bei der konkreten Vorbereitung habe ich einige Mühe gehabt das Sachthema, „Ordination – Frauenordination" in das Gesamtthema dieser Tagung einzuordnen und beides angemessen zu gewichten. „Warum wir die anderen brauchen?" ist ja ein weites Thema und die „Frauenordination" nicht minder. Ich will so vorgehen, daß ich die Sachfrage „Frauenordination" kombiniere mit eingefügten Zwischenreflexionen grundsätzlicher Art. Dieses Vorgehen geht natürlich zu Lasten beider Themenbereiche, beide Aspekte kommen nur teilweise zum Zuge und das Ganze ist nicht nur selektiv, sondern auch subjektiv gefärbt. Ob wir am Ende zufrieden sind mit dieser Vorgehensweise muß sich zeigen.

3. Intention: Erinnerung – Besinnung – Ermutigung

Natürlich geht es zunächst darum, Fakten und Texte in Erinnerung zu rufen, ihre Tragweite, ihr Gewicht zu bedenken. Vielleicht ist Erinnerung nicht die richtige Beschreibung dessen was ich hier meine. Vielleicht müßte für manche von uns dort Information stehen. Wer hat schon alles scheinbar oder tatsächlich Wichtige wahrgenommen und gelesen? Wer sagt überhaupt, was alles wichtig zu sein hätte? Es geht also an dieser Stelle um den Sachgehalt, aus dem sich über die Wahrnehmung der Fakten hinaus Besinnung ergeben sollte, kritische Besinnung, womöglich nicht nur in einer Richtung. Die Gefahr, die eigenen Gewöhnungen als Selbstverständlichkeiten zu behandeln, kennen wir ja alle.

Erinnerung, Besinnung, Ermutigung. Darüber wäre ich besonders froh, wenn am Ende nicht nur eine gewisse Ratlosigkeit stünde angesichts der Komplexität der Materie und der Differenzen in der Einschätzung, sondern auch das Gefühl, manches nun vielleicht doch besser zu verstehen, Offenheit zu spüren auch auf der Seite der Gegenposition. Eine gewisse Zuversicht sollte aufkeimen in den ernsten Willen aller Beteiligten, tatsächlich dem Evangelium zu dienen und nicht nur der eigenen Meinung, nicht zuletzt Zutrauen zu dem Erhöhten und seinem Geist, daß er unser Stückwerk schließlich doch zu einem Ganzen fügen wird.

II. Standpunkt

1. Positionsbeschreibung (*Inter insigniores*, 1976)

Kommen wir also zur Sache, zum Thema Frauenordination in römisch-katholischer Sicht. Der wichtigste Text in diesem Zusammenhang ist nach wie vor die Erklärung *Zur Frage der Zulassung der Frauen zum Priesteramt* 1976 im Auftrag von Papst Paul VI von der Kongregation für die Glaubenslehre verfaßt, unterschrieben von ihrem damaligen Präfekten, dem kroatischen Kardinal Franjo Šeper, offiziell veröffentlicht im Januar 1977. Der Text von etwa 18 Seiten müht sich redlich mit der Problematik ab, versucht zu argumentieren und Pro und Contra Frauenordination, Frauenpriesterweihe zu erwägen. Die Worte der Einleitung klingen aufgeschlossen und wohlwollend, denn der erste Satz, der mit „inter insigniores" beginnt, spricht die besonderen Merkmale an, die unsere Zeit kennzeichnen. Und zu denen zählt, heißt es hier, Papst Johannes XXIII. in seiner Enzyklika *Pacem in terris*, den Eintritt der Frau in das öffentliche Leben, der vielleicht rascher bei den christlichen Völkern erfolgte und langsamer, jedoch in zunehmendem Umfang, auch bei den Völkern anderer Traditionen und Kulturen. Der Text beginnt also mit einem Gedanken von Papst Johannes XXIII. und fährt fort: „Die Gleichheit, die sich hieraus ergibt, wird dazu führen eine Gesellschaft zu verwirklichen, die nicht völlig nivelliert und einförmig, sondern harmonisch und in sich geeint ist, wenn die Männer und die Frauen ihre jeweiligen Veranlagungen und ihren Dynamismus in sie einbringen, wie es Papst Paul VI. erst kürzlich dargelegt hat." Ein hoffnungsvoller Einstieg, meint man zunächst.

Aber der direkte Anlaß dieses Textes ist natürlich ein anderer. Die anglikanischen Kirchen von Kanada und England hatten 1975 die Zulassung von Frauen zum Priesteramt grundsätzlich ins Auge gefaßt. Kirchen sogenannter katholischer Prägung also mit altkirchlichem Amtsverständnis hatten diesen grundsätzlichen Schritt offiziell getan. Papst Paul VI. hat in Briefen an den damaligen Erzbischof von Canterbury Coggan dargelegt, warum die römisch-katholische Kirche einen solchen Schritt ablehne. Die Ausarbeitung der Gegengründe blieb dann der Glaubenskongregation überlassen und sie nennt schon in der Einleitung ihrer Erklärung den Anlaß dieses Textes und die eigene Position. Wörtlich: „Nun haben seit einigen Jahren mehrere christliche Gemeinschaften, die aus der Reformation des 16. Jh. oder der nachfolgenden Zeit hervorgegangen sind, auch Frauen in der gleichen Weise wie Männern den Zugang zum pastoralen Dienst eröffnet. Ihre Initiative hatte von Seiten der Mitglieder dieser Gemeinschaften oder ähnlicher Gruppen Forderungen und Veröffentlichungen zur Folge, die darauf abzielen, diese Zulassung auszuweiten, aber auch Reaktionen im entgegengesetzten Sinn. Diese Frage stellt also ein ökumenisches Problem dar, zu dem die katholische Kirche ihre Auffassung darlegen muß." Katholisch meint hier natürlich römisch-katholisch. „Aus diesen Gründen erachtet es die Kongregation für die Glaubens-lehre in Erfüllung eines Auftrags, den sie vom heiligen Vater erhalten hat, als ihre Pflicht, erneut festzustellen:" – und jetzt kommt schon in der Einleitung die These – „Die Kirche hält sich aus Treue zum Vorbild ihres Herrn nicht dazu be-rechtigt, Frauen zur Priesterweihe zuzulassen."

Die Ausführung des Textes geht dann in sechs Schritten vor. Erster Schritt: „Die Tatsache der Tradition" – „Tatsache" meint die genannte These –, „Traditi-on" meint beständige bisherige Überlieferung. Der zweite Abschnitt ist über-schrieben: „Das Verhalten Christi". Drittens: „Die Handlungsweise der Apostel". Viertens: „Die bleibende Bedeutung der Verhaltensweise Jesu und der Apostel". Dann folgen noch zwei Abschnitte eher systematischer Art. Fünftens: „Das Prie-steramt im Lichte des Geheimnisses Christi" und sechstens: „Das Priesteramt im Geheimnis der Kirche".

Die Erklärung löste im katholischen Raum eine lebhafte Diskussion aus. Karl Lehmann, damals Professor in Freiburg, schrieb u.a. „Die Gefahr der Erklärung liegt in der Isolierung ihrer eingeengten Fragestellung." Peter Hünermann, der Tübinger Kollege, damals noch Professor in Münster, hat eine relativ ausführli-che, heute noch lesenswerte Darlegung in der *Herder-Korrespondenz* geschrie-ben unter der Überschrift: „Roma locuta, causa finita?" Das erste, worauf er die Aufmerksamkeit lenkt, ist das klassisch-neuscholastische Argumentationsgefüge. Er erläutert das im Einzelnen, daß z.B. die These an den Anfang gesetzt wird, die dann mit Texten aus Schrift und Tradition belegt wird. Er meint damit natürlich, ohne es direkt zu sagen, der Text beachte nicht die Standards der gegenwärtigen nachkonziliaren Theologie, welche die Neuscholastik ja gerade auch, was die Methode angeht, hinter sich gelassen hat. Ich komme später noch einmal darauf zurück. Peter Hünermann stellte damals eine ganze Reihe kritischer Fragen und meinte am Ende als eine Art Fazit, die Glaubenskongregation leiste insoweit der theologischen Diskussion einen wertvollen Dienst, als sie die dogmatische Ver-bindlichkeit der kirchlichen Praxis, Frauen zum Priesteramt nicht zuzulassen, eindeutig als gering qualifiziere und die Tragweite der Argumente aus Schrift und Tradition klar begrenze – eine Einschätzung, die, wie sich später gezeigt hat, an der Intention der Verfasser offensichtlich vorbei gezielt hat. Aber selbst in der ersten Presseerklärung der deutschen Bischofskonferenz (ich vermute, daß auch diese von Karl Lehmann vorformuliert worden ist) klingen leise kritische Töne an. Z.B. heißt es dort: Die Erklärung mache auch darauf aufmerksam, daß manche Argumente die in der Vergangenheit zugunsten der überlieferten Lehre vorgetragen wurden, heute nicht mehr zu halten sind. Oder: Die Erklärung sei sich durchaus der Schwierigkeit eines stringenten theologischen Beweises in der Frage der Priesterweihe von Frauen bewußt.

2. Bekräftigung und Festschreibung (*Ordinatio sacerdotalis*, 1994)

Allen Anfragen, allen Bedenken, allen Gegenargumenten zum Trotz hat der jetzige Papst fast zwanzig Jahre nach dem Erscheinen von *Inter insigniores* in knapper Form die damalige Erklärung bekräftigt und ihren dogmatischen Rang und Anspruch ganz hoch eingestuft. In seinem apostolischen Schreiben *Über die nur Männern vorbehaltene Priesterweihe* vom 22. Mai 1994, gerichtet an die „verehrten Brüder im Bischofsamt", wird auf knappen drei Seiten der ältere Text zusammenfassend wiederholt. Mir fällt dabei auf, daß Johannes Paul bemüht ist, seinen Vorgänger Paul VI. auch durch direkte Zitate aus den Briefen an Erzbischof Coggan als Kronzeugen heranzuziehen:

„Die Priesterweihe, durch welche das von Christus seinen Aposteln anvertraute Amt übertragen wird, die Gläubigen zu lehren, zu heiligen und zu leiten, war in der katholischen Kirche von Anfang an ausschließlich Männern vorbehalten. An dieser Tradition haben auch die Ostkirchen getreu festgehalten. Als die Frage der Ordination von Frauen in der anglikanischen Gemeinschaft aufkam, war Papst Paul VI. darauf bedacht, in Treue zu seinem Amt die apostolische Überlieferung zu schützen und ebenso in der Absicht, ein neues Hindernis auf dem Weg zur Einheit der Christen zu vermeiden, den anglikanischen Brüdern in Erinnerung zu rufen, worin der Standpunkt der katholischen Kirche besteht." Und jetzt folgt ein Zitat aus Pauls VI. Brief an den Erzbischof von Canterbury Coggan: „Sie hält daran fest, daß es aus prinzipiellen Gründen nicht zulässig ist, Frauen zur Priesterweihe zuzulassen. Zu diesen Gründen gehören: das in der Heiligen Schrift bezeugte Vorbild Christi, der nur Männer zu Aposteln wählte, die konstante Praxis der Kirche, die in der ausschließlichen Wahl von Männern Christus nachahmte, und ihr lebendiges Lehramt, das beharrlich daran festhält, daß der Ausschluß von Frauen vom Priesteramt in Übereinstimmung steht mit Gottes Plan für seine Kirche."

Die disziplinäre Absicht dieses Apostolischen Schreibens, den Anordnungscharakter und die rechtliche Konsequenz aus dieser dogmatischen Position nennt der letzte Abschnitt dieses kurzen Textes. In der Nummer vier heißt es: „Obwohl die Lehre über die nur Männern vorbehaltene Priesterweihe sowohl von der beständigen und umfassenden Überlieferung der Kirche bewahrt als auch vom Lehramt in den Dokumenten der jüngeren Vergangenheit mit Beständigkeit gelehrt worden ist, hält man sie in unserer Zeit dennoch verschiedenenorts für diskutierbar, oder man schreibt der Entscheidung der Kirche, Frauen nicht zu dieser Weihe zuzulassen, lediglich eine disziplinäre Bedeutung zu. Damit also jeder Zweifel bezüglich der bedeutenden Angelegenheit, die die göttliche Verfassung der Kirche selbst betrifft, beseitigt wird, erkläre ich kraft meines Amtes die Brüder zu stärken (vgl. Lk 22,32), daß die Kirche keinerlei Vollmacht hat, Frauen die Priesterweihe zu spenden und daß sich alle Gläubigen der Kirche endgültig an diese Entscheidung zu halten haben."

3. „Kontinuität"?

An dieser Stelle möchte ich zum ersten Mal eine knappe Zwischenreflexion einschalten. Ihnen wird aufgefallen sein, daß beide Päpste mit der Beständigkeit bzw. Beharrlichkeit des Lehramts argumentieren, also das Faktum einer gegebenen Kontinuität ins Spiel bringen. Vom „Lehramt" ist in sehr verkürzter Form die Rede. Der breite Kontext der gesamtkirchlichen Verantwortung für die Lehre ist ausgeblendet. Auch das bischöfliche Lehramt des Weltepiskopats insgesamt ist hier nicht im Blick, vielmehr sind die Bischöfe die Adressaten, die Empfänger der „lehramtlichen" Äußerung. Gemeint ist eine Kontinuität des päpstlichen Lehramtes. Der Zungenschlag (Lehramt = Papst) ist verräterisch insofern, als sich die leitende Idee damit indirekt ins Wort bringt. Auch ein Blick auf die Anmerkungen in diesem Brief ist erhellend. In diesem kurzen päpstlichen Schreiben gibt es natürlich nur wenige Anmerkungen, aber es sind immerhin zwölf. *Einmal* wird auf das Neue Testament verwiesen und zwar auf drei Stellen in den Pastoralbriefen. *Zweimal* wird das Zweite Vatikanum angeführt und *zehnmal* sind päpstliche Äußerungen als Beleg genannt. Zunächst ist schon erstaunlich, finde ich, daß zwanzig Jahre, in denen in dieser Angelegenheit eine Menge geschehen ist, geschrieben und argumentiert worden ist, Weihen vollzogen worden sind, daß diese zwanzig Jahre einfach übersprungen werden, ignoriert werden und allenfalls als Motivation im Hintergrund emotional eine Rolle spielen. Neue Fakten werden nicht erwähnt. Eine erneute vertiefte Argumentation findet nicht statt. Überbrückt werden diese durchaus turbulenten Jahrzehnte mit dem Argument der Kontinuität und Beständigkeit des päpstlichen Lehramtes. Mindestens dies kann man daraus schließen: Eine besondere Sensibilität für die Rolle der Fachtheologie und für die anders denkenden christlichen Kirchen spricht daraus gewiß nicht. Das Ganze bewegt sich augenscheinlich völlig außerhalb der ökumenischen Diskussion. 1990 erschien – herausgegeben von der Kommission für Glauben und Kirchenverfassung des Ökumenischen Rates der Kirchen – *Die Diskussion über Taufe, Eucharistie und Amt, 1982-1990. Stellungnahmen, Auswirkungen, Weiterarbeit*, also eine Auswertung des ökumenischen Gesprächs über das sogenannte „Lima-Papier" (= BEM = Baptism – Eucharist – Ministry). Darin heißt es u.a.: „Die theologischen, christologischen und anthropologischen Überzeugungen, die in den jeweiligen Argumenten zur Stellung und zum Dienst der Frauen in der Kirche zum Ausdruck kommen, müssen (auch wenn sie seit der Veröffentlichung des BEM-Textes im Jahre 1982 durch theologische Forschung und Reflexion, Tagungen und Berichte von Kirchen und durch ökumenische Dialoge und Konsultationen sehr stark weiterentwickelt worden sind) in dem von der Kommission für Glauben und Kirchenverfassung dargebotenen multilateralen Kontext noch tiefer und umfassender behandelt werden... Die Stellungnahmen bezeugen eine erneue Bereitschaft, eine ernsthafte und offene Auseinandersetzung aufzunehmen. In einer solchen Auseinandersetzung ginge es zunächst darum, abzuklären welches die zentralen Fragen sind, und die Kompexität dieser Fragen sowie deren Zusammenhänge aufzuzeigen." Dieser Wunsch von *Faith and Order* nach einem vertieften Dialog erschien 1990, also vier Jahre vor dem Papsttext *(Ordinatio sacerdotalis)*, der darauf in keiner Weise Bezug nimmt! Selbst die offizielle römisch-katholische Antwort von 1987, die mit eingegangen ist in diese Auswertung des Ökumenischen Rates der Kirchen, redet völlig anders, insofern sie die Differenziertheit auch der Position innerhalb der römisch-katholischen Kirche spiegelt. Darin kann man z.B. lesen: „Wir heißen die behutsame Weise gut, in der 'das Amt von Männern und Frauen in der Kirche' behandelt wird ... Wir erkennen voll an, daß die Erfahrung jener Kirchen, die die Ordination von Frauen praktizieren unausweichlich eine Herausforderung für unsere Position darstellt. ... Selbst wenn unterschiedliche Auffassungen in diesen Fragen zu Hindernissen bezüglich der Anerkennung gewisser Ämter führen können, sollten sie doch niemals ein weiteres Nachdenken über das ordinierte Amt im ökumenischen Kontext präjudizieren. 'Offenheit füreinander trägt die Möglichkeit in sich, daß der Geist sehr wohl zu einer Kirche durch die Einsichten einer anderen sprechen kann'."[2]

Seit längerem ist in Texten der römischen Kurie – grobschlächtig gesagt – eine Art argumentativer „Inzucht" zu beobachten. Immer wieder werden eigene Instruktionen zitiert und bekräftigt, und so entsteht innerhalb relativ kurzer Zeit ein scheinbar eindrückliches lehramtliches Zeugnis der Kontinuität, allerdings großenteils auf Kosten eines sterilen Schmorens im eigenen Saft und völlig seitwärts oder außerhalb der theologischen Debatte. Karl Lehmann hat dieses Phänomen vor Jahren schon auf etwas vornehmere Weise angesprochen. 1973 erschien die Erklärung *Mysterium ecclesiae. Zur katholischen Lehre über die Kirche und ihre Verteidigung gegen einige Irrtümer von heute.* Im Hintergrund dieser Erklärung stand die Auseinandersetzung mit Hans Küng. Karl Lehmann hat damals als Professor in Freiburg dazu einen sehr ausführlichen inhaltlichen Kommentar geschrieben, in dem es u.a. heißt: „Da das kirchliche Lehramt an dieser Stelle nur eigene Aussagen über seine Autorität zitiert, wird vermutlich latentes Mißtrauen sogar noch gestärkt. Die Bekräftigung der kirchenamtlichen Aussagen ... gewinnt durch die bloße Wiederholung bekannter Formeln kein größeres Gewicht. Dieser Abschnitt kann also innerhalb des Dokumentes ein Beleg dafür sein, daß eine 'positive' Entfaltung der Lehre durch bloße Wiedererinnerung an lehramtliche Formulierungen bei aller Notwendigkeit letztlich wenig hilfreich ist, sondern daß lebendiger und ursprünglicher, zeitgemäßer und werbender aus der Mitte des christlichen Glaubens heraus argumentiert werden muß."[3] Seine Feststellung gilt heute noch genau so wie damals. – Vor kurzem erschien z.B. ein Dokument der Kongregation für den Klerus mit dem Titel *Der Priester, Lehrer des Wortes, Diener der Sakramente, Leiter der Gemeinde für das dritte christliche Jahrtau-*

---

[2] *Eine katholische Stellungnahme zu den Konvergenzerklärungen der Kommission für Glauben und Kirchenverfassung des Ökumenischen Rates der Kirchen „Taufe, Eucharistie und Amt". 21. Juli 1987.* Bonn 1987 (Verlautbarungen des Apostolischen Stuhls. 79), S. 40.

[3] KONGREGATION FÜR DIE GLAUBENSLEHRE: *Mysterium Ecclesiae.* Trier 1975 (Nachkonziliare Dokumentation. 43), S. 72.

send[4]. Darin steht natürlich manches Sinnvolle, wenngleich m.E. eine wirkliche zukunftsweisende Perspektive nicht eröffnet wird. Aber auch an diesem Text ärgert mich die Art und Weise der Belege und der Anmerkungen. Da ist *einmal* Thomas von Aquin genannt, ebenso Gregor der Große, Augustinus sogar *dreimal*. Aber von den insgesamt 120 Anmerkungen, mit denen der Text von etwa 42 Seiten garniert ist, verweisen *fünfzig* auf Schreiben von Papst Johannes Paul II. und *fünfundzwanzig* auf Texte der eigenen Kongregation. Das ist für mich eine ganz peinliche Mischung von Schmeichelei und Selbstüberheblichkeit, eine unerträgliche Art der Argumentation!

III. Bibel

1. Der konkrete Bezug auf die Heilige Schrift

Papst Johannes Paul II. argumentiert in *Ordinatio sacerdotalis* nicht, sondern behauptet, benennt die Überzeugung und bekräftigt sie. Wenn wir nach biblischen Begründungen fragen, sind wir also an den Text von 1976 zurückverwiesen. Eine erste Feststellung zu *Inter insigniores:* Das Neue Testament kommt in erstaunlicher Breite zur Sprache. Nahezu alle Stellen, die im Zusammenhang des Themas „Frauen und Jesus. Frauen in der frühen Kirche" in der theologischen Diskussion eine Rolle spielen, tauchen auf, auch der Galaterbrief 3,28, auch das 16. Kapitel des Römerbriefs. Damit ist zunächst gesagt, daß nicht willkürlich ausgewählt wurde. Die Art und Weise der Auswertung, der Stellenwert der Einzelaussagen im Ganzen der Beweisführung ist damit allerdings noch nicht angesprochen.

Eine zweite Feststellung: Die Methode des versuchten Schriftbeweises ist vorkritisch, neuscholastisch, der Vorgehensweise der ersten Hälfte unseres Jahrhunderts verpflichtet. Das bedeutet verkürzt gesagt, daß am Anfang die systematische These steht, der Glaubenssatz, die Überzeugung in thetischer Formulierung, ihr folgen Belege aus Schrift und Tradition, die diese These stützen sollen. Dadurch stehen alle biblischen Zitate natürlich schon unter dem gegebenen Vorzeichen, d.h. unter dem Bemühen mögliche Anfragen, Einwände gegen die These zu entkräften. Konkret: Das Verhalten Christi wird aus den Evangelien abgelesen, das Verhalten der Apostel aus der Apostelgeschichte, mit einigen wenigen Ergänzungen aus den echten Paulusbriefen. Müßte man also sagen, hier läge ein „theologischer" Ansatz der Exegese vor, der primär von der Inspiriertheit des Wortes Gottes her denkt und weniger von den einleitungswissenschaftlichen Erkenntnissen der historischen Untersuchung der neutestamentlichen Texte? Die Frage läßt sich nicht einfach mit Ja beantworten, da in dem entscheidenden Kern der Beweisführung dann doch historisierend und nicht theologisch argumentiert wird, wie wir gleich sehen werden.

---

[4]   Bonn 1999 (Verlautbarungen des Apostolischen Stuhls. 139).

2. Die Argumente und ihre Stichhaltigkeit

Den Kern der bibeltheologischen Argumentation, also gewissermaßen den Nagel, an dem der „Beweis" aus der Schrift hängt, bildet Jesu Christi irdisches Verhalten, verstanden als bewußtes, willentliches Setzen eines Planes Gottes mit seiner Kirche.

Was ist gemeint? Es sind zwei Elemente, die miteinander verschränkt werden. Zunächst: Die zwölf Apostel sind Anfang, Grundgestalt, bleibender Maßstab der Sendung zu jedem amtlichen Dienst. Das zweite Element: Die Tatsache, daß diesem Kreis nur Männer angehörten ist kein brutum factum, etwa nur zeitgeschichtlich bedingt und kultursoziologisch erklärbar, sondern läßt sich als bewußte Entscheidung Jesu gegen Frauen im Apostelamt erschließen.

Gegenüber beiden Elementen wurden von Seiten der Fachleute erhebliche Anfragen und Einwände erhoben. Eine gute zusammenfassende Darstellung findet sich in einem Heft, das die Bonner katholisch-theologische Fakultät vor einiger Zeit herausgegeben hat. *Projekttag Frauenordination* – darin ist der exegetische Part von unserem Kollegen Helmut Merklein geschrieben, der kürzlich 59-jährig an Lungenkrebs verstorben ist. Das Ergebnis der exegetischen Diskussion, im Blick auf diese beiden zentralen Elemente der Argumentation in dem Text von 1976 läßt sich vielleicht so resümieren:

1. Die relativ große Bandbreite des Apostelbegriffs, der Verwendung des Wortes Apostel im Neuen Testament wird nicht erwähnt, Barnabas, Andronikus, Junia tauchen nicht auf.

2. Die Bedeutung der lukanischen Identifikation der „Zwölf" mit dem Begriff „Apostel" wird überhaupt nicht angesprochen, auch nicht die einmalige Funktion der Zwölf als Auferstehungszeugen (vgl. Apg 1 – Nachwahl des Matthias). Die Tatsache, daß es in dieser Fundamentfunktion keine Nachfolger gibt, wird nicht abgehoben von der bleibenden Aufgabe der (späteren) Sendung zur Evangeliumsverkündigung.

3. Die grundlegende Aussage, daß der Zwölferkreis ein vorösterliches, prophetisches Zeichen Jesu war (inzwischen einhellige Meinung unter den Exegeten), also ein Zeichen für Jesu Willen, das ganze Volk, alle zwölf Stämme zu erreichen, die zwölf Stämme im Bewußtsein der Zeitgenossen natürlich durch *Stammväter* vertreten sind, und die Relevanz dieser Symbolfunktion für die Frage „Frauen im Zwölferkreis" spielt in dem Text überhaupt keine Rolle.

4. Da verwundert es dann auch nicht, daß die offene Struktur der Dienste und Ämter in den Gemeinden der ersten und zweiten Generation, also die schrittweise Herausbildung fester Aufgaben und Benennungen überhaupt keine Erwähnung finden[5]. Nach dem Text der Glaubenskongregation muß man den Eindruck gewinnen, die Feier des Abendmahles mit den Zwölfen sei sozusagen die erste „Priesterweihe" gewesen und die Zwölf und Paulus, der natürlich einbezogen wird, obschon er nicht zu den Zwölfen gehört (aber davon ist auch nicht die Re-

---

[5] Ich finde in diesem Zusammenhang immer noch hilfreich die frühe Arbeit des Historikers Jochen MARTIN: *Die Genese des Amtspriestertums in der frühen Kirche.* Freiburg 1972 (QD 48), also einige Jahre vor *Inter insigniores* erschienen.

de) haben für die Leitung in ihren späteren Gemeinden gesorgt, indem sie anderen *Männern* die Hände auflegten und die Weihe erteilt haben. Aber eine solche historisch und theologisch kurzschlüssige Ableitung der Ordination bietet das Neue Testament natürlich nirgendwo.

Woraus wird die Absicht Jesu erschlossen, daß sein Verhalten kein Zufall war oder nur zeitgeschichtlich bedingt, sondern tatsächlich bewußt und gewollt? Das Argument lautet: Obgleich Jesus selbst sich in einzigartiger Weise über die Diskriminierung von Frauen hinwegsetzte und damit „einen absichtlichen und mutigen Bruch mit seiner Umwelt riskierte", hat er dennoch keine Frauen in den Kreis der Zwölf berufen. Da diese in gleicher Weise handelten, müssen wir Späteren diese Verhaltensweise auch weiterhin bewahren. Auch diese Argumentation sieht sich massiven Einwänden der exegetischen Forschung gegenüber. Jesu Stellung zum Gesetz kann keineswegs als plakativer, mutiger Bruch mit dem zeitgenössischen Judentum gesehen werden. Die Exegeten machen uns seit Jahren darauf aufmerksam, daß man die besondere Bedeutung Jesu in seiner Zeit nicht herleiten darf aus einer Antihaltung gegen das Gesetzesverständnis des zeitgenössischen Judentums. Natürlich liest und verwendet Jesus die Glaubensüberlieferung seines Volkes selektiv und orientiert sich, wie gezeigt worden ist, vor allem an Deuterojesaja und seiner Thematik und seiner Sicht des Gotteshandelns. Aber Jesus und seine Anhänger, sagen uns die Neutestamentler, bewegen sich in ihrer Haltung zum „Gesetz" durchaus im Rahmen des frühjüdisch Möglichen.

Eine vor kurzem erschienene Untersuchung von Helga Melzer-Keller, *Jesus und die Frauen. Eine Verhältnisbestimmung nach den synoptischen Überlieferungen*, wirkt da sehr ernüchternd, insofern sie zeigt, daß jede enthusiastische Vereinnahmung Jesu für den Gedanken der Frauenemanzipation bei der Untersuchung der Texte in große Verlegenheit gerät. „Am Ende unserer Analyse der synoptischen Evangelien steht die nüchterne Feststellung, daß es dem 'historischen Jesus' nicht explizit darum ging, Position und Ansehen der Frauen in der patriarchalen Gesellschaft seiner Zeit zu heben oder die Frauen aus den herrschenden Strukturen zu befreien und ein neues Modell einer partnerschaftlichen Nachfolgegemeinschaft zu etablieren. ... Wir können allenfalls festhalten, daß Jesus sich vor allem zu den Armen und den in der Gesellschaft Marginalisierten gesandt wußte – und insofern auch zu den Frauen; denn im ersten nachchristlichen Jahrhundert waren die meisten der Armen und Hungernden Frauen. Diese Tatsache zwingt allerdings nicht ... zu einer Gleichsetzung von Jesu Option für die Armen mit einem bewußten Einsatz für eine Befreiung aus patriarchalen Strukturen ... Darüber hinaus konnten wir nicht bestätigen, daß Jesus sich mit seinem Verhalten von seiner jüdischen Umwelt in einer positiven Weise abgehoben habe ..." Gegenteilige Auffassungen verkennen, „daß Jesus als Jude im Kontext anderer frühjüdischer prophetisch-charismatischer Bewegungen begriffen werden muß, in denen die Anwesenheit und Beteiligung von Frauen ebenfalls nichts Ungewöhnliches war"[6].

---

[6]	H. Melzer-Keller: *Jesus und die Frauen. Eine Verhältnisbestimmung nach den Synoptischen Überlieferungen*. Freiburg 1997, S. 443f.

Also auch dieses Argument der Glaubenskongregation, Jesus habe sich an entscheidenden Punkten gegen die Haltung seiner Umgebung gestellt hat, gerade was Frauen angeht, trägt das Gewicht nicht, das ihm hier aufgebürdet wird! Ist diese Tatsache nun Ausdruck einer jahrzehntelangen Inferiorität und Rückständigkeit katholischer Exegese? In diesem Fall keineswegs. Der Sachverstand war da, er war auch versammelt, er war auch beauftragt zur Untersuchung und hat sich vor diesem Text 1976 differenziert und dezidiert geäußert. Die damalige päpstliche Bibelkommission hat eine intensive Untersuchung zu dieser Frage durchgeführt. Das Ergebnis ist zwar nicht publiziert, wie das so üblich ist mit vatikanischen Arbeitspapieren, ist aber durch eine Indiskretion in die Öffentlichkeit geraten, in englischer Sprache veröffentlicht worden und jetzt auch in Auszügen deutsch zugänglich in dem Sammelband *Frauenordination*, vom Tübinger Kollegen Walter Groß herausgegeben. Darin sind neben hilfreichen Diskussionsbeiträgen (nicht zuletzt von Peter Hünermann) auch die offiziellen Texte wiedergegeben.

Der Bericht der Päpstlichen Bibelkommission von 1976 äußert sich zum methodischen Ansatz, untersucht die soziale und die „kirchliche Lage der Frauen" nach der Bibel und diskutiert eine „eventuelle Weihe von Frauen zu Priesterinnen".

Der Päpstlichen Bibelkommission werden folgende drei Abstimmungsergebnisse zugeschrieben: „(1) Einstimmiges Votum: Das Neue Testament entscheidet von sich nicht klar und ein für alle Mal, ob Frauen zu Priesterinnen geweiht werden können. (2) 12 zu 5-Votum: Aus der Schrift gewonnene Gründe allein genügen nicht, um die Möglichkeit, Frauen zu ordinieren, auszuschließen. (3) 12 zu 5-Votum: Die Kirche kann die Ämter der Eucharistie und der Buße Frauen anvertrauen, ohne gegen die Intentionen Jesu Christi zu verstoßen"[7]. Diese Erkenntnisse haben offenbar keine Gnade gefunden in den Augen der Vorgesetzten, jedenfalls spielen sie im offiziellen Text der Glaubenskongregation keine erkennbare Rolle[8].

3. Die vernachlässigten Grundsätze

In dieser Zwischenreflexion möchte ich drei Tatsachen in Erinnerung rufen.

1. Die methodische Neuorientierung auch der dogmatischen Theologie ist Wunsch und Vorgabe des II. Vatikanums. Im Dekret über die Priesterausbildung *Optatam totius ecclesiae renovationem* ist der Dogmatik empfohlen und nahegelegt, nicht mehr so zu verfahren wie bisher. In der Neuscholastik galt der klassi-

---

[7] W. GROSS (Hrsg.): *Frauenordination. Stand der Diskussion in der katholischen Kirche.* München 1996, S. 26.

[8] Allerdings muß man feststellen, daß ein anderes Argument der Bibelkommission von der Glaubenskongregation aufgegriffen und stark akzentuiert wurde, nämlich das des „mutigen Bruchs" Jesu mit seiner Umwelt, das – wie gesehen – von der Fachexegese inzwischen eher skeptisch betrachet wird. Z.B. heißt es im „Gutachten" von 1976: „In frappierendem Gegensatz zu den zeitgenössischen Usancen der jüdischen Welt sehen wir, wie Jesus sich mit Frauen umgibt ..." (a.a.O., 28)

sche Dreischritt: 1. die These, meistens in der Formulierung eines Konzils, 2. Beweis aus Schrift und Tradition, 3. spekulative Durchdringung. Jetzt soll so vorgegangen werden in der Dogmatik, daß zuerst die biblischen Themen vorgelegt werden, dann die weitere Überlieferung in der Dogmen- und Kirchengeschichte, dann soll die spekulative Durchdringung erfolgen und das alles unter dem Aspekt, wie denn heute Glauben ermöglicht wird. Ein geschichtliches Denken bestimmt diesen neuen Ansatz; gerade auch in der Systematik sei auszugehen vom ursprünglichen apostolischen Erbe. Dadurch bekommt die thematische Darlegung natürlich eine Breite und eine ganz andere Farbigkeit und Fülle, als wenn man sofort etwa mit einer tridentinischen These beginnt. Der Text der Glaubenskongregation folgt dieser Empfehlung des Zweiten Vatikanums *nicht*!

2. Es gibt sehr grundsätzliche Äußerungen des jetzigen Papstes zur Rolle der Theologie. Bei seinem ersten Deutschlandbesuch waren in Altötting die Vertreter aller katholisch-theologischen Fakultäten aus unserem Raum versammelt und er hat dort ganz markante Sätze gesprochen. Natürlich werden solche Ansprachen vorher in dem Besuchsland vorbereitet. Wie sollte es auch anders gehen? Aber immerhin hat er den Text übernommen und hat ihn vorgetragen, hat ihn sich zu eigen gemacht. Er lobte die besonderen Möglichkeiten, die sich aus der Stellung unserer Fakultäten in den staatlichen Universitäten ergeben. Er ermuntert nicht nur zu Geduld, sondern auch zu Wagemut bei dem Versuch den Glauben zu erschließen, auf die Fragestellungen der heutigen Zeit zu hören und einzugehen und sagt an einer Stelle auch ausdrücklich, sie möchten nicht vergessen, daß die Heilige Schrift die Seele der ganzen Theologie sei (auch eine Formulierung des II. Vatikanums). Er verpflichtete also die Theologen insgesamt auf die besondere Bedeutung, die die Heilige Schrift für unsere Theologie hat.

3. An dieser Stelle möchte ich auch kurz erwähnen, daß die päpstliche Bibelkommission, die im Gegensatz zu der Zusammensetzung zu Beginn unseres Jahrhunderts (als weitgehend Funktionsträger des Vatikans, also Bischöfe die Mitglieder waren) jetzt tatsächlich aus Fachexegeten besteht, vor einigen Jahren einen Text herausgegeben hat: *Die Interpretation der Bibel in der Kirche*. Er wurde 1993 in festlichem Rahmen im Vatikanpalast in Anwesenheit des diplomatischen Korps und vieler Kardinäle promulgiert. In dieser Feier hat Kardinal Ratzinger dem Papst diesen Text überreicht und Johannes Paul II. hat in einer Ansprache den Text sehr gelobt. Die wissenschaftlich gestützte gläubige Interpretation der Bibel sei die Grundlage, nicht nur für die Theologie, sondern für unsere Bemühungen im Glauben überhaupt. Eine erste Rezension unseres Wiener Kollegen Jakob Kremer stellte die hohe Qualität dieses Textes heraus und fragte am Ende kritisch: „Und warum halten sich die römischen Verlautbarungen selbst nicht an diese Vorgaben?" Warum vernachlässigten z.B. die hochoffiziellen Aussagen des Vatikans zur Frage der Frauenordination die eigenen Grundsätze über die erstrangige Bedeutung des apostolischen Erbes im biblischen Zeugnis? Wenn man an den engen Zusammenhang von Erkenntnis und Interesse denkt, der uns ja nicht zuletzt durch Jürgen Habermas wieder neu aufgegangen ist, dann darf man neben allen möglichen Systemfehlern (z.B. mangelhafter Abstimmung römischer Instanzen) wohl auch diesen psychologischen Faktor vermuten: Das Interesse bestimmt bzw. blockiert die Erkenntnis.

IV. Tradition

Das Wort Tradition erscheint in dem Schreiben von 1976 in einem umfassenden und in einem engeren, spezifischen Sinn. Der Gebrauch im engerem Sinn, d.h. die (nicht zahlreichen) Zitate aus den Kirchenvätern, sind von Fachleuten der Patrologie im einzelnen untersucht worden. Einer von ihnen, der Bonner Historiker Ernst Dassmann, schreibt: „Auf die in 'Inter isigniores' angeführten Traditionszeugnisse sollte in einer Erläuterung bzw. Begründung des päpstlichen Schreibens 'Ordinatio sacerdotalis' [1994] daher (weitgehend) verzichtet werden, weil sie die in ihnen gesuchten Gründe nicht hergeben"[9].

Wichtiger für unseren Zusammenhang ist die Verständigung über den grundsätzlichen Sinn und Gebrauch des Wortes Tradition im Sinne von Gesamtüberlieferung des kirchlichen Glaubens. Deshalb möchte ich in einer weiteren Zwischenüberlegung etwas sagen zur Verhältnisbestimmung von Schrift und Tradition überhaupt.

1. Zur (ökumenischen) Verhältnisbestimmung von Schrift und Tradition

Ganz kurz möchte ich daran erinnern, daß wir im ökumenischen Arbeitskreis in einer Projektarbeit von über zehn Jahren die Grundlagenthematik „Schrift – Tradition" behandelt haben. Das Ergebnis liegt in drei Bänden mit dem Titel *Verbindliches Zeugnis* vor. Sie enthalten einerseits die Referate der Fachleute, die die Grundlage der Diskussion bildeten, aber auch ein gemeinsames Ergebnis sowohl im ersten Band wie vor allem am Ende des dritten Bandes als Resümee des Ganzen. Die jeweiligen Untertitel der drei Bände zeigen die Differenziertheit des ganzen Projektes: Band 1 – Kanon – Schrift – Tradition; Band 2 – Schriftauslegung – Lehramt – Rezeption; Band 3 – Schriftverständnis und Schriftgebrauch.

Am Ende des dritten Bandes, in dem abschließenden gemeinsamen Text von fast 100 Seiten, der von allen Mitgliedern des Kreises formelle Zustimmung erfahren hat, geht es unter anderem um die nochmalige Abklärung der Frage: Wie verhält sich das evangelische „sola scriptura" zu dem katholischen Schlagwort „Schrift und Tradition"? Beides wird ja weithin immer noch als Gegensatz empfunden. Wir erinnern an längst geschehene Klärungen auf beiden Seiten und fassen diese dann in einer durchaus differenzierten Darlegung noch einmal zusammen: „Unsere Suche nach dem eigentlichen Anliegen der konfessionell geprägten unterschiedlichen Formeln führt also zu folgendem Ergebnis: Die evangelische Theologie erläutert das Prinzip 'sola scriptura' und den – nicht unmißverständlichen – Begriff 'Selbstauslegung der Schrift' als auf den *Inhalt* des auszurichtenden und zu überliefernden Evangeliums, auf die richtende und rettende Botschaft selber zielend und weist ein rein formales Verständnis des 'Schriftprinzips', das die notwendige kirchliche Überlieferung und Auslegung der Schrift sowie die

---

[9] E. DASSMANN: non decet neque necessarium est ... Die frühchristliche Tradition über den Ausschluß von Frauen vom Priesteramt und dem Dienst der Verkündigung. In: *Projekttag Frauenordination.* Bonn 1997, S. 52-65, hier 65.

Normierung solcher Auslegung durch die Bekenntnisse der Kirche (als einer maßgeblichen Gestalt kirchlicher Tradition) ausschlösse, als Mißverständnis zurück. Die katholische Theologie erläutert die Aussage 'Schrift und Tradition' so, daß das maßgebende Wort Gottes allein im Zeugnis der Heiligen Schrift ('divino *afflante* spiritu scripto' [DV 9]) gegeben ist, und Tradition als Vollzug lebendiger Überlieferung dieses Evangeliums ('spiritu sancto *assistente*' [DV 10]) funktional-modal zu beschreiben ist. Sie weist eine Auffassung von Tradition im Sinne inhaltlich 'ergänzender' Überlieferungen von Wahrheiten neben der Heiligen Schrift als Mißverständnis zurück. Wenn beide Positionen im Wesentlichen getroffen und angemessen wiedergegeben sind – wovon wir überzeugt sind –, besteht zwischen den Kirchen trotz unterschiedlicher Formulierungen Übereinstimmung in der Sache"[10].

2. Bindung und Offenheit (Joh 16,12-15)

Wie sind wir heute an den Wortlaut der Heiligen Schrift gebunden? Diese Frage steht ja auch im Hintergrund der römischen Argumentation. Das Problem wird schon innerhalb des Neuen Testamentes auf eine sehr grundsätzliche Weise angesprochen. Ich meine die Stelle aus den Abschiedsreden Jesu im Johannesevangelium (Joh 16) „Vieles habe ich euch zu sagen, aber ihr könnt es jetzt nicht tragen. Wenn aber jener kommt, der Geist der Wahrheit, wird er euch in die ganze Wahrheit führen. Denn er wird nicht aus sich selbst heraus reden, sondern er wird sagen, was er hört und euch verkünden, was kommen wird. Er wird mich verherrlichen, denn er wird von dem, was mein ist, nehmen und es euch verkünden. Alles was der Vater hat ist mein, darum habe ich gesagt, er nimmt von dem, was mein ist und wird es euch verkünden." Ende des ausgehenden ersten Jahrhunderts angesichts neuer Fragen stehen die Christen vor dem Problem, wie die Bindung an die Jesusüberlieferung trotzdem Neues wahrnehmen und bewältigen läßt. Das Grundlegende ist die Rückbindung an die Jesusüberlieferung: „Er wird von dem Meinen nehmen und euch verkünden." Er, der Geist, wird nicht etwas absolut Neues sagen. Das „Neue" ist nicht etwas Anderes, sondern die Erschließung des ursprünglichen Jesuswortes in einer neuen Situation. Und der Zusammenhang beider Aspekte ist der gemeinsame Ursprung im Vater. Gott selbst, Ursprung von Wort und Geist ist der Garant der Wahrheit, so daß also die Bindung nicht zum Widerspruch wird für die Offenheit auf die neue Situation hin. Es gibt viele Beispiele in der Glaubensüberlieferung, die genau dieses Phänomen zu praktizieren versuchen, weil sie durch die geschichtliche Situation dazu gedrängt wurden. Das altkirchliche Christusbekenntnis und die Ausformulierung des Glaubens an den heiligen Geist sowie das Trinitätsbekenntnis sind ja der Versuch, die ursprüngliche Jesusüberlieferung angesichts neuer bohrender Fragen offen zu halten bzw. weiterzudenken. Walter Kasper hat schon gleich nach dem II. Vatikanischen Konzil (1965) eine sehr griffige Formulierung gefunden im Blick auf unsere

---

[10] *Verbindliches Zeugnis*. Bd. 3: *Schriftverständnis und Schriftgebrauch*. Freiburg – Göttingen 1998, S. 369f.

katholische Dogmatik, die wohl generell gilt für unser theologisches Bemühen. Er spricht von der doppelten Relativität des Dogmas, der verbindlichen Glaubensverkündigung. Er meint damit folgende doppelte Bezüglichkeit (Relationalität): Einerseits ist unser Verkündigen und Lehren zurückgebunden an und verwiesen auf das ursprüngliche Zeugnis des Evangeliums, auf die apostolische Botschaft, auf die Heilige Schrift. Und andererseits ist all unser Bemühen in der Verkündigung und in der Theologie gerichtet auf die Fragestellung in einer bestimmten Zeit, in einer bestimmten Situation. Deshalb müssen auch vergangene Festlegungen vergangener Konzilien und Synoden, alter Katechismen, immer in beiden Richtungen befragt werden, um richtig verstanden zu werden: Was ist die Botschaft der Schrift, die vermittelt werden soll? Wie ist die Fragestellung der Zeit, in die hinein gesprochen werden soll? *„Doppelte Relativität des Dogmas"* – ein Schlagwort, das die Struktur des „Verbindlichen Zeugnisses" auf hilfreiche Weise in Erinnerung ruft.

3. Ämtertheologie – Ämterstruktur

Auch diese Thematik benennt ein weites Feld. Unter dem Stichwort *Ämtertheologie* möchte ich drei Gedanken herausgreifen.

Einmal die Ihnen vermutlich geläufige Tatsache der frühkirchlichen Sicherung des apostolischen Erbes durch die Kombination von traditio und successio, wie wir gerne sagen, die Kombination der inhaltlichen Botschaft und ihrer formalen Weitergabe. Gemeint ist *einerseits* die Kanonbildung des Neuen Testamentes, die Sammlung der Schriften der apostolischen Zeit, und *andererseits*, damit verbunden (und vor allem in den Pastoralbriefen schon ausdrücklich angesprochen), die besondere Beauftragung und Verantwortung einzelner Gemeindeleiter, Episkopen, unter dem Zeichen der Handauflegung, als formales Element. „Apostolische Sukzession" meint beides! Diese Verbindung darf nicht auseinander gerissen werden, weder zu Lasten der inhaltlichen Bindung an das apostolische Erbe noch zu Lasten der besonderen Beauftragung und Verantwortung der Amtsträger.

Ein *zweiter* Aspekt: Das Verhältnis der Verantwortung aller Christen für die Bewahrung des Glaubens einerseits und der Berufung zum besonderen, ordinierten Dienst an der Weitergabe des Evangeliums andererseits, also das Verhältnis des gemeinsamen Priestertums (Ihr Sprachgebrauch redet hier vom allgemeinen Priestertum) zum besonderen ordinierten Amt, ist im ökumenischen Gespräch auch weitgehend abgeklärt (obschon in manchen Einzelfaktoren noch Uneinigkeit herrscht).

Übereinstimmung herrscht im Blick auf die Rolle des gemeinsamen Priestertums. Das II. Vatikanum hat sich ausdrücklich für diesen Ausdruck – sacerdotium commune – entschieden, weil es zum Ausdruck bringen wollte, daß es um jene Qualität geht, die durch die Taufe *allen gemeinsam* ist, und nicht um irgendeine Spezifizierung im Sinne von allgemein und speziell. Wenn wir gemeinsames Priestertum sagen, schwingt also immer auch ein Stück Tauftheologie mit.

Im ökumenischen Arbeitskreis haben wir formuliert, daß das ordinierte Dienstamt sich *nicht* aus dem „gemeinsamen" (allgemeinen) Priestertum herleitet, sondern eine besondere Beauftragung meint und insofern eine konstitutive Grundfunktion Einzelner innerhalb der Gemeinde darstellt:

„In ökumenischen Gesprächen wurde mehrfach bereits als gemeinsame Überzeugung formuliert, daß das kirchliche Lehramt eine unvertretbare Aufgabe bei der lebendigen Vergegenwärtigung des einen Evangeliums Gottes hat ... Es vergegenwärtigt in ständigem Bezug auf die maßgebliche apostolische Tradition die Sendung Jesu Christi. Es ist weder geschichtlich noch theologisch eine Ableitung aus dem gemeinsamen Taufpriestertum, dem Zeugnisauftrag aller Christen. Vielmehr nimmt gerade auch im Gegenüber zu allen anderen Getauften und im Hirtendienst an der Gemeinde der erhöhte Herr selber, als der in seinem Geist gegenwärtig Handelnde den Amtsträger in seinen Dienst als sein Werkzeug und Organ. Die Präsenz dieses Amtes in der Gemeinschaft ist Zeichen der Priorität der göttlichen Initiative und Autorität im Leben der Kirche"[11].

Ich möchte noch einen *dritten* Aspekt erwähnen. Der ökumenische Arbeitskreis hat schon 1976 auch ein gemeinsames Verständnis von Ordination erarbeitet. Dazu sind die einzelnen Elemente aus der katholischen Weiheliturgie sowie aus den evangelischen Ordinationsformularen untersucht und verglichen worden. Das Ergebnis war und ist, daß wir zwar unterschiedliche Terminologie gebrauchen, im Grunde aber alle wesentlichen Elemente gemeinsam sind. Wörtlich heißt es: „Die zentralen Funktionen, in denen dieses Amt ausgeübt wird, sind: Die öffentliche Verkündigung des in der Schrift gegebenen und im Bekenntnis bezeugten apostolischen Evangeliums; die Verwaltung und Darreichung der Sakramente, insbesondere des Herrenmahls, sowie des Zuspruchs der Sündenvergebung; die mit dem Verkündigungsauftrag verbundene Verantwortung für die Einheit der Gemeinde im Glauben an Christus; Diese Verantwortung wird unter dem Bild des Hirten und mit dem Begriff des Leitungsamtes bezeichnet. ... Obwohl die Ordination durch Menschen vollzogen wird, handelt darin zugleich Gott selbst, indem er den Ordinanden in seinen Dienst beruft, für diesen Dienst ausrüstet und sendet; denn das zu übertragende Amt ist keine beliebige Einrichtung der Kirche, sondern beruht auf einem Auftrag Gottes, dem seine Verheißung gilt.

Für die Ordinationshandlung konstitutiv ist das fürbittende Herabflehen des Geistes auf die Person des Ordinanden. Dies geschieht durch Gebet in Verbindung mit Handauflegung. Eine Einsetzung der Handauflegung durch Jesus ist zwar in der Schrift nicht bezeugt. Die Handauflegung ist jedoch nicht nur wegen der Ausdruckskraft dieses Gestus, sondern vor allem wegen seines bis in die apostolische Zeit zurückreichenden Alters und seiner ökumenischen Geltung nicht ersetzbar als Zeichen der Einheit des kirchlichen Amtes.

Als Auftrag des Herrn ist das Amt der Person des Ordinierten ein für alle Mal auferlegt. Die Übertragung des Amtes ist einmalig und wird nicht wiederholt"[12].

Bei der *Ämterstruktur* gibt es – wie Sie wissen – eine große geschichtliche Variabilität. Die Benennungen Episkopoi, Presbyteroi, Diakonoi, tauchen im Neuen Testament auf, sind aber inhaltlich noch nicht eindeutig bestimmt oder präzise gegeneinander abgegrenzt. Interessant und auffällig ist allerdings, daß innerhalb kurzer Zeit, in der Mitte des zweiten Jahrhunderts, ein Prozeß im Wesentlichen abgeschlossen ist,

---

[11] *Verbindliches Zeugnis*, Bd. 3, S. 376f.
[12] R. MUMM – G. KREMS (Hrsg.): *Ordination und kirchliches Amt*. Paderborn – Bielefeld 1976, S. 170f.

der diese drei Benennungen einander zuordnet im Sinne der „klassischen" Dreiteilung Bischof, Priester, Diakon. Ich vermute, daß die meisten von Ihnen die Darlegungen des Limatextes zum Amt kennen. Dort wird auf das Gewicht der Tatsache hingewiesen, daß sich diese Dreiteilung ganz früh durchgesetzt hat, daß also auch das Bischofsamt schon früh eine besondere Bedeutung hatte. Die heutige Reformbedürftigkeit dieser Dreierstruktur wird aber auch angesprochen, denn man weiß ja, wie etwa das Bischofsamt politisch degeneriert war im Mittelalter und Spätmittelalter, wie das Diakonenamt verkümmert war im Bereich der römisch-katholischen Kirche zu einer Vorstufe für die Priesterweihe bis zum II. Vatikanum (erst danach wieder als ständiger Diakonat möglich und praktiziert). In der orthodoxen Kirche ist er weitgehend auf den liturgischen Dienst bezogen, reduziert, wenn man so will. Gleichzeitig aber ist auch formuliert worden, daß die unterschiedlichen Formen und Praktiken der Ämter in den Kirchen auch eine gegenseitige Anfrage darstellen, der man sich stellen sollte. In diesem Zusammenhang wird an die Kirchen, die diese Dreiteilung nicht mehr kennen, die Frage gestellt, in wieweit sie die Verpflichtung spüren, sich ihr wieder anzunähern, und vor allem auch den Dienst der Episkope, der ja in allen Kirchen nötig ist, wieder schärfer zu konturieren.

V. Verbindlichkeit

1. Fehlbar – unfehlbar? (Glaubenskongregation 1995)

Hier muß nun nicht nur von der strengen Formulierung am Ende von *Ordinatio sacerdotalis* die Rede sein, es müsse „endlich Schluß mit der innerkatholischen Diskussion" sein. Der päpstliche Text hatte ja noch ein Nachspiel: Besonders neugierige Leute (vielleicht auch bestellte Leute?) haben in Rom nachgefragt, wie denn nun diese Äußerung des Papstes juristisch zu gewichten sei. „Frage: Ob die Lehre nach der die Kirche nicht die Vollmacht hat, Frauen die Priesterweihe zu spenden, wie sie im apostolischen Brief 'ordinatio sacerdotalis' als endgültig zu haltende vorgelegt worden ist, als zum Glaubensgut gehörend zu betrachten ist? Antwort: Ja. Diese Lehre erfordert eine endgültige Zustimmung, weil sie, auf dem geschriebenen Wort Gottes gegründet, in der Überlieferung der Kirche von Anfang an beständig gewahrt und angewandt, vom ordentlichen und universalen Lehramt unfehlbar vorgetragen worden ist ... Aus diesem Grund hat der Papst angesichts der gegenwärtigen Lage, in Ausübung seines eigentlichen Amtes die Brüder zu stärken (vgl. Lk 22,32), die gleiche Lehre mit einer förmlichen Erklärung vorgelegt, in ausdrücklicher Darlegung dessen, was immer, überall, von allen Gläubigen festzuhalten ist, insofern es zum Glaubensgut gehört. Papst Johannes Paul II. hat bei der Audienz für den unterzeichnenden Kardinalpräfekten die präsentierte Antwort, die von der ordentlichen Versammlung der Kongregation gefaßt worden war, gebilligt und ihre Veröffentlichung angeordnet"[13].

---

[13] KONGREGATION FÜR DIE GLAUBENSLEHRE: Antwort auf den Zweifel bezüglich der im Apostolischen Brief „Ordinatio Sacerdotalis" enthaltenen Lehre, 1995. In: W. GROSS (Hrsg.): *Frauenordination. Stand der Diskussion in der katholischen Kirche*. München 1996, S. 128.

Auch dieser Text hat Erstaunen und Diskussionen in Kreisen der Theologie ausgelöst, denn hier wird ja schon merkwürdig „um die Ecke" argumentiert. Faktum ist, daß die vom Papst approbierte Erklärung der Glaubenskongregation als solche natürlich kein Akt des unfehlbaren Lehramtes ist, nach unserer Terminologie eine (möglicherweise) „fehlbare" römische Verlautbarung. Aber der Inhalt der Erklärung verweist auf das Glaubensgut der Kirche, das in diesem Punkte zwar nicht durch eine formelle Deklaration eines Konzils oder des Papstes in den Stand der Infallibilität erhoben worden ist, sondern diesen Charakter gewinnt auf der Basis des ständigen normalen (authentischen) Lehrens in der Kirche.

Diese Problematik ist nicht zuletzt dadurch brisant gemacht worden, daß Kardinal Ratzinger durchgesetzt hat, daß entsprechende Anfügungen an das Glaubensbekenntnis und den Treueid der Amtsträger vom Papst nicht nur bestätigt, sondern auch in das Kirchenrecht hinein verzahnt und strafbewehrt worden sind. Der zweite Zusatz zu diesem Glaubensbekenntnis zielt nämlich auf Texte, die in allgemeiner Lehrverkündigung als definitive zu gelten haben, also als endgültig zu halten, daß auch sie – obschon nicht formell „definiert" – den Charakter der sogenannten Infallibilitas erlangen. Das ist ein neuscholastisch-römisch-katholisches Denken, das überwunden schien durch den Neuansatz nach dem II. Vatikanum, das aber jetzt, nicht nur durch die Hintertür, sondern durch das große Vorderportal wieder einmarschiert. Die Diskussion dieser Problematik ist auch für die Gesamtökumene sehr wichtig, weil hier auch bei Fragen, die nicht die zentralen Glaubenswahrheiten betreffen, mit dem Gedanken der Unfehlbarkeit operiert wird. Ich halte das für ausgesprochen gefährlich.

Es geht zunächst um folgenden Grundgedanken: Formelle kirchenamtliche Lehrentscheidungen geschahen in der Regel, um bestimmte Bestreitungen abzuwehren oder Klärungen in zentralen Glaubensfragen herbeizuführen (in Nicäa und Chalzedon z.B.). Also sind Grundaussagen des Glaubens teilweise feierlich abgesichert, andere, die nicht formell bestritten wurden, sind ohne diese feierliche Bekräftigung Inhalt der Glaubensverkündigung. Die Aussagen unseres Glaubensbekenntnisses z.B. sind ja nur zum geringen Teil durch hochoffizielle Konzilsentscheidungen oder päpstliche Entscheidungen des sogenannten außerordentlichen Lehramtes abgesichert. Man kann also nicht sagen, infallibel, verläßlich in jedem Fall und von daher absolut verbindlich seien nur die (wenigen) Konzilssätze bzw. die (wenigen) formellen päpstlichen Erklärungen, sondern verbindlich ist das Glaubensgut insgesamt, das vom ordentlichen Lehramt durch die Jahrhunderte hin vermittelt wird. Insofern, denke ich, ist der Ansatz richtig und nachvollziehbar.

Wenn man aber erneut versucht, diesen Gedanken auf die Spitze zu treiben (aus Angst vor Lehrabweichungen überhaupt?) und nicht nur die Aussagen des großen Credo, sondern alle möglichen Ausfächerungen, Anwendungen und Randthemen in diesen Anspruch einbezieht, dann ist man bald an einem Punkt, wo die göttliche „Garantie" für menschliche Schulmeinungen beansprucht wird.

2. Anmerkungen zum I. Vatikanum

Ich möchte noch wenige Anmerkungen zum Verständnis der Infallibilität auf dem I. Vatikanum machen. In diesem Zusammenhang empfehle ich meinen Studierenden immer eine gelungene Formulierung von Alfred Beckmann, geschrieben in der Auseinandersetzung um *Humanae vitae*, also um die Frage der Empfängnisverhütung. Auch da ging es ja um die Kompetenz des päpstlichen Lehramts. Er hat geschrieben: „Der Heilige Geist garantiert unfehlbar die Unverirrlichkeit des gesamtkirchlichen Bekenntnisses." Ich finde, die Elemente sind geschickt benannt: Unfehlbar ist nur Gott, Er garantiert die Unverirrlichkeit. Der Wegcharakter des Glaubens wird also angesprochen. Es geht nicht primär um Lehrsätze, sondern um die Verläßlichkeit des Glaubensweges. Unverirrlichkeit des gesamtkirchlichen Bekenntnisses, denn die Treue Gottes, die Garantie der Unverirrlichkeit ist der Glaubensgemeinschaft zugesagt. „Der Heilige Geist garantiert unfehlbar die Unverirrlichkeit des gesamtkirchlichen Bekenntnisses." Ich denke eine solche Formulierung ist auch evangelischerseits ohne Probleme. Dann ist mir die Bemerkung wichtig zum Wort „irreformabilis" im Text des I. Vatikanum. Irreformabel ist nicht die Textgestalt, sondern die Sachaussage. Die Geschichte bietet Beispiele dafür, daß auch als verbindlich bezeichnete Sätze noch einmal verändert, verbessert, konkretisiert, erläutert worden sind. „Irreformabel" ist nicht der Wortlaut, sondern die gemeinte Sache.

Den wohl prägnantesten und provokantesten Ausdruck hat die Lehre von der päpstlichen Unfehlbarkeit des Ersten Vatikanischen Konzils in dem eigenartigen Satz gefunden, die „ex cathedra-Äußerungen" des Bischofs von Rom seien „irreformabiles", unabänderlich: *ex sese, et non ex consensu ecclesiae* – aus sich und nicht aus dem Konsens der Kirche heraus". Dieses berühmt-berüchtigte „ex sese – aus sich" ist für einen Außenstehenden kaum anders als mißzuverstehen und auch für uns auf Anhieb ja kaum verbindbar mit dem, was wir eben über die Unverirrlichkeitsgewißheit der Gesamtkirche gesagt haben. Dieser Satz zielt gegen bestimmte Formen des „Konziliarismus" und des „Gallikanismus", schließt also eine Rechtsinstanz über dem Papst aus, und gilt (nur) in dieser eingeengten juristischen Perspektive. Daß in solchen Fällen die Glaubensübereinstimmung mit der ganzen Kirche und ihre „Zustimmung" nicht nur nicht ausgeschlossen, sondern immer vorausgesetzt und mitgedacht war, zeigt etwa die vierstündige Rede des Relators der Glaubensdeputation, des hervorragenden Theologen und Fürstbischofs von Brixen, Msgr. Vinzenz Gasser, sowie eine ganze Reihe von Änderungsvorschlägen, welche den notwendigen Rückbezug und „Konsens der Kirche" in dem zu definierenden Text in irgendeiner Form unterbringen wollten.

Die erheblichen Bedenken gegen die konkrete Fassung der Infallibilitätslehre wurden schließlich bei manchen Konzilsvätern (teilweise) ausgeräumt durch die Aufnahme einer deutlichen Beschreibung des „consensus ecclesiae", der in solchen Fällen immer gegeben sein muß. Wenn diese Beschreibung auch nur als historischer Vorspann fungiert und also verfahrensrechtlich folgenlos bleibt, ist die Sachaussage hilfreich und die theologische Gesamtsicht eindeutig. Der entsprechende Passus im Dekret *Pastor aeternus* lautet: „Die römischen Päpste definieren als für wahr zu halten jene Dinge, die sie mit Gottes Hilfe als vereinbar mit den Heiligen Schriften und apostolischen Traditionen erkannten, indem sie entsprechend den Erfordernissen der Zeiten und Umstände manchmal ökumenische Konzilien versammelten oder die Meinung der über die Weit hin zerstreuten Kirche erkundeten, manchmal durch Teilsynoden, manchmal wieder, indem sie andere Hilfsmittel beizogen, die die göttliche Vorsehung zur Verfügung stellte. Denn der Heilige Geist wurde den Nachfolgern Petri nicht versprochen, damit sie durch seine Offenbarung neue Lehren bekanntgeben könnten, sondern damit sie durch seinen Beistand die durch die Apostel weitergegebene Offenbarung, d.h. den Glaubensschatz unverletzlich bewahren und glaubenstreu auslegen sollten" (DH 3069, 3070).

Wenn man also die Tatsache ernst nimmt, daß die juridische Perspektive die nachgeordnete ist und daß der primäre Aspekt in Fragen des Glaubens und der Sitte das apostolische Zeugnis des Evangeliums ist, das der ganzen Kirche anvertraut und mit der Verheißung versehen ist, daß ihr die „Unverirrlichkeit" im Glauben geschenkt werde – dann hätte man eigentlich schon 1870 das übergewichtete kirchenpolitische und rechtliche Interesse im Blick auf die vorrangige Frage der Glaubenszustimmung umkehrend ergänzen müssen und können. Theologisch gesprochen, d.h. im Blick auf den eigentlich wichtigen inhaltlichen Aspekt der Wahrheit des Evangeliums, müssen wir also lesen: Beständig und unverirrlich sind die Glaubenswahrheiten, welche der Papst in Krisensituationen als verbindlich erklärt hat *„non ex sese, verumtamen ex consensu (fidei) Ecclesiae"*.

3. Päpstliche Amtsausübung im Zwielicht

Im allgemeinen Bewußtsein ist auch die Tatsache zu wenig präsent, daß der Jurisdiktionsprimat (ebenfalls 1870 formuliert), also die juristische Oberhoheit über alle Christen (der römisch-katholischen Kirche) und die Frage der Unfehlbarkeit zwei getrennte Aspekte sind, die auch auf dem I. Vatikanum in zwei verschiedenen Texten behandelt worden sind, die aber häufig mit einander vermischt werden, gerade auch in der jüngsten Debatte. Im Streit zwischen der Deutschen Bischofskonferenz und den römischen Instanzen zu der Frage der Schwangerschaftskonfliktberatung bin ich – von der schwierigen Sachproblematik einmal abgesehen – vor allem auch erschrocken über das überholte Kirchenbild des ausgehenden 19. Jahrhunderts, das da in der Öffentlichkeit transportiert wird. Der Papst schreibt Briefe und alle Bischöfe müssen „gehorchen"; ich finde es fatal, daß dieser Eindruck entsteht. Denn schon Texte im Anschluß an das I. Vatikanum, z.B. die Stellungnahme der damaligen Deutschen Bischofskonferenz, machen deutlich, daß die Bischöfe kraft eigenen Rechtes ihre Diözesen leiten, eine unmittelbar von Christus gegebene Bevollmächtigung haben und nicht einfach die Untergebenen und ausführenden Organe des Papstes sind. Diese in unserer zeitgenössischen Theologie gängige Sicht und Rede wird total konterkariert durch die Geschehnisse der jüngsten Vergangenheit. Abgesehen von der Sachproblematik als solcher finde ich diese Weise der Auseinandersetzung gerade auch in ekklesiologischer und amtstheologischer Hinsicht wirklich schlimm. Ich halte sie für einen Anachronismus, für einen peinlichen Rückfall in „absolutistisches" Denken und Handeln vergangener Jahrhunderte.

VI. Geistgeleiteter Glaubensdiskurs

In unserem letzten Gedankengang geht es um die Überzeugung, daß nur im Miteinander aller Getauften, in Gestalt des sensus fidelium omnium, im Einbezug der Kenntnisse des ordo theologorum, also der theologischen Wissenschaft und der verantwortlichen Amtsträger, nur im Miteinander aller in der Kirche, im Miteinander des geduldigen Gesprächs auch der Konfessionen sich ein gemeinsamer Weg auftut. Dabei müssen wir nüchtern sehen, daß das Ziel keineswegs eindeutig formuliert ist. Die Einheitsvorstellung ist immer noch keine einheitliche. Der Terminus „Versöhnte Verschiedenheit" hat viel für sich, aber die Problematik steckt ja auch in ihm. Was muß versöhnt sein? Was darf verschieden bleiben? Die Frage ist nicht neu. Der kurioseste Vorschlag in jüngster Zeit war der, einerseits massiv zu betonen, daß wir in den Grundfragen der Rechtfertigungslehre uneins seien, aber dennoch zur Eucharistiegemeinschaft einladen sollen. Ein solcher Zwiespalt wäre für mich keine versöhnte Verschiedenheit. Für unser künftiges Miteinander möchte ich drei Kriterien nennen:

1. Die eigenen Prinzipien ernstnehmen

Wir müssen die eigenen Grundsätze befolgen. Ich meine auf römisch-katholischer Seite etwa die Gedanken, die im *Dekret über den Ökumenismus* vom II. Vatikanischen Konzil formuliert worden sind: Unsere Sprache muß Rücksicht nehmen auf die Christen in den anderen Kirchen und Konfessionen. Sie dürfen nicht unnötig verletzt werden, und sie sollten verstehen können, was wir meinen. In den letzten römischen Verlautbarungen vermisse ich die Rücksicht auf die gesamtökumenische Situation völlig. Von grundsätzlicher Bedeutung, scheint mir auch zu sein, was ich eben im Blick auf das *Dekret über die Priesterausbildung* zur Rolle der Bibel in der systematischen Theologie gesagt habe: Wenn tatsächlich unsere theologischen Bemühungen insgesamt ausgehen müssen von einer gemeinsamen Gründung unserer christlichen Existenz in der Heiligen Schrift, dann müssen auch die Argumente für und wider die Ordination der Frauen noch einmal auf den Prüfstand. Auf jeden Fall sollte die Argumentation auf dem heutigen Stand der fachwissenschaftlichen bibeltheologischen Diskussion sein.

Mit Blick auf die evangelische Seite frage ich mich, welche Rolle die Bekenntnisschriften, auf die ja ordiniert wird, in der Praxis überhaupt noch spielen. Was ist z.B. mit den Positionen der *Confessio Augustana* in der Amtsfrage? Gelten ihre Aussagen noch? Ich habe den Eindruck, daß sie bei vielen Pfarrern und Pfarrerinnen schon deshalb nicht mehr gelten, weil sie dieses Bekenntnis gar nicht mehr richtig kennen. Auch das argumentative Operieren mit dem Prinzip „sola scriptura" ist in meiner Wahrnehmung zum Teil ein ganz willkürliches Vorgehen. Bei wichtigen Fragen kommt häufig nur ein bestimmter Ausschnitt zur Sprache, der massiv als Wort Gottes verfochten wird, wogegen andere erweiternde oder spannungsreiche oder gar gegensätzliche Positionen in der Bibel, die auch Wort Gottes in der Heiligen Schrift sind, nicht mehr zur Kenntnis genommen werden. Nur im Ganzen des biblischen Zeugnisses, des Kanons der heiligen Schriften sind die Einzelaussagen vor Engführung oder Fehldeutung zu bewahren.

Ich möchte Sie an dieser Stelle auf einen Text aufmerksam machen, den wir im Ökumenischen Arbeitskreis gemeinsam formuliert haben: „Abschließend soll deutlich ausgesprochen werden, was in der Geschichte unserer Kirchen, wenn auch auf je unterschiedliche Weise, kirchliches Lehren in Verruf und die Glaubenswilligkeit vieler

Christen in Bedrängnis gebracht hat: die häufig erhebliche Diskrepanz zwischen den richtigen Prinzipien und der konkreten Ausübung der kirchlichen Lehrverantwortung. Die Sündigkeit und beständige Reformbedürftigkeit der Kirche beeinträchtigt nicht nur die konkrete Lebensführung aller, sondern auch die Wahrnehmung der Verantwortung für die authentische Vermittlung des Evangeliums. Die Glaubensgeschichte kennt viele unrühmliche Beispiele einseitiger, unzureichender, irreführender, verfälschender und irriger Auslegung der Heiligen Schrift durch Amtsträger. Selbst dort, wo richtige Sätze vertreten wurden, waren die Umstände der Verbindlichkeitsforderung oft so, daß die Lehre nicht aufbaute, sondern niederdrückte, Glauben nicht weckte, sondern dämpfte, Christusnachfolge nicht ermöglichte, sondern hinderte. Dies ist als historisches und ekklesiologisches Faktum nüchtern zu konstatieren, und gerade deshalb ist zugleich zu betonen: Das Recht, ja die Pflicht, solche Kritik auszusprechen, fließt aus dem Wort Gottes selber, aus der kritischen Funktion der Heiligen Schrift in der Kirche. Das Wort Gottes in der Heiligen Schrift wird immer dort auch zum kritischen Maßstab für die konkrete Weise der Überlieferung, wo im gemeinsam erfahrenen Testimonium spiritus sancti der Gläubigen und in Gestalt verweigerter Rezeption durch die kirchliche Gemeinschaft bestimmte Weisen und Aussagen amtlicher kirchlicher Lehre (wie ‚verbindlich' sie sich auch verstehen und gebärden mögen) möglicherweise als dem Wort des Evangeliums abträglich, hinderlich oder gar widersprechend erwiesen werden. Es ist unsere gemeinsame Glaubensüberzeugung, daß in all solchen Fällen der zugesagte Beistand des Heiligen Geistes Gottes die Kirche dennoch in der Wahrheit halten wird."[14]

2. Das Bleigewicht der konfessionellen Eigenwilligkeiten verringern

Für mich ist dieser Gedanke zunehmend wichtig geworden. Wir haben in allen Traditionen eine überstarke Prägung durch konfessionelle Eigenheiten. Traditionell gewachsene Eigenheiten müssen in sich nicht schlecht sein, sie bringen auch eine bestimmte Vielfarbigkeit ins Bild. Zum Teil aber sind sie dann doch so extrem „ausformuliert" worden, daß sie zur Position der anderen gar nicht mehr vermittelbar sind.

Um an dieser Stelle nicht nur allgemein zu reden, will ich ohne große Systematik aus dem Themenfeld „Amt" einige Beispiele nennen für konfessionelle Auswahl, Einseitigkeit, Inkonsequenz und Willkür.

Gewiß wäre zu jedem einzelnen Punkt Erklärendes zu sagen, an einigen Stellen sind wir glücklicherweise ja auch dabei, Engführungen aufzuarbeiten. Dennoch wirkt sich bis in die Gegenwart hinein hinderlich aus auf katholischer Seite:

– die zeitweise totale Vernachlässigung des *synodalen Prinzips* in der Kirche
– die jahrhundertelange Ausblendung des *gemeinsamen Priestertums*
– die tridentinische Zurückweisung der Bestimmung des Amtes als *Predigtamt* und die penetrante Rede vom Opferpriestertum
– die überstarke Betonung des formalen Aspekts der bischöflichen Handauflegung bei der *Successio apostolica* und die Vernachlässigung des primären inhaltlichen

---

[14] *Verbindliches Zeugnis*, Bd. 3, S. 386.

Aspekts der apostolischen Nachfolge
- der wieder beängstigend zunehmende, dem neuzeitlichen Absolutismus abge-
schaute römische *Zentralismus* mit seiner Mißachtung der Rechte der Ortskirchen durch kuriale Beamte

Auf evangelischer Seite erstaunt mich nach wie vor:

- die konkrete Vorstellung von der Kirche und der Kirchenzugehörigkeit war weniger am Neuen Testament als an der *deutschen Kleinstaaterei* gebildet und die
Verpflichtung zur weltweiten Evangeliumsverkündigung war und ist noch privaten Missionsvereinen überlassen
- die verbindliche Auslegung des Evangeliums war mehr an staatlichen *Universitätsfakultäten* als am ordinierten kirchlichen Amt festgemacht
- die *Ordination* wurde sowieso nur noch als ein Problem der Kirchenordnung
verhandelt und Magister Philipp Melanchthons Betonung der geistlichen Dimension des Amtes war fast vergessen (vgl. CA V, Apol. XIII)

Die eindeutige Vorordnung des apostolischen Zeugnisses vor allen späteren Auslegungen und Ausfaltungen, die theologisch unbestrittene Feststellung also, daß das
Dogma unter dem Wort Gottes steht, ihm zu Diensten sein will und muß wie alle Bekenntnisschriften, Lehrformeln und Katechismen – diese gemeinsame theologische
Überzeugung muß noch grundsätzlicher, noch bewußter, noch konsequenter als bisher
schon in die Praxis ökumenischer Konsensgespräche und Einigungsbemühungen eingebracht werden.

3. Den Anderen wahrnehmen – voneinander lernen

Wir müssen voneinander lernen, das ist wirklich kein neuer Satz, aber er wird immer
noch viel zu wenig praktiziert. Sowohl Papst Paul VI. *(Inter insigniores)* wie Johannes
Paul II. *(Ordinatio sacerdotalis)* verweisen auf die gleiche Tradition in den Orthodoxen Kirchen, keine Frauen zu ordinieren. Da ist es interessant wahrzunehmen, wie
auch die orthodoxe Theologie ihre bisherige Position überprüft:
„Auf Anregung der Altkatholischen Kirche haben sich orthodoxe und altkatholi-
sche Theologen mit Zustimmung ihrer Kirchenführer im Jahr 1996 zu zwei Konsultationen in Levadia/Griechenland (25. 2. – 1. 3. 1996) und Konstancin/Polen (10. – 15.
12. 1996) getroffen, um das Problem der Zulassung der Frauen zum Priesteramt gemeinsam zu besprechen. Anlaß zu den Konsultationen waren einerseits die Streitigkeiten innerhalb der Internationalen Altkatholischen Bischofskonferenz um die Einführung der Frauenordination, die mittlerweile zur Infragestellung der Utrechter Union
geführt hat, zum anderen aber auch das Anliegen der orthodoxen Kirchen, 'daß die
Frage der Frauenordination von einer interorthodoxen Kommission studiert werde,
damit die orthodoxe Lehre zu diesem Thema in allen Dialogen mit denjenigen christlichen Kirchen und Konfessionen, die solche Ordinationen vornehmen, dargelegt werden kann'.
Erstaunlich sind nun die Ergebnisse dieser Konsultation, die jetzt erstmals bekannt-

gegeben wurden. Sie wurden dokumentiert in 14 Referaten, die auf den beiden Konsultationen gehalten wurden sowie in zusammenfassenden 'Gemeinsamen Überlegungen', die den Konsens der Teilnehmer wiedergeben und die von den bei den Organisatoren, Prof. Urs von Arx (Bern) von altkatholischer Seite sowie von Prof. Dr. Anastasios Kallis (Münster) von orthodoxer Seite unterschrieben und dem Dokumentationsband vorangestellt wurden.

In den zentralen Schlußsätzen wird hier erstmals von orthodoxer Seite die Möglichkeit einer Ordination von Frauen zum Priesteramt eingeräumt: Wörtlich heißt es: „Die jahrhundertelange Nichtordination von Frauen zum priesterlichen Dienst bzw. die Kritik an gelegentlich vorgekommenen priesterlichen Funktionen von Frauen ist gewiß ein geschichtliches Faktum, aber es ist nach der Einsicht der Teilnehmer der Konsultation in die damit zusammenhängenden Begründungsmuster das Ergebnis bestimmter kultureller Faktoren. Wo diese weiterhin dominant sind, wird die Kirche die bisherige Praxis wohl fortführen müssen. Wo diese aber sich verändert haben, stellt sich die Frage eben auf neue Weise. Wenn die Teilnehmer der Konsultation keine 'zwingenden dogmatisch-theologischen Gründe' gegen die Weihe von Frauen zum priesterlichen Dienst erkennen können, heißt das, daß die Ordination von Frauen die Gemeinschaft und Einheit der Kirche oder die Wiederherstellung der zerbrochenen Einheit und Gemeinschaft nicht fundamental zerstören oder in Frage stellen sollte, obschon Einschränkungen, in der Praxis durch die, nicht voll gewährleistete Austauschbarkeit von Geistlichen gegeben sind"[15].

Vor kurzer Zeit ist eine (in Mainz gearbeitete) hervorragende Dissertation erschienen, die den Grundsatz „Den Anderen wahrnehmen – voneinander lernen" in unserem Themenfeld auf vorbildliche Weise praktiziert[16]: Das umfangreiche Werk handelt zwar vom Diakonat und der Diakoninnenweihe von Frauen, berührt dabei aber naturgemäß immer wieder die grundsätzlichen Fragen im Zusammenhang der Ordination von Frauen.

Vorbildlich sind Aufbau und Durchführung dieser Untersuchung in ökumenischer Hinsicht: Unter der Überschrift „Das Eigene sehen" wird zunächst der Stand der Diskussion über den Diakonat der Frau in der römisch-katholischen Kirche dargestellt. „Den Blick weiten" ist der zweite Teil überschrieben, in dem die Entwicklungen in Diakonie und Diakonenamt im Bereich der EKD, sodann die Diskussion und Entscheidungen in der Kirche von England, in den Kirchen der Utrechter Union und schließlich theoretische und praktische Bemühungen um die Wiederbelebung des Diakonats der Frauen in den orthodoxen Kirchen farbig und kenntnisreich beschrieben werden. Der letzte, auswertende Teil heißt: „Neue Perspektiven gewinnen. Eine Vision vom Diakonat der Frau – inspiriert durch die Beiträge aus der christlichen Ökumene und verantwortet vor der römisch-katholischen Tradition".

Dieses erstaunliche Kompendium zur Frage der Diakoninnenweihe und des Diako-

---

[15] W. REISS: Frauenordination bei den Orthodoxen? Überraschende Ergebnisse einer ortodox-altkatholischen Konsultation. In: *Deutsches Pfarrerblatt* Nr. 3 (1999), S. 148-150, hier 148.

[16] D. REININGER: *Diakonat der Frau in der einen Kirche. Diskussionen, Entscheidungen und pastoral-praktische Erfahrungen in der christlichen Ökumene und ihr Beitrag zur römisch-katholischen Diskussion.* Ostfildern 1999.

nenamtes von Frauen könnte in seiner Grundhaltung der Achtung der anderen Traditionen und der grundsätzlichen Lernbereitschaft in methodischer Hinsicht richtungweisend sein für kommende ökumenische Forschung und Lehre, nicht zuletzt in der dornigen Frage: Hat die (römisch-katholische) Kirche wirklich keine Vollmacht, Frauen zu „Priesterinnen" zu ordinieren?

An den Schluß unserer bruchstückhaften Überlegungen möchte ich eine kleine Geschichte stellen, die Martin Buber in seiner Sammlung *Erzählungen der Chassidim*[17] überliefert: „An einem der Tage des Chanukkafestes kam Rabbi Nachum, des Riziners Sohn, unerwartet ins Lehrhaus und fand die Schüler beim Damspiel, wie es der Brauch an diesen Tagen war. Als sie den Zaddik eintreten sahen, wurden sie verwirrt und hielten inne. Er aber nickte ihnen freundlich zu und sagte: 'Kennt ihr auch die Gesetze des Damspiels?' Und da sie vor Scheu kein Wort über die Lippen brachten, gab er selber die Antwort: 'Ich will euch die Gesetze des Damspiels sagen. Das erste ist, man darf nicht zwei Schritte auf einmal gehen. Das zweite, man darf nur vorwärts gehen und sich nicht rückwärts kehren. Und das dritte, wenn man oben ist, darf man schon gehen, wohin man will'."

In Form einer genauen Spielregel geschieht hier auf verblüffende Art Lebensweisung. Diese liebenswürdige Geschichte sollte uns auf unserem Weg zur Einheit der Kirchen ermutigen zur Geduld und zur Konsequenz und unsere Hoffnung stärken, daß „am Ende" Er, der Herr der Geschichte und unserer Kirche, das Gelingen schenken wird.

---

[17] Zürich 1949, S. 518.

Die Rechtsstellung des Diözesanbischofs zwischen kirchlicher Hierarchie und politischer Demokratie

VON ILONA RIEDEL-SPANGENBERGER

Einleitung

Diözesanbischöfe sind auch in einer als postmodern und zunehmend als säkularisiert zu bestimmenden Gesellschaft wie in der Bundesrepublik Deutschland gesuchte Gesprächspartner für die Öffentlichkeit. Nicht nur in ausgesprochen kirchlichen Fragen, sondern auch bei allen anderen gesellschaftlichen Problemstellungen, die in irgendeiner Weise den Bereich der Werte, der Ethik und der grundsätzlichen Lebensführung berühren, ist ihre Stellungnahme gefragt, und zwar sowohl als wirkliche Orientierungshilfe wie auch als Reibungspunkt oder Kontrastfolie, wenn andere gegensätzliche Meinungen und Positionen vertreten. In dem grundsätzlich auf Kooperation und Ergänzung angelegten Verhältnis von Staat und Kirche in Deutschland sind die deutschen Diözesanbischöfe als einzelne wie auch im Zusammenschluß ihrer Konferenzen Ansprechpartner und Gegenüber für Repräsentanten der Kommunen und des Staates. Sie treten bei vielfältigen Gelegenheiten gemeinsam mit staatlichen Vertretern in Erscheinung und werden in einer mit kirchlichen Belangen weithin nicht mehr besonders vertrauten Öffentlichkeit als Repräsentanten ihrer Kirche wahrgenommen, und zwar in ganz ähnlicher Weise wie ein Ministerpräsident demokratisch legitimierter Vertreter seines Bundeslandes ist. Auch für die Partner in der Ökumene sind die Diözesanbischöfe die wichtigsten Ansprechpartner. Gewöhnlich wird etwa der Leiter einer evangelischen Landeskirche in dem für das entsprechende Territorium zuständigen Diözesanbischof den ihm adäquaten Vertreter der katholischen Kirche sehen. Andere gesellschaftliche Gruppen wie etwa Arbeitgeber oder Gewerkschaften suchen ebenfalls den Kontakt mit den Diözesanbischöfen und ihren Zusammenschlüssen. Sie erwarten nicht selten von diesen Unterstützung in ihren eigenen Anliegen.

Die Diözesanbischöfe sind also in vielfältiger Weise Partner und Gegenüber gesellschaftlicher, meist demokratisch legitimierter Teilsysteme. Hinsichtlich ihrer Stellungnahmen und ihres Handelns werden sie oft nach den eigenen Maßstäben dieser Teilsysteme beurteilt. Gerade bei diesem selbstverständlichen und weithin partnerschaftlichen Umgang miteinander wird aber immer wieder deutlich, daß die Diözesanbischöfe hierarchisch in das Gesamt der Kirche eingebunden sind und von daher hinsichtlich ihrer Meinungsäußerungen und ihres Handelns anderen Bedingungen unterworfen als ihre Partner im gesellschaftlichen Diskurs. Diese hierarchische Rückbindung der einzelnen Diözesanbischöfe wird in der Öffentlichkeit nicht selten als ein Mangel an Modernität und an demokratischer Legitimation wahrgenommen. So stellt sich beispielsweise die Frage, wie ein Diözesanbischof in der gesellschaftlichen Öffentlichkeit der Bundesrepublik Deutschland seine Kirche angemessen repräsentieren kann, und ob die innerkirchlichen rechtlichen Bedingungen, denen er dabei unterliegt, diese aufgrund des gegebenen Verhältnisses von Kirche und Staat erforderliche Aufgabe angemessen unterstützen oder nicht. Die den Medien eigene Gesetzlichkeit trägt im übrigen dazu bei, daß „Kirche" immer mehr personalisiert wird und folglich „Kirche" und „Diözesanbischof" in der öffentlichen Wahrnehmung immer mehr zu einer unlösbaren Einheit verschmelzen.

Was diesbezüglich allgemein für jeden einzelnen Diözesanbischof gilt, das hat noch weitreichendere Geltung für den Vorsitzenden der Deutschen Bischofskonferenz, der ungeachtet seiner innerkirchlich bestimmten Rechtsstellung als der legitime Repräsentant der katholischen Kirche in Deutschland auf nationaler Ebene und somit als zuständiger kirchlicher Vertreter gegenüber der Bundesregierung, dem Bundestag und dem Bundesrat betrachtet wird. Als Entscheidungträger in einer sich primär aus theologischen Grundsätzen herleitenden, transzendenzbezogenen und theonom bestimmten Glaubensgemeinschaft einerseits und andererseits in einer davon isoliert erscheinenden, weithin sich auf menschliches Vernunft- und Vermutungswissen aufbauenden, heteronom und säkular bestimmten Welt steht er im Zusammenhang pluraler Meinungsäußerungen und geistiger Unabhängigkeiten, denen allein individuelle Freiheit und persönliche Urteilsbildung als Ziele gelten. Zugleich ist er seiner der persönlichen Verfügung entzogenen kirchlichen Sendung verpflichtet, womit er gegen säkulare Trends Werte und Verbindlichkeiten ins Gespräch zu bringen hat.

Dabei ergeben sich aus kirchenrechtlicher und staatskirchenrechtlicher Perspektive für einen Diözesanbischof und zugleich Vorsitzenden der Bischofskonferenz Rahmenbedingungen durch komplexe Systeme von Befugnissen und Zuständigkeiten, die durch verschiedene Rechtsquellen begründet in vielfältigen Aufgaben und Verantwortungsbereichen ihre Konkretisierung finden. In rechtlicher Hinsicht ist ein deutscher Diözesanbischof primär und einerseits in den innerkirchlichen Rechtsbereich eingebunden, der nach dem Selbstverständnis der katholischen Kirche wie auch gemäß der Verfassung und dem Recht des freiheitlich demokratischen Rechtsstaats prinzipiell vom staatlichen Rechtsbereich unabhängig ist. Diese kirchliche Rechtsordnung hat durch das Zweite Vatikanische Konzil wesentliche Veränderungen erfahren. Andererseits ist ein Diözesanbischof in Deutschland durch staatliches Recht geschützt, und zwar durch das Recht auf freie Meinungsäußerung, auf das Selbstbestimmungsrecht der Kirche, auf kirchliche Ämterhoheit und besonders durch das Recht der korporativen Religionsfreiheit und den Status der Kirche als Körperschaft öffentlichen Rechts, was staatlicherseits verfassungsrechtlich garantiert ist.

Ein deutscher Diözesanbischof wie auch der Vorsitzende der Deutschen Bischofskonferenz bewegen sich also in einer Schnittmenge kirchlichen Rechts und deutschen Staatskirchenrechts. Die nachfolgenden Überlegungen wollen dieses komplexe System rechtlicher Bestimmungen unter einigen Gesichtspunkten näher beleuchten sowie auf mögliche Brüche und Widersprüche hinweisen.

1. Die innerkirchliche Rechtsstellung eines Diözesanbischofs

Die innerkirchliche Rechtsstellung des Diözesanbischof ergibt sich aus der theologischen Grundlegung seines apostolisch-kollegialen Kirchenamtes. Sie konkretisiert sich im Kreis des Bischofskollegiums zusammen mit dem Papst und den übrigen Bischöfen sowie in der Gemeinschaft mit den ihm in einer Diözese anvertrauten Gläubigen wie auch im Verbund verschiedenartiger Zusammenschlüsse von Bischöfen. Die der Diözese von Rechts wegen zukommende Rechtspersönlichkeit nimmt der Diözesanbischof wahr, indem er diese nach innen und nach außen vertritt (vgl. c. 393). Das Kirchenrecht enthält jedoch keine Regelungen darüber, in welcher Weise diese gesetzliche Vertretung im einzelnen zu erfolgen hat. Ausgeschlossen ist jedoch eine Ausführung der diözesanen Rechtsgeschäfte nach Belieben oder Gutdünken des Bischofs und über die Grenzen seiner Zuständigkeit hinaus. Nach Maßgabe des Rechts und unter Beachtung gegebener Beispruchsrechte oder der Willensbildung bestimmter Gremien (vgl. c. 127) hat er seine Verantwortung und Leitung im Rahmen seines Amtsermessens und seiner Zuständigkeit zum gemeinsamen Wohl der Kirche zu erfüllen. Der Diözesanbischof hat aber nicht nur Rechte und Pflichten für seine Diözese, sondern eine darüber hinausgehende mehrdimensionale Rechtsstellung im kollegialen Verband mit dem Papst und den übrigen Bischöfen.

1.1 Die Aufwertung der innerkirchlichen Rechtsstellung des Diözesanbischofs durch das Zweite Vatikanische Konzil

Gemäß kirchlicher Tradition ist das für die Existenz und Sendung der Kirche konstitutive und unverzichtbare Kirchenamt des Diözesanbischofs primär ein der Kirche zu leistender geistlicher Dienst von höchstem Rang. In ihm bündeln sich die für die Kirche wesentlichen Aufgaben, Befugnisse und Verantwortlichkeiten. Im Kontext der Aussagen über das ganze von Gott gesammelte Volk der Gläubigen spricht erstmals das Zweite Vatikanische Konzil „in specie de episcopatu" (vgl. LG 18) und widmet den Bischöfen in der Kirche ein eigenes Dekret (vgl. CD). Die hierarchische Verfassung der Kirche gilt demzufolge als vornehmlich episkopal begründet. Zentrales Ziel des bischöflichen Dienstes ist die Führung und Förderung des Gottesvolkes auf dessen Weg zum Heil in Jesus Christus. Dafür üben die Bischöfe treuhänderisch die auf Christus selbst und den Zwölferkreis zurückgehende „sacra potestas" aus (vgl. LG 18-20)[1]. Für ihre Stellung als einzelne und auch für ihre Beziehung untereinander wie auch zum Nachfolger des Apostels Petrus und zu den übrigen Gläubigen gelten dieselben Bedingungen, Rechte und Pflichten wie für das Apostelkollegium. Das Papstamt verkörpert in diesem Zusammenhang wie Petrus „perpetuum ac visibile unitatis fidei et communionis principium et fundamentum" (LG 18), das heißt, die Bischöfe sind

---

[1]   Vgl. Ilona RIEDEL-SPANGENBERGER: La chiesa fiduciaria della grazia nella Parola e nel sacramento. Considerazioni teologico-giuridiche sull'ecumenismo. In: *Dilexit Ecclesiam. Studi in onore del prof. Donato Valentini.* Hrsg. von Gianfranco COFFELE. Roma 1999, S. 941-963.

bei der Ausübung der ihnen zukommenden Sendung und Vollmacht untereinander und miteinander wie auch mit der gesamten Kirche durch den einen Glauben sowie durch denselben geistlich begründeten Dienst verbunden, was im Papstamt sichtbar ausgedrückt werden soll.

Diese Grundkonzeption des kollegialen und zugleich kooperativ ausgerichteten bischöflichen Dienstes hat das Konzil um seine Lehre von den bischöflich geleiteten Ortskirchen ergänzt. Die als Diözese bezeichnete Ortskirche wird als ein wirklicher Teil des Gottesvolkes umschrieben, der dem Hirtendienst eines Bischofes als Diözesanbischof zusammen mit der ihm zugeordneten Priesterschaft zur Heilssorge anvertraut ist (vgl. CD 11 und c. 369). Die Diözese als primärer Zuständigkeitsbereich des Diözesanbischofs steht in einer doppelten Funktion: zum einen ist sie die Kirche, bezogen auf einen Kreis von Gläubigen, an einem bestimmten Ort, d.h. auf einen Teil der ganzen Kirche, zum anderen besteht sie aus einer Reihe von Ortsgemeinden als ihren Teilen, die verbunden mit ihrem Bischof die universale Heilssendung der ganzen Kirche zu verwirklichen suchen. Dabei stellt der Diözesanbischof auch die Verbindung zu den übrigen bischöflich geleiteten Orts- bzw. Teilkirchen wie auch zur ganzen Kirche dar und leitet mit dieser Verbundenheit die seiner Zuständigkeit anvertraute Gemeinschaft von Gläubigen, die selbst Teil des ganzen Volkes Gottes ist. Streng genommen bestimmt sich die Vorstellung von der bischöflich geleiteten Ortskirche also von einem Teil der Gläubigen der Gesamtkirche her, die einem Bischof in der Funktion des Diözesanbischofs als ihrem Hirten an einem bestimmten Ort zugeordnet sind und durch ihn als Getaufte in der sichtbaren vollständigen Verbindung zur gesamten Kirche stehen.

Deshalb sagt das Konzil auch von den einzelnen Bischöfen, daß sie als „sichtbares Prinzip und Fundament der Einheit in ihren Teilkirchen, die nach dem Bild der Gesamtkirche gestaltet sind", gelten (vgl. LG 23) und „in den (von ihnen geleiteten Teilkirchen) und aus ihnen die eine und einzige katholische Kirche" (vgl. LG 13, 23, 26; CD 11; AG 19) besteht.

Insofern verwirklicht sich die katholische Kirche in jeder einzelnen Diözese voll und ganz, so daß die Gesamtkirche nicht die Summe der bischöflich geleiteten Ortskirchen darstellt, sondern in jeder bischöflich geleiteten Ortskirche präsent ist und sich zugleich aus allen Ortskirchen heraus entfaltet. Es wird also ausgeschlossen, daß die Gesamtkirche die bloße addierte Summe einzelner in sich existierender Lokalkirchen ist, eine Superstruktur der Überordnung gegenüber untergeordneten Teilkirchen oder ein Dachverband mit Untereinheiten, sondern es ist die geistgewirkte konkrete Eigenart, Vielfalt und Einheit der Ortskirche, die wesentlicher Teil der Gesamtkirche in der Gestalt der Katholizität des Glaubens und der Glaubenden ist.

Einen weiteren wichtigen Gesichtspunkt für das Dienstamt des Diözesanbischofs bietet das Konzil, wenn es in kirchenrechtlicher Diktion darauf hinweist, daß die Diözesanbischöfe als Stellvertreter und Gesandte Christi (vgl. LG 27) ihren Diözesen mit „potestas propria, ordinaria et immediata" vorstehen (vgl. CD 8 und 11), das heißt, daß sie ihre Sendung und ihren Dienst, die ihnen ohne eine kirchliche Vermittlungsinstanz mittels ihres sakramental begründeten Amtes unmittelbar zukommen, mit eigenberechtigter Vollmacht im Namen Jesu Christi, nicht aber im stellvertretenden Auftrag des Papstes oder als Mandat der Gläubigen ausüben. Der einzelne Bischof ist folglich trotz seiner „unitas et communio" mit dem Papst nicht dessen subalterner Beamter, Delegat oder Stellvertreter, sondern er lenkt und verwaltet im Namen Christi, d.h. in jurisdiktionell eigenständiger Weise sowie in eigener amtlicher und pastoraler Verantwortung die ihm anvertraute Diözese. Diese Rechtsstellung des Diözesanbischofs und diese Verhältnisbestimmung zwischen der Gesamtkirche und den Ortskirchen wie auch der Ortskirchen untereinander waren für den *Codex Iuris Canonici* von 1917 noch nicht im Blick. Vielmehr wurde diesem mittlerweile außer Kraft getretenen universalkirchlichen Gesetzbuch zufolge die Gesamtkirche als „gewissermaßen ein einziges großes Bistum, dessen 'Universalbischof' der Papst ist", verstanden und demzufolge die Rechtsstellung des Diözesanbischofs und der Diözesen unter dem Aspekt der Unterordnung unter die päpstliche Herrschaft und Gewalt vorgestellt[2], eine Vorstellung, die das Zweite Vatikanische Konzil bis heute überdauert hat und keine widerspruchsfreie Ekklesiologie zu ermöglichen scheint[3].

Für den Gesetzgeber des neuen *Codex Iuris Canonici* von 1983, Papst Johannes Paul II., war dagegen die Ekklesiologie des Zweiten Vatikanischen Konzils maßgebend, die er im Promulgationsdekret zum neuen Codex in folgender Weise umschreibt: „Von den Elementen aber, die das wahre und eigentliche Bild der Kirche ausmachen, sind besonders diese zu erwähnen: die Lehre, nach der die Kirche als das Volk Gottes (vgl. Konst. *Lumen Gentium*, 2) und die hierarchische Autorität als Dienst dargestellt werden (ebd., 3); außerdem die Lehre, die die Kirche als *Communio* ausweist und daher die gegenseitigen Beziehungen bestimmt, die zwischen Teilkirche und Gesamtkirche sowie zwischen Kollegialität und Primat bestehen müssen; ebenso die Lehre, nach der alle Glieder des Volkes Gottes, jedes auf seine Weise an dem dreifachen – dem priesterlichen, prophetischen und königlichen – Dienst Christi teilhaben"[4]. Demgegenüber muten allerdings die Aussagen in dem *Schreiben der Kongregation für die Glaubenslehre über einige Aspekte der Kirche als Communio* vom 28. Mai 1992 als eine Rückkehr zu der Kirchenvorstellung vor dem Zweiten Vatikanischen Konzil an, wenn dort gegenüber den Bischöfen die ontologische und zeitliche Vorrangstellung der Gesamtkirche vor den Teilkirchen gefordert und damit die theologisch begründete Eigenberechtigung der Diözesanbischöfe wie auch die den Gläubigen eigenen Rechte bestritten werden[5]. Die Gegenüberstellung von Gesamtkirche und bi-

---

2   Vgl. etwa Eduard EICHMANN: *Lehrbuch des Kirchenrechts*. Bd. 1. Paderborn ⁴1934, S. 210.

3   Vgl. Hermann-Josef POTTMEYER: Die zwiespältige Ekklesiologie des Zweiten Vaticanums – Ursache nachkonziliarer Konflikte. In: *Trierer Theologische Zeitschrift* 92 (1983), S. 272-283.

4   *Codex Iuris Canonici auctoritate Ioannis Pauli PP. II promulgatus – Codes des kanonischen Rechtes*. Lat.-dt. Ausgabe. Vatikan – Kevelaer 1983, S. XXI.

5   *Acta Apostolicae Sedis* 85 (1993), S. 838-850; deutsch: KONGREGATION FÜR DIE GLAUBENSLEHRE: *Schreiben an die Bischöfe der katholischen Kirche über einige Aspekte der Kirche als Communio. 28. Mai 1992.* Bonn 1992 (Verlautbarungen des Apostolischen Stuhls. 107), hier: S. 10-11; vgl. auch Walter KASPER: Zur Theologie und Praxis des bischöflichen Amtes. In: *Auf neue Art Kirche sein. Wirklichkeiten – Herausforderungen – Wandlungen. Festschrift für Bischof Dr. Josef Homey-*

schöflich geleiteten Ortskirchen und damit auch die Polarisierung von päpstlicher und bischöflicher Vollmacht entspricht nicht der relationalen Umschreibung des Episkopats und des päpstlichen Primats sowie dem zwischen Ortskirchen und Gesamtkirche bestehenden Verhältnis, wie es Konzil und universalkirchlicher Gesetzgeber herausstellen. Für die konkrete Ausübung des Dienstamtes eines Diözesanbischofs bedeuten solchermaßen widersprüchliche Annahmen und Interpretationen mindestens faktisch eine deutliche Irritation und Schwächung der mit seinem Dienst verbundenen Aufgaben und Kompetenzen. Sie verdunkeln das konziliare Verständnis vom Diözesanbischof als Hirten und Repräsentanten der ihm zugewiesenen Ortskirche wie auch seine für die universalkirchliche Gemeinschaft wesentliche Stellung und schwächen im Hinblick auf die kirchliche wie die nichtkirchliche Öffentlichkeit seine den Glauben und die Gemeinschaft der Kirche verkörpernde Stellung.

1.2 Die Sendung und der Dienst eines Diözesanbischofs nach Maßgabe der Bestimmungen des *Codex Iuris Canonici* von 1983

Im Codex finden sich über 500 Rechtsbestimmungen zum „ex divina institutione" bestehenden Kirchenamt des Diözesanbischofs. Sie beziehen sich auf die Konzeption dieses Amtes, auf die amtliche Bestellung und die Besitzergreifung vom Amt, auf den Amtsverlust, die Leitungsvollmacht in der kirchlichen Gesetzgebung, Verwaltung und Rechtsprechung sowie im Hinblick auf die Diözesankurie, die übrigen Diözesanbischöfe, den Metropoliten und den Papst, die Organe der Römischen Kurie, die pastoralen Rechte und Pflichten in den Bereichen der Verkündigung, der Feier der Gottesdienste und Sakramente, der Caritas, der Vermögensverwaltung, Gerichtsbarkeit, auf einzelne Befugnisse wie Lizenzen, Dispensen, Beispruchs- und Aufsichtsrechte im Hinblick auf das apostolische Wirken der Kleriker, Laien und Ordensleute, insbesondere auch bezüglich der Beratungsgremien und synodalen Einrichtungen, z.B. der Domkapitel, Konsultorenkollegien, Priester- und Pastoralräte, sowie der Belange der Pfarreien und Dekanate. Diese Bereiche der pastoralen Eigen- und Letztverantwortung eines Diözesanbischofs ergeben einen umfangreichen Katalog von Pflichten und Rechten, die das kirchliche Gesetzbuch unter dem Begriff „cura pastoralis" zusammenfaßt und damit den alle diese notwendigen Dienste einschließenden Pflichtenkreis des Diözesanbischofs als „pastor animarum" für die vollständige Seelsorge (plena cura animarum) der ihm anvertrauten Menschen in allen kategorialen Bereichen innerhalb seines Zuständigkeitsbereiches bezeichnet[6]. Die einzelnen Rechtsbestimmungen verdeutlichen, daß diese vielfältigen Aufgaben nicht in jedem Fall vom Diözesanbischof persönlich ausgeführt werden müssen, sondern er „lediglich" für deren Gewährleistung Sorge zu tragen hat. Daraus ergibt sich ein diffe-

---

[6] *er.* Hrsg. von W. SCHREER und G. STEINS. München 1999, S. 32-48, 43f.
    Vgl. Ilona RIEDEL-SPANGENBERGER: Seelsorge und Sendung in der kirchlichen Rechtsordnung. In: *Iustitia et Modestia. Festschrift für Hubert Socha zur Vollendung seines 65. Lebensjahres.* Hrsg. von Peter BOEKHOLT und Ilona RIEDEL-SPANGENBERGER. München 1998, S. 54-74, 60-64.

renzierter Amtsspiegel für den Diözesanbischof, der neben Spiritualität, pastoralen Fähigkeiten und theologischer Kompetenz auch professionelles Management sowie sach-und zielorientierte kybernetische Verwaltungs- und Leitungsstrukturen erforderlich macht[7], wobei allerdings auch deutlich wird, daß andere Gläubige und auch nicht nur Kleriker im Namen der Kirche und in Stellvertretung des Diözesanbischofs tätig werden können, wenn sie von ihm eine entsprechende kanonische Sendung erhalten haben[8]. Die vielen Institutionen und Ämter innerhalb einer Diözese bedeuten, daß der Bischof sein Hirtenamt in Kooperation mit seinen Gläubigen und mit den zu spezifischen Diensten eigens befugten Mitarbeitern und Mitarbeiterinnen ausübt und sich aufgrund der dadurch gewährleisteten Entlastung weitgehend auf pastorale und strukturelle Vorgaben sowie auf seine Richtlinienkompetenz beschränken kann.

1.2.1 Der Diözesanbischof als Mitglied des Bischofskollegiums

Obwohl die Bischöfe, besonders die Diözesanbischöfe, primär als einzelne ihr Hirtenamt in der ihnen zugewiesenen Ortskirche ausüben, sind sie als Glieder des Bischofskollegiums auch Mitträger der Sorge für die gesamte Kirche und der höchsten Vollmacht in der Kirche (vgl. c. 336)[9]. Diesen Dienst vermag der Diözesanbischof im Verbund mit dem Papst und den übrigen Bischöfen von Rechts wegen als kollegialen Akt sensu stricto in zwei Formen auszuüben: als Mitglied eines Ökumenischen Konzils (vgl. c. 337 § 1 i.V.m. cc. 749 § 2, 1. Halbsatz, 752) oder unter Beteiligung an einer vom Papst initiierten und angenommenen gemeinsamen Amtshandlung (unita actio) des Weltepiskopats, wobei auf eine lokale Versammlung verzichtet wird (vgl. cc. 337 §§ 2 und 3, 749 § 2, 2. Halbsatz). Beide Formen zur Ausübung der höchsten kirchlichen Autorität durch das Bischofskollegium können in den Bereichen der Legislative (vgl. c. 754 i.V.m. c. 1371 n. 1), Administrative und Judikative (vgl. 135 § 1) für die Gesamtkirche allgemein verbindliche Entscheidungen treffen, sich vor allem lehramtlich in außerordentlicher Weise, d.h. definitiv verpflichtend (vgl. c. 749 § 2), oder in ordentlicher, d.h. in nicht letztverbindlicher, Weise äußern (vgl. c. 752) bezüglich des Glaubens und der für die ganze Kirche geltenden Moralvorstellungen[10]. Die

---

[7] Für den evangelischen Bereich vgl. Alfred JÄGER: *Konzepte der Kirchenleitung für die Zukunft.* Gütersloh 1993; für den katholischen Bereich vgl. Thomas KELLNER: *Kommunikative Gemeindeleitung.* Mainz 1997.

[8] Vgl. Ilona RIEDEL-SPANGENBERGER: *Sendung in der Kirche. Die Entwicklung des Begriffes „missio canonica" und seine Bedeutung in der kirchlichen Rechtssprache.* Paderborn 1991, S. 201ff.

[9] Vgl. Udo BREITBACH: Bischofskollegium. In: *Lexikon für Kirchen- und Staatskirchenrecht.* Hrsg. von Axel von CAMPENHAUSEN – Ilona RIEDEL-SPANGENBERGER – Reinhold SEBOTT Bd. 1. Paderborn ²2000, S. 273-274.

[10] Vgl. Alphonse BORRAS: Considérations corrélatives sur l'exercise de la primauté romaine. In: *Changer la papauté?* Hrsg. von P. TIHON (Association européenne de théologie catholique). Paris 2000, S: 85-120, 92ff.; Ilona RIEDEL-SPANGENBERGER: Der Jurisdiktions- und Lehrprimat des Papstes in der Diskussion. In: *Archiv für katholisches Kirchenrecht* 165 (1996), S. 25-55, 42-46.

Teilhabe des Diözesanbischofs an dieser höchsten kirchlichen Leitungsvollmacht bezieht sich nach Maßgabe des Rechts nicht nur auf die lehramtlichen Aussagen des Bischofskollegiums, sondern aufgrund ihrer sachlich umfassenderen Kompetenz auch auf alle anderen disziplinären oder kategorialen Funktionen für die Gesamtkirche[11]. Dazu gehören etwa die Förderung und Lenkung der Ökumenischen Bewegung bei den Gläubigen (vgl. c. 755 § 1), die Verkündigung des Evangeliums im Hinblick auf die ganze Kirche (vgl. c. 756 § 1), der Dienst als Priester, Leiter, Förderer und Wächter der sakramentalen und gottesdienstlichen Handlungen der Kirche (vgl. cc. 835 § 1, 838 §§ 2 und 4) sowie die Leitung und Koordination aller Belange der Weltmission (vgl. c. 782 § 1). Während für die Form der Ausübung höchster kirchlicher Autorität bei einem Ökumenischen Konzil detaillierte Rechtsbestimmungen vorgesehen sind (vgl. cc. 338-341)[12], fehlen solche für die im Gesetz auch genannten weiteren Arten einer gemeinsamen Amtshandlung des Gesamtepiskopats, so daß eine erhebliche Rechtsunsicherheit darüber besteht, in welcher anderen Weise das Bischofskollegium zu verbindlichen und verpflichtenden Entscheidungen und Urteilen für die Gesamtkirche kommen kann[13], zumal wenn alle Bischöfe oder eine qualifizierte Mehrheit von ihnen nicht bereit sind, bestimmten Beschlußvorlagen zuzustimmen, oder wenn ein erheblicher sachlicher Dissens unter den Bischöfen besteht. In solchen Fällen gilt bislang von Rechts wegen, daß der Papst allein darüber entscheidet, wann das Bischofskollegium seine Vollmacht kollegial ausüben kann (vgl. c. 338 § 3) und daß die Beschlüsse, die nur unter konstitutiver Mitwirkung des Papstes gefaßt werden können, von ihm auch noch eigens bestätigt und promulgiert werden müssen, damit sie Rechtskraft für die Kirche erlangen (vgl. c. 341 § 2)[14]. Im übrigen kann der Papst auch nach Maßgabe des Rechts seine höchste kirchliche Autorität stets persönlich und immer frei ausüben (vgl. c. 331), so daß er sogar die Bestätigung und Promulgation von Konzilsbeschlüssen verweigern kann, obwohl der Codex ausdrücklich bemerkt, daß der Papst auch bei dieser Art seiner Amtsausübung stets in Gemeinschaft mit den übrigen Bischöfen und der ganzen Kirche verbunden ist (vgl. 333 § 2). Hieran wird deutlich, daß auch der Codex wie das Zweite Vatikanische Konzil die Vollmacht des Bischofskollegiums nicht im strikt juridischen, sondern lediglich im analogen Sinn rezipiert haben (vgl. Nota Praevia 1), so daß viele Fragen hinsichtlich des Zusammenwirkens zwischen Papst und Bischöfen rechtlich unbefriedigend bleiben und Konflikte in einem rechtsfreien Raum entschieden werden. Für die Partizipation eines Diöze-

---

11   Vgl. Ilona RIEDEL-SPANGENBERGER:Verkündigungsdienst und Lehrautorität der Kirche: *Iuri Canonico Promovendo. Festschrift für Heribert Schmitz zum 65. Geburtstag.* Hrsg. von W. AYMANS und Th. GERINGER. Regensburg 1994, S. 153-174, 166f.

12   Vgl. auch das für Ökumenische Konzilien geltende Sonderrecht und Hubert JEDIN: Die Geschäftsordnung des Konzils; LThK.E 3, S. 610-623.

13   Vgl. Norbert LÜDECKE: *Die Grundnormen des katholischen Lehrrechts in den päpstlichen Gesetzbüchern und neueren Äußerungen in päpstlicher Autorität.* Würzburg 1997, S. 288ff.

14   Vgl. Konrad HARTELT: Das Ökumenische Konzil. In: *Handbuch des katholischen Kirchenrechts.* Hrsg. von. J. LISTL und H. SCHMITZ. Regensburg [2]1999, S. 347-353, 352.

sanbischofs an den Entscheidungen der höchsten kirchlichen Autorität fehlt im universalkirchlichen Recht – mit Ausnahme der Regelungen für ein Ökumenisches Konzil – jegliche juristische Konkretisierung. Die nicht hinreichend juristisch geregelte Beteiligung der Diözesanbischöfe an der Meinungsbildung und Entscheidungsfindung im Hinblick auf die für die Gesamtkirche verbindlichen Belange, Dogmen oder Normen macht die tatsächliche Repräsentanz und Verbindlichkeit ihres Handelns und ihrer Äußerungen in Kirche und Öffentlichkeit fragwürdig. In dieser Hinsicht sind vor allem die Normen zur Bischofssynode, die der Einheit aller Mitglieder des Bischofskollegiums dienen soll (c. 342), rechtlich unbefriedigend, denn die Bischofssynode beschränkt sich auf die Funktionen der Unterstützung und Beratung des Papstes[15]. Die daran teilnehmenden Bischöfe können nur die Erfahrungen und Anliegen ihrer Teilkirchen oder Teilkirchenverbände einbringen, selbst aber nicht entscheidend mitwirken.

1.2.2 Der Diözesanbischof als Hirte einer bestimmten Gemeinschaft von Gläubigen

Die zentrale rechtliche Stellung des Diözesanbischofs ergibt sich im Hinblick auf die ihm vom Papst zugewiesene Diözese. Geht man im Codex von der Definition der Diözese aus, die wörtlich der Aussage des Zweiten Vatikanischen Konzils entspricht (vgl. CD 11), so bestimmt sich diese durch einen Teil des Gottesvolkes, der einem Bischof in Kooperation mit der ihm zugeordneten Priesterschaft als verantwortlichem Hirten (pastor) mit dem Ziel anvertraut ist, die Gläubigen durch die Verkündigung des Evangeliums und die Feier der Sakramente und Gottesdienste, vor allem durch die Eucharistie, zusammenzuführen und sie auf diese Weise mit ihm zu verbinden (vgl. c. 369 § 1). Diesen Hirtendienst (cura pastoralis) vollzieht er mit ordentlicher, eigenberechtigter und unmittelbarer Vollmacht, jedoch unter der Bedingung, daß dem Papst oder anderen Autoritäten reservierte Rechte zustehen (vgl. cc. 333 § 1, 381 § 1)[16]. Generell räumt das Kirchenrecht nämlich dem Papst einen Vorrang an ordentlicher Vollmacht in den Teilkirchen ein (vgl. c. 333 § 1), regelt aber nicht, wann und unter welchen Umständen dieser ausgeübt werden kann. Wenn zugleich auch gesagt wird, daß dadurch die eigenberechtigte, ordentliche und unmittelbare Vollmacht des Bischofs nicht beeinträchtigt werden soll, so unterbleibt jedoch jede rechtliche Regelung für den Konfliktfall und die Umstände, die eine Ausübung des päpstlichen Vorranges rechtfertigen.

---

[15]   Vgl. Willi STOFFERS: Bischofssynode. In: *Lexikon für Kirchen- und Staatskirchenrecht.* Bd. 1. S. 282-284.

[16]   Vgl. Heribert SCHMITZ: Der Diözesanbischof. In: *Handbuch des katholischen Kirchenrechts.* Hrsg. von J. LISTL und H. SCHMITZ. Regensburg²1999, S. 425-442, 434.

1.2.3 Der Verkündigungsdienst, das Lehramt und die Lehraufsicht des Diözesanbischofs

Der Diözesanbischof vermag aufgrund seines „munus docendi" und seiner Weihe sowie der mit seinem Amt verbundenen spezifischen Sendung im Namen Christi und offiziell für die Kirche den Dienst der Verkündigung persönlich in der Weise auszuüben, daß er selbst in diesem Bereich direkt tätig wird oder einzelne Aufgaben anderen entsprechend autorisierten Personen überläßt. Daher unterscheidet das Kirchenrecht im Rahmen seines umfassenden Dienstes am Wort Gottes den persönliche Verkündigungdienst (vgl. cc. 756 § 2, 763), vom Lehr- und Leitungsamt des Diözesanbischofs (vgl. cc. 375 §§ 1 und 2, 749 § 1, 756 § 2).

Sein Dienst des ordentlichen Lehramtes erstreckt sich auf alle Formen der mündlichen und schriftlichen Äußerung. Er umfaßt alle dazu erforderlichen Mittel (vgl. c. 761 i.V.m. c. 96). In formaler Hinsicht können sich Diözesanbischöfe auf verschiedene Weise sowie in verschiedenen Graden der Verbindlichkeit lehramtlich äußern[17], was in der kirchlichen und außerkirchlichen Öffentlichkeit häufig gar nicht wahrgenommen wird und deshalb nicht selten zu inhaltlichen Mißverständnissen beiträgt. So können Diözesanbischöfe als Mitglieder des Bischofskollegiums daran beteiligt sein, für die universale Kirche verbindliche, unabweisbare Glaubensaussagen aufgrund ihres ordentlichen Lehramtes zu machen, oder aber auch außerordentliche, letztverbindliche, alle Gläubigen definitv verpflichtende Urteile in Glaubens- und Sittenfragen auszusprechen, die mit dem Anspruch auf die der ganzen Kirche eigenen und von Papst und Bischofskollegium als den Trägern höchster kirchlicher Autorität festzustellenden Unfehlbarkeit ausgestattet sind (vgl. c. 750 i.V.m. Vaticanum I: Pastor Aeternus: DH 3070-3074 und Vaticanum II: LG 25; DH 4149). Die definitiv verpflichtenden, unfehlbaren Aussagen müssen aber nach der Rechtslage des Codex als solche ausdrücklich festgestellt werden (vgl. c. 749 § 3). Erhebliche Rechtsunsicherheit besteht dadurch, daß der Gesetzgeber gerade den Modus dieser Feststellung nicht genau bestimmt und das dogmatisch gesicherte Entsprechungsverhältnis zwischen unfehlbaren Lehräußerungen und dem Glauben der ganzen Kirche keiner juristischen Objektivierung unterworfen hat[18]. Die Tatsache, daß infolgedessen bischöfliche Lehräußerungen in der Öffentlichkeit mißverstanden werden können, wenn etwa eine Lehre nicht offensichtlich als definitiv verpflichtend feststeht oder daran gezweifelt werden kann, untergräbt nicht nur die Autorität der Bischöfe und des Papstes, sondern stellt die kirchliche Glaubens- und Sittenlehre selbst infrage.

Weil dem Diözesanbischof kraft seiner Leitungsvollmacht hinsichtlich der

---

[17]   Vgl. Lothar Wächter: *Gesetz im kanonischen Recht. Eine rechtssprachliche und systenmatisch-normative Untersuchung zu Grundproblemen der Erfassung des Gesetzes im Katholischen Kirchenrecht.* St. Ottilien 1989, S. 36ff.

[18]   Zur fehlenden juristischen Umsetzung des „sensus fidelium" vgl. Ilona Riedel-Spangenberger: Der Verkündigungsdienst (munus docendi) der Kirche und der Glaubenssinn des Volkes Gottes (sensus fidelium). In: *Wege der Evangelisierung. Heinz Feilzer zum 65. Geburtstag.* Hrsg. von A. Heinz – W. Lentzen-Deis – E. Schneck. Trier 1993, S. 193-206.

amtlichen und offiziellen Verkündigungsdienste auch die Aufsicht (vigilantia) in seiner Diözese zukommt, hat er für die Einhaltung der Rechtsvorschriften zum Dienst am Wort, vor allem bezüglich Homilie und Katechese zu sorgen (vgl. c. 386 § 1), alle katechetischen Unternehmungen zu koordinieren sowie Religionsunterricht (vgl. cc. 775 § 1, 804 § 1), katholische Schulen (vgl. c. 806 § 1), Vereine (vgl. c. 305 §§ 1 und 2), Kirchliche Hochschulen und Theologische Fakultäten (vgl. c. 810 § 2 i.V.m. c. 818) seiner Aufsicht zu unterstellen und für deren katholisches Profil einzutreten. Bei der Aufsicht über die Inhaber der verschiedenen kirchlichen Verkündigungsämter, die den strengeren Verpflichtungen der dienstlichen Aufsicht unterliegen, sind die Diözesanbischöfe gehalten, zwischen disziplinarischen Maßnahmen, wie dem Entzug des kirchlichen Lehrauftrags, und Strafmaßnahmen, wie im Falle der Erfüllung des Straftatbestandes der Häresie, zu unterscheiden und in beiden Fällen nach Maßgabe des Rechts vorzugehen[19]. Der Träger einer „missio canonica"[20] unterliegt nämlich einer engeren Bindung an den zuständigen Diözesanbischof, und seine Pflichten gegenüber der „fides divina catholica" haben wegen seines offiziellen Verkündigungsauftrags im Namen der Kirche eine andere Qualität[21].

Als Mittel für diese Art der Aufsicht stehen dem Diözesanbischof die pflichtgemäßen Pastoralvisitationen in seiner Diözese persönlich oder durch Stellvertreter zur Verfügung (vgl. cc. 396 §§ 1 und 2, 397 § 1, 398), die auch notwendige Grundlage seiner Berichtspflicht gegenüber dem Papst durch Quinquennalbericht und Ad limina-Besuch sind (vgl. cc. 399, 400). Ziel aller Aufsichtsmaßnahmen des Diözesanbischofs ist das „bonum commune ecclesiae", das sich aus der von Christus der Kirche übertragenen Sendung ergibt, die in der kirchlichen Gemeinschaft nicht nur von den kirchlichen Autoritäten, sondern von allen Gläubigen gemeinsam zu verwirklichen ist[22]. Problematisch wird es, wenn dieses eigenständige Aufsichtsrecht des Diözesanbischofs aufgrund der ihm genuin zukommenden Vollmacht durch Eingriffe und Bestimmungen seitens der gesamtkirchlichen Autorität, wie z.B. durch das Erfordernis eines zusätzlichen Nihil obstat für Theologieprofessoren durch den Apostolischen Stuhl[23], beschnitten und dadurch die Kompetenz der Bischöfe relativiert wird.

---

[19] Vgl. Hans PAARHAMMER: Das spezielle Strafrecht des CIC. In: *Recht im Dienste des Menschen. Hugo Schwendenwein zum 60. Geburtstag.* Hrsg. von K. LÜDICKE – H. PAARHAMMER – D. A. BINDER. Graz 1986, S. 403-466, 404-409.

[20] Vgl. Ilona RIEDEL-SPANGENBERGER: Missio canonica. In: LThK[3] 7 (1998), Sp. 287f.

[21] Vgl. Ilona RIEDEL-SPANGENBERGER: Nihil obstat: LThK[3] 7 (1998), Sp. 835.

[22] Vgl. Norbert WITSCH: Bonum commune. In: *Lexikon des Kirchen- und Staatskirchenrechts.* Bd. 1, S. 294-297.

[23] Vgl. Heribert SCHMITZ: Probleme und Konflikte im kirchlichen Hochschulbereich. In: *Revue de droit canonique* 42 (1992), S. 1-29; Ilona RIEDEL-SPANGENBERGER: Kirchlicher Rechtsschutz im Zusammenhang mit der Erteilung des Nihil obstat. In: *Zeitschrift für Theologie in Europa. Bulletin ET* 5 (1994), S. 92-119.

1.2.4 Die Stellung des Diözesanbischofs in Bischofskonferenzen

Der *Codex Iuris Canonici* 1983 weist den Bischofskonferenzen den Status einer juristischen Person in der katholischen Kirche zu (vgl. c. 449 § 2).

Als Gesamtverband gilt sie demnach als Trägerin innerkirchlicher Rechte und Pflichten, indem ihre Mitglieder nach Maßgabe des Rechts und der Statuten kollegial zusammenwirken (vgl. c. 115). Über die theologische und rechtliche Natur der Bischofskonferenzen und deren Verhältnis zur Vollmacht der einzelnen Diözesanbischöfe wie auch des Papstes und der Römischen Kurie wird allerdings seit Inkrafttreten des Codex auch höchst kontrovers diskutiert[24], wobei die praktische Bedeutung der Bischofskonferenzen positiv gewürdigt, zugleich aber auch deutlich herausgestellt wird, daß der ekklesiale Status dieses bischöflich-kollegialen Organes theologisch und juristisch als ungeklärt angesehen werden muß[25]. So wird etwa betont, daß die Bischofskonferenzen „unrechtmäßig" an die Stelle des einzelnen Diözesanbischofs in dem Maße getreten sind, „daß sie als Filter oder Hindernis gegenüber den unmittelbaren Beziehungen der einzelnen Bischöfe mit dem Apostolischen Stuhl dienen"[26]. Ebenso wird ihre in der sakramentalen Wirklichkeit des Bischofsamtes gründende Kollegialität dadurch in Frage gestellt, daß ihnen nur eine „affektive Kollegialität", nicht aber eine wirksame Kollegialität zugestanden wird. Es besteht demzufolge das Interesse, alle Formen der „Teilverwirklichung der Kollegialität des Episkopats"[27] und dadurch entstehende jurisdiktionelle Zwischeninstanzen auf regionaler, nationaler und kontinentaler Ebene zwischen den einzelnen Teilkirchen und der Gesamtkirche zu verhindern. Das Ziel der bischöflichen Kollegialität, die Gemeinschaft und Einheit des Glaubens und der Kirche im konkreten Lebensumfeld der Menschen unter seinen jeweils spezifischen Bedingungen und Notwendigkeiten zu fördern und darzustellen, wird damit prinzipiell unterlaufen sowie jegliche Konsensbildung und gemeinsame Aussagekraft einer Bischofskonferenz relativiert. Besonders deutlich wird dies auch durch die nur äußerst knappe Funktionszuweisung für den Vorsitzenden einer Bischofskonferenz, wenn er im universalkirchlich geltenden Recht lediglich als Vorsteher der Vollversammlung und des Ständigen Rates gekennzeichnet wird (vgl. c. 452 § 2) und etwa gemäß den Statuten strikt an die Beschlüsse der Konferenz gebunden ist, wobei ausdrücklich zwischen „rechtsverbindlichen" und „nichtrechtsverbindlichen" Beschlüssen unterschieden wird[28].

[24] Vgl. Hubert MÜLLER – Hermann J. POTTMEYER (Hrsg.): *Die Bischofskonferenz. Theologischer und juridischer Status*. Düsseldorf 1989; Ilona RIEDEL-SPANGENBERGER: Zwischen Kollegialität und Zentralismus: *Archiv für katholisches Kirchenrecht* 158 (1989), S. 457-475.

[25] Vgl. Heribert HALLERMANN: Bischofskonferenz. In: *Lexikon des Kirchen- und Staatskirchenrechts*. Bd. 1, S. 279.

[26] JOHANNES PAUL II: *Apostolos suos. 1. Oktober 1999*. Bonn 1999 (Verlautbarungen des Apostolischen Stuhls. 140), Nr. 24.

[27] Walter KASPER: Zur Theologie und Praxis ... (Anm. 5), S. 46.

[28] Vgl. etwa Statut der Deutschen Bischofskonferenz vom 4. März 1998, Art. 29, In: Reinhard WENNER (Hrsg.): *Beschlüsse der Deutschen Bischofskonferenz. Partikularnormen und weitere Gesetze sowie Richtlinien, Statuten, Geschäftsordnungen,*

2. Die Rechtsstellung des Diözesanbischofs in der Bundesrepublik Deutschland

In der Bundesrepublik Deutschland ist gemäß Art. 140 GG i.V.m. Art. 137 Abs. 3 WRV die Personal- und Ämterhoheit der Kirche verfassungsrechtlich garantiert. Demzufolge besteht prinzipiell das Recht der Kirche, daß der Papst die Diözesanbischöfe gemäß eigenem Recht frei ernennt (vgl. c. 377 § 1). Diese Ämterhoheit ist jedoch durch einzelne Konkordate, durch die sich Kirche und Staat gebunden haben, in der Weise eingeschränkt, daß einige Domkapitel durch Nominations- oder Wahlrechte an der Bischofsbestellung beteiligt sind[29]. Darüber hinaus sind einige gegenseitige Gewährleistungspflichten vereinbart, die in Staat und Kirche geltendes Recht darstellen. Die Rechtsstellung eines Diözesanbischofs hängt in Deutschland deshalb einerseits von dem verfassungs- und vertragsrechtlich geltenden Verhältnis zwischen Staat und Kirche und andererseits von dem innerkirchlich einem Diözesanbischof gegenüber dem Staat eingeräumten Recht ab.

2.1 Die Bedeutung des Verhältnisses zwischen Kirche und Staat in Deutschland für einen Diözesanbischof

Das Verhältnis der Katholischen Kirche zum Staat wird durch das Zweite Vatikanische Konzil als grundlegender und wesentlicher Unterschied zwischen der Kirche (communio fidelium) und dem Staat (communitas politica) beschrieben (GS 72). Dabei wird der Kirche die Funktion zugewiesen, in Gesellschaft und Staat „Zeichen und Schutz der Transzendenz der menschlichen Person" zu sein. Es wird auch betont, daß ihre Aufgaben und ihre Zuständigkeit in der menschlichen Gesellschaft nicht mit denen der politischen Gemeinschaft verwechselt werden dürfen und daß sie selbst an kein politisches System gebunden sei (GS 42). Für die Kirche komme es darauf an, nach jahrhundertelangen gegenläufigen Erfahrungen nunmehr ihre Eigenständigkeit gegenüber der staatlichen Gewalt und die jeweils eigene Autonomie von Staat und Kirche zu wahren (GS 76). Das bedeutet für die Kirche jedoch nicht, daß sie sich nicht sozial und politisch engagiert und äußert. Vielmehr gilt sie gemäß ihrem eigenen Selbstverständnis als „Zeichen und Werkzeug der Zuwendung Gottes zur Welt" und läßt sich mit dieser Sendung auch tatsächlich weltweit in den öffentlichen Diskurs um das Gemeinwohl der Gesellschaft und des Staates ein. Die politische Sendung der Kirche erschließt sich aus ihrem theologisch begründeten Auftrag[30]. Gerade in der nachaufklärerischen postmodernen Gesellschaft versteht sich die Kirche als Institution der gesellschaftskritischen Freiheit des christlichen Glaubens und versucht

---

Verträge, Stellungnahme. Sankt Augustin 1999ff. [Loseblatt-Ausgabe]1, S. 8.

[29] Vgl. Burkhard KÄMPER: Bischof, I. Staatl. In: *Lexikon für Kirchen- und Staatskirchenrecht.* Bd. 1, S. 265; vgl. auch Alexander HOLLERBACH: Staat und Bischofsamt. In: *Zur Frage der Bischofsernennungen in der römisch-katholischen Kirche.* Hrsg. von G. GRESHAKE. München 1991, S. 51ff.

[30] Vgl. Johann Baptist METZ: *Zum Begriff der neuen politischen Theologie.* Mainz 1997.

nicht zuletzt angesichts der neuzeitlichen menschlichen Fragen, Katastrophen und Nöte die biblische Rede von Gott und den kirchlichen Glauben auch in Kategorien des politischen Widerspruchs und der gesellschaftlichen Veränderung neu zu formulieren. Auf dieses Ziel hin ist die Sendung der Kirche auf das überzeitliche Heil der Menschen wie auch auf eine humane zeitliche Ordnung der Welt bzw. der Gesellschaft bezogen (AA 5; GS 42). Dabei ist die ganze Kirche als Trägerin der Gestaltung dieser Ordnung anzusehen, wobei den kirchlichen Autoritäten im Austausch mit den übrigen Gläubigen eine mittelbare Funktion zukommt, bei der Verkündigung des Evangeliums den sozial-politischen Bereich nicht auszusparen und die Heilsbotschaft auf den ganzen Menschen auszurichten sowie auf die ganze Gesellschaft und Wirklichkeit zu beziehen[31]. Grundsätzlich ist diese Aufgabe von allen Gliedern der Kirche gemeinsam zu erfüllen. Aber schon das Zweite Vatikanische Konzil beschrieb die dazu notwendige Funktion der Bischöfe in inhaltlicher und formaler Hinsicht unter Beachtung der Autonomie der verschiedenen Sachangelegenheiten (GS 36) als Gestaltung der zeitlichen Ordnung primär durch prinzipielle, orientierende und konditionierende Hilfen für die Gläubigen (LG 25). Mit Blick auf die Diözesanbischöfe sagt das Konzil, sie sollten „aufzeigen, daß selbst die irdischen Dinge und die menschlichen Einrichtungen nach dem Plan des Schöpfergottes auf das Heil des Menschen hingeordnet sind und somit zum Aufbau des Leibes Christi nicht wenig beitragen können. Sie mögen also aufzeigen, wie sehr nach der Lehre der Kirche die menschliche Person zu achten ist, mit ihrer Freiheit und mit ihrem leiblichen Leben, ebenso die Familie ... ; die weltliche Gesellschaft mit ihren Gesetzen und Berufen; die Arbeit und die Freizeit; die Künste und die technischen Erfindungen; die Armut und der Reichtum. Schließlich sollen sie die Grundsätze darlegen, nach denen die überaus schwierigen Fragen über Besitz, Vermehrung und rechte Verteilung der materiellen Güter, über Krieg und Frieden sowie über das geschwisterliche Leben aller Völker zu lösen sind" (CD 12). Dies wird im universalkirchlichen Gesetzbuch als Kompetenzanspruch der Kirche für den Bereich der allgemeinen Ethik, die auch die soziale Ordnung umfaßt, bestimmt (vgl. c. 747 § 2). Nur eine einzige kirchenrechtliche Bestimmung erfaßt allerdings die möglichen Inhalte lehramtlicher Verkündigung der Diözesanbischöfe im sozialpolitischen Bereich, wenn von der Lehre gesprochen wird, „die das Lehramt der Kirche vorträgt über die Würde und Freiheit der menschlichen Person, über die Einheit und Festigkeit der Familie und deren Aufgaben, über die Pflichten, die den Menschen in der Gesellschaft aufgegeben sind, wie auch die nach der gottgegebenen Ordnung zu regelnden weltlichen Angelegenheiten"[32]. Nach diesen

---

[31] Vgl. Ilona RIEDEL-SPANGENBERGER: Theologische Prinzipien und kirchenrechtliche Bestimmungen zum sozial-politischen Engagement der Kirche. In: *Kann Kirche Politik machen? Wissenschaftliche Studientagung in Bad Honnef 1./2. Oktober 1998.* Hrsg. vom SEKRETARIAT DER DEUTSCHEN BISCHOFSKONFERENZ. Bonn 1998 (Die deutschen Bischöfe. 21 – Kommission für gesellschaftliche und soziale Fragen), S. 163-194, 169ff.

[32] C. 768 § 2 CIC/1983; die Rede von der „gottgegebenen Ordnung" findet sich nicht in den durch den Quellencodex angegebenen Konzilstexten. Das Konzil spricht von den „rationes" oder „principia", gemäß denen die überaus „schwierigen Fragen" im sozialen und politischen Bereich zu lösen sind.

Aussagen muß davon ausgegangen werden, daß sich legitime und für die Kirche verbindliche lehramtliche Aussagen im Bereich sozial-politischer Aktivität auf den Bereich der „Prinzipien" erstrecken, um primär den Gläubigen als Bürgern des Staates Orientierung zu geben.

2.2 Die öffentliche Wirksamkeit der Diözesanbischöfe in Deutschland

Die Bundesrepublik Deutschland hat den der katholischen Kirche nach eigenem Selbstverständnis zukommenden Öffentlichkeitsauftrag[33] in Staat und Gesellschaft verfassungs- und vertragsrechtlich anerkannt und mit der Anerkennung der Kirche als Körperschaft des öffentlichen Rechts zum Ausdruck gebracht, daß sie, die grundsätzlich von der staatlichen Rechtsordnung unabhängig ist, dennoch als eigenverantwortlicher Partner des Staates an seinen öffentlichen Belangen Anteil nimmt[34], dessen öffentliche Anliegen positiv mitträgt und sich an deren Gestaltung beteiligt wie auch selbst mittels ihres Grundrechtsanspruchs auf korporative Religionsfreiheit und auf freie Meinungsäußerung im öffentlichen Leben des Staates eine eigenverantwortliche Stellung einnimmt[35].

Die deutschen Diözesanbischöfe nehmen den kirchlichen Öffentlichkeitsauftrag persönlich, vermittelt durch ihre Stellvertreter auf kommunaler Ebene, zusammen mit anderen Diözesanbischöfen gegenüber den Landesregierungen oder im Verbund aller Diözesanbischöfe mittels des Vorsitzenden der Deutschen Bischofskonferenz oder seiner Vertreter gegenüber der Bundesregierung wahr. Da sich einerseits in Deutschland der politische Meinungs- und Willensbildungsprozeß heute in der parlamentarischen Demokratie durch Auseinandersetzungen verschieden orientierter gesellschaftlich relevanter Gruppen bildet und andererseits sich Kirche und Staat als selbständige wie unabhängig handelnde Rechtssubjekte gegenüberstehen, nimmt die katholische Kirche faktisch verschiedene kirchliche Vermittlungsinstanzen zur Ausübung ihres Öffentlichkeitsauftrags in Anspruch: zum einen durch informelle und allgemeine, primär sachorientierte Beteiligung verschiedener kirchlicher Gruppen und Personen an den gesellschaftlichen Diskussionen und staatlichen Entscheidungen, zum anderen durch formelle Vertretung der katholischen Kirche mittels eigens dafür bestellter kirchlicher Rechtsvertreter gegenüber dem Staat[36]. Dies bestimmt sich in juristischer Hinsicht jedoch infolge des in Deutschland garantierten Selbstbestimmungsrechts der katho-

---

[33] Vgl. Paul MIKAT: Öffentlichkeitsauftrag der Kirchen. In: *Staatslexikon*. Bd. 4. Freiburg [7]1988, Sp. 142-145.

[34] Vgl. Ilona RIEDEL-SPANGENBERGER: Der sozialpolitische Auftrag der Kirchen unter den Rahmenbedingungen des deutschen Staatskirchenrechts. In: *Sozialwort der Kirchen in der Diskussion. Argumente aus Parteien, Verbänden und Wissenschaft.* Hrsg. von B. NACKE. Würzburg 1997, S. 333-340.

[35] Vgl. GG Art. 140 i.V.m. WRV Art. 137 und GG Art. 4 Abs. 1 und 2; 5 Abs. 1.

[36] So etwa durch die Kommissariate der deutschen Bischöfe auf Bundes- oder Länderebene; dazu vgl. Leopold TUROWSKI: Verbindungsstellen zwischen Staat und Kirchen im Bereich der katholischen Kirche. In: *Handbuch des Staatskirchenrechts.* Hrsg. von J. LISTL und D. PIRSON. Bd. 2. Berlin [2]1995, S. 199 ff.

lischen Kirche[37] nach den innerkirchlichen Zuständigkeitsregelungen[38]. Der Apostolische Stuhl ist gemäß innerkirchlich geltendem Recht für die öffentlichen Angelegenheiten der Kirche zuständig (vgl. c. 361 i.V.m. c. 113 § 1). Ihm kommt in der internationalen Gemeinschaft als souveränes Rechtssubjekt Völkerrechtspersönlichkeit zu, wobei er zu einer großen Anzahl von Staaten diplomatische Beziehungen unterhält und über ein dafür notwendiges päpstliches Gesandtschaftswesen (vgl. cc. 362-367) verfügt[39]. Dadurch dient er dem Schutz der Kirche im betreffenden Staat und ist seitens der katholischen Kirche der für Konkordate und andere Vereinbarungen zuständige Vertragspartner der Staaten[40]. Konventionen des Apostolischen Stuhles mit politischen Gemeinschaften haben vorrangige Geltung gegenüber dem rein innerkirchlichen Recht (vgl. c. 3). Für diesen übernationalen Bereich sind infolgedessen auch nicht die Diözesanbischöfe zuständig, da sie als Teilkirchenvorsteher wie auch als Mitglieder von Bischofskonferenzen rechtlich nicht die gesamte Kirche vertreten können (vgl. c. 393).

Staatliche Rechtsvertreter der einzelnen Diözesen in Deutschland sind die Diözesanbischöfe und für die Deutsche Bischofskonferenz der Verband der Diözesen Deutschlands, der für die gemeinsamen Aufgaben der Diözesen im rechtlichen und wirtschaftlichen Bereich am 1. Juli 1968 durch Vertrag aller Diözesanbischöfe in Deutschland gegründet und als überdiözesane juristische Person des staatlichen Rechts geschaffen wurde[41]. Er wird durch den Vorsitzenden der Deutschen Bischofskonferenz, der zugleich auch Vorsitzender des Verbandes der Diözesen Deutschlands ist, gerichtlich und außergerichtlich vertreten. Die Organe des Verbandes sind die aus allen deutschen Diözesanbischöfen als Mitgliedern bestehende Vollversammlung, der Verbandsausschuß, der Verwaltungsrat, der Arbeitsausschuß und der Geschäftsführer, der zugleich Sekretär der Deutschen Bischofskonferenz ist. Der Vorsitzende ist an die Beschlüsse der Vollversammlung gebunden.

Die Deutsche Bischofskonferenz als der alle deutschen Diözesen faktisch repräsentierende Teilkirchenverband und die aus Bischöfen bestehende, kollegiale Zwischeninstanz innerhalb der universalkirchlichen Verfassung wird demgegenüber kirchlicherseits eher auf pastorale, d.h. innerkirchliche Aufgaben, verwiesen (vgl. c. 447) und nimmt auch nur in dieser Hinsicht bestimmte eigene Gesetzgebungs-, Verwaltungs- und Mitwirkungsrechte nach Maßgabe des Rechts wahr (vgl. c. 455 § 1). Ein eigener innerkirchlich begründeter Rechtsstatus gegenüber dem Staat kommt der Bischofskonferenz nach dem Kirchenrecht dagegen nicht

---

37 Vgl. GG Art. 140 i.V.m. WRV Art. 136.
38 Vgl. Statut und Geschäftsordnung der Deutschen Bischofskonferenz und des Verbandes der Diözesen Deutschlands. In: Reinhard WENNER: *Beschlüsse der Deutschen Bischofskonferenz* (s. Anm. 28), 1; 2 und 10.
39 Vgl. Jude M.T. OKOLO: *The Holy See: a moral person: the juridical nature of the Holy See in the light of the present code of canon law.* Rom 1990, S. 222ff.
40 Vgl. Heribert Franz KÖCK: *Die völkerrechtliche Stellung des Heiligen Stuhles.* Berlin 1975.
41 Satzung des Verbandes der Diözesen Deutschlands vereinbart am 4. März 1968, rechtswirksam geworden am 1. Juli 1968: Reinhard WENNER: *Beschlüsse der Deutschen Bischofskonferenz*, VDD Satzung 10, S. 1-8.

zu. Ihre sozial-politischen Äußerungen gegenüber dem Staat und in der Gesellschaft haben insofern nur informellen und moralischen sowie für die einzelnen Diözesanbischöfe nicht verpflichtenden Charakter. Kirche und Staat in Deutschland sind juristisch nur durch das Staatskirchenrecht gebunden, so daß kirchliches Recht keine unmittelbare Rechtswirkung für den Staat entfaltet.

Schlußbemerkungen

Die in diesem Rahmen nur begrenzt mögliche Analyse zur innerkirchlichen und außerkirchlichen Rechtsstellung der Diözesanbischöfe in Deutschland verdeutlicht die Notwendigkeit, im Sinne der Aufwertung und Zentralität des Bischofsamtes durch das Zweite Vatikanische Konzil die eigenberechtigte und unmittelbare Amtsvollmacht dieser kirchlichen Autoritäten auch in juristische Übereinstimmung mit ihrer faktischen Stellung in der kirchlichen und nationalen Öffentlichkeit zu bringen, damit die wichtige und erhebliche Geltung der Diözesanbischöfe und ihrer Verbände als gesellschaftlich relevante moralische Instanzen nicht durch innerkirchlich bestehende strukturelle Defizite relativiert werden kann. Um eine solche der Wirklichkeit entsprechende Übereinstimmung zu erreichen, sollten kirchliche Strukturen Geltung erlangen, die weder zentralistische noch zentrifugale Bestrebungen in der katholischen Kirche unterstützen. Denn christliche Grundsätze können nur dann der Öffentlichkeit glaubwürdig und wirkungsvoll vermittelt werden, wenn wechselseitig verpflichtende Kooperation zwischen Ortskirchen und Gesamtkirche, zwischen Bischöfen und Papst wie auch generell zwischen allen kirchlichen Autoritäten und den ihnen zugeordneten Gläubigen auch in rechtliche Strukturen umgesetzt und nicht dem Spiel der freien Kräfte überlassen wird.

Nichts ist ohne Grund

Zur sittlichen Begründung einer Politik für eine nachhaltige umweltgerechte Entwicklung

VON KLAUDIA MARTINI

1. Umweltpolitik vor der Kausalität des Naturgeschehens

Nichts ist ohne Grund. Dieser uralte, in der Philosophie aber immer neu reflektierte Satz wird je und je neu und häufig auch mit schmerzlicher Unentrinnbarkeit erfahren. Nichts ist ohne Grund: dies leuchtet unmittelbar ein und setzt doch häufig Kräfte des Widerspruchs frei. Die Unausweichlichkeit der Kausalität scheint unser Tun zu bestimmen, während wir uns doch als frei Handelnde wähnen. Nichts ist ohne Grund: dies scheint auch das bleierne Gesetz der Umweltpolitik zu sein. Kein Politikbereich ist so sehr wie die Umweltpolitik auf die Kausalitätsgesetze verwiesen; sie sind geradezu ihr eigentlicher Gegenstand. Die natürliche Lebensumwelt des Menschen definiert sich doch gerade von den natürlichen Umweltmedien her, von den „Elementen", von deren Wirkungsbedingungen und Ursachenketten. Es sind die Gesetze der Natur, die wir im postindustriellen Zeitalter überwunden zu haben glauben und die doch häufig in unerwarteter Weise gleichsam wieder zurückschlagen. Umweltpolitik steht vor der Aufgabe, die menschlichen Lebensäußerungen wie Produktion, Verbrauch, Mobilität in die Naturgesetze einzufügen und zugleich vor deren Zwängen zu bewahren.

Wir erfahren die Kausalität der Naturabläufe allerorten: Unverrückbar sind die Halbwertzeiten des Zerfalls radioaktiver Elemente. Die Volumina des Wassers folgen bestimmten Durchlaufgeschwindigkeiten und kehren als Hochwasser wieder. Das Gesetz der Erhaltung von Masse und Energie wird erfahren bei allen industriellen Umwandlungs- und Verbrennungsprozessen, tritt als Kohlendioxidemission in Erscheinung, vermehrt, je perfekter eine Abwasserbehandlungsanlage arbeitet, den Klärschlamm. Oft genug stehen wir in der Umweltpolitik nur vor einer Verschiebung der Probleme.

Wir beobachten die Systemzusammenhänge zwischen den unbelebten Umweltmedien und der Biosphäre, zwischen den Ökosystemen selbst, zwischen Ökosystemen und menschlicher Raumbeanspruchung. Wir durchschauen die hochkomplexen Systemzusammenhänge zwar nicht immer, erleben aber häufig ihre überraschenden Auswirkungen, und nicht umsonst ist das Wort vom Schmetterling sprichwörtlich geworden, dessen Flügelschlag einen Orkan verursacht.

Wir stehen auch unter dem Gesetz der Entropie: Energieumwandlungsprozesse sind im Prinzip irreversibel, da immer eine Teilmenge an Energie in einen Zustand der Unordnung übergeht. Eine noch so perfekte Kreislaufwirtschaft findet hier ihre Grenze; das immer wieder gesuchte Perpetuum mobile widerspricht den Naturgesetzen und bleibt daher Wunschtraum und Utopie. Nichts ist ohne Grund.

II. Umweltpolitik in Freiheit und Verantwortung

Andererseits aber: Was wir mit gleicher Evidenz wie die Kausalität erfahren, ist die Freiheit. Allem blinden Naturgeschehen sieht sich der Mensch mit seiner Freiheit entgegengestellt. Diese Freiheitserfahrung ist so elementar, so evident, dass demgegenüber alle vermeintlichen oder auch wirklichen Ergebnisse etwa der Gehirnforschung und der damit vermuteten Wiederherstellung der Kausalität verblassen. Wir erfahren, dass wir die Natur und die Umwelt gestalten, dass wir auf den Ablauf des Naturgeschehens Einfluss nehmen, dass wir die Kausalgesetze zu unserem Nutzen, aber auch zu unserem Schaden zu wenden vermögen. Wir erfahren unmittelbar, dass unsere Lebensumwelt, so wie sie ist, nicht naturgegeben, sondern von uns gestaltet ist. Und wir erfahren, dass wir die Schäden an Natur und Umwelt selbst verursacht haben, dass wir auch anders handeln können, um die Schäden zu vermeiden. Gerade hier setzt die Umweltpolitik an. Es scheint sogar, als stelle uns die Natur die Naturgesetze geradezu bereit, damit wir in Freiheit mit ihnen umgehen können. Die Kausalität der Natur und die Freiheit des Menschen bleiben das Paradox.

Politik ist die kollektive Form der Wahrnehmung von Freiheit. Gerade weil wir davon überzeugt sind, dass die Umweltqualität durch menschliches Handeln bestimmt wird, dieses Handeln aber auch an uns selbst liegt, stellt sich Umweltpolitik in die Freiheitsräume gleichsam hinein, um menschliche Lebensäußerungen und natürliche Abläufe zu einem Ausgleich zu bringen. Es ist das Axiom aller Politik, somit auch der Umweltpolitik, dass wir auf die Abläufe frei gestaltend einwirken können. Ohne dieses Axiom enden wir im Fatalismus, gäben wir unser Dasein in der Tat blinden Abläufen preis und verlören wir mit Sicherheit die Zukunft. Wenn aber Politik Handlungsfreiheit gegenüber den Naturabläufen für sich reklamiert und zugleich auch die Erfahrung macht, dass dies gelingen kann, bleibt gleichwohl die Frage, nach welchen Kriterien zwischen den vorgestellten Alternativen entschieden werden soll, was Leitbild und Richtwert präsumtiver Freiheit sind. Freiheit erfährt sich nicht als Willkür, das wäre ihre Verzerrung, sondern als Verantwortung. Gerade weil wir Freiheit voraussetzen, müssen wir unsere Entscheidung begründen. Die Begründung kann nur in einer Bestimmung dessen liegen, was wir für wertvoll halten. Zu verantworteter Wahrnehmung von Freiheit gehört die Selbstvergewisserung über die Gründe und die Ziele unseres Handelns sowie die Auswahl der geeigneten Mittel. Die Ziele sind im letzten Grunde sittlich zu bestimmen, und das Verhältnis zwischen Ziel und Mitteln unterliegt ebenfalls dem sittlichen Maßstab. Politik kann einem sittlichen Maßstab nicht entrinnen, muss sich aber fragen lassen, inwieweit sie dem sittlichen Maßstab genügt.

Sittlicher Maßstab für die Politik im weitesten Sinne, und für die Umweltpolitik in besonderem Maße, ist ein doppelter: Das Recht des Menschen und die Verantwortung für die Natur. Dies ist nicht dasselbe: Das Recht des Menschen übersteigt die Natur, ist in gewissem Sinne autonom. Es beinhaltet die Selbstentfaltung des Individuums und das Gemeinwohl gleichermaßen, sowohl in der Gegenwart wie in der Zukunft. Das Recht des Menschen ist auch das Recht der kommenden Generationen. Die Natur ist demgegenüber in unsere Verantwortung gestellt. Sie dient dem Recht des Menschen, geht ihrerseits aber auch hierin nicht auf. Indem der Mensch von der Natur abhängt, ist er nicht absolut, sondern in seiner Existenz auf sie zurückverwiesen. Dann aber hat die Natur Qualität unabhängig von der Existenz des Menschen und damit Eigenwert. Sittliche Verantwortung steht in der Dialektik zwischen menschlicher Existenz und Eigenwert von Natur. Biblisch gesprochen: Der Mensch ist Geschöpf neben anderen Geschöpfen, darf aber über die Natur „herrschen", sofern er sie bewahrt.

Der Freiheitsspielraum zwischen Mensch und Natur ist daher der Ort, in dem eine sittlich begründete Politik handelt. Die Freiheit politischen Handelns gibt sich ihren Grund im Recht des Menschen und im Wert der Natur. Verantwortung orientiert sich an diesem Grund und sucht das Machbare in der Realität. Auch die Freiheit hat ihren Grund: In der Verfassung des Menschen und in der sittlichen Pflicht. Dies ist auch das Gesetz der Freiheit: Nichts ist ohne Grund.

III. Umweltpolitik nach menschlichem Maß

Ein am Recht des Menschen und dem Wert der Natur orientiertes sittliches Handeln findet seinen Ausdruck in einer Umweltpolitik nach menschlichem Maß. Das Recht des Menschen ist kein abstraktes Ideal, sondern verwirklicht sich im konkreten Leben, im Hier und Jetzt und in der überschaubaren Zukunft der Kinder und Kindeskinder. Das Recht des Menschen wahrt die Rechte des Einzelnen und die Belange des Gemeinwohls, heute und in überschaubarer Zukunft. Das Recht des Menschen wird aber begrenzt vom Eigenwert der Natur und von deren Kausalität.

So bewegt sich denn Umweltpolitik nach menschlichem Maß im Horizont des überschaubaren Lebens. Wir handeln für die Menschen hier und heute und für unsere Kinder, verhelfen ihnen zu ihrem Recht, schaffen Bedingungen für das gegenwärtige und überschaubare zukünftige Leben. Gewiss, wir wollen keine Bedingungen setzen und müssen den Eintritt von Bedingungen verhindern, die das Leben in ferner Zukunft beeinträchtigen; doch hierüber dürfen wir das Gegenwärtige nicht vergessen. Der Zeithorizont unseres verantwortbaren Handelns unterliegt menschlichem Maß.

Unsere Erkenntnisse sind begrenzt. Die natürlichen Wirkungszusammenhänge sind uns nicht vollständig bekannt, wir handeln unter Bedingungen der Ungewissheit. Auch die Erkenntnis unterliegt menschlichem Maß. Wir können daher unser Handeln nicht absolut setzen, wir dürfen nur tastend, versuchend vorgehen, und unser Handeln muss revidierbar sein. Wir müssen im Dialog, in der Auseinandersetzung, im Wettbewerb nach den Lösungen suchen, und wir müssen aber auch forschen und lernen; gerade weil wir unter Ungewissheitsbedingungen handeln, ist die Erforschung dessen, worüber sich vielleicht Gewissheit erlangen lässt, notwendige Pflicht. Politik nach menschlichem Maß weiß, dass sie nicht alles weiß, aber auch, dass sie viel wissen muss. Umweltpolitik nach menschlichem Maß folgt der praktischen Vernunft. Sie will nicht das Absolute, sondern das Machbare, sie will nicht alles wissen, will aber doch tun, was man wissen kann, weiß auch nicht alles besser, sondern steht im Dialog und sucht, was sie lernen kann. Praktische Vernunft setzt sich keine absoluten Ziele, sondern passt Ziele und Maßnahmen den tatsächlichen Gegebenheiten an, verändert auch gewiss manche Situation, bleibt aber im Rahmen dessen, wovon sich die Menschen überzeugen lassen, was dem Einzelnen Freiheit gibt, bleibt insgesamt in menschlichem Maß.

Nicht die Utopie, nicht die höhere Sendung, nicht die fundamentalistische Unverrückbarkeit von Ideologien, sondern praktische Vernunft, Dialog, Revidierbarkeit sind Merkmale einer Politik nach menschlichem Maß, die gerade so dem Recht des Menschen und dem Wert der Natur dient.

IV. Nachhaltige umweltgerechte Entwicklung als Politik nach menschlichem Maß

Ganz im Sinne von sittlicher Begründung und menschlichem Maßstab hat die Umweltpolitik in jüngster Zeit geradezu ihren Begriff gefunden: Das Leitbild der nachhaltigen umweltgerechten Entwicklung hat auf allen politischen Handlungsebenen global bis hin zu den Gemeinden vor Ort seinen Siegeszug angetreten. Dieses international definierte Leitbild führt die wirtschaftliche Entwicklung, die ökologische Bewahrung und den sozialen Ausgleich zu einer Einheit zusammen. Es ist gewiss unter den je unterschiedlichen politischen, ökologischen, geographischen und sozialen Bedingungen der einzelnen Staaten unterschiedlich zu interpretieren, gibt aber die Chance für eine Politik nach menschlichem Maß.

So erkennt denn das Leitbild das grundlegende Bedürfnis der Menschen an, auch in der wirtschaftlichen Entwicklung, in der Befriedigung der materiellen Lebensbedürfnisse, im Wohlstand die gegenwärtige Selbstentfaltung und Sinnerfüllung zu finden. Ökologische Ziele setzen sich gegenüber diesem Grundbedürfnis des Menschen als dem Ausdruck seines Rechts nicht absolut entgegen; es ist sittlich nicht begründbar, den Ärmsten der Armen auch noch den Verzicht zuzumuten. Das Recht des Menschen besteht eben auch in der Erfüllung der materiellen Bedürfnisse. Andererseits aber wird das Maß der materiellen Bedürfnisse von den Grenzen der Natur bestimmt, kann nicht über die Regenerationsfähigkeit der natürlichen Ressourcen und das Maß der Absorptionsfähigkeit der Umweltmedien hinausgehen. Beides ist in ein Gleichgewicht zu bringen: Ökologie und Ökonomie dürfen nicht gegeneinander ausgespielt werden. Andererseits aber stellt sich auch die Frage, inwieweit die Gestaltung der materiellen Lebensbedingungen menschlichem Maß entsprechen muss; es scheint, als übersteige manche Form des Konsums, manche Dimension der Mobilität in den Industriegesellschaften eben dieses Maß. Zugleich aber ist dem Menschen auch in sozialer Hinsicht zu seinem Recht zu verhelfen, die Verteilung der verfügbaren und ökologisch tragfähigen Güter unterliegt ihrerseits menschlichem Maß, es muss jedem das Seine zukommen, es darf keine Disproportionen geben, die Verteilung selbst darf nicht zum Anlass unfriedlicher Auseinandersetzungen werden. Dies alles ist

Richtwert verantwortlicher Politik, und da, wo es nicht Realität ist, Ansatz zum Handeln.

Die Politik für eine nachhaltige umweltgerechte Entwicklung folgt nicht utopischen Zielen, verabsolutiert sich nicht gegenüber vorhandener Wirklichkeit, verliert nicht den Boden der Realität, sondern fügt sich ein in die je und je konkret gegebenen Handlungsmöglichkeiten sozialer Ordnungen, politischer Entscheidungseinheiten und tradierter Handlungsfelder. Es hat weder Sinn, der Realität das utopische Ideal gegenüberzustellen, noch vor der Realität zu resignieren. Realistische Politik nach menschlichem Maß setzt da an, wo es Ansatzpunkte gibt, wo Menschen agieren, wo Kommunikation möglich ist, wo Potentiale realistischer Veränderungen liegen. Es hat keinen Sinn, etwa das Autofahren, den Wassersport oder die Jagd zu verbieten; es macht aber sehr wohl Sinn, die Menschen in dieser ihrer jeweiligen Situation und Interessenlage anzusprechen und für einen nachhaltigen Umgang mit den vorhandenen Ressourcen zu gewinnen. Eine nachhaltige Politik, die die Realität verändern will, setzt die Realität voraus.

Wir tun dies etwa am Beispiel der Rheinauen zwischen Mainz und Bingen. Wir finden hier eine einzigartige Naturlandschaft vor, die aber vielfältigen, einander widerstrebenden Nutzungen ausgesetzt ist: der Landwirtschaft, dem Wassersport, der Fischerei, dem Campingtourismus, dem Auto- und dem Fahrradverkehr. Kein Interesse ist von vornherein illegitim, doch nicht alle Interessen können gleichermaßen erfüllt werden; aber alle Interessen setzen die Naturlandschaft voraus, die sie indes zu zerstören drohen. In dieser Situatuion müssen wir mit den Menschen reden, ihren Willen und ihr Interesse respektieren, ihre Vernunft ansprechen und eine Gesamtkonzeption im Dialog und im Konsens finden. Genau diesen Weg gehen wir in dem genannten Raum.

Zu den Realitäten einer erfolgreichen Nachhaltigkeitspolitik gehört auch eine realistische Zeitdimension. Die Umweltpolitik steht in dem Spannungsfeld zwischen weiten, naturgegebenen Zeithorizonten und kurzfristigen Handlungszwängen und Bedürfnissen. In der Tat: wenn es zum Begriff der Nachhaltigkeit gehört, dass natürliche Ressourcen nur nach Maßgabe ihrer Regenerationsfähigkeit genutzt und die Entsorgungsräume nur nach Maßgabe ihrer Absorptionsfähigkeit belastet werden dürfen, dann erfordern diese Regenerations- bzw. Absorptionsprozesse ihren jeweils naturgegebenen Zeitraum. Dies muss dann in der Tat politisch vermittelt und berücksichtigt werden. Dass dies gelingen kann, zeigt etwa die Forstwirtschaft, die bekanntlich die „Nachhaltigkeit" erfunden hat und praktiziert. Warum sollte dies in der Landwirtschaft nicht möglich sein? Andererseits aber steht alles Handeln unter den Bedingungen der Zeitökonomie, wir haben in einem begrenzten Leben nicht unbegrenzt viel Zeit, wir müssen uns auch auf das beschränken, was hier und jetzt möglich ist. Zu den Zeitbegrenzungen gehören auch die Legitimationsformen politischen Handelns: es ist auch für eine Nachhaltigkeitspolitik unabdingbar, dass sie sich demokratisch verantworten muss und daher der Zeitzäsur der Legislaturperioden unterliegt. Eine Nachhaltigkeitspolitik muss indes zwischen den natürlichen und den politischen Zeithorizonten vermitteln, die gleichermaßen ihr Handeln bedingen. Auch der Turnus der Zeiteinheiten gehört als staatliches Verfassungsrecht zum Recht des Menschen.

Ein wichtiges Element des Nachhaltigkeitsprinzips ist die Kooperation. Eine staatliche Politik der Nachhaltigkeit kann nicht allein bestimmen, was gelten soll. Hierfür reicht weder die staatliche Macht noch das öffentliche Wissen allein. Eine nachhaltige Politik sucht daher Kooperationspartner in Gesellschaft, Wirtschaft, Wissenschaft, arbeitet mit Bürgerinnen und Bürgern zusammen, steht im Dialog und sucht die Kommunikation. Nur so lassen sich die vielfältigen öffentlichen und privaten Handlungsbereiche erschließen, die zu einer nachhaltigen umweltgerechten Entwicklung beitragen. Nur so kann auch jeweils die beste Lösung gefunden werden und nur so lässt sich unter den Bedingungen der Ungewissheit das Handeln revidieren. Umweltpolitik nach menschlichem Maß ist eine Politik des Dialoges. Auch hierfür gibt es Beispiele; eines sei genannt, mag es auch eine tiefgehende Kontroverse widerspiegeln: In der Energiepolitik geht es um verantwortliche Entscheidungen, die von verschiedenen Partnern angesichts ungewisser Zukunftsentwicklungen und angesichts ungesicherter Sachverhalte und Daten hier und heute getroffen werden müssen. Hier hilft nicht einseitiger Gewissheitsanspruch, hier helfen nur Dialog und Konsens. Nicht umsonst führen wir Gespräche um einen Energiekonsens.

Freilich hat die Nachhaltigkeit Grenzen. Die Idee einer nachhaltigen umweltgerechten Entwicklung ist nicht ihrerseits eine Über-Idee, die alles Handeln überwältigt und alle Probleme löst. Sie bleibt selbst rückgebunden an die Gesetze der Natur und an die Verfassung des Menschen. Dies zeigt sich in mehrfacher Hinsicht. So läuft denn eine Politik der nachhaltigen und umweltgerechten Entwicklung selbstverständlich immer wieder Gefahr, Irrtümer zu begehen, weil auch ihrer Erkenntnis Grenzen gesetzt sind. Die Kommunikation kann Erkenntnisgrenzen erweitern, wie durch eine gezielte Forschungspolitik, bewahrt aber nicht prinzipiell vor dem Irrtum. Menschliches Handeln bleibt fehlbar. Von daher begründet sich im Übrigen nochmals die Notwendigkeit, dass es revidierbar sein muss.

Aber auch indem sich eine Politik der nachhaltigen umweltgerechten Entwicklung in Formen praktischer Vernunft realisiert, setzt sie einerseits zu Recht voraus, dass sich politisches und menschliches Handeln von Vernunft leiten lässt, kann sie andererseits aber nicht ausschließen, dass genau dies hier und da nicht der Fall ist. Zur menschlichen Verfassung gehört auch die Gleichgültigkeit, die Unvollkommenheit, die Dialogverweigerung, die Bosheit, der Hang zur Vernichtung. Christlich gesprochen: die Sünde. Auch eine Politik für eine nachhaltige umweltgerechte Entwicklung kann diese Grunddisposition des Menschen nicht verändern, ihr ist von dieser Seite her ein menschliches Maß gesetzt. Eines aber kann sie immer: mit starkem Willen und in Hoffnung dagegenhalten. Freilich muss der starke Wille dann letztlich auch bereit und fähig sein, zu den harten Mitteln des staatlichen Gebotes, der Sanktion, des Ordnungsrechts zu greifen, wenn der Dialog scheitert, Rechtsgehorsam verweigert, Verabredungen nicht eingehalten werden. Politik mag dialogisch, Staat liberal sein: ein Zuchtmeister für den menschlichen Hang zum Schlechten ist der Staat eben doch auch; gerade die christliche Tradition hat dies immer gewusst.

Die Grenzen einer menschlichen Nachhaltigkeit ergeben sich aber auch aus der Natur selbst. Die Freiheit, die politische Freiheit, ist den Naturabläufen entgegengesetzt, den Naturabläufen gleichsam mit Macht abgerungen, sie ist aber doch nicht vollständig Herr der Natur. Die politische Freiheit ist nicht unbegrenzt; sie besteht nur im Rahmen der Naturgesetze. Und diese wirken in den Abläufen der Naturgeschichte, auch in den Abläufen der menschlichen Geschichte. Versteht sich eine nachhaltige umweltgerechte Entwicklung als Herstellung eines Maßes für die Inanspruchnahme der natürlichen Ressourcen und Absorptionsräume durch die Wirtschaft des Menschen, so setzen diese Räume und Ressourcen ihrerseits Maß und Grenze. Schöpft eine Nachhaltigkeitspolitik alle Handlungspotentiale zur Bewahrung der Nachhaltigkeit aus, so kann sie ihrerseits nicht dagegen an, wenn Natur nach menschlichem Maßstab selbst nicht nachhaltig wirkt. Wir haben es erlebt, wie eine noch so nachhaltige Forstwirtschaft der Urgewalt von Orkanböen zum Opfer fällt. Auch die Kreislaufwirtschaft als Teil einer Nachhaltigkeitspolitik kann nicht vollkommen sein. Es gibt keine geschlossene Kreislaufwirtschaft, in der nicht ein Teil von Energie oder Materie aus diesem Kreislauf entweiche. In langer Frist setzt die Entropie dem Kreislauf ein Ende. Doch aber dies mag uns trösten: Wahrscheinlich liegt dieses Ende jenseits des menschlichen Zeithorizontes.

V. Zur sittlichen Begründung von Politik im Dilemma von Freiheit und Kausalität

Hat damit am Ende der Satz vom Grund die Freiheit wieder eingeholt? Wie lässt sich eine Politik im Dilemma zwischen Freiheit und Kausalität noch sittlich begründen? Die Frage weist darauf zurück, dass die sittliche Norm im letzten Grunde ein Axiom ist.

Auch angesichts moralischen Verhängnisses und blinder Naturkausalität bleibt die Existenzerfahrung des Menschen. Wir können uns nicht als hoffnungslos verloren oder ausgeliefert begreifen. Weder das Nichts noch das Fatum bestimmen den Horizont unseres Daseins. Vielmehr bleibt die Selbstbewahrung in sittlicher Freiheit das sittliche Gebot selbst. Wir müssen, wir wollen offen bleiben vor einem Horizont der Freiheit und können dies nur, wenn uns ein Grund trägt, der der Natur vorausliegt und das Gegenteil des Nichts ist. Dieser Grund – für uns Christen Gott – gibt dem sittlichen Gebot Halt und schenkt uns Hoffnung für die Zukunft.

Politik in Verantwortung vor Gott und den Menschen

VON HANNA-RENATE LAURIEN

Diese Festschrift hat – Karl Lehmanns intensivem Fragen nach dem Transzendenzbezug des Menschen folgend – das Stichwort „Transzendenz" als Leitwort gesetzt und ruft auf, die „Signale der Zeit" zu erkennen und „Spuren des Heils" zu entdecken.

Beziehe ich dies auf die politische Wirklichkeit unseres Landes, so fällt das Bild höchst undeutlich aus: prägend ist der Bezug zur Transzendenz in gesellschaftspolitischer Verbindlichkeit kaum. Es gibt engagierte, sich zum Christentum bekennende Politiker (auch Politikerinnen), aber die große gesellschaftspolitische Auseinandersetzung etwa über den Eingangssatz unseres Grundgesetzes – in „Verantwortung vor Gott und den Menschen" – und dessen Bedeutung findet nicht statt.

Ich will nicht das so oft Gesagte und Geschriebene wiederholen, dass es zwar einerseits Sehnsucht nach Sinn und Erfüllung gibt und dass die Fortschrittshoffnung oder Fortschrittsideologie sich selbst überholt hat, dass aber diese Sehnsucht ihre Erfüllung meist im Hier und Heute sucht. Die „andere Wirklichkeit" interessiert kaum und wenn sie interessiert, geht es in ihr selten um die Begegnung mit dem personal fordernden und tröstenden Gott Abrahams, dem Vater Jesu, vielmehr ist eher ein „Schwingegott" (Hemmerle) gemeint. Der – wohl nicht gelungene – Versuch der Postmoderne, die Gegenwart nicht mehr geschichtlich zu begreifen, gehört dazu.

Ich will nun auch nicht die seit den bahnbrechenden Gedanken von Karl Rahner und Johann Baptist Metz fast zu Tode zitierte Formel der Beziehung von Mystik und Politik aufnehmen. Ich bin keine Wissenschaftlerin, auch nicht Theologin, ich will weder einen wissenschaftlichen noch einen theologischen Zugäng wählen, ich will einen Erfahrungszugang suchen, in dem Bindung in der Kirche und Auftrag in der Politik nicht zu trennen sind.

Doch eben diese Verbindung wird heute vielfach in Frage gestellt. In Akademien und Symposien, auf Katholikentagen und Kirchentagen wird sie meist fair reflektiert, aber in Bürgerrunden, Schulen, Jugendgruppen, auch in Pfarrgemeinden und deutlicher noch an Stammtischen, wird die Notwendigkeit, oft sogar die Möglichkeit der Verbindung von Politik und Religion, von erfolgreicher Politik und gelebtem Glauben vielfältig in Zweifel gezogen, ja abgelehnt. Ich will solch unterschiedliche Einwände erd- und menschennah aufnehmen und fragend und antwortend versuchen, über das Glaubenszeugnis in der Politik und dessen Bedeutung für die Gesellschaft nachzudenken.

Einwände von Christen:

„Sie sagen, Sie seien katholische Christin. Wie können Sie denn dann Politikerin sein? Da geht es um Macht, da wird der mit der anderen Meinung gnadenlos bekämpft. Da besteht man nur mit schmutzigen Praktiken. Nächstenliebe? Die wird doch abgelöst durch die Liebe zu Interessengruppen, die die Partei stützen, und durch das totale Ja zur eigenen Partei. "

„Sie wollen sich Politikerin nennen, die sich zum katholischen Glauben bekennt? Das spreche ich Ihnen ab. Sie sind Kompromisse eingegangen, die den Glauben verraten (§ 218, Ausländerpolitik, militärischer Einsatz).

„Wie kann man sich denn als Christin in dieser schlimmen Welt engagieren? Wir müssen intensiver beten, eine 'Gegengesellschaft' aufbauen, durch die wir Zeichen des Sollens setzen. "

Einwände von Nicht-Glaubenden, Kirchenfernen:

„Mich interessiert nicht, was ein Politiker glaubt, mich interessiert nur, was er tut. Da ist er den Menschen verpflichtet. Was soll da 'Verantwortung vor Gott'?! Religion ist Privatsache. Politisches Handeln ist öffentlich."

„Das könnte Euch so passen! Da setzt Ihr eine ferne Instanz ein, damit Ihr das, was Hier und Heute ansteht, nicht ganz so ernst nehmen müsst, wie wir es ernstnehmen wollen. Gerechtigkeit in der Wirklichkeit Eures Gottes? Wir wollen sie jetzt und hier. "

„Christliche Politiker? Was soll das? Norbert Blüm – ein Beispiel – beruft sich auf seinen christlichen Glauben, aber ist z.B. das, was er zur Ausländerpolitik auf dem Arbeitsmarkt durchgesetzt hat, 'christlicher' als das seiner nicht-christlichen Gegner in Sachen Arbeitserlaubnis für Asylbewerber?"

Ich will diese Fragen nun nicht im Nacheinander abhandeln, vielmehr bündeln und nach Antworten suchen, die zum Mit-und Weiterdenken anregen wollen.

Wer den Vorwurf „Politik – ein schmutziges Geschäft" erhebt, verkennt die Grundstruktur menschlichen Lebens, und es gelingt leicht nachzuweisen, dass es keinen Lebensbereich gibt, der ohne Schuld bestanden werden kann. Im Genesistext übergibt Gott dem Menschen die Welt, doch eine Enttäuschung folgt der anderen und Gott beschließt: „Ich will den Menschen vertilgen, weg vom Erdboden" (Gen 6,7). Wir kennen die Geschichte von der Sintflut, und hören nun, Noah zugewandt, ein anderes Gotteswort: „Solange die Erde besteht, will ich die Menschen nicht vernichten..." Und nun folgt nicht etwa eine erbarmende Annahme: ich tue das nicht, obwohl die Menschen böse sind, nein, es folgt eine Begründung: *„Denn* das Gedankengebilde des Menschenherzen ist böse von Jugend an" (Gen 8, 21). Hinter diesem „denn" steht das Ja zur menschlichen Freiheit, zu der die Möglichkeit zum Bösen gehört. Gott segnet Noah und seine Söhne und überantwortet ihnen alles, was sich regt und lebt fast mit den gleichen Worten wie im Schöpfungsbericht. Das ist das Ja des Schöpfers zu seinem Geschöpf, das seine Freiheit liebevoll erfüllen und tödlich missbrauchen kann.

Jesus lässt sich in seiner Menschwerdung total auf diese Menschen ein, liefert sich in seiner Ganzhingabe ihrem Morden aus. In ihm gibt Gott sich zu erkennen, in ihm erfüllt sich Gottes Absicht mit den Menschen. So sollten wir sein...

Die Botschaft Jesu war die vom Kommen des Reiches Gottes. Wir wissen: wer das Heil auf dieser Erde total verwirklichen will, landet in der Diktatur. Um der Freiheit der Menschen willen ist Politik nicht fürs Heil der Menschen zuständig, ihr ist deren mögliches Wohlergehen zugeordnet. Aber sie kann und muss sich um eine verbesserte Welt bemühen, getragen von der Einsicht, dass wir zwar ohne unser Zutun in diese Welt kommen, aber mit verantworten, wie sie beschaffen ist, wenn wir sie verlassen. In jedem Nein zu einem Unrecht, zu einem Defizit lebt die Hoffnung auf ein besseres Ja.

Jede politische Entscheidung, das ist wohl unstrittig, ist dem Markt der Stimmen, dem Druck des Stärkeren, dem Widerstreit verschiedener Interessen ausgesetzt. Die entscheidende demokratische Gemeinsamkeit heißt: We agree to disagree, wir stimmen darin überein, dass wir verschiedener Meinung sein dürfen. Pluralismus ist Konsequenz der Freiheit. Die Willensbildung des pluralistischen Volkes kann nur aus der Vielfalt der Individual- und Gruppeninteressen nach anerkannten Regeln vor sich gehen. Bei grundlegenden Entscheidungen sind vorbereitende öffentliche Diskussionen unerlässlich. Die Teilnehmer einer solchen Diskussion sollen ihre Wertorientierungen einbringen, über sie reflektieren und bereit und fähig sein, ihre Positionen im Licht neuer Erkenntnisse zu verändern oder sie aus gefestigter Überzeugung zu behaupten. Solche Diskussion – die Fachleute sprechen vom Modell diskursiver Öffentlichkeit – macht Meinungsgruppen sichtbar, lässt Gegensätze wie Verständigungsmöglichkeiten erkennen. Die Parteien hätten dann die Funktion, die Standpunkte zu bündeln und konkurrierende Optionen darzustellen. Christen, Katholiken, die sich nicht auf die diskursive Öffentlichkeit einlassen, verraten den Auftrag, die Botschaft unseres Gottes ahnbar werden zu lassen.

Hier fehlt es nicht selten an der informierten und informierenden Leidenschaft. Ich nenne nur beispielhaft das Thema Religionsunterricht in Berlin und Brandenburg. In Brandenburg ist ein weltanschaulich neutrales, aber angeblich zu Werthaltungen führen sollendes Fach (LER – Lebenskunde, Ethik, Religionskunde) verpflichtend für alle – mit eingeschränkten Abwahlmöglichkeiten – eingeführt, ist der Religionsunterricht auf die private, gemeindliche Schiene abgedrängt. „Knackpunkt" ist nicht, dass es LER gibt, wohl aber dass der Religionsunterricht, nicht nur der katholische, sondern der Unterricht aller Religionsgemeinschaften nicht als gleichrangige Fächergruppe angeboten wird. Die Schüler sollen nach unserer Meinung zwischen informierendem bekenntnisgebundenem und weltanschauungsfreiem Unterricht wählen können. Die Dimension des Bekennens, die zum Menschsein gehört, soll ihnen nicht verschlossen bleiben. – In Berlin kann der katholische oder evangelische Schüler zwar „seinen" Unterricht wählen, aber der Religionslehrer gehört nicht zum Kollegium der Schule, seine oft sehr besonderen und wichtigen Erfahrungen mit den Schülern sind nicht „versetzungsrelevant", das Fach ist aus dem staatlichen Bildungskonzept ausgeklammert. Und mehr als die Hälfte der Kinder wählt nichts, bleibt selbst ohne die bekenntnisfreie Information. Das Fächergruppenmodell brächte auch hier die Dimension der Transzendens in die pädagogische Wirklichkeit ein.

Wo bleibt die glühende Debatte über diese Fragen in unseren Gemeinden? Und wie erschreckt mich immer wieder die mangelnde Information, auch das mangelnde Interesse in den „alten" Ländern, in denen es mehr als eine Bestrebung gibt, auf das Bekenntnisfach zu verzichten und es in einer angeblich „demokratischeren Gemeinsamkeit" aufgehen zu lassen. Ich wiederhole sehr bewusst: Pluralismus ist die Konsequenz der Freiheit, und Pluralismus ist nicht Beliebigkeit, sondern begründete Unterschiedlichkeit. Demokratisch ist nicht eine „Vielfruchtmarmelade", demokratisch ist das Miteinander im Gegeneinander, ist das Aushalten verschiedener Standpunkte, ist nicht das Aufgehen in einer harmonischen „Zivilreligion", es ist das Zusammenleben von Bürgern mit unterschiedlichen Gesellschafts- und Politikvorstellungen, von Christen verschiedener Konfessionen mit Moslems verschiedener Glaubensprägung, mit Juden, Buddhisten, Atheisten und Gleichgültigen.

Hier ist im Letzten ein Bündnis der Glaubenden gefragt und gefordert. So wichtig es ist, junge Menschen zu mitmenschlichem Umgang zu befähigen, so falsch wäre es, solchen Unterricht auf Ethik oder Moral zu reduzieren. Er fragt nach den Abgründen des Menschen, nach dem Sinn seines Daseins, nach unverschuldetem Leid, nach Schuld, Sühne und Vergebung und versucht, die jungen Menschen in solch existentiellen Fragen gesprächsfähig zu machen. Er bringt eine Wirklichkeit zur Sprache, die unsere mess- und zählbare Welt übersteigt, die uns davor bewahrt, menschliche Macht zu verabsolutieren. Deshalb steht die Verantwortung vor Gott in unserem Grundgesetz:das ist keine prochristliche, keine antiatheistische Aussage, es ist das Bekenntnis zur Begrenzung menschlicher Macht. Nur wer sich an ein Unendliches bindet – so Hans Küng und so in der NS-Zeit Karl Barth – wird keine Macht dieser Welt verabsolutieren, sei es die Partei, sei es die eigene Meinung.

Der Vorwurf mangelnder Christlichkeit gründet fast immer in einer Radikalität der Forderung. Nehmen wir die Asylpolitik. Es ist wahrhaftig christliche Forderung, jeden Bedrängten, jeden Fremden aufzunehmen. Der Politiker, der den ungehemmten Zugang zuließe, gefährdete den sozialen Frieden in der Gesellschaft. Wenn denn Johannes Althusius in seiner Gesellschaftslehre von 1603[1] Politik als die Lehre vom Zusammenleben der Menschen definiert und sie darum auch die „Kunst der Zusammenfügung" nennt und in der Pflege des Zusammenlebens ihren Sinn erkennt, dann müssen rechtliche Regelungen erreicht werden, die Verantwortlichkeit sichern, Nachhaltigkeit beachten, sich an den Normen der Menschenrechte messen lassen. Da ist ein nicht einfaches Abwägen gefordert. Ich erinnere an die Aussage, dass jede politische Entscheidung dem Markt der Stimmen, dem Druck des Stärkeren, dem Widerstreit der Interessen ausgeliefert ist. Wer als Christ Politik betreibt, muss nach dem Recht des Schwachen fragen, muss es bis zur Grenze des Zumutbaren wahren. Das heißt übrigens nicht, alle Sorge dem Staat zu übertragen, das heißt durchaus auch Hilfe zur Selbsthilfe, heißt eigene Kraft der Betroffenen einzufordern. Doch die Forderung der die Güter abwägenden Entscheidung bleibt.

---

[1]   Was Wolfgang BERGSDORF: Die andere Zweiteilung Deutschlands. In: *Stimmen der Zeit* 105 (1987), S. 759.764, hier 764 zitiert hat.

Beziehen wir sie auf den Einsatz militärischer Gewalt. Die eigene Wange hinzuhalten, das ist Jesu Forderung. Als für ein Gemeinwesen Verantwortlicher muss ich die Wange des Bürgers, der Bürgerin vor Schlägen schützen. Unausweichlich stellt sich dann die Frage nach den Mitteln der Abwehr. Ich werde schuldig, wenn ich den Anderen dem Übel, der Gewalt überlasse, ich werde schuldig, wenn ich zu seinem Schutz töte. Es ist bezeichnend, dass in der Kosovo-Krise die schon lange verstummte Lehre vom gerechten Krieg und dessen Bedingungen wieder zur Sprache kamen. Ich nenne nur die eine: ein solches Mittel ist nur dann zulässig, wenn nach seinem Einsatz eine Ordnung des Friedens und der verbesserten Gerechtigkeit erreicht wird. Papst Johannes Paul II. hat sich, damit von früheren Äußerungen unterschieden, in diesem Konfliktfall zu dieser Lehre bekannt.

Und nehmen wir die gesetzliche Regelung zur Abtreibung. Unumstößlich ist es für Christen, das Recht des Ungeborenen auf Leben zu vertreten. Als dann schließlich ein Kompromiss gefunden war, der die Abtreibung eindeutig als rechtswidrig definiert, sie aber bei Wahrnehmung einer auf Lebenserhaltung gerichteten Beratung straffrei sein lässt, gab es im Bundestag eine kleinere, jeden Kompromiss aus glaubender Überzeugung ablehnende Gruppe, die den Kompromissbereiten Verrat vorwarf. Hätten diese sich den absolut Grundsatztreuen angeschlossen, wäre immer noch keine Mehrheit für diese Haltung erreicht worden, vielmehr hätten dann jene die Mehrheit erreicht, die entweder den ganzen Paragraphen 218 oder zumindest die Rechtswidrigkeit der Abtreibung streichen wollten. Der Kompromiss sicherte eine Mindestbastion.

In den Fragen des Abwägens vermisse ich die helfende Begleitung in meiner Kirche. Es ginge um Maßstäbe fürs Abwägen, auch um eine Information der Gemeinden, sie für solch Abwägen empfindlich zu machen.

In diesem Zusammenhang stellt sich die Frage nach dem Umgehen mit der Meinung des anderen. Da ist meine Erfahrung, dass wir zwar stets unsern Respekt vor der Auffassung der Kompromisslosen bezeugt haben, dass diese uns aber nicht selten Verrat und Schlimmeres vorgeworfen haben.

Das wurde exemplarisch deutlich in der Auseinandersetzung um die Schwangerenkonfliktberatung. Das Ziel der Beratung ist eindeutig der Schutz des Lebens, doch die Ausstellung der Bescheinigung der Beratung, die Voraussetzung für die Straffreiheit ist, wurde als Mitwirkung an einer „in sich schlechten Handlung" gewertet. Mich erschütterte die Aussage von Robert Spaemann: „Wo steht geschrieben, dass die Kirche in erster Linie an der Verhinderung vorzeitigen Sterbens interessiert sein muss? Das erste Interesse der Kirche ist das 'Seelenheil', nicht das 'Lebensrecht', das zu schützen Aufgabe des Staates ist. Vorzeitiges Sterben gibt es sub specie aeternitatis sowieso nicht. Wohl aber gibt es den spirituellen Selbstmord durch Töten. Im Stich lässt derjenige eine Frau, der ihr bei diesem spirituellen Selbstmord behilflich ist" [2]. Da widerspreche ich. Beratung will ja eben zur Abkehr von der Abtreibung helfen, und nicht der Schein entscheidet, sondern die Frau. In Tausenden von Fällen ist durch die Beratung

---

[2] Robert SPAEMANN: Die schlechte Lehre vom guten Zweck. In: *Frankfurter Allgemeine Zeitung* Nr. 247 (23. 10. 1999), Bilder und Zeiten, S. 1.

Leben gerettet worden. Kann ich verantworten, dass suchende, unsichere Frauen
nicht mehr zu uns kommen, seitdem die Ausstellung des Scheins zu Ende geht?
Dann bin ich, meinem Gott, dem barmherzigen Vater, dem Menschensohn und
dem Heiligen Geist vertrauend, getrost ein „Schmuddelkind".

Und wenn ich denn nach Meinung der „Rechtgläubigen" eine irrige Meinung
vertrete, die aber die unüberhörbare Stimme meines Gewissens ist, dann will ich
mich für den Umgang miteinander nicht auf Voltaires Wort berufen – „ich werde
deine Meinung bis zu meinem Tode bekämpfen, aber ich werde mein Leben dafür einsetzen, dass du sie vertreten kannst" –, ich berufe mich mit weit größerem
Vertrauen auf Thomas von Aquin, der in De Veritate (q. 17, a. 4) zu einer nach
Meinung der Kirche irrigen Gewissensentscheidung sagt, dass zwar das recht
urteilende und das irrige Gewissen unterschiedlich binden (schlechthin oder ak-
zidentell), doch wird es „von dem Irrenden für Gottes Gesetz genommen, und so
weicht er, wenn er davon abweicht, von Gottes Gesetz ab. Man kann nicht einwenden, man müsse Gottes Gebot mehr gehorchen als dem Gewissen, so wie
man einem höheren Vorgesetzten mehr gehorchen müsse als einem untergeordneten, denn der Spruch (dictamen) des Gewissens ist nichts anderes als das Gelangen des göttlichen Gebotes zu dem, dessen Gewissen es ist. "

Die Konzilserklärung „Dignitatis humanae" hat diese befreiende Wahrheit
wieder bewusst gemacht. Und in der Konzilserklärung „Gaudium et spes" wird
mit Nachdruck die Berechtigung glaubensmässig begründeter unterschiedlicher
politischer Aussagen vertreten, wobei dann keiner die Autorität der Kirche nur
für sich in Anspruch nehmen darf. Da ist die Ausländerpolitik ein treffliches Beispiel.

Wir haben uns in der Vollversammlung des Zentralkomitees der deutschen
Katholiken der Spannung gestellt zwischen Gehorsam, der Weisung des Papsts
zu folgen, und Gewissensentscheidung, gerade *die* Frauen anzusprechen, die keinen anderen Ausweg mehr als die Abtreibung sehen. Maßstab war: welche Handlung gibt dem Schwachen mehr Schutz... Wir haben gelernt, gemäß „Lumen gentium" genauer zu unterscheiden, wann wir „im Namen der Kirche" sprechen und
wann wir dies, wie Heinrich Kronenberg es in seiner Abschiedsrede am 19. November 1999 formulierte, „im eigenen Namen als Staatsbürger (tun), die von ihrem christlichen Gewissen geleitet werden." Das führt zur Einsicht, dass wir gerade um der Vereinbarkeit von Glauben und Politik willen eine kirchliche Verfassung brauchen, „in der das Handeln als Kirche und das Handeln im Namen
der Kirche unter Wahrung der hierarchischen Grundstruktur und unter Wahrung
der Freiheit und der Verantwortung der Gläubigen miteinander verbunden sind. "
Solch synodale Strukturen wären eine Weiterentwicklung der von Karl Lehmann
immer wieder betonten Bedeutung des Dialogs. Ich verweise auf sein Eröffnungsreferat bei der Herbstvollversammlung der Deutschen Bischofskonferenz
am 19. September 1994 in Fulda, „Vom Dialog als Form der Kommunikation und
Wahrheitsfindung in der Kirche heute", in dem er – für mich Konkretisierung der
Kommunikation – Annette Schavans im Zentralkomitees der deutschen Katholiken eingebrachten Beitrag „Dialog statt Dialogverweigerung" zitierte.

Diese dialogische Struktur ist für Christen essentiell und existentiell. Pfingsten
ist nicht die Einführung einer Einheitssprache. Die Parther, Meder und Elamiten,

ich sage getrost: die Türken und Araber, die Bayern und die Thüringer, die Mainzer und die Berliner, sprechen jeder die eigene Sprache, aber der Heilige Geist befähigt zum gegenseitigen Verstehen, zum Miteinander. Wie Jesus sich in der Inkarnation auf das Menschsein in seiner geschichtlichen Gestalt einließ, belässt der Heilige Geist die geschichtlich gewordenen Unterschiedlichkeiten. Da wäre von der versöhnenden Kraft der Inkulturation zu sprechen. Wir dürfen in der Fülle der Welt, in der Fülle der Schöpfung auch die Fülle unseres Gottes ahnen.

Unser Gott ist ein Gott der Beziehungen. Gisbert Greshake hat überzeugend dargestellt, wie der Trinitätsglaube dazu inspiriert, Unterschiede, Anderssein als Positivum zu betrachten. „Er gibt der Dimension der Beziehung, der Gemeinschaft, der Gleichheit und Partizipation sowie der gegenseitigen Vernetzung und Ergänzung den Vorzug vor der Konzentration auf eine in sich geschlossene Einheit, Selbstgenügsamkeit, Konzentration." Das ist nicht etwa Verzicht auf Einheit. „Wie die Dreieinigkeit Gottes eine Einheit ist, die das Moment des 'vielen' in seinen proprietates belässt, bestätigt und auf diese Weise gerade im gegenseitigen Beziehungsgefüge der Einheit einschließt, so lässt sich auch die Einheit der Menschheit nur realisieren unter der Voraussetzung der Anerkennung ihrer vielfältigen proprietates, die als solche zu einem Netzwerk gegenseitiger Ergänzung und Bereicherung zusammengeschlossen sind." Das hat für mich politisch Konsequenzen in der Europapolitik, sogar im Aushalten der Unterschiede in einer Fraktion, in einer Partei, mit etwas mehr Format, aber nicht mit weniger Schwierigkeiten im Ringen um die „eine Welt". Das ist kirchlich das glaubensmäßig begründete Ja zur pluriformen Kirche, die alles andere als eine Kirche der Beliebigkeit ist. Die existentielle, die gelebte Einheit von Politik und Glauben „ernährt" sich aus der Trinität. Greshake fährt, den Christen als Politiker stärkend, ja, begeisternd, fort: „Den trinitarischen Glauben als gesellschaftlich relevante 'Sinnwelt' vorzustellen und anzubieten, ist ein Dienst, den die Kirche und jeder einzelne Christ auch heute den politischen Ordnungsgefügen zu erweisen hat und erweisen darf. Dabei *muss* diesem Angebot nicht eine ausdrückliche Hinwendung der Gesellschaft zum christlichen Glauben folgen... dort, wo die trinitarischen Entsprechungen in der Gesellschaft gelebt und wo sie in der gläubigen Existenz von Christen für die Mitwelt als plausibel aufleuchten, [ist] 'auf anonyme Weise' das Geheimnis des dreifaltigen Gottes gegenwärtig"[3].

Plausibel leuchten sie auf, wenn wir den Dissens nicht als Anlass zum Abbruch der Beziehungen nehmen – in Kirche und Gesellschaft; plausibel leuchten sie auf, wenn Christen, Katholiken zwar leidenschaftlich und (hoffentlich) überzeugungsstark Gegner sein können, aber nie aus Gegnerschaft Feindschaft werden lassen. Ich erlaube mir die selbstkritische Bemerkung:Mit denen von den anderen Parteien ist mir das kaum je schwer gefallen, aber mit denen in der eigenen Partei, da hat es bei mir mehr als einmal „geknirscht".

All die Einwände gegen die Verbindung von glaubender und politischer Existenz, die nur die Leistung des Politikers, nicht aber seinen Glauben für bedeutsam hielten, kommen hier ebenso an ihre Grenze wie die Behauptung, der Glaube an eine transzendentale Wirklichkeit, an einen Schöpfer, verkürze den Einsatz für die Gerechtigkeit im Hier.

Wenn ich die jüngsten für das Zusammenleben propagierten Kommunikationstheorien, die alle ohne den Heiligen Geist auskommen wollen, betrachte, dann stelle ich, bewusst ganz unwissenschaftlich, fest: Sie gehen davon aus, dass zwei Ichs, zwei Gruppen, die sich mit unterschiedlichen, gar mit feindlichen Ansichten und Wirklichkeiten gegenüber stehen, doch Verständigung suchen. Das setzt eine „irgendwie" bestehende Verständigungsgemeinschaft voraus. Entweder besteht sie im „irgendwo", denn sonst könnte ich sie nicht denken, oder ich erschaffe sie denkend. Was ist das anderes als Transzendenz? Greshake spricht übrigens vom „Raum einer intersubjektiv geteilten Lebenswelt". Das überschreitet das Hier und das Heute. Suche ich allen Sinn, alle Erfüllung im Hier und Heute, dann poche ich auf schnelle, sichtbare Erfüllung, dann ist der Mensch neben mir der Konkurrent, nicht der Mitmensch. Ich folge gern Paul Zulehners Feststellung: „Totale Diesseitigkeit entsolidarisiert" und erfahre, dass dieser Satz, in die Diskussion eingebracht, Nachdenklichkeit weckt, sehr oft zu veränderten Einsichten führt. Die religiöse Entscheidung ist Privatsache, aber Religion ist keineswegs Privatsache, sie ist von öffentlicher Bedeutung.

Das wird noch eindeutiger, wenn ich mich entscheide, ob ich mich als Geschöpf – in der faszinierenden Gemeinsamkeit von Moslems, Juden und Christen – oder als Macher meiner selbst verstehe. Ich nehme die wissenschaftlichen Aussagen ohne Zögern zur Kenntnis, dass der homo sapiens, der fragende, der wissende Mensch nach heutigem Erkenntnisstand vor 2,5 Millionen Jahren in der Eiszeit „entstand", weil – so der renommierte Professor Gerhard Neuweiler –, in dieser eiszeitlichen, lebensfeindlichen Umwelt nur der überleben konnte, der sich auf vorausplanendes Handeln, Vorratshaltung und gemeinsame Aktivitäten verstand.

Ich nehme auch zur Kenntnis, dass Schimpansen intellektuelle Leistungen erreichen können, die denen eines dreijährigen Kindes vegleichbar sind, aber ich stelle fest, dass sie niemals zur Sprache gefunden haben. Das Sprachgehirn, das Cortexgebiet über dem linken Ohr des Menschen fehlt ihnen. Und nun muss ich mich entscheiden:ist das ein zwanghafter Prozess oder werden in diesem Prozess die Spuren des Schöpfers sichtbar? Ist das Ziel dieser Entwicklung die totale Autonomie des Menschen? Ist der Mensch am Ziel seiner Erfüllung, wenn er, wie Kant einmal sagte, „alles sich selbst verdankt", *oder* vesteht er seine Existenz als Geschenk? Schon in der Art meines Fragens wird wohl meine Position deutlich: Mich schaudert, wenn ich alles mir selbst verdanken sollte. Verstehe ich mich als Geschöpf, dann habe ich ein anderes Verhältnis zu mir selbst:mein Können, das ich nicht in subversiver „Demut" verleugnen muss, ist nicht meine Leistung, es ist Geschenk, es ist der Schatz, der mir zur Entfaltung übergeben wurde. Das ist für Politikerinnen und Politiker von lebensbestimmender Bedeutung, denn es verändert auch die Erfahrung des Scheiterns. Nicht misslungene Leistung, sondern Anfrage an meine Existenz. Weg Gottes mit mir.

Ich verstehe mich als Geschöpf. Das verändert auch das Verhältnis zu meinen Mitmenschen. Abweichend von meinem politischen Thema, und nicht nur um des Unterhaltungswertes willen, schiebe ich schnell ein: das verändert auch das

Verhältnis Liebender. In der Gewissheit der Geschöpflichkeit erwarte ich nicht, dass du mich von mir erlöst, lebe ich Liebe nicht als Überforderung des Du. Der Schweizer Soziologe Gerhard Schmidtchen, Katholiken durch seine Untersuchungen vor der Würzburger Synode (und aus vielen späteren Arbeiten)gut erinnerlich, bemerkte irgendwann einmal in einem seiner Bücher in einer Fußnote, die ich noch präsent habe: manche Menschen hätten ein so tolles, selbstgezimmertes Ideal von der Ehe, dass sie sich eher noch einmal scheiden liessen, als dieses „Ideal" aufzugeben . – Einschub zu Ende.

Doch der Mensch als Geschöpf –, das ist von weiter politischer Konsequenz.

Welche Maßstäbe politischen Handelns wir auch diskutieren, sie lassen sich nicht vom Verständnis des Menschen trennen. Wenn Thomas Hobbes im unstillbaren Willen des Menschen zur Macht die entscheidende Kraft sah und deshalb die Furcht vor dem gewaltsamen Tod durch den Anderen als die politische Antriebskraft wertete, dann musste der Andere nur als Feind erscheinen, dann ist die Zähmung der Bestie Mensch entscheidend.

Menschenrecht nur human begründet stößt schnell an seine Grenze. Konkret aus dem politischen Alltag, aus meinem früheren politischen Alltag. Drastische Reduktion des Budgets. Das ist nicht so neu, wie manche meinen. Entscheidung im Investitionshaushalt: Streiche ich die Millionen für ein Zentrum neuer Behindertenförderung oder streiche ich bei Schulbauten oder Sportstätten. Nur menschlich begründet, wird sehr schnell die Nutzen-Kostenfrage gestellt. Muss ich nicht vor allem den Schülern, die ihr verantwortetes Leben leben sollen, dazu verhelfen? Der mehrfach Behinderte, der jetzt auch betreut wird, bringt auch beim Einsatz der neuen Förderhilfen keinen wirtschaftlichen, keinen steuerlichen Gewinn. Er oder sie erfährt Wirklichkeitserweiterung, wenn er oder sie jetzt mit einer Art Taschenlampe (nur sehr viel teurer) auf Buchstaben tippen kann und dann in einem langsamen, aber erfolgreichen Prozess lesen, also Lebenswirklichkeit erfahren kann.

Aus meinem Glauben war die Entscheidung für den Schwächeren kein Problem, aber es gehört zu den Glückserfahrungen meines politischen Lebens, dass ich beim Besuch der nun „Gekürzten" erfahren durfte, dass sie (nicht alle, aber fast alle) meine Entscheidung annahmen... „Anonymes Christentum?"

Aus der Erfahrung mit den „neuen" Ländern – unsere Diözese umfasst Berlin-Ost und -West, Brandenburg und Vorpommern, – möchte ich noch etwas einbringen. 1990 Kaiser-Wilhelm-Gedächtniskirche (ev.) wahnsinnige Diskussion: die Täter der Diktatur müssten jetzt bestraft werden, wirksam bestraft werden, sie sollten nun auch mal Leiden erfahren. Es dauerte Stunden dort, an anderen Orten, z.B. in Langenhagen, weit länger, um zu verdeutlichen:wir müssen auch mit dem Verbrecher, selbst mit dem Kindesmörder, rechtsstaatlich umgehen. Er soll nicht leiden müsse, sondern begreifen, dass er Leiden zugefügt hat. Sonst siegen Honecker und Mielke.

Ein Fazit

Was ist denn nun die Konsequenz?

Wohl, so hoffe ich, die Einsicht des Lesers und der Leserin, dass die Qualität unserer Gesellschaft auch von unserem Einsatz abhängt. Und: dass Kirche, Christen in ihr nur als Wegbegleiter der Menschen, – der Fragenden, der Leidenden, der Störrischen, der Enttäuschten, aber auch der Begeisterten, der Glaubenden – wichtig und helfend sind. Die zahlreichen Möglichkeiten will ich hier nicht aufführen. Die kann jeder, kann jede entdecken.

Daraus erwachsen einige Bitten:

Das Glaubenswissen der Glaubenden muss verstärkt und gestärkt werden. Glaube kommt (auch) vom Hören. Die nicht selten totale Unwissenheit der nicht christlich sozialisierten Menschen müssen wir aufnehmen, auf ihr Suchen und Fragen Antworten versuchen, die nicht einvernehmen, aber ein Angebot sind. Solche Menschen gibt es in Brandenburg, Berlin und Vorpommern in den Fraktionen ziemlich oft. Befähigen wir die Menschen, die sich als Katholikinnen und Katholiken verstehen, ja, selbst unsere Pfarrer zu solcher Begegnung?

Die sich als Intellektuelle definierenden Katholiken müssten weit mehr als bisher wenigstens eine der katholischen Zeitschriften *(Herderkorrespondenz, Stimmen der Zeit, Orientierung, Communio, Concilium, Anzeiger für die Seelsorge, Christ in der Welt...)* abonnieren und lesen und auch öffentlich zu ihrem Glauben stehen. Für mich ist der Bundestagspräsident Thierse, den wir Berliner schon 1990 ins Zentralkommitee der deutschen Katholiken gewählt haben, ein überzeugendes, ja beeindruckendes Beispiel von Bekenntnis.

Wo stützt „Kirche" solche Menschen auch öffentlich?

Und nun noch eine ganz persönliche Schlussbemerkung:

Die totale Anforderung in politischen Führungsämtern, sowohl zeitlich wie existentiell, besteht man nach meiner Erfahrung nur, wenn man sich „Tankstationen" schafft, menschlich aber auch religiös. Es gibt (in Maria-Laach z.B.) Exerzitien für Politiker. Obwohl die, an denen ich teilgenommen habe, hervorragend waren, werde ich nie wieder teilnehmen. Ich ertrage in Exerzitien nicht die Nähe von Menschen, mit denen ich auch sonst umgehe. Ich will in den Exerzitien das Loslassen erfahren. Lernen, das Alleinsein auszuhalten. Und nun suche ich nach solchen Exerzitien.

Und ich suche – einmal wirklich unabhängig von all den Beichtproblmen – nach gesellschaftspolitischen, alltagsbezogenen helfenden Aussagen zum Umgang mit Schuld- in Familie und Beruf, aber auch im Umgang mit mir selbst. Den Zusammenbruch der Beichte zu beklagen, das ist ja zulässig, aber nicht hilfreich für das Zusammenleben. Christen setzen nicht auf „Erfolg", Politiker müssen auf Erfolg setzen. Das lässt sich verbinden: Erfolg als Geschenk, nicht als Verdienst. Und eine unverbrüchliche Hoffnung auf Vollendung – Mit Kurt Marti:

> das könnte manchen herren so passen
> wenn mit dem tode alles aus beglichen
> die herrschaft der herren
> die knechtschaft der knechte

bestätigt wäre für immer
das könnte manchen herren so passen...
aber es kommt eine auferstehung
die anders ganz anders wird als wir dachten
es kommt eine auferstehung die ist
der aufstand gottes gegen die herren
und gegen den herrn aller herren: den tod. [4]

[4]   Kurt MARTI: *Leichenreden.* Neuwied 1969, S. 63.

Der Streit der Faktizitäten

Zur theologischen Begründung des konfessionellen Religionsunterrichts

VON ANTON VAN HOOFF

„afin d'être docile aux contradictions"
Maurice Blondel

1. Widersprüchliche Fakten[1]

Das Dokument der deutschen Bischofskonferenz *Die bildende Kraft des Religionsunterrichts. Zur Konfessionalität des katholischen Religionsunterrichts* möchte „die Freude der Lehrerinnen und Lehrer am Erteilen [des Religionsunterrichts] stärken. Ohne eine solche Freude an der Sache, um die es dabei geht, ist der Unterricht für alle Beteiligten eine Qual"[2]. Die Reaktionen, die das Schreiben hervorgerufen hat, erwecken jedoch den Eindruck, dass das Wort der Bischöfe nicht allenthalben auf freudigen Beifall gestoßen ist

Die Diskussion, die das Dokument entfachte, zeigte eine eigentümliche Schieflage. Obertitel und Untertitel hatten in einem solchen Ausmaß den Platz getauscht, dass sie sich fast ausschließlich auf den konfessionellen Charakter des Unterrichts zuspitzte. Dennoch markiert die Reihenfolge der Überschriften die Richtung, in der die Argumentation verläuft, auch wenn dies nicht bei jedem Schritt strikt durchgehalten wird. Der geforderte konfessionelle Charakter weist nicht auf einen in sich bereits feststehenden, sozusagen im voraus juristisch-institutionell abgesteckten Rahmen hin, den der Religionsunterricht sich hineinzuzwängen hätte, als könnte er sich auch außerhalb dieses Rahmens abspielen. Die Konfessionalität ist nicht als eine nachträglich hinzuzufügende Eigenschaft („accidens") anzusehen, die bloß autoritativ einzuklagen wäre. Vielmehr ist sie ein Merkmal, das sich aus der bildenden Kraft des Evangeliums selbst ergibt. Den Unterricht hat sie somit von innen her zu prägen und zwar vorerst nicht aufgrund der *Lehre* als bloßer Wissensvermittlung, sondern aufgrund des Glaubensgeschehens selbst.

Der als dogmatisch empfundenen Argumentation der bischöflichen Erklärung gegenüber zeigt die Reaktion von Lehrern und Lehrerverbänden vor allem eine religionspädagogische Perspektive, d.h. den Blickwinkel der Pädagogik, die auf

---

[1] Die folgenden Überlegungen sind aus der Arbeit in der Mainzer Diözese hervorgegangen; sie betreffen außerdem eine Diskussion, in der Bischof Lehmann sich mit aller Klarheit engagiert. Siehe: K. LEHMANN (Hrsg.): *Religionsunterricht in der offenen Gesellschaft. Ein Symposion im Bonner Wasserwerk.* Stuttgart 1998.

[2] Bonn 1996 (Die deutschen Bischöfe. 56), S. 10.

den Religionsunterricht angewandt wird[3]. Sie lenkt die Aufmerksamkeit auf eine andere Faktizität, die genauso unumgänglich ist und deshalb zu Recht uneingeschränkte Gültigkeit beansprucht: die konkrete Situation der Jugendlichen. Zwar kann man nicht behaupten, dass die bischöfliche Erklärung „die Lebenswirklichkeit der Schülerinnen und Schüler [...] weitgehend" ausblendet[4], aber die oftmals negativ wertende Beschreibung dieser faktischen Lage lässt eher vermuten, dass sie auch als Störfaktor ins Auge gefaßt wird, der dem praktischen Gelingen eines bestimmten Unterrichtskonzepts im Wege steht.

Im Religionsunterricht als Glaubensverkündigung im schulischen Lebensbereich verdichtet sich die Situation, die in der heutigen Gesellschaft überall vorhanden ist. Die kirchlich verkörperte Frohbotschaft Gottes einerseits und die Menschen, zumal die Jugendlichen, als Adressaten dieser Verkündigung andererseits sind soweit voneinander entfernt, dass beide Welten sich nicht (mehr) zu berühren scheinen. Stärker noch: Die Mentalitäten schließen sich gegenseitig so aus, dass oftmals die jeweils andere Mentalität als Ablehnung der eigenen empfunden wird. Die gängige Erfahrung zeigt, dass immer mehr Menschen sich von der Frohbotschaft nicht in Frage stellen lassen oder auch von sich her keine Fragen zu erheben scheinen, an die die Glaubensverkündigung anknüpfen könnte. Hat die Korrelationsdidaktik noch eine Grundlage, wenn beide Welten faktisch nicht miteinander korrelieren? Setzt die Korrelation, wie sie sich zum Beispiel in den sakramentalen Zeichen ereignet, nicht ein Verständnis von Wirklichkeit voraus, das allmählich aus Köpfen und Herzen verschwindet? Ist nicht Korrelation das Unselbstverständliche schlechthin?

Beide Faktizitäten, die der kirchlich verfaßten Frohbotschaft und die Situation ihrer Adressaten, sind eben aufgrund ihrer Tatsächlichkeit von uns allen so ernst zu nehmen, dass die diesbezügliche Verneinung einer Leugnung von Wirklichkeit gleichkäme.

Den Konflikt, der gerade durch das Dokument noch wahrnehmbarer an die Oberfläche getreten ist, möchte ich, in Anlehnung an eine Schrift Kants, als „Streit der Faktizitäten" bezeichnen. Diesen Streit sollten wir nicht scheuen. Die Spannung, die in ihm hervorbricht, prägt nicht nur – metaphysisch betrachtet – den alles umfassenden Umgang des Menschen mit Wirklichkeit überhaupt, sondern sie ist darüber hinaus im Offenbarungsgeschehen als solchem grundgelegt. Weil ausserdem Dogmengeschichte als historisch gewordenes und werdendes Verständnis der Offenbarung sich stets als Streit – mit mehr oder weniger Kultur – ereignet, sollte gerade dieser „Streit der Faktizitäten" uns beschäftigen. Die Gottesgelehrtheit als Gelehrtheit von Menschen, gar als Menschenwort, „braucht eine Streitkultur"[5].

---

[3]   Vgl. E. FEIFEL: Zukunftsweisendes Weggeleit? Kritische Würdigung der Erklärung „Die bildende Kraft des Religionsunterrichts". In: *Katechetische Blätter* 122 (1997), S. 31-37.

[4]   DER VORSTAND DES DEUTSCHEN KATECHETEN-VEREINS: Zehn Anmerkungen. Zum Bischofswort vom 27. 9. 1996 „Die bildende Kraft des Religionsunterrichts". In: *Katechetische Blätter* 122 (1997), S. 38-41, hier 39.

[5]   Überschrift eines Referates von Bischof Karl Lehmann bei einer wissenschaftlichen Tagung der Deutschen Sektion für Katholische Theologie e.V., Mainz, 7. bis 9. Ok-

Das Problem liegt darin, dass beide Faktizitäten als die zwei Momente der etwaigen Korrelation, sich nicht nur nicht entsprechen, sondern sich bis zum Widerspruch voneinander abheben. Vermögen wir für die theologische Faktizität eine solche soziale Akzeptanz zu gewinnen, dass ihr theologischer Anspruch auch sozial anerkannt wird? Die Antwort auf diese Frage hängt von der zweiten ab: Vermögen wir die soziale Faktizität theologisch so ernst zu nehmen, dass wir sie nicht von vornherein als eine dem Gottesglauben lebensgefährliche Bedrohung ablehnen oder negieren, sondern sie „als Zeichen der Zeit im Lichte des Evangeliums deuten" (GS 4)?

Statt über die faktische Lage der Gesellschaft zu klagen, sollten wir uns der Herausforderung, die in ihr steckt, zuversichtlich stellen. Ein Zitat des französischen Philosophen Maurice Blondel, der diesbezüglich schon vor hundert Jahren wichtige Impulse formuliert hat, zeigt die Umrisse einer solchen Haltung: „Man darf in den großen Umwälzungen, die im Laufe der Jahrhunderte neue Perspektiven heraufführen, nicht voreilig bloß Verirrungen, 'Fehlsichten' oder 'Krankheiten der Vernunft' sehen. Aus den individuellen Irrtümern, den verkürzten Ansichten und aus den diesen oder jenen eigenen Versagen hebt sich nach und nach Gottes Plan in der Führung der Menschheit heraus. Was die Menschen von sich aus zu diesem Werk gemeinsamen Wachsens beisteuern, ist nie bedingungslos oder völlig abseits der Wege, wo die Wahrheit über unserem Horizont aufgeht"[6].

2. Vermittelte Unkorreliertheit

Widersprüchliches miteinander zu vermitteln, ist, intellektuell betrachtet, zunächst eine unmögliche Aufgabe. Aber die Herausforderung bleibt dennoch bestehen. Die eine uns umringende Wirklichkeit birgt ja eine Vielfalt von Tatbeständen und Sachverhalten in sich, die absolut genommen einander ausschließen müssten, aber dennoch stets gemeinsam vorkommen. Darum ist auch die theologische Reflexion, wenn sie meint, intellektuelle Widersprüche wahrzunehmen, nicht an ihr Ende gelangt, sondern sie befindet sich erst an ihrem Anfang. Im Zusammenhang ähnlicher Überlegungen fordert Maurice Blondel, „den Widersprüchen gegenüber lernfähig zu sein"[7].

Das Problem, das wir bewältigen müssen, gründet letztendlich in der Diskrepanz zwischen Denken und Wirklichkeit. Die intellektuelle Rekonstruktion von Wirklichkeit vermag mit ihr nie restlos identisch zu sein. Denkend bauen wir Wirklichkeit zusammen, indem wir sie analysieren, d.h. auseinanderlegen, wäh-

---

[6] tober 1996. In: *KNA Dokumente* 11 (November 1996), S. 10-16.
M. BLONDEL: Lettre sur les exigences de la pensée contemporaine en matière d'apologétique et sur la méthode de la philosophie dans l'étude du problème religieux. In: DERS.: *Oeuvres complètes*. Bd. 2. Paris 1997, S. 119f.; deutsche Übersetzung: M. BLONDEL: *Zur Methode der Religionsphilosophie*. Einsiedeln 1994 (Theologia romanica. 5), S. 130.

[7] M. BLONDEL: *L'Action. Essai d'une critique de la vie et d'une science de la pratique*. Paris 1893. Jetzt in DERS.: *Oeuvres complètes*. Bd. 1. Paris 1995, S. 444. [410]; deutsche Übersetzung: *Die Aktion. Versuch einer Kritik des Lebens und einer Wissenschaft der Praktik*. Freiburg i. Br. 1965, S. 436.

rend Wirklichkeit in sich eine Einheit und Ganzheit bildet. Auf diesen fundamentalen Sachverhalt deutet das Adagium hin: Die Synthese überragt die Summe der
Teile. Der apriorischen Synthese, die allem zugrunde liegt und alles in sich vereinigt, entspricht nie die vom Denken hergestellte aposteriorische Gesamtheit.
Erschwerend ist noch der intellektuelle Umstand, dass, wenn zwei 'absolut' genommen widersprüchliche Elemente zusammengedacht werden müssen, keiner
von beiden zum Ausgangspunkt oder Ansatz dienen kann; sie schließen sich ja
gegenseitig aus. Einen Ausweg könnte einzig ein „tertium admissum", ein zugelassenes Drittes bieten, in dem die vordergründig unmögliche Vermittlung sich je
schon ereignet hat. Erst von diesem Sachverhalt her wird sich ein Weg, d.h. eine
Methode zeigen, um die Wirklichkeit, die je schon ist, unsererseits zu verwirklichen.

Weil dieser kurz umrissene, scheinbar rein abstrakte Sachverhalt nicht berücksichtigt wird, *muss* es manche Diskussion geben, die genau so nötig ist, wie sie
auch ausweglos ist. Werden wir der Sache, um die es uns allen geht, wirklich
gerecht, wenn der 'dogmatische' Ansatz einerseits und der 'religionspädagogische' Ansatz andererseits *beide* mit guten Gründen so auf ihrer jeweiligen Berechtigung beharren, dass sie sich gegenseitig vorwerfen, das ebenso berechtigte
Anliegen des anderen Ansatzes finde – milde ausgedrückt – zu wenig Berücksichtigung? Der Aussenstehende kommt öfters nicht umhin, sowohl die jeweilige
Berechtigung als auch die Kritik anzuerkennen. Ausserdem fällt auf, dass beide
Ansätze zu ihrer Selbstbehauptung wie in ihrer Abgrenzung vielfach eine exklu-
sive Sprache verwenden. Die Religionspädagogik, die während ihres gesamten
Diskurses den Ausgang in der faktischen Situation der Jugendlichen systemati-
siert, solle nicht dazu fähig sein, die Glaubenslehre ungeschmälert zu vermitteln.
Der dogmatische Ansatz hingegen, wie er sich in der bischöflichen Erklärung zu
Wort meldet, solle „didaktische Fragestellungen im ganzen Text" ausklammern[8],
mit „religionspädagogischen Defizite[n]" behaftet sein[9], es unterlassen, zu fragen, „in welchem Verhältnis Sätze über die Bestimmung des Menschen und über
die Maßstäbe erfüllten Lebens zu lebensgeschichtlichen Erkenntnissen über die
Menschen [...] stehen"[10].

Der sozusagen antipodische Charakter solcher Äußerungen springt ins Auge.

Integration aber tut Not, denn auf Integration, auf die freiheitliche Begegnung
von Gott mit der jeweiligen Person ist der Religionsunterricht angelegt. Gäbe es
nicht doch eine Möglichkeit, eine tragfähige Gesprächsbasis zu finden? Von welchem Punkt aus, der in der Diskussion die Aufgabe eines 'tertium admissum'
erfüllt, wäre die Unkorreliertheit der Faktizitäten einzufangen, die sich in einer
Unkorreliertheit der Ansätze zu bewähren scheint?

Auch wenn dies zunächst einiges Erschrecken auslöst, so möchte ich dennoch
die sogenannte 'Trias' aufgreifen, allerdings mit einigen Abwandlungen. Gerade
als Dreigespann bleiben die „Bestimmungsfaktoren der Konfessionalität – Leh-

---

[8]   E. FEIFEL: Zukunftsweisendes Weggeleit?, S. 34; vgl. Zehn Anmerkungen (Anm.
      8), S. 38.
[9]   E. FEIFEL: Zukunftsweisendes Weggeleit? S. 37.
[10] E. FEIFEL: Zukunftsweisendes Weggeleit? S. 34.

rer, Lehre, Schüler"[11] – de facto ohne Auswirkung. Gemeint ist nicht die Tatsache, dass sie in der Schulpraxis oft nicht beachtet werden. Wichtiger ist die Beobachtung, dass Befürworter des einen oder des anderen Ansatzes solche Gleichsetzungen vornehmen, dass aus der einen Trias zwei unterschiedliche Paare geworden sind. Die dogmatisch orientierte Sicht setzt Lehrer und Lehre an die gleiche Stelle, während in der religionspädagogischen oder religionsdidaktischen Sicht der Lehrer sich mit den Schülern identifiziert. Solche Auflösung der Dreiheit hängt mit einem Kommunikationsmodell zusammen, das der Vertiefung bedarf. Denn die drei Bestimmungsfaktoren formalisieren Grundstrukturen eines Geschehens. Diese Strukturen sind aber dem Geschehen nicht als in sich stehendes Gerippe vorgegeben, sondern werden von dem und in dem Geschehen selbst hervorgebracht, indem es vorgeht. Der Umstand, dass 'Lehre' in diesem Zusammenhang vor allem intellektuell als Wissensvermittlung verstanden wird, mag die Formalisierung begünstigen. Von den lebendigen Strukturen ist die „Trias-Regelung"[12] übriggeblieben.

Das, was die Lehre auf positivste Weise für sich beanspruchen darf und muss, gründet in dem, was sie gewiss nicht ist und auch nie sein kann. Als solche ist die Lehre die in Wort festgehaltene und zugleich deutende Erinnerung an ein vergangenes Geschehen. Abgesehen von der Frage, ob Beschreibung und Deutung zutreffen, entnimmt sie ihren Anspruch dem Geschehen, das sie wiedergibt. Sie lebt von der Transparenz auf das hin, was sie selbst nicht ist. Sie ist mit dem Geschehen identisch, von dem sie sich zugleich unterscheidet. Einzig unter dieser Bedingung vermag die Lehre ihre sinngemäße Aufgabe zu erfüllen: Menschen auf jene Tat Gottes zu beziehen, die sie bezeugt. Den Menschen wird ein solcher Zugang zum Geschehen vermittelt, dass sie dort als handelnde Person eintreten, nicht nur als Zuschauer von ihm Kenntnis nehmen. Indem die Lehre tatsächlich vermittelt, vergegenwärtigt und aktualisiert sich die einst geschehene Tat Gottes. In einer jeweils anderen Konstellation von Personen ereignet sie sich neu. Jetzt ist das einstige Geschehen zugleich ein nie dagewesenes. Wie notwendig die Lehre als solche auch ist, wie sehr es auch auf ihre Entsprechung ankommt, ihre Authentizität, d.h. ihr Selbstsein liegt jenseits ihres eigenen Vermögens. Im von ihr durchgetragenen Prozess der Vermittlung tritt sie schließlich zurück, um der Sache, der einstigen und je neuen Heilstat Gottes Platz zu machen. Diese Vorläufigkeit der Lehre gründet in dem, was sie verkündet.

Wenn solchermaßen das sich neu vergegenwärtigende Geschehen in den Vordergrund tritt, könnten gewisse Aspekte des Religionsunterrichts in dessen Licht um so klarer erscheinen.

Zum einen bildet nicht das Verhältnis zwischen Lehrer und Schüler die Grundlage. Vielmehr begründet die sich jeweils neu ereignende Heilstat ihre Kommunikation. Gemeinsam, aber auf je eigene Weise, verdanken sie sich dem Geschehen, das ohne sie zugleich nicht zustande käme. Eine paarweise Reduzierung dieses Beziehungsgeflechts – wie mit der sogenannten Trias – lässt die Kommunikation im besagten Sinne erst gar nicht entstehen. Zum anderen hat

---

[11] *Die bildende Kraft des Religionsunterrichts*, S. 50.
[12] E. FEIFEL: Zukunftsweisendes Weggeleit? S. 32.

dieser Sachverhalt zur Folge, dass der Religionsunterricht als Vermittlungsgeschehen sich theologisch, oder genauer: heilsontologisch grundsätzlich aus der
Tat Gottes ergibt, die in sich das Ereignis der Vermittlung von Gott und Mensch
ist. Konkret besagt dies, dass nicht nur die 'Lehre', sondern ebenso die pädagogische Methode sich nie selbstgenügsam zu behaupten vermag. Die Tat Gottes
lässt sich nicht induktiv, auf der Basis der Pädagogik, darstellen. Als Vermittlungsgeschehen hat auch die Religionspädagogik am Ereignis der Heilsvermittlung Maß zu nehmen. Der direkte Bezug auf den Inhalt des Unterrichts soll die
Grundlage ihrer Selbstreflexion sein und nicht das zunächst draussenstehende
Anwendungsziel. Klaus Hemmerle drückt sich diesbezüglich noch zugespitzter
aus. Im Anschluß an den Satz des Aristoteles „Die Wissenschaft ist gewissermaßen das zu Wissende", formuliert er: „Die Sache ist die Methode; das meint: Die
einzig gültige Methode ist die Sache selbst. Methode heisst ja Weg, Zugang. Aristoteles sagt nun, wir können nicht von irgendwoher einen Zugang zu einer Sache suchen, sondern die Sache selbst muss ihren Zugang gewähren, muss sich
uns vermitteln"[13].

   Die Vermittlung, die die Tat Gottes ein für alle Mal bewirkt, zeigt eine Dialektik auf, die wir im Kontext unserer Reflexionen nicht übersehen dürfen. Die ganze heilige Schrift ist vom tiefen Bewußtsein durchdrungen, dass Gott zwar einerseits, Mensch werdend, sich des Menschen ganz und gar annimmt, aber dass andererseits gerade dadurch die Unkorreliertheit von Gott und Mensch offenkundig
wird. Auf diesen dialektischen Sachverhalt weisen biblische Grundvokabeln hin
wie 'Liebe', 'Gnade' und, wie Paulus unablässig betont, auch 'Auferstehung'.
„Wir verkündigen, wie es in der Schrift heisst, was kein Auge gesehen und kein
Ohr gehört hat, was keinem Menschen in den Sinn gekommen ist: Das Große,
das Gott denen bereitet hat, die ihn lieben" (1 Kor 2,9). Der Erlösungstod Jesu,
zusammen mit seinem Hinabstieg in die Hölle, besagt, dass die Vermittlung sich
dort ereignet, wo Gott selbst sich die Unkorreliertheit zu eigen macht, wo das
Liebesband zwischen Vater und Sohn den Widerspruch, der radikaler und wort-
wörtlicher nicht gedacht werden kann, in sich einbirgt. Was die Unkorreliertheit
zutiefst beinhaltet, tritt einzig im Ereignis der Vermittlung ans Licht. Und umgekehrt gilt, dass die Vermittlung ohne die bejahte Realität der Unkorreliertheit
nicht gedeutet werden kann. Die eine Tat Gottes bewerkstelligt eine solche – sagen wir – Über-Einheit von Gott und Mensch, dass sie sowohl die restlose Vermittlung als auch die unüberbrückbare Unkorreliertheit von beiden in sich umfaßt. Jetzt erst sind Vermittlung und Unkorreliertheit zueinander in Beziehung
gesetzt. Sie heben sich weder auf, noch schließen sie sich aus. Die Tat Gottes ist
vermittelte Unkorreliertheit. Weil Gott selbst die reale Unkorreliertheit ausgehalten, sie von innen her umgewandelt hat, darum sollen wir Gläubige mit ihr leben. Wir dürfen uns ihr nicht entziehen.

   Das Heilsereignis, d.h. die Sache selbst, soll somit als 'tertium admissum', als
zugelassenes Drittes gelten. Nur aus der Mitte der Glaubenswirklichkeit wird
sichtbar, dass der Streit der Faktizitäten gekämpft werden muss, deren Unkorre-

---

[13]   K. HEMMERLE: Propädeutische Überlegungen zur Glaubensvermittlung,. In: DERS.:
       *Spielräume Gottes und der Menschen. Beiträge zu Ansatz und Feldern kirchlichen
       Handelns*. Freiburg 1996 (Ausgewählte Schriften. 4), S. 351-362, hier S. 351.

liertheit je schon vermittelt ist. Der dogmatisch orientierte Ansatz bei der faktisch gelungenen Heilsvermittlung allein, der religionspädagogisch orientierte Ansatz bei der faktisch vorhandenen Unkorreliertheit allein repräsentieren jeder für sich lediglich einen Aspekt der einzigen Glaubenstatsache. Wir wären nicht imstande, die zwei Seiten zusammenzudenken, wenn sich dies nicht tatsächlich ereignet hätte. Genau dies macht aber die Frohbotschaft aus, die wir verkünden.

3. Konkrete Vermittlung

Den vorhergehenden Überlegungen fehlt eine gewisse Glaubwürdigkeit, so lange nicht klar wird, wie das alles umfassende Geschehen von Vermittlungen sich konkret ereignet. Eine Bemerkung bezüglich des oft vernachlässigten Unterschiedes zwischen den Begriffen 'generalis – allgemein' und 'universalis – universell' will ich vorausschicken. Der Begriff 'allgemein' hat seinen Ort in der klassischen Logik. Er besagt eine Allgemeinheit, die lediglich im Gedanken entsteht, indem von konkreten Eigenschaften abgesehen, d.h. abstrahiert wird. Dieses Allgemeine ist somit etwas Unwirkliches, insofern es als solches nicht existiert. Es hat lediglich eine instrumentale Bedeutung, weil das Denken sich seiner bedient, um allmählich die konkrete Wirklichkeit einzukreisen, sie schließlich zu begreifen. Auch mit dem Begriff 'universell' wird nicht konkrete Existenz angedeutet. Dennoch ist er nicht abstrakt, sondern er benennt die Qualität, die einem konkret Existierenden zukommen kann: entweder eine Qualität, die alle auf je eigene Weise kennzeichnet, oder die Qualität eines einzigen, die in ihrer Gültigkeit für das Gesamte bedeutungsvoll ist. Zwischen dem Universellen und dem Konkreten waltet deswegen kein logischer Widerspruch, wie dies hinsichtlich des Allgemeinen der Fall ist. – Alle theologischen Überlegungen zum Religionsunterricht sind bewusst oder unbewusst von einem Offenbarungsbegriff geprägt. Gerade in diesem Zusammenhang wirken sich monophysitische Tendenzen – nicht im häretischen Sinne – aus, die vielfach unbemerkt bleiben. Wie Jesus Christus einseitig als Sohn Gottes betrachtet und verehrt wird, ohne seine Menschwerdung in all ihren Konsequenzen einzubeziehen, so wird auch die Offenbarung einseitig als göttliche Mitteilung verstanden, ohne deren inkarnierenden Vorgang zu beachten. Dies betrifft schon den Umgang mit der Heiligen Schrift. Natürlich ist sie voll und ganz Wort Gottes, aber dieses Wort ist uns nie in göttlicher Reinform gegeben. Gottes Wort erklingt, indem es eine konkrete Gestalt – im Sinne des rahnerschen Realsymbols – annimmt, die es zugleich unüberbrückbar unterbietet. Gotteswort im Menschenwort. Wie angsterregend konkret Gottes Wort auf diese Weise ist, hineingestaltet in die Kontingenz schlechthin von topografischem Raum und von historisch bedingter Zeit, von der individuellen Verfaßtheit einzelner Personen – dies alles hat die Exegese in diesem Jahrhundert ans Licht gebracht. So sehen wir uns abermals mit einem scheinbaren Widerspruch konfrontiert: Das universell gültige Wort Gottes teilt sich einzig und allein auf kondeszendente und letztendlich kenotische Weise in allerkonkretester Gestalt mit. Und die Bibel zeigt wiederholt, dass, wer diese Gestalt als Gott unwürdig ablehnt, Gottes Selbstmitteilung nicht wahrzunehmen vermag.

Die Eigenart des inkarnierenden Menschenwortes lässt sich noch weiter bestimmen. Der sich im Untergrund bewegenden monophysitischen Tendenz ist ebenfalls zuzuschreiben, dass Offenbarung einerseits und Glaube andererseits so voneinander abgehoben werden, als wären sie zwei zwar aufeinander bezogene, aber dennoch sich getrennt konstituierende Vorgänge. Aufs Ganze gesehen, so wie die Heilige Schrift uns vorliegt, müssen wir dieser Vorstellung entgegenhalten, dass Gottes Offenbarung sich in der ihr erwidernden Glaubensantwort inkarniert. Offenbarung ereignet sich dort, wo Glaube sich ereignet. Beide sind unterschiedliche Bezeichnungen für ein einziges Geschehen. Als Wort Gottes ist die Bibel das Buch der Offenbarung und zugleich, im gleichen Ausmaß, ist sie ganz und gar Menschenwort, Buch des Glaubens. Wo immer der Glaube bezeugt wird, dort ereignet sich je neu, in der jeweiligen Konstellation von Personen, auch Offenbarung. Im Glaubenszeugnis ist die Offenbarung Gottes wirksam gegenwärtig oder gegenwärtig wirksam.

Subjekt des Glaubens ist letztendlich die einzelne Person. Weil der Einzelne zum Glauben nur gelangt, indem er ihn in der Bezeugung anderer Personen empfängt, darum ist die Gemeinschaft der Glaubenden ebenso Subjekt des Glaubens. „Was wir gesehen und gehört haben, das verkünden wir auch euch, damit auch ihr Gemeinschaft mit uns habt. Wir aber haben Gemeinschaft mit dem Vater und mit seinem Sohn Jesus Christus" (1Joh 1,3). Ohne die Erzähl- und Zeugnisgemeinschaft, d.h. das Bundesvolk im Alten Testament, die Kirche als Volk Gottes im Neuen Testament, könnte dem Einzelnen und später Geborenen nie in seinem persönlichen Glauben die göttliche Offenbarung zuteil werden. Das eine Ereignis, das sowohl Offenbarung als auch Glaube ist, erweist sich als gemeinsam und persönlich einmalig, als ekklesial und selbstverantwortlich, weil es universell ist. Gottes Heilsliebe gilt allen Menschen von allen Zeiten. Weil das von Gott initiierte vielschichtige Vermittlungsgeschehen sich in der Zeit einzig als Glaubensgemeinschaft ereignet, deshalb kann die Kirche kein Kollektiv sein, das alles Personale auszumerzen versucht. Dahingegen gilt aber auch, dass das Glaubensgeschehen von Aushöhlung bedroht ist, wenn die ekklesiale Dimension des persönlichen Glaubens verschwindet, Kirche zu einer hehren Gesellschaft von Gesinnungsgenossen zusammenschrumpft. Der Wir-Glaube existiert lediglich in der Gestalt des Ich-Glaubens, obwohl der Ich-Glaube dennoch eine Teilnahme am Glauben der Gemeinschaft ist. In der reellen Differenz zwischen beiden zugleich ineinsfallenden Erscheinungsweisen des einen Glaubens ist anzusiedeln, dass die Glaubensgemeinschaft als solche, d.h. die Kirche, universales Sakrament des Heiles ist. Im tätigen Glauben des Gottesvolkes offenbart Gott sich für die ganze Welt.

Von diesem Punkt aus ist die Linie des Gedankenganges fortzuführen, um das historisch gewachsene Phänomen der sogenannten Konfessionalität theologisch einzuholen. Die Spaltung der ursprünglich einen Glaubensgemeinschaft in verschiedene Traditionen mit einer je eigenen Identität hat als soziales und historisches Faktum eine solche Größe, dass sie nicht zu übersehen ist. Wer dies leugnen will, verneint geschichtliche Realität. Diese Faktizität wird weder durch die Erkenntnis geschmälert, dass sie ein Missgeschick und eine Missbildung ist, noch durch die Glaubensverpflichtung, sie zu überwinden. Welche Bedeutung hat die Konfessionalität nun für den Gottesglauben der Glaubensgemeinschaft als solcher und für den einzelnen Glaubenden in ihr? Oder noch entschiedener formuliert: Gebührt ihr ein solcher theologischer Rang, dass ihr für die Praxis und die Verkündigung des Glaubens in der jeweiligen konfessionell getrennten Gemeinschaft ein bindender Charakter zukommt? Eine Verbindlichkeit, die auch dann standhält, wenn wir von der Frage nach dem wahren Glauben (protestantisch) oder nach der wahren Kirche (katholisch) absehen?

4. Zur Konfessionalität

Eigentlich ist es eine sehr alte Frage, die uns hier und jetzt umtreibt. In der Bibel, sowohl im Alten als auch im Neuen Testament, treffen wir sie an; sie begleitet ebenso die ganze neutestamentliche Glaubensgeschichte bis auf den heutigen Tag. Überall dort taucht sie auf, wo gläubige Menschen ihre eigene Geschichte auf Gott hin als Heilsgeschichte zu verstehen versuchen. Denn nicht nur die menschliche Glaubensantwort hat selbstverständlich eine konkrete historische Gestalt und zeichnet sich in einem geschichtlich bedingten, völlig kontingenten Lauf ab. Auch die göttliche Offenbarung, die sich in den Glauben hinein ereignet, ist historisch konkret, geschichtlich kontingent. Auf diese Weise ist Gott benennbar geworden. Er ist der Gott Abrahams, der Gott des Mose, der Gott Davids, der Gott des Volkes Israel, der Gott Jesu Christi, der Gott all derer, die auf den Namen Jesu getauft sind. Gott teilt sich uns Menschen mit im Allerkonkretesten und kontingent Einmaligen; nur dort findet das zwei-eine Ereignis von Offenbarung und Glaube statt. Nie werden wir den Skandal, d.h. den Stolperstein meiden können, dass bestimmte, keineswegs dem Menschlich-Allzumenschlichen enthobene Personen (Petrus, Paulus, die Evangelisten) oder eben bestimmte Glaubensgemeinschaften mit eigenen Sorgen, mit ihren religiösen und sozialen Vorurteilen (die Urgemeinden), die Deutung des Christusgeschehens für uns verbindlich festgelegt haben. Jeder Versuch von der konkreten Gestalt zu abstrahieren, sie zu ignorieren, ist eine Flucht ins Allgemeine ('generalis') und damit in ein letztendlich beliebiges 'Gedankenbild' (niederländisch: denkbeeld). Diese für uns nicht rekonstruierbare Einheit von Gottes Universalität und menschlicher Konkretheit kennen wir ebenfalls als Dogmengeschichte. Die Verneinung der geschichtlichen Kontingenz, die Absorbierung alles Konkreten ins gedachte Allgemeine hinein ist genau so verwegen wie, das Universelle in die Historie aufzulösen, die schließlich doch vorübergeht.

Die Christusoffenbarung ist so grundsätzlich geschichtlich, dass Geschichtlichkeit gleichsam von Gottes wegen zu einer transzendentalen Eigenschaft der gesamten Heilsökonomie geworden ist. Die Geschichte kirchlichen Glaubens ist wesentlich auch Geschichte der Offenbarung Gottes, obwohl nicht im werdenden, sondern im sich je neu ereignenden Sinne. Die tatsächliche Kirchengeschichte ist theologisch als Geschichte Gottes mit den Menschen zu deuten. Ähnlich wie im Alten Testament Gott in Umständen Heil bewirkt, die vom widergöttlichen Verhalten der Menschen geschaffen werden, ähnlich wie Gott im Tod seines menschgewordenen Sohnes sich als Heiland erweist, so sind ebenfalls alle

Widerfahrnisse der Kirchengeschichte, bis hin zu den Glaubensspaltungen, zwar von menschlichem Verschulden geschaffene, aber dennoch unwiederbringliche Markierungen des Heilsweges. Konfessionalität – nicht unbedingt im juridisch-institutionellen und staatsrechtlichen Sinne – als Faktum der lebendigen Glaubensgeschichte ist aus dieser Perspektive betrachtet theologisch völlig ernst zu nehmen. Konfessionelle Verschiedenheiten könnten so als uns faktisch vorgegebene geschichtliche Gestalten des Einen und Ganzen verstanden werden, die einerseits miteinander nicht austauschbar sind, in denen jedoch andererseits das Eine und Ganze jeweils als solches anwest und sich mitteilt. Und dieser Sachverhalt gilt auch dann, wenn die einzelnen konfessionell getrennten Glaubensgemeinschaften dem Maßstab der Ekklesialität nicht entsprechen.

Die Verbundenheit mit der eigenen Glaubensgemeinschaft, die sich konfessionell von anderen unterscheidet, hat deswegen nichts mit einer Art Nibelungentreue zu tun. Eher ist sie von der Glaubenseinsicht getragen, dass Gott dem Menschen nur im Allerkonkretesten, im historisch Einmaligen seiner eigenen Geschichte begegnet. Einzig in der vergangenen, aber deshalb uns bestimmenden Geschichte der Glaubensgemeinschaft kommen Menschen zu dem Glauben, in dem Gott sich ihnen je neu offenbart. Einzig aus der geschichtlich bedingten Gemeinschaft heraus lässt die Frohbotschaft sich denen verkünden, die noch fern sind. Deshalb betrachte ich die Konfessionalität sowohl der Lehre – nicht einseitig intellektuell verstanden – als auch des Lehrers als ein heilsgeschichtliches 'Müssen'. Ein Unterricht, der auf die Idee eines allgemeinen Christentums ausweicht, abstrahiert nicht nur von den konkreten, sich geschichtlich wandelnden Zügen von Offenbarung und Glaube, und somit von der Faktizität, sondern entfernt sich von deren Kernaussage: Der personale Gott will zu jeder einzelnen historischen Person, eben weil er sie liebt. Ausserdem geht ein solcher Unterricht an einer Tatsache vorbei, deren Entdeckung und Systematisierung die Glaubensreflexion in den letzten Dezennien nachhaltig geprägt und auch geändert hat: die hermeneutische Bedingtheit der Wahrnehmung von Wirklichkeit. Das Argument, die Idee eines allgemeinen Christentums vermitteln zu müssen, um so der hermeneutisch bedingten Situation der Schüler zu entsprechen, scheint mir ein Trugschluß zu sein.

Gerade hinsichtlich der Konfessionalität der Schüler mehren sich aber Trugschlüsse und kurzatmige Argumentationen. Zum einen darf man wohl nicht so argumentieren, als ob die Geschichtlichkeit von Offenbarung und Glaube nur bis vorgestern gälte, als wäre einzig der bis dahin herangewachsene status quo bestimmend für den jetzigen Unterricht. Zum anderen ist es genauso kurzschlüssig, auf die jetzige historische Stunde mit all ihren tatsächlichen und insofern berechtigten Anforderungen zu pochen, aber zugleich die Geschichtlichkeit zu ignorieren, die sich de facto zum konfessionellen Charakter der Glaubensgemeinschaft und des Glaubensverständnisses verdichtet hat. Auf solche Weise steigen beide Positionen jeweils aus der Geschichtlichkeit, aus der Zeit als Medium der Gottesbegegnung heraus. Jenseits der Geschichte herrschen lediglich einander widersprechende Spielarten des Rationalismus, entweder der dogmatische oder der religionspädagogische Rationalismus. Wenn die Argumentation nicht in solche Schieflagen gerät, werden wir in den 'Streit der Faktizitäten' hineingestellt. Denn ich möchte die nur scheinbar widersprüchliche These aufstellen, dass die umfassende Akzeptanz der konfessionellen Geschichtlichkeit geradezu die Grundlage dafür abgibt, die faktische Lage der Schüler als mitgestaltenden Faktor im Unterricht uneingeschränkt zu berücksichtigen.

Es gibt manche Abstufungen in der eingewilligten, gelebten konfessionellen Zugehörigkeit der Schüler, vom privaten Gymnasium in kirchlicher Trägerschaft bis zu den Berufs- und Hauptschulen in den Ballungsgebieten. Wenn in diesem Zusammenhang staatsrechtliche und kirchenpolitische Gründe ausser Acht bleiben, wäre zu fragen, ob ein generelles Beharren auf der Konfessionalität der Schüler nicht eingehender theologischer Reflexionen bedarf. Auch der Unterschied zwischen Katechese einerseits und Religionsunterricht andererseits gehört zum Umkreis solcher Überlegungen. Zwar spricht die bischöfliche Erklärung von 'einem zweiten aufmerksameren Blick', der „häufig genug wenigstens verkümmerte oder missverstandene Zeichen der Zugehörigkeit zur Kirche" entdeckt[14], aber Tatsache ist, dass Lehrer stets eindringlicher konfrontiert werden mit der Indifferenz, ja Unkorreliertheit vieler heutiger Menschen in Bezug auf den Glauben überhaupt sowie auf die konfessionell geprägte Glaubenspraxis und Verkündigung im besonderen. Als Glaubensvermittler treten die Lehrer – im Unterschied zu manchen Priestern - nicht vor ein bereits selektiertes Publikum. Wenn überhaupt, so findet vor allem an den Schulen unserer Tage die Konfrontation von Gott und Welt statt. Dieser Konfrontation auszuweichen, den Unterricht gestalten zu wollen, als gäbe es sie nicht, widerspricht der theologisch gebotenen Einsicht, dass nicht bloß die Vergangenheit, sondern gerade die jetzige Stunde zur neutestamentlichen Heilsgeschichte gehört.

Statt den Religionsunterricht vom Standpunkt einer eingeengten dogmatischen Glaubenslehre her zu dirigieren, statt sich auf einen rein pädagogischen Ansatz zurückzuziehen, ist es, so meine ich, gerade von unserem Glauben her höchst angebracht, die Auseinandersetzung mit der faktisch vorfindlichen Welt einzugehen. Diese Auseinandersetzung in der Schule darf kein Randphänomen im kirchlichen Leben sein. Eher ist sie der Ort, an dem die Kirche nicht nur auf Fragen zu antworten hat, sondern vor allem durch die Infragestellungen und ihre eigenen Selbstbefragungen hindurch zu ihrer jeweiligen heilsgeschichtlichen Identität vorzudringen hat. So könnten wir gemeinsam neu entdecken – eigentlich wissen wir es schon und dennoch wissen wir es nicht –, dass die Kirche, gerade auch in ihrer konfessionell geprägten konkreten Gestalt, Sakrament des Heiles für die ganze, gerade die jetzige Welt ist. Denn dies besagt, dass sie nicht für sich selbst da ist, dass sie grundsätzlich jedes selbstbezogenen Zweckes entbehrt. Die Glaubensgemeinschaft – und dies sind wir alle – gibt es einzig und allein deswegen, weil Gott die Welt liebt (vgl. Joh 3,16). Somit kommt der Welt, die die Schüler ganz konkret repräsentieren, eine eminent theo-logische Qualifikation zu, die sich gewiss nicht einem hochherzigen kirchlichen Wohlwollen verdankt. Die Kirche erfüllt ihren von Gott gestifteten Sinn nicht, wenn sie nicht ständig jenseits ihrer eigenen institutionellen Grenzen diese von Gott geliebte Welt sucht. Gerade dort geschieht Kirche – auch im Sinne von Geschichte.

---

[14] *Die bildende Kraft des Religionsunterrichts*, S. 53.

In einem Referat bei der Herbstvollversammlung der Deutschen Bischofskonferenz, September 1997, weist Bischof K. Lehmann auf Äußerungen von P. L. Berger hin. Letzterer unterscheidet vier Möglichkeiten, mit der heutigen Welt umzugehen. Neben der „kognitiven Kapitulation" gibt es noch die defensive oder die offensive „kognitive Verschanzung". Von denen hebt sich der Weg des „kognitiven Verhandelns" ab. „Die kognitiven Verhandlungen treten in einen inneren Disput ein mit den Zweifeln, die aufgrund der modernen Situation entstehen. Die Gefährdungen, die mit diesem Weg gegeben sind, liegen darin, dass man die eigene Identität aufs Spiel setzt und Gefahr läuft, von den Zweifeln verschlungen zu werden"[15]. Trotz aller Gefährdungen lässt Gott selbst uns keine andere Wahl, als diesen Weg einzuschlagen. Alle Abwehrmechanismen – die kapitulierende Anpassung oder die selbstgerechte Ghettoisierung ('splendid isolation') – kommen darin überein, dass sie der Heilsmacht des sich im geschichtlichen Menschenwort mitteilenden Wortes Gottes nicht trauen. „Doch haben wir den gleichen Geist des Glaubens, von dem es in der Schrift heisst: Ich habe geglaubt, darum habe ich geredet. Auch wir glauben, und darum reden wir" (2 Kor 4,13). Gerade das Bekenntnis zur eigenen, geschichtlich bedingten konfessionellen Glaubensidentität ermöglicht die offene Auseinandersetzung mit der von Gott geliebten Welt. Sie ist Gott ja weniger fremd, als Gott ihr fremd ist.

---

[15]   In: *Herder-Korrespondenz* 51 (1997), S. 566-574, hier S. 571.

„Mainzer Gespräche"

Kontaktgespräche zwischen Bischöfen und Theologieprofessoren

VON HERIBERT SCHMITZ

In schwieriger Situation sind aufgrund einer weitsichtigen persönlichen Initiative des Vorsitzenden der Deutschen Bischofskonferenz, Bischof Prof. Dr. Dr. Karl Lehmann, Bischof von Mainz, Gespräche zwischen Bischöfen und Theologieprofessoren geführt worden, die mittlerweile zum 23. Mal stattgefunden haben. Über die Anfänge dieser Begegnungen und über Entwicklung, Themen und Ergebnisse der Gespräche in der Zeit von 1989 bis 1996 soll berichtet werden.

I

Die „Kölner Erklärung" vom 6. Januar 1989 hatte grössere Irritationen verursacht[1]. Die Unterzeichner, mehr als 160 Professoren, vornehmlich Theologieprofessorinnen und -professoren, aber auch andere, hatten auf ihrer Meinung nach nicht länger tragbare Entwicklungen in der Kirche hingewiesen. Dadurch war das Verhältnis von kirchlichem akademischem Lehramt und kirchlichem authentischem Lehramt in einer Weise betroffen, die den Umgang miteinander noch mehr zu erschweren schien, als bisher angenommen. Immer wieder hatte es Versuche gegeben, in ein weiterführendes Gespräch zu kommen und Wege zu einer Lösung aufzuzeigen. Für Bischof Lehmann war nunmehr der Zeitpunkt gekommen, einen neuen Weg zu gehen. In der im Auftrag des Ständigen Rates der Deutschen Bischofskonferenz abgegebenen Erklärung des Vorsitzenden der Deutschen Bischofskonferenz, Bischof Karl Lehmann, vom 26. Januar 1989, hiess es im Schlussabsatz: „Die deutschen Bischöfe bitten alle Lehrer der Theologie, die eingetretenen Beunruhigungen und alle Streitfragen in einem sorgfältigen, nach allen Seiten fairen und differenzierenden Dialog klären zu helfen"[2].

---

[1] Vgl. *„Wider die Entmündigung - für eine offene Katholizität" - Kölner Erklärung katholischer Theologieprofessorinnen und Theologieprofessoren vom Dreikönigsfest. 6. 1. 1989.* Der Text, der mit der Aufforderung zur Unterzeichnung versandt und unterzeichnet wurde, hat bis zum Bekanntwerden am 25. 1. 1989 noch Veränderungen erfahren; vgl. die Publikation in: *Süddeutsche Zeitung* Nr. 22 (27. 1. 1989), S. 10; *Publik-Forum Aktuell* Nr. 2 (27. 1. 1989), S. 1-8 (Wortlaut: S. 3-6); *Rheinischer Merkur/Christ und Welt* Nr. 5 (3. 2. 1989), S. 20; *Münchener Katholische Kirchenzeitung* Nr. 6 (5. 2. 1989), S. 14-15; *Schweizer Kirchenzeitung* Nr. 6 (9. 2. 1989), S. 94-96; *Herder-Korrespondenz* 43 (1989), S. 124.

[2] Vgl. *Pressedient der Deutschen Bischofskonferenz, Dokumentation* (26. 1. 1989) (PRDD89P-03), S. 1-2; *Rheinischer Merkur / Christ und Welt* Nr. 5 (3. 2. 1989), S. 21; *Schweizer Kirchenzeitung* Nr. 6 (9. 2. 1989), S. 96.

Die Frühjahrs-Vollversammlung der Deutschen Bischofskonferenz vom 13. bis 16. Februar 1989 in Mainz bestätigte die Erklärung ihres Vorsitzenden und unterstützte dessen Absicht, in nächster Zeit Gespräche mit Vertretern der theologischen Disziplinen, insbesondere auch der Moraltheologie, zu führen, um die anstehenden Probleme zu erörtern[3].

Die Aufforderung zu einem Dialog in der Erklärung von Bischof Lehmann vom 26. Januar 1989 war von Norbert Greinacher und Dietmar Mieth als Angebot zu einem Gespräch interpretiert worden, das zwischen einer Abordnung der Unterzeichner der „Kölner Erklärung" und deutschen Bischöfen stattfinden solle[4]. Zu einem solchen Gespräch ist es nicht gekommen. Entsprechend der Ankündigung vom 16. Februar 1989 hat aber bereits am 13. März 1989 auf Schloss Hirschberg (Beilngries/Opf., Diözese Eichstätt) ein erstes Gespräch mit der Arbeitsgemeinschaft der Moraltheologen stattgefunden. Dabei soll auch die Frage eines institutionalisierten Gesprächs zwischen Bischöfen und Theologen angesprochen worden sein[5].

---

[3]   Vgl. *Pressebericht der Frühjahrs-Vollversammlung der Deutschen Bischofskonferenz 13. bis 16. Februar 1989 in Mainz* (16. 2. 1989) (PRDD89G-01) Nr. III Glaubensfragen - Zur gegenwärtigen Situation (S. 7f.): „Die Vollversammlung unterstützt die Absicht des Vorsitzenden der Deutschen Bischofskonferenz, im Laufe der nächsten Monate mit Vertretern der theologischen Disziplinen, besonders auch der Moraltheologie, zusammenzutreffen, um die anstehenden Probleme zu erörtern. ... Die Deutsche Bischofskonferenz bittet alle Theologen, das Gespräch mit der notwendigen Sachlichkeit und Selbstdiziplin zu führen, besonders wenn es sich um schwierige und differenzierte Fragen handelt, die einer grösseren Öffentlichkeit nicht leicht zugänglich sind." (S. 8). – Vgl. *Süddeutsche Zeitung* Nr. 40 (17. 2. 1989), S. 6; *Osservatore Romano* (dt.) Nr. 9 (3. 3. 1989), S. 6. – Kardinal F. HENGSBACH, Bischof von Essen, hat sich ausdrücklich dafür ausgesprochen, mit den Arbeitsgemeinschaften der einzelnen theologischen Disziplinen „über die in der 'Kölner Erklärung' enthaltenen Kritikpunkte zu sprechen. Der Kardinal räumte in Essen ein, dass es 'echte Fragen' gebe, über die gesprochen werden müsse", in: *Rheinischer Merkur/Christ und Welt* Nr. 16 (21. 4. 1989), S. 24. Vgl. auch Erzbischof Johannes Joachim DEGENHARDT: *Zur „Kölner Erklärung" der Theologen.* Paderborn 1989 (Worte zur Zeit. 21), 74 S.; *Klerusblatt* 69 (1989), S. 109: Erzbischof Degenhardt bedauert „Kölner Erklärung". Brief an die Unterzeichner aus der Erzdiözese Paderborn veröffentlicht.

[4]   Vgl. *KNA-Informationsdienst* Nr. 5 (2. 2. 1989), S. 4 (287); ebd. S. 7 (255).

[5]   Vgl. *Herder-Korrespondenz* 43 (1989), S. 192 (Notizen): „Das erste nach der 'Kölner Erklärung' in Aussicht gestellte Gespräch des Vorsitzenden der Deutschen Bischofskonferenz mit den theologischen Arbeitsgemeinschaften hat am 13. März 1989 auf Schloss Hirschberg (Beilngries bei Eichstätt) stattgefunden. Bischof Lehmann traf sich mit ca. 20 Moraltheologen. Laut KNA seien bei dem Gespräch Überlegungen über ein „institutionalisiertes Gespräch zwischen Bischöfen und Theologen angestellt worden. ... Weitere Gespräche mit anderen Arbeitsgemeinschaften sind vorgesehen"; *Klerusblatt* 69 (1989), S. 109: Im Gespräch mit den Moraltheologen (auf Schloss Hirschberg bei Beilngries, Diözese Eichstätt): „Im Mittelpunkt der Zusammenkunft standen Überlegungen um ein institutionalisiertes Gespräch zwischen Bischöfen und Theologen. Mit dem Treffen folgte Lehmann seiner Ankündigung, wonach der Vorsitzende der Deutschen Bischofskonferenz mit den Vertretern der einzelnen theologischen Disziplinen Gespräche aufnehmen wolle. Nach seinen Angaben sind weitere Treffen dieser Art geplant".

Schon wenige Wochen später fand die nächste Begegnung zwischen Bischöfen und Theologen statt. Anstatt jede theologische Arbeitsgemeinschaft gesondert anzugehen, hatte sich Bischof Lehmann entschlossen, die aufgestauten Fragen mit Vertretern aller theologischen Arbeitsgemeinschaften in einem gemeinsamen Gespräch anzugehen. Daher hat er die Sprecher der einzelnen theologischen Arbeitsgemeinschaften zu einer Begegnung am 27. Mai 1989 nach Mainz eingeladen. In einem „offenen Gedankenaustausch" sollten „die wichtigsten Aspekte der gegenwärtigen Auseinandersetzungen" erörtert, zu ihrer Klärung beigetragen und „eine positive Perspektive für die weitere Entwicklung" aufgezeigt werden[6]. Ziel der Begegnung sollte also neben einer Verstärkung des Kontakts die Behebung bestehender Spannungen und die Vermeidung neuer Missverständnisse und Konflikte sein.

Alle Sprecher der zwölf theologischen Arbeitsgemeinschaften, darunter der Vorsitzende des Katholisch-Theologischen Fakultätentags, waren der Einladung zu dem Gespräch am 27. Mai 1989 in Mainz gefolgt. Von kirchlicher Seite haben ausser dem Vorsitzenden der Deutschen Bischofskonferenz, Bischof Karl Lehmann, auf dessen Einladung teilgenommen: der Vorsitzende der Glaubenskommission der Deutschen Bischofskonferenz, Erzbischof Friedrich Kardinal Wetter (München und Freising), von der Kommission für Fragen der Wissenschaft und Kultur der Deutschen Bischofskonferenz deren Vorsitzender Bischof Manfred Müller (Regensburg) und Bischof Ludwig Averkamp (Osnabrück). Die Österreichische Bischofskonferenz war vertreten durch Bischof Johann Weber (Graz) und die Schweizer Bischofskonferenz durch Bischof Pierre Mamie (Lausanne-Genf-Fribourg). Ausserdem haben teilgenommen: Der Sekretär der Deutschen Bischofskonferenz, Prälat Wilhelm Schätzler (Bonn), der Leiter der Zentralstelle Bildung, Dr. Rainer Ilgner (Bonn), und der Sekretär der Glaubenskommission, Dr. Michael Figura (Bonn) sowie der Leiter der Pressestelle des Bischöflichen Ordinariats Mainz, Jürgen Strickstock.

Im Mittelpunkt der ersten Begegnung standen das Spannungsverhältnis zwischen theologischer Wissenschaft und kirchlichem Lehramt. „Ausgehend von den drei in der sogenannten 'Kölner Erklärung' enthaltenen Fragenkreisen wurden die diesen zugrunde liegenden Probleme und jüngste Vorgänge (vgl. z.B. Professio fidei und iusiurandum fidelitatis [Glaubensbekenntnis und Treueid]) sowie Stellung und Aufgabe der Theologie und der Theologieprofessoren aufgrund diesbezüglicher Äusserungen des Apostolischen Stuhls von beiden Seiten in gegenseitigem Vertrauen mit aller Offenheit besprochen"[7]. Nach längerer Dis-

---

[6] Der Vorsitzende der Deutschen Bichofskonferenz, Einladungsschreiben vom 25. 3. 1989 (V 3015/89) an die Sprecher der einzelnen theologischen Arbeitsgemeinschaften: „Bei der Pressekonferenz nach der Vollversammlung im Februar [scil. 1989] habe ich die Absicht bekundet, mit den Vertretern der Moraltheologie und mit den Sprechern aller Arbeitsgemeinschaften der theologischen Disziplinen zusammenzutreffen. Nachdem ich vor kurzem wenigsten für eine begrenzte Zeit an dem Treffen der Moraltheologen teilnehmen konnte, möchte ich heute die übrigen Sprecher der theologischen Arbeitsgemeinschaften herzlich zu einem Gespräch einladen."

[7] Bericht des Sprechers der Arbeitsgemeinschaft Kirchenrecht über das [erste Mainzer] Gespräch vom 27. 5. 1989, Nr. 2 (im folgenden zitiert als: Bericht AG KR ... MG[Mainzer Gespräch]/Datum).

kussion wurde vereinbart, im Dezember 1989 zu einem weiteren Gespräch zusammenzukommen[8], um „einige brennende Fragen von fundamentaler Bedeutung für das Verhältnis zwischen kirchlichem und akademischen Lehramt" zu behandeln[9]. Man hatte mit gutem Gespür begonnen, die bisherigen „Gesprächsbrücken" zu verstärken, um den angefallenen „Problemstau" zu bewältigen[10].

II

Nach dem gelungenen Beginn der Gesprächs am 27. Mai 1989 fanden die Begegnungen zweimal jährlich statt (im Mai/Juni und im Dezember). Der zunächst nach dem 2. Gespräch am 15. Dezember 1989 geplante jährliche Zeitrhythmus wurde von den Teilnehmern als zu lang angesehen[11]. Man könnte also versucht sein, von einer Institutionalisierung des Kontaktgesprächs zwischen Bischöfen und Theologieprofessoren zu sprechen; doch muss man bedenken, dass die Begegnungen, von Bischof Lehmann initiiert, an dessen Person gebunden sind. Die Frage einer Institutionalisierung war schon bei der ersten Begegnung kontrovers diskutiert; die ablehnende Haltung der Arbeitsgemeinschaft Kirchenrecht[12] wurde aber nur von wenigen Teilnehmern unterstützt[13].

Eine einheitliche Bezeichnung für die Gespräche hat sich nicht durchgesetzt. Der Sprachgebrauch blieb schwankend. Die Begegnungen werden als „Gespräch zwischen Bischöfen der Deutschen, Österreichischen und Schweizer Bischofskonferenz und den Sprechern der Arbeitsgemeinschaften der theologischen Disziplinen"[14], als „Gespräch zwischen Mitgliedern der Deutschen, Österreichischen und Schweizer Bischofskonferenz mit Vertretern der deutschsprachigen Theologie"[15] oder Treffen von/Gespräch zwischen „Bischöfen und Theologieprofesso-

[8]   Vgl. 01.MG/27.05.1989, Prot. III/1 (zitiert: ... MG[Mainzer Gespräch]/Datum).
[9]   Bericht AG KR 01.MG/27.05.1989, Nr. 2.
[10]   *Mainzer Bistumsnachrichten* Nr. 16 (30. 5. 1989), S. 10: Fragen gemeinsam aufarbeiten. Bischöfe und Theologieprofessoren trafen sich in Mainz; vgl. *KNA-Informationsdienst* Nr. 22 (1. 6. 1989), S. 3 (1130): Bischöfe und Theologen: „Gesprächsbrücken" gegen „Problemstau"; *Deutsche Tagespost* Nr. 65 (1. 6. 1989), S. 4: Bischöfe und Theologen berieten in Mainz die Spannungen. Weitere Gespräche sind im Dezember vorgesehen; *Christ in der Gegenwart* 41, Nr. 24 (11. 6. 1989), S. 194: Von Bischof Karl Lehmann eingeladen: Gesprächsrunde mit Theologieprofessoren; *Herder-Korrespondenz* 43 (1989), S. 340; *Klerusblatt* 69 (1989), S. 162: Theologieprofessoren und Bischöfe kamen in Mainz zusammen.
[11]   Vgl. Bericht AG KR 03.MG/14.12.1990, Nr. 5; *Mainzer Bistumsnachrichten* Nr. 35 (18. 12. 1990), S. 19f. (20).
[12]   Vgl. Arbeitsgemeinschaft Kirchenrecht, Tagung am 17. 5. 1989, Prot. 2. Eine Begründung ist im Protokoll nicht festgehalten; allerdings war man der Meinung, dass zusätzlich zu den Gesprächen mit den theologischen Arbeitsgemeinschaften auch Gespräche mit den Dekanen der Katholisch-Theologischen Fakultäten erforderlich seien.
[13]   Vgl. Bericht AG KR 01.MG/27.05.1989, Nr. 3.
[14]   Vgl. 01.MG/27.05.1989, Prot.; 03.MG/14.12.1990, Prot.; 04.MG/03.06.1991, Prot.; 05.MG/20.12.1991; 06.MG/24.06.1992, Prot.
[15]   Vgl. z.B. 07.MG/04.12.1992, Prot; 08.MG/05.05.1993, Prot.; 09.MG/03.12.1993,

ren aus drei Ländern"[16], „von Bischöfen und Theologieprofessoren"[17] oder von „Bischöfen und Theologen (aus drei Ländern)" bezeichnet[18]. In den Einladungsschreiben ab der 2. Begegnung lautet der Betreff meist „Gespräch zwischen Bischöfen und Theologen"[19], während dann im Text formuliert ist: „Gespräche zwischen Mitgliedern der Deutschen, Österreichischen und Schweizer Bischofskonferenz sowie Vertretern der katholischen Theologie"[20] oder „Vertretern der katholischen Theologie im deutschsprachigen Raum"[21]. Im akademischen Bereich wird weithin die Bezeichnung „(Mainzer) Kontaktgespräche zwischen Bischöfen und Theologen" verwendet[22]. In manchen Fällen findet sich einfachhin die Kurzbezeichnung „Mainzer Gespräche"[23].

Beratungsgegenstände und Verlauf der Gespräche sind jeweils in einem Ergebnisprotokoll für die Teilnehmer festgehalten. Im übrigen wurde Vertraulichkeit vereinbart[24]. Die Sprecher der Arbeitsgemeinschaften sollen jedoch die Mitglieder ihrer Arbeitsgemeinschaften unterrichten. Für die Arbeitsgemeinschaft Kirchenrecht hat deren Sprecher einen vertraulichen Bericht über jedes Gespräch angefertigt (meist schon bevor das Ergebnisprotokoll vorlag) und den Mitgliedern zugestellt. Die Pressestelle des Bischöflichen Ordinariats Mainz gibt zur

---

Prot.; 10.MG/09.05.1994, Prot; 11.MG/09.12.1994, Prot.; 12.MG/19.05.1995, Prot.; 13.MG/11.12.1995, Prot.; 14.MG/13.05.1996, Prot.; 16.MG/05.05.1997, Prot.

[16] Vgl. z.B. *Mainzer Bistumsnachrichten* Nr. 35 (21. 12. 1989), S. 6; Nr. 20 (6. 6. 1991), S. 3; Nr. 1 (8. 1. 1992), S. 11; Nr. 21 (30. 6. 1992), S. 4; Nr. 38 (8. 12. 1993), S. 3.

[17] Vgl. z.B. *Mainzer Bistumsnachrichten* Nr. 34/35 (12./18. 12. 1990), S. 19; Nr. 1 (8. 1. 1992), S. 11; Nr. 14 (12. 5. 1993), S. 8; Nr.16 (11. 5. 1994), S. 4; Nr. 42 (14. 12. 1994), S. 3; Nr. 19 (24. 4. 1995), S. 4; Nr. 16 (5. 5. 1999), S. 7.

[18] Vgl. z.B. 02.MG/15.12.1989, Prot.; *Mainzer Bistumsnachrichten* Nr. 38 (9. 12. 1992), S. 6; Nr. 44 (8. 12. 1999), S. 5.

[19] Vgl. z.B. 02.MG/15.12.1989, Einladungsschreiben vom 27. 9. 1989 (B 2866/89) sowie zu den folgenden Gesprächen; vgl. ferner 02.MG/17.12.1989, Prot.; *Mainzer Bistumsnachrichten* Nr. 34/35 (12./18. 12. 1989), S. 19f.; Nr. 38 (9. 12. 1992), S. 6; Nr. 19 (22. 8. 1996), S. 10.

[20] Vgl. z.B. 04.MG/03.06.1991, Einladungsschreiben vom 23. 5. 1991.

[21] Vgl. z.B. 05.MG/20.12.1991, Einladungsschreiben vom 9. 12. 1991; 07.MG/ 04.12.1992, Einladungsschreiben v. 6. 11. 1992 (Jr.Nr. V 8349/92).

[22] Vgl. z.B. Katholisch-Theologischer Fakultätentag 1994, Prot. 2.1.4; Katholisch-Theologischer Fakultätentag 1995, Prot. 2.1.4; vgl. auch Einladungsschreiben des Sprechers der Arbeitsgemeinschaft der theologischen Disziplinen: vom 15. 4 .1993 zum 08.MG/05.05.1993; vom 16. 11. 1993 zum 09.MG/03.12.1993; Katholisch-Theologischer Fakultätentag 1993, Prot. 10.

[23] Vgl. z.B. die Berichte des Sprechers der Arbeitsgemeinschaft Kirchenrecht ab dem 06.MG/24.06.1992; vgl. ferner Katholisch-Theologischer Fakultätentag 1993, Prot. 10; *Mainzer Bistumsnachrichten* Nr.45 (11. 12. 1996), S. 3; Nr. 16 (7. 5. 1997), S. 3.

[24] Vgl. bes. 07.MG/04.12.1992, Einleitung: Informationen an Aussenstehende über Inhalt und Verlauf des Gesprächs sollen nur in allgemeiner Form ohne Weitergabe von Einzelheiten erfolgen; Anlass war die ausführliche Berichterstattung über 06.MG/ 24.06.1992 von Franz HÜLSENBUSCH: Zuviele Hochschulen? In: *Kirche intern* Nr. 8 (1992), S. 46.

Unterrichtung der Öffentlichkeit jeweils eine kurzgefasste Pressemitteilung heraus, die auch in den „Mainzer Bistumsnachrichten" bekanntgemacht wird.

III

Der gute Start der Kontaktgespräche zwischen Bischöfen und Theologieprofessoren war wohl vor allem darin begründet, dass als Gesprächspartner der Bischöfe weder Vertreter der Unterzeichner der „Kölner Erklärung" noch Vertreter des Katholisch-Theologischen Fakultätentags noch die Dekane der Katholisch-Theologischen Fakultäten eingeladen wurden, sondern die Sprecher der Arbeitsgemeinschaften der theologischen Disziplinen[25]. Der Teilnehmerkreis sollte aufgrund der Beratungen der ersten Begegnung in der Weise ergänzt werden, dass der Katholisch-Theologische Fakultätentag offiziell vertreten ist[26] und dass ein Vertreter einer vergleichbaren Österreichischen Institution teilnimmt[27]. Da es in Österreich keinen Fakultätentag gibt, hat ab dem 2. Gespräch der Sprecher der österreichischen Dekanekonferenz teilgenommen. Da in der Schweiz weder ein Fakultätentag noch eine Dekanekonferenz noch ein ähnliches Gremium besteht, soll die Vertretung der Theologieprofessoren aus der Schweiz dadurch gewährleistet werden, dass ein von den Schweizer Theologieprofessoren zu benennender Theologe teilnimmt, falls kein Schweizer Theologe zu den Sprechern der theologischen Arbeitsgemeinschaften gehört[28]. Weitere Teilnehmer wurden mit guten Gründen nicht zugelassen[29]. Die relativ kurzen Amtsperioden der Sprecher führ-

---

[25] Vgl. Bericht AG KR 01.MG/27.05.1989, Nr.2.

[26] Die Vertretung des Katholisch-Theologischen Fakultätentags sollte nicht dem Zufallsprinzip unterliegen, dass der Vorsitzende zugleich Sprecher einer Arbeitsgemeinschaft ist; zunächst war daran gedacht, in diesem Fall den Vertreter des Vorsitzenden des Fakultätentages einzuladen. An den folgenden Kontaktgesprächen hat der Vorsitzende selbst teilgenommen. – Zu Entstehung, Struktur und Satzung des Fakultätentages vgl. H. SCHMITZ: Katholisch-Theologischer Fakultätentag, in: *Zeitschrift der Savigny-Stiftung für Rechtsgeschichte / Kanonistische Abteilung* 80 (1994) [Festschrift Paul Mikat], S. 422-450.

[27] Vgl. 01.MG/27.05.1989, Prot. III/1.

[28] Vgl. den entsprechenden Beschluss in: 04.MG/03.06.1991, Prot. 0 (Abgrenzung des Teilnehmerkreises); vgl. Bericht AG KR 04.MG/03.06.1991, Nr. 3.

[29] Vgl. z.B. Ablehnung des Antrags der Bundeskonferenz der wissenschaftlichen Assistenten/Assistentinnen und Mitarbeiter/Mitarbeiterinnen an den Fachbereichen und Fakultäten für Katholische Theologie vom 9. 10. 1990/29. 04. 1991, weil die Bundeskonferenz über die Sprecher der theologischen Arbeitsgemeinschaften und den Vorsitzenden des Katholisch-Theologischen Fakultätentags vertreten ist und kein zweiter Fakultätentag mit Bischöfen entstehen soll, in: 04.MG/03.06.1991, Prot. 0; vgl. Schreiben des Sprechers der Arbeitsgemeinschaft der theologischen Disziplinen vom 6. 5. 1991 an Bischof Lehmann; Ders., Schreiben vom 6. 6. 1991 an den Antragsteller. Zur erneuten Bitte der Bundeskonferenz von 1992 gemäss Schreiben des Vorsitzenden des Katholisch-Theologischen Fakultätentags vom 11. 5. 1992 an Bischof Lehmann vgl. 06.MG/24.06.1992, Prot. 6 (Die Regelung vom 3. 6. 1991 wird beibehalten). - Vgl. Ablehnung des Antrags der neu gegründeten Arbeitsgemeinschaft Theologie der Spiritualität vom 3. 12. 1995, weil diese Arbeitsgemeinschaft nicht die einschlägigen Kriterien erfüllt (Vertretung einer universitä-

ten teilweise zu einem starken personellen Wechsel unter den Teilnehmern aus dem Kreis der Professoren, was sich nicht immer günstig auf die Beratungen auswirkte.

IV

Mit den Sprechern der theologischen Arbeitsgemeinschaften und der von diesen gebildeten Arbeitsgemeinschaft der Arbeitsgemeinschaften der theologischen Disziplinen[30] hatte die Deutsche Bischofskonferenz schon bisher gute Erfahrungen gemacht. Die Arbeitsgemeinschaft der theologischen Disziplinen war 1975 auf Anregung der Deutschen Bischofskonferenz zustandegekommen[31]. Im Zusammenhang mit der von der Deutschen Bischofskonferenz zu erstellenden „Rahmenordnung für die Priesterordnung" hielt es die Deutsche Bischofskonferenz für angebracht, wegen der anstehenden Sachfragen die theologischen Arbeitsgemeinschaften[32] an diesem Projekt zu beteiligen, nachdem die vom Katholisch-Theologischen Fakultätentag in Angriff genommenen Studienreform auf Bedenken seitens der Bischöfe gestossen war.

ren Disziplin [gemäss den Pflichtfächern der Diplomprüfungsordnung Katholische Theologie], Zusammenschluss von Lehrenden an wissenschaftlichen Hochschulen sowie Beschränkung auf katholische Mitglieder): 14.MG/13.05.1996, Prot. 2(1); vgl. auch 13.MG/11.12.1995, Prot. 7 (1).

[30] Vgl. auch H. SCHMITZ: *Studien zum kirchlichen Hochschulrecht*. Würzburg 1990 (Forschungen zur Kirchenrechtswissenschaft. 8), S. 131, 144.

[31] Vgl. auch Gemeinsame Sitzung des Westdeutschen Fakultätentages der Katholisch-Theologischen Universitätsfakultäten und der Arbeitsgemeinchaft der Philosophisch-Theologischen Hochschulen 1975, Prot. 3b; Gemeinsame Sitzung ... 1976, Prot. 3c. – Die Arbeitsgemeinschaft der theologischen Disziplinen hat 1975 Prof. Dr. Heinrich Eising (Münster), Sprecher der Arbeitsgemeinschaft Altes Testament, zu ihrem Sprecher gewählt; vgl. Gemeinsame Sitzung des Westdeutschen Fakultätentages der Katholisch-Theologischen Universitätsfakultäten und der Arbeitsgemeinschaft der Philosophisch-Theologischen Hochschulen 1976, Prot. 3 Abs. 2. Nachfolger wurde 1978 mit zweijähriger Amtszeit Prof. Dr. Heribert Schmitz (München), Sprecher der Arbeitsgemeinschaft Kirchenrecht, der im Sommer 1980 wiedergewählt wurde. Der Fakultätentag beschloss 1976, den Sprecher der Arbeitsgemeinschaft der theologischen Disziplinen in Zukunft zu den Tagungen einzuladen; Gemeinsame Sitzung ... 1976, Prot. 3c Abs. 3.

[32] Erst im Rahmen des Projekts einer Rahmenordnung für die Priesterbildung waren noch nicht bestehende theologische Arbeitsgemeinschaften 1975 ins Leben getreten (vgl. Gemeinsame Sitzung des Westdeutschen Fakultätentages der Katholisch-Theologischen Universitätsfakultäten und der Arbeitsgemeinchaft der Philosophisch-Theologischen Hochschulen 1976, Prot. 3c Abs. 2) wie die Arbeitsgemeinschaft der Fachvertreter Kirchenrecht, deren Mitglieder sich zuvor auf anderer Ebene um Kontakte bemüht hatten, z.B. bei den vom Kanonistischen Institut der Universität München mehrmals veranstalteten Kanonistischen Symposien. – Zur Arbeitsgemeinschaft Kirchenrecht vgl. H. SCHMITZ: Arbeitsgemeinschaft der Fachvertreter Kirchenrecht. In: H. J. F. REINHARDT (Hrsg.): *Theologia et Jus Canonicum. Festgabe für Heribert Heinemann zur Vollendung seines 70. Lebensjahres*. Essen 1995, S. 227-234.

Zielsetzung einer Arbeitsgemeinschaft der theologischen Disziplinen sollte
sein, das Gespräch zwischen kirchlichem Lehramt, d.h. den Bischöfen, und wis-
senschaftlichem Lehramt, d.h. den Fachvertretern in den Katholisch-Theologischen Fakultäten und der theologischen Disziplinen in den anderen wissenschaftlichen Hochschulen zu führen. Das Gespräch sollte auf der Ebene der theologischen Disziplinen (Fächer) geführt werden. Im Rahmen der Arbeiten zur Studienreform und an der „Rahmenordnung für die Priesterbildung" hatte sich gezeigt,
dass der Katholisch-Theologische Fakultätentag für die theologischen Sachfragen
der einzelnen theologischen Disziplinen nicht geeignet war. Die Zielsetzung des
Katholisch-Theologischen Fakultätentags ist anders gelagert. Sie liegt nicht im
Bereich der theologischen Sachfragen, sondern im Bereich des wechselseitigen
Austauschs über die Fakultäten und im hochschulpolitischen Bereich[33]. Ausserdem war es hinsichtlich des Entwurfs der Kommission „Curricula in Theologie"[34] des Fakultätentags über die Rahmenordnung für das Studium der Katholischen Theologie zu Schwierigkeiten gekommen[35].

[33]   Die Empfehlung des Fakultätentags 1990, „dem neu ins Leben gerufenen Kontakt-
       forum einen aus dem unmittelbaren Anlaßkontext und einer freien Beliebigkeit he-
       rausgenommenen dauerhaften Rahmen zu verleihen", und der Vorschlag, „daß der
       Vorstand des Fakultätentages die Rolle eines Koordinators für die beteiligten Theo-
       logen wahrnimmt" (vgl. Katholisch-Theologischer Fakultätentag 1990, Prot. 4;
       Schreiben des Vorsitzenden des Fakultätentags an die Sprecher der theologischen
       Arbeitsgemeinschaften vom 6. 3. 1990), fand bei den Sprechern der theologischen
       Arbeitsgemeinschaften keinen Anklang; vgl. die Antworten auf das Schreiben des
       Sprechers der Arbeitsgemeinschaft Kirchenrecht an die Sprecher der theologischen
       Arbeitsgemeinschaften vom 5. 11. 1990 mit einer Stellungnahme zu dem Vorschlag
       betr. die Koordinatorrolle des Vorstands des Fakultätentags und einem Vorschlag
       zu weiterem Vorgehen; vgl. Bericht AG KR 03.MG/14.12.1990, Nr. 2.
[34]   Die Kommission „Curricula in Theologie" war vom Kath.-Theol. Fakultätentag
       eingesetzt worden; Gemeinsame Sitzung des Westdeutschen Fakultätentages der
       Katholisch-Theologischen Universitätsfakultäten und der Arbeitsgemeinchaft der
       Philosophisch-Theologischen Hochschulen 1971, Prot. 5b. Die Kommission hatte
       im Frühjahr 1973 unter dem Vorsitz von Prof. Dr. Erich Feifel und nach Sicherstel-
       lung ihrer Finanzierung durch die Deutsche Bischofskonferenz/Verband der Diöze-
       sen Deutschlands ihre Arbeiten begonnen; vgl. die Daten in den Publikationen:
       Kommission „Curricula in Theologie" des Westdeutschen Fakultätentages (hrsg.
       durch Erich FEIFEL), *Studium Katholische Theologie*. Bd. 1-6. Zürich – Einsiedeln
       – Köln 1973-1980, bes. Bd. 5, 1975: *Rahmenordnung*; [ohne Bd.-Nr.]: *Rahmen-
       ordnung Entwurf einer revidierten Fassung* [München 1977] mit Begleitschreiben
       vom 10. 2. 1977; Mitglieder der Kommission, in: Bd. 1, S. 165; 3, S. 188; 5, S. 112.
[35]   Vgl. Tagung der Kommission XII der Deutschen Bischofskonferenz am 20. 6.
       1975, zu der die Sprecher der theologischen Arbeitsgemeinschaften und der erste
       Vorsitzende des Fakultätentags eingeladen waren; Tagung der Arbeitsgruppe Prie-
       sterbildung der Kommission XII der Deutschen Bischofskonferenz mit den Spre-
       chern der theologischen Arbeitsgemeinschaften in Fulda am 26. 9. 1975; vgl. Ge-
       meinsame Sitzung des Westdeutschen Fakultätentages der Katholisch-
       Theologischen Universitätsfakultäten und der Arbeitsgemeinchaft der Philoso-
       phisch-Theologischen Hochschulen 1975, Prot. 3b u. Prot. 6; 1976, Prot. 4 [„Cur-
       ricula in Theologie"-Tagung Augsburg 1./2. 4. 1976]; 1977, Prot. 5; 1978, Prot. 3f.;
       1980, Prot. 10a.

Das Amt des Sprechers der Arbeitsgemeinschaft der theologischen Disziplinen war 1982 ausgelaufen[36]; seither ruhte auch die Arbeitsgemeinschaft der theologischen Disziplinen. Mehrere Gründe hatten dazu geführt: Die Arbeiten an der „Rahmenordnung für die Priesterbildung" waren abgeschlossen, sie war am 1. Mai 1978 in Kraft getreten[37]. Eine Initiative von Professoren der Münchener Katholisch-Theologischen Fakultät von 1980 für eine bessere und umfassendere Kommunikation zwischen Bischöfen und Theologen hatte keinen Anklang gefunden[38]. Die Sprecher der einzelnen Arbeitsgemeinschaften der theologischen Disziplinen hatten gewechselt und kannten Zielsetzung und Funktion der Arbeitsgemeinschaft der theologischen Disziplinen nicht mehr, so dass kein Interesse anzutreffen war. Die einzelnen Arbeitsgemeinschaften der theologischen Disziplinen waren und sind verschieden strukturiert und organisiert. Die vor 1975 entstandenen Arbeitsgemeinschaften umfassen meist nicht nur die Fachvertreter in den wissenschaftlichen Hochschulen, sondern haben einen grösseren Mitgliederkreis; sie sind z.T. nicht auf den Bereich der Deutschen Bischofskonferenz beschränkt, sondern erstrecken sich auf den ganzen deutschsprachigen Raum. Die 1975 im Zusammenhang mit dem Projekt „Rahmenordnung für die Priesterbildung" gebildeten Arbeitsgemeinschaften sind anders organisiert und umfassen manchmal nur die Fachvertreter im engen Sinn[39]. Schliesslich bereitete die Finanzierung der Treffen der Arbeitsgemeinschaft der theologischen Disziplinen Schwierigkeiten, da finanzielle Mittel nicht zur Verfügung standen[40].

[36] Vgl. Schreiben des Sprechers der Arbeitsgemeinschaft der theologischen Disziplinen vom 7. 6. 1982 an die Sprecher der theologischen Arbeitsgemeinschaften.

[37] Vgl. *Rahmenordnung für die Priesterbildung*. Bonn 1978 (Die deutschen Bischöfe. 15); derzeit gültige Fassung: *Rahmenordnung für die Priesterbildung nach Überarbeitung der Fassung vom 1. Mai 1978 verabschiedet von der Vollversammlung der Deutschen Bischofskonferenz am 23. Februar 1988*. Bonn 1988 (Die deutschen Bischöfe. 42)

[38] Professoren der Katholisch-Theologischen Fakultät der Ludwig-Maximilians-Universität München hatten (Entwurf: Prof. Dr. Heribert Schmitz) „Thesen zur Vertiefung der Kommunikation zwischen Theologie und Amt" erarbeitet (25. 2. 1980) und sie am 4. 3. 1980 an die deutschen Bischöfe und an die Sprecher der Arbeitsgemeinschaften der theologischen Disziplinen versandt. Die Münchener Thesen hatten beim Vorsitzenden der Deutschen Bischofskonferenz, Joseph Kardinal Höffner, Erzbischof von Köln (Schreiben vom 18. 3. 1980, JR.Nr. V 3967/80) und bei einigen Bischöfen sowie beim Sekretär der Deutschen Bischofskonferenz, Dr. Joseph Homeyer (Schreiben vom 6. 3. 1980, S 3800/80 – H/lz; vom 21. 3. 1980, S 4284/80 – H/za), positive Aufnahme gefunden. Aus dem Kreis der Sprecher der Arbeitsgemeinschaften der theologischen Disziplinen war kein Echo zu verzeichnen.

[39] Die Arbeitsgemeinschaft Kirchenrecht ist z.B. aufgrund der Umstände ihrer Gründung auf den Bereich der Deutschen Bischofskonferenz begrenzt. Anfangs umfasste sie nur die Fachvertreter der Professorengruppe C 4, also die Ordinarien für das Fach Kirchenrecht; z.Zt. gehören ihr alle Professoren und Dozenten für Kirchenrecht an den wissenschaftlichen Hochschulen in der Bundesrepublik Deutschland an, einschliesslich der Privatdozenten und Lehrbeauftragten.

[40] Im Rahmen des Projekts „Rahmenordnung für die Priesterbildung" wurden die Kosten von der Deutschen Bischofskonferenz durch den Verband der Diözesen Deutschlands getragen. Eine weitere Finanzierung durch diesen war nicht möglich

Im Zusammenhang mit den „Mainzer Gesprächen" wurde die Arbeitsgemeinschaft der Sprecher der theologischen Disziplinen reaktiviert[41]. Die zur Vorbereitung des 3. Gesprächs am 14. Dezember 1990 in Mainz zeitlich vor dem Gespräch versammelten Sprecher der Arbeitsgemeinschaften wählten einen Sprecher[42]. Dadurch sollten die „Mainzer Gespräche" entsprechend den beiden Teil-
nehmerkreisen besser strukturiert und organisiert werden. Aufgrund dieser Regelung wurden die Gespräche jeweils auf einer der Begegnung unmittelbar vorausgehenden Vorbesprechung der Arbeitsgemeinschaft der theologischen Disziplinen vorbereitet. Bischof Lehmann hat seither mit dem Sprecher der Arbeitsgemeinschaft der theologischen Disziplinen die vorläufige Tagesordnung abge-
stimmt, zugleich im Namen des Sprechers zu den Begegnungen eingeladen und
die Moderation der Beratungen (Gesprächsleitung) dem Sprecher übertragen[43];
die Protokolle wurden auch vom Sprecher der Arbeitsgemeinschaft der theologischen Disziplinen unterzeichnet. Der Sprecher der Arbeitsgemeinschaft der theologischen Disziplinen hat ab 1991 wieder als ständiger Gast am Katholisch-
Theologischen Fakultätentag teilgenommen und über die Kontaktgespräche zwischen Bischöfen und Theologieprofessoren berichtet[44].

und ohne neuen Arbeitsauftrag auch nicht annehmbar.
[41] Schon am Rande des 01.MG/27.05.1989 war der Vorschlag gemacht worden, die
      Sprecher der Arbeitsgemeinschaften in einer Arbeitsgemeinschaft zusammenzufas-
      sen und deren Arbeit durch einen eigenen Sprecher im Gegenüber zu den Vertre-
      tern der kirchenamtlichen Seite effizienter zu machen. Aus Zeitgründen konnte der
      Vorschlag nach Beendigung des Gesprächs nicht mehr verwirklicht werden; vgl.
      Bericht AG KR 01.MG/27.05.1989, Nr. 3.
[42] Mit dieser Aufgabe wurde Prof. Dr. Heribert Schmitz für zwei Jahre betraut; vgl.
      Herder-Korrespondenz 45 (1991), S. 344; *Archiv für katholisches Kirchenrecht* 160
      (1991), S. 213; wiedergewählt am 13. 12. 1993 für weitere zwei Jahre; vgl. Bericht
      AG KR 09.MG/03.12.1993, Nr. 2. Mit dem 13.MG/11.12.1995 übernahm Prof. Dr.
      Klaus Ganzer, Würzburg (Arbeitsgemeinschaft Kirchengeschichte) als gewählter
      Sprecher der Arbeitsgemeinschaft der theologischen Disziplinen die Nachfolge von
      Prof. H.Schmitz, der 1995 wegen seiner bevorstehenden Emeritierung zum 30. 9.
      1996 als Sprecher der Arbeitsgemeinschaft Kirchenrecht und damit aus dem Teil-
      nehmerkreis der „Mainzer Gespräche" ausgeschieden ist; *Mainzer Bistumsnach-
      richten* Nr. 47 (13. 12. 1995), S. 4. Beim 14.MG/13.05.1996 wurde er offiziell ver-
      abschiedet; Prot. 6; *Mainzer Bistumsnachrichten* Nr. 19 (22. 05. 1996), S. 10.
[43] In Protokollen und in veröffentlichten Mitteilungen wurde auch von „Leitung" der
      Kontaktgespräche durch den Sprecher der Arbeitsgemeinschaft der theologischen
      Disziplinen gesprochen (vgl. 04.MG/03.06.1990, Einl.; *Herder-Korrespondenz* 45
      [1991], S. 344; *Mainzer Bistumsnachrichten* Nr. 20 (6. 6. 1991), S. 3;
      08.MG/05.05.1993, Einl.; *Mainzer Bistumsnachrichten* Nr. 14 (12. 5. 1993), S. 8)
      oder von „Vorsitz" (vgl. 05.MG/20.12.1991, Einl.; 06.MG/24.06.1992, Einl.); ein-
      mal ist von „Co-Präsident" die Rede (vgl. *Mainzer Bistumsnachrichten* Nr.47 [13.
      12. 1995], S. 4).
[44] Vgl. Katholisch-Theologischer Fakultätentag 1991, Teilnehmerliste und Prot. 13e
      (in Reaktivierung des Beschlusses von 1976; vgl. Gemeinsame Sitzung des West-
      deutschen Fakultätentages der Katholisch-Theologischen Universitätsfakultäten
      und der Arbeitsgemeinchaft der Philosophisch-Theologischen Hochschulen 1976,
      Prot. 3c); vgl. die Berichte des Sprechers der Arbeitsgemeinschaft der theologi-
      schen Disziplinen über die Mainzer Kontaktgespräche in den Protokollen des Ka-
      tholisch-Theologischen Fakultätentags.

V

Die Mainzer Kontaktgespräche zwischen Bischöfen und Theologieprofessoren haben dazu geführt, dass wenigstens zwischen den Gesprächsteilnehmern kein weiterer Problemstau entstanden ist. Die sachgerechte Information und der daran anknüpfende Gedankenaustausch haben dazu beigetragen[45]. Unbehagen und Irritationen, die in Erlassen des Apostolischen Stuhls oder in anderen Massnahmen ihren Grund hatten, wurden offen angesprochen und für eine Lösung vorbereitet[46]. Bischof Lehmann bedauerte auch, dass die bewährte Publikationsreihe für kirchliche Erlasse „Nachkonziliare Dokumentation" keine Nachfolgeeinrichtung gefunden hat und es insofern keine offiziösen Kommentare zu kirchlichen Dokumenten mehr gibt[47].

---

[45] Vgl. z.B. über die Begegnung deutscher Bischöfe mit dem Papst und Vertretern der Römischen Kurie am 13./14. 11. 1989; Dringlichkeit des Gesprächs mit der osteuropäischen Theologie wegen „gewisser Anzeichen von Fremdheit in der katholischen Theologie zwischen West- und Mitteleuropa einerseits und Osteuropa andererseits" (*Mainzer Bistumsnachrichten* Nr. 1 [8. 1. 1992], S. 11) und wegen deren festzustellender „Gesprächsverweigerung" (Bericht AG KR 04.MG/03.06.1991, Nr. 7); Sonderversammlung der Bischofssynode für Europa 1991; Begegnungen des neuen Apostolischen Nuntius in Deutschland mit Katholisch-Theologischen Fakultäten 1991/92 (Bericht AG KR 06.MG/24.06.1992, Nr. 3, mit Anlage: Brief des Sprechers der Arbeitsgemeinschaft der theologischen Disziplinen vom 13. 1. 1992 an den Nuntius); Gespräch mit Pio Kard. Laghi, Präfekt der Sacra Congregatio pro Institutione Catholica, während der Frühjahrs-Vollversammlung Deutschen Bischofskonferenz 1992 in Freising; Katholischer Katechismus der Kirche, 1989, 1992, 1993; Katholischer Erwachsenenkatechismus der Deutschen Bischofskonferenz, Teil II, 1992-1994; Johannes Paul II., Enzyklika „Veritatis splendor" über einige grundlegende Fragen der kirchlichen Morallehre vom 6. 8. 1993; Johannes Paul II., Enzyklika „Evangelium vitae" über den Wert und die Unantastbarkeit des menschlichen Lebens vom 25. 3. 1995; Erklärung des Beirats des Kongresses der deutschsprachigen Pastoraltheologen „Zur Zukunft der Seelsorge: Suchet zuerst das Reich Gottes und seine Gerechtigkeit" von 1993; Theologischer Grundkurs, 1993; Studientagung „20 Jahre Theologischer Grundkurs. Bilanz und Perspektiven" vom 25./26. 11. 1994.

[46] Vgl. z.B. Kongregation für die Glaubenslehre, „Professio fidei" et „Iusiurandum fidelitatis" vom 9. 1. 1989; Rescriptum vom 19. 9. 1989; Kongregation für die Glaubenslehre, Instruktion über die kirchliche Berufung des Theologen vom 24. 5. 1990; – Zum Angriff von Erzbischof Dyba auf die „Staatstheologen" (vgl. Fremde Feder: Johannes DYBA: Staatstheologen. In: *Frankfurter Allgemeine Zeitung* Nr. 81 [4. 5. 1995], S. 14). Vgl. auch die Äusserung über die „Staatsfreudigkeit deutscher Theologen" in: J. RATZINGER: Zur Instruktion über die kirchliche Berufung des Theologen. In: DERS.: *Wesen und Auftrag der Theologie. Versuche zu ihrer Ortsbestimmung im Disput der Gegenwart*. Einsiedeln – Freiburg 1993, S. 89-107 (97). – Ein auf Anregung von Kardinal Ratzinger vorgeschlagenes Gespräch von österreichischen und deutschen Theologen mit Mitgliedern der Internationalen Theologenkommission über die Instruktion der Glaubenskongregation zur kirchlichen Beauftragung des Theologen ist über das Vorbereitungsstadium nicht hinausgekommen, 1992/1993; – Rezeption neuerer lehramtlicher Dokumente, 1995; Apostolische Visitation der deutschen Priesterseminare, 1993-1996.

[47] Vgl. 03.MG/14.12.1990, Prot. Ib. 3. - Die Deutsche Bischofskonferenz hatte auf

In den Gesprächen wurden auch Fragen des Hochschulbereichs[48] behandelt. Die Nihil-obstat-Problematik bei der Berufung von Theologieprofessoren nahm dabei als nach Meinung der Bischöfe einer der „sensibelsten Punkte des Staatskirchenrechts"[49] einen nicht geringen Raum ein[50]. Die Hinweise und Anregungen von Bischof Lehmann und Kardinal Wetter, gewisse formale Schwierigkeiten zu überwinden oder gar nicht erst aufkommen zu lassen, waren wertvoll und weiter-

---

ihrer Herbst-Vollversammlung 1975 beschlossen, die mit Bd. 58 (1977) abgeschlossene „Nachkonziliare Dokumentation" durch eine „kommentierte Schriftenreihe" in geänderter Konzeption fortzuführen. Das von der Bischofskonferenz auf ihrer Frühjahrs-Vollversammlung 1978 entworfene und auf der Herbst-Vollversammlung endgültig beschlossene Projekt „Kirchliche Dokumentation" (Sektion A: Lehramtliche Dokumente; Sektion B: Rechtlich relevante Dokumente) ist jedoch daran gescheitert, dass sich die für das Herausgebergremium angegangenen Professoren (Karl Lehmann, Heribert Schmitz, Alexander Hollerbach) im Blick auf die Letztverantwortlichkeit der Deutschen Bischofskonferenz und die ihrem Sekretär zugedachten Kompetenzen mit der für sie vorgesehenen eingeschränkten Stellung nicht einverstanden erklären konnten und den Auftrag im Januar 1981 zurückgegeben haben.

[48] Vgl. z.B. Entwicklung der Katholisch-Theologischen Fakultäten und theologischen Hochschuleinrichtungen, 1991-1996. – Zur Frage der Entwicklung der Katholisch-Theologischen Fakultäten und Hochschuleinrichtungen hatten die Sprecher der theologischen Arbeitsgemeinschaften auch ein Gespräch der Dekane und Rektoren der Katholisch-Theologischen Fakultäten und Hochschulen vorgeschlagen; die Konferenz fand am 7. 4. 1995 in Mainz unter der Leitung von Bischof Lehmann statt. – Wissenschaftlicher Nachwuchs in katholischer Theologie, 1991, 1993; Habilitation und Berufung von Nicht-Priestern, 1989, 1992, 1994-1995; Promotionsmöglichkeiten für Absolventen des Fachhochschulstudienganges „Religionspädagogik und kirchliche Bildungsarbeit", 1991, 1994; Geltung der Rahmenordnung für die Priesterbildung für Laientheologen, 1994; Studienstrukturreform/Regelstudienzeiten/Rahmenprüfungsordnungen für die verschiedenen Studiengänge im Bereich der Katholischen Theologie, 1993-1995. – Vgl. Deutsche Bischofskonferenz, Rahmenordnung für die Diplomprüfungsordnungen des Diplomstudienganges katholische Theologie, beschlossen am 7. 3. 1995, von der Kongregation für das Katholische Bildungswesen mit Schreiben vom 20. 7. 1995 approbiert; übersandt in der Fassung vom 20. 7. 1995 mit Schreiben des Sekretärs der Deutschen Bischofskonferenz vom 23. 10. 1995 (JNr. S 7913/95). – Vgl. auch *Katholische Theologie und kirchliches Hochschulrecht. Kommentar zu den Akkomodationsdekreten zur Apostolischen Konstitution „Sapientia Christiana"*. Dokumentation der kirchlichen Rechtsnormen von Heribert SCHMITZ. Bonn 1992 (Arbeitshilfen. 100).

[49] Vgl. *Mainzer Bistumsnachrichten* Nr. 35 (21. 12. 1989), S. 6.

[50] Außer den Einzelfällen in diesem Bereich vgl. vor allem die Behandlung grundlegender Fragen um das Nihil obstat: Sacra Congregatio pro Institutione Catholica: Dekret „Normae ad declarationem 'Nihil obstat Sanctae Sedis' obtinendam, de quo in Art. 27,2 Apostolicae Constitutionis „Sapientia Christiana" vom 12. 7. 1988 (1991); Nihil-obstat-Resolution des Katholisch-Theologischen Fakultätentags (1991); Gutachter-Liste für Nihil-obstat-Verfahren (1992-1993); Vorschlag von P. Hünermann zur Neugestaltung von Lehrzucht- und Nihil-obstat-Verfahren (1992); Errichtung einer Nihil-obstat-Kommission (vgl. I. RIEDEL-SPANGENBERGER: Kirchlicher Rechtsschutz, in: *Zeitschrift für Theologie in Europa. Bulletin ET* 5 (1994), S. 92-114 [114-116]).

führend[51]. Es genügt nicht, dass der von der staatlichen Seite um das sogenannte bischöfliche Nihil obstat angegangene Diözesanbischof nur die notwendigen Daten (Biographie und Bibliographie) an den Apostolischen Stuhl zur Erteilung des sogenannten römischen Nihil-obstat weiterleitet. Er ist vielmehr aufgefordert, wenn nicht sogar gehalten, in einem fundierten Votum darzulegen, warum er sich dafür entschieden hat, das Nihil Obstat für die betreffende Person zu erteilen, oder warum er eventuell vorgetragene Bedenken nicht für begründet hält oder nicht zu teilen vermag. Aus diesen Überlegungen ist auf Anregung der Teilnehmer der Mainzer Gespräche[52] die „Handreichung für die kirchliche Mitwirkung bei der Berufung von Theologieprofessoren" entstanden[53]. In den „Mainzer Gesprächen" hatte sich gezeigt, dass das Vorgehen bei der kirchlichen Mitwirkung in den Berufungsverfahren in seinen einzelnen Schritten und Möglichkeiten nicht hinreichend bekannt ist, nicht zuletzt wegen der in verschiedenen Dokumenten verstreuten rechtlichen Vorgaben. Die Handreichung wollte die Rechtslage nicht verändern und hat sie nicht verändert, sondern sie nur übersichtlich zusammengefasst. Diese eindeutig herausgestellte Zielsetzung[54] ist von den in die Beratung einbezogenen Fakultäten und ihren Mitgliedern weithin nicht erkannt worden[55].

Der anfängliche Gedanke einer „Mainzer Erklärung" konnte allerdings nicht verwirklicht werden. Auf dem 2. Gespräch am 15. Dezember 1989 sollte versucht werden, Fragen zu klären, die in der letzten Zeit in der öffentlichen Auseinandersetzung eine Rolle gespielt hatten, und zu einem Konsens zu kommen[56]. Dazu war von einer Arbeitsgruppe[57] ein Thesenpapier „Aspekte des Verhältnis-

---

[51] Vgl. 01.MG/27.05.1989, Prot. 2/2.

[52] Vgl. 12.MG/19.05.1995, Prot. 4 Abs. 2; 13.MG/11.12.1995; Prot. 2(1); 14.MG/13.05.1996, Prot. 3; 15.MG/06.12.1996, Prot. 5.

[53] Zentralstelle Bildung der Deutschen Bischofskonferenz: Handreichung für die kirchliche Mitwirkung bei der Berufung von Theologieprofessoren, vervielfältigtes Typoskript, Bonn 1997 (Stand: 15. 2. 1997), 20 S. Die Handreichung ist den Mitgliedern der Deutschen Bischofskonferenz und den Generalvikaren der deutschen Diözesen im März 1997 zugeleitet worden; vgl. 16.MG/05.05.1997, Prot. 6

[54] Vgl. Handreichung, Einführung, Nr.1.01: „Die vorliegende Handreichung der Zentralstelle Bildung, die auf eine Anregung der Mainzer Gespräche zwischen Bischöfen und Theologen zurückgeht, will für diese Mitwirkung eine praktische Hilfe bieten. Sie informiert auf der Grundlage der gegenwärtigen rechtlichen Vorgaben über die verschiedenen Schritte des Verfahrens der Erteilung des Nihil obstat und nennt die Materialien, die bei einer Antragstellung vorzulegen sind. Die Handreichung soll mithin nur in der Weise einer 'Betriebsanleitung' das geltende Verfahren transparenter machen, ohne in einzelnen Fragen einen neuen Sachstand zu schaffen."

[55] Vgl. aber R. PUZA: Die „Handreichung für die kirchliche Mitwirkung bei der Berufung von Theologieprofessoren" der Zentralstelle Bildung der Deutschen Bischofkonferenz von 1997. In: A. FRANZ (Hrsg.): Bindung an die Kirche oder Autonomie? Theologie im gesellschaftlichen Diskur. Freiburg i.Br. 1999 (QD 173 = Schriften der Europäischen Gesellschaft für Katholische Theologie. 4), S. 197-218, hier 217: „Die Handreichung leistet hier einen wesentlichen Beitrag zum Rechtsschutz des Betroffenen, indem sie auf offiziöse Weise verstreute kirchenrechtliche Bestimmungen fokusiert (5.3.30)."

[56] Vgl. 01.MG/27.05.1989, Prot. Nachtrag mit Schreiben der Zentralstelle Bildung der Deutschen Bischofskonferenz vom 27. 9. 1989 (JNr. B 2866/89).

[57] Der Arbeitsgruppe gehörten an die Professoren: Klaus Ganzer, Ludger Honnefel-

ses zwischen kirchlichem Lehramt und wissenschaftlicher Theologie, unter besonderer Berücksichtigung der ethischen Dimension" vorbereitet worden[58]. Aufgrund der Beratungen erwies sich das Konsenspapier oder Grundlagenpapier als vertiefungsbedürftig und zu einer Veröffentlichung in Form eines Kommuniqués noch nicht reif; Bischöfe und Theologen einigten sich auf folgende Zusammenfassung der Diskussion: „Die Sprecher der theologischen Arbeitsgemeinschaften haben mit den anwesenden Bischöfen über die Irritationen gesprochen, die bestimmte Äußerungen des römischen Lehramtes über die Zuordnung von Autorität und Wissen und von Lehramt und Theologie ausgelöst haben. Man war sich einig, daß diese Irritationen durch eine Klärung der zugrundeliegenden Fragen behoben werden müssen, die sich an der je spezifischen Aufgabe der Theologie und des kirchlichen Lehramtes zu orientieren haben"[59].

Als ein erstes Ergebnis der Gespräche kann statt dessen die Dokumentation „Theologie und Kirche"[60] angesehen werden[61]. Sie war auf dem 3. Gespräch am 14. Dezember 1990 im Zusammenhang der Aussprache über die Instruktion der Kongregation für die Glaubenslehre über die kirchliche Berufung des Theologen vom 24. Mai 1990 angeregt worden[62]. Die Reaktivierung wichtigerer Dokumente aus der Zeit von 1965 bis 1990 zum Verhältnis von wissenschaftlicher Theologie und kirchlichem Lehramt, bewusst ohne Kommentierung gehalten, soll der „Erinnerung an die gemeinsame Basis dienen"[63] und dazu beitragen, „die Aussagen der Instruktion auch im Licht vorausgehender Äußerungen des päpstlichen und des bischöflichen Lehramtes zu verstehen und zu deuten"; sie kann „für alle Interessierten eine Handreichung sein im geduldigen Bemühen um ein sachgerechteres Verständnis der Beziehung zwischen wissenschaftlicher Theologie und kirchlichem Lehramt"[64].

VI

Die Frage nach dem Wert der Mainzer Kontaktgespräche, die von den Bischöfen wie den Theologieprofessoren ein hohes Engagement und einen besonderen Ein-

---

der, Heribert Schmitz und Hans Waldenfels; 02.MG/15.12.1989, Prot. I Abs. 1.

[58] Das Thesenpapier „Aspekte" (8 S.), das der Einladung zum 02.MG/15.12.1989 beigefügt war, umfasste 13 Thesen mit Erläuterungen; es war in 4 Abschnitte gegliedert: I. Wahrheit - Gewissen - Autorität; II. Kirchliches Lehramt und Theologie; III. Gradualität der Wahrheit; IV. Verbindlichkeit der lehramtlichen Aussagen; vgl. Bischof Lehmann, Einladungsschreiben vom 30. 11. 1989.

[59] Vgl. 02.MG/15.12.1989, Prot. I; Bericht AG KR 02.MG/15.12.1989, Nr.2.

[60] *Theologie und Kirche. Dokumentation. 31. März 1991.* Bonn 1991 (Arbeitshilfen. 86). Vgl. Bericht AG KR 03.MG/14.12.1990, Nr. 4. Die Dokumentation wurde den Teilnehmern des 04.MG/03.06.1991 überreicht; vgl. Prot. Einl.

[61] Vgl. Bericht AG KR 03.MG/03.06.1991, Nr.4; MBN, Nr.34/35//12./18.12.1990, S.19: Die Textsammlung soll „gleichsam als eine Art von 'Geschäftsgrundlage' ihrer Zusammenarbeit" dienen.

[62] Vgl. 03.MG/14.12.1990, Prot. IIIa.

[63] 03.MG/14.12.1990, Prot. III a.

[64] Bischof Lehmann, Vorwort, S. 5f.

satz an Kraft und Zeit erforderten, kann sich nicht in der Suche nach „greifbaren" Ergebnisse erschöpfen.

Bei aller vorhandenen Sachkompetenz war auf der Ebene der Mainzer Kontaktgespräche ein Dialog im engen Sinn zwischen theologischem Lehramt und kirchlichem Magisterium nicht möglich[65]. Die Teilnehmer beider Seiten wären mit einem solchen Dialog auch überfordert, weil sie funktionsbedingt eingeschränkt und gebunden sind, die Theologieprofessoren in der Funktion als Sprecher einer theologischen Arbeitsgemeinschaft und die Bischöfe in der Funktion ihres Auftrags in der Bischofskonferenz.

Gleichwohl hat allein die Existenz einer regelmässigen Begegnungsmöglichkeit zwischen Bischöfen und Theologieprofessoren gewirkt und einiges bewirkt. Die Kontaktgespräche waren in der Situation des Jahres 1989 notwendig, um bestehende Spannungen zu beheben oder wenigstens zu mildern, weitere Störungsfaktoren auf dieser Ebene gar nicht erst aufkommen zu lassen und dadurch bedingten Irritationen und Konflikten möglichst vorzubeugen. Sie sind auch heute nicht unnötig oder als Zeit- und Kraftverschwendung anzusehen. Die Bedeutung von Information, Kommunikation und Dialog, auch zwischen Bischöfen und Theologen und zwischen dem kirchlichen hierarchischen Lehramt und dem wissenschaftlichen Lehramt, darf nicht unterschätzt werden. Nicht ohne Grund mahnt Kardinal Ratzinger vermehrte Konsultations- und Begegnungsmechanismen und verstärkte Kontakte jedenfalls für andere an[66].

Bischof Lehmann hat mit den Mainzer Kontaktgesprächen frühere Anregungen aufgegriffen und verwirklicht. Spätestens 1972 hatte er, damals aus der Sicht des Theologieprofessors, gegenüber den kirchlichen Autoritäten, wenn auch in einer etwas anderen Zielrichtung, fehlenden menschlichen Kontakt und Fehlinformationen beklagt und das Schaffen von Treffpunkten und das Teilnehmenlassen an Aufgaben und Sorgen des kirchlichen Amtes eindringlich angeregt[67]. Im Jahre 1989 hat Karl Lehmann, jetzt auf der „anderen Seite" als Bischof und als Vorsitzender der Deutschen Bischofskonferenz, eine seiner Optionen in der besonderen Form der „Mainzer Gespräche" verwirklicht. Die Initiative von Bischof Lehmann, zunächst ein Wagnis mit ungewissem Ausgang, hat sich gelohnt und ausgezahlt.

---

[65] Vgl. die Umschreibung des Dialogs im engen Sinn bei K. LEHMANN: Notwendigkeit und Grenzen des Dialogs zwischen Theologen und Lehramt. In: W. PANNENBERG – Th. SCHNEIDER (Hrsg.): *Verbindliches Zeugnis*. Bd. 2. Freiburg i.Br. – Göttingen 1995 (Dialog der Kirchen ; 9), S. 157-174; DERS.: *Vom Dialog als Form der Kommunikation und Wahrheitsfindung in der Kirche heute*. Bonn 1994 (Der Vorsitzende der Deutschen Bischofskonferenz. 17).

[66] Vgl.: Das Christentum wollte immer mehr sein als nur Tradition. Ein Gespräch mit Joseph Kardinal Ratzinger. In: *Frankfurter Allgemeine Zeitung* Nr. 57 (8. 3. 2000), S. 52f. (hier 53).

[67] Vgl. K. LEHMANN: Zum Verhältnis zwischen kirchlichem Amt und Theologie. In: M. SECKLER – O. H. PESCH – J. BROSSEDER – W. PANNENBERG (Hrsg.): *Begegnung. Beiträge zu einer Hermeneutik des theologischen Gespräch. Heinrich Fries gewidmet von Freunden, Schülern und Kollegen*. Graz – Wien – Köln 1972, S. 415-430 (418f., 422f.).

Überblick über die Mainzer Gespräche 1989-1996

1. Mainzer Gespräch – 27. 5. 1989 – Gespräch zwischen Bischöfen der Deutschen, Österreichischen und Schweizer Bischofskonferenz und den Sprechern der Arbeitsgemeinschaften der theologischen Disziplinen

Mainzer Bistumsnachrichten Nr. 16 (30. 5. 1989), S. 10: Fragen gemeinsam aufarbeiten. Bischöfe und Theologieprofessoren trafen sich in Mainz. – *KNA-Informationsdienst* Nr.22/01.06.1989, S. 3 (1130): Bischöfe und Theologen: „Gesprächsbrücken" gegen „Problemstau". – *Deutsche Tagespost* Nr. 65 (1. 6.1989), S. 4: Bischöfe und Theologen berieten in Mainz die Spannungen. Weitere Gespräche sind im Dezember vorgesehen. – *Christ in der Gegenwart* Nr. 24 (1989), S. 194: Von Bischof Karl Lehmann eingeladen: Gesprächsrunde mit Theologieprofessoren. – *Herder-Korrespondenz* 43 (1989), S. 340: Notizen (ohne Titel – hervorgehoben sind nur Namen). – *Klerusblatt* 69 (1989), S. 162: Theologieprofessoren und Bischöfe kamen in Mainz zusammen.

2. Mainzer Gespräch – 15. 12. 1989 – Zweites Gespräch zwischen Bischöfen und Theologen

Mainzer Bistumsnachrichten Nr. 35 (21. 12. 1989), S. 6f.: Klärung von Irritationen vorangetrieben. Zweites Treffen von Bischöfen und Theologieprofessoren in Mainz.

3. Mainzer Gespräch – 14. 12. 1990 – Drittes Gespräch zwischen Bischöfen der Deutschen, Österreichischen und Schweizer Bischofskonferenz und den Sprechern der Arbeitsgemeinschaften der Theologischen Disziplinen

Mainzer Bistumsnachrichten Nr. 34/35 (12./18. 12. 1990), S. 19/20: Wissenschaftliche Theologie für Aus- und Weiterbildung unverzichtbar. Drittes Gespräch zwischen Bischöfen und Theologieprofessoren in Mainz.

4. Mainzer Gespräch – 3. 6. 1991 – Viertes Gespräch zwischen Bischöfen der Deutschen, Österreichischen und Schweizer Bischofskonferenz und den Sprechern der Arbeitsgemeinschaften der Theologischen Disziplinen

Mainzer Bistumsnachrichten Nr. 20 (6. 6.1991), S.8: Dringlichkeit des Gesprächs mit osteuropäischer Theologie. 4. Treffen von Bischöfen und Theologieprofessoren aus drei Ländern. – *Herder-Korrespondenz* 45 (1991), S. 344: Notizen (Schwierigkeiten bei der Berufung von Theologieprofessoren). – *Archiv für Katholisches Kirchenrecht* 160 (1991), S.213: ([Nachrichten aus dem wissenschaftlichen Leben]).

5. Mainzer Gespräch – 20. 12. 1991 – Fünftes Gespräch zwischen Bischöfen der Deutschen, Österreichischen und Schweizer Bischofskonferenz und den Sprechern der Arbeitsgemeinschaften der Theologischen Disziplinen

Mainzer Bistumsnachrichten Nr. 1 (8. 1. 1992), S. 11: Neues Europa erfordert offene Kirche. 5. Gespräch zwischen Bischöfe und Theologieprofessoren in Mainz. – *Mainzer Allgemeine Zeitung* (27. 12. 1991): „Neues Europa erfordert eine offene Kirche" (KNA).

6. Mainzer Gespräch – 24. 6. 1992 – 6. Gespräch zwischen Bischöfen der Deutschen, Österreichischen und Schweizer Bischofskonferenz und den Sprechern der Arbeitsgemeinschaften der Theologischen Disziplinen

Mainzer Bistumsnachrichten Nr. 21 (30. 6. 1992), S. 4: Katholisch-Theologische

Fakultäten kirchlicherseits nicht in Frage gestellt. 6. Gespräch zwischen Bischöfen und Theologieprofessoren aus drei Ländern. – *Kirche intern* Nr. 8 (1992), S. 46: Zuviele Hochschulen? Zum mittlerweile sechsten Mal trafen sich Ende Juni in Mainz Bischöfe der deutschsprachigen Länder mit Theologieprofessoren aus Deutschland, Österreich und der Schweiz. Über die Beratungen berichtet Franz Hülsenbusch.

7. Mainzer Gespräch – 4. 12. 1992 – 7. Gespräch zwischen Mitgliedern der Deutschen, Österreichischen und Schweizer Bischofskonferenz mit Vertretern der deutschsprachigen Theologie

Mainzer Bistumsnachrichten Nr. 38 (9. 12. 1992), S. 6: 7. Gespräch zwischen Bischöfen und Theologen in Mainz. Kommentar von Heribert Schmitz zum Kirchlichen Hochschulrecht vorgestellt.

8. Mainzer Gespräch – 5. 5. 1993 – 8. Gespräch zwischen Mitgliedern der Deutschen, Österreichischen und Schweizer Bischofskonferenz mit Vertretern der deutschsprachigen Theologie

Mainzer Bistumsnachrichten Nr. 14 (12. 5. 1993), S. 8: Sorge um wissenschaftlichen Nachwuchs in der katholischen Theologie. 8. Treffen von Bischöfen und Theologieprofessoren aus drei Ländern in Mainz.

9. Mainzer Gespräch – 3. 12. 1993 – 9. Gespräch zwischen Mitgliedern der Deutschen, Österreichischen und Schweizer Bischofskonferenz mit Vertretern der deutschsprachigen Theologie

Mainzer Bistumsnachrichten Nr. 38 (8. 12. 1993), S. 3: Intensivere Zusammenarbeit zwischen Lehramt und Theologie gefordert. 9. Gespräch zwischen Bischöfen und Theologieprofessoren aus drei Ländern. – *KNA-Informationsdienst* Nr. 50 (16. 12. 1993), S. 3 (18069): Theologische Fakultäten: Römische Bedenken werden nicht geteilt.

10. Mainzer Gespräch – 9. 5. 1994 – 10. Gespräch zwischen Mitgliedern der Deutschen, Österreichischen und Schweizer Bischofskonferenz mit Vertretern der deutschsprachigen Theologie

Mainzer Bistumsnachrichten Nr. 16 (11. 5. 1994), S. 4: Gegen Willkür und Zufallsprinzip bei Sparmaßnahmen. Bischöfe und Theologieprofessoren wollen Gesamtkonzept für ihre Fakultäten. – *Paulinus* (22. 5. 1994): Zukunft theologischer Fakultäten. Treffen von Bischöfen und Theologieprofessoren des deutschen Sprachraums.

11. Mainzer Gespräch – 9. 12. 1994 – 11. Gespräch zwischen Mitgliedern der Deutschen, Österreichischen und Schweizer Bischofskonferenz mit Vertretern der deutschsprachigen Theologie

Mainzer Bistumsnachrichten Nr. 42 (14. 12. 1994), S. 3: Für Theologische Fakultäten in Erfurt und Berlin ausgesprochen. 11. Gespräch zwischen Bischöfen und Theologieprofessoren in Mainz. – *KNA-Informationsdienst* Nr. 50 (15. 12. 1994), S. 4 (18587): Gespräch zwischen Bischöfen und Theologen: Fakultäten-Pläne.

12. Mainzer Gespräch – 19. 5. 1995 – 12. Gespräch zwischen Mitgliedern der Deutschen, Österreichischen und Schweizer Bischofskonferenz mit Vertretern der deutschsprachigen Theologie

Mainzer Bistumsnachrichten Nr. 19 (24. 5. 1995), S. 4: Staatliche Theologische Fakultäten unverzichtbar. 12. Gespräch zwischen Bischöfen und Theologieprofessoren in Mainz. – *Mainzer Rhein-Zeitung* (22. 5. 1995): Kirche und Staat (dpa). – *KNA-Informationsdienst* Nr. 21 (25. 5. 1995), S. 2 (8893): Bischöfe und Theologen: Theologische Fakultäten unverzichtbar. – *KNA-Länderdienst Rheinland-Pfalz* Nr. 40 (25. 5. 1995), S. 1 (RPS 40/1293): Bischöfe und Theologen: Theologische Fakultäten unverzichtbar. – *KNA-Informationsdienst* Nr. 23 (14. 6. 1995), S. 4 (9883): Fakultäten: Überlegungen zur Struktur. – *Münchener Kirchenzeitung* Nr. 22 (28. 5. 1995), S. 5: Die Theologie soll an den Universitäten bleiben. Bischöfe und Professoren sprechen sich für Erhalt der Fakultäten aus.

13. Mainzer Gespräch – 11. 12. 1995 – 3. Gespräch zwischen Mitgliedern der Deutschen, Österreichischen und Schweizer Bischofskonferenz mit Vertretern der deutschsprachigen Theologie

Mainzer Bistumsnachrichten Nr. 47 (13. 12. 1995), S. 4: Römische Erklärungen keine beliebigen Lehrmeinungen. Bischöfe und Theologen diskutieren über Rezeption lehramtlicher Dokumente. – *KNA-Informationsdienst* Nr. 59 (14. 12. 1995), S. 3 (21389): Bischof Lehmann: „Lehräußerungen beanspruchen grösseres Gewicht".

14. Mainzer Gespräch – 13. 5. 1996 – 14. Gespräch zwischen Mitgliedern der Deutschen, Österreichischen und Schweizer Bischofskonferenz mit Vertretern der deutschsprachigen Theologie

Mainzer Bistumsnachrichten Nr. 19 (22. 5. 1996), S. 10: Theologische Fakultäten sollen selbst Sparvorschläge erarbeiten. „Lösungen nur in Zusammenarbeit aller beteiligten Instanzen möglich". 14. „Mainzer Gespräch" Bischöfe und Theologen. Prof. Schmitz verabschiedet. – *Paulinus* Nr. 21 (26. 5. 1996), S. 16: Fach Theologie an Hochschulen sichern. „Unverzichtbare Bedeutung" im Gespräch der Disziplinen. – *Herder-Korrespondenz* 50 (1996), S. 378: Notizen (Personaleinsparungen an den theologischen Fakultäten).

Mitarbeiterverzeichnis

Arno Anzenbacher – Prof. Dr. phil. – Professor für Christliche Anthropologie und Sozialethik – Universität Mainz

Julius Berger – Professor für Kammermusik u. Violoncello – Hochschule für Musik Augsburg

Bernhard Casper – Dr. theol., Dr. phil. h.c. – em. Professor für Christliche Religionsphilosophie – Universität Freiburg i.Br.

Alfons Deissler – Prof. Dr. theol. – em. Professor für Altes Testament – Universität Freiburg

Michael Figura – Dr. theol. habil. – Pfarrer und Bistumstheologe – Bingen

Norbert Fischer – Prof. Dr. phil. – o. Professor für Philosophie – Kath. Universität Eichstätt

K. Suso Frank – Prof. Dr. theol. – em. o. Professor für Alte Kirchengeschichte und Patrologie – Universität Freiburg i.Br.

Ferdinand Hahn – Prof. Dr. theol., Dr. theol. h.c. – emer. o. Professor für Neues Testament – Evangelisch-Theologische Fakultät der Universität München

Peter Henrici – Prof. Dr. phil., Lic. theol. – Weihbischof und Generalvikar des Bistums Chur in Zürich – Zürich

Hans-Joachim Höhn – Prof. Dr. theol. – o. Professor für Systematische Theologie – Universität Köln

Alexander Hollerbach – Prof. Dr. iur. – em. o. Professor für Rechts- und Staatsphilosophie, Geschichte der Rechtswissenschaft und Kirchenrecht – Universität Freiburg i.Br.

Anton van Hooff – Dr. theol. – Studienleiter im Bischöflichen Ordinariat Mainz – Darmstadt

Peter Hünermann – Prof. Dr. theol., Dr. phil. h.c. – em. o. Professor für Dogmatik – Universität Tübingen

Eberhard Jüngel – Prof. Dr. D.D. – Universität Tübingen – Ephorus des Ev. Stifts Tübingen

Gerhard Kaiser – Prof. D.Dr. phil., Dr. phil. h.c. - o. em. Professor für neuere Deutsche Literaturgeschichte – Universität Freiburg i.Br.

Walter Kasper – Prof. Dr. theol., Dr. h.c. mult. – Kardinal – Bischof em. von Rottenburg-Stuttgart – Sekretär des Päpstlichen Rates zur Förderung der Einheit der Christen – Rom

Paul Kirchhof – Prof. Dr. jur. – o. Professor für öffentliches Recht, Bundesverfassungsrichter a.D. – Universität Heidelberg

Thomas Krenski – Dr. theol. – Hochschulpfarrer –Universität Mainz

Hans Küng – Prof. Dr. Dr. h.c. mult. – Präsident der Stiftung Weltethos – Tübingen

Hans Langendörfer SJ – Dr. theol. – Sekretär der Deutschen Bischofskonferenz – Bonn

Hanna-Renate Laurien – Dr. phil., Dr. theol. h.c. – Parlamentspräsidentin a.D. – Berlin

Werner Löser – Prof. Dr. theol. – Professor für dogmatische Theologie – Philosophisch-Theologische Hochschule Sankt Georgen – Frankfurt am Main

Eduard Lohse – Prof. D. – Landesbischof i.R. der Evangelisch-Lutherischen Landeskirche Hannover – Göttingen

Matthias Lutz-Bachmann – Prof. Dr. phil., Dr. theol. – o. Professor für Philosophie – Universität Frankfurt a.M.

Hans Maier – Prof. Dr. phil., Dr. h.c. mult. – o. Professor em. für christliche Weltanschauung, Religions- und Kulturtheorie – Universität München

Christoph Markschies – Prof. Dr. theol. – o. Professor für Historische Theologie – Universität Heidelberg

Klaudia Martini – Richterin a.D. – Staatsministerin für Umwelt und Forsten Rheinland-Pfalz – Mainz

Johann Baptist Metz – Prof. DDr. Dr. h.c. – em. Professor für Fundamentaltheologie – Universität Münster

Hans Joachim Meyer – Prof. Dr. sc. phil. – Professor für angew. Sprachwissenschaft, Präsident des Zentralkomitees der deutschen Katholiken, Sächsischer Staatsminister für Wissenschaft und Kunst – Dresden

Gerhard Ludwig Müller – Prof. Dr. theol. – o. Professor der Dogmatik – Universität München

Barbara Nichtweiß – Dr. theol. – Ordinariatsrätin – Mainz

Eckhard Nordhofen – Dr. phil. – Leiter der Zentralstelle Bildung der Deutschen Bischofskonferenz – Bonn

Leo J. O'Donovan SJ – Prof. Dr. theol. – Präsident der Georgetown University, Washington DC

Wolfhart Pannenberg – Prof. Dr. theol., Dr. theol. h.c., DD. (mult.) – em. Universitätsprofessor – Evangelisch-Theologische Fakultät der Universität München

Otto Hermann Pesch – Prof. Dr. theol., Dr. theol. h.c. – Professor für Systematische Theologie und Kontroverstheologie (em.) – Universität Hamburg

Fidel Rädle – Prof. Dr. – Professor für lateinische Philologie des Mittelalters und der Neuzeit – Universität Göttingen

Albert Raffelt – Prof. Dr. – Stellv. Bibliotheksdirektor, Universitätsbibliothek Freiburg i.Br.

Joseph Ratzinger – Kardinal – Präfekt der Kongregation für die Glaubenslehre – Rom

Peter Reifenberg – Dr. theol. habil. – Stellv. Akademiedirektor – Mainz

Johannes Reiter – Prof. Dr. theol. – o. Professor für Moraltheologie – Universität Mainz

Ilona Riedel-Spangenberger – Dr. theol. Dr. iur. can. – o. Professorin für Kirchenrecht, Staatskirchenrecht und kirchliche Rechtsgeschichte – Universität Mainz

Ulrich Ruh – Dr. theol. – Chefredakteur, Herder-Korrespondenz – Freiburg i.Br.

Dorothea Sattler – Prof. Dr. theol. – o. Professorin für Ökumenische Theologie – Universität Münster i.W.

Richard Schaeffler – Prof. Dr. phil. – em. o. Professor für Philosophisch-theologische Grenzfragen – Universität Bochum

Paul-Werner Scheele – Prof. Dr. theol. – Bischof – Würzburg

Heinrich Schmidinger – Prof. Dr. – o. Professor für Christliche Philosophie – Universität Salzburg

Heribert Schmitz – Prof. Dr. iur.can., Lic. iur.can. – em. o. Professor für Kirchenrecht, insbesondere für Verwaltungsrecht sowie Kirchliche Rechtsgeschichte – Universität München

Theodor Schneider – Prof. Dr. theol. – o. Professor (em.) für Dogmatik und Ökumenische Theologie – Universität Mainz

Nikolaus Schwerdtfeger – Dr. theol. – Weihbischof in Hildesheim – Laatzen

Bernard Sesboüé SJ – Prof. Dr. theol. – Faculté de théologie du Centre-Sèvres – Paris

Thomas Söding – Prof. Dr. – o. Professor für Biblische Theologie – Universität Wuppertal

Heinhard Steiger – Prof. Dr. iur., LL.M. – Universitätsprofessor für Öffentliches Recht, Völkerrecht, Europarecht – Universität Gießen

Peter Walter – Prof. Dr. theol. – o. Professor für Dogmatik und Direktor des Arbeitsbereichs Quellenkunde der Theologie des Mittelalters (R.-Lullus-Institut) – Universität Freiburg

Gunther Wenz – Prof. Dr. theol. – o. Professor für Systematische Theologie an der Evangelisch-Theologischen Fakultät der Universität München

Ulrich Wilckens – Prof. Dr. – Bischof i.R. – Weißenhaus/Ostsee

Erich Zenger – Prof. Dr. theol. – Professor für Exegese des Alten Testaments – Universität Münster

Abkürzungsverzeichnis

Das Abkürzungsverzeichnis nennt nur Abkürzungen, die im ganzen Band verwendet werden. Es richtet sich nach dem *Lexikon für Theologie und Kirche. Abkürzungsverzeichnis.* Freiburg 1993 bzw. nach S. SCHWERTNER: *Internationales Abkürzungsverzeichnis für Theologie und Grenzgebiete.* Berlin ²1992.

Die Auflösungen der Abkürzungen *biblischer Schriften,* der *Qumranschriften* etc. sind dort ebenfalls auffindbar. – *Antike Autoren* und ihre Werke werden weitestgehend nach folgenden Lexika zitiert: G. W. H. LAMPE: *Patristic Greek Lexicon.* Oxford 1987 (= 1961) und H. G. LIDDELL – R. SCOTT – H.S. JONES: *A Greek-English Lexicon.* Oxford 1983 (= 1968) bzw. A. BLAISE: *Dictionnaire Latin-Français des Auteurs Chrétiens.* Revu par H. CHIRAT. Turnhout 1954 und P. G. W. GLARE: *Oxford Latin Dictionary.* Oxford 1982.

Die Schriften *Immanuel Kants* werden mit den Siglen A und B für die 1. und 2. Auflage zitiert.

Gängige *juristische Abkürzungen* werden nicht aufgelöst.

Die weiteren *bibliographischen Angaben* von Reihen und Zeitschriften können den oben genannten Abkürzungsverzeichnissen entnommen werden.

AAWLM.G	Abhandlungen der Akademie der Wissenschaften und der Literatur in Mainz. Geistes- und Sozialwissenschaftliche Klasse
AG	Zweites Vatikanisches Konzil: Ad gentes
BEThL	Bibliotheca Ephemeridum Theologicarum Lovaniensium
BEvTh	Beiträge zur evangelischen Theologie
BFChTh	Beiträge zur Förderung christlicher Theologie
BHTh	Beiträge zur Historischen Theologie
BiTeu	Bibliotheca Teubneriana
BKV	Bibliothek der Kirchenväter
BSLK	Bekenntnisschriften der evangelisch-lutherischen Kirche. Göttingen ¹⁰1986
BSRK	Bekenntnisschriften der reformierten Kirche. Leipzig 1903
BZ	Biblische Zeitschrift
CA	Confessio Augustana
CChr.SL	Corpus Christianorum. Series Latina
CD	Zweites Vatikanisches Konzil: Christus Dominus
CIC	Codex Iuris Canonici
CPG	Clavis Patrum Graecorum
CSEL	Corpus Scriptorum Ecclesiasticorum Latinorum
CUFr	Collection des universités de France
DH	Kompendium der Glaubensbekenntnisse und kirchlichen Lehrentscheidungen. Begr. von H. Denzinger, hrsg. von P. Hünermann. Freiburg ³⁷1991
dtv	Deutscher Taschenbuchverlag
EKK	Evangelisch-Katholischer Kommentar
EKL³	Evangelisches Kirchenlexikon. 3. Auflage. Göttingen 1986ff.
FKDG	Forschungen zur Kirchen- und Dogmengeschichte
FThSt	Freiburger Theologische Studien
FZPhTh	Freiburger Zeitschrift für Philosophie und Theologie
GCS	Die griechischen christlichen Schriftsteller der ersten drei Jahrhunderte

GA	Gesamtausgabe
GS	Zweites Vatikanisches Konzil: Gaudium et spes
HDG	Handbuch der Dogmengeschichte. Freiburg i.Br. 1951ff.
HPTh	Handbuch der Pastoraltheologie. Freiburg 1964-1969; ²1970-1972
HThK	Herders Theologischer Kommentar zum Neuen Testament
HWP	Historisches Wörterbuch der Philosophie. Basel 1971ff.
IThS	Innsbrucker Theologische Studien
KEK	Kritisch-exegetischer Kommentar über das Neue Testament
KNA	Katholischer Nachrichtendienst
KpV	Immanuel Kant: Kritik der praktischen Vernunft
KrV	Immanuel Kant: Kritik der reinen Vernunft
LG	Zweites Vatikanisches Konzil: Lumen gentium
LThK¹/²/³	Lexikon für Theologie und Kirche. 1. Auflage. Freiburg 1930-1938. – 2. Auflage. 1957-1967. – 3. Auflage. 1993ff.
LThK.E	Dss.. Ergänzungsbände: Das Zweite Vatikanische Konzil. 1966-1968
MBN	Mainzer Bistumsnachrichten
MBTh	Münsterische Beiträge zur Theologie
MThS	Marburger Theologische Studien
NR	Der Glaube der Kirche in den Urkunden der Lehrverkündigung. Bearb. v. J. Neuner – H. Roos. 8. Aufl. Regensburg 1981 u.ö.
NTD	Das Neue Testament deutsch
NTD.E	Das Neue Testament deutsch. Ergänzungsbände
ÖTK	Ökumenischer Taschenbuchkommentar
OrChrA	Orientalia Christiana Analecta
PdA	Der Platonismus in der Antike. Stuttgart-Bad Cannstatt 1987-1998
PL	Patrologia latina
PO	Zweites Vatikanisches Konzil: Presbyterorum ordinis
PRE	Paulys Real-Encyclopädie der classischen Alterthumswissenschaft
QD	Quaestiones disputatae
RAC	Reallexion für Antike und Christentum. Stuttgart 1950ff.
RN	Leo XIII.: Rerum novarum. 1891
RUB	Reclams Universal-Bibliothek
SC	Zweites Vatikanisches Konzil: Sacrosanctum concilium – bzw. als Schriftenreihe: Sources chrétiennes
STh	Thomas von Aquin: Summa theologiae
stw	suhrkamp taschenbuch wissenschaft
SVigChr	Supplementa to Vigiliae Christianae
SW	Sämtliche Werke
ThPh	Theologie und Philosophie [Zeitschrift]
ThWNT	Theologisches Wörterbuch zum Neuen Testament. Stuttgart 1933-1979
TRE	Theologische Realenzyklopädie. Berlin 1976ff.
TzF	Texte zur Forschung
UR	Zweites Vatikanisches Konzil: Unitatis redintegratio
UTB	Universitäts-Taschenbücher
WA	Martin Luther: Werke. Kritische Gesamtausgabe. Weimar 1883ff.
WUNT	Wissenschaftliche Untersuchungen zum Neuen Testament